Ottmar Ette
ReiseSchreiben

Ottmar Ette

ReiseSchreiben

Potsdamer Vorlesungen zur Reiseliteratur

DE GRUYTER

ISBN 978-3-11-065310-6
e-ISBN (PDF) 978-3-11-065068-6
e-ISBN (EPUB) 978-3-11-065070-9

Library of Congress Control Number: 2019944156

Bibliografische Information der Deutschen Nationalbibliothek
Die Deutsche Nationalbibliothek verzeichnet diese Publikation in der Deutschen
Nationalbibliografie; detaillierte bibliografische Daten sind im Internet über
http://dnb.dnb.de abrufbar.

© 2020 Ottmar Ette, publiziert von Walter de Gruyter GmbH, Berlin/Boston
Dieses Buch ist als Open-Access-Publikation verfügbar über www.degruyter.com.

Satz: Integra Software Services Pvt. Ltd.
Druck und Bindung: CPI books GmbH, Leck
Coverabbildung: Lorenzo Costa, „La spedizione degli argonauti"
(1484–1490), © Musei Civici agli Eremitani, Padova

www.degruyter.com

Für unsere Familie
und die Freuden des
gemeinsamen Reisens

Vorwort

Lehre und Forschung, Forschung und Lehre sind eng miteinander verklammert. Die heute vorzulegenden Vorlesungen sind daher Ausdruck dieses Prozesses der Wechselwirkungen, aber sie moderieren und modellieren ihn zugleich. Das gesprochene Wort sowie die physische Präsenz und Interaktion im Raum vermögen sie zwar nicht wiederzugeben, doch bieten sie das Vorlesungsmanuskript, das die Grundlage jeden Sprechens war.

Mit der Veröffentlichung dieser Vorlesungen verbinde ich die Hoffnung, dass nicht zuletzt die Freude, die Lust an den Vorlesungen auf diesen Seiten erkennbar wird. Kolloquia und Seminare sind aus meiner Sicht sehr wichtige akademische Veranstaltungsformen; doch in der Vorlesung besteht die Aufgabe darin, die Perspektiven zusammenzuführen und ineinander zu reflektieren. Das kubistische Gemälde, welches daraus entsteht, sollte dabei stets offen und verständlich bleiben, ohne die Studierenden zu unterfordern. Ob dies gelungen ist, vermag nur das Lesepublikum zu entscheiden.

Der Band ist das Ergebnis dreier Vorlesungszyklen zur Reiseliteratur, die ich an der Universität Potsdam 2002/03, 2012 sowie 2018/19 durchgeführt habe. Dabei wurden jeweils eigene Akzente gesetzt, die in der vorliegenden Fassung zusammengeführt wurden. Diese Fassung bildete die Grundlage, wenn auch noch nicht den Schlusspunkt für die erwähnte dritte und letzte Vorlesung zu den Beziehungen zwischen Reisen und Schreiben. Die Zitate in den ersten beiden Teilen des Bandes wurden von mir ins Deutsche übersetzt, für den historischen dritten Teil habe ich mich dafür entschieden, die Texte der Leserin und dem Leser im französischen, spanischen und englischen Original zur Verfügung zu stellen.

Meine Frau Doris hat den Impuls für die Veröffentlichung meiner Vorlesungsskripte gegeben. Ihr gilt mein tiefster Dank: Ohne sie hätte es diesen Band niemals gegeben. Ich danke Markus Alexander Lenz für die kluge redaktionelle Bearbeitung der in diesem Band vereinigten Texte: Ohne ihn wäre dieser Band niemals in seiner konkreten Form zum Abschluss gekommen. Mein Dank gilt Pauline Barral für die Illustrationen sowie den Assistentinnen und Assistenten, welche an der Entstehung der ersten Vorlesungen mitgewirkt haben. Es war eine lange gemeinsame Reise. Und schließlich danke ich den glücklicherweise so unterschiedlichen Generationen von Studierenden an der Universität Potsdam: Ihre Fragen und Anregungen habe ich einzuarbeiten versucht und zugleich viel von ihnen über die Jahre gelernt.

Ottmar Ette
Potsdam, im Sommer 2019

Inhaltsverzeichnis

Zur Einführung

Die Reiseliteratur, die als Genre bis weit in die zweite Hälfte des 20. Jahrhunderts als weitgehend marginal galt und bestenfalls dokumentarisch oder faktenorientiert sozialwissenschaftlich „ausgewertet" und gelesen wurde, gehört heute zweifellos zu jenen literarischen Schreib-, Erlebens-, Erfahrungs- und Vermittlungsformen, in denen sich am eindringlichsten die Probleme der (europäischen) Moderne, aber auch die aktuellen (inter-, multi- und transkulturellen) Herausforderungen, Erfahrungsmodi, Projektionen und Sehnsüchte ihrer Leserinnen und Leser reflektieren beziehungsweise reflektieren lassen. Die hier vorgelegten Potsdamer Vorlesungen zur Reiseliteratur fragen nach den kulturellen, historischen, ökonomischen, sozialen und politischen Hintergründen des Reisens, nach der Entwicklung der Gattung seit der frühen Neuzeit (und insbesondere seit dem 18. Jahrhunderts), nach den Strukturen und Strukturierungen der reiseliterarisch dargestellten hermeneutischen Bewegungen, aber auch nach ihren impliziten und expliziten Figuren von Reisenden und Lesenden. Im Zentrum der Vorlesung stehen französisch-, spanisch- und italienischsprachige Reisen(de), aber auch deutschsprachige wie englischsprachige Texte seit der Frühen Neuzeit sowie neueste reiseliterarische Ausdrucksformen des ausgehenden 20. Jahrhunderts und beginnenden 21. Jahrhunderts. Kartographien und *mental maps* gilt unsere spezielle Aufmerksamkeit. Sagt uns die Reiseliteratur, wohin die Reise unserer Literaturen, ja unserer Gesellschaften geht?

An diesem Auftakt unserer Vorlesung möchte ich Ihnen zunächst ganz kurz den Aufbau und die Anordnung der nachfolgenden Vorlesungen vorstellen und erläutern. Sie ordnet sich – wie das bei wohlerzogenen französischen Wissenschaftlern immer der Fall ist – in drei Teile, ganz *comme il faut*. Diesen drei Teilen ist ein kleines Vorspiel vorgeschaltet, das Ihnen einige Elemente meiner konzeptionellen Herangehensweise vor Augen führen und zugleich ganz leicht, vielleicht auch etwas verspielt, den Blätterwald eröffnen soll, durch den wir uns bewegen werden und der sich uns entgegenstellt. Lassen Sie uns also in das dichte Geflecht der Reiseberichte lustvoll und beispielhaft eindringen!

Wir werden uns mit einer großen Zahl an reiseliterarischen Texten auseinandersetzen. Dabei soll unser Schwerpunkt jedoch nicht auf einer ohnedies nicht zu erreichenden Vollständigkeit liegen, sondern auf einer exemplarischen Repräsentativität, die wir nach Möglichkeit theoretisch durchdringen wollen. Reiseliteratur ist ein Sonderfall von Literatur, der uns Auskünfte über die Entwicklungen der Literaturen der Welt insgesamt liefern soll. Es wird daher nicht an Ausblicken über diese Literaturen insgesamt, wie auch – so hoffe ich – an Einblicken und vor allem Einsichten fehlen. Reiseliterarische Texte erzählen uns viel über die jeweils bereisten Länder und Regionen, aber auch über die Herkunftsgesellschaften derer, die sich auf den Weg gemacht haben.

Nach diesem Vorspiel zur Einführung beginnen wir mit einem Allgemeinen Teil, der uns anhand unterschiedlicher Exempla Einblicke in die Grundprobleme der Behandlung von und Auseinandersetzung mit Reiseliteratur vor Augen führen soll, setzen unseren Weg durch die Reiseliteratur dann mit einem zweiten Teil fort, den ich den schematischen Teil nennen möchte und der das Einleitungskapitel meines Bandes *Literatur in Bewegung* stark modifiziert, um schließlich in einem Dritten Teil historische Studien in einer Abfolge zu betreiben, die insgesamt chronologisch angeordnet ist und von der Frühen Neuzeit bis hinein in die Gegenwartsliteraturen unserer Tage reicht. Dies also ist unser dreigestaltiges Programm! Ich hoffe, Sie haben viel Spaß auf unserer gemeinsamen Reise!

Im ersten Vorlesungszyklus beginnen wir mit der allgemeinen Einführung in einige grundlegende Betrachtungen zur Reiseliteratur. Diese Betrachtungen gehen von der Reiseliteratur (insbesondere der ersten Phase beschleunigter Globalisierung) aus, verbinden dies aber immer mit allgemeinen Fragestellungen zu den Literaturen der Welt. Topographische Karten und andere Visualisierungen von Bewegungen werden hierbei eine wichtige Rolle spielen, die uns zu allgemeinen Einsichten in die Grundlagen und Mechanismen von Reiseliteratur führen werden. Wir erarbeiten uns danach dann den zweiten, den schematischen Teil, anhand von verschiedenen Beispielen, die vorwiegend, aber nicht ausschließlich aus der zweiten Phase beschleunigter Globalisierung stammen.

Am Ende dieses zweiten Teiles wird es um die Frage gehen, ob wir heute, in unserer Zeit, an ein Ende der Reisen und des Reiseberichts gelangt sind und wie die Antworten auf diese Herausforderung um die Mitte des 20. Jahrhunderts und später aussehen. Danach folgt schließlich der dritte Teil der Vorlesungen, der mit historischen Beispielen beginnt und von Cristóbal Colón eröffnet wird. Denn mit dieser Reise begann ein Zyklus nicht nur des Reiseberichts, sondern vor allem der *global history* überhaupt: ein Zyklus, an dessen Ausgang wir heute möglicherweise stehen. An eben dieser Nahtstelle nicht nur der europäischen Geschichte, sondern der Globalgeschichte oder der Weltgeschichte, wie man früher sagte, möchte ich den historischen Teil unserer Vorlesung aufgreifen und durch die Jahrhunderte beispielhaft verfolgen.

So, dies ist also im Groben unser Reiseprogramm – Ihren Reiseleiter kennen Sie ja schon. Der steht Ihnen auch am Ende jeder einzelnen Vorlesung für

Fragen aller Art bereit. Unsere Reise ist mit einem Rundum-sorglos-Paket ausgestattet: Bitte machen Sie davon Gebrauch!

Vor dem eigentlichen Beginn unserer Reise aber ist es aus konzeptionellen, aber gewiss auch aus didaktischen Gründen mein Ziel, eine allgemeine Einführung an einem konkreten Beispiel zu entwickeln, das Sie vielleicht verblüffen, vielleicht aber auch amüsieren wird. In jedem Falle soll uns dieses Beispiel dazu dienen, allgemeine Fragestellungen terminologischer und theoretisch-epistemologischer Art an den Gegenstand der Reiseliteratur heranzutragen und in einem ganz konkreten, grundlegenden Sinne zu diskutieren. Nun also unser erstes Exemplum, eine vorgeschaltete Einführung in die Thematik der Reiseliteratur anhand eines Beispiels aus der deutschsprachigen Gegenwartsliteratur.

Hape Kerkeling und sein Band „Ich bin dann mal weg."

Es mag Sie vielleicht ein wenig verwundern, dass ich einen Text als Einstieg in diese Vorlesung wähle, der sicherlich nicht von einem der großen Autoren des 21. Jahrhunderts stammt. Es ist das Beispiel einer Reiseliteratur, die von einem Schriftsteller herrührt, der schlicht gar keiner ist und den – ich zögere an dieser Stelle, weil man ja nie weiß, ob man nicht doch einen so bekannten Menschen irgendwann in der Flimmerkiste erlebt hat – noch niemals in irgendeiner seiner Shows oder seiner Auftritte bewusst gesehen habe und der mir eigentlich nur als Name bekannt war: Hape Kerkeling. Hans-Peter Kerkeling ist 1964 in Recklinghausen geboren und wurde als Entertainer, Moderator und Kabarettist unter anderem ausgezeichnet mit der Goldenen Kamera, dem Bambi, dem Adolf-Grimme-Preis, dem Deutschen Comedy-Preis und dem Deutschen fernsehpreis, und damit wissen Sie, dass der in Düsseldorf und Berlin lebende Künstler ein Mann des Fernsehens und der hohen Einschaltquoten ist.

Und Einschaltquoten hatte Hape Kerkeling auch mit seinem Band *Ich bin dann mal weg: Meine Reise auf dem Jakobsweg*, der 2006 erstmals im Piper Verlag erschien und mir in der neunzehnten Auflage im Taschenbuch aus dem Jahre 2012 vorliegt.[1] Sie sehen: Ich habe mir den Band gerade erst gekauft. Und der Band verkauft sich wahrlich gut.

---

1 Vgl. Kerkeling, Hape: *Ich bin dann mal weg. Meine Reise auf dem Jakobsweg*. München: Piper 2009.

Abb. 1: Hape Kerkeling (Recklinghausen, 1964).

Zunächst jedoch muss ich Ihnen etwas gestehen: Auf meinen eigenen Reisen lese ich nicht am liebsten Bachelorarbeiten, Masterarbeiten oder Magisterarbeiten, auch keine Dissertationen oder Habilitationsschriften. Denn auf meinen eigenen Reisen lese ich am liebsten – aber das ist meist ein Luxus – Reiseliteratur. Das Wunderbare daran: Eine Reise überlagert sich einer anderen, die beiden oder mehreren reisen verwickeln sich ineinander, die eine Reisebewegung gibt der anderen so etwas wie Impulse, Anstöße und empfängt umgekehrt auch wieder Anregungen von der anderen. Es ist ein Gewirr von Pfaden, die sich aufteilen, ein *jardín de senderos que se bifurcan*, wie Jorge Luis Borges sagen würde.

Ich habe es immer als eine Intensivierung meiner eigenen Reisen empfunden, während der Reisen zu lesen beziehungsweise zu hören, also eine Art Verdoppelung und Vervielfachung der Reise in der Reise in der Reise zu unternehmen. Dies ist Genuss pur. Ich komme eigentlich gerade erst von einer kleinen Reise durch Argentinien zurück, die mich nach Buenos Aires, in den Norden Argentiniens und in die Hochanden geführt hat, und auf einem Teil dieser Reise habe ich den Band von Hape Kerkeling gelesen, von dem ich eigentlich nur die ersten 100 Seiten lesen wollte. Aber ich habe dann schließlich doch die ganzen 346 Seiten komplett verschlungen, weil ich bemerkte, dass in diesem Band etwas sehr gut greifbar wird, was ich Ihnen als Grundschemata in dieser Vorlesung vermitteln möchte. es war in gewisser Weise eine kleine Entdeckung für mich – aber damit Ende dieser kleinen autobiographischen Reminiszenz. Obwohl die Autobiographie – das werden wir noch sehen – die große Schwester des Reiseberichts ist.

Daher habe ich mich noch während der Reise bemüht, den Eröffnungsteil für diese Vorlesung umzugestalten, neue Elemente einzubauen und etwas zu formulieren, mit dem ich Sie sozusagen auf die Reise durch diese Vorlesung im Wintersemester mitnehmen kann. Die Vorlesung selbst also ist ohne die Reiseerfahrung im Grunde gar nicht vorstellbar; in die heute beginnende Vorlesung über Reiseliteratur ist auch selbst Reise und Literatur und Reiseliteratur in großem Umfange eingegangen. Ich gebe zu: Ich reise gerne. Und das Verhältnis zwischen Reisen und Schreiben ist ein in der Tat gelebtes und sehr lebendiges: Objekt und Subjekt der Vorlesung haben also etwas miteinander zu tun. Und das Lebenswissen der Literatur geht ein in Überlegungen, deren Gegenstand die Reiseliteratur ist.

Mit dem Band *Ich bin dann mal weg – Meine Reise auf dem Jakobsweg* lassen sich viele Elemente aufzeigen, die wichtig für meine Konzeption von Reiseliteratur sind und an deren Beispiel ich gleichsam in einem Vorspiel einmal durchexerzieren kann, wie sich Reiseliteratur konzeptionell fassen lässt. Das heißt nicht, dass ich in diesem Band sozusagen einen Höhepunkt der Reiseliteratur sehen würde, weit gefehlt. Nein, ganz und gar nicht. Aber dieses Buch hilft uns zu verstehen, dass Reiseliteratur eine ganz eigenartige und eigenständige Faszinationskraft ausübt, dass die Reiseliteratur ein Faszinosum ist, und dass sie dies in keinem geringeren Maße als das Reisen selbst ist. Und schließlich muss man auch eingestehen: Dies ist ein reiseliterarisches Buch, das viele Menschen ihrerseits zum Reisen auf dem Jakobsweg beflügelt hat.

Die konzeptionelle Bedeutung und Relevanz dieses Bandes hat mit einer Vielzahl von Elementen zu tun, die ich hier nur ein erstes Mal kurz erwähnen kann. Zum einen mit der Tatsache, dass das Lesen selbst ein Reisen ist. Wenn wir lesen, dann reisen unsere Augen auf dem Papier, über das Papier. Es ist eine Literatur in Bewegung. Egal, ob wir von links nach rechts und von oben nach unten oder von rechts nach links und von unten nach oben, von oben nach unten oder in Ackerfurchenmanier mit dem Pflugwenden lesen oder gar – wie bei Laurence Sterne – quer über das Blatt: In jedem Falle reisen wir auch und insbesondere mit den Augen, eine Tatsache, die sich die Kognitionswissenschaften zunutze machen, um mit Hilfe von eye trackers die Augenbewegungen, die eye movements, genau festzuhalten, alle Sakkaden auszuwerten und damit auf die Verstehensbewegungen zurückzugreifen. Lesen heißt sich bewegen, in Bewegung sein.

Und dann sind da ja die unterschiedlichsten Bewegungen explizit in der Literatur selbst auf der Ebene der Thematik: Was wäre die göttliche *Commedia* von Dante Alighieri ohne den Weg, ohne die Reise durch die verschiedenen Sphären, die von Beginn an vorhanden sind? Wie wäre ein Verstehen möglich, wenn wir es nicht prozessual anordneten und es in gewisser Weise als eine Reise verstünden? Wie könnten wir verstehen, ohne uns zu bewegen, ohne unsere Bewegungen selbst in den eigenen (oder fremden) Verstehensprozess einzubinden?

Abb. 2: Dante Alighieri (Florenz, 1265 – Ravenna, 1321).

Lassen Sie mich an dieser Stelle also als allererstes Zitat die berühmten Anfangsverse der *Commedia* von Dante Alighieri anführen:

> Nel mezzo del cammin di nostra vita
> mi ritrovai per una selva oscura,
> che la diritta via era smarrita.
>   E quanto a dir qual era è cosa dura
> esta selva selvaggia e aspra e forte
> che nel pensier rinnova la paura!
>   Tant' è amara, che poco è più morte;
> ma per trattar del ben ch'io vi trovai,
> dirò dell'altre cose ch'io v'ho scorte.
>   I' non so ben ridir com' io v'entrai [...]²

[Es war in unseres Lebensweges Mitte,
Als ich mich fand in einem dunklen Walde;
Denn abgeirrt war ich vom rechten Wege.
Wohl fällt mir schwer, zu schildern diesen Wald,

---

2 Alighieri, Dante: *La Divina Commedia. Inferno*, a cura di Umberto Bosco e Giovanni Reggio. Florenz: Le Monnier 1979, S. 7.

Der wildverwachsen war und voller Grauen
Und in Erinnrung schon die Furcht erneut:
So schwer, daß Tod zu leiden wenig schlimmer.
Doch um das Heil, das ich dort fand, zu künden
Will, was ich sonst gesehen, ich berichten. –
Wie ich hineingelangt, kann ich nicht sagen, ...][3]

Das Ich weiß hier also nicht, wie es in diesen wilden Wald hineingeraten ist, der sich auf der Mitte des Weges unseres Lebens plötzlich auftat oder eröffnete – oder gewiss auch um das Ich schloss. Der Wald umschloss das Ich, das in ihm wie in einem Labyrinth gefangen war, und lenkte es vom geraden Wege ab, dem nicht länger zu folgen war. Eine Reise, eine Erkenntnis- und Verstehensreise beginnt durch die Hölle, das Fegefeuer und durch den Himmel – mit einem glücklichen Ausgang, wie es die Gattungsbezeichnung *Commedia* von Dante Alighieris „Göttlicher Komödie" bereits ankündigt.

Zugleich halten wir neben allen anderen Bewegungen, wie ich schon bei anderer Gelegenheit festgehalten habe, ein Zweites fest: Und zwar die Tatsache, dass nicht nur das Lesen, sondern auch das Leben selbst eine Reise ist. Und dass es innerhalb dieses Lebensweges, dieses *cammin di nostra vita*, viele Gründe für das Reisen, für das Verlaufen, gibt – für Umwege, Abkürzungen, Holzwege und was dergleichen mehr sind. Wenn Literatur ein interaktiver Speicher von Lebenswissen ist, wenn also die Literaturen der Welt ein Wissen vom Leben im Leben und für das Leben enthalten, dann hat dies mit der nicht unbedeutenden Tatsache zu tun, dass das Leben – ganz wie in Dantes durch die Schlussbetonung noch hervorgehobenem Lexem am Ende des ersten Verses seines großen Werkes – eine Sache des Lebens, der *vita* also, ist. Es geht nun einmal in der Literatur nicht um mehr und nicht um weniger als um das Leben selbst: Wir haben auf Schritt und Tritt mit dem Leben, ja mit unserem Leben, zu tun.

Dieses Leben – und diese Suche nach dem Leben und dem Lebensweg – sind dem Reisen zutiefst eingeprägt und eingebrannt. Zugegeben: Von Dante ist es gewiss ein weiter Weg zu Hape Kerkeling. Aber es gibt Traditionen in der abendländischen Literatur, die uns aus tausenden von Jahren zukommen und in die wir uns einschreiben, auch in einem für ein breites Publikum geschriebenen und mit allerlei werbewirksamen Maßnahmen versehenen Reisebuch über und für den Jakobsweg. Denn das Interessante an Hape Kerkelings Band ist ja nicht die Originalität seines eigenen Reiseberichts, sondern die Art und Weise, wie er die Topoi der Reiseliteratur geradezu schulmäßig – und bisweilen auch schülerhaft – abspult und

---

3 Alighieri, Dante: *Inferno. Die Göttliche Komödie.* Aus dem Italienischen von Karl Witte. Mit einem Nachwort von Kurt Flasch. München: C.H. Beck 2007, S. 5.

dabei sehr klug mit allen Erwartungshorizonten spielt, welche von der jahrtausendelangen Geschichte der Reiseliteratur ausgehend unser Denken durchziehen. So muss Hape Kerkeling auch nicht Dante im Original oder überhaupt gelesen haben, um sich zu Beginn seines Weges in einem wilden, undurchdringlichen Wald zu befinden. Und als Leser müssen wir nicht Dante kennen, um diese Lebens-Situation entsprechend entschlüsseln zu können.

Wir können unseren Bogen noch weiter spannen und in Raum und Zeit noch weiter ausholen. Ich werde im weiteren Verlauf dieser Vorlesung versuchen, hier den Weg zum Gilgamesch-Epos zurückzugehen – ein Epos, das sozusagen vom Reisen lebt und das Leben als einen Lebensweg der Suche in Szene zu setzen bestrebt ist. Noch Hape Kerkeling hat Anteil daran und versucht, in seinem Band an eben diese Reise einer Suche nach dem Leben, ja einer Suche nach dem ewigen Leben, in seiner irdischen Bezogenheit wie in seiner Transzendenz, teilzunehmen und teilzuhaben.

Daher beginnt sein Reisebericht, der schon im Inhaltsverzeichnis ganz klassisch als Itinerarium angelegt ist und (von einigen Lücken abgesehen) jeweils einen genauen Tag, also ein Datum, und einen genauen Ort oder Weg angibt, auch notwendig mit einem Aufbruch verbunden, der im Zeichen einer fundamentalen Frage steht. Die Stelle ist datiert auf den 9 Juni 2001 und auf Saint-Jean-Pied-de-Port:

> „Ich bin dann mal weg!" Viel mehr habe ich meinen Freunden eigentlich nicht gesagt, bevor ich gestartet bin. Ich wandere halt mal eben durch Spanien. Meine Freundin Isabel kommentierte das sehr lapidar mit: „Aha, jetzt bist du durchgeknallt!"
>
> Was, um Himmels willen, hat mich eigentlich dazu getrieben, mich auf diese Pilgerreise zu begeben?
>
> Meine Oma Bertha hat es schon immer gewusst: „Wenn wir nicht aufpassen, fliegt unser Hans Peter eines Tages noch weg!"
>
> Wahrscheinlich hat sie mich deshalb auch immer so gut gefüttert.
>
> Und so könnte ich jetzt bei einer heißen Tasse Kakao und einem saftigen Stück Käsekuchen gemütlich zu Hause auf meiner roten Lieblingscouch liegen. Stattdessen hocke ich bei erstaunlich kühlen Temperaturen in einem namenlosen Café am Fuß der französischen Pyrenäen in einem winzigen mittelalterlichen Städtchen namens Saint-Jean-Pied-de-Port. Einer malerischen Postkartenidylle ohne Sonne.[4]

Auch in dem Wald, in dem sich der Ich-Erzähler befindet – der größten Wert darauf legt, dass alles wahrhaftig erzählt ist und dass er selbst nichts und niemand anders als Hape Kerkeling ist, der freilich gerade mit einer eigenen Phase verstärkter Identitätssuche beschäftigt ist – gibt es also keine Sonne. Das ist höchst symbolhaft und auch symbolhaft gemeint. Es ist im Grunde unklar,

---

4 Kerkeling, Hape: *Ich bin dann mal weg*, S. 11.

wohin die Reise dieses Ich geht. Und warum es überhaupt diese Reise und gerade nicht das Zuhausebleiben in Düsseldorf gibt. Es geht also um den Beweggrund, das eigentliche *Movens*, das auch letztlich für den Untertitel verantwortlich ist: Mein Weg auf dem Jakobsweg.

Der Text führt vor, wie die von der Literatur über lange Jahrtausende vermittelte Lebensmetaphorik des Weges selbst wiederum gelebt werden kann und wie der Beginn eines Weges, der hier deutlich apostrophiert wird, mit der Frage nach dem Warum und dem Wie verknüpft wird, ganz so, wie es bei Dante gleich im *Canto primo* seines *Inferno* der Fall ist. Das Ich muss im Grunde seine Reise nicht rechtfertigen: Es befindet sich in einer existentiellen Notsituation – und wer weiß schon zu sagen, wie es da hineingekommen ist. Wie die *Divina Commedia* ist Hape Kerkelings Text letztlich eine Komödie, also ein Text mit einem guten Ausgang. Auch wenn der Ausgangspunkt für den Text selbst ein durchaus schwieriger ist, also in einer selva selvaggia angesiedelt ist, wie es der Text gleich wenige Seiten nach den ersten Zeilen des Fast-schon-Aufbruchs zu Papier bringt. dort heißt es bedeutungsvoll:

> In meinem hauchdünnen Reiseführer, den ich schließlich auch über die schneebedeckten Wipfel der Pyrenäen schleppen muss, steht, dass Menschen sich seit vielen Jahrhunderten auf die Reise zum heiligen Jakob machen, wenn sie, wörtlich und im übertragenen Sinn, keinen anderen Weg mehr gehen können.
>
> Da ich gerade einen Hörsturz und die Entfernung meiner Gallenblase hinter mir habe, zwei Krankheiten, die meiner Einschätzung nach großartig zu einem Komiker passen, ist es für mich allerhöchste Zeit zum Umdenken – Zeit für eine Pilgerreise.
>
> Über Monate nicht auf die innere Stimme zu hören, die einem das Wort „PAUSE!" förmlich in den Leib brüllt, sondern vermeintlich diszipliniert weiterzuarbeiten, rächt sich halt – indem man einfach gar nichts mehr hört. Eine gespenstische Erfahrung! Der Frust und die Wut über die eigene Unvernunft lassen dann auch noch die Galle überkochen und man findet sich in der Notaufnahme eines Krankenhauses mit Verdacht auf Herzinfarkt wieder.
>
> Wütend darüber, dass ich es so weit habe kommen lassen, bin ich immer noch! Aber ich habe auch endlich wieder meiner inneren Stimme Beachtung geschenkt und siehe da: Ich beschließe, während der diesjährigen Sommermonate keinerlei vertragliche Verpflichtungen einzugehen und mir eine Auszeit zu spendieren.[5]

Damit ist nun aber ein Tatbestand erfüllt, den wir bereits kennen: der Zustand einer Lebenskrise, einer existentiellen Notsituation. Es ist eine Lebenskrise, die sozusagen organisch angezeigt wird und die das Ich zum Hören, zum Aufhören zwingt und mit sich nimmt, es mit-nimmt. Eine Lebenskrise ist es, weil sie das Leben des Ich selbst in Gefahr bringt, selbst der Gefahr eines baldigen Endes aussetzt: Ein Herzinfarkt scheint sich anzukündigen. Es ist das *Nel mezzo del*

---

5 Ebda., S. 3 f.

cammin di nostra vita – das bedeutete bei Dante autobiographisch etwa Mitte dreißig, also um die 35 Jahre alt zu sein und den direkten, geraden Weg verloren zu haben. Eine Art *midlife crisis* also. Aber es ist gleich gültig, wann dieser Augenblick kommt – ob in der Mitte des Lebens oder eher etwas Später: Stets stellt diese Krise, die auch Chance ist, das ganze Leben in Frage, ohne doch die Vergangenheit des Ich auszulöschen. Und so bleibt auch die Identität des Komikers Hape Kerkeling letztlich unberührt, seine Erfolge bleiben bestehen. Nur: Da gibt es etwas in seinem Leben, das nach Bewegung drängt, das nach Veränderung schreit, das gleichsam organisch, mit Hilfe der Organe, auszudrücken scheint, was letztlich der gesamte Band beschreibt: *Du musst Dein Leben ändern!*

Hape Kerkeling ist nach eigenen Angaben zu diesem Zeitpunkt 36 Jahre alt, und dies sicherlich, ohne sich auch nur im Geringsten mit Dante Alighieri beschäftigt zu haben. Aber es scheint mir doch sehr aufschlussreich zu sein, dass die Weisheit dieses Lebenswissens mit dem Verweis auf den Reiseführer erfolgt und damit letztlich auch auf die Literatur. Denn wo sollen denn die Jahrhunderte sonst herkommen? In dieser Manier baut Kerkelings eigenes Buch immer wieder auf die vorherigen Formen, die – wie wir sahen – auch die klassische itinerarische Struktur selbst miteinbeziehen. Die Pilgerreise ist ein frühmittelalterlicher Weg, den es zu beschreiten gilt. Es ist die ganze Erfahrung einer langen Geschichte des Abendlandes, die sich recht unvermittelt auf den Seiten des westdeutschen Komikers wiederfindet, der an einem Wendepunkt in seinem Leben angelangt ist.

Die Mitte des Weges als Mitte des Lebensweges ist dabei in Kerkelings Buch von Beginn an mit dem Körper und dessen Signalen verbunden. Die Frage nach der Körperlichkeit und dem eigenen Körper ist eine zentrale, gerade auch und immer in der Reiseliteratur. Wir können hier mit Helmuth Plessner unterschieden zwischen dem Körper, den wir haben, und dem Leib, der wir sind. Wir können den Körper verwenden, zum Beispiel als Geh-Maschine, und wir können ihn schmücken oder bemalen; zugleich aber sind wir Leib, haben schmerzen und haben Lust, erleiden den Leib oder sind mit ihm in Lust verbunden. Diese Unterscheidung zwischen Körper und Leib, zwischen Körper-Haben und Leib-Sein, wird uns auf unserem Weg durch die Reiseliteraturen der Welt noch mehrfach begegnen.

Ja, gut: Auch wenn einem angesichts der wiederkehrenden Knieschmerzen, der vielen schmerzenden Füße, dem Humpeln und vielem anderen mehr auch bisweilen etwas langweilig werden kann aufgrund des ostentativ und repetitiven Duktus. Doch auf diese Weise verwandelt sich der Pilgerweg in einen reinigungsweg des Körpers, in einen Häutungsprozess, an dessen Ende möglicherweise – wir werden es sehen – eine Art der Wandlung, der Verwandlung stehen kann. Es sind, mit anderen Worten, Exerzitien, denen der Körper unterzogen wird, gerade um die Gefahr zu bannen, dass der Körper seinen Dienst quittiert: Exerzitien, in denen Körper und Leib zusammengebunden sind und sich in ihrer wechselseitigen Abhängigkeit begreifen. Und ich verstehe den Begriff der Exerzitien durchaus in jenem Sinne, in welchem es der Heilige Ignatius von Loyola tat. Oder auch Santa Teresa de Jesús, die Heilige Teresa von Avila: ein Erleben des Körper-Leibes auf dem Weg als Er-Fahrung des Weges, unseres Lebens-Weges.

Wir sehen also: Bereits am *reiseliterarischen Ort* der Abreise werden die fundamentalen Aspekte der Reiseliteratur hier in einen sehr konzentrierten, verdichteten Zusammenhang gebracht. Selbst wenn Kerkeling niemals ein reiseliterarisches buch in die Hand genommen hätte, wären ihm doch die grundlegenden Strukturen der Reiseliteratur mehr oder minder vertraut gewesen. Selbst wenn wir uns niemals mit den Liebesformen in der arabischen Welt auseinandergesetzt hätten: Ohne diese Liebesformen würden wir selbst unsere eigene Liebespraxis überhaupt nicht verstehen und noch weniger leben können – eine Tatsache, die vor langen Jahrzehnten einmal Denis de Rougemont in seinem Buch über *L'amour en Occident* wunderbar vorgeführt hat.[6] Wir müssen nicht wissen, woher etwas kommt, um es zu praktizieren und zu leben. Denn dieses Lebenswissen ist ganz einfach da: Es ist Teil unserer Logosphäre, also aller Dinge, die uns gesprochen wie die Atmosphäre umgeben, und es ist Teil unserer Graphosphäre, also aller graphischen Präsenz und Gegenwärtigkeit, die uns ständig buchstäblich umgibt. Wir atmen all dies ein.

Betrachten wir an dieser Stelle andere reiseliterarische Orte, so wäre als nächster der *reiseliterarische Höhepunkt* zu nennen. Den werde ich hier nicht zitieren, doch ist er ebenfalls sehr explizit gemacht: Es ist die Begegnung des wandernden Ich, des suchenden Ich mit Gott, mit dem Schöpfer. Eine buchstäbliche Begegnung mit Gott, der also doch nicht tot ist, sondern lebt, erfahrbar ist – zumindest für einige wie Hape Kerkeling. Und der der lebenslangen Suche Hans Peter Kerkelings durchaus einen transzendenten Sinn gibt. Ich könnte diese Passage hier noch mit einbauen und sehen, wie diese Begegnung mit Gott auf dem Pilgerweg in Szene gesetzt wird und das Ich mit einem Hauch von Transzendenz umgibt; ich möchte aber dafür einen anderen reiseliterarischen Ort heranziehen, der mir für die Belange unserer Vorlesung als wichtiger und aussagekräftiger erscheint: den der Ankunft.

Dieser Ort der Ankunft ist anders als der Höhepunkt nicht frei flottierend, sondern bei einer Pilgerreise fest vorgegeben. Da geht es auch nicht so sehr um eine Rückkehr – ein weiterer reiseliterarischer Ort –, sondern um die Frage der Ankunft im heiligen Ort, im heiligen Raum des Pilgerzieles

---

6 Vgl. Rougemont, Denis de: *L'amour et l'Occident*. Édition definitive. Paris: Plon 1972.

selbst: beim heiligen Jacobus, beim „wahren Jakob" also. Und diese Ankunft
bedeutet in gewisser Weise auch das Ende des Weges, also nicht nur das
Ende des Jakobsweges, sondern des eigenen Lebensweges der Wandlung,
der Verwandlung. Dies bedeutet nicht etwa, dass das Leben zu Ende wäre,
aber dass an diesem Ort des Ankommens das Leben in eine neue Phase eintritt, eine neue Phase für das reisende Ich beginnt, für welchen die Ankunft
wiederum zu einem neuen Ausgangspunkt wird. Die Lebenskrise leitet über
in eine neue Lebensphase. Wie nun hat Kerkeling diese fundamentale Erfahrung vor dem Hintergrund so vieler anderer Bücher und Reiseführer in Szene
gesetzt? Die Antwort hierauf findet sich leicht in der folgenden Passage:
spektakulär.

> Mit einer großen Geste weist Lara uns den Weg in Richtung Ziel. „Am Ende der Straße
> seht ihr schon den Eingang zur Plaza!"
> Entschlossenen Schrittes eilen wir drei auf das zum Domplatz führende Tor zu. Was
> dann folgt, ist unser schneller Pilgertod.
> Durch die tunnelartige dunkle Wallfahrerpforte ziehen wir auf den in Sonnenlicht
> getauchten Kathedralenvorplatz. Mit dem Betreten der Plaza de Obradoiro sind wir keine
> Pilger mehr. Hier ist die Reise unwiderruflich zu Ende und im gleichen Moment beginnt
> etwas Neues! Etwas, das wir überhaupt nicht begreifen. In was sind wir denn da hinein-
> geraten? Das muss der Pilgerhimmel sein!
> Eine Menschenmasse in großartiger Feierstimmung erwartet uns. Der Platz ist abge-
> sperrt und Soldaten stehen rundum Spalier. Die Fahnen Galiciens, Spaniens und Europas
> wehen an unzähligen Masten und machen die Plaza zum Flaggenmeer. Vor dem Parador,
> dem besten Hotel am Platz, liegt ein langer roter Teppich. Eine Polizeieskorte auf Motor-
> rädern begleitet ein dickes schwarzes Auto zum Eingang des Paradors. Die spanische Na-
> tionalhymne ertönt. Ministerpräsident Aznar steigt winkend aus der Limousine und
> schreitet über den Teppich in den Palast. Jeder bekommt den Empfang, den er verdient.
> Na, besser kann man es wohl kaum treffen!
> Dieser Aufmarsch gilt zwar unbestritten nicht uns, dennoch fühlt es sich in unserer
> Euphorie so an. Nach Wochen der Stille unvorbereitet in diese Zeremonie hineinzugera-
> ten, ist besonders beeindruckend und verwirrend.[7]

Dieser Empfang, diese Ankunft scheint mir recht gut, da spektakulär in Szene gesetzt. Es ist eine Ankunft, die sich wieder auf etwas Neues öffnet: auf begeisterte
Menschenmassen. Damit ist die Ankunft zwar zum einen der Pilgertod, ist also
auf dem Lebensweg des Jakobsweges gleichbedeutend mit dem Ende der Pilgerschaft und damit mit dem Tod als Pilger. Zugleich aber gibt es eine Transzendenz,
die hier freilich durchaus irdische Züge trägt. Denn die begeisterten Menschenmassen sind im Text wiederholt schon aufgetaucht, und sie sind stets auf das Ich
gerichtet, das seinen Aufstieg zum Star – der Begriff fällt tatsächlich – in diesem

---

7 Kerkeling, Hape: *Ich bin dann mal weg*, S. 336.

Pilgerbuch ebenfalls schildert. Wir stehen im grellen Sonnenlicht, ganz in Kontrast zur sonnenlosen Szene des Anfangs in St Jean Pied-de Port.

Was also hier dem spanischen Ministerpräsidenten Aznar entgegenschlägt, richtet sich letztlich auf den Ex-Pilger. Und eben darum ist die Reise – wenn auch wohl die Pilgerschaft – beim heiligen Jacobus noch nicht zu ende, sondern muss noch ein Nachspiel haben, um eine Sinngebung zu unterstreichen, zu bewerkstelligen. Ein Nachspiel, das nach allen transzendenten Erfahrungen auch noch die Dimension des Irdischen und einer Vita Nova – wie dies Dante zum Ausdruck gebracht hatte – umfasst und in Szene setzt. Doch genießen wir erst einmal das Ankommen, die Ankunft auf dem Platz vor der Kathedrale: Sie ist zugleich das Verschmelzen des Pilger-Ichs mit einer Menschenmasse, mit einer in Hochstimmung befindlichen Menschenmasse, die sich dieses transzendenten Augenblicks bewusst ist und im Lichte, im Sonnenlichte der Erkenntnis zu sein scheint.

Das eigentliche Nachspiel aber erfolgt im sogenannten „Nachwort", also einem Textteil, der tatsächlich nicht mehr zur „eigentlichen" Reise gehört, aber paratextuell natürlich von erheblicher Bedeutung ist. Dazu müssen wir noch wissen, dass das Ich den beiden Pilgerinnen Anne aus Liverpool und Sheelagh aus Neuseeland auf der Plaza selbst sowie auch sich selbst jeweils ein Pilgerglöckchen geschenkt hat. Dieses Pilgerglöckchen verbindet nun die Reise mit dem eigenen wieder im Zeichen der Erfolgs, des Umjubeltseins von Menschenmassen stehenden Lebens, das als Vita Nova freilich mehr eine Fortsetzung unter gefestigten Vorzeichen als etwas wirklich Neues beinhaltet. Ich möchte Ihnen dieses Nachwort aber nicht verschweigen, denn die Art der Inszenierung des Reiseverlaufs ist ganz entscheidend – und hier wird der reiseliterarische Ort der Rückkehr auf eine sehr kluge, geschickte und auch den eigenen Wert ins Zentrum rückende Weise buchstäblich vor Augen geführt. Denn die Vita Nova, die hier in Szene gesetzt wird, ist mit dem Höhepunkt der Reise, der Ankunft im Pilgerhimmel, noch immer verbunden und führt Kontinuitäten herauf, die dem Pilger zum Zeitpunkt seiner Ankunft noch nicht bewusst sein konnten.

> Mein Pilgerglöckchen habe ich zu Hause auf meinem Schreibtisch platziert und dann über ein Jahr nicht angerührt. Als ich in der Talkshow „Maischberger" zu Gast war, um unter anderem von der Pilgerreise zu erzählen, hatte ich das Glöckchen dabei. Sandra Maischberger bat mich, dieses Glöckchen zum ersten Mal seit Beendigung meiner Reise zu läuten.
>
> Das tat ich und dachte dabei wie versprochen an Sheelagh und Anne. Unmittelbar nach der Sendung hörte ich meine Mailbox ab und da klingelt ein Glöckchen und Sheelaghs Stimme sagt: „I heard the bell!" Ich habe die Glocke gehört!

Sheelaghs Tochter Phoebe hat sich während ihrer Europareise in Hamburg Hals über Kopf in einen Deutschen verliebt und ist bei ihm geblieben. Die beiden schauen zufällig Fernsehen und sie erkennt das Glöckchen ihrer Mutter wieder. Der deutsche Freund übersetzt ihr meine Geschichte und Phoebe ruft sofort ihre Mutter in Neuseeland an, die zwei Minuten später auf meinem Anrufbeantworter landet.

Der nächste Anruf auf meiner Mailbox ist Annes bimmelndes Glöckchen. „I heard the bell, too. Baby Jesus is waving at you!" Sheelagh hat sie nämlich in England sofort aus dem Bett geklingelt. Zu gerne hätte ich Annes verknautschtes Gesicht beim Abnehmen des Hörers gesehen![8]

Die Wirkung dieses nachgestellten Textteiles ist frappierend. So also endet die Reise auf dem Jakobsweg letztlich nicht in der Kathedrale von Santiago de Compostela, sondern wieder zurück in Düsseldorf oder wo auch immer – in jedem Falle in einem Sendestudio des Fernsehens mit einer renommierten Talkshow und auf einem Anrufbeantworter, ganz im Zeichen weltweiter Kommunikation.

Ja, Hape Kerkelings Pilgerreise besitzt einen guten Ausgang: sie ist eine *Commedia*. Der Band des Komikers präsentiert eine Lebensreise, die durch einen dichten, dunklen Wald, durch eine dunkle, tunnelartige Pilgerpforte führt, aber letztlich doch als wunderbare Komödie mit einer Erfüllung endet. Eine wunderbare Geschichte, wie gemacht und wie gemalt für ein Millionenpublikum. Die Wandlung des Hape Kerkeling hat stattgefunden und war mit allen Zeichen eines Neubeginns versehen: Die Lebenskrise ist in eine neue Lebensphase übergegangen, die Wandlung ist vollzogen. Aber zugleich ist diese Inszenierung die eines zumindest nationalen Stars, der in einer berühmten Talkshow auftritt und auftreten darf und dabei letztlich seine alte Rolle neu interpretiert – einschließlich seiner neuen Rolle als Jakobspilger selbst. Wahrlich: eine perfekte Vermarktung und zugleich doch eine perfekte Wandlung vom alten in den neuen Kerkeling.

Es wäre nun ein Leichtes, an diesem sehr fundamental aufgebauten Text auch weitere Grundkonstellationen der Reiseliteratur aufzuzeigen. Dazu gehört auch die von der Autobiographie her bekannte Tatsache des Auseinandertretens von erzähltem Ich und erzählendem Ich, wobei letzteres das erzählte Ich kommentiert, in Szene setzt, kritisiert, aus zeitlicher und räumlicher Distanz befragt und dessen Entwicklung immer wieder anders perspektiviert. Mit der modernen Autobiographie teilt der Reisebericht diesen doppelten (oder eigentlich mehrfachen) Bezug zum Ich, diese mehrperspektivische Portraitierung eines Ich. Ganz abgesehen davon, dass die Szenerie gleich zu Beginn der ersten Autobiographie der Moderne mit Jean-Jacques Rousseaus Präsentation seines Lebensbuches auf den ersten Zeilen seiner *Confessions* letztlich die eigene Lebensreise entwirft und präsentiert: eine Lebensreise, die im Lichte aller

---

8 Kerkeling, *Ich bin dann mal weg*, S. 346.

autobiographischen Brechungen des Genfer Bürgers noch immer als gelungen, als positiv bewertet werden kann. Die moderne Autobiographie und der Reisebericht sind auf vielfache Weise miteinander verbunden: es sind verwandte Gattungen, die doch so lange Zeit taten, als hätten sie nichts miteinander gemein.

Hape Kerkelings Vita Nova ist freilich bescheidener und zugleich anspruchsvoller. Das Nachwort beschreibt diesen Prozess eines Stars, der wieder an die Stelle des alten Stars tritt und ein neues Leben verwirklicht, das so neu nicht ist. Das Nachwort beendet den langen Prozess der Pilgerschaft – und so landen wir wieder in einer Gegenwart, während und unmittelbar nach einer Talkshow im deutschen Fernsehen. Hier wird der Jakobsweg zum gefundenen Fressen, das vom Autor des Buches keineswegs eskamotiert und verborgen wird. Im Gegenteil: Die Pilgerschaft auf dem Jakobsweg wird auf verschiedenste Weise vermarktet.

Dies ändert nichts daran, daß Kerkelings Jakobsweg ein gutes Beispiel dafür ist, dass die Entwicklungsprozesse, die ein Reisender in einer Winternacht erleben und durchleben kann, uns überaus lebendig verständlich machen, was eigentlich das Faszinierende des Reiseberichts ausmacht und worin das Faszinosum der Reiseliteratur besteht. Der literarische Reisebericht macht uns nicht zuletzt zu Mitreisenden, die auf ihrer Reise alle Verstehensprozesse des Ich nachvollziehen können und dürfen. die Reise auf dem Lebensweg ist die Reise durch ein Lebenswissen, das sich uns verschiedenartig präsentiert und vermittelt.

Hier könnte man auch den autobiographischen Pakt in dieser Art des Reiseberichts hervorheben. Oder die anderen Elemente des schematischen Teiles, darunter auch die neun verschiedenen Dimensionen des Reiseberichts erwähnen. Aber diese werde ich zu einem späteren Zeitpunkt einbauen, ich bitte Sie noch um ein wenig Geduld.

Soweit also nun unser Vorspiel zur Vorlesung. An diesem Auftakt der Vorlesung möchte ich Ihnen zunächst ganz kurz die Anordnung der Vorlesung nochmals vorstellen. Sie ordnet sich – wie ich bereits erläutert habe – in drei Teile, die miteinander vielfältig verbunden sind, aber als drei unterschiedliche Partien und Partituren gelesen werden sollen. Wir beginnen mit einem allgemeinen Teil, der wesentliche Aspekte reiseliterarischen Schreibens vorstellt, setzen unseren Weg durch die Reiseliteratur dann mit einem zweiten Teil fort, den ich den Schematischen Teil nennen möchte, um schließlich dann in einem Dritten teil historische Studien in einer Abfolge zu betreiben, die insgesamt chronologisch angeordnet ist. Beginnen wir also mit dem ersten Teil und schnallen Sie sich an: Unsere Reise beginnt.

Teil I: **Allgemeines Hauptstück. Annäherung an den (literarischen) Reisebericht**

Wie man von der Totalität der Welt erzählt

Beginnen wir mit einer fundamentalen Frage, wie sie in ihrer Einfachheit an alle Texte, an alle Erzählungen, an alle Geschichten, die wir uns im Abendland erzählen, gestellt werden kann und muss: Über welche Traditionsstränge, über welche diskursiven und narrativen Mittel verfügt die abendländische Literatur, wenn sie uns von der Welt erzählen und von der Totalität des Universums berichten will? Gleich im ersten, der „Narbe des Odysseus" gewidmeten Kapitel seines zwischen Mai 1942 und April 1945 im Istanbuler Exil verfassten Bandes *Mimesis. Dargestellte Wirklichkeit in der abendländischen Literatur* hat der vor den barbarischen Nazihorden aus Marburg geflohene Romanist Erich Auerbach den Versuch unternommen, der Welt Homers kontrastiv und vergleichend zugleich die Welt der Bibel gegenüberzustellen.

Der „biblische Erzählungstext", so Auerbachs kluge Bemerkung, wolle uns buchstäblich in seine eigene Welt entführen und uns aus dieser nicht mehr fliehen lassen:

> Der biblische Erzählungstext [will uns] ja nicht nur für einige Stunden unsere eigene Wirklichkeit vergessen lassen wie Homer, sondern er will sie sich unterwerfen; wir sollen unser eigenes Leben in seine Welt einfügen, uns als Glieder seines weltgeschichtlichen Aufbaus fühlen. Dies wird immer schwerer, je weiter sich unsere Lebenswelt von der der biblischen Schriften entfernt [...]. Wird dies aber durch allzustarke Veränderung der Lebenswelt und durch Erwachen des kritischen Bewußtseins untunlich, so gerät der Herrschaftsanspruch in Gefahr [...]. Die homerischen Gedichte geben einen bestimmten, örtlich und zeitlich begrenzten Ereigniszusammenhang; vor, neben und nach demselben sind andere, von ihm unabhängige Ereigniszusammenhänge ohne Konflikt und Schwierigkeit denkbar. Das Alte Testament hingegen gibt Weltgeschichte; sie beginnt mit dem Beginn der Zeit, mit der Weltschöpfung, und will enden mit der Endzeit, der Erfüllung der Verheißung, mit der die Welt ihr Ende finden soll. Alles andere, was noch in der Welt geschieht, kann nur vorgestellt werden als Glied dieses Zusammenhangs [...].[1]

Erich Auerbach hat in diesem Auftakt seines *Opus Magnum* eine Alternative zwischen zwei Geschichtsmodellen entworfen, die unser Erzählen im Abendland leiten und regeln. Die Tatsache, dass er, der Romanistik niemals als ein Untersuchungsareal mit festen Grenzen und Gegenstandsbereichen verstand und bereits in diesen Überlegungen einer „Philologie der

---

1 Auerbach, Erich: *Mimesis. Dargestellte Wirklichkeit in der abendländischen Literatur*. Tübingen: Francke Verlag 2015, S. 18.

Abb. 3: Erich Auerbach (Berlin, 1892 – Willingford, 1957).

Weltliteratur"[2] auf der Spur war, die homerische und die alttestamentarisch-biblische Welt als die beiden fundamentalen Ausgangs- und Bezugspunkte begriff, deren Kräftefelder die dargestellte Wirklichkeit in der abendländischen Literatur bis in die Gegenwart prägen, führte den Philologen zur Einsicht in eine auf den ersten Blick paradoxe Struktur:

> Das Alte Testament ist in seiner Komposition unvergleichlich weniger einheitlich als die homerischen Gedichte, es ist viel auffälliger zusammengestückt – aber die einzelnen Stücke gehören alle in einen weltgeschichtlichen und weltgeschichtsdeutenden Zusammenhang.[3]

Die Trennung in zwei Modellbildungen des Erzählens ist hier klar und deutlich konturiert. So entspreche der raum-zeitlich eng begrenzten Fragmenthaftigkeit von *Ilias* und *Odyssee* eine große erzählerische Geschlossenheit, während umgekehrt die einheitliche „religiös-weltgeschichtliche Perspektive"[4] des Alten Testaments sich auf der Textebene in einer gleichsam zusammengestückelten Fragmentarität niederschlage. Treibt also eine zweipolige Motorik die abendländische Literatur bis heute voran? Und bedienen wir uns ihrer, ohne uns der Herkunft dieser Schemata in vollem Sinne bewusst zu sein?

Erich Auerbachs kontrastiver Deutung, der man auch aus heutiger Sicht gewiss zustimmen kann, bliebe freilich hinzuzufügen, dass das Charakteristikum

---

2 Vgl. Auerbach, Erich: Philologie der Weltliteratur. In: *Weltliteratur*. Festgabe für Fritz Strich. Bern 1952, S. 39–50; wieder aufgenommen in Auerbach, Erich: *Gesammelte Aufsätze zur romanischen Philologie*. Herausgegeben von Fritz Schalk und Gustav Konrad. Bern – München: Francke Verlag 1967, S. 301–310. Vgl. hierzu auch Ette, Ottmar: Erich Auerbach oder Die Aufgabe der Philologie. In: Estelmann, Frank / Krügel, Pierre / Müller, Olaf (Hg.): *Traditionen der Entgrenzung. Beiträge zur romanistischen Wissenschaftsgeschichte*. Frankfurt am Main – Berlin – New York: Peter Lang 2003, S. 21–42.
3 Auerbach, *Mimesis*, S. 19.
4 Ebda.

des „Zusammengestücktseins" dann nicht so sehr ins Gewicht fällt, wenn wir uns – wie eingangs geschehen – nicht mit dem Gesamtaufbau etwa des Alten Testaments, sondern mit spezifischen Episoden und Elementen der Schöpfungsgeschichte beschäftigen. Hier greift – ohne dass dies der Zweiteilung Auerbachs auch nur im Geringsten Abbruch täte – die erzählerische Gewalt, die weitestgehend unabhängig von sicherlich bedenkenswerten Veränderungen in der Lebenswelt ihrer Leserschaft zum Tragen kommt, durchaus auf das Mittel einer Geschlossenheit dargestellter (erzählerischer) Welt zurück.

Eben dies aber ermöglicht, ja gewährleistet die Übertragbarkeit und Übersetzbarkeit gerade eines Narrativs, das wie die Vertreibung der ersten Menschen aus dem Paradies von einer großen erzählerischen Geschlossenheit (und Gewalt) geprägt ist, in die unterschiedlichsten Sprachen, Kulturen und Zeiten. Denn die Geschichte von Adam und Eva und ihrer Vertreibung östlich von Eden funktioniert wie eine *mise en abyme* der gesamten Schöpfungs- und Heilsgeschichte – und dies im Abendland weitgehend unabhängig von sprachlichen und geokulturellen Grenzen, wie uns die Werke von Dante Alighieri und Milton bis Proust und Lezama Lima eindrucksvoll vor Augen führen. War nicht des Christoph Columbus' Suche nach dem irdischen Paradies und seine unbeirrbare Überzeugung, sich an der Mündung des Orinoco im Angesicht eines der vier großen Ströme dieses Paradieses zu befinden,[5] ein wesentliches Movens der Entdeckungs- und Expansionsgeschichte Europas? Es sind Geschichten, Fiktionen, welche die Geschichte des europäischen Kontinents vorantreiben. Die Geschichte selbst ist Ausfluss dieser Geschichten, welche die Weltgeschichte modellieren.

Die häufig untersuchte Dialektik von Fragment und Totalität[6] wird in diesen Eingangspassagen von Auerbachs *Mimesis* von einer nicht minder wirkungsmächtigen Wechselbeziehung zwischen – wie sich formulieren ließe – raumzeitlicher Begrenztheit und raumzeitlicher Entgrenzung sowie von lebensweltlich fundierter Geschichtenwelt und religiös fundierter Weltgeschichte komplettiert. Weltgeschichte speist sich aus jenen Geschichten, welche die Welt zu modellieren nicht aufhören wollen.

Für unsere Fragestellung ist die Tatsache aufschlussreich, dass sich die weltgeschichtliche Dimension nicht nur mit einem absoluten Deutungs- und Herrschaftsanspruch verbindet, der selbst die räumlich und zeitlich entferntesten

---

5 Zur verbreiteten Auffassung, daß ein Zugang zum Paradies nur von Osten her möglich sein würde, Vgl. Scharbert, Josef: *Die neue Echter Bibel*. Würzburg: Echter 1989, S. 62.

6 Vgl. u. a. Dällenbach, Lucien / Nibbrig, Christiaan L. Hart (Hg.): *Fragment und Totalität*. Frankfurt am Main: Suhrkamp 1984.

Phänomene auf die eigene (Heils-) Geschichte zu beziehen sucht, sondern sich aus einer Abstraktion von konkreten raumzeitlichen Bedingungen entfaltet, die letztlich vom Abendland aus moderiert werden können. Denn dies sorgt für Übertragbarkeit, sichert den transgenerationellen Wissensfluss auch dann, wenn sich starke Veränderungen oder scharfe Brüche innerhalb der jeweiligen lebensweltlichen Kontexte ereignen. Geschichten und Erzählungen modellieren die Welt, in der wir leben.

Der von Erich Auerbach herausgearbeitete doppelte Traditionsstrang dargestellter Wirklichkeit in der abendländischen Literatur kann in seiner Wirkmächtigkeit auch dann bestätigt werden, wenn man von allem Anfang an – und auf den ersten Blick gegenläufig zu der *Mimesis* zugrunde liegenden These – das Verwobensein weltlicher und religiöser Weltdeutung betont. Denn beide Traditionsstränge standen zweifellos in einem beständigen wechselseitigen Austausch und waren keinesfalls klar voneinander geschieden. Das sicherlich beste Beispiel für eine derartige textuelle Konfiguration bildet zweifellos das *Gilgamesch-Epos*, dessen Tontafeln auf das Mesopotamien des letzten Drittels des zweiten vorchristlichen Jahrtausends zurückgehen, dessen früheste Fassungen zugleich aber auf das dritte vorchristliche Jahrtausend zurückverweisen.[7] In diesem unserer abendländischen Kultur zu Grunde liegenden Epos kommt gerade der Dimension eines sich verändernden Zusammenlebens zwischen Göttern und Menschen, Menschen und Tieren, aber auch Menschen und Pflanzen oder Steinen innerhalb eines menschheitsgeschichtlichen Prozesses der Zivilisation eine fundamentale Bedeutung zu.[8] Der Prozess einer fortschreitenden Zivilisierung, aber auch die Allverbundenheit aller Dinge und Wesen des Universums lässt sich auf den Tontafeln, die ihrerseits auf frühere Texte verweisen, glänzend studieren.

Dabei gilt es festzuhalten, dass im Zentrum des *Gilgamesch-Epos* nicht ein ländlich-paradiesischer Raum, sondern eine Stadtlandschaft steht, wie sie sich im Zweistromland modellhaft in ihrer urbanen Ausdifferenzierung wie in ihrer Doppelbezüglichkeit von Stadt und Land entwickelte. So ist die große Stadt Uruk als Mikrokosmos eines gesamten Weltentwurfs die eigentliche Protagonistin dieses Epos: Von ihr gehen alle Wege des Gilgamesch aus, zu ihr führen alle Wege der Helden wie der Götter hin: Sie steht im

---

7 Vgl. hierzu Maul, Stefan M.: Einleitung. In: *Das Gilgamesch-Epos*. Neu übersetzt und kommentiert von Stefan M. Maul. München: C.H. Beck 2005, S. 13 f.
8 Vgl. hierzu Ette, Ottmar: *ZusammenLebensWissen. List, Last und Lust literarischer Konvivenz im globalen Maßstab*. Berlin: Kadmos 2010, S. 34–36.

Abb. 4: Tontafel V des *Gilgamesch-Epos*.

Mittelpunkt eines sternförmig von ihr ausgehenden und zu ihr führenden Bewegungsmusters, das auf allen Tontafeln präsent ist. Urbanität und Literatur sind seit den frühesten Zeiten aufs Engste miteinander verbunden. Alle Reisebewegungen der Menschen wie der Götter ergeben Sinn erst in Beziehung zur Mutter aller abendländischen Städte, die in ihren Mauern das Modell des Universums birgt.

Der Anspruch dessen, was wir heute als Literatur bezeichnen, auf die Erfassung einer Totalität alles Geschaffenen und Gewordenen, sowie auf die Entfaltung eines darauf gegründeten Weltbewusstseins manifestiert sich bereits auf den ersten Tontafeln dieses Epos, welche die sternförmigen Bewegungen des großen Gilgamesch skizzieren, der die Räume und die Zeiten in ihrer Tiefe quert. Denn Gilgamesch kann die Erde ermessen, weil er sie mit seinem Körper, mit seinen gewaltigen Schritten durchmessen hat:

> Der, der die Tiefe sah, die Grundfeste des Landes,
> der das *Verborgene* kannte, der, dem alles bewußt -
> Gilgamesch, der die Tiefe sah, die Grundfeste des Landes,
> der das *Verborgene* kannte, der, dem alles bewußt -

vertraut sind ihm die Göttersitze allesamt.
Allumfassende Weisheit *erwarb* er in jeglichen Dingen.
Er sah das Geheime und deckte auf das Verhüllte,
er brachte Kunde von der Zeit vor der Flut.[9]

Das Wissen des Gilgamesch quert die Räume und die Zeiten, erstreckt sich über die Grundfeste des Landes wie der Göttersitze, weiß Kunde von allen Dingen. Nichts bleibt diesem Heroen verborgen: Alles liegt offen vor ihm. Bewegung ist der Schlüssel zu Gilgamesch' Wissen. Literatur entwirft sich auf diesen uralten Tontafeln als ein in ständiger Bewegung befindliches Weltbewusstsein, dessen Bezugs- und Durchgangsort freilich immer der urbane (Bewegungs-) Raum im Zweistromland Mesopotamiens ist.

Dieser wird gleich zu Beginn in seiner schieren Spatialität, in seiner beeindruckenden räumlichen Erstreckung immer wieder (und noch ein letztes Mal ganz am Ende des Epos) voller Stolz eingeblendet, wobei das Ineinandergreifen von Urbanität, Natur und vom Menschen bebauter Natur sowie der Dimension von Transzendenz überdeutlich markiert wird. Raum und Zeit schließen ihre jeweilige Transzendenz mit ein. Uruk ist ein Mikrokosmos, in dem sich alles bündelt. Der Stadtraum – vergessen wir dies nicht – ist dabei der Raum der Literatur:

Eine (ganze) Quadratmeile ist Stadt,
eine (ganze) Quadratmeile Gartenland,
eine (ganze) Quadratmeile ist Aue,
eine halbe Quadratmeile der Tempel der Ischtar.
Drei Quadratmeilen und eine halbe, das ist Uruk, das sind die Maße![10]

Die Maße sind da, um durchmessen zu werden. Literatur ist, weil sie aus der Bewegung entsteht. Der hier aufgespannte Raum ist fraglos im bewegungsgeschichtlichen Sinne ein Bewegungsraum, wird Uruk doch durch die Reisen und Wanderungen des Gilgamesch konfiguriert, die sie immer wieder von neuem queren und dadurch mit den entferntesten Enden der Erde verbinden und vernetzen. Die Stadt ist eine Insel im Archipel ihrer die ganze Welt umfassenden Relationen – *urbi et orbi*, Stadtgeschichte als Weltgeschichte. Die strahlende, von Mauern geschützte Stadt ist das Reich des Menschen und das Reich der Zeichen: gerade auch der Zeichen seiner Literatur – aus Tonziegeln wie aus Tonscherben zusammengestückt. Geschichte entsteht aus Geschichten, welche aus Bewegungen, aus Reisen, gemacht sind.

---

9 *Das Gilgamesch-Epos*, S. 46.
10 Ebda.

Der Lebensweg des Helden wird immer wieder als Wegstrecke in Szene gesetzt: Erkenntnis und Verstehen, ja ein Bewusstsein der gesamten Welt und aller Dinge, die sie zusammenhält, entsteht nur aus den Reisen, aus den Wanderungen durch Wüsten und Wälder. Aus all diesen Bewegungen lässt sich sehr schön eine Hermeneutik der Bewegung ableiten, wie wir sie später im Ablauf der Vorlesung noch entfalten werden. Im Folgenden geht es um den Weg des Gilgamesch bis in die höchsten Höhen der Erde, ganz der Sonne nah, und bis hin zum Garten der Götter: gleichsam ein Eden derer, die des Baumes des Lebens in ihrem immerwährenden Paradies teilhaftig sind und sich seiner Kraft erfreuen:

Bei der achten Doppelstunde *singt er ein Klagelied*,
  so wie ein Klagesänger es tut.
Die Finsternis ist undurchdringlich, denn Licht gibt es keines (dort).
Nicht ist es ihm gegeben, hinter sich zu schauen.

Bei der neunten Doppelstunde *spürt er des* Nordwindes *Hauch.*
Eine frische Brise weht ihm ins Gesicht.
Die Finsternis ist undurchdringlich, denn Licht gibt es keines (dort).
Nicht ist es ihm gegeben, hinter sich zu schauen.

Als er die zehnte Doppelstunde erreicht,
ist der Lichtschein ganz nahe.
Als er die elfte Doppelstunde *erreicht*,
  bleibt nur noch eine Doppelstunde Weges.
Bei der zwölften Doppelstunde trat Gilgamesch heraus, noch vor der Sonne.

Über dem Garten, den er erblickte, lag helles Licht.
Auf *die glitzernden, bunten* Bäume der Götter ging er geradewegs zu,
  als er sie sah.
Ein Karneol-Baum trägt da seine Frucht,
er hängt voller Trauben, gar lieblich anzusehen. [...]

Der Zeder *Stamm ist ganz aus Tigerauge,*
ihre blatttragenden Äste sind aus schwarz-weißem Streifenachat.
Aus Meereskoralle *sind ihre Nadeln, ihre Zapfen* sind
  aus *rötlichem Streifenachat.*
Anstelle von Dornen und Disteln *wuchsen darunter Kristalle.*[11]

Natur und Kultur stehen hier in einer wechselseitig fruchtbaren Austauschbeziehung ganz so, wie Gilgamesch selbst zwischen den Göttern und den Menschen vermittelt. Eine künstlerisch gestaltete, geschaffene Natur tritt an die

---

11 Ebd, S. 123.

Stelle der organischen, dem Verfall überantworteten: Überzeitlichkeit prägt die Werke einer göttlichen Natur, die wir mit Gilgamesch entdecken. So eröffnet das *Gilgamesch-Epos* mit all seinen Vorläufern[12] und mit all seinen literatur- und religionsgeschichtlich so wirkmächtigen Modellierungen eine lange künstlerische Tradition, innerhalb derer in der literarischen Langform die Darstellung des Allumfassenden häufig mit der Darstellung der Stadt verknüpft und in eine Beziehung zwischen Mikrokosmos und Makrokosmos übersetzt wird.

Dabei schreiben sich die Stadt wie die Literatur – die von allen Zeiten her sich der Herausforderung stellen muss, das Unendliche in der begrenzten, endlichen Form darzustellen – jeweils auf die Seite des Mikrokosmos ein, in dem das vom endlichen Menschen endlich Geschaffene seine eigene Form gewinnt und zugleich *fraktal* auf seine Transzendenz weist.[13] Sind nicht Garten und Tempel beiderseits Teile der Stadt, die sich uns als Modell des ganzen Universums zeigt?

Die Stadt spiegelt Endlichkeit und Unendlichkeit ineins, liegt selbst aber unverkennbar auf der Seite einer endlichen Zeiterfahrung. Mit dieser Endlichkeit muss sich gegen Ende des *Gilgamesch-Epos* schließlich auch der Held selbst abfinden und zufriedengeben. Nach dem Scheitern seines letzten Versuches, die physische Unsterblichkeit zu erringen – also gleichsam Zugang zu den Früchten des Lebens-Baumes zu erhalten –, kehrt er nach Uruk zurück: „Nach zwanzig Meilen brachen sie das Brot, / nach dreißig Meilen hielten sie die Abendrast. / Dann aber erreichten sie Uruk, die Hürden(umhegte).“[14] Zurück im Reich des Umgrenzten und Endlichen.

Doch bereits bevor die elfte und letzte Tontafel wortgleich mit dem Bild der Stadt Uruk aus der ersten Tontafel endet, schließt sich der Kreis für den Helden Gilgamesch, kehrt er auf diese Weise doch von seinen den ganzen Erdkreis, ja das gesamte Universum erfassenden Wanderungen in seine Stadt zurück, eine Heimkehr, die als hermeneutische Bewegungsfigur nicht nur den Kreis des Narrativs schließt, sondern der gesamten Bewegung des Epos ihren Sinn (und ihren so faszinierend vieldeutigen Eigen-Sinn) verleiht. Eine Verstehensbewegung wird skizziert, die in ihrem hermeneutischen Zirkel eine Welt umfasst, in ihrer Bewegung erfasst und doch nicht gänzlich fassen kann, was ihr zwischen den Fingern zerrinnt.

---

12 Vgl. hierzu die genealogischen Überlegungen in Maul, Stefan M.: Einleitung. In: *Das Gilgamesch-Epos*, S. 9–18.

13 Zum fraktalhaften der Literatur Vgl. Ette, Ottmar: *WeltFraktale: Wege durch die Literaturen der Welt*. Stuttgart: Metzler 2017.

14 *Das Gilgamesch-Epos*, S. 152.

Denn mit der vektoriellen Vollendung des Kreises schließt und erschließt sich zugleich der Zyklus eines Lebens, dessen stets prekäre „vollständige" Sinngebung erst von seinem Ende her vollzogen und im vollen Wortsinne verräumlicht vorgeführt werden kann.[15] In der Rückkehr zur von gigantischen Mauern geschützten Stadt findet eine Suche nach Erkenntnis ihren Abschluss, die deutlich macht, dass Gilgamesch, „der die Tiefe sah, die Grundfeste des Landes, / der das *Verborgene* kannte, der, dem alles bewußt",[16] als ein zutiefst Veränderter in seine Stadt zurückkehrt. Er weiß nun von seiner Endlichkeit, weiß um die Differenz zwischen den Göttern und den Menschen: weiß um seine eigene Sterblichkeit. Er hat begriffen, dass er der Unsterblichkeit der Götter definitiv nicht teilhaftig werden kann, ja ahnt vielleicht auch bereits, dass das von ihm noch einmal inspirierte gigantische Verteidigungswerk der Stadt Uruk mit all seinen Hürden als „Ziegelwerk"[17] nicht allen Stürmen der Zukunft trotzen kann, sondern wie alles Menschliche vergehen wird und zu Staub zerfällt.

Der Zirkel, innerhalb dessen sich Gilgamesch bewegt, schließt die Erfahrung der Zeit, der verfließenden Zeit, ganz wesentlich mit ein. Der Augenblick der Rückkehr ist als hochsemantisierter reiseliterarischer Ort[18] zugleich auch der Ort einer fundamentalen Erkenntnis, die schmerzhaft ist: der Erkenntnis nämlich, dass das Ablaufen der Zeit verhindert, jemals ins Selbe, ins Identische zurückkehren zu können. Mag die Stadt Uruk sich auch präsentieren, als hätte sie sich niemals verändert: Heimkehr ist Rückkehr in ein Anderes, das uns mit der Strahlkraft des Vertrauten, des Selben lockt, und doch bei aller Beschwörung der „Heimat", des „Geburtsortes" und des eigenen „Ursprungs" nicht zu verbergen vermag, dass der Heimkehrer nicht mehr sein kann, was der die Heimat Verlassende einst gewesen war. Unerbittlich zerrinnt die Zeit, verrinnt uns zwischen den Fingern. Heimkehr ist Rückkehr ins Vertraute *und* ins Andere zugleich. Die Menschen sind die Wesen, die auf ihren Reisen nicht allein den Raum durchmessen, sondern dem Lauf der Zeit(en) ausgeliefert sind: Sie bleiben niemals dieselben.

Der romanistische Migrant Erich Auerbach, so scheint mir, war sich in seinem literaturwissenschaftlichen Schreiben dieser Tatsache höchst bewusst. So

---

15 Zur Bewegungsfigur des Kreises Vgl. Ette, Ottmar: *Literatur in Bewegung. Raum und Dynamik grenzüberschreitenden Schreibens in Europa und Amerika*. Weilerswist: Velbrück Wissenschaft 2001, S. 21–84.
16 *Das Gilgamesch-Epos*, S. 46.
17 Ebda., S. 152.
18 Vgl. hierzu Ette, *Literatur in Bewegung*, S. 60–62.

ist es gewiss kein Zufall, dass er sein im Exil verfasstes Hauptwerk *Mimesis* mit der Szene der Heimkehr eines Odysseus beginnen lässt, der als im doppelten Sinne „Gezeichneter" an seiner Narbe von der Dienerin Eurykleia erkannt und identifiziert wird. Auerbach, der seinerseits vom Exil gezeichnet, nicht aus Istanbul nach Marburg zurückkehrte, sondern ein weiteres Mal, und zwar in die Vereinigten Staaten, migrierte, dürfte mit Bedacht jene Szenerie ausgewählt haben, in der die Anagnorisis, die Wiedererkennung des Odysseus an seiner Narbe, die Hoffnung nährt, doch noch an jenen Ort, den man einst gegen den eigenen Willen verlassen musste, zurückkehren zu können. Denn anders als im „biblische[n] Erzählungstext"[19] wird hier im zweiten narrativen Traditionsstrang des Abendlandes immer noch die Möglichkeit und Realisierbarkeit einer Rückkehr, im *räumlichen* Sinne einer *Return Migration*,[20] behauptet und aufrechterhalten. Und doch: Für Erich Auerbach bestand diese Möglichkeit nicht mehr: er kehrte nicht zurück ins Land der Täter.

Doch Erich Auerbach deckte seine Karten nur implizit auf. Der Verzicht Auerbachs auf jegliches Vorwort, auf jedwede Einleitung, die seine eigene Exilsituation, seinen eigenen Ort des Schreibens hätten von Beginn an explizieren können, führt dazu, dass alle Aufmerksamkeit des Lesers auf den ersten Zeilen des ersten Kapitels, auf dem unmittelbaren *incipit* des Bandes, ruht. Und in der Tat wird der Leser im berühmten Auftakt von *Mimesis* auch direkt angesprochen und damit zu einer Figur in Auerbachs Text aus dem Exil über das Exil selbst verwandelt:

> Die Leser der Odyssee erinnern sich der wohlvorbereiteten und ergreifenden Szene im 19. Gesange, in der die alte Schaffnerin Eurykleia den heimgekehrten Odysseus, dessen Amme sie einst war, an einer Narbe am Schenkel widererkennt. Der Fremdling hat Penelopes Wohlwollen gewonnen; nach seinem Wunsch befiehlt sie der Schaffnerin, ihm die Füße zu waschen, wie dies in allen alten Geschichten als erste Pflicht der

---

19 Auerbach, *Mimesis*, S. 18.
20 Francesco Cerase unterscheidet zwischen vier Arten von *Return Migration*: 1. aus Erfolgslosigkeit; 2. als „konservative" Rückwanderung; 3. als „innovative" Rückwanderung; und 4. Rückwanderung, um den Lebensabend in der alten Heimat zu verbringen. Vgl. Cerase, Francesco: Nostalgia or Disenchantment: Considerations on Return Migration. In: Tomasi, Silvano M. (Hg.): *The Italian Experience in the United States*. Staten Island, N.Y.: Center for Migration Studies 1970, S. 217–238. Vgl. auch Glettler, Monika: Zur Problematik der Rückwanderung aus den USA nach Südosteuropa vor dem Ersten Weltkrieg. In: Heumos, Peter (Hg.): *Heimat und Exil, Emigration und Rückwanderung, Vertreibung und Integration in der Geschichte der Tschechoslowakei*. Vorträge der Tagungen des Collegium Carolinum in Bad Wiessee. München: Oldenbourg 2001, S. 85–98; sowie Tsuda, Takeyuki (Hg.): *Diasporic Homecomings. Ethnic Return Migration in Comparative Perspective*. Stanford: Stanford University Press 2009.

Gastlichkeit gegenüber dem müden Wanderer üblich ist; Eurykleia macht sich daran, das Wasser zu holen und kaltes mit warmem zu mischen, indes sie traurig von dem verschollenen Herren spricht, der wohl das gleiche Alter haben möge wie der Gast, der jetzt vielleicht auch, wie er, irgendwo als armer Fremdling umherirre – dabei bemerkt sie, wie erstaunlich ähnlich ihm der Gast sehe – indes Odysseus sich seiner Narbe erinnert und abseits ins Dunkle rückt, um die nun nicht mehr vermeidbare, ihm aber noch nicht erwünschte Wiedererkennung wenigstens vor Penelope zu verbergen. Kaum hat die Alte die Narbe ertastet, läßt sie in freudigem Schreck den Fuß ins Becken zurückfallen; das Wasser fließt über, sie will in Jubel ausbrechen; mit leisen Schmeichel- und Drohworten hält Odysseus sie zurück; sie faßt sich und unterdrückt ihre Bewegung. Penelope, deren Aufmerksamkeit zudem durch Athenes Vorsorge von dem Vorgang abgelenkt wurde, hat nichts bemerkt.[21]

Hier häufen sich Bewegungen über Bewegungen: Die Bewegungen, Gefühlsausbrüche und Emotionen der Körper und die inneren Bewegungen aller Beteiligten, die sich rund um die Anagnorisis, um die Wiedererkennungs-Szene des Odysseus, gruppieren. Dass sich hinter dieser Bewegung des Heimkehrers namens Odysseus ein Selbstportrait jenes jüdischen Emigranten verbirgt, der das nationalsozialistische Deutschland einst hatte verlassen müssen, um sein nacktes Leben zu retten, dürfte wohl außer Frage stehen: Erich Auerbach erscheint uns hier im Gewand des Odysseus, in dessen Haus sich das politische Gesindel herumtreibt. Denn in der schillernden Figur des Odysseus verkörpert sich die Exilerfahrung des Umhergetriebenseins in einem vielfach gebrochenen, fraktalen Raum – und noch ein letztes Stückchen Hoffnung auf jene Heimkehr, jenes Wiedererkanntwerden, dessen Auslöser gerade die Verwundung und Verletzung, eben „Die Narbe des Odysseus" ist. Es ist diese Narbe, die der Exilant davongetragen hat und die ihn stets an sein eigenes Schicksal erinnert.

Doch wir finden in dieser Eingangsszene noch weitaus mehr. Denn nicht weniger eindrücklich dürfte die Tatsache sein, dass in diesen Wendungen des Vertriebenen die Sehnsucht nach einer Gemeinschaft lebendig ist, die hier an erster Stelle – und folglich auch zuerst genannt – die *Gemeinschaft der Lesenden* ist. Am Ende des kurzen, den Band abschließenden Nachworts wird eben diese Gemeinschaft der Leser und der Lesenden beschworen – sie ist die eigentliche Gemeinschaft, in die sich Erich Auerbach wieder eingliedern will, die er als seine eigentliche Gemeinschaft betrachtet:

---

21 Auerbarch, *Mimesis*, S. 5.

> Damit habe ich alles gesagt, was ich dem Leser noch schuldig zu sein glaubte. Es bleibt
> nur noch übrig, ihn, das heißt den Leser, zu finden. Möge meine Untersuchung ihre Leser
> erreichen; sowohl meine überlebenden Freunde von einst wie auch alle anderen, für die
> sie bestimmt ist; und dazu beitragen, diejenigen wieder zusammenzuführen, die die
> Liebe zu unserer abendländischen Geschichte ohne Trübung bewahrt haben.[22]

Die Situation des Exilanten, des vor der Barbarei im eigenen Haus ins Exil
geflüchteten, ist hier deutlich angelegt. *En filigrane*, aber dadurch umso
nachdrücklicher schreibt Erich Auerbach hier die Katastrophen des Zweiten
Weltkriegs und der Shoah in einen Text ein, der die Gemeinschaft der überlebenden Leser wieder finden, zugleich aber auch eine neue Lesergemein-
schaft erfinden will. Doch die Geschichte wiegt schwer, lastet auf dem
Verfolgten. Die Verzweiflung angesichts einer Geschichte der Vernichtung,
die für Auerbach zum eigentlichen *Beweg-Grund* seines eigenen Lesens und
Schreibens wurde, macht in diesen Passagen nicht nur den Schrei in seinem
*Schrei*ben hörbar, sondern zugleich unüberhörbar. Sein ganzes Schicksal ist
hieran gebunden und lässt sich nicht mehr ablösen. Zugleich aber ist evident, dass diese Gemeinschaft der Lesenden von Auerbach nicht territorial
fixiert gedacht und in Deutschland allein verortet wurde, sondern einen weltumspannenden Charakter besitzt, den es nun in die Waagschale zu werfen
gilt. Denn im Exil ist die Philologie von Erich Auerbach zu einer Philologie
ohne festen Wohnsitz, zu einer Literaturwissenschaft ohne eine territoriale
Verankerung, geworden. Die Gemeinschaft der Lesenden ist nicht mehr national determiniert.

Dies hatte auch Konsequenzen für Auerbachs Verhalten nach dem Ende
des Zweiten Weltkriegs und nach dem Sturz der Hitler-Diktatur. Erich Auerbach kehrte nicht mehr dauerhaft nach Deutschland zurück. Folgerichtig
öffnete sich die Arbeit am Mythos[23] des Heimkehrers Odysseus bei Auerbach nicht auf den Mythos einer eigenen Heimkehr nach Deutschland.
Denn von einer solchen glaubte er wohl zu wissen, dass sie ihn in ein
Land geführt haben dürfte, in dem man wie einst Eurykleia die Narben der
Vergangenheit sehr wohl wiedererkannt hätte, beim Anblick des Heimkehrers wohl kaum aber „in freudigem Schreck" und spontan „in Jubel"[24] aus-
gebrochen wäre. Hätte man den jüdischen Heimkehrer begrüßt? Hätten ihm
die Kollegen, die ihn einst verleugneten, sogleich wieder aufgenommen
und in seine alten Rechte eingesetzt? Wohl kaum. Auch ein Werner Krauß

---

22 Ebda., S. 518.
23 Vgl. hierzu Blumenberg, Hans: *Arbeit am Mythos*. Frankfurt am Main: suhrkamp [4]1986.
24 Auerbach, *Mimesis*, S. 5.

musste in Marburg noch nach dem Ende des Krieges feststellen, dass viele der Studierenden brummten und johlten, wenn er die Verdienste jüdischer Schriftsteller hervorhob. Wäre sein Platz also wieder in Marburg gewesen, wo man ihn nicht vergessen, aber sehr wohl verdrängt hatte? Erich Auerbach entschied sich für die Remigration, aber nicht im Sinne einer wie auch immer gearteten „Heimkehr" nach Marburg. Vielmehr folgte er Leo Spitzer in die USA.

An dieser Stelle ließe sich gewiss eine Verbindung zu dem in Alexandria geborenen neugriechischen Dichter Konstantinos Kavafis herstellen, der in seinem berühmt gewordenen Gedicht „Ithaka", in dem von den ersten Versen an die Arbeit am Mythos sich als radikale Umdeutung erweist, die Bewegungs- und Verstehensfigur der Heimkehr problematisiert und in eine Umdeutung dieser Bewegungs-Figur einmünden lässt. So gibt Kavafis bereits in den ersten Versen seinem Leser mit auf den Weg: „Wenn du deine Reise nach Ithaka antrittst, / So hoffe, dass der Weg lang sei, / Reich an Entdeckungen und Erlebnissen."[25]

Abb. 5: Konstantinos Kavafis (Alexandria, 1863 – ebenda, 1933).

Der Weg wird hier zum Ziel. Und so macht sich der Heimkehrer in Kavafis' Gedicht aus dem Jahre 1911 auf einen Weg, der lange Jahre dauert, bis Odysseus, bis der Flüchtling und Fremdling dann, mit vielen Ankerplätzen vertraut und um viele Erfahrungen reicher, im Alter erst vor Ithaka (wieder) eintrifft. Doch zu einer Heimkehr kommt es, wie die beiden Schlussstrophen ausführen, eben gerade nicht:

---

25 Kavafis, Konstantinos: Ithaka. In (ders.): *Das Gesamtwerk*. Griechisch und Deutsch. Aus dem Griechischen übersetzt und herausgegeben von Robert Elsie. Mit einer Einführung von Marguerite Yourcenar. Zürich: Ammann Verlag ²1997, S. 99.

> Wenn du deine Reise nach Ithaka antrittst,
> So hoffe, daß der Weg lang sei,
> Reich an Entdeckungen und Erlebnissen.
> [...]
> Ithaka hat dir eine schöne Reise beschert.
> Ohne Ithaka wärest du nicht aufgebrochen.
> Jetzt hat es dir nichts mehr zu geben.
>
> Und auch wenn du es arm findest, hat Ithaka
> Dich nicht enttäuscht. Weise geworden, mit solcher Erfahrung
> Begreifst du ja bereits, was Ithakas bedeuten.[26]

Der Mythos von der Rückkehr, von der Heimkehr, wird hier glänzend entzaubert. Nichts verspricht hier mehr die so erhoffte Erfüllung, die in der Figur der Heimkehr geborgen scheint. Nicht als Ankunft, sondern als Ziel, nicht als Heimkehr, sondern als Movens werden in diesem Gedicht alle Ithakas entmythisiert, die für Fülle und Erfüllung stehen, die aber nur dann nicht enttäuschen oder gar zur Falle werden, wenn sie als Horizont den Reisenden weiter in einer Bewegung ohne Ankunft und ohne Rückkehr halten. Denn die Heimkehr wäre stets nur eine Heimkehr ins Fremde, ins fremd und armselig Gewordene, in welchem man sein Leben beschließen müsste – ohne jede Hoffnung auf Erfüllung.

Treiben wir dieses Gedankenspiel noch etwas weiter und fragen wir, ob es überhaupt Rückkehr, ob es Heimkehr überhaupt geben kann. Ist die Heimkehr nach einer langen Reise, nach einer langen Migration, also nicht immer letztlich illusionäre Täuschung, der die Enttäuschung auf dem Fuße folgt? In dem von beständigen „Ableitungen, Anlehnungen, Wiederholungen, Entsprechungen"[27] geprägten Fragmenttext *Beginnlosigkeit* (1992) von Botho Strauß wird diese letztgenannte Figur im Rückgriff auf das Gedicht „Ritorno" („Rückkehr") des italienischen Lyrikers Giorgio Caproni im Sinne einer Rückkehr ins nie Dagewesene in Szene gesetzt:

> Ich bin wieder da,
> wo ich niemals war.
> Nichts ist anders als es nicht war.
> Auf dem halbierten Tisch, dem karierten
> Wachstuch das Glas,

---

26 Kavafis, Ithaka, S. 99 u. 101.
27 Strauß, Botho: *Beginnlosigkeit. Reflexionen über Fleck und Linie*. München – Wien: Carl Hanser Verlag 1992, S. 19.

darin nie etwas war.
Alles geblieben, wie
ich es niemals verließ.[28]

Abb. 6: Giorgio Caproni (Livorno, 1912 – Roma, 1990).

Die Bewegungs-Figur der Heimkehr ist und bleibt folglich eine Illusion, eine Täuschung und Enttäuschung. Wir sollten folglich gewarnt sein, wenn wir uns dem Bewegungsmuster der „Heimkehr" oder der sogenannten *Return Migration* nähern: Durch die Jahrhunderte hindurch haben Schriftkulturen unterschiedlicher Zeiten und Räume Warnschilder aufgestellt, die uns dafür sensibilisieren sollten, dass Heimkehr im strengsten Sinne nur dann möglich wäre, wenn wir jedwede Veränderung, jegliches Ablaufen der Zeit ausblenden könnten, um zu verhindern, dass die Heimkehr uns in ein Land, an einen Ort führt, den wir so – schon allein in unserer neuen Kondition *als Heimkehrende* – noch nie erlebt haben können. Wir kehren nie an den Ort zurück, von dem wir einst ausgegangen waren; denn er war und ist niemals in der Zeit aufgehoben und bewahrt. Die Literaturen der Welt wissen dies von allen Anfängen her: Sie sind ein Schreiben und Lesen nach der Vertreibung aus dem Paradies. Und in dieses Paradies führt kein Weg, kein noch so verschwiegener Pfad der Heimkehr zurück.

Die Bewegungs-Figuren der Rückkehr sind folglich in jeglicher Hinsicht problematisch – auch und gerade weil sie so einfach, so simpel erscheinen. Ihnen haftet etwas Verspieltes, ja Illusionäres an. Es ist daher noch nicht einmal notwendig, an die Stelle einer kontinuierlichen, gerichteten Bewegung der Rückkehr mit Botho Strauß eine diskontinuierliche, von Brüchen durchzogene Bewegung anzunehmen, die man auch als „ein Bewegungsmuster von ziellosen, sprunghaften Veränderungen"[29] bezeichnen könnte – ein wenig so,

---

28 Ebda., S. 18 f.
29 Ebda., S. 128.

wie dies in der ziel- und heimatlosen Bewegung aufscheint, mit der kein anderer als Kain sich in der *Genesis* – der ersten Migrationserzählung – mit seinem Elend über die Erde schleppen musste, ohne doch je eine Heimstätte zu finden. Gleichwohl fällt es schwer, die Bewegungsfigur der Heimkehr in ihrer so überzeugenden Kreisstruktur als höchst widersprüchliche Figur aufscheinen zu lassen – zumal in einem Land, in dem der Begriff der „Wiedervereinigung" ungerührt für das stehen soll, was es zuvor niemals auf diese Weise, in diesen Grenzen, in und mit dieser Verfassung gegeben hat. Wie die Wiedervereinigung ist auch die Heimkehr eine Täuschung: Zur Ent-Täuschung muss sie freilich nicht werden, da sich in ihr die Seme und Samen des Neuen, des Noch-nicht-Dagewesenen entfalten können. Nicht die Wiedervereinigung kann daher unser Ziel sein, sondern die demokratische Entwicklung der Berliner Republik.

Aber kehren wir an dieser Stelle wieder zu Erich Auerbach und seiner Rückkehr des Odysseus im Zeichen der untilgbaren Narbe zurück. Wir hatten bei ihm eine grundsätzliche Einsicht in die Formen und Normen jeglichen Erzählens von der Totalität im Abendland gewonnen. Demzufolge gibt es – im Sinne des biblischen Erzählungstextes – eine zusammengestückte, aber zugleich kontinuierliche Erzählweise, die uns alle, mit all unseren Geschichten, in eine einzige große Welterzählung integriert, in eine einzige Weltgeschichte, die zugleich eine Heilsgeschichte ist und außerhalb derer sich nichts begeben und ereignen kann. Und es gibt Auerbach zufolge ein zweites Erzählmodell, eine zweite Erzählweise, die sich an den homerischen Gesängen ausrichtet und die wir nicht als kontinuierlich, sondern als diskontinuierlich und gleichsam insulär ansprechen dürfen. Hier ist die ganze Weltgeschichte gleichsam wie in einer *mise en abyme* in einer einzigen Erzählung beispielhaft modelliert und wie in einem Brennglas fokussiert. Es handelt sich hier um ein *fraktales* Erzählmodell, wobei sich neben der erzählten Geschichte viele weitere Geschichten ereignen können und erzählen lassen, die erzählte Geschichte aber einen gleichsam fraktalen, alle anderen Geschichten in sich aufnehmenden Kern besitzt.

Kartenwelten: Von Kontinenten und Archipelen

Was bedeutet dies nun, wenn wir die von Auerbach entlang der abendländischen Literatur durchexerzierte Zweiteilung auf die Welt der Karten, auf die kartographischen Weltentwürfe umsetzen und entsprechend übersetzen? Man könnte hier im Grunde von zwei unterschiedlichen Positionen sprechen, die wir etwas vereinfachend als die kontinentale (also die Kontinente und das Kontinuierliche betonende) und die archipelische (also die vielinseligen Differenzen betonende) Position bezeichnen könnten.

Zunächst darf ich dabei auf die Karte von Martin Waldseemüller alias Hylacomylus eingehen,[1] eine Karte, die ungeheuer stark an den Kontinenten ausgerichtet ist und die vier Erdteile, die „vier Teile der Welt", in den Vordergrund rückt. Sie schafft ein europäisches Bewusstsein von jener Neuen Welt, die Columbus selbst noch nicht ins Bewusstsein getreten war, wohl aber Amerigo Vespucci, der von einem „mundus novus" sprach. Die Ausrichtung an Kontinenten wird vielleicht am besten deutlich, wenn wir diese kontinentale Weltsicht des Martin Waldseemüller in einen kontrastiven Bezug zu einer Inselkarte bringen, die uns vor Augen führt, was es heißt, am Nicht-Kontinuierlichen, am Inselhaften und Archipelischen ausgerichtet zu sein.

Doch bleiben wir noch einen Augenblick bei Martin Waldseemüller, dessen Name mit Amerigo Vespucci verknüpft ist und der einstmals in Freiburg studierte, wo man auch heute noch diesen frühen Studenten ehrt und ihm gleich auf dem Gebiet der Universität einen Gedenkort eingerichtet hat. Selbst die Werbung für die Stadt Freiburg war nicht untätig, schrieb man doch, dass Amerika in Freiburg entdeckt worden sei. Das ist nun – wie häufig bei Werbung – völlig übertrieben und ein wenig maßlos. Aber wahr ist doch so viel, dass es dieser Waldseemüller war, der in einer Gruppe von Gelehrten Männern, die in Saint-Dié zusammenkamen, sich sehr intensiv mit den Nachrichten über die jüngst entdeckten Inseln beschäftigte und bald schon versuchte, in die Kosmographie des Ptolemaeus diese neue Lage der Dinge einzuzeichnen. Ein neues Bild der Welt, ein neues Weltbild war im Entstehen begriffen.

Unsere Beschäftigung und Auseinandersetzung mit einigen frühneuzeitlichen Weltkarten und Kartenwelten soll uns einen Eindruck davon vermitteln, wie dieses neue Weltbild entstand. Es ist beeindruckend, auf welche Weise sich der Horizont der mittelalterlichen Welt weitet, der noch ganz in den Vorstellungen der

---

1 Für eine ausführlichere Besprechung der so verschiedenartigen Weltkarten vgl. Ette, Ottmar: *TransArea. Eine literarische Globalisierungsgeschichte.* Berlin – Boston: Walter de Gruyter 2012, S. 53–101.

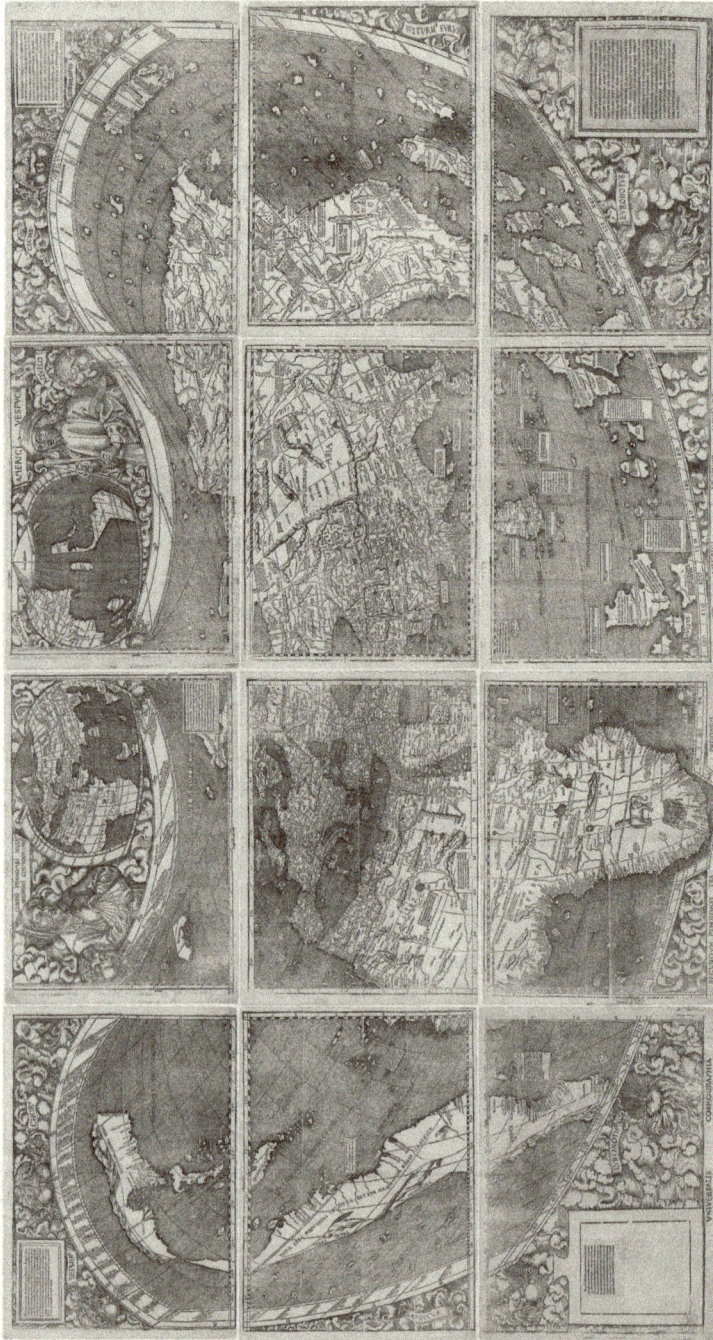

Abb. 7: Weltkarte, Martin Waldseemüller, 1507.

Abb. 8: Martin Waldseemüller (Wolfenweiler, um 1470 – Saint-Dié, 1520).

griechisch-römischen Antike gefangen ist und nicht über deren Grenzen hinausgeht. Dann aber setzt eine schier unablässige Abfolge von Reisen in Weltgegenden ein, die ptolemäisch nicht mehr zu verorten waren. Die Welt beginnt, sich auf dramatische Weise zu verändern – unter dem Eindruck von Reiseberichten, die sich wie in einer wunderbaren Perlenkette auffädeln lassen. Neue Inseln, neue Länder tauchen buchstäblich aus dem Meer auf. Und der Druck dieser „Entdeckungen", die nur Entdeckungen für die Europäer waren, ist ungeheuer und sprengt die ptolemäisch gebundene Vorstellungswelt. Die Umrisse einer Neuen Welt werden skizziert und verfestigen sich, beginnen, Teil eines europäischen Selbstverständnisses und Weltverständnisses zu werden, das von Grund auf erneuert wird. Es ist nicht die Geburt einer „Neuen Welt", der wir beiwohnen – denn diese hat es ja für die gesamte Menschheit ebenfalls von Anfang der Besiedelung gegeben –, sondern die Geburt und Entstehung eines neuen Weltbildes, eines neuen Bildes von der Welt, der wir beiwohnen. Einer Welt, deren Umrisse und Konturen, aber auch deren „Inhalte" sich in der ersten wie der zweiten Phase beschleunigter Globalisierung Stück für Stück herausschälen und konkrete Gestalt annehmen.

Entscheidend war für Waldseemüller nun die Erkenntnis Vespuccis, dass es sich bei diesen Gebieten in der Tat um eine Neue Welt handelte, deren erste Karte im übrigen Juan de la Cosa gezeichnet hat. Dieser Juan de la Cosa war bereits bei der ersten Reise des Columbus in einer verantwortlichen Position mit an Bord gewesen, und er war auch an der ersten Reise jenes Mannes beteiligt, dessen Vorname – lautete er nun Alberrigo oder Amerigo – später dem Kontinent den Namen geben sollte.

Martin Waldseemüller entwarf also ein neues Kartenbild der Welt, das ich Ihnen ebenso wie die Karte des Juan de la Cosa mitgebracht habe und vor Augen führen will. Sehr langsam erst, aber dann mit unglaublicher

Geschwindigkeit begann sich eine neue Welt herauszuschälen. Und aller Augen richteten sich auf diese Neue Welt, diesen „mundus novus", von dem nur Christoph Columbus nicht verstehen wollte, dass sie nichts mit Asien und dem Land des Großen Khan zu tun hatte.

Die Karte von Martin Waldseemüller gibt bereits einige Konturen dieser Neuen Welt preis, die wir noch heute deutlich erkennen können. Der ehemalige Freiburger Student übersetzte zudem einige Texte des italienischen Kaufmanns und Seefahrers, wobei nicht alle dieser Texte tatsächlich von Vespucci stammen, ihm aber damals zugeschrieben wurden. Doch mischen wir uns nicht in den Streit ein, welche Texte aus der Feder des Italieners selber und welche aus der Feder eines in der Forschung so bezeichneten Pseudo-Vespucci stammten. Wirklich wichtig ist etwas Anderes für uns. Denn Waldseemüller hatte gute Gründe dafür – zumindest aus seiner Sicht –, in die weiße, leere Fläche des nun entworfenen, erfundenen Kontinents jenen Namen einzuschreiben, den diese freilich heute größer gewordene Fläche noch immer trägt: America. Hören wir also Martin Waldseemüller selbst, wie er Ptolemäus korrigierte:

> Jetzt aber sind auch diese Teile schon weiter erforscht und ein anderer vierter Teil ist durch Americus Vesputius – wie man im folgenden hören wird – gefunden worden. Da sowohl Europa als Asien ihre Namen von Frauen erhalten haben, sehe ich nicht, wie jemand mit Recht dagegen sein könnte, diesen Teil nach dem Entdecker Americus, einem Mann von scharfsinnigem Verstand, „Americe", gleichsam Land des Americus, oder eben „America" zu benennen.
>
> Dessen Lage und die Sitten des Volkes kann man aus den vier Seefahrten des Americus, die unten folgen, klar erkennen.
>
> So weiß man nun, daß die Erde in vier Teile eingeteilt ist.[2]

Die vier Teile der Welt sind gefunden, *les quatre parties du monde* oder *las cuatro partes del mundo* erstmals auf einer Karte mit dem Namen des neuen Kontinents eingetragen. Bei der kartographischen Umsetzung des nun neu entworfenen Bildes von Amerika finden wir bei Waldseemüller – dazu könnte ich noch einige weiterführende Überlegungen anstellen – eine Reihe interessanter und aufschlussreicher Elemente. So handelt es sich bei der Weltkugel nicht um eine wirkliche Kugel, sondern eher um einen Apfel, der an Martin Behaims Erdapfel erinnert. Columbus selbst sprach von einer Birne, der eine Frauenbrust aufgesetzt sei, und eben diese aufgesetzte Frauenbrust

---

2 Waldseemüller, Martin: *Cosmographiae Introductio um quibusdam geometriae ac astronomiae principiis ad eam rem necessariis. Insuper quatuor Americi Vespucii navigationes. Universalis Cosmographiae descriptio tam in solido quam plano, eis etiam insertis, quae Ptholomaeo ignota a nuperis reperta sunt.* Saint-Dié, 1507, Kap. IX, zitiert in Bitterli, Urs (Hg.): *Die Entdeckung und Eroberung der Welt.* 2 Bde. München: C.H. Beck 1980, Bd. 1, S. 43.

finden wir in gewisser Weise bei Waldseemüller wieder im Bereich des Nordpols, eine von der Formgebung natürlich an den Läuterungsberg erinnernde Gestaltung mittelalterlicher Provenienz. Die Form der Erde: Bis in die Zeiten der französischen Akademiker des 18. Jahrhunderts, welche ihre genauen Längen- und Breitengrade bestimmten, war sie eine ideale Projektionsfläche für die Vorstellungen, Wünsche und Obsessionen der Seefahrer und Kartographen.

Unser obiges Zitat stammt von Seite 43 der von Urs Bitterli herausgegebenen Sammlung *Die Entdeckung und Eroberung der Welt*, eine Sammlung, die zahlreiche wichtige Dokumente enthält und in der Kurzbibliographie zu finden ist. Dabei erkennen Sie im Übrigen auch, dass Waldseemüller auf die Geschlechterdifferenz eingeht, insoweit Namen von Kontinenten, selbst wenn sie sich wie in diesem Fall von Männern herleiten, einen weiblichen Charakter tragen müssen. Das ist durchaus nicht uninteressant, denn in der Tat wird hier die Geschlechtlichkeit zugleich dienstbar gemacht für einen Akt männlicher Benennung, eine Erstellung einer bestimmten Serie von Erdteilen und die Übertragung des Vornamens – und nicht etwa des Nachnamens. Ersterer konnte im Übrigen vielleicht sogar doch noch einen amerikanischen Bezug haben, wäre es doch durchaus möglich, dass Vespucci ursprünglich Alberrigo hieß und er später seinen Namen veränderte, als er im mesoamerikanischen Sprachraum mit einem indigenen Ausdruck in Verbindung kam, welcher mit dem Wind verbunden ist: Amerika. Aber lassen wir diese Spekulationen.

Wie dem auch immer sei: Las Casas kam mit seinem Vorschlag zu spät, den „neuen" Kontinent nach seinem „eigentlichen" Entdecker zu benennen, wenn dies auch später dann zumindest einer der sich zu Beginn des 19. Jahrhunderts bildenden Nationalstaaten tat und den Namen dessen wählte, der am Beginn der europäischen Kolonialgeschichte stand: Ich meine natürlich das Land Kolumbien. Da ist es nur zu verständlich, dass es im selben Zeitraum – oder nur wenig später – dann ein anderes Land dieses Kontinents geben sollte, das den Namen jenes Mannes verewigte, der diesem kolonialen Zustand zumindest im politischen Bereich ein Ende setzte: Bolívar und sein Bolivien. Das Schöne und Gemeinsame ist dabei, dass beide in der Tat mit den jeweiligen Ländern, die ihre Namen tragen, herzlich wenig zu tun haben. Sie sehen schon: Die Namensgebungen sind weithin von Zufälligkeiten und Vorlieben abhängig – sie erläutern nichts, sondern verweben und vermischen, wie es die Mythen tun.

Nun aber zur Tradition des Insel-Buches, das lange vor der sogenannten Entdeckung Amerikas bestand und in der Folge völlig neu konzipiert wurde. Vierzig Jahre nach Erscheinen des *Isolario* des Venezianers Bartolomeo dalli

Sonetti,[3] ließ der ursprünglich aus Padua stammende Benedetto Bordone, ebenfalls in Venedig, im Jahre 1528 ein weiteres Insel-Buch erscheinen.

Mit diesem Buch, das in einen Zeitraum sich deutlich intensivierender literarischer Insel-Produktionen fällt, für die Thomas Morus' *Utopia* (1516) stellvertretend stehen mag,[4] gilt es, sich etwas ausführlicher zu beschäftigen – und dies nicht allein, weil zum selben Zeitpunkt, also für das Jahr 1528, gerade im Englischen die ersten Belege für ein Reden von „der ganzen Welt" (*the whole world*) nachgewiesen sind.[5] Denn der Erscheinungszeitpunkt von Bordones *Isolario* liegt nicht nur *nach* der sogenannten „Entdeckung" Amerikas, sondern auch *nach* der Eroberung der Hauptstadt des Aztekenreiches durch die Spanier unter Hernán Cortés – und damit *nach* der ersten dauerhaften Konfrontation mit amerikanischen Hochkulturen. Diese Erfahrungen gehen zweifellos in Benedetto Bordones europäischen Weltentwurf mit ein.

Vor dem Hintergrund dieser nicht zuletzt auch kulturellen Herausforderungen für das Selbstverständnis der Europäer kann dieses überaus erfolgreiche Werk für sich in Anspruch nehmen, anders als Bartolomeo dalli Sonettis *Isolario* nicht nur einen Teil des Mittelmeeres, sondern eine ganze Welt von Inseln in weltweiter Projektion entworfen zu haben. Die Welt erscheint auf diesen Karten als eine Welt von Inseln, als eine Welt in Stücken. In Bordones *Isolario* stoßen wir auf eine frühe Antwort ebenso auf die erste Phase beschleunigter Globalisierung wie auch auf all jene Problematiken, die aus der Frage nach der Konvivenz mit einer unbestreitbaren Vielfalt an Religions-, Gesellschafts- und Gemeinschaftsformen entstanden. Die unterschiedlichen Bewohner der Welt, der Erde, bewohnen allesamt verschiedenartige Inseln mit einer je eigenen Geschichte und Kultur, eigenem Klima, eigener Agrikultur, Wirtschaft und Gesellschaft. Alles steht zunehmend mit allem in Verbindung und entwickelt relationale Beziehungen in einem Gefüge, das sich aus unterschiedlichen Perspektiven unterschiedlich darstellt. die Welt ist eins und zugleich diskontinuierlich aufgebaut.

Was aber genau fand sich in Benedetto Bordones *Isolario* verzeichnet? Und warum ist dieses Insel-Buch, das die unterschiedlichsten Reisen verzeichnet, für uns so wichtig? Der wohl um 1460 geborene „Intellektuelle aus

---

3 Vgl. Dalli Sonetti, Bartolomeo: *Isolario*. Venedig 1485. With an Introduction by Frederick R. Goff. Amsterdam: Theatrum Orbis Terrarum Ltd. 1972.

4 Vgl. hierzu Billig, Volkmar: *Inseln. Geschichte einer Faszination*. Berlin: Matthes & Seitz, S. 81–88.

5 Vgl. hierzu Connor, Steven: 'I Believe That the World'. In: Nünning, Vera / Nünning, Ansgar / Neumann, Birgit (Hg.): *Cultural Ways of Worldmaking. Media and Narratives*. Berlin – New York: Walter de Gruyter 2010, S. 30.

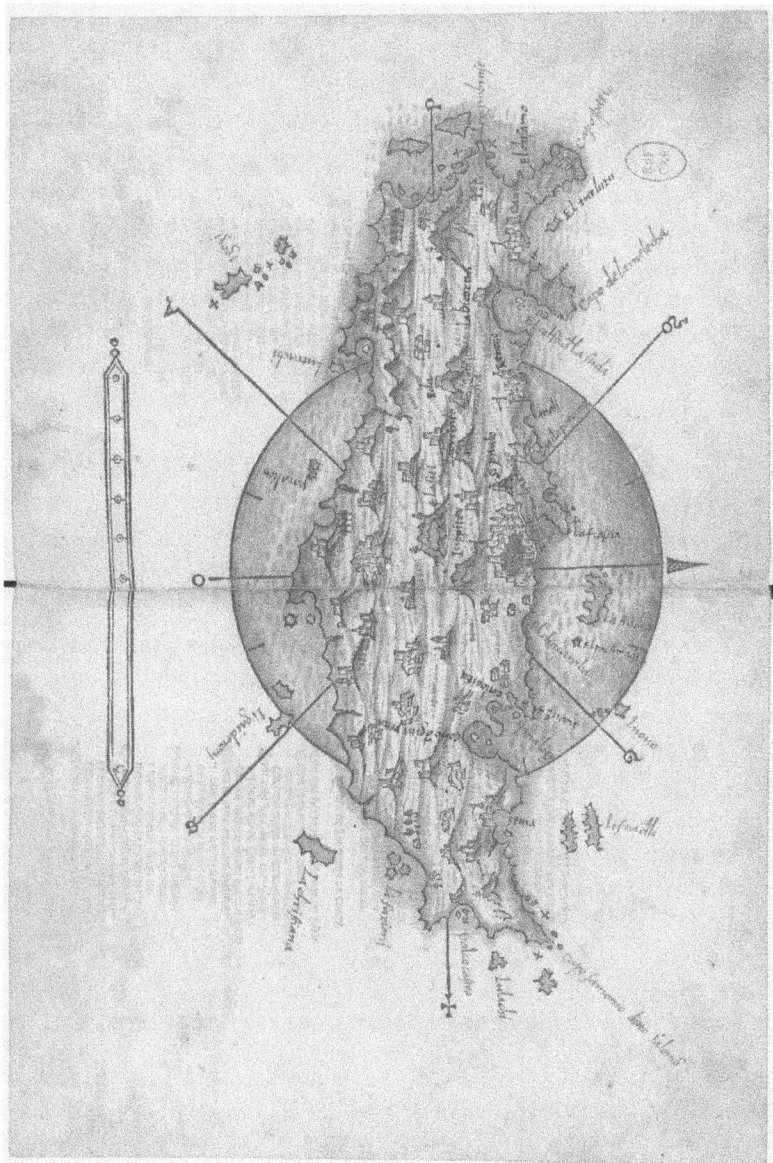

Abb. 9: Karte der Insel Kreta Bartolomeo da li Sonetti, 1485.

Padua",[6] der am 10. April 1539 in Venedig verstarb und dessen unehelicher Sohn Scaliger eine der bekanntesten Figuren des europäischen Humanismus werden sollte,[7] veröffentlichte 1528 die Erstausgabe seines Insel-Buches unter dem recht ausführlichen Titel *Libro di Benedetto Bordone nel qual si ragiona de tutte l'isole del mondo, con li lor nomi antichi & moderni, historie, favole, & modi del loro vivere & in qual parte del mare stanno, & in qual parallelo & clima giacciono.*[8] Nachfolgende Editionen, die noch zu Lebzeiten des Autors ebenfalls in Venedig erschienen, trugen seit 1534 den bündigeren Titel *Isolario*, der sich mit Bezug auf dieses Werk auch weitgehend in der (im Übrigen nicht sehr intensiven) Forschung durchgesetzt hat. Daher soll im folgenden Bordones *Libro* als *Isolario* bezeichnet und damit deutlich auf die skizzierte venezianische Gattungstradition des Insularium bezogen werden. Dieses Insularium aber ist zugleich ein Imaginarium, das die Welt als eine Inselwelt entwirft.

Beschäftigen wir uns kurz mit dem Aufbau des Bandes. Bordones Insel-Buch besteht aus drei schon in ihrem Umfang sehr ungleichen Teilen, deren erster mit insgesamt neunundzwanzig Karten die atlantische Inselwelt einschließlich der Ostsee enthält, deren zweiter mit dreiundvierzig Karten die Inseln des Mittelmeers beleuchtet, und deren dritter mit nur mehr zehn Karten die Inseln des Fernen Ostens aufruft. Gewiss, das ist ein Ungleichgewicht; aber selbstverständlich ist dieses Unverhältnis der damaligen Informationslage in Venedig geschuldet. Dabei versucht Bordone, in einer sich im Aufbau wiederholenden Abfolge gleichsam wissenschaftlich geordnet Informationen zur geographischen Lage, zu Klima und Geschichte, zur Bevölkerung, zu Fauna oder Flora und vielen weiteren Aspekten von allgemeinem Interesse für seine europäische Leserschaft zu geben. Dabei war Venedig zum damaligen Zeitpunkt ein Kreuzungspunkt europäischer Informationen über die außereuropäische Welt, so dass wir durchaus von einem Informationsstand sprechen, der insgesamt bei weitem überdurchschnittlich war.

---

6 Serafin, Silvana: Immagini del mondo coloniale nella cultura veneziana dei secoli XVI eXVII. In: *Rassegna Iberistica* (Venedig) 57 (Juni 1996), S. 39–42, hier S. 39.

7 Vgl. hierzu Karrow, Robert W.: Benedetto Bordone. In (ders.): *Mapmakers of the Sixteenth Century and their Maps.* Chicago: Speculum Orbis Press 1993, S. 89.

8 Bordone, Benedetto: *Libro di Benedetto Bordone nel qual si ragiona de tutte l'isole del mondo, con li lor nomi antichi & moderni, historie, favole, & modi del loro vivere & in qual parte del mare stanno, & in qual parallelo & clima giaccion. Con il breve di papa Leone. Et gratia & privilegio della Illustrissima Signoria com' in quelli appare.* Vinegi [Venezia]: per Nicolo d'Aristotile, detto Zoppino 1528. Im folgenden beziehe ich mich auf diese Ausgabe, die überdies als elektronische Fassung 2006 im Harald Fischer Verlag in Erlangen erschien. Die Übersetzung des Titels ins Deutsche könnte lauten: „Buch des Benedetto Bordone, worin von allen Inseln der Welt berichtet wird, mit ihren alten & modernen Namen, ihren Geschichten, Erzählungen & Arten ihres Lebens & in welchem Teil des Meeres sie sind & unter welchem Breitenkreis & Klima sie liegen."

Was alles enthielt dieses Werk, das zweifellos den Informationsstand seiner Epoche spiegelte? Schematische Zeichnungen zur Gradeinteilung der Erdkugel (die ohne die zeitgenössischen Diskussionen um Ptolemäus' kartographische Projektionen gewiss nicht so umfangreich ausgefallen wären), Angaben zu den Wendekreisen sowie zur Schiefe der Ekliptik des Globus, zur Segmentierung der Windrose in Antike und Gegenwart, aber auch Überblickskarten von Europa, dem östlichen Mittelmeer sowie der gesamten zum damaligen Zeitpunkt bekannten Welt runden Bordones *Isolario* ab und vermitteln dem zeitgenössischen Leser – und darin dürfte ein Gutteil der Attraktivität des Werkes gelegen haben – ein ebenso anschauliches wie farbenfrohes Bild von unserem Planeten. Das gesamte Werk ist auf Vielfalt und Diversität angelegt. Gerade die „wissenschaftliche" Rahmung signalisiert den Anspruch des *Isolario*, seinen Betrachtern und Lesern verlässliche, faktenbezogene Informationen und damit ein „wahres" Wissen über die unterschiedlichsten Weltteile zukommen zu lassen. Translokale Bezüge etwa zwischen unterschiedlichen Inseln desselben Archipels runden die jeweiligen Textteile ab und sorgen dafür, dass sich die Betrachter auch ein Bild von den wechselseitigen archipelischen Wirtschafts- und Kulturbeziehungen machen konnten.

Vergleicht man unter diesem Gesichtspunkt Benedetto Bordones Weltkarte[9] von 1528 mit jener des Spaniers Juan de la Cosa aus dem Jahre 1500 (vgl. Abb. 15: Mapamundi, Juan de la Cosa, circa 1500) so zeigt sich zum einen zwar deutlich, wie sehr die europäischen Kartennetze nun den gesamten Planeten erfassen und in die gleiche Spatialität und Temporalität integrieren beziehungsweise zwingen. Bordone erweist sich hier als ein Kartograph, der sich der wesentlich von Florenz ausgehenden Diskussionen um die Perspektive bewusst ist und diese in sein eigenes Kartenbild zu integrieren versteht. Der Maler und Miniaturist aus Padua wusste, auf welchem Stand sich die zeitgenössische Kartenkunst und Malerei befand.

Zum anderen aber wird deutlich, dass die im Vergleich zu Juan de la Cosa wesentlich geringere Präzision des venezianischen *Isolario* auf eine andere Ausrichtung und Zielsetzung dieses Inselbuches hindeutet. Gewiss: Die spanische Karte von 1500 war nicht für ein größeres Publikum, sondern für sehr begrenzte politische und militärische Eliten im spanischen Kolonialsystem bestimmt. Sie war eine Geheimkarte, die sicherlich nur wenige

---

9 Ein Abdruck dieser Karte findet sich im „Unsichtbaren Atlas" in der bereits genannten Edition von Humboldt, Alexander von / Ette, Ottmar (Hg): *Kritische Untersuchung zur historischen Entwicklung der geographischen Kenntnisse von der Neuen Welt und den Fortschritten der nautischen Astronomie im 15. und 16. Jahrhundert* [...], 2 Bde., Frankfurt am Main/ Leipzig: Insel Verlag, 2009, Bd. 2, Abb. 28.

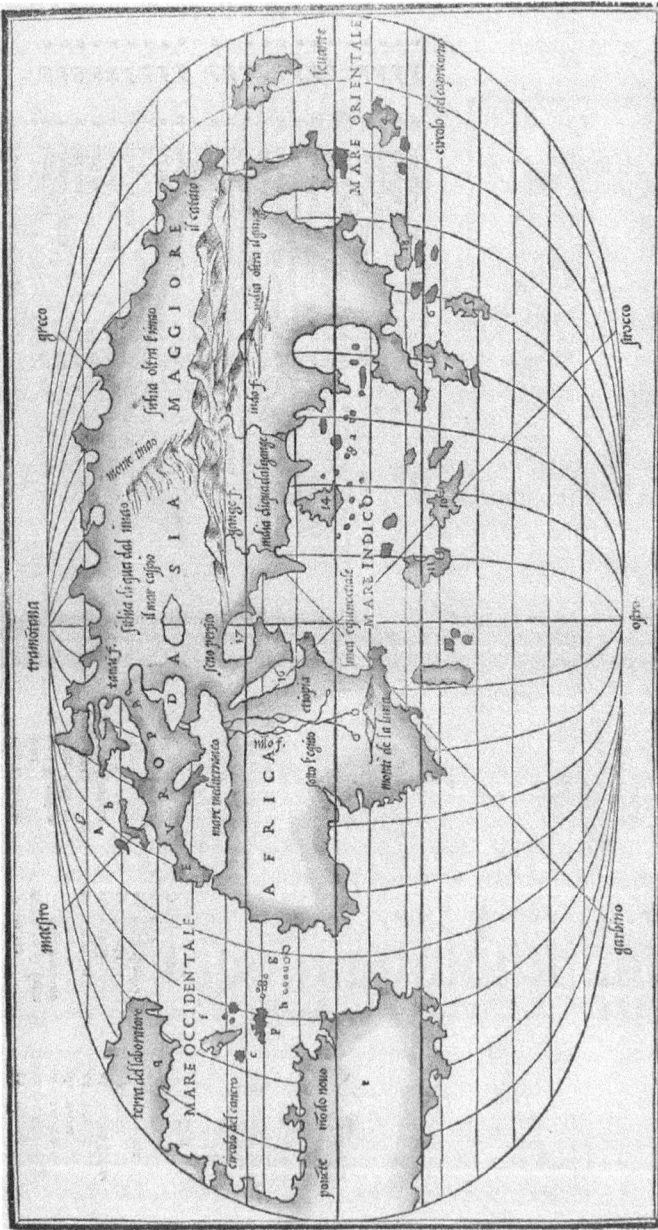

Abb. 10: Weltkarte, Benedetto Bordone, 1528.

Eingeweihte zu Gesicht bekamen. Zugleich repräsentiert sie das Herrschaftswissen einer Weltmacht, die über detaillierte, aber geheim zu haltende Informationen verfügt, ohne die nachfolgende Eroberungen ferner Weltteile gar nicht möglich gewesen wären. Daneben vermittelte sie den Katholischen Königen erstmals eine visuelle Anschauung von jenen Gebieten, die in Übersee an ihre Krone gefallen waren und nunmehr zu ihrem Herrschaftsbereich gehörten.

So kommen der spanischen Weltkarte gänzlich andere Funktionen und Aufgabenbereiche zu. Juan de la Cosas Karte ist folglich direkt in eine Pragmatik eingebunden, in der das vor Ort Vorgefundene, das in einer anderen Zeit und in einem anderen Raum Erfundene sowie das eigene Erlebte in eine nautisch-militärische Zielsetzung integriert werden, die man mit Fug und Recht als expansionistische Weltpolitik der spanischen Krone in Konkurrenz zu anderen Weltmächten (und insbesondere der Seemacht Portugal) bezeichnen muss. Sie ist imperial gedacht und imperial gemeint. Doch auf diese Karte von Juan de la Cosa kommen wir erst noch zurück.

Dies ist in Benedetto Bordones *Isolario* in weitaus geringerem Maße der Fall, auch wenn die Interessen der Handelsmacht Venedig in allen Teilen dieses Weltentwurfes spürbar sind. Doch Ausgangslage und Funktionen des *Isolario* waren im damaligen Venedig gänzlich andere. In Bordones Insularium stößt man im Vergleich mit der spanischen Weltkarte von 1500 nicht nur auf zahlreiche Ungenauigkeiten, sondern auch auf eine Vielzahl an Widersprüchen, die sich dem aufmerksamen Blick des Betrachters rasch enthüllen. Worin liegen diese Widersprüche zwischen den einzelnen Kartenbildern im selben *Isolario* begründet?

Vergleicht man etwa die Einzelkarte der Insel Cuba[10] aus dem ersten Teil mit jenen Inseln der Karibik, die auf der Weltkarte desselben Bandes eingezeichnet sind, so erkennt man leicht, dass sich die Zeichnung der Umrisse Cubas – die nicht das Geringste mit der Genauigkeit bei Juan de la Cosa achtundzwanzig Jahre zuvor zu tun hat – nirgendwo wiederfinden lässt. Ganz offenkundig ist Benedetto Bordone die Karte des Juan de la Cosa nicht zugänglich gewesen. Auf der separaten Karte von Cuba erscheint bei Bordone eine Insel, deren im Grunde

---

10 In der von ihr kuratierten Ausstellung 'Faszination Kuba', die erstmals an der Württembergischen Landesbibliothek Stuttgart vom 7. März bis 19. Mai 2007 gezeigt und am 23. April 2009 an der Universität des Saarlandes in Saarbrücken wiedereröffnet wurde, hat Birgit Oberhausen die Bedeutung dieser Karte zurecht hervorgehoben. Vgl. den Ausstellungskatalog von Oberhausen, Birgit: *Faszination Kuba in der Landesbibliothek: Literatur und Kultur 1492–2006*. Stuttgart: Württembergische Landesbibliothek 2007.

Abb. 11: Karte der Insel Kuba, Benedetto Bordone, 1528.

schematisiert und austauschbar gezackte und gebuchtete Küstenverläufe das Kartenbild eines Eilands *erfinden*, in dessen Binnenraum Gebirge und Hügel, Wälder und Äcker, aber auch italienisch anmutende Gehöfte zu sehen sind. Die erste kartographische Einzeldarstellung von Kuba bietet das Bild einer erfundenen, einer imaginierten Insel.

Dominiert folglich das Imaginarium im Insularium? Es wäre zu einfach, wollte man Bordone hier der Lüge bezichtigen und seinem Werk jedwede Glaubwürdigkeit bestreiten. Denn das Insularium entpuppt sich hier *zugleich* als ein Imaginarium, das sich an den zugänglichen Informationen ausrichtet. Auf durchaus andere, mit Juan de la Cosa nur begrenzt vergleichbare Weise gehen Finden und Erfinden bei Bordone Hand in Hand, entwerfen zugleich aber auch eine Welt, in der in den Begleittexten die unterschiedlichsten menschlichen Lebensformen und Lebensnormen kopräsent sind und entfaltet werden. Denn gerade die Differenz in Fragen der Konvivenz wird im *Isolario* immer wieder in den Vordergrund gestellt. Kein Zweifel: Es geht bei Bordone immer wieder um die Formen und die Normen menschlichen Zusammenlebens in einer an Diversität reichen Welt, in welcher die Menschen auf jeweils eigenen Inseln leben.

Auch wenn die in Benedetto Bordones *Isolario* integrierte Weltkarte versucht, ein Gesamtbild der Erde gleichsam als 'Totaleindruck', auf einen Blick, zu ermöglichen, weisen die zahlreichen Abweichungen zwischen den separaten Insel-Karten und der 'vollständigen' Gesamtkarte doch darauf hin, dass der Schwerpunkt dieses Werkes von 1528 darauf gelegt wurde, die Dimension des Weltweiten nicht aus einer homogenisierenden Perspektive zu betreiben, sondern naturgeschichtliche, klimatische, historische und kulturelle Diversität plastisch vor Augen zu führen. Bordones Weltkarten und sein gesamtes Insularium zielen nicht auf eine kontinentale Homogenität, sondern auf eine unverkennbare Diskontinuität unterschiedlicher Lebensformen und Lebensnormen. Darin, so scheint mir, liegt die Besonderheit der dieser transmedialen Gattung eingeschriebenen Traditionslinie. Denn sie beharrt auf *Polyperspektivität* und auf einer grundlegenden Diversität aller Lebensbereiche.

Diese Anlage wird bereits im ersten, transatlantischen Teil in aller Deutlichkeit sichtbar. An die jeweils mit ausführlichen Textteilen versehenen Karten von Island, Irland, Südengland, von der Bretagne, Nordwestspanien und Skandinavien schließen sich die nicht weniger textuell eingebetteten Karten von Nordamerika und des Nordatlantik, der Stadt Temistitan (also Tenochtitlán, das spätere Mexico), von Zentral- und Südamerika, Hispaniola, Jamaica, Cuba sowie weiterer karibischer Inseln an, bevor wir über Porto Santo, Madeira, die Kanarischen Inseln, die Kapverden und die Azoren wieder die Bucht von Cádiz in Südspanien und damit die Alte Welt in einem sich rundenden Kreis erreichen. Bereits die Nennung der Stationen dieser transatlantischen 'Rundreise' demonstriert, dass wir es hier nicht nur mit im traditionellen Sinne in Gänze von Wasser umschlossenen Inseln zu tun haben, sondern Teile von Kontinenten einbezogen sind, auch wenn nicht alle dieser zuletzt Genannten bereits für die Zeitgenossen als Kontinente erkennbar und bekannt sein konnten. So ergibt sich ein den Atlantik umspannender Reigen von größeren und kleineren Inseln, die stets voneinander getrennt sind und ihr Eigen-Leben besitzen. Aufgrund der nicht flächigen, sondern punktuellen Vorgehensweise entsteht ein translokales Beziehungsgeflecht der Differenz, das weltumspannend angelegt ist. Die ganze Welt erscheint als eine Inselwelt.

Offenkundig ist, dass die nicht nur mit Blick auf Labrador, Zentralamerika, Mexico oder Südamerika, sondern auch auf Skandinavien, das spanische Galizien oder die kontinentaleuropäische Bretagne unstrittig überaus weite Fassung des Begriffes 'Insel' eine Welt modelliert, die sich aus den verschiedenartigsten Lagen und Größen, Formen und Figuren von Inseln zusammensetzt. Entscheidend ist dabei, dass es keine territorialen Kontinuitäten gibt in diesem Entwurf einer Welt in Stücken. Mithin dominiert nicht eine kontinentale, das heißt zusammenhängende, kontinuierliche Sichtweise der Welt – wie sie durch die untereinander zusammenhängenden altweltlichen Kontinente Asien, Europa und Afrika nahegelegt wird –, sondern eine hochgradig diskontinuierliche und fragmentierte Weltsicht, die eine gleichsam zersplitterte, in einzelne Scherben zerborstene Welt vor Augen führt.

Es ist – um es mit einer Formel von Clifford Geertz[11] zu sagen – wahrhaftig eine Welt in Stücken: eine höchst komplex in Inseln zerstückte Welt, die nur sehr schwer einer einzigen Macht zu unterwerfen und in eine menschheits- oder heilsgeschichtliche Kontinuität zu bringen ist. Denn jede Insel ist zwar Teil einer zusammenhängenden Welt, eröffnet aber eine je besondere Perspektive auf diesen definitiv zur Erdkugel gerundeten Planeten. Zu groß sind die Unterschiede zwischen den Geographien, zu bedeutend die Diversität der Kulturen, zu auseinanderstrebend die Vielheit der Sprachen, als dass sich eine einfache Einheit der Menschheit in diesem Entwurf abzeichnen würde.

Dass sich die Insularien gerade in der venezianischen Welt entwickelten und zu einer eigentlichen 'Spezialität' der Lagunenstadt wurden,[12] ist sicherlich nicht dem Zufall geschuldet. Es ist die Lagunenstadt selbst, die für den Erdkreis gleichsam das Modell geliefert hat. In Bordones *Libro* oder *Isolario* läßt sich die Sonderstellung Venedigs im weltweiten Maßstab bereits auf den ersten Blick erkennen. Denn der auf Pfählen errichteten Stadt ist – neben Einzelkarten zu den Inseln Murano oder Mazorbo – ein besonders liebevoll und mit 230 × 326 mm kaum kleiner als die Weltkarte ausgeführter Stadtplan beigegeben, der die Inselstadt mit ihrem Lido und dem Festland als das Zentrum eines Archipels entwirft,[13] in welchem alle Inseln miteinander in Beziehung stehen. *Urbi et orbi*: Wir haben es mit einer Stadt als Mikrokosmos einer ganzen Welt zu tun. Stadt und Welt werden hierbei als Inseln perspektiviert und als Fraktal in Szene gesetzt. Die Stadt der Inseln ist das Modell für eine Welt von Inseln.

Aus diesem Blickwinkel der Insel-Stadt aber wird deutlich, warum im ersten Teil Tenochtitlán, *La gran citta di Temistitan*, als Hauptstadt der Azteken eine besonders herausgehobene Stellung zuerkannt wird. Zwar blieb der Plan des späteren Mexico-Stadt mit einer Größe von 164 × 163 mm deutlich kleiner als der Plan Venedigs; doch waren die der Hauptstadt Moctezumas gewidmeten und vielfach auf die zeitgenössischen, insbesondere von Nicolò Liburnio[14] ausgearbeiteten Darstellungen zurückgreifenden Seiten, in welchen die *Cartas de relación* beziehungsweise deren Verfasser Hernán Cortés explizit genannt wurden, überaus umfangreich.[15] Kein Zweifel: Tenochtitlán war für

---

11 Vgl. Geertz, Clifford: *Welt in Stücken. Kultur und Politik am Ende des 20. Jahrhunderts*. Aus dem Englischen übersetzt von Herwig Engelmann. Wien: Passagen Verlag 1996.
12 Karrow, Benedetto Bordone, S. 93.
13 Bordone, Benedetto: *Libro*, Bl. XXX.
14 Vgl. Liburnio, Nicolò: *La preclara narratione di Ferdinando Cortese della nuova Hispagna del mare Oceano*. Venetia: Bernardino de Viano 1524. Vgl. hierzu Serafin, Immagini del mondo coloniale, S. 40.
15 Bordone, *Libro*, Bl. X.

Bordone mehr als ein Klein-Venedig, als ein 'Venezuela', in welchem sich die Grundstruktur der Lagunenstadt spiegelte. Was Venedig in den Augen von Bordone für die Alte Welt, das war die Hauptstadt der Azteken für die Neue Welt, die nicht in ihrer Kontinentalität, sondern in ihrer Inselhaftigkeit präsentiert wurde.

Mit größter Hochachtung, Sorgfalt und Bewunderung werden im *Isolario* die 'wunderbaren Besitztümer'[16] der in der Tat schon zum damaligen Zeitpunkt größten Stadt des amerikanischen Kontinents geradezu besungen. Und zugleich wird bei allen ebenfalls markierten Unterschieden – etwa zwischen der Lage in einem salzigen Meer oder einem Süßwassersee in den Bergen, zwischen unterschiedlichen Klimaten in der Alten und der Neuen Welt etc. – doch das Phänomen herausgestellt, dass Tenochtitlán wie Venedig auf unzähligen kleinen Inseln aufruht, was beide in spezifischer Weise als Inselstädte ausweist, die aus und auf einer Vielzahl von Inseln und Inselchen erbaut sind. So erscheint die Totalität einer Welt gerade in ihrer Zerstückung, in ihrer Aufspaltung in unendlich viele Inseln und Inselchen. In diesem Sinne sind sie *InselInseln*,[17] denen innerhalb einer transarchipelischen Welt eine herausgehobene Machtstellung mit besonderen Machtansprüchen zukommt, bilden sie doch Fraktale einer Welt als Archipel: basierend auf archipelischen und transarchipelischen Beziehungen. Man könnte hier sehr wohl von einer transarealen Weltsicht in der Frühen Neuzeit sprechen, werden hier doch verschiedenartige geographisch-kulturelle Areas in ihrer Vielbezogenheit wie in ihrer Multiperspektivität gezeigt.

Benedetto Bordones *Isolario* entfaltet in diesem Sinne eine vielgestaltige Welt, in welcher die Aufspaltung in eine ungeheure Zahl an Inseln jede einzelne dieser für sich *isolierten* Einheiten als eine *Insel-Welt* mit jeweils spezifischen Charakteristika repräsentiert. Der literarische Reisebericht ist hier seiner Kontinuität und Linearität enthoben und in eine Vielzahl von Diskontinuitäten aufgelöst. Keine dieser Inseln ist auf eine andere reduzierbar: Alle besitzen sie im globalen Gitternetz mit Blick auf ihre Koordinaten, ihr Klima oder ihre Geschichte, hinsichtlich ihrer Sprachen, Sitten und Gebräuche eine Eigenständigkeit, die sie – man würde im gegenwärtigen Bürokratendeutsch von einem 'Alleinstellungsmerkmal' sprechen – von allen anderen Inseln

---

16 Vgl. hierzu Greenblatt, Stephen: *Marvelous Possessions: the wonder of the New World.* Oxford: Clarendon Press 1992.

17 Vgl. hierzu meinen Beitrag Insulare ZwischenWelten der Literatur. Inseln, Archipele und Atolle aus transarealer Perspektive. In: Wilkens, Anna E. / Ramponi, Patrick / Wendt, Helge (Hg.): *Inseln und Archipele. Kulturelle Figuren des Insularen zwischen Isolation und Entgrenzung.* Bielefeld: transcript Verlag 2011, S. 13–56.

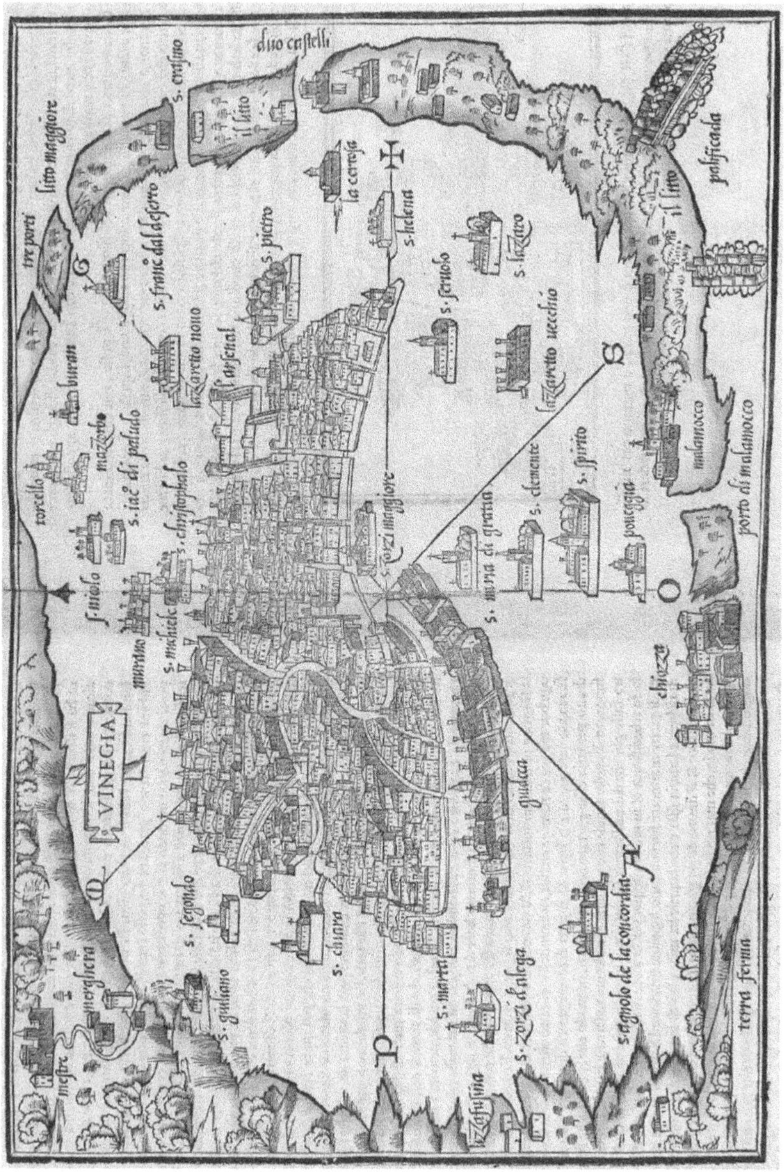

Abb. 12: Karte der Stadt Venedig, Benedetto Bordone, 1528.

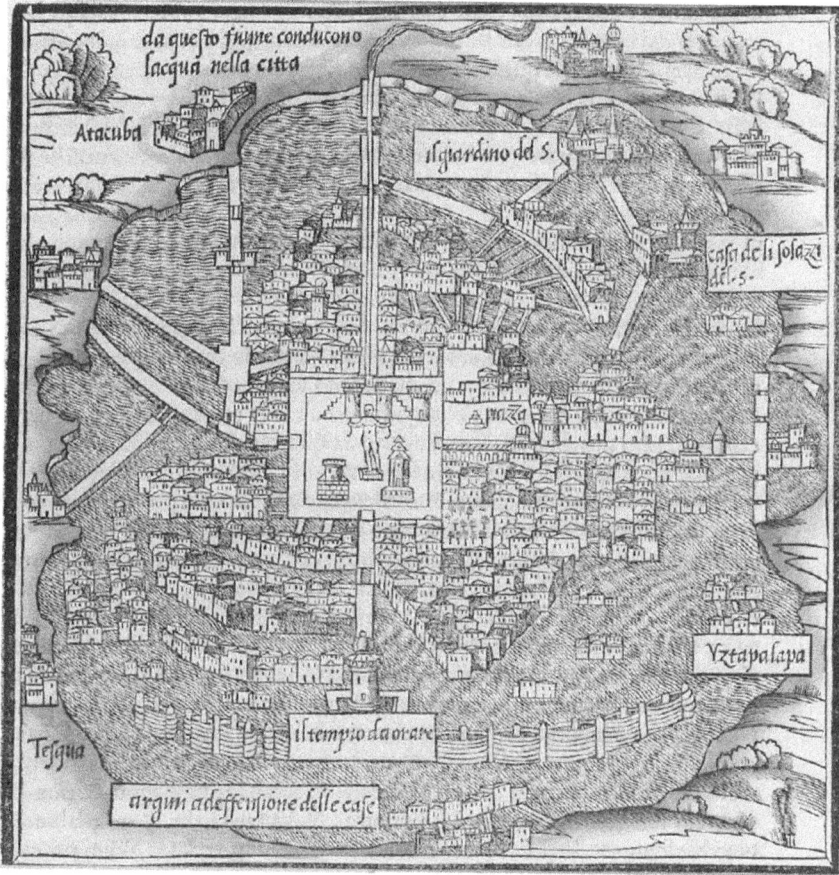

Abb. 13: Karte der Stadt Temistitan [Tenochtitlan], Benedetto Bordone, 1528.

unterscheidet und abhebt. Auch wenn nicht wenige dieser Inseln Teile größerer Archipele sind, werden ihre Verbindungen untereinander doch als sehr begrenzt dargestellt, so dass die Eigen-Logik dieser Insel-Welten mit ihren separaten Eilanden immer wieder unverkennbar hervorsticht.

Doch es gibt neben dieser Logik der Insel-Welt noch eine andere, deutlich gegenläufige Logik. Denn wenn jede Insel nicht nur eine für sich abgeschlossene Welt, mithin eine Insel-Welt, sondern zugleich eine durch vielfache Relationen ausgezeichnete *Inselwelt* darstellt, dann zeigt sich in diesem *Isolario* sehr rasch, dass Benedetto Bordone die Eigenständigkeit zuungunsten der Relationalität oder der Relationierbarkeit deutlich privilegierte.

Der Insel als ganzer Welt tritt hier die ganze Welt als Raum voller Inseln entgegen. Dahinter aber, so steht wohl zu vermuten, verbirgt sich letztlich ebenfalls ein Machtanspruch: jener nämlich, von Europa aus eben jene Vielverbundenheit und Relationalität herstellen zu können, die in der bisherigen Geschichte zwischen diesen Inseln noch nicht bestanden habe. Venedig erscheint als die im eigentlichen Sinne translokale und vielleicht mehr noch translokalisierende Kraft, deren Politik und Handelsmacht die Welt in dieser ersten Phase beschleunigter Globalisierung zu verändern vermag. In Bordones *Isolario* greift die Stadt Venedig auf jene Archipelisierung zurück, kraft derer sie ihre Macht über andere Areas und Regionen der Welt auszudehnen bemüht ist. Der *Isolario* lässt sich als Reisebericht lesen, der von der potentiellen Relationierbarkeit und Abhängigkeit einer ganzen Welt verschiedenartiger Inseln im nicht-kontinuierlichen Gestus erzählt.

Venedig aber ist bei Bordone in Lauerstellung. Denn welche Macht wäre besser für die Herstellung weltweiter Relationalität geeignet als eine Seemacht, deren Hauptstadt selbst aus ungezählten Inseln besteht und deren Handelsmacht sich auf eine der größten Flotten der Welt zu stützen vermag, eine Seemacht, die jederzeit in der Lage wäre, zwischen den Stützpunkten dieses weitgespannten Archipels rasch und effizient zu übersetzen? Für Benedetto Bordone musste Venedig prädestiniert dafür sein, von Europa aus ein weltweites Beziehungsgeflecht aufzubauen, das die eigene Inselwelt in eine globale, weltweit sich erstreckende Inselwelt umzuwandeln verstünde. Eine Propagandaschrift für die im globalen Wettrennen ins Hintertreffen geratene Republik der Serenissima? Ganz zweifellos ist eine solche Deutung nicht gänzlich von der Hand zu weisen, sondern in den Entwurf des *Isolario* eingewoben.

So spiegeln sich im Wasser jenes gewaltigen Sees, in dessen Mitte sich die Hauptstadt des Aztekenreichs als Insel erhebt, die Umrisse von Venedig – ganz so, wie man den Stadtplan von Temistitan als unzweifelhaft venezianisiert bezeichnen könnte. In der Beschreibung oder besser Inszenierung der Schönheit dieser Stadt, die mit menschlicher Sprache[18] kaum zum Ausdruck zu bringen sei, stoßen wir folglich nicht nur auf eine die gesamte Landschaft umfassende Tropikalisierung eines *locus amoenus*,[19] sondern auch auf eine Hommage an jene Lagunenstadt, die parallel zu ihrer wirtschaftlichen und politischen Macht zu einem der Zentren für die Zirkulation von Wissen über die außereuropäische Welt geworden war. Venedig war zu einem Kreuzungspunkt von Informationen über die Ausweitung europäischer Handelsnetze und europäischer 'Entdeckungen' geworden.

---

18 Bordone, *Libro*, Bl. 9 und 12.
19 Ebda., S. 12.

Denn jenseits aller Fehler, welche die Werke der „antichi"[20] – und man fühlt hier den ganzen Stolz eines Menschen der Renaissance – hinterlassen hätten, ist ein neues Wissen über den gesamten Erdkörper und dessen Bewohner entstanden, das Benedetto Bordone in der erprobten Form eines Inselbuches zusammenzuführen versuchte, welches sich nun aber nicht mehr nur auf einen Teil des Mittelmeeres, sondern auf die gesamte Welt, auf – so der Titel stolz – *tutte l'isole del mondo* bezieht. Die Welt hatte sich für die europäische Globalisierung gerundet: Die erste Phase beschleunigter Globalisierung war im vollen Gange. Und ständig tauchten neue Inseln auf, die es in die Machtbeziehungen europäischer Kolonialreiche zu integrieren galt.

Dieses Wissen von der Welt bündelte sich in Europa; und so schien es aus dieser Perspektive auch Europa vorbehalten zu sein, die so unterschiedlichen Inseln der Welt translokal und transareal miteinander in Verbindung zu setzen. Wohlgemerkt: von Europa aus und im Interesse der Alten Welt. Allein die Europäer und in besonderem Maße die Venezianer – die gegenüber den Portugiesen und Spaniern als Handelsimperium von den Gewürzinseln wie den Luxusgütern des Fernen Ostens abgeschnitten zu werden drohten – verfügten über die infrastrukturellen Mittel und das dafür notwendige Wissen und Kapital, das es nun einzusetzen galt. Der *Isolario* des aus Padua nach Venedig gekommenen Künstlers und Kartographen schloss bewusst Insel und Meer mit dem Wissen zusammen und untermauerte den fortgesetzten Anspruch der Lagunenstadt auf den Rang einer Großmacht im Weltmaßstab. Sein *Isolario* beruhte auf Reiseberichten und bildete selbst in seinem Textteil die spezifische Form eines Reiseberichts, in dem es um keine Linearität ging.

Doch Bordones Insularium ist ohne Zweifel weitaus mehr als ein provenezianisches Plädoyer. Denn zugleich kommt in Bordones Werk anders als in den zusammenhängenden, am Kontinentalen ausgerichteten graphischen wie skripturalen Repräsentationen der Welt eine andere Weltanschauung zum Ausdruck, die auf die Diversität aller Erscheinungen und Ausdrucksformen hin angelegt ist. Betrachten wir etwa die Darstellung des Archipels der Karibik, welche in vielerlei Hinsicht noch den Informationsstand und die auf diesen Raum projizierten Mythen der Antike reflektiert, so bemerken wir rasch, wie sehr sich die einzelnen kleineren Inseln nicht nur naturräumlich und naturgeschichtlich, sondern vor allem funktional und kulturell voneinander unterscheiden.

Bei den später so genannten Großen Antillen, die eine größere Landmasse repräsentieren, findet sich wiederum eine starke Binnendifferenzierung, die ebenfalls viele Bereiche von Natur und Kultur miteinschließt. Die Inseln sind

---

20 Ebda., unpaginierter Auftakt, S. 3.

hochgradig 'individualisiert', auch wenn bei Benedetto Bordone das in anderen Quellen Vorgefundene wie das Erfundene dominiert und nicht im eigenen Erlebten verankert werden kann. Gleichwohl präsentiert Bordone sein Inselbuch im Sinne dreier verschiedener Parcours, die deutlich an die Wege eines Reisenden, nicht aber an die eines Gelehrten am heimischen Schreibtisch erinnern. Denn sein *Isolario* ist nicht zuletzt ein Reisebuch.

Das vielleicht beste Beispiel für die Binnendifferenzierung der Großen Antillen bildet die Insel Cuba (vgl. Abb. 11: Karte der Insel Kuba, Benedetto Bordone, 1528), deren weltweit wohl erste separate Darstellung im Kartenbild des *Isolario* von einem im Verhältnis zu anderen Inseln umfangreichen Schrift-Text begleitet wird. Diese Insel, die Christoph Columbus am 20. Oktober 1492 nicht nur für „das Schönste, was Augen je gesehen",[21] sondern auch wegen ihrer Längenerstreckung für einen Kontinent hielt, erscheint auch bei Bordone als „sehr große Insel" (*isola molto grande*).[22] Sie sei wie ein Krokodil geformt und schare mehr als siebenhundert weitere Inseln und Inselchen um sich, die allesamt bewohnt seien.[23] Cuba selbst erscheint damit – ganz so, wie es bis heute in kubanischen Schulbüchern steht – als Archipel für sich und nicht als eine einfache Insel. Die Hauptinsel ist gesäumt von kleinen Inseln, *cayos* und winzigen Inselgruppen, die vor der Küste liegen – ganz so, wie es Guillermo Cabrera Infante in seinem *Vista del amanecer en el trópico* geradezu mythologisch entwerfen sollte.

Benedetto Bordone, der offenkundig nur aus schriftlichen, nicht aber aus kartographischen Quellen von der (angeblichen und bis heute tradierten) Krokodilsform der Insel erfahren haben dürfte und sich redlich bemühte, nach eigener Phantasie eine derartige Form im Kartenbild entstehen zu lassen, betonte die „hohe Diversität bei den Sprachen und Sitten der Menschen",[24] durch die sich die große Insel Cuba auszeichne. Dies gelte nicht nur für die auf der Insel benutzten Sprach- und Lebensformen, sondern auch für die naturräumliche Ausstattung, für Fauna und Flora der Insel, in deren Binnenland sich dichte Urwälder ausdehnten und ausreichend Holz für den dringend benötigten Schiffbau der Europäer bereitstellten.

Bordones *Isolario* lässt eine Welt aus Inseln entstehen, in der sich große und kleine Landflächen, Eilande und Kontinente wie Inseln zueinander verhalten und von einer jeweils sehr stark ausgeprägten Eigen-Logik charakterisiert sind.

---

21 Colón, Cristóbal: *Los cuatro viajes. Testamento.* Edición de Consuelo Varela. Madrid: Alianza Editorial 1986, S. 82.

22 Bordone, *Libro*, Bl. XIII.

23 Ebda.

24 Ebda., Bl. XIIII: „molta diversita di parlare, di costumi di huomini".

Wir haben es in einem umfassenden Sinne mit einer wirklichen Landschaft der Theorie zu tun: einer Landschaft, welche die in ihr enthaltene Theorie visualisiert und vor Augen führt. Die Vielzahl an Eigen-Logiken führt zu einer Viel-Logik, zu einer Polylogik, die mit der Polyperspektivität einhergeht. Die von Bordone ersonnene Insel Cuba führt vor, um welches Modell, um welches Weltverständnis es dem in Venedig lebenden Maler zu tun war.

Damit erscheint die Welt in ihrer Gesamtheit nicht nur als eine Insel, wie sie in einer späten Blüte des Genres im Jahre 1697 im *Isolario* von Vincenzo Maria Coronelli – „ein Weltatlas in Form eines Inselbuchs"[25] – konfiguriert wurde, sondern als eine Welt, die aus Inseln gebildet ist, die ihrerseits (wie Cuba) aus Inseln bestehen oder deren Machtzentren (wie Venedig) aus Inseln modelliert sind. Die ganze Welt ist in Bordones *Isolario* im fraktalen Sinne eine Insel aus Inseln aus Inseln – eine Sichtweise, die nicht nur die Vektorisierung, sondern auch die Venezianisierung der künstlerisch-kartographischen Projektionen unserer Erdkugel mit sich bringt. Das Insel-Fraktal wird gleichsam zur graphischen Welt-Formel: eine Landschaft der Theorie wird geboren.

Folglich kann eine Insel auch stets eine andere Insel bergen (oder verbergen) sowie relational auf andere Inseln verweisen. Nicht umsonst hatte Christoph Columbus als aufmerksamer Leser von Marco Polo die Insel Cuba mit jener Insel Cipango oder Cipangu identifiziert, von deren Reichtum in *Il Milione* so ausführlich die Rede war. So hieß es zu Beginn dieser Beschreibung Cipangos in Marco Polos ursprünglich in den Jahren 1298 und 1299 erstellten Bericht:

Gehen wir nun zur Beschreibung der Regionen Indiens über; dabei beginnen wir mit der Insel Ciampagu, die eine Insel im Osten ist, draußen im offenen Meer, tausendvierhundert Meilen von der Küste von Mangi entfernt. Sie ist äußerst groß, und ihre Bewohner, die weiß sind und ein hübsches Aussehen besitzen, sind Götzendiener und haben einen König, wobei sie an niemanden anderen Tribut zahlen müssen. Hier gibt es Gold in übergroßer Fülle (*abundancia*), doch der Monarch erlaubt nicht leicht, daß es von der Insel ausgeführt werde, so daß nur wenige Händler dorthin fahren und selten Schiffe anderer Regionen in ihre Häfen gelangen. Der König der Insel besitzt einen großen Palast mit Dächern aus sehr feinem Gold, so wie bei uns die Kirchen Bleidächer tragen. Die Fenster dieses Palastes sind allesamt reich mit Gold verziert, und die Fußböden der Säle und vieler Wohnräume sind mit goldenen Dielen versehen, welche zwei Finger dick sind. Hier gibt es Perlen in äußerster Fülle, rund und dick und von roter Farbe, die an Preis und Wert die weißen Samenperlen übertreffen. Es gibt auch viele Edelsteine, so daß die Insel Ciampagu auf wunderbare Weise reich ist.[26]

---

25 Karrow, Benedetto Bordone, S. 93: „a world atlas in the form of an island book."

26 Gil, Juan (Hg.): *El libro de Marco Polo anotado por Cristóbal Colón. El libro de Marco Polo versión de rodrigo de Santaella*. Edición, introducción y notas de Juan Gil. Madrid: Alianza Editorial 1987, S. 132. Übersetzungen von Texten, die nach dem fremdsprachigen Original zitiert werden, stammen – wo nicht anders angegeben – vom Verfasser (O.E.). Damit sollen die

Abb. 14: Marco Polo (Venedig?, um 1254 – ebenda, 1324).

Dieses Zitat aus einer von keinem Geringeren als Christoph Columbus kommentierten Ausgabe von Marco Polo lässt keinerlei Zweifel aufkommen: Spätestens mit Marco Polos *Il Milione* begann sich jenes koloniale Kaleidoskop zu drehen, in dessen Bewegungen sich Finden, Erfinden und Erleben, mithin 'Fakten', 'Fiktionen' und Leben, zugleich aber Inselwelten Asiens und Inselwelten der Amerikas auf immer wieder neue Weise miteinander transareal kombinierten und austauschten. Reisen und über Reisen Schreiben bedürfen daher einer weiteren Komponente, um sich zu einem Dreiklang zu runden: Sie bedürfen des Lesens, der Lektüre – und zwar möglichst der Lektüre anderer Reiseberichte. So ließe sich mit Blick auf Christoph Columbus mit guten Gründen sagen: Die erste Reise eines Europäers durch die Karibik war eine Reise des Lesens. Und *Le livre de Marco Polo citoyen de Venise, dit Milione, où l'on conte les merveilles du monde* hatte daran einen wohl kaum zu überschätzenden Anteil. Auf eben diese Weise gelangte von Beginn an Asien in die Karibik, nach Amerika.

---

fremdsprachigen Passagen für die deutschsprachige Leserschaft leichter zugänglich gemacht werden, wobei zugleich eine möglichst große Nähe zum Original sichergestellt wird. Auf vorhandene (und bisweilen ausgezeichnete) Übersetzungen, die ihren je eigenen Deutungsmustern folgen, wurde daher nur ausnahmsweise zurückgegriffen.

Juan de la Cosas Weltkarte:
Finden – Erfinden – Erleben

Kommen wir aber nun endlich zu jener Weltkarte, die im Hintergrund unserer bisherigen Betrachtungen stand und so etwas wie der stumme Dialogpartner für die Karten Martin Waldseemüllers und Bordones blieb, die wir bereits in unserer Vorlesung besprochen haben. In seiner faszinierenden, heute im *Museo Naval* zu Madrid aufbewahrten Weltkarte des Jahres 1500 hat Juan de la Cosa diese beeindruckende Verräumlichung *und* ebenso gewaltige wie gewaltsame Vektorisierung des Wissens seiner Zeit von der Welt kartographisch wie in einer Momentaufnahme festgehalten. Es ist und bleibt, da lege ich mich fest, die eigentliche Verräumlichung und Veranschaulichung der europäischen Expansion und damit der ersten Phase beschleunigter Globalisierung, die von den iberischen Mächten getragen wurde.

Die Weltkarte ist eine Schöpfung von Juan de la Cosa. Der spanische Seemann und Kartograph, der als *piloto* und später *piloto mayor* an der Expansion Spaniens in den karibischen Raum und entlang der Küstenlinien Südamerikas aktiven Anteil hatte und sich als der wohl versierteste Navigator der spanischen Flotte bei den Expeditionen des Columbus, aber auch des Amerigo Vespucci auszeichnete, darf mit seinem kartographischen Meisterwerk wohl als einer der maßgeblichen Schöpfer eines frühneuzeitlich europäischen Welt-Bildes verstanden werden, dessen Konzeption bis in unsere heutigen Kartendarstellungen des Planeten Erde fortwirkt. Die Bedeutung von Juan de la Cosa einerseits und von seiner Weltkarte andererseits kann gar nicht überschätzt werden – auch wenn sein Bild der Erde letztlich eine Geheimkarte war, die nur wenigen offenstand. Aber ihre Wirkung war indirekt.

Es ist ein für die Entwicklung der Weltgeschichte, für die Entfaltung Europas und die Expansion des europäischen Kolonialismus entscheidender Zeitpunkt – und ganz gewiss eine Zeitenwende. Mit dieser Karte des Juan de la Cosa tauchen wir ein in die Frühe Neuzeit und in die Entstehungsgeschichte unserer eigenen Welt, die wir noch immer bewohnen und aus der wir noch nicht herausgetreten sind. Eine neue Welt und eine neue Welt-Ordnung waren in Entstehung begriffen: Die erste von bislang vier Phasen beschleunigter Globalisierung wirkte weltweit mit einer Wucht, die man – um den von Goethe geprägten Begriff zu verwenden – sehr wohl als *velociferisch*, als teuflisch schnell bezeichnen könnte.[1]

---

1 Vgl. zu der bei Goethe insbesondere zwischen 1825 und 1827 wiederholt auftauchenden Rede von einem 'velociferischen Zeitalter' im Zusammenhang mit Goethes Konzept einer Weltliteratur Bohnenkamp, Anne: 'Den Wechseltausch zu befördern'. Goethes Entwurf einer Weltliteratur. In: Goethe, Johann Wolfgang: *Ästhetische Schriften 1824–1832. Über Kunst und Altertum V – VI.* Hg. v. Anne Bohnenkamp. Frankfurt am Main: Deutscher Klassiker Verlag 1999, S. 937–964.

Abb. 15: Mapamundi des Juan de la Cosa, circa 1500.

Und teuflisch schnell war auch diese Karte, die den *Reyes Católicos* ihre weiten Besitzungen vor Augen führen sollte, entstanden. Juan de la Cosa war ein Meister der kartographischen Visualisierung.

Die besondere Relevanz und Bedeutung der kartographischen Leistung des spanischen Seefahrers wird deutlich, wenn wir seine Weltkarte mit jener des Hylacomylus alias Martin Waldseemüller vergleichen, die – im Jahre 1507 entstanden – zwar erstmals den Namen Amerika auf die von den Europäern neu 'aufgefundenen' Gebiete jenseits des Atlantik heftete, aber keineswegs die erste kartographische Darstellung des frühneuzeitlichen Weltbildes repräsentiert.[2] Die Geheimarchive Spaniens enthielten weit mehr als das, was wir ein Jahrsiebt später auf Waldseemüllers Amerikakarte vorfinden können. Waldseemüllers zweifellos epochemachender Entwurf ist durch eine stark die Kontinente und das Kontinentale hervorhebende Darstellungsweise geprägt, die seinem kartographischen Weltbild trotz aller historischen Beschleunigung der Entdeckungsfahrten seiner Zeit etwas sehr Statisches vermittelt, auch wenn seine 'Neue Welt' sich erst am äußersten Rand der zuvor den Europäern bekannten Welt herausschält. Doch die Karte des Juan de la Cosa war etwas ganz anderes.

Juan de la Cosa ist ohne jeden Zweifel ein unmittelbarer Augenzeuge der spanischen Expansion und des Ausgreifens Spaniens auf seine transatlantischen Besitzungen. Er ist der vielleicht wichtigste Augenzeuge der ersten Phase beschleunigter Globalisierung und begriff von der Neuen Welt weit mehr als Christoph Columbus, der sich noch in seinem Todesjahr in Asien angekommen wähnte. So enthält Juan de la Cosas Karte eine Vielzahl von Eintragungen, die allein auf seine unmittelbaren Erfahrungen und Befahrungen der weiten Seegebiete, die er bereiste, zurückgehen. Wir haben es hier mit der Funktion des *Findens* oder *Vorfindens* zu tun, die uns ein faszinierend ausagekräftiges Bild von der damaligen Kenntnis der karibischen Inselwelt in all ihrer Diversität liefert. Aber seine Karte beschränkt sich keineswegs auf das von ihm vor Ort Vorgefundene und empirisch Nachgewiesene.

Einen ebenso wichtigen Teil seiner Kartenwelt nimmt das *Erfundene* ein: die Welt der Fiktionen, Mythen und Legenden. Dabei handelt es sich um Projektionen, die Juan de la Cosa etwa auf jenen Teil der Erde richtete, den wir heute als den Fernen Osten bezeichnen. Viele der damals vorhandenen Mythen und Legenden richteten sich auf diesen Teil der Erde oder wurden dorthin projiziert: an

---

2 Vgl. die Darstellung in dem ansonsten sehr nützlichen Band von Reichardt, Ulfried: *Globalisierung. Literaturen und Kulturen des Globalen. Berlin: Akademie Verlag 2010.*, S. 117. Der kartographische Entwurf des Hylacomylus ist keineswegs die „erste Weltkarte" (S. 117); und Martin Behaims berühmter Globus in Form eines Erdapfels entstand ein halbes Jahrhundert vor den hier für den „erste[n] Globus" angegebenen vierziger Jahren des 16. Jahrhunderts (S. 24).

die Ränder der damals (für Europa) bekannten Welt. So finden wir hier etwa Gog und Magog und die von ihnen ausgehende Bedrohung der Fundamente der christlich-abendländischen Welt. Oder auch, um im Nahen Osten zu bleiben, die Heiligen Drei Könige, die aus dem Morgenland in Richtung Bethlehem unterwegs sind, um das Christuskind anzubeten. Oder auch die Königin von Saba, die wir in all ihrer Pracht auf dem afrikanischen Kontinent verortet sehen. Hier aber handelt es sich nicht um ein Vorgefundenes und von Juan de la Cosa Überprüftes, sondern um ein Erfundenes, das der spanische *piloto mayor* in seine Kartenwelt mit derselben Beharrlichkeit und Selbstverständlichkeit einzeichnete, als wäre es eine von ihm festgehaltene Position einer in ihren Umrissen genau erfassten Insel. Diese Mythen und Legenden waren ihm ebenso vertraut wie die von ihm eingezeichneten Küstenstriche.

Das von dem spanischen Kartographen Vorgefundene wie das Erfundene ist freilich in einem *Erlebten* fundiert, das uns im Kartenbild entgegentritt. Denn für Juan de la Cosa war nicht nur das von ihm Gefundene und Vorgefundene eine gelebte Realität, sondern auch das Erfundene, das er in seinen Karten getreulich verzeichnete. Wie wäre an der Existenz der Heiligen Drei Könige zu zweifeln gewesen? Finden und Erfinden verbinden sich bei ihm zu einem Erleben, das den dritten Term seiner Vorgehensweise ausmacht.

Denn im Lebenswissen des Juan de la Cosa existiert nicht nur das empirisch Gefundene, sondern auch das Erfundene in all seiner Macht und Wirksamkeit. Die Wirklichkeit reduziert sich nicht nur auf das Empirische, sondern schließt die unterschiedlichsten Erlebensformen mit ein. Der Priesterkönig Johannes ist dabei ebenso gegenwärtig und 'real' wie die Existenz der Insel Cuba, die Juan de la Cosa mit großer Detailfreude ausmalte. Es ist folglich nicht nur die (experimentelle) Er-Fahrung, sondern im eigentlichen Sinne das Erleben, in dem sich Finden und Er-finden miteinander verbinden und jene dreigestaltige Einheit bilden, welche die Karte des Juan de la Cosa so sehr auszeichnet. Seine Verortung des Christophorus, der das Christuskind an das andere Ufer trägt, ist für ihn ebenso gelebte Realität wie die von ihm befahrenen und erfahrenen Küstensäume, die er sorgfältig in seine Karten einzeichnete. Und daran, dass die Mission des Christophorus Columbus, des Cristóbal Colón, nicht nur die der Kolonisierung einer 'Neuen' Welt, sondern auch deren christliche Missionierung war, zweifelte er nicht.

Zugleich zeichnet sich die Weltkarte des Juan de la Cosa durch ihren hohen Bewegungskoeffizienten, durch ihre ausgeprägte Vektorizität aus. Seine Karte aus dem Jahre 1500 enthält nicht nur das erste kartographische Bild Amerikas, das auf uns gekommen ist, sie entwirft nicht nur das avancierteste, mit ungeheurer Präzision das damalige kartographische, nautische und geographische Wissen integrierende Kartenbild der Neuen Welt als Teil einer in Aufbau befindlichen neuen Welt-Ordnung, sondern verschränkt dieses Wissen auch mit den seit der Antike tradierten abendländischen Bildvorstellungen von den außereuropäischen Weltregionen.[3] Mit einer beeindruckenden Genauigkeit ist bis heute abzulesen, wie in diesem Weltentwurf des spanischen Steuermanns nicht nur ein detailreiches Kartenbild der Antillen und einiger zirkumkaribischer Festlandsäume skizziert, nicht nur die geostrategische Bedeutung dieser Region im Zentrum des sich abzeichnenden amerikanischen Kontinents vor Augen[4] geführt wurde, sondern all jene okzidentalen Projektionen wieder auftauchten, die nun auf eine den Europäern noch 'unbekannte' Welt gerichtet werden konnten. Juan de la Cosa lässt all diese Elemente für uns, für die BetrachterInnen seiner Weltkarte, lebendig werden.

Das Ergebnis ist eine hochkomplexe Verschränkung von Bild und Schrift, von Kartenbild, Bilderschrift und Schriftbild in einer handgemalten Weltkarte. Wir finden in dieser Weltkarte daher nicht nur eine außerordentlich scharfe Momentaufnahme jener Kartennetze, die von verschiedenen 'Nullpunkten', verschiedenen 'Greenwichs' aus von Europa über die außereuropäische Welt geworfen wurden, stoßen nicht nur auf das Wissen und die Konfigurationen jener Portulane, welche die Schifffahrtslinien im Mittelmeer seit Ende des 13. Jahrhunderts so viel sicherer gemacht hatten, sondern auch auf das Land von Gog und Magog, die Ungeheuer und die Menschen ohne Kopf, die uns mit ihren Augen auf der Brust genauso 'getreu' anblicken wie die Küstenlinien dessen, was man künftig als *Greater Caribbean* bezeichnen sollte. Vieles von dem, was die mittelalterlichen Vorstellungen ausgezeichnet hatte, findet sich nun hier als Projektion in eine frühneuzeitliche Welt, die ihre Fiktionen buchstäblich lebt. Und die nicht zögern wird, viele der einst ins entfernte Asien projizierten Legenden nun in der Neuen Welt zu verorten, wo es dann künftig auch Menschen ohne Kopf beziehungsweise mit dem Kopf auf der Brust geben sollte.

So navigieren wir hinsichtlich Amerikas durch einen neuen und zugleich seltsam vertrauten Raum, der von den Flotten der großen Seemächte Europas ausgemessen und von den Mythen Europas bevölkert wurde. Alles ist vertraut und im Freud'schen Sinne unheimlich zugleich. Gleichzeitig bewegen wir uns durch das im Verlauf vieler Jahrhunderte in großen Sammlungen zusammengeführte und immer wieder veränderte technologische und mythologische Wissen, das – von vielen Weltgegenden herkommend – in Europa angehäuft und gesammelt worden war. Erst auf der Grundlage dieses Wissens, dieses über den Planeten geworfenen Netzes, macht die Karte Welt. Amerika ist uns vertraut und heterotopisch zugleich:

---

3 Zu diesen Bilderwelten vgl. u. a. die zahlreichen Abbildungen in Rojas Mix, Miguel: *América imaginaria*. Barcelona: Editorial Lumen – Quinto Centenario 1992.
4 Vgl. hierzu auch Cerezo Martínez, Ricardo: *La Cartografía Náutica Española de los Siglos XIV, XV y XVI*. Madrid: Centro Superior de Investigaciones Científicas 1994, S. 82–83 sowie die dazugehörigen Kommentare.

bald schon bevölkert von den Bewohnern Indiens, den Indianern, aber auch von Amazonen und Meerjungfrauen, welche die europäischen Männer mit ihren Reizen locken. Amerika wird zu einer europäischen Anderwelt.

Die Lektüre des auf diese Weise Gesammelten – und damit ist im etymologischen Sinne eine Verdoppelung gemeint, insofern sich 'Sammeln' und 'Lesen' aus derselben Quelle speisen[5] – erzeugt in Juan de la Cosas historischer Momentaufnahme eine fast schwindelerregende Tiefenschärfe, die nicht nur durch ihre geographisch-historiographische Ausleuchtung, sondern mehr noch durch ihre *bewegungs*geschichtliche Dynamik beeindruckt. es wäre unnütz, Finden und Erfinden bei ihm scharf voneinander trennen zu wollen: Beides ist im eigenen Erleben verankert.

Wie aber passen technologisches und mythologisches Wissen, geographische und literarische Kenntnisse, Navigations- und Glaubensvorstellungen zusammen? Es wäre mithin gänzlich unbefriedigend und irreführend, wollte man die beiden Traditionslinien abendländischen Wissens künstlich voneinander trennen und die eine anachronistisch dem Bereich der Faktizität, die andere jenem der Fiktionalität zuordnen. Bei Juan de la Cosa ist auf eine für seine Zeit gänzlich selbstverständliche Weise das Vorgefundene mit dem Erfundenen verwoben, so dass man sehr wohl formulieren könnte, dass Amerika im Grunde von Europa aus erfunden worden ist, bevor es von denselben Europäern aufgefunden und in die eigenen Kartennetze eingetragen werden konnte.[6] Auf die faktenschaffende Wirkkraft des Erfundenen, der Mythen, Legenden und Glaubensüberzeugungen ebenso der Seefahrer wie der Theoretiker, ebenso der Reisenden wie der Daheimgebliebenen, hat wie kaum ein anderer schon früh Alexander von Humboldt als der erste Globalisierungstheoretiker im eigentlichen Sinne aufmerksam gemacht.[7] Er begriff auf beeindruckende Weise die Gemengelage von Wissen und Wissenschaft, die nicht voneinander zu trennen waren, verstand die Mischung aus Gesehenem und Erlesenem, das auch und gerade die frühneuzeitlichen Reiseberichte durchzog. Aber hat sich daran seit der Frühen Neuzeit wirklich etwas geändert? Blenden wir nicht schon immer das Vorgewusste in unsere Betrachtungen mit

---

5 Vgl. hierzu Sánchez, Yvette: *Coleccionismo y literatura*. Madrid: Ediciones Cátedra 1999.

6 Vgl. hierzu das Standardwerk von O'Gorman, Edmundo: *La invención de América*. México: Fondo de Cultura Económica 1958.

7 Vgl. Humboldt, Alexander von: *Kritische Untersuchung zur historischen Entwicklung der geographischen Kenntnisse von der Neuen Welt und den Fortschritten der nautischen Astronomie im 15. und 16. Jahrhundert*. Vgl. zu dieser Dimension des Humboldt'schen Schaffens Ette, Ottmar: *Alexander von Humboldt und die Globalisierung. Das Mobile des Wissens*. Frankfurt am Main – Leipzig: Insel Verlag 2009.

ein und lenken diese vorgefassten Einstellungen nicht auch unseren Blick auf die europäischen wie die außereuropäischen Gebiete?

Wir werden uns im weiteren Verlauf der Vorlesung mit der für den Reisebericht charakteristischen Mischung aus *facts* und *fictions* ausführlicher beschäftigen und dabei den Reisebericht als eine *friktionale* Gattung bestimmen, in der sich Diktion und Fiktion (im Sinne von Gérard Genette) miteinander vermengen. Denn es wäre naiv, würden wir diese Gattung der Literatur allein dem Pol der Wahrhaftigkeit, der Information und Dokumentation überantworten. Besonders deutlich scheint mir all dies auf der Weltkarte des Juan de la Cosa am Beispiel nicht nur der karibischen Inselwelt, sondern jenes Teiles der Amerikas zu werden, den wir heute als Mexico bezeichnen. Denn noch vor seiner geographischen Auffindung und Eroberung ist Mexico – wie sich bei einer genaueren Lektüre der entsprechenden Kartensegmente erschließt – bereits Teil eines weltweiten geschichtlichen Prozesses *de longue durée*. Mexico ist noch vor seiner geographischen Auffindung Teil einer Weltgeschichte oder Globalgeschichte aus europäischer Perspektive.

Denn Mexico beziehungsweise das vizekönigliche Neuspanien existiert an der Wende vom 15. zum 16. Jahrhundert noch nicht auf den Kartenwerken der Europäer; und doch ist es auf diesen bereits global vernetzt und eingebunden. Jahrzehnte vor dem Erscheinen von Hernán Cortés im Hochtal von Anáhuac zeichnen die Kartenwelten der Spanier ein erstes Bild dessen, was das künftige Mexico erst noch werden wird: ein Teil jener gewaltigen und gewalttätigen *Empresa de Indias*,[8] jener ersten Phase beschleunigter Globalisierung, die in den *Capitulaciones de Santa Fe* zwischen den Katholischen Königen und Christoph Columbus sowie im Vertrag von Tordesillas zwischen Spaniern und Portugiesen unmittelbar vor und nach der ersten Landung der drei spanischen Schiffe an jenen Küsten, die erst Amerigo Vespucci als *Mundus Novus* bezeichnen wird, die Verteilung von Macht und Gewalt über die Erdoberfläche für lange Jahrhunderte festlegte.

Es ist ein entscheidender Augenblick der europäischen Expansionsgeschichte: einer mit Langzeitwirkung für die Macht- und Kräfteverhältnisse auf unserem Planeten. Auch wir leben heute noch in einer Welt, die von diesen Entwicklungen ganz wesentlich gesteuert ist und Asymmetrien kennt, die zum damaligen Zeitpunkt entstanden. So ist die erste Sichtbarmachung Mexicos auf europäischen Karten, von der wir wissen, die Visualisierung dessen, was es noch nicht gibt, das aber in seinem Noch-Nicht-Sein oder Noch-Nicht-So-Sein längst zu existieren begonnen und konkrete Gestalt angenommen hat. Die Erfindung geht der Findung mithin voraus und bestimmt sie in weiten Zügen.

---

8 Zur Aktualität dieses Themas vgl. den Roman von Orsenna, Erik: *L'Entreprise des Indes*. Roman. Paris: Stock – Fayard 2010.

Die einfache Scheidung zwischen Faktizität und Fiktionalität, gleichsam zwischen Wahrheit und Lüge, scheint mir bei weitem zu schlicht zu sein, um der Komplexität jener Wahrheit der Lügen – und der Lügen der Wahrheit – gerecht werden zu können, von der die jahrtausendealte Wissenszirkulation dessen, was wir heute als Literatur bezeichnen, im Spannungsfeld von Dichtung und Wahrheit zu berichten weiß.[9] Jenseits einer seit geraumer Zeit um sich greifenden Verarmung des Vokabulars, die sich zunehmend auch über die Grenzen des englischsprachigen Raumes hinaus der Unterscheidung zwischen *fiction* und *non-fiction* bedient, scheint es mir aus heutiger Sicht entscheidend zu sein, dass sich das vor Ort Vorgefundene und das Erfundene miteinander in einem Erleben und Erlebten verbinden oder – mit anderen Worten – im Zusammenhang eines Erlebenswissens stehen, das auch die Rezeptionsvorgänge bei der 'Auffindung' (oder 'Entdeckung') neuer Länder durch die Europäer prägt. Denn es ist im selben Maße möglich, nicht nur das in Amerika 'Gefundene', sondern auch das auf Amerika Projizierte und damit 'Erfundene' zu leben und zu durchleben. Gelebte Findungen und Erfindungen also, wie die Literatur seit ihren Anfängen weiß und welche die Kraft, die Stärke der Literatur ausmachen.

Dies zeigt sich auch bei der Weltkarte, bei der wir dieses Phänomen zum ersten Mal studieren können. Der kostbare Kartenentwurf von Juan de la Cosas *Mappamundi* wird damit zum vielgestaltigen, Bild-Schrift und Schrift-Bild miteinander transversal verbindenden Medium des Wissens, das die wechselseitigen Verschränkungen von Vorgefundenem, Erfundenem und Erlebtem, welches der Seefahrer, Steuermann und Kartograph festhielt, auf eindrucksvolle Weise sichtbar macht und uns vor Augen führt. Dabei bilden Finden, Erfinden und Erleben zwar keine Dimensionen, die in diesem kartographischen Meisterwerk scharf und eindeutig voneinander abgrenzbar wären, wohl aber einen wechselseitigen Verweisungszusammenhang, der noch heute auf faszinierende Weise in seiner Relationalität erlebbar und nacherlebbar ist. Würde sich Columbus je auf den Weg gemacht haben, hätte er seine Lügen nicht intensiv gelebt?[10] Wäre er zu jenem Entdecker Amerikas geworden, dessen kontinentale Eigenständigkeit er noch nicht einmal begriff? Wäre er zu seinen Entdeckungsfahrten abgesegelt, hätte er den Umfang der Weltkugel wirklich berechnet und die Ausdehnung der Weltmeere nicht erheblich unterschätzt?

---

9 Ich spiele hier selbstverständlich nicht nur auf Goethes berühmte Titelfindung an, sondern auch auf Vargas Llosa, Mario: *La verdad de las mentiras*. Barcelona: Seix Barral 1990.

10 Bei Orsenna klingt dies in der letzten Frage seines Erzählers an den Genuesen ähnlich an: „Hättest Du nicht gelogen und zuallererst Dich selbst belogen, würdest Du den Mut gehabt haben, dich so weit gen Westen einzuschiffen?" Orsenna, *L'Entreprise des Indes*, S. 372.

Dies sind gewiss rhetorische Fragen. Doch das 'Unternehmen Indien' ist kein bloßes Gedankenspiel. Vergessen wir daher nicht: Juan de la Cosas Karte ordnet die Welt nicht nur anders *an*, sie ordnet sie in Teilen auch bereits *unter*. Sie eröffnet eine Perspektive, in der Europa zentral ist. Die Erfindung der Zentralperspektive zwischen Bagdad und Florenz ist ein für die europäische Expansion einschneidendes Ereignis von ungeheurer Signifikanz.[11] Man könnte so weit gehen zu behaupten, dass es eine von Europa aus globalisierte Welt ohne die Zentralperspektive niemals gegeben hätte.

In die Findung der karibischen Inselwelt wird die geostrategische Erfindung dieses Raumes im globalen Maßstab teilweise kryptographisch, teilweise aber auch mit aller wünschenswerten Deutlichkeit eingeschrieben. Die Weltkarte wird so zu einer Anordnungsform des Wissens und der Macht, die in der transmedialen Verschränkung von Bild und Schrift die grundlegenden Konfigurationen des Wissens von der Welt – und der Beherrschung der Welt – am Übergang vom 15. zum 16. Jahrhundert machtvoll und globalisierend vor Augen führt. Juan de la Cosas Karten- und Schriftbild der damals bekannten und zum Teil vermuteten Welt reflektiert nicht nur das Bild einer gegenwärtigen Welt, die sich ihrer Vergangenheiten auf verschiedensten Ebenen bewusst ist: Es modelliert auch in einem prospektiven Sinne ein künftiges Weltbild, das in der Tat das Antlitz unserer Erde seit der frühen Neuzeit entscheidend prägen sollte. Europa steht im Zentrum dieses Weltbildes und befindet sich auf unseren genordeten Karten obenauf.

In die komplexe Relationalität zwischen dem Aufgefundenen und Vorgefundenen, dem Erfundenen und Imaginierten sowie dem Erlebten und Gelebten schreibt sich die Existenz des Noch-Nicht-Existierenden, die Präsenz des für die Europäer noch unzugänglichen Mexico prospektiv ein. Es ist eine dunkle Fläche am äußersten westlichen Rand des gewaltigen Kartenausschnitts, fast schon in Reichweite jener durch Fähnchen markierten europäischen Besitzungen im karibischen Raum, welche die Karte mit präzisen Umrissen stolz verzeichnet, eine *Terra incognita* im Zeichen jenes Christophorus, der in deutlicher Anspielung auf jenen Genuesen, der den Christusträger, die Taube und den Kolonisten gleichermaßen in seinem Namen führt, zur nicht nur kartographischen Legitimationsfigur einer die Weltgeschichte fundamental verändernden Expansionsbewegung wird. Christophorus und der Missionsgedanke: Sie werden zu einer die Karte beherrschenden Botschaft und legitimieren die europäische Herrschaft über die Welt.

Sehen wir uns die Karte genauer an, wo sie die Landmasse Mexicos angibt, dann machen wir eine erstaunliche Entdeckung. Wir haben es mit einer Visualisierung,

---

11 Vgl. hierzu Belting, Hans: *Florenz und Bagdad. Eine westöstliche Geschichte des Blilcks.* München: Beck 2008.

einer Sichtbarmachung Neuspaniens beziehungsweise Mexicos noch vor dessen 'Entdeckung' und Findung, nicht aber – auch im Sinne Ernst Blochs –[12] vor dessen eigentlicher *Er*findung zu tun. Und verbirgt auf Juan de la Cosas Weltkarte die Christophorusfigur mit dem Christuskind nicht auch noch das mögliche Versprechen einer Meerenge, einer Teilung der sich abzeichnenden Landmassen, die den Europäern die Durchfahrt zu jenem anderen Meer gestatten könnte, das sich im äußersten Osten des *Mappamundi* ausbreitet? Zu jenem Meer, von dem den Europäern erstmals Marco Polo ausführlich berichtete, jenem Meer, aus dem sich die Umrisse des sagenumwobenen Cipango erheben, das Columbus so sehr in seinen Bann schlug?

Auf welch fundamentale Weise dieses Wissen mit der Macht verbunden ist, braucht gewiss nicht eigens ausgeführt zu werden: Zu deutlich sind die Flaggen europäischer Mächte etwa auf die Inseln der Antillen aufgepflanzt. Rasch fanden die Europäer juristische Lösungen dafür, sich einfach das Land nehmen zu können, das sie begehrten und 'entdeckt' hatten. Die in die Weltkarte des *piloto mayor* eingetragenen Zeichen, Flaggen und Insignien geostrategischen Kalküls machen es überdeutlich: Die Karibik wurde für die Spanier sehr rasch zum militärischen Ausgangspunkt ihrer erfolgreichen Eroberungszüge in den Norden, in die Mitte und in den Süden dessen, was man erst Jahrzehnte später – auf einer Weltkarte Mercators[13] aus dem Jahre 1538 – als den amerikanischen Doppelkontinent begreifen sollte. Die Inseln der Karibik: sie waren gleichsam die Flugzeugträger der spanischen Truppen.

Die amerikanische Hemisphäre entstand folglich aus ihrer asymmetrischen Beziehung zu Europa. Die Vektorizität dieser Karte des Juan de la Cosa beleuchtet aus zeitgenössischer Perspektive die Asymmetrie dieses Machtgefüges mit scharfem, fixierendem Licht. Und zugleich macht sie deutlich: Wenn es eine Area auf unserem Planeten gibt, die in höchst verdichteter Form keine eigentliche Raumgeschichte, sondern eine Bewegungsgeschichte repräsentiert, dann ist es die sich hier erstmals abzeichnende Welt des transozeanisch wie binnenamerikanisch verknüpften Archipels der Karibik. Nichts in dieser Geschichte war statisch, nichts allein raumgeschichtlich bestimmt: Die Geschichte der Karibik ist eine Bewegungsgeschichte.

Diese Bewegungsgeschichte ist freilich nur vorstellbar, wenn wir sie mit dem globalisierenden Bewegungsmittel *par excellence* aus dieser Zeit verbinden: den kleinen Schiffchen der Eroberer, den Karavellen. So entsteht auf dieser Bewegungs-

---

12 Vgl. hierzu Bloch, Ernst: *Das Prinzip Hoffnung*. 2 Bde. Frankfurt am Main: Suhrkamp 1973, S. 874.

13 Vgl. hierzu Zweig, Stefan: Amerigo. Die Geschichte eines historischen Irrtums. In (ders.): *Zeiten und Schicksale. Aufsätze und Vorträge aus den Jahren 1902–1942*. Frankfurt am Main: S. Fischer Verlag 1990, S. 423.

Karte ein Bild der Erde, innerhalb dessen den Inseln und Archipelen eine wichtige, weltweite transareale Verbindungsfunktionen übernehmende Bedeutung zukommt. Mit ihren Umrissen zeichnen sie nicht nur die militärischen Insel-Strategien einer iberischen Eroberung der Welt nach, sondern verwandeln die gesamte Welt in eine *Inselwelt*, die über die Meere miteinander verbunden ist und eine sich abzeichnende Relationalität aufweist, welche von Europa, von der Iberischen Halbinsel aus, transkontinental gebündelt wird. Europa zieht die Fäden und erzählt die Bewegungen, an welchen sich die Geschichten dieses Raumes ausrichten.

Auf keiner anderen Karte wird die Dynamik des europäischen Expansionsprozesses, wird die Geschwindigkeit und historisch-mythologische Tiefenschärfe der ersten Phase beschleunigter Globalisierung mit solcher Kraft, ja mit solcher Gewalt vor Augen geführt wie auf diesem anspruchsvollen, sich aus unterschiedlichsten Teilen zusammensetzenden Weltentwurf nicht einer Raum-, sondern einer Bewegungs-Geschichte der iberischen Expansion. Sie dokumentiert und imaginiert die Macht einer Expansion, die alles in den von ihr ausgelösten Wirbel zu ziehen suchte. All ihre Geschichten werden durchpulst von einer Vektorizität, die transarealen Zuschnitt besitzt und zunächst den Atlantik, später aber auch zunehmend den Indischen Ozean und den Pazifik in das europäisch zentrierte Machtgefüge integrierte.

Die angesichts des Verlaufs der *Conquista* unbestreitbare militärische Übermacht der spanischen Eroberer gründete sich nicht allein auf ihren gleichsam wissenschaftlich (oder protowissenschaftlich) verankerten Umgang mit dem Vorgefundenen, sondern auch auf ihre Projektionen und die Formen des Gelebten und Erlebten, die dem Eroberten sogleich einen Platz im eigenen Wissen und Erleben – gleichsam in den Koordinaten vorab existierender Gittersysteme – zuwiesen. Von der Karibik aus – jener Weltregion, an deren Rändern Christoph Columbus den Ort des irdischen Paradieses vermutete, den er dann vor der Mündung des Orinoco eindeutig lokalisiert zu haben glaubte – erfolgte die bewegungsgeschichtliche Übersetzung der spanischen beziehungsweise europäischen Entdeckungs- und Eroberungsgeschichte. In ihrem Verlauf ging es nicht zuletzt darum, die Ordnungen, Anordnungen und Unterordnungen, aber auch die Verschränkungen ihres Wissens wenn nicht durchzusetzen, so doch weltweit beherrschend zu positionieren. wie selbstverständlich bemächtigte sich Europa der atlantischen Welt und stieg zu einem Kontinent auf, der die anderen Weltteile beherrschte.

In diesem Sinne kann man vom Gitternetz in der Tat als von einem *modus vivendi* sprechen: Es perspektiviert das bereits Erlebte wie das noch zu Erlebende auf eine zugleich verortende und an ein Zentrum des Sinns rückgebundene Weise. Es konfiguriert dergestalt ein Lebenswissen, das in der Verortung der je eingenommenen eigenen Position ein (nautisches, technologisches, ideologisches oder religiöses) Überlebenswissen, zugleich aber auch ein

Erlebenswissen programmiert, das alles neu Erlebte räumlich anordnet, zuordnet und einem zentrierenden, globalisierenden Sinnmittelpunkt – sei er weltlicher oder transzendenter Natur – unterordnet. Ohne diese Sinngebung ist der europäische Reisebericht in außereuropäische Gebiete nicht zu verstehen.

Juan de la Cosas Weltkarte ist dabei – dies mag auf den ersten Blick überraschen – von einer doppelten Zentrierung geprägt. Denn zum einen rückt er ganz selbstverständlich in west-östlicher Beziehung jenes Iberien und damit jenes Europa in den Mittelpunkt, von dem aus die Gebiete im Osten (*Indias Orientales*) wie im Westen (*Indias Occidentales*), aber auch das von den Portugiesen längst umrundete und mit Befestigungen aller Art versehene Afrika in einen in Entstehung begriffenen weltweiten Kolonisierungs- und Handelsverkehr unter europäischer Führung einbezogen werden konnten. Europa definierte sich im Zentrum der Welt.

Die wohl im südspanischen Puerto de Santa María angefertigte Karte des Jahres 1500 zeigt, wie sehr hier ein geographisch kleiner, aber hochdynamischer Teil der Erde als Machtzentrum der Globalisierung jenen um ein Vielfaches größeren Teilen des Planeten gegenübertritt: Weite Gebiete der Erdkugel werden von den Globalisierern in erstaunlich kurzer Zeit in Objekte ihrer Machtausdehnung verwandelt. In der genordeten Kartographie liegt Europa selbstverständlich 'oben', thront räumlich 'über' den von ihm ins Fadenkreuz genommenen Gebieten: Die kleine, stark untergliederte westliche Erweiterung Asiens zeichnet sich durch ihre im mehrfachen Sinne *überlegene* Position aus.

Das Wissen wird fast unmittelbar in Macht umgemünzt. Ein an den Interessen Europas ausgerichtetes Wissen von der Welt beginnt sich immer stärker in den rasch wachsenden europäischen Machtzentren zu bündeln. Wie schnell sich dieses Wissen erfassen und in die Gitternetze eintragen lässt, zeigt Juan de la Cosas Meisterwerk, wurde es doch kaum sieben Jahre nach der Rückkehr des Columbus aus der 'Neuen Welt' abgeschlossen. So ist es eine frühe Momentaufnahme – und zugleich sehr viel mehr.

Doch dieser ersten ist noch eine zweite Form der (ebenfalls nicht allein) kartographischen Zentrierung beigegeben. Denn es dürfte schwerfallen, die Bedeutung jener bereits mit Blick auf die Künste wie die Kartographie erwähnten Tatsache zu überschätzen, dass die Weltkarte des Juan de la Cosa eine Entwicklung und mentalitätsgeschichtliche Konstellation repräsentiert, die – zugleich auf arabischen und europäischen Impulsen fußend – im Florenz des 15. Jahrhunderts die Einführung der Zentralperspektive in Malerei und Kunst, in Architektur und Städtebau auf so folgenreiche Weise vorantrieb. Im kreativen Schnittpunkt all dieser Entwicklungen: Portugal, Spanien und die großen Städte Italiens.

Kehren wir nochmals zur Erfindung der Zentralperspektive zurück und versuchen wir zu verstehen, auf welche Weise sie in die Kartographie der Zeit übersetzt werden konnte. Mit guten Gründen darf man wohl behaupten, dass neben die

Erfindung der kunstgeschichtlich so epochemachenden Zentralperspektive insbesondere durch Brunelleschi und Alberti[14] eine nicht weniger kunstvolle (und ebenfalls arabische Einflüsse weiterführende) Erfindung trat: die Zentrierung der Welt entlang und mit Hilfe der Äquatoriallinie, flankiert von den Wendekreisen des Krebses und des Steinbocks. Sie begleitet uns auf ebenso 'natürliche' Weise wie die Nordung unserer Karten und eröffnet jenen vektorisierten Raum der *Tropen*, deren Begrifflichkeit sie stets als *Bewegungs*-Raum weltumspannenden Ausmaßes ausweist. So ist die Welt zentriert von einem transtropischen Bewegungsraum, der unseren gesamten Planeten umspannt. Die Tropen bilden so auf dieser Weltkarte Mittelpunkt und Übergangsraum, Zentrum des Erdballs (oder Erdapfels wie bei Martin Behaim) und Schwelle zum Anderen einer den Europäern vertrauten Welt *zugleich*: eine Kippfigur, die in der abendländischen Bildtradition immer wieder neu gestaltet und ebenso künstlerisch wie kartographisch ausgemalt wurde.

Auf diese Weise entstand das für uns noch immer gegenwärtige und alle anderen Projektionen beherrschende abendländische Bild von unserer Erde, ein Welt-Bild, das mit seiner Verknüpfung von Wissen und Macht, aber auch von Vorgefundenem, Erfundenem und schon Erlebtem oder noch zu Erlebenden die bewegungsgeschichtliche Epistemologie jedweder (europäisch geprägten) Globalisierung bildet, kurz: die Grundlagen unseres Verstehens und Denkens. Daran hat sich bis heute wenig geändert. Was *weltweit* ist und wie *weltweit* gedacht werden kann, so ließe sich sagen, wird bis heute in einer von Europa kulturell markierten Welt noch immer von jenen Grundlagen des Denkens, Verstehens und Erlebens geregelt, die als Epistemologie in der doppelten Zentrierung jener Weltkarte des Jahres 1500 auf so beeindruckende Weise sichtbar gemacht wurden. Wir haben es mit der Visualisierung einer transarealen Epistemologie zu tun, welche die Totalität der Welt nur aus der Zentrierung denken kann.

An dieser Stelle ließe sich erstmals eine Vermutung wagen. Wenn Auerbach zurecht eine doppelte Tradition in der abendländischen Literatur sieht, wie und auf welche Weise Totalität dargestellt und hergestellt werden kann, und wenn diese Zweiteilung sich auch in der Geschichte der Kartographie im Sinne einer Privilegierung des Kontinentalen oder des Insularen, des Kontinuierlichen oder des vielfach Gebrochenen zeigt, dann wäre es vielleicht durchaus möglich, diesem doppelten Traditionsstrang vielleicht noch einen dritten hinzuzufügen. Ich meine damit den itinerarischen Traditionsstrang, folglich das Itinerarium als ein Grundmuster der Reisebewegung. wie können wir dies theoretisch genauer fassen?

---

14 Vgl. hierzu aus kunstgeschichtlichem Blickwinkel Belting, *Florenz und Bagdad. Eine west-östliche Geschichte des Blicks*, S. 180–228.

Itinerarium, Netzwerk und Bewegung

Kehren wir an dieser Stelle noch einmal kurz zu unserer Einleitung zurück. Wir sollten uns nochmals verdeutlichen, dass die Reiseliteratur bis weit in die zweite Hälfte des 20. Jahrhunderts als weitgehend marginal galt und keinen hohen Stellenwert in der Gattungshierarchie einnahm. Man las sie in aller Regel faktenorientiert und dokumentarisch und versuchte, in erster Linie ihren Wirklichkeitsgehalt zu ergründen und ihre Wertigkeit daran auszurichten. Diese weitgehend marginale Position der Reiseliteratur hat sich in Verlauf der zurückliegenden Jahrzehnte grundlegend gewandelt. Die Reiseliteratur gehört heute zu jenen Schreibformen und Vermittlungsweisen, in denen sich am deutlichsten und dringlichsten die jeweiligen multi-, inter- und transkulturellen Beziehungsgeflechte ausloten lassen. Am Beispiel der Reiseliteratur werden die Herausforderungen und Grenzen, aber auch die Vorstellungen und Wünsche ihrer Autorinnen und Autoren wie ihrer Leserinnen und Leser ablesbar, die sich auf ihrer Reise gleichsam zwischen den Kulturen bewegen.

Am Beispiel der Reiseliteratur wollen wir ab der Frühen Neuzeit und bis zum gegenwärtigen Zeitpunkt die historischen und sozialen, politischen und ökonomischen, nicht zuletzt aber auch die kulturellen und schreibbezogenen Hintergründe ausleuchten, welche die Reiseliteratur als Teil der Literaturen der Welt geprägt haben. Dabei soll es um die hermeneutischen Bewegungen von Reisen und Schreiben, aber auch um die gattungsspezifischen Entwicklungen gehen, welche die Reiseliteratur über die Jahrhunderte ausgezeichnet haben. Denn auch wenn die Reiseliteratur lange Jahrhunderte hindurch für marginal gehalten wurde, so hat sie in ihrem Korpus doch ein Wissen aufbewahrt, dass wir uns durch ein genaues Studium aneignen können. Dieses Lebenswissen erscheint uns als ein Erlebenswissen (im Augenblick der Reise selbst), aber auch als ein Überlebenswissen und ein Zusammenlebenswissen, aus dem wir generelle Schlüsse für die jeweiligen Kulturen, vor allem aber auch für unsere eigene Kultur ziehen können. Denn die Reiseliteratur hält noch viele Einsichten in jene Verhaltensmuster bereit, mit denen wir dem Anderen in seiner allgemeinsten Form begegnen. Reiseliteratur ist in diesem Zusammenhang eine Interdependenz von Bewegung und Begegnung – und genau aus dieser Kombination zieht sie ihren Reiz.

Unsere Ausgangshypothese dabei ist, dass uns die Reiseliteratur als ein ZwischenWeltenSchreiben sagt, wohin die Reise unserer Gesellschaften geht und welches die Herausforderungen sind, mit denen wir es im Verlauf der kommenden Jahrzehnte gerade im Beziehungsgeflecht der Kulturen zu tun bekommen werden. Es geht mir also auch um die prospektive, um die seismographische Funktion von Literatur und Reiseliteratur, die uns etwas anzeigen kann, von dem wir als Gesellschaft wenig wissen.

Um uns diese prospektive Form der Erkenntnis unserer eigenen Geschichte wie unserer eigenen Zukunft zu öffnen, ist es keineswegs notwendig, uns mit der jeweils neuesten Gegenwartsliteratur des Reisens zu beschäftigen; gewiss, wir werden dies an geeigneter Stelle im weiteren Verlauf der Vorlesung tun. Doch die Reiseliteratur gerade auch der Frühen Neuzeit enthält viele Elemente und auch Paradigmen, die uns Auskunft über unsere Geschichte, aber auch über unsere weiteren Entwicklungsmöglichkeiten sowie Grenzen geben. Dazu sollte unser Durchgang durch die Kartographie frühneuzeitlicher Kartenkunst schon einen ersten Vorgeschmack geben. Wir wenden uns der Vergangenheit zu, um etwas über unsere Zukunft zu erfahren.

Reiseliteratur ist gewiss eine Form des Schreibens, die etwas über den Reisevorgang selbst sowie die dabei in Augenschein genommenen Länder sagt. Und sie sagt uns nicht nur etwas über sich selbst aus, sondern selbstverständlich auch über die von ihr bereisten und besuchten Orte. Was sich hier so banal anhört, hat es eigentlich im Grunde in sich. Denn man könnte in gewisser Weise sagen, dass man Orte und Räume im Grunde nur wahrnehmen kann, wenn man auch ihre jeweiligen Bewegungen und die dort angesiedelten Motionen mitberücksichtigt, also nicht nur sieht, was sich dort befindet, sondern auch, was sich dort befand, was sich dort bewegt, was auf welche Weise in welche Bewegungsmuster eingebaut ist. Denn Räume sind im Grunde Bewegungs-Räume: Der Raum wird durch Bewegungen hergestellt, die ihn queren und kreuzen, die ihn ausspannen und traversieren.

Um dies zu verdeutlichen, möchte ich Ihnen gerne gleich zu Beginn einige kurze Überlegungen von Italo Calvino vorstellen, der 1974 in einem kurzen Essay über die ligurische Stadt Savona die folgenden Überlegungen anstellte:

> Wenn man einen Ort beschreiben will, ihn vollständig beschreiben will, nicht als flüchtige Erscheinung, sondern als Teil eines Raumes, der eine Form, einen Sinn und einen Ursprung besitzt, dann muss man seine zeitliche Dimension mit in die Darstellung einbeziehen, man muss die Bewegungen berücksichtigen, die sich in diesem Raum vollziehen, rasant oder mit unerbittlicher Langsamkeit, alle Elemente, die dieser Raum aufgrund seiner gegenwärtigen und vergangenen Beziehungen enthält.[1]

---

1 Calvino, Italo: Savona: storia e cultura. In Ders.: *Saggi 1945–1985*. A cura di Mario Barenghi. 2 Bde. Mailand: Mondadori 1995, p. 2390. Übersetzt nach Zibaldone – Zeitschrift für italienische Kultur der Gegenwart (Tübingen) 32 Schwerpunkt Ligurien (2001), S. 6.

Abb. 16: Italo Calvino (Santiago de las Vegas, 1923 – Siena, 1985).

Der italienische Schriftsteller und Literaturtheoretiker trifft mit seiner Analyse von Räumen und deren Beschreibung präzise ins Schwarze. Und er tut dies mit einer geradezu traumwandlerischen Sicherheit, in welcher zu den drei Dimensionen des Raumes die vierte Dimension der Zeit hinzugenommen wird. Italo Calvino holt damit in die Beschreibung einer Räumlichkeit, einer Topographie, die Zeit als vierte Dimension mit herein, als eine Dimension, die im Grunde ständig jegliche Beobachtung im Raum begleitet, aber eine viel fundamentalere Rolle spielt bei der Beschreibung von Landschaften, Räumen oder Orten, als wir im allgemeinen glauben. Denn sie ist nicht nur auf der Ebene des Beobachtens selbst präsent, sondern im Grunde auf allen Ebenen von Wahrnehmung und Darstellung, von Empfindung und Beschreibung. Lassen Sie es mich an dieser Stelle der Vorlesung zumindest schon einmal erwähnen. Dabei will ich auch nicht unerwähnt lassen, dass ich Bewegungen hier nicht nur als *motions*, sondern auch als *emotions* verstehe. Aber dazu später mehr.

Bei diesen theoretischen Vorüberlegungen zur Vorlesung sei noch ein zweiter Gedanke hervorgehoben, der in der Folge wesentlich verfeinert und differenziert vorgetragen und exemplifiziert werden wird. Unsere Vorlesung behandelt Texte aus dem 15. Jahrhundert bis hin zu Beginn des 21. Jahrhunderts und erfasst damit einen Zeitraum – und dieser Ausdruck ist hier nicht umsonst wichtig –, den wir mit Blick auf die europäische Entwicklung, aber auch auf die europäische Expansion und die von ihr ausgehenden Bewegungen als den Zeitraum von Neuzeit, Moderne und Postmoderne bezeichnen können. Vielleicht ist es sinnvoll, an dieser Stelle eine kurze Exkursion zum Modernebegriff einzufügen, auf den wir noch mehrfach zurückkommen werden. Denn von unserem Modernebegriff hängt ab, welchen Sinn wir aus den Jahrhunderten seit der Frühen Neuzeit schlagen können und wie wir unsere eigene Zeit und deren Zukunft verstehen wollen.

Es dürfte wohl kaum übertrieben sein, wenn wir in der Bestimmung des Begriffs der Moderne die Gretchenfrage der zweiten Hälfte des 20. Jahrhunderts nicht nur in Europa, sondern gerade auch in den außereuropäischen Kulturen und Nationen erblicken. Leicht abgewandelt könnten wir formulieren: 'Sag' mir, was für Dich die Moderne ist, und ich sag' Dir, wer Du bist'.

Die Moderne wurde historisch sehr unterschiedlich definiert: Die einen sahen in ihr – wie etwa Humboldts Zeitgenosse Chateaubriand – das Zeitalter des von der heidnischen Antike abgesetzten Christentums; die anderen identifizierten sie mit dem Begriff der Neuzeit, der bekanntlich in andere europäische Sprachen als *modern times* oder *les temps modernes* übersetzt wird. Aus philosophischer Sicht wurde sie mit dem Projekt der Aufklärung oder Spätaufklärung und historisch mit der Zeit seit der Französischen Revolution identifiziert – zwei Bestimmungen, die von größtem Gewicht sind für eine geschichtlich reflektierte Bestimmung dessen, was wir unter 'der Moderne' verstehen dürfen.

Aber die Dinge sind auch hier komplexer und in mehr als einer Hinsicht komplizierter, verwirrender. Denn aus kulturtheoretischer oder literarästhetischer Perspektive wiederum schien nicht das letzte Drittel des *Siècle des Lumières*, sondern jenes des 19. Jahrhunderts mit dem Aufbruch in die Moderne gleichsetzbar zu sein. Modernismen jeglicher *couleur* – ob in der Literaturgeschichte oder in der Theologie, ob in der Kunstgeschichte oder speziell der Malerei – legen hiervon beredt Zeugnis ab. Andere Deutungsmuster folgten wiederum der Tradition, dass stets die Mitte eines Jahrhunderts die großen Umschwünge bringe; So sah man, um nur zwei Beispiele zu nennen, entweder nach den Revolutionen von 1848 oder aber auch nach dem Ende des Zweiten Weltkrieges die Zeit der Moderne gekommen. Damit nicht genug: Sprechen die einen (und es ist bisher die Mehrzahl) von der einen Moderne, so sprechen andere im Plural von den 'anderen Modernen', signalisieren die einen eine 'zweite Moderne' im Zentrum, so sehen die anderen eine 'periphere Moderne'[2] an den sogenannten Rändern der Weltwirtschaft und des Kulturbetriebs. Fürwahr: Der Modernebegriff ist höchst verwirrend und gibt Raum für Spekulationen, die weniger die Position des Gegenstandes als jene der Betrachter beleuchten.

Doch legen wir uns – gewiss wohlreflektiert – in dieser Sache eindeutig fest. Denn ich möchte Ihnen nicht nur einen Fächer an Möglichkeiten aufzeigen und Sie dann mit dem Aufgezeigten alleine lassen, sondern auch klar eine

---

2 Die für die ungemein spannende, vorwiegend aus kulturtheoretischer Perspektive geführte lateinamerikanische Diskussion der neunziger Jahre prägenden Veröffentlichungen stammen von Sarlo, Beatriz: *Una modernidad periférica: Buenos Aires 1920 y 1930*. Buenos Aires: Ediciones Nueva Visión 1988; García Canclini, Néstor: *Culturas híbridas. Estrategias para entrar y salir de la modernidad*. México: Grijalbo 1989. Eine kritische Bewertung dieser Diskussion findet sich in Verf.: ¿Heterogeneidad cultural y homogeneidad teórica? Los 'nuevos teóricos culturales' y otros aportes recientes a los estudios sobre la cultura en América Latina. In: *Notas* (Frankfurt am Main) III, 7 (1996), S. 2–17.

Position beziehen, die sie identifizieren und gewiss auch kritisch überdenken können und sollen. Ich möchte in unserer Vorlesung den Aufbruch in die Moderne und damit den Prozess der Moderne, der sich in der Folge freilich auffächern und auf verschiedene Modernen ausweiten sollte, auf jenen Zeitraum im letzten Drittel des 18. Jahrhunderts beziehen, in dem wir seit den Studien von Reinhart Koselleck und zuvor von Michel Foucault eine deutliche Verzeitlichungstendenz und die eigentliche Entstehung des Kollektivsingulars Geschichte erkennen können. Davor liegt die Frühe Neuzeit, die nicht zuletzt ganz wesentlich von der ersten Phase beschleunigter Globalisierung geprägt ist. Denn in der Tat sind es die Globalisierungsphasen, die ganz wesentlich in eine Zeitbestimmung einfließen, die scheinbar ganz allein auf Europa bezogen ist, tatsächlich aber ein Effekt von globalgeschichtlicher Bedeutung ist. Halten wir also fest: Die Frühe Neuzeit beginnt mit der ersten Phase beschleunigter Globalisierung, auch wenn sich viele Elemente ihrer späteren Entwicklung auch schon in ihrem Vorfeld aufzeigen ließen. Aber dies gilt auch für das Phänomen einer Beschleunigung dessen, was wir gemeinhin als Globalisierung bezeichnen.

Erst mit dem Aufstand der amerikanischen Kolonien Großbritanniens in der sogenannten Amerikanischen Revolution und sicherlich mehr noch in der Französischen Revolution von 1789 entwickelte sich definitiv ein Verständnis der Zeit, das nicht mehr vorrangig zirkulär geprägt, sondern unverkennbar offen, insbesondere ergebnisoffen, linear und zugleich vom Menschen beeinflussbar erschien. Wir sollten in der Aufzählung der Revolutionen gerade auch an dieser Stelle auf keinen Fall die Haitianische Revolution außer Acht lassen, denn war sie es doch, die just im gleichen Zeitraum nicht nur eine antikoloniale Revolution wie die Amerikanische in Gang setzte, sondern mehr noch die Revolution gegen die Sklaverei erfolgreich durchführte und damit weit über die Entstehung der USA hinausreichte, welche – dies ist evident – die Sklaverei sehr wohl beibehielten und bis in die Gegenwart eine Rassendiskriminierung kennen. Dass damit die tragische Geschichte Haitis begann, hat weniger mit dem Erfolg der Revolution gegen die Sklaverei zu tun als mit der Tatsache, dass sich der 1804 neu gegründete Staat Haiti allen möglichen Geldforderungen und Entschädigungen gegenübergestellt sah, die ihn im 19. Jahrhundert buchstäblich erdrosselten. Halten wir also fest, dass in denselben Zeitraum die Haitianische Revolution hineinfällt, welche ebenfalls eine ergebnisoffene Verzeitlichungsstruktur prägt und von Menschen getragen wurde, welche ihr Schicksal selbst bestimmen wollten.

Wenn wir die Haitianische Revolution berücksichtigen und in unseren Modernebegriff miteinbeziehen, dann weichen wir darin erheblich von einem bisherigen gängigen Geschichtsmodell ab, in dem diese Revolution bislang in den Revolutionstheorien, aber auch innerhalb des Moderne-Denkens keine oder keine wirkliche Rolle spielen durfte. Wenn wir von einer europäischen Doppelrevolution sprechen können und darunter sowohl die Französische (und damit politische) Revolution und zugleich die Industrielle Revolution (in England) verstehen, so müssen wir lernen, auch eine Amerikanische Doppelrevolution zu denken, bei der es nicht nur um die US-amerikanische Revolution gehen kann, sondern die Haitianische Revolution unbedingt mitgedacht werden muss. Kurzum: Die Haitianische Revolution ist das Phänomen einer europäischen Moderne, die sich fernab Europas zu anderen Modernen hin öffnet. Moderne muss also global gedacht werden nicht im Sinne von Peripherie und Zentrum, sondern von sich miteinander verknüpfenden Modernen. Es ist an der Zeit, die Vielgestaltigkeit der Modernen weltweit zu denken.

Die Moderne wie die Modernen werden folglich – und dies ist der entscheidende Punkt – durch ein grundlegend verändertes Verhältnis zur Zeit bestimmt. Damit setzte zugleich jene Verzeitlichung in den unterschiedlichsten Bereichen ein, die unser Leben bis heute ganz selbstverständlich betrifft, obwohl die Zeit natürlich keine Erfindung des ausgehenden 18. Jahrhunderts war. Aber in diesem Zeitraum bildete sich eine Konzeption von Geschichte heraus, wie sie bis weit ins 20. Jahrhundert hinein dominieren sollte und auch heute noch immer präsent ist.

Verzeitlichungsstrukturen beherrschen die Moderne wie die Modernen. Die Verzeitlichung aller Lebens- und Wissensbereiche ließe sich an einer Vielzahl von Beispielen aufführen, die wir miteinander durchbuchstabieren könnten. Sie wurde von Michel Foucault etwa daran aufgezeigt, dass seit dem letzten Drittel des 18. Jahrhunderts und mit jeweils eigenen zeitlichen Entwicklungen in den einzelnen sich herausbildenden Disziplinen Vorstellungen zum Tragen kamen, die die Zeit als wesentliche Kategorie mitzudenken begannen und den Objekten, den Gegenständen der Forschung, jeweils ihre eigene Zeitlichkeit einschrieben. Die Phänomene standen nun nicht länger nebeneinander in einem einzigen Tableau der Naturgeschichte – hierüber hat Wolf Lepenies[3] das Entscheidende gesagt –, sondern zwischen ihnen bildete sich zunehmend eine zeitliche Verkettung im Sinne einer Entwicklung heraus, die dann mit Darwin in Richtung einer eigentlichen Evolutionstheorie radikalisiert werden sollte, aber keineswegs etwas radikal Neues *an sich* darstellte. Denn die Verzeitlichung aller Wissensbestände war längst ein Faktum innerhalb der Wissenschaftsgeschichte geworden, von dem aus sich das Wissen neu anordnen ließ – und zwar in allen Disziplinen. Die verschiedenen Fossilien etwa ordneten sich nicht mehr im Raum als voneinander

---

3 Vgl. hierzu Lepenies, Wolf: *Das Ende der Naturgeschichte. Wandel kultureller Selbstverständlichkeiten in den Wissenschaften des 18. und 19. Jahrhunderts.* Frankfurt am Main: Suhrkamp 1978.

geschiedene Artefakte an, die ihre jeweilige Position innerhalb eines Tableaus einnahmen, sondern wurden in eine historische Abfolge gestellt, die ihre Veränderungen und Evolutionen in den Fokus der Betrachtung rückte. Episteme und Epistemologie hatten sich grundlegend verändert: Alles wurde von einer allgegenwärtigen Zeitvorstellung durchdrungen.

Wir werden noch viele weitere Charakteristika von Moderne kennenlernen, doch sei an dieser Stelle bereits festgehalten, dass der Einzug von Verzeitlichungsstrukturen grundlegend für die Moderne ist – und ich meine damit auch die Verschiedenheit der Modernen. Daher lässt sich die Moderne vor allem als ein von der zeitlichen Dimension, also der vierten Dimension, beherrschter Zeit-Raum begreifen und somit als eine Epoche, in welcher alles unter den Gesichtspunkt von Zeit und Verzeitlichung gerät.

Was sich seit Ende der sechziger Jahre in Teilen Europas, der USA und – zum Teil schon früher – in Lateinamerika herausbildete, und was wir später als Postmoderne bezeichnen hörten (und bezeichnen würden), impliziert eine gewisse Abkehr von dieser beherrschenden Verzeitlichungsstruktur, in der die Geschichte zur Grundlage jeglichen Wissens und jeglicher Erfahrung geworden ist, ja zu einer Kraft avancierte, deren Präsenz so selbstverständlich wurde, dass sie eigentlich keiner gesonderten Erwähnung bedurfte. Die Postmoderne ihrerseits verweist in wesentlich stärkerem Maße auf Strukturen des Raumes: Man könnte analog zur Verzeitlichung auch von einer Verräumlichung sprechen, die sich in ihren neuen Denkstrukturen deutlich ausdrückt. Doch schauen wir uns das etwas näher an.

Insistiert die Postmoderne also innerhalb eines gemeinsamen Raumes von Moderne und Postmoderne wesentlich prononcierter auf den Raumstrukturen und damit auf dem spatialen Element – den ersten drei Dimensionen, auf die wir gleich noch einmal wesentlich ausführlicher zurückkommen werden –, so zeigt sich zugleich, dass sich möglicherweise in der Gegenwart etwas entwickelt, was im Grunde wesentlich stärker diese Dimensionen aufeinander bezieht und nicht einseitig die Dimension der Zeit und damit die Verzeitlichung oder die Dimensionen des Raumes und damit der Verräumlichung, sondern ein Zusammenspiel zwischen diesen Dimensionen und damit die Bewegung privilegiert und betont. Genau hier siedelt sich mein Argument an: Wir haben es mit einer Privilegierung des Bewegungselementes, also der Bewegung an sich, zu tun. Dies bedeutet nicht, dass Bewegung nun etwas ganz Neues wäre: Wir finden sie in allen Zeiten und Epochen. Aber es bedeutet, dass ihr eine privilegierte Aufmerksamkeit zuteilwurde und ihr Gewicht gar nicht überschätzt werden kann.

Es könnte also sein, dass wir gerade heute – genauer gesagt: seit etwa vier Jahrzehnten – jene Veränderungen erleben, in der wir durchaus eine globale Tendenz erkennen dürfen, ohne freilich diese Vorstellungen einfach auf unseren

Planeten zu stülpen und unbesehen zu generalisieren. Die Metaphorik des Netzwerks ist dabei derzeit in aller Munde: vom Netzwerk der miteinander vernetzten
Computer oder dem Weltweiten Gewebe des Internets bis hin zu weltweiten Netzwerken in der Ökologiebewegung oder auch – ganz anders wieder – in bestimmten religiösen, ideologisch motivierten oder auch terrroristischen Netzwerken,
von denen ständig in unseren Nachrichten die Rede ist. Das Jetztzeitalter ist das
Netzzeitalter.

Ich kann hier nicht ausführlich auf die Verschiedenartigkeit von Netz-
Vorstellungen eingehen. Aber klar ist, dass wir zentrierte Netzstrukturen haben
und nicht-zentrierte davon unterscheiden können; dass es starre Netze gibt, die
nicht verändert werden dürfen, aber auch hochdynamische, bei denen sich ständig irgendwelche Verbindungen zwischen einzelnen Knotenpunkten verändern
und neue Querverbindungen bilden. Faszinierend ist, wie sehr sich Netzwerkstrukturen je nach den entsprechenden Leitvorstellungen voneinander unterscheiden können. Dabei würde ich am Ende *lebendige* Netzwerkstrukturen
privilegieren: also solche, die sich eigenständig in permanenter Veränderung befinden. Ja: Es ist Leben im Netz – oder es kann zumindest Leben im Netz sein.
Doch dies ist nur eine Unterart von Netzwerkstrukturen, mit denen wir uns auch
und gerade in der Reiseliteratur beschäftigen müssen.

In jenen Überlegungen, die ich hier zum Auftakt der Vorlesung nur kurz
anreißen kann, die ich aber noch wesentlich ausführlicher diskutieren werde,
spielen nicht statische Netzwerke, sondern (lebendige) Bewegungen, wenn Sie
so wollen bewegliche Netzwerke oder Netzwerke in Bewegung, eine fürwahr
zentrale Rolle. Denn die planetarische Erfassung durch weltumspannende Netzwerke hat keineswegs – wie dies die Postmoderne dominant entwickelte – eine
Verräumlichung des Denkens vorbereitet und durchgesetzt, sondern
die Möglichkeit geschaffen, die zeitliche Dimension im Sinne einer Bewegung
ganz im Sinne Italo Calvinos miteinzubeziehen. Dimensionen des Dynamischen
haben sich hier eröffnet und stoßen weit die Türen unseres Verständnisses auf.
Wir haben es mit Bewegungselementen, mit Vektoren, auf Schritt und Tritt zu
tun. Man könnte dies als *Vektorisierung* bezeichnen und entsprechend begrifflich implementieren – aber wir wollen nicht gleich zu Beginn dieser Vorlesung
zu viele abstrakte Begriffe wählen. Vektorisierung ist in jedem Falle ein Begriff,
der nicht nur auf eine gegenwärtige Dynamik abzielt, sondern die historisch ak-
kumulierten Bewegungen immer schon in sich gespeichert bereit hält und zugleich auch künftige Bewegungen, die Bewegungen des Künftigen, in sich in
der Jetztzeit aufgenommen hat. Vektorisierung ist folglich ein Schlüssel, um unsere Epoche zu verstehen.

Vor diesem Hintergrund beginnen wir zu begreifen, warum nun Reisen und
Reisebewegungen und deren Untersuchung – die lange Zeit ganz und gar nicht

zum Teil des literaturwissenschaftlichen Kanons zählten und im Grunde ein freud-loses Randdasein fristeten – heute eine so große und entscheidende Rolle zu-kommt und warum es sich lohnt, sich ausführlich mit der Entwicklung und den Veränderungen innerhalb der Reiseliteratur zu beschäftigen. Dank der Reiselitera-tur und ihren Vektorisierungen können wir uns in die Lage versetzen, unsere Epo-che in einem gänzlich neuen und anderen Licht erscheinen zu lassen. Wir können alles im Zeichen der Bewegung, der Speicherung von Bewegungen aller Art, be-greifen. Das wollen wir in der Folge auch mit großer Freude tun.

Doch noch einmal zurück zu unserem italienischen Ausgangspunkt. Wir haben uns zu Beginn also mit Italo Calvino die Frage gestellt, wie man einen Ort oder einen bestimmten Raum überhaupt beschreiben kann. Wir können und soll-ten nun aber eine zweite Frage stellen, die ebenfalls auf den ersten Blick banal erscheinen könnte: Wie lässt sich eine Reise schreiben und beschreiben?

Bevor wir auf die verschiedenen Möglichkeiten eingehen, möchte ich an dieser Stelle zunächst aus einer anderen Perspektive die Frage erörtern, wie man eigentlich ein (bereistes) Land beschreiben kann. Welche Mittel stehen uns hierfür zur Verfügung?

An dieser Stelle knüpfen wir an unsere Überlegungen zu Karten, Weltkar-ten und Kartenwerken an. Seit unvordenklichen Zeiten werden Länder und Re-gionen mit Hilfe von Karten be*schrieben*, mithin karto*graph*iert. Die frühesten Karten gehen meines Wissens bis in die Jungsteinzeit zurück. Frühe Formen des Schreibens von Karten sind hier folglich ebenso zu berücksichtigen wie die modernsten, die wir mit Hilfe von Google Maps erstellen. Hier geht es also um die Verwandlung in verschiedene Formen von Schrift, *graphein* – und dies darf durchaus auch die Lichtschrift, die Photographie miteinschließen. Denn nicht selten haben wir es bei den Reiseberichten ganz wesentlich mit inter- und mit transmedialen Zeugnissen und Erzeugnissen zu tun, also mit Formen, in denen sich unterschiedliche Medien begegnen und queren.

Von jeher stellten sich die Geographen die Frage nach dem Maßstab und der Unterlage dieser Kartenschrift, die ihrerseits in engster Beziehung zu Philosophie und Literatur stehen und keineswegs nur banale Vorausset-zungen jeglicher Kartenanlage darstellen. Hören wir uns dies in einer von mir übersetzten Passage eines Essays aus den *Otras inquisiciones* des gro-ßen argentinischen Schriftstellers und Erfinders philosophischer Fiktionen Jorge Luis Borges an:

> Die Erfindungen der Philosophie sind nicht weniger phantastisch als jene der Kunst: Jo-siah Royce formulierte im ersten Band des Werkes *The World and the Individual* (1899) die folgende: „Stellen wir uns vor, ein Teil der Erdoberfläche Englands wäre vollkommen ein-geebnet worden, und darauf würde ein Kartograph eine Karte Englands zeichnen. Das Werk ist vollkommen: Nicht ein einziges Detail der Erdoberfläche Englands, so winzig es

auch wäre, würde auf der Karte fehlen; alles findet hier seine Entsprechung. In diesem Falle muss diese Karte eine Karte der Karte der Karte und so weiter bis ins Unendliche enthalten."

Warum beunruhigt es uns, dass die Karte in der Karte enthalten ist und tausend und eine Nacht im Buch *Tausend und eine Nacht*? Warum beunruhigt es uns, dass Don Quijote ein Leser des *Quijote* ist und Hamlet ein Zuschauer von *Hamlet*? Ich glaube, den Grund gefunden zu haben: Derartige Inversionen legen uns nahe, dass wir, wenn schon die Figuren einer Fiktion Leser oder Zuschauer sein können, als Leser und Zuschauer selbst fiktiv sein könnten. Im Jahre 1833 bemerkte Carlyle, dass die Weltgeschichte ein unendliches heiliges Buch sei, das alle Menschen schreiben und lesen und zu verstehen suchen, und in welchem sie auch sich selber schreiben.[4]

Abb. 17: Jorge Luis Borges (Buenos Aires, 1899 – Genf, 1986).

In dieser Passage begegnet uns das für Jorge Luis Borges' Schreiben typische Element der Rationalität und der Verunsicherung, der geistigen Durchdringung und jenes Unheimlichen, von dem uns Sigmund Freud die heimliche Unheimeligkeit zeigte. In diesem Schlussteil eines Textes aus Jorge Luis Borges' *Otras inquisiciones* wird nicht nur die phantastische Erfindungskraft der Philosophie mit jener der Kunst auf eine Stufe gestellt und damit zugleich die Grenze in Frage gestellt, welche die fiktionalen von den diktionalen[5] (oder 'expositorischen' beziehungsweise 'nicht-fiktionalen') Texten trennt. Der argentinische Autor geht in dieser Passage weit über die häufig von ihm gestaltete Lieblingsidee[6] hinaus, indem er sich auf ein aus seinem Geburtsjahr stammendes apokryphes Werk stützt und mit ihm gerade jene Kunst verknüpft, die doch als die im engsten Sinne wirklichkeitsbezogenste gelten darf, die Kartographie. Shakespeare und Cervantes müssen tatenlos zusehen, wie ihre großartigen Fiktionen mit einer Karte von England verglichen werden, die wir als ein eingeebnetes

---

4 Borges, Jorge: Magias parciales del Quijote. In Ders.: *Prosa completa*. 4 Bde. Barcelona: Bruguera 1980, Bd. 2, S. 174.
5 Vgl. hierzu Genette, Gérard: *Fiktion und Diktion*. Aus dem Französischen von Heinz Jatho. München: Fink 1992.
6 Vgl. hierzu auch Ette, *Literatur in Bewegung*, S. 247–268.

Land begreifen dürfen. Aber was verbindet die Kartographie eines Landes mit dem Schreiben eines Landes? Wie lassen sich die Reisebewegungen des Don Quijote in der spanischen Mancha mit dem Schreiben einer platten Karte von England vergleichen?

Die Kartographie 'klebt' gleichsam an der Erdoberfläche, wandelt sie zugleich aber in Zweidimensionalität um. Die dritte Dimension wird in diese Zweidimensionalität durch bestimmte konventionelle Zeichen, die sich über die Zeit wandeln können, sorgfältig eingetragen. Ein mimetisches Streben nach Vollständigkeit ist der Kartographie eigen, seit Menschen Umrisse von Territorien auf den Erdboden zeichneten oder in das Gestein einritzten. Eine topographische oder geographische Karte gibt uns das Bild unserer Welt möglichst präzise wieder, so dass wir sie unmittelbar benützen können, um uns in der Wirklichkeit, in unserer komplexen Welt, auf vereinfachte Weise zurechtzufinden. Es bedurfte nicht des vor einigen Jahren erschienenen *Atlas der Erlebniswelten*,[7] um uns vor Augen zu führen, dass ein kartographisches Abbild der Welt in erster Linie ein *Bild* der Welt und somit das Fiktionale gerade im vertrauten Kartenbild gut aufgehoben ist. Finden und Erfinden liegen nicht nur etymologisch nahe beieinander[8] – und wir haben ihr Zusammenwirken im Leben und Erleben bereits eingehend in den Kartenwelten untersucht. Wir können Finden und Erfinden anders miteinander verknüpfen, insofern wir beide vom Leben her in einem anderen Licht erscheinen lassen können: in dem des eigenen oder fremden Erlebens.

Folglich fügte Alexander von Humboldt (vgl. Abb. 72: Porträt Alexander von Humboldts) seinem *Atlas géographique et physique du Nouveau Continent* eine Abfolge kartographischer Darstellungen bei, die ausgehend von einer Karte des Jodocus Hondius aus dem Jahre 1599 die Geschichte der geographischen Darstellungen von El Dorado bis in seine unmittelbare Gegenwart – die letzte Karte von Surville stammte aus dem Jahre 1778 – nachzeichnete.[9] Dabei war sich der preußische Reiseschriftsteller und Gelehrte durchaus des fiktionalen Charakters derartiger Karten bewusst: ja, er führte gerade die Fiktionalität dieser Karten vor Augen.

---

7 Vgl. Klare, Jean / Swaaij, Louise von: *Atlas der Erlebniswelten*. Mit Texten von Ilja Maso und Saskia Sombeek. Frankfurt am Main: Eichborn Verlag 2000.

8 Zur 'Eigenart der geographischen Hoffnung' vgl. Bloch, Ernst: *Das Prinzip Hoffnung*. Bd. 2. Frankfurt am Main: Suhrkamp 1973, S. 874–880.

9 Ein Abdruck dieser Kartenfolge des *Atlas géographique* (Tafel 14) findet sich leicht zugänglich in Ette, Ottmar (Hg.) / Humboldt, Alexander von: *Reise in die Äquinoktial-Gegenden des Neuen Kontinents*. Mit Anmerkungen zum Text, einem Nachwort und zahlreichen zeitgenössischen Abbildungen sowie einem farbigen Bildteil. Bd. 1–2. Frankfurt a. M.. Insel 1991, Bd. 2, S. 1343–1345.

Dabei machte er auf den erfindungsreichen Charakter der von ihm signalisierten Karten aufmerksam. Es ist eine Eigenart dieser 'geographischen Hoffnungen', Einzelheiten aufzuhäufen und sie mit Autorität(en) zu verknüpfen. Die von europäischen Kartographen angefertigten Darstellungen des Mythos vom Vergoldeten König, den Europäer unterschiedlicher Breitengrade unter tatkräftiger Mithilfe indianischer Informanten weitab ins südamerikanische Binnenland projizierten, führten nicht nur jahrhundertelang Conquistadoren, Abenteurer oder Forschungsreisende in Gebiete, in denen keine goldenen Schätze zu heben waren, sondern machten auch vor dem Namen Alexander von Humboldts nicht Halt. Daher musste der Zerstörer geographischer Mythen in seinem Reisebericht erstaunt feststellen, dass die historische Aufarbeitung des Mythos nicht zu dessen Auflösung geführt hatte, sondern auf den Mythenforscher selbst übergesprungen war:

> Diese Notizen hatte der Geschichtsschreiber der Grenzexpedition an Ort und Stelle gesammelt, und er hätte wohl nicht geglaubt, daß La Cruz und Surville richtige Darstellungen und alte Vorstellungen vermengen und auf ihren Karten das *Mar Dorado* oder *Mar Blanco* wieder zum Vorschein bringen würden. So kommt es, daß, obgleich ich seit meiner Rückkehr aus Amerika vielfach den Beweis geführt, daß ein Binnenmeer, aus dem der Orinoco entspränge, gar nicht existiert, in neuester Zeit unter meinem Namen eine Karte erschienen ist, auf der die *Laguna de Parima* wiederum auftritt.[10]

Der Schöpfer des *Kosmos* sah sich hier in seine eigene Geschichte der Mythenzerstörung verwickelt. Seine Beschäftigung mit Mythen führte dazu, dass sich der Mythos nun auch mit ihm beschäftigte und auf sein eigenes Werk übergriff. Alexander von Humboldt, dessen Wissenschaft in der Tat ein neues Weltbild schuf, das sich in auf den ersten Blick so entlegenen Gebieten wie der Medizingeographie auch im Kartenbild niederschlug,[11] hatte die Existenz des Mythos durch die Wiedergabe vorgängiger, 'erfundener' kartographischer Darstellungen wider Willen nur auf eine neue Stufe gehoben. Mit Hilfe von Karten sind Mythen nicht auszurotten: Der Mythos, die Fiktion, schreibt sich unverzüglich in sie ein. Wir begreifen, in welchem Maße neue Karten eine lange Abfolge alter Karten, wie sehr neue kartographische Weltbilder alte Bilderwelten in sich aufnehmen

---

10 Ebda., S. 1349. Die Karte war 1818 in Wien erschienen und berief sich im Titel auf Humboldts längst nicht mehr nur in Wissenschaftskreisen renommierten Namen.

11 Vgl. die aufschluss- und kartenreiche Studie von Rupke, Nicolaas A. / Wonders, Karen E.: Humboldtian Representations in Medical Geography. In: Rupke, Nicolaas A. (Hg.): *Medical Geography in Historical Perspective*. ('Medical History', Supplement No. 20). London: The Wellcome Trust Centre for the History of Medicine at UCL 2000, S. 163–175.

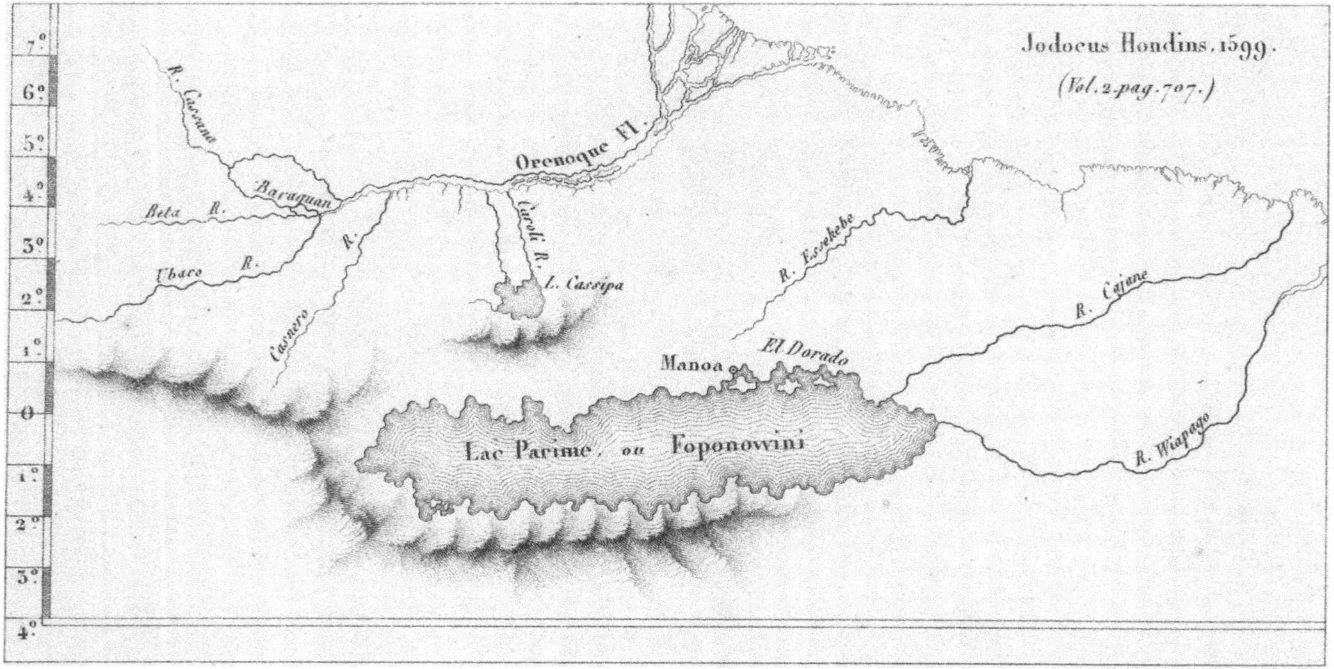

Abb. 18: Vier Karten von „El Dorado" aus dem *Atlas géographique et physique des régions équinoxiales du Nouveau Continent*, Jodocus Hondius, 1599, Nicolas Sanson, 1656, La Cruz Olmedilla, 1775, Surville, 1778, Alexander von Humboldt, 1831.

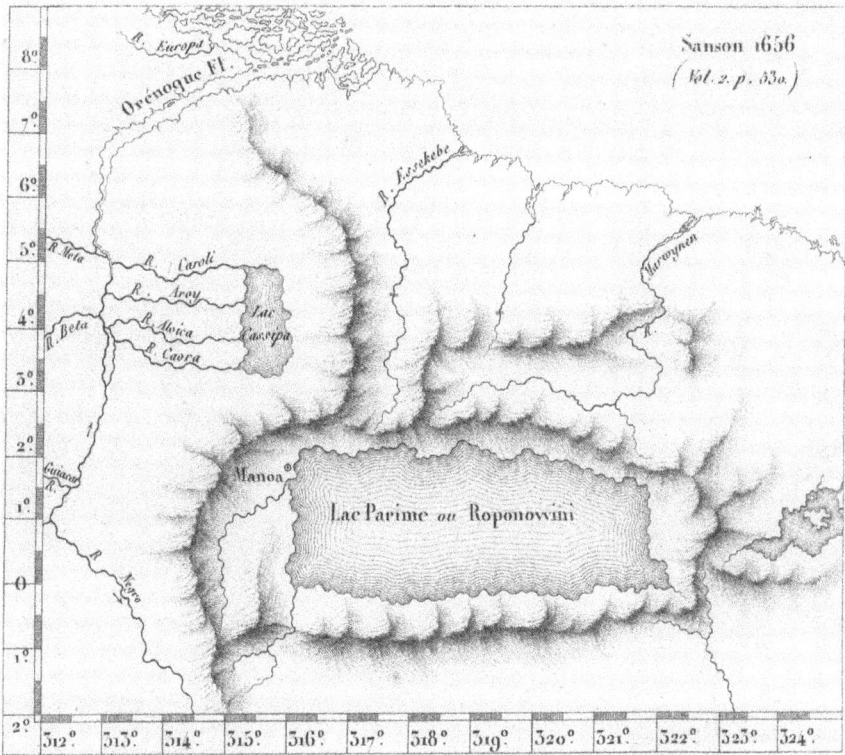

Abb. 18 (fortgesetzt)

und weitertransportieren. Und dies ganz wie in den Literaturen der Welt auch in den Karten der Welt: ad infinitum.

Doch kehren wir zum hintersinnigen Text von Jorge Luis Borges und seinem Rückgriff auf die Überlegungen eines (erfundenen) Anderen zurück. Er verdeutlicht, dass eine noch so präzise ausgeführte Karte Englands stets eine weitere Karte, ein weiteres Kartenbild in sich tragen muss, das um der Genauigkeit willen wiederum eine weitere Karte enthält, so dass sich auch hier *ad infinitum* kartographische Darstellungen ineinander schachteln, ein Verfahren, das Kartenschreiben mit Schreiben teilt und im Bereich der Literaturwissenschaft in Rückgriff auf André Gide als *mise en abyme*, als Spiegelung der Gesamtheit in einem einzigen modellhaften Punkt, bezeichnet wird. Wir haben es hier im vollen Wortsinne mit einem Fraktal zu tun. Um es mit Gertrude Stein zu sagen: *A rose is a rose is a rose* oder: 'Eine Karte ist eine Karte ist eine Karte.'

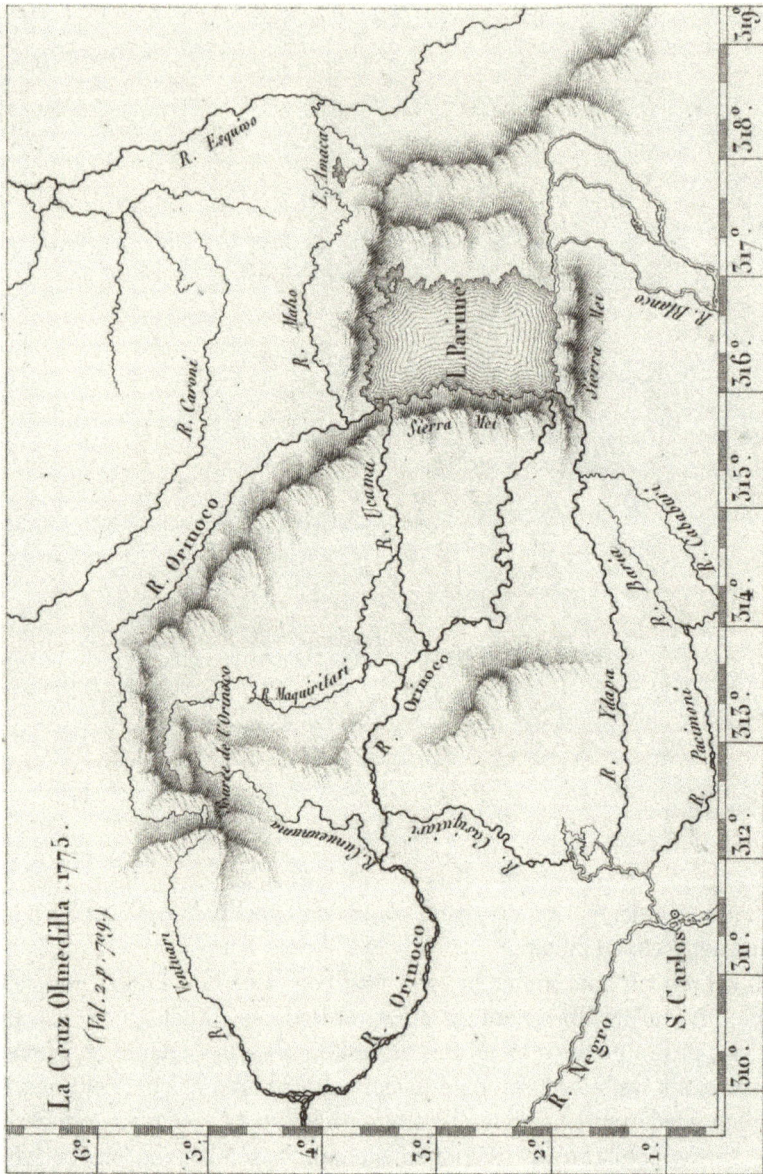

Abb. 18 (fortgesetzt)

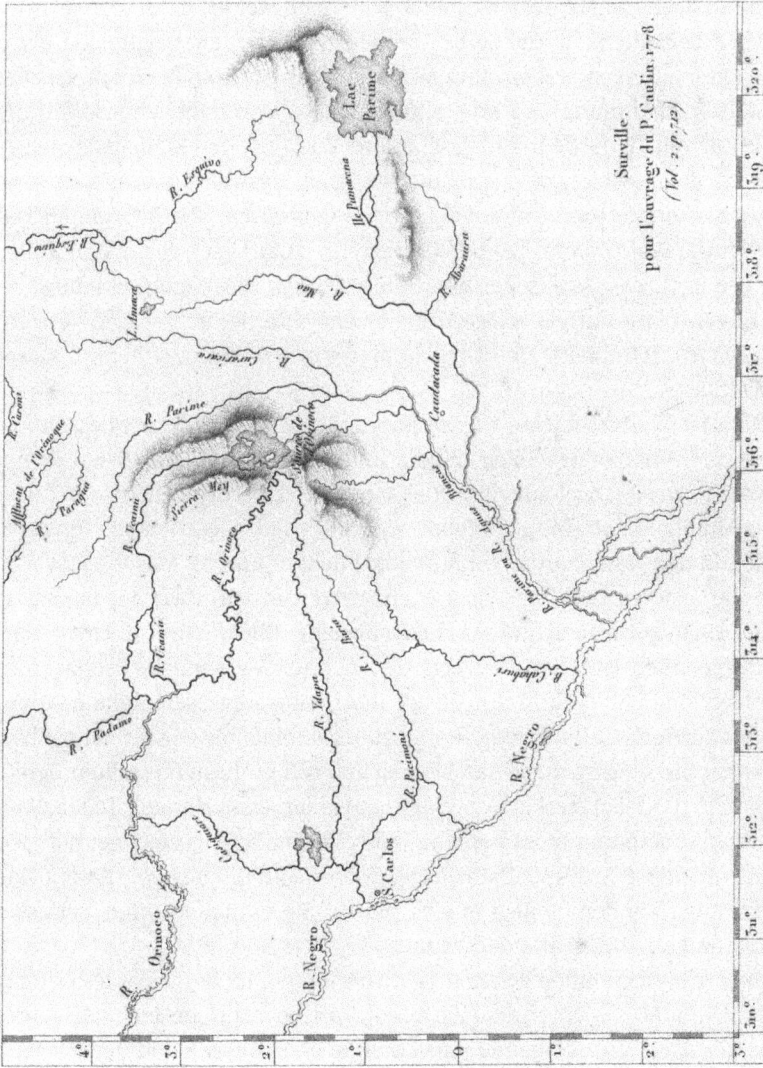

Abb. 18 (fortgesetzt)

Doch der argentinische Schriftsteller ging noch weiter, denn die wechsel-seitige Selbstbezüglichkeit und Selbstähnlichkeit blieb nicht bei den kartographischen Darstellungen stehen. Ihre Mimesis – die in ihrer Tradition seit der Antike stets Nachahmung *und* Darstellung ist und sich dabei ebenso auf die Natur wie auf von Menschenhand geschaffene Vorlagen und Modelle bezieht – durchkreuzt die Grenze zwischen Kunst- beziehungsweise Kartenwerk und Betrachter und springt auf Autor wie Lesepublikum über. Wie im zweiten Teil von Cervantes' *Don Quijote*, wo der Protagonist zum Leser des ersten Teiles seiner eigenen (Lese-) Abenteuer wird, ergreift auch die Weltgeschichte – in Borges' Entwurf von Carlyle – ihre Urheber und ihre Betrachter und verwandelt sie *zugleich* in Subjekte und Objekte dieser selben Weltgeschichte, dieser selben Weltkarte.

Im Bild der Weltgeschichte wie im Kartenbild eines Landes ist dessen Autorfigur stets in vielfachen Spiegelungen enthalten. Ein kleines Beispiel, um diese Aussage zu veranschaulichen. Das augenfälligste Beispiel ist die Tatsache, dass Humboldt in eine detaillierte Karte des Flussnetzes auch Hinweise auf eigene, in den Amerikanischen Reisetagebüchern und im Reisebericht festgehaltene Anekdoten einfügte. Allzu leicht vergessen wir, dass der objektive, aus großer Höhe geworfene und gleichsam absolute Blick, wie er in einem Kartenbild festgehalten ist, ein komplexes Geflecht aus Messungen, Beobachtungen, Konventionen und Erfahrungen ist und keineswegs nur dokumentiert. Alexander von Humboldts Orinoco-Karte ist ohne seine Reise nicht vorstellbar, und doch hat diese Reise nur einen kleinen Teil des in ihr dargestellten Gebietes wirklich in der Fläche erkundet. Was aber ist mit jenen riesigen Teilen, welche Humboldt überhaupt nicht besucht und selbständig eingezeichnet hat? Wo liegen die Quellen für diese Darstellung weiter Kartenbereiche? Karten wie Weltgeschichten können es also in sich haben: Sie enthalten ihren Verfasser gleichsam (und noch einmal) *ad infinitum*.

Doch es gibt noch einen zweiten Text von Jorge Luis Borges – der oftmals mit guten Gründen als einer der 'Väter der Postmoderne' bezeichnet wurde, da er uns vor allem grundlegende Einsichten in die Moderne und deren unterschiedliche Ausprägungen vermittelte –, in dem wir wichtige Hinweise für unsere Deutung Alexander von Humboldts finden können. Genaugenommen stammt dieser Text nicht von Borges selbst, sondern von Bustos Domecq, jener Autorfigur, die der Argentinier gemeinsam mit seinem Landsmann und Freund Adolfo Bioy Casares geschaffen hatte. Auch Bustos Domecq bedient sich in seinen *Crónicas* desselben parasitären Schreibverfahrens, indem er auf ein 'vergessenes' Werk des 17. Jahrhunderts, die *Viajes de Varones Prudentes* ('Reisen vorsichtiger Männer') zurückgreift, wo von einem weit entfernten Reich berichtet wird, in welchem die Kunst der Kartographie bis zur

Vollendung entwickelt worden sei.[12] Immer also ist es die Kartographie, die
uns bei der Beschäftigung mit den unterschiedlichsten Formen der Reiseliteratur über den Weg läuft oder in die Quere kommt, ganz wie Sie wollen. Dort
habe die „Karte einer einzigen Provinz die Größe einer ganzen Stadt" eingenommen und „die Karte des Reiches gar eine ganze Provinz".[13] Im Ringen um
eine noch höhere Präzision und Vollständigkeit seien die *Colegios de Cartó-
grafos* dann aber noch einen entscheidenden Schritt weiter gegangen:

> Im Laufe der Zeit genügten diese maßlosen Karten nicht mehr den Ansprüchen, und die
> Kartographenvereinigungen erstellten eine Karte des Reiches, welche die Größe des Rei-
> ches einnahm und aufs Genaueste mit ihm übereinstimmte.[14]

Eine Karte des Reiches in der Größe des Reiches? Nachfolgende Generationen
aber hätten den Sinn derartiger Kartenwerke nicht mehr verstanden und diese
Karte „gnadenlos den Fährnissen der Sonne und der Winter ausgeliefert".[15] Aus
jener Zeit seien einige Überreste dieser Karte auf uns gekommen, so dass man
noch heute „in der Wüste des Westens" die „Ruinen der Karte" finde, „die von
Tieren und Bettlern bewohnt werden" – und „im ganzen Land", so der bedeu-
tungsvolle Schluss dieses Auszugs, gebe es keine „andere Reliquie der geographischen Disziplinen".[16]

Sind vom geographischen Streben nach Abbildung der Welt nur noch Ruinen übrig geblieben? Gibt es hier nicht eine Tendenz, die jegliche Repräsentation von Welt schlicht *ad absurdum* führt?

Ähnlich wie in der Karte Englands hat sich aus Gründen der gewünschten
Präzision ein Maßstab 1:1 ergeben. Doch wird in diesem Falle keine interne Ver-
schachtelungsstruktur, sondern vielmehr eine Verwandlung des künstlerischen
Artefakts der mimetisch-kartographischen Wiedergabe der Welt in die Wirklichkeit der Welt herausgearbeitet. Schließlich haben wir es mit einer Karte zu tun,
die bewohnt wird, die also der Erde gleich ist und ihrerseits ein Territorium darstellt, in dem sich wohnen und leben lässt. Mit anderen Worten: Die Kartenschrift spiegelt das Reich nicht ab, sie *ist* ein Teil des Reiches selbst. Und doch
ist die Karte des Reiches noch immer ein Modell, wurde von Menschen, wurde

---

12 Borges, Jorge Luis / Bioy Casares, Adolfo: Naturalismo al día. In: Borges, Jorge Luis: *Obras
Completas en colaboración*. Barcelona: Emecé Editores ⁴1997, S. 316; vgl. hierzu Scheines, Gra-
ciela: Las parodias de Jorge Luis Borges y Adolfo Bioy Casares. In: *Cuadernos Hispanoamerica-
nos* (Madrid) 505–507 (Juli - September 1992), S. 532f.
13 Borges / Bioy Casares, Naturalismo al día, S. 316.
14 Ebda.
15 Ebda.
16 Ebda.

von Kartographen eigens dafür hergestellt, sich der Wirklichkeit mit einem Modell im Maßstab 1:1 anzunähern.

Halten wir noch einmal deutlich fest: Die Mimesis vermischt sich unauflöslich mit dem Gegenstand ihrer Darstellung und verwandelt sich in die Wirklichkeit selbst, die bewohnbar und heimisch wird, aber auch verfallen kann. Welt und Weltkarte, Original und Kopie, Realität und (kartographische) Fiktion scheinen in eins zu fallen. Dass als 'Quelle' eines solchen Entwurfs ein Reisebericht genannt wird, ist aus der hier gewählten Perspektive keineswegs zufällig. Nicht nur die Karte, auch der Reisebericht hat es 'in sich', ist weit mehr als bloße Abbildung einer Wirklichkeit. Selbst dort, wo als Intention nur das möglichst genaue Verzeichnen von Realität intendiert ist, beobachten wir eine Verselbständigung nicht allein des Vorgefundenen, sondern des Erfundenen.

Stellen wir an diesem Ort eine weitere unserer grundlegenden Fragen, mit der wir an das Verhältnis von Reisen und Schreiben herangehen. Und stellen wir diese Frage auf möglichst einfache Weise so: Wie lässt sich ein Land schreiben, wie lässt sich ein Land beschreiben?

Der französische Schriftsteller und Literaturtheoretiker Michel Butor hat in seiner 'Studie zu einer Repräsentation der Vereinigten Staaten', die 1962 unter dem Titel *Mobile*[17] erschien, eine mögliche Antwort auf diese ganz grundsätzliche Frage gegeben. Seiner umfangreichen Abfolge von Kurztexten, die im Gestus des neo-avantgardistischen literarischen Experiments im Querformat abgedruckt wurden, stellt ein Verstehensmodell der USA dar, das sich unter Einbeziehung verschiedenartigster reiseliterarischer Versatzstücke aus unablässigen Bewegungen im Raume wie ein mobiles Puzzle zusammensetzt. Vektorizität ist überall: Alles ist in Bewegung, *on the move*.

Dabei gibt der Titel des Bandes die möglichen Deutungsrichtungen dieses Bewegungstextes vor. *Mobile* meint – um nur einige wenige Bedeutungsebenen der Titelsemantik zu nennen – die gleichnamige Stadt im Süden der USA, aber auch den bekannten Konzern, der Treibstoffe für Reisen in unterschiedlichsten Verkehrsmitteln produziert. Der Text selbst ist aber auch ein kunstvolles Mobile, eine Bewegungs-Figur oder Figur der Bewegung, die grundsätzlich nie an ein Ende kommt und immer auch die Bewegungen der Betrachterin oder des Betrachters in sich aufnimmt.

Bewegung steht im Zentrum dieses experimentellen Textes: Alles ist von Vektorizität durchdrungen. *Mobile* verweist auf die Bewegungen, die von Beginn an das Schaffen des französischen Autors prägten, aber auch auf jenes künstlerische

---

17 Butor, Michel: *Mobile. Etude pour une représentation des Etats-Unis.* Paris: Gallimard 1962.

Artefakt, dessen Einzelteile sich ständig bewegen und damit untereinander wie im Verhältnis zu ihrem Lesepublikum immer wieder neue Konstellationen und Perspektiven ermöglichen. Michel Butors Experimentaltext setzt sich dabei aus einer erstaunlichen Vielzahl von Sprüngen nicht nur zwischen verschiedenen Themen, Geschichtsepochen und Grenzgebieten der USA, sondern – teilweise die Reisebewegungen des Autors autobiographisch aufnehmend – vor allem zwischen einzelnen Bundesstaaten und ihren jeweiligen (Orts-) Namen zusammen. *Mobile* ist die Versinnbildlichung einer diskontinuierlichen Bewegung: einer Bewegung, die nicht von Kontinuität, sondern von ständigen Sprüngen beherrscht wird.

Aus diesen ungezählten Bewegungen entsteht eine ungeheure Maschinerie, deren unabschließbare Kombinatorik das (Lese-) Publikum in ihr Spiel von und mit Bedeutungen einbezieht und eine Repräsentation der Vereinigten Staaten erlaubt, die nicht räumlich oder zeitlich linear angelegt ist, sondern aus variierenden nicht-linearen Verkettungen besteht. Lineare Bewegungen sind es, die freilich von ständigen Querverbindungen durchtrennt und unterbrochen werden und das Diskontinuierliche veranschaulichen.

Am Anfang dieses Textes, der sich mit Alexander von Humboldt als ein 'netzartig verschlungenes Gewebe' bezeichnen und damit etymologisch korrekt als ein 'Gewobenes', etymologisch als eine 'Textur', verstehen ließe, steht aber eine Landkarte der USA, die einen Überblick über die geographische Lage und die alphabetischen Kürzel der einzelnen Bundesstaaten der Union erlaubt. Erst von dieser kartenschriftlichen *Re-Präsentation* der Vereinigten Staaten aus entfaltet sich die Mimesis des literarischen Textes als Abfolge diskontinuierlicher Sprünge in Raum und Zeit zugleich. Nichts ist statisch, alles ist beweglich, mobil, in diesem gewobenen Netz, im Netzwerk dieser literarischen Repräsentation, die zugleich einen experimentellen Reisebericht darstellt.

Es ist vielleicht nicht uninteressant, dass Roland Barthes sich in einem nicht in die *Essais critiques* aufgenommenen Essay sehr intensiv mit Michel Butors Text oder – wenn Sie so wollen – Roman *Mobile* auseinandergesetzt hat. Doch zuvor möchte ich Ihnen – wie im Rahmen dieser Vorlesung üblich – einige Elemente aus dem Lebenslauf von Michel Butor an die Hand geben.

Michel Marie François Butor wurde am 14. September – am selben Tag wie Alexander von Humboldt, *by the way* – des Jahres 1926 als viertes Kind des Eisenbahninspektors Emile Butor und seiner Frau Anne Brajeux in Mons-en-Barceul geboren und ist am 24. August 2016 in Contamine-sur-Avre verstorben. Er ist ganz sicherlich der weitestgereiste seiner Schriftstellergeneration: Eigentlich war er beständig auf Achse. Gastaufenthalte und Dozenturen führten ihn nicht nur in verschiedene Städte Frankreichs und Deutschlands, Englands und der Schweiz, sondern auch nach Oberägypten, in die unterschiedlichsten Städte und Universitäten im Norden, Süden und Osten der USA, nach Kanada, aber auch

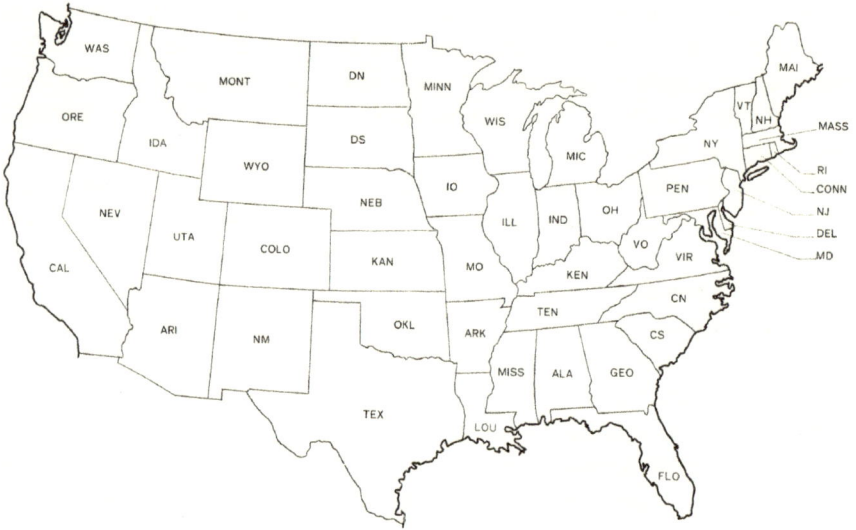

Abb. 19: Karte der USA, abgedruckt in Michel Butors *Mobile*, 1962.

nach Tunesien und Japan, nach Jugoslawien und Bulgarien, in die Sowjetunion und nach Marokko sowie nach Neuseeland und Australien. Vergessen wir neben allen Reisen nicht, dass er auch ein *poeta doctus* war, der mit einer Arbeit über den Zusammenhang zwischen Mathematik und Ästhetik promovierte, seit 1970 französische Literatur an der Faculté des Lettres der Universität Nizza unterrichtete sowie seit 1975 einen Lehrstuhl in Genf für moderne französische Literatur innehatte.

Beeinflusst von James Joyce und Marcel Proust, gilt Michel Butor neben Alain Robbe-Grillet und Nathalie Sarraute als bedeutendster Repräsentant des *nouveau roman*. International bekannt geworden ist Butor seit den sechziger Jahren besonders auch als Essayist ('Repertoire 1-5'). 1971 fand in Frankreich eine bedeutende Tagung zum Thema *nouveau roman* statt, die fast vollständig dem Werk Butors gewidmet war; 1973 ein internationales Kolloquium über und mit ihm im Centre Culturel International von Cerisy-la-Salle. Michel Butor hat eine Vielzahl von Spuren hinterlassen und gilt als einer der zentralen Autoren der französischen Gegenwartsliteratur. Fügen wir lediglich noch hinzu, dass für Butor der Roman das Laboratorium der Erzählung ist, des *récit*, der phänomenologische Bereich par excellence: der beste Ort, um herauszufinden, wie die Wirklichkeit auf uns einwirkt und wie wir Wirklichkeit gestalten und erfinden. Ganz klar, dass Michel Butor, der Weitgereiste, ein Erneuerer des literarischen Reiseberichts war.

Abb. 20: Michel Butor (Mons-en-Barœul, 1926 – Contamine-sur-Arve, 2016).

Nun aber wieder zurück zu seinem experimentellen Reisebericht aus der französischen Literatur. Michel Butors *Mobile* aus dem Jahre 1962 ist ein Text seiner eigentlich zweiten Schaffensphase, eine Zeit, die im Grunde in die von Antoine Compagnon genannte Blütezeit der französischen Theoriebildungen fällt. Es sind die großen Jahre französischer Theoriebildung und neoavantgardistischer Schreibpraxis – und unser Autor war zweifellos eine der maßgeblichen Stimmen in diesem neuen und keineswegs unumstrittenen Konzert. Nicht von ungefähr gilt Michel Butor, der über ein mathematisch-literarisches Thema promovierte, zu den sogenannten zerebralen Autoren jener Generation, welche die Nachkriegsliteratur Frankreichs seit den 50er Jahren sehr stark prägte und die man auf Vorschlag eines Kritikers von *Le Monde*, Emile Herniot, aus dem Jahre 1957 (also dem Jahr von *La Modification*) zunehmend als *nouveau roman* bezeichnete.

Freilich: Dass der *nouveau roman* nun alles andere als eine klar strukturierte, homogene und an ähnlichen Zielen ausgerichtete literarische Bewegung ist, hat uns bereits Roland Barthes sehr deutlich vor Augen geführt. In der Tat haben sich die Hauptvertreter des *nouveau roman*, also insbesondere Alain Robbe-Grillet, Nathalie Sarraute, Robert Pinget und Michel Butor, stets und wiederholt gegen die gemeinsame Klassifizierung als *nouveaux romanciers* gewehrt und nicht ohne Koketterie auf ihre so unterschiedlichen Ausrichtungen verwiesen. Das half ihnen aber nichts, denn ihnen wurde – ob sie es wollten, oder nicht – ein Etikett aufgeklebt. Wenn wir nun den Blickwinkel verändern und nicht mehr von der Position des *nouveau roman* her fragen, was es mit Butors *Mobile* auf sich hat, sondern vielmehr versuchen, sein Schreiben in den Kontext einer Literatur im Zeichen der Postmoderne zu stellen, verändert sich unsere Fragestellung, aber weitaus mehr noch auch unsere Interpretation und Deutung des Textes – und damit (auf die Differenz zwischen Werk und Text gehe ich noch ein) auch sein Werk selbst. Die spielerische Leidenschaft und jene unbändige Lust, mit den Worten spielen zu können, bleiben freilich bei jeder Perspektivierung erhalten, die sich auf Butor richtet.

Bei *Mobile* handelt es sich um einen Text, der zum einen unverkennbar als experimenteller Text angelegt ist – und damit ein gewisses avantgardistisches

Verständnis auch in der Hinsicht projiziert, dass hier ein Bruch mit der literarischen Tradition herbeigeführt werden soll; zum anderen aber geht es auch um einen Text, den man im weitesten Sinne der Reiseliteratur und der Frage einer Alteritätserfahrung zurechnen könnte. Denn es ist ohne jeden Zweifel so, dass die Frage der Alterität und deren Infragestellung gerade für den von uns in der Vorlesung behandelten Zeitraum von größter Bedeutung ist, eine Frage, die letztlich auch die Dimension der Modernen und der vielen Modernen betrifft. Die Erfahrung von Alterität führt die Frage eigener Identität herauf; und genau an diesem Punkt entwickeln sich Vorstellungen von Kultur, die nicht mehr im Zeichen kultureller Homogenität verhandelbar sind.

Michel Butors *Mobile* ist folglich kein Reisebericht im traditionellen Sinne, sondern ein hochkomplex und zugleich auch hochintellektuell angelegter Text, der – das verschweige ich nicht – vielleicht in den Möglichkeiten, ihn zu denken und neu zu formieren, anregender ist als in den Möglichkeiten, ihn zu lesen und ihn zu genießen. Doch da kann man durchaus unterschiedlicher Auffassung sein. Der Text ist sicherlich nicht jedermanns Sache – und er will ja auch ganz bewusst seine Leserschaft provozieren.

Ein gut verdauliches Werk über die USA will er ganz bestimmt trotz des etwas reißerischen Klappentextes, der *motion* und *emotion* miteinander kombiniert, nicht sein. Diesen Klappentext sollten wir uns aber dennoch einmal anhören, sind es doch sehr oft gerade die Paratexte, die uns den Schlüssel zu einem ansonsten nicht so leicht zugänglichen, vielleicht sogar sperrigen Text liefern. Und schließlich ist das, was auf der Vorder- und Rückseite sowie auf dem Rücken eines Buches abgedruckt ist, ja sehr wohl das einzige, was man bei geschlossenem Buch überhaupt lesen kann und was gerade für die Kaufentscheidung eines Lesers von nicht zu unterschätzender Bedeutung und Wirkung ist. Dieses ist ein Aspekt des Produktes Buch, der Ware Buch, und damit sein Zusammenhang mit der Konsumwelt, ja mit dem Massenkonsum in einer kapitalistischen Warengesellschaft. Und diese Ware Buch wird hier sehr wohl angepriesen:

> Respirez l'air des 50 étas!
> De ville en ville, de frontière en frontière, de la côte Atlantique à la côte Pacifique!
> Des centaines de fleuves, des centaines d'oiseaux, des centaines de voix! Les Européens, les Noirs, les Indiens!
> Vivez aujourd'hui avec votre famille la rigolade, l'aventure, le drame du passé, du présent et du futur de l'Amérique!
> Voyagez à travers un continent, à travers des siècles, pour jouir des frissons d'un spectacle grand comme l'Amérique elle-même!
> Excitation! Aventure! Education!

Depuis la Nouvelle Angleterre coloniale jusqu'à l'Ouest des pionniers, d e la frontière Mexicaine aux ports des Grands Lacs, du Cap Canaveral au passage du Nord-Ouest!

Feuilletez les ouvrages du grand peintre et naturaliste John James Audubon, lisez les déclarations du président Jefferson, et suivez un véritable procès de sorcière!

Regardez les américains, vivez avec les américains, roulez dans leurs longues voitures, survolez leurs aérodromes, déchiffrez leurs enseignes lumineuses, flânez dans leurs grands magasins, plongez-vous dans leurs immenses catalogues, étudiez leurs prospectus, arpentez leurs rues, dormez sur leurs plages, rêvez dans leurs lits!

Mobile!

Une orgie de surprises et de frissons![18]

[Atmen Sie die Luft von 50 Staaten!

Von Stadt zu Stadt, von Grenze zu Grenze, von der Atlantik- bis zur Pazifikküste!

Hunderte von Flüssen, hunderte von Vögeln, hunderte von Stimmen! Die Europäer, die Schwarzen, die Indianer!

Leben Sie mit Ihrer Familie heute den Spaß, das Abenteuer, das Drama der Vergangenheit, der Gegenwart und der Zukunft Amerikas!

Reisen Sie durch einen Kontinent, durch Jahrhunderte, um den Nervenkitzel einer Show so groß wie Amerika selbst zu genießen!

Aufregung! Abenteuer! Bildung!

Vom kolonialen New England bis zum Westen der Pioniere, von der mexikanische Grenze bis zu den Häfen der Großen Seen, von Cape Canaveral bis zur Nordwestpassage!

Durchblättern Sie die Werke des großen Malers und Naturforschers John James Audubon, lesen Sie die Äußerungen Präsident Jeffersons, und folgen einem echten Hexenprozess!

Schauen Sie sich die Amerikaner an, leben Sie mit den Amerikanern, fahren Sie in ihren langen Autos, überfliegen Sie ihren Flugplätze, entschlüsseln Sie ihren Neonleuchtschilder, flanieren Sie durch ihre Kaufhäuser, tauchen Sie in ihre umfangreichen Kataloge ein, studieren Sie ihre Prospekte, gehen ihre Straßen, schlafen an ihren Stränden, träumen in ihren Betten!

Mobile!

Eine Orgie von Überraschungen und Nervenkitzel!]

Wir haben es hier mit einem im besten Sinne marktschreierischen Text zu tun. Es ist ein Stückchen Reiseliteratur, das zum Reisen auffordert, zu einem Mitreisen, das sich vermeintlich mitreißend gestaltet. In jedem Falle aber ist es ein Stück Literatur, das im Reiseakt selbst seinen eigentlichen Beweg-Grund erblickt und eine *invitation au voyage* an seine Leserschaft ausspricht. Der Band verspricht, nicht nur zu einer Lesereise einzuladen, sondern auch viele Leseabenteuer erleben zu lassen. Folgen wir also dieser herzhaften Einladung und brechen wir mithin zu einer Reise ins Unbekannte auf.

Liest man die Biographie Michel Butors, so weiß man, wie sehr er selbst von Reisen fasziniert war. Schon bald nach dem Krieg sieht man ihn auf

---

18 Butor, Michel: *Mobile. Etude pour une représentation des États-Unis.* Paris: Gallimard 1992, Klappentext.

Reisen in den unterschiedlichsten Ländern Europas, bald aber auch weltweit, wobei den Aufenthalten nicht zuletzt auch an nordamerikanischen Universitäten gerade in den Jahren vor der Veröffentlichung von *Mobile* eine große Bedeutung zukommt. Butor liebte es, immer wieder neue Reiseerfahrungen zu machen und zugleich sich seine Reiseerlebnisse überlagern zu lassen. Auch noch der alte Michel Butor hat seine planetarischen Erfahrungen stets miteinander verwoben und ein transareales Erdgefühl entwickelt. Hatte er nicht wie Alexander von Humboldt an einem 14. September Geburtstag? Nicht umsonst prägt viele der Butor'schen Texte ein ausgesprochenes Reisefieber im konkreten wie im übertragenen Sinne.

Der oben angeführte Text nun zitiert ein solches Reisefieber herbei. Er ist vergleichbar mit dem zumindest französischen Stil der Werbung für Reisen, der sich durchaus von deutschen Standardtexten für Reisewerbung unterscheidet. Insoweit handelt es sich wirklich um einen Werbetext von der Gattung her, der im Übrigen zugleich eine ironische Distanz aufbaut zu einer Funktion, die er gleichzeitig erfüllt: nämlich für das Buch, als dessen Klappentext er fungiert, entschlossen zu werben.

Der Klappentext von *Mobile* ist also ein *appetizer*, der seine Wirkung durchaus entfalten kann, macht er doch zumindest auf dieses Buch großen Appetit. Wir sehen bereits hier den von Barthes angesprochenen notwendigen und unhintergehbaren Zusammenhang auch noch der subtilsten Literatur, die sich an eine Öffentlichkeit wendet, mit den Mechanismen, Strategien und Bedingungen der Massenkommunikation – gerade auch in einem Reisebuch, das in den Zeit des Beginns des Massentourismus fällt. Butor wählt hier auf dem Klappentext die Strategie der Übersteigerung, die eine ironische Distanzierung mit sich bringt und damit in sich selbst die Problematik der Verbindung zwischen hoher Literatur und Massenkonsum und Massenkommunikation präsentiert und integriert. Dabei dürfen wir die Position des Autors gegenüber seinem Werbetext wohl zweifellos als ironisch beschreiben.

Zugleich suggeriert dieser Text natürlich, dass man durch die Lektüre dieses Buches selbst eine Reise unternehmen und Abenteuer erleben kann. Diese *invitation au voyage* macht darauf aufmerksam, dass das Lesen selbst eine Reise ist, angefangen mit der Bewegung der Augen auf dem Papier, die eine Reise des Verstehens ist. Dies hatten wir schon gleich zu Beginn unserer Beschäftigung mit der Reiseliteratur gesehen.

Damit aber ist die Reisemetaphorik eingeschrieben in die Grundstruktur des Textes selbst. Es ist eine bekannte Tatsache, dass sich die Metaphorik der Reise von Beginn der Romangeschichte, also der Geschichte der Gattung des Romans, prominent findet. Die Reise nimmt eine zentrale Stellung ein bei der Erklärung der Struktur von Cervantes' *Don Quijote* bis hin zu *A la recherche du temps perdu*, vom *Lazarillo de Tormes* und dem vorgelagerten Abenteuerroman und *Roman de geste* bis hin zu den aktuellsten Thrillern unserer Tage. Selbstverständlich beschränkt sich die Reisemetaphorik als Grundstruktur nicht auf den Roman, findet sich in anderen Texten – denken Sie an die *Comedia*, die Göttliche Komödie Dantes – bis hin zum Selbstverständnis und zur Selbstversicherung unseres Lebens selbst, das natürlich ebenfalls als Reise, und sei es als eine Pilgerreise, angesehen werden kann.

Sicherlich ist im übertragenen Sinne jede Lektüre eines Textes eine Reise: von den ersten Buchstaben auf dem Umschlag bis hin zum Ende der Schrift, wenn wir eine lineare Lektüre praktizieren. Die Reisestruktur ist damit eine anthropologische Konstante, zugleich aber eingeschrieben in die Gattung des Romans, nicht zuletzt aber natürlich auch des literarischen Reiseberichts, das versteht sich von selbst. Was sich uns hier ankündigt, ist nun eine Reise der besonderen Art, eine Reise durch verschiedene Regionen eines Kontinents, eine Reise durch verschiedene Zeiten, eine Reise durch die verschiedenen Ethnien, die diesen Kontinent bevölkern, aber auch eine Reise durch verschiedene Daseinsformen, die sich in dieser Welt namens Amerika ein Stelldichein gegeben haben. Amerika erscheint als das Andere Europas, steht im Zeichen einer fundamentalen Differenz, die alle Bereiche des Lebens erfasst.

Doch ziehen wir an dieser Stelle mit Blick auf unsere Ausgangsfrage schon einmal eine Art Zwischenbilanz. Die experimentellen Texte von Jorge Luis Borges, Adolfo Bioy Casares und Michel Butor führen zwei mögliche Antworten auf die Frage vor, wie sich ein Land schreiben, beschreiben und repräsentieren lässt. Diese Antworten sind keineswegs erschöpfend, deuten aber zwei grundlegende Richtungen der Beantwortung an.

Bemerkenswert ist, dass ihre 'Lösungen' von der kartographischen Repräsentation ausgehen, die im System abendländischer Darstellungsmodi mit Blick auf ihre Wirklichkeitstreue wie auf ihre pragmatische Verwertbarkeit höchste Wertschätzung genießen. Mit Hilfe von Karten wird ein Raum überschaubar, übersichtlich und daher analysierbar, von der Vernunft zerlegbar gemacht: Er kann immer stärker untergliedert und immer detaillierter präsentiert werden, ohne dass der Bezug zur Wirklichkeit außerhalb des Kartennetzes gekappt würde. Michel Butors Buch ist nicht von ungefähr eine Karte der USA vorangestellt. Die kartographische Darstellung vermittelt die Kontinuität eines Raumes, der durch seine Grenzen – wie bei den Grenzen eines Reiches – markiert wird und als eine Einheit erscheint, deren territoriale Kontinuität sich der Wirklichkeit auflagert.

Im Unterschied zu der von Borges und Bioy Casares vorgeführten Lösung, in der die Repräsentation in Wirklichkeit, das Fiktionale in das Faktische umkippt, gerade weil die Kontinuität und Einheit einer Fläche suggeriert wird, wendet sich das Textmobile Butors einer nicht-kontinuierlichen Darstellungsweise zu. Deren

Sprünge in Raum und Zeit, zwischen unterschiedlichen Lebewesen und Lebensformen werden nur dadurch ermöglicht, dass zuvor vermittels einer kartographischen Darstellung die Grundlage für eine derartige Kombinatorik und Relationalität geschaffen wurde. der Weg durch die USA ist in *Mobile* gerade nicht kontinuierlich und itinerarisch, sondern stellt ein Hüpfen quer über den Teilkontinent dar.

Es gäbe viele Möglichkeiten, die große Aktualität und Bedeutung der Reiseliteratur für die Literaturen der Welt insgesamt herauszuarbeiten. Vom *Don Quijote* war schon die Rede; und jeder Leser dieses ersten europäischen Romans der Moderne weiß, dass ihm ständige Reisebewegungen als Bewegungen in Raum und Zeit zu Grunde liegen, auch wenn das Fortbewegungsmittel, die Klappermähre Rocinante, nicht gerade mit hoher Geschwindigkeit gesegnet ist. Wir sollten dabei nicht vergessen, dass Cervantes bei seiner Schaffung des modernen Romans auf das Genre der *Novela picaresca*, des Schelmenromans zurückgriff, der seinerseits eine Abfolge von Reisen darstellt, von inkohärenten Reisebewegungen des Protagonisten oder der Protagonistin, welche als Grundstruktur ebenso auf den Abenteuerroman als auf den Reisebericht zurückverweisen. So ist im Kern der großen abendländischen Gattung des Romans jenseits aller Bewegungen, die natürlich den Akt des Lesens selbst auch betreffen, die Reiseliteratur auf fundamentale Weise eingeschrieben.

Lassen Sie mich an diesem wichtigen Punkt unserer Vorlesung noch auf eine zweite Dimension hinweisen, die auf die unbedingte Aktualität und den veränderten Kontext von Reiseliteratur heute aufmerksam machen. Denn es gibt eine weitere Gattung oder Textsorte, die heute von äußerster Aktualität ist und eminente Bezüge zur Reiseliteratur aufweist. Ich spreche von dem, was häufig als Migrationsliteratur bezeichnet wird, die ich an dieser Stelle aber als eine Literatur ohne festen Wohnsitz benennen möchte, jener Literatur also, die aus der Erfahrung der Deplatzierung und Migration über die Migration und Deplatzierung schreibt, um einmal eine etwas enger gefasste Definition heranzuziehen. Diese Literatur, die Teil der Literaturen ohne festen Wohnsitz ist, ist in vielerlei Hinsicht die Darstellung einer Alteritätserfahrung, die ebenfalls im Zentrum der Reiseliteratur steht, nur dass die Bewegungsfiguren im hermeneutischen Sinne andere sind und eine Reise mit Rückkehr eine grundsätzlich andere Verstehensstruktur evoziert als umgekehrt die Darstellung von Bewegungen und Migrationen, die sich vielleicht ohne die Möglichkeit einer Rückkehr vollziehen. Über lange Zeit war für diese Literatur auch die Bezeichnung 'Migrantenliteratur' zu hören, eine letztlich sehr pejorative Bezeichnung, mit der wir im Rahmen dieser Vorlesung nichts zu tun haben wollen, da sie eine ausschließende Denomination darstellt.

Als ein kleines Beispiel für eine derartige Literatur ohne festen Wohnsitz möchte ich gerne auf die deutsch-türkische Autorin Emine Sevgi Özdamar hinweisen, allerdings nicht – wie an anderer Stelle – auf ihren Erzählband *Mutterzunge*, sondern auf jenen Roman, für den sie 1991 mit dem Ingeborg-Bachmann-Preis in Klagenfurt ausgezeichnet wurde. Ihr aufsehenerregender Roman erschien dann im Folgejahr 1992 unter dem schönen Titel *Das Leben ist eine Karawanserei hat zwei Türen aus einer kam ich rein aus der anderen ging ich raus*. Jahre später avancierte dieser Roman dann zum Eröffnungstext einer Trilogie, die im Spannungsfeld von Berlistan spielt: also irgendwo zwischen Istanbul und Berlin in einem ständigen Bewegungsfeld, das beide Städte intim miteinander verbindet.

Emine Sevgi Özdamar, die 1946 in Malatya in Anatolien geborene Türkin, die von 1965 bis 1967 erstmals nach Deutschland, nämlich als Fabrikarbeiterin nach Westberlin kam, ist spätestens seit Anfang der 90er Jahre eine der wichtigsten Stimmen nicht nur der deutschsprachigen Literatur an der Wende zum 21. Jahrhundert. Ihre Regie- und Theaterarbeit an der Ostberliner Volksbühne, später dann in Paris und am Schauspielhaus Bochum führten sie zur Literatur, zum Schreiben in deutscher Sprache; und es verwundert nicht, dass angesichts dieser ständigen räumlichen Veränderungen, von denen hier nur die wichtigsten genannt wurden, sich eine Literatur ohne festen Wohnsitz entwickelte, welche ein translinguales Schreiben nicht in der 'Mutterzunge', sondern in der zunächst fremden Sprache des Deutschen als Grundlage hat. Ja, es ist eine Literatur translingualen Zuschnitts, die sich des Deutschen auf eine sehr eigentümliche Art und Weise bedient. Was ist darunter zu verstehen?

Beschäftigen wir uns also kurz mit Emine Sevgi Özdamars Eröffnungsroman der Trilogie. *Das Leben ist eine Karawanserei* erzählt fast ausschließlich im Sinne einer *Autofiction* – also eines autobiographischen Schreibens ohne autobiographischen Pakt – von Kindheit und Jugend in der Türkei, die auf Grund der schwierigen Arbeitssituation des Vaters von ständigen Ortswechseln geprägt waren: Von Malatya im Kurdenland nach Istanbul, von Istanbul nach Bursa, nach Ankara und innerhalb der jeweiligen Orte – ständig von Armut bedroht –, bevor schließlich der Weg erneut nach Istanbul, bevor endlich von dort der Weg in einer denkwürdigen Ausreise nach Deutschland, nach Westberlin, führt. Es ist eine Migrationsgeschichte, genauer: eine Arbeitsmigrationsgeschichte, wie sie millionenfach zu erzählen war und ist.

Laut Klappentext der aktuellen Ausgabe[19] handelt es sich dabei um „eine Art orientalischen Bildungsroman" und zugleich um ein „europäisches Werk des magischen Realismus" – marktgerechte Formulierungen, die ihre Wirkung nicht verfehlten und doch dem Romangeschehen und seiner literarischen Präsentation

---

19 Özdamar, Emine Sevgi: *Das Leben ist eine Karawanserei - hat zwei Türen - aus einer kam ich rein aus der anderen ging ich raus.* Köln: Kiepenheuer&Witsch 1994.

Abb. 21: Emine Sevgi Özdamar (Malatya, 1946).

nicht gerecht werden. Gerade die ostentative Verknüpfung mit dem 'magischen Realismus' lateinamerikanischer Prägung sollte uns ein wenig stutzig machen, denn sie leitet sich zwar ursprünglich aus der europäischen Kunstgeschichte ab, wurde dann aber auf eine bestimmte Schreibweise des hispanoamerikanischen Romans bezogen, der als *Realismo mágico* – ausgehend von Miguel Angel Asturias über Gabriel García Márquez bis hin zu Isabel Allende – bezeichnet wurde. Das war gleichsam das Erfolgsrezept großer Autoren aus Lateinamerika – und damit hat der Roman von Emine Sevgi Özdamar wirklich nicht viel gemein. Denn er geht seine eigenen Wege und benutzt auch eine Sprache, die mit jener des 'magischen Realismus' keinerlei Ähnlichkeit besitzt. Es ist also eine Werbebotschaft, auf deren Werbung wir nicht hereinfallen sollten.

Gleichwohl kommt damit paratextuell eine gleichsam außereuropäische Färbung in die Rezeption dieses Romans, der letztlich die Vorstufe einer Entwicklung schildert, die zur Auswanderung nach Europa oder – aus anderer Perspektive – zur Arbeitsmigration nach Westberlin führte. Ein Gutteil des Lebens wird damit gleichsam zu einer Art Reisebericht – wie es der Titel schon sagt: *Das Leben ist eine Karawanserai*. Um was für eine Reise geht es hier aber? Und inwiefern ist sie charakteristisch für das, was die Flüchtlingswellen des 21. Jahrhunderts in verschiedenen Ländern Europas bewirkt haben?

Ich möchte Ihnen an dieser Stelle wenigstens in aller Kürze einen kleinen Einblick in die Grundstruktur dieses Romans geben anhand einer Passage, die sich auf den Augenblick der Abreise, der Abfahrt – einen, wie wir noch sehen werden, wichtigen reiseliterarischen Ort – bezieht. Auch hier wird mit dem Reisen das Lesen gekoppelt, freilich auf eine etwas andere Art und Weise. Wir befinden uns im Jahr 1965:

> Mutter nahm einen Stein in die Hand und sagte: 'Schau, bis du wiederkommst, werde ich einen Stein auf meine Brust drücken.'
> Ich stieg in den Zug nach Deutschland ein, auch viele andere Frauen stiegen ein. Es gab nur einen einzigen Mann, der einstieg, es war der Zugleiter. Er verteilte an uns einen Plastikkrug mit Wasser, ein Paket Essen, 112 DM, die ein Teil unseres Monatslohns waren, und ein Buch. Das Buch hieß: 'Handbuch für die Arbeiter, die in der Fremde arbeiten gehen.' [...]

Die Universitätsschülerin las weiter: 'In Europa trägt man kein Kopftuch. Wenn türkische Frauen ein Kopftuch tragen, wird Europa sie nicht lieben. Bitte, liebe Schwester, Arbeiterin, trage kein Kopftuch. Wenn es unbedingt sein soll, tragt es bitte so, wie europäische Frauen Kopftücher tragen.'

Der Zug fuhr noch lange sehr dicht an den alten Istanbuler Häusern vorbei. Drinnen saßen alte Menschen und schauten auf den Zug, als ob er ein kleiner, gewöhnlicher Wind für sie wäre.[20]

Soweit diese kurze Passage aus den letzten Seiten des Romans, die uns den Abschied und die sich abzeichnende Auseinandersetzung der jungen ausreisewilligen Türkinnen mit einer anderen Gesellschaft 'in der Fremde' skizzieren. Am Ende des Romans öffnet sich das Geschehen also auf Berlin, genauer: auf Westberlin, wohin die Frauen gebracht oder eigentlich verfrachtet werden. Wie gesagt: Wir wohnen einer Szenerie bei, wie sie sich millionenfach in der Türkei, aber auch anderswo abgespielt hat. Was macht aber die individuelle Prägnanz und den Fokus dieser Szene aus? Und was kennzeichnet diesen Roman, der für eine ganze Reihe von deutsch-türkischen Schriftstellern zum vielkopierten Modell wurde?

Es wird in dieser Szenerie deutlich, dass die Arbeitsmigration, mit Hilfe derer die Protagonistin der Armut und dem Hunger in ihrer Familie und ihrer Heimat entfliehen will, zugleich ein Abschied von der Mutter, aber auch von der Mutterzunge, ein Abschied vom Alten, aber auch von den althergebrachten, tradierten Kulturformen ist. Der den Arbeiterinnen mitgegebene Leitfaden soll möglichst eine rasche Assimilierung der jungen Türkinnen an das 'Gastland' hervorrufen, wobei die eigenkulturellen Prägungen am Beispiel des Kopftuches möglichst verschwiegen oder zumindest kaschiert werden sollen. Elemente des islamischen Glaubens der jungen Türkinnen sollen möglichst komplett zum Verschwinden gebracht und nur mehr ihre Arbeitskraft in den Mittelpunkt gerückt werden. Mit der Deplatzierung von Istanbul nach Berlin geht somit eine kulturelle Assimilierung einher, die sich schon in diesem Romanerstling andeutet, aber dann in den weiteren Fortsetzungsromanen ausgeführt wird. Denn was wirklich geschieht, ist eine transkulturelle Erfahrung zwischen der Türkei und Deutschland, zwischen Istanbul und Berlin, die das Oszillieren zwischen den beiden großen Städten in ein eigentümliches Bewegungsmuster verwandelt. Man könnte sagen, dass auf diese Weise ein transkulturelles Berlistan entsteht, in welchem wir es weder mit Istanbul noch mit Berlin allein zu tun haben. ein sich wie der Zug erst langsam beschleunigender Prozess der Querung zumindest zweier Kulturen beginnt.

Emine Sevgi Özdamars Roman war bereits vor dieser Schlussszene des Aufbruchs ins ferne Deutschland ein ständiger Reisebericht, ein Bericht von einer ununterbrochenen Karawanserei, gewesen. Denn die komplexe Binnenmigration

---

20 Ebda. S. 379 f.

der Familie der Protagonistin geht allen anderen Bewegungen und vor allem der transnationalen Außenmigration voraus. Nicht umsonst hatten alle Bewegungen, die den Roman durchpulsen, gleich in der Eingangsszene begonnen. Auch dies war eine Szenerie aus einem Zug – ganz symmetrisch also der Aufbau des Romans. An diese Szene erinnert sich die Protagonistin und Ich-Erzählerin noch aus der Perspektive des Bauches ihrer Mutter, also vor ihrer eigenen Geburt: Schon zum damaligen Zeitpunkt war sie eine Migrantin, eine von einem zu vielen anderen Orten Reisende gewesen – ohne jeden festen Wohnsitz. Im Grunde hat sich für sie nichts Wesentliches verändert: Sie lebt in einer Fremde, die immer eine andere ist und quer zu den Kulturen verläuft.

Die symmetrische Struktur des Romans zeigt sich auch noch auf einer anderen Ebene: Die Mutter – und mit ihr auch die Mutterzunge – steht zu Beginn und am Ende von *Das Leben ist eine Karawanserai*, der von ständigen Bewegungen geprägt ist, wobei die hier geschilderte am Ende des Textes zugleich die erste ist, zu der sich die Ich-Erzählerin selbständig entschieden hat. Ihr Entschluss, die Türkei zu verlassen, eröffnet im Grunde erst die Möglichkeiten der Folgeromane. Alle anderen Bewegungen, die wir im Fortgang des Romans durchlaufen haben, sind für die Protagonistin freilich nicht vorüber: Sie sind gleichsam wie in einem Vektor aufgehoben und noch immer enthalten, bedingen damit auch die künftigen Bewegungen der aktuellen wie der künftigen Reisen und Migrationen wesentlich mit. Dies veranschaulicht, wie Vektorizität funktioniert: Sowohl vergangene als auch künftige Bewegungen sind in der Vektorizität beispielsweise eines Romans gespeichert, wobei diese Vektorizität alle möglichen Bewegungen einspeichern und wieder zum Vorschein bringen kann oder uns etwas darüber aussagt, wie eine künftige Bewegung verlaufen kann. Bewegung steht im Herzen der Reiseliteratur.

Teil II: **Systematisches Hauptstück.**
Der literarische Reisebericht in seinen
Dimensionen und Figuren

Die Dimensionen des Reiseberichts

Verschaffen wir uns zunächst einmal einen Überblick über die unterschiedlichen Dimensionen des Reiseberichts im Raum und in der Zeit sowie in seiner Verankerung hinsichtlich anderer, noch genauer zu erläuternder Parameter. Dabei wählen wir nun literarische und andere Beispiele aus, die vorwiegend nicht mehr aus der Zeit der ersten Phase beschleunigter Globalisierung stammen, sondern der zweiten Phase beschleunigter Globalisierung entnommen sind und damit jenem Zeitraum angehören, der sich in der zweiten Hälfte des 18. Jahrhunderts situiert und nicht mehr vorrangig von den iberischen Mächten, sondern von den neuen europäischen Expansionsmächten England und Frankreich beherrscht wird. Dadurch soll uns die Vorlesung geradezu nebenbei einen Einblick in jene Beschleunigungsphase vermitteln, in der nicht mehr die Karavelle, sondern die Fregatte das globalisierende Verkehrsmittel ist und in der die Globalisierungsängste nicht mehr vorrangig von der Syphilis, sondern vom Gelbfieber ausgelöst wurden. Es ist eine Globalisierungsphase, die sich überdies genau in jenem Zeitraum ansiedelt, der für uns in dieser Vorlesung das *take-off* der Moderne darstellt.

In Rückgriff auf eine Bemerkung des französischen Anthropologen und Strukturalisten Claude Lévi-Strauss, der in seinem berühmt gewordenen Band *Tristes Tropiques* betont hatte, dass sich Reisen in zumindest fünf Dimensionen ansiedeln,[1] gilt es zunächst festzuhalten, dass die *beiden ersten* Dimensionen des Raumes gerade in der kartographischen Erfassung und Auswertung der untersuchten Reisen anschaulich werden. Denn die Kartographie ist die Kunst, Räume auf eine plane Fläche zu projizieren und anschaulich zu machen. Die Reisende oder der Reisende bewegen sich gleichsam innerhalb eines zweidimensionalen Koordinatensystems entlang einer Linie, die sich vor allem in den ersten handschriftlichen Aufzeichnungen und darauf beruhenden ersten kartographischen Ausarbeitungen mit aller wünschenswerten Deutlichkeit niederschlägt. Damit werden Bewegungen des Reisenden innerhalb eines zweidimensionalen Raumes vor Augen geführt, der in seiner Darstellung selbst schon eine Abstraktion darstellt.

Beschäftigen wir uns also zunächst mit den *beiden ersten Dimensionen* des Raumes. Der wohl bekannteste deutschsprachige Reisende des ausgehenden 18. und des 19. Jahrhunderts und der sicherlich berühmteste Lateinamerikaforscher seiner Zeit, Alexander von Humboldt, hat in seine Amerikanischen Reisetagebücher kartographische Aufnahmen der von ihm befahrenen Flüsse eingezeichnet, welche die Bewegungen des Reisenden etwa auf dem Orinoco und Casiquiare, aber auch später auf dem Río Magdalena zeigen. Es handelt

---

1 Vgl. Lévi-Strauss, Claude: *Tristes Tropiques*. Paris: Plon 1955.

sich dabei um erste Zeichnungen mit genauen Eintragungen, aus denen im Nachgang erstaunlich präzise Karten wurden. Diese Zeichnungen zeigen das linienhafte Vordringen des Reisenden entlang einer zweidimensionalen Linie oder Achse: sie situieren den Reisenden und seine Bewegungen in den ersten beiden Dimensionen des Raumes, ohne ihn freilich in der Höhe zu kartographieren. Dies ist gewiss auch nicht notwendig, da sich die Reisebewegungen auf einen Fluss konzentrieren, der bekanntlich einem mehr oder minder sanft gerichteten Abfallen folgt.

Alexander von Humboldts Zeichnungen vom Río Magdalena im heutigen Kolumbien etwa beschränken sich auf eine vielfach gewundene Linie, die wir genau verfolgen können, sowie einen scharf begrenzten schmalen, Saum von Gebirgsschraffen, welche die vom Fluss aus sichtbaren Höhenzüge andeuten sollen. All dies charakterisiert einen Bereich des Sehens, gleichsam eine Sichtachse, welchen der preußische Naturforscher aus eigener Anschauung erfassen und in sein Reisetagebuch eintragen konnte.[2]

Dabei ergänzen schriftliche Notizen die visuellen Zeichen, die belegen, wie eng der Gesichtskreis und wie tunnelartig die Perspektive blieben, die sich dem Reisenden vom Fluss aus bieten musste. Mehr war weder zu erblicken noch in die jeweilige Karte einzutragen. Diese Flusszeichnung wurde möglichst präzise ausgeführt, bildete sie doch die Grundlage für weitere, sich anschließende Bearbeitungen und Ausarbeitungen einer möglichst genauen Kartographie der gesamten Flussregion. doch noch sind wir weit von einem wirklichen Kartenbild entfernt.

Betrachten wir aber dann die Ausarbeitung einer topographischen Karte, sowie sie Humboldt in seinen Kartenwerken vorlegte. Die grundlegende Einzeichnung des Flussverlaufes ist in ihr noch immer nachvollziehbar; doch Entscheidendes in der graphischen Darstellung hat sich geändert. Eine abgeschlossene topographische Karte überspielt eine solche tunnelartige Perspektive langsamen Abtastens einer gewundenen Linie, inszeniert sie doch stets einen alles umgreifenden Blick von oben, ein von Humboldt stets aufgerufenes und geschätztes „Schweben über den Dingen"[3] aus einem Blickwinkel,

---

2 Vgl. die Reproduktion seiner Karten von der Kolumbienreise in Humboldt, Alexander von: *In Kolumbien. En Colombia. Auswahl aus seinen Tagebüchern*, herausgegeben von der Akademie der Wissenschaften der Deutschen Demokratischen Republik und der Kolumbianischen Akademie der Wissenschaften. Bogotá: Publicismo y Ediciones 1982, S. 29a-34a.

3 Diese Formulierung stammt aus einem Brief Alexander von Humboldts vom 28. April 1841 an Varnhagen von Ense, wo es in Bezug auf seinen *Kosmos* heißt: „Der eigentliche Zweck ist das Schweben über den Dingen, die wir 1841 wissen." *Briefe von Alexander von Humboldt an Varnhagen von Ense aus den Jahren 1827 bis 1858.* Herausgegeben von Ludmilla Assing. Leipzig: Brockhaus 1860, S. 92.

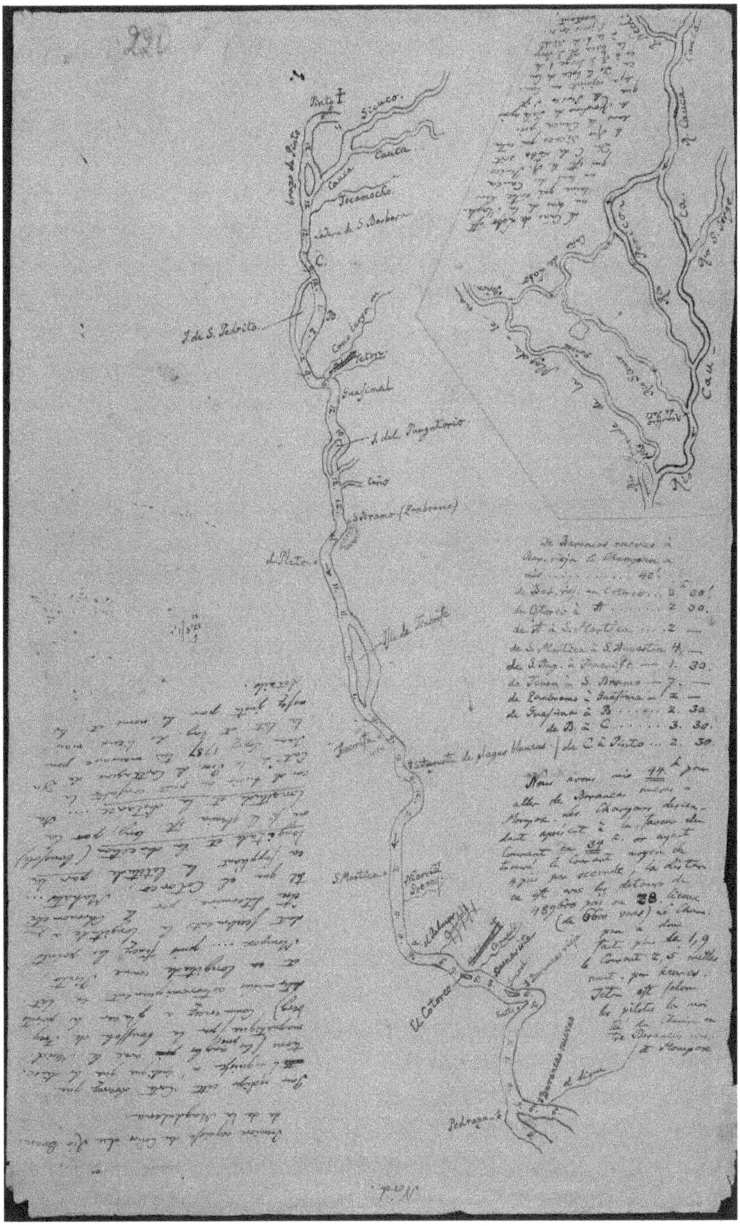

Abb. 22: Alexander von Humboldts Skizze des Río Magdalena aus seinem Reisetagebuch VIIa/b, „Erster Entwurf des Verlaufs des Río Grande de la Magdalena", 1801.

der nicht mehr der eines konkreten Subjekts und seines beschränkten Gesichtskreises ist. Eine topographische Karte versucht, jenseits des individuellen Blickpunktes eine allgemeine, überindividuelle Position so einzunehmen, dass daraus gleichsam ein allwissender Blick auf eine Region entsteht, die kartographiert werden soll.

Die Erstellung einer topographischen Karte ist daher gleichbedeutend mit einer Überführung linienhafter individueller Erfahrung über verschiedene Zwischenstadien in eine flächenhaft ausgebreitete Überschau, die auf einem (Karten-)Netz beruht, das eine vom Reisenden allein nie zu erzeugende Vollständigkeit suggeriert. Die jeweiligen Quellen für diese suggerierte Vollständigkeit bleiben dabei in der Regel obskur oder diffus. Noch immer bewegen wir uns freilich auch auf der Ebene einer topographischen Karte auf der Ebene zweier Dimensionen, in welche die Höhe eher symbolisch eingetragen und durch Gebirgsschraffen angedeutet wird.

Zugleich muss eine derartige Karte doch stets ausschnitthaft bleiben und gibt gerade dadurch einen (diegetischen) *Rahmen* vor, innerhalb dessen sich Raum, Zeit und Handlung des eigentlichen Reiseberichtes situieren lassen. Die Amerikanischen Reisetagebücher des preußischen Naturforschers und Schriftstellers bieten das faszinierende Schauspiel, wie sich Rahmen und Inhalt seines so oft beschworenen 'Naturgemäldes', wie sich Linie und Fläche gegenseitig hervorbringen. So wird aus einer Flussfahrt, die sich innerhalb eines eng begrenzten Sichtfeldes vollzog, die Erzeugung einer Fläche, die sich im Kartenbild nicht als Fiktion zu erkennen gibt, wohl aber auf vielen Mutmaßungen sowie zusätzlich – etwa aus früheren Kartenwerken – eingeholten Informationen beruht. Wir wohnen der Entstehung einer kartographisch erzeugten Fläche bei.

Die Konstruktionsprinzipien einer solchen Karte zeigen sich nicht zuletzt in der Materialität seiner Einträge in das Kartenbild. Schon in der ersten Flusszeichnung werden diese Elemente klar erkennbar. Denn den in Humboldts Tagebüchern auf dem Papier freibleibenden Raum füllen – nicht nur aus Gründen eines gezwungenermaßen haushälterischen Umgangs mit dem kostbaren Material – ausführliche schriftliche Zusätze, welche sich der Form des Flussverlaufs anpassen und die leergebliebenen großen Flächen ausfüllen. Bild und Text stehen nicht nur in einem wechselseitigen Illustrationsverhältnis: Sie durchdringen sich und erzeugen eine Karte, in der sich Bild und Schrift wechselseitig queren und durchdringen.

Man darf hierin nicht allein den Ausdruck jenes *horror vacui* erkennen, der die unbekannten Gebiete frühneuzeitlicher Karten mit allerlei Ungeheuern und Fabelwesen schmückte und jene Leerflächen zum Verschwinden brachte, in die es keine Informationen einzutragen gab. Dem Ineinanderwirken von

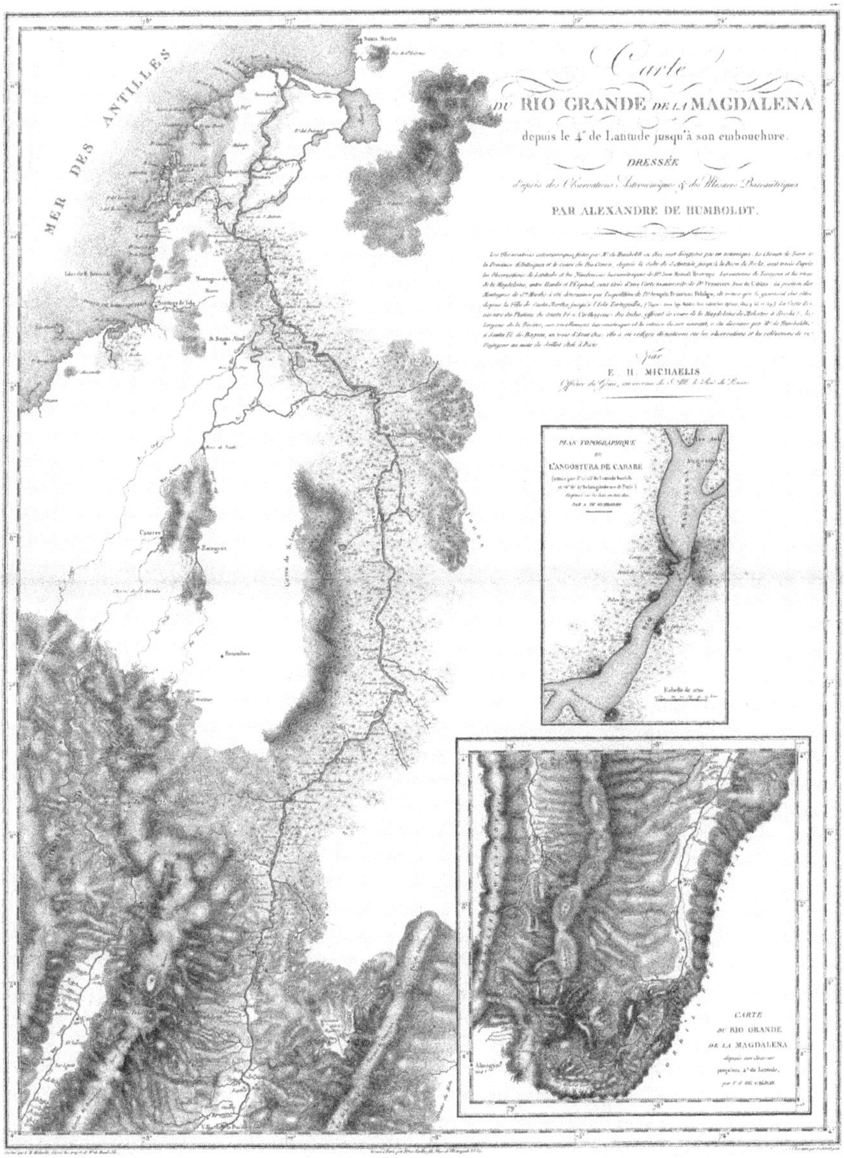

Abb. 23: Karte des Rio Grande de la Magdalena aus dem *Atlas géographique et physique des régions équinoxiales du Nouveau Continent*, Alexander von Humboldt, 1834.

Bild und Schrifttext ist vielmehr ein epistemologischer Status zuzuerkennen, insoweit der vom Auge erfasste Bereich erweitert wird durch jene Informationen, die der Forscher während seiner Reise von anderen Informanten bezog und eigenhändig zusammentrug. Bild und Schrift, Handschrift und Schriftbild durchdringen sich wechselseitig und erzeugen eine Fläche, die der reisende selbst lediglich zu durchqueren vermochte. Freilich konstituiert sich diese Fläche durch jene Bewegungen, die sie queren und durchqueren.

Doch es gibt noch etwas Anderes, das zweifellos von nicht geringerer epistemologischer Relevanz ist. Denn das Gesehene verbindet sich mit dem Gehörten und Gelesenen, das Nicht-Gewusste mit dem Vor-Gewussten beziehungsweise mit zugänglichen Wissensbeständen, Auge und Ohr[4] verknüpfen sich hier miteinander, um die Leere des Unbekannten aus dem definitiven Kartenbild – wenn auch keineswegs immer vollständig – zu verdrängen und mit Informationen unterschiedlichster Provenienz auszufüllen. In einem Tagebucheintrag hat der preußische Gelehrte gegenüber ersten skeptischen und ablehnenden Reaktionen von Seiten kolonialspanischer Behörden selbst auf die Prozesshaftigkeit seiner kartographischen Arbeit hingewiesen, ohne es freilich am notwendigen Selbstbewusstsein fehlen zu lassen. So kommentierte er zu seiner Karte:

> Die Einzelheiten sind sehr zutreffend, die kleinsten *laderas* finden sich verzeichnet, es handelt sich um die erste Karte (*Plan*), die jemals von diesem Fluß aufgenommen wurde, allen Ingenieuren zum Trotz, die ihn während der vergangenen 300 Jahre hinaufführen. Ich habe das Unglück, ein Ausländer zu sein [...]. Für wie exakt ich meine Arbeit mit guten Gründen auch immer halten mag, so wird sie doch immer für schlecht gehalten werden, da sie von einem Preußen stammt. Im übrigen ist meine Karte ein erster Versuch, und ich zweifle nicht daran, daß man sie noch berichtigen könnte.[5]

Es ist fürwahr ein gewaltiger Sprung bis zur Fertigstellung seines topographischen Kartenwerkes. Noch in der großartigen Doppelseite von Humboldts *Atlas géographique et physique du Nouveau Continent*, die den Magdalenenstrom beziehungsweise einen Ausschnitt aus dem heutigen Kolumbien zeigt,[6] sind Flächen ohne Eintragungen vorhanden. Doch füllen hier kartographische Detailaufnahmen einzelner Flussabschnitte geschickt die Lücken, die beim besten Willen nicht informationsreich auszufüllen waren. Der Bereich des Wissens ist bedeutend ausgeweitet, weit über das vom Auge des einzelnen

---

4 Vgl. hierzu Teil III dieses Bandes.
5 Humboldt, *In Kolumbien*, S. 31.
6 Ebda., o.S. Diese Karte ist leicht zugänglich in Hein, Wolfgang-Hagen (Hg.): *Alexander von Humboldt. Leben und Werk*. Frankfurt am Main: Weisbecker Verlag 1985, S. 244.

Reisenden Erfassbare hinaus. Der Übergang vom Reisetagebuch zum Reisebericht verläuft parallel zu dieser Entwicklung, wenn auch gemäß der eigenen Regeln dieses literarischen Genres. Die Amerikanischen Reisetagebücher demonstrieren diesen Transformationsprozess und führen uns vor Augen, wie viele Informationen noch einfließen mussten, bis aus dem Reisetagebuch ein literarischer Reisebericht und bis aus der Flusszeichnung eine kartographische Karte entstehen konnten. Und doch: wir haben die Zweidimensionalität des Raumes noch nicht verlassen.

Die *dritte Dimension* des Raumes ist jene, die gerade der Reisebericht des ausgehenden 18. und beginnenden 19. Jahrhunderts sich zur Aufgabe macht und erforscht. Es erscheint überraschend, aber erst während dieses Zeitraumes können wir eine Betonung dieser Dimension erkennen und zugleich auch eine Ästhetisierung dieser dritten Dimension der Höhe (oder der Tiefe) beobachten. So gibt es kaum einen Reisebericht in jenem Zeitraum, in welchem sich nicht auch eine Bergbesteigung findet.

Mehr noch: Der Blick von oben entwirft ebenso eine Theorie der Landschaft wie eine Landschaft der Theorie, wobei der Transparenz dieses Blickes eine zugleich literarische und epistemologische Bedeutung zukommt. Unter einer Theorie der Landschaft mit ihren jeweiligen Elementen kann man sich vielleicht noch etwas vorstellen. Aber was in aller Welt ist eine Landschaft der Theorie?

Sagen wir es zunächst allgemein: Literatur und Wissenschaft, Theorie und Praxis verbinden sich in derartigen Landschaften der Theorie oftmals aufs engste. Eine Landschaft der Theorie kann uns – kurz gesagt – Auskunft darüber geben, wie die Theorie der Reise beziehungsweise des Reiseberichts aussieht und welche Schwerpunkte sie setzt. Sie ist, allgemein gesprochen, eine Veranschaulichung, eine Visualisierung jener Theorie und Epistemologie, die einem Reisebericht zugrunde liegen.

Nehmen wir ein Beispiel wiederum aus der zweiten Phase beschleunigter Globalisierung. Exemplarisch und auch literarisch vorbildhaft sind bereits die Bergbesteigungen in Bernardin de Saint-Pierres *Voyage à l'île de France*. Sie stehen ganz in der Traditionslinie Jean-Jacques Rousseaus und suchen vom Berggipfel aus Klarheit und Transparenz: etwas, das in der Unübersichtlichkeit der Ebenen nicht zu haben ist. Diese Bergbesteigungen mit ihrer Hervorhebung einer zunächst alpinen Bergwelt leiten über zu einer ersten Ästhetisierung nicht-europäischer Bergwelten, die uns im Reisebericht der zweiten Hälfte des 18. Jahrhunderts begegnen. Die Bergwelt und ihre Einsamkeit rücken in den Fokus des zeitgenössischen Interesses und werden in ihrer Gegensätzlichkeit zu den urbanen Räumen, aber auch zu den dicht besiedelten und bebauten Ebenen nun in ihrer Andersartigkeit akzentuiert. Und diese Akzentuierung bedeutet auch eine Ästhetisierung jener Bergregionen, die außerhalb dauerhafter menschlicher Siedlungen, außerhalb der *Ökumene*, liegen und im Grunde menschenfeindlich sind.

Vieles wäre hier beispielhaft zu erwähnen. Aber bezogen auf den Bereich spezifisch wissenschaftlicher Forschungsreisen und ihrer Ergebnisse ist einmal mehr Alexander von Humboldts Leistung zu nennen. Sie erschöpfte sich keineswegs im berühmt gewordenen Versuch einer Ersteigung des Chimborazo,[7] sondern führte zu neuartigen Formen kartographischer Höhendarstellungen und Aufrisse, die relationstreue wie schematisierte Profile der bereisten Gebiete zeigen. Erneut ergänzen sich Auge und Ohr, werden die vom Reisenden selbst gesammelten Erfahrungen und Ergebnisse durch Resultate anderer Forscher und Reisender, durch Quellenstudien in Archiven und Bibliotheken komplettiert.

Das zweifellos berühmteste Ergebnis dieser Arbeit ist das *Tableau physique des Andes et pays voisins*, das Humboldt noch auf der Reise 1803 während seines Aufenthaltes in Guayaquil entworfen hatte und später in Paris zu einem auch künstlerisch beeindruckenden Werk umgestaltete. Es stellt sicherlich eines der berühmtesten Bilder der europäischen Wissenschaftsgeschichte dar – viele von Ihnen werden es bereits schon einmal gesehen haben. Naturgemälde und Idealprofil, ästhetisches Artefakt und wissenschaftliches Resultat in einem, präsentiert es eine Zusammenschau von Forschungsergebnissen, die sich auf einen weiten geographischen Raum in Abhängigkeit von den jeweiligen Höhenstufen beziehen und weit über den Gesichtskreis eines einzelnen Reisenden hinausgehen. Der Schnitt durch die Anden auf der Höhe des Chimborazo geht auf eine Zeichnung zurück, die Humboldt 1802 in seinen Amerikanischen Reisetagebüchern schematisch entwarf. Aber die ästhetische Ausführung enthält doch vieles, was sicherlich ganz neu hinzukam.

Vielleicht sollten wir zunächst einmal festhalten: Alles auf diesem Gemälde, alles in dieser Wissenschaftsskizze ist in Bewegung. In Bewegung ist die Kontinentalplatte, die hier so gezeichnet wurde, als wäre Südamerika eine Insel, die ähnlich wie der Teide auf Tenerife das Antlitz einer gesamten Landschaft

---

7 Vgl. hierzu Humboldt, Alexander von: *Ueber einen Versuch den Gipfel des Chimborazo zu ersteigen*. Mit dem vollständigen Text des Tagebuches 'Reise zum Chimborazo'. Herausgegeben und mit einem Essay versehen von Oliver Lubrich und Ottmar Ette. Frankfurt am Main: Eichborn Verlag 2016; sowie den herausragenden Film von Rainer Simon *Die Besteigung des Chimborazo* (Koproduktion DEFA/ZDF 1989) sowie den Band von Schäfer, Paul Kanut / Simon, Rainer: *Die Besteigung des Chimborazo. Eine Filmexpedition auf Alexander von Humboldts Spuren*. Köln: vgs Verlagsgesellschaft 1990. Zur ästhetischen Dimension dieser Bergbesteigung vgl. neuerdings Pimentel, Juan: *El volcán sublime. Geografía, paisaje y relato en la ascensión de Humboldt al Chimborazo.* In: Ette, Ottmar / Bernecker, Walther L. (Hg.): *Ansichten Amerikas*. Frankfurt am Main: Vervuert 2000.

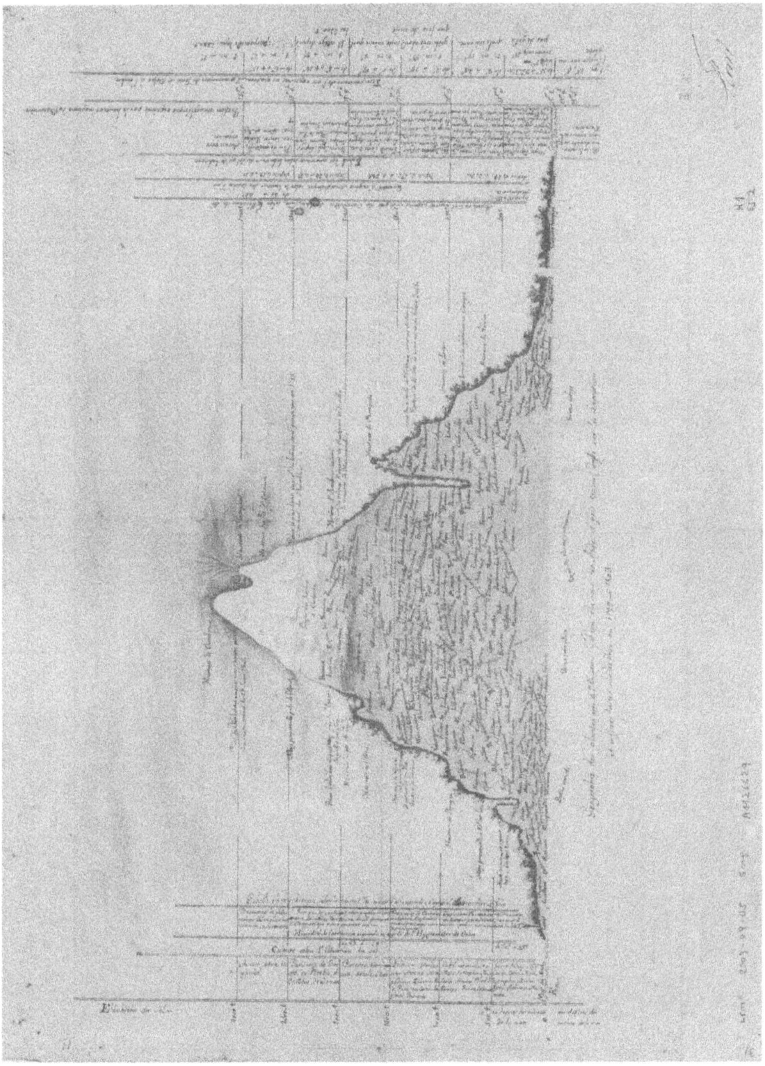

Abb. 24: Vorentwurf zum *Tableau physique des Andes*, Alexander von Humboldt, 1803.

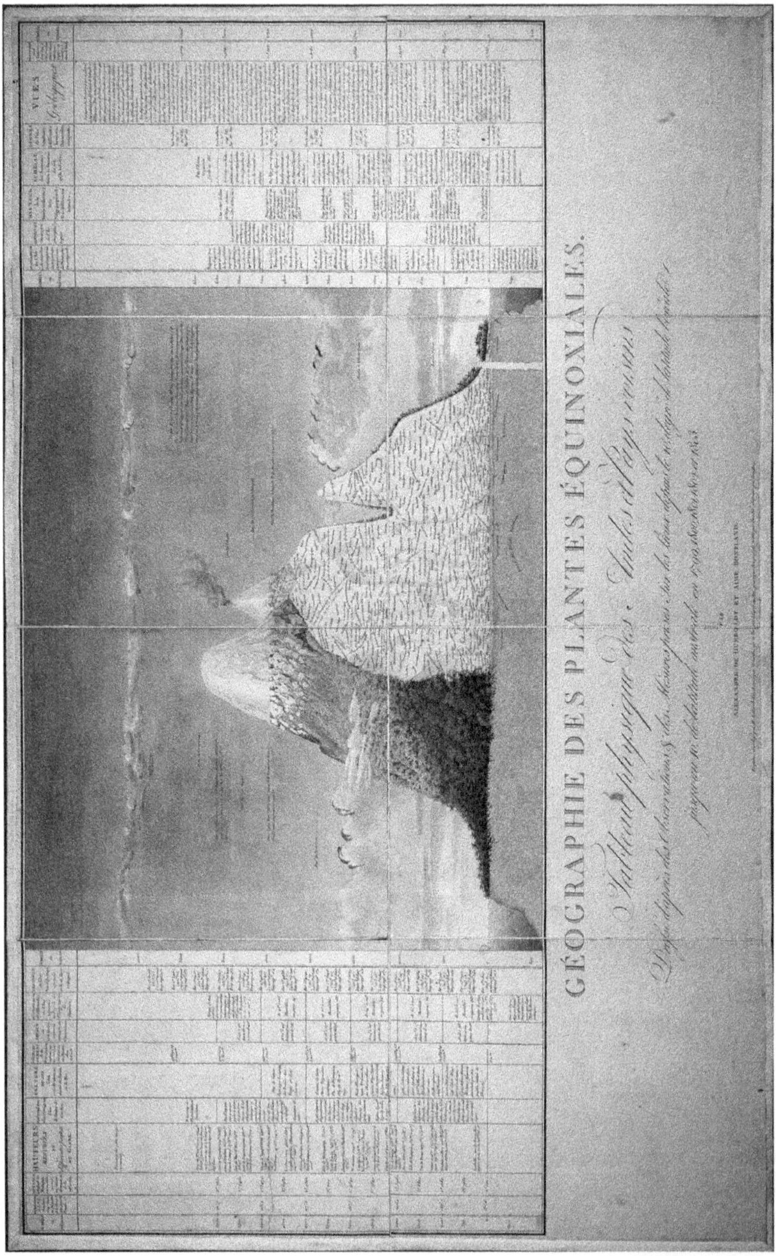

Abb. 25: „Tableau physique des Andes et pays voisins", Alexander von Humboldt, 1805.

bestimmt. Lange vor Alfred Wegener hatte Humboldt verstanden, dass die Ostküste Südamerikas und die Westküste Afrikas zusammenpassten und einmal
durch eine frühere 'Katastrophe' auseinandergerissen wurden. Was er noch nicht
erkennen konnte, das war die Tatsache, dass sich diese Katastrophe über Jahr-
millionen entfaltete und später von Wegener in einer zunächst umstrittenen
Theorie als Kontinentaldrift bezeichnet wurde. Die Kontinente schwimmen
gleichsam auf ihrem Untergrund und bewegen sich in einzelnen tektonischen
Platten über die Erdoberfläche.

Aber auch die Geologie ist in Bewegung: die Vulkane sind aktiv, der Rauch
über ihnen zeigt es deutlich an. Die verschiedenen Vegetationszonen beherbergen Gewächse, die Humboldt nicht nur in ihrem Vorkommen, sondern vor
allem in ihren jeweiligen Migrationen auf der Erdoberfläche untersuchte. Seine
Pflanzengeographie ist folglich eine Bewegungswissenschaft, weil er weniger
eine Verteilungskarte als eine Bewegungskarte der unterschiedlichsten Gewächse anfertigt. Dazu zählen natürlich auch die künstlichen Pflanzungen tropischer Gewächse, die der Mensch angelegt hat und die in der untersten Stufe
der Gewächse verzeichnet sind.

Migrationen bestimmen aber auch das Leben nicht allein der Flora, sondern auch der Fauna und insbesondere jener Tiere, die mit den Europäern nach
Amerika gelangten. Und wenn Humboldt in seinen schriftlichen Kommentaren
von den einzelnen Höhenstufen spricht und diese erläutert, vergisst er am Ende
nicht, auch auf die von europäischen Kolonisten angelegten Plantagen und auf
deren eingeführte Arbeitskräfte, die schwarzen Sklaven aus Afrika, aufmerksam
zu machen. Alles in diesem *Tableau physique*, in diesem 'Naturgemälde', ist in
Bewegung und zeichnet sich durch seine Mobilität aus.

In diesem Schnitt durch die Anden auf der Höhe von Chimborazo und Coto-
paxi durchdringen sich Bild und Text wechselseitig und verweisen auf die wis-
senschaftsgeschichtlichen und epistemologischen Grundlagen von Humboldts
wissenschaftlicher, aber auch ästhetisierender Reiseauswertung. Bildschrift
und Schriftbild durchdringen sich wiederum wechselseitig. Parallel zur Zweidimensionalität der topographischen Karte zeigt auch die Profildarstellung einen
Übergang von der Skizze im Reisetagebuch zur wissenschaftlichen Ansprüchen
genügenden Darstellung im Idealprofil, das erneut die bereits behandelte Ausweitung von Perspektive und Blickfeld präsentiert und dabei die dritte Dimension entschieden herausarbeitet.

Zentral für diese Darstellung sind die verschiedenen Höhenstufen, welche
den Aufriss charakterisieren, eine Aufeinanderfolge, deren Verschiedenartigkeit
und deren Systematik Humboldt zum ersten Mal bei seinem Aufstieg auf den
Teide von Tenerife überprüfen konnte. So charakterisiert sich sein Profil Südamerikas durch eine systematische Gliederung in verschiedene Höhenstufen, von der

tierra caliente bis hin zur *tierra fría* der Schneeregionen. Dabei gilt es freilich hinzuzufügen, dass hier auch eine weitere Dimension in Bewegung ist, an die der preußische Reisende sicherlich nicht gedacht haben kann, weil es für derartige Vermutungen damals (noch) keinen Anlass gab. Denn wie eine Überprüfung der von Humboldt gesammelten Daten im Jahre 2012 sowie eine Publikation im Jahre 2015 ergaben, ist die Schneegrenze am Chimborazo um mehrere hundert Meter angestiegen, so dass die wissenschaftlichen Messungen zur Zeit von Humboldts Besuches der Andenriesen ihrerseits längst schon wieder historisch geworden sind. Auch hier hat der Klimawandel zu grundlegenden Veränderungen geführt und die Grenze dauerhaften Schnees erheblich ansteigen lassen – mit allen ökologischen Folgen, die daraus für die Region erwachsen.

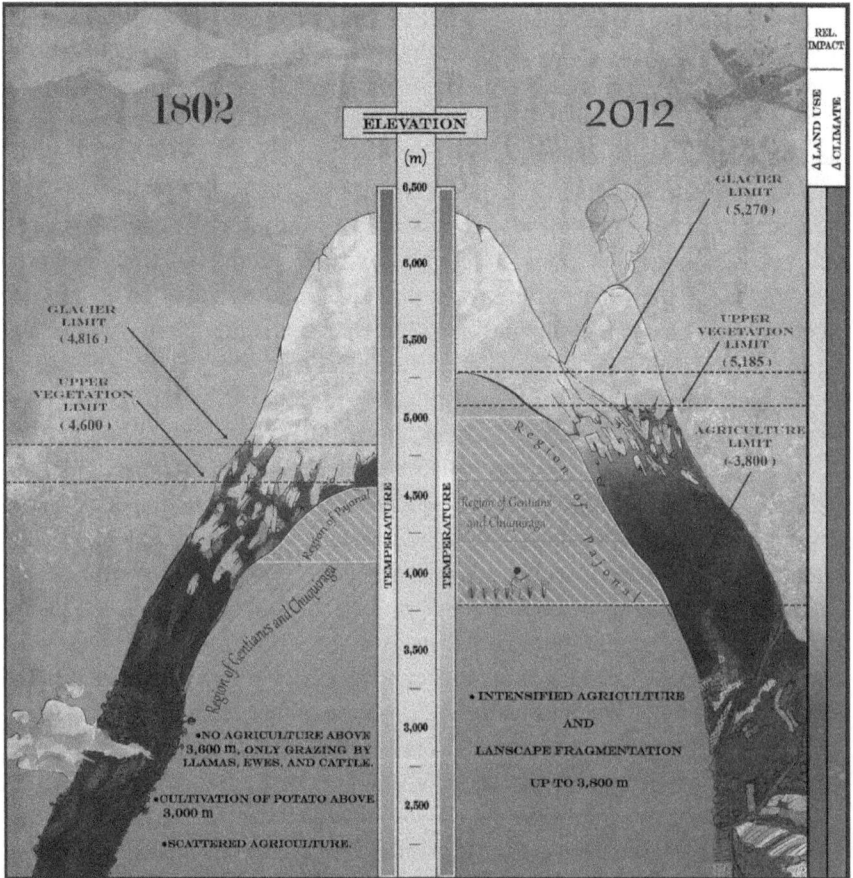

Abb. 26: ‚Update' zu Humboldts „Tableau physique des Andes", 1802–2012.

In diesem Schnitt durch die Anden aber treten zugleich zwei verschiedene Orte des Schreibens einander gegenüber: Ein Ort des Schreibens während der Reise – der nach Humboldts eigenen Vorgaben in späteren Kupferstichen und Gemälden dargestellt wurde – und ein zweiter Ort des Schreibens, der sich im Herkunftsland des Reisenden ansiedelt, auch dies ein Ort, der in der Ikonographie des preußischen Gelehrten mehrfach 'ausgemalt' wurde. Zwischen Humboldts 'Schreiben im Angesicht der Dinge' auf der Reise und seinen Ausführungen wie Kommentaren hierzu in Europa liegen mehrere Jahre; es kann kein Zweifel darüber herrschen, dass sich die systematische Erkenntnis Humboldts erst im Verlauf seiner weiteren Studien in Europa festigte. Die Grundprinzipien seiner Anschauung aber hatten sich schon auf der Amerikanischen Reise herausgebildet – und so findet sich das Grundaxiom seiner Wissenschaft, der Humboldt'schen Wissenschaft, auch bereits in den Amerikanischen Reisetagebüchern: „Alles ist Wechselwirkung."[8]

Die *vierte Dimension* des Reiseberichts im Sinne von Claude Lévi-Strauss wird von der Zeit gebildet. Dabei ist die Zeit eine mobile Kategorie, die sich auf verschiedenen Ebenen des Reiseberichts einschreibt. Der Reisende bewegt sich dabei zum einen in der Zeit seines Herkunftslandes: Vergessen wir nicht, dass erst die immer zuverlässigeren Uhren es den Seefahrern des 18. Jahrhunderts erlaubten, eine immer präzisere Längenbestimmung vorzunehmen, die in einem ganz materiellen Sinne rückgebunden ist an die Ausgangzeit des Längengrades des jeweiligen Herkunftslandes.[9] Der Reisende führt gleichsam seine eigene Zeit im Reisegepäck mit sich, befindet sich folglich in seiner Eigenzeitlichkeit. Raum und Zeit sind so nicht nur aufs engste miteinander verbunden, sondern zugleich an die Zeit des eigenen Herkunftsraumes rückgekoppelt. Der Reisende nicht nur des 18. Jahrhunderts ist in seiner eigenen Zeit unterwegs – und dies nicht nur mit Blick auf die Längenbestimmungen. Denn es sind gerade auch die wissenschaftlichen Diskussionshorizonte und Fragestellungen, mit denen sich der Reisende an die von ihm besuchten Regionen und Kulturen wendet, um in ihrem Umfeld nach Antworten zu suchen, welche seine Zeit ihm in seinen Herkunftsländern aufgab. die Reisenden des beginnenden

---

8 Humboldt, Alexander von: *Reise auf dem Río Magdalena, durch die Anden und Mexico.* Teil I: Texte. Aus seinen Reisetagebüchern zusammengestellt und erläutert durch Margot Faak. Mit einer einleitenden Studie von Kurt-R. Biermann. Berlin: Akademie-Verlag 1986, S. 358.
9 Zur Technik der 'horloges marines' und ihrer Bedeutung für die Seefahrt vgl. Broc, Numa: *La Géographie des Philosophes: géographes et voyageurs français au XVIIIe siècle.* Paris: Éditions Ophrys 1975, S. 280 ff. Eine Abweichung um nur zwei Minuten nach sechswöchiger Schiffsreise (ein Ziel, dem sich die Präzisionsinstrumente des 18. Jahrhunderts annäherten) brachte einen Fehler von einem halben Längengrad hervor (S. 282), eine gewaltige Distanz, die kartographische Verortung und späteres Auffinden von Inseln noch immer erheblich erschweren musste.

18. Jahrhunderts stellten andere Fragen als jene, die Ende des 18. Jahrhunderts zu ihren Forschungsexpeditionen aufbrachen.

Zum anderen bewegt sich der Reisende aber auch innerhalb der eigenen Chronologie seiner Reise, die zweifellos ihre eigene Zeitlichkeit und deren Abfolgen schafft. Darüber hinaus jedoch bewegt er sich in einer Zeit, welche die von ihm besuchten Regionen charakterisiert und eine je spezifische zeitliche Umgebung prägt. Es ist nicht dasselbe, die Kolonie von Saint-Domingue vor oder nach der erfolgreichen Haitianischen Revolution zu besuchen und Haiti zu erforschen: Nichts könnte differenter sein. Die Zeit spielt eine zentrale Rolle.

Doch diese Zeit ist hochgradig heterogen und muss auf ihren unterschiedlichen Ebenen genau ins Kalkül gezogen werden. Bei ihrer bzw. seiner Reise in Raum und Zeit springt die oder der Reisende zwischen verschiedenen historischen und kulturellen Zeiten hin und her: Die Reise entwickelt nicht nur ihre Eigenzeitlichkeit, sie entwickelt auch eine Dynamik mit Blick auf die Zeit ihrer Herkunft wie gerade auch hinsichtlich jener Zeit, die das Reisegebiet auszeichnet. Dabei gilt es, diese verschiedenen Zeitlichkeiten genau im Auge zu behalten und mitzubedenken.

So versucht etwa Du Tertre[10] in seinen Überlegungen zum *bon sauvage*, Erkenntnisse über die Entwicklung des Menschengeschlechts ausgehend von Beobachtungen in der Fremde zu gewinnen, so dass es möglich wird, Wissen über die Vorgeschichte des Eigenen durch eine Art rückwärtsgerichtete Zeitreise zu erhalten. Voraussetzung hierfür ist freilich eine Annahme von der Einheit des Menschengeschlechts und die sich daraus ableitenden Folgerungen, denen zufolge sich einzelne menschliche Gruppen jeweils schneller oder langsamer entwickelt hätten. Dies aber würde zweifellos erlauben, durch eine Reise im Raum eine Reise in der Zeit anzutreten und zu erkunden, wie denn die Vor- und Frühgeschichte der europäischen Menschheit wohl ausgesehen haben dürfte. Der *bon sauvage* kann in diesem Fall zu unserem Urgroßvater werden, immer vorausgesetzt, wir nehmen die These von der Einheit des Menschengeschlechtes ernst und unterscheiden nicht hierarchisch oder rassistisch zwischen verschiedenen menschlichen 'Rassen' oder Geschichten.

Doch ist nicht nur die Reise zeitlich rückwärts, sondern auch vorwärts in der Zeit möglich und in vielerlei Hinsicht mehr als verlockend. Wer wünschte sich nicht, einmal einen Blick in die eigene Zukunft zu werfen? So kann die eigene Gegenwart durch die Beschäftigung mit dem Anderen als künftige Vergangenheit beleuchtet werden, wenn wir diesem Anderen einen 'Vorsprung' gegenüber unserer eigenen Position zubilligen und dessen Gegenwart als unsere eigene Zukunft erkennen.

---

10 Vgl. Funke, Hans-Günter: 'Barbare cruel' o 'bon sauvage'? La funcionalización ambivalente de la imagen del indio en la 'Histoire générale des Antilles' (1667–1671) del Padre du Tertre. In: *Dispositio* (Ann Arbor) XVII, 42–43 (1992), S. 73–105.

So kann die Reise in ein Land, das unsere eigene künftige Gesellschaft vorwegnimmt, zu einer Reise in unsere eigene mögliche Zukunft werden. Wir können gleichsam hautnah erleben, was unserer Gesellschaft künftig bevorsteht und welchen Übeln wir möglicherweise begegnen müssen. Beispielsweise erkundete Alexis de Tocqueville in seinem grundlegenden Werk *De l'Amérique*, das auf einer Nordamerikareise des Jahres 1831 beruhte, jene Möglichkeiten, Risiken und Chancen, welche die demokratische Verfassung Nordamerikas für die europäischen Staaten und insbesondere Frankreich bereithielt, welche also jene künftigen Aspekte seien, die man erhoffen dürfe oder befürchten müsse.[11] Einen wichtigen Ausgangspunkt stellt dabei eine schlichte Frage dar: 'Wohin führt uns unsere Reise?'

> Glaubt man etwa, dass die Demokratie, nachdem sie den Feudalismus zerstört und die Könige besiegt hat, vor den Bürgern und den Reichen zurückweichen wird? Wird sie nun, da sie selbst so stark und ihre Gegner so schwach geworden sind, einfach stehenbleiben? Wohin gehen wir also? Niemand wüsste dies zu sagen; denn uns fehlen bereits die Vergleichspunkte: Die Lebensumstände (*conditions*) sind heutzutage unter den Christen gleicher, als dies je zu einer anderen Zeit oder in einem andren Land der Welt der Fall war; so verhindert die Größe dessen, was schon getan ist, die Voraussage dessen, was noch getan werden kann. [...] Es tut nicht not, dass Gott selbst spricht, damit wir sichere Zeichen seines Willens erhalten; es genügt zu untersuchen, welches der gewöhnliche Gang der Natur und welches die beständige Tendenz der Ereignisse ist.[12]

Man hört gleichsam die behutsame Frage von Denis Diderot in *Jacques le fataliste et son maître* heraus: 'Est-ce que l'on sait oú l'on va?' Die epochenspezifische Erfahrung einer historischen Entwicklung, die sich zunehmend den bekannten Vorbildern entzieht und gerade im nachrevolutionären Frankreich der *Historia* als *Magistra Vitae* jegliche Legitimation abspricht,[13] führt hier – die Formel *Où allons-nous donc?* scheint es bereits anzudeuten – zu einer Ausweichbewegung im Raum: Eine Untersuchung der Demokratie in den Vereinigten Staaten soll Aufschluss geben über deren Entwicklung in Europa. Fürwahr eine Wette auf die Zukunft – und eine erfolgreiche allemal, denn Tocqueville hat mit seiner Betrachtung der Vereinigten Staaten von Amerika als Behältnis der Zukunft Europas Schule gemacht. Erst vor wenigen Jahrzehnten haben wir das von Tocqueville skizzierte Paradigma verlassen, wobei wir durchaus noch immer in manchen

---

11 Vgl. auch Neumeister, Sebastian: Alexis de Tocqueville. In: Lange, Wolf-Dieter (Hg.): *Französische Literatur des 19. Jahrhunderts*. Bd. II. Heidelberg: Quelle & Meyer 1980, S. 85.
12 Tocqueville, Alexis de: *De la démocratie en Amérique*. Première édition historico-critique revue et augmentée par Eduardo Nolla. Bd. 1. Paris : Librairie philosophique J. Vrin 1990, S. 8.
13 Vgl. auch Koselleck, Reinhart: Historia Magistra Vitae. Über die Auflösung des Topos im Horizont neuzeitlich bewegter Geschichte. In (ders.): *Vergangene Zukunft. Zur Semantik geschichtlicher Zeiten*. Frankfurt am Main: Suhrkamp ²1984, S. 38–66.

Abb. 27: Porträt von Alexis de Tocqueville (Verneuil-sur-Seine, 1805 – Cannes, 1859).

Bereichen nach den USA schielen, um besser zu verstehen, welche Gefahren uns und unseren Demokratien in Europa drohen könnten. Die Überwachungsdemokratien der Massenkonsumgesellschaft in den USA sind uns nicht erst seit Edward Snowdon in ihren Reichweiten und Konsequenzen höchst vertraut. Und auch der Populismus eines Donald Trump nimmt einiges an möglichen Entwicklungen unserer Demokratien vorweg, die uns sehr wohl massiv bedrohen könnten. Insofern gilt noch immer: *Est-ce que l'on sait où l'on va?* Aber die USA sind glücklicherweise nicht mehr der entfernte Spiegel, in dem wir unsere Zukunft betrachten können. Und der von Europa gewählte Weg ist ein anderer.

Bei Alexis de Tocqueville jedenfalls wird die Reise gen Westen zu einer politischen Zeitmaschine, die der französische Reisende und Politiker wohl als erster in einer langen, bis heute andauernden Reihe von Reisenden in Gang setzte. Die Reise auf einen anderen Kontinent wird zu einer Reise in ein Land der Zukunft, die Vereinigten Staaten von Amerika. Andere Projektionen stehen dahinter zurück; vergessen wir etwa nicht Stefan Zweig, der in seinem Buch aus dem brasilianischen Exil Brasilien als das Land der Zukunft beschwor. Die Versuchung ist immer allen europäischen Intellektuellen nahe, die Reise im Raum zu einer Reise in der Zeit zu machen. Derzeit aber können wir nur hoffen, dass die Entwicklungen in Brasilien, das sich deutlich in Richtung einer Diktatur bewegt, nicht für die Zukunft unseres Kontinents stehen werden.

Doch kehren wir wieder enger zurück zur vierten Dimension unseres Reiseberichts: der Zeit. Sind deutsche oder italienische Reiseberichte der Nachkriegszeit aus und über die Vereinigten Staaten in dieser Traditionslinie nicht auch häufig Erkundungsreisen gewesen, welche sich weniger um ein Verständnis der aktuellen Bedingungen des Fremden als um eine Reflexion der künftigen Möglichkeiten des Eigenen bemühten? So kann die Reise im Raum – ganz so, wie der kubanische Romancier Alejo Carpentier dies in seinem Orinoco-Roman *Los pasos perdidos* ausdrückte[14] – zu einer Reise in verschiedenen Zeiten und zu verschiedenen Epochen

---

14 Vgl. Carpentier, Alejo: *Los pasos perdidos*. Madrid: Ediciones Akal 2009.

werden, eine Reiseform, die ähnlich wie beim Umspringen der Utopie in die Uchronie dem Reisenden des ausgehenden 18. Jahrhunderts in ihren Möglichkeiten bezüglich der hier nur angedeuteten Offenheit der Zukunft wesentlich bewusster geworden war. Die USA boten eine willige Projektionsfläche für jene Welt, die sich nunmehr als die Alte begriff. Der Blick in die Neue Welt schien eine neue Welt heraufzuführen. Auch hier steht – nicht anders als in unserem Jahrhundert – Reiseliteratur für Literatur schlechthin ein. Wir sollten uns aber wünschen, die Zukunft Europas nicht mehr in den USA zu sehen, sondern einen Weg zu beschreiten, der deutlich einer des Viellogischen ist – einer Polylogik, innerhalb derer sich unterschiedliche Entwicklungen in Europa ergeben und reifen können.

Die europäischen Reisenden des 18. und wohl auch noch jene des 19. Jahrhunderts glauben allerdings an eine gemeinsame Zeit der Menschheit, eine Zeitachse also, auf die sich die von ihnen konstatierten verschiedenen Zeitebenen linear beziehen lassen. Wir bewohnen sozusagen dieselbe Zeit, nur befinden wir uns an unterschiedlichen Punkten desselben Zeit-Raumes.

Bei einer derartigen Vorstellung wird die Zeitreise notwendigerweise zur Bewegung des Reisenden zwischen verschiedenen Stufen kultureller, historischer, ökonomischer und sozialer Entwicklung, unabhängig davon, ob diese Entwicklung positiv oder negativ eingefärbt, ob die Entwicklung folglich als Höherentwicklung oder als Degradation gelesen und eingeordnet wird. Die Entdeckung voneinander unabhängiger, partikulärer Zeiten gewinnt (soweit ich sehe) erst in der Reiseliteratur des 20. Jahrhunderts an Raum – zusammen mit Vorstellungen, welche die unterschiedlichen Logiken verschiedenartiger Räume und damit ein polylogisches System denken können. Aber so weit sind wir im 19. Jahrhundert noch nicht.

Auch Flora Tristans Reise nach Peru, ihre berühmten *Pérégrinations d'une paria*, lässt die Erfahrung der Zeitreise nicht vermissen, glaubt sich die Verfasserin des bis heute faszinierenden Reiseberichts doch etwa angesichts der von ihr dargestellten 'Mysterienspiele' in Arequipa ins europäische Mittelalter versetzt. Wir sind bei ihr also unterwegs auf derselben Zeitachse, nun aber in rückwärtsgewandter Vektorizität, so dass wir eine Reise in der Zeit nach hinten antreten. Hören wir die mit frühsozialistischen Ideen arbeitende Kämpferin für die Emanzipation der Frauen nicht nur in Frankreich, sondern auf der ganzen Welt:

> Für mich, ein Kind des 19. Jahrhunderts und aus Paris kommend, war die Aufführung eines Mysterienspiels unter dem Portal einer Kirche und vor einer unermesslich großen Volksmenge etwas Neues; aber das lehrreiche Schauspiel waren die Brutalität, die grobe Kleidung, die Lumpen eben dieses Volkes, dessen extreme Unwissenheit, dessen dummer Aberglaube meine Einbildungskraft ins Mittelalter zurückführten. Alle diese weißen, schwarzen oder kupfernen Figuren drückten eine ungezähmte Wildheit, einen übersteigerten Fanatismus aus. Das *Mysterienspiel* ähnelte ziemlich, durch seinen Hintergrund (ich werde nicht von den Schönheiten des Dialogs sagen, denn die Worte haben nur unvollkommen mein Ohr

erreicht), denjenigen, die im fünfzehnten Jahrhundert vorgeführt wurden, mit großen Pomp, im Saal des Justizpalastes, zur Erbauung des guten Volkes von Paris, eine Vorstellung, an der uns Victor Hugo in seinem *Notre-Dame* teilnehmen lässt.[15]

Flora Tristan (vgl. Abb. 81: Porträt der Flora Tristan) zieht aber nicht nur den Vergleich mit einem Europa des Mittelalters, einem Europa eines wohlgemerkt dunklen Mittelalters, in welchem Aberglaube und Fanatismus im Zeichen der Katholischen Kirche herrschten, sondern zieht auch eine Verbindung mit einer literarischen Veranschaulichung des französischen Mittelalters in Gestalt jenes Romans, in welchem uns Victor Hugo seine Sichtweise der dunklen Zeit vor der Frühen Neuzeit und damit den *temps modernes* in einem breiten literarischen Panoramabild entfaltete. Notiert die französische Reisende, die aus Frankreich buchstäblich geflohen war und mit großen Erwartungen in die Neue Welt kam, auch sehr genau, wie schnell die französische Mode die Toilette der peruanischen Frauen diktiert, kommt sie doch nicht umhin, aus dem, was sie als Aberglauben bezeichnet, den Schluss zu ziehen, dass das peruanische Volk noch in seiner Kindheit[16] verharre und auch noch lange der Kirchenmacht ausgeliefert bleiben werde. Der literarische Bezugspunkt für Floras Darstellung eines Mysterienspiels blieb freilich nicht ungenannt: Die Erzählerin selbst verweist auf Victor Hugos *Notre-Dame de Paris*,[17] das nur wenige Jahre zuvor erschienen war. Wir haben es also mit einem durch und durch literarischen Mittelalterbild zu tun, das wohl kaum unserem zeitgenössisch differenzierten Bild des Mittelalters entsprechen dürfte. Aber für Flora Tristan war dies der 'ferne Spiegel',[18] in dem sich die damalige Jetztzeit aus der zeitlichen (und räumlichen) Ferne betrachtete.

Fassen wir also beherzt zusammen: Alexis de Tocquevilles Reise von 1831 in die USA führt den Franzosen in die Zukunft, Flora Tristans Reise von 1833 nach Peru die Französin dagegen in die Vergangenheit. Wir haben es hier mit einer umgekehrten Vektorizität zu tun, insoweit in beide Reisen ein entgegengesetzter Zeitpfeil eingetragen ist. Bei beiden jedoch wird das Andere, die Zeit des Anderen, auf die eigene Zeit und deren Chronologie bezogen – ein interessantes *chassé-croisé*, das noch dadurch an Reiz gewinnt, dass beide höchst unterschiedlichen, an der Vergangenheit beziehungsweise der Zukunft orientierten Wertvorstellungen anhingen – hier, etwas verknappt ausgedrückt, der konservativ-monarchistische

---

15 Tristan, Flora: *Les Pérégrinations d'une paria 1833–1834*. Paris: La Découverte 1983, S. 143 f.
16 Ebda., S. 130: „So sind die Völker in der Kindheit".
17 Ebda., S. 144.
18 Vgl. Tuchmann, Barbara: *Der ferne Spiegel. Das dramatische 14. Jahrhundert*. Übersetzung Ulrich Leschak und Malte Friedrich. Düsseldorf: Claassen 1980.

Tocqueville, dort die frühsozialistische Kämpferin für eine künftig gleichere Gesellschaft im Zeichen einer grundlegenden Emanzipation.

Wir befinden uns folglich im Reich der Zeit. Die vierte Dimension beinhaltet die Koexistenz, das Ineinanderspielen verschiedener Zeitachsen und Zeitvorstellungen unter Einbeziehung der damit verbundenen (geographischen, kulturellen, politischen oder sozialen) Räume. Die Konfrontation verschiedener Zeitebenen trägt wesentlich zum Reiz und zur Attraktivität des Reiseberichtes und jeder Literatur bei, die sich in Bewegung befindet. Dazu zählt auch und gerade die Reiseliteratur.

Die von dem französischen Anthropologen Claude Lévi-Strauss noch angesprochene *fünfte Dimension* der Reise betrifft die gesellschaftliche, die soziale Dimension. Die oder der Reisende bewegt sich durch die verschiedenen sozialen Gruppen und Schichten des von ihr oder ihm bereisten Landes oft mit einer Leichtigkeit, die dem Einheimischen, insbesondere in den stärker hierarchisierten Gesellschaften des 18. und 19. Jahrhunderts, weitgehend unzugänglich bleibt. Dies bedeutet, dass im literarischen Reisebericht oftmals ein Gesamtbild einer Gesellschaft entsteht, die in ihren unterschiedlichen Schichten fundamental gequert und veranschaulicht wird. Die Reisenden bewegen sich nicht allein in Raum und Zeit, sondern bewegen sich in Gesellschaften, die möglichst breit darzustellen sie angetreten sind. Sie wollen alles präsentieren: die gesellschaftlichen Spitzen wie auch all jene, die den 'Bodensatz' einer Gesellschaft darstellen. Auch dafür gibt es literarische Modelle.

Dies kommt auch in den unterschiedlichen Anlagen der Reiseberichte zum Ausdruck. Die Französin Flora Tristan, die im Gegensatz zur vorherrschend naturkundlichen Ausrichtung des Reiseberichts über Lateinamerika eine wesentlich politischere Orientierung verfolgt und durch ihre familiären Beziehungen Zugang auch zu höchsten Schichten der jungen peruanischen Republik erhielt, kann in dieser Hinsicht aus dem Vollen schöpfen und macht nicht von ungefähr ein breites soziales Panorama zur Vorbedingung jedweder Darstellung, die legitimen Abbildanspruch erheben will.[19] Es ist der Anspruch, eine ganze Gesellschaft, eine Gesellschaft in ihrer Totalität zu erfassen und zu porträtieren.

Der neuspanische Dominikanermönch Fray Servando Teresa de Mier lernt Angehörige unterschiedlichster Schichten der spanischen Gesellschaft ebenso intensiv kennen wie sein Zeitgenosse Alexander von Humboldt bei seiner

---

19 Vgl. Tristan, *Pérégrinations*, S. 85: „um eine Stadt darzustellen, auch wenn sie nur ein wenig Wichtigkeit besitzt, muß man sich längere Zeit in ihr aufhalten, mit allen Klassen ihrer Bewohner sprechen."

Reise durch Neu-Spanien,[20] dem späteren Mexiko. Beide bemühen sich mit Hilfe unterschiedlicher Mittel, eine Gesellschaft in ihrer Totalität zu erfassen und darzustellen. Doch wie gesagt: Der Reisebericht rückt damit in die Nähe eines wichtigen literarischen Genres, das gerade auch den Berichten des rebellischen und aufmüpfigen Mönches Fray Servando nicht fern ist: Ich meine den Schelmenroman, die *Novela picaresca*, die im Übrigen zeitgleich just in Neu-Spanien, dem heutigen Mexico, mit Fernández de Lizardis *El Periquillo Sarniento* zu Beginn des 19. Jahrhunderts den Weg der spanischen Kolonialliteraturen in die Romanwelt der modernen lateinamerikanischen Literaturen buchstäblich eröffnete. Die moderne Erzählliteratur eines unabhängigen, von den kolonialen Fesseln befreiten Mexiko beginnt mit einer *Novela picaresca*, mit einem Schelmenroman, welcher nicht nur die Gesellschaft und ihre sozialen Bedingungen, sondern auch deren räumliche Diversität und Heterogenität auf einzigartige Weise darstellte. Hier wird ein literarisches Genre, das an der Wiege des europäischen Romans stand und gleichsam die *modern times*, die Neuzeit eröffnete, in die Lage versetzt, den Abbildanspruch jener Gattung einzulösen, die das 19. Jahrhundert beherrschen sollte: der Roman, der mit Hegel als 'bürgerliche Epopöe' stets in der Pflicht steht, eine gesellschaftliche Totalität zur Abbildung zu bringen und nichts in dieser Totalität unberührt zu lassen. So ist es faszinierend, dass der Schelmenroman nicht nur an der Wiege des ersten modernen Romans zu Beginn der Neuzeit, Miguel de Cervantes' *Don Quijote*, sondern auch an jener des bürgerlichen Romans stand, wie er sich im Verlauf des 19. Jahrhunderts herausbilden sollte. Sein Auftrag: eine gesamte Gesellschaft in literarischer *mimesis* abzubilden.

Die unablässigen Bewegungen zwischen den Höhen und Tiefen einer Gesellschaft, das ständige Auf und Ab in der fremden Sozietät bieten gerade dem Reisenden des 19. Jahrhunderts die Möglichkeit, in Konkurrenz zum historischen Roman eines Walter Scott oder zum realistischen Romanmodell eines Balzac zu treten und aus der eigenen (hermeneutischen) Bewegung ein gesamtgesellschaftliches Panorama einzufangen. Darstellbar werden nicht nur die sogenannten 'höheren Stände', die gesellschaftliche Elite eines Landes mit ihren verfeinerten Sitten und ihren selbstverständlichen Bereicherungen, sondern auch all jene, die in finsteren Kerkern eingesperrt sind, die als Sklaven oder billige Lohnarbeiter ein entbehrungsreiches Leben führen oder diejenigen, welche aus der Gesellschaft 'ausgestiegen' sind und als Vagabunden über Land ziehen

---

20 Vgl. Ette, Ottmar: Transatlantic Perceptions: A Contrastive Reading of the Travels of Alexander von Humboldt and Fray Servando Teresa de Mier. In: *Dispositio* (Ann Arbor) XVII, 42–43 (1992), S. 165–197.

und eigenartige Parallelen zu den Reisenden selbst erlauben. Nicht umsonst bezeichnete sich Flora Tristan als eine aus der Gesellschaft Ausgestoßene, als eine Paria, die in der Gesellschaft ihrer Zeit keinen Platz mehr habe. Doch der Reisebericht in seiner Nähe zur *Novela picaresca* kann noch mehr. Denn zugleich kann der bürgerliche Roman insoweit überboten werden, als der Abbildanspruch durch den Verweis auf den Augenzeugenstatus des Berichtenden und durch die Faktizität nachprüfbarer Reisewege untermauert wird. Die oder der Reisende kann mit einer hohen Glaubwürdigkeit rechnen und als gesicherter Augenzeuge auftreten. Leicht referentialisierbare Örtlichkeiten und beigegebene Karten verschaffen dem Leser einen sicheren, präzise Faktentreue vorspiegelnden Rahmen für die Lektüre des Textes, der uns vorgaukelt, die Wirklichkeit so abzuspiegeln, *wie sie wirklich ist.* Reiseliteratur ist nicht zuletzt jene Literatur, die das Lesepublikum zumindest insoweit in Bewegung setzt, als sie dieses auffordert, auf einschlägigen topographischen Karten die dargestellten Reisewege 'nachzufahren' und nachzuvollziehen. Sie scheint uns damit die aufwendige Ökonomie der Fiktion, des Erfundenen, zu ersparen. Aber dies, so haben wir schon zuvor gesehen, ist in keiner Weise der Fall.

So kann folglich kein Zweifel daran bestehen, dass diese fünfte durch eine *sechste Dimension*[21] ergänzt werden muss, jene der Imagination und Fiktion, welche den Reisebericht gerade im Rückgriff auf fiktionale literarische Muster für den jeweiligen zeitgenössischen Leser und vielleicht mehr noch die am Reisen oft gehinderte zeitgenössische Leserin attraktiv und lesbar macht. Die Fiktion ist gleichsam das reiseliterarische Schmiermittel, auf dem die Wege des Wissens im Reisebericht wesentlich besser gleiten und gerade auch in ästhetischer Hinsicht alle Formen und Formate des Reiseberichts weitaus überzeugender (und bisweilen eleganter) daherkommen.

Fiktion ist aber auch die vielleicht entscheidende Verstehenshilfe reiseliterarischer Bewegungen, erlaubt sie es doch, einen Bezugsrahmen für das im Reisebericht Vorzustellende herzustellen. Auch Alexander von Humboldt sah am Ende seines historischen Rückblicks auf die 'Anregungsmittel zum Naturstudium' in seinem *Kosmos* im Jahre 1847 keinen Gegensatz zwischen der wissenschaftlichen und einer spezifisch poetischen Dimension und Funktion des Reiseberichts. Er schrieb der Funktion eine belebende Wirkung zu, mit anderen Worten: Erst die Fiktion haucht dem Berichteten Leben ein. Aber hören wir Humboldt selbst:

---

21 Vgl. auch Pagni, Andrea / Ette, Ottmar: Introduction. In (dies., Hg.): Crossing the Atlantic: Travel Literature and the Perception of the Other. Doppelnummer der Zeitschrift *Dispositio* (Ann Arbor) XVII, 42–43 (1992), S. iv.

> Naturbeschreibungen, wiederhole ich hier, können scharf umgrenzt und wissenschaftlich genau sein, ohne daß ihnen darum der belebende Hauch der Einbildungskraft entzogen bleibt. Das Dichterische muß aus dem geahndeten Zusammenhange des Sinnlichen mit dem Intellectuellen, aus dem Gefühl der Allverbreitung, der gegenseitigen Begrenzung und der Einheit des Naturlebens hervorgehen.[22]

Das zentrale Lexem in diesem Zusammenhang ist das Wörtchen 'Leben'. Die Lebendigkeit des Berichteten wird erst durch die Fiktion im Berichteten selbst hergestellt. Dabei handelt es sich um ein Zusammenspiel. Dies aber meint, dass der Fiktion eine zugleich funktionale und dienende Rolle zugeschrieben wird. Dem Zusammenspiel von wissenschaftlicher Genauigkeit und dichterischer Einbildungskraft im Reisebericht soll vertieft in den Überlegungen zur Friktionalität des Genres nachgegangen werden.

Doch schon hier kann festgehalten werden, dass es nicht allein die intellektuelle Seite ist, die im Vordergrund des Reiseberichts steht. Vielmehr ist in der Sinnlichkeit des Berichteten eine Qualität vorhanden, die der Anschaulichkeit für das Lesepublikum vermöge der Einbildungskraft der Schriftstellerin oder des Schriftstellers auf die Sprünge hilft. Humboldts Wissenschaft ist eine *sinnliche* Wissenschaft, die nicht in der Vermessung der Welt ihren Seinsgrund besitzt, sondern Natur und Kultur in ihrer Darstellung sinnlich erfahrbar machen möchte. Dazu aber bedarf sie der Einbildungskraft, dazu bedarf sie der Fiktion, die es dem empirisch Festgestellten erlaubt, in seiner Sinnlichkeit wahrgenommen werden zu können. Die Humboldt'sche Wissenschaft ist in diesem Sinne eine sinnliche und insoweit – ganz im Sinne Friedrich Nietzsches – eine alle Sinne bedienende *fröhliche* Wissenschaft.

Doch kommen wir nun zu einer Dimension, die von alledem grundsätzlich nicht unabhängig ist, sondern eine tiefe Verbindung mit dieser sechsten Dimension eingeht. Die überaus komplexe *siebte Dimension* des Reiseberichts ließe sich als jene des literarischen Raumes bezeichnen, ein Terminus, den wir sogleich definieren wollen. Sie betrifft die Art und Weise, wie ein bestimmter Reisebericht sich zu anderen Texten anderer Autoren (also *inter*textuell) oder auch zu eigenen Texten derselben Autorin oder desselben Autors (mithin *intra*textuell) in Beziehung setzt. Diese Beziehung kann *paratextuell* hergestellt und erzeugt werden, aber auch im eigentlichen reiseliterarischen Text selbst generiert sein. Gerade die paratextuellen Verweise – also jene, die gleichsam an den Schwellen eines Textes, in seinem Titel, seinen Vorworten, seinen Fußnoten

---

22 Humboldt, Alexander von: *Kosmos. Entwurf einer physischen Weltbeschreibung.* Hg. von Ottmar Ette und Oliver Lubrich. Frankfurt a.M.: Eichborn 2004, S. 223–224.

und vielem anderen mehr – sind es, welche die intertextuelle Relationalität eines bestimmten reiseliterarischen Textes explizit in Szene setzen.

Dabei kann zwischen einem expliziten und einem impliziten literarischen Raum unterschieden werden, insoweit andere Texte durch direkte Verweise oder durch indirekte Anspielungen, die nicht für alle Leser sofort durchschaubar sind, in den eigenen Text 'eingeblendet' werden. Dass Humboldts *Ansichten der Natur* etwa dem Schreiben von Georg Forster, des Begleiters von James Cook auf dessen zweiter Weltumsegelung, sehr viel verdanken, drückt sich nicht nur in der Struktur und der Schreibweise, sondern auch bereits im Titel des Werkes aus, pflegt dieser doch bewusst eine Beziehung zu Forsters *Ansichten vom Niederrhein*. So kann ein Text einen anderen aufrufen und zugleich verbergen und kaschieren: *un texte peut en cacher un autre*.

Gerade expliziten Verweisen kommt oftmals eine diskursstützende, legitimatorische Funktion zu. Ein bestimmter Text begründet seine Existenz mit Verweis auf einen anderen, vom Lesepublikum bereits begeistert aufgenommenen und kanonisierten Text, der gleichsam als Bezugssystem und damit als Rechtfertigung dient. Aufschlussreich und bedeutsam ist zum Beispiel die Frage, ob sich ein(e) europäische(r) Reisende(r) nicht nur auf Berichte eigener Landsleute, sondern auch auf Texte, die von Bewohnern der bereisten Gebiete stammen, bezieht und damit seine außereuropäischen Quellen aufwertet. Für lange Zeiten waren positive Bezugnahmen auf die 'Gegenstände', also die Objekte des Reiseberichts in der europäischen Tradition des 18. Jahrhunderts nahezu tabu, konnte der europäische Reisende doch nichts – etwa von den indigenen Völkern über diese selbst – in Erfahrung bringen, was für die Redaktion seines nach europäischen Kriterien abgefassten Reisebericht von Belang gewesen wäre. Allein die Stimme des europäischen Reisenden war mit jener Autorität und Glaubwürdigkeit ausgestattet, die dem europäischen Lesepublikum vertraut waren.

Dieser Aspekt der siebten Dimension beinhaltet stets auch die Frage, inwieweit die Objekte des Reiseberichts selbst auch als Subjekte zu Wort kommen (dürfen). Der europäische Reisende hört zwar die verschiedenen Stimmen der 'Eingeborenen', die zu ihm sprechen; er kennt zwar die Werke einheimischer Autoren, die über bestimmte Sitten und Gebräuche Aufschluss geben; aber er selbst wählt aus, was an diesen Stimmen in seinem Bericht hörbar werden kann und verleibt diese Elemente dann seiner eigenen Stimme ein. Dem Objekt ist es somit nicht gelungen, zu einem eigenen Subjekt zu werden: Es verharrt in seiner Objekthaftigkeit und wird nur als Gegenstand dargestellt, stellt sich selbst im Bericht des europäischen Reisenden aber nirgendwo dar. Es wird *re-präsentiert*, präsentiert sich aber nirgendwo selbst. Seine Stimme wird nicht hörbar, sie wird bestenfalls der Stimme des oder der Reisenden einverleibt und geht als Stimme eines eigenständigen Subjekts, das für sich selbst sprechen kann, verloren. Ein grundlegender Wandel lässt sich diesbezüglich ungeachtet aller Vorläufer definitiv erst im 20. Jahrhundert auf breiterer Front erkennen, werden nun doch auch die Bereisten selbst in die Sinnbildungsprozesse etwa europäischer Reisender miteinbezogen. Das fremde Objekt, der fremde Gegenstand erhält erst spät seine Stimme; und ob sie gehört wird, steht noch auf einem anderen Blatt. Koloniale Präsentations- und Wahrnehmungsmuster dominieren über lange Jahrhunderte – und sie sind bis heute keineswegs verschwunden.

Eine *achte Dimension* des Reiseberichts betrifft die genrespezifischen Bezüge, wobei hier nicht mehr die Frage untersucht wird, auf welche norm- oder vorbildgebenden Einzeltexte sich der analysierte Reisebericht bezieht, sondern welche literarischen Gattungen, Subgattungen und Traditionen, welche wissenschaftlichen und insbesondere naturwissenschaftlichen Bezugssysteme Berücksichtigung finden und inwieweit Genealogien von Reiseberichten in den jeweiligen Text eingearbeitet wurden. Anders als in Hinblick auf den literarischen Raum geht es folglich nicht mehr um Einzeltexte und Autoren, sondern um Gruppen von Texten, die sich zu Gattungen, Subgattungen oder anderen genremarkierten Textsorten formieren.

Denn die auf den empirischen Raum bezogene Gattung des Reiseberichts, aber auch die Literatur insgesamt, nimmt stets bestimmte Positionen innerhalb spezifisch literarischer und gattungsgeschichtlicher Räume ein, verortet sich also selbst innerhalb ihres je eigenen *mappings*. Zu den für das 18. Jahrhundert entscheidenden Subgattungen zählt zweifellos die 'Reise um die Welt', die von großer Strahlkraft wurde. Sie setzt den Blick des europäischen Reisenden auf seine außereuropäischen Objekte absolut und füllt gleichsam riesige Bereiche eines Hinterlandes, des niemals erkundet wird. Die europäischen Weltumsegelungen des 18. Jahrhunderts berührten in der Regel stets nur Hafenstädte und Küstensäume, formulierten aber Einschätzungen von ganzen Ländern, die niemals vom Reisenden selbstständig in Augenschein genommen wurden. Die Reise um die Welt, die mit Georg Forsters gleichnamigem Werk in englischer und deutscher Sprache einen kanonischen Status erreichte, bildete das vorbildgebende Modell auch für Beschreibungen, welche sich einzelnen Zielregionen zuwandten, ohne jeweils eine eigentliche Weltumsegelung darzustellen.

Steht in dieser Tradition des Reiseberichtes der eigentliche Weg, das Itinerarium, im Vordergrund, so gibt es vor allem seit der zweiten Hälfte des 20. Jahrhunderts Reiseberichte, in welchen der eigentliche Weg als weitestgehend oder sogar solcher vollständig verschwindet. Wir hatten dies bereits in Michel Butors *Mobile* beobachten können, wo wir es mit diskontinuierlichen Sprüngen zwischen einzelnen *States* der Vereinigten Staaten zu tun hatten. Wir reisen hierbei nicht durch ein bestimmtes Territorium, sondern

durch ein Alphabet, werden die Staaten doch in ihrer alphabetischen Anordnung durchreist und abgehandelt.

Wir erkennen dieses Schema einer Aufgabe des Itinerarischen aber auch in
den Reiseberichten eines französischen Landsmannes von Michel Butor, nämlich
in den Büchern von Roland Barthes, des Zeichentheoretikers und Semiologen, der
als Schriftsteller gewiss ein *enfant terrible* seiner Zunft war und ein Vertreter dessen, was seine Gegner als die *terreur de la théorie* brandmarkten. Er versammelte
beispielsweise in seinen *Incidents* verschiedene Marokko-Reisen und in seinem
L'Empire des signes seine unterschiedlichen Japan-Aufenthalte, ohne auch nur
den Versuch zu unternehmen, die verschiedenen Reisen voneinander zu unterscheiden oder gar zu datieren. Bis auf wenige Restbestände sind Reisewege aus
dieser Art experimentellen Reiseberichts getilgt: Der Reisende reist nicht, er ist
einfach vor Ort und entfaltet einen anthropologischen Blick, in dessen Blickwechsel freilich stets andere, 'einheimische' Blicke eingehen und sinnlich erfahrbar
werden. Dass die Fiktion in diesem Zusammenhang eine wichtige Rolle spielt, versteht sich innerhalb unserer Argumentation beinahe von selbst.

Dieser experimentelle Modus reiseliterarischen Reise-Schreibens hat durchaus Schule gemacht und versuchte, den kolonialen europäischen Blick auf 'seine'
Gegenstände zu unterlaufen und einer grundlegenden Kritik zu unterziehen. So
ging es Roland Barthes explizit um eine „dépossession de l'Occident",[23] um eine
Selbst-Enteignung des Abendlandes, die sich der langen Tradition kolonialen europäischen Verhaltens sehr bewusst war. In dieser Subgattung des Reiseberichtes
haben wir es nicht mehr länger mit einem allmächtigen westlichen Subjekt zu
tun, das sich alle Gegenstände aneignet und gleichsam einverleibt, sondern mit
einer Vielfalt von Stimmen, deren Herkünfte wir nicht immer identifizieren können. Es handelt sich hier, um es pointiert zu formulieren, um einen Reisebericht
ohne eigentlichen Bericht und vor allem ohne eine Reise, die innerhalb des Textes
irgendwie greifbar würde. Dies stellt wiederum gänzlich andere Anforderungen
an unser Analyseinstrumentarium. Aber darüber sprechen wir im historischen
Teil unserer Vorlesung.

Die *neunte Dimension* des Reiseberichts ist über lange Jahrhunderte hinweg
im Grunde (scheinbar) neutral gehalten worden. Nichts machte auf sie aufmerksam, denn die Frage schien sich generell nicht zu stellen. Die genderspezifische Dimension ist aber gerade dann, wenn sie als nicht pertinent dargestellt
wird, sehr wohl auf impertinente Weise pertinent und gleichsam ubiquitär.
Denn wenn Männer über Jahrhunderte hinweg ihr Reise-Schreiben so abfass-
ten, dass ihre Reiseberichte genderspezifisch nicht ausgezeichnet oder markiert

---

23 Barthes, Roland: *Sollers écrivain*. Paris: Seuil 1979, S. 47.

waren, dann bedeutet dies nicht, dass sie keine genderspezifische Position ein-genommen hätten, sondern dass diese die im Grunde 'selbstverständliche', gleichsam 'natürliche' war, die in jeglicher Hinsicht vorherrschte. Nein: 'Natür-lich' war dies aber ganz und gar nicht.

Frauen bildeten im literarischen Reisebericht als schreibende Subjekte die Ausnahme. Ihnen oblag es folglich, die eigenen Texte genderspezifisch zu mar-kieren, um sie von der 'Normalität', nämlich dem männlichen Reisebericht, abzu-heben. Dies aber hatte Folgen – und zwar auch für den Normalfall männlicher Texterzeugung. Wie ist dies zu verstehen?

In der Bewegung der Markierung des eigenen weiblichen Standpunktes wird gleichzeitig anschaulich, dass der 'Normalfall' des Reiseberichts sehr wohl gender-spezifisch markiert war: Nur galten seine Codes nicht als Kodierungen, sondern als gleichsam 'natürliche' Norm und Normalität. Wir können aus der Differenz aber sehen, dass die genderspezifische Markierung sehr wohl gegeben und männ-lich beherrscht war. Frauen erschienen darin sehr wohl in ihrer Alterität als 'andere' Wesen: Sei es in ihrer radikalen Unterwerfung unter den Mann etwa in indigenen Gemeinschaften, sei es in der reizenden Atmosphäre schöner Salons, in denen sich die Männer von ihren Reisen erholten. Blickwechsel als Wechsel der Perspektive waren hier nur selten einmal anzutreffen: Der weibliche Blick auf das Reisen wie auf das Reisen-Können wurden nur selten signalisiert und (männlich) reflektiert. Frauenreisen nahmen erst im 19. Jahrhundert mehr und mehr zu, auch wenn sie immer noch bedeutsame Ausnahmen bildeten.

Auch wenn es zu allen Zeiten weibliche Reiseberichte gegeben hat, so wer-den sie erst im 19. Jahrhundert deutlich zahlreicher: Der Begriff der 'Frauen-reise' etabliert sich. Kein Wunder aber, dass es den Begriff der 'Männerreise' schlicht nicht gibt. Frauen als Reiseschriftstellerinnen beziehen in ihren Tex-ten – wie wir noch sehen werden – eine klare geschlechtliche Position, so wie es Flora Tristan in ihrem bereits erwähnten transatlantischen Reisebericht tat: Und sei es schon auf der Überfahrt die Tatsache, die einzige Frau an Bord gewe-sen zu sein und sich entsprechend verhalten zu müssen.

Die ebenfalls französische Schriftstellerin George Sand wiederum hat in ihrem Reisebericht, der unter dem Titel *Un hiver à Majorque*, der erstmals in der *Revue des deux Mondes* 1841 erschien, ihr Zusammenleben mit Frédéric Chopin geschil-dert und dabei eine klare genderspezifische Deutung ihrer Reiseerfahrung hinter-lassen, wobei sie als Französin voller Abscheu davon berichtet, wie penetrant man sie im spanischen Mallorca oft von Frauenseite her an ihre spezifisch weiblichen Pflichten und Obliegenheiten erinnerte. In der Erfahrung einer anderskulturellen Differenz wird die eigenkulturelle Emanzipation mit ihren Schwierigkeiten neu be-leuchtet, erscheint aber auch als Zeugnis einer Ungleich- oder Gleichbehandlung als Frau in Abhängigkeit von kulturellen Kontexten, die sich durch den Kontrast mit anderen Ländern deutlicher konturieren lassen. Die genderspezifische Markierung der eigenen (fortschrittlichen) Position als Französin war George Sand wie Flora Tristan eigen. Dies erinnert daran, dass wir nicht vergessen dürfen, uns mit dem allgemeinen kulturellen Raum gebührend auseinanderzusetzen und ihn in unsere Überlegungen miteinzubeziehen.

Wenden wir uns nun also der *zehnten Dimension* zu, die höchst komplex aufgebaut ist und der im Grunde eine übergeordnete Funktion zukommt. Denn sie wird vom kulturellen Raum gebildet, der in gewisser Weise die anderen Räume beziehungsweise Dimensionen quert. Raum und Zeit sind sehr wohl kulturell definiert und müssen folglich auch in dieser Hinsicht untersucht werden. Denn jede Kultur definiert eine ihr eigene Zeitlichkeit, in welche die beobachteten Phänomene eingeschrieben werden.

In Bezug auf die Reiseliteratur, aber gerade auch in Hinblick auf eine im weitesten Sinne grenzüberschreitende Literaturpraxis kommt der jeweiligen Positionierung eines Textes gegenüber bestimmten kulturellen Polen eine grundlegende Bedeutung zu. Die zehnte Dimension des kulturellen Raumes ist in jedem, selbst einem monokulturellen Text – gäbe es ihn denn – präsent, erhält aber gerade in der Reiseliteratur eine ungeheure Relevanz und Bedeutsamkeit mit Blick auf die Frage, wie andersskulturelle Erscheinungen jeweils literarisch, ästhetisch, aber auch politisch, gesellschaftlich oder philosophisch 'verarbeitet' und eingearbeitet werden. Dabei sind Relationen vorstellbar, die jenseits des Monokulturellen – sich auf ein *multikulturelles* Nebeneinander verschiedener, aber nicht miteinander in Kontakt stehender Kulturen, auf ein *interkulturelles* Miteinander zwischen verschiedenen Kulturen, die miteinander etwa in dialogischem Austausch stehen, oder auf ein *transkulturelles* Durcheinander beziehen, das in einem gänzlich positiven Sinne ein Queren und wechselseitiges Durchdringen verschiedenartiger kultureller Pole meint.

Die zehnte Dimension ist damit von fundamentaler Bedeutung für ein Verständnis des Reiseberichts bezüglich seiner kulturellen Koordinaten und Orientierungen. Darunter ist in der Folge ebenso die kulturelle Attribuierung bestimmter kultureller Bedingungen auf der Ebene der Objekte des Reiseberichts gemeint wie etwa die Markierung eigenkultureller Positionen beispielsweise auf der Ebene der reiseliterarischen Subjekte, mithin also die Bereitschaft, die eigenen Positionen im Lichte andersskultureller Gruppen, Gemeinschaften oder Verhaltensweisen zu sehen und zu erörtern. Wir werden uns die spezifischen Bedingungen und Relationen des kulturellen Raumes im Verlauf unseres historischen Analyseteiles noch genauer anschauen.

Denn die in diesem Kapitel vorgestellten und voneinander unterschiedenen Dimensionen sollen in der Folge flexibel aufgefasst und innerhalb jeweils unterschiedlicher Kontexte betrachtet und untersucht werden. Gewiss wäre es möglich, weitere Dimensionen des Reiseberichtes wie von Literatur überhaupt auszumachen und bei den analysierten Texten voneinander mehr oder minder klar zu unterscheiden. Vieles davon wird in den nachfolgenden Analysen anhand konkreter Beispiele entwickelt und vorgeführt werden. Zunächst jedoch gilt es, die vielfältigen und oftmals überraschenden Beziehungen zwischen Literatur und Reisen genauer herauszuarbeiten.

Reisen / Schreiben

Es ist angesichts unserer Überlegungen zur Rolle der Einbildungskraft und Fiktion in der Reiseliteratur ganz offenkundig: Eine Grenzlinie zwischen fiktionaler Literatur und Reiseliteratur lässt sich nicht bestimmen. Es gibt graduelle Unterschiede, aber keine definitorische Klarheit kategorischer Abtrennungen und Einteilungen. Wir können allerdings Kategorien von historisch sich jeweils wandelnder Pertinenz angeben, die uns Gründe dafür an die Hand geben, einen bestimmten Text der (historisch jeweils unterschiedlich zu definierenden) Reiseliteratur zuzuordnen oder nicht. Dabei geht es um je individuelle Texte, nicht um Textgruppen, die entweder der einen oder anderen Seite zuzurechnen wären.

Von großer Bedeutung ist dabei die Berücksichtigung der Tatsache, dass die sechste Dimension des Reiseberichts – folglich jene der Imagination und Einbildungskraft – in grundlegender Weise auf den Leser bezogen ist und von dessen Verhältnis zu kollektiven Annahmen und Überzeugungen bezüglich des historisch Wahren und empirisch Überprüfbaren abhängt. Viele Texte, die wir heute der fiktionalen Literatur zuordnen, sind aus der Perspektive des Reiseberichts oder gar *als* Reiseberichte gelesen worden. Denken wir hier nur an den gar nicht so simplen Fall des Bestseller-Autors Karl May – war er nicht zunächst für viele ein Gewährsmann für das Leben im Wilden Westen oder im wilden Kurdistan gewesen?

Umgekehrt wurden 'faktenorientierte' Berichte fiktional (miss-) verstanden und gedeutet. Beispiele für beide Formen 'abweichender' Lektüre ließen sich leicht finden. Die Reiseberichte des Baron de Lahontan – beruhen sie auf Tatsachen oder sind sie erflunkert? Sind sie Dichtung oder Wahrheit? Wolfgang Neuber hat daraus den folgenden Schluss gezogen:

> So gesehen bedeutet Fiktionalität nicht das intentionale Abweichen vom Faktischen einer vorgegebenen Realität, sondern vielmehr von dem, was einer Gesellschaft an einem bestimmten geschichtlichen Ort als das Glaubhafte erscheint. Die Kriterien 'fiktiv' vs. 'realitätskonform' werden damit als literaturwissenschaftliche analytische Kategorien der Poetik des Reiseberichts obsolet.[1]

Nicht allein die Frage nach dem Autor und dessen Intentionen ist in diesem Zusammenhang zielführend, sondern auch jene nach seinem Lesepublikum, nach den Erwartungen und Überzeugungen der Leserinnen und Leser. Wir lösen uns

---

1 Vgl. Neuber, Wolfgang: Zur Gattungspoetik des Reiseberichts. Skizze einer historischen Grundlegung im Horizont von Rhetorik und Topik. In: Brenner, Peter J. (Hg.): *Der Reisebericht. Die Entwicklung einer Gattung in der deutschen Literatur.* Frankfurt a. M.: Suhrkamp 1989, S. 51 f.

damit von einer produktionsästhetisch und schematisch nach der Intentionalität des Autors fragenden Betrachtungsweise und gelangen zur Problematik einer die Lesefunktionen miteinbeziehenden Sichtweise des Reiseberichts im Speziellen und von Literatur im Allgemeinen.

Das angeführte Zitat aus Humboldts *Kosmos*, in welchem es um die Bedeutung und Funktion von Einbildungskraft und Imagination ging, verdeutlicht, dass die poetische Funktion keineswegs ornamentales Beiwerk oder gar Störfaktor, sondern wesentlicher Bestandteil auch der abendländischen Reiseliteratur in ihrer modernen Formprägung ist. Und dieser darf man Humboldts eigene *Relation historique*, die eine gewisse Scharnierstellung zwischen dem 18. und 19. Jahrhundert einnimmt sowie von großer Wichtigkeit für die Grundlegung des modernen Reiseberichts über Lateinamerika ist, durchaus zurechnen.

Halten wir einen Augenblick inne und fragen wir uns noch einmal nach den Grundlagen des literarischen Reiseberichts. In ihm geht es im Grunde weniger um eine außersprachliche Wirklichkeit, die in ihm abzubilden ist, als um eine geglaubte Realität, eine Wirklichkeitsdarstellung, von welcher das Lesepublikum annimmt, dass es sich um die vom Reiseschriftsteller oder der Reiseschriftstellerin repräsentierte Wirklichkeit handelt. Mit anderen Worten: Es geht im Reisebericht nicht allein um die Beziehung zwischen einem Text und seiner empirisch überprüfbaren Realität, sondern weit mehr um die Erzielung eines *effet de réel*,[2] von dem der französische Zeichentheoretiker Roland Barthes zum ersten Mal berichtete und auf dessen Wichtigkeit er aufmerksam machte. Was aber ist der sogenannte 'Wirklichkeitseffekt'? Und wie lässt er sich erzeugen?

Halten wir zur Beantwortung dieser Fragen zunächst einmal fest: Der von einem Text jeweils erzielte *effet de réel* darf keineswegs naiv an einer angenommenen 'Realitätstreue' gemessen werden. Er ist nicht die Annäherung eines Textes an eine möglichst präzise Darstellung einer außersprachlichen Wirklichkeit. Der tatsächlich erreichte Realitätseffekt ist vielmehr an historisch wirksame und sich wandelnde Schreibformen und deren 'Glaubhaftigkeit' bei einem soziohistorisch und wissenssoziologisch bestimmbaren Publikum rückgebunden. Die notwendige Vermittlung eines Anderen hat die AutorInnen von Reiseliteratur stets zu einer sehr bewussten Einbeziehung derartiger Fragestellungen gezwungen. Wie die Autobiographie beruht auch die Reiseliteratur auf einem expliziten Pakt mit dem Leser. Gegenstand dieses Paktes ist die Annahme (des Lesepublikums), dass es sich beim Reisebericht um die literarische Darstellung einer außersprachlichen Wirklichkeit handelt und selbige möglichst präzise wiedergegeben werden soll.

---

2 Vgl. hierzu Barthes, Roland: L'effet de réel. In (ders.): *Oeuvres complètes*. Edition établie et présentée par Eric Marty. 3 Bde. Paris: Seuil 1993–1995, hier Bd. II, S. 479–484.

Was aber, wenn sich der Reisebericht dazu spezifisch literarischer und insbesondere romanesker Züge bedient? Was also, wenn er sich beispielsweise in seinem literarischen Raum vor allem auf Romane bezieht oder diese einen doch wichtigen Bezugspunkt des literarischen Raumes ausmachen? Die Beziehungen gerade zwischen Reisebericht und Roman sind ebenso intensiv wie komplex. Bei beiden Gattungen, die jeweils in eine Vielzahl von Subgattungen zerfallen, handelt es sich um literarische Hybridformen, welche die verschiedensten literarischen und nicht-literarischen Textsorten und Fragmente aufzunehmen in der Lage sind. Vereinfacht gesagt: Beide Gattungen sind Gattungen, die auf andere Gattungen zurückgreifen und sich diese einverleiben und – mit welchen Mitteln auch immer – inkorporieren. Man könnte Roman und Reisebericht auch als kannibalische, als anthropophage Gattungen titulieren. In Abwandlung eines Diktums des brasilianischen *Modernismo* könnte man von ihnen sagen: *Tupi or not Tupi, that is the question.*

Stellvertretend für in den Reisebericht integrierte Gattungen und Textsorten seien an dieser Stelle nur das Tagebuch und die Statistik, Bild- und Kartenmaterial, politisches Traktat und literarische Erzählung, philosophischer Essay und wissenschaftliche Erörterung, Legende und Autobiographie, aber auch geographische Abhandlung und ethnographische Feldforschung genannt. Auch vom Roman könnten wir genau dasselbe behaupten: Auch er könnte all diese anderen Gattungen sich einverleiben und als Teile seines Ganzen präsentieren. Dabei ließe sich diese Liste beliebig erweitern: Auch Fahrpläne oder Itinerarien, Kürzesterzählungen oder Inventarlisten gehören dazu. Nicht nur in *Ilias* oder *Odyssee*, sondern gerade auch im literarischen Reisebericht spielen Kataloge eine wichtige Rolle: Listen von Dingen, die mitgenommen wurden, einer Sammlung inkorporiert werden oder vorausgeschickt werden sollen. denken wir nur an die Listen verschiedenster Messinstrumente, die ein Wissenschaftler des 18. oder 19. Jahrhunderts auf seine sich über lange Jahre erstreckende Forschungsreise mitnimmt.

Wie gesagt: All diese Textsorten lassen sich selbstverständlich auch im Roman finden. Auch der Roman ist wie der Reisebericht ein alles andere kannibalisierende Textsorte, die sich im Grunde an nichts verschluckt. Es fällt daher nicht schwer, in Rückgriff auf Bachtin nicht nur den Roman, sondern auch den Reisebericht als Kosmos der „Redevielfalt" zu verstehen,[3] kommen in ihm doch nicht selten parallel zu den unterschiedlichsten eingebauten Texten eine Vielzahl (narrativer) Instanzen und teilweise versteckter fremder Rede zum Ausdruck. Wir

---

3 Vgl. Bachtin, Michail M.: Das Wort im Roman. In (ders.): *Die Ästhetik des Wortes*. Herausgegeben und eingeleitet von Rainer Grübel. Aus dem Russischen übersetzt von Rainer Grübel und Sabine Reese. Frankfurt am Main: Suhrkamp 1979, S. 154 ff.

können keineswegs immer sicher sein, dass wir ausschließlich die Stimme des vermeintlichen Verfassers eines Reiseberichts im Reisebericht hören: Es könnte sich auch um eine geliehene, geborgte Stimme handeln, die zu uns spricht und dabei Autorschaft, Autorität vortäuscht.

Hinter den Worten einer Reiseschriftstellerin oder eines Reiseschriftstellers können sich andere Autorstimmen verbergen, die in diesen Worten anklingen oder sich ganz in deren Urheber verwandeln. Friedrich Nietzsches schwerwiegende Frage 'Wer spricht?' gilt auch hier. Die 'Mehrstimmigkeit' des Wortes bleibt nicht auf den Roman beschränkt, sie darf ebenso und in vollem Umfange für den Reisebericht Geltung beanspruchen. Gerade für diesen sollte die Dialogizität als eine Grundbedingung aller Erfahrung und allen Schreibens angesehen werden, wird hier doch das Andere in einen wie auch immer hierarchisierten Bezug zum Eigenen und damit zum Sprechen gebracht. Ja mehr noch: Die Stimmen des Anderen beziehungsweise Fremden vervielfältigen sich und weisen sich uns als Stimmen aus, die auch für das Eigene sprechen können und sprechen wollen. So vermischen sich die Stimmen des Eigenen und des Anderen und stellen derlei Kategorisierungen selbst in Frage: Ganz so, wie die Text-Anthropophagie es als müßig erscheinen lässt, überhaupt noch unterscheiden zu wollen, was das jeweils Andere oder Fremde und was das jeweils Eigene in der Rede ist. Sind wir nicht uns selbst fremd – *étrangers à nous-mêmes*?[4] Die mit Hilfe welcher literarischen Verfahren auch immer gestaltete Oszillation zwischen Fremdem und Eigenem steht für die Dynamik einer Literatur, die sich keineswegs auf die topographische Dimension beschränkt, sondern kulturelle sowie inter- und transkulturelle Kontexte komplex reflektiert.

Es bleibt die Frage nach der Translation von wissensbeständen, folglich nach der translatorischen Funktion des Reiseberichts. Denn zugleich ist der literarische Reisebericht eine übersetzende Gattung, insoweit die je individuellen Erfahrungen in kollektive Wissensbestände überführt oder doch zumindest mit diesen in Beziehung gesetzt werden. Dabei bemüht sich der Reisebericht, ein zugängliches Wissen zu präsentieren, das nicht allein für die Fachgelehrten oder Spezialisten, sondern auch für ein möglichst breites Publikum von Interesse ist.

Der Reisebericht aber ist auch in jenem Sinne translatorisch, als anderskulturelle Ausdrucksformen des Anderen als Fremdes in die eigene Sprache, in die Sprache des Eigenen übertragen werden müssen und entweder ein interkulturelles Übersetzen im Sinne eines Dialogs oder ein transkulturelles Queren zwischen verschiedenen Kulturen erforderlich machen. Die Berichte europäischer Reisender nach Lateinamerika sowie lateinamerikanischer Reisender nach Europa im

---

4 gl. Kristeva, Julia: *Etrangers à nous-mêmes*. Paris: Gallimard 1991.

19. Jahrhundert sind somit als sprachliche und soziokulturelle Übersetzungsprozesse zu begreifen, welche uns sehr viel über die Herkunfts- wie die Zielkulturen der reisenden verraten. Denn sie enthalten Annahmen hinsichtlich der jeweiligen kulturellen Kontexte und geben uns Aufschluss über all jene Mechanismen, mit deren Hilfe in einer bestimmten Herkunfts- oder Zielkultur ein Wirklichkeitseffekt erzielt werden kann. Denn die Herstellung eines solchen *effet de réel* ist für die entsprechenden Übersetzungsvorgänge von größter Bedeutung, soll ein Text wirkungsvoll in die jeweiligen kulturellen Fremd- oder Eigenannahmen übersetzen.

Dem räumlichen *Über*-Setzen in die Neue Welt entspricht bei den europäischen Reisenden das semantische Über*setzen* des Erfahrenen und Erlebten in die Alte Welt. Stets wird dem die Erkenntnis zugrunde liegen, dass geographisches Wissen nicht als Ergebnis eines linearen Fortschritts, einer ständigen Anhäufung und Ausweitung der Kenntnisse, zu verstehen ist, sondern dass es sich sprunghaft vollzieht, indem regionale Wissensbestände verloren gehen und – wenn überhaupt – erst später wieder zugänglich und nutzbar gemacht werden. In der Verschriftlichung dieser Wissensformen besteht freilich die Möglichkeit, sie gegebenenfalls nach einem zeitweiligen Verschwinden wieder zu einem neuen Leben zu erwecken und translokale, transregionale oder transareale Verstehensprozesse auch mit zeitlichem Abstand wieder in Gang zu setzen. Der Reisebericht gibt uns durch seine Übersetzungsarbeit Aufschluss darüber, was in einer gegebenen Kultur zu einem bestimmten Zeitpunkt an einem speziellen Ort kulturelle Praxis war und damit auch, auf welche Weise diese kulturelle Praxis – möglicherweise auch an einem anderen Ort und innerhalb neuer Kontexte – wieder verwirklicht werden könnte. Auf diese Weise ist der literarische Reisebericht ein interaktiver Speicher von Lebenswissen, das zu einem späteren Zeitpunkt anverwandelt oder in neue kulturelle Ausdrucksformen übersetzt werden kann. Dieses Lebenswissen erscheint literarisch im Reisebericht als ein Erlebenswissen, das von der Leserin oder dem Leser gleichsam nach-erlebt werden kann – und dies auch noch mit einer Zeitverzögerung von Jahrhunderten.

Was aber wissen wir von einem Kontinent? Über welches Wissen verfügen wir zu einem gegebenen Zeitpunkt beispielsweise über die sogenannte Neue Welt? Die zweifellos vorhandene Ausweitung geographischer Kenntnisse im 19. Jahrhundert bedeutet durchaus nicht, dass sich eine solche Wissenserweiterung in allen Regionen des Subkontinents beobachten ließe. Auch die Datenbanken und -autobahnen unserer Tage schützen uns nicht vor einer Verschüttung von Wissensbeständen, die zeitbedingt als nicht mehr relevant und pertinent erscheinen mögen. Nicht geringe Teile des Wissens fallen immer dem Vergessen anheim, machen Platz für Wissensbestände, die als neuer, aktualisierter oder relevanter erscheinen. Was nicht datenspezifisch aufgearbeitet werden kann, unterliegt mehr denn je einem Prozess der Ausscheidung, über dessen Kriterien noch niemals ein interkultureller Konsens erzielt wurde. Sicher ist nur: Wissen und Vergessen sind in einer beständig kreativen Wechselbeziehung und in ständigem Fluss. Nichts ist ein für alle Mal gegeben, nichts ist stabil. Aber Reiseberichte halten ein zu einem bestimmten Zeitpunkt vorhandenes Wissen für künftige Aneignungen präsent und bilden in diesem Sinne prospektive Wissensspeicher, deren wir uns bedienen können.

Doch kehren wir zur poetologischen Dimension unserer Fragestellung zurück. Der Literatur selbst – oder besser: den Literaturen der Welt – ist die Bewegung des Reisens tief eingeschrieben. Es ist bekannt, dass der (nicht nur im Bachtin'schen Sinne) erste Roman der Moderne, Cervantes' *Don Quijote*, auf der Grundstruktur der Reise und seiner Reisebewegungen quer durch die Mancha, quer durch Spanien beruht. Der Roman greift nicht nur auf Reisestrukturen zurück, er versucht auch, den Leser an dieser Reise (im *Don Quijote* etwa durch trockene, ausgedörrte Hochflächen, die Geographie, die Geschichte und Gesellschaft Spaniens, aber auch kreuz und quer durch literarisch und volkskulturell tradierte Imaginationsmuster) aktiv teilnehmen zu lassen.[5] Der Reisebericht ist in dieser Hinsicht – und auch in Bezug auf andere Gattungen und Subgattungen wie den Schelmenroman – potenzierte Literatur, da er die Reisestruktur des Romans als kommunizierbare Erfahrungsstruktur mit der (bisweilen auch vorgegebenen) Faktizität einer nachprüfbaren Reiseroute doppelt. Auch Jahrhunderte später noch lassen sich Reiserouten nachvollziehen und in gewisser Weise nacherleben. Roman und Reisebericht sind auch in dieser Hinsicht eng miteinander verwandt.

Es kann daher nicht verwundern, dass der französische Romancier Honoré de Balzac in seinem berühmten 'Avant-propos' zur *Comédie humaine* den Romancier nicht von ungefähr mit einem Reisenden verglich:

> Da die Kritik den Grundplan ignorierte, verzieh ich ihr umso mehr, als man die Kritik ebenso wenig verhindern kann wie das Sehen, das Sprechen oder das Urteilen. Nun, die Zeit der Unparteilichkeit ist für mich noch nicht gekommen. Im Übrigen sollte ein Autor, der sich dem Feuer der Kritik nicht auszusetzen entschließt, ebenso wenig mit dem Schreiben beginnen wie sich ein Reisender auf den Weg machen dürfte, der stets auf einen heiteren Himmel zählte.[6]

---

5 Es ist bekannt, dass die Tourismusstrategen der spanischen Regierung diese Aktivität so sehr pragmatisch und devisenbringend konkretisierten, dass der heutige Spanientourist einer präzisen Route des Ritters von der traurigen Gestalt folgen kann und so die Reisebewegungen des Romanhelden in eine eigene Reisebewegung – wenn auch nicht mehr zu Pferde – umsetzt. wir haben es hier mit einem massenkulturell wirksamen Recycling romanesk vorhandener Wissensbestände zu tun.

6 Balzac, Honoré de: *Avant-propos à la Comédie Humaine*. In Houssiaux, Alexandre (Hg.): *Œuvres complètes de Honoré. de Balzac*. 20 Bde. Paris: A. Houssiaux 1855, Bd. 1, S. 27.

Abb. 28: Honoré de Balzac (Tours, 1799 – Paris, 1850).

Der Romancier ist ein Reisender, der zu seiner Reise aufbricht, ohne doch zu wissen, was ihn an Abenteuern und Zufällen auf dem Weg seiner Reise begegnen wird. Sicher ist dabei nur so viel: Die Route wird niemals zur Routine, zum kleinen, eingefahrenen Weg, der einfach abgespult werden kann. Der Vergleich des Autors mit dem Reisenden betrifft nicht nur Notwendigkeit und Gefahren des *se mettre en route* – womit der Schreibprozess selbst als räumliche Bewegung versinnbildlicht wird –, er bezieht sich auch auf die Beziehung zwischen der jeweiligen Route und dem großen Plan, dessen Verständnis für die Kritik (und damit auch für den einzelnen Leser) Voraussetzung für ein Verstehen von konkreter Reisebewegung wie umfassendem Erfahrungsprojekt darstellt.

Der Schriftsteller ist auf seinem Weg den Naturgewalten ausgeliefert. Wenn das 'Feuer' der Kritik mit den Naturgewalten verglichen wird, denen der *voyageur* ausgesetzt ist, so zeigt dies, dass nicht nur die inhaltliche Dimension des Geschriebenen, sondern vielleicht mehr noch die Schreiberfahrung des Autors als eine Bewegung verstanden wird, die wohl einem großen Plane, dem der *Comédie humaine*, folgt, zugleich aber dem Zufall ausgesetzt ist, der für Balzac bekanntlich „der größte Romancier der Welt" war.[7] Zufall und Plan aber bilden auch im Reisebericht sich wechselseitig verstärkende Pole, welche wie Wissen

---

7 Ebda., S. 11: „Le hasard est le plus grand romancier du monde: pour être fécond, il n'y a qu'à l'étudier."

und Vergessen einen unüberblickbaren Weg bereiten. Und mit *Jacques le fataliste* lässt sich an jeder Weggabelung fragen: *Est-ce que l'on sait où l'on va?*

Doch bleiben wir nicht allein beim Schreiben stehen. Denn auch das Lesen ist eine Art des Reisens. Die Wege der Augen über das Papier oder über den Bildschirm können wir – wie wir sahen – als Wegstrecke kartieren und mit Hilfe eines *eye tracker* als Verstehensprozess nachvollziehen. Die Sakkaden unserer Augenbewegungen sind nicht nur für Kognitions-, sondern auch für Literaturwissenschaftler von großem Interesse.

Greifen wir hier auf ein literarisches Beispiel zurück, das uns nach Lateinamerika führt. Die peruanische Schriftstellerin Clorinda Matto de Turner etwa hat die Reise der Protagonisten ihres Romans *Aves sin nido* (1889) mit der Lektüre recht eindrucksvoll dadurch verknüpft, dass ihre Reisenden das Lesen einer Betrachtung der andinen Landschaft vorziehen, die sie auf dem Weg nach Lima durchqueren müssen.[8] Es ist ein Erleben, das wir auch in den Zeiten der ICE-Züge noch kennen: Durch das Lesen wird die außersprachliche Wirklichkeit jenseits der Fensterscheiben des Zugabteils gleichsam ausgeblendet. An die Stelle der Reise als Lektüre tritt hier unverkennbar die moderne Reiselektüre, welche den angenommenen Wahrnehmungsleerlauf des Reisens überbrücken soll. Eine andere, uns durch die tägliche Lesepraxis fast schon vertraute Definition von Reiseliteratur drängt sich auf, jene nämlich, die Reiseliteratur als eine Literatur begreift, die – wie etwa die *Zwanzig Gedichte in der Straßenbahn zu lesen* des argentinischen Avantgardisten Oliverio Girondo[9] – zum Lesen beim Reisen gemacht ist. Auch dies ist eine Literatur in beständiger Bewegung und verweist auf den fundamentalen Zusammenhang, der zwischen Reisen und Schreiben, Literatur und Lesen besteht.

Hundert Jahre nach Matto de Turners eindrucksvoll entfalteter Szenerie findet sich die nicht nur mentalitätsgeschichtlich aufschlussreiche Verbindung von Reisen und Lesen in noch wesentlich radikalerer Form in Gestalt der Flugreise, die für unsere Generation zu einer Alltäglichkeit geworden ist. Die Flugreise hat unsere Erwartungen an das Reisen revolutioniert, insofern das Flugzeug zu einem alltäglichen Transportmittel avancierte, das wir längst auch für mittlere Distanzen täglich einsetzen. Das Lesen kann nun das Reisen völlig ausschalten, wenn dieses – wie beim Fliegen – nur mehr ein möglichst kurzer Zeit-Raum zwischen Start

---

8 Vgl. Matto de Turner, Clorinda: *Aves sin nido (novela peruana)*. Lima: Imprenta del Universo, de Carlos Prince 1889, S. 264.
9 Die *Veinte poemas para ser leídos en el tranvía* liegen in einer zweisprachigen Ausgabe vor: Girondo, Oliverio: *Milonga. Zwanzig Gedichte im Tangoschritt*. Übersetzt von Thomas Ahlers u. a. Herausgegeben und mit einem Nachwort versehen von Harald Wentzlaff-Eggebert. Göttingen: Schlender 1984.

und Landung ist. Die störende Überbrückung des Raumes wird mit Hilfe der Literatur ausgeblendet.

So heißt es im neunten Kapitel von Italo Calvinos *Se una notte d'inverno un viaggiatore*, ein Roman, in welchem die ständigen Reisebewegungen schon im Titel erscheinen, in recht klarsichtiger Diktion:

> Fliegen ist das Gegenteil von Reisen. Du durchquerst einen Sprung im Raumkontinuum, eine Art Loch im Raum, verschwindest im Leeren, bist eine Weile, die gleichfalls eine Art Loch in der Zeit ist, an keinem Ort, nirgends [...]. Was tust du inzwischen? Wie füllst du diese deine Abwesenheit von der Welt und der Welt von dir? Du liest; vom Start bis zur Landung hebst du den Blick nicht vom Buch, denn jenseits der Seite ist nur die Leere, die Anonymität der Flughäfen, des metallischen Uterus, der dich umhüllt und nährt, des immer wechselnden und immer gleichen Pulks von Mitpassagieren. Da kannst du dich ebensogut an diese andere Abstraktion des Reisens halten, die von der anonymen Gleichförmigkeit der Druckbuchstaben erzeugt wird: Auch hier ist es nur die evokative Macht der Namen, die dir einredet, daß du etwas überfliegst und nicht nichts.[10]

Gewiss: Wir müssen heute, zumindest statistisch gesehen, an die Stelle des Buches den Bildschirm, den *Screen*, setzen und ein Lesen der Druckbuchstaben durch eine Lektüre virtueller Artefakte auf einer leuchtenden Fläche ersetzen. Doch ansonsten hat sich noch wenig verändert. Das beziehungsreiche und augenzwinkernd vorgetragene Spiel zwischen Reisen und Lesen, zwischen Fliegen und Überfliegen führt uns zurück zur Materialität der Schriftzeichen auf der Seite, die der Lesende in linearer Bewegung mit den Augen entlanggehen muss. Die Reisebewegung selbst wird ausgeblendet: Die oder der Lesende schafft sich eine eigene Welt, die im Gegensatz zur vorbeifliegenden Außenwelt steht.

Ob Gutenberg-Galaxis oder nicht: Die dabei nachvollzogene und ihrerseits entstehende Bewegung ist in ihrer Linearität sowohl den Handbewegungen des Schreibenden als auch den Körperbewegungen des Reisenden analog und entfaltet sich als Bewegung im Raum. Auf diese Weise ist die Reisebewegung der Literatur doppelt eingeschrieben. Schreiben und Reisen sind auf vielfältige Weise innig miteinander verbunden, wenn auch nicht miteinander versöhnt. Sie potenzieren sich nicht nur wechselseitig, sie können auch miteinander in Konkurrenz treten, ja einander negieren: Die Lektüre von Reiseliteratur kann nicht nur – wie dies bei vielen deutschen Reisenden der Fall war, die den Spuren Humboldts nach Lateinamerika folgten – neue, eigene Reisen erzeugen. Der literarische Raum mit seinen intertextuellen Beziehungen lässt Reisen über Reisen entstehen, die sich wechselseitig durchdringen und vernetzen. Alejo

---

10 Calvino, Italo: *Wenn ein Reisender in einer Winternacht.* München: Hanser 1986, S. 253.

Carpentier folgt den Spuren Humboldts, dieser jenen von Gumilla; Bernardin de Saint-Pierre entfaltet die Wege Rousseaus im außereuropäischen Raum. Reisen beziehen sich auf andere Reisen, deren Vektorizität sie in sich aufnehmen und weiterführen. *Un voyage peut en cacher un autre.* Eine Reise folgt der anderen, führt sie fort und durchkreuzt sie.

Es geht aber auch anders: Die Lektüre von Reiseliteratur kann an die Stelle des Reisens selbst treten. Lesen mag dann das Ende des Reisens als Erfahrung im geographischen Raum außersprachlicher Wirklichkeit markieren. Aber nicht ein Ende des Reisens selbst. An die Stelle der Auto- oder Zugfenster sind die Bildschirme getreten, welche die dynamische Überlagerung verschiedenster Bewegungen in der Form intertextueller Querverweise noch erhöhen. Reisen und Schreiben generieren sich wechselseitig und bringen eine Welt hervor, in welcher alles in Bewegung ist. Dabei ist es angesichts des Wirklichkeitseffekts längst nur mehr sekundär, ob das Reisen in einem realen oder einem virtuellen Raum erfolgt. Es zählt allein die Vektorizität.

Diktion, Fiktion: Friktion

Es geht im Folgenden um eine nähere Bestimmung und mehr noch eine Neube-stimmung des Ortes des literarischen Reiseberichts im Gattungsgefüge. Dabei hat-ten wir bereits zahlreiche Berührungspunkte des Reiseberichts mit der klassischen Autobiographie, aber auch mit der kannibalisierenden Gattung des Romans aus-gemacht. Mit der ersteren hat der Reisebericht gemein, dass es ein reisendes Ich gibt, das im Grunde sehr gut verglichen werden kann mit der Aufspaltung des Ich in der Autobiographie in ein erzählendes und ein erzähltes Ich. Analog hierzu könnten wir ein reisendes Ich von einem gereisten Ich unterscheiden. Mit letzterer teilt der Reisebericht die Qualität, eine hybridisierende Gattung zu sein, die andere Gattungen gleich welcher Art in sich aufnimmt und quasi verschluckt. diese bei-den Parallelisierungen sind aus meiner Sicht sehr wichtig und werden – wie wir noch sehen werden – in den verschiedenartigsten Formen und Kontexten jeweils literarisch und gattungsspezifisch aktualisiert.

Aber damit nicht genug. Der literarische Reisebericht, als Hybridform dem Roman eng verwandt, unterscheidet sich doch von diesem durch seinen ande-ren historischen Ort innerhalb des Gattungssystems, durch seine ihm zugewie-sene Position im Spektrum von fiktionaler und nicht-fiktionaler Literatur sowie durch spezifische Aneignungsformen insbesondere in Hinblick auf die Instituti-onalisierung seiner Lektüre. Diese betreffen, nebenbei bemerkt, auch die jewei-lige Lektüregeschwindigkeit in Abhängigkeit von der jeweils gelesenen Gattung. Denn die Geschwindigkeit unserer Lektüre ist keineswegs unabhängig von Gattungsfragen. So wäre etwa zu vermuten, dass zwischen Lyrik, Erzäh-lung, Roman und Reisebericht eine aufsteigende Linie der Lesegeschwindigkeit feststellbar ist. Je langsamer die Geschwindigkeit unserer Lektüre, umso mehr sind wir bereit, in unserer Lektüre zurückzugehen und eine Passage, eine Stro-phe, einen Satz noch einmal zu lesen. Auch das *eye-tracking* bei Kurz- und Kürzesttexten belegt, dass dies ein unsere Lektüren bestimmendes Charakteris-tikum ist, dessen wir uns nicht immer bewusst sind. Was unsere Lektüre auf Bildschirmen angeht, so wäre ich freilich vorsichtig, allgemeine Aussagen zu treffen, geht die Tendenz in dieser Präsentationsform doch eher zu kürzeren Texten, die in einer geringeren Spanne der Aufmerksamkeit zur Kenntnis ge-nommen und verarbeitet werden.

Überhaupt scheinen sich unsere Lesegewohnheiten insgesamt in einem Umbruch zu befinden, der vielleicht tiefgreifender ist, als wir es uns heute vor-stellen können. Keine Angst: Mit dieser Aussage ist keine so verbreitete Klage über die Zeiten und die Sitten verbunden. Die produktionsästhetischen, gat-tungsspezifischen und rezeptionsästhetischen Unterschiede wurden auch im

20. Jahrhundert nicht vollständig eingeebnet, wenn auch Lesen und Schreiben die noch fortbestehenden Schwellen alter Gattungsgrenzen leichter zu passieren scheinen. Bis heute hat der Reisebericht seinen Anspruch, als empirisches, realitätsverhaftetes Dokument, als *narratio vera* gelesen zu werden, nicht aufgegeben.[1] Wir haben für diese Lesart bereits schon zahlreiche Beispiele gefunden und analysiert. Aber dies ist nur die halbe Wahrheit.

Dabei gilt es, zeithistorische und epochale Wandlungen im Auge zu behalten. Denn auch wir befinden uns derzeit in einer derartigen grundlegenden Wandlung. Im Gegensatz zum mittelalterlichen Reisebericht, dessen vordringliches Ziel keineswegs der Zugewinn an empirisch überprüftem oder überprüfbarem Wissen war, scheint der neuzeitliche Reisebericht, zumal jener, der sich der sogenannten 'Neuen Welt' zuwendet, an Erfahrungsgewinn und -weitergabe orientiert. Dies rechtfertigt eine Lektüre, welche die Reiseberichte als historische, soziologische oder geographische Quellen betrachtet und auswertet. Die *narratio vera* ist hier also in ihrem Element und verlangt umgekehrt nach Lesarten, die jenen einer nicht-fiktionalen Literatur entsprechen.

In dieser Hinsicht steht der Reisebericht in einer sehr langen Traditionslinie, die sich letztlich bis heute weiterverfolgen lässt. Die Nützlichkeit des Reiseberichts für bestimmte akademische Disziplinen und Fächer ist durch die Institutionalisierung der Gattung seit den frühen Berichten und Chroniken des 16. Jahrhunderts gleichsam 'garantiert'. Wir können einen Reisebericht geographisch oder soziologisch, ethnographisch oder ökonomisch auswerten und diesen Disziplinen entsprechende Lesemuster darüber laufen lassen. Gerade in den letzten Jahren sind es immer wieder klimahistorische Fragestellungen, die an den frühneuzeitlichen Reisebericht herangetragen werden. Die Interessenschwerpunkte der jeweiligen Disziplinen können sich also historisch verändern.

Zu wessen Nutzen wurden die Reiseberichte verfasst? Oder in wessen Auftrag wurden sie geschrieben? Die historischen, in diesem Falle frühneuzeitlichen Schreibformen, die sich an unterschiedliche Adressaten wandten, zielten darauf ab, den Informationsfluss von Amerika nach Europa sicherzustellen, freilich stets (und unhinterfragbar) orientiert an der Utilität für die jeweiligen europäischen Mutterländer und deren ökonomische oder politische Interessenlagen. Viele Reiseberichte noch des 19. Jahrhunderts siedeln sich in dieser Tradition einer Informationsübermittlung an, die an den (kolonialen) Interessen

---

1 Vgl. Neuber, Wolfgang: Zur Gattungspoetik des Reiseberichts, S. 55 sowie 56: „Die Bestimmung des Reiseberichts als Historiographie im Sinn einer narrativen Darbietung von Geschehenem kann im Wesentlichen für die gesamte Neuzeit Gültigkeit beanspruchen."

jener Auftraggeber ausgerichtet ist, in deren Dienst und Sold die Reisenden jeweils stehen.[2]

Eine derartige Institutionalisierung des Reiseberichts gilt im übrigen auch für manche Reisende in umgekehrter Richtung, reiste doch etwa der Argentinier Domingo Faustino Sarmiento[3] – ähnlich wie andere hispanoamerikanische Intellektuelle – in den vierziger Jahren nach Europa nicht als Privatmann, sondern im Auftrag der chilenischen Regierung, die sich davon praxisorientierte Hinweise für ihr eigenes Handeln erhoffte. Gerade die Bildungsinstitutionen, aber auch die militärischen Akademien standen im Fokus lateinamerikanischer Besucher europäischer Länder und wurden nach Möglichkeit in die den Auftrag gebenden jungen lateinamerikanischen Nationen übertragen. Gleichwohl liegt diesen Beziehungen nicht nur eine ökonomische oder soziale, sondern auch eine interkulturelle Asymmetrie zugrunde,[4] welche die lateinamerikanischen Reisenden nicht nur vom Gedanken der Beherrschung des besuchten Landes fernhält, sondern die literarische Ausgestaltung des Reiseberichts selbst anderen Funktionen und Ausdrucksformen zuführt. Bis heute scheint die Europäer nur selten zu kümmern, was nicht-europäische Reisende von Europa zu berichten wissen. Die Erforschung außereuropäischer Reiseberichte über Europa steckt noch in den Kinderschuhen – ganz im Gegensatz zur Analyse *fingierter* außereuropäischer Reiseliteratur über Europa, die wie die *Lettres persanes* von europäischen Autoren verfasst wurden.

Gewiss mag der Beginn des 19. Jahrhunderts auch aus dieser Perspektive transatlantischer Informationsübermittlung von einer Aufspaltung zwischen fachwissenschaftlich ausgerichteten und nicht fachspezifisch gebundenen Formen

---

2 Vgl. hierzu Pratt, Mary Louise: Humboldt y la reinvención de América. In: *Nuevo Texto Crítico* (Stanford) 1 (1987), S. 35–53 sowie (dies.): *Imperial Eye. Travel Writing and Transculturation*. London – New York: Routledge 1992. Eine Kritik dieser Positionen erspare ich mir hier und verweise auf das Vorwort zur englischsprachigen Neuausgabe des Cuba-Essay von Humboldt, Alexander von: *Political Essay on the Island of Cuba. A Critical Edition*. Edited with an Introduction by Vera M. Kutzinski and Ottmar Ette. Translated by J. Bradford Anderson, Vera M. Kutzinski, and Anja Becker. With Annotations by Tobias Kraft, Anja Becker, and Giorleny D. Altamirano Rayo. Chicago – London: The University of Chicago Press 2011.
3 Vgl. hierzu Hozven, Roberto: Domingo Faustino Sarmiento. In: Iñigo Madrigal, Luis (Hg.): *Historia de la literatura hispanoamericana*. Bd. II: *Del neoclasicismo al modernismo*. Madrid: Editorial Cátedra 1987, S. 431 f; zur Wichtigkeit der europäischen Reiseberichte für Sarmientos Denken und Schreiben vgl. auch González Echevarría, Roberto: Redescubrimiento del mundo perdido: el 'Facundo' de Sarmiento. In: *Revista iberoamericana* (Pittsburgh) LIV, 143 (abril – junio 1988), S. 385–406.
4 Vgl. Ette, Ottmar: Lateinamerika und Europa. Ein literarischer Dialog und seine Vorgeschichte. In: Rodó, José Enrique: *Ariel*. Mainz: Dieterich'sche Verlagsbuchhandlung 1994, S. 9–58.

gekennzeichnet sein.[5] Doch gilt es, auch hierbei Formen und Funktionen der Lektüre nicht zu vernachlässigen, sondern in unsere Überlegungen miteinzubeziehen und produktiv zu machen. Denn es ist oftmals gerade die Verbindung zwischen unterschiedlichen Funktionen und damit auch von unterschiedlichen Lesarten und Leserarten, welche den Reisebericht bis in unsere Tage auszeichnet. Denn fachwissenschaftliche Beglaubigungsstrategien sind keineswegs in der Lage, die literarischen Verfahren beziehungsweise die jeglichem, auch dem historiographischen Schreiben inhärenten 'Tropen des Diskurses' auszublenden, um damit den Text vor nicht-fachlichen Lektüremustern zu 'schützen'. Denken wir an dieser Stelle nur an die Ausführungen Humboldts zur Funktion der Einbildungskraft und an die belebende Wirkung des ästhetisch Gestalteten zurück, um zu erkennen, wie sehr sich beide Schreibmuster wie beide Lektüremuster nicht nur nicht widersprechen, sondern in einem komplementären, sich wechselseitig ergänzenden und beleuchtenden Verhältnis stehen.

Versuchen wir also, den literarischen Reisebericht aus unterschiedlichen Perspektiven gleichzeitig zu sehen und damit seine polylogische, sich auf vielfältige Logiken und Lesarten öffnende Strukturierung zu erkennen. Eine fachspezifische Auswertung von Reiseberichten als Quellen ist legitim; nicht weniger legitim aber ist es, pragmatisch beziehungsweise expositorisch stilisierte Texte nach ihren literarischen Verfahren, nach ihren metaphorischen und metonymischen Bewegungen zu befragen, kurz: das Literarische an der Reiseliteratur herauszuarbeiten und die poetische Funktion gleichrangig neben andere Funktionen und Aufgaben des Reiseberichts treten zu lassen. Denn nicht nur die Tropen unseres Planeten, sondern auch die Tropen des Diskurses[6] sollten uns im gleichen Maße interessieren.

Doch fassen wir unsere Überlegungen zur Nähe der Gattung des Reiseberichts zu jener der Autobiographie und des Romans nochmals aus veränderter Perspektive zusammen. So beruht, wenn auch in jeweils unterschiedlicher Weise, die Gattung des Reiseberichts stets auf einem Auseinandertreten und einer nachfolgenden Annäherung zwischen erzähltem Ich und erzählendem Ich, ist der Reisebericht doch in den klassischen Fällen von einem hochgradig *individualisierten* Ich als Verkörperung des Reisenden geprägt. Dies hat – ein keineswegs nebensächlicher Umstand – mit der Frage nach Wahrheit oder Glaubhaftigkeit und damit weniger mit einer konkreten außersprachlichen

---

5 Wenn auch sicherlich nicht in einer so absoluten Trennung, wie sie W. Neuber – gewiss auch aus didaktischen Gründen – anzunehmen scheint; vgl. Neuber, Zur Gattungspoetik des Reiseberichts, S. 57.

6 Vgl. White, Hayden: *Tropics of Discourse. Essays in Cultural Criticism.* Baltimore – London: The Johns Hopkins University Press 1978.

Realität und deren umsichtiger Darstellung als mit einem literarischen Kniff zur Herstellung von Authentizität und Glaubwürdigkeit zu tun.

Gerade die fachspezifisch auswertbaren Aussagen beruhen hinsichtlich ihrer Beglaubigungsstrategien auf einer Stärkung der (literarischen) Figur des erzählten Ichs, da nur diese als direkter Augenzeuge und Gewährsmann des Berichteten glaubhaft auftreten kann, eine Funktion, die im Reisebericht des 19. Jahrhunderts durch den ständigen Verweis auf das eigene Sehen der dargestellten Gegenstände unterstrichen wird und den Übergang von der Dominanz des Ohres zur Vorherrschaft des Auges dokumentiert. Wir glauben an den Augenzeugen und bleiben all dem gegenüber, was wir nur vom Hörensagen kennen, skeptisch. Dies aber verbindet den Reisebericht strukturell mit der Autobiographie und deren Beglaubigungsstrategien, die auf einem nicht weniger komplex strukturierten Spiel zwischen erzähltem und erzählendem Ich basieren. Wie in der Autobiographie glauben wir auch in der Gattung des Reiseberichts dem Ich, das die Dinge, so wie sie sich darstellten, erlebt und später noch einmal mehr oder minder kritisch reflektiert: Das Ich ist unser Gewährsmann, wir verleihen ihm Autorität und erkennen seine Autorschaft an.

Die Parallele zwischen Autobiographie und Reisebericht ist häufig bemerkt und ausgelotet worden. Ralph-Rainer Wuthenow etwa hat von ihr ausgehend darauf hingewiesen, dass jedoch im Gegensatz zur Autobiographie „eine Typologie der Reiseliteratur am ehesten noch nach der Typologie des Reisenden" entwickelt werden könne.[7] Wie könnte eine derartige Typologie aussehen?

Einige Jahre zuvor schon hatte Numa Broc eine derart ausgerichtete Typologie vorgeschlagen, die zwischen *voyageur pur*, *voyageur-compilateur* und *compilateur pur* unterscheiden zu können glaubt.[8] Doch was sich so einfach und klar kategorisierend anhört, hat seine Tücken. Angesichts der Tatsache, dass sich eine Aufspaltung zwischen erzähltem und erzählendem Ich selbst in Lapérouses *Voyage autour du monde* findet, obgleich dieser Bericht noch während der Reise verfasst und später nicht mehr überarbeitet werden konnte, da sein Autor unter mysteriösen Umständen ums Leben kam, ist es allerdings fraglich, ob die von Numa Broc vorgeschlagene Einteilung mehr sein kann als eine brauchbare schematische Klassifikation. Denn sie deutet bestenfalls die Grundtendenz

---

7 Wuthenow, Ralph-Rainer: *Die erfahrene Welt. Europäische Reiseliteratur im Zeitalter der Aufklärung.* Frankfurt am Main: Insel 1980, S. 417.

8 Broc, Numa: *La Géographie des Philosophes*, S. 187 f. Die beiden Pole dieser Typologie werden vom Reisenden, der nur das von ihm selbst Gesehene berücksichtigt, und dem *géographe de cabinet* gebildet, der sein Arbeitszimmer nicht verlässt, sondern ausschließlich die Berichte anderer auswertet.

eines individuellen Reiseberichts an, eröffnet uns aber nicht dessen komplexe Vorgehensweisen.

Denn der 'reine Reisende', der nur von dem berichtet, was er selbst gesehen hat und jegliche andere Information außer Acht lässt, ist aus hermeneutischer, aber auch aus ästhetischer Sicht gar nicht vorstellbar. Die Probleme beginnen bereits, wenn wir uns fragen, über welches Vorwissen eine Reisende oder ein Reisender zu einem gegebenen Zeitpunkt verfügen und welch unterschiedlichen Gebrauch sie davon machen. Das (aus welchen Quellen auch immer geschöpfte) Vorwissen des Reisenden aber fließt stets in seine Wahrnehmung (und damit auf der Ebene des Textes in die Perspektive des erzählten Ichs, auf den die Erzählfunktion des 'unmittelbaren Erlebens' übertragen wird) ein.

Fragen wir uns nach der spezifisch erkenntnistheoretischen oder auch wissenssoziologischen Funktion des Vorwissens eines reisenden Ich, das wir als Leser auf seiner Reise begleiten. Die Funktion des erzählenden Ichs besteht in der Regel darin, die Informationsübermittlung zu gewährleisten und so mit den existierenden (beziehungsweise bei der angezielten Leserschaft vermuteten) Wissensbeständen zu korrelieren. Erst dann kann das Gebot der Glaubwürdigkeit des Berichteten erfüllt werden. Der 'reine Reisende' entpuppt sich daher auf der Ebene des Textes als eine vom Autor modellierte Figur, die nicht zuletzt der Beglaubigung (und späteren Nutzbarmachung) des Berichteten dient, während bei dieser singulären Arbeitsteilung dem erzählenden Ich die Aufgabe eines literarischen Transmissionsriemens für Übermittlung und Aufnahme der transportierten 'Informationen' zufällt. Das erzählende Ich ist daher mehr als das erzählte Ich dafür verantwortlich, dass selbst die unglaublichsten Phänomene, die das erzählte Ich erlebt haben will, in einem von der breiten Leserschaft *geglaubten* Bericht integriert werden können.

Die effektive Beglaubigung durch das unmittelbare Erleben und Sehen (des erzählten Ich) wird daher im Erfolgsfall höchst wirkungsvoll ergänzt durch die Perspektive des erzählenden Ich, zu dessen Beglaubigungsverfahren die distanzierte Deskription, quellenkritische Absicherung und eine die jeweilige Verbreitung von Wissen über die Gesellschaft berücksichtigende diskursive Vermittlung gehören. Entscheidend ist, was in einer bestimmten Gesellschaft zu einem gegebenen Zeitpunkt von einer vorhandenen Leserschaft erwartet und als wahr geglaubt wird.

Aus der Spannung zwischen erzähltem und erzählendem Ich entsteht darüber hinaus die Möglichkeit, Formen und Probleme der Wahrnehmung des Anderen im Dialog mit dem Leser zu reflektieren, ja den Leser selbst in diese wahrnehmungstheoretische Problematik zu verwickeln und folglich den Bewegungen des Verstehens nicht nur auf narrativer, sondern auch theoretisch-diskursiver Ebene auszusetzen. Die Leserin oder der Leser werden so in das Spiel des Verstehens im Text selbst miteinbezogen und von der Glaubwürdigkeit des Berichteten überzeugt. Dem angezielten Lesepublikum wird auf diese Weise die Chance geboten, die eigenen Wahrnehmungsgewohnheiten zu überdenken und neue Formen der Aneignung fremder Wirklichkeiten zumindest zu erproben. Damit ist der Reisebericht wie der Roman in der Lage, Verstehensangebote an die Leserseite nicht nur zu unterbreiten, sondern ein spezifisches Durcherleben neuer Wahrnehmungen und Sachverhalte zumindest zu ermöglichen. Die Leserinnen und Leser können so bestimmte Erfahrungen und Erlebnisse zu einem Teil ihres spezifischen Lebenswissens machen. Reiseliteratur setzt eine sich verfestigende Wahrnehmung des Fremden wie des Eigenen wieder in Bewegung, indem es beständig deren Deutung und Bedeutung hinterfragt. Die Reiseliteratur steht dadurch in einer direkten Verbindung mit unserem jeweils individuellen, aber auch mit unserem kollektiv geteilten Lebenswissen. Dieses Lebenswissen aber ist in ständiger Bewegung, in beständiger Veränderung begriffen und folglich durch den Reisebericht sehr wohl gestaltbar, modellierbar.

Wir haben bislang bezüglich der Ich-Instanzen des literarischen Reiseberichts zwischen einem erzählten und einem erzählenden Ich unterschieden. Je nach Reisebericht kommen freilich verschiedene andere Ich-Figuren hinzu. So ließe sich beispielsweise von einem wissenschaftlichen Ich sprechen, das für die spezifisch wissenschaftlichen Daten, Messungen und Angaben verantwortlich zeichnet und dafür die Gewähr übernimmt. Oder wir könnten auch von einem philosophischen Ich sprechen, das aus dem jeweils Berichteten stets allgemeine Schlüsse zu ziehen und zu formulieren versteht.

Es gibt aber auch eine Ich-Figur, welche alle anderen Ichs in sich integriert und gleichsam für den gesamten Reisebericht verantwortlich zeichnet. Es kann dabei Kommentarfunktionen übernehmen in Bezug auf das wissenschaftliche Ich, das erzählte oder auch das erzählende Ich und ließe sich als eine Über-Instanz bezeichnen, welche die verschiedenen Vorgänge und Stimmen im Reisebericht in sich vereint und bündelt. Man könnte dieses übergeordnete Ich als eine *Autor-Figuration* bezeichnen, die sehr deutlich vom außersprachlichen Autor, vom Autor mit Haut und Haaren, zu unterscheiden ist. Es trägt die Verantwortung für den gesamten Text einschließlich all seiner Text-Instanzen.

Schon mit Blick auf die Ich-Instanzen des reiseliterarischen Textes haben wir es folglich mit einer hochkomplexen Anlage zu tun, die überdies klar zwischen textinternen und textexternen Figuren trennt und den Verfasser eines Reiseberichts deutlich von seinen im Text geschaffenen Figuren absetzt. Doch bereits unsere Überlegungen zur Aufspaltung zwischen zwei Ich-Instanzen im Reisebericht (also zwischen erzähltem und erzählendem Ich) zeigen, dass sich auch aus dieser Perspektive einer Aufspaltung in unterschiedliche Figuren die Frage nach einer fiktionalen Modellierung stellt. Denn bereits auf dieser Ebene erscheint – um die von Wolfgang Neubert eingeführte Thematik weiterzuspinnen – eine Trennung zwischen 'fiktiv' und 'realitätskonform' bezüglich einer theoretisch überdachten klassifizierenden Analyse der Reiseberichte als nicht haltbar. Wie aber können wir das für diese literarische Gattung Spezifische analytisch präziser fassen?

Der Reisebericht ist wie der Roman eine Hybridform. Gewiss: Der Roman ist als Gattung innerhalb des Feldes der literarischen Fiktion verankert. Jedoch ist der Reisebericht im Unterschied zu diesem sowohl in rezeptions- als auch produktionsästhetischer Hinsicht im Spannungsfeld zwischen fiktionalen und nicht-fiktionalen Textformen nicht an den fiktionalen Pol gebunden: Gerade dies macht seine eigenartige 'Zwitterstellung' aus. Wenn wir den Roman generell dem Pol der Fiktion zuordnen können, dann erhebt sich die Frage, wie im Kontrast hierzu nun der Reisebericht einzuordnen wäre. Aus dem Vorangegangenen sollte deutlich werden, dass eine Lektüre, die den Reisebericht dem nicht-fiktionalen Pol zuordnet und damit die von ihm transportierten Informationen als Dokumente und Quellen liest, zweifellos legitim ist, die Gattung als solche aber nicht ausschöpft (und auch niemals ausschöpfen kann). Vielmehr hat sich gezeigt, dass der Reisebericht – und keineswegs 'nur' in seiner phantastischen Variante – fiktionale wie nicht-fiktionale Lektüremuster anzieht und beide oftmals unauflöslich miteinander verquickt. Wo aber ist der Reisebericht dann einzuordnen?

In einer wegweisenden Studie hat Gérard Genette eine Unterscheidung zwischen Fiktion und Diktion eingeführt und beide Terme wie folgt definiert:

> Fiktionsliteratur ist die, die wesentlich durch den imaginären Charakter ihrer Gegenstände gekennzeichnet ist, während Diktionsliteratur wesentlich durch ihre formalen Qualitäten beeindruckt – wieder ungeachtet der Amalgame und Mischformen.[9]

Man könnte gegen diese Definitionen anführen, dass sie im Grunde das Schema der Differenz von *fiction* und *non-fiction* letztlich wiederholen. Allerdings ist die Diktion im Sinne von Genette eine durch ihre sprachlich und ästhetische Raffinesse charakterisierte Textsorte, was durchaus über die pure negative Bestimmung von *non-fiction* hinausgeht. Doch allein: Befriedigend ist dies in keiner Weise. Man könnte also danach fahnden, zwischen zwei festen Polen einen dritten Begriff einzuführen, welches der eigentliche Bewegungs-Begriff ist und auf oszillierende Weise zwischen beiden statischen Begriffen vermittelt. Wie

---

9 Genette, Gérard: *Fiktion und Diktion*. Aus dem Französischen von Heinz Jatho. München: Fink 1992, S. 31 f. Die französische Erstausgabe erschien ein Jahr zuvor bei Seuil in Paris.

aber könnte dieser 'dritte' Term beschaffen sein? Und vor allem: Worin könnte seine eigentliche Bewegung bestehen?

Versucht man, die von Gérard Genette angebotenen Definitionen auf den Reisebericht anzuwenden, so zeigt sich, dass sie für dessen Analyse nicht pertinent sind, sondern eine Opposition einführen, die im Reisebericht keine ist. Denn der Reisebericht ist, vereinfacht gesagt, sowohl Diktion als auch Fiktion. Und wiederum anders: Der 'imaginäre' Gegenstandsbereich ist dem Reisebericht generell ebenso wenig zuzuordnen wie *ex negativo* – denken wir an die Parallelen zur Autobiographie – eine nicht-imaginäre Diktionsliteratur. Ihn kennzeichnet vielmehr ein eigentümliches Oszillieren zwischen Fiktion und Diktion, ein Hin- und Herspringen, das es weder auf der Produktions- noch auf der Rezeptionsseite ermöglicht, eine stabile Zuordnung zu treffen. Eben hier wäre der dritte Term anzusiedeln: als ein Oszillieren zwischen Fiktion und Diktion.

Zwischen den statischen Polen von Fiktion und Diktion führt der Reisebericht folglich zu einer Friktion, insoweit klare Grenzziehungen ebenso vermieden werden wie Versuche, stabile Amalgame und Mischformen herzustellen. Im Begriff selbst muss also deutlich werden, dass es sich nicht um einen stabilen, sondern um einen mobilen Term handelt, an dessen Bewegung, an dessen Reibung sich etwas entzündet.

Im Gegensatz zum Roman bildet der Reisebericht eine Hybridform nicht nur bezüglich der aufgenommenen Gattungen und seiner Redevielfalt, sondern auch hinsichtlich seiner Eigenschaft, sich dem Gegensatz zwischen Fiktion und Diktion zu entziehen. Doch es handelt sich nicht um ein stabiles Hybrid oder um eine stabile Mischung, sondern um ständig wechselnde Konsistenzen und Aggregatszustände. Der Reisebericht schleift die Grenzen zwischen beiden Bereichen ab: Er ist einem literarischen Gebiet zuzuordnen, das wir als *friktionale* Literatur bezeichnen dürfen.[10]

Als friktionale Literatur ist dem Reisebericht eine innere Bewegung eingeschrieben, die nicht zur Ruhe kommt und nicht zur Ruhe kommen kann. Fiktion und Diktion treten ständig in gegenseitige Wechselwirkung und erzeugen eine Friktion, eine Reibung, die nicht zur Ruhe kommt, sondern ständig neue funken schlägt. Denn dank seiner Friktion siedelt sich der Reisebericht gleichsam auf beiden Seiten des Paradigmas an und mehr noch: Er *friktioniert* die beiden statischen Begriffe und verwandelt sie in ein Spannungsfeld, das dieser literarischen Gattung eigentümlich ist. Die *Friktion* liegt dem Reisebericht gleichsam im Blut.

---

10 Vgl. hierzu ausführlicher Ette, Ottmar: *Roland Barthes. Eine intellektuelle Biographie*. Frankfurt a. M.: Suhrkamp 1998, S. 308–312.

Die Orte des literarischen Reiseberichts: Abschied – Höhepunkt – Ankunft – Abreise vom Ziel – Rückkunft

Topographien und Topologien spielen im literarischen Reisebericht eine zentrale Rolle. Der Reisebericht ist als literarisches Genre tief in ein System von Verortungen eingesenkt und führt die Orte mit ihren jeweiligen Koordinaten in seinen Beschreibungen vor. Auf diese Weise ist der Reisebericht eine Gattung des Ortes, genauer: des Ortswechsels, der Ortsveränderung und der ständig neuen Ortsbestimmung. Den Reisebewegungen lassen sich dabei eine Reihe typischer Orte zuweisen. Dies klingt selbstverständlich, ja banal; und doch wurde dieser Aspekt in seinen spezifisch ästhetischen Auswirkungen noch nicht ausreichend durchdacht und literaturtheoretisch reflektiert. Dies aber ist das Ziel der nachfolgenden Überlegungen. Dabei soll es freilich weniger um die Orte an sich, als um eine Poetik der Bewegung gehen, die sich an die jeweiligen Orte anknüpft und diese in eine Bewegung, in eine grundlegende Mobilität einbindet.

Dabei ist deutlich: Die Topoi und Orte des Reiseberichts sind bislang vorwiegend unter ihrem referentialisierbaren, textexternen, also auf die außersprachliche Wirklichkeit bezogenen Aspekt untersucht worden. Wir suchen danach, die weiblichen und männlichen Reisenden in Raum und Zeit zu verorten und genau zu klären, ob ein Reisender oder eine Reisende an einem bestimmten Ort sich aufhielt oder nicht. In allen Reiseberichten erscheinen die Koordinaten eines Itinerariums, das uns ständig vor Augen geführt, aber auch beständig überprüft wird. Der Reisende bewegt sich zwischen diesen Orten und fädelt sie, zumindest in der 'klassischen' Version, nacheinander zu einer Abfolge von Ortsveränderungen auf. Der literarische Reisebericht wird so, im Sinne von Ralph-Rainer Wuthenow, zu einer erfahrenen Welt: Die Erfahrung wird als Bewegungsmetaphorik konkret greifbar und 'erfahrbar'.

In diesem Sinne entsteht ein Netz von Orten, das den Reisebericht durchzieht und ihm, gerade im 18. und 19. Jahrhundert, seine Stabilität und Sicherheit verleiht. Wir setzen als Leser ganz selbstverständlich voraus, dass uns der Bericht von einer Reise von Ort zu Ort führt und wir diese Bewegung auf einer Landkarte mit dem Finger nachvollziehen können. Und in der Tat ist vielen Reiseberichten ein allgemeines und spezielles Kartenmaterial beigegeben, das alle Bewegungen der Reisenden im Raume nachvollziehbar macht.

Diese textextern referentialisierbare Ebene betrifft vorwiegend den im Genette'schen Sinne diktionalen Charakter von Reiseliteratur: Er verortet sich in der Materialität des Reisens und ist jederzeit anhand konkreter Überprüfungen unmittelbar nachvollziehbar. So ließe sich im Sinne der Terminologie Numa Brocs zu Recht fragen, ob ein im Reisebericht erwähnter Ort vom Schriftsteller nicht nur dargestellt, sondern tatsächlich auch besucht, *gesehen* wurde – mit anderen Worten: ob die oder der Reisende als Augenzeugen und Gewährsleute des Berichteten auftreten können oder nicht. Vom Ergebnis dieser Nachforschungen hängt eine Fülle von konkreten Einschätzungen und Klassifizierungen des jeweiligen Reiseberichts ab. Jeder Reisebericht muss sich dieser Frage stellen und ordnet sich unterschiedlichen Subgattungen zu, je nachdem, wie die Antwort auf diese Frage nach dem Verhältnis zur außersprachlichen Wirklichkeit ausfällt. Wir bewegen uns hier wohlgemerkt noch immer ganz im Feld der Diktion, gleichsam auf sicherem Terrain.

Dies aber kann nur *ein* Lektüremodus des Reiseberichts sein, also *eine* Art und Weise, wie ein bestimmter Reisebericht gelesen werden darf oder soll. Zwischen einer auf diese Weise institutionalisierten Lektüre einerseits und der Lektüre phantastischer Reiseberichte andererseits aber lässt sich ein Lektüremodus denken, der zwischen dem 'Realitätskonformen' und dem 'Fiktionalen' ständig pendelt, um die Polysemie des untersuchten Textes nicht durch textexterne Referentialisierung oder innerliterarische Fiktionalisierung zu vermindern und zu *fixieren*, kurz: die Bewegungsvielfalt, Dynamik und Unbestimmtheit des Reiseberichts einzugrenzen und zu beschränken. Denn wir hatten bereits gesehen, dass eine Reduktion des Reiseberichts auf sein Verhältnis zur außersprachlichen Realität nicht nur nicht überzeugend ist, sondern der Gattung des Reiseberichts gegenüber als unbefriedigend, ja als impertinent erscheint. Der literarische Reisebericht ist weit mehr als die krude Ausleuchtung einer textexternen Materialität, die es zu bestätigen oder zu verwerfen gilt. Es kommt darauf an, unsere Lektüremodi an die breit gefächerte Polysemie des literarischen Reiseberichts anzupassen und die Vieldeutigkeit dieses Genres zu erhalten.

Dazu aber bedarf es spezieller Lektüremuster, mit deren Hilfe wir uns den Reiseberichten nähern und sie deuten können. Orte sind freilich mehr als Koordinaten im Raum, die wir ermitteln beziehungsweise korrigieren. Es geht folglich um die Gewinnung reiseliterarischer Orte, die auf einer höheren Abstraktionsebene als die Toponymien selbst angesiedelt sind. Wie aber können wir diese Orte ermitteln?

Ein reiseliterarischer Ort ist eine bestimmte Position, der eine Vektorizität innerhalb eines Verlaufes eingeschrieben ist und die aus dieser Vektorizität ihre eigene semantische 'Füllung' bezieht. Es geht folglich nicht um rein räumliche Koordinaten, sondern um *Bewegungs-Orte*, die eine hohe semantische Dichte aufweisen und daher als Interpretament für sich anschließende Deutungen dienen können. Die gesuchten Orte sind Markierungen in einem narrativen und bisweilen itinerarischen Verlauf, ohne doch wiederum auf diese konkreten Verläufe reduziert zu werden. Sie geben eine Ökonomie des Reiseberichtes, vielleicht auch einen Spannungsbogen vor oder legen eine derartige Ökonomie der eigentlichen *narratio* doch nahe. Sie bilden entscheidende Momente einer reiseliterarischen Erzählung und in jedem Falle Orte einer unverkennbaren semantischen Verdichtung und Konzentration. Kurz und gut: Sie machen Sinn auf mehr als einer Bedeutungsebene, auf mehr als einer Isotopie. In der Folge sollen exemplarisch vier verschiedene reiseliterarische Orte herausgearbeitet werden, die für den literarischen Reisebericht von besonderer Relevanz sind und ihn mit einer spezifischen Vektorizität versehen. es sind Orte von hoher semantischer Verdichtung.

Erstens: Der Abschied

Reiseliterarische Orte punktieren und semantisieren den literarischen Reisebericht und stellen Orte von erhöhter Signifikanz und Vektorizität dar. Fragen wir mithin nach jenen Orten, an denen die Reiseschriftstellerinnen und -schriftsteller ihre Berichte in besonderer Weise semantisch aufladen und markieren, fragen wir also nach spezifischen Formen der *dispositio*, so können wir aus der großen Zahl von Möglichkeiten einige Grundmuster und topische Einschnitte reiseliterarischer Orte herausfiltern, deren erster der Ort des Abschiednehmens ist.

An diesem reiseliterarischen Ort geht es folglich um den Abschied vom Eigenen, von der eigenen Herkunft und – wenn Sie so wollen – von der jeweiligen Heimat der Autorin oder des Autors. Dabei sind verschiedenste Varianten der Inszenierung und Verabschiedung vom Hort des Eigenen vorstellbar – bis hin zu der Variante, dass dieser Ort eigener Herkunft im jeweiligen Akt des Abschieds erst bestimmt und hervorgebracht wird.

Dieser reiseliterarische Ort kann – wie etwa in der *Voyage à l'île de France* des jungen Bernardin de Saint-Pierre – in der Form des Abschieds von geliebten Menschen oder von liebgewonnenen Formen der Natur inszeniert werden, so dass die Dimension intensiven menschlichen Erlebens (und damit die Position des erzählten Ich) in den Vordergrund gerückt wird und einer affektiven Schau die Bühne eröffnet. Die inneren Bewegungen des Ich gehen gleichsam den Bewegungen der eigentlichen Reise voraus oder werden parallel mit diesen ersten Reisebewegungen für die Leserschaft erfahrbar gemacht. So lesen wir in Bernardin de Saint-Pierres *Voyage à l'Ile de France* in einer besonders sorgfältig verfassten Passage:

Ich höre den Lärm der Pfeifen und wie sich die Winde empordreht und die Matrosen, die den Anker lichten ... Der letzte Kanonenschuss wird abgefeuert. Die Segel sind gesetzt; ich sehe das Ufer, die Befestigungen und die Dächer von Port-Louis schwinden. Adieu, ihr Freunde, die ihr mir teurer als alle Schätze der Kolonien seid! ... Adieu, ihr Wälder des Nordens, die ich nie wiedersehen werde! Zarte Freundschaft! Und noch zärtlicheres Gefühl, das sie übertrifft! Zeit des Rausches und des Glückes, die wie ein Traum verflogen ist! Adieu ... adieu ... Man lebt nur einen Tag, um dann das ganze Leben lang zu sterben.

[...]

Am 5. kam ein schweres Unwetter auf. Das Schiff segelte unter den beiden Focksegeln. Ich war sehr erschöpft von der Seekrankheit. Um halb elf Uhr vormittags, als ich auf meinem Bett lag, spürte ich plötzlich einen starken Stoß. Jemand schrie, das Schiff sei auf Grund gelaufen. Ich stieg auf die Brücke, wo alle bestürzt beisammen standen. Eine Woge von Steuerbord hatte die Jolle oder kleine Schaluppe, den Bootsmann und drei Männer mit sich aufs Meer hinausgerissen. Ein einziger von ihnen klammerte sich noch an die Taue des großen Mastes, seine Schulter und seine Hand waren zerschmettert, aber er konnte in Sicherheit gebracht werden. Es war unmöglich, auch die anderen zu retten: wir haben sie nicht wiedergeseh.[1]

Teilübersetzung: „Der letzte Kanonenschuss wird abgefeuert. Die Segel sind gesetzt; ich sehe, wie das Ufer, die Befestigungen und die Dächer von Port-Louis schwinden. Adieu, ihr Freunde, die ihr mir teurer als alle Schätze der Kolonien seid! ... Adieu, ihr Wälder des Nordens, die ich nie wiedersehen werde!"

Bernardin de Saint-Pierre hat in seinem von den Zeitgenossen nur mäßig goutierten Reisebericht die Abschiedsszene mit größter Aufmerksamkeit gestaltet. Das Unglück gleich zu Beginn der Reise wirft einen Schatten auf die gesamte Reise und kann als ein übles Vorzeichen gedeutet werden. Alles erscheint in einem Licht, das nichts Gutes erahnen lässt. Wird der Reisende jemals wieder in sein Vaterland zurückkehren können? Alle Fragen, alle Befürchtungen bleiben vorerst ohne Antwort. Die Reise hat jedoch noch kaum begonnen, da sind bereits zwei Tote zu beklagen. Ein entspannter Aufbruch sieht anders aus.

Genau genommen findet sich in Bernardin de Saint-Pierres Band eine Verdoppelung des reiseliterarischen Ortes des Abschieds, insoweit der Abschied von Europa nicht nur in der präsentischen Form des Briefes, sondern ein zweites Mal in jener des unmittelbar im Anschluss eingerückten *Journal*, des Schiffstagebuches also, dargestellt wird. Hier sind es die nautisch relevanten Angaben, aber auch ein Unfall, bei dem drei Mann der Besatzung kurz nach dem Ablegen noch an der bretonischen Küste den Tod finden. Das eigene intensive Erleben des erzählten Ich und der Bericht im Tagebuch überschneiden sich und blenden die

---

1 Saint-Pierre, Bernardin de / Benot, Yves (Hg.): *Voyage à l'île de France*. Paris: La Découverte 1983, S. 36 f.

Abb. 29: Bernardin de Saint-Pierre (Le Havre, 1737 – Éragny, 1814).

Fragwürdigkeit des Verlassens Frankreichs ein, die den Reisenden auf seiner Fahrt begleiten wird. Von Beginn an ist das Ich auf sich allein gestellt, die (politische) Führung des Unternehmens versagt ganz so, wie die Leitung der Kolonie in den Augen des Ich ebenfalls versagen wird. die Reise nach Mauritius steht von Beginn an wahrlich unter keinem guten Stern.

Die reiseliterarischen Vorkehrungen und Verfahren sind durchaus komplexer Natur. Bernardin de Saint-Pierres Bericht ist hier insoweit aufschlussreich, als er eine Doppelperspektive entwickelt, die es erlaubt, über die Form des (literarischen) Briefes die Innenwelt des Reisenden und über die vorgeblich nüchternere Form des Schiffstagebuchs das auf die Außenwelt gerichtete Erleben jeweils des erzählten Ich darzustellen. Dieses Ich wird gleichsam multiperspektivisch reflektiert durch eine Innensicht und eine kontrastiv dazu gestellte Außensicht, die beide freilich miteinander interferieren. Für die Leserinnen und Leser erscheint das (erzählte, reisende) Ich damit zumindest aus einer doppelten Perspektive.

Die Hybridität des Reiseberichts erlaubt nicht nur den bloß flüchtig miteinander verbundenen Einsatz zweier sehr unterschiedlicher Gattungen, sondern auch die zweifache Perspektivierung schmerzhafter Trennung und gefährlichen Aufbruchs zu einer langen Reise in die außereuropäische Welt. Das Ich erscheint im Blickwechsel ständig sich verändernder Gesichtspunkte, wobei die

Zukunftsoffenheit allen Geschehens in der Jetztzeit des Reiseberichts doppelt eingefangen wird.

Diese Doppelung führt gleichsam nebenbei ein eigentümliches Oszillieren zwischen der literarischen Darstellung individuellen Erlebens und referentialisierbaren, vorgegebenermassen an Faktentreue sich orientierenden Schreibformen ein, was den friktionalen Charakter des Textes unterstreicht. Denn wir haben auf der einen Seite die objektivierbaren Fakten, Koordinaten und Messungen; auf der anderen Seite aber haben wir ein Ich vor uns, das sich uns in seinen intimsten Gedanken und Gefühlsregungen in einer vorromantischen Form subjektiver Offenheit zeigt.

Der Abschied vom Eigenen kann aber auch eine weitergehende Reflexion miteinschließen, die das Eigene in neuer Weise perspektiviert. So kann der Abschied vom Eigenen etwa der Abschied von den Liebsten, von einer Familie, einem Dorf oder einer Stadt, aber auch von einer Nation oder einer supranationalen Einheit sein, die einen ganzen Kontinent miteinbegreift. So wohnen wir bei Alexander von Humboldt einer Szenerie bei, welche uns die Geburt eines Europäers zeigt – jenes Europäers, zu dem Humboldt Stück für Stück wurde, ohne sich selbst in Kriegszeiten (sehr zum Missvergnügen der Nationalisten seiner Zeit) auf die eine oder andere Seite zerren zu lassen:

> Bei Einbruch der Nacht wurde die See sehr unruhig, und der Wind frischte stark auf. Wir steuerten gegen Nordwest, um nicht den englischen Fregatten zu begegnen, die, wie man glaubte, in diesen Zonen kreuzten. Gegen neun Uhr sahen wir das Licht einer Fischerhütte von Sisarga, das letzte, was uns von der Küste Europas zu Gesicht kam. Mit zunehmender Entfernung verschmolz der schwache Schimmer mit dem Licht der Sterne, die am Horizont aufgingen, und unwillkürlich blieben unsere Blicke daran hängen. Dergleichen Eindrücke vergißt einer nie, der in einem Alter, wo die Empfindung noch ihre volle Tiefe und Kraft besitzt, eine weite Seereise angetreten hat. Welche Erinnerungen werden in der Einbildungskraft wach, wenn so ein leuchtender Punkt in finsterer Nacht, von Zeit zu Zeit aus den bewegten Wellen aufblitzend, die Küste des Heimatlandes bezeichnet![2]

Die Szene des Abschieds vom Eigenen ist hier mit Bedacht und ebenfalls sehr sorgfältig ausgeführt. Sie geht auf Humboldts Amerikanische Reisetagebücher zurück, wo sie bereits in allen wesentlichen Aspekten festgehalten worden war. In seiner *Relation historique*, dem eigentlichen Reisebericht seines großangelegten Reisewerkes, gestaltet er diesen reiseliterarischen Ort aber noch subtiler. Denn ist das Eigene nicht schon ein Fremdes, ein Zeichen zwar der Alten Welt, aber doch eines anderen Landes, einer anderen Macht?

---

2 Humboldt, Alexander von / Ette, Ottmar (Hg.): *Reise in die Äquinoktial-Gegenden des Neuen Kontinents.* 2 Bde. Frankfurt a. M. : Insel 1991, Bd. 1, S. 65 f.

Alexander von Humboldt hat an dieser Stelle seines Reiseberichts ein schwaches und bald schon verschwindendes Lichtzeichen der spanischen Küste eingeführt, das den Ort der Trennung vom Eigenen markiert. Dabei wird das Eigene insoweit neu perspektiviert, als die spanische Küste zur Küste des eigenen *pays natal* wird, das dem Preußen zunächst fremde Spanien sich also zum größeren Europa hin öffnet und sich in das Eigene (oder vielleicht genauer noch: in das Fremde *im* Eigenen) verwandelt. Das Geburtsland, das *pays natal*, ist fortan das größere Europa: Alexander von Humboldt stellt reiseliterarisch dar, wie er zum Europäer wurde: just in jenem Augenblick, als er Europa verließ.

Zugleich führt dies eine erste, noch implizite Reflexion über die eigene Wahrnehmung ein, wird doch nun der Reisende *als Europäer*, als Bewohner der Alten Welt, die sogenannte Neue Welt er-fahren und portraitieren. Damit ist der gewählte Blickwinkel, unter dem die Dinge erscheinen werden, klar bezeichnet und kenntlich gemacht. So wird im Reisebericht nicht nur die Ebene individuellen Erlebens aus der Perspektive des erzählten Ichs markiert, sondern gleichzeitig aus der Distanz des erzählenden Ichs, das auf sein Gedächtnis und das dort für immer Aufbewahrte zurückgreifen kann. Auch hier also ergibt sich wie bei Bernardin de Saint-Pierre eine Doppelperspektivität, die freilich aus der Differenz zwischen erzähltem und erzählendem Ich heraus entsteht.

Folglich wird ein Oszillieren zwischen Erleben und distanziertem Erzählen eingeführt, welches Humboldt in der Folge immer wieder eine Spiegelung der Wahrnehmungsbedingungen sowie eine Kommentierung auf abstrakterer, 'philosophischer' Ebene erlaubt. Die Einführung von Funktion und Figur eines wissenschaftlichen Ich garantiert überdies die Zuverlässigkeit und Präzision der erhobenen Daten, die überall in den Reisebericht eingestreut werden und das außersprachlich Referentialisierbare bezeichnen. Die tatsächliche Existenz der Fischerhütten von Sisarga rückt freilich angesichts einer derart vieldeutigen semantischen Aufladung weitgehend in den Hintergrund, ohne allerdings gänzlich zu verschwinden, geben sie dem Leser doch die eingeschlagene Route des Schiffes bekannt. Hier kann gelten: *Se non è vero e ben trovato!* Humboldt vermochte es geschickt, die *europäische* Perspektivierung seines Blickes auf die Neue Welt gleich am reiseliterarischen Ort des Abschieds wirkungsvoll anzukündigen.

Eine Variante bei der Gestaltung dieses reiseliterarischen Ortes des Abschieds und seiner philosophischen Implikationen findet sich in Guillaume-Thomas Raynals umfangreichem 'Bestseller' der zweiten Hälfte des 18. Jahrhunderts über die koloniale Expansion Europas. Nur wird das Europäertum der europäischen Reisenden in einen negativen, kolonialistischen Kontext eingerückt und zugleich eine Warnung ausgesprochen. Dort erscheint das Passieren der Äquatorlinie – das von Mannschaften und Passagieren im Übrigen stets in einer teilweise ritualisierten Form gefeiert wurde – als entscheidender Punkt einer keineswegs schmeichelhaften Veränderung von Bewusstsein und Verhalten aller Reisenden:

> Ist der Äquator erst überschritten, so ist der Mensch weder Engländer oder Holländer noch Franzose, Spanier oder Portugiese. Er behält von seinem Vaterland nur die Prinzipien und Vorurteile bei, die sein Verhalten begründen oder entschuldigen. Kriecherisch, wenn er schwach, gewalttätig, wenn er stark ist; dem Drange ausgeliefert, zu erwerben und zu genießen; und er ist aller Missetaten fähig, wenn diese ihn schneller zu seinen Zielen führen. Er ist ein domestizierter Tiger, der in den Urwald zurückkehrt. Der Durst nach Blut ergreift wieder von ihm Besitz. Auf diese Weise haben sich unterschiedslos alle Europäer in den Gebieten der Neuen Welt gezeigt, wohin sie einen gemeinsamen Wahn mitnahmen, den Durst nach Gold.[3]

Abb. 30: Guillaume-Thomas Raynal
(Lapanouse, 1713 – Chaillot, 1796).

---

3 Raynal, Guillaume-Thomas: *Histoire philosophique et politique des établissemens et du commerce des européens dans les deux Indes.* Tome cinquième. Genève: Chez Jean-Léonard Pellet 1781, livre neuvième, S. 2.

Hier erfolgt die Verwandlung von Spaniern und Engländern, Holländern und Portugiesen in Europäer unter dem gemeinsamen Signum von Raubtieren, die im Urwald außerhalb Europas auf brutalem Beutezug sind. Man hätte diese Metamorphose von Menschen in gefräßige, blutdürstende Tiger kaum treffender auf den Punkt bringen können als in dieser eindrücklichen Passage, die aus der Feder von Denis Diderot stammt. Europa steht hier nicht für Ausgleich, Dialog und Offenheit, sondern für Habgier, Raub, Mord und alle Gräuel des Kolonialismus.

Doch bleiben wir noch einen Augenblick bei transatlantischen Reisen und Reisenden des 18. Jahrhunderts. Bei Reisen nach Amerika beziehungsweise nach Übersee fällt der Abschied von Europa zusammen mit dem Übergang von einer Land- oder Binnenreise zu einer Seereise. Ein solcher epistemologisch höchst bedeutsamer Wechsel wird im Reisebericht in aller Regel hervorgehoben und nicht selten auch wahrnehmungstheoretisch reflektiert. Dafür sei noch ein letztes Beispiel benannt.

Georg Forster hat in seinen *Ansichten vom Niederrhein* – die in mancherlei Beziehung zu den *Ansichten der Natur* Humboldts stehen, der im Übrigen den früheren Weltumsegler bei dieser Reise begleitete – den Anblick des Meeres zum Anlass genommen, nicht nur auf seine gut zwölf Jahre zurückliegende Weltumrundung mit James Cook zurückzublicken, sondern daran auch philosophische Reflexionen zu knüpfen,[4] von denen der Reisebericht des ausgehenden 18. Jahrhunderts in Deutschland wie in Frankreich so gesättigt ist. Land und Meer markieren hier eine Grenze, der auf der Ebene des Reiseberichts, selbst bei Reisen innerhalb Europas, man denke nur an Johann Wolfgang Goethes Überfahrten zwischen Sizilien und der neapolitanischen Küste in seiner *Italienischen Reise*, ein eigener reiseliterarischer Ort zukommt. Man könnte im Übrigen hier, beim Übergang von der Landreise zur Seereise, einen eigenen reiseliterarischen Ort konstatieren, der freilich stets die Dimensionen eines Abschieds vom Eigenen fortspinnt.

Damit einher geht ein signifikanter Wechsel des Fortbewegungsmittels, folglich eine infrastrukturelle Diskontinuität mit Folgen. Ein solcher Wechsel deutet oft einen Wechsel der Wahrnehmungsperspektive an, der – wie beim Übergang von der Landreise zur Flussfahrt in La Condamines *Voyage sur l'Amazone* – stets vom erzählenden Ich dazu benutzt wird, die spezifisch referentielle narrative Ebene des Berichtens zu verlassen.[5] Das jeweils gewählte

---

4 Vgl. Wuthenow, Ralph-Rainer: *Die erfahrene Welt*, S. 388.

5 Die eigene Position ist bei der Flussfahrt als eine sich in Bewegung befindliche, nirgends länger verweilende Perspektive eines „voyageur qui ne voit les choses qu'en passant", also eines Reisenden, der die Dinge nur aus der Vorbeifahrt sieht, markiert; vgl. Condamine,

Fortbewegungsmittel vermittelt eine mediale Perspektivik, die im Reisebericht oft zu Bewusstsein gebracht und zum Teil auch kritisch reflektiert wird.

Ein Wechsel der den Reisenden umgebenden Landschaft beinhaltet häufig ein Bewusstmachen eigener theoretischer Positionen: Die Theorie der Landschaft schlägt um in eine Landschaft der Theorie, mit deren Hilfe eine ganze Epistemologie der eigenen Reiseunternehmung einhergeht. Die Landschaft dient als Visualisierung theoretischer Konzepte, die dem oder der Reisenden lieb und teuer sind. Landschaft wird zum Ausgangspunkt und mehr noch zur Inszenierung von Theorie und theoretischer Konzepte. Die referentialisierbaren Bewegungen des Reisenden entsprechen auch bei La Condamine in komplexer Weise Bewegungen des Verstehens und Vermittelns, die aus dem Zusammenspiel von erzähltem und erzählendem Ich an den Leser weitergegeben werden. Die erfolgreiche Inszenierung dieses Zusammenspiels trug zum Erfolg seines Reiseberichts ganz wesentlich bei.

Doch vergessen wir darüber die Leserin oder den Leser nicht. Denn sie sind es, die schließlich über Erfolg oder Misserfolg eines Reiseberichts entscheiden. Dem Aufbruch zur Reise auf der Textebene entspricht die Bewegung des Lesers, der sich darauf einlässt, das Eigene zu verlassen und sich der Reise im fremden Text anzuvertrauen. Er folgt einer *invitation au voyage* und weiß noch nicht, wohin ihn diese Reise führen wird. Gerade auch aus diesem Grunde ist die Markierung dieses reiseliterarischen Ortes des Abschieds häufig sehr prägnant, wobei ihr nicht selten – wie auch in Bernardin de Saint-Pierres Reisebericht – eine ausführliche Darstellung des Eigenen, in diesem Falle der Bretagne, vorgeschaltet wird. Das Lesepublikum soll wissen, was es am Eigenen hat. Der Abschied von diesem Eigenen wird meist kontrastiv modelliert. Der Kontrast, der sich zwischen zwei Landschaften und Kulturen ergibt, treibt deren jeweilige Theorie und Epistemologie hervor: Deren Visualisierung und Veranschaulichung entsteht in einer Landschaft der Theorie, der die Vektorizität eingeschrieben ist.

Zweitens: Der Höhepunkt

Ein im Reisebericht zweifellos nicht weniger wichtiger Ort betrifft jenen Abschnitt der Reise, der vom Reiseschriftsteller oder der Reiseschriftstellerin als Höhepunkt und eigentliches Herzstück des Reiseberichts stilisiert wird. Dabei ist dieser Höhepunkt stets auch an einem ganz bestimmten Lesepublikum

---

Charles-Marie de la: *Voyage sur l'Amazone*. Introduction et notes de Hélène Minguet. Paris: Maspero 1981, S. 62.

ausgerichtet, das erreicht werden soll. Denn Höhepunkte lassen sich gewiss viele finden und kennzeichnen; einen bestimmten Punkt als eigentlichen Höhepunkt auszumachen und zu markieren, bedeutet aber eine ganz besondere Leistung und semantische Verdichtung des literarischen Reiseberichts.

Benennen wir also auch hier einen solchen Punkt in einem konkreten Reisebericht als ästhetisch gestalteten reiseliterarischen Ort. Eine recht spektakuläre Inszenierung eines Höhepunktes findet sich in der bereits erwähnten Amazonasfahrt des Mitglieds der französischen *Académie des Sciences*, Charles-Marie de la Condamine, der 1745 in seinem Vortrag vor dieser Institution seine Reise nach Peru und den mehrjährigen Aufenthalt in der Andenregion fast vollständig ausblendete, dza ein anderes Mitglied dieser Expedition, Pierre Bouguer, mit dem er noch jahrelang im Streit liegen sollte, bereits ein Jahr zuvor der *Académie* einen Bericht vorgelegt hatte. Es galt für den durch seinen Reisebericht berühmt gewordenen Franzosen folglich, den Höhepunkt aus dem Andenraum weg zu verlagern und eine andere Region zu priorisieren, wollte er vermeiden, lediglich der zweite Berichterstatter von der mit Spannung erwarteten Reise der französischen Akademiker gewesen zu sein. Bouguer war nur zu übertreffen, wenn man ihn ästhetisch überbot, die friktionalen Aspekte in den Vordergrund stellte und zugleich den eigentlichen Höhepunkt der Reise von den Äquatorialvermessungen wegverlegte in einen Bereich, der mit dem eigentlichen Ziel der Reise gar nichts zu tun hatte. Genau dies tat der französische *Académicien* – mit großem Erfolg.

La Condamine besaß mithin gute Gründe, gerade jenen Teil seines Aufenthalts in den amerikanischen Kolonien Spaniens hervorzuheben, bei dessen Darstellung er keine unliebsame Konkurrenz durch einen früher zurückgekehrten Reisenden fürchten musste. So erscheint die Reise durch die Anden, die einen langen Forschungsaufenthalt in dieser Region abschloss, wie eine Einleitung, wie ein Vorspiel zu jenem Abschnitt seiner Rückreise nach Frankreich, die ihn stromabwärts auf dem Amazonas bis zu dessen Mündung ins Meer den zentralen Teil Südamerikas in west-östlicher Richtung durchqueren ließ. Die Fahrt auf dem Amazonas wird zum Filetstück des Reiseberichts von La Condamine.

Es galt also vordringlich, einen Ablauf zu konstruieren, welcher den Abstieg in die Niederungen des Amazonas-Tieflandes nicht nur nicht als einen Spannungsabfall, sondern als den eigentlichen Spannungsaufbau schildern musste. Der Eintritt in diese neue, herausgehobene Phase seiner Reise erfolgt durch den Pongo de Manseriche, einen letzten Riegel der Anden, den der obere Marañón durchqueren muss, bevor er ins tropische Tiefland hinaustritt. Der Pongo eignete sich folglich vortrefflich, um eine semantische Veränderung und Verdichtung der gesamten Reise zu bewerkstelligen. Dabei vergisst La Condamine nicht, die ihm lauschenden Akademiemitglieder darauf aufmerksam zu machen, dass der Begriff 'Pongo' wohl am besten mit Tor zu übersetzen sei. So tritt sein eigener Reisebericht selbst durch dieses Tor in eine neue Phase ein und leitet über zum eigentlichen Höhepunkt der gesamten Reise:

> In Borja angekommen, fand ich mich in einer neuen Welt wieder, weitab von jedem menschlichen Verkehr, auf einem Meer von Süßwasser, inmitten eines Labyrinths aus Seen, Flüssen und Kanälen, die in allen Himmelsrichtungen einen ungeheuren Urwald durchziehen, den sie allein zugänglich machen. Ich stieß auf neue Pflanzen, neue Tiere, neue Menschen. Meine Augen, seit sieben Jahren daran gewöhnt, die Berge sich in den Wolken verlieren zu sehen, konnten nicht davon ablassen, ständig den Horizont zu umgreifen, ohne dass sich ihnen ein anderes Hindernis in den Weg gestellt hätte als die Hügel des Pongo, die aus meinem Gesichtskreis bald verschwinden sollten.[6]

Wir befinden uns an einem semantischen Verdichtungsort der gesamten Reise: Eine neue Landschaft der Theorie tut sich auf. Und mit ihr eine ganze neue Welt. Der Reisende ist durch das bald schon verschwindende Eingangstor aus einer Welt des Dreidimensionalen in eine Welt der Zweidimensionalität eingetreten: Sein Auge vermag es nun, den gesamten Horizont lustvoll zu umgreifen und damit einem neuen Verstehen zuzuführen. eine neue Landschaft der Theorie eröffnet sich und mit ihr eine neue Epistemologie, die den Reisenden in das Gewirr der miteinander sich vernetzenden Flüsse wirft. Alles ist hier mit allem verbunden.

Der neue Flussabschnitt wird als *neue* Welt im emphatischen Sinne, mit neuen Pflanzen, Tieren und Menschen, apostrophiert, und präsentiert sich so dem europäischen Entdeckerblick als ein Kosmos, der zugleich von Europa und der andinen Welt Amerikas radikal getrennt ist. Amerika zeigt sich hier dem Auge des männlichen europäischen Betrachters gleichsam unverhüllt als das Andere Europas. Sein Auge trifft auf kein Hindernis mehr, eine Situation hermeneutischer Transparenz (in geradezu ekstatischer Erfahrung), die nicht wie später bei Rousseau dem Panoramablick vom Berg, sondern der Zweidimensionalität der Flusslandschaft und ihrer vielfachen Verbindungen euphorisch huldigt. Diese Passage steht nicht nur Jahrzehnte vor einer Ästhetisierung außereuropäischer Bergwelten; sie feiert geradezu den Wegfall der dritten Dimension als einen Weg hin zu einer größeren Einfachheit aller vom Menschen erkennbaren Bezüge.

Und zugleich präsentiert sich diese Flusslandschaft mit ihren vernetzten Flüssen als Labyrinth, in dessen Unermesslichkeit der Forscher eindringen und dessen Plan er dechiffrieren muss. Es ist eine Landschaft, in der alles mit allem

---

6 La Condamine, Charles-Marie de / Minguet, Hélène (Hg.): *Voyage sur l'Amazone*. Paris : La Découverte 1981, S. 60.

zusammenhängt und sich in wechselseitigem Austausch befindet. Dabei wohnen wir einer Stilisierung des Ichs zur einsamen Forscherpersönlichkeit bei; doch der reale La Condamine wurde nicht nur von indianischen Ruderern und einem Führer, sondern auch von einem kolonialspanischen Gelehrten sowie später zeitweise hinzukommenden Mitreisenden begleitet, die im Bericht des französischen Reisenden freilich kaum einmal vorkommen. Vielmehr ist das erzählte Ich, das reisende Ich also, als Subjekt in einem direkten, unmittelbaren Austausch mit der es umgebenden Welt der Objekte. Nichts, keinerlei Vermittlungsinstanz, scheint hier die direkte Kommunikation des Forschers mit seinen Gegenständen ebenso der unbelebten wie vor allem auch der belebten Natur zu behindern.

Auf diese Weise schafft der literarische Reisebericht eine nicht weniger literarische Figur, die – auf dem Fluss der Amazonen und im freiwillig betretenen Labyrinth gefangen – an die Stelle mythischer Figuren der Antike tritt und an deren heroische Größe anknüpft. Das reisende Ich weiß sich in der Kontinuität dieser abendländischen Mythen, die von der Alten in die Neue Welt transportiert und anverwandelt wurden. Der Reisebericht wird dergestalt zu einer Echokammer, in welcher die verschiedenartigsten Verweise auf eine Welt hindeuten, die von den Mythen und Legenden anderer Völker durch und durch vollgesogen ist. So weiß sich der europäische Leser in einem vertrauten Gelände, begegnen ihm doch Landschaften und Gestalten, die ihm aus vielen (eigenen) Geschichten wohlbekannt und vertraut erscheinen. Die Reise in die Neue Welt wird gleichsam zur Nachlese der Alten: Alles ist uns auf eine unheimliche Art heimlich und augenzwinkernd vertraut.

Wir befinden uns in einem Text, der weit über das Dokumentarische hinausgeht und die schiere Materialität der Reise deutlich hinter sich lässt. Wer wagte da noch zu fragen, ob La Condamine dies alles so gesehen hat? Die bloße Augenzeugenschaft tritt unverkennbar in den Hintergrund und macht einer Konstellation Platz, in deren Mittelpunkt der eigentlich literarische Raum mit all seinen Verweisen und Vernetzungen steht. Die auf die außersprachliche Wirklichkeit verweisenden, von späteren Reisenden auch überprüften Landschaftselemente wie etwa der Pongo de Manseriche werden im Verbund mit spezifisch literarischen Techniken von Inszenierung und intertextuell potenzierter Semantisierung in eine unabschließbare oszillierende Bewegung gebracht, die nicht auf das Dokumentarische reduziert werden kann, sondern den friktionalen Status dieser Querung einer aquatischen Landschaft unterstreicht. Das Labyrinth ist tausendfach präsent.

Führen wir uns die Komplexität der Ich-Figur in diesem Reisebericht vor Augen. Das Ich ist in dieser Passage *zugleich* auf einer referentialisierbaren Ebene der Reisende und Naturforscher, der den oberen Marañón durchquert, auf einer historisch-literarischen Ebene der Erbe des Christoph Kolumbus, der einst vor der Mündung des Orinoco von einem Süßwassermeer gesprochen hatte, auf einer Ebene der griechischen Mythologie der Nachfolger des Theseus, diesen darin überbietend, dass er mit Hilfe seiner von ihm selbst gezeichneten Flusskarte den Faden finden wird, der ihn aus dem Labyrinth siegreich wieder herausführen kann, und schließlich auf einer psychoanalytischen Ebene jenes Ich, das die Immersion im Wasser wie eine Ekstase und die aquatische Landschaft der *mer d'eau douce* wie eine pränatale Wiedervereinigung mit der Mutter ekstatisch feiert. So wird diese Passage in mehrfacher Hinsicht kodiert und als Höhepunkt (sowie als Überschreitung einer Grenze) inszeniert. Eine Einebnung des Textes auf die erste, referentialisierbare Ebene würde dem friktionalen Textstatus bei weitem nicht gerecht. Denn die Polysemie des verdichteten semantischen Materials eröffnet viele parallele Lesarten und Lesemodi, die sich nicht auf eine dokumentarische Eindimensionalität zurückführen lassen, sondern eine Lust am Text entfalten, die sich aus dessen Viellogik und Vieldeutbarkeit speist.

Doch wenden wir uns einem zweiten Beispiel zu, um die Tragweite des reiseliterarischen Ortes des Höhepunktes in einem Reisebericht noch genauer erfassen zu können. Denn eine nicht weniger spektakuläre Inszenierung eines neuen Ortes und zugleich eines neuen Abschnitts des eigenen Reiseberichts findet sich in Louis-Antoine de Bougainvilles *Voyage autour du monde*, in welcher der Darstellung Tahitis eine besondere Bedeutung zukommt. Verlagern wir also den Schauplatz der Ereignisse vom Amazonas-Tiefland in die Weiten des Pazifik, genauer: der Südsee. Wir haben mit Bougainville in dessen Reisebericht eine weite Fläche des Meeres durchfahren und befinden uns, nach der wilden Umrundung des Kap Hoorn, auf einem Kurs in die Welt der Tropen. Die Annäherung an Tahiti, noch vor der Landung auf der Insel und der Erwähnung jenes Greises, der sich um die Europäer kaum zu kümmern scheint und zum intertextuellen Ansatzpunkt für Denis Diderots philosophisches *Supplément au Voyage de Bougainville* wurde, bietet dem Reiseschriftsteller Gelegenheit, ein anspielungsreiches Bild des angesteuerten Eilands zu entwerfen:

> Der Anblick dieser wie ein Amphitheater geformten Küste bot uns das freundlichste Schauspiel. Obwohl die Berge eine große Höhe erreichen, zeigt doch der Fels nirgends seine aride Nacktheit: Alles ist von Wäldern bedeckt. Wir glaubten kaum unseren Augen, als wir einen Berg entdeckten, der bis hoch hinauf auf seine isolierte Spitze, welche die Höhe der Berge im Innern des Südteils der Insel erreicht, voller Bäume ist. [...] Von weitem hätte man diesen Berg für eine Pyramide von unermesslicher Höhe halten können, welche die Hand eines geschickten Bühnenbildners (*décorateur*) mit Blättern und Girlanden geschmückt hätte.
>
> [...]

Trotz aller Vorsichtsmaßnahmen, die wir treffen konnten, gelangte ein junges Mädchen an Bord, das sich auf dem Achterdeck in der Nähe einer der Luken platzierte, welche sich oberhalb des Spills befinden; diese Decksluke war geöffnet, um denen, die Dienst taten, Luft zuzuführen. Das Mädchen ließ achtlos seinen Lendenschurz, der es bedeckte, fallen und erschien vor aller Augen so, wie Venus sich dem phrygischen Schäfer zeigte. Es besaß deren himmlische Formen. Matrosen und Soldaten drängelten sich, um zur Luke zu gelangen, und nie wurde ein Spill mit solcher Heftigkeit betätigt.[7]

Abb. 31: Louis-Antoine de Bougainville (Paris, 1729 – ebenda, 1811).

Die Szenerie ist klug gewählt und präsentiert uns in einer ersten Bewegung so etwas wie ein Bühnenbild, auf dem sich die nachfolgende Szene abspielen wird. Dabei ist von Beginn an die kunstvolle Einfassung, die Artifizialität der Figuren wie ihrer Handlungen, deutlich akzentuiert. Die Literarizität der gesamten Szenerie wird uns explizit vor Augen geführt. Und es ist ein gutes, ein großes Stück Literatur, das für uns auf eine wohlbereitete Bühne gebracht und in Bewegung gesetzt wird.

---

7 Bougainville, Louis-Antoine de: *Voyage autour du monde par le frégate du Roi ' La Boudeuse ' et la flûte ' L'Étoile '*. Paris: Gallimard 1982, S. 223 u. 226.

Zweifellos vereint Louis-Antoine de Bougainville in seinem ausführlichen Panoramabild von See aus alle Bestandteile des *locus amoenus*, dessen unvermitteltes Erscheinen nach der mühsamen Schifffahrt und ihren monotonen Ausblicken auf das Meer auf den Leser überraschend wirken muss. Die karge Einöde der Meereswüste wird urplötzlich durch eine andere Landschaft ersetzt, die zunächst einmal in ihrer Dreidimensionalität aufgebaut wird, um den *locus amoenus*, den Lustort, überzeugend zu platzieren. Es ist eine Überraschung, die auf der Ebene des unmittelbaren Erlebens im Text verankert wird, hätten doch die Reisenden selbst ihren Augen kaum zu trauen gewagt. So wird auch das Lesepublikum damit konfrontiert, urplötzlich in einer ganz anderen, neuen Welt zu sein, die voller Überraschungen und voller Lüste ist.

Doch haben wir es hier nicht mit einer Szene zu tun, die letztlich alles andere als glaubwürdig ist? Anders als im Deutschen gewähren die Franzosen ihren Reisenden im Sprichwort ein gar weites Feld für Lügen aller Art: *A beau mentir qui vient de loin.* Die Besonderheit dieser Passage ist darin zu erblicken, dass Bougainville an das kaum Glaubbare des Landschaftsbildes in ebenso paradoxer wie effizienter Weise nicht wie an anderen Stellen mit der Beglaubigungsstrategie naturwissenschaftlicher Messung und Beobachtung, sondern gerade mit der Betonung des Künstlerischen, Theatralischen, Artifiziellen antwortet. Nicht die Wissenschaften, sondern die Künste stecken den Referenzrahmen ab, innerhalb dessen sich die Szene ereignen kann und die geschilderten Ereignisse ihren Fortgang nehmen.

Nichts bleibt hier dem Zufall überlassen: Der Höhepunkt wird als Theatercoup in Szene gesetzt und verfehlt seine Wirkung nicht. Und es ist keine Geringere als Venus selbst, die sich den Matrosen in Gestalt eines unschuldigen tahitianischen Mädchens nähert – nur eben, dass die Göttin dies im Gegensatz zur jungen Tahitianerin keineswegs unschuldig, sondern in klarer Verführungsabsicht tat. Doch die Uhren auf Tahiti scheinen anders zu gehen: Nicht von ungefähr befinden wir uns – zumindest scheinbar – in einem Goldenen Zeitalter, wo Scham noch nicht der Schönheit ihr Erröten ins Gesicht schrieb. Den Reisenden bietet sich so gleichsam ein Naturschauspiel, in welchem sich die Natur der künstlerischen Mittel des Theaters bedient, um eine nackte Unschuld auf die Bühne zu bringen. Am Ende dieser ersten Darstellung Tahitis wird die Ebene des *spectacle* mit dem wirkungsvollen, stummen Auftritt eines Mädchens zum das gesamte Schauspiel erotisierenden Höhepunkt geführt. Es ist ein Mädchen und zugleich eine (abendländische) Göttin, die sich unseren Blicken so verführerisch zeigt. Die genderspezifische Rezeptionssituation braucht hier nicht eigens hervorgehoben zu werden.

An dieser Stelle greift das Schauspiel aus der Distanz auf die Nähe über: Der natürlichen, paradiesischen Schönheit des Landes entspricht die natürliche, schamlose Schönheit einer seiner Bewohnerinnen. Die Landschaft hat die Gestalt einer Frau angenommen: Das Motiv der schönen fremden Frau lässt grüßen. So ist das *spectacle* von der Natur auf den Menschen und von der Küste auf das Schiff der Reisenden übergesprungen; und an die Stelle des Landes ist dessen Verkörperung in Gestalt einer Frau getreten, die sich dem männlichen Blick darbietet. Weibliche Enthüllung und männliche Entdeckung gehen Hand in Hand: Im Reisebericht eines männlichen Reisenden wird der Entdeckerblick 'natürlich' männlich kodiert.

So wird der begehrliche Blick auf das verheißene Land zum begehrlichen Männerblick auf die paradieshaft unschuldig sich den Augen der Männer darbietende junge Frau. Diese doppelte Bewegung, welche das Amphitheater der Küste in der Tat nur zum Hintergrund, zum geschickt arrangierten Dekor des weiblichen Auftritts degradiert, führt zugleich die Zuschauerposition vor Augen, die nur durch eine dargebotene Öffnung, durch eine Luke, des Schauspiels voyeurgleich teilhaftig werden kann. Es ist die Bühne, und es ist der Guckkasten: Ärger entsteht nur dort, wo es ein Gedrängel um die besten Plätze gibt.

Auch hier haben wir es wie bei La Condamine mit einem guten, mit einem glänzenden Stück Literatur zu tun. Denn ähnlich ist die Funktion des an dieser Stelle abbrechenden, die Reize des Mädchens nicht weiter ausführenden Reiseberichts, so dass ein weiteres Überspringen von den ersten Zuschauern auf die zeitgenössische Leserschaft – und damit auch der immense Erfolg dieses Textes – vorprogrammiert ist. Louis-Antoine de Bougainville entwirft hier ein Theater der Bilder, in welchem das Mädchen nicht zu Wort kommt und so letztlich dem Reich der Natur zugeordnet bleibt; und doch ist es gerade dieses Stummbleiben, das es dem Erzähler erlaubt, die Körpersprache der schönen Unbekannten mit den Codes antiker Göttinnen, der Göttinnen der europäischen Antike, in Deckung zu bringen.

Auf diese Weise wird ein Spiel von Korrespondenzen zwischen Alter und Neuer Welt in Bewegung gesetzt, das Spiel einer friktionalen Literatur, deren Reisebewegungen sich jenseits diskursiver Grenzen keineswegs auf die außersprachliche Wirklichkeit beschränken. Dabei ist es nicht entscheidend, ob sich eine derartige Szenerie an Bord tatsächlich abgespielt hat: Entscheidend sind die literarischen Mittel, entscheidend ist die Allgegenwart der Fiktion. Daraus mag ein Gutteil der Faszinationskraft, die von Bougainvilles Reisebericht ausging, resultieren: und jene Südseetrunkenheit, mit welcher das zeitgenössische Publikum die Reiseberichte aus dem fernen Pazifik lustvoll genoss.

Es wäre – wie bereits betont – geradezu absurd, wollte man nach der Referentialität der letzten hier angeführten Passage aus Bougainvilles literarischem Reisebericht fragen. Längst hat die Textualität ihre Stellung eingenommen und das schlicht Dokumentarische einfach überwuchert. In kaum einem

Reisebericht erscheinen die erwähnten reiseliterarischen Dimensionen in so dicht gedrängter Reihung wie in Bougainvilles literarisch ausgefeilter Darstellung von Tahiti. Die Zweidimensionalität des Meeres wird eindrucksvoll um die dritte Dimension der Höhenstufen erweitert, in einer gegenüber La Condamine umgekehrten Bewegung, die nicht den Übergang aus der Bergwelt zum 'Süßwassermeer', sondern jenen vom Meer zum Land unterstreicht. Die Reise in der Zeit schließt sich unmittelbar an, wird das Gesehene doch mit den abendländischen Hochkulturen (Pyramide, Venus und der phrygische Hirte, das neue Kythera, Bougainvilles *nouvelle Cythère*[8] der tahitianischen Aphrodite) in Verbindung gebracht. Die Insel führt uns ihre Eigenzeitlichkeit vor Augen.

So tritt der Reisende selbst in eine Welt antiker Monumentalität ein, die sich – wie das Beispiel der Tahitianerin zeigt – vor seinen Augen in Bewegung zu setzen und zu leben beginnt, wobei sich unverkennbar Strukturen des Pygmalion-Mythos auf die Textebene durchpausen. Vor den Augen des Reisenden enthüllt sich – vielleicht ein letztes Mal – das Gemälde eines Goldenen Zeitalters, das die europäischen Reisenden zu genießen und gleichzeitig zu zerstören gekommen sind. Denn ihre Sinne wie ihre Sinnlichkeit beschränken sich nicht auf den Fernsinn des Auges; ihr Begreifen geht vielmehr in ein Greifen über, das zerstörerisch wirkt. Es ist nur noch eine Frage der Zeit, bis die Zeit des Goldenen Zeitalters für immer ausgelöscht sein wird.

Dieser vierten Dimension folgt in einer sich anschließenden Passage die Reise durch die sozialen Schichten der nur kurz besuchten tahitianischen Gesellschaft. Daraus entsteht so etwas wie eine erste ethnographische Skizze der sozialen Hierarchien auf Tahiti. Das gesamte Tableau aber ist eingebettet in die Dimensionen der Einbildungskraft und des Literarischen, die durch bekannte Anspielungen und Verweise eindrücklich auf die Imagination des Lesers einwirken und einen am abendländischen Kulturraum orientierten literarischen Raum tahitianisch re-kreieren. Aspekte einer genderspezifischen Analyse, aber auch des kulturellen Raumes auf Tahiti schließen sich an und deuten zumindest auf eine Behandlung der verschiedenen Dimensionen des Reiseberichts, wie sie von Bougainville geradezu mustergültig durchbuchstabiert werden. Die Vieldimensionalität Tahitis wird in den Vordergrund gerückt.

Im Zusammenlaufen dieser verschiedenen Dimensionen ergibt sich einer der am raffiniertesten gestalteten reiseliterarischen Orte, so dass der auf der referentiellen Ebene nur kurze Tahiti-Aufenthalt, der innerhalb des Reiseablaufs eine verschwindend kleine Etappe ausmachte, zum eigentlichen Höhepunkt

---

8 Ebda., S. 247.

der Reise stilisiert werden konnte. Die Inselgruppe im Südpazifik wurde zur idealen Projektionsfläche für eine französische und insgesamt europäische Leserschaft, die ihre kühnsten Spekulationen als räumlich weit entfernte Wirklichkeit begriff. Tahiti wurde zu einem entfernten Kythera, von dem aus – wie wir sehen werden – auch kritische Blicke zurück auf Europa geworfen werden konnten. freilich aus einer Perspektive, welche die kulturellen Positionen der südpazifischen Kulturen nur als Vorwand und Bilderfläche für Reflexe benutzte, wie sie gut von Europäern aus nach Europa zurückgespiegelt werden konnten.

Louis-Antoine de Bougainvilles bis heute beliebter Reisebericht weist geradezu idealtypisch ein nicht fixierbares Oszillieren zwischen fiktionalem und diktionalem Pol auf. In diesem Kräftefeld liegen Spannung und Wirkkraft, die von diesem Reisebericht der europäischen Expansion in den pazifischen Raum ausgehen. Die überprüfbaren Koordinaten der Inselgruppe verbinden sich mit der Reise nach Kythera, die dokumentarische und die ästhetisch-literarische Funktion verbinden sich zu einer friktionalen Literatur, wie sie in dieser Eigenart wohl nur im 18. Jahrhundert so kunstvoll verfasst werden konnte. Dabei bot dieser Reisebericht zahlreiche Anknüpfungspunkte für die zeitgenössische europäische Philosophie, die sich in der Folge Tahitis in der Tat auch bemächtigte.

Halten wir an dieser Stelle als Zwischenergebnis einmal fest: Reiseliteratur erscheint in den angeführten Passagen dieses Kapitels, aber auch bei anderen AutorInnen und Texten in mehrfacher Hinsicht als eine Literatur in Bewegung, die sich durch ihre Vektorizität, aber auch durch ihre Vieldeutigkeit auszeichnet. Sie ist zugleich eine Literatur auf Reisen (Aphrodite auf Tahiti), eine Literatur, die den Leser reisen lässt, und schließlich eine Literatur, die sich an einem doppelten Ort des Schreibens – etwa in der Form des Reisetagebuchs und dessen Überarbeitung am Ursprungsort des Schriftstellers, in wessen Auftrag dieser auch immer auf Reisen ging – vollzieht. In der Tat wäre hier, nebenbei bemerkt, eine klassifizierende Unterscheidung von Reisen und Reiseschriftstellern möglich zwischen jenen Reisenden, die aus frei gewähltem Entschluss ohne Auftraggeber reisen (Alexander von Humboldt), Reisenden, die im Auftrag offizieller Institutionen reisen (La Condamine oder Bougainville, aber auch die britischen Lateinamerikareisenden des 19. Jahrhunderts), und schließlich Reisenden, die von ihren Reiseberichten leben wollen und in ihrem schriftstellerischen Visier ein anonymes Lesepublikum in ihrem Herkunftsland beziehungsweise in Europa anpeilen. Doch scheint es mir gleichwohl wesentlich sinnvoller zu sein, den literarischen Reisebericht nicht nach seinen jeweiligen Autorinnen und Autoren, sondern nach all jenen Aspekten zu analysieren, die mit der konkreten Textualität und mit der ästhetischen Verfasstheit der jeweiligen Berichte zu tun haben. Kehren wir daher folglich wieder zur Analyse der Reiseberichte selbst zurück. Oder vielmehr: Widmen wir uns in einem Exkurs einer Schrift, die ihrerseits zwar keine Reiseliteratur im engeren

Sinne darstellt, durch ihr Gemachtsein aber reichlich Licht über die Reiseliteratur verbreitet. Machen wir also einen lustvollen Abstecher in die Philosophie.

Der französische Philosoph Denis Diderot hat sich der von Bougainville evozierten tahitianischen Thematik bemächtigt und fiktiv einen Supplementband zur Reise des französischen Gelehrten geschrieben, der als *Supplément au Voyage de Bougainville* bekannt wurde und zu den grundlegenden philosophischen Texten des französischen 18. Jahrhunderts gezählt werden darf. Es ist keine Frage, dass die Rede von der reichen Ausstattung Bougainvilles mit den *lumières* seiner Zeit, mit Fleiß und Ausdauer, Wissen und Naturgeschichte sehr zutreffend war, dass es aber in keinem Falle zutrifft, wenn behauptet wird, sein Stil sei einfach und eher einer Seemannssprache nahe gewesen. Das genaue Gegenteil ist der Fall. Es handelt sich vielmehr – wie wir bereits sahen – um eine sehr raffinierte Kompositionstechnik, die freilich an der Herausarbeitung bestimmter reiseliterarischer Höhepunkte und Orte ausgerichtet war. Damit aber blieb ein weites Feld für die *philosophie.*

Abb. 32: Denis Diderot (Langres, 1713 – Paris, 1784).

Beschäftigen wir uns in der gebotenen Kürze mit einigen Aspekten des *Supplément* zur Reise von Bougainville. Denis Diderot stellt bekanntlich im selbstverständlich fiktiven Dialog zwischen seinen Dialogpartnern A und B allerlei Überlegungen an – beziehungsweise legt sie seinen Gesprächspartnern in den Mund –, wie denn Menschen überhaupt auf die südpazifischen Archipele gekommen sein könnten und was an diesen so weit entfernten Orten denn ihre Zukunft sein werde. Er kann darüber ganz abstrakt philosophieren, ist sein Wissen doch nicht durch eine außereuropäische Erfahrung – geschweige denn Ortskenntnis – getrübt. Es ging ihm vielmehr um eine abstrakte philosophische Reflexion ausgehend von der Tatsache, dass er mit guten Gründen den Tahiti-Teil als den eigentlichen Höhepunkt des Reiseberichts von Bougainville erkannt hatte. Gestatten Sie mir also hierzu einen kleinen Exkurs.

Die gesamte von Bougainville ersonnene reiseliterarische Konstellation erwies sich als eine ideale Spielwiese für das Denken eines Philosophen der Aufklärung, dem es um die Entwicklung der Menschheit ging, der die universalisierten Prinzipien dieser Entwicklung aber allein aus Europa bezog und Phänomene wie etwa auch die Anthropophagie allein aus europäischer Perspektive betrachtete. Seitenhiebe Diderots gegen die Indianerreduktionen der Jesuiten in Paraguay – von wo die Jesuiten wenige Jahre zuvor ausgewiesen worden waren – konnte sich der ehemalige Jesuitenzögling Diderot freilich ebenso wenig verkneifen wie manche kleinere tagespolitische Anspielungen auf die politischen Verhältnisse in Frankreich. Warum um alles in der Welt kam der französische Philosoph auf die Besitzungen der Kirchenmänner in Paraguay zu sprechen? Die Jesuiten, so schloss Diderot bündig, wären ein Jahrhundert später schlicht nicht mehr auszuweisen gewesen, zu sehr wären sie dann zu einem Staat im Staate geworden, um noch aus selbigem entfernt werden zu können.

Und noch ein anderes Thema griff der französische Aufklärungsphilosoph dankbar auf. Neben den Jesuiten – einem obligaten Thema der Zeit mit Blick auf den Süden Amerikas – gab es natürlich auch ein weiteres Thema, das ebenfalls in jeder Berichterstattung und in jedem Reisebericht über Amerika auftauchen musste: die Frage nämlich, ob es in Patagonien nun Riesenmenschen gebe oder nicht. Diese Frage bewegte alle Zeitgenossen in Europa brennend – und kaum ein Kopf, der sich seit Amerigo Vespuccis Zeiten nicht dazu geäußert hätte. Im Anschluss an Bougainville konstatierte Diderot, dass es sehr wohl etwas größere und stark gebaute Menschen am Südzipfel des amerikanischen Kontinents gebe, dass es aber keineswegs Riesen seien, wie zuvor seit Beginn der Eroberung so oft behauptet worden war. Denis Diderot begnügte sich mit dem Hinweis, dass die Menschen eben allerorts mit dem „goût du merveilleux"[9] auf die Welt kämen und alles um sie her übertrieben und nach ihrem Geschmack einfärbten. Damit aber nun zur tahitianischen

---

9 Diderot, Denis / Romeur, Anne-Laure (Hg.): *Supplément au voyage de Bougainville*. Paris: Petits Classiques Larousse 2017, S. 31

Dimension seiner universalistischen Diskussion, die in seinem *Supplément* einen so breiten und vorrangigen Raum einnimmt.

Vor diesem Hintergrund ist es interessant und zugleich auch charakteristisch, dass Bougainville – wie es einst vor ihm Columbus tat – von seinem Besuch auf den weit entfernten tropischen Eilanden im Südpazifik einen veritablen Eingeborenen mit nach Hause, mit nach Frankreich nahm. Schon die Geste selbst ist ungeheuer kolonialistisch aufgeladen und wirkt noch abstoßender, wenn wir uns mit dem weiteren Verlauf des Schicksals dieses 'verpflanzten' Eingeborenen beschäftigen.[10] Denn anders als bei Christoph Columbus wissen wir eine ganze Menge über diesen Besuch eines Südseeinsulaners in Europa. Hierzu mögen nur einige Hinweise genügen. Bougainville, der eigentlich Verantwortliche, kam nach dessen Aufenthalt in Frankreich für die Kosten der Rückführung Aotourous nach Tahiti auf; doch sollte dieser – wie wir heute wissen – seine Heimat nie mehr erreichen, sondern auf tragische Weise zugrunde gehen.

Wie dem auch immer sei: Rasch bildeten sich eine Vielzahl an Legenden und Mythen um diesen Südseeinsulaner zu Besuch in Europa; doch sollten wir einmal näher betrachten, wie Denis Diderot diese Thematik literarisch und philosophisch in seinem *Supplément au Voyage de Bougainville* behandelte. Dazu müssen wir kurz in den entsprechenden literarischen Dialog einsteigen.

Unser Dialogpartner B hat nicht nur Bougainvilles Reisebericht gelesen, er hat auch Aotourou in Frankreich getroffen, mit ihm gesprochen und berichtet uns nun darüber. Mir scheint es äußerst aufschlussreich zu sein, aus der Perspektive dieses fiktiven Augenzeugen einen Blick auf die Fremdwahrnehmung Europas zu werfen, handelt es sich doch hier nicht um einen fingierten Perser oder Marokkaner, sondern um einen veritablen Südseeinsulaner, der freilich auch in diesem Falle nicht selbst zu Wort kommt, sondern lediglich zu einem Beispiel für ein bewusstes Bauchrednertum verkommt. Denn klar: Wir hören nicht Aotourou, sondern die Stimme des französischen Philosophen:

> Ich habe ihn gesehen, er hieß Aotourou. Das erste Stück Land das er sah, hielt er für die Heimat des Reisenden; sei es, weil man ihm die ganze Reise davon erzählt hat; sei es, dass er natürlich irregeleitet durch die scheinbar kleinen Entfernungen der Küsten die er bewohnt, wo der Himmel scheinbar am Horizont aufhört, die wirkliche Ausdehnung der Erde nicht kannte. Der ungezwungene Umgang mit Frauen war ihm so selbstverständlich, dass er sich auf die erste Europäerin die ihm begegnete, stürzte und dass er sich

---

10 Vgl. hierzu Gelz, Andreas: 'O Aotourou! (. . .) Que leur diras-tu de nous?' Die Figur des Aotouro in Diderots 'Supplément au Voyage de Bougainville' und die Grenzen interkulturellen Verstehens. In: Delon, Michel / Mondot, Jean (Hg.): *L'Allemagne et la France des Lumières. Deutsche und französische aufklärung. Mélanges offerts à Jürgen Schlobach para ses élèves et amis.* Paris: Champion 2003, S. 69–90.

anschickte, ihr auf tahitische Art den Hof zu machen. Er langweilte sich unter uns. Da das tahitische Alphabet weder *b*, noch *c*, noch *d*, noch *f*, noch *g*, noch *q*, noch *x*, noch *y*, noch *z* konnte er unsere Sprache, die seinen unbeweglichen Organen zu viele fremde Artikulationen und neue Laute bot, nie lernen. Er hörte nicht auf sich nach seiner Heimat zu sehnen und es wundert mich nicht. Die Reise von Bougainville ist die einzige die mir Lust auf eine andere Gegend als die meine gemacht hätte; bis zu dieser Lektüre dachte ich, dass man sich nirgends so wohl fühlte wie zu Hause und ich glaubte, es sei für alle Erdenbewohner gleich; eine natürliche Wirkung der Anziehungskraft der Heimaterde; eine Anziehungskraft, die von der Bequemlichkeit der man sich erfreut, herkommt und die wiederzufinden man anderswo nicht sicher sein kann.[11]

Es entbehrt nicht der Logik, dass der französische Philosoph sich zunächst mit der Sprache, mit dem Sprechen Aotourous beschäftigt, um dem 'Fremden' in einem zweiten Schritt gerade die Sprache gleichsam aus dem Mund nehmen zu können. Denn in dieser Passage werden der Südseeinsulaner und seine Möglichkeiten des Sprechens ausschließlich negativ gekennzeichnet: Seine Sprache erscheint nur in ihren negativen Abweichungen von der Norm der französischen Sprache und damit als defizitär. Was hier im Modus der Deskription, des Deskriptiven erscheint, ist in Wirklichkeit eine gelassene Abqualifizierung zu einer linguistischen Unfähigkeit, sich der Norm gerecht ausdrücken zu können.

In einem dritten Schritt geht es dann um Aotourous kognitive Fähigkeiten und seine Wissensstände. Auch sie werden negativ konturiert. Aotourou weiß zunächst mit den Distanzen nichts anzufangen, verfügt auch nicht über die Informationen, die ihm erlauben würden, die Größe der Erdkugel wirklich einzuschätzen und daraus die Lage seines Heimat-Eilandes zu bestimmen. Dies wiederum ist an die Sprache zurückgekoppelt: Denn des Weiteren verfügt er auch nicht über die sprachlichen und somit kognitiven Voraussetzungen, da seine eigene Sprache, das Tahitianische – von dem niemand zum damaligen Zeitpunkt viel wissen konnte –, über eine Vielzahl von Lücken, von negativen Ausfällen im Vergleich zum Französischen und zu den europäischen Sprachen überhaupt gekennzeichnet ist, so dass er sich die Vorstellungswelt der Europäer erst gar nicht aneignen kann. Es geht nicht darum, welche Sicht von Europa und seinen Bewohnern der Tahitianer entwickelt, sondern dass er nicht in der Lage ist, sich auch nur die richtigen Fragen zu stellen.

So sind allerlei Missverständnisse an der Tagesordnung. Denn auch die kulturellen Sitten und Gebräuche im Europa der Aufklärung sind dem Fremden völlig unbekannt: Er überträgt die tahitianischen Vorstellungen unmittelbar auf den europäischen Kontext, indem er sogleich die tahitianische Sitte körperlicher Liebesbezeugung – natürlich eine europäische Vorstellung vom 'Anderen' – der

---

11 Diderot, *Supplément*, S. 32.

ersten Europäerin anbietet, die auf ihn zukommt, so dass er nicht in der Lage zu sein scheint, die neuen kulturellen Kontexte überhaupt zu erfassen, denen zufolge in Europa die freie, unmittelbar und spontan ausgeübte Liebesbezeugung mit allerlei Tabuisierungen verbunden ist. Aber natürlich: wir haben es hier nur mit einer Fiktion des Fremden, des Anderen zu tun – ganz zum Nutzen und Gebrauch einer Aufklärungsphilosophie nach europäischem Geschmack.

Bemerkenswert ist freilich, dass der Dialogpartner B unmittelbar nach diesen negativen Charakteristika und der Fremd-Schreibung des Pazifikbewohners für sich selbst durchaus den Anspruch erhebt, gerne einmal diese in jeglicher Hinsicht so weit entfernten Weltgegenden besuchen zu wollen, habe ihm der literarisch so gelungene Reisebericht von Louis-Antoine de Bougainville doch erstmals diesen Gedanken an eine Besichtigung Tahitis eingegeben. Was aber erwartet oder erhofft sich der Franzose von einem derartigen Aufenthalt?

Die Idee kommt ihm ganz offensichtlich vor dem Hintergrund der eigenen Selbsteinschätzung, der zufolge die Europäer auf einen Aufenthalt auf Tahiti aufgrund ihrer Überlegenheit weit besser vorbereitet sind als die Tahitianer auf einen Aufenthalt in Europa, verfügen sie doch zweifellos über bessere sprachliche und kognitive Voraussetzungen. Es ist also nicht allein die technische und technologische Überlegenheit europäischer Schiffe und Seemannskunst, welche in der zweiten Phase beschleunigter Globalisierung den Europäer zum Reisenden, zum Weltreisenden werden lässt, der seine Ziele weltumspannend auszuwählen vermag.

Aber wer weiß: Vielleicht übertragen die Europäer ebenso wie der hier dargestellte fingierte (und reale) Tahitianer nur ihre eigenen Vorstellungen auf ein fremdes Land, auf eine fremde Weltgegend, und erleben dadurch ebenso eine interkulturelle Überraschung, die möglicherweise nicht geringer ausfallen könnte als jene des Tahitianers, dessen ungestümes Liebesverlangen, das sich auf jegliches heterosexuelle Objekt zu projizieren scheint, ins Leere ging. Mit einem kleinen Unterschied freilich: Denn die Europäer sind nicht nur in der Lage, in der zweiten Phase beschleunigter Globalisierung ihnen noch unbekannte Inseln und Inselwelten im Pazifik kontrolliert und wiederholbar anzulaufen, sondern besitzen auch die logistische Fähigkeit, die ihnen fremde Zivilisation nicht nur in ihrer weiteren Entwicklung zu bedrohen, sondern auf grundlegende Weise dem Untergang zu weihen und gänzlich zu zerstören. Es ist das Bewusstsein dieser Macht, das den ganzen Unterschied macht zwischen Europa und den fremden Welten: Nicht zuletzt hierauf gründet sich das Überlegenheitsgefühl der europäischen Mächte Frankreich und England, die miteinander im Wettlauf um den Erhalt dieser Inselgruppen wie auch anderer Gebiete im fernen Pazifik stehen.

Diese machtpolitischen Verhältnisse bilden den Hintergrund nicht allein für den Dialog der Rahmenerzählung, sondern auch für die Teile 2, 3 und 4 des

Supplément, welche recht ausführlich eine Art des interkulturellen Vergleichs mitbeinhalten. Dieser Kulturvergleich ist aber unverkennbar und deutlich abgesetzt von der Rahmenerzählung, in welcher es um den realen, den konkreten (und natürlich fiktionalen) Tahitianer Aotourou geht. Der Orou der Binnenerzählung und der internen Textteile hingegen wird ein wahrer Ausbund an philosophischen Einsichten und Überlegungen sein, der es den Vertretern der europäischen Zivilisation sehr schwer – wenn nicht unmöglich – machen wird, argumentativ die eigene Zivilisation zu verteidigen und vor der Vielzahl an Angriffspunkten zu 'retten'. Damit dreht Diderot gleichsam den Spieß seiner interkulturellen Argumentation um: Nicht das reale, sondern das fingierte Tahiti wird zum fernen Spiegel, in welchem sich Europa selbst betrachtet und sich den (eigenen) Spiegel vorhält. Hier greift die literarische und philosophische Fiktion ein über ein fingiertes Fremdbild, das dem 'Anderen' schlicht in den Mund gelegt wird und es dem Philosophen zugleich erlaubt, scheinbar eine kritische Außenperspektive zur europäischen Zivilisation aufzubauen.

Nicht zuletzt auch an diesem Konstruktionsprinzip wird deutlich: Denis Diderot ging es nicht um eine wie auch immer geartete Wertschätzung einer konkreten außereuropäischen Kultur, sondern um eine generelle, gleichsam philosophische Fragestellung unabhängig von einer realen interkulturellen Kommunikationssituation. Denn es ist eine ebenso imaginierte wie imaginäre Außerhalbbefindlichkeit, die hier mit der europäischen Zivilisation und gleichzeitig gegen die europäische Zivilisation ins Feld geführt wird, um diese letztlich einer stärkenden Kritik zu unterziehen.

Dabei ist es im Übrigen aufschlussreich, dass Dialogpartner B der Meinung ist, Aotourou werde nur wenig zuhause über seine Erfahrungen in Europa berichten und seinen Landsleuten mitteilen können – und überdies werde man ihm nicht glauben, seine Sichtweisen Europas für erflunkert halten. Dies erinnert recht stark an das Platon'sche Höhlengleichnis, wo der Mensch, der die Höhle kurzzeitig zu verlassen und die Sonne direkt zu sehen imstande war, wieder zu seinen ehemaligen Mitgefangenen zurückkehrt, welche die Dinge nur als Schatten an der Höhlenwand und niemals im direkten Sonnenlicht kennen. Doch was nutzt es dem Menschen, dass er von der Welt an der Oberfläche berichtet? Denn seine Mitgefangenen sind ebenso wenig bereit, ihm Glauben zu schenken, ja bedrohen ihn sogar damit, ihn aufgrund seiner gefährlichen Lügen und Unwahrheiten für immer zum Schweigen zu bringen. Die Wahrheit allein, wird sie von niemandem geglaubt, macht nicht frei, sondern gefährdet ihren Überbringer, der sich nicht erklären kann, wie er in eine solche Lage kommen konnte. 'Die Wahrheit wird euch frei machen' – jener Denkspruch (joh 8, 32), der am Kollegiengebäude I der Albert-Ludwigs-Universität zu Freiburg im Breisgau prangt und als Universitätsdevise zu verstehen ist, ist mit Vorsicht zu genießen: Denn wahr ist nur, was (zu einem bestimmten Zeitpunkt) auch geglaubt wird. Und doch, so bliebe hinzuzufügen, ist die Wahrheit zu ergründen noch immer die Aufgabe von Wissenschaft, genauer: die Erkundung von Wahrheiten. Dann aber gehen Wahrheit und Freiheit Hand in Hand.

Doch kehren wir zu Diderot und ins 18. Jahrhundert zurück. Denn in der Tat wird sich Diderot etwas später in seinem *Supplément au Voyage de Bougainville* noch verschiedentlich auf die *cavernes* und damit implizit auch auf Platons Höhlengleichnis beziehen. Aotourou aber, soviel steht für B fest, könne nicht viel erklären: Er besitze in seiner Sprache ganz einfach keine Begriffe dafür und keine Worte, um seinen Mit-Insulanern alles zu erklären. Wir sehen: Für Diderot ist die Sprache die zentrale Fähigkeit und Befähigung des Menschen, ja mehr noch: Sie macht sein eigentliches Menschsein aus.

Kommen wir nun zum eigentlichen *Supplément* zum Reisebericht Bougainvilles, auf das uns der Dialog der beiden Männer nur vorbereiten sollte, ein Reisebericht, der bei B auf dem Tisch liegt und in der Folge vorgestellt und diskutiert wird. Es folgt also nun die nachfolgende gemeinsame Lektüre der beiden Dialogpartner, welche die Zeit füllen soll, bis draußen der nicht ganz zufällige Nebel – der freilich am Ende symbolhafterweise keineswegs verschwunden sein wird – sich gelichtet hat. Dergestalt folgt also der zweite Teil des *Supplément*, der die Überschrift 'Les adieux du vieillard' und zugleich einen ganz anderen Charakter trägt. Denn hier lässt Diderot seiner Imagination freien Lauf.

In 'Les adieux du vieillard' wird uns ein Greis vorgestellt, der in seiner nun folgenden Rede oder *harangue* ein durchweg negatives Bild der Europäer, ihrer Zivilisation und ihres Verhaltens zeichnet. Die Gattung der *harangue* ist sicherlich eine der Stärken der Feder Diderots, die er auch vor allem in der dritten Auflage von Raynals *Histoire des deux Indes* glänzend zur Geltung brachte. Dabei ist ein Teil der Schmährede des alten Mannes, dass die Europäer schon sehr bald und auch künftig das Glück, das zweifellos auf der Insel Tahiti herrsche, bedrohen und zugrunde richten würden. Für den weisen alten Mann steht es außer Frage, dass von den europäischen 'Besuchern' eine solche Wirkung zwangsläufig ausgehen müsse: Sie tragen gleichsam den Keim der Zerstörung dessen, was sie bewundern – ganz im Sinne von Claude Lévi-Strauss' *Tristes Tropiques* – in und mit sich.

Wir haben es folglich mit einem zivilisationskritischen Teil des *Supplément au Voyage de Bougainville* zu tun, wobei als Sprachrohr sozusagen ein weiser Mann, ein Ältester dient, ein Verfahren, das uns nicht nur in der abendländischen Kulturtradition seit langen Zeiträumen bekannt ist. Der weise, alte Mann ist eine patriarchalische Chiffre vieler Kulturen. Nicht über Bougainvilles Abreise, so ruft der Greis seinen Mit-Tahitianern zu, sondern über Bougainvilles Ankunft sollten die Bewohner Tahitis weinen, seien doch damit die schönen Tage der Inselwelt im Südpazifik ein für alle Mal gezählt. Nichts bleibe so, wie es war.

Denn eines schönen Tages würden diese Europäer mit ihren Schiffen zurückkehren und ihre Bösartigkeit sowie ihre kolonialistische Unterjochung aller nicht-europäischen Kulturen offen zeigen. Bald schon würden die Masken der Franzosen fallen. Die Wendung des Greises an Bougainville apostrophiert diesen als „chef des brigands", mithin als einen Räuberhauptmann, der den Tahitianern erstmals die scharfe Unterscheidung zwischen Mein und Dein und damit die Frage des privaten Eigentums und der Besitzrechte beizubringen versucht habe. Dies aber sei der Anfang vom Untergang der tahitianischen Zivilisation, des anhaltenden Lebensglückes der Bewohner dieser Inselwelt.

Der Greis verweist nicht zu Unrecht auf jenes kleine Metallschild, das die Europäer hier zurückließen und das besagt, dass Bougainville und seine Mannschaft im Namen des Königs von Frankreich für ihre französische Heimat Besitz von der Inselgruppe ergriffen hätten. Und der alte Mann fährt fort und fragt rhetorisch geschickt, wie denn die Franzosen reagieren würden, käme bei ihnen eine Gruppe von Tahitianern an Land, um sofort von selbigem Besitz zu ergreifen und dies auf einem Stein schriftlich festzuhalten. Wer gebe den 'Besuchern' das Recht auf legalen 'Besitz' von Gütern, die sie gerade erst erblickt hätten?

Dabei macht sich der Greis über die inhärenten Widersprüche im Kolonialprojekt der Franzosen lustig, indem er deren Doppelbödigkeit an Maß und Begriff aufscheinen lässt. Zwar habe sich Bougainville über den Diebstahl kleinster, unnützer Habseligkeiten von seinem Schiff fürchterlich aufgeregt, selbst aber ein ganzes Land gestohlen, eine Argumentation, die nun unverhohlen antikolonialistisch wird und politischen Sprengstoff in sich trägt. Kein Zweifel: In diesen *harangues* läuft Diderot zu jener großen Form auf, wie er sie später auch in der von Guillaume-Thomas Raynal veröffentlichten Kolonialenzyklopädie der *Histoire des deux Indes* machtvoll unter Beweis stellen sollte. Rhetorisch brillant und argumentativ raffiniert führt der Greis vor, welches Unheil die eingedrungenen Europäer alsbald auf Tahiti anrichten würden, und wie weit das von ihnen gestiftete Unglück schon in die zwischenmenschlichen Beziehungen zwischen Tahitianerinnen und Tahitianern eingedrungen sei. Alles werde zugrunde gehen: Leben und Lieben würden sich ein für alle Mal auf den Inseln unumkehrbar verändern.

Es folgt dann ein eingeschalteter Dialog von A und B, welcher sozusagen die Rahmenhandlung wieder ins Bewusstsein des Lesers zurückholt und der den narrativ-diskursiven Kitt bildet, um die einzelnen Bestandteile des *Supplément* literarisch zusammenzuhalten. Ich kann hierbei nicht auf eine Reihe recht interessanter Details eingehen wie etwa auf jene Hinweise, es handle sich um eine *harangue*, die zunächst ins Spanische und von dort ins Französische übertragen worden sei, so dass allerlei europäisches Gedankengut miteingeflossen ist. Selbstverständlich haben wir es hier mit einem europäischen Räsonnement zu tun, das sich gegen den europäischen Kolonialismus richtet, weil dieser sich aller nicht-europäischen Länder bemächtige, nur um den eigenen Vorteil zu mehren.

Das ist zum einen recht geschickt auf die eigenen Beschränkungen der Perspektive Denis Diderots und dessen eingeschränkten Kenntnisstand bezogen, macht zum anderen aber auch auf die Bedingungen und den Preis interkultureller Kommunikation aufmerksam, der im Übrigen ganz wesentlich die Frage der Übersetzung und Übersetzbarkeit betrifft. Was auf diesen Dialog zwischen A und B nun folgt, ist nun nicht mehr als Monolog, als Rede, als Beschuldigungs- und Schmährede, vorgetragen, sondern wiederum in der Form eines Dialoges organisiert, wobei nun die Gesprächspartner den beiden unterschiedlichen beteiligten Kulturen entstammen, zu deren Sprachrohren und Vertretern sie werden. Damit wird die Rede des Greises aus der Monolog- in die Dialogform überführt, um sie gleichsam an einer konkreten Auseinandersetzung beispielhaft vorzuführen. Sehen wir uns dies einmal genauer an.

Es geht um den Dialog zwischen einem Schiffsgeistlichen, dem *aumônier*, und dem des Spanischen Kundigen Orou, der schon von seinem Namen her nicht mit Aotourou verwechselt werden darf. Im angeregten und bisweilen pfiffigen Dialog wird die Validität und Legitimität bestimmter kultureller Konzepte und Vorstellungen erprobt, wobei natürlich die beteiligte andere Kultur im europäischen Diskurs nicht selbst zu Wort kommt, sondern fingiert wird, hatte doch – wie wir schon wissen – der reale Aotourou schlichtweg nichts zu sagen. Dies ist übrigens ein interessantes Beispiel, wie man ganz elegant verhindern kann, dass der Andere und das Andere wirklich zu Wort kommen und einen eigenen Platz im Dialog beanspruchen. Auch dies ist eine Form des europäischen Kolonialismus – und ein solches diskursives Bauchrednertum hat eine sehr lange Tradition, ja lässt sich bis in unsere Tage verfolgen.

Der honorige Schiffsgeistliche war, wie alle anderen Seeleute auch, auf eine Hütte der Tahitianer verteilt worden, von deren Bewohnern ihm Gastgeschenke gemacht wurden, die unter anderem auch – und dies ist aus den Schiffstagebüchern verbrieft – Liebesdienste beinhalteten. Eine für unseren Schiffsgeistlichen unangenehme Situation, denn wie sollte er sich als katholischer Geistlicher nun verhalten? An dieser Problematik entzündet sich eine der grundlegenden Fragestellungen in der Rezeption von Bougainvilles Reisebericht wie im Diderot'schen *Supplément* zu dieser Reise: Wie kann es denn sein, dass körperliche Liebe, die im Abendland so ungeheuer stark tabuisiert und in gesellschaftliche Konventionen eingekleidet wurde, auf diesen Südseeinseln so ganz einfach, spontan und offen – wie es den Franzosen schien – praktiziert werden konnte. Kein Wunder: Tahiti erschien in den Augen der Franzosen und ihrer Zeitgenossen zuhause als ein Reich der unbegrenzten Liebe. Und noch in den Hollywood-Verfilmungen des 20. Jahrhunderts ist in den eher prüden Vereinigten Staaten eine Menge Knisterstoff diesbezüglich vorhanden.

Es war nicht schwer für Diderot, aus diesen Geschlechterverhältnissen eine zutiefst philosophische Problematik mit allerlei begrüßenswerten erotischen Zwischentönen zu machen. Und das tat der französische Philosoph dann auch. Denn diese Frage faszinierte nicht nur Diderot, sondern alle Zeitgenossen in Europa und warf ein Licht auf die Relativität kultureller Vorstellungen vom menschlichen Körper und seinen Praktiken, ohne dabei sogleich zu einem billigen Kulturrelativismus zu führen. Auch Diderot selbst war von einem solchen meilenweit entfernt.

Doch wird die Arbitrarität kultureller Vorstellungen auch und gerade im Abendland oder in dem, was man auch als den Westen bezeichnen könnte, deutlich, habe man sich doch so sehr vom Naturrecht und vom natürlichen Verhalten des Menschen entfernt, dass man selbst die körperliche Lust nur noch unter schlimmen Gewissensbissen genießen könne. Was blieb dann übrig? Und wie sollte sich ein katholischer Geistlicher angesichts derartiger Usancen untadelig verhalten? Sollte er streng auf europäischen Sitten beharren oder das Gastgeschenk freudig annehmen?

Er seufzt und tut. So ruft der arme Schiffskaplan, der in der Folge die Liebesdienste der jüngsten, der mittleren und der ältesten Tochter Orous sowie letztendlich auch von dessen Frau in Anspruch nehmen muss und nimmt, immer wieder in seinen Liebesnächten aus: „Mais ma religion, mais mon état!" Damit ist freilich nicht der Naturzustand, sondern gerade der Gesellschaftszustand gemeint; und dieser wird in einem Kontext und Zusammenhang problematisch, der – so die Erzählerfigur – um ein Vielfaches jenem der Natur näher steht als die europäischen Gesellschaften und Zivilisationen es jemals taten. Unser katholischer Geistlicher wird schlicht in den Naturzustand überführt und in seiner Nacktheit der Fleischeslust überantwortet. *Honni soit qui mal y pense!*

Übrigens ist es auch bemerkenswert, dass in diesem Zusammenhang auch von der Präsenz einer Frau an Bord berichtet wird, die in Männerkleidern als vermeintlich männlicher Domestik unbedingt eine Weltreise unternehmen wollte, nun aber von den Tahitianern als Frau entlarvt und ihrer eigenen Form von *civilité* zugeführt wird. Sie sehen: Der Segen der Liebe wird reichlich über alle Figuren ausgegossen. Und verkleidete Frauen an Bord von Segelschiffen? Das war gar nicht so sehr an den Haaren herbeigezogen, wie es scheinen mag: Die Geschlechterzwänge in Europa ließen manche Frau erfinderisch werden und zum weltreisenden Mann mutieren.

Dann führt Diderot in die Erörterungen ein rationales biopolitisches Argument ein. Ich kann und will der Frage nach der freien Liebe an dieser Stelle freilich nicht ausführlich nachgehen sowie die damit verbundene Argumentation erörtern, den Tahitianern, die ihre Bevölkerung hätten vermehren wollen, sei es ganz zielstrebig nur darum gegangen, durch die Einsammlung des europäischen Samens die eigene Bevölkerung zu vermehren und zugleich auch mit intelligenten (sic) Exemplaren der menschlichen Spezies zu bereichern. Es ist ein Argument, das gleichsam die kulturelle Dimension ausblendet, um einen biologischen, auf biologische Diversifizierung abstellenden Gedanken einzuführen und entsprechend stark zu machen. Ich will hier auch nicht der Frage nach dem Gottesbegriff nachgehen, die ebenfalls abgeleitet von den Problemen des Schiffsgeistlichen in seinem Verhältnis zu den der Kirche geschuldeten Pflichten, auch in Form der Keuschheit, thematisiert wird. All dies sind aufschlussreiche biopolitisch-theologisch-philosophische Fragen, auf die ich Sie nur hinweisen kann, ohne diesen Aspekten doch detailliert nachzugehen.

Wichtig ist für uns im Kontext unserer Vorlesung aber vor allem, dass aus dem interkulturellen Dialog erst jene Fragen entwickelt werden, welche die europäische Aufklärung als einen Prozess zwischen zwei Welten erkennen lässt. Dass dabei der eigenen abendländischen Welt eine andere, nicht-abendländische gegenübergestellt wird, die doppelt durch die Schiffstagebücher und deren apokryphe Bearbeitung verstellt und deplatziert, fingiert und kulturell in ein Anderes projiziert wurde, soll uns dabei nicht stören, haben wir uns mit diesem Tatbestand doch bereits mehrfach vertraut gemacht. Doch die Erfahrung wie die Projektion des Außereuropäischen werden – wie schon in Montesquieus *Lettres persanes* oder in Cadalsos *Cartas marruecas* – zum eigentlichen Motor oder zumindest doch zum philosophischen Treibstoff, der die gesamte Geschichte in Gang hält. Erst die Stilisierung eines Anderen zu einem Anderen erlaubt es, das vermeintlich eigene neu zu perspektivieren und von diesem Anderen, erst einmal fein säuberlich konstruiert, abzuscheiden.

Hier, so scheint mir, liegt die eigentliche Würze dieser Bearbeitung eines Reiseberichts, eine Rezeption, die durch viele andere Texte, unter ihnen Georg Forsters *Reise um die Welt* mit ihrer wiederum eigenen, aber von Bougainville keineswegs unabhängigen Darstellung Tahitis weitergeführt werden könnte. Es ist hier nicht der Ort, in unserem Exkurs, der langsam schon zur Exkursion wird, diese hochinteressante Fragestellung weiter zu verfolgen. Ich kann der Versuchung allerdings nicht widerstehen, Ihnen an dieser Stelle zumindest einen kleinen Einblick in Georg Forsters Reisebericht zu geben, wo denn der Aufenthalt auf Tahiti mit den folgenden Worten beginnt: „Ein Morgen war's, schöner hat ihn schwerlich je ein Dichter beschrieben"[12] – ein fürwahr trefflicher Auftakt für eine Schilderung, die

---

12 Forster, Georg: *Reise um die Welt: illustriert von eigener Hand.* Mit einem biographischen Essay von Klaus Harpprecht und einem Nachwort von Frank Vorpahl. Frankfurt a. M.: Eichborn 2007, S. 177.

viel zur Südseetrunkenheit des europäischen Publikums beitragen sollte. Verweilen wir also kurz bei Georg Forster, dem am weitesten gereisten der großen Schriftsteller des deutschen 18. Jahrhunderts (vgl. Abb. 68: Porträt des Georg Forster).

Ich wähle dabei eine Passage, die sich im Übrigen im vielfachen Sinne einbauen lässt in die interkulturellen Diskurse, die im 18. Jahrhundert von Europa aus auf die gesamte Welt projiziert wurden. Sie werden dies gleich bemerken. Georg Forster schildert eine Situation, in der gerade James Cook und seine Offiziere das Schiff verlassen haben und damit die Matrosen alleine an Bord, sozusagen alleine zu Hause sind. Im Grunde eine Routinesituation, die keinem britischen Seemann Angst machen müsste. Doch was in solchen Fällen einer sturmfreien Bude auf dem schönen Tahiti passieren kann, wird im Folgenden eindringlich aufgezeigt:

> Während dieser Zeit war das Schiff mit einer Menge von Canots umringt, die außer allerhand Kräuterwerk, auch große Quantitäten einländischen Zeugs verhandelten. So gar auf den verdecken wimmelte es von Indianern, und unter selbigen gab es verschiedene Frauenspersonen, die sich ohne Schwierigkeiten den Wünschen unsrer Matrosen überließen. Einige von denen, die dieses Gewerbe trieben, mochten kaum neun oder zehn Jahr alt seyn und hatten noch nicht das geringste Zeichen der Mannbarkeit an sich. So frühzeitige Ausschweifungen scheinen einen sehr hohen Grad von Wollust anzudeuten und müssen im Ganzen allerdings Einfluß auf die Nation haben. Die natürlichste Folge davon, die mir auch sogleich in die Augen fiel, bestand darin, daß das gemeine Volk, zu welchem alle diese liederlichen Weibsbilder gehören, durchgehends von *kleiner Statur* war. Nur wenige einzelne Leute aus demselben, waren von mehr als mittlerer Größe; die übrigen waren alle darunter – ein Beweis, daß die Meynung des Grafen *Büffon*, über die frühzeitige Vermischung beyder Geschlechter (S. dessen *Hist. naturelle*) sehr gegründet ist. Sie hatten unregelmäßige, gemeine Gesichtszüge, aber schöne, große Augen, die durchgehends sehr lebhaft waren; nächst diesen ersetzte auch ein ungezwungenes Lächeln und ein beständiges Bemühen zu gefallen, den Mangel der Schönheit so vollkommen, daß unsre Matrosen ganz von ihnen bezaubert waren und auf die leichtsinnigste Weise von der Welt, Hemder und Kleider weggaben, um sich diesen neuen Mätressen gefällig zu bezeigen. Die ungekünstelte Einfalt der Landes-Tracht, die den wohlgebildeten Busen und schöne Arme und Hände unbedeckt ließ, mochte freylich das ihrige beytragen, unsre Leute in Flammen zu setzen; und der Anblick verschiedner solcher Nymphen, davon die eine in dieser, jene in einer andern verführerischen Positur behend um das Schiff herschwammen, so nackt als die Natur sie gebildet hatte, war allerdings mehr denn hinreichend, das bischen Vernunft ganz zu blenden, das ein Matrose zu Beherrschung der Leidenschaften etwa noch übrig haben mag.[13]

Es ist zweifellos aufschlussreich, dass Georg Forster hier auf Tahiti von Indianern spricht. Dass es sich hier um einen europäisch-kolonialistischen Diskurs handelt, wäre uns freilich auch ohne diese Markierung aufgefallen. Zusätzlich

---

13 Ebda., S. 181 f.

zur patriarchalischen Einfärbung zeigt dies nicht zuletzt, wie sehr die Eindrücke des Umgangs mit außereuropäischen Völkern sich vermischen können und innerhalb der Kategorie des 'Anderen' nicht mehr nach Differenzen und Differenzierungen lange gesucht wird.

Doch konzentrieren wir uns auf den Inhalt dieses Auszugs aus Forsters *Reise um die Welt*, dem inoffiziellen Bericht von der zweiten Weltumsegelung des James Cook im Auftrag der britischen Krone. Deutlich wird in dieser Passage nicht nur, dass die sozialen Unterschiede und auch das Klassenbewusstsein des Reiseschriftstellers eine klare Abgrenzung und Ausgrenzung der Matrosen vornimmt, die gleichsam deklassiert und aus dem Reich der aufgeklärten Vernunft ausgebürgert werden, während der Schriftsteller selbst seine Sinne so sehr zusammenzunehmen vermag, dass er diese Szenen nicht nur distanziert schildern kann, weil er den Reizen der Schönen nicht erliegt, sondern darüber hinaus auch eine Vielzahl kritischer Bemerkungen, aber auch Vergleiche mit antiken Vorbildern wie den Nymphen anstellen und einbringen kann. Hier gibt es noch mehr.

Die jungen Tahitianerinnen erscheinen in einer sehr ambivalenten Weise als Nymphen und als Prostituierte, als Nymphomaninnen und als Unschuldige, als Hässliche von kleiner Statur und als Schöne mit wohlgestalteten Proportionen, so dass der gesamten Passage ein hoher Grad an Ambivalenz zukommt. Ambivalent ist dabei die Position des Reiseschriftstellers nicht zuletzt selbst, gerät ihm die ganze Passage doch schlussendlich zu einer Lobpreisung auf die Schönheit der jungen Frauen Tahitis. Zweifellos ist auch in diesen Ausführungen Tahiti der Ort der Lüste, ja der Wollüste, welche freilich zugleich in einen biopolitischen, medizinisch-sanitären Diskurs eingebaut werden, der in Buffons *Histoire naturelle* seinen wissenschaftlichen Bezugspunkt findet.

Neben vielem anderen finden wir auch hier das Motiv der schönen namenlosen Frau wieder, das die Europäer freilich auf ihrem eigenem Schiff heimsucht und obsessiv verfolgt, so dass sie alle Vernunft fahren lassen und zu Gefangenen ihrer eigenen Natur werden. Zumindest, was die einfachen Matrosen angeht. So darf denn auch hier der Verweis auf die Kraft der Natur im Gegensatz zur Ratio, der Vernunft, nicht fehlen, jenen grundlegenden Polen, an denen sich die europäische Aufklärung abarbeitete. Aber waren die Kräfte der Natur nicht stärker?

Dass Georg Forster, selbst noch reichlich jung an Jahren, nicht umhin konnte, seinerseits große, lebendige Augen zu machen und bei diesen Mädchen Schönheit zu konstatieren, macht uns zum einen darauf aufmerksam, dass hier erneut – wie schon in seiner Schilderung der Menschen auf den Kapverdischen Inseln – europäische Schönheitsbegriffe Verwendung finden, dass zum anderen aber auch die Möglichkeit und Fähigkeit besteht, die Schönheit eines Körpers ausgehend von bestimmten Punkten – hier insbesondere auch den Augen – ausgehend zu rekonstruieren, also auch eher hässliche Attribute gleichsam überspielen oder überstrahlen zu lassen. Nun gut: (Nicht nur) die Matrosen an Bord der Schiffe James Cooks wird dies wenig gekümmert haben, konnten sie doch hier Geschlechterbeziehungen ausleben, die in Europa selbst in ihren Sphären in den Hafenstädten der Welt wesentlich stärker tabuisiert waren. Hätte es sich um reine Prostitution gehandelt, so hätten sie nicht so den Verstand verloren und wären nicht so in Flammen aufgegangen, wie man zumindest anzunehmen berechtigt ist. In jedem Falle obsiegt ein patriarchalisches Denken, das man mit guten Gründen im Sinne von Jacques Derrida als phallogozentrisch bezeichnen darf.

Kehren wir nun aber rasch in unserem Exkurs ein letztes Mal zu Denis Diderots *Supplément au Voyage de Bougainville* zurück. Die Schönheit der Frauen ist im Diskurs der männlichen Reiseschriftsteller, Reisenden und Philosophen ein zentrales Thema nicht nur aufgrund der gleichsam innereuropäischen Geschlechterbeziehungen, sondern auch, weil sich im Bild der Frau stets das Andere, das es zu erobern und zu kolonisieren gilt, verbirgt. Die Frau und das Land, die Weiblichkeit und das kulturell Andere: Beide sind jeweils geschlechterspezifisch kodiert und zum Erobern freigegeben – gerade dann, wenn die begehrte Frau nicht nur eine geschlechtlich, sondern auch kulturell Andere in sich verkörpert.

Diderot, der ein feines Gespür für Höhepunkte hatte, war selbstverständlich jene Passage in Bougainvilles Reisebericht aufgefallen, in welcher sich urplötzlich eine antike abendländische Venus auf das Deck des französischen Schiffes begab und die anregendsten Posituren einnahm. Wir hatten die Szenerie in ihrer kunstvollen Anlage gesehen und gebührend bestaunt. Nun, der französische *philosophe* knüpfte daran eine Reihe von Überlegungen, die ich Ihnen nicht vorenthalten möchte. Der Schiffsgeistliche selbst habe angemerkt, erstens wieviel Wissen die Tahitianer in Liebesdingen erworben und gesammelt sowie tradiert hätten. Doch es gebe auch noch einen zweiten Punkt in seinen Anmerkungen:

[...] 2. Der Unterschied in der Auffassung der Schönheit in der einen Gegend wo die Formen mit der Lust des Augenblicks zusammengebracht werden und bei einem Volk, wo sie in Bezug auf einen dauerhafteren Zweck geschätzt werden. Dort erwartet man von der Schönheit einen strahlenden Teint, eine große Stirn, große Augen, feine und zarte Züge, eine geschmeidige Figur, einen kleinen Mund, kleine Hände und einen kleinen Fuß ... hier hingegen spielt das alles fast keine Rolle. Die Frau auf die die Blicke sich richten und die das Begehren verfolgt ist eine die viele Kinder verspricht (die Frau des Kardinal d'Ossat) und zwar aktive, kluge, mutige, gesunde und robuste. Es besteht fast keine

Gemeinsamkeit zwischen der Venus von Athen und der von Tahiti. Die eine ist die anmutige Venus, die andere die fruchtbare Venus. Eines Tages sagte eine Tahitianerin verachtend zu einer anderen Frau des Landes: „Du bist schön, aber du machst hässliche Kinder; ich bin hässlich, aber ich mache schöne Kinder und mich bevorzugen die Männer."[14]

Das Signifikante an dieser Passage ist zum einen die Tatsache, dass eine Relativierung der Schönheitsbegriffe (und zwar wohlgemerkt allein bezüglich der Frau) prononciert vertreten wird, wobei nun die Frage der Utilität, der Nützlichkeit für den Mann und den Familiennachwuchs, in den Vordergrund geschoben wird. Wieder also sind es biopolitische Argumente, die von Diderot ins Feld geführt werden – ganz unabhängig von der Tatsache, dass die genderspezifische Dimension sich bezüglich der Schönheitsbegriffe selbst in Widersprüche verwickelt, da ein traditioneller, also männlich-europäischer Begriff der Schönheit auch im Diskurs der Insulanerinnen allem zum Trotz doch fortzuleben scheint.

Die Konstruktion von Alterität wird hier also problematisiert und damit auch die Universalisierung der europäischen Schönheitsbegriffe hinterfragt, indem gerade das europäische Element der Nützlichkeit als Hebel dient, alles scheinbar auf den Kopf zu stellen. Andererseits aber wird eine zweite Alterität unangetastet gelassen, jene nämlich der Geschlechterdifferenz, ist doch in der europäischen wie in der sogenannten tahitianischen Kultur die Frau vom Urteil des Mannes abhängig und letztlich an dessen Nützlichkeit sowohl im Sinne der Erzeugung männlicher Lust als auch im Sinne der Erzeugung von Nachkommenschaft ausgerichtet. Europa und seine Diskurse lassen schön grüßen!

So zeigt sich, dass wir in der Figur der Frau gerade im Reisebericht ein Motiv vorfinden, das eine überaus hohe Komplexität innerhalb der literarischen Tradition männlicher Reiseschriftsteller besitzt, wird doch gleichsam am Körper der Frau die Alterität der Kulturen, die Differenz der Geschlechter, die Macht der Kolonisierung, die Nützlichkeit abhängiger Existenz und die Ästhetik von Alltagskultur wie von Festtagskultur dargestellt. Diese Aufklärung zwischen zwei Welten hat die europäische Aufklärung bis weit ins 20. Jahrhundert aber nur wenig vorangetrieben. Mir scheint, dass in diesen genderspezifischen Bestimmungen etwas von dem aufscheint, was lange Zeit unabgegolten war und es wohl auch immer noch ist: eine Aufklärung hin zu einer Gleichstellung (des Körpers) der Frau, ihrer Körperpolitik als zentraler Dimension ihrer Emanzipation. Auch zur Diskussion dieser 'Altlasten' der europäischen Aufklärung dient das *Supplément* von Denis Diderot bis heute hervorragend.

---

14 Diderot, *Supplément*, S. 57 f.

Allerdings: Denis Diderot war sich durchaus dieses Mankos, dieser Problematik, zumindest teilweise bewusst. Daher fügte er hier eine Anekdote ein, die eigentlich in einem Supplement zur Reise Bougainvilles nichts, aber auch gar nichts zu suchen gehabt hätte: Es ist die Anekdote von Polly Baker, die in Connecticut von ihren männlichen Richtern zum fünften Male verurteilt wurde, weil sie unehelich ein weiteres Kind auf die Welt gebracht hatte. Wieder die Frage nach Gender, Sexualität und gesellschaftlichen Normen?

Nein, keineswegs. Denn vielmehr zeigt sich, dass Polly Baker nur ein Opfer ihrer Situation und geschlechterspezifischen Lage als Frau ist und vom Verhalten der Männer abhängig bleibt, die aus ihr – wie in der Folge dann auch gezeigt wird – entweder eine Prostituierte oder eine ehrbare Frau und Mutter machen können. Diese Anekdote findet sich freilich auch in einem Text, den wir schon mehrfach erwähnt haben, nämlich Raynals *Histoire des deux Indes*. Dies ist Denis Diderot bewusst; und so verweist sein *Supplément* am Ende dieser Anekdote auch auf diese Tatsache, wobei er zugleich den guten Abbé Raynal gegenüber seinen zahlreichen Feinden in Schutz nimmt – so wie er auch wenig später eine Apologie zu ehren Raynals verfassen sollte. Hören wir kurz in den Dialog zwischen A und B:

> B. Ich weiß nicht, ob der Abt Raynal in seiner *Histoire du commerce de deux Indes* die Fakten und den Diskurs berichtet hat.
> A. Ein hervorragendes Werk und im Ton so anders als die vorausgehenden, dass man den Abt verdächtigt hat, fremde Hände benutzt zu haben.
> B. Das ist ungerecht.
> A. Oder eine Boshaftigkeit. Man zerstückelt die Lorbeeren, die das Haupt eines großen Mannes schmücken, und man zerstückelt sie so sehr, dass kein Blatt mehr davon übrig bleibt.
> B. Aber die Zeit versammelt die verstreuten Blätter und setzt die Krone neu zusammen.
> A. Aber der Mann ist tot; er hat unter der Beleidigung die er von seinen Zeitgenossen empfing, gelitten, und die Entschädigung, die er von der Nachwelt erhält, nimmt er nicht wahr.[15]

Dies ist die Zeit, als Raynal bereits aus dem Anonymat seines Werkes herausgetreten war und Zuflucht in verschiedenen europäischen Ländern, darunter auch hier in Preußen und in Potsdam, nehmen musste. Sein Ruhm freilich wuchs dadurch nur mehr an und er wurde allenthalben als Verfasser eines der Bestseller der europäischen *Lumiéres* verehrt.

In der soeben angeführten Passage freilich wird ein intertextuelles und zugleich intratextuelles Spiel getrieben, blendet Diderot, der kräftig an der

---

15 Diderot, *Supplément*, S. 61.

berühmten dritten Ausgabe der *Histoire philosophique et politique des étab-lissements des Européens dans les deux Indes* mitgeschrieben hatte, doch den längst erhobenen Vorwurf ein, der Stil von Raynals Werk sei so unregel-mäßig, dass es unmöglich allein aus der Feder Raynals stammen könne: Das Werk musste sich auch anderen Autoren verdanken. Einer dieser Autoren, nämlich Diderot selbst, macht mit einem kräftigen Augenzwinkern auf die-sen Umstand aufmerksam. Im Übrigen zielten derartige Vorwürfe allein dar-auf ab, Raynal zu verunglimpfen und ihm den Ruhm seines unsterblichen Werkes noch zu Lebzeiten zu rauben. Dies aber sei nicht rechtens, habe der gute Abbé doch sein Werk selbst verfasst.

Natürlich wusste es Denis Diderot selbst besser. Die Triebfeder der französi-schen *Encyclopédie*, dies können wir hier erkennen, ist mit allen Wassern gewa-schen. Und so führt uns der *philosophe* hier auch elegant ein Stückchen an der Nase herum, zugleich aber auch zu jenem Bestseller des 18. Jahrhunderts, der zum großen Nachschlagewerk der Aufklärung für die Beziehungen zwischen Europa und Außereuropa werden sollte: Raynals großer 'Kolonialenzyklopä-die', der *Histoire des deux Indes*. Doch schließen wir an dieser Stelle unseren Exkurs ab und wenden wir uns wieder den weiteren Typen reiseliterarischer Orte zu.

Drittens: Die Ankunft

Innerhalb der verschiedenen Orte und räumlichen Bestimmungen, die den Rei-sebericht auszeichnen, ist ohne jeden Zweifel ein stets herausragender Ort die Ankunft des Reisenden am Ziel seiner Reise. Diese Ankunft kann auch als ein Höhepunkt gestaltet sein und nimmt gewiss eine Sonderstellung ein, muss aber im Sinne der hier zu unterscheidenden reiseliterarischen Orte keinen eigentli-chen Höhepunkt darstellen.

Waren in den Texten La Condamines und Bougainvilles der Eintritt ins Amazonastiefland und das Erreichen Tahitis eingebettet in eine sich räumlich fortsetzende Reisebewegung, die fast übergangslos zur Heimkehr des Reisen-den überleitet, so ist die Ankunft in einem emphatischen Sinne an das Errei-chen eines bestimmten Ziels, dem ein längerer Aufenthalt gilt, gebunden. auch bei Alexander von Humboldt ist der Augenblick der Ankunft in Südamerika auf besondere Weise gekennzeichnet, auch wenn sich durch den Ausbruch einer Krankheit an Bord der *Pizarro* die Fahrtroute völlig veränderte und man nun nicht wie geplant im Hafen von La Habana auf Kuba sondern bei Cumaná im heutigen Venezuela anlandete. Die reiseliterarische Ausarbeitung der Ankunft ist in den Amerikanischen Reisetagebüchern wie auch im späteren Reisebericht der *Relation historique* eindrucksvoll gestaltet; zweifellos am beeindruckendsten aber ist die literarische Darstellung von Ankunft und erstem Tag in einem Brief vom 16. Juli 1799 an Alexanders Bruder Wilhelm:

> Welche Bäume! Kokospalmen, 50 bis 60 Fuß hoch! Poinciana pulcherrima, mit Fuß hohem Strauße der prachtvollsten hochrothen Blüthen; Pisange, und eine Schaar von Bäumen mit ungeheuren Blättern und handgroßen wohlriechenden Blüthen, von denen wir nichts kennen. Denke nur, daß das Land so unbekannt ist, daß ein neues Genus welches Mutis (s. *Cavanilles iconus, tom.* 4) erst vor 2 Jahren publizirte, ein 60 Fuß hoher weitschattiger Baum ist. Wir waren so glücklich, diese prachtvolle Pflanze (sie hatte zolllange Staubfäden) gestern schon zu finden. Wie groß also die Zahl kleinerer Pflanzen, die der Beobachtung noch entzogen sind? Und welche Farben der Vögel, der Fische, selbst der Krebse (himmelblau und gelb)! Wie die Narren laufen wir bis itzt umher; in den ersten drei Tagen können wir nichts bestimmen, da man immer einen Gegenstand wegwirft, um einen andern zu ergreifen. Bonpland versichert, daß er von Sinnen kommen werde, wenn die Wunder nicht bald aufhören. Aber schöner noch als diese Wunder im Einzelnen, ist der Eindruck, den das Ganze dieser kraftvollen, üppigen und doch dabei so leichten, erheiternden, milden Pflanzennatur macht. Ich fühle es, daß ich hier sehr glücklich sein werde und daß diese Eindrücke mich auch künftig noch oft erheitern werden.[16]

Die Ankunft in Südamerika wird von Humboldt folglich als eine Ankunft in einem wissenschaftlichen Wunderland gestaltet, in welchem die europäischen Wissenschaftler zwischen amerikanischen Wunderpflanzen hin- und hergerissen werden. Die ungeheure Euphorie schlägt um in eine planlose Bewegung, in eine 'Narretei', in der sich die beiden Forscher ihren Gefühlen überlassen und in ihren Gegenständen 'aufgehen'.

Aber auch auf einer persönlichen Ebene gesteht der preußische Gelehrte rasch ein, dass er sich hier sehr glücklich fühle und diesem Glücksgefühl auch während des sich nun eröffnenden Zeitraums seines Aufenthalts in den amerikanischen Tropen nichts entgegenstehe. Die Ankunft wird hier zu einem neuen Beginn, ja zum Auftakt einer *Vita nova*, die mit diesem Ankommen am Ziel der Wünsche bereits begonnen hat.

Zugleich eröffnet diese Ankunft einen neuen Zeitraum, in welchem das wahnwitzige Umherlaufen in einen kontrollierten, planmäßigen Gang der wissenschaftlichen Arbeiten beider Forscher übergehen muss und übergehen wird. Der reiseliterarische Ort der Ankunft wird bei Humboldt folglich zu einem Augenblick des Ausbruchs eines Glücksgefühls, aber auch des Neubeginns einer Zeitrechnung, die mit diesem Tage einsetzt.

---

16 Humboldt, Alexander von: An Wilhelm von Humboldt. In (ders.): *Briefe aus Amerika 1799–1804.* Herausgegeben von Ulrike Moheit. Berlin: Akademie Verlag 1993, S. 42.

Doch dieser reiseliterarische Ort der Ankunft ist zugleich, häufig stärker noch als der Ort der Abreise, herausgehoben als ein Ort der Selbstvergewisserung, der Wahrnehmung des Anderen und der Problematisierung bereits vorgeprägter eigener Wahrnehmungsmuster, die sich hier erhärten oder verworfen werden. Nehmen wir hierfür ein Beispiel knapp hundert Jahre später, vom Ende des 19. Jahrhunderts, und aus einer anderen Weltgegend. In besonders klarer Form findet sich diese Selbstvergewisserung des reisenden Subjekts bei Richard Gordon Smith, einem viktorianischen Reisenden, der Japan zwischen 1898 und 1907 mehrfach besuchte. So heißt es in seinen Berichten aus dem 'Land der Götter':

> Im Morgengrauen befand ich mich im Hafen von Nagasaki, *Japan at last*. Eine der Ambitionen meines Lebens war gewesen, dieses Land zu sehen, und hier war ich nun. Undeutlich noch zeichneten sich Hügel ab [...]. Die Kohlenboote kamen längsseits, und dann wurde das Japan meiner Einbildungskraft plötzlich lebendig. Die Kohlenverkäufer entpuppten sich als Mädchen und Frauen – alle stammten sie selbstverständlich aus den niederen Arbeiterklassen, und doch sah man ihren Gesichtern sofort an, dass dies ein Land in bester Stimmung war, ein Land, in dem selbst die Frauen aus der niederen Arbeiterklasse lächelnd zu einem aufsahen.[17]

Noch zeichnen sich die Konturen des Landes, die Konturen des Kommenden und bald schon Entdeckten, nur undeutlich und verwaschen ab. Doch es treten andere Bilder hervor. Bemerkenswert und aufschlussreich ist in dieser just auf den 24. Dezember 1898 datierten Bemerkung nicht allein, dass sich das fremde Land erneut in Gestalt einer sich dem männlichen Reisenden gegenüber freundlichen Unbekannten zeigt – zweifellos eine Variante des verbreiteten Rebecca-Motivs, das zugleich den geschlechterspezifisch keineswegs neutralen männlichen Blick des Reisenden 'freigibt'[18] –, oder dass auch hier, noch von Bord des Schiffes aus, die verschiedenen räumlichen, aber auch sozialen Dimensionen des Ziellandes eingeblendet und erstmals eingeführt werden. Aufschlussreich ist vor allem die Tatsache, dass das Vor-Gewusste, das *Japan of my imagination*, in diesem Weihnachtsgeschenk der Ankunft plötzlich zum Leben erweckt wird. Der Reisende

---

17 Gordon Smith, Richtard / Manthorpe, Victoria (Hg.): *Travels in the Land of the Gods.* New York: Prentice Hall 1986, S. 14.
18 Vgl. hierzu Wolfzettel, Friedrich: *Ce désir de vagabondage cosmopolite. Wege und Entwicklung des französischen Reiseberichts im 19. Jahrhundert.* Tübingen: Niemeyer 1986, S. 33 ff. und 40 ff. Bereits die Reiseberichte und Chroniken des 16. Jahrhunderts zeigen freilich, dass das fremde Land, das in Besitz genommen werden soll, unter dem männlichen Blick stets weiblich metaphorisiert wird. Die libidinöse Struktur von Ent-deckung und In-Besitz-Nahme wird in der Gestalt, im begehrten Körper der unbekannten Frau manifest. Vgl. hierzu auch Hölz, Karl: *Das Fremde, das Eigene, das Andere. die Inszenierung kultureller und geschlechtlicher Identität in Lateinamerika.* Berlin: Erich Schmidt Verlag 1998.

betritt nur physisch absolutes Neuland. In seinem Kopf aber hatten sich zuvor längst viele Bilder des von ihm dereinst zu besuchenden Landes gebildet, die nun, mit der Ankunft, einer Aktualisierung unterliegen. Diese vorab geformten Bilder können bisweilen so stark sein, dass sie die eigentliche Wahrnehmung von Land und Leuten in den Hintergrund drängen.

Der Übergang zwischen dem Vorwissen, das der britische Reisende vor allem seinen Lektüren verdankt, und der empirisch erfahrenen Realität vollzieht sich bei Richard Gordon Smith freilich erstaunlich harmonisch. Es scheint bei ihm nicht zu einem Kampf zwischen dem Vorgewussten und dem empirisch Wahrgenommenen, nicht zwischen den Japan-Bildern seiner Lektüren und den ersten Eindrücken bei der Ankunft im Hafen von Nagasaki zu kommen. Im reiseliterarischen Text werden die zuvor entworfenen Bilder vielmehr in Bewegung gesetzt, mit konkretem Leben, mit einem sinnlichen Lächeln erfüllt. Die hermeneutische Erfahrung der Konfrontation mit dem Anderen erscheint in dieser Passage als spannungsfreies Kontinuum, indem die in Gedächtnis und Einbildungskraft gespeicherten und fixierten Figuren ganz einfach lebendig und zu konkreten Gestalten im Reisebericht werden. Sie verkörpern die Bewegung, die der Text in mehrfacher Hinsicht re-präsentiert, und offerieren Deutungsmöglichkeiten, welche weit über die konkreten und empirischen Impulse in einer simplen Hafenszene hinausgehen. Der Reisende sieht, was er bereits vor seiner Reise vor sich liegen sah: Er erfährt, was er längst zu erfahren gelernt hatte. Man könnte sich an einer solchen Stelle fragen, ob es da der Reise noch bedurft hätte.

Ankunft als Erfüllung: Das so lange heiß ersehnte Ziel wird ganz so vorgefunden, wie es erwartet worden war. Dies muss freilich nicht immer der Fall sein. In Richard Gordon Smiths Reisebericht jedoch wird gerade diese hermeneutisch reflektierte Beobachterposition dazu benutzt, die Standortbestimmung sowohl auf der Ebene des erzählten Ichs (etwa in der Form der kursiv gesetzten erlebten Rede) als auch auf der Ebene des erzählenden Ichs (das die Ankunft als zurückliegende Erfüllung eines lang gehegten Kindheitstraums bezeichnet) gegenüber dem Leser deutlich zu markieren. Damit werden die literarischen Mechanismen des Reiseberichts gleichsam in ihrer konkreten Funktionsweise vor Augen geführt.

Die Ankunft am Ziel bezeichnet oft weniger den Ort erster Erfahrungen mit dem Anderen (diese werden bei Smith gerade *nicht* gemacht) als den Ort einer Selbstvergewisserung, einer Klärung der eigenen Motive, der eigenen Herkunft, des eigenen Standorts. Wie lange war diese Reise ersehnt worden! Und wie lange hatte es gedauert, bis sich die Wunschbilder des reisenden endlich konkretisieren konnten! Auch bei Richard Gordon Smith sind es vorgewusste Elemente, die – wie wir sehen konnten – schon bei anderen Reisenden zum Leben erwacht sind. So ließe sich sagen, dass der Reisebericht das Vor-Gewusste, die individuelle wie kollektive *memoria* in (lebendige) Bewegung (ver)setzt: Er verkörpert auch in diesem Sinne eine Literatur in Bewegung, die mehr ist als eine rein physische *motion*: Die innere Bewegung, die *emotion*, reist stets mit und transformiert oder bestätigt all jene Bilder, die sich im Vorgewussten herausgebildet hatten. Der reiseliterarische Ort der Ankunft markiert jenen Punkt, an dem beide Wissensstränge miteinander in Beziehung gesetzt werden.

Viertens: Abreise vom Zielort

Ein weiterer wichtiger reiseliterarischer Ort ist der Ort der Abreise von der Zielregion oder auch vom eigentlichen Höhepunkt einer Reise. An diesem Ort stoßen wir in der Regel auf einen weiteren semantischen Verdichtungspunkt, weil sich hier die verschiedenen Isotopien oder semantischen Bedeutungsebenen kreuzen und schneiden; und weil von diesem Ort aus verschiedenste Einsichten, Aussichten und Übersichten möglich und zum Teil auch notwendig sind. Denn der oder die Reisende zieht hier eine erste Bilanz und versucht sich zu vergewissern, welche Ereignisse wichtig und welche Ergebnisse herausragend waren, die den eigenen Aufenthalt im Zielgebiet der Reise betreffen. Es ist ein erster, aber keineswegs unwichtiger Punkt der Selbstvergewisserung, an welchem das gereiste Ich noch einmal die Positionen des reisenden Ichs vielfältig reflektieren kann und ein vorläufiges Bild der Reise entfaltet. Zugleich ist es auch der Ort einer vorläufigen Bilanz, welche der Zuhörerschaft präsentiert und erstmals diskutiert werden kann.

Dabei sind selbstverständlich unterschiedlichste Gestaltungen dieses reiseliterarischen Ortes denkbar. Zum einen kann der Reisende – wie etwa Alexander von Humboldt auf Cuba – noch einmal die verschiedenen Stationen seiner Reise in verschiedenen parallelen Sammlungen von Gegenständen Revue passieren lassen und damit die Resultate seiner gesamten Reise einerseits vergegenwärtigen und andererseits möglichst sicher für die Nachwelt aufbewahren. Die Aufspaltung in unterschiedliche Sammlungen diente in diesem Falle dazu, den eventuellen Verlust einer Sammlung zu kompensieren und durch die Existenz anderer, ebenfalls vollständiger Sammlungen auszugleichen, um so den materiellen Ertrag der Reise zu gewährleisten. Humboldt benutzte zugleich seinen zweiten Aufenthalt auf Kuba dazu, in Form seines kurzen kubanischen Tagebuches *Ile de Cube, Antilles en général* eine Gedächtnisstütze zu verfassen, die es ihm zu einem späteren Zeitpunkt erlauben sollte und erlaubte, der von ihm besuchten und untersuchten Insel eine eigene Monographie zu widmen. Diese monographische Studie erschien freilich erst Jahrzehnte später – und umso wertvoller waren jene Bemerkungen am Ausgang seiner Reise, die er im Jahre 1804 bereits festgehalten hatte.

Es ist aber auch denkbar, dass der Augenblick der Trennung vom eigentlichen Ziel der Reise in einem eher düsteren Licht steht und die oder der Reisende mit zumindest gemischten Gefühlen diesen reiseliterarischen Ort gestaltet. Auch hierfür möchte ich aus unserem bisherigen Korpus zwei Reiseberichte als Beispiele anführen. Denn ebendies ist zum einen bei Flora Tristan der Fall, die am Ort der Abreise eine kritische Bilanz ihres langen Aufenthaltes in Peru zieht und zu einem für sie selbst negativen Ergebnis gelangt. Denn sie hatte es weder erreicht, an das Erbe ihres verstorbenen Vaters zu kommen, noch wurde sie mit ihrer peruanischen Familie so vertraut, dass sie sich ernsthaft überlegt hätte, nicht mehr nach Frankreich zurückzukehren, sondern in Peru sesshaft zu werden. In dieser negativen Bilanzierung der Ergebnisse ihrer Reise erscheint zugleich auch der weitere Lebensweg der Reisenden selbst, insofern sie nun ihre erneute Einsamkeit, aber auch ihre wiedergewonnene Freiheit dafür nutzen muss, die Ziele ihres weiteren Lebens neu zu überdenken und festzulegen. So wird die Reise nach Lateinamerika für die französische Vorkämpferin der Frauen- wie der Arbeiterrechte ein abgeschlossenes Kapitel, an das sie später nicht mehr anknüpfen wollte.

Zum anderen denken wir an das Ende des Aufenthaltes von Bernardin de Saint-Pierre auf der damaligen Ile de France, dem heutigen Mauritius. Der französische Reisende und damalige Ingenieur zieht wie Flora Tristan ebenfalls eine negative Bilanz, die zugleich aber auch eine höchst kritische Bilanz des französischen Kolonialismus gleichsam aus einer Binnensicht ist. Bernardin de Saint-Pierre hat gelernt, diesen Kolonialismus und seine weltweiten Auswirkungen mit anderen Augen sehr kritisch zu sehen und seine eigene Position diesbezüglich neu zu bestimmen.

Der reiseliterarische Ort der Abreise vom Zielgebiet wird damit nicht nur zum Ort eines negativen Resümees, sondern zugleich zum Ort eines Auf Nimmerwiedersehens, eines endgültigen Abschieds von den kolonialen Tropen, denn hier mache man nur auf Kosten vieler anderer Fortune. Bernardin de Saint-Pierre lehnt diese Art von Gewinnerzielung fortan ab. Das gereiste Ich zieht dazu aber auch die Schlussfolgerung, seinerseits nie mehr in die Tropen gehen zu wollen, sondern in diesen kritischen Einsichten gegenüber dem Kolonialismus den eigentlichen Schatz, die eigentliche Fortune zu erblicken, die das Ich in den Tropen für sich gewinnen konnte. Der Autor von *Paul et Virginie* schließt damit das Kapitel seiner Reise in die Tropen ab, ohne freilich mit der außereuropäischen Welt selbst abzuschließen: Er wird zum Verfasser eines Reiseberichts, dem kein überragender Erfolg beschieden war, und zum

Autor eines Bestsellers des späten 18. Jahrhunderts, mit dem er sich nicht nur in den französischen Literaturgeschichten bis heute verewigte.

So sind unterschiedlichste Gestaltungen dieses reiseliterarischen Ortes möglich– die angeführten Beispiele zeigen hier nur einige der höchst unterschiedlichen Gestaltungsmöglichkeiten auf. Wir hatten etwa– um noch ein anderes Beispiel kurz anzuführen– bei Hape Kerkeling gesehen, dass die Abreise in fast unmittelbarer Folge zum Erreichen des Höhepunktes der eigentlichen Pilgerreise, der Ankunft in Santiago de Compostela, erfolgt. Die Reflexion dieses Erreichen des Höhepunktes der Reise sowie die Fortsetzung dieser Reise in Form eines Rückfluges nehmen dann nur noch einen kleinen Teil des eigentlichen Reiseberichtes ein und konzentrieren sich eher auf das Erreichen eines fünften reiseliterarischen Ortes, der in der Folge abschließend besprochen sei.

Fünftens: Die Rückkunft

Abschließend sei als ein weiterer wichtiger reiseliterarischer Ort semantischer Verdichtung die Rückkehr zum Eigenen, die Rückkunft in der Heimat der oder des Reisenden benannt. Sie kann als schlichter Ausklang des Reiseberichts, als erneuerte Selbstbestimmung, als ein eher banales *happy end*, bisweilen aber auch als eigentliche Erfüllung des gesamten narrativen Zyklus konzipiert sein. Auch hier sind folglich die unterschiedlichsten Gestaltungsmöglichkeiten denkbar.

An diesem reiseliterarischen Ort kann sich der Kreis der gesamten Reise schließen. Damit wird ein kreisförmiger hermeneutischer Bewusstseins- und Erkenntniszusammenhang hergestellt, der wieder vom Eigenen her den gesamten Reiseverlauf semantisiert. Ein besonders anschauliches Beispiel bietet Bernardin de Saint-Pierres *Voyage à l'Ile de France*:

> Man beeilte sich, eine letzte Mahlzeit zuzubereiten; aber man stand auf, setzte sich wieder, man aß keinen Bissen, wir konnten nicht von unserer Bewunderung der Erde Frankreichs lassen. Ich wollte mit meinem Gepäck an Land gehen; vergeblich rief man die Matrosen; sie hörten nicht mehr. Sie hatten ihre schönen Kleider angezogen: Sie waren von einer stummen Freude ergriffen; sie sagten kein einziges Wort: einige sprachen mit sich selbst. [. . .] Um mich her sah ich nur Leute, die bewegt waren. Ich rief einem Fischer und stieg in sein Boot. Als ich meinen Fuß auf die Erde setzte, dankte ich Gott, mich endlich wieder einem natürlichen Leben zurückgegeben zu haben.[19]

Das reisende Ich langt wieder in der Heimat an: Die äußere Bewegung macht einer inneren Platz, ein Ergriffensein breitet sich aus, das alle Matrosen, alle

---

19 Saint-Pierre, *Voyage*, S. 238 f.

Mann an Bord erfasst. Die emotionale, von der inneren Bewegung bestimmte Rückkehr zum Eigenen öffnet sich im achtundzwanzigsten und letzten Brief auf eine neue Sichtweise des Eigenen, der Heimat Frankreich.

Der Brief ist auf den ersten Januar 1773 in Paris datiert, womit nicht nur ein neuer Ort des Schreibens – die französische Hauptstadt –, sondern auch der Beginn eines neuen Lebenszyklus symbolisiert wird. Eine neue Lebensphase beginnt. In diesem Brief beklagt der Reisende nicht nur das Fehlen literarischer Vorbilder bei dieser 'so interessanten Gattung',[20] insoweit die großen Autoren des Jahrhunderts keine Reiseliteratur verfasst hätten, er macht nicht nur auf das schmerzliche Fehlen eines adäquaten Vokabulars für literarische Darstellungen tropischer Landschaften aufmerksam, sondern erhebt gegenüber den französischen Reiseschriftstellern seiner Zeit vor allem den Vorwurf, das Glück außerhalb der Grenzen ihres Heimatlandes gesucht beziehungsweise angesiedelt zu haben.[21] Dieses Glück aber, so der Verfasser des *Voyage à l'Ile de France*, müsse man in Frankreich selbst suchen.

An diesem reiseliterarischen Ort zieht der französische Autor Bilanz und führt, in die Heimat zurückgekehrt, das Scheitern seiner eigenen Pläne vor, dank des französischen Kolonialismus für sich selbst Gewinne zu erwirtschaften. Er zieht daraus Rückschlüsse nicht nur individueller Art, sich künftig aus diesem Geschäft herauszuhalten. Hatte auch Bernardin die Reise in die Kolonien mit der Hoffnung auf finanziellen Gewinn verbunden, eine Hoffnung, die auch im Reisebericht bisweilen durchscheint, so steht am Ende dieses letzten Briefes seines Reiseberichts eine Entmythisierung der Tropen als Ort materiellen Reichtums, hofft der Erzähler doch, durch die Beschreibung der Schrecken der Sklaverei auf der Ile de France das Mitleid der europäischen Tyrannen erweckt zu haben und auf diese Weise mit seinem Reisebericht einen immateriellen Gewinn für die Menschheit in Sachen Menschlichkeit zu erzielen. So heißt es hier:

> Pour toi, Nègre infortuné qui pleure sur les rochers de Maurice, si ma main, qui ne peut essuyer tes larmes, en fait verser de regret et de repentir à tes tyrans, je n'ai plus rien à demander aux Indes, j'y ai fait fortune.[22]
>
> [Wenn meine Hand, die deine Tränen nicht trocknen kann, für dich, den unglücklichen Neger, der auf den Felsen von Mauritius weint, Deinen Tyrannen Bedauern und Reue einflößen kann, so habe ich nichts mehr zu erbitten von den beiden Indien, denn ich habe dort ein Vermögen gemacht.]

---

20 „Il nous manque un modèle dans un genre si intéressant" (Ebda., S. 251).
21 Ebda., S. 255.
22 Bernardin de Saint-Pierre: *Voyage à l'ile de France*, S. 258.

Die Rückkehr zum Eigenen entwickelt sich zu einer Anrufung, ja Beschwörung des *lieu natal*,[23] des Geburtsortes, den der Philosoph nicht mehr zu verlassen brauche, um Gegenstände für seine Meditationen zu finden. Dieser *lieu natal* besitze, wie es am Ende des Reiseberichtes heißt, eine verborgene Anziehungskraft, eine unbeschreibliche Ergriffenheit, die kein Reichtum zu geben und kein Land zu vermitteln im Stande seien.[24] Daraus aber heißt es nun, die Konsequenzen für ein künftiges Leben, für einen neuen Lebensabschnitt zu ziehen.

Die gesamte Dynamik des Reiseberichts, die Beschäftigung mit der exotisierten Alterität, welche Bernardin de Saint-Pierre dann in seinen tropischen Landschaften für *Paul et Virginie* ein letztes Mal literarisch brillant entstehen ließ, kommt so in einer Versöhnung mit dem Eigenen zum Stillstand. Der reiseliterarische Ort der Rückkunft situiert sich damit innerhalb einer hermeneutischen Bewegung, die den gesamten Text erfasst und bei Bernardin de Saint-Pierre in der Erkenntnis des berühmt gewordenen Schlussteils gipfelt. Der Kreis der Reise hat sich geschlossen; und mit ihm alle Verstehens- und Erkenntnisprozesse, die es der Leserschaft nahezubringen galt.

---

23 „Der Geburtsort besitzt eine verborgene Anziehungskraft, eine unbeschreibliche Ergriffenheit, die kein Reichtum zu geben und kein Land zu vermitteln im Stande wäre." (Ebda.)
24 Ebda.

Hermeneutische Bewegungsfiguren des Reiseberichts: Kreis – Pendel – Linie – Stern – Springen

Gewiss wäre es möglich und wünschenswert, die hier genannten reiseliterarischen Orte weiter zu differenzieren und innerhalb ihrer Anlage historisch und komparatistisch eingehender zu untersuchen. Dies muss jedoch nachfolgenden Einzelstudien überlassen bleiben – in einer Überblicksvorlesung ist hierfür kein angemessener Platz. In künftigen Studien sollte eine möglichst große Zahl an Reiseberichten bezüglich ihrer je spezifischen reiseliterarischen Orte analysiert werden, um davon ausgehend zu verstehen, welch vielfältige Funktionen diesen Orten innerhalb der Reiseberichte jeweils übertragen werden. Hier war nur ein relativ begrenztes Panorama an reiseliterarischen Orten und ihren jeweiligen Funktionen zu bieten, um einen Eindruck dessen zu vermitteln, was im literarischen Reisebericht an semantischen Verdichtungsorten hergestellt und verwendet werden kann.

Dabei gilt es nun, die Charakteristika des literarischen Reiseberichts gerade auch bezüglich ihrer Oszillationen zwischen außersprachlicher Wirklichkeit und binnenliterarischer Fiktion auszuloten. Die Friktionalisierung des Referentialisierbaren stellt dabei auch in dieser Hinsicht zweifellos ein Grundmuster dar, so dass in den nachfolgenden Kapiteln diese Fragestellung auch auf eine Literatur ausgeweitet werden soll, die in einem engeren Sinne nicht als Reiseliteratur, wohl aber im Sinne unserer Vorlesung als eine Literatur in Bewegung bezeichnet werden kann. Damit meine ich im Kern, dass Formen und Funktionen des Reiseberichts Grundmuster einer inneren und äußeren Bewegung darstellen, welche die Literaturen der Welt in einem grundlegenden Sinne auszeichnen. Und natürlich sind hierbei auch erneut die Beziehungen zwischen *motion* und *emotion* miteinbegriffen.

Gehen wir diese Fragestellung durchaus mit der gewohnten Öffnung unserer Perspektive an und analysieren wir sehr wohl auch Aspekte, die uns aus dem Kreis der Reiseliteratur hinausführen und von allgemeinerem Belang sind. Dieses Feld ist fürwahr gewaltig. Wir dürfen folglich nicht bei der Untersuchung und Ausdifferenzierung der jeweiligen reiseliterarischen Orte eines Textes – mag es sich dabei um einen Reisebericht, einen Roman, eine Autobiographie oder andere narrative Texte handeln – stehenbleiben, sondern sollten gezielt danach fragen, innerhalb welcher Dynamik und Bewegung sich diese Orte ansiedeln und welche Bewegung ihre eigene Modellierung selbst wiederum auslöst. Selbstverständlich impliziert all dies die Frage, inwiefern und in welchem Maße reiseliterarische Muster ihrerseits Muster literarischer Darstellungsweisen prägen und selbst als literarische Grundmuster jeglichen literarischen Tuns angesprochen werden können.

Rekapitulieren wir noch einmal: Verschiedene Möglichkeiten einer Typisierung des Reiseberichts sind bereits erwähnt worden, etwa eine Einteilung nach dem Herkunftsland des Reisenden, nach seinen Zielländern, nach einer Dominanz bestimmter Gattungsmuster, nach einer Typologie des Reisenden selbst, nach Möglichkeiten der Fortbewegung und des Transports (Land- oder Seereise) oder auch nach einer vorherrschend objektzentrierten Reiseform wie der Forschungsreise oder einer dominant subjektzentrierten Form wie bei der Bildungsreise. Wir können unterscheiden zwischen einem deutschsprachigen, einem französischen oder englischen beziehungsweise einem argentinischen, mexikanischen oder brasilianischen Reisebericht, können unsere Einteilungen aber auch zwischen unterschiedlichen Sprachen und kulturellen Areas vergleichend miteinander verbinden, wenn wir die Indienreisen von Chinareisen, die Reisen in die USA von Reisen nach Lateinamerika oder Australien, Reisen in die Alpen von Reisen in die Anden scheiden. Wir können differenzieren zwischen Pilgerreisen und Forschungsreisen, zwischen Frauenreisen und Männerreisen, zwischen den Reisen junger Adliger oder den Reisebewegungen von Arbeitern oder Sklaven, von Packerinnen oder edlen Damen, die etwa ihre Männer auf Auslandsmissionen begleiten. Wir können ferner unterscheiden zwischen Seereisen und Landreisen, zwischen Gebirgstouren und Fahrradreisen, zwischen Kanufahrten und Treckingtouren – Sie sehen schon, dass es hier zusätzlich zu den Reisen zu Fuß die unterschiedlichsten Einteilungen und Klassifizierungen gibt, die allesamt ihr Eigenrecht beanspruchen. Reisebeschreibungen können Berichte von der eigenen Verschleppung oder erzwungenen Deportation, von der freiwilligen Exilierung oder politisch bedingten Migration sein und uns mit autobiographischen Schicksalen konfrontieren, welche sich in direkter Nähe zu autobiographischen Formen befinden. Auch hier sind die Grenzen zwischen den Gattungen fließend.

Doch lassen sich Reisen aus der für diese Vorlesung gewählten Perspektive vor allem auch als Bewegungen des Verstehens im Raum erfassen. Sie entfalten sich nicht allein als Raumfiguren, sondern vielmehr als Bewegungsfiguren innerhalb eines komplexen Zeit-Raumes, in dem sich die räumlichen Dimensionen mit der zeitlichen kombinieren. Es ist daher ohne jeden Zweifel möglich, ausgehend von der je spezifischen Inszenierung bestimmter Orte und der dazwischenliegenden Vektoren einige Grundfiguren reiseliterarischer Bewegung zu unterscheiden, die im Folgenden anhand von verschiedenen Grundtypen beispielhaft skizziert und erläutert seien. Diese Figuren können einen gesamten Text, oftmals aber auch nur einzelne Teile und Abschnitte eines Reiseberichts beziehungsweise Erzähltextes erfassen und diesem bestimmte Bedeutungs- und Deutungsmuster geben. Sie bilden gewissermaßen die Grundlagen einer hermeneutischen Bewegung auf der Leserseite und lassen sich als Schemata eines Verstehens deuten, das sich in Raum und Zeit in Form einer einfachen Bewegungsfigur entwickelt.

Erstens: Der Kreis

Greifen wir zur Exemplifizierung unserer Figuren erneut auf unser Korpus von Reiseberichten aus dem Ausgang des 18. Jahrhunderts und Beginn des 19. Jahrhunderts zurück. Der Schlussteil von Bernardin de Saint-Pierres *Voyage à l'île de France* hat gezeigt, in welcher Weise reiseliterarische Orte ein Bewegungsmodell des Verstehens – hier im Sinne einer veränderten Rückkehr als Bekenntnis zum Eigenen – auszudrücken vermögen. Dabei machen Leserin und Leser gleichsam nebenbei eine umfassende Bewegungsfigur mit, deren hermeneutische Entschlüsselung in den meisten Fällen quasi unbewusst nachvollzogen wird. Genau hierin liegt die Effizienz dieser Vorgehensweise, die vielleicht stärker noch als jedes andere Textelement das Verständnis auf der Leserseite zu kontrollieren und die Verstehensvorgänge zu beeinflussen vermag.

In Bernardin de Saint-Pierres Reise ist geradezu idealtypisch die Grundfigur einer kreisförmigen Reisebewegung zu erkennen, in welcher der Reisende am Ende zum Ausgangspunkt seiner Fahrt und damit Reisebewegung zurückkehrt. Dieses Grundmuster herrscht, soweit ich sehe, bei Reisen des 18. und des 19. Jahrhunderts nach Übersee ebenso bei europäischen wie nicht-europäischen Reisenden vor: Stets sind Ausgangspunkt und Endpunkt der Reise miteinander weitestgehend identisch.

Der Kreis ist hierbei keineswegs ein unschuldiges Modell. Bernardins Modellierung des reiseliterarischen Ortes der Rückkehr zeigt, dass die vielfältigen Beobachtungen naturgeschichtlicher oder kulturhistorischer Art, die im Reisebericht in Form von Briefen, Schiffstagebüchern, botanischen oder geschichtsphilosophischen Abhandlungen vorgestellt und diskutiert werden, letztlich am Endpunkt der Reise, in diesem Falle am Mutterland Frankreich, ausgerichtet sind. Dies gilt jedoch nicht nur für (europäische) Reisen, deren Ausgangs- und Endpunkt Europa ist.

Denn in umgekehrter Richtung ließe sich dies ebenso für die Texte des Argentiniers Domingo Faustino Sarmiento wie für jene des Chilenen Benjamín Vicuña Mackenna behaupten. Hier war das Ziel einer Reise nach Europa die Erlangung von Einsichten in gesellschaftliche Prozesse, die in den europäischen Ländern modellhaft im Bereich etwa von Bildung und Erziehung oder auch auf dem Gebiet der Militärtechnologie schon vollzogen worden waren. Die Fortschritte bestimmter europäischer Länder sollten hier aus lateinamerikanischer Sicht möglichst rasch egalisiert werden. Die Vermehrung des Wissens über das Andere, über dessen Lebensbedingungen, technologischen Entwicklungen oder Kulturformen, wurde rückgebunden an die Vorstellung eines Gewinns an Wissen im Herkunftsland des Reisenden. Ausgangspunkt der Reisebewegung war daher die Annahme einer Asymmetrie der Verhältnisse, der Lebensformen wie der Lebensnormen, die so schnell als möglich transatlantisch übertragen werden sollten und sich Europa (oder bisweilen auch bereits die Vereinigten Staaten von Amerika) als Modell vornahmen.

Die transatlantischen Angleichungsprozesse besaßen stets das Ziel, die Asymmetrie der Beziehungen[1] früher oder später auszugleichen und zu annähernd gleichartigen Lebensverhältnissen zu kommen. Dies betrifft etwa bei den europäischen Reisenden des 18. oder des beginnenden 19. Jahrhunderts ebenso die Verbesserung des Kolonialsystems wie die intendierte Abschaffung der Sklaverei, die durch Veränderungen im Mutterland bewirkt werden sollte. Im Vordergrund standen also Modernisierungsprozesse, wie sie jeweils für bestimmte Gesellschaften zielführend definiert worden waren und nun gesellschaftlich umgesetzt werden sollten.

Dies betrifft aber auch die Aneignung des Textes durch die Leserschaft, die vom Text nicht in der Form eines Vorwortes – an dessen Wirksamkeit Bernardin durchaus zweifelte[2] –, sondern vielmehr einer nachgestellten Reflexion im letzten Brief vorgeprägt und kanalisiert wurde. Daraus entsteht eine recht komplexe Verstehens- und Wissensaneignungsstruktur, die an dieser Stelle ganz kurz beispielhaft erläutert sei. Die Reise folgt der Bewegungsform des hermeneutischen Zirkels, indem sie das Vor-Gewußte schon zu Beginn des Textes einblendet, durch neue Erfahrungen und Wissenszuwächse kontrolliert, ergänzt oder auch (wie in Bernardins sphärenartig sich um ein Zentrum anordnendem naturgeschichtlichen Schema) neu systematisiert, um schließlich in einer letzten Bewegung (die sich auf neue hin öffnen kann) dieses so veränderte und erweiterte Wissen wieder mit den Wissensbeständen über das Eigene zu verknüpfen. So erfolgt in der Grundform des Kreises eine Anreicherung an Wissen, Kenntnissen und Erkenntnissen, welche den bewusst zugrunde gelegten hermeneutischen Zirkel in seiner Entfaltung leicht nachvollziehbar werden

---

1 Vgl. Ette, Ottmar: Asymmetrie der Beziehungen. Zehn Thesen zum Dialog der Literaturen Lateinamerikas und Europas. In: Scharlau, Birgit (Hg.): *Lateinamerika denken. Kulturtheoretische Grenzgänge zwischen Moderne und Postmoderne*. Tübingen: Gunter Narr Verlag 1994, S. 297–326.
2 Saint-Pierre, *Voyage*, S. 251.

lassen. Denn stets weiß eine europäische wie eine außereuropäische Leserschaft, an welchem Punkt der Kreisfigur sie sich in ihrem Verstehensprozess befindet.

Der hermeneutische Zirkel ist in diesem Beispiel keineswegs ein *circulus vitiosus*. Der Kreis enthält in seiner textuellen Ausführung vielmehr an einer bestimmten Stelle das Modell des Kreises in einer miniaturisierten Form und fasst den Gesamttext damit in sehr reflektierter Weise als Gesamtmodellierung zusammen. Denn durchaus im Sinne einer *mise en abyme* enthält Bernardins Reisebericht im siebzehnten Brief die Darstellung einer Fußreise, die von Port-Louis ausgehend dem Küstenbereich der Ile de France beständig folgt, um so zum Ausgangspunkt zurückzukehren und die zuvor existierenden Wissensbestände in dieser hermeneutischen Zirkelbewegung bewusst zu überprüfen und zu aktualisieren. Es gelingt dem Reisenden auf diese Weise, einen Überblick über die gesamte Insel zu geben und zugleich sein Wissen über dieses Eiland in gedrängter Form noch einmal konzentriert zusammenzufassen.

So können aus dieser Figur neue Erkenntnisse und Einsichten abgeleitet werden, die sich als inhaltliche Anreicherungen der Kreisstruktur verstehen lassen. Vor-Gewusstes und noch Nicht-Gewusstes werden anhand empirischer Erfahrungen oder Informationen aus dritter Hand wechselseitig aufeinander bezogen und an den Reiseweg geknüpft sowie aktualisiert. Der Reiseweg wird damit buchstäblich Schritt für Schritt zum Weg des Verstehens, der Reisende zum Orientierungspunkt einer hermeneutischen Bewegung, die der Leser anhand seiner Lektüre beständig und bequem nachvollziehen kann. Denn die Reiseliteratur ist eine Literatur, welche die Bewegungen des Verstehens unablässig vor Augen führt und – nicht selten auch und gerade mit der Leserschaft – immer wieder kritisch überprüft. Eben hierin dürfte einer der Hauptgründe für die enorme Beliebtheit von Reiseliteratur zu sehen sein.

Das Vor-Gewusste wird auf die Reise mitgenommen, so dass der *voyageur pur*, der 'reine' Reisende, wenig mehr als eine Abstraktion, ja eine völlig abwegige Idealkonstruktion sein kann, die in der Wirklichkeit nicht vorkommt. Diese Mitnahme des Vor-Gewussten wird bei jenen Weltumsegelungen augenfällig, welche die europäischen Zeitgenossen im letzten Drittel des 18. Jahrhunderts in Atem hielten und in ihrer Reiseroute bereits die Hermeneutik des gesamten (V)er-fahrens offenbarten. Stets ist hier das Spiel mit der Leserschaft inbegriffen.

Dies wird schon anhand all der Gegenstände und Objekte deutlich, die auf eine europäische Entdeckungsreise in der Art des ausgehenden 18. Jahrhunderts mit der Zielrichtung Pazifik mitgenommen wurden. Jean-François de Lapérouse etwa nahm auf seine Weltumsegelung nicht nur eine verblüffende Vielzahl und Menge zum Tausch geeigneter Gegenstände, sondern auch eine

Unzahl wissenschaftlicher Instrumente, umfangreiche Instruktionen und vor allem eine mehr als tausendbändige Bibliothek nebst vollständiger Karten-sammlung[3] mit, anhand derer er die auf der Reise erzielten Ergebnisse mit an-deren Resultaten beziehungsweise den in Europa zum damaligen Zeitpunkt verfügbaren Daten kritisch vergleichen und überprüfen konnte. Nichts wurde hierbei dem Zufall überlassen: Alles wurde genau geplant und festgelegt, um das Vor-Gewusste und Bereits-Gewusste in den Erkundungsprozess produktiv einbeziehen zu können. Auch hier bildet der hermeneutische Zirkel die Ver-stehensstruktur ganz genau ab.

So erscheint im Buch des Reiseberichts die Bibliothek der Reiseberichte. Denn Reiseberichte anderer Reisender, deren Angaben sorgfältig kontrolliert werden, machen einen gewichtigen Anteil der mitgeführten Schiffsbibliothek aus und möblieren gleichsam den literarischen Raum an Bord. Die angestrebte Präzision eines derartigen hermeneutischen Verfahrens mag an einer von Lapé-rouse berichteten Anekdote deutlich werden, welche die Faktizität der Gattung Reisebericht herauszustellen bemüht zu sein scheint:

> Kaum hatten wir geankert, so sahen wir, wie der gute Priester von Paratounka mit seiner Frau und all seinen Kindern an Bord kam. Von diesem Zeitpunkt an sahen wir voraus, dass wir bald einen Teil jener Figuren (*personnages*) erscheinen sehen und leicht auf die Bühne bringen würden, die anlässlich der letzten Reise von Cook beschrieben wurden. [...]
> Wir baten ihn, die Beschreibung der dritten Reise Cooks anzunehmen, was ihm viel Ver-gnügen zu bereiten schien; in seinem Gefolge fanden sich fast alle Figuren (*personnages*), die der Herausgeber auf die Bühne brachte, Herrn Schmaleff, den guten Priester von Pa-ratounka, den unglücklichen Ivaschkin; er übersetzte ihnen alle Artikel, die sie betrafen, und sie wiederholten jedes Mal, dass alles genauestens der Wahrheit entsprach.[4]

So versichert sich der Reisebericht der außersprachlichen Referentialität des Reiseberichts und macht auf seinen beanspruchten Wahrheitscharakter auf-merksam. Dies ist nicht nur eine Möblierung des literarischen Raumes, der in seinen intertextuellen Verzweigungen gewiss weiter verfolgt werden kann, sondern auch eine Hervorhebung jener Gattungsdimension, welche den Rei-sebericht im Reisebericht zum Gegenstand macht. Die generische (oder auch architextuelle) Dimension des Reiseberichts wird hier ganz offenkundig. Sind seine Figuren, seine Personen und Persönlichkeiten nicht allesamt den Seiten entsprungen, in welchen der Reisende zu blättern beginnt? Entsprechen sie

---

3 Vgl. Broc, Numa: *La Géographie des Philosophes*, S. 290.
4 La Pérouse, Jean-François de / Minguet, Hélène (Hg.): *Voyage autour du monde sur l'Astro-labe et la Boussole (1785–1788)*. Paris: La Découverte 1987, S. 278 u. 307 f.

Abb. 33: Jean-François Galaup de Lapérouse
(La Gua, 1741 – Vanikoro, 1788).

nicht samt und sonders jener außersprachlichen Wirklichkeit, deren Konsistenz sie selbst durch ihre Anwesenheit, aber mehr noch durch ihre Zustimmung bestätigen? Nicht nur der Reisebericht, sondern schon die eigene Reise selbst wird zu einem beständigen Dialog mit anderen Reiseberichten, was nicht allein auf einer intertextuellen Ebene von Bedeutung ist, sondern vor allem den Wahrheitsanspruch der Gattung manifestiert. Immer wieder nutzt ein Reisebericht die sich ihm bietende Möglichkeit, sich selbst und seine Gattung allein im Lichte der Diktion erscheinen zu lassen.

Dabei werden gewiss die Ergebnisse, Erfahrungen und bisweilen auch die Gestalten und Figuren in Bewegung gesetzt und mit neuem Leben erfüllt, die in früheren Reiseberichten – in diesem Falle von James Cook – sorgsam porträtiert worden waren. Intertextualität wird als Bewegungsmuster vorgeführt: Die Figuren hüpfen aus den Seiten und verwandeln sich wieder in referierbare Gestalten, Menschen aus Fleisch und Blut, die wir unsererseits besuchen könnten.

So wird die Ankunft der französischen Expedition von Lapérouse auf der Halbinsel Kamtschatka zu einem *déjà-vu*-Erlebnis, da die im Bericht von James Cooks letzter Reise dargestellten 'Figuren' Gestalt annehmen, lebendig werden

und gar an Bord kommen und parlieren. Jean-François de Lapérouse, der wenig
später selbst im Südpazifik ein mit seinem großen Vorbild James Cook vergleichbares Ende finden sollte, stellt in dieser Passage auf bemerkenswerte
Weise die Metamorphose heraus, welche die ihm aus einem anderen Text bekannten und dort 'inszenierten' Persönlichkeiten in real existierende Menschen
verwandelt, die er freudig an Bord – und damit in seiner Wirklichkeit – begrü-
ßen kann. Ein Reisebericht generiert sich aus einem anderen, jede Weltumsegelung setzt eine andere voraus: Die Welt in den unermesslichen Weiten des
Stillen Ozeans scheint kleiner geworden zu sein. auch diese Szene der Wiedererkennung, der Anagnorisis, ist Teil jener Kraft, die vom hermeneutischen Zirkel, von der Bewegungsfigur des Kreises, ausstrahlt.

Am Ende seines Aufenthaltes wird der Cook-Leser Lapérouse diese *per-
sonnages*, als hätte es dieser weiteren Spiegelung noch bedurft, mit dem
Cook'schen Reisebericht und so mit ihrer eigenen Verwandlung in Figuren
der Reiseliteratur beschenken. Dies stellt zweifellos eine besonders komplexe
(und gelungene) Variante des Motivs eines lebendig Werdens vorgestellter Figuren dar, auf das wir auf unserem Weg gerade am reiseliterarischen Ort der
Ankunft bereits mehrfach gestoßen waren. Wir verwickeln uns hier in immer
neue Kreisstrukturen, die weitere Kreise ziehen. Die Szenerie, in welcher einige der in James Cooks dritter Reise dargestellten Personen die Faktentreue
des Reiseberichts (und gleichsam ihre eigene literarische Existenz) verkün-
den, ist außergewöhnlich und wäre der Feder eines Romanciers unserer Zeit
nicht unwürdig. Es ist derselbe Effekt, den Figuren aus einem Kinofilm verur-
sachen, die urplötzlich von der Leinwand springen und sich mit dem Kino-
publikum verbinden.

Das Vor-Gewusste, in Form einer Schiffsbibliothek auf die Weltumsegelung
mitgenommen, wird der hermeneutischen Kreisbewegung folgend auf die empirisch erfahrene Realität übertragen, die für den *voyageur pur* neu wäre, nicht
aber für den *voyageur lecteur*. Eine Reise verbirgt immer eine andere: *Un voyage
peut en cacher un autre.* Jean-François de Lapérouse folgt dieser kreisförmigen
Bewegung und ergänzt einige Vorfälle, die den Menschen, welche der Herausgeber von James Cooks Bordbuch in Szene gesetzt hatte, in der Zwischenzeit
widerfahren waren. Die Realität erscheint gleichsam in überarbeiteter und ver-
vollständigter Ausgabe: Sie wird angepasst und aktualisiert. Die Reisebeschreibung von James Cook wird fortgeschrieben.

Dies bedeutet: Das Empirische verschmilzt mit dem Vor-Gewussten, die literarische Erfahrung etwa in Gestalt des *bon curé* wird beständig nachvollzogen
und in seiner weiteren Entwicklung dargestellt. Man könnte sich vorstellen, dass
eine weitere Expedition den Spuren von Lapérouse folgt und in denselben Hafen
der Halbinsel Kamtschatka einläuft. Gleichviel, ob es sich um eine tahitianische

Venus, eine unbekannte Japanerin oder um bereits literarisch porträtierte 'reale' Personen handelt: Stets geht in die Zirkelhaftigkeit der hermeneutischen Reisebewegung das Vor-Gewusste ein und perspektiviert den Blick auf das Andere, das in virtueller, imaginärer Form bereits zum Eigenen geworden war.[5] Aber was heißt hier schon 'das Andere'? Es ist längst zu einem Eigenen geworden, das die Funktionen eines Anderen für das Eigene erfüllt.

Wir können aber noch einen Schritt weiter gehen. Dass in dieser Bewegung das Vorgewusste die empirische Erfahrung vollständig überdecken kann, zeigt sich in Reiseberichten des 18. wie des 19. Jahrhunderts (und sicher auch jenen unserer Tage), etwa in der Reise Friedrich Nicolais, der 1781 eine Fahrt durch Deutschland und die Schweiz unternahm, die er in enzyklopädischer Manier in ein zwölfbändiges Werk umgoss. Nichts wird hier vergessen, alles wird genauestens festgehalten, rubriziert und kategorisiert. Von dieser Reise sagte Ralph-Rainer Wuthenow zu Recht, dass sie ein „Kreislauf", „eine durchgehaltene Unruhe ohne Ankunft, eigentlich doch auch ohne Abfahrt" und letztlich „ohne eine andere als die messbare Bewegung" gewesen sei.[6] Kurzum: eine Reise ohne eine eigentliche Reisebewegung.

Hier wird der hermeneutische Zirkel zu einem Leerlauf, der die Reise im Sinne eines Zugewinns an empirischer Erfahrung ad absurdum führt und nur mehr als Vorwand und Legitimation des Autors dient,[7] möglichst vieles erfassen und aufnehmen zu können. Reisen wird zum bloßen Sammeln, Sammeln zu einer 'bloßen' Literatur.[8] Zugleich aber enthüllt sich uns Literatur – und eben auch 'Reiseliteratur' – in ihrer Dimension des Sammelns, ja mehr noch von Sammlungen, wie sie sich gerade zu Beginn des 19. Jahrhunderts in den Sammlungen der Museen niederschlagen. Insofern erscheint es geradezu als ein natürlicher Vorgang, dass auch und gerade die Reiseliteratur diesen Prozess der Musealisierungen, der Versammlung mehr oder minder wichtiger Daten, in seiner enzyklopädischen Arbeit der Auflistung begleitet.

Ein derartiger hermeneutischer *circulus vitiosus* liegt oftmals der modernen touristischen Reise zugrunde, bei der sich der Reisende einem (Reise-) Führer

---

5 Vgl. zur Perspektivierung von Humboldts Reisebericht durch literarische Bezugstexte Ette, Ottmar: Der Blick auf die Neue Welt. In: Humboldt, Alexander von: *Reise in die Äquinoktial-Gegenden des Neuen Kontinents.* Bd. 2. Frankfurt am Main – Leipzig: Insel 1991, S. 1563–1597.
6 Wuthenow, Ralph-Rainer: *Die erfahrene Welt*, S. 360.
7 Ein weiteres Beispiel für eine Reise, in welcher nur eine räumliche, nicht aber eine Verstehensbewegung stattfindet, indem Erkennen immer nur als Wiedererkennen des Vor-Gewußten sich ereignet, bietet laut Friedrich Wolfzettel der französische Germanist und Reiseschriftsteller Jean-Jacques Ampères; vgl. Wolfzettel, *Ce désir de vagabondage*, S. 154 f.
8 Zum Zusammenhang zwischen Literatur und Sammeln vgl. die schöne Studie von Sánchez, Yvette: *Coleccionismo y literatura.* Madrid: Cátedra 1999.

anvertraut und dessen Tips und *trouvailles* pflichtbewusst nach-kommt. Denn bei einer solchermaßen vor- und durchgearbeiteten Reise muss deren Verlauf all jene Ziele 'abklappern', die zwingend auf dem an Sternen und Aussichtszeichen so reichen Parcours festgehalten und vorgeschrieben sind. Man könnte mit guten Gründen behaupten, dass ein solches touristisches Nach-Reisen mit der eigentlichen Reise-Erfahrung zwar nicht mehr viel gemein hat, aber spätestens im 20. Jahrhundert bei weitem majoritär geworden ist.

Greifen wir hier ein spezielles Beispiel heraus, mit dessen Hilfe man diese Nicht-Erfahrung einer Reise noch einmal anders vor Augen führen kann. Die interkontinentale Flugreise, die – folgen wir Italo Calvinos 'Reiseroman' – das Gegenteil einer Reisebewegung verkörpert, steht hier mit ihren Videofilmen, die dem Reisenden kurz vor der Landung ein farbenprächtiges, vor allem aber beruhigendes Bild der bereisten Alterität präsentieren, für die massenkulturelle Nutzung derartiger Verstehenskreisläufe und -kurzschlüsse. Wir bereisen das, was wir vorab gezeigt bekommen. Und wir holen Schritt für Schritt ein, was Schritt für Schritt für uns zuvor begangen wurde. Die mitgebrachten Reise-Führer bieten uns im Taschenformat einen Parcours an, den wir getreulich abarbeiten, um alles Sehens-Würdige mit Würde gesehen zu haben, bevor wir uns nicht an Überraschungen, sondern an der Einholung von Vor-Gewusstem reich ein wenig müde wieder auf den Heimweg machen. Der hermeneutische Zirkelschluss ist hierbei die grundlegende Bewegungsfigur alles Erfahrenen.

Wir können daraus schließen: Physische Bewegung ist nicht gleich Reise; und Reise impliziert nicht notwendigerweise physische Bewegung. Ob wir mit 'Studiosus' Sizilien im Uhrzeigersinn bereisen oder aber dieselben Ziele auf der Insel gegen den Uhrzeigersinn anfahren, bleibt sich letztlich gleich. Wir haben ein Programm gebucht und wollen folglich dieses Programm auch einlösen. Mag sein, dass sich hierin die Erfahrung eines Menschen spiegelt, der mehr als fünfzehn Jahre lang geführte Reisen angeboten hat. Und dabei selbst durchaus Reiselust empfand.

Doch zurück zu unseren Flugreisen. Der beunruhigenden Wirkung fremdkultureller Alteritätserfahrung wird noch an Bord mit der Verwandlung der Reisenden in (eingeflogene, aber darum nicht weniger statische) Zuschauer entgegengewirkt: Das Fremde wird als buntes Bild zugleich vor Augen geführt und neutralisiert. Es ist beeindruckend, wie kulturelle Differenz durch geschickte Visualisierung zugleich in eine fremdkulturelle Alterität und die offensichtliche Möglichkeit ihrer teilweisen Einverleibung verwandelt werden kann. Die Impfung mit dem Serum Reise schützt gleichsam vor der Reiseerfahrung selbst: Eine Reiseerkrankung im Sinne einer Infragestellung des Eigenen durch das Andere tritt in aller Regel nicht ein, auch wenn man vor Nebenwirkungen niemals sicher sein kann.

Scheuten wir nicht den Neologismus, so könnten wir hier vom *okzidentellen* Reisenden sprechen, der akzidentell mit fremdkulturellen Phänomenen in Berührung kommt und diese stets nach unreflektierten okzidentalen Mustern (nicht ohne gewisse Betriebsunfälle) wertet und beurteilt. Die Exotisierung des vermeintlich Anderen verwandelt diesen in einen bunten Happen, den man bestaunen, verschlingen und rasch auch verdauen kann. Zu Risiken und Nebenwirkungen kann man Reisebüros und Reiseführer befragen. Dabei ist die hermeneutische Zirkelstruktur, die stets von einem vorab eingespeisten Vorwissen ausgeht und am Ende bei diesem Vorwissen bestätigend verharrt, die grundlegende Bewegungsfigur, die sich an dieser Stelle in alle 'eigenen' Überzeugungen einschleust.

Doch kehren wir wieder zu unseren Beispielen aus der Reiseliteratur zurück und greifen wir noch kurz ein weiteres Exempel auf, das einen anderen Aspekt der Kreisstruktur verdeutlicht. Denn das Kreisschema des Reiseverlaufs findet sich ebenfalls in den bereits erwähnten *Pérégrinations d'une paria* von Flora Tristan, auch wenn ihr Reisebericht vor der Rückreise nach Frankreich aus guten Gründen mit der Abreise von der Küste des Ziellandes abbricht. Hier freilich ist es – worauf bereits Friedrich Wolfzettel hinwies – eingebettet „in ein quasi-mythisches Schema der Suche (nach dem erhofften Erbe und nach familiärer Geborgenheit)".[9] Doch der erhoffte Ausweg aus der französischen Sackgasse, aus der Verfolgung durch einen blindwütigen Ehemann, aus einem beherzten, aber zugleich viel Verständnislosigkeit der Zeitgenossen erntenden Eintretens für die Rechte und die Würde der Frau sowie aus den Verpflichtungen für ihr Engagement zugunsten frühsozialistischer Ideen, wollte sich nicht einstellen. Es gab keine peruanische Lösung ihrer finanziellen wie ihrer familiären Probleme: Die Paria musste in ihrem Leben konsequent fortfahren, über die Grenzen der eigenen Erschöpfung hinausgehen und zu jener Figur reifen, die in ihrem bewundernswerten Kämpfen zur Ikone des brennenden Kampfes für die Rechte der Frauen wie der Arbeiter werden sollte.

Schon zu Beginn ihrer *Pérégrinations d'une paria* wird darauf verwiesen, dass der Reisebeginn mit dem dreißigsten Geburtstag der Französin zusammenfällt. So drängt sich der Suche zugleich die Betonung des Bruchs und eines magischen Neuanfangs, einer *vita nova*, auf, die jedoch im weiteren Verlauf der Reise zunehmender Desillusion Platz machen muss.

Die Suche nach dem Neuanfang wird schon am reiseliterarischen Ort der Ankunft in der 'Neuen Welt', im Hafen von Valparaíso, untergraben – die Nachricht

---

9 Wolfzettel, Friedrich: *Ce désir de vagabondage cosmopolite*, S. 139.

von der Ankunft eines französischen Schiffes hatte viele Franzosen zum Hafen gelockt:

> Sie waren alle an der Mole zusammengeströmt, als wir an Land gingen. Ich war vom An-
> blick des Kais überrascht. Ich glaubte mich in einer französischen Stadt: Alle Männer, die
> ich traf, sprachen französisch; ihre Kleidung entsprach der neuesten Mode.
> [...]
> Ich war niedergeschlagen. Ich war eine Paria in meinem Land und hatte geglaubt, einen
> Schatten von Freiheit wiedergewinnen zu können, indem ich zwischen Frankreich und
> mich die Unermesslichkeit der Meere brächte. Unmöglich! In der Neuen Welt war ich wie
> in der anderen noch immer eine Paria.[10]

Die Ankunft in einem erhofften, erträumten Anderen gerät zur Ankunft im (fast) Selben, im Identischen. Nichts scheint sich verändert zu haben außer den Koordinaten, die nunmehr einen neuweltlichen Standort anzeigen und belegen, dass das reisende Ich sich nicht mehr in einem französischen, sondern in einem chilenischen Hafen aufhält. Wie sehr unterscheidet sich diese Ankunft in Valparaíso von jener Ida Pfeiffers, die – ebenfalls als Frau alleine reisend – ein gutes Jahrzehnt später im selben chilenischen Hafenstädtchen anlangte und alles abwertend, ja despektierlich und herablassend mit Europa verglich.[11] Aber wie verschieden waren auch die jeweiligen Perspektiven, aus denen beide europäische Frauen ihre Blicke auf die chilenische Küste richteten!

Bei Flora Tristan wird die Überraschung am reiseliterarischen Ort der Ankunft gerade nicht durch die Begegnung mit dem Anderen, sondern mit dem Gleichen, ja dem Selben, ausgelöst. Die Flucht vor dem verhassten Eigenen wird mit der Präsenz des Eigenen im gesuchten, erträumten Anderen konfrontiert; abgrundtiefe Enttäuschung ist die Folge. Die 'Neue' Welt zeigt sich hier paradoxerweise als 'Alte' Welt, gerade weil sie auf der Höhe der französischen Mode und damit der Zeit des Herkunftslandes der Reisenden ist. Die Mode zeigt an, was die Entfaltung der Moderne anstrebt: gleiche Lebensverhältnisse diesseits wie jenseits des Atlantik, die für Flora Tristan freilich die kommende Katastrophe schon andeuten. Und diese Katastrophe ließ auch nicht lange auf sich warten. Flora konnte ihr allein ihre Strophe, ihren Gesang als Paria entgegenhalten.

---

10 Tristan, *Pérégrinations*, S. 80 u. 77.
11 Vgl. den 1850 erstmals unter dem Titel *Eine Frauenreise um die Welt. Reise von Wien nach Brasilien, Chili, Otaheiti, China, Ost-Indien, Persien und Kleinasien* (3 Bde. Wien: Gerold) veröffentlichten Bericht der Österreicherin, der in einer neuen Ausgabe zugänglich gemacht wurde: *Eine Frau fährt um die Welt. Die Reise 1846 nach Südamerika, China, Ostindien, Persien und Kleinasien.* Herausgegeben von Gabriele Habinger. Wien: Promedia Verlagsgesellschaft 1992.

In diesem Sinne erscheint die Reisebewegung auf geheimnisvolle Weise arretiert: Die Erzählerin glaubt sich nach der langen Seereise in einer französischen Stadt, so als hätte sie sich nicht von der Stelle bewegt und wäre in Frankreich geblieben. Die Alte Welt holt die Reisende in der Neuen Welt ein und lässt vom reiseliterarischen Ort der Ankunft an bereits erkennen, dass es aus einer patriarchalischen, von Männern dominierten Gesellschaft weltweit kein Entrinnen gibt. Die räumliche Bewegung erscheint als Trug und Betrug, die Flucht aus Frankreich, aus Europa, ist schon vor Erreichen des Ziels zum Scheitern verurteilt.

Die materielle Reisebewegung führt nicht zum erhofften Neubeginn, wohl aber zu einer Auseinandersetzung mit dem im Anderen gespiegelten Eigenen und damit zur Selbsterkenntnis als einsames Individuum, als Ausgestoßene, als Frau, die ihren eigenen Weg gehen muss und gehen wird. So gibt es im Reisebericht der jungen, kämpferischen Französin auch keine Rückkehr ins Heimatland, keine Heimkehr in ein Frankreich, in welchem sie nur eine Paria war, sondern eine starke Semantisierung des eigenen Verlassens des eigentlichen Ziels ihrer Reise. Von diesem Ort aus wird das künftige Leben der Frühsozialistin und Feministin *avant la lettre* neu semantisiert und perspektiviert, gibt Aufschluss über einen Horizont, der sich ihrer Zukunft öffnet, ohne dass diese Zukunft doch eine vielversprechende wäre. Denn die Paria ist ihren Status als Paria nirgendwo losgeworden.

Flora Tristans Reisebericht endet daher mit einem neuerlichen Aufbruch, wobei aus einem neuen Bewusstsein heraus der Rückweg zum nunmehr veränderten Eigenen angetreten wird:

> Gegen fünf Uhr lichtete man den Anker, alle zogen sich zurück; und ich blieb alleine, ganz und gar alleine, zwischen zwei Unermesslichkeiten, dem Wasser und dem Himmel.[12]

Es ist ein Bild des Verlorenseins, der völligen Vereinsamung, aber auch einer gewissen Tröstung im Zeichen des Unermesslichen der Natur, die die Reisende von nun an wieder umfängt. Damit wird das weibliche Subjekt auf sich selbst, auf seine inneren Bewegungen zurückgeworfen und mit den menschenleeren Räumen der Naturerfahrung konfrontiert. „Alle zogen sich zurück" – Mut, Kraft und Stärke kann die Reisende folglich nur mehr aus sich selber schöpfen. Gerade aufgrund der Desillusion, der Ent-täuschung, hat der hermeneutische Zirkel der Reisebewegung zu einer neuen Erkenntnis – und nicht etwa zu einer

---

12 Tristan, *Pérégrinations*, S. 377. Es wäre durchaus möglich, strukturelle Parallelen zwischen den *Pérégrinations d'une paria* und Bernardin de Saint-Pierres Reisebericht nachzuweisen; zur Reiselektüre der Ich-Erzählerin zählt nicht von ungefähr vor allem der Schöpfer von *Paul et Virginie* (ebda., S. 72).

Rückkehr zum Alten, in die Alte Welt – geführt. Nicht von ungefähr enden die *Pérégrinations d'une paria* mit einem Aufbruch, mit einem 'Leinen los!': mit einer Fahrt ins Ungewisse. Die Reise geht im autobiographisch modellierten Bewusstwerdungsprozess auf. Sie ist eine Reise um die Welt zum Eigenen, zum künftigen Kampf für eine Sache, in der sie völlig aufgehen wird.

Zweitens: Das Pendeln

Eine weitere räumliche Grundfigur der Reisebewegung ist das Pendeln zwischen zwei oder mehreren Orten. Dabei kann die Bewegungsfigur des Pendelns relativ einfach, aber auch äußerst kompliziert ausfallen. Bei diesem Modell liegt der Schwerpunkt weder auf der Reise selbst, auf Abfahrt von der Heimat oder Ankunft in einem Zielland, sondern auf der quasi-simultanen Existenz an räumlich und zeitlich voneinander getrennten Orten, die gleichsam ineinander projiziert werden und dergestalt eine komplexe Kopräsenz an raumzeitlichen Koordinaten erzeugen.

Im 19. Jahrhundert dürften derartige Erfahrungen in Bezug auf Lateinamerika eher die Ausnahme bilden, wenn es hier auch interessant wäre, Berichte saisonal tätiger Kontraktarbeiter etwa im karibischen Raum oder – zu Beginn des 20. Jahrhunderts – zwischen Italien und Argentinien pendelnder Erntehelfer auszuwerten. Im Winter unbeschäftigte süditalienische Bauern und Tagelöhner wurden in den Südsommer und Herbst des Cono Sur transportiert, um dort wiederum als billige Kontraktarbeiter eingesetzt zu werden. So konnten sie die 'tote Zeit' in ihrer Herkunftsregion überbrücken und ihre Arbeitskraft ganzjährig verdingen.

Beim Pendeln zwischen zwei entfernten Orten handelt es sich um eine Bewegungsfigur, die wie keine andere an die Schnelligkeit der Verkehrs- und Transportmittel und damit an die technologische Entwicklung gebunden ist. So geht es im Grunde um ein dann allerdings massiv auftretendes Phänomen des 20. und des 21. Jahrhunderts, dessen aktuelle Inkarnation im Bereich der Wissenschaft der zwischen zwei Orten hin- und herpendelnde *Turbo-Prof* ist. Doch es gibt in den unterschiedlichsten Berufsfeldern inzwischen ein mehr oder minder regelmäßiges Pendeln zwischen zwei auch interkontinentalen Orten, wobei sich die Reisebewegungen selbst auch wiederholen, die Reiseerfahrungen aber zu einem Ineinanderstülpen von Raumstrukturen führen, das sich in einer wechselseitigen Kopräsenz von Raumwahrnehmungen äußert. Die eigentliche Reise- oder besser Transportbewegung verschwindet dabei tendenziell und überlässt den Bewegungen an beiden oder an drei Orten breiten Raum. Die Reisenden werden bei dieser Bewegungsfigur zu Dauerreisenden.

Beispiele für derartige Bewegungen finden sich sowohl innerhalb wie außerhalb der Reiseliteratur. Im lateinamerikanischen Roman etwa des 20. Jahrhunderts finden sich von Julio Cortázars *Rayuela* bis Zoé Valdés' *Café Nostalgia* viele dieser Reisenden zwischen zwei (oder mehreren) Welten; es handelt sich um Reisende, die im Grunde nirgendwo mehr aufbrechen und auch nirgendwo mehr ankommen. gerade weil sie sich ständig zwischen verschiedenen raumzeitlichen Koordinaten bewegen, schwindet für sie der Raum zu einer fast vernachlässigbaren Größe.

Dieser Bewegungsfigur eignet auch eine sehr spezifische hermeneutische Figur und Funktion: Verstehensprozesse sind hierbei auf sehr partikulare Weise angelegt. Vergleich, aber auch Überlagerung verschiedenster Strukturen bilden dabei das häufige Grundmuster einer Verstehensbewegung, welcher die Erfahrung des Gleichzeitigen und Heterogenen, des nicht miteinander Vereinbaren und doch sich Überlagernden höchst vertraut ist. Was in der Realität Tausende von Kilometern voneinander entfernt und damit klar voneinander geschieden ist, verschmilzt in der Wahrnehmung der pendelnden Reisenden zu einer kopräsenten Struktur.

Die Bilder und Räume verschmelzen freilich nicht wirklich miteinander: Sie bilden vielmehr Hybridkörper, welche klare Grenzziehungen zwischen dem 'Eigenen' und dem 'Fremden' unterlaufen und nicht länger eine klare Trennung erlauben. Verstehen erweist sich innerhalb dieser Raumstruktur als diskontinuierlicher, sich aus verschiedenen Perspektiven wechselseitig beleuchtender Vorgang, der ohne Zentralperspektive auskommt, ja auskommen will. Nirgendwo gibt es mehr ein Zentrum, nirgendwo einen Mittelpunkt, von dem aus Zentrum und Peripherie, Abfahrt und Ankunft ausgemacht werden könnten. Letztlich werden damit auch Fluchträume knapp, Utopien rar. Dies mag erklären, warum Bewegungsmuster, die in der Postmoderne ein größeres Gewicht erhalten haben, die Schaffung von Räumen für Utopien unterlaufen, da nur selten noch mehr Freiräume erkennbar werden, die als leere Projektionsflächen für utopische Vorstellungen dienen könnten. Allein die Zeit bildet hier noch einzelne Schlupflöcher.

Es wäre daher verlockend, im Oszillieren zwischen zwei oder mehreren Orten nach einer Grundform nicht nur der Reise, sondern auch des Reiseberichts in der Postmoderne zu suchen. Im Übrigen dürfte es sich hierbei auch um jene Verstehensbewegung handeln, die der Arbeit und den Verstehensprozessen internationaler Kolloquien zugrunde liegt: Ohne Frage handelt es sich um eine grundlegende Bewegungsfigur akademischer Wissenserzeugung. Gerade den lateinamerikanischen Theoretikern des ausgehenden 20. und des beginnenden 21. Jahrhunderts sind derartige Verstehensprozesse so vertraut und selbstverständlich geworden, dass sie auf ihre Theoriebildungen selbst nicht ohne Auswirkungen geblieben sein dürften. Unsere Zeit gewährt der universitären Wissensproduktion das unschätzbare Privileg, durch die Bewegungsfigur eines ständigen Pendelns immer wieder neue Perspektiven auf die untersuchten Gegenstände zu erkunden und durch einen ständigen Blickwechsel die Objekte gleichsam kubistisch konstruieren zu können. Die Faszination einer solchen oszillierenden Perspektivierung liegt auf der Hand, freilich auch ihre Gefahren. Denn es geht wohl zugleich ein Sinn dafür verloren, was in einer bestimmten Kultur noch als ein 'Eigenes' angesehen und folglich verstanden wird.

Doch die Vorteile einer solchen Bewegungsfigur ständigen Pendelns offenbaren sich in der immer wieder neuen, innovativen Perzeption von Gegenständen, die uns doch anfangs so vertraut erschienen. Nichts aber bleibt gleich, identisch und konstant, wenn wir einen Gegenstand *aus der Bewegung* wahrnehmen und verfolgen. Immer wieder verändert er seine Gestalt und gibt Formen preis, die wir nicht an ihm vermutet hätten. So wird das Objekt selbst zu einem *Mobile*, das sich in ständig wechselnden Konfigurationen mit und gegenüber seinen Betrachtern verhält und verändert. Das Objekt verliert so seine Festigkeit, seine stabile Konsistenz, und verwandelt sich in eine immer wieder neu deutbare Landschaft, die stets auch eine mobile Landschaft der Theorie[13] ist.

Es wäre sehr wohl möglich, etwa manche kulturtheoretischen Texte der achtziger und neunziger Jahre des 20. Jahrhunderts gegen den Strich als Reiseberichte zu lesen. Dabei entsteht im Übrigen auch die gleichsam rhetorische Figur der Globalisierung, die man mit Néstor García Canclini in der Tat als unterschiedliche „imaginarios", als unterschiedlich konstruierte Vorstellungswelten verstehen und entsprechend beleuchten kann. Aus dem erstmals 1999 erschienen Buch *La globalización imaginada* des argentinischen und in Mexico lebenden Kulturtheoretikers Néstor García Canclini möchte ich Ihnen hieraus eine entsprechende Passage vorstellen, um die Verstehensmöglichkeiten dieser Bewegungsfigur noch aus einem anderen Blickwinkel genauer zu erkennen:

> Der Aufruf, eine Kultur aus all den globalisierenden Bewegungen zu bilden, kann auch als Notwendigkeit verstanden werden, Ordnung in die Konflikte innerhalb des Imaginären zu bringen. Wir sehen, wie sich die jeweils individuellen Vorstellungen von Globalisierung unterscheiden: für einen Geschäftsführer eines transnationalen Unternehmens umfasst «Globalisierung» hauptsächlich die Länder, in denen sein Unternehmen agiert, seine Aktivitäten und die Konkurrenz mit anderen; für die Regierenden Lateinamerikas, die ihren Handelsverkehr auf die USA konzentrieren, ist «Globalisierung» fast synonym mit «Amerikanisierung»; im Diskurs des Mercosur schließt das Wort auch europäische Nationen ein und ist manchmal mit neuartigen Wechselwirkungen zwischen den

---

13 Vgl. zu diesem Begriff Ette, Ottmar: *Roland Barthes. Landschaften der Theorie*. Konstanz: Konstanz University Press 2013.

Ländern des Cono Surs gleichzusetzen. Für eine mexikanische oder kolumbianische Familie, von der viele Mitglieder in den USA arbeiten, bezieht sich Globalisierung auf die engen Verbindungen mit dem, was in dem Land, wo ihre Verwandten wohnen, passiert. Das wiederum unterscheidet sich von dem, was sich mexikanische oder kolumbianische Künstler, z. B. Salma Hayek oder Carlos Vives, vorstellen, die auf dem US-amerikanischen Markt breites Publikum finden.

Genaugenommen denkt nur eine Reihe von Politikern, Finanziers und Akademikern an die gesamte Welt, an eine *zirkuläre* Globalisierung und sie sind nicht einmal die Mehrheit in ihren Berufsfeldern. Der Rest stellt sich *tangentiale* Globalisierungen vor. Die Breite oder Enge der Imaginären über das Globale zeigt die Ungleichheiten beim Zugang zur so genannten globalen Wirtschaft und Kultur.[14]

Abb. 34: Néstor García Canclini (La Plata, 1939).

Sie sehen: Auch im Pendeln kann etwas Zirkuläres liegen, das uns immer wieder auf denselben Gegenstand, auf dasselbe Objekt in seiner jeweiligen Konstruktion zurückführt. Was wir unter Globalisierung verstehen, hängt ganz wesentlich von unseren jeweiligen Erfahrungen und mehr noch von unseren jeweiligen Bewegungen ab. Es beinhaltet die Bestätigung des als global Gedachten durch das global Gedachte, wobei wir immer wieder bedenken und in Anschlag bringen müssen, welcher Vorstellung von Globalität und Globalisierung wir unsere konkreten Vorstellungsmodelle und unsere Verstehensfiguren verdanken. Der Term 'Globalisierung' ist ein schillernder Gegenstand, für den es keine wie auch immer geartete Zentralperspektive gibt, welche für alle Beteiligten verbindlich wäre.

Drittens: Die Linie

Als nächste hermeneutische Bewegungsfigur wenden wir uns einer Form zu, die vermeintlich unkompliziert und eher simpel zu sein scheint – zumindest auf den ersten Blick. Denn eine dritte Grundfigur räumlicher Verstehensbewegung ist die

---

14 García Canclini, Néstor: *La globalización imaginada.* Buenos Aires: Paidós 1999, S. 12.

lineare Reise von einem Ausgangspunkt mehr oder minder direkt zu einem ange-strebten Zielpunkt, der erreicht werden soll. Dabei ist eher zweitrangig, ob es sich bei dieser Bewegung um eine aufsteigende oder absteigende Bewegungsfi-gur handelt: ob wir also eine Klimax oder eine Antiklimax hin zu einem Zielorte vor uns haben.

Es ist gewiss kein Zufall, dass die Linie in allen Religionen und spirituellen Erfahrungswelten als Grundbewegung eine zentrale Rolle spielt. Sehr leicht im-pliziert sie einen geistigen Erfahrungsweg hin zu einer Vervollkommnung, hin zu einer Erfüllung. In den mystischen Literaturen aller Zeiten findet sich das Grund-schema einer solchen Reise als Annäherung an das Absolute, an das Göttliche, angetrieben vom Wunsch nach transzendentaler Erfüllung und Aufgehobensein. Eine solche Reise führt zu einer Verschmelzung mit dem ersehnten Ziel; ein Rückweg ist nicht vorgesehen oder doch angesichts des zu erreichenden Reise-ziels gänzlich zweitrangig. Was zählt, ist allein die Bewegung hin zu einem Ort, an dem eine Zielstellung, sei sie transzendenter Natur oder nicht, spürbar wird.

Nennen wir dabei ein konkretes Beispiel, anhand dessen die Linie als her-meneutische Bewegungsfigur erläutert sei. Lineare Raummodelle finden sich häufig in der spanischen Mystik, insbesondere bei Santa Teresa de Jesús, deren *Camino de perfección* die Metaphorik des Weges für das rationale wie das nicht-rationale Verstehen, die mystische Gotteserfahrung und das Einssein mit Christus, nutzt. Auch ihre *Moradas del castillo interior* sind an diesem strikt hierarchisierten sakralen Raumschema orientiert und führen eine Bewegung entlang eines Stationenweges ein, wie er auch der Prozession als räumlich-kör-perlichem Nachvollziehen geistig-spiritueller Prozesse in den verschiedensten Religionen zugrunde liegt. Gerade der Stationenweg verdeutlicht die Prozess-haftigkeit der inneren wie der äußeren Bewegung.

Dem entspricht die mittelalterliche Pilgerreise insoweit, als zum einen der Weg selbst als Bewusstwerdungsprozess und als Auseinandersetzung mit ver-schiedensten Abschnitten der Bewusstwerdung und deren Bedeutung erfah-ren wird. Die Linie und der Weg selbst erscheinen so niemals als eine glatte, problemlose Entwicklung, sondern als in sich gestuft und hochgradig prozess-haft gegliedert. Über der Erfahrung des Weges selbst aber steht doch stets die Erfahrung des Ankommens, der Ankunft, insofern das Ziel nicht nur den Hö-hepunkt, sondern den eigentlichen Sinn, die Erfüllung der Pilgerreise, verkör-pert und vor Augen führt.

Mit der Bewegungsfigur der Linie ist daher auch stets eine besondere Akzen-tuierung des reiseliterarischen Ortes der Ankunft verknüpft. Dies gilt für Pilger-reisen aller Religionen und Spiritualitäten, ist die Erfahrung am Zielort doch jene, die sich über den Verlauf des gesamten Weges hin aufbaut und letztlich re-alisiert. Dies gilt für die Pilgerreise nach Mekka selbst dann, wenn sich an die

Linie zu den heiligen Stätten des Propheten wie bei Ibn Battuta nicht eine Rückkehr, sondern eine weitaus größere Reisebewegung, ja eine Weltreise anschließen, welche den frommen Moslem aus Tanger an die Grenzen der islamisch mitgeprägten Welt im nördlichen China führen sollte. Die Ankunft an der Pilgerstätte und die spirituellen Handlungen dort bilden – neben anderen Stationen der Lösung vom Eigenen (der 'alten' Welt), der Prüfung oder erwiesener göttlicher Gnade – das zentrale, sinnbildende und sinngebende Element des jeweiligen Pilgerberichts. Im transzendenten Ort der Ankunft kommt freilich der Bericht auch oft zum Stillstand, zu einem Ende – eine Linie hin zu einem Ziel, die sich allerdings danach wie bei Ibn Battuta dann erst recht zu einer vollumfänglichen Kreisstruktur öffnen kann. Denn auch dies ist nicht nur denkbar, sondern in der konkreten Gestaltung von Reise und Reisebericht erlebbar: die Fortsetzung einer Reise in einem neuen Modus und damit die Verbindung zu kompositen Formen, in denen sich die unterschiedlichen Bewegungsfiguren miteinander verbinden.

Doch kehren wir zur Figur der linearen Reisebewegung und ihrer Hermeneutik zurück. Säkularisierte Formen dieser Reise- und Verstehensbewegung finden sich auch in der Reiseliteratur des 19. Jahrhunderts – denken wir nur an die berühmte Zwischenform der 'Prière sur l'Acropole' aus den *Souvenirs d'enfance et de jeunesse* von Ernest Renan –, bilden jedoch zumeist nur einzelne Abschnitte innerhalb eines umfassenderen Reiseverlaufs. Hierbei ergeben sich Zwitterformen zwischen der Säkularisierung des Profanen und der Sakralisierung des Säkularen, ein *chassé croisé*, das in seiner Doppelbewegung gerade die Reiseberichte des 19. Jahrhunderts prägt.

So nehmen die *Pérégrinations d'une paria* der französischen Feministin *avant la lettre* Flora Tristan, die schon im Titel an den Erfahrungsmodus und die Verstehensbewegung der Pilgerreise anknüpfen, sehr wohl Ausdrucksformen mystischer Gottesschau und transzendenten Erlebens in sich auf. Der Stationenweg der Erzählerin durch die Wüste von Arequipa weist Formen der Prüfung, transzendentaler Körpererfahrung und göttlicher Gnade auf, die in linearer Abfolge dem Erreichen des eigentlichen Ziels, der Stadt Arequipa, vorgeschaltet sind. So schreibt sie an dieser Stelle ihres Reiseberichts:

> Das Unendliche schlug alle meine Sinne mit Betäubung: Meine Seele wurde davon durchdrungen und Gott manifestierte sich mir, wie ehedem jenem Hirten am Berge Oreb, in all seiner Macht, in all seinem Glanz.[15]

Die Gottesschau geht einher mit einer Ästhetisierung der gottgeschaffenen andinen Vulkanlandschaft, die mehrfach im Reisebericht Flora Tristans in Szene

---

15 Tristan, *Pérégrinations d'une paria*, S. 112.

gesetzt wird. Hierbei wird sie nicht zum Gegenstand einer naturkundlichen Feldforschung, sondern erscheint als eine Landschaft göttlicher Erfahrung, die mit
den entsprechenden biblischen Landschaften kurzgeschlossen wird. die Landschaft steht hier weniger für die Seelenlandschaft eines Menschen, sondern wird
zum Ermöglichungsort eines transzendenten Erlebens, das die äußere Bewegung
der Reisenden mit ihrer inneren und beide mit der Gotteserfahrung verknüpft. Es
ist, als wäre der Name Gottes in diese Vulkanlandschaft mit Feuer eingeschrieben.

Führen wir hierfür noch ein weiteres Beispielzitat aus Flora Tristans groß-
artigem Pilgerbericht einer Paria an, um die Verschränkungen von Sakralem
und Profanem im 19. Jahrhundert genauer zu erkennen:

> Lufthauch gespürt hatte und wo die glühende Sonne den Sand wie in einem Ofen auf-
> heizt. Wir erklommen den letzten Berg; vom Gipfel aus dehnten sich vor unseren Blicken
> die unendliche Wüste, die Kette der Kordilleren und die drei gigantischen Vulkane von
> Arequipa. Beim Anblick dieses großartigen Schauspieles vergaß ich alle Schmerzen; ich
> war nur noch Bewunderung oder besser: mein Leben reichte an mein Gefühl der Bewun-
> derung nicht heran. War diese die himmlische Vorhalle, die mich eine unbekannte Macht
> schauen ließ; befand sich der himmlische Ort jenseits dieses hohen Gebirgswalls, an dem
> sich der Himmel mit der Erde vereint, jenseits dieses wogenden Sandmeers, das von ihm
> aufgehalten wird? Meine Blicke irrten über die silbernen Fluten bis zu dem Punkt, wo sie
> in die azurblaue Wölbung des Firmaments übergingen, und ruhten dann wieder auf
> jenem Trittbrett zum Himmel, den hohen Bergen, deren unendliche Kette in Tausenden
> schneebedeckter Gipfel die Sonnenstrahlen funkelnd zurückwarfen und am Himmel die
> westliche Grenze der Wüste mit allen Farben des Prismas einzeichneten. Das Erlebnis des
> Unendlichen versetzte mich in einen Zustand der Betäubung: meine Seele war davon
> durchdrungen, und Gott offenbarte sich mir gleich jenem Schäfer auf dem Berge Horeb in
> all seiner Macht und all seiner Pracht.[16]

Das stumme Zwiegespräch zwischen 'oben' und 'unten', zwischen Wüste und
Himmel, erfasst in seinen Austauschprozessen alles Geschaffene, den gesamten sichtbaren und fühlbaren Kosmos, der in seiner totalisierenden Schönheit
und Macht, aber auch in seiner Gotteshaltigkeit vor Augen geführt wird. Sand
und Meer, Wellen und Kordilleren, Reiseweg durch eine irdische Landschaft
und Himmelsbläue einer Welt über dem Menschen tauschen immer wieder
ihre Positionen und geben dem Transzendenten, dem Göttlichen Raum. Hier
ist die sakrale Isotopie unüberhörbar präsent; und doch bewegen wir uns in
einem klar referentialisierbaren topographischen Raum, den wir genau bestimmen können. Auch hier mag – in Abwandlung der französischen Warnta-
fel bei unbeschrankten Bahnübergängen – gelten: *un voyage peut en cacher
un autre!* Reiseberichte enthalten selten nur den Bericht einer einzigen Reise.

---

16 Tristan, *Pérégrinations*, S. 112.

Wie das Buch im Buch ist auch die Reise in der Reise nicht nur in unserer Alltagserfahrung ein häufiges Phänomen – und die Pilgerfahrten einer Paria faszinieren nicht zuletzt durch jene Reisebewegungen und Bewegungsfiguren,
die auf andere Reisen, auf andere Erfahrungen zurückgreifen und sie in ihre
Reisebewegung miteinbeziehen.

Das Feld säkularisierter Formen mystischer Visionen ist ein weites. Alexander von Humboldts gescheiterter Versuch einer Besteigung des Chimborazo,
der damals als höchster Berg der Erde galt, mag als ein weiteres Beispiel für
einen linearen, an einem mythischen Ort der Erfüllung orientierten Reiseweg
dienen, zumal hier zugleich die Möglichkeiten und die Grenzen menschlicher
Erfahrung symbolhaft zum Ausdruck gebracht werden. Umgekehrt dürfte auch
die säkularisierte kulturelle Pilgerreise nach Paris einer Verstehensbewegung
zuzuordnen sein, welche dem magischen Glauben an einen bestimmten, räumlich lokalisierbaren Ort geistig-intellektueller Erfüllung anhängt. Paris, die *ville-
lumière*, zieht im 19. Jahrhundert alles in ihren Bann.

Auch Joachim Heinrich Campes Reise im Sommer 1789 in das revolutionäre
Paris gehorcht einer solchen Bewegung, wobei in der im folgenden Jahr erschienenen *Reise des Herausgebers von Braunschweig nach Paris im Heumonat
1789* die Annäherung an die französische Hauptstadt in besonderer Weise gestaltet ist, kommt dem Reisenden und seinen Begleitern – zu denen auch Wilhelm von Humboldt zählte – doch ständig eine Vielzahl anderer, vor der
Revolution fliehender Reisender entgegen: Adlige, die „dem Rachschwerte des
richtenden Volkes entkommen waren."[17] Wir haben es folglich mit sehr komplexen, gegenläufigen Reisebewegungen zu tun, in denen nicht zuletzt die Bewegungsmetaphorik der Revolution zum räumlichen Ausdruck kommt.

Im Gegensatz zur Pilgerreise, deren aufsteigende Reiserichtung vorgegeben
ist, wird die Reise in das Paris unmittelbar nach der Einnahme der Bastille als
ein Schwimmen gegen den Strom bewusst inszeniert: Allenthalben schüttelt
man den Kopf und warnt vor den Folgen der Weiterreise:

> Wohin wir kamen, schüttelte man über unsere Unvorsichtigkeit, zu einer Zeit, wo Tau
> sende aus Frankreich flohen [...] nach dem Mittelpunkt alles Gräuels, nach Paris selbst,
> mutwilliger Weise hinreisen zu wollen, mißbilligend den Kopf.[18]

---

17 Campe, Joachim Heinrich: *Reise des Herausgebers von Braunschweig nach Paris im Heumonat 1789*. Braunschweig 1790, hier zitiert nach Schmitt, Hanno: Joachim Heinrich Campes
Reise ins revolutionäre Paris (1789). In: *Die Deutsche Schule* (Weinheim) LXXXI, 1 (1989), S. 91.
18 Ebda.

Die Bewegungen der Köpfe nehmen in gewisser Weise das Spektakel der Französischen Revolution vorweg. Wem konnte es nur in den Sinn kommen, ausgerechnet zu diesem Zeitpunkt in die französische Hauptstadt zu reisen? Im Reisen gegen den Strom wird die intellektuelle Herausforderung, welche von der Französischen Revolution ausgeht und von Campe vermittelt werden will, schon in der Reisebewegung bis zur Ankunft an den Rändern und schließlich im strahlenden Zentrum der Stadt markant hervorgehoben. Dort erst, nach dem Durchqueren der dunklen und abstoßenden Vorstädte, öffnet sich der Blick des Reisenden und macht helleren Visionen Platz:

> Hier dehnte sich unser Horizont auf einmal, wenigstens stromauf- und abwärts, zu einer unbeschreiblich schönen und großen Perspektive aus; und der widerliche Eindruck, den der bis dahin von uns gesehene Theil der unförmlichen Riesenstadt auf uns gemacht hatte, löste sich hier plötzlich in Bewunderung und Erstaunen auf.[19]

Abb. 35: Joachim Heinrich Campe (Deensen bei Holzminden, 1746 – Braunschweig, 1818).

Verlief die Reise wirklich hin auf eine Perspektivierung eines leuchtenden Sinn-Zentrums? Oder haben wir es hier lediglich mit einer reiseliterarischen Inszenierung eines Höhepunktes zu tun? Doch die Frage, ob diese Bewegung faktentreu ist und sich an der tatsächlichen Reise Campes orientiert, kann dabei nur *einen*

---

19 Campe, *Reise des Herausgebers*, S. 92.

Aspekt dieser Passagen und des gesamten Textes erfassen oder ausschöpfen. Und dabei nicht einmal den interessantesten und bedeutungsvollsten.

Denn die geschickte Inszenierung als hermeneutische Annäherung an ein strahlendes Zentrum, aus dem viele andere fliehen, weist auf den zugleich vieldeutigen und friktionalen Status ebenso von Campes Reisebericht wie auch seiner *Briefe aus Paris*[20] hin, die sich so sehr von seinen anderen Schriften abheben. Das Verstehen eines revolutionären Prozesses wird – gemäß der Umwälzungsmetaphorik – als ein Bewegungsprozess und als eine Dynamik erfasst, die vom Reisenden auf die Lesenden überspringen sollen und eine Literaturkonzeption ausdrücken, die in mehrfachem Sinne an der inneren wie äußeren Bewegung ihres Lesepublikums ausgerichtet ist. Paris steht hier fraglos im Zentrum allen Sinns und aller Sinne: Hier zeigt sich der weite Horizont, hier steht alles im Bannkreis einer Perspektive, in der sich von Paris aus die Dinge neu anordnen und begreifen lassen. Die Ankunft im Zentrum von Paris gerät keineswegs zu einer Szene geistiger Erfüllung; doch zeigt sich hier alles in einem anderen, neuen Licht.

Viertens: Der Stern

Eine weitere Grundfigur der Reise als Verstehensbewegung ist die Sternform, die in recht unterschiedlicher Weise auftreten kann. Es ist zweifellos aufschlussreich, dass Alexander von Humboldt bei seiner Reise durch die spanischen Kolonien in Amerika zweimal vom itinerarischen Schema des Reisewegs abwich und in beiden Fällen Texte entstanden, die in die *Relation historique*, den 'eigentlichen' Reisebericht, nicht mehr zu integrieren waren. Dabei fand er mit Blick auf seinen ersten Aufenthalt auf der Insel zwar noch die Möglichkeit, seine beiden Kubaaufenthalte ganz im Sinne seines kubanischen Reisetagebuches *Ile de Cube, Antilles en général*[21] zu einem einzigen zusammenwachsen zu lassen; doch geriet ihm dabei schon an dieser Stelle die Kapiteleinteilung zu

---

20 Campe, Joachim Heinrich: *Briefe aus Paris zur Zeit der Revolution geschrieben*. Braunschweig 1790; diese Briefe erschienen ursprünglich zwischen Oktober 1789 und Februar 1790 im *Braunschweigischen Journal* und entwerfen eine beeindruckend visionäre Schau der frühen Phase der Französischen Revolution.

21 Vgl. hierzu Ette, Ottmar: Insel-Text und archipelisches Schreiben: Alexander von Humboldts 'Isle de Cube, Antilles en général'. In: *edition humboldt digital*. Hg. von Ottmar Ette. Berlin: Berlin-Brandenburgische Akademie der Wissenschaften. Version 1 vom 10.5.2017. <URL: http://edition-humboldt.de/v1/H0016213>; s. dort auch den Text des kubanischen Reisetagebuches.

einer eigentlichen Monographie, die mit der separaten Veröffentlichung des der größten Antilleninsel gewidmeten Teiles die Grenzen des eigentlichen Reiseberichtes sprengte. Das Ergebnis war letztlich Humboldts *Essai politique sur l'île de Cuba*, der nur noch in wenigen Teilen einem Reisebericht glich.

Versuchte Alexander von Humboldt im Grunde vergeblich, den Bericht von der Insel Kuba dem dritten und letzten Band seiner Fragment gebliebenen *Relation historique*, seinem eigentlichen Reisebericht, einzugliedern, so hatte er schon zuvor seinen *Essai politique sur le Royaume de la Nouvelle Espagne* als unabhängiges Werk erscheinen lassen. Bislang wurden in der Humboldt-Forschung eher pragmatische oder wissenschaftsgeschichtliche beziehungsweise länderkundliche Gründe dafür angeführt, dass es nicht zur Schaffung eines zusammenhängenden Reiseberichts, sondern zu voneinander unabhängigen Teilpublikationen kam. Humboldt habe im Grunde ein länderkundliches Schema entwickelt, innerhalb dessen es ihm weitaus sinnvoller erschien, Mexiko (wie auch Kuba) vom Rest der Beschreibung des Reiseverlaufs getrennt abzuhandeln und in eine eigene Form zu gießen.

In der weiten Literatur zu Alexander von Humboldt aber wurde noch nicht gesehen, dass es sich in beiden Fällen um gänzlich andere Raumstrukturen handelt, insoweit Humboldt mit Havanna und Mexico zwei städtische Zentren fand, deren Archive und Bibliotheken er nutzen konnte, Städte, die ihm zugleich aber auch als Ausgangspunkte für mehr oder minder kurze Reisen und Exkursionen mit zum Teil eigenem Stellenwert dienten. So entstand vor allem von Mexiko-Stadt aus ein auch in den *Amerikanischen Reisetagebüchern* nachvollziehbares System zum Teil langfristiger Erkundungsreisen und Explorationen, das den preußischen Schriftsteller und Natur- wie Kulturforscher immer wieder in die Hauptstadt Neuspaniens zurückführte, von wo aus er weitere Reisen in unterschiedliche Gebiete des Landesinneren plante. Die Bewegungsfigur sternförmig angeordneter sukzessiver Reisen prägte dabei sein Verständnis eines Raumes, in welchem er immer wieder die neuspanische Hauptstadt zu seinem Dreh- und Angelpunkt machte.

Unser vierter Typus einer hermeneutischen Bewegungsfigur im Raum geht – ganz im Sinne der Humboldt'schen Reisen durch Neuspanien – von einem bestimmten Zentrum aus, das als Ausgangspunkt für mehr oder minder kreisförmig verlaufende 'Ausflüge' dient, und führt zu einer sternförmigen Erweiterung des bereisten und erfassten Raumes. Protonationaler Raum und reisetechnische Bewegung stehen hier in einem intensiven Wechselverhältnis, das für die Verstehensprozesse des bereisten Raumgebildes einer in Entstehung begriffenen Nation grundlegend ist. Man kann hiervon ausgehend sehr gut verstehen, wie Humboldt die Konturen zweier unterschiedlicher Nationalstaaten sich abzeichnen sah. Während die Insel Kuba noch lange Jahrzehnte warten musste, bevor die Kulturnation sich an der Wende zum 20. Jahrhundert zu einem Nationalstaat mauserte, kam die Nationbildung Mexikos weitaus schneller voran und verlieh seiner monographischen Darstellung *après coup* gleichsam den Status einer Geburtsurkunde des Landes.

Die Dialektik von Fläche und Zentrum verlief analog zu bestimmten politisch zentralisierten Strukturen, so dass es durchaus verständlich ist, dass Humboldt derart erkundeten (politischen) Räumen separate Buchveröffentlichungen widmete: Zu offenkundig zeichneten sich bereits hochgradig zentralisierte Nationalstaaten unter seiner Feder ab. Im entstehenden Lateinamerika entsprach eine derartige Bewegung der Dialektik von Stadt und Land, zwischen schriftkulturell geprägten Stadtgesellschaften der *ciudad letrada*[22] und weiten nicht-städtischen Regionen, innerhalb derer sich die unterschiedlichsten kulturellen Systeme befinden oder ansiedeln konnten. Dieser Dialektik kam in der Folge eine den gesamten Subkontinent strukturierende Bedeutung zu.

Der Argentinier Domingo Faustino Sarmiento hat in seinem Essayband *Facundo* diesen Gegensatz 1845 bekanntlich formelhaft auf die Antithese von Zivilisation und Barbarei zugespitzt. Dabei griff er durchaus auch auf Erkenntnisse Alexander von Humboldts zurück und zitierte den preußischen Reisenden mehrfach zustimmend. Ein sternförmig ausgreifendes und an die Stadt rückgebundenes Raummodell, wie es sich im Übrigen bereits in dem ersten von einem Hispanoamerikaner in Hispanoamerika verfassten Roman – José Joaquín Fernández de Lizardis *El Periquillo Sarniento* aus dem Jahre 1816 – finden lässt,[23] hat in Lateinamerika durchaus eine Reihe sehr spezifischer Konsequenzen für den Reisenden und Forscher. Denn auch in diesem Roman geht es um die Entfaltung eines protonationalen Raumes, der von den Bewegungen des neuspanischen *pícaro* namens Sarniento in einem scheinbar zufälligen Raum- und Bewegungs-Spiel erkundet wird.

Die Parallelen zwischen dem Reisebericht eines ausländischen Reisenden und Forschers und den vom Zufall geprägten Bewegungen eines inländischen Protagonisten in der Gestalt eines *picaro* sind mehr als auffällig. Beide durchmessen nicht nur die verschiedensten reiseliterarischen Dimensionen des Raumes und der von ihnen gequerten Gesellschaft und Kultur, sondern stecken zugleich auch den topographischen Raum ab, welchen sie mit ihren sternförmigen Reisebewegungen durchqueren. Kein Zweifel: Raum entsteht aus der

---

22 Vgl. hierzu Rama, Angel: *La ciudad letrada*. Hanover: Ediciones del Norte 1984.
23 Vgl. zu den Raumstrukturen dieses faszinierenden 'Übergangstextes' einer kolonialen zu einer postkolonialen Literatur Ette, Ottmar: Fernández de Lizardi: 'El Periquillo Sarniento'. Dialogisches Schreiben im Spannungsfeld Europa – Lateinamerika. In: *Romanistische Zeitschrift für Literaturgeschichte* (Heidelberg) XXII, 1–2 (1998), S. 205–237.

Bewegung, die Bewegung erst erzeugt den Raum, bringt ihn hervor und strukturiert ihn. Unter den Bewegungen des *pícaro* wie unter jenen des europäischen Reisenden zeichnen sich die Umrisse eines Nationalstaates ab, der schon wenige Jahre später ein Faktum war. Aus Neuspanien begann Mexiko zu werden: Und ebenso Alexander von Humboldt wie José Joaquín Fernández de Lizardi legten hiervon ein (reise)literarisch beredtes Zeugnis ab.

Benutzt Alexander von Humboldt die Stadt als ständigen Ausgangspunkt, so sind die nicht-städtischen Regionen nur Bereiche, die der europäische Forschungsreisende kurzfristig durchzieht, um Informationen zu sammeln, die von der Stadt aus – und aus der kulturellen Perspektive städtischer, an Europa orientierter Kultur – gesammelt, kategorisiert und bewertet werden. Humboldt besichtigt und erkundet nicht nur spezifische Gebirgsketten oder Vulkanlandschaften, sondern unterschiedliche Bergwerke und Stollen, aber auch Manufakturen und Betriebe, die sich in das spanische, aber bald schon neuspanisch-mexikanische Wirtschaftssystem einfügen. Er erkennt die höchst ungleiche Verteilung des Reichtums über die Gesellschaft und untersucht das Los der indigenen Minenarbeiter, die unter unmenschlichen Bedingungen schlimmer noch als Sklaven in völliger Abhängigkeit gehalten werden. Er berechnet nicht nur die ökonomischen Daten und konstatiert enorme Gewinnspannen, welche die Grundlage für den Reichtum einiger weniger Familien darstellen, sondern behandelt auch und vor allem soziale und ethische Probleme, wie sie die Aufrechterhaltung dieser wirtschaftlichen Verhältnisse stellen. Man kann ohne Übertreibung sagen, dass die verschiedensten reiseliterarischen Dimensionen der besuchten Gesellschaft ausgeleuchtet und dahingehend untersucht werden, wie man zu einer Veränderung der gesellschaftlichen Verhältnisse und damit zu einem modernisierten Staatswesen gelangen könnte. Es ist im Grunde eben dies, was Fernández de Lizardi in seinem Schelmenroman erörtert und untersucht: Wie lässt sich die extrem ungleiche spanische Kolonialgesellschaft reformieren und letztlich überwinden.

Längerfristige Aufenthalte in nicht-städtischen Regionen, die dem Reisenden als Ausgangspunkte dienen, sind im Lateinamerika des 19. Jahrhunderts freilich deutlich in der Minderzahl. Die zentrale Perspektive ist immer in der Stadt angesiedelt: Alle Wege zu einer Veränderung der Verhältnisse verlaufen über die allem Sinn gebende Stadt mit ihren politischen und wissenschaftlichen Einrichtungen, mit ihren Herrschaftsinstrumenten und Archiven wie Bibliotheken.

Eine wichtige Ausnahme freilich bilden in dieser Hinsicht die Missionsberichte, deren Ort des Schreibens in der Mission selbst eine Art schriftkulturelles Mikroklima innerhalb in der Regel nicht-europäischer Kulturformationen bildet. Die Berichte der Missionare bieten Einblicke in ländliche Strukturen und kulturelle Verhältnisse, die sich von denen der Stadt grundlegend unterscheiden. Es wäre zweifellos eine lohnende Aufgabe, die Berichte von Missionaren nach den hier skizzierten Grundfiguren der Bewegung im Raum zu untersuchen, um festzustellen, inwieweit sie gegenüber den Berichten europäischer (Durch-)Reisender andere hermeneutische Raumstrukturen und Verstehensbewegungen bevorzugen beziehungsweise anbahnen. Die Berichte aus den Missionen bieten ein Gegen-Bild zu den Modernisierungsversuchen und -vorschlägen, die sich am Aufbau moderner Gesellschaften zu beteiligen versuchen. Dabei wäre vor allem zu erkunden, ob Modelle in das Schreiben dieser Missionare Eingang fanden, die sich nicht den hier vorgestellten Typen zuordnen lassen und auf spezifisch christliche, heilsgeschichtlich-teleologisch angelegte Muster der Exegese verweisen. Die Missionsberichte weisen vielfach sternförmig angelegte Verstehensmuster auf, die aber nicht an die Zentralperspektive einer Hauptstadt notwendig rückgebunden sind, sondern eigene 'dezentrale' Verstehensmodelle erkennen lassen.

Kehren wir zur Sternform räumlicher Bewegungsfiguration zurück und versuchen wir, anhand eines weiteren Beispiels noch zusätzliche Einsichten zu gewinnen. Bei Reisebewegungen, die sich überlagernd zumindest tendenziell die Form eines Sternes erzeugen, handelt es sich selbstverständlich auch um eine Grundfigur menschlicher Erfahrung und menschlichen Lernens überhaupt. Diese Grundfigur findet sich etwa beim Kleinkind, das vom sicheren Zentrum der Mutter aus immer weitere Ausflüge unternimmt und immer größere Gebiete seinem eigenen Wissen erschließt, um nach seinen Erkundungen zur Mutter als dem Pol eigener Sicherheit zurückzukehren. Es sei hier angemerkt, dass für den europäischen Reisenden auf eine ganz ähnliche Weise die großen Städte außerhalb Europas wichtige kulturelle Ausgangs- und Stützpunkte darstellen, die in der Kolonialzeit die Stelle des *Mutter*landes vertraten; von diesen Orten aus wurden Erkundungen durchgeführt, welche einen immer weiteren Erkenntniskreis erschlossen. Es ist folglich nicht übertrieben, wenn man die Sternform als eine grundlegende Bewegungsfigur der Ausweitung menschlicher Kenntnisse ansieht.

Es handelt sich jedoch nicht nur um eine grundlegende individuelle Strategie des Kleinkindes beziehungsweise des Menschen, um den eigenen Horizont auszudehnen und immer neue Bereiche dem eigenen Wissen zu erschließen. Denn wir können hierin auf einer kollektiven Ebene das Erfahrungs- und Expansionsmodell abendländischer Wissenschaft erkennen, die immer größere Bereiche – durchaus mit der Unregelmäßigkeit eines Tintenfleckes – dem eigenen Wissen und dem eigenen Kenntnisbereich einverleibt. Die Sternform – und nicht nur der Kreis – bietet damit das Bewegungsmodell menschlicher Erkenntnis überhaupt. Dies sollten wir bei der kritischen Auseinandersetzung mit dieser Bewegungsfigur unbedingt im Blick behalten.

Der französische Zeichen- und Kulturtheoretiker Roland Barthes (vgl. Abb. 89: Poträtphoto von Roland Barthes) hat in seiner Antrittsvorlesung am *Collège de France* im Januar 1977 ein derartiges Verstehensmodell im Raum mit durchaus bewegenden Worten vorgestellt:

> Und ich bin mehr und mehr davon überzeugt, dass, sei es beim Schreiben, sei es beim Unterrichten, die grundlegende Operation des Loslassens, wenn man schreibt, in der Fragmentierung, wenn man vorträgt, in der Abschweifung besteht, oder, um es mit einem köstlich zweideutigen Ausdruck zu sagen: in der *Exkursion*. Ich wünschte also, dass Sprechen und Zuhören, die sich hier miteinander verflechten, dem Hin und Her eines Kindes glichen, das in der Nähe der Mutter spielt, sich von ihr entfernt, dann zu ihr zurückkehrt, um ihr einen Stein, einen Wollfaden zu bringen, so rings um ein friedliches Zentrum einen Spielraum schaffend, innerhalb dessen der Stein oder der Wollfaden letztlich weniger bedeuten als das von Eifer erfüllte Geschenk, das daraus gemacht wird.[24]

Äußere Bewegung und innere Bewegung, *motion* und *emotion* gehen hier wieder einmal Hand in Hand. Und das Geschenk ist die Liebe und das Wissen, ja die Liebe zum Wissen. Das kann einem Philologen, der im Wortsinne den Worten liebend gegenübersteht, nicht gleich oder indifferent sein. Denn es ist die Liebe zum Wort und die Liebe zum Sinn, die alles erfüllt, die alles mit Leben – und damit auch mit Liebe – erfüllt. Diese Liebe aber ist hier das Movens, kurz: der wesentliche, wesensmäßige Beweg-Grund.

Die diskursiven Bewegungen, etymologisierend versinnbildlicht in den *allées et venues* des Kindes, erzeugen einen sich ausweitenden Bereich der Kenntnis und Erkenntnis, den wir auch bereits für das Kleinkind als den je eigenen Forschungsbereich definieren können. Bei dieser sternförmigen Raum- und Verstehensstruktur gilt es freilich immer zu berücksichtigen, dass es sich um (zumindest zeitweise) zentrierte Wissensstrukturen handelt: um Strukturen also, die sich rund um ein Zentrum bewegen und ausbreiten.

Roland Barthes findet hierfür den schönen Begriff der Exkursion. Exkurs und Diskurs verbinden sich hier auf höchst intime Weise. Die Leserin und der Leser folgen derartigen Exkursionen und Digressionen stets in dem Bewusstsein und der Sicherheit, wohlbehalten wieder an den Ausgangsort zurückkehren zu können: Eine Exkursion wird niemals zu einer Einbahnstraße. So ist in der Sternfigur auch die Kreisstruktur impliziert. Wir kehren immer wieder sicher zu unserem Dreh- und Angelpunkt zurück.

Die hermeneutische Bewegung der Sternform ist die eines stetigen und mehr oder minder regelmäßigen Alternierens zwischen der Aufnahme neuer

---

24 Barthes, Roland: *Leçon. Leçon inaugurale de la Chaire de Sémiologie littéraire du Collège de France prononcée le 7 janvier 1977*. Paris: Seuil 1977, S. 42 f.

Phänomene und deren Eingliederung in vorhandene Wissensbestände. Innovation und Vorwissen beziehungsweise Vorurteil bedingen sich wechselseitig; sternförmige Erkenntnisverfahren (und Reisebewegungen) geben diese Beziehung zwischen dem Neuen und dem Vor-Gewussten räumlich und dynamisch wieder. Die Beliebtheit dieser Grundfigur in der Reiseliteratur mag sich daraus erklären, dass sie Denkstrukturen und Formen der Wissensexpansion in den verschiedensten Gebieten anschaulich spatialisiert: Wir unternehmen Exkursionen, die uns immer wieder zum Zentrum unseres Wissens, zum Zentrum unseres Lebens, zum Zentrum unserer Liebe zurückführen.

Fünftens: Das Springen

Wir wollen es bei unserem Durchgang durch verschiedene hermeneutische Bewegungsfiguren bei der Fünfzahl belassen. Sicherlich wären auch deutlich mehr Figuren möglich gewesen, wenn wir etwa die keineswegs seltenen Figuren analysiert hätten, die einen Zickzackweg oder ein Dreieck beschreiben. Aber eine Bewegungsfigur darf auf keinen Fall fehlen: Sie ist zu wichtig, um an dieser Stelle übersprungen zu werden.

Denn die fünfte und letzte Grundfigur, die exemplarisch vorgestellt und diskutiert werden soll, ist, zumindest auf den ersten Blick, zwar von etwas diffuser Natur. Doch sie betrifft einen Reisebericht und ein Verstehensmodell, in welchen weder ein konkreter Ausgangspunkt noch ein konkreter Zielpunkt der Reise angegeben werden. Es gibt, um es simpel auszudrücken, weder einen Anfang noch ein Ende der Reise; ja die Reisebewegung selbst ist als Itinerarium grundlegend in Frage gestellt, steht die Reise insgesamt doch nicht im Zeichen einer Kontinuität, sondern vielmehr einer grundlegenden Diskontinuität sowie einer Überlagerung von Strukturen und Bewegungen. Wir haben es folglich mit einer hochkomplexen Bewegungsfigur zu tun, mit der wir uns nun abschließend beschäftigen wollen.

Es ist nicht einfach, für das 18. oder 19. Jahrhundert ausreichend Beispiele für derartige Reisebewegungen anzuführen. Ich möchte daher auf ein der fiktionalen Erzählliteratur entstammendes Beispiel, einen Roman aus dem 18. Jahrhundert zurückgreifen, Denis Diderots *Jacques le fataliste et son maître*. Es ist ein Erzähltext, der von Reise- und Bewegungsstrukturen vollständig durchzogen ist und der die Reisebewegungen immer wieder als Strukturen vorführt, denen zufolge wir zu verstehen versuchen, wir zu begreifen glauben.

Diese Koppelung setzt bereits mit dem Beginn des Narrativs oder besser der Narration, des eigentlichen Erzählvorgangs, ein. In der berühmt gewordenen Eingangsszene, in welcher der Erzähler mit dem Leser ein fiktives Zwiegespräch über die Protagonisten des nachfolgenden Textes führt, treten die spezifischen

Grundstrukturen der Reisebewegung im Roman deutlich vor Augen. So heißt es in diesem experimentellen Text aus der Feder des französischen Philosophen:

> Wie hatten sie sich getroffen? Durch Zufall, wie jedermann. Wie nannten sie sich? Was kümmert sie das? Woher kamen sie? Vom nächstgelegenen Ort. Wohin gingen sie? Weiß man denn, wohin man geht? Was sagten sie? Der Herr sagte nichts, und Jacques sagte, dass sein *Capitaine* sagte, dass alles, was uns hier unten an Gutem und an Schlechtem zustößt, dort oben geschrieben ward.[25]

Ich kann mir kaum einen brillanteren Romanauftakt vorstellen. Und einen moderneren zumal. denn in diesem *incipit* ist der Schlüssel zum gesamten Erzähltext zu sehen, ein Schlüssel freilich, der nicht den Zugang zu einer klaren Bewegungsfigur eröffnet, sondern allem Tür und Tor öffnet. Denn von Beginn an werden alle möglichen Denk- und Bewegungsfiguren ganz bewusst eingeblendet und zugleich auch in ihrer vorgeblichen Vorbestimmtheit, im sehr eigentümlichen Fatalismus des Dieners Jacques, verankert. Und der Herr und Meister schweigt, hat nichts zu sagen. Doch schauen wir uns dies im Einzelnen an.

Am Anfang steht ein Dialog der Erzähler- mit der Leserfigur. Doch die Erwartungsklischees der fiktiven Leserfigur werden ein ums andere Mal enttäuscht, ihre Fragen führen nur zu Gegenfragen: *Est-ce que l'on sait où l'on va?* Der Zufall erscheint von Beginn an als eigentlicher Motor des Geschehens, und doch ist es, wie Erich Köhler in einer denkwürdigen Studie herausarbeiten konnte, ein Zufall, der im dialektischen Spiel mit der geschichtlichen Notwendigkeit ein in der jeweiligen historischen Situation angelegtes Mögliches entbindet und entfaltet.[26] Die herausragende Rolle des Zufalls ist es, die das narrative Spiel in Gang setzt und in Gang hält.

Dies hat Konsequenzen. Dem Geschehen liegt ebenso wenig ein göttlicher Heilsplan zugrunde wie der Reise ein detaillierter oder auch nur (voraus-) bestimmbarer Fahrplan. Alles ist von einem Augenblick auf den anderen veränderbar, ja verwirrbar. Herkunft und Zielort entziehen sich der Kenntnis des Lesers. Ein genau bestimmbarer Ort der Ankunft wird durch die Betonung einer radikalen Offenheit der Zukunft und des weiteren Reisewegs ersetzt: Weiß man denn, wohin die Reise geht?

---

25 Diderot, Denis / Lecontre, Simone (Hg.) / Le Galliot, Jean (Hg.): *Jacques le fataliste et son maître*. Genève: Droz 1977, S. 3.
26 Vgl. Köhler, Erich: *Der literarische Zufall, das Mögliche und die Notwendigkeit.* München: Fink 1973, sowie ders.: 'Est-ce que l'on sait où l'on va?' – Zur strukturellen Einheit von 'Jacques le Fataliste et son Maître'. In (ders.): *Vermittlungen. Romanistische Beiträge zu einer historisch-soziologischen Literaturwissenschaft.* München: Fink 1976, S. 219–239.

Ist dem Menschen die Verfügbarkeit über Anfangs- und Endpunkt seines irdischen Lebensweges entzogen, ist ihm also der bewusste und reflektierte Zugang zum Augenblick seiner Geburt – deren Spuren der Körper tragen kann, ohne dass dies doch mehr als eben Spuren wären – wie zum Augenblick seines Todes verwehrt, so bietet ihm der Roman kompensatorisch die Verfügbarkeit über ein gesamtes Leben, über vollständige Lebensläufe und Lebensabläufe an. Genau dieses Angebot des Romans durchkreuzt Diderot hartnäckig. doch was ist der Sinn dieser Maßnahme? Und was wird an die Stelle der Gerichtetheit von Sinn gesetzt?

Durch Abgeschlossenheit wird Sinn erzeugt, im französischen *sens* ist diese Gerichtetheit des Sinnes unverkennbar mitenthalten. Dieser Zugriff auf eine Totalität an Leben und Lebenserfahrung aber wird der fiktiven LeserIn in der Eingangspassage von Diderots Roman gerade verwehrt. Wir haben es anstelle einer klaren Gerichtetheit von Sinn mit einer radikalen Offenheit jeglicher Vektorisierung zu tun. Diese Ent-täuschung prägt die gesamte Handlungsstruktur des Romans, der sich an seinem 'Ende' auf verschiedene, teilweise intertextuell zurückverweisende Varianten *öffnet*. Weiß man denn, wohin die Reise geht?

Die von Diderot angebotenen Romanschlüsse sind nach heutiger Sprachregelung interaktiv, dies heißt: Das Lesepublikum kann über den weiteren Weg mitentscheiden. Dabei spielen die intertextuellen Beziehungen, mithin die Folie des literarischen Raumes, innerhalb dessen sich der Erzähltext Diderots situiert, eine entscheidende Rolle für jegliche Verstehensprozesse. Don Quijotes Reisewege – und kein Geringerer als Miguel de Cervantes und seine Grundlegung des ersten Romans der Moderne standen Diderots Roman als Pate zur Seite – und die experimentelle Romanform von Laurence Sternes *Tristram Shandy* führen das itinerarische Schema mit seinen Digressionen, Exkursionen und Unterbrechungen zugleich vor und ad absurdum. Der Roman entzieht sich ostentativ der Verfügungsgewalt seiner Leserschaft, bietet dieser aber auch keine Sicherheit vermittelndes Reise- und Verstehensschema an. Anfang und Ende, aber auch alle dazwischen befindlichen Bewegungsakte bleiben im Zeichen des Zufalls unbestimmt und unbestimmbar.

Analog zum Roman offeriert auch der Reisebericht seinem Lesepublikum gattungskonform eine Totalität, die klare Verfügungsgewalt über eine Reise in ihren Wegeplänen und Abweichungen, aber auch bezüglich ihres Anfangs wie ihres Endes gewährt. Eben diese Sicherheit wird hier zwar nicht gänzlich aufgegeben, aber zur Disposition gestellt. Daraus ergibt sich eine radikale experimentelle Offenheit, welche den modernen Roman mit dem Reisebericht verbindet.

Unsere ausführliche Beleuchtung reiseliterarischer Orte sollte zeigen, wie wichtig die bislang zumeist übersehene topische Modellierung von Abreise, Ankunft oder Rückkehr ist und wie sehr sich in den Bewegungsfiguren

Verstehensstrukturen niederschlagen oder doch zumindest angelegt sind. Oft sind den Reiseberichten des 18. und 19. Jahrhunderts einführende Bemerkungen vorangestellt, in denen das Lesepublikum paratextuell[27] nicht nur über den Beginn, sondern auch über die 'Konzeption', die 'Empfängnis' des Reiseprojekts und dessen spätere 'Austragung' und Realisierung, in Kenntnis gesetzt wird.

Damit gewährt der Reisebericht des 18. und 19. Jahrhunderts, aber auch oftmals jener des vergangenen 20. Jahrhunderts seinem Lesepublikum freien Zugang zu einem gesamten Lebensweg, den der einzelne Leser buchstäblich nach-gehen und in seinen wahrnehmungsspezifischen Aspekten nach-vollziehen kann. Die Totalität eines Textes liegt von dessen erster Konzeption bis zu seinem vollständigen Ende ausgebreitet und in seiner ganzen Fülle vor seiner Leserin und seinem Leser. Damit ist er mit allen seinen Phasen und mit allen seinen Fasern direkt zugänglich und verfügbar. Das gesamte Leben eines Textes liegt vor uns zur Erörterung und Prüfung all seiner Details.

Die Faszination des Reiseberichts geht nicht zuletzt auf die libidinöse Besetzung der Verfügungsgewalt über Gedankenbewegungen zurück, die quasi unbegrenzt wiederholt werden können. Gerade die hermeneutischen Bewegungsfiguren sowohl der Reisenden als auch der Leserinnen und Leser erscheinen als komplexe, aber zugleich auch komplette Figuren, die in ihrer Abfolge libidinös besetzt sind, weil sich in ihnen lustvoll ein Verstehensprozess entfaltet, der in der Lektüre wiederholbar wird und mehrfach nachvollzogen werden kann.

Vielleicht wäre dies eine mögliche Antwort auf das Rätsel, vor das der französische Anthropologe Claude Lévi-Strauss (vgl. 88: Porträtphoto von Claude Lévi-Strauss) im Anfangskapitel seiner *Tristes Tropiques* seinen Text wie sein Lesepublikum in paradoxer Weise stellte. So lesen wir gleich zu Beginn in seinem fulminanten Bericht von mehreren Reisen insbesondere in das Amazonasgebiet:

> Gleichwohl, diese Erzählgattung trifft auf eine Gunst, die mir unerklärlich bleibt. Amazonien, Tibet und Afrika überschwemmen die Läden in Form von Reisebüchern, Expeditionsberichten und Fotoalben, in denen die Sorge um den Effekt zu sehr vorherrscht, als dass der Leser den Wert des Zeugnisses, das man ihm vorlegt, einschätzen könnte. Sein kritischer Geist wird nicht etwa aufgeweckt, sondern verlangt immer mehr nach diesem Futter, von dem er ungeheure Mengen verschlingt.[28]

Claude Lévi-Strauss konstatiert eine rätselhafte Faszination, die von Reiseberichten in ferne Länder und von Fotoalben ausgeht, welche eine Reise und deren Gegenstände dokumentieren, die von einem reisehungrigen Lesepublikum immer wieder von neuem konsumiert werden. Nichts ist dabei vor der Konsumlust

---

27 Zur Definition dieses Begriffs vgl. Genette, Gérard: *Seuils*. Paris: Seuil 1997.
28 Lévi-Strauss, Claude: *Tristes Tropiques*. Paris: Plon, S. 10.

dieses Lesepublikums sicher – und es spielt auch keine wesentliche Rolle, ob es sich bei diesen Reisen um Erforschungen mit einem hohen wissenschaftlichen Wert handelt oder nicht. Die Perplexität des französischen Wissenschaftlers und Wissenschaftstheoretikers siedelt sich gerade hinsichtlich dieser Fragestellung an in einem Feld, in welchem offenkundig die szientifischen Resultate für die Leserinnen und Leser von zweitrangiger Bedeutung sind.

Unter der Kapitelüberschrift *La fin des voyages* macht der französische Anthropologe und Mythenforscher in der angeführten Passage seiner *Traurigen Tropen* nicht nur auf das Faszinosum Reisebericht, sondern auch auf dessen rezeptionsästhetische Aporien aufmerksam. Das Verschlingen von Reiseberichten erzeugt gerade nicht den kritischen Leser, sondern führt vielmehr zu einer fast im Wiederholungszwang vollzogenen Lektüre immer neuer Berichte, immer neuer 'Zeugnisse', immer neuer Dokumente. Was aber ist der eigentliche Sinn hinter all diesen Bewegungen, hinter all diesen Suchen und Versuchungen?

Auf unsere Argumentationslinie unserer Vorlesung bezogen bedeutet dies, dass die Gründe für die 'unerklärliche Gunst' des Reiseberichts beim Publikum in der Spatialisierung hermeneutischer Prozesse liegen, die vom Leser qua Lektüre nachvollzogen werden können; dass aber gerade dieser Nachvollzug, dieses bloße Nachgehen bestimmter vorgegebener Reisewege, nicht den kritischen, sondern nur den konsumierenden, den Text verschlingenden Leser anzuziehen scheint. Warum ist dies gerade bei den Reiseberichten der Fall? Wird hier der Leser gleichsam vom Autor an die Hand genommen und in seinen Verstehens-Bewegungen so gelenkt, dass er selbst keine zusätzliche Verstehens-Leistung mehr freisetzen muss, sondern einfach und mit geringem intellektuellen Aufwand konsumieren kann?

Vieles spricht dafür. Und es mag sein, dass dies mit der Suche eines westeuropäischen Publikums nicht nur nach dem Exotischen, sondern vielleicht mehr noch nach dem Authentischen zu tun hat: nach einem Authentischen, das im Zeichen eines entstehenden Massentourismus in seiner realitätsbezogenen Authentizität immer stärker bedroht ist. Denn gerade in dem Maße, in welchem das Lesepublikum dieser Suche und Sucht nach dem Authentischen, nach dem letztlich Wirklichen frönt, droht es, ihm in einer entstehenden Tourismusindustrie mit ihren Authentizitätsmarkern buchstäblich zwischen den Fingern zu zerrinnen. Überall, so muss man wohl befürchten, wird die gemachte und zu machende Erfahrung mit dem Signum 'Noch ein letztes Mal' versehen: Das Authentische schwindet und verschwindet inmitten einer Industrie, die das Authentische für Reisende eigens fabriziert, aber nur noch als Klischee zu vermarkten vermag. Dies hat durchaus dramatische Konsequenzen für die Normen und Formen des Reiseberichts in der weiteren Abfolge des 20. Jahrhunderts und bis heute.

Dies zeigt sich auch bereits in den *Tristes Tropiques*. Denn einer solchen bei einem okzidentellen Leser beobachtbaren Lektürehaltung aber stemmt sich die fünfte und letzte der hier genannten Grundfiguren von Verstehensbewegungen im Reisebericht entgegen. Sie versperrt sich der einfachen, konsumierbaren und repetierbaren Sinnerzeugung, fordert vom Lesepublikum eigenständige Verstehens-Leistungen. Das Verhältnis von Reisen und Schreiben wird wieder neu definiert. Das Reise/Schreiben stellt spätestens ab der zweiten Hälfte des 20. Jahrhunderts neue Anforderungen, neue Herausforderungen an die Leserschaft. Selbstverständlich gibt es den konsumierbaren Reisebericht auch weiterhin und vielleicht noch stärker denn je in Buchhandlungen, an Kiosken in Bahnhöfen und Flughäfen zu kaufen; aber in stärker literarischen Formungen des Reiseberichts machen sich zunehmend komplexere Verstehens-Bewegungen bemerkbar, welche eine leichte Konsumierbarkeit entschlossen unterlaufen.

Fassen wir an dieser Stelle einige der reiseliterarischen Entwicklungen in aller Kürze zusammen. Die radikale Offenheit von Herkunft und Zukunft, von Fahren und Erfahren, von Deutung und Bedeutung, die sich gattungskonformen Erwartungshaltungen aktiv und kreativ widersetzt, öffnet hier unsere Modellbildung auf Formen, die nicht mehr als kohärente und abgeschlossene Bewegungen verräumlicht werden können. Der literarische Reisebericht stellt neue Anforderungen an seine Leserschaft und unterstreicht in der Abkehr von einer leichten, fröhlichen Konsumierbarkeit seine literarische Dignität. Wohin aber geht dann die Reise des Reiseberichts und mit ihr jene der Literatur überhaupt?

Folgen wir noch einen Augenblick unserer Digression – oder Exkursion – zu Claude Lévi-Strauss. Bereits Mitte des 20. Jahrhunderts arbeitete der französische Mythenforscher in seinem beeindruckenden kleinen, aber höchst aufschlussreichen Band heraus, wie weit die Zerstörung der längst traurig gewordenen Tropen in einem globalen Maßstab gleichsam transtropisch fortgeschritten war. Nicht umsonst tauchte schon zu Beginn der nachfolgend zitierten Passage der Verweis auf jenes militärische 'Wunderwerk' des Flugzeugträgers auf, in dem sich die Entwicklungslinien des Dampfschiffs und des Flugzeugs miteinander verbinden und es den Weltmächten in der zweiten Hälfte des 20. Jahrhunderts erlaubten, die Insel-Strategie der iberischen Mächte der ersten Phase beschleunigter Globalisierung mit Hilfe dieser neueren Transportmittel aus der dritten Phase zu modernisieren und auf einen neuen technologischen Stand zu heben, wie er im militärischen Kontext für die vierte Globalisierungsphase kennzeichnend werden sollte.

Wir haben es hier also mit grundsätzlichen soziopolitischen und militärtechnologischen Entwicklungen zu tun, die sehr wohl ihrerseits etwas mit der Expansion Europas und der USA und mit der Verteilung von Macht und Gewalt über die Erdoberfläche zu tun haben. Wer beherrscht die Welt und mit Hilfe welcher Technologien? Denn der Flugzeugträger ist für die vierte Phase beschleunigter Globalisierung das, was die Karavelle für die erste, die Fregatte für die zweite und das Dampfschiff für die dritte Phase beschleunigter Globalisierung dargestellt hatten: ein Mittel nicht nur der Befahrung und Erfahrung der Ozeane, sondern auch der Unterwerfung unseres Planeten.

Folglich liest man im Kapitel 'La Quête du Pouvoir' (Die Suche nach Macht) bereits Mitte der fünfziger Jahre in einer brillanten Analyse des Mythologen und strukturalistischen Zeichenlesers Claude Lévi-Strauss:

> Wie könnte heute, wo die polynesischen Inseln in Beton versenkt in Flugzeugträger verwandelt wurden, die schwer auf dem Grund der Südsee verankert sind, wo ganz Asien das Antlitz eines Krankenreviers angenommen hat, wo die Armenviertel Afrika auffressen, wo die kommerzielle und militärische Luftfahrt die naive Schönheit des amerikanischen oder melanesischen Urwalds entstellt, noch bevor sie dessen Jungfräulichkeit zerstören könnte, wie also könnte heute die vorgegebene Evasion der Reise etwas anderes erreichen, als uns mit den unglücklichsten Formen unserer historischen Existenz zu konfrontieren? Dieser großen abendländischen Zivilisation, die Wunder geschaffen hat, die wir genießen, ist es sicherlich nicht gelungen, sie ohne ihren Widerpart hervorzubringen. Wie bei ihrem berühmtesten Werk, an dem sich Architekturen von einer unbekannten Komplexität entfalten, fordern die Ordnung und Harmonie des Abendlands die Eliminierung einer ungeheuren Masse schädlicher Nebenprodukte, die

Abb. 36: Fotographie einer Atombombenexplosion im Rahmen der Operation Crossroads, „Baker"-Test, Bikini-Atoll, Juli 1946.

unsere Erde längst infiziert haben. Was ihr, ihr Reisen, uns zunächst und in erster Linie zeigt, ist unser Abfall, ins Gesicht der Menschheit geschleudert.[29]

Diese aufwühlenden Worte von Claude Lévi-Strauss wirken noch heute, in den Zeiten einer globalen Verschmutzung aller Ozeane durch Plastikmüll, nicht nur wie intellektuelle Denkanstöße, sondern aufpeitschend und zum konkreten Handeln zwingend. Längst hat die Zerstörung unserer Tropen, aber auch vieler anderer Gebiete einschließlich unserer Polarzonen einen Umfang angenommen, in dessen Zeichen der Begriff der 'Generationengerechtigkeit' nur noch blanken Hohn bietet. Aber noch immer ist die Leugnung dieser Probleme oder bestenfalls deren Aufnahme in Festtagsreden weit verbreitet, bietet all jenen Schutz, die als winziger Teil der Erdbevölkerung die Erde buchstäblich missbrauchen. Ein Ende dieser Entwicklungen, wie sie von Claude Lévi-Strauss in seinen rhetorischen Tropen schonungslos aufgezeigt wurden, ist noch immer nicht absehbar: Traurige Tropen, fürwahr!

Es sind in der Tat die Tropen einer fundamental erschütterten Rhetorik, die sich nicht mehr zu helfen weiß und sich an eine Öffentlichkeit wendet, welche die von ihr ausgelösten Schäden und Zerstörungen noch immer nicht zur Kenntnis nehmen will. Doch noch immer scheint im Reflex der verführerischen Ferne ein Versprechen auf Authentizität, auf Wahrheit, auf direkte Wahrnehmung einer anderen Wirklichkeit auf. Gibt es nicht einen Weg, einen Zugang zu dieser Wirklichkeit, zu diesem fernen Spiegel von uns selbst? Können wir uns nicht doch noch ein letztes Mal in die glitzernde Fläche dieses fernen Spiegels und Versprechens retten?

Der in den Augen der Europäer noch immer fortbestehende Zauber der alten Entdeckungsreisen – und die *Traurigen Tropen* werden nicht müde, diesen Zauber und seinen nunmehr der Vergangenheit angehörenden Glanz ein letztes Mal zu beschwören – hat nach gerade erst überstandenem Zweiten Weltkrieg und am Vorabend der vierten Phase beschleunigter Globalisierung einem Entsetzen angesichts all jener Zerstörungen Platz gemacht, welche die tropischen Inselwelten wie ganze Kontinente im globalen Maßstab erfasst haben. Daher verwundert es nicht, dass Claude Lévi-Strauss in seinem auf Brasilienaufenthalte zwischen 1934 und 1939 zurückgehenden und 1955 erschienenen Band *Tristes Tropiques* auch den rhetorischen Figuren und Figurationen der Tropen ausgehend von konkreten Reisebewegungen seiner Erzählerfigur nachspürte. Die Verbindung von Reisen und Schreiben vermag noch immer zu

---

29 Ebda. S. 36.

verlocken – und der französische Mythenforscher und angehende Strukturalist spielt diese Karte meisterhaft aus.

Im ersten, bedeutungsvoll mit 'Das Ende der Reisen' (*La fin des voyages*) überschriebenen Teil seines Bandes findet sich folglich unter der Überschrift 'Abreise' ein denkwürdiges *incipit*:

> Ich hasse die Reisen und die Forschungsreisenden. Und gleichwohl stehe ich nun im Begriff, von meinen Erfahrungen zu erzählen. Aber wieviel Zeit brauchte ich, um mich dazu durchzuringen! Fünfzehn Jahre sind vergangen, seit ich zum letzten Mal Brasilien verlassen habe, und während all dieser Jahre habe ich mir oft vorgenommen, dieses Buch anzugehen; und jedes Mal haben mich eine Art von Scham und Abscheu daran gehindert.[30]

Hier stellt sich von Beginn an die fundamentale Frage nach dem (neuen) Verhältnis von Reisen und Schreiben in einer grundlegend veränderten Welt. Der oftmals poetisch verdichtete Band über die Tropen oszilliert in ständigen Wendungen und Richtungswechseln zwischen dem Schreiben und dem Nicht-Schreiben, dem Reisen und dem Nicht-Reisen, der Geste des Entdeckens und der Scham im Bewusstsein des eigenen Anteils an der von Europäern weltweit verübten Zerstörung. Nein, Claude Lévi-Strauss nimmt sich nicht aus, er weiß sich als Teil dieser Zerstörungen selbst. Traurig werden diese Tropen in einem ästhetisch durchdachten Spiel von Spiegelungen entworfen, in welchem die (rhetorische) Figur des europäischen Entdeckers in einem rousseauistisch eingefärbten Ethnologen und Tropenforscher reflektiert wird, der sich als letztes Glied einer langen Kette der Entdecker, Forscher *und* Zerstörer zu begreifen beginnt. Gibt es hier noch einen Fluchtweg, einen Ausweg?

Im Grunde lässt sich selbst in den leuchtenden Tropen nichts beschönigen: Wir leben in einer Welt, in der die Kollateralschäden unserer Wirtschaft und unserer technischen Zivilisation bedrohliche Ausmaße angenommen haben. In manchen Lesern mag da Unbehagen aufkeimen. Denn demontiert hier nicht ein Protagonist der Globalisierung, der an ihr als Reisender wie als Wissenschaftler Anteil hat, jene Mythen, die sich von der ersten Phase beschleunigter Globalisierung bis in die Gegenwart von Lévi-Strauss gehalten haben?

Die reiche Fülle der Tropen blitzt in ihrer Diversität an Völkern, Lebensbedingungen und Kulturen just in jenem Augenblick auf, in dem die von den Europäern ausgehende Destruktion zur Falle geworden ist und ihr Werk zu vollenden scheint: Alles ist dem unwiderruflichen Untergang geweiht, das Ende der Tropen steht unmittelbar bevor. Und nichts scheint diesen Untergang aufhalten zu können. Wird hier nicht der Strukturalist Claude Lévi-Strauss zum Dekonstruktivisten *avant la lettre*?

---

30 Ebda. S. 9:

Doch das *Nevermore*, das alle Seiten dieses Bandes durchzieht, reißt an einer Stelle dieses Reiseberichts am Ende aller Reisen auf: Denn ein allerletztes Mal noch bietet sich dem Forscher des 20. Jahrhunderts jene unerhörte Möglichkeit, die sich den Columbus und Juan de la Cosa, den Vespucci und Villegaignon, den Alvar Núñez Cabeza de Vaca oder Hans Staden lange Jahrhunderte zuvor so oft und so eindrucksvoll geboten hatte. Ein letztes Mal schlüpft der französische Anthropologe des 20. Jahrhunderts in deren Rolle:

> Es gibt für den Ethnographen keine aufregendere Perspektive als jene, der erste Weiße zu sein, der in eine indigene Gemeinschaft eindringt. Bereits 1938 ließ sich diese höchste Entlohnung nur noch in wenigen Weltregionen erringen, die so selten geworden waren, dass man sie an den Fingern einer Hand abzählen konnte. Seither haben sich diese Möglichkeiten weiter verringert. Ich werde also die Erfahrung der alten Reisenden von neuem erleben und damit zugleich jenen entscheidenden Augenblick des modernen Denkens, an dem dank der großen Entdeckungen eine Menschheit, die sich vollzählig und vollständig glaubte, plötzlich – als wäre es eine Gegen-Enthüllung – die Ankündigung erhielt, dass sie nicht alleine war, dass sie Teil einer umfassenderen Einheit war, und dass sie zunächst, um sich überhaupt zu kennen, ihr verkennbares Bild in diesem Spiegel betrachten musste, dessen von den Jahrhunderten vergessener Teil für mich allein seinen ersten und letzten Widerschein werfen sollte.[31]

Es ist eine paradoxe Begeisterung, ja Euphorie, die sich hier über den Text ausbreitet. Also ist es doch noch möglich, dem fernen Spiegel jene Reflexe zu entlocken, die doch schon ein für alle Mal verspielt, verloren schienen? Die Erfahrung dieses „einzigen totalen Abenteuers, das sich der Menschheit anbietet",[32] öffnet sich im Zeichen jenes welthistorischen Prozesses, der mit Christoph Columbus, Juan de la Cosa, den Brüdern Pinzón oder Amerigo Vespucci begann, auf ein Bild völliger Zerstörung – in gewisser Weise so, wie es Las Casas' kurzgefasster Bericht über die grauenvollen Zerstörungen in den Kolonien, seine *Brevísima relación de la destrucción de las Indias*, bereits auf für das europäische Gedächtnis unvergessliche Weise entworfen hatte. Gewiss, die *Tristes Tropiques* lassen sich auch in diese Diskurstradition einordnen, welche die Geschichte der europäischen Entdeckungen, Erforschungen und Kolonisierungen begleitet und zu einem festen Bestandteil unseres schlechten Gewissens geworden ist, das uns doch am eigentlichen Handeln, am Vollzug unserer eigenen Logik, nicht wirklich hindert.

Das unentrinnbare Dilemma wird deutlich, das sich auch auf die Kombination von Reisen und Schreiben, von Schreiben und Reisen erstreckt. Europa wusste, was es zerstörte, ohne doch zu kennen und zu erkennen, was es nie mehr geben sollte und was es für immer verschüttete oder vollständig auslöschte. Das

---

31 Ebda. S. 387:
32 Ebda., S. 82.

Ende der Tropen und ihrer Bewohner war seit Beginn des 16. Jahrhunderts nicht zuletzt auch eine Trope des europäischen Denkens und Schreibens: in Hayden Whites Sinne in der Form der Tragödie, mit deutlichen Übergängen zur Apokalypse, ja im strahlenden Licht derselben. Früh schon wurden die Tropen von den Europäern nur insofern als Fülle erfahren, als sie stets auch zugleich als Falle gefühlt werden konnten. Und in dieser Falle der Fülle bewegt sich das Reisen wie das Schreiben, das Handeln wie das Behandeln noch heute.

Auf der Grundlage eben dieses Mechanismus wird in einer entscheidenden Passage von *Tristes Tropiques* ein letzter, von der europäischen Zivilisation noch nicht erfasster Stamm 'entdeckt' und damit zugleich 'verdeckt', zum Verschwinden gebracht: ja für immer ausgelöscht. Die Bewegungen von Reisen und Schreiben, von Schwinden und Verschwinden, von Entdecken und Bedecken fallen in eins. Im Verschwinden der Tupi-Kawahib zeigt sich nicht zuletzt auch das Desaster eines europäischen Dursts nach einem Wissen, das nicht auf ein Wissen vom Zusammenleben mit dem Anderen gerichtet ist und dessen globales Triumphieren mit allen zu Gebote stehenden literarischen Mitteln als globales Scheitern vorgeführt wird.

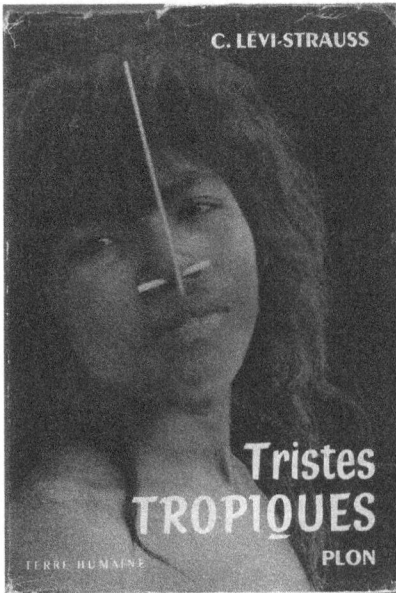

Abb. 37: Jugendlicher Nambikwara, Fotografie von Claude Lévi-Strauss, Ende der 1930er Jahre.

Die Unentrinnbarkeit dieses Mechanismus einer Logik, die allen europäischen Expansionsbewegungen immanent ist, wird erbarmungslos vorgeführt. Wir hatten bei unserer Untersuchung von zahlreichen Beispielen aus der Reiseliteratur der zweiten Phase beschleunigter Globalisierung bereits gesehen, wie diese höchst problematische Dimension der Auffindung und Zerstörung durch ein absolutes Wissen-Wollen bereits in den Berichten von Tahiti aufscheint – und zwar sowohl im Diskurs der Reisenden wie Bougainville oder Forster wie im Diskurs der Daheimgebliebenen, für die uns Diderot das vielleicht deutlichste Beispiel mit seinem indigenen Bauchrednertum gab. Die Gesellschaft Tahitis war im Augenblick ihrer 'Entdeckung' schon für immer dahin – und keine Philosophie konnte diesen Prozess, erst einmal angestoßen, aufhalten. Lévi-Strauss' Stamm der Tupi-Kawahib ist nur die Wiederholung eines Zirkels, der mit unverminderter Macht anhält und selbst noch für jene Amazonasvölker gilt, die auch heute noch nie in Kontakt mit der sogenannten Zivilisation gestanden haben sollen. Die Zerstörung setzt sich fort.

Nicht mehr die Karavellen, wohl aber die Flugzeuge skizzieren Kartographien und Choreographien, aus denen die Regenwälder und Urwälder dieses Planeten Stück für Stück verschwinden: Das Antlitz der Welt wird entstellt, ein für alle Mal. Immer neue Gründe gibt es für die Gewinnmaximierung – längst nicht mehr nur die Beweggründe europäischer oder US-amerikanischer Kolonialherren, sondern auch jene eines Bolsonaro, der inländische wie ausländische Investoren mit seinen Gewinnversprechen anzulocken sucht. Es ist offenkundig: Die Regenwälder des Amazonas sind eine Ressource, die noch nicht vollständig ausgebeutet ist. Der brasilianische Präsident hatte seinen Auftritt auf dem Weltwirtschaftsforum in Davos ebenso wie die sechzehnjährige schwedische Schülerin Greta Thunberg, die mit entwaffnender Klarheit sprach und alle Insignien eines Diskurses mit sich trug, der letztlich nur ein Diskurs des Lebens für das Leben, für die Konvivenz mit Mensch und Umwelt ist. Gibt es nicht immer diese Zweipoligkeit von Diskursen, welche sich wie zwischen Columbus und Las Casas, zwischen Bougainville und Diderot, hin und her bewegen und den Soundtrack eines wirtschaftlichen Expansionsprozesses bilden, der unaufhaltsam zu sein scheint und unaufhaltsam zu sein beansprucht?

Die traurigen Tropen des Diskurses signalisieren planetarische Räume, die nicht allein im Zeichen der Fülle, sondern im Zeichen einer apokalyptischen Falle stehen – einer Apokalypse, die gewiss nicht mehr nur die amerikanischen Tropen, sondern die Tropenwelt überhaupt transtropisch erfasst hat. Eine Menschheit, die sich in der Fülle ihrer Möglichkeiten wähnt, sitzt in der Falle, in ihrer eigenen, selbstgebauten Falle. Kann man sich, wenn man sich mit Reiseliteratur beschäftigt, dieser Gretchenfrage verschließen? Ist die Geschichte der europäischen Reisen nicht auch und vor allem eine Geschichte, welche diesseits wie jenseits des Massentourismus im Zeichen von Zersetzung und Zerstörung steht?

Fest steht im Sinne von Lévi-Strauss: Amerika ist allein von Amerika aus nicht mehr zu begreifen. Denn die Erzählerfigur in seinen *Traurigen Tropen* zeigt auf, wie vor dem Hintergrund der Zerstörung der Tropen Amerikas, Asiens und Afrikas die Entwicklungen in den Amazonasgebieten nur aus der weltumspannenden Dimension der Tropen heraus noch verstanden werden können. Und damit transareal.

Dies stellt, wie wir sahen, keineswegs ein neues Phänomen dar: Denn bereits im 16. Jahrhundert bauten die iberischen Mächte jene weltweiten Infrastrukturen auf, die Mexico über den Hafen von Veracruz und die Karibik nicht nur transatlantisch mit Europa verbanden, sondern über den Hafen von Acapulco und die Philippinen transpazifisch mit dem Handel in Asien verknüpften.[33] Mexico stand im Fadenkreuz eines Netzes von Beziehungen, welche die gesamte Welt umspannten und zurecht von einer ersten Phase beschleunigter Globalisierung sprechen lassen. Allerdings waren diese Beziehungen zum Nutzen und Vorteile der Europäer ausgerichtet, so dass die europäischen Kolonien selbst und deren Interessen eine nachgeordnete Rolle spielten. Die Welt aber hatte begonnen, eine nur mehr transareal verstehbare zu werden.

Die europäischen Sammlungen von Reiseberichten – wie etwa die höchst einflussreiche von Giovanni Ramusio – konzentrierten sich am Ausgang der ersten Phase beschleunigter Globalisierung nicht auf einzelne Kontinente oder Regionen, sondern enthielten neben Reisen in die Neue Welt ganz selbstverständlich auch Berichte über die Tropen in Afrika und Asien. Sie entsprachen damit einer weltumspannenden Logik des Verstehens, die nicht nach Kontinenten unterschied, sondern sich alles mit allem verbunden dachte. Dabei standen an erster Stelle ganz selbstverständlich die Interessen der unterschiedlichen europäischen Weltmächte dieser ersten Phase. Es wurden Strukturen geprägt, die noch immer in unserer Globalisierungsphase durchschimmern und unsere fundamentale Asymmetrie in den weltweiten Beziehungen mitgestalten.

Die disziplinären und mehr noch disziplinierenden Ordnungen unserer Wissenschaften haben – von der Anthropologie und Ethnologie über die Geschichtswissenschaft bis hin zu den Philologien – im 19. und 20. Jahrhundert diese weltumspannenden Zusammenhänge zugunsten der Konzentration auf einzelne Regionen weiter in den Hintergrund gedrängt und dank ihrer Spezialisierung auf bestimmte (kulturell und politisch bestimmte) Areas verschleiert, ja zum Verschwinden gebracht. Es ist heute zweifellos an der Zeit, nicht nur im Bereich der Klimatologie die Tropen transtropisch zu verstehen und die auch in

---

33 Vgl. hierzu ausführlich Gruzinski, Serge: *Les Quatre Parties du monde. Histoire d'une mondialisation*. Paris: Points 2006.

Zukunft notwendigen Area Studies durch TransArea Studies[34] anders auszu-richten und neu zu perspektivieren.

Dies hat – wie in dieser Vorlesung geschehen – Konsequenzen für einen relationalen und multiperspektivischen Aufbau unserer Wissenschaften und eine viellogische Strukturierung der unterschiedlichsten Wissenschaftsfelder, die sich nunmehr anders anordnen lassen. Denn was zählt, ist nicht nur der entsprechende Blickwechsel zwischen zwei 'Partnern', sondern eine multirela-tionale Beziehungsvielfalt zwischen den unterschiedlichsten Phänomenen und damit auch zwischen Reiseberichten jenseits ihrer speziellen statischen Raum-anbindung – im Sinne etwa von China-, Indien- oder Südafrikareisen – als Be-wegungsfeldern, in welchen diese mobile Vielverbundenheit zum Ausdruck kommt.

Zugleich sind – wie es in der aktuellen Vorlesung bereits beabsichtigt ist – territorial verankerte Geschichtsauffassungen durch vektoriell fundierte Formen von Bewegungsgeschichte zu erweitern und zu transformieren. Die Untersu-chung von Reiseberichten und Reiseliteratur spielt hierbei zwar eine privilegierte Rolle, ist aber nur eines der vielen Untersuchungsfelder, die sich nicht nur dafür eignen, sondern für welche eine derartige transareale Perspektivik als methodo-logische Basis grundlegend ist. Denn wir kommen an einer schlichten Tatsache nicht länger vorbei: Die Geschichte(n) und Kultur(en) Europas sind ohne die Ein-beziehung transarealer Prozesse ebenso wenig zu verstehen wie etwa das Klima Norwegens ohne den Golfstrom aus den Tropen. Nur in diesem vektoriellen Sinne lassen sich die Archipele der Sichtbarkeit zu neuen, nur auf den ersten Blick noch unsichtbaren Kontinenten (und Kontinuitäten) zusammenfügen. Dies soll im dritten Teil dieser Vorlesung weiter vorangetrieben werden.

---

34 Vgl. hierzu Ette, Ottmar: *TransArea. A Literary History of Globalization.* Translated by Mark W. Person. Berlin – Boston: Walter de Gruyter 2016.

Ende und Zukunft des Reiseberichts: ein Reisebericht ohne Reise?

Mit den *Tristes Tropiques* von Claude Lévi-Strauss sind wir in gewisser Weise an eine Grenze des Reiseberichts gelangt, die zumindest dem traditionellen Bericht von einer Reise gesetzt ist. Vielfältige Faktoren spielen hierbei eine Rolle, denken wir nur an die unterschiedlichsten Arten von Zerstörungen, die von den Reisen unter anderem europäischer Reisender in zum Teil noch unerforschte, ja 'unbesuchte' Gebiete unseres Planeten willentlich, mutwillig oder zumeist absichtslos ausgelöst werden. In derartigen Fällen ist schon, wie uns Claude Lévi-Strauss denkwürdig vermittelt, der simple 'Besuch' zumeist gleichbedeutend mit der Beeinträchtigung, ja mit der schieren Vernichtung einer Kultur. Wären diese Zerstörungen anders zu verhindern als durch ein glattes Verbot derartiger Reisen in die wenigen noch unberührten Regionen unseres Planeten?

Aber auch die von dem französischen Mythenforscher beklagte leichte Vermarktung und Konsumierbarkeit von Reiseberichten macht uns auf die leichte und passive Konsumierbarkeit der Reisen selber aufmerksam, die im Massentourismus eine ungeheure Dimension angenommen haben. Wir fluten nicht nur Venedig oder Mallorca mit riesigen Wellen von Massentouristen, sondern auch einzelne Inseln der Karibik oder des Stillen Ozeans, die wir mit unseren hochmodernen Kreuzfahrtschiffen aufsuchen. Es gibt kaum noch einen Ort auf unserem Planeten, der vor derartigen Beeinträchtigungen und Zerstörungen sicher wäre. Bedeutet all dies das Ende des Reiseberichts? Ist der Reisebericht also ein Genre, eine Gattung, die an ihr Ende gekommen ist?

In der zweiten Hälfte des 20. Jahrhunderts haben sich die Formen und Normen des literarischen Reiseberichts stark und nachhaltig verändert. Sie reagieren damit auf die Gefahren, die ein Claude Lévi-Strauss bereits in den dreißiger, vierziger und fünfziger Jahren des vergangenen Jahrhunderts klar benannte. So entwickelte der literarische Reisebericht hermeneutische Bewegungsfiguren und Verstehensformen, die nicht mehr einfach konsumierbar sind, sondern ihrem Verstehen und Begreifen klare Hemmnisse, klare Widerständigkeiten in den Weg legen. Sie lassen sich nicht mehr itinerarisch, chronologisch oder themenorientiert lesen, verweigern sich einer autobiographischen Lesart ebenso wie dem Lesemodus eines Tagebuches oder *journal intime*. Wohin aber entwickelt sich dann der Reisebericht?

Verfolgen wir hier zunächst eine wichtige Spur, die uns zurück ins 18. Jahrhundert führt. Was geschieht, wenn dem Leser des Reiseberichts – wie in Diderots *Jacques le fataliste* dem Leser des Romans – der Zugang zur Totalität durch

Fragmentierung und radikale Offenheit narrativer Strukturen entzogen wird? In Diderots Jacques begegnen wir einer Figur, die zugleich auch eine Bewegungsfigur ist, aber sich einem Verstehen all der diskontinuierlichen Bewegungen, die von ihr ausgehen, radikal entzieht. Kann ein solch offener, dem Stationenschema des neuzeitlichen Reiseberichts mit seiner Inszenierung reiseliterarischer Orte sich entziehender Text überhaupt noch als Reisebericht angesprochen werden? Stoßen wir hier nicht an die Grenze der Gattung, ja an die Grenze der Lesbarkeit?

Der französische Mythenkritiker und Philosoph Roland Barthes, auf den ersten Blick ein Antipode seines Landsmannes Lévi-Strauss, hat sich vor einem Vierteljahrhundert dieser Frage gestellt. Beschäftigen wir uns an diesem Ende des zweiten Teiles unserer Vorlesung mit seinen Antworten:

> Was wäre ein Reisebericht, in dem es hieße, man bleibe, ohne doch je angekommen, man reise, ohne doch je aufgebrochen zu sein – wo es, einmal aufgebrochen, niemals hieße, man sei angekommen oder nicht angekommen? Ein solcher Bericht wäre ein Skandal, die Erschöpfung der Lesbarkeit durch Blutverlust.[1]

Für den Autor von *S/Z* ist die Lesbarkeit eines Textes kein Muss, sondern eine überwindbare Größe, deren Überwindung stets neue literarische Formen hervorbringt. Der *texte lisible* ist der Text, der vom modernen Text verändert, ja zerstört werden muss, um die neuen Formen hervorzutreiben.

Die 'fundamentale Forderung nach dem *Lesbaren*', so heißt es im selben Abschnitt von *S/Z*, zielt auf die Vollständigkeit, die Fülle und Abgeschlossenheit eines Textes, dessen einzelne Teile funktional miteinander verbunden sein müssen. Das *lisible* ist in gewisser Weise das Plausible: So auch mit Blick auf den Reisebericht.

Vier Momente eines solchen reiseliterarisch lesbaren Textes hebt Barthes hervor: *partir / voyager / arriver / rester*.[2] Dies klingt für einen herkömmlichen, traditionellen Reisebericht plausibel. Es gibt wohl keinen Text, der – ähnlich programmatisch und poetologisch radikal wie Diderots *Jacques le fataliste* dies für die Gattung des Romans tat – bereits im 18. Jahrhundert experimentelle Formen des Reiseberichts entwickelt hätte. Die Impulse kommen folglich von der Literatur und wirken auf den literarischen Reisebericht maßgeblich ein.

Diese Frage betrifft ganz wesentlich die achte Dimension des Reiseberichts, die sich auf die genrespezifischen Modelle und Traditionen bezieht. Man könnte deshalb von einer poetologischen 'Verspätung' des Reiseberichts gegenüber der Gattung des Romans sprechen, was nicht zuletzt im gattungstheoretischen Ort

---

1 Barthes, Roland: *S/Z*. Paris: Seuil 1970, S. 112.
2 Ebda.

der Reiseliteratur und ihrer traditionellen Anbindung an diktionale Ausdrucks- und Lesemuster begründet sein dürfte. Dies wiederum hat mit der eher marginalen theoretischen Bedeutung des Genres der Reiseliteratur zu tun, die es unverkennbar dem Roman überließ, seinen experimentellen Charakter zu erproben und zu untersuchen, wie sich in einem prospektiven Sinne die Vektorizität innerhalb eines Bewegungs-Textes weiter entwickeln und entfalten ließ. Der Rückgriff Diderots auf den Roman und dessen Geschichte griff zielsicher auf den ersten Roman der europäischen Moderne zurück und mit Cervantes' *Don Quijote* zugleich auf all jene Traditionslinien, welche diesen mit dem Ritterroman, aber auch mit der Reiseliteratur verbanden.

Doch blieb das poetologische Defizit der Bewegungs-Gattung des Reiseberichts über lange Zeit bestehen. Roland Barthes hat bisweilen in seinen theoretischen Schriften, häufiger aber in seinen eigenen Reiseberichten auf diese poetologische Verspätung reagiert und neue Ausdrucksformen entwickelt. Diese Erkundung der Gattung des Reiseberichts verbunden mit der Entwicklung experimenteller Formen kündigt sich bei ihm schon sehr früh an.

Dabei lässt sich der französische Zeichentheoretiker durchaus als ein herausragender Reiseschriftsteller lesen. Einige Beispiele hierfür mögen genügen. Die Reisefragmente von einer Griechenlandreise, die Barthes 1938 unternahm und 1944 veröffentlichte, die auf Erfahrungen der sechziger Jahre zurückgehenden marokkanischen Skizzen, die postum unter dem Titel *Incidents* erschienen, und das zeitgleich mit *S/Z* im Jahre 1970 veröffentlichte Japanbuch *L'Empire des signes* weisen eine fortschreitende Auflösung traditioneller Grundstrukturen des Reiseberichts auf, die für unsere Vorlesung und die damit verbundene Perspektive mehr als nur interessant sind. Denn sie wirkten buchstäblich wegweisend.

Die experimentellen Elemente seines Reise-schreibens lassen sich kaum übersehen. Während in den *Incidents* noch Reisebewegungen in verschiedenen Fortbewegungsmitteln erscheinen, sind in *L'Empire des signes* bis auf wenige, allerdings präzise ausgestreute Spuren die Elemente *partir*, *voyager* und *arriver* fast vollständig getilgt. Dafür dominiert in sehr weitgehendem Maße ein *rester*, das aber keineswegs nur autobiographisch auszulegen wäre. So verschwindet die materielle Reisebewegung weitgehend aus dem Text, der sich allein noch seinen eigenen Bewegungen anvertraut.

Damit rückt Barthes' Schreiben von einem für ihn wichtigen Bezugsautor ab, Montaigne, der „sein Schreiben dem Wandern oder Spazierengehen" verglich und „im Unterwegs-Sein schon den Sinn und das Ziel des Reisens" erblickte.[3] Den Marokko und Japan gewidmeten Texten liegen zwar in der Realität mehrfache

---

3 Wuthenow, Ralph-Rainer: *Die erfahrene Welt*, S. 84.

Reisen und mehr oder minder kurze Aufenthalte in beiden Ländern zugrunde, so dass in Bezug auf die realen Reiseaktivitäten Barthes' von der Grundfigur des Oszillierens zwischen zwei oder mehreren Ländern und Kulturen gesprochen werden kann; doch weist vor allem der Japan gewidmete literarische Text in seiner Anlage keine Strukturen mehr auf, die dem Leser bereitwillig das Oszillieren zwischen zwei Welten als hermeneutisches Grundschema präsentieren würden. Dies zählt zu den grundlegenden Ent-Täuschungen einer Leserschaft, welche an die gängigen Konventionen einer Reiseliteratur gewöhnt war, deren unvermeidliches Ende Claude Lévi-Strauss konstatiert hatte.

Der Reisebericht entzieht sich hier dem Zwang, einen klaren Anfang und ein klares Ende zu bestimmen, reiseliterarische Orte zu modellieren und in einen wie auch immer gestalteten narrativen Ablauf einzubeziehen. Barthes' Reiseberichte sind weder itinerarisch noch chronologisch angelegt, sie pflegen eine Diskontinuität, welche für den französischen Theoretiker Programm war. Und doch ist – wie der Erfolg von *L'Empire des signes* zeigt – das Faszinierende des Reiseberichts bei diesem Experiment nicht verloren gegangen, sondern auf eine andere, gänzlich unerwartete Weise präsent. Denn auch durch das *Reich der Zeichen* führen Wege und von diskontinuierlichen Sprüngen geprägte Bewegungen, die vom Lesepublikum kreativ angeeignet werden können. Im *rester* konzentriert sich gleichsam eine Vektorizität, die nichts zur Ruhe, nichts zum Stillstand kommen lässt.

Die Reiseberichte des 18. und 19. Jahrhunderts entwickeln ihre Anziehungskraft – wie wir ausführlich gesehen haben – keineswegs allein aus ihrem Bezug zu einer außersprachlichen Wirklichkeit, zu einer wie auch immer bestimmten kulturellen Alterität oder zur historisch verbürgten Figur des Reisenden selbst. Dass es nicht primär der Realitätsbezug ist, der das Publikum begeistert, mag auch durch den derzeitigen Erfolg touristischer Reiseangebote belegt werden, die dem Reisenden nicht nur die Reisewege bestimmter historischer Gestalten (etwa Martin Luthers), sondern auch erfundener Figuren (wie Cervantes' Ritter von der traurigen Gestalt) anbieten. Auch dies führt uns einmal mehr vor Augen: Der Reisende (und der Lesende) eignet sich nicht so sehr einen historischen Reiseweg an als eine hermeneutische Bewegung, welche die (materiellen wie wahrnehmungsspezifischen) Bewegungen beim Lesen des Textes verdoppelt. Daraus entsteht das Glück des Lesenden bei dieser Art von Reisebericht: ein Glück des Begreifens, des Verstehens, ein Glück des Sinns und der Sinne. Dabei kann auch die Reise 'auf den Spuren' einer historischen oder literarischen Figur zu einer Erfahrung des Friktionalen werden, wenn dem Reisenden nicht widerfährt, was auch dem Leser von Reiseberichten widerfahren kann: diese ausschließlich an eine bestimmte (zweifellos hypostasierte) außersprachliche 'Realität' rückzubinden.

Doch zurück zu Roland Barthes und seinem experimentellen Umgang mit den Formen und Normen des Reise-Schreibens. In seiner experimentellen Autobiographie *Roland Barthes von Roland Barthes* hatte der Zeichentheoretiker 1975 eher beiläufig darauf aufmerksam gemacht, dass er fünf Jahre zuvor „einen TEXT des LEBENS (*Texte de la Vie*)" verfasst habe, in den er „durch das Schreiben über Japan einzutreten" gesucht habe.[4] Was aber ist unter einem solchen LebensText aus dem hier für unsere Vorlesung gewählten Zusammenhang zu verstehen?

Roland Barthes hielt mit seinen poetologischen Absichten bei der Umgestaltung des Reiseberichts nicht hinterm Berg. Seinem 1970 erschienenen, Text und Bild ikonotextuell verschränkenden Band *Das Reich der Zeichen* gab er – wie in den siebziger Jahren so oft – eine jener Leseanweisungen mit, die demonstrierten, dass der Autor nicht im entferntesten daran dachte, seine Leser frei und ungeleitet 'darauf loslesen' zu lassen. Es war ihm – wie stets – vielmehr daran gelegen, Poetik und Poetologie seiner Texte deutlich zum Ausdruck zu bringen und die metatextuelle Dimension seiner Schriften zu stärken. So heißt es gleich zu Beginn dieses kunstvoll gestalteten Buches, das zwar auf mehrere Japan-Reisen der sechziger Jahre zurückging, das aber als Japan auf Papier und aus Papier nicht mit Japan verwechselt werden sollte:

> Will ich mir ein fiktives Volk ausdenken, so kann ich ihm einen erfundenen Namen geben, kann es erklärtermaßen als einen romanesken Gegenstand behandeln, eine neue *Garabagne* schaffen, um kein reales Land in meiner Phantasie zu kompromitieren (aber damit kompromittiere ich eben diese Phantasie in den Zeichen der Literatur). Ich kann auch ohne jeden Anspruch, auch nur die geringste Realität darzustellen oder zu analysieren (dies sind die großen Gesten des westlichen Diskurses), irgendwo in der Welt (*da unten*) eine gewisse Anzahl von Zügen (ein Wort mit graphischer und sprachlicher Bedeutung) aufnehmen und aus diesen Zügen ganz nach meinem Belieben ein System bilden. Und dieses System werde ich nennen: Japan.[5]

Von Beginn an steht nicht die Realität, sondern bestenfalls der Realitätseffekt im Vordergrund. Die 'Verankerung' des traditionellen Reiseberichts in der außersprachlichen Wirklichkeit wird gekappt, um sich ganz auf die Vektorizität der *traits*, der Züge, konzentrieren zu können. Aber was sind diese geheimnisvollen Züge?

Unübersehbar wird hier von Anfang an ein Warnschild aufgestellt: Dieser *Texte de la Vie* ist weder mit einer Reise noch mit einer Biographie, sondern

---

4 Barthes, Roland: Roland Barthes par Roland Barthes. In ders. / Marty, Eric (Hg.): *Oeuvres complètes*. 3 Bde. Paris. Seuil 1993–1995, Bd. 3, S. 39.
5 Barthes, Roland : Barthes, Roland: L'Empire des signes. In ders/Mary (Hg.), *Œuvres complètes*, Bd. 2, S. 747.

bestenfalls mit einzelnen disparaten Biographemen in Verbindung zu bringen, die in einer bestimmten Art und Weise angeordnet wurden. Er ist buchstäblich ein Zeichenreich, das reich an Zeichen und an Zügen ist. Dabei mangelt es keineswegs an autobiographischen Bezügen, die wir in einem Text der Reiseliteratur durchaus erwarten. Die Biographeme oder Splitter eines Lebens werden in der Tat – von persönlichen Erlebnissen über den Abdruck einer Photographie Barthes' in einer japanischen Zeitung bis hin zu Spuren, die uns quer durch die Homosexuellenbars von Tokyo führen – mit einer gewissen Frequenz lustvoll in den Text eingestreut. Wir sind ständig in Bewegung begriffen, doch in einer Bewegung, die letztlich nicht zielgerichtet, sondern hochgradig diskontinuierlich ist. Roland Barthes' *Reich der Zeichen* situiert sich rigoros jenseits eines den abendländischen Diskurs strukturierenden Gegensatzes zwischen 'Fiktion' und 'Realität' und verweigert sich jeglicher Geste darstellender oder dargestellter Wirklichkeit. Denn Barthes' Japan ist ein Japan, ohne dass sein Japan mit Japan zu verwechseln wäre. Es besitzt die Züge Japans.

Und diese Züge, diese *traits*, sind die Züge des Lebens: des Lebens eines Landes, des Lebens in einem Land, des Lebens vermittels eines Landes. So bilden 'Leben' und 'Text' keinen Gegensatz: Es ist vielmehr Leben im Text: äußere wie innere Bewegung, Vektorizität. Das Barthes'sche Reich der Zeichen ist darauf angelegt, mit großem Zeichenreichtum Zeichenreiche (auch im graphischen Sinne) aufzuzeichnen, die keinen Gegensatz zwischen Fiktion und Realität, sondern ein Spannungsfeld zwischen Text und Leben entstehen lassen. Denn Literatur – und von ihr ist nicht umsonst im *incipit* die Rede – ist keine dargestellte Wirklichkeit, sondern die literarische Darstellung gelebter und erlebter Wirklichkeiten, die auf keine wie auch immer konstruierte Realität reduziert werden dürfen. Das Verhältnis von Reisen und Schreiben wird folglich auf die dritte Kategorie des Lebens hin ausgerichtet. Vielleicht zeigt sich für Barthes hier am besten, was er in *Kritik und Wahrheit* vor allem aus der Position des Kritikers als die „Wahrheit des Schreibens"[6] bezeichnete: Denn Literatur ist, weil sie mehr ist, als sie ist. Und dies gilt auch und gerade für die Reiseliteratur mit ihrer eigenen Wahrheit des Schreibens, die unabhängig ist von der dokumentarischen Bezugnahme auf eine außersprachliche Wirklichkeit.

Wie äußert sich diese Poetologie des Reiseschriftstellers Roland Barthes in seinen reiseliterarischen Texten? Inwiefern experimentieren diese mit neuen Formen und Selbstverständnissen des Reiseberichts? Bereits die marokkanischen *Incidents* (Zwischenfälle) konstruierten nicht nur eine einfach referentialisierbare außersprachliche Realität, sondern vor allem eine Textualität, die

---

6 Barthes, Roland: Critique et vérité. In ders./Marty (Hg.), *Oeuvres complètes*, Bd. 2, S. 51.

ganz im Sinne der Texttheorie rund um *Tel Quel* auf eine Befreiung des Signifikanten vom Druck der Wirklichkeitsdarstellung, der bloßen Mimesis, abzielte. Hier werden wieder unsere Überlegungen zu Erich Auerbachs Hauptwerk *Mimesis* fruchtbar, gerade auch mit Blick auf die Darstellungstraditionen einer Totalität von Welt. Denn es ist keineswegs so, dass Barthes den *friktionalen* Charakter von Reiseliteratur negiert, er deutet ihn nur auf neue Weise und spielt mit der Befreiung des Signifikanten gerade auch in seiner Reiseliteratur. Daher auch die Rede davon, ein eigenes System von 'Zügen', von Vektoren und von Vektorizität, zu konstruieren.

Roland Barthes ging es auch in *Das Reich der Zeichen* um eine Dezentrierung abendländischer Sinnstrukturen, hinter der nicht mehr nur – wie dies noch am Beispiel des schwarzen Soldaten in den *Mythologien* der Fall war – eine antikolonialistische Haltung, sondern die fundamentale Absicht stand, eine (wie es in einem erstmals 1968 im *Nouvel Observateur* erschienen Text hieß) „Enteignung des Abendlands" voranzutreiben, bei der „das abendländische Subjekt nicht mehr Zentrum oder Blickpunkt"[7] sein konnte und sollte. Die postkoloniale Stoßrichtung ist hier offenkundig – aber sie ist grundlegender Natur und erfasst die Fundamente abendländischen Denkens insgesamt.

Daher der von Beginn an wahrnehmbare Versuch, nicht nur das abendländische Subjekt oder die scheinbare 'Natürlichkeit' des Gesichts, sondern auch den Gegensatz von Schrift und Bild auszublenden. Überhaupt werden von Barthes – zumindest auf den ersten Blick – alle abendländischen Oppositionen hinterfragt, ja in gewisser Weise unschädlich gemacht. Schrift-Bild und Bilder-Schrift bedingen sich wechselseitig: keineswegs nur in den japanischen Schrift-Zeichen, sondern auch in der eingeblendeten abendländischen Hand-Schrift, die den Körper gleichsam unter der Hand in den Text holt. Denn die Körperlichkeit ist nicht zuletzt eine Schriftbildlichkeit, die sich jeweils in Schrift wie in Bilder(sequenzen) rückübersetzen lässt.

Doch um was für einen Text handelt es sich bei Barthes' *L'Empire des signes*? Wir haben schon gesehen, dass er als reiseliterarischer Text das Aufbrechen, Ankommen und Reisen weitestgehend ausblendet und sich diskontinuierlichen Bewegungen, aber auch der Überlappung unterschiedlicher zeichenreicher Sequenzen überlässt, so dass jede Chronologie außer Kraft gesetzt ist. Das von Barthes errichtete *Reich der Zeichen*, das ebenso den Gegenstand ('Japan') wie *zugleich* dessen Verfertigung beim Schreiben be*zeichn*et, ordnet sich überdies weder eindeutig dem Bereich der 'Zeichen der Literatur' noch dem Bereich der Zeichen einer Wissenschaft, einer Analyse außersprachlicher

---

7 Barthes, Roland: *Sollers écrivain*. Paris: Seuil, S. 47.

Wirklichkeit zu. Nicht einmal die von Barthes mitbegründete Semiologie führt hier ihre Analysekategorien ein und macht sie fruchtbar. Zumindest nicht als Wissenschaft.

Aber sehr wohl als Grundlage und Impuls einer *écriture*, die von der Wissenschaft abstrahiert, sich von ihr förmlich 'abzieht', um sich von ihren Regeln und ihrem Gehäuse zu befreien. *L'Empire des signes* konstruiert sich vielmehr aus der fundamentalen Diskontinuität einzelner 'Züge' und 'Striche', jener Bildlichkeit von Schriftzügen, wie sie auch und gerade in ihrer Verfertigung und Prozessualität in *Das Reich der Zeichen* buchstäblich und schriftzüglich eingehen. Dabei ist es keineswegs nebensächlich, dass die Sinnlichkeit des Textes mit einer Erotik des Wissens verknüpft wird. Barthes' Japan wird zu einem Paradies des verstellten Sinnes und der vervielfachten Sinne, die beim Lesen Japans aktiviert und sensibilisiert werden. Die aktive Rolle eines gestaltenden, künstlerischen Lesers wird dabei vorausgesetzt, zumindest aber angeregt. Denn Barthes' Texte stehen zumindest an der Wende der sechziger zu den siebziger Jahren im Zeichen jener Geburt des Lesers, die er am Ende seines berühmten Essays 'Der Tod des Autors' angekündigt hatte: Die Leserin und der Leser werden gleichsam zu Mitreisenden in einem Spiel der Signifikanten und der Referenzen.

Dabei lässt sich Barthes' *écriture* noch genauer definieren. Ihre Diskontinuität ist inselhaft, von Insel zu Insel springend: archipelisch. Ein archipelisches Schreiben dominiert – nicht allein, weil Japan ein Archipel ist und das Buch aus Mikrotexten besteht, die einerseits für sich abgeschlossen funktionieren, andererseits aber multirelational vernetzt sind. Die in der Mitte des Bandes (gemeinsam mit einem Zitat von Philippe Sollers, mit dem Barthes seit 1963 freundschaftlich verbunden war) platzierte Hand[8] mit dem Pinsel malt Schriftzeichen, die dunkle Züge auf weißer Fläche und damit diskontinuierliche Inseln und Archipele auf und aus Papier entstehen lassen. Sie schwimmen inmitten eines Meeres aus Papier.

Auf diese Weise bilden die Mikrotexte einerseits eine jeweils in sich abgeschlossene, ihren Eigen-Sinn besitzende *Insel-Welt*, konfigurieren sich zugleich aber zu einer relationalen *Inselwelt*, deren archipelische und gleichzeitig mobile Strukturierung einen Text entstehen lässt, der in stetiger Bewegung und niemals stillzustellen ist. Diese Gleichzeitigkeit von Geschlossenheit und Offenheit, von scheinbarer Bewegungslosigkeit und Bewegungsfülle, von Territorialität und Relationalität prägt das Reisebuch von Barthes über Japan und verleiht ihm seine besondere Faszinationskraft. *L'Empire des signes* konnte so zugleich

---

8 Barthes, Roland: *L'Empire des signes*, S. 787.

zum Bestseller und zum Longseller avancieren. Denn der Band hat auch die Hochzeiten poststrukturalistischen Schreibens überlebt.

So ist dieser *Insel-Text* und *InselText* über das Japan Roland Barthes' aus iko-notextuellen Text-Inseln hergestellt: ein Japan, aus Papier gemacht, ein Japan, wie es auf dem Papier steht und wie es uns in seinen Strichen und Bewegungen, in seinen 'Zügen' diskontinuierlich, aber zugleich als ein gesammeltes und gesamtes Ensemble entgegentritt. Und dort wird deutlich signalisiert, dass die Grenze zwischen Bild und Schrift eine arbiträre abendländische Setzung ist, die leicht und spielerisch außer Kraft gesetzt werden kann. Gemälde, Haikus und handschriftliche Vermerke durchdringen einander: „Wo beginnt die Schrift? Wo beginnt die Malerei?"[9] Grenzen werden friktioniert, ohne doch gänzlich igno-riert zu werden. Reisen erlaubt leichtere, angeregtere Grenzübertritte und lädt das Schreiben dazu ein, ihm zu folgen und Eigen-Logiken zu entwickeln.

Wenn eben von Territorialität die Rede war, so gilt es, diesen Begriff noch etwas zu 'mobilisieren': Denn der Raum wird beim Reisen durch die Bewegung erzeugt. Die Kategorie des Raumes ist folglich als ein Bewegungsbegriff aufzu-fassen (vgl. Abb. 91: „Drehen Sie das Bild um: / Nichts mehr, nichts anderes, nichts.", Shikidai-Korridor, abgebildet in Roland Barthes: *L'empire des signes*) Nichts in diesem Japan ist stabil – gerade auch die Lebensräume und Lebens-welten nicht. Alles ist drehbar, veränderbar, verstellbar und gerade deshalb nur vektoriell vorstellbar. Die Idee nicht allein des Mobilen, sondern des Mobile nimmt konkrete Text-Gestalt an.

Dies zeigt sich auch und gerade beim Barthes'schen Entwurf des japanischen Hauses, bei dem Ähnlichkeiten mit real existierenden Häusern keineswegs aus-geschlossen, sondern – wie das *excipit* des Bandes zeigt – beabsichtigt sind:

> Bei uns besitzt das Möbelstück eine immobiliäre Berufung, während das Haus in Japan oft-mals dekonstruiert und kaum mehr ist als ein mobiliäres Element; im Flur, wie im idealen japanischen Haus, in dem es an Möbeln mangelt (oder wo die Möbel rar gemacht werden), gibt es keinen Ort, der auch nur das geringste Eigentum bezeichnete: weder Sessel noch Bett noch Tisch, von denen aus der Körper sich als Subjekt (oder Herr) eines Raumes kons-tituieren könnte: Das Zentrum ist verweigert (welch brennende Frustration für den abend-ländischen Menschen, der überall mit seinem Sessel, seinem Bett versehen, Besitzer eines häuslichen *Platzes* ist). Der Raum ist nicht zentriert und daher auch umkehrbar: Sie können den Flur von Shikidai umdrehen und nichts wird geschehen, abgesehen von einer folgen-losen Verkehrung von oben und unten, von rechts und links: Der Inhalt wird ohne Rück-kehr entlassen: Man kann eintreten, hindurchgehen oder sich direkt auf den Fußboden (oder die Decke, wenn Sie das Bild herumdrehen) setzen, es gibt nichts zu *ergreifen*.[10]

---

9 Ebda., S. 759.
10 Ebda, S. 821–824.

Der Barthes'sche Sprachgestus ist der eines ethnographischen Textes, mit dem uns ein reisender Autor mit den Sitten und Gebräuchen einer anderen Kultur, eines anderen Volkes vertraut machen möchte. Das ist Kernbestand abendländischer Alteritätssicht, eines abendländischen *othering*. Barthes führt hier durch die Hintertür einen okzidentalen Diskurs wieder ein und ordnet ihm eine Alterisierung des Anderen zu, was zeigt, dass keineswegs alle Alteritäten, alle Oppositionen 'dekonstruiert' und der abendländische Diskurs vollständig entmachtet ist. Aber es handelt sich um einen Diskurs, der nicht nur das Andere in seiner Andersheit und Andersartigkeit beschreibt, sondern die Eigen-Logik des abendländischen Subjekts untergraben, unterlaufen und letztlich *ad acta* legen will. Eben dies ist der Akt der Barthes'schen *dépossession* – lange Jahre vor dem *postcolonial criticism*.

Damit wird zum einen das Zentrum als jener Fixpunkt verabschiedet, an dem sich für den *homme occidental* „die Werte der Zivilisation versammeln und kondensieren".[11] Es geht gleichsam um eine 'Entkernung' des abendländischen Diskurses: Barthes versucht, dessen Knackpunkte aufzuspüren und diese frontal anzugehen. Was aber heißt es, ein leeres Zentrum zu entfalten? Barthes hatte dies bereits in seinem Band über den Eiffelturm versucht und die zentrale Markierung der französischen Hauptstadt als einen leeren Turm umschrieben: umgeben von Eisengirlanden, die eine Leere umschließen.

Dem leeren Zentrum in der japanischen Hauptstadt, dem *centre ville – centre vide* entspricht auch die offene Strukturierung des Buches, in der auch Derrida'sche oder Kristeva'sche Begriffe wie *dissémination, déconstruction* oder *signifiance* eigentümlich oszillieren, weil sie aus ihrer theoretischen Verankerung gerissen sind und geradezu frei im Barthes'schen Diskurs schwingen. Wie stets erweist sich der französischen Zeichentheoretiker als ein Sprachendieb, der mit seinem Diebesgut frei zu hantieren versteht und die semantischen Spielräume nutzt, die sich ihm bieten.[12] Barthes verstellt die Diskurse und pflegt seinen Diskurs der Verstellung. Auch die Grenzen zwischen Narrativ und Theorie werden friktioniert: die Theorie ist überall, überall ist Theorie.

Zum anderen ließe sich diese Problematik sehr wohl mit der sich in den siebziger Jahren akzentuierenden Frage Roland Barthes' nach den Möglichkeiten und Grenzen des Zusammenlebens, der Konvivenz, in Verbindung bringen, die er 1976 und 1977 im Rahmen seiner ersten Vorlesung am *Collège de France* behandelte. Wir dringen hier zu einem Kernpunkt der Barthes'schen Theorie vor,

---

11 Barthes, Roland: *L'Empire des signes*, S. 767.
12 Vgl. hierzu Ette, Ottmar: Der Schriftsteller als Sprachendieb. Versuch über Roland Barthes und die Philosophie. In: Nagl, Ludwig / Silverman, Hugh J. (Hg.): *Textualität der Philosophie: Philosophie und Literatur*. Wien – München: R. Oldenbourg Verlag 1994, S. 161–189.

einer Frage, die ihn mit wechselnden Antworten ein Leben lang beschäftigte. Wie können wir zusammenleben?

An diesem textuellen Ende von Barthes' *L'Empire des signes* (das selbstverständlich wieder auf den Anfang verweist) verschränkt sich in der ikonotextuellen Schreibweise dieses *excipit* jedoch vor allem die Gerichtetheit des Schrifttextes (von links nach rechts, von oben nach unten) mit der Umkehrbarkeit eines Bildtextes, insofern sich die Photographie eines Hausinnenraums, eines Korridors oder Flurs, in alle Richtungen drehen und in der Tat *wie eine zweite Sprache* lesen (und erleben) lässt. Zentrale Markierungen von Gegensätzen – wie jenem zwischen 'unten' und 'oben' – sind außer Kraft gesetzt. Ist es nicht der Leser, der alles auf neue Weise mit Leben erfüllt und lebbar macht?

Kommen wir noch einmal auf die Grundfeste des abendländischen Diskurses mit seinen Oppositionen, mit seinen klaren Gegensätzen, zurück. Das Unterlaufen der Grenzen zwischen links und rechts, oben und unten, innen und außen, Mittelpunkt und Rand, bewegt und unbewegt, wird hier wie in einer *mise en abyme* – und damit letztlich in einer fraktalen Strukturierung – eingefangen und vorgeführt, gleichsam erlebbar und *lebbar*, ja in Form des japanischen Hauses bewohnbar gemacht. Man kann hier sehen und sitzen, aber nicht besitzen, schauen, aber nicht überschauen: begreifen, aber nicht ergreifen. Es ist zweifellos der Ort einer Barthes'schen Utopie, eines gleichsam machtfreien Raumes, wie er ihn in *Leçon* skizziert hatte. *Das Reich der Zeichen* ist als Zeichenreich ein Experimentierraum, in dem das Abendländische ausgestellt, aber auch verstellt – und damit aus der Fassung gebracht – wird. Die simpelsten Kriterien des Reiseberichts: Sie gelten nicht mehr, verschwimmen.

Machen wir dies an einem weiteren Beispiel deutlich und ziehen wir dazu den Dekonstruktivismus heran. Das offenkundige Spiel mit dem Derrida'schen Begriff der *déconstruction* macht deutlich, dass die Referenz eine Reverenz, dass die Realität eine Relationalität ist, in der die Texttheorie die Gestalt eines Landes (wie hier eines Hauses) angenommen hat, ohne doch 'bloße' Texttheorie zu bleiben. Doch auf eigentümliche Weise bleibt dieser Text ein Reisebericht, ein Buch über ein Japan, das wie angekündigt ein Japan aus und auf Papier ist: und ein Japan, das sich unserer Reflexion darbietet.

Die oszillierende Bewegung des literarischen (Reise-) Textes erfasst alle Bereiche des Lebens und Zusammenlebens: Wenn es um Lebensmittel geht, ist sogleich von „dezentrierter Nahrung"[13] die Rede. Alles wird von der gezielten *dépossession de l'Occident* erfasst. *Das Reich der Zeichen* entfaltet die ästhetische

---

13 Barthes, Roland: *L'Empire des signes*, S. 758.

Kraft einer Theorie, die mehr als Theorie ist (und auch zu sein beansprucht), weil sie sich literarisch ins Leben projiziert, ins Leben einspeist, kurz: eine *lebbare Theorie* darstellt. Diese Einschreibung ins Leben erfolgt auch – und daran lässt die Bildlegende keinen Zweifel – in das Leben ihres Lesepublikums: „Drehen Sie das Bild herum: nichts mehr, nichts anderes, nichts."[14] Und dennoch hat das Lesepublikum keineswegs nichts in Händen. Ist die Dezentrierung nicht ein höchst didaktischer Lernvorgang?

An die Stelle eines festen Raumes mit seinen Koordinaten tritt die Bewegung, die unaufhörlich zu sein scheint und immer wieder von neuem in andere Bewegungen übergeht. Das auf diese Weise konstruierte, ideale japanische Haus konstituiert (wie der Korridor) nicht etwa einen immobilen, statischen Raum des 'Innen', sondern ist als Bewegungs-Raum, als Vektorenfeld aufgebaut, in welchem sich Bewegungen immer weiter fortpflanzen. Es setzt an die Stelle einer Einbahnstraße, eines *sens unique*, die Vielgerichtetheit einer Kombinatorik aller Bewegungsrichtungen, ein *toutes directions*, das mit der archipelischen Schreibweise von Barthes' Zeichenreich vergleichbar ist. Die Räume sind aus Bewegungen gemacht: Erst die Bewegungen, die Reisebewegungen, erzeugen die Räume.

Es handelt sich zugleich um reversible, vektorielle Räume für ein Zusammenleben ohne Besitz, mehr noch: ohne jeden Besitzanspruch, ohne jedes Ergreifen-Wollen des abendländischen Subjekts. Doch im Schreiben kommt zugleich ein Leben-Wollen zum Ausdruck, das auch die Frage nach der Konvivenz stellt. Die Herausforderung des *Comment vivre ensemble*, der Formen und Normen des Zusammenlebens, ist in *Das Reich der Zeichen* eingeschrieben. Die Bewegungen des reisenden Ich experimentieren mit den Möglichkeiten eines Zusammenlebens, das mehr ist als ein Reisender auf Besuch: es geht um eine transkulturelle Erfahrung, um ein transkulturelles Erleben, in dessen *trans* sich die Transformation aller Lebensbezüge bereits einschreibt. Es ist eine zentrifugale Kraft, die den Reisenden in *L'Empire des signes* beherrscht und antreibt.

Aber wie ist das Buch aufgebaut? Zwischen den Mikrotexten aus der Feder von Roland Barthes sind in hoher ikonotextueller Dichte Photographien, Zeichnungen, Gemälde, Kalligraphien, Postkarten, Zeitungsartikel oder handschriftliche Notizen eingestreut, wobei sich letztere auf Photographien oder Skizzen finden, Schriftzeichen im Prozess ihrer allmählichen Verfertigung entstehen oder gedruckte Kommentare als Legenden an die Seite von Abbildungen treten. Wir stoßen in diesem Band auf die unterschiedlichsten, heterogensten Materialien und Dokumente. Doch sie eint der Bezug zu Japan. Alles wirkt, als wäre es gelebt; alles scheint, als wäre es gefunden – und doch ist es oft erfunden.

---

14 Ebda. S. 783.

Beherrschend ist die Vektorizität aller Materialien. Alles wird von zeichenreichen Sinnstrukturen gequert, ohne je auf einen einzigen Sinn reduzierbar zu sein: Stets ergeben sich die unterschiedlichsten Sinn-Richtungen. Im Reich der Zeichen führen die Zeichen ihr Eigen-Leben. Und aus dem Schreiben der Zeichen entsteht ein Leben, das in sich die verschiedensten Formen von Lebenswissen aufgenommen hat und Splitter, einzelne Biographeme homosexuellen wie heterokulturellen Zusammenlebens, bietet. Es ist ein Reich von LebensZeichen, das sich in eine Vielzahl von Lebens-Splittern, von Autobiographemen, aufgelöst hat.

Und was ist nun mit Japan, mit dem Gegenstand der Reisebewegungen? Der des Öfteren geäußerte Vorwurf mangelnder japanologischer Kenntnisse geht vor diesem Hintergrund sicherlich an der Sache vorbei und ins Leere. Dies machte bereits die eingangs zitierte Leseanweisung von Roland Barthes klar. Sie verlegte den Schwerpunkt des Bandes deutlich weg von jeglicher Mimesis, von jeglichem Realitätsversprechen. Zugleich aber darf man feststellen, dass sich die Lehre des Zeichentheoretikers auf das bezieht, was er nicht weiß, um diesen Raum des Nicht-Wissens in einen Experimentierraum zu verwandeln, der die unterschiedlichsten Diskurse über Lebensformen und Lebensnormen auf intensivste Weise miteinander kombiniert. Die *friktionale* Dimension dieser Art von Reiseliteratur ist offenkundig und fordert ein Lesepublikum, welches sich dieser Tatsache bewusst ist.

Roland Barthes' japanische Lebenslehre macht auch vor dem Körper, vor der Körperlichkeit seiner Japaner nicht halt. Dabei erweist sich einmal mehr Geschichtlichkeit als eine Fokussierung von *Gesicht*lichkeit: von jener *visagéité*, welche eine Art Ursprache der Zeichenerzeugung darstellt.[15] In einem mit 'Das Augenlid' überschriebenen Mikrotext werden Überlegungen weiterentwickelt, in denen die architektonische Struktur des japanischen Hauses – die alle Hierarchien zwischen oben und unten, innen und außen, links und rechts unterläuft – auf das lebende Objekt, den Körper 'des' Japaners, genauer: auf das Auge und dessen 'Rahmung' übertragen werden. Dabei ist die Verknüpfung dieses Transfers mit dem Leben aufschlussreich und soll uns hier noch einmal abschließend beschäftigen:

> Das westliche Auge ist einer ganzen Mythologie der Seele, die zentral ist und geheim, unterworfen, deren Feuer aus dem schützenden Hohlraum der Augenhöhlen heraus in ein fleischliches, sinnliches, leidenschaftliches Außen strahlt; doch das japanische Gesicht

---

15 Vgl. hierzu Deleuze, Gilles / Guattari, Félix: Das Jahr Null – Gesichtlichkeit. In: Bohn, Volker (Hg.): *Bildlichkeit. Internationale Beiträge zur Poetik*. Frankfurt am Main: Suhrkamp 1990, S. 434.

kennt keine moralische Hierarchie; es ist gänzlich lebendig, lebhaft (im Widerspruch zur Legende von der östlichen Gelassenheit), weil seine Morphologie nicht 'in der Tiefe' gelesen werden kann, d. h. entlang der Achse einer Innerlichkeit; sein Modell ist nicht die Skulptur, sondern die Schrift: Es ist ein weicher, leichter, dichter Stoff (Seide selbstverständlich), ganz einfach und wie unmittelbar in zwei Zügen kalligraphiert. Das 'Leben' liegt nicht im Licht der Augen, es liegt in dem geheimnislosen Verhältnis zwischen einer Oberfläche und ihren Spalten: in diesem Auseinandertreten, dieser Differenz, dieser Synkope, die, wie man sagt, die Leerform der Lust bilden.[16]

Wir haben es hier mit einer Lektüre des 'japanischen' Auges und des Augenlids zu tun: wohlgemerkt aus westlicher Perspektive. Denn die Opposition zwischen 'westlichem' und 'östlichem' Auge wird keineswegs aufgegeben, sondern zugunsten einer Dekonstruktion der Natürlichkeit des abendländischen Auges genutzt. Das Lesen führt zum Leben und zur Lust. Man könnte in dieser Passage – wie auch in jener des japanischen Hauses – die jeweils unterschiedliche Inszenierungsform des *Texte de la Vie*, jenes LebensTextes sehen, dessen Gewebe, dessen *tissu* hier gleichsam das Leben wie das Erleben lustvoll in sich aufgenommen hat. Ansätze zu einer Ästhetik der Lust werden erkennbar, die Barthes wenige Jahre später in *Le Plaisir du texte* in mikrotextuellen Theoremen eindrucksvoll entfalten sollte. Doch bleiben wir bei Barthes und seinem Band *L'Empire des signes*.

Die rhetorische Gegenüberstellung von Orient und Okzident, die das gesamte *Reich der Zeichen* durchzieht, erfüllt auch hier die Funktion, weder einer Fortschreibung des europäischen Orientalismus im Sinne Edward W. Saids[17] noch einer bloßen Verdrängung derartiger diskursiver Alteritätsmuster anheim zu fallen oder willfährig zu sein. *L'Empire des signes* lässt sich auf ein Spiel mit orientalistischen Versatzstücken ein, lässt sie als Pastiches eines Pastiche, als Dekonstruktionen einer Dekonstruktion aber ins Leere laufen: in eine Lehre, die das lehrt, was sie nicht weiß, von der man aber nicht sagen könnte, sie wisse nicht, was sie lehrt. Denn die Lust an einer programmatischen Enteignung des Abendlands ist in diesem Barthes'schen Zeichenreich überall zu spüren: Sie dominiert diesen französischen Reisebericht ohne Reise, diese europäische Reisebeschreibung ohne Ankunft und Aufbruch, vor allem aber ohne einen geordneten Bericht.

Dies bedeutet gerade nicht, dass *Das Reich der Zeichen* als ideologisierender Befreiungstext lesbar wäre. Dank ihrer polysemen literarischen Schreibweise verkommt Barthes' Theorie niemals zur verfestigten Ideologie – auch nicht jener eines Postkolonialismus *avant la lettre*. Es geht in der soeben zitierten Passage

---

16 Barthes, Roland: *L'Empire des signes*, S. 817.
17 Vgl. das Standardwerk von Said, Edward W.: *Orientalism*. New York: Vintage Books 1979.

nicht um die Deskription 'des' japanischen Auges oder Augenlids, um die Mimesis einer wie auch immer gearteten Wirklichkeit, sondern vielmehr um die Inszenierung jenes lebendigen, ja lebhaften LebensTextes, dessen Ziel nicht eine bestimmte außersprachliche Realität, sondern eine mit Leben gesättigte textuelle (wie intertextuelle) Relationalität ist. Überall im Barthes'schen Zeichenreich ist Leben im Netz, ist lustvolles Leben im Text. Überall herrscht die Vieldeutigkeit des Sinnes, der Sinne und der Bewegungs-Richtungen vor. Die Reise ist nicht mehr an eine mehr oder minder kontinuierliche Bewegungsrichtung gefesselt, sondern löst sich in eine Vielzahl von Bewegungen auf, die sich in alle Richtungen verstreuen. Auch dies ist eine Form der Polysemie, der Vieldeutigkeit und Vektorizität.

Nicht der Gegensatz zwischen Realität und Fiktion, sondern das Spannungsfeld (und die wechselseitige Verschränkung) von Vorgefundenem, Erfundenem und Erlebtem (einer Sichtweise, die Barthes als 'System' mit dem Namen Japan ausstattet, einer Schreibweise, die als *écriture courte* archipelische Züge trägt) stehen im Brennpunkt der Bewegungslinien, die *Das Reich der Zeichen* zu einem faszinierenden Text des Lesens und Erlebens, aber auch des in vielfacher Hinsicht erlesenen Lebens machen. Wie 'In Griechenland' entwirft *Das Reich der Zeichen* eine Landschaft der Theorie, wobei es sich hier um eine urbane Insellandschaft handelt, die von keinem Subjekt, von keiner einzelnen Subjektposition aus mehr beherrscht werden kann. Es gibt gute Gründe dafür anzunehmen, dass Roland Barthes den literarischen (und philosophischen) Reisebericht neu erfunden hat.

Noch einmal greifen wir hier auf das Archipelische als Denk- und Schreibmodell zurück. Barthes' LebensText reagiert auf die Last abendländischer Zentrierungen, deren Allgegenwart in *Das Reich der Zeichen* ständig spürbar ist, mit der List einer offenen archipelischen Schreibweise, um daraus eine stets auf dem Relationalen und der Mobilität beruhende Ästhetik der Lust zu entfalten, deren Grundlegung den französischen Theoretiker während der folgenden Jahre bis zur Veröffentlichung von *Die Lust am Text* im Jahre 1973 intensiv beschäftigen sollte. Der Entwurf einer derartigen Ästhetik der Lust blieb – anders als bisweilen aus philosophischer Sicht zu hören – keineswegs „folgenlos",[18] sondern erwies sich als überaus kreativ und produktiv.[19] Roland Barthes hatte sich auf einen Weg begeben, der die Programmatik seines Essays über den 'Tod

---

[18] Mit diesem einzigen Adjektiv wird *Die Lust am Text* abgefertigt in Kern, Andrea: *Schöne Lust. Eine Theorie der ästhetischen Erfahrung nach Kant*. Frankfurt am Main: Suhrkamp 2000, S. 9.

[19] Vgl. hierzu meinen bereits angeführten Kommentar in Barthes, Roland / Ette, Ottmar (Hg.): *Die Lust am Text. Aus dem Französischen von Ottmar Ette. Kommentar von Ottmar Ette*. Berlin: Suhrkamp Verlag 2010, S. 390–407.

des Autors', aber auch des zweiten Teiles von *Kritik und Wahrheit* auf verblüffende Weise in einem Text einlöste, der mit allen Konventionen abendländischer Reiseliteratur gezielt brach. Roland Barthes hatte offenkundig das von
Claude Lévi-Strauss konstatierte Ende der Reisen zur Kenntnis genommen und
an diesem Ende aller Reisen und Reisebeschreibungen der Gattung des Reiseberichts eine neue Wendung gegeben.

Halten wir an dieser Stelle unserer Vorlesung, am Ausklang ihres zweiten
Teiles, noch einmal deutlich fest: Der im 18. und 19. Jahrhundert beobachtbare
und auch an der Wende vom 20. zum 21. Jahrhundert anhaltende Erfolg der
hybriden Gattung des Reiseberichts beruht vor allem auf einer Spatialisierung
von Denkstrukturen und Verstehensbewegungen, deren Hermeneutik vom Lesepublikum anhand bestimmter für die Wahrnehmung stilisierter Orte mehr
oder minder leicht nachvollzogen werden kann. Lesen ist ein Verstehen, das
sich seiner Prozesshaftigkeit, seinem Ablauf als Bewegung, in einer Literatur,
die Bewegung räumlich in Szene setzt, besonders eindrucksvoll innewird. Das
Genre des Reiseberichts gibt diesen Spatialisierungen von Verstehensbewegungen literarischen Raum – und eben dies tut auch Roland Barthes *L'Empire des
signes*.

Alle Versuche, aus der itinerarischen Struktur traditioneller Formen des
Reiseberichts auszubrechen, können als Experimente verstanden werden, die
darauf abzielen, die Leserinnen und Leser aus der von Lévi-Strauss beobachteten passiven Rolle, die ihm das simple Nachvollziehen bestimmter dargestellter
Erfahrungen konsumträchtig nahelegt, zu befreien. Der Leser soll damit wie die
Leserin nicht bloßer Nachvollzieher hermeneutischer Bewegungen sein, sondern zum aktiven Leser werden, dessen Polylog mit dem Text die eigentliche
Reisebewegung erzeugt. Eben hier siedelt sich das Barthes'sche Projekt an –
und genau darum ist es auf dieser Ebene auch von so großer Bedeutung.

Wenn wir die Vektorizität in der Reiseliteratur betrachten, so gilt es, diese
nicht allein auf der Seite des Schreibens, auf der Seite der Produktivität zu vermuten und zu analysieren. Erst durch die Leserinnen und Leser wird Literatur
letztlich in Bewegung gesetzt, das heißt in eine Dynamik übersetzt, die vorgängige, im Text verankerte Bewegungen in sich aufnimmt und verändert. Vektorizität ist folglich ebenso sehr eine Sache der Rezeption wie der Produktion von
Reiseliteratur. Dies gilt es auch für den dritten und abschließenden Teil unserer
Vorlesung im Gedächtnis zu behalten.

Wie also: ein Reisebericht ohne Reise? Ein Reisebericht ohne Aufbruch und
Ankunft, ohne Höhepunkt und Rückkunft am Ursprungsort des Reisenden? Es
gibt ihn, insofern er weniger auf die nachzuvollziehenden Bewegungen des
Verstehens als auf ein polylogisches Verstehen in Bewegung abzielt. Dieses
aber ist keinesfalls auf den Bereich der Reiseliteratur beschränkt, sondern setzt

gerade in jenen literarischen Texten, die vorhandene Grenzziehungen verletzen oder missachten, eine Literatur frei, die durch ihre Bewegungen, durch ihre fundamentale Vektorizität gekennzeichnet ist. Dieser Dynamik eines auf den verschiedensten Ebenen und in unterschiedlichsten Kontexten grenzüberschreitenden Schreibens widmen sich die nachfolgenden Einzeluntersuchungen reiseliterarischer Texte, die kein vollständiges Panorama ergeben, wohl aber exemplarisch und aus historischer Perspektive repräsentativ die Möglichkeiten, Potentialitäten und Potenzen des literarischen Reiseberichts ausloten wollen. Sie sollen in ihrer je eigenen Dynamik eine Welt in Bewegung und die Verfahren eines Schreibens darstellen, das weit davon entfernt ist, an ein Ende gekommen zu sein.

Teil III: **Historisches Hauptstück. Literarische Untersuchungen und Querschnitte**

Als Einstieg in diesen dritten und abschließenden Teil unserer Vorlesung sollten wir uns aus einer historischen Perspektive mit einem der sicherlich berühmtesten und folgenreichsten Reiseberichte beschäftigen, die es in der Geschichte
der Literaturen der Welt wie in der Weltgeschichte überhaupt gibt: dem Bordtagebuch des Cristóbal Colón. Es eröffnet die schier unendliche Zahl an europäischen Berichten über Reisen in die Neue Welt und kann nicht zuletzt auch in
diesem Sinne als zutiefst diskursbegründend verstanden werden. Denn in vielerlei Hinsicht teilt das Bordtagebuch des Christoph Columbus die Weltgeschichte ein in eine Zeit davor und eine Zeit danach – wie auch immer man zu
diesem Reisetagebuch stehen mag.

Insofern stehen die verschiedenen *Diarios* des Columbus, die ihrerseits auf
reiseliterarische Modelle von Reiseberichten in andere Weltregionen zurückgreifen, nicht nur in einem chronologischen und historischen, sondern auch in
einem diskursiven Sinne am Beginn einer Entwicklung, die zweifellos bis in unsere Tage anhält und noch lange nicht zu Ende ist. Dies bedeutet nicht, dass
diesen Texten gleichsam ein allmächtiger Status zugeschrieben würde, den die
Tagebücher des Cristóbal Colón schon in ihrer Zeit niemals besaßen. Aber sie
begründeten und setzten einen Diskurs, an welchem sich in der Folge eine ungeheure Vielzahl von Texten abarbeiten sollte. Alle unterschiedlichen Epochen,
alle verschiedenen Zeitalter der nachfolgenden Weltgeschichte haben sich immer
wieder und immer anders auf die Bordtagebücher dieses Europäers im starken
Sinne des Begriffs bezogen. Aber was macht diese Bordtagebücher bis heute so
faszinierend?

Selbst die größten Zweifler und Bezweifler jener Vorgänge und Ereignisse,
die Columbus beschrieb, sahen sich gezwungen, in grundlegender Weise auf
seine Texte zu rekurrieren und ihnen somit einen Bezugsstatus zuzuerkennen,
den sie in der Folge nicht mehr verlieren sollten. Beginnen wir also den Zyklus
unserer 'Historischen Untersuchungen' mit dem Bordtagebuch jenes europäischen Reisenden, der wohl zum Paradigma des europäischen Entdeckers und
Kolonisators geworden ist, ohne doch je verstanden zu haben, an welchem
Ende der Welt er im Jahre 1492 angekommen war. Und nicht zuletzt ist es auch
diese Unwissenheit, diese souveräne Ignoranz, sozusagen der Fehler im System
des Christoph Columbus, der ihn und seine Texte auch für uns heute so unent-
behrlich macht.

Cristóbal Colón alias Christoph Columbus und der erste europäische Blick auf die Neue Welt

Am Beginn der heutigen Gestalt Amerikas steht, in einem ganz der römischen Antike verpflichteten Sinne, eine Vogelschau. In dem uns von dem Dominikaner Bartolomé de Las Casas (vgl. Abb. 47: Porträt des Bartolomé de Las Casas) überlieferten Bordbuch – denn das handschriftliche Original ist ebenso verschwunden oder verschollen wie der Kopf des Columbus selbst – finden wir, datiert auf den Tag des Herrn, Sonntag den 7. Oktober 1492, einen ganz besonderen Eintrag des Seefahrers. Wir befinden uns an Bord der drei Schiffe, der drei wagemutigen Nussschalen, die noch immer geradeaus nach Westen segeln und in gespannter Erwartung der Sichtung nahen Landes sind, sich zugleich aber auch am Rande der Verzweiflung befinden. So lesen wir im Bordbuch mit der Stimme des Las Casas:

> Navegó a su camino al Oueste. Anduvieron 12 millas por hora dos horas, y despúes 8 millas por hora; y andarán hasta una hora de sol 23 leguas; contó a la gente 18. En este día, al levantar del sol, la carabela *Niña*, que iba delante por ser velera, y andaban quien más podía por ver primero tierra, por gozar de la merced que los reyes a quien primero la viese habían prometido, levantó una bandera en el topo del mástil, y tiró una lombarda por señal que veían tierra, porque así lo había ordenado el Almirante. Tenía también ordenado que al salir del sol y al ponerse se juntasen todos los navíos con él, porque estos dos tiempos son más propios para que los humores den más lugar a ver más lejos.
>
> Como en la tarde no viesen tierra, la que pensaban los de la carabela *Niña* que habían visto, y porque pasaban gran multitud de aves de la parte del norte al Suduesté, por lo cual era de creer que se iban a dormir a tierra, o huían quizá del invierno, que en las tierras de donde venían debía que querer venir, por esto el Almirante acordó dejar el camino del Oueste, y pone la proa hacia Ouesudueste con determinación de andar dos días por aquella vía. Esto comenzó antes una hora del sol puesto.[1]

Da sie am Nachmittag das Land nicht sahen, welches man von der Karavelle *Niña* aus zu sehen gemeint hatte, und da eine große Menge an Vögeln von Norden her nach Südwesten vorbeizog, so dass man glauben durfte, sie würden zum Schlafen in Richtung Land fliegen oder vielleicht vor dem Winter fliehen, der in den Landstrichen, aus denen sie kamen, wohl bevorstand, vereinbarte der Admiral, vom Weg nach Westen abzuweichen, und er setzt Kurs auf Westsüdwest, entschlossen, für zwei Tage jenen Weg einzuschlagen. Dies begann eine Stunde vor Sonnenuntergang.[2]

---

1 Colón Cristóbal: Diario de a bordo. Edición de Luis Arranz. Madrid: Historia 16 1985, S. 86 f.
2 Vgl. ebda.

Es war eine vom Flug der Vögel ausgelöste Veränderung des Kurses mit Folgen. Denn diese leichte Kursänderung, die Columbus an jenem denkwürdigen Tag ausführen ließ, und welche die Schiffe, die zuvor direkt nach Westen gesegelt waren, nun in eine südwestliche Fahrtrichtung brachten, hatte weitreichende (und an jenem Tage gewiss nicht überblickbare) Konsequenzen für die sogenannte ‚Entdeckung' der Amerikas, die Geschichte ihrer Eroberung und Kolonisation wie auch die geokulturelle und letztlich geopolitische Konfiguration der amerikanischen Hemisphäre. Denn vieles hätte einen völlig anderen Lauf genommen, hätte Columbus seinen direkt nach Westen festgelegten Kurs beibehalten. Aber er tat es nicht.

Hätte Columbus nichts am Kurs verändert und darüber hinaus eine drohende Meuterei auf der dann längeren Fahrtstrecke überstanden, er wäre wohl mit Hilfe des starken Golfstroms an jenem Teile Amerikas gelandet, der uns heute als der *Sunshine State* bekannt ist: an der Küste Floridas, vielleicht irgendwo beim heutigen Jacksonville. Schon der bekannte US-amerikanische Autor und Columbus-Biograph Washington Irving war auf diese Stelle des Bordbuches gestoßen und hatte in seiner berühmten Darstellung des Lebens des Admirals auf die möglichen Folgen einer Fortsetzung der Fahrt nach Westen aufmerksam gemacht.

Alexander von Humboldt, der wohl beste Kenner der damals zugänglichen Literatur zur Entdeckungs- und Eroberungsgeschichte Amerikas, hatte Irvings Überlegungen zur Kenntnis genommen und seinerseits auf diesen „Umstand von unermesslicher Wichtigkeit" hingewiesen, „da er den Vereinigten Staaten statt einer protestantischen englischen Bevölkerung eine katholische spanische hätte geben können".[3] Die Kursänderung war also eine Sache von welthistorischer Bedeutung: Wir sehen, wie wichtig schon die beiden ersten Dimensionen des Raumes sein können. Columbus selbst ahnte davon freilich nichts: Er hatte nur einen kürzeren Weg nicht zum (amerikanischen) Kontinent, sondern zur (karibischen) Inselwelt gefunden.

Was aber war an Bord der spanischen Schiffe vor sich gegangen? Bereits am 6. Oktober, zu einem Zeitpunkt, als die von Columbus eigenhändig vorgenommenen Fälschungen der Angaben über zurückgelegte Distanzen nichts mehr fruchteten und die erschöpften Mannschaften der drei Karavellen an Widerstand gegen eine Fortsetzung der Fahrt nach Westen dachten, hatte es eine

---

3 Humboldt, Alexander von: *Kritische Untersuchungen über die historische Entwickelung der geographischen Kenntnisse von der Neuen Welt und die Fortschritte der nautischen Astronomie in dem 15ten und 16ten Jahrhundert.* Aus dem Französischen übersetzt von Dr. Jul. Ludw. Ideler, Privatdocenten an der Berliner Universität. Bd. 2. Berlin: Nicolai'sche Buchhandlung 1836, S. 111.

bemerkenswerte Reaktion im Flottenverband gegeben. Kapitän Martín Alonso Pinzón, der als aus der andalusischen Herkunftsregion stammender erfahrener Seemann bei den meisten Matrosen nicht nur seines, sondern auch der beiden anderen Schiffe wohl in höherem Ansehen als der Genuese Columbus stand, hatte an diesem Tag bereits vorgeschlagen, die Fahrtrichtung nach Südwesten abzuändern. Doch Columbus reagierte damals noch schroff. Der Transkription des Bordbuches entnehmen wir an jenem Tag: „al Almirante pareció que no",[4] Columbus war strikt dagegen. Und er hielt dies in seinem Bordbuch fest – auch dies ein deutlicher Beleg für ein pragmatisches Verhältnis zwischen Reisen und Schreiben.

Erst am folgenden Tag willigte der künftige Admiral, dessen Name zu Recht mit einem Vogel, der Taube, in Verbindung gebracht wurde, unter Hinweis auf den Flug der Vogelschwärme in eine Änderung der Fahrtrichtung ein. Dabei musste er sein Gesicht wahren, sollte es doch nicht wie ein nachträgliches Einlenken gegenüber Martín Alonso Pinzón aussehen. Er griff dabei, wie Humboldt anmerkte, auf die Erfahrung der Portugiesen zurück, „welche den größeren Theil der Inseln, die sie besitzen", aufgrund ihrer „Beobachtung des Fluges der Vögel entdeckt" hätten.[5] Die Kursänderung hatte also weniger etwas mit Auspizien, mit dem Ritus eines Auguren zu tun, als mit einem spezifischen Erfahrungswissen, das gerade die Portugiesen mehrfach erfolgreich in ihrer Entdeckungsgeschichte eingesetzt hatten. Und doch kann man im Flug der Vögel mehr als einen bloßen Zufall sehen.

Die gereizte Stimmung an Bord der drei Schiffe beruhigte sich nur mühsam. Die Seeleute willigten zunächst in die veränderte Route ein, zumal man auch während der folgenden Tage Zeichen nahen Landes wahrnahm; doch nachdem sie noch während der ganzen Nacht Vögel hatten vorbeifliegen hören, begehrten sie am 10. Oktober gegen Columbus auf, der sie ein letztes Mal mit Versprechungen beruhigen konnte, obwohl die Mannschaft wohl wusste, daß im Grunde ein *point of no return* erreicht war.

Am folgenden Tag, dem 11. Oktober des Jahres 1492, aber sah ein Matrose namens Juan Rodríguez Bermejo, der unter dem Namen Rodrigo de Triana in Geschichte und Legendenbildung Eingang fand,[6] das ersehnte Land, eine Meldung,

---

4 Colón, Cristóbal: *Diario de a bordo*, S. 86. Die von Colón angeführten Gründe für die Ablehnung sind wenig überzeugend, so dass Luis Arranz in seinem Kommentar zu dieser Passage des Bordbuchs auch zu der Einschätzung gelangte, daß Columbus lediglich dem Eindruck entgegenwirken wollte, er habe diesen Entschluss auf Veranlassung Pinzóns getroffen (*Diario de a bordo*, S. 87, Fußnote 36).

5 Humboldt, Alexander von: *Kritische Untersuchungen*, Bd. 1, S. 213.

6 Colón, Cristóbal: *Diario de a bordo*, S. 88 f.

die sich im Gegensatz zu jener der *Niña* vom 7. Oktober, bereits am folgenden Tage bestätigen sollte. Kein Zweifel kann bestehen: Es waren die Vögel gewesen, welche die spanischen Karavellen in die Inselwelt der Karibik geführt und damit den weiteren Fortgang der Weltgeschichte nicht unwesentlich mitbeeinflusst hatten.[7] Nicht zu Unrecht kommentierte Alexander von Humboldt in seinem überwiegend der Figur des Columbus gewidmeten und ursprünglich in französischer Sprache erschienenen *Examen critique*:

> Niemals hat der Flug eines Vogels gewichtigere Folgen gehabt; Denn die Aenderung des Windstriches am 7. Oktober entschied die Richtung, nach welcher die ersten Ansiedelungen der Spanier in Amerika Statt finden sollten und gefunden haben.[8]

Der Traum des Columbus war also wahr geworden – wenn er auch, was er zeitlebens negierte, nicht in Asien angekommen war und die Bewohner dieser Landstriche auch keine Bewohner Indiens, keine *indios*, waren. An einem Freitag, dem 3. August 1492, hatte Columbus die Segel gesetzt und Europa verlassen, und an einem Freitag setzte er erstmals seinen Fuß auf amerikanischen Boden und entfaltete die Zeichen spanischer Macht. Heilsgeschichtliche Zeichen also überall – für all jene zumindest, die solche Zeichen sehen wollten.

Für den schon bald zum Admiral Aufsteigenden aber konnten diese Zeichen nicht trügen. Es setzte sich die Deutung jener sich dem Blick des Columbus darbietenden *signos* und *señales* fort, eine Lektüre, die schon bei Humboldt, vor allem aber dann im Gefolge strukturalistischer und poststrukturalistischer Semiotiken und Semiologien ein ums andere Mal ihrerseits gedeutet wurde.[9] Vergessen

---

7 Was, so bliebe noch zu klären, hatte Pinzón auf den Gedanken einer Kurskorrektur gebracht? Humboldt ging auch dieser Frage in Humboldt, Alexander von: *Kritische Untersuchungen* (Bd. 2, S. 114) nach: „Vallejo, ein aus Moguer gebürtiger Seemann, erzählt ganz naiv in den Proceßverhandlungen, daß 'Pinzon am Abend habe Papageien vorüberfliegen sehen und gewußt habe, daß diese Vögel nicht ohne besonderen Grund nach Süden hinflögen'." Daß es sich in den Worten des Seemanns um Papageien handelte, dürfte Humboldt, der Papageien viel abzugewinnen wusste, zusätzlich fasziniert haben; vgl. auch den nicht ganz ernsten Aufsatz des Verfs.: Papageien, Schriftsteller und die Suche nach der Identität. Auf den Spuren eines Vogels von Alexander von Humboldt bis in die Gegenwart. In: *Curiosités caraïbes*. Festschrift für Ulrich Fleischmann. Berlin 1988, S. 35–40.

8 Humboldt, Alexander von: *Kritische Untersuchungen*, Bd. 2, S. 114 f. Zur Entwicklung des Columbus-Bildes in den Schriften Alexander von Humboldts vgl. Verf.: Entdecker über Entdecker: Alexander von Humboldt, Cristóbal Colón und die Wiederentdeckung Amerikas. In: Heydenreich, Titus (Hg.): *Columbus zwischen zwei Welten. Historische und literarische Wertungen aus fünf Jahrhunderten*. Bd. I. Frankfurt am Main: Vervuert Verlag 1992, S. 401–439.

9 Am erfolgreichsten war sicherlich der Band von Todorov, Tzvetan: *La conquête de l'Amérique. La question de l'autre*. Paris: Les Editions du Seuil 1982.

wir darüber aber nicht die Tatsache, dass es die Deutung eines Vogelfluges und damit ein Augur – gleichviel, ob es sich dabei um Columbus oder Pinzón handelte – war, der als Interpret der Zeichen am Himmel in gewisser Weise die Konzentration der Spanier auf den Süden und damit die vorübergehende Schaffung eines 'Leerraumes' im Norden vorgab. Die künftige Zweiteilung der Amerikas war damit gleichsam vorgegeben. Und für Columbus selbst stand fest, dass kein Geringerer als der Dreifaltige Gott ihm in den entscheidenden Momenten seines Reiseberichts Gnade bezeugt und geholfen hatte. Sein Reisetagebuch selbst, das von Anrufungen des Herrn geradezu überquillt, wurde damit zu einem Zeugnis dieser göttlichen Hilfe und Gnade.

Die sich anschließende und reiseliterarisch nachgezeichnete Fahrt des künftigen Admirals der Katholischen Könige durch die amerikanische Inselwelt, die noch ihrer europäischen Namen und ihrer Mehrfachbenennungen als Antillen, als Karibik, als Westindien usw. harrte, wurde – ganz im Sinne Tzvetan Todorovs – zur hermeneutischen Bewegung eines Zeichenlesers, der nicht nur seine Lesarten, sondern selbst seine Zeichen aus der Alten Welt mitgenommen hatte und nun auf die Küstensäume einer ihm noch unbekannten und doch so vertrauten Welt projizierte. Denn Columbus war zwar in einer für ihn und die Europäer seiner Zeit vollständig neuen Welt gelandet; doch möblierte er nicht nur die Dimensionen von Raum und Zeit, sondern auch die kulturellen, geschlechterspezifischen oder fiktionalen Dimensionen seines Reiseberichts ganz so, wie er dies aus der Alten Welt in die Neue zu übertragen vermochte. Dies war der Weg, wie die Alte Welt in die Neue kam[10] und die Neue der Alten Welt nicht nur militärisch und politisch, sondern auch kulturell und ideologisch einverleibt wurde. In Columbus' Bordtagebuch können wir diesen Prozeß einer Übertragung und Einverleibung der Zeichen in aller Deutlichkeit sehen.

Beschäftigen wir uns an dieser Stelle aber zunächst einmal in aller gebotenen Kürze mit der Biographie jenes Mannes, der bald schon bei seinen Mitbürgern in Spanien verhasst war, obwohl er doch – wie Voltaire dies einmal trefflich formuliert hatte – für seine Zeitgenossen die Werke der Schöpfung verdoppelt hatte. Dies hatte nicht zuletzt mit der Tatsache zu tun, daß Cristóbal Colón, in dessen Name sich der das Christuskind über das Wasser tragende Christophorus, aber auch die Taube sowie der Kolonist, der Kolonisator begegnen, einer jener Männer war, wie sie die sich beschleunigende Zeit am Ende des 15. Jahrhunderts hervorbrachte und die gleichsam von nirgendwo her

---

10 Vgl. hierzu auch Gewecke, Frauke: *Wie die alte Welt in die neue kam*. Stuttgart: Klett-Cotta 1986.

Abb. 38: Cristóbal Colón (Genua, 1451? – Valladolid, 1506).

kamen und in der Geschichte erschienen. Er wurde als Genuese und als Jude, als Mallorquiner und als Portugiese, ja sogar als Schweizer reklamiert und verfügte so über jene Qualitäten, die einen wahren Europäer auszeichnen. Denn er war gewiss kein Spanier und war auch gewiss des Spanischen nicht wie einer Muttersprache mächtig, verstand es aber bravourös, *als ein Europäer* die Hypothese seiner verschiedenen Herkünfte vor allem für seine Laufbahn, für seine Zukünfte nutzbar zu machen. Seine Projekte und Pläne hätte er auch anderswo in die Tat umgesetzt: Spanien war nach Portugal ohnehin nur seine zweite Wahl gewesen. Wer aber war dieser Cristóbal Colón alias Cristoforo Colombo alias Cristóvão Colombo alias Christopher Columbus wirklich? Sehen wir uns kurz sein Leben bis zum Aufbruch seiner ersten Expedition nach Indien, China und das Cipango (Japan) Marco Polos an.

Der spätere Entdecker Amerikas lebte wohl von 1451 bis 1506, eine Zeitspanne, in welcher sich die Welt entscheidend veränderte und nicht mehr war, was sie um die Mitte des 15. Jahrhunderts einst gewesen ist. Die wahrscheinlichste Version seiner Geburt ist, dass er 1451 in der Nähe des italienischen Genua die Welt erblickte, im selben Jahr übrigens wie die spanische Königin Isabel la Católica und jener andere Italiener, welcher dem neu entdeckten Kontinent den Namen einer 'Neuen Welt' zusprach, Amerigo Vespucci. Er war damit ein Jahr älter als Fernando el Católico oder Leonardo da Vinci und war erst zwei Jahre alt, als das Oströmische Reich und damit das alte Konstantinopel unterging. Mit der Ausbreitung des Osmanischen Reiches aber waren die direkten

Handelswege zwischen Europa und Indien beziehungsweise China unterbrochen: die begehrten orientalischen Luxusgüter gelangten nunmehr nur noch mit hohen Aufschlägen in die Zentren Europas.

Doch zurück zu unserem jungen Genuesen. Spätestens im Jahre 1469, nach eigener Aussage aber bereits mit vierzehn Jahren sehen wir ihn zur See auf ersten Handelsreisen durch das Mittelmeer. Er soll kurzzeitig an der Universität von Pavia studiert haben, eine Tatsache, die durch seine Bekanntschaft mit dem Latein und seine kartographischen wie kosmographischen Kenntnisse gestützt wird.

Cristóbal Colón trieb sich schon als Jugendlicher auf Schiffen herum, lernte das Handwerk sozusagen von der Pieke auf, fuhr zunächst auf genuesischen Handelsschiffen, stieg dann bald zum Kapitän auf, kannte sich hervorragend aus in den verschiedenen Routen im Mittelmeer, Kenntnisse, die er dann später zu nutzen verstand, als er zum Teil im Sold der Genuesen oder mit diesen verbündeten Königreichen, zum Teil auch wohl auf eigene Rechnung zum Korsaren wurde, der im Mittelmeer auch vor Angriffen auf feindliche Schiffe in einem rechtlichen Niemandsland nicht zurückschreckte. In einer dieser Auseinandersetzungen erleidet er 1476 Schiffbruch vor der Küste Portugals. Er kann jedoch aus eigener Kraft, festgeklammert an ein Ruder des von ihm befehligten, aber untergegangenen Schiffes, an Land schwimmen und deutet seine Rettung später als ein erstes großes Zeichen Gottes.

Lange Jahre lebte Columbus nun in Portugal, in jenem Land, das ohne jeden zweifel über die besten Voraussetzungen für große umfangreiche Expeditionen in unbekannte Gewässer, über die besten Wissenschaftler, ein derartigen Plänen stets offenstehendes Königshaus, über hervorragende Instrumente und nicht zuletzt einen hohen Grad an Geheimhaltung verfügte. Jegliche territoriale Expansion blieb Portugal aufgrund der Existenz Spaniens, das noch immer mit der *Reconquista* beschäftigt war, verwehrt: Die einzige Expansionsmöglichkeit war für Portugal das Meer, und diese Politik, die Portugal konsequent seit Heinrich dem Seefahrer verfolgte, brachte dem Land seine Bedeutung und auch seinen jahrhundertelangen Reichtum ein. Portugal war für einen Columbus im Grunde ideal.

Seit 1477 lebte Columbus zusammen mit seinem Bruder Bartolomeo in Lissabon. In der europäischen Seefahrernation *par excellence* dient er sich langsam hoch und unternimmt unter anderem Reisen nach England und Island, nach Madeira und auf die Azoren, 1482 selbst nach São Jorge da Mina an der westafrikanischen Küste. Bei diesen Fahrten lernte er, wie man mit den starken Strömungen in diesen Gewässern, mit den wesentlich höheren Wellen und überhaupt mit jenem weiten Meeresbereich umgehen muss, den die Portugiesen in einem weit nach Westen ausholenden Bogen kreuzen mussten, um in ihr Heimatland, nach Lissabon, zurückzukommen.

Auf diese Weise erfuhr Columbus von den jahreszeitlich sehr konstant blasenden Passatwinden und mehr noch von den Gefahren jener Windstillen, jener Kalmen in den sogenannten Rossbreiten, die Schiffe und Mannschaften oft für Wochen und Monate festhielten, weil kein Windchen blies und die Mannschaften langsam an Skorbut krepierten. Columbus wusste zugleich aber auch, dass diese Meere sehr wohl zu befahren waren. Dem Seemannsgarn von einem koagulierenden, jegliches Schiff festhaltenden Meer schenkte er keinerlei Glauben.

So weiten sich seine Kenntnisse aus. Bereits 1479 vermählt er sich mit Dona Filipa Perestrelo Moñiz, die aus einer adeligen Familie stammt, ihm die Türen der gesellschaftlichen Elite Portugals öffnet und mit der er einen Sohn namens Diego hat. Für einige Zeit lebt er auf Porto Santo, wo sein Schwiegervater Gouverneur gewesen war und wo Columbus nun Seekarten und Logbücher studierte. In dieser Zeit muss der Plan entstanden sein, Indien nicht auf dem Weg um das Kap der Guten Hoffnung, sondern auf dem Westweg zu erreichen. Doch es gelingt ihm nicht, den portugiesischen Hof von seinen hochfliegenden Plänen zu überzeugen, den Orient auf dem Westweg mit Europa zu verbinden. So wendet er sich Spanien zu.

Er begibt sich 1485 nach Kastilien, auf der Suche nach anderen Partnern für sein gewagtes Unternehmen; doch ein erstes Treffen mit den Katholischen Königen im Jahre 1486 führt zu keiner Übereinkunft. Unterdessen gelingt es Bartolomeu Diaz 1488, für die portugiesische Krone das Kap der Guten Hoffnung zu umrunden. Nunmehr dominieren die Portugiesen unangefochten die Ostroute in den Orient unter Umschiffung Afrikas. Weitere Gespräche mit der portugiesischen Krone scheitern so wie alle Versuche, die Höfe Frankreichs oder Englands für sein Vorhaben zu begeistern. Christoph Columbus beginnt, zunehmend zu verzweifeln.

Doch dann der Durchbruch: Im August 1492 kommt es zu einer Übereinkunft mit den Katholischen Königen, wobei Isabel hier eine entscheidende rolle spielte: Die *Capitulaciones de Santa Fé* werden zwischen Columbus und der spanischen Krone abgeschlossen. Fortan sind nur noch technische Details zu klären: Jetzt endlich ist der Weg nach Westen frei für den Genuesen, den wir in unserer Vorlesung mitten in der Karibik zurückgelassen hatten.

Doch bevor wir nun die einzelnen Textpassagen – insbesondere aus dem ersten Bordbuch des Christoph Columbus oder Cristóbal Colón – analysieren und interpretieren wollen, sollten wir uns einen Überblick über die Reisen dieses Mannes – insgesamt vier waren es gewesen – in jene Welt verschaffen, der dann ein anderer seinen Namen geben sollte. Es ist nicht immer leicht, bei diesen vier Reisen den Überblick zu behalten.

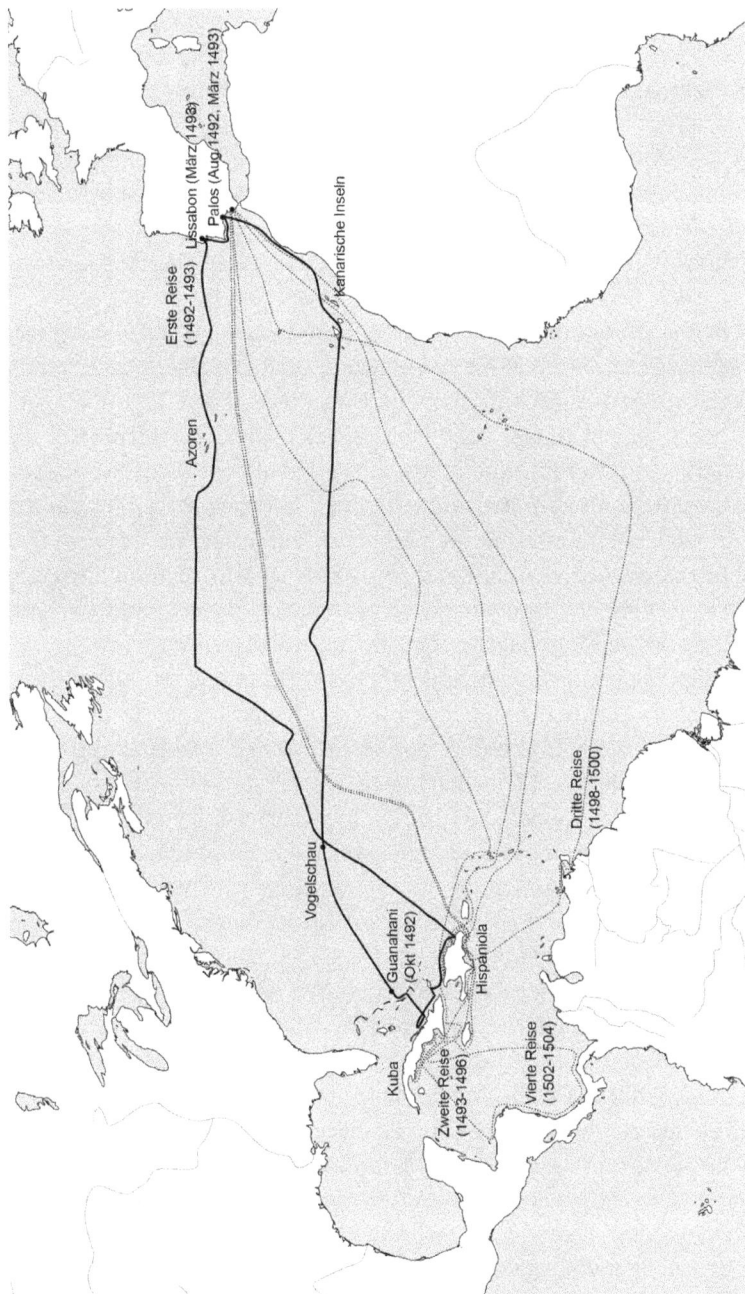

Abb. 39: Verläufe der vier Reisen des Christoph Kolumbus (erste Reise: August 1492 – März 1493).

Der Beginn der ersten Expedition des Columbus erfolgte im andalusischen Palos am 3. August 1492; man kehrte am 15. März 1493 wieder zurück. Die gesamte Expedition verfügte über eine Nao und zwei Karavellen. An Bord befand sich auch der später berühmte und einflussreiche Juan de la Cosa, der im Jahre 1500 die erste Weltkarte einschließlich Amerikas entwarf, eine Karte, die wir schon gesehen und besprochen haben (vgl. Abb. 15: *Mapamundi* des Juan de la Cosa). Auf der *Pinta* war Martín Alonso Pinzón Kapitän, auf der *Niña* war es Vicente Yáñez Pinzón – allein dies macht schon deutlich, dass Columbus ein starkes andalusisches Brüderpaar entgegenstand. Von den insgesamt wohl 90 Mann sind 87 namentlich bekannt; 40 Mann waren es wohl auf dem Flaggschiff, der *Santa María*, jeweils 25 Mann Besatzung auf den kleineren und wendigeren Karavellen. Die Mannschaft stammte überwiegend aus Palos, Moguer und Huelva, dazu kamen einige Basken und Galizier sowie eine kleine Gruppe von Ausländern, darunter ein Kalabrese, einVenezianer und ein Schwarzer. Als Dolmetscher fungierte ein konvertierter Jude, Luis de Torres, der ein Experte für orientalische Sprachen, Arabisch und Hebräisch war. Man hoffte, damit sprachlich auf alle Eventualitäten vorbereitet zu sein. Mit den Sprachen eines neuen Kontinents hatte niemand gerechnet: Die amerikanischen Sprachenfamilien waren den Europäern noch gänzlich unbekannt.

Der in allen Seemannsdingen sehr erfahrene Columbus wusste, dass er nach allem ihm zur Verfügung stehenden Informationen bei dieser Reise den Ostwind nutzen musste, der von den Kanaren ab recht zuverlässig wehte. Er allein konnte einen sicheren Transport nach Westen garantieren. Doch landete man nicht auf Tenerife, wo die Spanier noch immer Krieg mit den Guanchen führten – die Eroberung der Kanaren war noch nicht abgeschlossen –, sondern auf La Gomera, wo man die Vorräte auffüllte und von wo aus man am 6. September 1492 wieder in See stach. Auf La Gomera zeigt man noch heute den Löffel, mit dem Columbus gegessen haben soll. Mit dem Passieren der westlichsten Kanaren-Insel Hierro, die für lange Zeit den Nullmeridian der spanischen Kartenwerke lieferte, begann dann am 8. September die Überfahrt. Am 12. Oktober ging man nach dreiundreißigtägiger Überfahrt in Guanahani an Land. Wahrlich kein Wunder, dass man die 33 Tage der Überfahrt mit den 33 Lebensjahren von Jesus Christus in Verbindung brachte. Wie auch immer: Die kleine spanische Expedition befand sich jetzt in einer neuen Welt: nicht zwischen den Vor-Inseln, den *Antillen*, von China, Indien und Cipango, sondern in einer völlig neuen, nicht mehr altweltlichen Umgebung. Wie sagte ein englischsprachiger Kollege einmal so schön? *In the beginning, America was in the way.*

Doch Amerika stand für Columbus nicht im Weg: Es war seine Rettung! Denn er hatte den Umfang der Erdkugel weitaus zu gering berechnet, ein

Fehler, der ihm übrigens von den portugiesischen Kommissionen vorgehalten wurde, die seinen Plan ablehnten. Nicht alle Kommissionen bestanden folglich aus bornierten Akademikern, die einen so einfachen Plan wie den des Columbus einfach nicht akzeptieren wollten und etwas dagegen gehabt hätten, dass die Erde keine Scheibe, sondern eine Kugel wäre. Dies sind Märchen, die später rund um die Heldentat des Columbus erfunden und erzählt wurden.

Nein, der Fehler hatte bei Columbus System – aber sein Plan hatte an der entscheidenden Stelle Glück: das sprichwörtliche Glück des Tüchtigen. Wäre Amerika nicht im Weg gewesen, dann wäre Columbus ins Nirgendwo gesegelt, ohne jede Chance auf Rückkehr nach Europa. Man hätte nie mehr von ihm gehört. So aber befand man sich inmitten einer Welt, in welcher die Dinge für die Europäer neu sortiert werden mussten. Und damit begann man unverzüglich: Die sogenannte 'Entdeckung' ging mit der territorialen Erfassung und Kolonisierung Hand in Hand.

Erwähnt sei an dieser Stelle nur kurz, dass Columbus am 27. Oktober die Insel Cuba entdeckte und zunächst für einen Kontinent hielt. Am Weihnachtsabend des Jahres 1492 erlitt Columbus Schiffbruch mit seinem Flaggschiff, der *Santa María*, und ließ mit den Wrackteilen die Befestigung 'La Navidad' errichten. Es war die erste Befestigung von Spaniern in der Neuen Welt. Columbus ließ dort 33 Spanier zurück, von denen kein einziger überleben sollte. Am 6. Januar, am Dreikönigstag also, beginnen dann die *Pinta* und die *Niña* langsam mit der Rückreise nach Europa. Doch schon am 14. Januar werden beide Schiffe – vielleicht auch absichtsvoll von Martín Alonso Pinzón gelenkt – voneinander getrennt. Sie werden auf unterschiedlichen Routen die iberische Halbinsel erreichen. Auch Pinzón kehrte zurück, doch von ihm sprach niemand: Der ganze Ruhm gehörte dem Cristóbal Colón.

Am 4. März des Jahres 1493 wird Columbus mit der *Niña* die Mündung des Tejo erreichen und sich mit dem portugiesischen König austauschen. Die Portugiesen wussten nun, dass der Plan des Columbus aufgegangen war. Die machtpolitischen Konsequenzen waren freilich noch nicht ganz überschaubar, auch wenn sich bald die welthistorische und zugleich weltpolitische Bedeutung des kolumbinischen Unternehmens herauskristallisieren sollten. Am 15. März traf Columbus mit seinen Männern dann wieder in Palos ein. Doch das entscheidende Treffen stand ihm noch bevor: Ende April 1493 wird Cristóbal Colón in Barcelona von den sich dort aufhaltenden Katholischen Königen triumphal empfangen: Er ist auf der Höhe seines Ansehens.

Nebenbei bemerkt: Bald schon werden in eben diesem Barcelona die Symptome einer neuen Krankheit entdeckt, gegen die für lange Zeit keine Mittel zur Verfügung stehen sollten. Es ist die Syphilis, die erste Globalisierungskalamität und -epidemie, welche die erste Phase beschleunigter Globalisierung[11] ganz so begleiten sollte wie AIDS unsere vierte Phase beschleunigter Globalisierung. Wir wissen heute aus der historischen Epidemologie wie auch durch viele zeitgenössische Zeugnisse, dass sich die sexuell ausgehungerte Besatzung von Columbus über die Bordelle der Stadt hermachte und binnen kürzester Zeit die Grundlagen für eine sich rasch verbreitende Pandemie legte, die nicht nur die verschiedensten Länder Europas, sondern auch Afrikas und Asiens erfasste. Für die Portugiesen war es die spanische Krankheit, für die Spanier die französische Krankheit, für die Franzosen die italienische Krankheit und für die Araber die jüdische Krankheit; wir aber wissen heute, dass sie von Barcelona ausging und aufs Engste mit dem triumphalen Einzug des Columbus in die katalanische Hafenstadt zusammenhing.

In Barcelona übergab Columbus den spanischen Königen das Original seines Bordtagebuches und erhielt im Gegenzug wenig später eine Abschrift desselben. Doch Original und Kopie teilten dasselbe Schicksal: Sie sind ganz einfach verschwunden und tauchten in den langanhaltenden rechtlichen Auseinandersetzungen zwischen Columbus und der spanischen Krone nicht mehr auf. Offensichtlich hatte man sie beiseite geschafft. Glücklicherweise fertigte der schon erwähnte Fray Bartolomé de las Casas für seine umfangreiche, im wahrsten Sinne monumentale *Historia de las Indias*,[12] einen 'Sumario' an, eine sehr präzise Abschrrift, der wir unsere heutigen Kenntnisse des Bordtagebuches verdanken.

Dabei kann man zwischen drei verschiedenen Teilen dieser Abschrift des Bordtagebuchs unterscheiden: Erstens den wortwörtlichen Zitaten, zweitens den indirekten Zitaten in der dritten Person, die Las Casas einführte, und drittens den Interpolationen des Dominikaners, der das kommentiert, was er gerade transkribiert hat. Manches ließ Las Casas auch aus, passte es doch nicht in den Augen des Dominikaners zur Größe des Columbus. Dies also ist unsere Textgrundlage. Und wir wollen uns im Wesentlichen auf die erste Reise des Christóbal Colón, auf seine erste 'Entdeckungsreise', konzentrieren.

Beschäftigen wir uns also in der Folge mit einer kleinen Auswahl aus den wichtigsten Passagen des *Diario*, des sogenannten Bordtagebuches des Columbus. Nach der wohlinszenierten Hervorhebung des reiseliterarischen Ortes der Ankunft, die wir schon näher gesehen haben, folgt in Columbus' (Selbst-) Stilisierung ein Höhepunkt dem anderen, wobei nicht nur die räumlichen, sondern

---

11 Vgl. hierzu die näheren Ausführungen in Ette, Ottmar: *TransArea. Eine literarische Globalisierungsgeschichte.* Berlin – Boston: Walter de Gruyter 2012, S. 53–104.
12 Vgl. Las Casas, Bartolomé de: *Historia de las Indias.* Edición de Agustín Millares Carlo y estudio preliminar de Lewis Hanke. 3 Bde. México: Fondo de Cultura Económica 1986.

vor allem die fiktionale beziehungsweise mythologische Dimension des Reiseberichts deutlich vor Augen tritt.

So findet sich, um nur ein besonders aufschlussreiches Beispiel anzuführen, unter dem 15. Januar 1493 in Las Casas' Transkription die folgende Eintragung, die uns darauf verweist, dass die Rückkehr immer schon in die Ausfahrt
des Columbus eingeschrieben ist und daher diese Kreisstruktur stets auch jahrhundertelang die hermeneutische Bewegung und Annäherung der Europäer an
die Neue Welt grundlegend prägte und beschrieb. Die Kreisstruktur umschreibt
die Route des Columbus, aber auch jeglicher kolonialer Unternehmung, wird
doch erst von Europa her das Netz an Gratifikationen und Anerkennungen zugänglich, an welchem der Protagonist einer derartigen Reise interessiert ist. An
jenem 15. Januar finden wir also folgenden Eintrag im berühmten Bordbuch:

> Dice que se quiere partir porque ya no aprovecha nada detenerse, por haber pasado
> aquellos desconciertos (debe decir del escándalo de los indios). Dice también que hoy ha
> salido que toda la fuerza del oro estaba en la comarca de la Villa de la Navidad de Sus
> Altezas, y que en la isla de Carib había mucho alambre y en Martinino, puesto que será
> dificultoso en Carib, porque aquella gente diz que come carne humana, y que de allí se
> parecía la isla de ellos, y que tenía determinado de ir a ella, pues está en el camino, y a la
> de Martinino, que diz que era poblada toda de mujeres sin hombres, y ver la una y la
> otra, y tomar diz que algunos de ellos. Envió el Almirante la barca a tierra, y el rey de
> aquella tierra no había venido porque diz que la población estaba lejos, mas envió su co-
> rona de oro como había prometido, y vieron otros muchos hombres con algodón y con
> pan y ajes, todos con sus arcos y flechas. Después que todo lo hubieron resgatado, vinie-
> ron diz que cuatro mancebos a la carabela, y pareciéronle al Almirante dar tan buena
> cuenta de todas aquellas islas que estaban hacia el Leste, en el mismo camino que el Al-
> mirante había de llevar, que determinó de traer a Castilla consigo. Allí diz que no tenían
> hierros ni otro metal que se hobiese visto, aunque en pocos días no se puede saber de
> una tierra mucho, así por la dificultad de la lengua, que no entendía el Almirante, sino
> por discreción, como porque ellos no saben lo que él pretendía en pocos días. Los arcos
> de aquella gente diz que eran tan grandes como los de Francia e Inglaterra; las flechas
> son propias como las azagayas de las otras gentes que hasta allí había visto, que son de
> los pimpollos de las cañas cuando son simiente, que quedan muy derechas y de longura
> de una vara y media [...].[13]

---

13 Colón, Cristóbal Colón: *Diario de a bordo*, S. 191: „Er sagt, er wolle aufbrechen, da es keinen
Sinn mache, sich länger aufzuhalten, insofern man jenes Durcheinander erlebt habe [gemeint
ist der Skandal der Indianer]. Er sagt auch, er habe heute erfahren, dass sich die ganze Kraft
des Goldes im Gebiet von Villa de Navidad Ihrer Königlichen Hoheiten befände, und dass es
auf der Insel Carib viel Metall gebe und auf Matinino, wobei es schwierig auf Carib sein werde,
da jene Leute, wie er sagt, Menschenfleisch essen, und dass von dort aus die Insel dieser
Leute auftauche, und er habe beschlossen, dorthin aufzubrechen, da sie auf dem Wege liege,
sowie nach Matinino, von dem er sagt, es sei ganz von Frauen ohne Männer bevölkert, und er
wolle beide Inseln sehen und, wie er sagt, einige ihrer Bewohner mit sich nehmen."

Es ist in dieser Passage sehr spannend zu beobachten, inwiefern Columbus sein Hauptaugenmerk auf die möglichst genaue Deskription aller Phänomene und Sachverhalte richtet, genauestens im Rahmen seiner Möglichkeiten alles beschreibt, um dann aber wenig später, gleichsam im selben Atemzug, die Möglichkeiten zu erörtern, eben diese Aspekte für die Europäer nutzbar und ausbeutbar zu machen. Wenn im Zentrum dieses Diskurses jeweils das *aprovechar*, der eigene Nutzen, steht, dann integriert diese Passage zugleich doch eine Höchstzahl an mythologischen Themen und Vorstellungen, die wie in einem sich drehenden Kaleidoskop immer wieder erörtert werden.

Lage und Ausbeutbarkeit von Gold und anderer Edelmetalle werden auch im Lichte ihrer Erreichbarkeit, der Wildheit und Angriffslust der dort lebenden Stämme betrachtet. Hier fließen Versatzstücke antiker Diskurse und Mythen mit ein, deren Wahrheitsgehalt ebenso hoch zu sein scheint wie die übrigen Deskriptionen aus der Feder des Columbus. Schließlich erscheint auch der Plan des Genuesen, einige Eingeborene nach Europa mitzunehmen, um sie an geeigneter Stelle bei den Katholischen Königen als Belege des Geschriebenen und Beschriebenen vorzuführen. Auch dies sollte Columbus in der Tat nicht nur ankündigen, sondern auch ausführen: So wurden die deportierten indigenen Bewohner der Inseln auch beim triumphalen Einzug des Columbus in die Stadt Barcelona gleichsam als Trophäen im Gefolge mitgeführt.

Der künftige Admiral vergisst dabei nicht, auf Schwierigkeiten seiner Mission hinzuweisen, verstehe er doch etwa die Sprache nicht, die auf diesen Inseln gesprochen werde. Darüber hinaus beschreibt er die Waffen der indigenen Bevölkerung, um gerade auch bei einer zweiten Expedition entsprechend vorbereitet zu sein und die indigenen Stämme bekämpfen zu können. Und in der Tat: Die zweite Expedition des Columbus sollte die Macht des Admirals und seiner Auftraggeber, der Katholischen Könige, vehement unterstreichen: Niemals zuvor und niemals danach würde Columbus über eine derartige Flotte und Streitmacht verfügen.

Die obige Passage zeigt im Übrigen deutlich, auf welche Weise sich bereits im Bordbuch der ersten Reise Bruchstücke geographischer Vorstellungen und Illusionen, etymologischer Fehldeutungen, aus der griechischen Antike stammender Mythen oder ganz materiell orientierter Wunschträume zu einer *bricolage* formieren, in welcher Goldgier, Amazonentrauma, Anthropophagieangst und Benennungslust als Stationen und Elemente eines Weges erscheinen, den Columbus nicht aus den Augen verliert, führt er ihn doch zurück nach Spanien, zur Verkündigung des von ihm Gesehenen – und zum Entwurf jener amerikanischen Träume, die sich von Beginn an als komplexe Verschachtelung und Vergleichzeitigung abendländischer Kulturfragmente zu erkennen geben. Columbus schafft sich seine eigene Welt: eine Welt, in welcher die Alte auf ganz direktem Wege in die Neue kommt und diese gleichsam kannibalisiert.

Der indische und orientalische, im Grunde aber amerikanische Traum des Columbus steht im Zeichen der Fülle, ja der Überfülle, stets aber auch im Zeichen einer ganz bestimmten Bewegungsfigur, die wir bereits kennengelernt hatten. Denn die Ankunft enthält bei Columbus immer schon die Rückkehr, die Fahrt durch die Inselwelt immer schon deren Verlassen: Die Kreisstruktur beherrscht als topographische wie als hermeneutische Figur die gesamte Dynamik dieses ersten Reiseberichts aus Amerika. Und als hermeneutische Bewegung gibt sie dem Verstehen des Columbus in seiner Zirkelhaftigkeit jenen Raum, der sich symbolisch mit allerlei abendländischen Versatzstücken zu füllen beginnt.

Erst die Rückkehr nach Europa – und die sich anschließenden frühen Berichte von jener Entdeckung – machen es möglich, dass sich fortan ein Gutteil der Neuen in der Alten Welt bildet.[14] Die Rückkehr erst gibt der Reisebewegung des Columbus ihren Sinn, ihren *sens*, ihre eigentliche Richtung. Nicht nur im Zeichen des Kreuzes, sondern auch im Zeichen des Kreises werden die amerikanischen Träume zwanghaft und zwangsweise in amerikanische Wirklichkeiten verwandelt. Columbus macht seinem Namen alle Ehre: Als Christusträger bringt er nicht nur den christlichen Heiland in die Neue Welt, sondern auch alle okzidentalen Attribute, die in der Alten Welt über lange Jahrhunderte Gestalt angenommen hatten.

Mit der Expedition des Christoph Columbus veränderte sich die Weltgeschichte auf eine radikale Weise. Bestimmte westeuropäische Mächte stiegen zu Weltmächten auf, alle Parameter von Politik und Ökonomie, aber auch von Kunst und Kultur veränderten sich im Zeichen der ersten Phase beschleunigter Globalisierung grundlegend. Der berühmte Aphorismus des Georg Christoph Lichtenberg, demzufolge der Tag, an dem der Indianer Columbus entdeckte, ein schlechter Tag für den Indianer gewesen sei, erwies sich bald nicht mehr nur in der künftig als Karibik bezeichneten Region als eine grausame Wahrheit, die durch die Umkehrung der Entdeckungsmetaphorik zum Vorschein gebracht wurde. Europa begann schon bald, zielstrebig die anderen Kontinente, die anderen 'Welten' an die jeweils eigenen Systeme anzuschließen.

Das sich an den 'Indianern' vollziehende Genozid erfasste rasch auch die Bewohner des Festlands – nicht nur jener Insel Cuba, die Columbus für Festland hielt und seinen Männern den Schwur auf diesen Glauben abverlangte, sondern auch jener Küsten, die ein gewisser Amerigo Vespucci als Küstensäume eines Kontinents, einer Neuen Welt, erkannte. Bereits im Jahre 1500 – als weiter südlich aufgrund eines Sturms die nach Osten ragende Spitze des

---

14 Vgl. hierzu Gewecke, Frauke: *Wie die neue Welt in die alte kam*. Stuttgart: Klett – Cotta 1986.

heutigen Brasilien von den Portugiesen eher zufällig 'entdeckt' und in Besitz genommen wurde – nahmen die amerikanischen Träume kartographische Gestalt an in jener Karte, die Juan de la Cosa, der Columbus auf dessen zweiter Reise begleitet und zusammen mit Vespucci auch an der Expedition Alonso de Ojedas 1499 teilgenommen hatte, entwarf.[15]

Auch wenn wir uns mit dieser und anderen Weltkarten schon ausführlich beschäftigt haben, gilt es doch kurz festzuhalten: Hier entstanden die Umrisse und Konturen einer Weltregion, in deren Zentrum sich eine Inselwelt befindet, deren Erkundung schon weiter fortgeschritten war, und die den südlichen mit dem nördlichen Teil des Kontinents verbindet. Die Inseln der Karibik wurden zur Drehscheibe der Erschließung und Kolonisierung, der Eroberung und Unterwerfung durch Spanien und nachfolgend auch weitere europäische Mächte. Dabei ist auf der Karte von Juan de la Cosa der Norden des karibischen Beckens, des amerikanischen Mittelmeers, als Besitztum der Katholischen Könige markiert und festgehalten. Dieses *mapping* der Neuen Welt beinhaltete von Beginn an ein neues *mapping* der Alten Welt. Eine Welt entstand, in welcher die Alte Welt ohne die Neue Welt nicht mehr vorstellbar war.

Erkundungsfahrten von Francisco Hernández de Córdoba und Juan de Grijalva in den Jahren 1517 und 1518 bringen größere Klarheit über den Küstenverlauf und zugleich die Spanier erstmals in Kontakt mit einer wohlorganisierten und ausdifferenzierten indigenen Gesellschaft: der Gesellschaft der Azteken. Kurze Zeit später vollzieht sich die Eroberung jenes Reiches von Anáhuac mit seinem Zentrum Tenochtitlán, das die Männer um Hernán Cortés zwischen 1518 und 1521 unter Ausnutzung der Gegensätze und Feindseligkeiten zwischen den verschiedenen indianischen Völkern in ihre Gewalt bringen sollten. Fast nahtlos war die *Reconquista* der iberischen Halbinsel in die *Conquista* der außereuropäischen Welt Amerikas übergegangen. Der Aufstieg Spaniens von einer sich konstituierenden und seine arabischen[16] wie jüdischen Wurzeln ausradierenden Regionalmacht zu einer die Welt mit Portugal bald aufteilenden Weltmacht vollzog sich mit ungeheurer Wucht.

Doch kehren wir zum sogenannten *Diario de a bordo*, jenem Tagebuch zurück, das Tag für Tag die Eintragungen des Columbus (zumindest in Las Casas'

---

15 In seinen *Kritischen Untersuchungen* (Bd. 1, S. 16 f.) machte Humboldt darauf aufmerksam, dass er zusammen mit Walkenaer 1832 „das Vergnügen" gehabt hatte, „den Urheber und das Datum" dieser Karte der Neuen Welt zu erkennen. Die Leistung des preußischen Gelehrten für die kritische Aufarbeitung der spanischen 'Entdeckungsgeschichte' sowie die Aufdeckung der Rolle des Martin Waldseemüller können schlechterdings nicht unterschätzt werden.

16 Vgl. hierzu die umfassende Studie von Walter, Monika: *Der verschwundene Islam? Für eine andere Kulturgeschichte Westeuropas*. Paderborn: Wilhelm Fink Verlag 2016.

Transkription) festhielt und uns einen einmaligen Anschauungsunterricht bezüglich des Umgangs der Europäer mit der Erfahrung einer neuen, ihnen zuvor unbekannten Welt gewährt. Denn dieses Bordtagebuch enthält *in nuce* viele jener Diskurse, welche Europa ermächtigten und legitimierten, seine sich über verschiedene Phasen erstreckende Herrschaft über die Welt anzutreten. Denn Columbus war in jeglichem Sinne ein Europäer.

Wir sollten dabei nunmehr einen das Projekt des Columbus als Ganzes umfassenden Blick einnehmen. Wir hatten bereits die Tatsache gestreift, dass Columbus' Herkunft letztlich doch recht eindeutig nach Genua weist. Seine Vorfahren scheinen 1391 von Spanien nach Italien geflohen zu sein, waren sie doch wohl jüdischer Abstammung und mussten vor den Verfolgungen und Pogromen in ihrer spanischen Heimat fliehen. Der weitere Lebensweg der drei Brüder Colombo, wie sie als solche auch in den Registern und Akten auftauchen, die von einer italienischen Kommission vor mehr als hundert Jahren aufgetrieben wurden, ist dann freilich ein gesamteuropäischer.

Dies scheint mir in der Tat wichtig zu sein. Insoweit haben die ganzen Querelen und Streitereien, ob Columbus nun Genuese, Spanier, Katalane, Portugiese, Mallorquine oder auch Schweizer war, einen großen Vorteil: Sie machen nicht nur darauf aufmerksam, daß sich die einzelnen europäischen Nationen förmlich um ihn stritten, sondern zeigen auch, dass sein ganzer Lebensbereich letztlich ein gesamteuropäischer, freilich mit klarem Schwerpunkt im Mittelmeerraum, war. Nicht umsonst erfolgte die Geburt Europas als Weltmacht vom Becken des Mittelmeeres aus.

Viele Geschichten und Anekdoten ranken sich um den Plan des Columbus, Indien nicht über das Kap der Guten Hoffnung, sondern über den Westweg übers Meer zu erreichen. In neuerer Zeit tauchten erneut Mutmaßungen auf, dass dies nicht unbedingt seine eigene Idee gewesen sei, sondern dass er aus direkten Quellen, von Informanten erfahren habe, dass man auf der anderen Seite dieser immensen Meeresfläche in der Tat Länder und Menschen erwarten durfte. Die aus diesem Bereich wohl wahrscheinlichste These ist die, dass Columbus irgendwo auf seinen Reisen, vielleicht aber auch in einer Hafenkneipe in Lissabon, den sogenannten *piloto anónimo* getroffen haben soll, der diese Überquerung des Ozeans bereits bewerkstelligt hatte und vor seinem Tode sein Geheimnis noch rasch Columbus anvertraut haben soll. Pure Spekulation also.

Eine zweite These geht davon aus, dass Indianer – und mehr noch Indianerinnen, ja eigentlich Amazonas-Indianerinnen, die Colón als der griechischen Antike entsprungene Amazonen verstanden hätte – von einem Sturm aufs offene Meer hinausgetrieben worden seien und dann irgendwo auf der Höhe der Azoren oder wo auch immer im Südatlantik aufgefischt worden wären; Columbus habe dadurch Kunde erhalten von der Existenz größerer Landmassen im Westen. Wie Sie sehen: pure Spekulation auch dies.

Ich glaube nicht daran, dass Columbus tatsächlich dieses *predescubrimiento*, die der seinigen vorangehende Entdeckung, brauchte, um seine eigenen Pläne von einer Erkundungsfahrt nach Westen zu entwickeln. Denn der mittlerweile erfahrene Seemann hatte längst damit begonnen, alle vorhandenen Informationen zu sichten und zugleich auch die antiken und neueren Berichte zu sammeln, in welchen die abendländischen Kosmologen ihre Vorstellungen von der Erde entwickelt hatten. Eventuelle Studien an der Universität von Pavia, von denen sein Sohn berichtete, wären hierfür eine gute Hilfe und Vorbereitung gewesen.

Ich kann an dieser Stelle leider nicht sehr umfänglich auf diese Studien der antiken und jüngeren Quellen durch Columbus eingehen. Der Genuese, dies gilt es festzuhalten, war ein Pragmatiker und kein gebildeter Mann. Er suchte stets nach einer direkten Anwendbarkeit kosmologischen Wissens. Columbus war das, was die Angloamerikaner einen *self made man* nennen, mit anderen Worten: er war ein Autodidakt in den Wissenschaften. Er eignete sich seine Kenntnisse selbst an, suchte sie dort, wo er sie gerade fand, und hielt vor allem nach dem Ausschau, was perfekt zu seinen Thesen passte. Dies war keine wissenschaftliche Vorgehensweise, aber doch eine sehr zielbewusste. Wir sehen folglich, dass er sich für alle unterschiedlichen Dimensionen des literarischen Reiseberichts verproviantierte.

Dabei ging alles durcheinander, und seine Informationen waren für ihn nur dann relevant, wenn sie sich mit seinen eigenen Vorstellungen verbinden ließen. So las Columbus zum einen von dem Florentiner Gelehrten Toscanelli, dass es Möglichkeiten gäbe, den Ozean auf westlichem Kurs zu durchqueren, wobei er freilich die Meilenangaben Toscanellis absenkte, um überhaupt die Chance zu haben, eine solchee Distanz überwinden zu können. Die ihm von Toscanelli übermittelte Karte mit der Angabe der dem asiatischen Kontinent vorgelagerten Vor-Inseln war von größter Bedeutung: Columbus führte sie stets mit sich mit.

Darüber hinaus berief er sich auf den Pseudo-Propheten Esdras und dessen Behauptung, die Erde bestehe zu fünf Teilen aus Land und zu einem Teil aus Wasser: Da konnte der Ozean ja nicht so groß sein! Die Einzeichnung von Vor-Inseln in die Karte Toscanellis verband er mit dem Bericht des Marco Polo vom sagenumwobenen Cipango, in dem wir das heutige Japan erkennen dürfen. Die Bezeichnung der Vor-Insel (oder auch Gegen-Insel) Antilia ging, wie Sie wissen, später auf die gesamte Region der Antillen über. Doch den Gerüchten um Vor-Inseln war nicht gänzlich zu trauen: Immer wieder gab es Berichte von sagenhaften Inseln weiter westlich im Meer – Berichte etwa von der Fahrt des Brandanus, der in Spanien San Borondón heißt, dem zu Ehren vor zwanzig Jahren eine Gesellschaft der Freunde inexistenter Inseln gegründet wurde. Eine besonders wichtige Rolle aber spielte für Columbus Pierre d'Aillys *Imago*

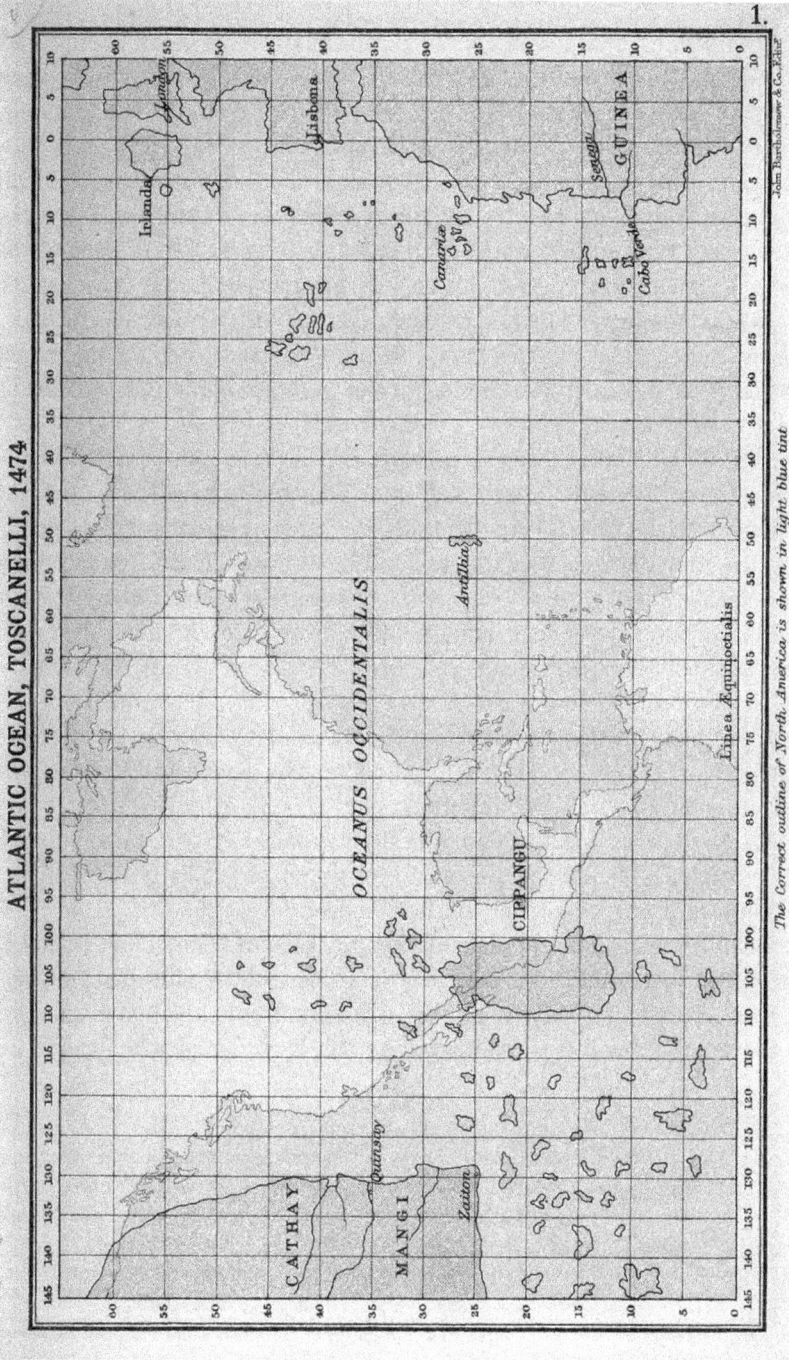

Abb. 40: Hypothetische Rekonstruktion der Toscanelli-Karte von 1474.

Mundi: Der kosmologischen Sammlung des französischen Kardinals entnahm er zahllose Mythen und Legenden, die gleichsam die neue, noch unentdeckte Welt vorab bereits mit ihren Vorstellungen und Gestalten bevölkerten.[17] Gerade auch anhand des Bordtagebuches des Columbus wird deutlich: Die Erfindung der Neuen Welt geht ihrer Findung deutlich voraus.[18] Und diese Erfindung hatte weitreichende Konsequenzen für die Eroberungs- und Kolonisierungsgeschichte des gesamten Kontinents. Columbus *Diario de a bordo* verkörperte die Diskurstraditionen seiner Zeit, wirkte zugleich aber durch die in seine Beschreibungen integrierten Legenden und Sagen unübersehbar diskursbildend. Der *Diario* enthält präzise Berechnungen und Beschreibungen, aber zugleich gefälschte Berechnungen sowie zahlreiche Mythen und Versatzstücke abendländischen Kulturkapitals, das auf die Neue Welt projiziert wurde. Wir stoßen hier massiv auf die *Friktionalität* der gesamten Gattung.

Eine nicht ganz unwichtige Quelle war neben Ptolemäus und den aktualisierten Karten, die der antiken Kosmologie beigegeben wurden, auch die Aufzeichnungen des Marco Polo (vgl. Abb. 14: Porträt des Marco Polo), die Columbus überaus sorgfältig las und – wie andere Werke auch, die sich in seinem Besitz befanden – mit vielen kleinen Randbemerkungen versah. All dies hat die weltweite Columbus-Forschung mittlerweile sehr sorgsam zusammengetragen. So zeigt etwa eine neuere Ausgabe von Marco Polos Bericht,[19] wie vielfältig die Anmerkungen des Columbus waren, dem wir geradezu über die Schulter schauen können. Seine Randbemerkungen zeigen auch: Cristoforo Colombo war mediterran geprägt, sein Italienisch war rein mündlich und genuesisch gefärbt, sein Latein war von Lusitanismen durchdrungen, sein Kastilisch war fehlerhaft und portugiesisch, so wie sein Porgtugiesisch andalusisch war. Er war überall zuhause, zugleich überall aber auch ein Fremder: In einem ganz nietzscheanischen Sinne war er ein Europäer, ein Heimatloser.

Columbus arbeitete mit der lateinischen Ausgabe des Marco Polo, die 1485 in Antwerpen erschienen war. Der Venezianer reiste 1271, kurz zusammengefasst, über Bagdad zum Persischen Golf, von Hormus aus durch den Iran zum oberen Oxus und durch den Pamir nach Kathai, dem heutigen Nordchina, bis

---

17 Vgl. zu diesem Komplex Ette, Ottmar: Funktionen von Mythen und Legenden in Texten des 16. und 17. Jahrhunderts über die Neue Welt. In: Kohut, Karl (Hg.): *Der eroberte Kontinent. Historische Realität, Rechtfertigung und literarische Darstellung der Kolonisation Amerikas*. Frankfurt am Main: Vervuert Verlag 1991, S. 161–182.

18 Vgl. hierzu ausführlich die klassische Studie von O'Gorman, Edmundo: *La invención de América. El universalismo de la cultura de Occidente*. México: Fondo de Cultura Económica 1958.

19 Vgl. Gil, Juan (Hg.): *El libro de Marco Polo anotado por Cristóbal Colón. El libro de Marco Polo versión de Rodrigo de Santaella*. Madrid: Alianza Editorial 1987.

hin nach Peking. Er gewann die Gunst des Mongolenherrschers und unternahm ausgedehnte Reisen durch China. 1292 kehrten die Polos zu Schiff durch das Südchinesische Meer, die Sunda-Inseln, Vorderindien nach Hormus, von hier über Iran, Armenien und Trapezunt nach Venedig zurück. In Genuesischer Gefangenschaft diktierte Marco Polo später einem französischsprachigen Mitgefangenen seinen Reisebericht, der sehr bald ins Italienische und Lateinische, später auch in andere Sprachen übersetzt wurde. Doch es geht hier nicht um Marco Polo: Lesen wir ihn vielmehr aus dem Blickwinkel des Columbus.

Um es ganz konzentriert zu sagen: Marco Polo war ein ungeheurer Antrieb für viele Europäer, sich mit den Reichtümern Indiens und Chinas zu beschäftigen; er beflügelte die Fantasien all derer, die zu diesen orientalischen Reichtümern vordringen wollten. Und Columbus notierte brav am Rande aller Texte des Venezianers Vermerke wie 'oro en grandísima abundancia' oder auch einfach 'perlas rojas': Sie merken, der Mann war Pragmatiker und ging zur Sache.

Doch es waren keineswegs nur diese materiellen Aspekte, welche die Fantasie des Columbus erhitzten. Er las mit größter Aufmerksamkeit auch all jene Passagen nicht nur über Cipango, sondern über die gesamte Reise des Marco Polo, in denen auch die Schilderungen der Sitten und Gewohnheiten der jeweiligen Bewohner ausführlich dargestellt wurden. So finden wir etwa im 37. Kapitel des Marco Polo eine Stelle, die uns nicht unbekannt vorkommt, haben wir doch bereits derartige Hinweise bei Columbus gelesen:

> Más allá del reino de Resmacoron, a cincuenta millas en alta mar, se encuentran al mediodía dos islas, distantes entre sí unas xxx millas. En una moran hombres sin mujeres, y se llama en su lengua la isla Macho; en la otra, por el contrario, habitan mujeres sin hombres, y se denomina aquella isla Hembra. Los que residen en estas islas forman una comunidad y son cristianos. Las mujeres no van nunca a la isla de los hombres, pero los hombres van a la isla de las mujeres y viven con ellas durante tres meses seguidos. Habita cada uno en su casa con su esposa, y después retorna a la isla Macho, donde permanece el resto del año. Las kujeres tienen a sus hijos varones consigo hasta los xiv años, y después los envían a sus padres. Las hembras dan de comer a la prole y tienen cuidado de algunos frutos de la isla, mientras que los hombres se proveen de alimento a sí mismos, a sus hijos y a sus mujeres.[20]

Sie sehen: Wir stoßen hier bei Marco Polo auf jene beiden Inseln, die Cristóbal Colón bei seiner ersten Fahrt durch die Inselwelt der Antillen bereits beschrieb, ohne doch diese beiden Inseln je besucht zu haben. Columbus hatte kein Verständigungsproblem: Er wollte sehen, was er zuvor als aufmerksamer Leser gelesen hatte. Oder anders: Er phantasierte die asiatische Inselwelt des Marco Polo mitten hinein in die amerikanische Inselwelt, die er durchkreuzte, ohne

---

20 Gil, Juan (Hg.): *El libro de Marco Polo*, Buch 3, Kap. 37, S. 156.

freilich zu ahnen, dass es sich um eine den Europäern noch gänzlich unbekannte Welt handelte.

Angesichts solcher Texteffekte und Textspiegelungen erscheint es doch als reichlich einfältig, mit dem Hinweis auf derartige Beschreibungen die These halten zu wollen, dass Columbus entweder selbst schon einmal im Meer der Antillen gewesen sei oder eben sehr detaillierte Informationen erhalten habe, die ihm sofort eine Orientierung in dieser Inselwelt erlaubt hätten. Columbus war ganz einfach ein sehr aufmerksamer und zugleich pragmatischer Leser, der in der realen Welt all jenes sah, was er zuvor schon einmal gelesen hatte. Er brauchte keine zusätzlichen Informationen und Hinweise, er hatte die Welt in seinem Kopf. Auch hier geht deutlich also die Erfindung in Form der Lektüre jeglicher Findung oder Auffindung von Inselwelten voraus. Nein, er hatte es nicht nötig, diese Welt zuvor schon einmal durchsegelt zu haben: Er konnte sich wie zu Hause fühlen, denn er war in der Tat in seiner Welt. Alles war neu und alt, unbekannt und bekannt zugleich: Alles war (auf eine geradezu Freud'sche Weise) *unheimlich* vertraut.

Lassen Sie mich an dieser Stelle einen Auszug aus dem Beginn, dem *incipit* von Marco Polos Text anführen, die Columbus aufmerksam las und eigenhändig mit seinen Anmerkungen versah, welche auf uns gekommen sind. Wir sehen gleichsam dem Genuesen bei der Arbeit an den Texten des Venezianers zu – und auch dies mag verdeutlichen, wie hoch gerade der Anteil der Italiener am spanischen *Descubrimiento* wie auch später an der spanischen *Conquista* ist:

> Yo, fray Francisco de Pepuris de Bolonia, de los frailes predicadores, me veo forzado por muchos padres y señores míos a trasladar la lengua vulgar al latín en verídica y fiel traducción el libro del prudente, honorable y muy fiel micer Marco Polo de Venecia sobre las costumbres y cualidades de las regiones de Oriente, publicado y escrito por él en nuestro vulgar, a fin de que tanto los que gustan más del latín que del romance como los que no pueden entender en absoluto o difícilmente las propiedad de otra lengua, por la total diferencia del idioma o por la diversidad de giros, lo lean ahora con mayor deleite o lo comprendan con más presteza. Además, los que me obligaron a tomar este trabajo no podían hacerlo del todo por sí mismos, ya que, entregados a más alta contemplación y prefiriendo lo sublime a lo ínfimo, rehusaban tanto entender como escribir de cosas terrenas. En consecuencia, por acatar sus mandados, vertí el contenido de esa obra fiel e íntegramente en un latín llano y paladino, pues ese estilo requería la materia del presente libro. [...]
>
> El primer capítulo trata de cómo y por qué motivo micer Nicolás de Venecia, padre de micer Polo, y micer Mateo pasaron a las partes de Oriente. El ii trata de cómo fueron al corte del rey máximo de los tártaros.[21]

Es geht hier also zjunächst einmal um die Frage der Sprache und deren Bedeutung. Deutlich wird in diesen Überlegungen zu Beginn der Lektüre die

---

21 Gil, Juan (Hg.): *El libro de Marco Polo*, S. 11 ff.

entscheidende Bedeutsamkeit der Übersetzung für diesen Reisebericht des
Marco Polo wie auch für alle Reiseberichte, mit denen wir uns beschäftigen.
Denn das Sprechen, das Schreiben über eine andere Welt beinhaltet stets eine
Frage nach dem Übersetzen, so wie andererseits der Reisebericht auch immer
die Frage nach der adäquaten Sprache für eine Leserschaft aufwirft, die über
diese andere Welt ins Bild gesetzt werden will. Die Übersetzungsdimension
ist, auch wenn ich sie in der Vorlesung nicht überall ansprechen kann, doch
von höchster Wichtigkeit, macht sie doch die doppelte Bewegung des Übersetzens und des Über-Setzens sehr klar und deutlich, wobei die abschließenden
Sätze des oben zitierten Teiles dann schon den Übergang zum Inhaltsverzeichnis des Reiseberichts darstellen. Aber wir sollten uns stets vor Augen
halten, dass jeder Reisebericht an sich die Bewegungen der Übersetzung und
des Übersetzens in sich aufnimmt, dass also die Wahl der Sprache – dies
kann auf der Ebene der Stilistik auch eine intralinguale Entscheidung über
ein Sprachregister sein – viel über den Reisebericht selbst aussagt. Nein, es
war keineswegs gleichgültig, dass sich der Preuße Alexander von Humboldt
in seiner *Relation historique* für das Französische entschied und später
enorme Probleme mit den deutschsprachigen Ausgaben auftraten.

Die vielen Reiseberichte und impliziten oder expliziten Intertexte, aber auch
die Mythen und Legenden, die sich um Länder und Inseln im Westen, gleichsam
über den weiten, nur scheinbar unbeschriebenen Flächen des Meeres, gesponnen hatten, waren wichtige Teile ihm Gewebe, waren Columbus gewobener Text
genug, in dem er sich sicher bewegen konnte. Der künftige Admiral verkörperte
für sich selbst bereits die Figur des Entdeckers, die sich in dem bereits von Europa aus erfundenen Welten geradezu traumwandlerisch bewegte. Wie hätte er
auch nur daran zweifeln können, dass dies keine unbekannten Lande, sondern
ganz sicher und gewiss die Gestade des asiatischen Kontinents sein mussten. So
konnte Columbus nicht verstehen, dass er in einer weiteren, in einer 'neuen'
Welt angekommen war: Zu sicher hielt ihn die alte im Griff. Und selbst wenn
es diese Welt nie gegeben hätte: die Europäer hatten deren Baupläne doch
schon längst entwickelt und konkret in ihre Konstruktionszeichnungen übertragen. Es gab die Insel der Männer, es gab die Insel der Frauen, alles hatte
seinen Platz und seine Berechtigung.

Christophorus Columbus steckte aber – und dies ist seine andere Seite, sein
zweites Gesicht – nicht nur voller Zeichen und Symbole, Legenden und Vorstellungen, die alle europäischen Völker zum damaligen Zeitpunkt miteinander
verbanden, sondern war – und auch dies ist durchaus ein europäischer Charak-
terzug – voller Konzepte und Konzeptionen recht präziser Art bezüglich der pe-
kuniären Rentabilität seines Unterfangens. Die Unternehmung des Columbus

war in diesem Sinne das Vorhaben eines Unternehmers. Der Genuese war auch ein kühler Rechner.

Gewiss: Vor Expertenkommissionen konnte Columbus nie bestehen, da sein Wissen nicht mit dem wissenschaftlichen Wissen seiner Zeit direkt kompatibel war und er auf unterschiedlichste Quellen und Vorstellungen rekurrierte und diese miteinander mischte. Das hat die Wissenschaft noch nie gerne gesehen. Für sein Vorhaben selbst mochte dies von Vorteil gewesen sein, nicht aber für die erläuternde Darstellung desselben.

Machen wir uns nochmals kurz die globalhistorische und machtpolitische Situation klar. In jenen Jahren entschied sich der portugiesische Königshof, trotz mancher Vorschläge etwa auch von Seiten Toscanellis, einen Westweg zu erkunden, klar für die afrikanische Route, also für den Ausbau der Wege und Stützpunkte von Kap zu Kap entlang der afrikanischen Küste. Die Portugiesen hatten hier seit den Zeiten Heinrich des Seefahrers einen technologischen, nautischen und kartographischen Vorsprung erreicht, der von den anderen Schifffahrtsnationen Europas nicht leicht aufgeholt werden konnte. Um 1485 gab Columbus sein Unterfangen in Portugal auf.

Es folgten sieben lange Jahre des Versuches, die spanischen Machthaber, die späteren Katholischen Könige, zu gewinnen. Diese waren auf dem Weg zu ihrer historischen Rolle und Berühmtheit und mussten dafür zunächst die inneren Zwistigkeiten, den Bürgerkrieg in Kastilien um die Thronfolge, die endlosen Streitigkeiten mit Portugal und vieles mehr lösen, um einen möglichst einheitlichen Staat zu schaffen. Und die *Reconquista* war keineswegs gesichert. In ihre Zeit fällt die Einführung der Inquisition, welche die Kirche zu einer Partnerin der unmittelbaren politischen Macht machte; in ihre Zeit fällt aber auch eine enorme Straffung und Modernisierung des Staatswesens in Spanien, das zu einem modernen Staat aufstieg. Der moderne, im Grunde neuzeitliche Staat begann zu entstehen.

Columbus mühte sich redlich, aber vergeblich, die wissenschaftlichen Kommissionen davon zu überzeugen, dass sein Weg erfolgversprechend sein konnte. Schließlich schreckten auch seine enormen Forderungen ab, Forderungen, die er als Entdecker von Gebieten dann gegenüber den Katholischen Königen einklagen konnte. Wie auch immer: Wir nähern uns dem Jahr der Wunder, dem *annus mirabilis* 1492, in dem schließlich die *Reconquista* durch die Vertreibung der Nasriden aus Granada abgeschlossen wurde, in dem – das war schon kein Wunder mehr – die religiöse Einheit des Staates beschlossen und zugleich die Juden, die nicht zum rechten Glauben übertreten wollten, aus Spanien vertrieben wurden. Es war ein Jahr, in dem darüber hinaus auch die Durchsetzung des Kastilischen durch die berühmte Grammatik des Nebrija – *Siempre la lengua fue compañera del Imperio* – vorbereitet wurde, eine sprachliche Expansion, die man auch als Globalisierung der kastilischen Sprache beschreiben kann. Ja, und dann gab es ja noch immer diesen Ausländer, der auf keinen Fall seine Herkunft verraten wollte, der aber sehr wohl wusste, wohin er wollte: Colombo alias Colón alias Columbus.

Nun, ich erzähle Ihnen die mit vielen Details ausgeschmückte Geschichte der vielen Neins, der dramatischen Abreise des enttäuschten und verletzten Colombo vom Hofe in Santa Fe – noch war Granada nicht gefallen – und sein märchenhaft anmutendes Zurückholen lieber nicht. Entscheidend aber für uns ist, dass am 17. April 1492 die *Capitulaciones de Santa Fe* geschlossen wurden, der erste Vertrag zwischen Europäern wohlgemerkt über die Aufteilung der erst noch zu entdeckenden Welt. Bereits in der Präambel gibt es eine Reihe von Hinweisen, wie sich Columbus diesen Vertrag vorgestellt und schließlich auch durchgesetzt hatte. Er war in der Tat ein kühler Rechner, der wusste, was seine Idee wert war. Es ist eine wahre Aufteilung der Welt, die den neuen Admiral, als den sich Columbus schon sah, auf einen Schlag zu einem Edelmann und einen der reichsten Männer seiner Zeit machen würde, sollte das Unternehmen gelingen. Und gelingen hieß in jedem Falle, erfolgreich nach Europa zurückzukehren, die koloniale Kreisfigur zu schließen. So lesen wir in der Präambel:

> Vuestras Altezas dan e otorgan a don Christóbal de Colón en alguna satisfación de lo que ha descubierto en las Mares Océanas y del viage que agora con el ayuda de Dios ha de fazer por ellas en servicio de Vuestras Altezas.[22]

Am Anfang wie am Ende stehen die Königlichen Herrschaften, im Zentrum aber Columbus selbst. Allerdings wissen wir: Am Ende der Geschichte werden die Katholischen Könige das letzte Wort haben und den aufmüpfigen Ausländer zur Räson (und zur Verzweiflung) bringen. Interessant ist hier die Formulierung, die schon Las Casas für einen Lapsus hielt, dass hier von den Ländern die Rede ist, die Columbus bereits im Ozean entdeckt habe. Das gab tatsächlich Anlass zu dem Verdacht, dass der findige Genuese schon einmal die antillanische Inselwelt inspiziert hatte und nun deren Besitz sich erst einmal sichern wollte.

Wenig wahrscheinlich ist, dass dem tatsächlich so war. Columbus sicherte sich vielmehr argumentativ ab gegen jedweden anderen Versuch, Ansprüche auf diese Inseln und Länder anzumelden: Denn der Vertrag spricht stets von Inseln und von Festländern im Plural, also deutlich von sehr unterschiedlichen Gebieten, aber wohl nicht aus Kenntnis der Lage des Kontinents – dies bemerkt man auch bei den späteren Reisen, dass hier keine konkreten Ortskenntnisse vorlagen –, sondern um diskursiv allen Eventualitäten und Rechtsansprüchen vorzubeugen.

---

22 Colón, Christóbal: *Capitulaciones del almirante Don Cristóbal Colón y salvoconductos para el descubrimiento del Nuevo Mundo.* Madrid: Ministerio de Edcuación, Cultura y Deporte 2013, S. 21.

Sollte das Unternehmen gelingen, so sicherte sich Columbus den im Übrigen vererbbaren Titel und Rang eines Admirals des Ozeanischen Meeres, wurde zugleich zum Vizekönig und zum Gouverneur der neu entdeckten Gebiete und konnte hier die eigentlichen Strukturen einschließlich der Rechtsprechung aufbauen. Er erreichte – dies allerdings nicht in der Form eines Vertrags, sondern einer königlichen *Merced*, die dann auch später zurückgezogen wurde –, dass auch seine Titel als Vizekönig und Gobernador vererbbar wurden. Zugleich sollte ihm ein Zehntel aller Einkünfte gehören, die als Gewinn nach Spanien an die Könige transferiert würden, und es stand ihm auch frei, an allen Expeditionen ein Achtel der Kosten zu tragen, um dann später auch ein Achtel aller Gewinne einstreichen zu können. Fürwahr: Fürstliche Bedingungen für einen hartnäckigen, klugen Seefahrer aus letztlich einfachen Verhältnissen.

Wie wir bereits erwähnten, verlief lange Zeit auf spanischen Karten der Nullmeridian durch die Insel Hierro, sozusagen das Greenwich Spaniens. Von hier aus wurden die europäischen Kartennetze über die Welt ausgeworfen, in denen sich die von den Europäern neu entdeckten Inseln und Festländer verfingen. Von hier aus wurden aber auch all jene Träume von Inseln und Kontinenten weiter nach Westen projiziert, von denen wir schon gehört hatten. Columbus war mit all diesen Erzählungen, Geschichten und Legenden bestens vertraut. Er zeigte in seiner Eintragung im Bordbuch vom 9. August nicht nur seine Vertrautheit mit all diesen Narrativen; auch erweist sich hier, wie wichtig es für ihn war, in Portugal Informationen gesammelt und auch selbst eine Zeit lang auf Porto Santo gelebt und die Azoren besucht zu haben. Dabei ist er sich seines eigenen Zieles gewiss:

> Dice el Almirante que juraban muchos hombres honrados españoles que en la Gomera estaban con doña Inés Peraza [...], que eran vecinos de la isla de Hierro, que cada año veían tierra al oeste de las Canarias, que es al Poniente, y otros de la Gomera afirmaban otro tanto con juramento. dice aquí el Almirante que se acuerda que estando en Portugal el año de 1484 vino uno de la isla de la Madera al rey a le pedir una carabela para ir a esta tierra que veía, el cual juraba que cada año la veía y siempre de una manera. Y también dice que se acuerda que lo mismo decían en las islas de los Azores [...]. Finalmente se hizo a la vela de la dicha isla de la Gomera con sus tres carabelas, jueves a seis días de septiembre.[23]

Christoph Columbus glaubt nicht an derartige aus dem Meer auftauchende Inseln. Er lässt sich also nicht beirren, weiß sehr wohl um diese mythischen Inseln, die immer wieder im Meer verschwinden. Und er weiß, daß er eine sehr lange Seereise vor sich hat. In seinem Ausgangsbefehl an die Kapitäne der beiden anderen Schiffe hatte er bereits darauf aufmerksam gemacht, dass man

---

23 Colón, Cristóbal: *Diario de a bordo, S. 75:*

erst nach etwa 700 Meilen aufpassen müsse, die Inseln, Cipango, nicht zu ver-
passen, da ansonsten der Weg zum asiatischen Festland zu weit sein könnte
und die Lebensmittel nicht für eine derart lange Überfahrt reichen würden.
Man kann erkennen, welch hohe strategische Bedeutung die Karte des Toscanelli für den Genuesen besaß: Sie bot ihm Sicherheit.

Ab dieser Entfernung durfte dann auch nachts nicht mehr gesegelt werden,
um nicht in der Dunkelheit an den Inseln vorbeizusegeln. Da Columbus aber
wusste, wie weit diese Reise sein würde, tat er etwas, das er schon in seiner Zeit
als Kapitän eines Korsarenschiffes immer wieder getan hatte: Er führte seine
Leute, seine Matrosen, hinters Licht. Denn ab diesem Zeitpunkt begann er,
nicht mehr die tatsächlich zurückgelegte Distanz anzugeben, sondern schwin-
delte immer einen beträchtlichen Teil weg, so dass es schien, als komme man
langsamer nach Westen vorwärts. Dieses Verfahren war sicherlich erfolgreich,
konnte ihn aber nicht davor bewahren, dass nach etwa dreißig Tagen der Seefahrt westwärts – wie wir bereits sahen – die Geduld der Männer erschöpft und
die Ängste gewachsen waren, nicht mehr wieder nach Spanien zurückkehren
zu können. Man wusste an Bord nur zu genau, dass der *point of no return* erreicht war. Aber Columbus blieb stur und seiner Idee treu.

Gegen Abend des 11. Oktober nun sahen die Männer tatsächlich Land,
nachdem sie bereits Wochen zuvor einmal fälschlich geglaubt hatten, auf eine
Insel gestoßen zu sein. Die Schiffe segelten daraufhin vorsichtig in die Dämme-
rung und Nacht hinein, bis man tatsächlich in der unmittelbaren Nähe von
Land war. Diese für die weitere Geschichte Amerikas, aber auch Europas höchst
wichtige Passage möchte ich Ihnen gerne vorführen, zeigt sie doch eine Verhal-
tensweise, mit der wir auch heute noch sehr vertraut sind:

A las dos horas después de media noche pareció la tierra, de la cual estarían dos leguas.
Amaynaron todas las velas, y quedaron con el treo, que es la vela grande, sin bonetas, y
pusiéronse a la corda, temporizando hasta el día viernes que llegaron a una isleta de los
Lucayos, que se llamaba en lengua de Indios Guanahani. Luego vieron gente desnuda, y el
Almirante salió a tierra en la barca armada y Martín Alonso Pinzón y Vicente Yáñez, su
hermano, que era capitán de la *Niña*. Sacó el Almirante la bandera real, y los capitanes con
dos banderas de la cruz verde, que llevaba el Almirante en todos los navíos por seña, con
una F y una Y, encima de cada letra su corona, una de un cabo de la + y otra de otro.
Puesto en tierra vieron árboles muy verdes, y aguas muchas y frutas de diversas maneras.
El Almirante llamó a los dos capitanes y a los demás que saltaron en tierra, y a Rodrigo de
Escobedo, escribano de toda la armada, y a Rodrigo Sánchez de Segovia, y dijo que le diesen por fe y testimonio como él por ante todos tomaba, como de hecho tomó, posesión de
la dicha Isla por el Rey y por la Reina sus señores haciendo las protestaciones que se reque-
rían, como más largo se contiene en los testimonios que allí se hicieron por escrito. Luego
se junto allí mucha gente de la Isla. Esto que se sigue son palabras formales del Almirante
en su libro de su primera navegación y descubrimiento de estas Indias: 'Yo, dice él, *porque*

nos tuviesen mucha amistad, porque conocí que era gente que mejor se libraría y convertiría a Nuestra Santa Fe con amor que no por fuerza, les di a algunos de ellos unos bonetes colorados y unas cuentas de vidrio que se ponían al pescuezo, y otras cosas muchas de poco valor, con que hubieron mucho placer y quedaron tanto nuestros que era maravilla. Los cuales después venían a las barcas de los navíos a donde nos estábamos, nadando y nos traían papagayos y hilo de algodón en ovillos y azagayas y otras cosas muchas, y nos las trocaban por otras cosas que nos les dábamos, como cuenticillas de vidrio y cascabeles. [...] Ellos no traen armas ni las conocen, porque les mostré espadas y las tomaban por el filo, y se cortaban con ignorancia. No tienen algún hierro [...]. Yo placiendo a Nuestro Señor, llevaré de aquí al tiempo de mi partida seis a Vuestra Alteza para que aprendan a hablar. Ninguna bestia de ninguna manera vi, salvo papagayos en esta Isla.' Todas son palabras del Almirante.[24]

Diese Passage ist in vielerlei Hinsicht bemerkenswert. Denn diese Szene einer ersten offiziellen Inbesitznahme amerikanischen, wenn Sie so wollen indianischen Landes vollzieht sich nach allen Regeln europäischer Kunst und europäischen Rechts. Colón macht hier seinem Namen alle Ehre: Er kolonisiert das Land mitsamt seiner Bewohner. Doch wie geht er vor?

Nach einer ausgetüftelten europäischen Rechtsvorschrift. Denn was hier geschieht, ist die Praxis des *requerimiento*, der Inbesitznahme, die nach ganz bestimmten juristischen Formen abzulaufen hatte. Zum einen werden die Fahne und die Insignien der Katholischen Könige entfaltet als Zeichen dafür, dass nicht etwa für einen Privatmann oder eine Gruppe von Abenteurern, sondern für eine legitime Monarchie und einen neuzeitlichen Staat territoriale Ansprüche geltend gemacht werden. Die dem kuriosen Treiben der Europäer zweifellos verwundert zuschauenden eigentlichen Bewohner und Besitzer des Landes werden nicht als Rechtssubjekte anerkannt. Die Spanier bleiben in der recht farbenprächtigen und hochoffiziellen Szenerie des *requerimiento* unter sich: Eine Beteiligung der indigenen Bevölkerung ist nicht vorgesehen, ihnen kommt keinerlei *agency* zu.

Die Inbesitznahme eines Territoriums direkt vor den Augen der eigentlichen Besitzer? Dies ist von juristischer Seite vor dem Hintergrund der europäischen Rechtsauffassungen der Zeit durchaus legitim. Denn die Indianer sind, ebenso wie die Afrikaner in Afrika, keine Rechtssubjekte in vollem Sinne: Über sie kann ohne vorherige Konsultation mit ihnen befunden und verfügt werden.

Die Voraussetzungen für derartige Inbesitznahmen waren längst eingespielte juristische Verfahren, wie sie die Portugiesen etwa seit Jahrzehnten praktizierten: Schriftführer und Zeugen dienten der Beglaubigung, eine Unterschrift etwa von Eingeborenen war nicht vorgesehen. Die Europäer setzten ihr eigenes Völkerrecht, bei dem freilich die Spielregeln eingehalten werden müssen. So müssen

---

24 Ebda., S. 89.

etwa die Fahne entrollt und aufgezogen werden, bestimmte juristisch bindende Formeln sind zu sprechen, der ganze Vorgang muß bezeugt und besiegelt sein, die Erde, um die es geht, muß berührt worden sein, damit ihre Inbesitznahme auch rechtens und verbrieft ist. Allesamt Rechtshandlungen, die allein von Europäern auszuführen sind. Ruckzuck ist alles fertig.

Dann wird der Vorgang protokolliert und von den Anwesenden als rechtmäßig festgestellt und unterschrieben. Dadurch geht ein Rechtstitel über in den Territorialanspruch des betreffenden Monarchen, hier der Katholischen Könige, deren Königreich diese Länder einverleibt werden. Juristisch ergibt sich daraus, dass es wiederum die Katholischen Könige sind, welche dann die weiteren Rechte ihrerseits an Columbus vergeben.

Was wir hier vor uns haben, ist also die erste Umsetzung der Bestimmungen und Vereinbarungen zwischen den beiden europäischen Vertragspartnern, den Katholischen Königen und Columbus; der zweite Schritt, nämlich die Verleihung der territorialen, administrativen und juristischen Rechte einschließlich des Rechts der Vererbung, erfolgt dann durch die Legitimation von Seiten der Katholischen Könige, ganz im Sinne der *Capitulaciones de Santa Fé*. Dazu muß die Rückkehr des Columbus nach Spanien erfolgen: Erst dann kann er wieder in die Neue Welt absegeln, die nun in gewisser Weise zu seiner eigenen Welt geworden ist.

Für die zufällig anwesenden Bevölkerungsgruppen des zu den *Taínos* gehörenden lucayanischen Volkes muß dieses Schauspiel vielleicht so gewirkt haben wie umgekehrt ein indianischer Ritus eines Schamanen, der etwa auf der Terrasse von Sanssouci vollzogen wird, auf die Europäer von Potsdam wirken würde: recht hübsch und bunt, aber letztlich nicht nachvollziehbar. Wir haben es hier im Sinne von Urs Bitterli[25] mit einer Kulturberührung zu tun: Es ist noch kein Kulturkontakt, der das Fremde direkt aufeinanderprallen lässt, ohne dass es doch zur offenen Konfrontation, zum direkten Konflikt, zum Kampfe käme. Friedlich – und ohne Wissen der Bevölkerung – ist indianisches Land in den Besitz Spaniens übergegangen und wird wiederum von den Herrschern Spaniens zur weiteren Kolonisierung an den Genovesen Columbus übergeben. Dieses Modell sorgt im Grunde für einen geradezu direkten Übergang der *Reconquista* in die *Conquista* wie weiter in die *Colonia*. Spanien befindet sich in einer fast ununterbrochenen Expansionsbewegung, die nun nach Übersee ausgreift.

Wäre die 'Entdeckung' Amerikas nicht unmittelbar nach der Eroberung des letzten Maurenreiches von Granada gekommen, dann wäre die *Reconquista* vermutlich auch so in eine *Conquista* übergegangen, nur dass in diesem Falle sicherlich

---

25 Vgl. Bitterli, Urs: *Die 'Wilden' und die 'Zivilisierten'. Die europäisch-überseeische Begegnung.* München: Deutscher Taschenbuch Verlag 1982.

Nordafrika zur bevorzugten Beute des spanischen beziehungsweise kastilischen Expansionismus geworden wäre. So aber begann der amerikanische Traum, die *ilusión indiana*, konkrete Gestalt anzunehmen und die spanische Soldateska, die nach dem Fall von Granada zu hochgerüstet war, auf den Plan zu rufen. All dies ist ebenfalls in dieser Szene auf den heutigen Bermudas präsent.

Aufschlussreich ist, dass auf den konkreten Akt der Inbesitznahme im Reisebericht des Colón ein geradezu literarisches Versatzstück folgt. Die Beschreibung der nun in Besitz genommenen Insel folgt den Regeln nun nicht mehr des europäischen Rechts, sondern der europäischen Literatur. Denn es folgt sogleich die Beschreibung eines *locus amoenus*, eines Lustortes, wo es weder an grünen Bäumen noch an freundlichen Wiesen noch an Früchten mancherlei Art noch an Flüsschen oder Bächen fehlen darf. All diese Elemente werden im *Diario de a bordo* in der Transkription von Fray Bartolomé de las Casas nach bester abendländischer Tradition nachgeliefert. Der konkrete Ort der Bahamas oder der Antillen hätte im Grunde überall sein können: Er ist bevölkert von europäischen Versatzstücken, wird einbezogen in eine abendländisch-europäische Welt, die ihre Konzepte und Konzeptionen wie die Netze ihrer Kartenwerke sukzessive über die gesamte Erde auszubreiten beginnt.

Danach lässt Las Casas den Protagonisten, die Hauptfigur der ganzen Ereignisse, in seinem Excerpt selbst zu Wort kommen. Wenn man schematisch die Transkription von Las Casas in die drei genannten diskursiven Bestandteile – also die Transkritpion in indirekter Rede, den Kommentar und das direkte, unmittelbare Zitat – unterscheidet, so wird deutlich, dass der Dominikaner an den entscheidenden Stellen Columbus selbst zu Wort kommen lässt. Hier nun kommt es zu einem ersten Austausch nicht zwischen Europäern, sondern zwischen den Europäern und jenen Bewohnern, die bislang allein Gehandelte, Fremdbestimmte waren.

Nun, sie werden es auch bleiben, werden zugleich aber in die Rolle von Tauschenden, also gleichsam einen Vertrag über Tauschhandel oder über den wechselseitigen Austausch von Gütern Abschließenden gedrängt. Die *terms of trade* werden freilich von den Europäern, den Spaniern bestimmt. Denn die Spanier hatten billige Tauschgüter, Glasperlen etwa und kleine Schellen, just für diesen Zweck mit an Bord genommen. All dies steht für den künftigen Admiral der Ozeanischen Meere im Zeichen des Wunderbaren: Er vermeint offensichtlich, zwar nicht den Atem der Geschichte – das konnte er noch nicht, denn die Geschichte als Kollektivsingular war noch nicht erfunden –, wohl aber die Hand Gottes zu spüren, die ihm half.

Der Dominikaner hebt just diesen Aspekt hervor, indem er darauf verweist, wie Columbus nun offensichtlich diese Indianer – wie wir sie nun auch nennen wollen – als künftige Christen sieht, die leicht zum wahren Glauben zu bekehren seien. Hier wiederum macht Christophorus, der Christusträger oder Christusbringer, seinem Vornamen alle Ehre. Er hat diese Menschen noch kaum gesehen, und doch weiß er schon, dass man zu ihrer Bekehrung zum Heiligen Glauben, die selbstverständlich als solche außer Frage steht, keine Gewalt und keinen Zwang werde anwenden müssen. Die Indianer scheinen in ihrer Unschuld wie unmündige Kinder geradezu auf ihren Erlöser, auf Columbus, die Taube, auf den Christum ferens, den Gottes-Träger, gewartet zu haben. Hier tritt ein weiteres und ganz spezifisches Deutungsmuster und Selbstdeutungsmuster des Cristoforo Colombo hervor: Er ist sich seiner Sache sicher, denn er weiß um seinen Namen und weiß um seinen göttlichen Auftrag. Letztlich wird er die drei Bestandteile seines Namens seiner eigenen, aber gleichsam göttlich legitimierten Deutung unterwerfen: Er ist der Gottesbringer, die Friedenstaube und der Kolonisator in einem. Seltsam, wie an diesem Übergang zwischen Mittelalter und Renaissance – und ganz im Sinne Michel Foucaults[26] – die Welt noch einmal geradezu durchsichtig, in ihrem Sinn und in ihren Bedeutungen transparent zu werden scheint.

Jenseits dieses Sendungsbewusstseins findet auf den Inseln mit der lucayanischen Bevölkerung ein simpler *trueque*, also ein Warentausch statt, der ohne Geld als vermittelndem Medium auskommt. Dafür verwendet Columbus völlig korrekt den Fachbegriff des *trocar*: Auch in diesen Dingen war er kaufmännisch erfahren und hatte für diese Situation vorgesorgt.

Allerdings werden noch nicht jene Güter sichtbar, an denen die Europäer zuallererst interessiert sind: Gold und Silber, Gewürze und Spezereien. Glasperlen und billigen Tand hatten die Portugiesen aber bereits erfolgreich in Afrika in ihren Faktoreien und Handelsstützpunkten eingesetzt. Die Billigprodukte aus Europa werden eingetauscht gegen Papageien, gegen Baumwolle, die Columbus ebenfalls bekannt ist, so dass es eigentlich noch nicht zu einem Tausch von Waren, sondern zu einem symbolischen Bündnis mit den *Taínos* kommt. Dass dabei wieder Vögel im Spiel sind, mag vielleicht nur Papageienliebhabern auffallen. Doch in Wirklichkeit haben wir es mit einer ungeheuer spannenden Sache zu tun: dem symbolischen Beginn des Kolonialsystems.

Columbus beruhigt zugleich offenkundig seine Auftraggeber, dass es hierbei nichts zu befürchten gebe, verfügten die Indianer doch nicht über Waffen, welche die Europäer ernsthaft gefährden könnten. Ganz im Gegenteil: Die Indios kennen noch nicht einmal die Waffen der Europäer, schneiden sich ungeschickt an den gehärteten Klingen ihrer Schwerter. Was für ein Machtgefühl muss dies für die Europäer gewesen sein! Doch dieses Machtgefühl kippt sofort in ein Machtkalkül,

---

26 Vgl. Foucault, Michel: *Les mots et les choses*. Paris: Gallimard 1966; dt. *Die Ordnung der Dinge. Eine Archäologie der Humanwissenschaften*. Frankfurt am Main: Suhrkamp 1974.

wird zur kühlen Berechnung dessen, was aus diesen Menschen, aus diesen Kolonien herauszuholen sein wird. Der Nützlichkeitsgedanke, ja mehr noch der Gedanke der Ausbeutung durchdringt das gesamte Denken des Cristóbal Colón.

Deutlich ist auch, dass einige Exemplare dieser Gattung mitgenommen werden sollen, damit sie sprechen lernten. Als ob sie nicht sprächen. Sprechen scheint nur eine Sache der Europäer zu sein, die sich in europäischen Sprachen verständigen. Wir stoßen hier auf den ur-abendländischen Ursprung der griechischen Rede von den 'Barbaren', die nur ein unverständliches 'baba' hervorbrächten und mithin durch ihre Sprache disqualifiziert seien. Den Europäern unverständliche Sprachen werden kurzerhand als Sprachen nicht anerkannt. Das Kriterium der Sprache stellt von Beginn an ein wichtiges Kriterium für Zivilisation dar, von der man die 'Wilden' abgrenzt. Noch wichtiger sollte in der Folge das Kriterium der Schrift – und zwar allein der abendländischen Alphabetschrift – werden, um die 'Wilden' und 'Barbaren' von den 'Zivilisierten' zu unterscheiden.

Von einer schriftlosen Welt grenzt sich die beglaubigte und verschriftlichte Kultur der Rechtsgelehrten und der *Escribanos*, der Schreiber, deutlich ab, wie auch im Akt des *requerimiento* deutlich wurde. Für lange Jahrhunderte sollten in den Amerikas so die indigenen Bevölkerungen und die Bevölkerungen auf dem Land von der *Ciudad letrada*,[27] von der Stadt der Schriftkundigen, unterschieden und abgetrennt werden, wobei in letzterer allein Recht, Macht und Gewalt lag. Selbst die Schriftsysteme der indigenen Hochkulturen in den Amerikas bildeten hier keine Besonderheit, wurden sie doch in einen marginalen gesellschaftlichen Raum abgedrängt und zählten letztlich nicht als Schriftsysteme, die mit den aus Europa importierten hätten mithalten können. Die abendländische Alphabetschrift allein garantierte den Zugang zur Macht. Dies wurde von Beginn an in der allerersten Szene der Inbesitznahme auf Guanahani deutlich. Hier wurde der *Diario de a bordo* gleichsam zum Seismographen dieser Entwicklung und zugleich zu seinem besten Propagandainstrument.

Ein weiteres Zeichen von Zivilisation und Kultur ist für Columbus die Verfügbarkeit von Tieren, also deren Nutzbarmachung als Haustiere auf einer für ihn höheren Zivilisationsstufe. Es geht also um direkte Zeichen von Ackerbau und Viehzucht, also letztlich um die Kategorisierung in einer Kulturstufe, der man die Indianer zuweisen kann: Handelt es sich um Nomaden oder um sesshafte Völker, handelt es sich um Ackerbauern oder um Viehzüchter, gibt es Haustiere, die sie sich gefügig gemacht haben und deren Arbeitskraft sie nutzen? All dies sind wichtige Fragen, die Columbus hier mit einem durchaus scharfen Blick sofort abruft und in seiner eigenen Schrift festhält. Der *Diario de*

---

27 Vgl. Rama, Angel: *La ciudad letrada*. Hanover: Ediciones del Norte 1984.

a bordo, ein eigentliches Schiffstagebuch, wird hier zum ethnographischen Forschungsinstrument, das die Feldforschung des Ethnographen und Völkerkundlers unmittelbar formuliert und festhält.

Christoph Columbus war erfahren in diesen Dingen, hatte in Portugal und auf seinen Fahrten zwischen Island und der afrikanischen Westküste sicherlich viel gelernt. Aber es erstaunt doch, mit welcher Sicherheit und Schnelligkeit er mit einem raschen Blick auf ganze Völkerschaften deren Kulturstufe zu kategorisieren scheint und einordnen zu können glaubt. Eines jedenfalls ist sicher: Die Papageien zählen für ihn nicht, denn es sind keine Haustiere in jenem wirtschaftlich relevanten Sinne, der den Genuesen interessiert. Und es ist ein interessierter Blick, der hier auf die *Taínos* geworfen wird, ein Blick, der nach ihrer Verwendbarkeit als Sklaven fragt und auch nach ihrer Bereitschaft, sich zum Christentum bekehren zu lassen.

So zeigt uns eine aufmerksame Lektüre des Bordbuches des Columbus, dass in eben jenem Augenblick der ersten Landung und sofortigen Inbesitznahme im Grunde eine lange Geschichte der europäischen Kolonisierung aufscheint, fragten sich doch noch im 19. Jahrhundert etwa die deutschen Reisenden Spix und Martius in Brasilien nach den jeweiligen Kulturstufen der Amazonasindianer, bezweifelten im Grunde ihre Zurechnung zur Menschheit und diskutierten ihre Verwertbarkeit innerhalb eines von ihnen offen unterstützten Systems der Sklaverei und Plantagenwirtschaft. Sicherlich schrieb sich der Diskurs des Columbus ein in die Diskurse seiner Zeit: Er hatte zweifellos dies alles nicht erfunden. Und doch verblüfft, wie dicht seine Lektüre an diesen Stellen ist, an dem ihm Las Casas das direkte Wort lässt, und wie sehr es vorwegnimmt, was jahrhundertelang gängige europäische Praxis war.

Nun kann man zweifellos behaupten, dass die Lektüre des Bordbuches von Columbus eine Sache vor 1982 war und eine andere nach jener so wichtigen kritischen Lektüre durch den bulgarischen Strukturalisten Tzvetan Todorov, der zu jenem Zeitpunkt bereits einer der großen Vertreter französischen Denkens in der Welt geworden war. Tzvetan Todorov, keineswegs ein Lateinamerika-Spezialist (was man ab und an bemerkt), interessierte sich für die Geschichte der Eroberung als Geschichte der Auseinandersetzung mit kultureller Alterität. Und er hat sich gerade die Vorstellungen und die Texte des Columbus vorgenommen, um daraus allgemeinere Einsichten ableiten zu können über den Umgang der Europäer mit den Nicht-Europäern und über die dominanten Diskursstrategien, die dabei wirksam wurden (und werden).

Ich möchte Ihnen an dieser Stelle gerne einen Auszug aus seinem Buch *Die Eroberung Amerikas* vorstellen, der für unsere Vorlesung insgesamt von Interesse und Bedeutung ist. Es geht um Columbus und dessen Verhältnis zu den Indianern:

Abb. 41: Tzvetan Todorov (Sofia, 1939 – Paris, 2017).

Entweder sieht er die Indianer (ohne sich jedoch dieser Begriffe zu bedienen) als vollwertige Menschen, die dieselben Rechte besitzen wie er, betrachtet sie dann jedoch nicht nur als gleich, sondern auch als identisch, nimmt also eine Haltung ein, die zum Assimilationismus, zur Projektion eigener Werte auf die anderen führt. Oder aber er geht vom Unterschied aus, setzt diesen jedoch sofort in die Begriffe der Superiorität und der Inferiorität um (in seinem Fall sind natürlich die Indianer die Unterlegenen): Man leugnet die Existenz einer wirklich anderen menschlichen Substanz, die eben nicht lediglich ein unvollkommenes Stadium der eigenen wäre. Diese elementaren Ausdrucksformen der Erfahrung mit dem Anderssein beruhen beide auf dem Egozentrismus, auf der Gleichsetzung der eigenen Werte mit den Werten allgemein, des eigenen *Ichs* mit dem Universum; auf der Überzeugung, daß die Welt eins sei. [...] Dieser Wunsch, die Indianer zur Übernahme der spanischen Sitten zu bringen, wird nie gerechtfertigt; er versteht sich von selbst.[28]

Was Todorov hier entwickelt, sind Grundformen einer Kippfigur, die in der tat die Beziehungen der Alterität oftmals – Todorov meint im Grunde immer – kennzeichnen. Entweder wir akzeptieren den anderen als gleichwertig, setzen ihn aber dann als mit uns identisch, löschen also seine Andersheit aus, indem wir ihn als Unseren betrachten. Oder aber wir verstehen ihn als anders, setzen ihn aber dann nicht auf dieselbe Ebene mit uns, und dies bedeutet in aller Regel, dass wir uns ihm überlegen fühlen. Im Zentrum dieser Auseinandersetzung steht also die Problematik des Anderen, der Alterität, des Umgangs der Europäer mit dem Fremden, dem Anderen, das ihm gegenübertritt. Die bange Frage, die dahinter steht: Haben wir wirklich etwas aus der Geschichte gelernt? Oder verfallen wir noch immer in dieselben Muster, wenn uns der Fremde, der Andere entgegentritt?

Selbstverständlich ist *la question de l'autre* eine Fragestellung, die nicht nur für die Begegnung der Europäer mit nicht-europäischen Menschen gilt, sondern auch auf andere Formen von Selbst- und Fremderfahrung übertragen oder doch zumindest kritisch angepasst werden kann. Sie gilt gerade auch in Bezug auf die Geschlechterbeziehungen, also mit Blick auf die Frage, wie sich

---

28 Todorov, Tzvetan: *Die Eroberung Amerikas. Das Problem des Anderen*. Aus dem Französischen von Wilfried Böhringer. Frankfurt a.M.: Suhrkamp 1985, S. 56 f.

die Geschlechter wechselseitig wahrnehmen und inwieweit sich die Anerkennung von Alterität entwickeln kann, ohne doch – und ich meine: auf beiden Seiten – in ein Gefühl von wie auch immer gearteter, aber zumeist als moralisch artikulierter – Überlegenheit umzuschlagen. Sie merken: Hier geht es nicht mehr nur um Beziehungen im ausgehenden 15. Jahrhundert.

Alle diese Fragen haben also miteinander und vor allem auch mit uns zu tun. Der Romanist Karl Hölz hat einmal versucht, die geschlechterspezifische Dimension – im Übrigen keineswegs als erster – auf die Frage der Kolonialisierung anzuwenden und fruchtbar zu machen.[29] Im Fortgang derartiger Forschungen halte ich es für ungemein spannend, diesen Gedanken einmal weiterzuspinnen, ebenso in Bezug auf den menschlichen Körper und die Unterwerfung menschlicher Körper in der Kolonialgeschichte insgesamt wie auch hinsichtlich der Problematik eines männlichen Blickes auf das von ihm unterworfene Weibliche, wie es sich in vielen Texten der Eroberer und Chronisten der Eroberung Amerikas darstellt und auch schon von Karl Hölz nachgewiesen wurde. Ich werde auf diese Fragestellung in diesem letzten Teil unserer Vorlesung noch mehrfach zurückkommen.

All dies sind sehr ernste Fragen, die zum Nachdenken anregen. Lassen Sie mich Ihnen aber an dieser Stelle ein eher lustiges Beispiel vorführen. Es ist das Beispiel einer interkulturellen Kulturbegegnung, die eigentlich keine war. Oder mehr noch: Sie beinhaltete eine Wahrnehmung von Alterität, von Fremdheit oder Andersartigkeit, die in einem völligen Mißverständnis endet. Denn auf seiner dritten Reise kam Christoph Columbus zur Küste der von ihm so benannten Insel Trinidad, und er wurde dort einiger Bewohner derselben gewahr und widmete ihnen seine Aufmerksamkeit. Einmal mehr stellte sich das Problem der Sprache, und Columbus glaubte in diesem Falle, einen Ausweg aus der Sackgasse gefunden zu haben: Er griff auf die internationale Sprache der Musik zurück. Aber hören wir hier diese Darstellung von der wohlgemerkt dritten, zwischen 1498 und 1500 stattgefundenen Reise des Admirals des Ozeanischen Meeres in seinen eigenen Worten:

> El día siguiente vino de hazia Oriente una grande canoa con veinte y cuatro hombres, todos mançebos y muy ataviados de armas, arcos y flechas y tablachinas, y ellos, como dixe, todos mançebos de buena disposición y no negros, salvo más blancos que otros [...]. Cuando llegó esta canoa habló de muy lexos, y yo ni otro ninguno no los entendíamos, salvo que yo les mandava hazer señas que se allegasen; y en esto se passó más de dos oras, y si se llegavan un poco, luego se desviavan; yo les hazía mostrar bacines y otras cosas que luzían, por enamorarlos porque viniesen, y a cabo de buen rato se allegaron más que hasta entonçes no avían; y yo deseava mucho aver lengua, y no tenía

29 Vgl. Hölz, Karl: *Das Fremde, das Eigene, das Andere. Die Inszenierung kultureller und geschlechtlicher Identität in Lateinamerika.* Berlin: Erich Schmidt Verlag 1998.

ya cosa que me pareciese que era de mostrarles para que viniesen, salvo que hize sobir un tamborín en el castillo de popa, que tañesen e unos mançebos que dançasen, creyendo que se allegarían a ver la fiesta. Y luego que vieron tañer y dançar, todos dexaron los remos y echaron mano a los arcos y los encordaron, y embraçó cada uno su tabla-china y començaron a tirarnos flechas. Cessó luego el tañer y dançar, y mandé luego sacar unas ballestas; y ellos dexáronme y fueron a más andar a otra caravela, y de golpe se fueron debaxo la popa d'ella [...]; e nunca más los vide, ni a otros d'esta isla.[30]

Cristóbal Colón schildert hier ein interkulturelles Mißverständnis aus einer sehr präzise erfassten eigenkulturellen Position. In dieser Passage lässt sich daher eine ganze Reihe überaus interessanter Details finden, die uns viel über den Dialog zwischen Europäern und Nicht-Europäern aussagen.

Da ist zum einen die hier noch gekürzte sehr positive Beschreibung der Körper dieser jungen Indianer aus Trinidad, die selbst noch nicht wissen konnten, dass sie ganz einfach Indianer (sic) aus Trinidad (sic) waren. Ihre körperliche Erscheinung wird ebenso aus Gründen der späteren Nutzbarkeit als auch aus ästhetisch-rassistischen Gründen (sie haben geradezu weiße Körper, sind vor allem aber nicht schwarz) sehr positiv bewertet. Der Reisebericht beginnt also mit einer insgesamt positiven Annäherung an die Fremden, an die Anderen, die deutlich auch als solche gekennzeichnet werden.

Bemerkenswert ist auch die Beschreibung der stundenlangen vorsichtigen Annäherung beider Seiten, die geradezu als ein wechselseitiges Sich-Abtasten und Sich-Belauern verstanden werden kann. Dabei sind zunächst die Europäer in der aktiven Rolle, wollen sie doch die Indianer zu sich heranlocken und bieten dazu allerlei glänzenden Tand auf. Doch diese erste Kommunikationsphase scheitert: Man versteht sich rein sprachlich nicht. Dolmetscher, die zwischen beiden Gruppen vermitteln könnten, gibt es nicht: Die Spanier hatten zu diesem Zeitpunkt noch keine *lenguas* zur Verfügung. Daher beschließt Columbus, seine Suche nach nonverbalen Zeichensystemen jenseits konkreter Gegenstände fortzusetzen, und er kommt auf die schöne Idee, dass ja Musik gleichsam eine internationale Sprache ist.

So haben wir also die Musik als erste Form der Kommunikation zwischen Europäern und Eingeborenen auf der Insel Trinidad, eine Tatsache, die ein Musikologe von Trinidad in einem spannenden Vortrag sehr bewusst und zugleich ironisch herausstrich. In der Tat sollten auch künftig musikalische Verbindungen eine wichtige Rolle in Bezug auf Trinidad im Besonderen und die Karibik im Allgemeinen spielen – und dies ist gleichsam der Beginn dieser interkulturellen Relationen. Cristóbal Colón läßt also Tamburin schlagen und dazu einige

---

30 Colón, Cristóbal (1986): *Los cuatro viajes. Testamento*. Ed. de Consuelo Varela. Madrid: Alianza, S. 231 f.

Matrosen tanzen. Das muß hübsch artig ausgesehen haben, wie da auf diesem großen Holzschiff plötzlich vielleicht nicht allzu gelenkige Seeleute einen Tanz zu rhythmischen Schlägen aufführten. Die Reaktion der Insulaner ließ nicht lange auf sich warten.

Wir werden nie genau erfahren, was die Eingeborenen davon hielten, sehen aber ihre unmittelbare Reaktion: Sie gfreifen sofort zu Pfeil und Bogen und setzen auf diese weise die Kommunikation zwischen beiden Seiten fort. Erneut greift Columbus zu einem nicht weniger nonverbalen Kommunikationsmedium, nämlich dem Zeigen überlegener Waffentechnik, eine Demonstration eigener Stärke mit Hilfe der Armbrust.

Es ist klar, dass nach dieser Begegnung musikalisch-militärischer Art ebenso der Zeichenvorrat als auch das Kommunikationsbedürfnis im Wesentlichen erschöpft sind. An dieser Stelle zeigt sich sehr deutlich die Hilflosigkeit beim Ausfall einer sprachlichen Kommunikation und zugleich die Fähigkeit, aufgrund überlegener Technik – etwa in Bezug auf die Schiffe, auf die Tauschformen, aber insbesondere auch in Bezug auf die ebenfalls überlegene Waffentechnik – stets die Situation im Griff zu haben und zu beherrschen. Das Ergebnis derartiger 'Begegnungen' ist aber, wie wir hier leicht erkennen können, die konfrontative Auseinandersetzung, der kriegerische Konflikt, der dann zumeist zuungunsten der Eingeborenen ausgeht.

Hatten die jungen und wehrhaften Indianer Musik und Tanz als Bedrohung interpretiert, vielleicht gar als einen Kriegstanz verstanden? Wir werden es nicht erfahren. Doch Columbus wurde in dieser Situation sicherlich klar, dass auch die Verwendung von Musik und der Rekurs auf dieses künstlerische Medium keineswegs eine von spezifischen Konventionen freie Sprache darstellt, ja dass selbst die besten Intentionen gänzlich anders gedeutet werden können. Vieles in der Begegnung der 'Zivilisierten' mit den 'Wilden' weist eine derartige Abfolge von Missverständnissen auf, die in dieser Szene gleichsam zeitlupenartig vorgeführt werden. Der Reisebericht wird hier erneut zu einem Medium ethnographischer und ethnologischer Feldforschung.

Auch sonst war Cristóbal Colón ein ausgezeichneter Beobachter, dem oftmals selbst kleinste Veränderungen etwa in der Natur nicht entgingen. So bewunderte Alexander von Humboldt Jahrhunderte später die äußerste Aufmerksamkeit, mit welcher Columbus von Klimaveränderungen im Bereich der karibischen Inseln berichtete. Der durch den Schiffbau der Spanier dramatisch erhöhte Holzeinschlag habe zu einer massiven Abholzung und Rodung ganzer Wälder geführt, was nicht ohne Rückwirkungen auf den Wasserhaushalt davon betroffener Karibikinseln geblieben sei. Plötzlich standen frisches Quell- und Trinkwasser auf den Inseln nicht mehr im ausreichenden Maße zur Verfügung. Columbus merkte diese Veränderungen an, doch erst viele Jahrhunderte später sollte sich eine

Einsicht in die ökologischen Grundlagen entwickeln, in die der Mensch so brutal und kurzsichtig eingriff und eingreift. An dieser Stelle wird das Bordbuch in seinem Verhältnis von Reisen und Schreiben gleichsam prospektiv: Es wird erst lesbar, wenn viele Jahrhunderte vorüber gegangen sind und die Menschen aufmerksam wurden auf Phänomene, die in der damaligen Zeit nicht relevant erschienen.

Wenden wir uns an dieser Stelle kurz einem weiteren Italiener zu, nämlich Pietro Martire d'Anghiera, der nicht zuletzt auch unter seinem spanischen Namen Pedro Mártir de Anglería Berühmtheit erlangte und als ein Schriftsteller bekannt geworden ist, der im Grunde als erster die neuen Berichte – durch seine persönliche Vertrautheit mit nahezu allen wichtigen Protagonisten wie auch mit dem Königshof – in einen größeren Zusammenhang einzuordnen verstand. Ich möchte Ihnen im Folgenden einen Auszug aus einem in lateinischer Sprache verfassten Brief wiedergeben, den ich Humboldts *Kritischen Untersuchungen*[31] entnehme und der wohl vom Dezember 1493 stammt, also nur wenige Monate nach der Rückkehr des Columbus nach Spanien.

Zu diesem Zeitpunkt befand sich der Genuese freilich schon wieder auf hoher See, diesmal ausgestattet von den Katholischen Königen mit der größten ihm jemals anvertrauten Flotte an Schiffen und Menschen, unterwegs in die amerikanische Inselwelt der Antillen und im Vollbesitz seiner neuen Machtfülle als Admiral. In einer nur kurzen Einblendung folgt nun der Brief, der zugleich auch auf die ungeheure Freude verweist, welche die 'Entdeckungen' des Columbus in Spanien und Europa bei allen, die davon recht bald erfuhren, auslösten. Achten wir hierbei vor allem auf das Gefühl einer raschen Beschleunigung der Zeit, insofern fast jeden Tag neue Wunder geschehen würden, sowie auf eine Vergleichbarkeit der eigenen Zeitepoche wie der eigenen Erfahrungen mit der griechisch-römischen Antike:

> Jeder Tag bringt uns neue Wunder aus jener Neuen Welt, von jenen Antipoden des Westens, die ein gewisser Genuese (Christophorus quidam, vir Ligur) aufgefunden hat. Unser Freund Pomponius Laetus (derselbe, welcher in Rom seiner religiösen Ansichten halber verfolgt wurde: bekannt als einer der ausgezeichnetsten Beförderer der klassischen römischen Literatur) hat sich kaum der Freudentränen enthalten können, als ich ihm die erste Nachricht von diesem unverhofften Ereignisse erteilte. [...] Wer von uns mag nun noch heutzutage über die Entdeckungen staunen, welche man dem Saturn, dem Triptolemus und der Ceres zugeschrieben hat?[32]

---

31 Vgl. Humboldt, Alexander von: *Kritische Untersuchungen*, Bd. 1, S. 29.

32 Bei Humboldt mit folgendem Zusatz in der Fußnote: Martire d'Anghiera, Pietro: *Opus Epistolarum*, Kap CLII, Amstelodami 1670, S. 84: „Prae laetitia prosiluisse te vixque a lacrymis prae gaudio temperasse, quando litteras adspexisti meas, quibus de antipodum orbe

Wir haben uns nun ausführlich mit Christoph Columbus und weit darüber hinaus mit den Bedingungen und den historischen Kontexten seiner Zeit beschäftigt. Ich hielt dies für notwendig, weil wir in dieser Zeit eine Vielzahl von Grundlagen erkennen dürfen, die weit bis in unsere Zeit reichen und auch noch immer das Verhalten – vielleicht nicht mehr aller Staaten des sogenannten Westens, wohl aber ihrer großen multinationalen Firmen und Konsortien – prägen. Denn wir beuten die Welt noch immer aus.

In Columbus und seinem Reisebericht können wir die Grundlagen jener entscheidenden Asymmetrie zwischen Alter Welt und Neuer Welt, die in unserer Phase der Globalisierung umkodiert wurden in Asymmetrien zwischen Erster und Dritter sowie Vierter Welt, erkennen und zugleich verstehen, auf welche Weise und wie jeweils vermittelt die Erfahrungen und der Umgang mit der Alterität sich auch in unsere Epoche noch immer durchgepaust hat. Der Europäer Cristoforo Colombo ist – um es etwas überspitzt auszudrücken – noch nicht von seiner Bühne, ja von der Weltbühne abgetreten. Und wir wollen ihn damit keineswegs verantwortlich machen für all das, was an Kolonialismus, an Imperialismus, an Neokolonialismus nach ihm gekommen ist und sich noch immer perpetuiert. Er steht stellvertretend für vieles, was Europa in seinem Kern ausmacht. Nein, es ging mir hier keinesfalls um die Schaffung einer Negativfigur, die verantwortlich wäre für alles, was geschah. Ich habe vielmehr versucht, ihn in seiner Zeit durchaus positiv zu zeichnen und Ihnen ein verstehendes Bild des Genuesen zu liefern.

Aber der fortgesetzte koloniale Blick auf die unterschiedlichsten Gegenstände, Schätze und Vorkommen, die bisweilen auch mit den besten Absichten zu findende Meinung, man verstünde es besser als die Bewohner vor Ort und würde in ihrem Namen sprechen können, ja selbst die Frage der Restitution von Kulturgütern, die wir uns auf dubiose Weise angeeignet haben, zeigen die Latenz einer historischen Epoche, in der – Alexander von Humboldt paraphrasierend – binnen weniger Jahre die Verteilung der Gewalt und Macht über die Erdoberfläche entschieden wurde. Genau dies ist die große Zeit des Columbus.

Ich möchte Ihnen nun gegen Ende unserer Beschäftigung mit dem sogenannten 'Entdecker' der Neuen Welt, zu dessen Figur und Aktion wir freilich im

---

latenti hactenus te certiorem feci, mi suavissime Pomponi, insinuasti. Ex tuis ipsis litteris colligo, quid senseris. Sensisti autem, tantique rem fecisti, quanti virum summa doctrina insignitum decuit. Quis namque cibus sublimibus praestari potest ingeniis, isto suavior? quod condimentum gratius? ex me facio conjecturam. Beari sentio spiritus meus, quando accitos alloquor prudentes aliquos ex his qui ab ea redeunt provincia (Hispaniolae insula). Implicent animos pecuniarum cumulis augendis misere avari: nostras nos mentes, postquam Dei aliquando fuerimus, contemplando, huiuscemodi rerum notitia demulceamus."

Verlauf der Vorlesung immer wieder zurückkehren werden, einen Brief vorstellen, der uns über den Verlauf der dramatischen vierten Reise des Columbus informiert. Es war bekanntlich die Reise, die Columbus mit besonders großen Erwartungen angegangen war, eine Reise, bei der aber zugleich offen zutage trat, daß der umstrittene Admiral der Katholischen Könige nach allen rechtlichen Auseinandersetzungen und Kämpfen nicht mehr die Kraft besaß, um sich wirklich noch mit seinen Zielen und Visionen durchzusetzen.

Doch seine Visionen waren stärker als jemals zuvor. Sie beherrschten ihn. In einer wirklich verzweifelten Situation, festgehalten auf Jamaica, wo er nun nicht mehr über Schiffe verfügte, sondern darauf hoffen musste, dass zwei seiner Männer sich mit einem Kanu nach Santo Domingo, nach der Insel Hispaniola durchschlagen könnten, um Hilfe und Verstärkung zu holen, schrieb er am 7. Juli 1503 einen Brief, der wegen seiner Seltenheit auch als *Lettera Rarissima* bezeichnet worden ist. Doch das Schreiben verdient seine Bezeichnung auch in der anderen, seltsamen Bedeutungsnuance des Raren. Der Brief ist folglich in vielerlei Hinsicht äußerst selten und seltsam, gewährt er uns doch Einblick in den Menschen Cristóbal Colón, der uns hier mit seiner ganzen visionären Kraft und seiner fundamentalen Abgründigkeit entgegentritt. Ich möchte Ihnen gerne mehrere kurze Passagen aus dem Schlussteil dieses Briefes präsentieren:

> Cuando yo descubrí las Indias, dixe que eran el mayor señorío rico que ay en el mundo. Yo dixe del oro, perlas, piedras preciosas, espeçerías, con los tratos y ferias, y porque no pareçió todo tan presto fui escandaliçado. Este castigo me hace agora que no diga salvo lo que yo oigo de los naturales de la tierra. De una oso dezir, porque ay tantos testigos, y es que yo vide en esta tierra de Beragna mayor señal de oro en dos días primeros, que en la Española en cuatro años, y que las tierras de la comarca no pueden ser más fermosas ni más labradas ni la gente más cobarde, y buen puerto y fermoso río defensible al mundo. [...] Genoveses, venecianos y toda la gente que tenga perlas, piedras preçiosas y otras cosas de valor, todos las llevan hasta el cabo del mundo para las trocar, convertir en oro. El oro es excelentíssimo; del oro se hace tesoro, y con él, quien lo tiene, haçe cuanto quiere en el mundo, y llega a que echa las ánimas al Paraíso. [...] David en su testamento dexó tres mil quintales de oro de las Indias a Salomón para ayuda de edificar el Templo, y según Josepho era él d'estas mismas tierras. Hierusalem y el monte Sion ha de ser reedificado por mano de cristiano; Quién a de ser, Dios por boca del Propheta en el déçimo cuarto Psalmo dice. [...] ¿Quién será que se ofrezca a esto? Si Nuestro Señor me lleva a España, yo me obligo de llevar con el nombre de dios en salvo esta gente que vino conmigo; an pasado increíbles peligros y trabaxos. [...] aislado en esta pena, enfermo, aguardando cada día por la muerte y cercado de un cuento de salvajes y llenos de crueldad y enemigos nuestros, y tan apartado de los Sanctos Sacramentos de la Sancta Iglesia, que se olvidará d'esta ánima si se aparta acá del cuerpo. Llore por mí quien tiene caridad, verdad y justiçia. Yo no vine a este viaje a navegar por ganar honra ni hazienda [...].[33]

---

[33] Colón, Cristóbal: *Los cuatro viajes*, S. 292ff.

Hier tritt uns ein Columbus mit all seinen Widersprüchen, mit all seinen Gegensätzen entgegen, die durch keine wie auch immer geartete harmonisierende Sichtweise zu glätten oder gar auszuräumen wären. Ganz am Ende taucht jener Columbus auf, der noch im Kern des Menschen der Renaissance sich befindet, ein Mensch, der versucht, sich auf dem Stand des Wissens und der Wissenschaft seiner Zeit zu halten, stets bereit, die erzielten Kenntnisse noch weiter zu treiben, sich und seine Männer immer weiter voranzutreiben um jener Kenntnisse willen, welche die geistige, räumliche und materielle Expansion Europas begründeten. Eine Expansion, die im Sinne dessen, was wir heute den Westen nennen, noch immer anhält.

Zugleich haben wir es hier mit einem Columbus zu tun, der das Hohelied des symbolisch so stark aufgeladenen Goldes singt, weil er letztlich hierin die einzige Möglichkeit erblickt, Jerusalem aus der Fremdherrschaft zu befreien, den Tempel wiedererrichten zu lassen und Gott in der Höhe zu lobpreisen. Doch stoßen wir hier nicht auf den Menschen des Mittelalters, auf jenen gläubigen und fanatischen Christen, der alles in der Welt symbolhaft deutet und alles tun will, was die Ehre seines Gottes vergrößert? Die Fahrt gen Westen, diente sie also letztlich doch, wie vermutet worden ist, der Reise nach Jerusalem, mithin der Fortführung eines Kreuzzuges nun mit anderen, neuen Mitteln? Mit Mitteln, die auf einer Finanzierung mit dem Gold der Amerikas beruhten, die es also ermöglichen würden, die Wucht der Eroberungen im Westen wieder nach Osten, in den Mittelmeerraum umzukanalisieren, um hier die Heilige Stadt und das Reich Gottes neu zu begründen?

Christoph Columbus sah sich auch in dieser Frage einmal mehr als Vollstrecker des göttlichen Willens – und befand sich zugleich doch in einer ausweglosen Lage, aus der ihn nur noch der Wille eben dieses Gottes befreien könnte. Die durchgängige Obsession des Goldes wird vom Genuesen gleichsam christlich begründet und sublimiert, eine Verbindung, die sich durchaus nicht nur bei Columbus findet. Denn wir stoßen an dieser Stelle auf das maßlose Sendungsbewustsein eines Menschen, dem sehr wohl bewusst war, wie weitreichend seine eigene Tat war, die Tat der Begründung neuer Schifffahrtsrouten, neuer Verbindungen, die Öffnung einer ganzen Welt für die Bedürfnisse Europas. Hatte er als Admiral aller Ozeanischen Meere dazu nicht den goldenen Schlüssel in der Hand?

Lesen wir diese Zeilen, so will es scheinen, als ob es ihm in den Konsequenzen seiner Entdeckungen ganz und gar nicht um die Entdeckung einer Neuen Welt ging, sondern um die Entdeckung einer Alten, um die Belebung nicht einer neuen Ordnung, sondern um die Wiederbelebung einer alten, die es nur neu aufzubauen galt.

Just an dieser Stelle glimmt erneut der grundlegende Widerspruch im Leben und Denken des Columbus auf, an dem sich die wissenschaftlichen Kommissionen gerieben hatten, die sein Projekt für abwegig hielten, und der ihn zugleich in die Lage versetzte, gegen die geltenden Vorstellungen und gültigen Normen sowie die damals abschätzbaren Wahrscheinlichkeiten zu verstoßen, um seine auf fehlerhaften Berechnungen beruhende Tat auszuführen. Vor den bitteren Konsequenzen seiner fehlerhaften Berechnung des Erdumfangs rettete ihn allein, dass ihm auf halbem Wege ein neuer Kontinent mit seinen Inseln, Amerika, entgegen kam. Verstanden hat er dies Zeit seines Lebens nicht.

Doch die Fahrt gan Westen erscheint aus der Sicht der *Lettera Rarissima* nun als eine Tat, die von Europa aus für Europa gedacht war, letztlich die Christenheit als eine Einheit verstand, welche zu ihrem Zentrum, zu ihrem Mittelpunkt zurückkehren müsse: ins Heilige Land, nach Jerusalem. Ein wahrhaft seltsamer, nicht nur seltener Brief, den uns Columbus hier von Jamaica aus schreibt, eben jenem Jamaica, von dem aus Simon Bolívar seinen Brief, seine *Carta de Jamaica*, schreiben sollte, der uns noch in dieser Vorlesung beschäftigen wird. Es ist schon erstaunlich, wie immer wieder die Bewegungen Europas aus Europa herausführen und wie in gewisser Weise Europa sogar sein eigentliches Zentrum außerhalb seines eigenen Territoriums sucht. Die Idee von Europa, die räumliche Verortung seines Mythos außerhalb dessen, was wir heute als Europa kennen, der Raub der Europa in Tateinheit mit erzwungener Deportation und Vergewaltigung: All dies deutet an, dass Europa die unstillbare Bewegung ist, die nicht zur Ruhe kommt. Die Sehnsucht Europas nach einem Zentrum erscheint aus dieser Perspektive seltsam dezentriert.

Hans Staden oder das Leben an den Rändern einer sich globalisierenden Welt

Von zahlreichen Mühen und Gefahren, aber auch mehreren Schiffbrüchen konnte auch der zwischen 1525 und 1528 geborene Hans Staden aus Homberg bei Kassel berichten. Seine *Warhaftige Historia und Beschreibung eyner Landtschafft der Wilden, Nacketen, Grimmigen Menschfresser Leuthen* war im Jahre 1557 erschienen, wurde in der Folge in zahlreiche Sprachen übersetzt und gilt bis heute als einer der Grundlagentexte zur Geschichte Brasiliens und des europäisch-überseeischen Kulturkontakts.[1] Wir haben es also nicht mit einem marginalen Text, sondern mit einem tatsächlichen Klassiker des 16. Jahrhunderts zu tun.

Dieser Reisebericht, der eine lange und durchaus spannende Rezeptionsgeschichte aufzuweisen hat, innerhalb derer sich eine prä-anthropologische, eine anthropologische, eine literarische und eine literaturkritische Lesart voneinander unterscheiden lassen,[2] bietet eine manche Elemente des pikaresken Romans, der sich zeitgenössisch auch in Deutschland zu verbreiten begann, aufnehmende, zugleich aber gerade die indigenen Kulturen der Tupi-Indianer beschreibende Struktur an, die ihren großen Erfolg den eher 'abenteuerlich' anmutenden Passagen verdankt. Es gibt keinen Zweifel angesichts des Erfolg dieses Bandes: Das Werk lässt sich als „Bestseller" des 16. Jahrhunderts bezeichnen.[3]

Nach einer ersten, zwischen 1547 und 1549 unter portugiesischer Führung nach Brasilien unternommenen Reise geriet der hessische Armbrustschütze und Kanonier 1554, nach dem Schiffbruch seines spanischen Schiffes und einem waghalsigen Rettungsversuch, bei seinem zweiten Aufenthalt an der heute brasilianischen Küste für etwa neun Monate in die Gefangenschaft der Tupinambás und musste zusehen, wie diese einige seiner Mitgefangenen verspeisten. Hans Staden selbst überlebte – sonst wäre es auch nie zu diesem Buch gekommen. Doch stellen wir die Erklärungen für das Überleben des Homberger Söldners noch ein wenig zurück.

---

1 Vgl. hierzu die faksimilierte Ausgabe von Staden, Hans: *Warhaftige Historia und Beschreibung eyner Landtschafft der Wilden, Nacketen, Grimmigen Menschfresser Leuthen [. . .]*. Marpurg. Faksimile-Ausgabe. Frankfurt am Main 1925; ich benutze im folgenden die leichter zugängliche Edition von Staden, Hans: *Brasilien 1547–1555*. Mit 62 Abbildungen und 1 Karte. Herausgegeben und eingeleitet von Gustav Faber. Aus dem Frühneuhochdeutschen übertragen von Ulrich Schlemmer. Stuttgart: Edition Erdmann im K. Thienemanns Verlag 1982.
2 So Münzel, Mark: Vier Lesarten eines Buches: Zur Rezeption von Hans Stadens 'Warhaftige Historia'. In: *Martius-Staden-Jahrbuch* (Sao Paulo) 53 (2006), pp. 9–22.
3 Ebda., S. 9.

Abb. 42: Hans Staden (Homberg, um 1525 – Wolfhagen?, 1576).

Das Verspeisen des gekochten Fleisches eines zuvor gebratenen Christen brannte sich in Hans Stadens Schilderung des dafür veranstalteten Gelages ebenso stark in das Gedächtnis seiner Erzählerfigur ein wie die ergänzenden Bemerkungen, dass man „das Fleisch des anderen, des Jeronimo", noch in jener Hütte aufbewahrte, „in der auch ich lebte", und „fast drei Wochen lang in einem Korb über dem Feuer"[4] konservierte. Gewiss sind dies Bilder, die keiner so leicht mehr vergisst. Erfahrung und Inszenierung von Alterität gehen in der *Warhaftigen Historia* freilich Hand in Hand.

Der Lebenslauf Hans Stadens, der in seinem bewegten Leben viermal den Atlantik überquerte, ist trotz der Aufsehen erregenden Schilderungen des von ihm Erlebten durchaus charakteristisch für jene zahlreichen Europäer, die – um das Jahr 1600 geht man von ungefähr 200000 Menschen aus Europa aus, die sich innerhalb des iberischen Kolonialreiches weltweit niedergelassen hatten[5] – unterschiedlichste Posten innerhalb der Kolonialverwaltung einnahmen oder sich wie Staden als Söldner anwerben ließen. Hans Staden ist ein typischer Vertreter dieser großen Gruppe und zugleich das lebendige Beispiel dafür, dass in jeglicher Hinsicht die Globalisierung durch die Fahrt des Genuesen Columbus ein die spanische Welt weit übersteigendes Faktum war. Vom Beginn der ersten Phase beschleunigter Globalisierung an ist dieser Beschleunigungspozess ein gesamteuropäischer. Und dies

---

4 Staden, Hans: *Brasilien*, S. 186.
5 Zu diesen Schätzungen von Pierre Chaunu vgl. Gruzinski, Serge: *Les Quatre Parties du monde*, S. 251.

schließt die Anwerbung ausländischer Soldaten, aber auch Arbeitskräfte, Schreiber, Matrosen und auch fremdländischer Marketenderinnen oder Packerinnen mit ein.

Die enorme Zahl an Menschen nicht nur aus Portugal, Spanien oder Italien, sondern aus vielen anderen Ländern Europas, die über transkontinentale Erfahrungen verfügten und – anders als Hans Staden – oftmals nicht mehr in ihre Heimat zurückkehrten, wird auch in der *Warhaftigen Historia* erkennbar, tauchen dort doch nicht nur portugiesische oder spanische *Adelantados*, Kapitäne oder einfache Beamte, sondern auch Landsleute wie Heliodorus Hessus, der es zum Faktor und Aufseher einer Zuckermühle brachte, oder Peter Roesel auf, der die Faktorei des ursprünglich aus Aachen stammenden Amsterdamer Bankiers und Kaufmanns Schetz leitete, der von São Vicente aus eine eigene Schiffsverbindung nach Antwerpen unterhielt.[6] Die transatlantischen Bewegungen brachten eine bunte europäische Bevölkerung zusammen.

Wir dürfen also nicht von einer Globalisierungsphase ausgehen, die sich allein zwischen Spanien und Portugal ganz homogen abgespielt hätte. Beides waren zwar die Führungsmächte dieser Globalisierungsphase, aber deren Ausstrahlung und Auswirkungen reichten weit über die Iberische Halbinsel hinaus. Diese aus vielen Ländern stammenden Europäer bewegen sich bereits um die Mitte des 16. Jahrhunderts – also in einer Phase fortgesetzter, sich konsolidierender Globalisierung – in einem globalisierten Horizont, innerhalb dessen die noch für lange Zeit mit hohen Risiken behafteten Schiffsverbindungen dafür sorgen, dass Schiffbrüche oder die Angriffe von Piraten, Korsaren und Freibeutern im Bewusstsein der Zeitgenossen an der Tagesordnung sind. Diese waren ein geradezu 'natürliches' Phänomen des Mittelmeeres – nicht umsonst haben wir gesehen, dass selbst ein Columbus in seinen jungen Jahren ein recht erfolgreicher Korsar war –, so dass es alles andere als verwundert, wenn wir die Korsaren und Freibeuter nun auch die Weltbühne betreten sehen. Sie sollten sogar ein wahres Reich, einen Herrschaftsraum errichten, der über lange Zeit ein recht stabiles Machtgebilde ausgehend von der Karibik darstellte. In der ersten Phase beschleunigter Globalisierung wurden selbstverständlich auch die Freibeuter globalisiert.

Aber auch die Auseinandersetzungen und Kriege mit den zum damaligen Zeitpunkt zahlenmäßig noch weit überlegenen Tupi-Indianern führten zu Verlusten unter den europäischen Eindringlingen, weist doch auch Hans Stadens Bericht auf mehrfache Begegnungen mit anderen gefangenen 'Christen' – wie Staden sie bevorzugt nennt – sowie mit regelmäßig auftauchenden Franzosen

---

6 Vgl. hierzu Faber, Gustav: Vorwort. In: Staden, Hans: *Brasilien*, S. 43.

hin, die sich mit den Indianern verbündeten, um sich im portugiesischen Kolonialreich festzusetzen. Es gab also durchaus unterschiedliche Kolonialinteressen der Europäer. Dies war von einem Hans Staden aus Homberg freilich nicht zu befürchten.

Rasch wurden von Anfang an auf dem gesamten amerikanischen Kontinent verschiedene indianische Völker und Gemeinschaften in die feindlichen Auseinandersetzungen zwischen miteinander rivalisierenden europäischen Nationen hineingezogen. So ergab sich eine Gemengelage an kriegerischen Aktivitäten, die man aus größerer historischer Distanz leicht einmal übersieht und als Randphänomen abtut. Für Hans Staden aber war dies täglich Brot seiner Aktivitäten.

Hans Staden lebte damit auch jeden Tag mit der Gefahr, vom Erdboden zu verschwinden – sein Beruf als Söldner war zweifellos mit vielerlei Risiken besetzt. Die Frage nach dem eigenen Überleben war daher gerade für zwar gebildete, aber gesellschaftlich nicht privilegierte Leute vom Schlage eines Hans Staden schon lange vor der Gefangennahme durch die Tupinambá allgegenwärtig. Keine Abkunft, keine Herkunft, keine Zukunft schützte ihn.

Doch die Gefangennahme durch die feindlichen Indianer – eine Art Schiffbruch 'zwischen' den wenigen Zentren europäischer Macht an der Ostküste Brasiliens – lässt den Homberger Söldner dann aber zu einem wahren Überlebenskünstler werden, der es wahrlich verstand, sein Überlebenswissen zu kultivieren und für sich selbst einzusetzen. In seinem späteren Bericht wurde der in den Diensten Portugals wie Spaniens arbeitende hessische Söldner nicht müde, gerade klimatische, aber auch viele andere Phänomene als Zeichen Gottes zu deuten und sein eigenes Überleben auf die Hilfe Gottes zurückzuführen. Auch er bevölkert wie Columbus die Welt mit göttlichen Zeichen und Symbolen, die ihn vor einem schnellen Tode retten. Und doch bietet der Text seiner *Historia* zugleich Anhaltspunkte dafür, warum gerade Hans Staden seine gefährliche Gefangenschaft überleben konnte.

Denn zweifellos war Staden auch ein ausgezeichneter Beobachter all jener Zeichen, die ihm vieles über die Lebensgewohnheiten, die Vorstellungen und Denkweisen der Indianer verrieten. Im Grunde war er ein Völkerkundler *avant la lettre*, ein wenig auch hier dem Columbus ähnlich, aber mit einem sichereren Gespür für die Realität. Zog der narrative erste Teil seines Bestsellers auch die meiste Aufmerksamkeit auf sich, so verfügt der zweite, diskursiv angelegte Teil über Qualitäten, die insbesondere im 20. Jahrhundert vorzugsweise ins Zentrum der (disziplinären) Auseinandersetzungen um Hans Staden rückten. Sehen wir uns dies einmal näher an.

Die beinahe wissenschaftlichen Qualitäten der diskursiven Teile dieses so erfolgreichen Reiseberichts sind verblüffend. Dabei scheint mir eine Deutung gerade dieses Teils im Sinne eines prä-anthropologischen Wissenschaftsprogramms[7] ebenso zutreffend zu sein wie die Überzeugung, dass „die detaillierte Beschreibung ethnographischer Einzelheiten so genau mit heutiger wissenschaftlicher Kenntnis der Kultur der damaligen Tupinambá" übereinstimmt, dass man sie getrost einem „Augenzeugen" zuordnen könne.[8] Im Übrigen zeigten auch die Holzschnitte, die selbstverständlich innerhalb des historischen, wissenschaftlichen und künstlerischen Horizonts ihrer Zeit verstanden werden müssten, „künstlerisch unbeholfen, aber mit großer ethnographischer Genauigkeit indianisches Leben, etwa Hütten oder Pflanzbau."[9] Es ist, als hätte Hans Staden seinen erzwungenen Aufenthalt in der ständigen Gefahr, verspeist zu werden, mit geradezu wissenschaftlichen Studien und seiner ethnographischen Neugier verkürzt und eine engagierte Feldforschung betrieben. Um sie dann später in Wort, aber auch Bild festzuhalten. Auch dies sind unzweifelhaft Fähigkeiten des literarischen Reiseberichts, wie wir ihn schon in dieser frühen Phase beschleunigter Globalisierung wahrnehmen können.

Aber wir sehen hier keinen Naturalisten des 18. Jahrhunderts am Werk. Die Darstellung der Fauna und vor allem der Flora an der brasilianischen Ostküste nahm in Stadens Reisebericht eine deutlich untergeordnete Rolle ein. Dafür interessierte er sich weit weniger, konnte dieser Bereich doch insgesamt auch wenig zu seiner eigenen Sicherheit und vor allem seinem Überleben beitragen.

Im Zentrum des zweiten Teiles von Hans Stadens Reisebericht stand ganz unverkennbar das Leben der Indianer, mit denen Staden auf für ihn unabsehbare Zeit zusammenleben musste. Staden erwies sich hier als ein genauer und präziser Beobachter und Beschreiber, dem auch vermeintliche Nebensächlichkeiten nicht entgingen. Mit großem Detailreichtum präsentierte der erfahrene Soldat die Konstruktionsweise der Wohnungen der Tupinambá, ihre Art, Feuer zu machen oder zu schlafen, ihre Geschicklichkeit bei der Jagd, beim Umgang mit ihren Waffen oder beim Anbau von Nutzpflanzen, die für die Gemeinschaft wichtig waren. Doch ging er nicht nur auf Werkzeuge oder Kochgewohnheiten, auf Trinksitten oder Schmuck ein, sondern fragte auch danach, „was bei ihnen Recht und Ordnung heißt",[10] welches ihre Glaubensvorstellungen sind,[11] welchen Ehrbegriff sie pflegen[12] oder wie Männer und Frauen zusammenleben. Er

---

7 Münzel, Mark: *Vier Lesarten eines Buches*, S. 10f.
8 Ebda., S. 19.
9 Ebda.
10 Staden, Hans: *Brasilien*, S. 230.
11 Ebda., S. 242.
12 Ebda., S. 241.

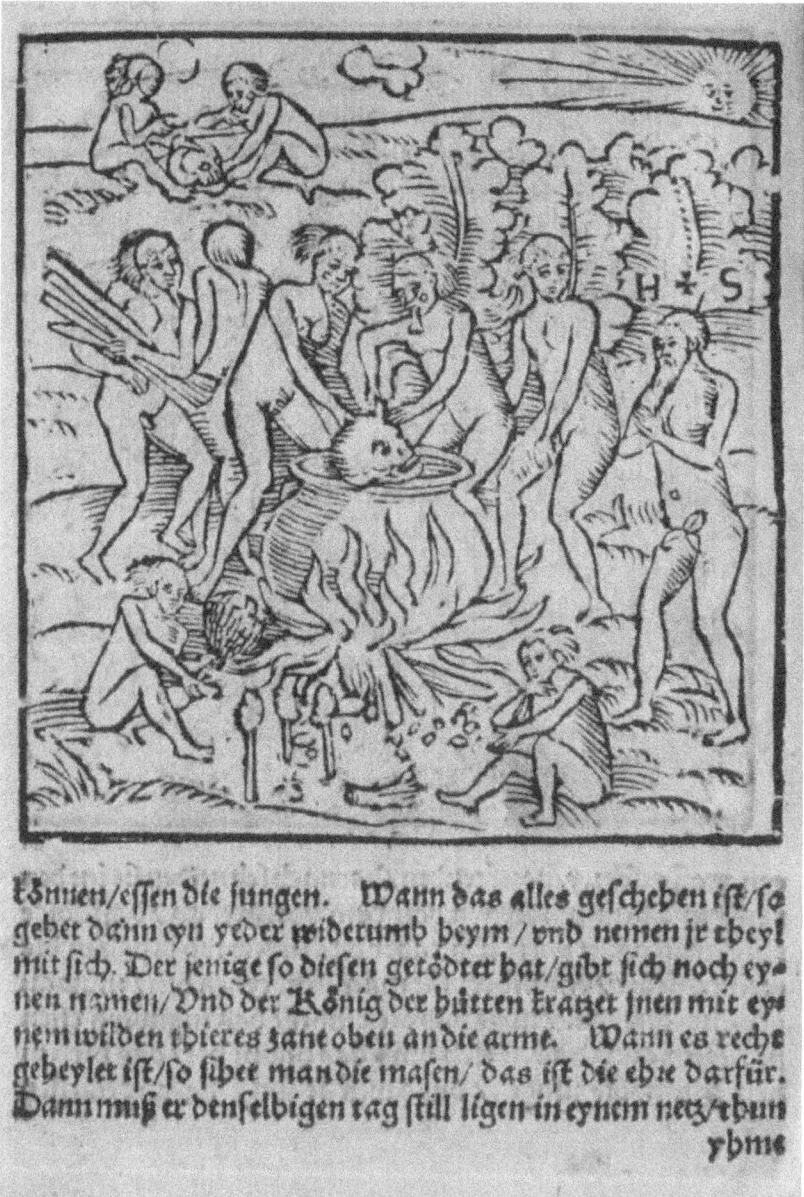

können/essen die jungen. Wann das alles geschehen ist/so
gebet dann eyn yeder widerumb beym / vnd nemen jr theyl
mit sich. Der jenige so diesen getödtet hat/gibt sich noch ey=
nen namen/Vnd der König der hütten kratzet jnen mit ey=
nem wilden thieres zañe oben an die arme. Wann es recht
gebeylet ist/so sihet man die masen/ das ist die ehre darfür.
Dann muß er denselbigen tag still ligen in eynem netz/thun

Abb. 43: Kannibalismus in Brasilien gemäß der Beschreibung des Hans Staden.

untersuchte damit vor allem ihre Gesellschaft als Gemeinschaft, die inneren Regeln ihres Zusammenlebens und die Grenzen einer Konvivenz, von der er selbst auch profitierte. Gerade diesen unterschiedlichen Aspekten gemeinschaftlichen Zusammenlebens schenkte er seine ungeteilte Aufmerksamkeit.

So heißt es etwa unter der Überschrift 'Wieviele Frauen ein Mann hat und wie er sich zu ihnen verhält':

> Der größte Teil der Männer hat nur eine Frau, einige auch mehr. Manche Häuptlinge jedoch haben dreizehn bis vierzehn Frauen. Der Häuptling Abatí-poçanga, dem ich zum Schluß geschenkt wurde und von dem mich die Franzosen freikauften, hatte viele Frauen. Seine erste Frau hatte unter ihnen das höchste Ansehen. Jede hatte ihren eigenen Platz in der Hütte mit ihrem eigenen Feuer und ihren eigenen Maniokpflanzen. Mit welcher er gerade zusammen war, an deren Platz hielt er sich auf, und sie gab ihm zu essen. So ging das reihum. Die Knaben unter ihren Kindern ziehen auf die Jagd. Alles was sie erbeuten, bringen sie ihrer Mutter, die es kocht und mit den anderen Frauen teilt. Die Frauen vertragen sich recht gut untereinander. Es ist auch üblich, daß ein Mann seine Frau, wenn er ihrer überdrüssig ist, einem anderen schenkt. Ebenso schenken sie einander oft ihre Töchter oder Schwestern.[13]

Die vollständige Wiedergabe dieses Kapitels zeigt, wie detailliert die Beziehungen zwischen den Geschlechtern dargestellt und wie aufmerksam dabei die Formen des Zusammenlebens präsentiert werden. Hans Staden erweist sich hier als ein Beobachter, der um ein Höchstmaß an analytischer Objektivität bemüht ist und alles festhält, was von Bedeutung sein könnte. Staden entfaltet dergestalt ein recht komplexes Wissen über das Leben der Indianer, wobei sich seine Beobachtungen insbesondere auf ihre spezifischen Lebensformen und die Spielregeln des Zusammenlebens erstrecken. Aber wozu diente dieses Wissen? Und war es für ihn selbst von irgendeinem Nutzen?

Das von ihm zusammengestellte Lebenswissen war – so darf vermutet werden – für ihn ein *ÜberLebenswissen*,[14] das es ihm ermöglichte, als Gefangener seinen Platz innerhalb der indianischen Gemeinschaft zu verstehen und sich an die nunmehr auch für ihn als Gefangenen geltenden Spielregeln zu halten. Dies bedeutete, dass er seinen Ort innerhalb der indianischen Gemeinschaft besser zu verstehen lernte und begriff, wo für ihn nicht sichtbare Gefahren, aber auch die Chancen seines Zusammenlebens lagen.

Zahlreich sind die Passagen des Reiseberichts, in denen von Interaktionen zwischen der Ich-Figur und den Indianern – seien sie sprachlicher oder nichtsprachlicher Art – die Rede ist. Staden untersuchte genau die Bedingungen und

---

13 Ebda., S. 238.
14 Vgl. hierzu Ette, Ottmar: *ÜberLebenswissen. Die Aufgabe der Philologie.* Berlin: Kulturverlag Kadmos 2004.

Kontexte jeglicher Kommunikation innerhalb der Gemeinschaft. So entsteht ein tiefes Verständnis für die Formen des Zusammenlebens, innerhalb derer auch die Glaubensüberzeugungen der Ich-Figur selbst relevant werden und von den Indianern – etwa zur Beendigung eines ihre Pflanzungen gefährdenden Dauerregens – in ihrem Sinne funktionalisiert werden: Sie fordern Staden auf, seinen Gott um Hilfe anzuflehen. Und diese Aufforderung ist ein Faktum von ungeheurer Tragweite: Hans Staden wird in die Kommunikationsstruktur der indianischen Gemeinschaft miteinbezogen.

Damit kommt es zu einer wichtigen Wandlung. Was für die Ich-Figur ein Zeichen göttlichen Beistands ist, wird – als Bittgebet des Europäers an die Adresse seines Gottes – zu einem Element innerhalb der Ökonomie des Zusammenlebens innerhalb der indigenen Gemeinschaft. Als Antwort auf die oft und bisweilen misstrauisch gestellte Frage, warum unter den zahlreichen Europäern gerade Hans Staden nicht verspeist wurde, böte sich daher an, dieses *ZusammenLebens-Wissen* als ein Lebenswissen zu deuten, das der Ich-Figur – und wohl auch dem Autor selbst – das Überleben innerhalb einer anthropophagen Gemeinschaft ermöglichte, bevor sein Freikauf erneut eine Funktion innerhalb der indigenen Ökonomie der Tupinambá erfüllte. Mit anderen Worten: Hans Staden *verstand* die Bedingungen und Kontexte der Gesellschaft, innerhalb deren Spielregeln er leben musste, und dieses Verstehen, diese Hermeneutik, rettete ihm wohl das Leben.

Dass sich das von Hans Staden in literarischer Form gespeicherte und entfaltete ZusammenLebensWissen vorrangig auf eine individuelle Erfahrung und das Ziel eines Überlebens innerhalb einer zunächst gänzlich fremden und feindlichen Gemeinschaft, nicht aber auf generelle Formen und Möglichkeiten eines friedlichen Zusammenlebens zwischen Europäern und Indianern richtete, wird man dem Verfasser der *Warhaftigen Historia* wohl kaum vorwerfen können. Wie wäre dies auch möglich gewesen innerhalb europäischer Politiken, die wie selbstverständlich auf die eigene Stärke setzten und alles am Zugewinn weiterer Territorien gerade auch auf dem amerikanischen Kontinent ausrichteten. Als angeheuerter Söldner in spanischen oder portugiesischen Diensten war er selbst Teil des Fehlers im System der kolonialen Ausbreitung Europas über die Welt, war selbst also ein Rädchen im kolonialen Expansionswerk Spaniens, Portugals und Europas. Genau in diesem Bereich siedelt sich auch die Signifikanz des von ihm entfalteten Verhältnisses von Reisen und Schreiben an.

So zeigt Hans Stadens Reisebericht auf faszinierende Weise, in welcher Form ein von seiner Zeit und ihren ästhetischen Formen und Normen geformter literarischer Text nicht nur für heutige Anthropologen überzeugende ethnographische Elemente, sondern auch ein Lebenswissen mit unterschiedlichsten Formen des ZusammenLebensWissens speichern kann, die bis heute von großer

Relevanz und Faszinationskraft sind. Denn Hans Stadens Bericht liefert uns entscheidende Einsichten in die Lebensformen und Lebensnormen jener indigenen Gemeinschaften, die schon bald vor den europäischen Kolonisten kapitulieren mussten und weitestgehend verschwanden. Und selbst die aktuelle brasilianische Regierung Bolsonaro entblödet sich nicht, mit dem Ziel kurzfristiger Erzielung finanzieller Zugewinne langfristige Klimaschäden in Kauf zu nehmen und darüber hinaus das Risiko einzugehen, die wenigen verbliebenen indigenen Völker am Amazonas weitestgehend auszulöschen! An den Politiken der Nachfahren europäischer Kolonisten hat sich im Grunde wenig geändert.

In einem seiner berühmtesten *Essais* hat Michel de Montaigne unter dem Titel 'Des cannibales' seine erkenntnistheoretische Skepsis gegenüber einer vermeintlich vorurteilsfreien Wahrnehmung anderer Kulturen auf eine Formel gebracht, die in einem europäischen Text über Kannibalismus für sich selbst spricht: „J'ai peur que nous avons les yeux plus grands que le ventre, et plus de curiosité que nous n'avons de capacité. Nous embrassons tout, mais nous n'étraignons que du vent."[15]

Wenn bei den Europäern aber die *concupiscentia* der Augen weit größer ist als das, was ihr Bauch – auch mit Blick auf die Berichte über Kannibalen – zu verdauen vermag, dann gelte es, mit äußerster Vorsicht zur Kenntnis zu nehmen, was gerade aus gebildeter (und daher stark mit Vorwissen ausgestatteter) europäischer Sicht über die Anthropophagen gesagt werde. Vielmehr hinterfragte der Franzose um 1580 meisterhaft die an Europa und den tradierten abendländischen Überzeugungen ausgerichteten und daher gleichsam 'natürlich' scheinenden Prämissen jeglicher Bewertung von Anthropophagie:

> Or je trouve, pour revenir à mon propos, qu'il n'y a rien de barbare et de sauvage en cette nation, à ce qu'on m'en a rapporté, sinon que chacun appelle barbarie ce qui n'est pas de son usage; comme de vray, il semble que nous n'avons autre mire de la verité et de la raison que l'exemple et idées des opinions et usances du païs où nous sommes. Là est toujours la parfaicte religion, la parfaicte police, perfect et accomply usage de toutes choses. [...] car il me semble que ce que nous voyons par experience en ces nations là, surpasse non seulement toutes les peintures dequoy la poësie a embelly l'age doré et toutes ses inventions à feindre une heureuse condition d'hommes, mais encore la conception et le desir mesme de la philosophie. Ils n'ont peu imaginer une nayfveté si pure et simple, comme nous la voyons par experience; ny n'ont peu croire que nostre societé se peut maintenir avec si peu d'artifice et de soudeure humaine.[16]

---

15 Montaigne: *Essais*. Chronologie et introduction par Alexandre Micha. Bd. I. Paris: Garnier-Flammarion 1969, S. 251.
16 Ebda., Bd. I, S. 254 f.

Abb. 44: Michel de Montaigne (Saint-Michel-de-Montaigne in Périgord, 1533 – ebenda, 1592).

Michel de Montaigne prangert hier offen die beschränkten Wahrnehmungsgewohnheiten der Europäer und ihr rechthaberisches Verhalten an, sich selbst immer im Fluchtpunkt aller menschlichen Perfektion zu wissen, stets über die beste Ordnung, das beste Staatswesen zu verfügen. Und dies gerade auch in der Zeit Montaignes, wo all dies zu kollabieren drohte! Demgegenüber müsse dann weltweit alles hinter der eigenen, europäischen Perfektion zurückstehen und als defizitär gebrandmarkt werden.

Überdies entgeht Montaigne in dieser Passage der Todorov'schen Zwickmühle,[17] entweder das Andere als Anderes anzuerkennen und dann jeweils positiv oder zumeist negativ zu bewerten oder aber eine Gleichheit anzuerkennen, die dann zum Auslöschen der Andersheit, der Alterität führt. Wir hatten die bis heute gültige Wirksamkeit dieser Zwickmühle ja bereits kennengelernt.

Der Autor der *Essais* führt hier vielmehr einen die eigene Kultur und deren Vorstellungen relativierenden, aber keineswegs eskamotierenden und verdrängenden Gedanken ein, der einen wichtigen Schritt zur Überwindung eines völlig selbstverständlich an europäischen Normen und Konventionen hängenden Projektionsapparates darstellt. Denn er wagt in seinem *essai* über

---

17 Vgl. Todorov, Tzvetan: *Die Eroberung Amerikas*, S. 56 f.

die Kannibalen vielmehr den Versuch, auf eine wahrnehmungs- und erkennt-nistheoretisch begründete Weise ein kulturelle Grenzen überschreitendes Wissen vom Leben des Menschen zu formulieren, das in sich die Möglichkeiten eines Zusammenlebens in Differenz birgt.

Allen Europäern aber, die sich weit über der Stufe der Kannibalen glauben, schreibt er mit Blick auf die nicht enden wollenden Kriege und Bürgerkriege europäischer Machart mit deutlichen Worten ins Stammbuch:

> Jugeans bien de leurs fautes, nous soyons si aveuglez aux nostres. Je pense qu'il y a plus de barbarie a manger un homme vivant qu'à le manger mort, à deschirer par tourmens et par geénes un corps encore plein de sentiment, le faire rostir par le menu, le faire mordre et meurtrir aux chiens et aux pourceaux (comme nous l'avons non seulement leu, mais veu de fresche memoire, non entre des ennemis anciens, mais entre des voisins et conci-toyens, et, qui pis est, sous pretexte de pieté et de religion), que de le rostir et manger après qu'il est trespassé. [...] Nous les pouvons donq bien appeller barbares, eu esgard aux regles de la raison, mais non pas eu esgard à nous, qui les surpassons en toute sorte de barbarie.[18]

Montaigne blickt vorurteilslos auf seine eigene Zeit in Europa und führt all die Gräulichkeiten auf, die ihm noch in frischer Erinnerung sind, und fragt darauf, woher wir Europäer denn den Hochmut nähmen, so über die Indianer urteilen zu wollen. Denn würde man die absoluten Normen als Bezugspunkt wählen, so wären die indigenen Gruppen durchaus zu verurteilen, nicht aber dann, wenn wir sie mit dem konkreten Verhalten von Europäern in blutigen Bürgerkriegen, wie Montaigne sie erlebt hatte, in Vergleich setzen würden. Das Nicht-Reisen von Montaigne (der seinerseits sehr wohl Reisen innerhalb Europas unternahm) schließt keineswegs den Spielraum der Bewegung, die sich in seinen Texten zwischen Reisen und Schreiben eröffnet. Seine *Essais* greifen vielmehr auch auf Reiseberichte zurück und knüpfen an diese so lebendig und frei an, als wäre der Franzose auf allen Reisen geistig und intellektuell mit dabei gewesen.

Michel de Montaigne repräsentiert eine Selbstreflexion des europäischen Denkens, die sich immer wieder der eigenen Übergriffe, der eigenen beschränkten Wahrnehmungen und Exklusionen bewusst wird und diese anklagt. Schade nur, dass sich Europa immer nur zeitweise an derartige Traditionen erinnert! Denn wie sollten wir indigene Gruppen verurteilen, wo wir Abermillionen an Toten sinnlos in unseren Weltkriegen produzierten? Und wie könnten wir wohl eine eigene Überlegenheit begründen, wo wir die jahrhundertealten Fehler noch

---

18 Montaigne: *Essais*, Bd. I, S. 258 f.

immer gerne begehen? Dies sind brennende Fragen, welche uns die Geschichte aufgibt. Doch es sind Fragen und Antworten, die wohl immer minoritär zu bleiben drohen, es sei denn, wir suchten gezielt nach jenen verschütteten Traditionen, die es in unserer Geschichte und vor allem in unseren Literaturen sehr wohl zu entdecken gilt. Denn dort findet sich ein Lebenswissen und ein Zusammenlebenswissen, vielleicht sogar ein Weiterlebenswissen gespeichert, die über die Jahrhunderte nichts von ihrer Aktualität für die heutige und künftige Konvivenz verloren haben.

Alvar Núñez Cabeza de Vaca oder der fortgesetzte Schiffbruch

Doch Hans Staden war keineswegs ein Einzelfall, sondern steht mit seiner Person für eine Vielzahl von Europäern, die zwischen Alter und Neuer Welt im 16. Jahrhundert pendelten und letztlich das Kolonialsystem mit seinem kolonialen Räderwerk in Gang hielten. Denn es waren nicht nur die großen Heerführer oder Kapitäne, sondern vor allem die Söldner und Soldaten Spaniens und Europas, die Matrosen und Wachtposten, die Hafen- oder Zollbeamte, die Packer und Entlader diesseits und jenseits des Atlantik, die in ihren jeweiligen Funktionen das gigantische System des transatlantischen Kolonialismus zusammenhielten.

Auf dem weiten Feld der Reiseberichte habe ich mich daher für ein weiteres Beispiel sozusagen aus der zweiten Reihe der einfachen Soldaten entschieden. Und für ein Beispiel, welches erneut die Gefährlichkeit der Aufgaben innerhalb des kolonialen Abenteuers der 'Großen' gerade auch für die kleinen Leute demonstriert. Ein neben Hans Staden weiteres eindrucksvolles Exempel für einen Schiffbruch mit Überlebenden bietet Alvar Núñez Cabeza de Vaca, der an der Expedition des Pánfilo de Narváez teilnahm. Diese Expedition startete im Juni 1527 vom Hafen von Sanlúcar de Barrameda aus – wo sich später auch Staden zu seiner zweiten Reise nach Amerika einschiffen sollte –, um sich (anders als etwa Hernán Cortés, den Pánfilo de Narváez noch an seinem illegalen Vordringen ins Zentrum des Aztekenreiches hatte hindern wollen) mit rechtlicher Billigung des Kaisers Karl V alias Carlos I an die Eroberung des 1512 von Europäern 'entdeckten' Florida zu machen.

Erinnern wir uns bei dieser Gelegenheit daran, dass es sich bei diesen Expeditionen gleichsam um frühkapitalistische Unternehmungen handelte, die mit staatlicher Genehmigung ein Kapital zur Eroberung bestimmter Territorien aufbrachten, die dann nicht zuletzt für den privaten Gewinn der Kapitalgeber ausgebeutet werden konnten. Das war äußerst lukrativ und rentabel, aber durchaus auch riskant. Die gemeinen Soldaten hatten davon aber rein gar nichts, abgesehen von ihrer bezahlten Arbeit, für die sie freilich nur so lange bezahlt wurden, wie der Unternehmer die Möglichkeiten dazu hatte. Es war folglich ein frühkapitalistisches System sozusagen mit *venture capital*: alles andere als risikolos, aber höchst effizient in der Ausplünderung eigentlich fremder Territorien.

Nun, die Expedition des glücklosen Narváez geriet – anders als der Siegeszug des ebenso entschlossenen wie durchtriebenen Hernán Cortés – rasch zur Katastrophe. Bald schon wurde das aus rund sechshundert Mann bestehende

Abb. 45: Alvar Nuñez Cabeza de Vaca (Jerez de la Frontera, um 1490 – Sevilla, 1557).

Heer der Spanier durch Schiffbruch, Krankheiten und die ständigen Angriffe nomadisierender Indianer so stark dezimiert und in alle Winde zerstreut, dass von der ursprünglichen Armada nur noch ganze vier Männer übrig blieben – unter ihnen Alvar Núñez Cabeza de Vaca.[1] Und auch das gehörte zum Risiko des Unternehmers: Von Pánfilo de Narváez hat niemals mehr jemand gehört.

Die Katastrophe dieser Expedition, die für die unabhängigen Semiolen-Indianer von Florida ein Gücksfall war, bestand in der Havarie der Schiffe und im eigentlichen Schifffbruch. Auch Alvar Núñez Cabeza de Vaca überlebte schließlich diesen Schiffbruch – oder eine ganze Abfolge von Schiffbrüchen – der Expedition und stellte dies mit bewegenden Worten dar. Denn es waren Schiffbrüche mit Überlebenden: Nicht alle Schiffe gingen mit Mann und Maus unter. Und wie bei Hans Staden bildete auch bei diesem wackeren Spanier ein Schiffbruch den Ausgangspunkt für das eigentliche 'Abenteuer', von welchem uns sein Reisebericht auf zugegebenermaßen spannende Weise erzählt.

Kein anderer Titel hätte Cabeza de Vacas Bericht nachträglich besser auf den Punkt bringen können als jener der *Naufragios*, der Schiffbrüche, die sich

---

1 Vgl. hierzu sowie zu den reiseliterarischen Bewegungsfiguren seines Berichts ausführlicher Ette, Ottmar: *Literatur in Bewegung. Raum und Dynamik grenzüberschreitenden Schreibens in Europa und Amerika.* Weilerswist: Velbrück Wissenschaft 2001, S. 92–97.

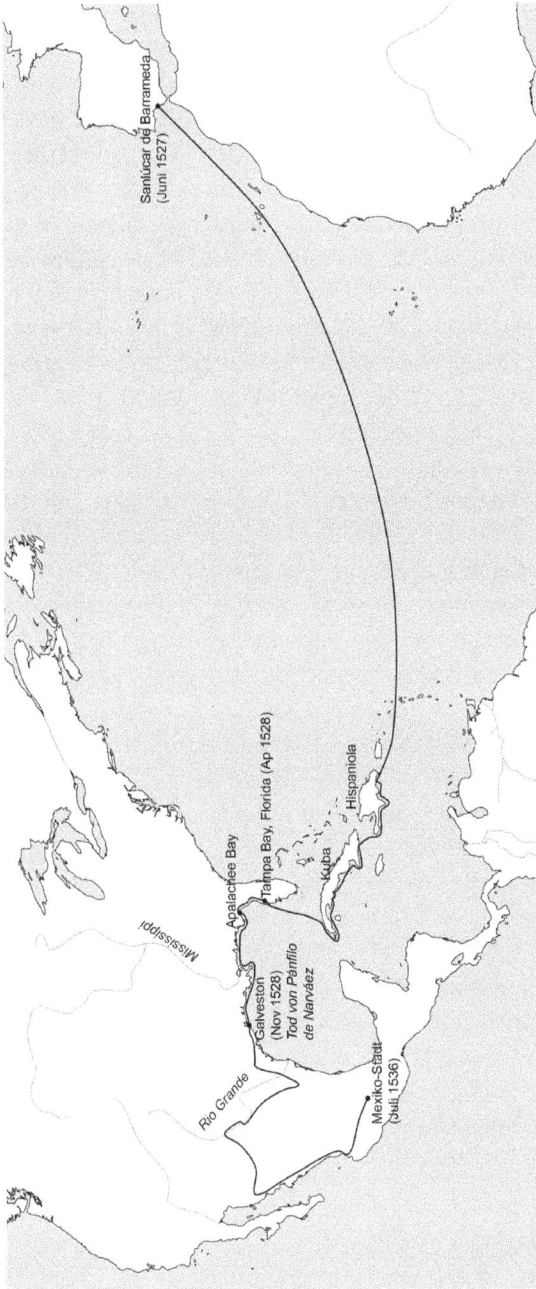

Abb. 46: Reiseroute des Alvar Núñez Cabeza de Vaca und der Expedition des Pánfilo de Narváez (Juni 1527 – Juli 1536).

zwischen 1537 und 1540 ereigneten.[2] Sie lagen erstmals im Jahre 1542 veröffentlicht vor.[3] Bis dahin aber war es für ihren Verfasser buchstäblich ein weiter
Weg gewesen, den wir hier anhand weniger Passagen nachvollziehen wollen.

Denn es handelt sich um den Bericht eines einfachen Soldaten, der in der
ersten Phase beschleunigter Globalisierung plötzlich all seine Sicherheit verliert,
seiner angestammten Rolle als glanzvoller spanischer *Conquistador* verlustig
geht, einer ihm völlig fremden Umgebung schutzlos preisgegeben ist und zu
einem wahren Überlebenskünstler avanciert. Er wird von einer einzigen Idee beseelt sein: Sich nur irgendwie wieder in den Bereich spanischer Herrschaft durchzuschlagen. Irgendwie das ganze Unglück ein für alle Mal hinter sich zu lassen.

Wie der protestantische Deutsche Hans Staden hat der katholische Spanier
Alvar Núñez Cabeza de Vaca sein Gottvertrauen nicht verloren, ist aber (wie der
Verfasser der *Warhaftigen Historia* in Brasilien) vor allem darauf angewiesen,
das Leben der nomadisierenden Indianer im östlichen, mittleren und westlichen Teil der heutigen USA zu begreifen. Wieder also haben wir es hier mit der
simplen Frage zu tun, wieso gerade dieser einfache Soldat überleben konnte.
Nun, die Antwort – aber nicht deren Ausführung – ist relativ einfach: Weil er es
verstand, die indigenen Gesellschaften, mit denen er in Kontakt stand, so *zu
verstehen*, dass er daraus ein für ihn wichtiges Lebenswissen und Überlebenswissen ableiten konnte. Denn nur durch ein solches Verstehen konnte er all
jene interkulturellen Missverständnisse vermeiden, die für ihn zweifellos fatale
Folgen gehabt hätten. Auch Alvar Núñez Cabeza de Vaca wurde damit zu einem –
sagen wir es etwas altmodisch – Völkerkundler *avant la lettre*.

Für diesen Prozess verfügte er über viel Zeit, über sehr viel Zeit sogar. Um
es gleich vorwegzunehmen: In einem unvorstellbar mühevollen und oft mona-
telang unterbrochenen Marsch wird er den gesamten Süden Nordamerikas von
den Küsten Floridas bis zu den Küsten Kaliforniens durchqueren, bevor es ihm
gelingt, sich mit seinen verbliebenen Gefährten in das von Cortés eroberte
Neuspanien und zu dessen Hauptstadt México durchzuschlagen, wo man die
Gruppe 1535 – gleichsam im Zentrum eines gerade erst globalisierten Raumes –
triumphal empfängt. Kein Wunder: Jeder der dort lebenden Europäer konnte sich
leibhaftig vorstellen, was diese Gruppe mitgemacht haben musste und war verblüfft, dass sie alle trotz eines derart langen, jahrelangen Marsches ihr Ziel

---

2 Vgl. hierzu Ferrando, Roberto: Introducción. In: Núñez Cabeza de Vaca, Alvar: *Naufragios y
Comentarios*. Edición de Roberto Ferrando. Madrid: Historia 16 1984, S. 27 f.
3 Der Titel der erstmals im Oktober 1542 veröffentlichten *Naufragios* lautet: *Relación que dió
Alvar Núñez Cabeza de Vaca de lo acaescido en las Indias en la armada donde iva por gover-
nador Pánfilo de Narvaez [...]*.

niemals aus den Augen gelassen hatten. Und dass sie es schließlich geschafft hatten, sich quer durch indianisches Feindesland nach Neuspanien durchzuschlagen.

Wie Hans Stadens Bericht waren auch die *Naufragios* von unschätzbarem ethnographischem Wert, um die Lebensbedingungen der unterschiedlichen und in der Folge ausgelöschten indianischen Völker und Kulturen in dem von Núñez Cabeza de Vaca durchquerten und mit literarischen Mitteln dargestellten Raum rekonstruieren zu können. Wir verfügen letztlich über keine anderen Quellen, die gleichsam 'von innen' die indigenen Gemeinschaften beschreiben und all jenen Artefakten Leben geben, welche heute nur noch als 'tote' Ausgrabungsstätten im Süden der USA vor unseren Augen liegen. Ja, es war ein Bericht, dessen Wahrheitsgehalt wiederholt angezweifelt wurde; aber immer wieder haben Forschungen gezeigt, wie nahe Alvar Núñez Cabeza de Vaca bei der Wahrheit blieb und wie getreu er all das wiedergab, was er gesehen und vor allem intensiv erlebt hatte. Dass er dafür auch nach literarischen Formen und Vorbildern suchte, die seiner Zeit entstammten, ist angesichts des grundlegend *friktionalen* Status jedes Reiseberichts ganz selbstverständlich.

Die eher ethnographisch ausgerichteten Beobachtungen stehen über weite Strecken des Reiseberichts aber immer wieder im Vordergrund der Schilderungen von Alvar Núñez Cabeza de Vaca. Es verwundert daher nicht, dass in die narrativen Grundstrukturen seines Berichts immer wieder längere beschreibende Ausführungen eingelassen sind, in denen die Lebensformen der Indianer und ihr Gemeinschaftsleben dargestellt werden. Dabei betont der Spanier dankbar, dass die Indianer den Überlebenden der Expedition zunächst mit Lebensmitteln – viel Fisch und vor allem „unos raíces que ellos comen, y son como nueces, algunas mayores o menores"[4] – aushalfen. Dies ist ein Verhalten, das wir auch bei anderen Gelegenheiten bei den sehr unterschiedlichen Stämmen in Nordamerika beobachten können und das auch die legendären *Pilgrim Fathers* vor dem Hungertod bewahrte. Es belegt erneut, wie unvoreingenommen die indigenen Gruppen anderskulturellen Fremdlingen begegneten und mit diesen ihre gewiss knappen Lebensmittelvorräte teilten. Alvar Núñez Cabeza de Vaca jedenfalls war gegenüber diesen indigenen Gruppen von größtem Dank erfüllt.

Von Beginn seines Reiseberichtes der *Naufragios* an schilderte der Spanier stets aufmerksam die Interaktionsformen mit den Indianern, die – wie der Ich-Erzähler glaubt – durch ihr Weinen großes Mitleid mit dem Häuflein versprengter Spanier bekundeten. Hier lag freilich durchaus ein interkulturelles Missverständnis zu Grunde, welches jedoch keine fatalen Folgen zeitigte. Denn auf Seiten der Indigenen handelte es sich aller Wahrscheinlichkeit nach um

---

4 Núñez Cabeza de Vaca, Alvar: *Naufragios y Comentarios*, S. 71.

einen Ritus, welcher keineswegs dem individuellen Schicksal der Überlebenden des Schiffbruchs galt.

Auch wenn es sich bei den „indios" aus Sicht des Erzählers um „hombres tan sin razón y tan crudos, a manera de brutos"[5] handelt, werden doch bei aller Distanz die Lebensformen und die Lebensnormen der Indianer so genau beobachtet, dass hieraus ein Überlebenswissen und auch ein ZusammenLebens-Wissen gewonnen werden konnte, das in den *Naufragios* später literarisch festgehalten wurde. Auch in diesem Bericht steht das Zusammenleben der Indianer immer wieder im Vordergrund, wobei nicht nur wie bei Hans Staden ein besonderes Augenmerk den Beziehungen zwischen Männern und Frauen geschenkt wird, sondern gerade auch Konfliktlösungsstrategien bei Auseinandersetzungen von großem Interesse sind:

> [...] y cuando en algunos pueblos riñen y traban cuestiones unos con otros, apuñéanse y apaléanse hasta que están cansados, y entonces se desparten; algunas veces los desparten mujeres, entrando entre ellos, que hombres no entran a despartirlos; y por ninguna pasión que tengan no meten en ella arcos ni flechas; y desque se han apuñeado y pasado su cuestión, toman sus casas y mujeres, y vanse a vivir por los campos y apartados de los otros, hasta que se les pasa el enojo; y cuando ya están desenojados y sin ira, tórnanse a su pueblo, y de ahí adelante son amigos como si ninguna cosa hobiera pasado entre ellos, ni es menester que nadie haga las amistades, porque de esta manera se hacen [...].[6]

Derlei Beobachtungen sind für den einfachen Spanier von größter Wichtigkeit, beginnt er doch zu verstehen, auf welchen Grundlagen sich jene Formen und auch Normen entwickelten, die gerade auch die Hilfe und das zeitweilige Zusammenleben der Indianer mit den Spaniern ermöglichten. Es handelt sich so um letztlich überlebenswichtige Beschreibungen und Erkenntnisse.

Dabei wurden alle Formen des gemeinschaftlichen Zusammenlebens vorsichtig ausgeleuchtet. Auch Grausamkeiten und Morde unter den Indianern wurden während der langen Jahre ständigen Kontakts mit immer wieder wechselnden indianischen Gruppen genau registriert, wobei die *cristianos* – auch hier ist wie bei Staden die Religionszugehörigkeit das entscheidende distinktive Merkmal – selbst auch Funktionen für die indigenen Gemeinschaften übernahmen und etwa mit der Heilung von Kranken beauftragt wurden. So ergibt sich zwischen indigener Gemeinschaft und Spaniern ein symbiotisches Verhältnis oder doch zumindest eines, das man zumindest als arbeitsteilig ansprechen könnte. wie bei Hans Staden ist diese Übertragung von Funktionen auf die Fremden, die 'Zugereisten', von

---

5 Ebda., S. 73.
6 Ebda., S. 104.

einer grundlegenden, vielleicht sogar lebensrettenden Bedeutung. Auch die genderspezifische Dimension spielt hierbei eine wichtige Rolle.

Das Zusammenleben mit wechselnden indigenen Gruppen erstreckt sich auch auf spirituelle und medizinische Bereiche. Nachdem sich einige erkrankte Indianer nach einer eher rituellen Behandlung durch die Christen – „santiguado y encomendado a Dios"[7] – als geheilt empfanden, beginnen auch hier Austauschprozesse zwischen *indios* und *cristianos*, insofern letztere zumindest vorübergehend auch in die (symbolische) Ökonomie indigener Gemeinschaften eingebaut werden. Auch dies ist ohne jeden Zweifel ein für die Spanier lebensrettender Aspekt einer fast schon symbiotisch zu nennenden Konvivenz. Die spanischen Schiffbruchsüberlebenden bieten Dienste an, die ein – wie man im heutigen Bürokratendeutsch sagen würde – Alleinstellungsmerkmal aufweisen und von den Indianern geschätzt werden.

Anders als andere Versprengte oder Schiffbrüchige, die in den indigenen Gruppen blieben und nicht mehr zu den 'Christen' zurückkehrten, gaben weder Hans Staden noch Alvar Núñez Cabeza de Vaca ihre Hoffnung auf, einen Weg zurück zu den Europäern und in ihre Heimat zu finden. Gerade für den Spanier, der freilich keine konkrete Vorstellung von den tatsächlichen Distanzen zwischen dem heutigen Süden der USA und der neuspanischen Hauptstadt hatte, wurde die Rückkehr zu einer fast obsessiven Vorstellung. Und es gelang ihm, diese Vorstellung nach langen, entbehrungsreichen Jahren in die Tat umzusetzen und nicht bei den indigenen Gemeinschaften zu bleiben. Dazu hatte mehrfach die Möglichkeit bestanden; aber dann hätten wir niemals etwas von diesen *Naufragios* gehört und die Mannschaft des Pánfilo Narváez einfach abgeschrieben.

So gibt es viele Parallelen zwischen den Reiseberichten eines Hans Staden und eines Alvar Núñez Cabeza de Vaca. Beider Berichte entwerfen globalisierte Lebensläufe, in denen – zumindest temporär – nicht nur interkulturelle, sondern auch transkulturelle Verhaltensweisen und Prozesse deutlich erkennbar werden. Diese transkulturellen Dimensionen, die Übernahme anderskultureller Praktiken in die eigenen, waren für beide Soldaten zweifellos überlebenswichtig.

Die *Naufragios* des Alvar Núñez Cabeza de Vaca stießen wie die *Historia* des Hans Staden auf ein riesiges Interesse beim zeitgenössischen Lesepublikum ebenso in Spanien wie im deutschsprachigen Raum. Die große Popularität derartiger Berichte von Schiffbrüchen mit Überlebenden verdankt sich – wie mir scheint – nicht nur einem gewissen Sensationsbedürfnis eines oftmals weit gestreuten europäischen Publikums oder der Vertrautheit breiter Leserschichten mit literarischen Formen, die vom mittelalterlichen Ritter- und Abenteuerroman

---

7 Ebda., S. 95.

bis zum frühneuzeitlichen Schelmenroman reichen und das geneigte Lesepublikum auf derartige Berichte entsprechend vorbereiten konnten. Vielmehr entwerfen diese Berichte *friktionale* (also zwischen Diktion und Fiktion[8] oszillierende) Erfahrungsräume, die vor dem globalisierten Horizont des 16. Jahrhunderts den Schiffbruch mit Zuschauer[9] als konkrete Daseinsmetapher von Überlebenden präsentieren, welche sich als aktive Mitglieder einer weltweit expandierenden europäischen Gesellschaft plötzlich unter gänzlich anderen Lebens- und Überlebensbedingungen wiederfinden können. Angesichts der konkreten Zahlen außerhalb Europas lebender Europäer, die innerhalb des globalen kolonialen Räderwerks ihr Auskommen gefunden hatten, ist eine derartige Vertrautheit der Daheimgebliebenen mit 'nahen' Schicksalen von 'Weggegangenen' sehr wohl gegeben.

Wie sehr sich das Lokale und das Globale längst durchdringen konnten, mag das nur auf den ersten Blick überraschende Ende der *Naufragios* belegen, mit dem die vier Überlebenden des Schiffbruchs der Armada von Pánfilo de Narváez dem Lesepublikum vorgestellt werden:

> Y pues he dado relación de los navíos, será bien que diga quién son y de qué lugar de estos reinos, los que nuestro Señor fue servido de escapar de estos trabajos. El primero es Alonso del Castillo Maldonado, natural de Salamanca, hijo del doctor Castillo y de doña Aldonza Maldonado. El segundo es Andrés Dorantes, hijo de Pablo Dorante, natural de Béjar y vecino de Gibraleón. El tercero es Alvar Núñez Cabeza de Vaca, hijo de Francisco de Vera y nieto de Pedro de Vera, el que ganó a Canaria, y su madre se llamaba doña Teresa Cabeza de Vaca, natural de Jerez de la Frontera. El cuarto se llama Estebanico; es negro alárabe, natural de Azamor.[10]

In diesen wenigen Zeilen werden nicht nur vier Schicksale individueller Menschen zusammengefasst, die sich ursprünglich einmal der Gewinn versprechenden Expedition des Pánfilo de Narváez angeschlossen hatten und sich zweifellos vom Geschäft mit den *Indias* große persönliche Vorteile versprachen. Sie alle bestiegen die Schiffe, um in der kolonialen *empresa*, in der kolonialen Unternehmung ihres Anführers, Vorteile für sich herauszuschlagen. Vielmehr wird eine ganze Welt, die Welt der ersten Phase beschleunigter Globalisierung, mit Händen greifbar und an Einzelschicksalen vorgeführt.

---

8 Vgl. zum gattungsspezifischen Hintergrund der *Naufragios* u. a. Maura, Juan Francisco: Introducción. In: Núñez Cabeza de Vaca, Alvar: *Naufragios*. Edición de Juan Francisco Maura. Madrid: Ediciones Cátedra 2000, S. 35–41.

9 Vgl. hierzu Blumenberg, Hans: *Schiffbruch mit Zuschauer. Paradigma einer Daseinsmetapher*. Frankfurt am Main: Suhrkamp 1979.

10 Núñez Cabeza de Vaca, Alvar: *Naufragios y Comentarios*, S. 142 (der Druckfehler „Estabanico" wurde hier getilgt).

Die in dieser Schlußpassage der *Naufragios* aufgerufenen Orte – von der ehemaligen Grenzstadt zum Nasridenreich Jerez bis hin zur erst vor kurzem eroberten Hauptinsel der Kanaren –, nicht zuletzt aber auch der *negro alárabe* machen uns darauf aufmerksam, mit welcher Gewalt und Geschwindigkeit in dieser Phase beschleunigter Globalisierung Europa, Afrika und Amerika, die Welt des Islam, der Guanchen, der amerikanischen Religionen und des Christentums hier aufeinander stoßen. Die Welt ist nur wenige Jahrzehnte nach der sogenannten 'Entdeckung' Amerikas zu einem wahren Wirbel an Bewegungen geworden, der sich noch immer stetig verstärkt. Die für diese Entwicklung geradezu emblematische Erwähnung von Estebanico wirkt ganz am Ende des Berichts wie ein Wasserzeichen der Globalisierung – und ein erstes Indiz für die so lange von der Forschung vernachlässigten arabamerikanischen Beziehungen.[11]

Doch ist auch dies nur ein weiteres Zeichen für eine weltumspannende Mobilität, für eine ungeheure Bewegung, in welcher menschliche Schicksale – angetrieben von immer neuen *empresas* – weltweiten Zuschnitt erfahren. Die von Pietro Martire d'Anghiera zu Beginn dieser Phase konstatierte und in einer vorangegangenen Vorlesung angeführte Bewegung des 'Auftrauchens' immer neuer Inseln am Horizont der europäischen Länder ist binnen weniger Jahrzehnte zu einem weltweiten Wirbel geworden. An den Einzelschicksalen dieser Überlebenden eines Schiffbruchs wird deutlich, was das Leben einer ganzen historischen Epoche ausmacht.

Doch vergessen wir nicht: Alle vier sind nur um Haaresbreite dem Schicksal der anderen sechshundert Männer, die aus Sanlúcar de Barrameda aufbrachen, um ihr Glück in der Neuen Welt zu versuchen, entgangen. Mag sein, dass sich einige dieser sechshundert Individuen in indigene Gemeinschaften retteten und dort bis zu ihrem Lebensende lebten. Die große Mehrzahl jedoch wird bei den Schiffbrüchen wie vor allem den sich anschließenden bewaffneten Konflikten mit der indigenen Bevölkerung zu Tode gekommen sein. Sie waren gleichsam die Betriebskosten der *Empresa de Indias*, die mit der ersten Fahrt des Columbus unwiderruflich begonnen hatte. Reisen und Schreiben stehen im Zeichen der Schiffbrüche in diesem Kontext in einem eigenartigen Verhältnis: in jenem des schieren Überlebens oder Überlebthabens.

Der Schiffbruch erscheint in dieser Konstellation wie die Kehrseite der Globalisierung: Wie die beiden Seiten ein und derselben Münze sind *mondialisation* und *naufrage* untrennbar miteinander verbunden. Die *Naufragios* wie die *Warhaftige*

---

11 Vgl. Ette, Ottmar / Pannewick, Friederike (Hg.): *ArabAmericas. Literary Entanglements of the American Hemisphere and the Arab World.* Frankfurt am Main – Madrid: Vervuert Verlag – Iberoamericana 2006.

Historia sind Zeugnisse vom Überlebenswillen wie vom ÜberLebenswissen in einer sich globalisierenden Welt, die jenseits der Kriegszüge, Massaker und Epidemien noch immer – die Figur des Las Casas zeigt dies ebenso eindringlich wie die späteren Debatten um die rechtliche Stellung der Indianer – nach dem Wissen für ein wie auch immer zu regelndes Zusammenleben zwischen Globalisierern und Globalisierten sucht. Denn im Aufeinanderprall verschiedenartigster Kulturen entsteht neben dem 'Gesetz des Dschungels' stets auch das Bedürfnis, das Zusammenleben neu zu ordnen und neue Formen für dieses Zusammenleben zu entwickeln.

In der Schiffbruch-Literatur werden Texte wie die hier stellvertretend behandelten zu Zeugnissen des eigenen Überlebens – und stehen zugleich für das Verstummen der Verschwundenen ein. Sie geben denjenigen eine Stimme, die über keine Stimme verfügten und von der kolonialen Maschinerie ausgespuckt wurden, ehe sie sich recht besonnen hatten. Wir sehen und erblicken in diesen Berichten von Schiffbrüchen nur einen Teil der Kosten der Globalisierung auf europäischer Seite. Fast mag man darüber vergessen, was an Gemetzeln, an Zerstörungen, an Massakern und an Genozid über die indigenen Bevölkerungen der Amerikas hereinbrach. Doch dass die weitere Ausbreitung der Europäer über die Welt in der völligen Katastrophe enden kann, ist in diesen Berichten und ihrem narrativ wie diskursiv in Szene gesetzten Wissen immer schon mitgedacht und sollte uns deutlich vor Augen stehen.

Johannes Leo Africanus alias al-Hassan al-Wazzan

Mit der transatlantischen Expansion der Iberischen Halbinsel rückte auch die afrikanische Gegenküste Spaniens seit der Endphase der *Reconquista* und dem Beginn der amerikanischen *Conquista* wieder zunehmend in die Reichweite abendländischer Ausdehnungsgelüste. Auch wenn die *Reconquista* buchstäblich in die *Conquista* umschlug, sie fast vollständig absorbierte und damit alle Expansionsbewegungen nach Westen auf die Neue Welt umgelenkt wurden, waren sich doch viele der iberischen Autoren der Möglichkeiten sehr wohl bewusst, die relativ schwach verteidigte Gegenküste des afrikanischen Kontinents zu attackieren.

Doch den Europäern – und insbesondere den Spaniern – wurde zunehmend klar, wie wenig man von der arabischen Gegenküste und vor allem vom Inneren des afrikanischen Kontinents wusste. Afrika war für die Europäer noch immer eine weitestgehend unbekannte Welt, die inneren Differenzierungen dieser Welt waren ein großer weißer Fleck auf Europas Kartenwerken. Dies begann sich mit dem wichtigsten und bis hinein ins 19. Jahrhundert hinein einflussreichsten Autor des 16. Jahrhunderts zu ändern, der mit seiner *Beschreibung Afrikas* ein Standardwerk gerade für die europäischen Leserschaften schuf, welchem ein überaus langes Fortleben beschieden sein sollte. Bereits die Geschichte dieses Schriftstellers ist überaus aufschlussreich und verweist auf jene historischen Konstellationen, mit denen wir uns zu Beginn dieses Teils unserer Vorlesung beschäftigt haben. Doch stellen wir sie noch einen Augenblick zurück.

An der Wende zum 16. Jahrhundert befinden wir uns zweifellos in einer Epoche, in der man zunehmend lernte, die Welt, in der man lebte, weltumspannend zu denken und Weltregionen miteinzubeziehen, an die man zuvor niemals gedacht hätte. Dies galt in politischen, ökonomischen und militärischen Dingen, aber auch in jenen, die wir mit Michel Foucault als biopolitisch bezeichnen dürfen. Denn mit dem Aufbau wirtschaftlicher Strukturen wie etwa der Plantagenwirtschaft oder dem forcierten Bergbau wurde es notwendig, Arbeitskräfte zu beschaffen, die vor Ort nur in beschränktem Umfang zur Verfügung standen. Hier suchte das frühkapitalistische System, das sich in einem zunehmend weltumspannenden Rahmen formierte und definierte, nach Abhilfe und nach biopolitischen Lösungen, die weltweiten Zuschnitts waren.

Auch der spanische Dominikanermönch Fray Bartolomé de Las Casas, auf den wir schon beim Bordbuch des Columbus gestoßen waren, dachte im weltweiten Maßstab und versuchte, die Welt der neuen Entdeckungen in sein christliches Weltbild zu integrieren. Er trat als einer der Beschützer der unterdrückten, versklavten, zunehmend vernichteten Ureinwohner Amerikas, der indigenen

Bevölkerung, auf und kämpfte lange Jahrzehnte auf allen erdenklichen Ebenen gegen die gewalttätige Ausbeutung der Indios durch jene, die sie eigentlich zum wahren Glauben hätten führen sollen. Zugleich befürwortete er die Ersetzung der indigenen Arbeitskraft durch aus Afrika eingeführte schwarze Sklaven, die auf den Plantagen wie auch im Bergbau eingesetzt werden konnten und über eine größere Widerstandsfähigkeit und längere Lebensdauer verfügten als die indianische Bevölkerung. Sie verstehen, dass derlei Überlegungen sofortige biopolitische Konsequenzen nach sich ziehen mussten, waren damit doch Deportationen und Umsiedelungen verbunden, die den afrikanischen Kontinent in den transatlantischen Handel miteinbezogen und letztlich das heraufführten, was man im Zeichen brutalster Sklaverei und Ausbeutung mit Recht als den *Black Atlantic* bezeichnet hat.[1]

Abb. 47: Bartolomé de las Casas (Sevilla, 1484 oder 1485 – Madrid, 1566).

Es ist hier weder der Ort noch haben wir die Zeit, um uns mit dem Lebenswerk von Bartolomé de Las Casas tiefergehend auseinanderzusetzen. Doch die Bedeutung dieses Dominikanermönches innerhalb der in dieser Vorlesung skizzierten welthistorischen Entwicklungen kann kaum überschätzt werden, führte er doch auch eine Reihe von Argumenten etwa der Menschlichkeit und

---

1 Vgl. Gilroy, Paul: *The Black Atlantic. Modernity and Double Consciousness.* London: Verso 1993.

Mitmenschlichkeit ein, die im Grunde nichts von ihrer Bedeutung verloren haben. Seine *Brevísima relación de la destrucción de las Indias*[2] bildet fraglos eine der großen Gegenstimmen gegen die Brutalität der spanischen Conquistadoren, die bis heute nicht verhallt ist. Und seine monumentale *Historia de las Indias* bildet bis heute eine entscheidende Darstellung der Entwicklungen in jener Epoche, die wir als die erste Phase beschleunigter Globalisierung bezeichnet haben.

Der durch seine vehemente Kritik am rücksichtslos plündernden, zerstörenden und massakrierenden Vorgehen der Spanier in Amerika bekannt gewordene Dominikaner behandelte in seiner Geschichte der Eroberung der Neuen Welt ganz selbstverständlich auch die Versuche der Spanier – und früher noch der Portugiesen –, sich des Nordens Afrikas zu bemächtigen und den Schwung der eigenen *Reconquista* nunmehr für die Eroberung der arabischen 'Gegenküste' zu nutzen. Fray Bartolomé de Las Casas folgt den portugiesischen Geschichtsschreibern seiner Zeit sehr eng, wenn er von den gezielten Erkundigungen der Portugiesen (und insbesondere von Heinrich dem Seefahrer) spricht, die nach der Einnahme von Ceuta, gleichsam der afrikanischen Säule des Herkules, an jeglicher Art von Informationen über die ihnen so unbekannte Welt Afrikas höchst interessiert gewesen seien. So schrieb er diesbezüglich:

> Este infante comenzó a tener inclinación de inquirir y preguntar a los moros, con quien allí trataba, de los secretos interiores de la tierra dentro de Africa, y gentes y costumbres que por ella moraban, los cuales le daban relación de la nueva y fama que ellos tenían, que era la tierra extenderse mucho adelante, dilatándose muy lejos hacia dentro de la otra parte del reino de Fez, allende el cual se seguían los desiertos de Africa, donde vivían los alárabes. A los alárabes se continuaban los pueblos de los que se llamaban azenegues, y éstos confinaban con los negros de Jolof, donde se comeinza la región de Guinea, a la cual nombraban los moros Guinauha, del cual tomaron los portugueses y comenzaron a llamar la tierra de los negros, Guinea. [. . .].[3]

Man merkt diesen Zeilen des spanischen Dominikaners deutlich an, wie ungewiss man sich in Europa all jener Landschaften und Völkerschaften war, die sich südlich des mittelmeerischen Küstenstreifens in das Innere des afrikanischen Kontinents erstreckten und diesen bevölkerten. Es gab diesbezüglich aber lange Zeit keine verlässlichen Quellen und Aussagen. Dies änderte sich in der ersten Hälfte des 16. Jahrhunderts.

---

2 Vgl. die deutschsprachige Ausgabe von Las Casas, Bartolomé de: *Kurzgefaßter Bericht von der Verwüstung der Westindischen Länder*. Übersetzung von D.W. Andreae. 1709 in Berlin erstmals erschienen. Herausgegeben von Hans Magnus Enzensberger. Frankfurt am Main: Insel Verlag 1981.
3 Las Casas, Fray Bartolomé de: *Historia de las Indias*. Edición de Agustín Millares Carlo y estudio preliminar de Lewis Hanke. 3 Bde. México: Fondo de Cultura Económica 1986, Bd. 1, S. 119.

Denn über all diese (wohlgemerkt: nur den Europäern) unbekannten Gebiete – insbesondere des Inneren Afrikas – gab die von Giovan Battista Ramusio 1550 herausgegebene (und bearbeitete) *Beschreibung Afrikas* ausführliche Kunde, ein Werk, das noch bis zu den Zeiten von Mungo Park das eigentliche Standardwerk in Europa über den afrikanischen Kontinent darstellen sollte. Ihr Verfasser war kein Anderer als der wohl zwischen Dezember 1494 und August 1495, also kurz nach[4] der 1492 erfolgten Eroberung der Hauptstadt des Nasridenreiches im maurischen Granada geborene al-Hassan ben Mohammed ben Ahmed al-Wazzan al-Gharnati al-Fassi, der unter dem Namen Giovan Leone Affricano oder auch Leo Africanus in die Geschichtsbücher und Enzyklopädien der Welt einging. Wer aber war dieser gelehrte Verfasser jener bedeutenden Schrift über Afrika? Und woher bezog er seine Informationen über den 'unbekannten' Kontinent?

Der volle arabische Name des Granadiners enthält nicht nur die erkennbaren Hinweise auf verschiedene Orte, an denen der junge Mann gelebt hatte, sondern wird auch ergänzt durch den christlichen Taufnamen, den der kunstsinnige Papst Leo X. am 6. Januar 1520, also just am Jahrestag der Einnahme Granadas durch die Katholischen Könige, dem späteren Verfasser der *Descrittione dell'Africa* verlieh. Kein Wunder also, dass der Mann mit den vielen Namen schon früh als ein Wanderer zwischen den Welten oder als Nomade zwischen den Kulturen bezeichnet wurde.[5] Denn sein Lebenslauf führte ihn von der nördlichen zur südlichen Seite des Mittelmeeres, um ihn zunächst für längere Zeit wieder in den Norden zu führen, bevor er sich endgültig gen Süden aufmachte und für immer verschwand. Mit diesem Wechsel waren natürlich auch die Verortungen in einer islamisch beziehungsweise christlich geprägten Welt verbunden, also jenen sich einander schroff gegenüberstehenden Mächten, die sich bis ins 20. Jahrhundert hinein die Küsten des Mittelmeeres streitig machten.

Zweifellos zählt der in Granada Geborene zu den faszinierendsten Gestalten des frühen 16. Jahrhunderts und kann als eine Art Mittlerfigur zwischen der islamischen und der christlichen Welt rund um das Mittelmeer verstanden

---

4 Allerdings geht al-Wazzans französischer Herausgeber und Übersetzer Alexis Epaulard von einer Geburt möglicherweise um 1489 aus. Vgl. hierzu Rauchenberger, Dietrich: *Johannes Leo der Afrikaner. Seine Beschreibung des Raumes zwischen Nil und Niger nach dem Urtext.* (*Orientalia biblica et christiana, 13*). Wiesbaden: Harrassowitz 1999, S. 11 und 35; sowie Redouane, Najib: Histoire et fiction dans 'Léon l'Africain' d'Amin Maalouf. In: *Présence francophone* (Sherbrooke, Québec) 53 (1999), S. 78.

5 Auf eine lange Tradition zurückgehend findet sich diese Formulierung neuerdings schon im Titel von Davis, Natalie Zemon: *Trickster Travels. A Sixteenth-Century Muslim between Worlds.* New York: Hill and Wang 2006.

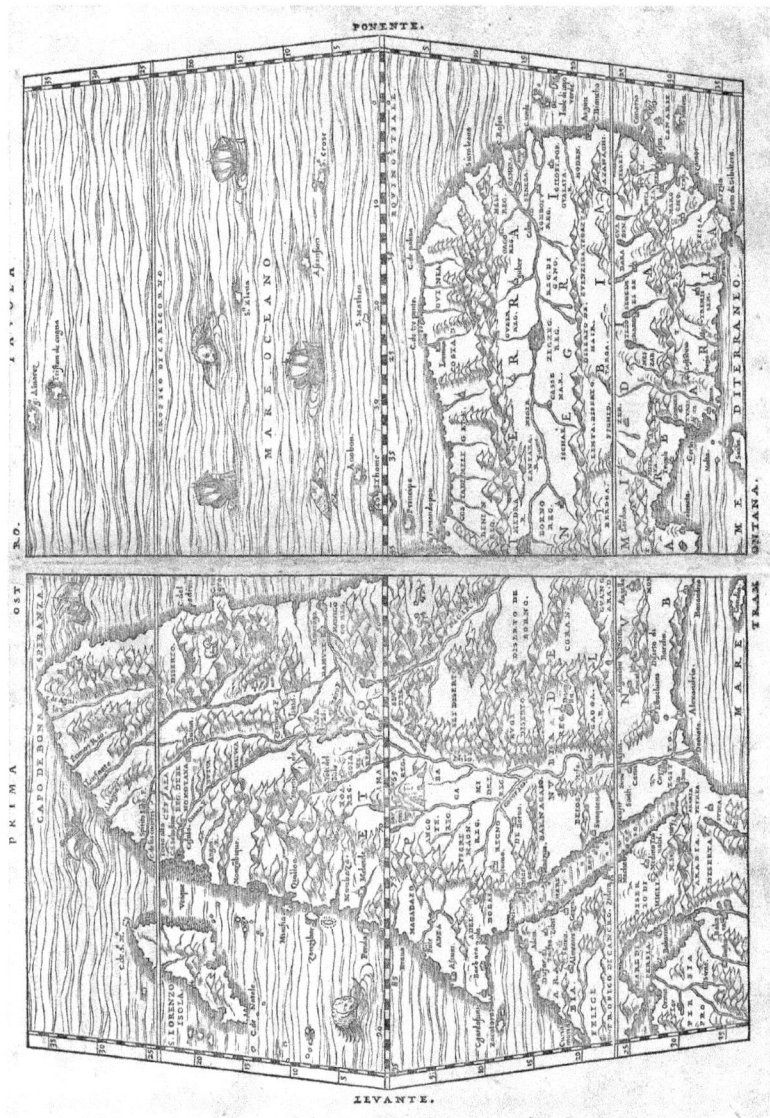

Abb. 48: Gastaldis Afrikakarte für die zweite Auflage des Bandes I von Ramusios *Delle Navigationi et Viaggi*, 1554.

Abb. 49: Johannes Leo Africanus alias al-Ḥasan b. Muḥammed al-Wazzān al-Fāsī (Granada, ca. 1490 – Tunis, 1550).

werden. Mit guten Gründen nahm Giovan Battista Ramusio das ihm wohl in Venedig zugänglich gewordene Manuskript des nach dem Namen des kunst-verliebten Medici-Papstes getauften arabischen Reisenden in seine so gewich-tige, die globalen Entwicklungen seiner Zeit repräsentierende Sammlung auf. Denn Ramusios *Delle navigationi et viaggi* wurde zum Standardwerk der Re-naissance über die Kenntnisse wie die Ausbreitung der Europäer über den ge-samten Planeten.

Zahlreich sind die großartigen Beschreibungen von Städten, die der Grana-diner auf seinen Reisen besuchte und deren Bilder er in seinem Reisebericht festhielt. Wir verfügen kaum über lebendigere, anschaulichere Darstellungen der Städte Afrikas als jene, die in seinen reiseliterarisch gekonnt ausgeführten Berichten überliefert sind. Ramusio hatte allen Grund, Leo Africanus in den von ihm ausgewählten Kreis von reiseliterarischen Gewährsleuten und damit in den ersten Band seiner Sammlung aufzunehmen.

Al-Hassan al-Wazzans Beschreibung der Stadt Kairo, die er aus längeren Aufenthalten kannte, ist gleichzeitig auf einen zumindest doppelten, okziden-talen und orientalen, Leserkreis zugeschnitten, beginnt – wie häufig bei diesem Autor – mit Ausführungen zur sprachlichen Herkunft des Namens und schildert die Pracht ihrer Anlage wie die Fülle der in ihren Mauern versammelten Waren und Luxusgüter mit beredten Worten:

Von Kairo, das gerüchteweise überall für eine der größten und bewundernswürdigsten Städte in der Welt bezeichnet wird, will ich Gestalt und Einrichtung nacheinander beschreiben und die Unwahrheiten, die man darüber hier und da erzählt, übergehen. [...] Ich behaupte, daß Kairo, der mit Mauern umgebene Teil nämlich, ungefähr 8000 Feuerstellen enthält. In diesem wohnen die Personen der höheren Stände, und hier werden die von allen Seiten herbeigebrachten Kostbarkeiten verkauft. [...] Die Stadt ist mit Handwerkern und Kaufleuten aller Art reichlich versehen. Das gilt besonders von der ganzen Straße, die vom Siegestor zum Tor Zuwaila führt, wo sich die meisten und vornehmsten aufhalten. In derselben Straße sind einige Kollegien, die wegen ihrer Größe und Schönheit, wegen der Bauart und Verzierungen bewundernswert sind, desgleichen sehr viele und große Moscheen. [...] Hernach folgen die Tuchgewölbe, deren jedes unzählige Läden enthält. Im ersten verkauft man ausländische Tuche von ausnehmender Güte, z. B. Baalbekische, das sind Baumwollstoffe von unglaublicher Feinheit, auch andere, die man nach Mossul benennt (= Musselin). Sie sind bewundernswert fein und fest; daraus lassen alle vornehmen Herren und angesehenen Personen ihre Hemden und die Turbantücher machen. Weiterhin stehen die Gewölbe, wo die besten italienischen Stoffe zu kaufen sind, z. B. Atlas, Damast, Samt, Taft, Brokat. Ferner gibt es die Gewölbe mit Wolltuch, das aus Europa, zum Beispiel aus Venedig, Florenz, Flandern und allen anderen Ländern, kommt.

Nahe bei dieser Hauptstraße ist ein Gewölbe, wo die persischen Kaufleute logieren. Es sieht aus wie der Palast eines großen Herrn, ist sehr hoch und fest und hat acht Stockwerke; unten sind Zimmer, wo die Kaufleute Besuch empfangen und die Waren en gros vertauschen. Nur die allerreichsten Kaufleute handeln hier, und ihre Waren sind Spezereien, Juwelen, indische Stoffe, z. B. Flor und dergleichen. Auf der anderen Seite der Straße ist der Platz für jene, die mit Parfümerien handeln, z. B. Zibet, Moschus, Ambra und Benzoe. [...]. Die Goldschmiede sind Juden und verkaufen viele Kostbarkeiten.[6]

Dies ist ein Bild der Alten Welt, jener Alten Welt, in der Kairo nahe des östlichen Mittelmeeres noch die große Handelsstadt war, in der die Karawanen aus dem Orient, welche die Reichtümer Indiens und Chinas herbeischafften, sich trafen mit den Seehandelswegen der Europäer, insbesondere der Venezianer, die etwa europäische Tuche und Spezialitäten feilboten. Es ist, als hätte sich nichts verändert, so als durchliefen noch immer die traditionellen Karawanenstraßen, ja die alte Seidenstraße, noch immer die asiatische Welt, um sich an dieser Stelle mit den Handelswegen Europas zu kreuzen. Und doch sollte diese Handelswelt mit ihren Kaufleuten bald vor dem Kollaps stehen.

Johannes Leo Africanus alias al-Hassan al-Wazzan hat mit eigenen Augen den Reichtum Kairos gesehen, aber auch den Untergang der Stadt am Nil bei der Eroberung durch die türkischen Truppen von Sultan Selim selbst miterlebt. In seinem Reisebericht, in seiner Erinnerung ersteht die ganze (hier nur ausschnitthaft wiederzugebende) Fülle einer Welt transkontinentalen Handels wieder auf,

---

6 Johannes Leo Africanus: *Beschreibung Afrikas.* Herausgegeben von Karl Schubarth-Engelschall. Leipzig: VEB F.A. Brockhaus Verlag 1984, S. 218–221.

deren zum Teil Jahrtausende alte Handelswege sich in Knotenpunkten wie Kairo, Fez oder Konstantinopel kreuzten. Noch hat sich die Umleitung der Fernhandelswege zwischen Europa und Indien oder China nicht bemerkbar gemacht, noch hat vor allem der Reichtum, der aus den tropischen Ländern des amerikanischen Kontinents zunehmend nach Europa schwappte, nicht zu einer grundlegenden Infragestellung der alten Karawanenwege geführt. Leo Africanus erfasst hier eine Welt kurz vor ihrer Krise; und es gelingt ihm, alle Details dieser Welt präzise und detailgetreu wiederzugeben.

Mit großer Systematik und einer beeindruckenden Fülle an genauen Beobachtungen entwirft der Granadiner Schriftsteller das Weltbewusstsein einer Alten Welt zu einem Zeitpunkt, als die neuen Seewege und Seemächte im Westen längst neue Spielregeln und neue Machtpole zu schaffen im Begriff standen. Die Welt, die Giovan Leone beschreibt, ist nicht nur wegen der immer erdrückender werdenden türkischen Vormachtstellung im östlichen Mittelmeer eine Welt, die es in dieser Form schon bald nicht mehr geben sollte. So ist sein Zeugnis für uns doppelt wertvoll, zeigt es uns doch prächtige Länder, die wir mehr den Erzählungen von Scheherazade und der orientalischen Opulenz von *Tausendundeiner Nacht* entsprungen glaubten.

Mit diesem kenntnisreichen Gemälde von Kairo wird anhand der Waren und ihrer Herkunftsorte im Überschneidungsbereich von Orient und Okzident, von Afrika, Asien und Europa ein Raum beschworen, in dem die verschiedenen altweltlichen Völker und Kulturen friedlich nebeneinander und miteinander – also multi- und interkulturell – zu verkehren scheinen. Innerhalb dieser reiseliterarisch entworfenen altweltlichen Diegese wird eine Welt evoziert, von deren Gewalt der mit seiner Familie aus Granada Vertriebene freilich sehr wohl wusste, die er aber nicht nur im transmediterranen Bereich des Spannungsfeldes zwischen Orient und Okzident, sondern auch in jenen weit entfernten Gebieten im Inneren Afrikas mehrfach durchquert hatte. Denn Leo Africanus war ein weitgereister Mann, mit dem sich nicht viele vergleichen konnten; doch zu seinen vielen Bewegungen im Raume zählten auch erzwungene Reisen.

Er kannte aus eigener Erfahrung jenen Binnenraum des afrikanischen Kontinents, von dem Portugiesen und Spanier wie auch das gesamte christliche Europa nur schemenhafte Vorstellungen besaßen, wie kaum ein anderer arabischer Reisender. Denn schon früh hatte er die alten Handelswege quer durch die Sahara kennengelernt und von jenem Handel profitiert, der sich zwischen den Ländern nördlich und südlich der afrikanischen Wüste etabliert hatte. Timbuktu war für ihn kein ferner Ort mit einem magischen Klang, von dem er nur gehört hätte, sondern konkrete Erfahrung im Sinne all jener Kaufleute, die sich auf diesen Karawanenstraßen bewegten. Sieht man von all jenen Seefahrern, Mönchen, Beamten, Bischöfen, Soldaten und Kaufleuten einmal ab, die während dieses Zeitraums in

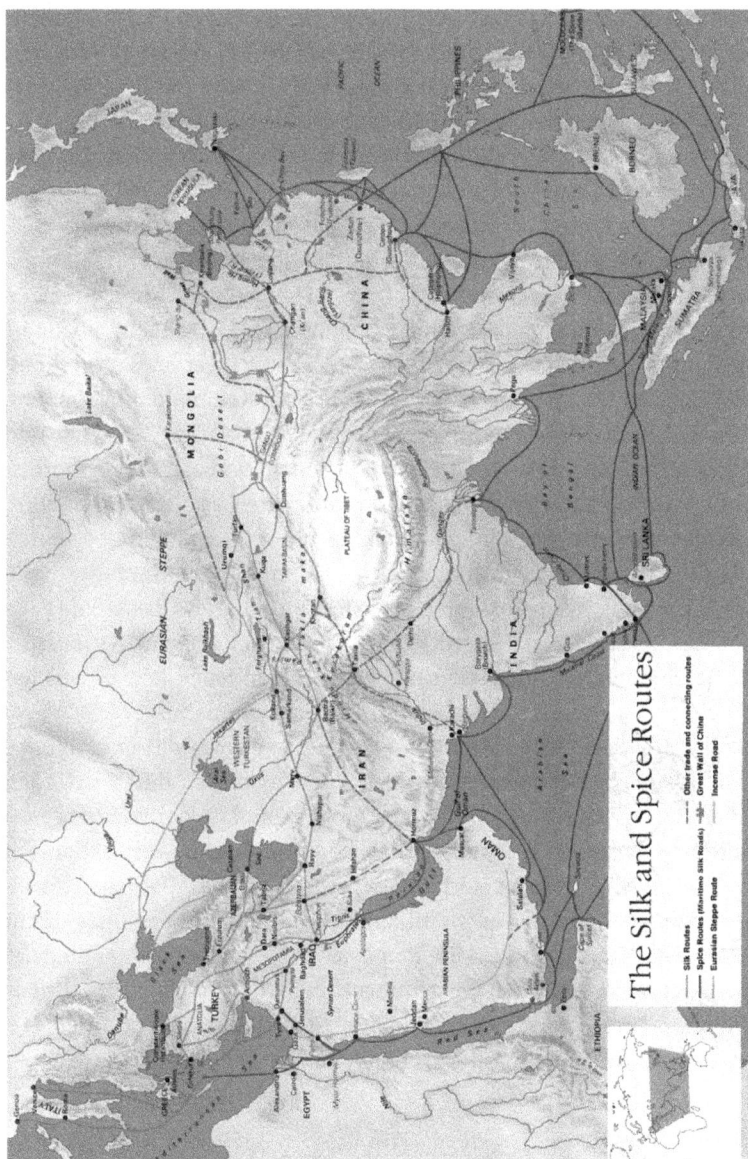

Abb. 50: Die alte Seidenstraße.

die Neue Welt gelangten, dürften nur wenige Reisende des frühen 16. Jahrhunderts den Erfahrungs- und Kenntnisstand des so weltläufigen Johannes Leo Africanus erreicht haben. Was aber wissen wir über diesen Mann und die Genese seiner Schriften? Was über seine vielen Reisen und die Berichte darüber?

Fassen wir an dieser Stelle die Forschungslage kurz zusammen. Die Forschungen über Giovan Leone L'Africano wurden lange Zeit von französischen Wissenschaftlern und Autoren beherrscht, und dies nicht nur, weil bereits 1553, also nur drei Jahre nach dem Erstdruck der *Beschreibung Afrikas* durch Ramusio, eine erste französische Übersetzung vorlag.[7] Die Arbeiten der französischen Forscher zielten zu Beginn vor allem auf die positiven Fakten, auf ein möglichst genaues Wissen hinsichtlich des so schillernden, aber schwer fassbaren Protagonisten. Studien wie die im Kontext der französischen Kolonialpolitik entstandene Doktorarbeit von Louis Massignon[8] oder die editorischen Arbeiten und Übersetzungen von Alexis Epaulard[9] hatten zu einem verbesserten Kenntnisstand rund um die von zahlreichen Legenden umrankte Gestalt des granadinischen Reisenden beigetragen. Eine Neuauflage der von Epaulard besorgten Übersetzung der *Description de l'Afrique* des Gelehrten erschien im Jahre 1980, fast zeitgleich übrigens mit einer im selben Jahr vorgelegten Übersetzung ins Arabische.[10] Das Interesse an Leo Africanus und seiner Perspektive auf die erste Phase beschleunigter Globalisierung wuchs just in jener Zeit, in welcher die vierte Phase beschleunigter Globalisierung an Fahrt aufnahm.

Auch zur Textgenese liegen wichtige Erkenntnisse vor. Geht man der Geschichte der Ausgaben der *Descrittione dell'Africa* nach, so darf man nach dem aktuellen Forschungsstand davon überzeugt sein, dass der von Giovanni Battista Ramusio bekannt gemachte Text von al-Wazzan auf Italienisch zwischen 1524 und 1526 verfasst und abgeschlossen wurde. Also ein Vierteljahrhundert vor seiner ersten Veröffentlichung und Bekanntmachung. Nicht allein der Veröffentlichungskontext in Ramusios angesehener Sammlung der fünfziger Jahre, sondern auch der Entstehungskontext der *Beschreibung Afrikas* ein Vierteljahrhundert zuvor legt den unmittelbaren Zusammenhang der verschiedenen Reisen wie der Schriften des Johannes Leo Africanus mit der

---

7 Vgl. hierzu Rauchenberger, Dietrich: *Johannes Leo der Afrikaner*, S. 153. Der erste Band von Ramusios Sammlung war mit dem Bericht des Leo Africanus im Jahre 1550 erschienen.
8 Vgl. Massignon, Louis: *Le Maroc dans les premières années du XVIe siècle. Tableau géographique d'après Léon l'Africain*. Alger: Typographie Adolphe Jourdan 1906.
9 Vgl. Jean-Léon l'Africain: *Description de l'Afrique*. Traduit de l'Italien par Alexis Epaulard et annoté par Alexis Epaulard, Théodore Monod, Henri Lhote et Raymond Mauny. Paris: Librairie d'Amérique et d'Orient 1956.
10 Vgl. Rauchenberger, Dietrich: *Johannes Leo der Afrikaner*, S. 155.

ersten Phase beschleunigter Globalisierung nahe. Mehr noch: Sein Bericht ist ein Bestandteil dieser Welle abendländischer Expansion, von deren Macht und Ausbreitung er direkt oder indirekt Zeugnis gibt. Nicht zuletzt auch die Erstveröffentlichung durch Ramusio belegt, dass bereits die Zeitgenossen die *Descrittione dell'Africa* unmittelbar mit jener Ausweitung der *europäischen* Kenntnisse über die Welt in Verbindung brachten, die am Ausgang dieser Phase in der Kollektion des gelehrten Italieners noch einmal festgehalten wurde. Ramusios wichtiges Werk *Delle navigationi et viaggi* zeigt, wie diese erste Phase als ein recht kompakter Zeit- und Erfahrungsblock Mitte des 16. Jahrhunderts verstanden wurde.

Es war historisch gesehen gewiss auch kein Zufall, dass sich im weiteren Verlauf der 1980er Jahre, als die erneute Beschleunigungsphase einer zunehmend alle Bereiche erfassenden Globalisierung fühlbar wurde, sich gerade auch im Bereich der Literatur ein erneuertes Interesse an der Figur des großen Granadiners und Wanderers zwischen den Welten bemerkbar machte. Denn die Literatur ist ohne jeden Zweifel ein Seismograph von (auch historischen) Entwicklungen, die sich erst sehr viel später in ihrer Deutlichkeit abzuzeichnen pflegen. Seit dem Jahre 1986, dem Erscheinen des überaus gelungenen und erfolgreichen Romanerstlings *Léon l'Africain* des im Libanon geborenen Schriftstellers Amin Maalouf,[11] lässt sich jedenfalls eine weitaus umfänglichere und tiefergehende Auseinandersetzung mit dem maurischen Andalusier feststellen. Maaloufs Erfolgsroman hatte daran zweifellos großen Anteil. Denn er erreichte ein sehr breites, aber zugleich auch ein spezialisiertes internationales Lesepublikum.

Als die wohl besten Beispiele erwähnt seien hier die 1991 erschienene Arbeit der Marokkanerin Oumelbanine Zhiri,[12] die die jahrhundertelange Wirkung der gedruckten Schriften al-Wazzans auf das europäische Afrikabild untersuchte, das kulturtheoretisch interessante, aber durch manche handwerkliche Fehler beeinträchtigte 2006 erschienene Buch der in Princeton arbeitenden Forscherin Natalie Zemon Davis[13] sowie vor allem die 1999 vorgelegte umfangreiche biographische und editorische Untersuchung des Berufsoffiziers und Diplomaten Dietrich Rauchenberger.[14] Und dies sind nur drei – freilich besonders wichtige – Beispiele für die Fülle an Studien, die nun zu erscheinen begann.

---

11 Vgl. hierzu das dritte Kapitel 'Positionen' in Ette, Ottmar: *ZusammenLebensWissen. List, Last und Lust literarischer Konvivenz im globalen Maßstab* (2010).

12 Zhiri, Oumelbanine: *L'Afrique au miroir de l'Europe: Fortunes de Jean Léon l'Africain à la Renaissance.* Genève: Librairie Droz 1991; vgl. auch dies.: *Les sillages de Jean Léon l'Africain: XVIe au XXe siècle.* Casablanca: Wallada 1995.

13 Vgl. Davis, Natalie Zemon: *Trickster Travels. A Sixteenth-Century Muslim between Worlds.*

14 Vgl. Rauchenberger, Dietrich: *Johannes Leo der Afrikaner.*

Gerade die gegenüber Davis vielleicht etwas spröden Forschungen Dietrich Rauchenbergers haben uns eine sehr viel präzisere Kenntnis der Reisen al-Hassan al-Wazzans ins Innere Afrikas vermittelt. Dabei wird nicht nur anschaulich in einer imaginären Karte vor Augen geführt, wie sich Johannes Leo Africanus den afrikanischen Kontinent und dessen Umrisse zum Zeitpunkt der Niederschrift seiner *Beschreibung* vorstellte,[15] in einer itinerarischen Übersichtskarte wurden auch die bislang bekannten oder direkt erschließbaren Verläufe der weiten Reisen im Sahararaum zusammengestellt, so dass erkennbar wird, welch ungeheure Fläche des Kontinents sich der vielsprachige Schriftsteller zu Fuß wie auf dem Rücken von Kamelen erschloss. Zurecht darf er als ein ausgesprochener Afrikakenner gelten, der sich in zahlreichen Reiseverläufen eine intime Kenntnis des freilich unüberschaubaren Kontinents zugänglich machte. Doch noch war aus ihm nicht der Schriftsteller Johannes Leo Africanus geworden.

Die erste seiner ausgedehnteren Reisen führte al-Hassan in den Jahren 1507 und 1508 allerdings nach Konstantinopel, nach Mesopotamien, Armenien, Persien und in die Tartarei.[16] Er wusste also, wovon er sprach, wenn er die unterschiedlichsten Reichtümer des Orients genauestens beschrieb und wie ein Kaufmann gemäß ihrer jeweiligen Vorzüge festhielt. Seine zweite längere Reise unternahm er dann gemeinsam mit seinem Onkel um 1510 quer durch die Sahara nach Timbuktu, wohin sein Verwandter vom marokkanischen Sultan in diplomatischer Mission gesandt worden war. Hier stand er nun erstmals vor den Landschaften und Städten des afrikanischen Kontinents und begann, ein Gespür für das Innere Afrikas zu entwickeln.

Die dritte Reise (vgl. Abb. 52: „Johannes Leo der Afrikaner: Reisen im Sahararaum" nach Dietrich Rauchenberger), wahrscheinlich zwischen 1512 und 1514, brachte ihn zunächst gleichfalls transsaharisch nach Timbuktu, verlief dann aber durch die Haussa-Staaten und das Tschadsee-Gebiet weiter in Richtung Osten bis hinauf nach Ägypten. Die vierte und letzte seiner großen Reisen führte al-Hassan al-Wazzan schließlich im Alter von höchstens fünfundzwanzig Jahren abermals in den Norden Afrikas und jenes Gebiet, das wir heute aus eurozentrischer Sicht gerne als den Nahen Osten bezeichnen. Hier erweiterte er wesentlich seinen Horizont innerhalb des arabischen Kulturraumes und begriff, wie vielfältig die Kulturen waren, denen er sich selbst zurechnen durfte.

Von Ägypten aus schloss der gläubige Muslim eine Pilgerfahrt nach Mekka an und begab sich danach wieder auf die Heimreise gen Westen. Doch

---

15 Ebda., S. 195.
16 Schubarth-Engelschall, Karl: Leo Africanus und seine 'Beschreibung Afrikas'. In: Johannes Leo Africanus: *Beschreibung Afrikas*, S. 7–18.

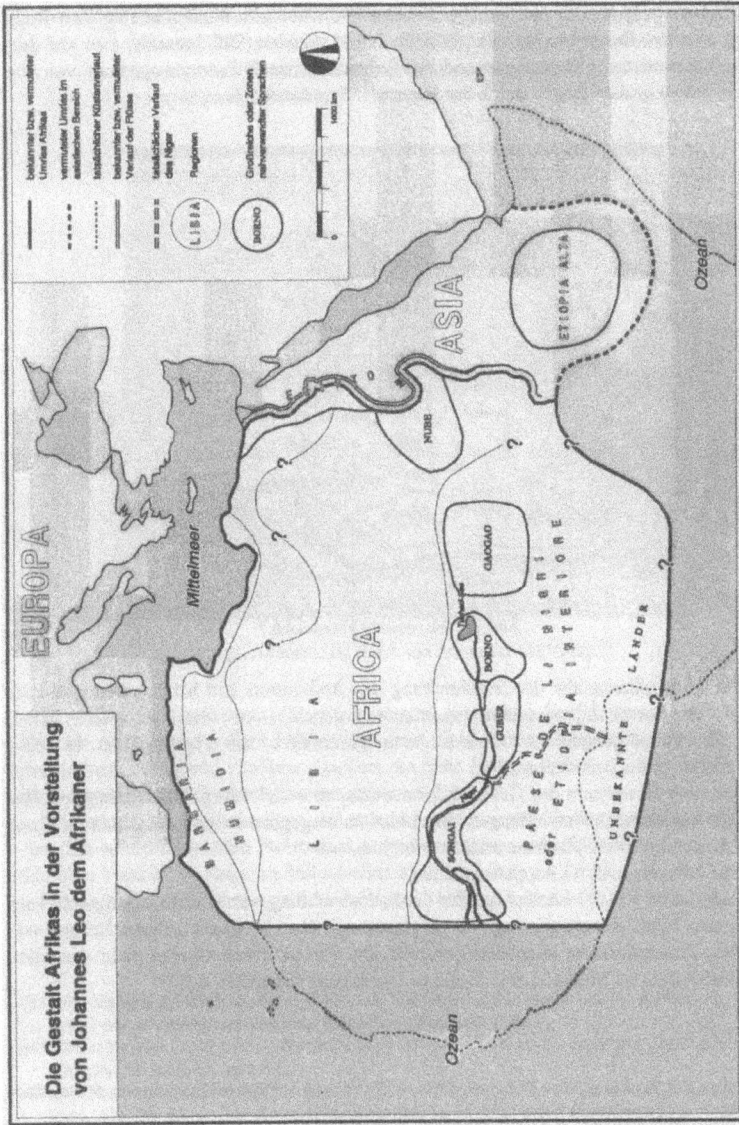

Abb. 51: „Die Gestalt Afrikas in der Vorstellung von Johannes Leo dem Afrikaner" nach Dietrich Rauchenberger.

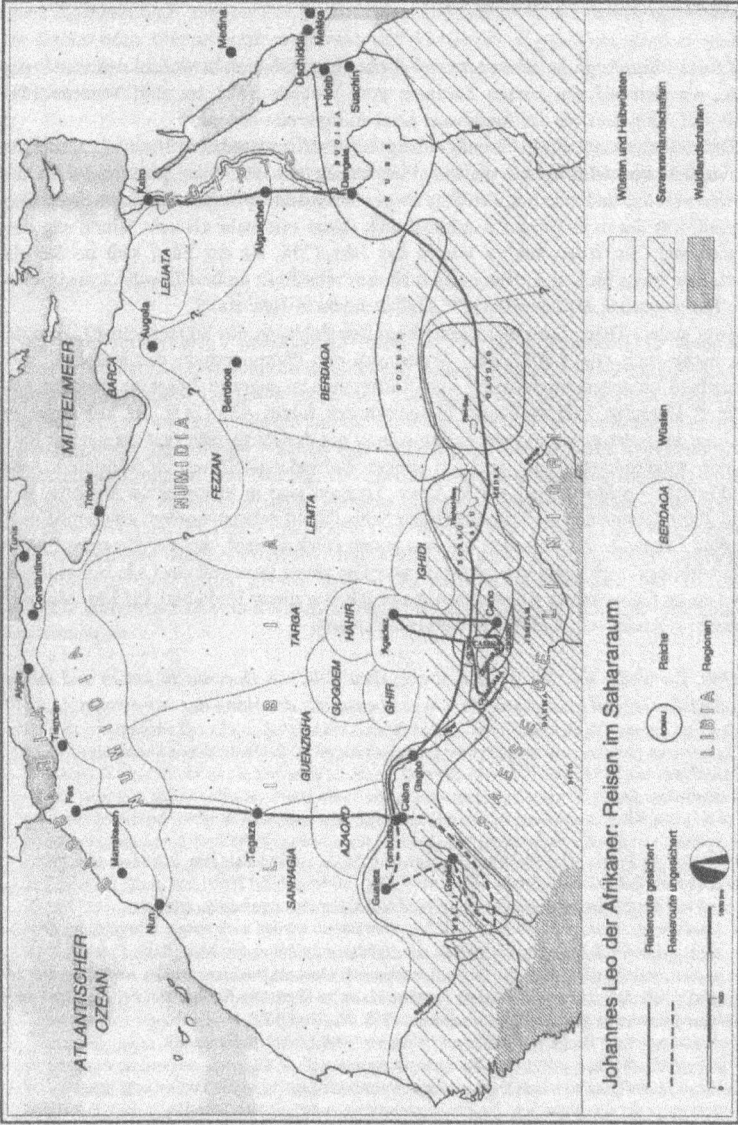

Abb. 52: „Johannes Leo der Afrikaner: Reisen im Sahararaum" nach Dietrich Rauchenberger.

hier begannen jene unliebsamen Überraschungen, die ihn wieder von der Südseite des Mittelmeeres auf dessen Nordseite führen würden: Er sollte sein Fez nicht mehr erreichen. Wir haben im Kontext der Entwicklung von Christoph Columbus bereits von Korsaren im Mittelmeer gehört: Nun haben sie ihren zweiten Auftritt in unserer Vorlesung.

Denn vermutlich während eines Abstechers auf die Mittelmeerinsel Djerba wurde er von christlichen Korsaren unter der Führung von Pedro de Bobadilla gefangen genommen und im Jahre 1518 als Sklave nach Italien verschleppt. Dort wurde er Papst Leo X. zum – für die Zeit keineswegs unüblichen – lebendigen Geschenk gemacht. So kam der weitgereiste und gelehrte Moslem ins Zentrum des christlichen Unglaubens, an den Heiligen Stuhl zu Rom. Aus heutiger Sicht lässt sich sagen: Dies war der Einschnitt, der den Granadiner zum Afrikaner machte.

Sein päpstliches Gegenüber war kein anderer als der berühmte Leo X., der als Freund und Förderer der Wissenschaften und der Künste auftrat und als der große Renaissance-Papst gegen Martin Luther den Kirchenbann verhängte sowie den bekannten Ketzerprozess anstrengte. Dem jungen, gebildeten Muslim al-Hassan al-Wazzan aber begegnete dieser Medici-Papst sehr offen und freisinnig. Er erkannte in ihm einen in weltlichen wie in religiösen Dingen gebildeten jungen Gelehrten, dem er alle Möglichkeiten der Weiterbildung in seinem noblen Gefängnis, der Engelsburg, gerne einräumte, um sich wenn möglich seines Wissens zu versichern und ihn zum Christenmenschen zu konvertieren. Papst Leo X. erblickte darin auch die Chance, die Attraktivität wie die Macht der Katholischen Kirche unverkennbar und weithin sichtbar unter Beweis zu stellen.

Die Interessenlagen waren auf beiden Seiten klar. Aus vielen diplomatischen und anderen Zeugnissen wissen wir, dass die 'Bekehrung' al-Hassan al-Wazzans, des Anhängers des Propheten Mohammed, und dessen Taufe am Heiligen Stuhl zu Giovan Leone ein in vielen Teilen der Christenheit diskutiertes internationales Ereignis war, das ganz im Zeichen des spannungsgeladenen Kräftemessens zwischen Orient und Okzident stand. Papst Leo X. konnte mit dieser Konversion folglich einen Achtungserfolg und ein deutlich sichtbares Zeichen verbuchen – und hatte zudem für die Sache der Christenheit einen aussagekräftigen Informanten gewonnen. Denn längst hatte der illustre Konvertit ein nachhaltiges Interesse an der Bibliothek am Heiligen Stuhl und den Studien zwischen Orient und Okzident gewonnen.

Es ging letztlich um die Frage der Zirkulation des Wissens zwischen Morgenland und Abendland und zugleich um die Frage, wer von einem 'Anzapfen' der Zirkulationsströme am meisten profitieren würde. In dieser Spielart des Ost-West -Konflikts war durchaus ein nachhaltiges Interesse am (Wissen des) Anderen vorhanden. So rückte der junge Mann aus Granada, der sich nun wieder auf der nördlichen Seite des Mittelmeeres wiederfand, sehr rasch in eine Vermittler- und Übersetzerposition zwischen der abendländischen und der morgenländischen Welt ein. Als Johannes Leo Africanus hatte er jene Rolle gefunden, für die er berühmt werden sollte. Und er füllte diese Rolle konsequent aus.

Für jegliche Verbindung zwischen Orient und Okzident waren die Frage der Sprachen und deren Übersetzungen von entscheidender Bedeutung. Der folglich mit seinem neuen Taufnamen Johannes Leo ausgestattete Konvertit, der unter dem persönlichen Schutz 'seines' Papstes stand, verfasste unter anderem im Jahre 1524 als Mitarbeiter ein arabisch-hebräisch-lateinisch-spanisches Wörterverzeichnis sowie im Anschluss dann vor allem seine in italienischer Sprache abgefasste *Beschreibung Afrikas*, die ihm als Gewährsmann eines Wissens über den so nahen und doch so unbekannten Kontinent den Beinamen 'Africanus' eintrug. Sein auf konkreten Reisen und Erfahrungen beruhender Bericht war mit nichts im Abendland vergleichbar, verfügte er doch über einen Kenntnisstand, der weit jenseits der Möglichkeiten und Reichweiten von Christenmenschen lag.

Johannes Leo Africanus schrieb und diktierte seine *Descrizione dell'Affrica e delle cose notabili che quivi sono* aus guten Gründen nicht in seiner Muttersprache, sondern in jenem Idiom, in dem man ihn in Rom von Beginn an unterrichtet hatte: Der transkulturellen Dimension seines Lebensweges schließt sich die translinguale Abfassung seines Hauptwerks auf geradezu natürliche Weise an. Und dieses Hauptwerk ist auch noch für ein heutiges Lesepublikum lebendig und zudem in einer Sprache geschrieben, welche längst zur europäischen Trägersprache von Wissen avanciert war. Für den jungen Granadiner, der sich von Haus aus zwischen verschiedenen Sprachen bewegte, war es durchaus selbstverständlich, nicht in seiner eigenen Muttersprache zu schreiben.

Denn mit der Verschiedenheit unterschiedlicher Sprachen war der Granadiner gleichsam von Geburt an sehr vertraut. Als in Granada geborener Muslim war al-Hassan al-Wazzan zweifellos in unterschiedlich engem Kontakt mit dem Arabischen und seinen dialektalen Varianten, mit dem Berberischen, dem Spanischen und den verschiedensten Mischformen zwischen all diesen Sprachen aufgewachsen. Auf seinen ausgedehnten Reisen hatte er eine Fülle afrikanischer Sprachen kennengelernt, bevor er in der Engelsburg im päpstlichen Rom im Lateinischen und Italienischen unterrichtet wurde und in diesen 'abendländischen' Sprachen (wohlgemerkt: unter Aufsicht und Beobachtung!) Bücher und Schriften zu lesen begann. Als polyglotter Gelehrter und Leser war er daher höchst sensibilisiert für alle Formen inter- und translingualer Sprachphänomene, ebenso für asymmetrische Sprachkontakte wie für unterschiedlichste Übersetzungsproblematiken zwischen jenen Sprachen, die er am besten beherrschte. Auch in dieser Hinsicht bildete die große Sprachenvielfalt rund um das

Mittelmeer eine entscheidende Voraussetzung für jene Zirkulation des Wissens, die es ins Werk zu setzen galt. Ihm scheint rasch klar geworden zu sein, daß eben hierin seine Chance lag.

Die sprachliche Aufmerksamkeit des jungen Mannes war daher geschärft: Ständige Sprachreflexionen durchziehen folglich sein gesamtes sprachsensibles Schaffen. So geht es in seiner *Descrizione dell'Africa* nicht nur um die geographischen und topographischen Grenzen Afrikas, um dessen Klima und Boden, Vegetation und Anbauprodukte, um die großen Ströme, die für den Kontinent charakteristischen Tiere, um die verschiedenartigen Völker und deren Handelsgüter, sondern auch um differenzierende kulturelle Merkmale, die vor allem in sprachlicher Hinsicht notiert und untersucht werden. Sein Bericht von all seinen Reisen durch die verschiedenen Regionen Afrikas war nicht nur voller handfester Informationen über Handel und Wandel, sondern durchsetzt mit Überlegungen zu kulturellen Differenzen zwischen den verschiedenen Völkern dieser Weltregion.

Einige wenige Beispiele mögen hier genügen. So werde in „allen afrikanischen Landschaften, die sich vom Mittelmeer bis zum Atlas-Gebirge erstrecken, [...] ein verdorbenes Arabisch gesprochen", wobei nur „im Reich Marokko sowie in Numidien [...] das Berberische weiter verbreitet" sei.[17] „Die arabischen Geschichtsschreiber", so Giovan Leone weiter, behaupteten „nachdrücklich, daß die Afrikaner keine andere Schrift gehabt haben als die mit lateinischen Buchstaben"; sie hätten zwar andere Sprachen gesprochen, hätten sich aber „lateinischer Buchstaben bedient, wie es die Deutschen in Europa tun".[18] Und durchaus quellenkritisch merkt er an, dass ausnahmslos alle „Geschichtsbücher über die Afrikaner, die die Araber besitzen", Übersetzungen aus dem Lateinischen seien, „alte Werke, geschrieben in den Zeiten der Arianer, einige noch früher".[19] Es war ihm zweifellos darum zu tun, diese Zirkulationen des Wissens und der Kenntnisse in dieser Aufbruchphase der italienischen und (bald) europäischen Renaissance wieder in Gang zu setzen. Denn ein solches Bemühen passte wunderbar zu jener historischen Phase, die auf eine Ausweitung des Wissens auch jenseits der Grenzen der Antike drängte und wo mit Blick auf überseeische Wissensbereiche gerade Italien mit seinen Cristoforo Colombo, Amerigo Vespucci, Pietro Martire d'Anghiera und so vielen mehr eine besondere Rolle als Wissensplattform zugefallen war. Denn der Drang nach Wissen war in einem enger zusammengewachsenen Europa schlicht enorm.

---

17 Johannes Leo Africanus: *Beschreibung Afrikas*, S. 72.
18 Ebda.
19 Ebda.

Wenn auch das Afrika, das Johannes Leo Africanus seinem zeitgenössischen Lesepublikum präsentiert, im Zeichen einer Fülle steht, welche Landschaften und Flüsse, Flora und Fauna, aber auch Völkerschaften, Kulturen und Sprachen umfasst, so fehlt auch das Element der Falle nicht, sind doch im Norden des Kontinents längst die Symptome der Syphilis aufgetaucht, die in diesen Landstrichen zuvor völlig unbekannt gewesen sei. Auf diese Weise erscheinen in der *Descrittione dell'Africa* nicht nur die Erkenntnisse über sich ausweitende Welthorizonte, sondern auch all jene Krankheiten, die – wie bereits betont – mit der europäischen Globalisierung einhergingen. Die Syphilis als Globalisierungskalamität konnte hier nicht fehlen.

Für die Syphilis wollte niemand verantwortlich sein, stets schob man die Schuld dafür anderen europäischen Völkern in die Schuhe. Dieses Spiel begann schon kurz nach der Jahrhundertwende, als die Krankheit sich vornehmlich in den Ländern rund um das Mittelmeer zu verbreiten begann. Johannes Leo Africanus bildet hier keine grundsätzliche Ausnahme von der europäischen Regel, weist aber – wie wir gleich sehen werden – eine Besonderheit auf.

Mit der Erörterung dieser Leit-Epidemie der ersten Phase beschleunigter Globalisierung treten wir aus einer transarealen Sichtweise, wie wir sie durchaus in Ramusios Sammlung *in nuce* finden können, ein in die zeitgenössische Diskussion jener sich weltweit verbreitenden Seuche, die außerhalb von Frankreich als *morbo gallico*, als französische Krankheit, bezeichnet wurde, auch wenn die Portugiesen sie gerne die kastilische, die Schotten wiederum eher die norwegische Krankheit nannten. Giovan Leone L'Africano schloss sich seinerseits eher den in der arabischen Welt kursierenden Gerüchten an und verfocht die These von einer anderen Herkunft:

> Die Französische Krankheit ist in der Berberei sehr verbreitet. Nur wenige Einwohner entgehen ihr. Sie verursacht Beulen und Geschwüre. Auf dem Lande und im Atlas-Gebirge leidet fast niemand daran. Auch bei den Arabern, in Numidien, in Libya und im Land der Schwarzen kennt man das Übel nicht. Ja, man bringt die Erkrankten sogar nach Numidien und Nigritien, weil sie durch die dortige Luft gesund werden. Ich selbst habe einige hundert Personen gesehen, die durch die bloße Luftveränderung, ohne ein anderes Mittel, geheilt worden waren. Die Seuche war ursprünglich in Afrika selbst dem Namen nach unbekannt. Sie wurde von den Juden eingeschleppt, die durch König Ferdinand aus Spanien vertrieben worden waren. Viele von ihnen waren krank, und die wollüstigen Mauren steckten sich bei den Jüdinnen an, die nach Afrika gekommen waren, so daß bald keine Familie in der Berberei von dem Übel verschont blieb. Anfangs wurden die von der Französischen Krankheit Befallenen als leprakrank angesehen, von ihrem Heim vertrieben und gezwungen, mit den Aussätzigen zu leben. Aber als die Zahl der Erkrankten täglich stieg und eine große Menge von Menschen befallen war, begannen die Kranken wieder ihr normales Leben zu führen, und die Vertriebenen kehrten wieder nach Hause zurück.

> Man hält es für zweifelsfrei, daß die Seuche aus Spanien kam, und nennt sie daher die Spanische Krankheit. In Tunis, wo sie einige Zeit sehr gewütet hat, in Ägypten und Syrien heißt sie, wie in Italien, die Französische Krankheit.[20]

Die Reaktions- und Darstellungsweisen von Johannes Leo Africanus auf die Erscheinungsformen der Leit-Epidemie der ersten Phase beschleunigter Globalisierung sind aufschlussreich. Denn sie zeigen, wie kulturbedingt die jeweiligen Thesen und Hypothesen sind, was Herkunft und Einschleppung von Krankheiten in den 'eigenen' Bereich, in diesem Falle nach Nordafrika, angeht. So ist sich der Granadiner, der selbst von den Spaniern aus der Hauptstadt des Nasridenreiches vertrieben wurde, sicher, dass es die ebenfalls vertriebenen Juden waren, welche die Krankheit einschleppten. So werden bestimmte historische Ereignisse ausgewählt, um den Hintergrund für plausible, aber letztlich rein kulturbedingte Thesen abzugeben. Die Frage, woher die den Juden angedichtete Krankheit stammt, stellt sich der Wanderer zwischen den Welten nicht. Auch wird die überseeische Herkunft der Syphilis bei ihm nicht als Möglichkeit in Betracht gezogen. Er kalkuliert allein mit einer Krankheit, die aus Europa selbst gekommen wäre – und dabei leiten unverkennbar judenfeindliche Aspekte alleine seinen Blick.

Ebenso in den Formen der Berichterstattung wie in den sich aus der Verbreitung der Seuche ableitenden (und zumeist transitorischen) Normen des Zusammenlebens lässt sich vieles mit den Formen und Normen in Verbindung bringen, mit denen auch in der zweiten, dritten und vierten Phase beschleunigter Globalisierung auf Epidemien und Pandemien als grundlegenden Globalisierungssymptomen und -ängsten reagiert wurde. Lassen sich hier nicht eindeutige Parallelen zwischen den Reaktionsweisen auf die Verbreitung der Syphilis in der ersten und auf die zunächst unerklärliche Ausweitung der AIDS-Epidemie in der vierten Phase beschleunigter Globalisierung ziehen? Sind hier die Reaktionsweisen im Übergang zwischen Mittelalter und Renaissance einerseits und in einer 'aufgeklärten' postmodernen Gesellschaft andererseits nicht nahezu identisch? Selbst in Ländern wie Schweden oder Deutschland war eine strenge Kasernierung von Erkrankten angedacht und 'Lösungen' des Problems im Gespräch, wie sie letztlich mit großer Konsequenz dann im autoritären System Cubas in den ersten Jahren umgesetzt wurden.

Insofern liefert uns die *Beschreibung Afrikas* nicht nur einen spannenden zeitgenössischen Einblick in Problematiken einer Globalisierung, die in der 'Alten Welt' – denken wir nur an die rasch einsetzenden Biopolitiken der Verschiffung schwarzer Sklavinnen und Sklaven in die 'Neue Welt' – gewiss nicht

---

20 Ebda., S. 75.

vor dem afrikanischen Kontinent haltmachten. Zugleich zeigt uns dieses Mitte der zwanziger Jahre des 16. Jahrhunderts entstandene Werk mit literarischen Mitteln auf, wie sich in den unterschiedlichsten Bereichen im Zeichen der ersten Phase beschleunigter Globalisierung Lebensformen und Lebensnormen zu verändern begannen und wie die Epidemie sich Stück für Stück 'normalisierte'. Denn die an Syphilis Erkrankten nahmen langsam wieder ihr angestammtes Leben auf und integrierten sich erneut – wie die *Beschreibung Afrikas* erläutert – in ihre jeweiligen Gesellschaften.

Doch die weltpolitischen Rahmenbedingungen und Kontexte hatten sich zu Beginn des 16. Jahrhunderts ein für alle Mal grundlegend verändert. Während am einen Ende der Welt die vorrückenden Türken bald alle terrestrischen Handelsverbindungen zwischen Asien und Europa zu kontrollieren vermochten, errichteten am anderen Ende der Welt die iberischen Mächte ihre Herrschaft auch und gerade über die Länder der Spezereien. Binnen weniger Jahrzehnte war die Welt eine andere geworden: Alte Handelswege wurden langsam immer schwächer, während sich neue Handelswege eröffneten, welche den Schwerpunkt des europäischen Handels (und damit auch der europäischen Politik) an die Westseite des Kontinents verlagerten.

Al-Hassan al-Wassan ist, daran kann kein Zweifel bestehen, eine außerordentliche Schriftstellerpersönlichkeit, die es verstand, aus dem Wandern zwischen den Welten (unabhängig davon, dass es jeweils ein erzwungenes Wandern war) einen inter- und transkulturellen Mehrwert herauszuschlagen, der seine Schriften und Aktivitäten beseelt. Er wurde in seiner Zeit zweifellos zum wichtigsten Mittler zwischen der abendländischen und der morgenländischen Seite des Mittelmeeres.

Man sollte aus diesem Faktum jedoch nicht den irreführenden Schluss ziehen, dadd sein Leben selbst wie auch sein Lebenswissen völlig aus den Rahmenbedingungen seiner Zeit herausgefallen wären. Denn in *seiner* Zeit der Kriege und Vertreibungen, der Pogrome und Migrationen, der Sklavenjagden und Fluchtwellen, der Hungersnöte und Zwangsaushebungen sind derartige Lebenswege zwischen den Kulturen nicht wirklich singulär. Würden uns aus heutiger Perspektive die Wege Abertausender einfacher Matrosen oder Söldner, Galeerensklaven oder Kaufleute, Marketenderinnen, Dirnen oder Nonnen nicht weniger 'abenteuerlich' erscheinen? Im Falle des Granadiners freilich verbanden sich sein Schicksal und seine Lebenswege mit einer außergewöhnlichen Fähigkeit zur Kommunikation in verschiedensten Sprachen und seiner festen Absicht, die Zirkulationen von Wissen zwischen den Welten zu beschleunigen. Im geschriebenen translingualen Wort, im Schreiben jenseits der Muttersprache, fand er schließlich die ihm adäquate Ausdrucksform, mit deren Hilfe er sich einen festen Platz in den Beziehungen zwischen Orient und Okzident erschrieb. Wir stoßen hier auf ein Schreiben, das sich deutlich (und erzwungen) nach der Reise anordnet, zugleich aber die eigenen Reisen immer wieder neu in einen sich entwickelnden Zusammenhang des eigenen Schreibens einbettet. Das Verhältnis von eigenem Gereistsein und Schreiben ist bei diesem in Granada geborenen Autor eine hochdynamische Relation.

Johannes Leo Africanus war aus allen diesen Gründen (und vor allem auch schriftstellerisch) fraglos eine beeindruckende historische Persönlichkeit. Weit über seine Zeit hinaus fasziniert an seiner Gestalt jedoch vor allem die Tatsache, dass er in seiner translingualen Tätigkeit als Schriftsteller zwischen Europa, Afrika und Asien eine Form des ZwischenWeltenSchreibens zu entfalten verstand, die wir aus dem Blickwinkel der aktuellen vierten Phase beschleunigter Globalisierung dank der Rekonstruktion der spezifischen historischen Kontexte wohl präziser und sensibler zu erfassen verstehen als zu anderen, weniger 'bewegten' und weniger velociferischen Zeiten. Doch vom Hintergrund unserer eigenen Zeiterfahrung aus und im Bewusstsein aktueller Deutungs- und Schreibweisen inter- und transkultureller Begegnungen ist dieser Wanderer zwischen den Welten weitaus sensibler und adäquater zu erfassen. Sein Leben wirkt für uns heutige fast wie ein Roman – und zwar ganz ähnlich jenem Romanerstling, den Amin Maalouf mit *Leon l'Africain* schuf.

Aus der Not, die Kontinente und die Sprachen, die Kulturen und die Religionen wechseln zu müssen, um überleben zu können, hat al-Hassan al-Wazzan alias Johannes Leo Africanus die transkulturelle Tugend entwickelt, zwischen dem Süden und dem Norden, zwischen dem Osten und dem Westen eine unterschiedliche Kulturen und Ausdrucksformen querende Übersetzungsarbeit zu entwickeln, welche ihn zu einer der schillerndsten und zukunftsträchtigsten Figuren der ersten Phase beschleunigter Globalisierung machte. Denn seine *Descrittione dell'Africa* ist weit mehr als eine bloße Beschreibung Afrikas: Sie modelliert mit den Mitteln der Literatur aus einer transarealen Perspektive *avant la lettre* die Komplexität der alten im Lichte einer heraufziehenden neuen Welt.

Gewiss konnte er noch nicht erkennen, welche fundamentalen Folgen die zunehmende Verlagerung der Welthandelsrouten im Zuge der europäischen 'Entdeckung' Amerikas haben würde. Mit Blick auf den afrikanischen Kontinent begannen sich diese Transformationen erst am Horizont abzuzeichnen und griffen stärker in ein südlich der Sahara liegendes Afrika ein, das bald schon als ideales Jagdgebiet für schwarze Sklaven diente, welche die stetig wachsende Gier nach immer neuen Arbeitskräften auf den europäischen Plantagen der westindischen Inselwelt wie des zirkumkaribischen Raumes befriedigen mussten. Dies entsprach aber noch nicht der Erfahrungswelt des al-Hassan al-Wazzan zum Zeitpunkt seiner langen Reisen über Land.

Zu seiner Zeit bestanden die alten Karawanenwege noch immer fort, entspannen sich die Kulturen querenden Beziehungen entlang von Routen, die quer über Land verliefen und wie an einem (seidenen) Faden kulturelle Diversitäten auffädelten. Wenn Spezereien und Gewürze, Gold und Silber aber nun vor allem über die transatlantischen Handelswege transportiert wurden, so sollte dies die gesamten ökonomischen, politischen, sozialen und kulturellen Rahmenbedingungen grundlegend und irreversibel verändern. Was wir von Johannes leo Africanus alias al-Hassan al-Wazzan jedoch noch immer lernen können, das ist die unschätzbare Fähigkeit, verschiedene Kulturen als einander gleichrangig, als *äquipollent* zu erachten und in unterschiedlichen sprachlichen wie gedanklichen, philosophischen Logiken *zugleich* zu denken. Er vermochte es, Wissen unterschiedlichster Form in den abendländischen Kontext zu vermitteln, gerade weil er die kulturellen Differenzen kannte und zwischen Orient und Okzident in keiner Weise in Kategorien von Inferiorität und Superiorität dachte. Eben dies macht den im Granada der Katholischen Könige Geborenen so faszinierend auch und gerade für unsere Zeit.

Giacomo Casanova oder das Europa der Liebe

An dieser Stelle schließen wir unsere Beschäftigung mit dem ausgehenden 15. und dem beginnenden 16. Jahrhundert und damit zugleich mit der ersten Phase beschleunigter Globalisierung ab. Wir haben in dieser Phase Reiseberichte und Reiseliteratur sehr unterschiedlicher Herkunft, Genese und Machart kennengelernt und gleichzeitig einen Einblick in die verschiedenen Dimensionen und Bewegungen des frühneuzeitlichen Reiseberichts erhalten. Wir wollen in unserem dritten Teil der Vorlesung ja nicht eine Exhaustivität der Herangehensweise pflegen, sondern eine Repräsentativität der Bezugstexte – und an dieser Stelle glaube ich, gute Gründe dafür zu haben, das frühneuzeitliche Kapitel unserer Vorlesung abzuschließen.

Machen wir daher einen beherzten Sprung in die zweite Phase beschleunigter Globalisierung von der Mitte des 18. bis zum Beginn des 19. Jahrhunderts. Wir werden dabei auf eine nicht geringere Vielfalt an Texten stoßen, die uns die Breite an reiseliterarischen Formen, aber auch die Entwicklungen der Gattung auf diesem Gebiet näherbringen werden. Dabei werden wir so manche Überraschung erleben.

Auch für diese zweite Phase werde ich bewusst repräsentative Beispiele wählen, die es erlauben, gleichzeitig einen panoramatischen Überblick über reiseliterarische Formen und Entwicklungen zu erhalten und dabei monographische Studien zu betreiben, die uns einen Autor oder eine Autorin etwas ausführlicher vorführen. Gemäß der veränderten historischen Einstellung verändert sich aber auch der Fokus nationaler Herkunft der Reiseberichte, waren es nun doch nicht mehr Spanien und Portugal, sondern vor allem Frankreich und England, die als Führungsmächte dieser zweiten Phase beschleunigter Globalisierung ihren Stempel aufdrückten. Das Szenario der Reiseliteratur hat sich also gewandelt – und mit ihm auch das Skript unserer Vorlesung. Dabei wird Sie vielleicht gerade unser erster Autor in Erstaunen setzen.

Denn es wird Sie wohl überraschen, daß wir uns im monographischen Teil unserer Vorlesung, also jenen Bereich, in dem wir uns mit einzelnen Autorinnen und Autoren auseinandersetzen, ausgerechnet mit einem Schriftsteller beschäftigen, der für viele Dinge geradezu sprichwörtlich bekannt ist, aber eigentlich nicht unter der Rubrik 'Reiseliteratur' geführt und katalogisiert wird. So mag es als verwegen erscheinen, an dieser Stelle einen Schriftsteller zu behandeln, der auch auf den ersten Blick im Grunde nichts mit der epochentypischen Bewegung der Globalisierung zu tun hat, sondern eher für die Sitten der Zeit und insbesondere die Formen intimen Lebens stehen kann. Denn das Thema Liebe wird bei ihm groß geschrieben.

Und doch ist zum einen das vielbewegte Leben Giacomo Casanovas, der sich den Ehrentitel eines Chevalier de Seingalt recht selbstbewusst erwählte und den *sein galant*, den galanten Busen, dabei bestimmt auch im zwinkernden Auge hatte, nicht von vielfältigsten Reisen zu trennen, die ihn an verschiedene Enden des damaligen Europa führte. Denn Casanova liebte die erlesene Gesellschaft seiner Zeit und kostete ihren weiblichen Charme aus, bis er jeweils an andere Orte fliehen musste, um aus Sicherheitsgründen gleichsam die Tapete seiner Innenräume auszuwechseln. Zum anderen aber lebte und liebte er nicht nur dieses Leben, sondern schrieb es auch im avancierten Alter nieder, wurde also zum Verfasser der *Geschichte meines Lebens*, mit der Giacomo Casanova seine Laufbahn schriftstellerisch krönte und zu einem gelungenen Abschluss führte. So ging er ein in jene *Hall of Fame* der Liebenden, die der Liebe und dem Gotte Amor, aber nicht der Geliebten opfern, und zugleich in jene der Reisenden, hatte er gegen Ende seines Lebens doch einen guten Überblick über die Fürstenhöfe, die sich über fast ganz Europa verstreuten, und die unterschiedlichsten Landschaften, die er auf seinen Fahrten und Fluchten durchquerte. Es kann kein Zweifel daran bestehen: Giacomo Casanova ist sicherlich eine der faszinierendsten Figuren des großen Zeitalters der Aufklärung.

Die Figur des Giacomo Casanova wird uns mit zwei durchaus miteinander in Zusammenhang befindlichen Dimensionen in Berührung bringen, die auf sehr intensive Weise mit dem Phänomen des Reisens in Verbindung stehen. Zum einen ist das Reisen stets, in einem ganz generellen Sinne, einem *Vektorenfeld des Begehrens* zuzuordnen, beruht also immer auch auf einem Begehren des Anderen, anderer Landschaften, anderer Reichtümer, anderer Erfahrungen und anderer Menschen. In der Bewegung des Reisens und des oder der Reisenden verknüpfen sich Motion und Emotion, verbinden sich also die physisch-topographische Bewegung mit der inneren Gefühlsbewegung, wobei diese emotionale Seite des Reisens nicht als sekundär bewertet werden sollte. Denn das Begehren ist eine mächtige Antriebskraft in der affektiven Ökonomie des Menschen.[1]

Zum anderen hat eben dieses Begehren und seine Ökonomie auch sehr viel damit zu tun, dass das Reisen nicht selten auch mit dem Sammeln einhergeht.[2] So sammeln wir beim Reisen oder Wandern beispielsweise kleinere Steine und Andenkenplättchen auf unserem Spazierstock, wie wir dies heute noch bei älteren Semestern etwa in den Alpen oder im Schwarzwald bewundern können.

---

1 Vgl. zu diesem Komplex Hindemith, Gesine / Stöferle, Dagmar (Hg.): *Der Affekt der Ökonomie. Spekulatives Erzählen in der Moderne.* Berlin – Boston: Walter de Gruyter 2018; sowie Bidwell-Steiner, Marlen: *Das Grenzwesen Mensch. Vormoderne Naturphilosophie und Literatur im Dialog mit postmoderner Gendertheorie.* Belin – Boston: Walter de Gruyter 2017.
2 Vgl. Sánchez, Yvette: *Coleccionismo y literatura.* Madrid: Ediciones Cátedra 1999.

Oder wir sammeln bei unseren Reisen Erfahrungen und Erlebnisse, bisweilen aber auch Reiselektüren, die sich für uns in Gemeinschaft mit bestimmten Landschaften einprägen. Und schließlich sammeln wir auch Kontakte mit anderen Menschen, wobei dies bei Casanova sicherlich im Bereich intimer zwischenmenschlicher Beziehungen ganz zweifellos der Fall war. Giacomo Casanova kann aus der Sicht dieser affektiven Ökonomie[3] folglich sehr wohl als ein passionierter, leidenschaftlicher Sammler bezeichnet werden.

Bevor wir uns aber mit diesen wichtigen Aspekten auseinandersetzen, sollten wir uns zunächst mit einigen Stationen im Leben des Giacomo Casanova beschäftigen, um auf diese Weise zunächst einmal einen Überblick über biographische Facetten seines Leben-Schreibens zu erhalten. Gleich vorausgeschickt sei, dass es dem Lebenslauf des Venezianers wahrlich nicht an Bewegung fehlte; und doch war dies zugleich repräsentativ für die Blütezeit des europäischen 18. Jahrhunderts und eine gewisse Gesellschaftsklasse, welche von einem hohen Grad an Internationalisierung sowie an internationalem Austausch geprägt war, wie wir ihn vielleicht erst in unserer aktuellen Epoche wieder erreicht haben. Im 18. Jahrhundert freilich beschränkte sich dies auf eine zahlenmäßig kleine Elite.

Giacomo Girolamo Casanova wurde an einem 2. April 1725 in Venedig als Sohn des Gaetano Casanova und dessen Frau Zanetta geboren. Seine Eltern waren beide Schauspieler, eine für das künftige Leben des jungen Mannes vielleicht nicht ganz unbedeutende Tatsache. Die Lagunenstadt, so ließe sich sagen, war seine Heimat und blieb trotz aller Fluchten, Reisen und Verbannungen im Grunde der Mittelpunkt seines gesamten Lebens. Denn nach Venedig trieb es ihn von allen 'Ausflügen' und Exkursionen, so weit sie ihn auch immer führen mochten, stets wieder zurück. Es verbitterte ihn im Alter sehr, noch ein letztes und endgültiges Mal aus der Stadt mit ihren Kanälen und den vielen mysteriösen Palästen verbannt worden zu sein.

Als neunjähriger Junge kam Giacomo – sein Vater verstarb bereits, als er acht Jahre alt war – in ein Internat ins nahe gelegene Padua.[4] Er erwies sich rasch als außergewöhnlich begabt und eignete sich schnell immer neues Wissen an, so dass er bereits 1737 an der ehrwürdigen Universität von Padua immatrikuliert wurde. Nach fünfjährigem Studium erwarb er dort den Grad eines Doktors der Rechte, auch wenn wir nicht moderne Maßstäbe an das damalige Bildungssystem

---

3 Vgl. hierzu Schlünder, Susanne / Stahl, Andrea (Hg.): *Affektökonomien. Konzepte und Kodierungen im 18. und 19. Jahrhundert.* Paderborn: Wilhelm Fink 2018.
4 Vgl. zur Biographie u. a. Loos, Erich: Einleitung. In: Casanova Chevalier de Seingalt, Giacomo: *Geschichte meines Lebens.* Mit einem Essay von Peter Quenell „Der Verführer in der Literatur". Herausgegeben und eingeleitet von Erich Loos. Erstmals nach der Urfassung ins Deutsche übersetzt von Heinz von Sauter. Bd. 1. Berlin: Propyläen-Verlag 1985, S. 37–60.

Abb. 53: Giacomo Girolamo Casanova
(Venedig, 1725 – Dux in Böhmen, 1798).

anlegen sollten. Im Zentrum seiner Studien wie auch der seiner Kommilitonen stand die Lehre von den Sieben Freien Künsten, wobei als Grundstudium die Fächer Grammatik, Rhetorik und Dialektik gelehrt wurden. Der junge Casanova absolvierte alles mit Bravour.

Es war keineswegs ungewöhnlich, dass Casanova bereits als Siebzehnjähriger sein Studium mit dem Doktortitel, als Doktor beider Rechte (des weltlichen wie des kanonischen Rechtes) abschließen konnte. Seine Mutter wie seine Großmutter wollten die Zukunft des jungen Mannes als Rechtsgelehrter im Dienste der katholischen Kirche sichern; daher erhielt er 1740 die Tonsur und 1741 die niederen Weihen: Aus dem Studenten wurde der Abate Casanova. Diesen Abbé – und wir wissen, welche Rolle die Abbés in der Französischen Revolution spielen sollten – nun empfahl die Mutter zunächst einem Bischof in Kalabrien: Er reiste 1743 nach Martirano bei Cosenza, was den Beginn eines durchaus abenteuerlichen Wanderlebens markierte: Denn das bescheidene Bergstädtchen in Kalabrien vermochte ihn nicht zu halten. Casanova hatte andere Pläne. So begab er sich von Neapel nach Rom, wo er als Sekretär des spanischen Gesandten, des Kardinals Aquaviva, eine sichere Laufbahn hätte beginnen können. Er verfügte zudem über beste Beziehungen zum Papst, der ihn zum 'apostolischen Protonotar' ernannte sowie zum Ritter des Goldenen Sporns, was ihm die Führung des Titels eines Chevalier ermöglichte. Alles hätte so gut in seinem Leben laufen können: Wenn nicht

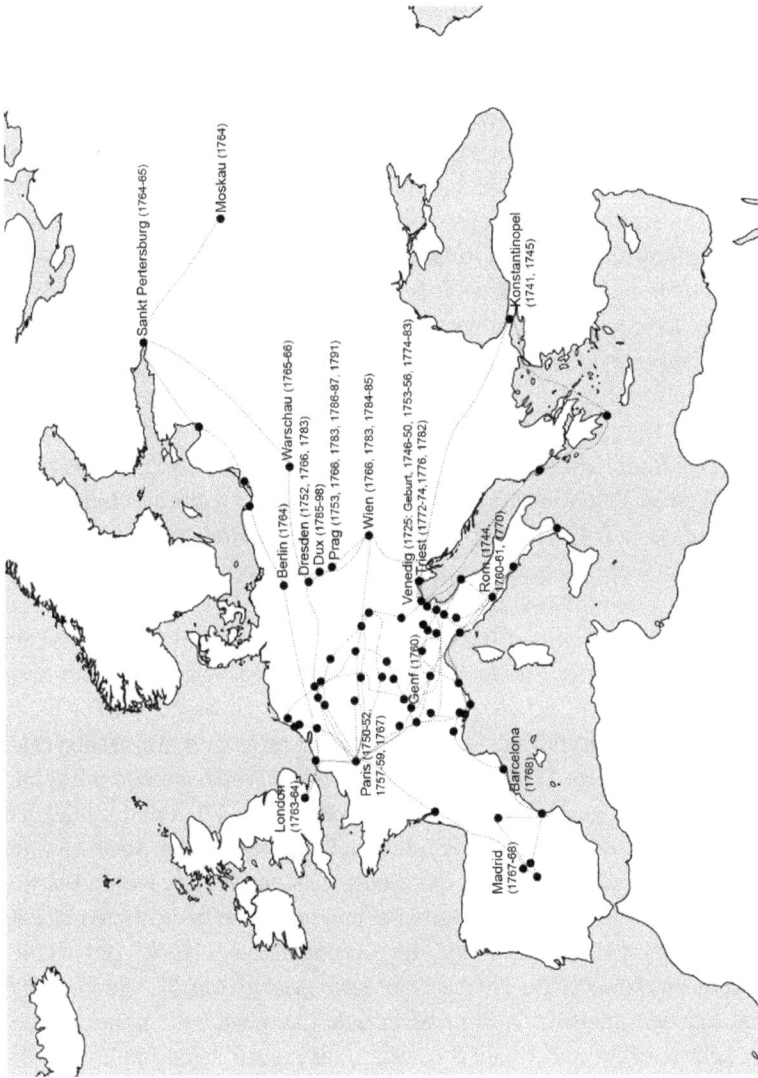

Abb. 54: Casanovas wichtigste Reisestationen.

eine Entführungsgeschichte seinen weiteren Aufstieg unterbrochen hätte: Der junge Mann musste Rom fluchtartig verlassen.

Casanova gelangte nach Bologna, wo er sich 1744 entschloss, das geistliche Gewand abzulegen und sein Glück – ganz im Sinne von Stendhals *Le rouge et le noir* – nunmehr als Soldat zu versuchen. Doch bereits 1745 verzichtete er nach Erfahrungen im Dienste der Republik Venedig auf der Insel Korfu und wohl auch in Konstantinopel auf eine Fortsetzung seiner eher tristen Soldatenlaufbahn. Er träumte von höheren Aufgaben, für die er sich empfehlen wollte.

Casanova lebte nun zunächst in Venedig vom Geigenspiele und hatte dann das Glück, den Senator Bragadin von einer Art Schlaganfall zu heilen. Dieser glaubte in dem geschickten Casanova einen Vermittler zum Überirdischen gefunden zu haben und behandelte ihn wie einen Sohn, so dass ihm nun alle Mittel für ein gutes Leben zur Verfügung standen. Zwischen 1746 und 1749 scheint er alle in ihm schlummernden Fähigkeiten als Spieler und Verführer vervollkommnet zu haben. Sein Lebenswandel wurde der venezianischen Inquisition verdächtig, so dass er 1749 Venedig verließ, mehrere oberitalienische Städte besuchte und schließlich ins französische Lyon reiste, wo er Freimaurer wurde. Das Schicksal hatte es mit Casanova anders gemeint.

Schon 1750 finden wir ihn erstmals in Paris, wo es ihm nicht schwerfiel, bald Zugang zu den vornehmsten Zirkeln der Stadt zu finden. 1752 ging er dann nach Dresden, um dort seine als Schauspielerin tätige Mutter zu besuchen. Für deren Theatergruppe schrieb Casanova die italienische Fassung einer französischen Oper sowie eine Parodie auf eine Tragödie von Racine. Beide Werke wurden mit Erfolg aufgeführt. Vom damaligen Elbflorenz reiste er weiter nach Wien und schließlich wieder nach Venedig, wo er nach zwei Jahren müßiggängerischer Abenteuer am 26. Juli 1755 wegen Beschäftigung mit den Geheimwissenschaften, wegen Beleidigung der Religion und als Freimaurer verhaftet und unter den berüchtigten Bleidächern, den sogenannten 'Bleikammern' des Dogenpalastes, eingekerkert wurde. Doch er plante minutiös seine Flucht. Sein Plan gelang: Am 31. Oktober 1756 glückte ihm sein sensationeller Ausbruchsversuch. Casanova hatte seinen sprichwörtlichen Lebenswillen und Überlebenswillen, aber auch seine Intelligenz tatkräftig unter Beweis gestellt. Auch wenn sein Buch über seine Flucht erst sehr viel später, im Jahre 1788, erscheinen sollte: Die europäische Öffentlichkeit wurde auf ihn aufmerksam.

Casanova beschloss, wieder nach Paris zu reisen, wo der durch seinen spektakulären Ausbruch berühmt Gewordene dank seines außerordentlichen Organisationstalents als Mitbegründer der Königlichen Lotterie und durch das Vertrauen der Marquise d'Urfé zu einem reichen Mann wurde. Wieder einmal schien Casanova in einer beneidenswerten Stellung zu sein, die ihm alle Chancen für ein glückliches und ruhiges Leben eröffnete. Doch auch diesmal schlug er die Chance wieder aus: Er genoss seine Stellung in vollen Zügen und bewies erneut seine Spielernatur. Doch durch seine Aktivitäten geriet er bald schon erneut in Verdacht, so dass er es vorzog, Ende 1759 die französische Hauptstadt wieder zu verlassen. Ein unstetes Nomadenleben zwischen verschiedensten europäischen Städten schloss sich an: Giacomo Casanova wird auf seinen Reisen durch Frankreich, Deutschland, die Schweiz oder die Niederlande für seine vielfältigen Liebschaften berühmt und berüchtigt.

Diese bewegte Phase endete mit seinem Aufenthalt in London von Juni 1763 bis März 1764. Bei Casanova verstärkte sich das Bewusstsein, den Höhepunkt seines Lebens bereits überschritten zu haben. Sein Weg führt den Venezianer auch zu Friedrich den Großen an den preußischen Hof zu Potsdam und Berlin; doch das Angebot Friedrichs, wohlgemerkt Erzieher an der Kadettenakademie der preußischen Armee zu werden, lehnt Casanova schließlich ab und versucht sein Glück vergeblich am Hofe der Zarin Katharina II. von Russland. Obwohl sich der Venezianer neun Monate am Hofe in St. Petersburg aufhält, kann ihm die Zarin doch keine adäquate Stellung am Hofe verschaffen.

Seine nächste Station ist Warschau, wo er das Duell um Liebeshändel mit dem polnischen Kronkämmerer Graf Branicki wie dieser schwerverletzt übersteht, so dass er im Sommer 1766 fluchtartig Polen wieder verlassen muß und nach Wien weiterzieht. Dort aber gerät er mit der sogenannten 'Keuschheitskommission' in Konflikt und wird des Landes verwiesen. Ein erneuter kurzer Aufenthalt in Paris endet wiederum mit der Ausweisung im November 1767, wonach er sich nach Spanien wendet, dessen rigoroses gesellschaftliches Klima ihm aber missfällt. In Madrid wird er bald wegen unerlaubten Waffenbesitzes kurzzeitig eingekerkert. Liebeshändel brachten ihm in Barcelona 1768 eine Kerkerhaft von 42 Tagen ein, die er unter anderem zur Niederschrift einer umfangreichen Verteidigung der venezianischen Politik gegen französische Historiographen nutzte. Casanova dachte an seine geliebte Lagunenstadt und sehnte sich nach ihr.

Das Werk erschien 1769 unter falscher Verlagsangabe in Lugano, wobei diese Veröffentlichung ihm die Gunst der venezianischen Regierung gewinnen und die Rückkehr in die Heimatstadt ermöglichen sollte. In der Folge verfasst Casanova eine Fülle literarischer Arbeiten, die sich mit verschiedensten, auch naturwissenschaftlichen Themen befassen. Er hält sich in der Nähe des Territoriums der Republik Venedig auf, um dem von ihm ersehnten Ruf der *Serenissima* sofort folgen zu können; doch dieser Ruf lässt auf sich warten. So arbeitet er 1771 in Florenz an einer Übersetzung der *Ilias*, von der mehrere Teile erscheinen, und lebt dann – von 1772 bis 1774 mit einer großen historiographischen Arbeit über Polen beschäftigt – unter anderem in Triest. Durch Agentendienste sucht er die Gunst der venezianischen Inquisition für sich zu gewinnen und die venezianische Regierung für sich einzunehmen. Dies gelingt endlich im November 1774, als ihm die ersehnte Begnadigung zuteil wird: Casanova darf am 14. September 1774 nach Venedig zurückkehren.

In Venedig lebt Casanova zunächst zurückgezogen; er arbeitet unter anderem als Spitzel für die venezianische Staatsinquisition. Seine Spitzelberichte unterzeichnet er, wenn man der Literatur glauben darf, mit dem Pseudonym Antonio Pratolini.[5] Doch 1782 verfasst er nach einem Wortwechsel mit einem Patrizier eine scharfe Satire, was ihm die abermalige und endgültige Verbannung aus Venedig einträgt. Sein Wanderleben setzt wieder ein, das ihn für kurze Zeit nach Paris und schließlich nach Wien führt, wo er 1784 Sekretär des venezianischen Gesandten Foscarini wird.

Nach dessen Tod bietet ihm der junge Graf von Waldstein die Stelle eines Bibliothekars in seinem Schloss im nordböhmischen Dux an: Im September 1785 übernimmt Casanova sein neues Amt, unterhält eine weitläufige Korrespondenz mit zahlreichen europäischen Persönlichkeiten, widmet sich wissenschaftlichen und literarischen Arbeiten und beginnt um 1790 mit der Niederschrift seiner Memoiren. Diese umspannen insgesamt die Jahre zwischen 1733 und 1774, mithin vier bedeutsame Jahrzehnte der Epoche der Aufklärung und des Rokoko, die uns Casanova in seiner *Histoire de ma vie* als ein herausragender Zeitzeuge kommentiert und nahebringt. Ein Leben, das sich wie ein Reisebericht liest, kommt zu seinem schriftstellerischen Ende.

Giacomo Casanova blieb der Stadt Venedig mit allen Fasern seines Lebens verbunden. Das damals recht freizügige Klima der Stadt der Inseln formte und prägte ihn zutiefst. Zugleich kann er als das bezeichnet werden, was man im 18. Jahrhundert einen *cosmopolite* oder im Deutschen einen 'Weltbürger' nannte, obwohl er Europa, die Alte Welt, nie verließ. Der illustre Venezianer war ein typischer Vertreter jener französisch gebildeten und französischsprachigen Elite, die sich in der internationalen *République des Lettres* zwischen den Ländergrenzen hin- und herbewegte. Unter diesem Gesichtspunkt war Casanova sehr wohl eine repräsentative Figur für die Eliten des europäischen Jahrhunderts der Aufklärung.

Als Giacomo Casanova mit der Niederschrift seiner in französischer Sprache abgefassten *Histoire de ma vie* im Jahre 1789 oder spätestens 1790 begann, blickte er auf einen langen Zeitraum zurück, den er ganz im Sinne der Memoiren seiner Zeit – wie auch der modernen Autobiographie, die mit Jean-Jacques

---

5 Vgl. Bolitho, William: *Zwölf gegen das Schicksal – Die Geschichte des Abenteuers.* Traunstein: Müller und Kiepenheuer 1946, S. 78.

Rousseaus *Confessions* ihren eigentlichen Beginn und ersten Höhepunkt erst wenige Jahre zuvor erreicht hatte – inhaltlich immer stark an großen Persönlichkeiten, denen er begegnet war, ausrichtete, zugleich aber natürlich gerade den amourösen Geschichtchen und Geschichten einen großen Teil seiner verschriftlichten Aufmerksamkeit widmete. Casanova war auch in diesem Sinne ein Kind seiner Zeit.

Man hat mit Rückgriff auf seine eigene Formulierung auch zu Recht von einer genießenden Niederschrift der Memoiren gesprochen, denn Casanova hat ganz offensichtlich diese Niederschrift und die Erinnerungen und Ausgestaltungen, die er gegen Ende seines Lebens zu Papier brachte, sehr genossen. Mit einer Wendung von Roland Barthes könnte man diese Memoiren, diesen Reisebericht seines Lebens, ganz in das Zeichen einer 'Lust am Text' stellen, die alle Seiten seines Berichts durchdringt.

Zugleich entsteht das, was man gleichsam den autobiographischen Pakt sowie auch den reiseliterarischen Pakt dieses Textes nennen könnte: Der Autor steht mit seinem Namen dafür ein, dass es sich bei dem Ich, dem wir in diesem Buch begegnen und das als Verfasser auf dem Buchdeckel steht, tatsächlich um den realen, textextern referentialisierbaren Autor mit Haut und Haaren handelt. Nun gut, auf diese Problematik kommen wir noch zurück; wir hatten sie ja auch bereits in der sechsten Dimension unseres systematischen Teiles der Vorlesung erörtert.

Wichtig aber ist für uns an dieser Stelle, dass es in der Reiseliteratur wie in der Autobiographie und Memoirenliteratur kein monolithisches Ich gibt, sondern dass dieses Ich in mindestens zwei Ichs sich aufspaltet, die miteinander in engster Verbindung stehen: Erstens in das erzählende Ich, das sich an seine früheren Wanderungen und Erfahrungen erinnert, und zweitens in das erinnerte Ich, das die Situationen erlebt und durchlebt, welche später dann vom erzählenden Ich in schriftlicher Form festgehalten werden. Diese beiden Figurationen des Ich finden sich sowohl in der Reiseliteratur als auch in der Memoirenliteratur und 'klassischen' Autobiographie als gattungsspezifische Grundstruktur.

Eben dies ist auch in Giacomo Casanovas *Histoire de ma vie* der Fall, sogar in einem sehr starken Maße, da sich in der Tat bei ihm die autobiographischen und die reiseliterarischen Gattungsspezifika gleichsam wechselseitig verstärken. Die Textdiegese, also der raum-zeitliche Bereich, der in der *Geschichte meines Lebens* ausgespannt wird, endet also keineswegs mit dem Jahre 1774, der Rückkehr nach Venedig, in der Casanova im Grunde jene zweite Phase zu Ende gehen sah, von der zu berichten und zu erzählen dem alten Mann noch Freude machte. So können Sie es eigentlich in allen literaturwissenschaftlichen Darstellungen lesen, die zu den Memoiren des Venezianers verfasst wurden. Doch dabei wird ein Wesentliches übersehen: Denn 'natürlich' wird die Situation des schreibenden, des erzählenden Ich immer wieder eingeblendet, wobei diese Position auch durch die Reflexionen, die metatextuellen Einschübe, im Text immer wieder in besonderem Maße erscheint und die entsprechenden historischen, kulturellen, erotischen und anderen Erfahrungen einbringt. Wir sehen so ein gewiss stilisiertes schreibendes, erzählendes Ich bei der Arbeit, ständig im Begriff, sich über lange Zeiträume seines Lebens hinweg zu erinnern, so dass diese Phase der langen Niederschrift im Alter auf dem nordböhmichen Schloss Dux im Text selbst sehr wohl präsent ist. Bis zu seinem Tode war Casanova mit der Fertigstellung und Überarbeitung seiner Memoiren beschäftigt.

Vielleicht sollten wir am besten mit dem Anfang dieses sehr umfangreichen zwölfbändigen Werkes beginnen, das erst lange Zeit nach dem Ableben des Verfassers zunächst in deutscher Übersetzung ab 1822 bei Brockhaus in Leipzig zu erscheinen begann. Denn die Veröffentlichungsgeschichte der Memoiren ist durchaus kurios und endet keineswegs mit dem schließlich erfolgenden Aufkauf des französischen Manuskripts des Italieners für einen hohen Millionenbetrag durch die *Bibliothèque Nationale* von Paris.

Der große Erfolg dieser recht problematischen Erstausgabe, von der aus paradoxerweise wieder zurück ins Französische übersetzt wurde – die Nachfrage war so groß, dass im Laufe der Zeit in Frankreich wie in Deutschland jeweils mehr als einhundert verschiedene Ausgaben erschienen – stellte alle Erwartungen in den Schatten und verankerte bereits frühzeitig den Namen des frankophilen Italieners im kollektiven Gedächtnis der abendländischen Welt als eine Art Prototyp oder repräsentative Figur des Verführers in der Literatur. War es wirklich dieses Bild, das Casanova von sich selbst transportiert sehen wollte? Viel gäbe es dazu zu sagen; doch sollten wir uns zunächst einmal mit der Vorrede Giacomo Casanovas – übrigens in einer ausgezeichneten deutschsprachigen Ausgabe – beschäftigen.

Ihr ist als Motto ein unvollständiges Cicero-Zitat vorangestellt, das am Ende der Vorrede erneut bemüht wird, so dass eine Art Kreisstruktur entsteht und dieses Motto zusätzlich in seiner Bedeutung herausgehoben wird: „Wer sich nicht selbst kennt, weiß gar nichts." Damit ist das zentrale Motiv der Selbsterkenntnis, der Selbsterfahrung von Beginn an in den Text eingeblendet. Vielleicht wäre hier eher das Bild zu suchen, das Casanova philosophischerweise von sich am liebsten sehen wollte. Nach diesem Motto heißt es dann:

> Ich erkläre meinem Leser von vornherein, daß ich bei allem, was ich zeit meines Lebens an Gutem oder Bösem getan habe, sicher bin, entweder verdienstvoll gehandelt oder gesündigt zu haben, und daß ich mich deshalb für ein mit freiem Willen begabtes Wesen halten muß. [...] Ich glaube an die Existenz eines unkörperlichen Schöpfergottes, der Herr alles Gestaltgewordenen ist. Der Beweis dafür, daß ich nie daran gezweifelt habe, ist für mich die Tatsache, daß ich stets auf seine Vorsehung zählte, in allen meinen Nöten durch das Gebet Zuflucht bei ihm suchte und auch stets erhört wurde. [...]

Der Leser, der zum Nachdenken neigt, wird aus diesen meinen Erinnerungen ersehen, daß ich nie auf ein bestimmtes Ziel zusteuerte und deshalb nur dem System folgte – wenn es überhaupt eines ist –, mich dahin treiben zu lassen, wohin der Wind blies. Wie viele Wechselfälle birgt doch diese Unabhängigkeit von jeglicher Methode in sich! Meine Mißgeschicke haben mir ebenso wie die Glücksfälle gezeigt, daß auf dieser gleichermaßen körperlichen wie moralischen Welt das Gute aus dem Bösen hervorgeht, wie das Böse aus dem Guten. Meine Irrwege werden den Nachdenklichen die entgegengesetzten Pfade weisen oder sie die hohe Kunst lehren, sich stets im Sattel zu halten. Es gilt nur, Mut zu haben, denn Kraft ohne Vertrauen ist zu nichts nütze. Ich habe oft erlebt, daß mir durch einen unbedachten Schritt, der mich eigentlich an den Rand des Abgrunds hätte führen müssen, das Glück in den Schoß fiel. [...]

Trotz des Vorrates an trefflicher Moral als natürlicher Frucht der in meinem Herzen eingewurzelten göttlichen Prinzipien, bin ich ein Leben lang ein Opfer meiner Sinne gewesen. Vom rechten Weg abzuweichen, machte mir Vergnügen, und ich habe fortwährend Fehler begangen [...]. Aus diesem Grunde hoffe ich, lieber Leser, daß du, weit davon entfernt, in meiner Geschichte schamlose Prahlerei zu entdecken, darin solche Züge findest, die einer Generalbeichte zustehen, obschon du im Stil meiner Berichte weder das Gehabe eines Büßers noch das Schuldgefühl eines Menschen finden wirst, der errötend über seine losen Streiche Rechenschaft ablegt.[6]

In dieser etwas längeren Passage gibt es eine ganze Reihe von Charakteristika, die wir in der Folge immer wieder in Casanovas Reisebericht antreffen werden. Zum einen findet man am Anfang und am Ende der hier aufgeführten Überlegungen Casanovas direkte Anreden an den Leser, der nicht notwendig nur ein männlicher sein musste. Denn wir wissen heute, dass die erotische Literatur im 18. Jahrhundert gerade auch von Frauen – Marie-Antoinette ist hier nur ein besonders bekanntes Beispiel – sehr goutiert und gerne gelesen wurde.

Es scheint sich auf diese textinterne Weise eine direkte Beziehung zu bilden zwischen dem realen Autor und dem Ich-Erzähler einerseits – die gemäß des autobiographischen Pakts stillschweigend miteinander identifiziert werden – und einer expliziten (und allen impliziten) Leserfigur(en) andererseits. Dabei muß man dieser expliziten Leserfigur laut Ich-Erzähler (und hier besonders dem erzählenden Ich) ein gewisses Alter und eine gewisse Lebenserfahrung zuschreiben: Denn für die Jugend habe er fürwahr nicht geschrieben. Nun, ich werde dennoch Ihnen gegenüber keine größeren Vorsichtsmaßnahmen walten lassen.

Schließlich befinden wir uns laut Vorwort eindeutig auf dem Gebiet der Philosophie, auch wenn Casanova ein System in seinen Lebens-Untersuchungen beim besten Willen nicht erkennen will. Vielmehr macht er den Fehler als ein grundlegendes Erkenntnisinstrument aus: Man könnte sagen, dass Casanova durch seine vielen von ihm begangenen Fehler zwar vielfältig gescheitert ist, aber zugleich auch dadurch gescheiter wurde. Zumindest aus der Position des weise gewordenen

---

6 Casanova, Giacomo: *Geschichte meines Lebens*, Bd. 1, Vorrede, S. 63 f.

erzählenden Ich, das seine Memoiren auf Schloss Dux verfasst. Reisen und Schreiben stehen so bei ihm in einem Wechselverhältnis des Lernens, das sich über Jahrzehnte seines Lebens erstreckt und auch im Alter noch nicht zu Ende ist.

Daneben findet sich eine schon zu Beginn recht deutlich prononcierte Absicht, das Christentum und den christlichen Glauben mit der Libertinage, mit der Freizügigkeit in philosophischen wie in erotischen Dingen, in Einklang und Übereinstimmung zu bringen. Es handelt sich dabei um eine Vorstellung, die Casanova – der ja einst eine Tonsur besesssen hatte – immer wieder der Erwähnung wert ist. Den Anspruch auf ein gottgefälliges Leben hat auch der alte Casanova im Angesicht seines baldigen Todes bei weitem nicht aufgegeben.

Natürlich hat dies auch mit der Frage der Zensur und der Gepflogenheiten im 18. Jahrhundert zu tun. Aber Casanova plante offenkundig nicht – obwohl er dann doch noch wohl auf Druck seiner Freunde einen erfolglosen Versuch der Veröffentlichung unternahm –, seine Lebenserinnerungen noch vor seinem Ableben zu veröffentlichen. Wir können mithin eine intensive Inszenierung der Beziehung zwischen Autor und Leserschaft von Beginn an konstatieren. Sie wird sich durch den gesamten Text ziehen und deutet auf einen Schriftsteller, der sehr wohl die Grenzen zwischen der Memoirenliteratur und der modernen Autobiographie bewusst überschritt. Als ein Prahlhans wollte der Ich-Erzähler freilich in den Augen der geneigten Leserschaft nicht dastehen.

Darüber hinaus aber wird ebenfalls deutlich, dass es eine gewisse Grundhaltung gibt, die wir in einem ganz positiven Sinne als Fatalismus bezeichnen können, gibt der Ich-Erzähler doch freimütig an, dem Wind gefolgt zu sein, der gerade blies und der ihn an jeweils bestimmte Orte führte sowie an andere nicht. Außerdem macht er in diesem Zusammenhang auch auf seine eigene Überwältigung aufmerksam: das Überwältigtsein von seinen Sinnen, denen er an entscheidenden Stellen seines Lebensberichts immer nachgegeben habe. Giacomo Casanova – ein Umhergetriebener von äußeren wie von inneren Beweggründen, ganz seinem eigenen Schicksal und keinem philosophischen System vertrauend?

Mit den deutlich fatalistisch eingefärbten Beweg-Gründen ist eine Aussage über die Wege und Wegerichtungen getroffen, wie wir sie im Romananfang von Denis Diderots *Jacques le fataliste et son maître* antreffen können und geradezu idealtypisch vorgebildet finden. Sie erinnern sich an das berühmte *incipit* dieses großen französischen Romans:

Wie hatten sie sich getroffen? Durch Zufall, wie jedermann. Wie nannten sie sich? Was kümmert sie das? Woher kamen sie? Vom nächstgelegenen Ort. Wohin gingen sie? Weiß man denn, wohin man geht?

Man könnte hier sehr wohl eine Verbindung zu Denis Diderots Text, mehr aber noch zu bestimmten Grundstrukturen herstellen, die wir gerade mit Blick auf die reiseliterarischen Orte im ersten wie im zweiten Teil unserer Vorlesung bereits näher untersucht haben. So zeigt sich hier auch als hermeneutische Bewegungsfigur ein gewisser Reiseverlauf, der eben vom Zufall geprägt ist und keinem System, keiner Methode (die etymologisch für den Weg steht) folgt, ja nicht einmal ein bestimmtes Ziel anvisiert. Damit sind die Beziehungen auch zum modernen Roman in der Nachfolge von Miguel de Cervantes' *Don Quijote* durchaus gegeben: Wir sehen, wie auch an dieser Stelle die Modernität von Casanovas Schreibrezept aufscheint.

Wir finden auf der Ebene der hermeneutischen Figuren bei aller Ziellosigkeit unseres Ich-Erzählers vielleicht eine gewisse Orientierung an Venedig, jener Stadt, an der sich Casanova in der Tat *orientierte*, so dass man zumindest in Teilen von einem sternförmigen Bewegungsmuster sprechen könnte. Aber bei genauerem Hinsehen müssen wir uns doch eingestehen, dass es kein eigentliches Grundmuster gibt, sondern dass wir es mit diskontinuierlichen, sprunghaften Reisebewegungen zu tun haben, denen unser männlicher Protagonist folgt. Denn es macht keinen Sinn, ein Grundmuster eben dort erkennen zu wollen, wo explizit ein solches unterlaufen wird und vor allem die Texte selbst immer wieder von Sprüngen und Diskontinuitäten geprägt sind.

Giacomo Casanovas *Histoire de ma vie* wäre damit ein gutes Beispiel für jenes Bewegungsmuster, das wir zwar im Reisebericht des 20. Jahrhunderts recht häufig finden, das im 18. jahrhundert aber eher selten ist. Casanovas Memoiren teilen dieses Muster mit Diderots Roman; und das romaneske Element ist zweifellos in den Memoiren dieses Venezianers mehr als genügend vorhanden. Denn von hier aus lassen sich auch Parallelen zum spanischen Schelmenroman, zur *novela picaresca* des 17. Jahrhunderts, ziehen.

Diese Verwandtschaften, Parallelen und Affinitäten mögen nicht zuletzt auch darin begründet liegen, dass es keineswegs Casanovas Absicht war, einen Reisebericht zu verfassen. Entscheidend aber ist für unsere Argumentation, dass er von Beginn der *Histoire de ma vie* an die Wegemetaphorik in seinen Text einblendet und zugleich selbstreferentiell auf seinen eigenen Text bezieht. Auf diese Weise haben wir es also mit Irrwegen und verschiedenen Pfaden, die sich verzweigen, mit einem Hin- und Her-Getriebenwerden von den jeweiligen Ereignissen und einem beständigen Abweichen vom 'rechten Wege' – der stets jener der Tugend ist – zu tun. Selbst die Reisen sind des Öfteren nicht freiwilliger Natur: Einkerkerungen, Ausbruchsversuche, Ausweisungen und fluchtartiges Verlassen sind narrative Elemente, die sich in diesem Leben als Reise, in diesem Lebensbericht als Reisebericht ständig wiederholen.

Giacomo Casanovas Lebensgeschichte ist folglich unstet und diskontinuierlich. Sie ist eine lange Beichte, aber vorgetragen in einem stolzen, selbstbewussten Ton – niemals in dem eines Büßers, der zutiefst sein Leben bereut hätte. Sie trägt damit auch auf dieser Ebene jene Züge des Schelmenromans, jener *novela picaresca*, von der wir bereits gesprochen haben. Und wie beim *pícaro* finden wir auch bei Casanova ein beständiges Queren unterschiedlichster sozialer Stände und Gruppen von den niedersten Klassen – also etwa den Bauern, zu denen auch die hübschen Bauernmädchen gehörten, die Casanova keineswegs verachtete – bis hinauf zu den höchstn Höhen der Gesellschaft, zu den Fürsten und vor allem Fürstinnen, Herzögen und Herzoginnen, an den großen europäischen Höfen.

Der eigentliche Treibstoff für seine Reisen aber ist das Begehren, wohl weitaus mehr noch als die Lust oder gar die Wollust, die er sich von seinen jeweiligen Eskapaden und Abenteuern erhofft. Giacomo Casanova ist einer, der sich – zumindest nach Aussage seines Ich-Erzählers – treiben lässt im Vektorenfeld des Begehrens. In ihm ist ein unmäßiges Begehren, ständig neue Umgebungen, ständig neue Geliebte, ständig neue Erfahrungen und Erlebnisse zu sammeln.

Dabei sind seine erotischen Besitzergreifungen und heterosexuellen Inbesitznahmen ebenso wie sein ausgeprägtes Nomadentum von erstaunlicher Haltbarkeit und Widerstandsfähigkeit. Erst spät stellen sich bei ihm auf den verschiedensten Ebenen Ermüdungserscheinungen ein, wobei in der Forschungsliteratur, aber auch schon bei Casanova selbst das Jahr 1763 – und damit sein Aufenthalt in London – als ein Jahr der Wende dargestellt wird. Mag sein, dass ihn eine unerfüllte Liebe zu einem jungen, kaum achtzehnjährigen Mädchen fast in den Selbstmord und damit an einen Punkt stärkster Selbstreflexion führte. Casanova musste sich der Vektoren seines Begehrens wieder von neuem versichern.

Dass der Treibstoff der Reisebewegungen im Grunde immer ein Triebstoff war, macht Casanova mit seinem Verweis auf die sinnliche Dominanz seiner Lebenserfahrungen deutlich. Dieser sinnliche und zugleich sensualistische Aspekt seiner Lebensphilosophie ist vielfach gedeutet worden. Entsprechend stark ist auf dieser Bedeutungsebene auch die sinnliche Wahrnehmungswelt des Textes ausgestattet, betont der weitgereiste Venezianer doch schon in der Vorrede seines Werkes, dass jede Frau, in die er sich verliebte, stets für ihn angenehm duftete; und dass er dies um so mehr genoss, je mehr sie bei seinen zärtlichen Bemühungen ins Schwitzen kam. Gerade dieser olfaktorischen und taktilen Sinnenfreude dürfen wir bei der Analyse seines Lebensberichtes eine größere Aufmerksamkeit schenken, kommt ihr doch eine gleichsam dionysische Qualität zu.

Im Grunde ist der Lebensbericht also ein Reisebericht und der Reisebericht ein Liebesbericht aus dem Vektorenfeld eines unendlich wiederholten und erneuerten Begehrens. Die Bewegungen im Text und im Leben überlagern sich, die Mobilität schreibt sich ein in ein immer komplexer werdendes Vektorenfeld, das vom eigenen Begehren unter Spannung gehalten wird. Das Leben selbst erscheint als Reise, ein Topos, den wir seit der Antike in der abendländischen Literatur verfolgen können.

Wie aber ist dieser Text einzuordnen? wie also können wir ihn auf der Ebene der sechsten Dimension, der Beziehungen also zwischen Imagination und Realität, zwischen Fiktion und Diktion situieren? Giacomo Casanova gibt auch hierzu in seiner Vorrede klare Hinweise. Die nachfolgenden Reflexionen zeugen vom hohen Grad an Bewusstheit und Selbstreflexion bei dem galanten Philosophen:

> Ein antiker Autor belehrt mich in schulmeisterlichem Ton: 'Wenn du nichts vollbracht, was das Aufschreiben lohnt, so schreibe wenigstens etwas, das wert ist, gelesen zu werden.' Diese Vorschrift ist so schön wie ein in England geschliffener Diamant reinsten Wassers, aber sie betrifft mich nicht, weil ich weder die Geschichte eines berühmten Mannes noch einen Roman schreibe. Ob wert oder unwert, mein Leben ist mein Stoff, und mein Stoff ist mein Leben. Da ich es gelebt habe, ohne je daran zu denken, mich könnte einmal die Lust packen, es aufzuzeichnen, mag es ein gewisses Interesse besitzen; das aber hätte es wohl kaum, wenn ich mein Leben in der Absicht geführt hätte, es in meinen alten Tagen niederzuschreiben und, was weit mehr ist, es auch noch zu veröffentlichen.[7]

Dieser Passage, die mit einem Zitat von Plinius dem Jüngeren beginnt und mit einem ironischen Verweis auf die keineswegs berühmte englische Diamantenschleifkunst weitergeht, wird danach von einer Datierung des Vorwortes explizit auf das Jahr 1797 fortgeführt, in welchem Casanova den bereits erwähnten Genuss bei der Niederschrift hervorhebt. In dem obigen Zitat aber geht es vor allem um die Frage der Legitimation der Niederschrift als solcher, denn eigentlich waren es nur die berühmten Männer, die dazu berechtigt waren, ihre Memoiren niederzuschreiben, die dann auch keineswegs Lebensberichte, sondern eher die Aufzeichnung von Erinnerungen an Treffen betrafen, die sie mit anderen berühmten Männern – und seltener auch Frauen – zusammenführten. Was aber berechtigt einen Casanova, sein von ihm nie unter der Maßgabe einer späteren Verschriftlichung geführtes Leben darzustellen und dem von ihm beschriebenen Figuren Gewicht und Bedeutung zu geben? Was gab ihm das Recht, vom eigenen Leben nicht in Form eines Romans, sondern in der Gestalt von Memoiren zu berichten und zu erzählen?

Die unbestreitbare Tatsache, dass Casanova, der sich keineswegs zu den damals berühmten Männern zählen durfte, nur wenig Federlesens mit derlei Hemmnissen macht, die sein Schreiben verunmöglicht hätten, mag darauf verweisen, dass autobiographische Schreibformen im Gefolge von Rousseaus *Confessions* längst zu einer verbreiteten Äußerungsform gerade auch bei Menschen geworden waren, die keinerlei Berühmtheit unter ihren Zeitgenossen

---

7 Casanova, Giacomo: *Geschichte meines Lebens*, Bd. 1, Vorrede, S. 66 f.

erlangt hatten. Wir wissen heute von vielen einfachen, aber des Schreibens kundigen Menschen, die autobiographische Schreibformen im ausgehenden 18. Jahrhundert praktizierten und weiterentwickelten. Es gab folglich ein offenkundiges Begehren, sich selbst in seiner eigenen Unwiederholbarkeit literarisch darzustellen.

Für Casanova aber liegt die gesamte Begründung seines Schreibens nicht in jenen gekrönten und ungekrönten Häuptern, die er in seiner Lebensgeschichte Revue passieren lassen kann – und es sind deren viele, von denen nicht wenige es vorgezogen hätten, im schweigsamen Schatten zu bleiben –, sondern in seinem eigenen Leben, seinem Leben selbst: Denn „mein Leben ist mein Stoff, und mein Stoff ist mein Leben." Im Zentrum steht also dieses einzigartige Leben in seinen Irrwegen, in seinen ständig unruhig-diskontinuierlichen Bewegungen, Einkerkerungen, Fluchtversuchen, Ausbürgerungen, Verbannungen, in seinem Nomadisieren und seiner immer wieder reüssierenden Sinnlichkeit, die ihm nicht nur die Herzen der Frauen zufliegen ließ. Denn Casanova schreibt wie einst Rousseau ein Leben, wie es keines vor ihm gab und keines nach ihm geben sollte. Das *moi seul* von Jean-Jacques gilt auch für Giacomo.

Aus unserer in dieser Vorlesung gewählten Perspektive ist aber wichtig zu konstatieren, dass wir es laut Casanovas Vorwort weder mit der Geschichte eines berühmten Mannes – also einer Biographie – noch mit einem Roman – in seiner romanesken Form – zu tun haben. Es geht damit weder um Diktion noch um Fiktion im Sinne Gérard Genettes, sondern ganz deutlich um Friktion: um eine *Friktionalität*, wie sie auch und gerade für den literarischen Reisebericht charakteristisch ist.

Aufschlussreich ist es, die Rezeptions- und Wirkungsgeschichte – auf die ich an dieser Stelle nicht ausführlich eingehen kann, obwohl hier editionsgeschichtliche wie auch zensurgeschichtliche Aspekte von großer Wichtigkeit sind – hierzu zu befragen. In ihrem bisherigen Verlauf fällt auf, dass Casanovas *Geschichte meines Lebens* insbesondere im 19. Jahrhundert als weitgehend frei erfunden dargestellt wurde: Man glaubte dem Venezianer nicht so leicht und hielt viele seiner Anekdoten für erlogen. Nicht wenige leugneten die Existenz Casanovas überhaupt, die ganze *Geschichte* wurde als literarische Erfindung verbucht. Dies war ein Schicksal, das auch seinem großen Landsmann Marco Polo über lange Zeit widerfahren war, schrieb man seinem Reisebericht, der nicht umsonst als *Il Milione* tituliert wurde, doch eine ungeheure Vielzahl an Lügen und Erfindungen zu. Doch man täuschte sich ebenso in Marco Polo wie in Giacomo Casanova.

Casanova wies in seinem Vorwort ja selbst darauf hin, dass es ihm weder um eine Liebesprahlerei noch um eine verheulte Lebensbeichte gehe. Man darf wohl sagen, dass er wie Jean-Jacques selbstbewusst mit dem Buch seines

Lebens in der Hand vor den Schöpfer treten wollte. Und so haben die Forschungen insbesondere im 20. Jahrhundert eindrucksvoll dokumentiert, wie präzise die Erinnerungen und die Gedächtnisleistung des Venezianers sind, wie genau er sich – selbstverständlich unterstützt von seinem Tagebuch – an bestimmte Abläufe erinnert, auch wenn sich bisweilen Fehler und Lücken in seiner *narratio* nachweisen lassen. Aber dies ist bei einem Abstand von mehreren Jahrzehnten wahrlich keine Überraschung.

Damit setzte übrigens auch gleich eine Legendenbildung um den großen zum Verführer stilisierten Venezianer ein, der zum ersten Mal durch seine spektakuläre Flucht aus den Bleikammern Venedigs – die er nachträglich 1788 beschrieben und separat in Buchform veröffentlichte, später aber in veränderter Form in seine Memoiren miteinbezogen hat – bei einer europäischen Öffentlichkeit auf sich aufmerksam machte. Casanova war folglich durchaus ein Gedächtniskünstler, dem es um eine möglichst präzise Darstellung seiner Lebens- und Liebesabenteuer ging. Daraus aber nun den wie in einem Pendelschlag umgekehrten Schluss zu ziehen, es handele sich bei den *Mémoires de ma vie* ganz einfach um einen dokumentarischen Text, der sich in einen direkten Bezug zur außersprachlichen Wirklichkeit setzen lasse, halte ich meinerseits wiederum für eine Verabsolutierung einer dokumentarischen, diktionalen Lektüre, die der Komplexität der Memoiren Casanovas nicht gerecht wird.

Kein Zweifel kann daran bestehen, dass Casanova, der übrigens im Alter neben vielen anderen Schriften noch einen utopischen Roman verfasste, sich selbst als *philosophe*, als *honnête homme* und vor allem als *homme de lettres* verstand. Er sah sich in der *République des Lettres* als einen Schriftsteller, der zwar als italienischer Muttersprachler im Französischen mit mancherlei Tücken und fehlgeleiteten Italianismen zu kämpfen habe, aber gleichwohl über ein hohes Talent als Literat von europäischem Format verfügte. Und soviel darf ich an dieser Stelle schon verraten: Er ist tatsächlich ein talentreicher und durchaus versierter Autor.

Halten wir also fest: Schon bei dieser Lebensgeschichte als Reisebericht (oder umgekehrt) können wir von einer klaren friktionalen Grundstruktur der *Mémoires de ma vie* ausgehen, welche insoweit spannend ist, als gerade die vielen referentialisierbaren Bezüge zur außersprachlichen Wirklichkeit Casanova die Möglichkeit eröffnen, gleichsam wie in einem historischen Roman die einzelnen Szenen nur um so präziser und absichtsvoller zu inszenieren und zu arrangieren. Leider können wir anhand der Tagebücher derlei 'Abweichungen' im Sinne von Inszenierungen nicht mehr nachweisen: Casanova dürfte sie wie auch alle anderen Dokumente, die er Zeit seines Lebens zusammengetragen hatte, im hohen Alter auf Schloß Dux vernichtet haben.

Ein Wort noch zur gattungsspezifischen Komplexität von Casanovas His-toire de ma vie. Dieser Text steht der Memoirenliteratur recht nahe, mit der er gemein hat, dass die Erinnerung an vergangene Zeiten im Mittelpunkt steht. Doch treibt ihn anders als die Gattung der Memoiren nicht die Begegnung mit bekannten und renommierten Persönlichkeiten voran, sind die Frauen, denen Casanova begegnete, doch zwar oft hoher Abkunft, aber nicht unbedingt als große Persönlichkeiten einzustufen, denen sich Memoiren widmen würden. Die *Histoire de ma vie* hat daher etliche Verbindungspunkte mit der im 18. Jahrhun-dert entstandenen neuen Gattung der modernen Autobiographie, welche die Darstellung der Entwicklung eines Ich, das mit keinem anderen vergleichbar ist, als Ziel besitzt. Dabei erfolgt traditionellerweise eine Trennung dieses Ich in ein erzählendes und ein erzähltes Ich, deren zeitliche distanz im weiteren Fort-gang des Erzählens schwindet, bis sie möglicherweise gegen ende ganz gering oder gleich Null tendiert.

Dies wiederum verbindet die Autobiographie mit dem Reisebericht, der ebenfalls diese Auftrennung kennt und die Differenz zwischen dem gereisten und dem reisenden Ich in der klassischen Variante als gattungsspezifisches Wasserzeichen besitzt. An eben dieser Stelle aber setzt nun die Relation mit der novela picaresca ein, mit dem klassischen Schelmenroman, der ebenfalls ein Ich ins Zentrum stellt, das ganz wie Casanova von der einen in die nächste Situ-ation verschlagen wird und dabei die sozialen Kontexte der jeweils beleuchte-ten Figuren relativ stark ausarbeitet. So bewegt sich der Text von Casanova in ständiger Bewegung zwischen diesen vier Gattungen hin und her, wobei die friktionale Dimension dieser Gattungsbewegungen unverkennbar ist.

Und noch ein zweites Wort zur Reise und ihrem Verhältnis zum Schreiben. Denn im Kontext des Libertinage gibt es im Grunde zwei Darstellungsweisen mit Blick auf die räumliche Bewegung in der Schilderung von Liebesaben-teuern. Zum einen haben wir dabei das Modell des Marquis de Sade, der in sei-ner Literatur hauptsächlich an den Bewegungen der Körper interessiert ist und Körpertechniken beleuchtet, die an ein und demselben Ort ausgeführt und über lange Tage quasi-experimentell analysiert werden. Die zweite Variante verkör-pert zum anderen Casanova, indem eine unbestimmte Folge von Liebesbegeg-nungen nicht an einem einzigen oder sehr wenigen Orten, sondern in einer ebenso offenen Sequenz von Lokalitäten durchgeführt werden, so dass sich im Sinne von Casanova durch die Liebschaften und Liebesabenteuer ein wahrer Reisebericht ergibt. Bei diesen Reiseberichten kommen nicht nur den Körpern, sondern den sozialen, ökonomischen, kulturellen oder politischen Kontextuali-sierungen eine erhebliche Bedeutung zu, welche die *Histoire de ma vie* wiede-rum mit dem Schelmenroman verbindet.

Wir sollten uns in der Folge nun einige Passagen aus dem eigentlichen Reisebericht näher anschauen, die aus der Perspektive unserer Vorlesung von Interesse sind. Dabei werden wir uns freilich mit einigen wenigen repräsentativen Geschichten aus seinem Leben begnügen müssen: Zu umfangreich ist sein Oeuvre, als daß wir uns damit exhaustiv beschäftigen könnten.

Natürlich ist es für uns Brandenburger nebst Zugereisten stets interessant, ob auch unser schönes Potsdam in einem Reisebericht des 18. Jahrhunderts vorkommt. Ja, eben dies ist schon bei Casanova der Fall. Ich hatte schon erwähnt, dass seine Erfahrungen 1763 in London – insbesondere mit einer ihm nicht gefügigen jungen Dame – nicht die besten waren, so dass er später dieses Jahr 1763 als einen Wendepunkt in seinem Leben ansah. Er verließ schließlich im März 1764 überstürzt die englische Hauptstadt, um zurück auf den Kontinent zu kommen, wo er über Dünkirchen, Brüssel, Lüttich, Wesel, Minden und Braunschweig, wo er sich in der Nähe gleich die wunderbare Bibliothek zu Wolfenbüttel zeigen ließ, Magdeburg erreichte. Von dort wiederum brach er nach Berlin auf und machte selbstverständlich auch in Potsdam am Hofe zu Sanssouci Station. Dort wollen wir ihn neugierig empfangen.

Kein Geringerer als Friedrich der Große hat ihn nach eigenem Bekunden als einen schönen Mann empfunden, auch wenn die Begegnung zwischen beiden nicht besonders intensiv und lange währte. Giacomo Casanova kam im Juli nach Potsdam und Berlin; im August besuchte er gemeinsam mit Friedrich dem Großen eine Kadettenanstalt, was der preußische König dazu nutzte, seinem venezianischen Gast das Angebot zu unterbreiten, an dieser Kadettenanstalt als Erzieher zu arbeiten. Sie mögen daran erkennen, wie gut noch immer Casanovas Ruf war – oder wie wenig sich der preußische König um diesen Ruf einen Kopf machte.

Jedenfalls war dieser Ruf ein gänzlich anderer als jener, der ihm seit dem 19. Jahrhundert vorauseilte. Giacomo Casanova, der Chevalier de Seingalt, jedenfalls lehnte dankend ab, was wir herzlich bedauern: Denn wir hätten seine pädagogischen und didaktischen Schritte mit den ihm anvertrauten jungen Kadetten gerne in Erzählungen und Dokumenten der Zeit nachvollzogen.

So aber reiste der weltgewandte Venezianer im September 1764 wieder ab und ging über Danzig und Königsberg nach Mitau, um die Zeit von Oktober bis Dezember 1764 in Riga zu verbringen, bevor er Ende Dezember in Sankt Petersburg am Hofe von Katharina II. eintraf. Das Jahr 1765 verbrachte er zunächst in Sankt Petersburg; im Mai machte er einen Ausflug nach Moskau. Doch seine Hoffnungen auf eine Stelle am russischen Hof erfüllten sich nicht. Die Weiterreise nach Warschau und das sich anschließende Duell hatte ich bereits erwähnt. Sie sehen: unaufhörliche Reisebewegungen eines Stadt-Nomaden aus Venedig. Was aber geschah genau in Potsdam?

Nun, um Sie gleich zu enttäuschen: Es ist keine Liebesgeschichte, keine der zahlreichen Affären, die Casanova sonst so leidenschaftlich anzettelte, aus dieser Zeit überliefert. Die Potsdamer Schönheiten scheinen auf Casanova ihre Wirkung nicht entfaltet zu haben. Aber hübsche Anekdoten gibt es dennoch, und ich möchte sie Ihnen auch keineswegs vorenthalten. Wo konnte Casanova in Potsdam den König der Preußen erblicken? Natürlich wie immer, bei der Parade, wo sonst?

> In Potsdam sahen wir den König bei der Parade; er kommandierte sein erstes Bataillon, dessen Soldaten alle in den Uhrtäschchen ihrer Hosen eine goldene Uhr hatten. So belohnte der König den Mut, den sie bewiesen hatten, als sie ihn unters Joch nahmen, wie einst Cäsar in Bithynien den Nikomedes. Man machte gar kein Hehl daraus.
>
> Unser Schlafzimmer im Gasthof lag gegenüber einem Durchgang, den der König benutzte, wenn er das Schloß verließ. Die Läden der Fenster waren geschlossen; unsere Wirtin erzählte uns den Grund. In dem gleichen Zimmer wie wir hatte nämlich die sehr hübsche Tänzerin Reggiana gewohnt, und als der König sie eines Morgens beim Vorübergehen ganz nackt erblickt hatte, war sogleich der Befehl ergangen, daß man die Fenster schließen solle; das war schon vor vier Jahren geschehen, doch hatte man sie nie wieder geöffnet. Seine Majestät hatte vor ihren Reizen Angst gehabt; nach seiner Liebschaft mit der Barberina wollte er nichts mehr davon wissen. Später sahen wir im Schlafzimmer des Königs das Porträt dieses Mädchens, das der Cochois, der Schwester der Schauspielerin, die den Marquis d'Argens geheiratet hatte, und das der Kaiserin Maria Theresia aus ihrer Jungmädchenzeit, in die er sich verliebt hatte, weil er Kaiser werden wollte.
>
> Nachdem wir die Schönheit und die Eleganz der Räume des Schlosses bewundert hatten, sahen wir überrascht, wie er selbst wohnte. Wir erblickten in einer Ecke des Zimmers hinter einem Wandschirm ein schmales Bett; Hausrock und Pantoffel waren nicht vorhanden. Der anwesende Diener zeigte uns eine Nachtmütze, die der König aufsetzte, wenn er erkältet war; sonst behielt er seinen Hut auf, was recht unbequem sein mußte.[8]

Sie sehen: Wir erfahren bei dieser Art von Hofberichterstattung eine Menge Klatsch und Tratsch, was sicherlich auch durchaus zeitgemäß war in der gesellschaftlichen Elite des 18. Jahrhunderts. Schon damals gab es jede Menge Paperazzi, die aus erster Hand möglichst getreue Portraits des Lebens der Monarchen schießen wollten. Der König von Preußen schlief also mit Hut und hatte keine Pantöffelchen.

Aber wir sehen zugleich, wie präzise Casanova beobachtet und darüber hinaus basierend auf seinen Notizen noch Jahrzehnte später alles festhielt, was ihm erlauben konnte, eine bestimmte Gesellschaft oder eine bestimmte Persönlichkeit – hier jene von Friedrich dem Großen – zu porträtieren. Dieses Portrait in Abwesenheit des Königs wird später noch durch mehrfache Beobachtungen *in presentia* ergänzt: Auch von einem Dialog wird berichtet, doch können wir dies getrost beiseite lassen – dies sind die sozialen Netzwerke, wie sie im 18. Jahrhundert funktionierten.

---

8 Casanova, Giacomo: *Geschichte meines Lebens*, Bd. 10, S. 87.

Sie merken schon: Es geht Giacomo Casanova bei weitem nicht ausschließlich um die Darstellung der verschiedenen Abenteuer – und vor allem Liebesabenteuer –, die er quer durch Europa, von der Südspitze Italiens bis nach Moskau, von Preußen bis nach England, von Polen bis nach Spanien, nicht zuletzt aber in Frankreich und Italien erlebte. Es handelt sich dabei vielmehr um ein Bild, jenes des unwiderstehlichen Frauenverführers oder wie man heute sagen würde *womanizers,* welches die eher anthologischen Ausgaben gezeichnet und verstärkt haben. Liest man aber die *Histoire de ma vie* vorurteilslos, dann zeigt sich, dass selbst noch die Beschreibung der Frauenzimmer – wie bei der Darstellung dieses Frauenzimmers in Potsdam – den Blick nicht nur auf nackte Tatsachen, sondern auf soziale und kulturelle Situationen und Entzwicklungen eröffnet. Auf diesem Gebiet kann die Bedeutung der Memoiren Casanovas gar nicht unterschätzt werden: Sie vermitteln uns ein anschauliches Bild vom Leben einer gesellschaftlichen Elite im europäischen 18. Jahrhundert, auch wenn sie sich keineswegs auf das Dokumentarische beschränken.

Abb. 55: „Oui ou non", Radierung von Jean-Michel Moreau le Jeune, 1781.

Ich habe bereits auf die große Fülle von Auswahlbearbeitungen hingewiesen, die reißenden Absatz fanden, weil sie den Hunger des Lesepublikums nach erotischer Literatur ein wenig zu stillen halfen. Diese Ausgaben haben im Grunde erst zu dem einseitigen Bild des Venezianers geführt, das uns aus dem 19. Jahrhundert überliefert wurde. Casanova war übrigens in seiner Darstellung gerade der erotischen Szenerien wesentlich präziser und klarer als seine späteren

Bearbeiter, die gerne eine gewisse Schlüpfrigkeit herstellten. Auch in erotischen Dingen war Casanova also ebenso genau und zuverlässig wie in seiner Darstellung historischer Abläufe oder seinen Portraits europäischer Fürsten. Erich Loos hat zurecht auf eine geradezu verblüffende Zuverlässigkeit der Memoiren Casanovas und auf sein ungeheuer entwickeltes Erinnerungsvermögen hingewiesen.[9] Casanova war auch bei der sorgsamen Überarbeitung seiner Memoiren äußerst umsichtig, deren erste Fassung er bereits 1793 abschloss. Er nahm sich seine *Mémoires de ma vie* aber bis zu seinem Tode im Jahre 1798 immer wieder vor und überarbeitete sie mit Hingabe.

Wie dereinst *Jacques le fataliste et son maître* veränderte Casanova immer wieder auf Grund von Zufallsbegegnungen seine Reiseroute. Kein Ziel war ein für alle Mal festgelegt. Er selbst macht darauf aufmerksam, und wir können in dieser Vektorisierung des Begehrens durchaus eine Art von Vergeschlechtlichung der Reiseziele erkennen. Ich möchte Sie an dieser Stelle nur darauf aufmerksam machen und zugleich daran erinnern, dass uns schon das *Rebecca-Motiv* darauf hingewiesen hatte, wie sehr das Begehren nach der Erfahrung eines Landes bei männlichen Reisenden das Land selbst mit geschlechtlichen (in diesem Falle weiblichen) Attributen ausstattet. Auch die Geschlechterdiskurse des frühen Kolonialismus hatten uns auf diese Dimension, die wir als neunte Dimension untersucht hatten, aufmerksam gemacht. Der Reisebericht Giacomo Casanovas bildet auf dieser Ebene folglich keine Ausnahme.

Wir werden noch viele Beispiele dieser geschlechterspezifischen Differenzierung sehen. An dieser Stelle möchte ich Ihnen jedoch gerne eine Passage zeigen, die im Grunde den zweideutig-eindeutigen Ruf Casanovas begründete. Sie erlaubt freilich in ihrem gerafften Ablauf eine Reihe von Einblicken in die kulturellen, gesellschaftlichen und moralischen Kontexte der Zeit insoweit, als hier eine repräsentative Geschlechterbeziehung geknüpft und sexuell vollzogen wird.

Der Handlungshintergrund ist rasch erzählt. Der Ich-Erzähler hat gerade nicht nur das eigene Geld, sondern auch die Diamanten einer Geliebten verspielt und zugleich an den reichen Murray seine andere Geliebte, Tonina, abgetreten. Das Schicksal hält freilich nur wenige Zeilen später einen Trost für den Reisenden bereit, und zwar in Gestalt von Toninas jüngerer Schwester Barberina, die sich dem Venezianer ganz bewusst als jenem Manne nähert, der sie von der Jungfernschaft befreien soll.

Hier nun die kurze, gedrängte Szene. Barberina bittet überdies ihren Geliebten vor der Einwilligung, danach ihrer Schwester Tonina davon zu berichten und förmlich zu bestätigen, dass sie zuvor noch Jungfrau gewesen sei. Der Ich-Er-

---

9 Vgl. Loos, Erich: Einleitung, S. 37–60.

zähler willigt leichten Herzens ein – und auch dies gewährt uns tiefe Einblicke in das zeitgenössische Verständnis von Sexualität:

> Nach dieser Einleitung frühstückten wir; dann legten wir uns in vollkommenem Einverständnis ins Bett und hatten eher den Eindruck, Hymen zu opfern als Amor.
> Das Fest war für Barberina neu, und ihre Wonnen, ihre unreifen Ideen, die sie mir mit der größten Naivität mitteilte, und ihre von reizender Unerfahrenheit gewürzte Hingabe überraschten mich, weil ich selbst alles neu fand. Ich glaubte, eine Frucht zu genießen, deren Süße ich in der Vergangenheit noch nie so vollkommen genossen hatte. Barberina schämte sich, mir einzugestehen, daß ich ihr weh getan hatte, und das gleiche Bedürfnis nach Verstellung spornte sie dazu an, mir in jeder Hinsicht zu beweisen, daß sie größere Lust empfand, als es wirklich der Fall war. Sie war noch kein ausgewachsenes Mädchen, und die Rosen ihres knospenden Busens waren noch nicht erblüht; voll entwickelt war sie nur in ihrem jungen Kopf.
> Wir standen zum Mittagessen auf; dann legten wir uns erneut ins Bett und blieben darin bis zum Abend. Laura fand uns bei ihrer Rückkehr angezogen und zufrieden. Ich schenkte der hübschen Barberina zwanzig Zechinen und verließ sie mit dem Versprechen meiner ewigen Liebe, sicherlich ohne jede Absicht, sie zu täuschen; aber was das Schicksal für mich bereithielt, ließ sich schlecht mit solchen Plänen vereinen.[10]

Die Szenerie dieser Entjungferung wird mit einer im Grunde recht knappen, von topischen Metaphern nur vordergründig ausgeschmückten Sprache behandelt. Der Stil Casanovas ist an dieser Stelle nicht üppig, sondern zurückhaltend beschreibend, ebenso mögliche Reflexionen seiner Liebespartnerin wie auch eigene Überlegungen miteinbeziehend. Es ist ein männlicher Blick auf sein weibliches Gegenüber, doch wird versucht, beide Geschlechter gleichsam in einem Dialog darzustellen sowie in ihrem jeweiligen Erleben der ebenso erotischen wie technischen Szenerie.

Zunächst dürfen wir festhalten, dass es sich um Beischlaf mit Minderjährigen handelt, was freilich eine anachronistische Übertragung aktueller Gesetzlichkeit auf das 18. Jahrhundert darstellt. Wohl niemand wäre im Jahrhundert der Aufklärung auf eine solche juristisch geprägte Vorstellung gekommen. Festhalten dürfen wir auch, dass die Initiative für diesen Akt – wie so häufig bei Casanova – von der weiblichen Liebespartnerin ausgeht, die im Grunde die latente Bereitschaft des Venezianers abruft.

Diese ungleiche Rolle der Liebespartner, gepaart mit einer deutlich aktiveren Rolle der Frau, ist im Übrigen auch schon in seiner ersten zärtlichen Begegnung der Fall, jener jungen Bettina, der Schwester von Dottore Gozzi, wo der junge Casanova in Padua ins Internat ging. Wie diese Bettina ergreift auch Barberina die Initiative, und was dann abläuft, hat fast etwas Maschinenhaftes mit einem

---

10 Casanova, Giacomo: *Geschichte meines Lebens*, Bd. 4, S. 199.

gewissen klinischen Blick an sich. Denn der Ich-Erzähler brüstet sich nicht etwa mit seinen Wunder- und Heldentaten, sondern hält den Schmerz und das Bemühen des Mädchens fest, sich der Situation gewachsen zu zeigen und Lust vorzutäuschen, wo eigentlich Schmerz vorherrscht.

In einem deutlichen Kontrast zu diesem Blick des Liebespartners stehen sowohl die Liebesschwüre des Ich-Erzählers, die freilich von dem anderen Ich, dem erzählenden Ich, gleichsam relativiert, in ihrer Authentizität bestätigt, gleichzeitig aber als nicht mit dem weiteren Lebensweg vereinbar definiert werden. Das männliche Ich kennt zu diesem Zeitpunkt bereits alle Mechanismen körperlicher Liebe und durchschaut als erfahrener Liebhaber zugleich auch die Stratageme der Frau, die in ihrem Kopf und nicht in ihrem Körper bereits entwickelt sind. Es ist möglich, dass sich auch hier eine Parallele zu Bettina zeigt: Denn auch die Barberina könnte wie ihre Vorgängerin in ihrem Kopf in Liebesdingen so weit entwickelt sein, weil sie schon soviel Literatur dazu gelesen hat. Auf dieses Thema der frühen erotischen Lektüren kommt Casanova in der *Geschichte meines Lebens* im Übrigen mehrfach zurück.

Bemerkenswert ist in dieser Passage auch, in welchen Assoziationskontext, in welche Metaphorologie, das junge Mädchen gestellt wird. Denn sie erscheint als süße Frucht, die das männliche Ich genießt und sich einverleibt. Sie wird als Frau gleichsam naturalisiert, wird zu einem Stück Natur, das sich dem männlichen Blick und dem männlichen Biss hingebungsvoll darbietet. Ihre Hingabe wird dazu mit der Unerfahrenheit gewürzt, welche auch beim Ich-Erzähler deutlich neue Erfahrungshorizonte öffnet; denn er hat es längst ausschließlich mit sexuell sehr erfahrenen Frauen zu tun. Die junge Liebespartnerin wird aber zugleich in der Rede des Ich-Erzählers objektiviert und distanziert; und in diesen Kontext mag am Ende auch das Geld passen, das gleichsam als letzter Abschiedsgruß sowie als Entgelt für die kostenlosen Liebesschwüre gilt, denen doch keine Zukunft beschieden sein konnte.

Barberina verkörpert im besten Sinne den Typus des unschuldigen Mädchens, zugleich aber auch den Topos der Zufallsbekanntschaft, des von Beginn an erotisch aufgeladenen Treffens mit einer unbekannten Schönen an einem dem Reisenden unbekannten Ort. In dieser Konstellation liegt zum einen die Bedeutung einer Szenerie, die sich in den Reiseberichten unzähliger männlicher Autoren abendländischer Herkunft ein ums andere Mal präsentiert, wobei sich ebenso die Unbekannte wie auch das unbekannte Land in dieser gleichsam naiven Form dem Durchreisenden darbieten.

Zugleich wird auch ein literarisches Motiv erkennbar, das Charles Baudelaire in seinem berühmten Gedicht 'A une passante' auf die Großstadt und die zwar mögliche, aber niemals realisierte Liebe zwischen dem männlichen Ich und einer schönen Zufallsbegegnung verfasste. Hier freilich handelt es sich um das uns bereits bekannte Rebecca-Motiv, das nun aber in Gestalt einer völligen Selbstverständlichkeit der Hingabe im Angesicht des männlichen Blickes in Szene gesetzt wird. Giacomo Casanova spielt mit den literarisch tradierten Motiven, wählt aus einem reichen Fundus an Topoi aus, um seine (Liebes-)Geschichten und Anekdoten in dieser literarisch bearbeiteten Einkleidung erscheinen zu lassen. Und er erweist sich bei dieser Arbeit als ein höchst geschickter literarischer Autor.

Dabei ist nicht immer deutlich, wem die *Verstellung* gilt: Ist sie Täuschung des Fremden, des Mannes, die dieser doch durchschaut? Oder ist sie der vielleicht tapfere, vielleicht verzweifelte Versuch, aus der Rolle des weiblichen Opfers auszubrechen, in welche die Geschlechterkonstellation die Barberina getrieben hat? Dann hätten wir es hier gleichsam mit einem weiblichen Gegenstück des aktiven Fatalismus zu tun, für den sich Casanova und seine Ich-Erzählerfigur auszusprechen scheinen, ein Fatalismus freilich, der sich der beschränkten Möglichkeiten seiner Wirkung und seiner Lebenschancen durchaus bewusst wäre. In jedem Falle spielt das Moment der Verstellung, der Verkleidung, der (vor allem literarisch bestimmten) Travestie eine wichtige Rolle in den Erzählungen Giacomo Casanovas.

Wir können jedenfalls konstatieren, dass die Barberina den Reisenden nicht halten kann: Sie kann ihn nur zu einem längeren Aufenthalt an einem bestimmten Ort verführen. Auch dies scheint mir charakteristisch für den abendländischen Reisebericht zu sein, denn das Reise- und Wandermotiv darf nicht aufgegeben werden, würde doch sonst die gesamte Bewegung im Erzähltext zum Stillstand kommen. Dies aber wäre das Ende der Reise und des Reiseberichts.

An eben dieser Stelle ergibt sich auch eine Beziehung zum Sammeln, zum Kollektionismus. Denn der Sammler ist nie an einem wirklichen Endpunkt angekommen: Es fehlen ihm stets immer noch andere Stücke, ist eine Sammlung doch im Grunde niemals wirklich komplett, niemals vollständig und abgeschlossen. Der Kollektionismus Casanovas aber ist der Kollektionismus des Reisenden, der die Stücke nicht an sich, sondern in ihren Relationen benötigt, in ihren und seinen Verhältnissen, die ein Muster erzeugen, in welchem er sich selbst wiederfindet oder doch wiederfinden kann. Dies wäre eine wirkliche *Relation historique*, also ganz die gattungstypische Bezeichnung für den Reisebericht im 18. und zu Beginn des 19. Jahrhunderts.

Lassen Sie uns am Ende unserer Beschäftigung mit Giacomo Casanova noch einmal an den Ausgangspunkt der *Histoire de ma vie*, in die Kindheit des Protagonisten also, zurückkehren. Denn auf den ersten Seiten dieses Lebensberichts Casanovas zeichnen sich bereits jene Grundstrukturen ab, die den gesamten weiteren Lebensweg des Ich durchziehen werden. Dies konnte das erzählte Ich natürlich nicht wissen, das erzählende Ich freilich sehr wohl. Die ständigen Überarbeitungen des Reiseberichts vermitteln diesem eine zusammenhängende Struktur, innerhalb derer bestimmte Rekurrenzen gleichsam als *basso continuo* durchlaufen und dem Reise- und Liebesbericht durchaus zeittypisch eine gewisse heitere Musikalität vermitteln.

Wie in der Figur der Bettina bereits viele weitere weibliche Figuren, darunter auch Frauenfiguren mit mancherlei schmerzlichen Erlebnissen und Erfahrungen, enthalten sind, so lassen sich auch auf dem Gebiet der Reise grundlegende Strukturen – wie etwa das Grundmuster des Intermezzo mit einer aktiven, initiativ werdenden Frau – bereits sehr früh erkennen. Die Szene, die ich Ihnen in diesem Zusammenhang abschließend gerne vorstellen möchte, hat dabei auf den ersten Blick viel Belangloses. Doch sehen wir sie uns etwas näher an.

Es handelt sich um die erste Reise des Ich-Erzählers im gesamten Text; und sie ist sehr erkenntnisreich. Nicht etwa mit einer Geliebten, sondern mit der Mutter von Venedig nach Padua an Bord eines Schiffes, des Burchiello, das mitten in der Nacht seine Reise beginnt. Das Ziel der Reise wird angesteuert, weil die Ärzte empfohlen haben, den Jungen von Venedig zu entfernen, da das dortige Klima an seinen starken Nasenblutungen schuld sei – ein Leiden, das Casanova im Verlauf seines langen Lebens übrigens niemals wirklich besiegen konnte. Wolle man den Jungen nicht verlieren, so hieß es, dann müsse man ihn in ein anderes Klima bringen. Also Padua, wo der Junge bei einer Frau in die Obhut gegeben werden soll, die ihn dann zur Schule schicken und über ihn wachen soll. Interessant ist nun, wie die Reise dargestellt und fokalisiert wird und inwieweit sie gleichsam eine *mise en abyme* vieler anderer, nachfolgender Reisen darstellt:

> Sobald es tagte, stand meine Mutter auf und öffnete ein Fenster gegenüber meinem Bett. Die Strahlen der aufgehenden Sonne trafen mein Gesicht und ließen mich die Augen aufschlagen. Das Bett war so niedrig, daß ich das Land nicht sehen konnte. Ich erblickte durch das Fenster nur die Wipfel der Bäume, mit denen die Ufer des Flusses durchweg gesäumt sind. Das Schiff schwamm dahin, doch mit einer so gleichmäßigen Bewegung, daß ich davon nichts spüren konnte. Deshalb setzten mich die Bäume, die rasch vor meinen Augen vorbeizogen, in Erstaunen. 'Ach, liebe Mutter!' rief ich. 'Was ist denn los? Die Bäume wandern ja!'
>
> In diesem Augenblick kamen die beiden Herren herein, und als sie mich so verdutzt sahen, fragten sie, was mich denn so beschäftige. 'Wie kommt es', fragte ich zurück, 'daß die Bäume wandern?'
>
> Sie lachten; meine Mutter aber seufzte und sagte mitleidig zu mir: 'Das Schiff bewegt sich und nicht die Bäume. Zieh dich jetzt an.'
>
> Ich begriff augenblicklich, wie diese Erscheinung zustande kam, und mit meinem erwachenden und ganz unvoreingenommenen Verstand dachte ich folgerichtig weiter. 'Dann ist es also möglich', sagte ich zu ihr, 'daß sich auch die Sonne nicht bewegt, sondern daß wir es sind, die von Westen nach Osten wandern.' Meine gute Mutter jammerte über so viel Dummheit, und Signor Grimani beklagte meinen Unverstand; ich stand ganz verstört und traurig da und war dem Weinen nahe. Nur Signor Baffo gab mir wieder neuen Mut. Er kam auf mich zu, küßte mich zärtlich und sagte: 'Du hast recht, mein

Kind, die Sonne bewegt sich nicht. Verliere nicht den Mut, bilde dir stets dein eigenes Urteil und laß die andern ruhig lachen.' [...] Das war die erste wirkliche Freude, die ich in meinem Leben genoß.[11]

Es ist also auf der Reise, durch den Blick aus dem Fenster des fahrenden Schiffes, dass der kleine Junge auf grundlegende Fragen und Antworten, die das ganze Universum betreffen, gebracht wird und zugleich lernt, dass man für sich allein denken muß, ohne den anderen einfach nachzugeben. Entscheidend in dieser Szene ist die Bewegung, die Veränderung der Perspektive und die verschiedenen Standpunkte, die ein Beobachter-Ich sowie andere Figuren gegenüber demselben Gegenstande einnehmen können. Die Erkenntnis ist also ein Kind der Bewegung, eine Frucht des Reisens, das von so zentraler Bedeutung für den Ich-Erzähler ist, weil aus dieser Mobilität zugleich sich verändernde Blickwinkel und damit eine Multiperspektivität ensteht. Die äußere wie auch die innere Bewegung sind von zentraler Bedeutung, um den gesamten Text der nachfolgenden *Histoire de ma vie* verstehen zu können: Sie erst eröffnen jene verschiedenartigen Perspektiven auf die Welt, welche im literarischen Reisebericht wirkungsvoll in Szene gesetzt werden.

Dabei ist auch hier der Genuss, das Genießen, die Freude an der Erkenntnis ein ganz zentraler Faktor, der das Ich prägt und gerade mit Blick auf die Zukunft eine nur schwer zu störende und noch schwerer zu zerstörende Festigkeit allem Darzustellenden verleiht. Erkenntnis ist ein ebenso lustvoller Prozess wie die Sexualität, welche auf diesen Seiten recht freizügig ausgelebt werden kann. Die *Histoire de ma vie* ist ein genießender Text, ein *texte de plaisir*, der lustvoll niedergeschrieben und lustvoll gelesen werden kann. Dies ist ein Aspekt des von uns verfolgten Verhältnisses zwischen Reisen und Schreiben, auf den wir an dieser Stelle erstmals stoßen und – ganz im Stile von Hugo Friedrich – von einem 'genießenden Schreiben' sprechen können.

Doch nicht allein das Dionysische, sondern auch das Apollinische ist auf diesen Seiten von Beginn an, ab dieser Szene einer ersten Reise mit der Mutter, gegenwärtig. Damit wird die Reisebewegung gleichsam zum Erkenntnismotor eines Denkens und eines Schreibens (wie auch eines Lesens), das sich beständig in Bewegung weiß und alten Vorurteilen die eigene Er-Fahrung des Ich entgegenstellt. Das Reisen ist mit Erkenntnis und Freude, mit Wissen und Lust und Lust am Wissen gepaart. Nichts vermag den stetigen Erkenntnisprozeß des Ich-Erzählers aufzuhalten. In seiner Freiheit, in der Freiheit seiner Bewegungen, wird lustvolle Erkenntnis zum Ziel eines Subjekts, das sich unabschließbar um seine Objekte dreht.

---

11 Casanova, Giacomo: *Geschichte meines Lebens*, Bd. 1, S. 87 f.

Charles-Marie de La Condamine oder die Erde als ausgebeulte Kugel

Bleiben wir bei der Lust des Wissens, bei der Lust am Wissen. Dabei möchte ich im Folgenden – von Ausnahmen abgesehen – in erster Linie Reiseberichte und Reisen berücksichtigen, die sich im Spannungsfeld zwischen Europa und Amerika transatlantisch ansiedeln. Auf diese Weise sind französische Reiseberichte, die sich mit den spanischen Kolonien und den spanisch-amerikanischen Besitzungen in der Neuen Welt beschäftigen, für alle Studierenden von großem Interesse, überschneiden sich doch hier die unterschiedlichsten Fachgebiete auf eine fruchtbare Weise und zeigen diese Texte doch Problematiken auf, die im Übrigen auch für die Allgemeine und Vergleichende Literaturwissenschaft wertvolle Hinweise liefern können. Dabei werden nicht allein Romanistik, Germanistik und die anglophonen Philologien berührt, sondern komparatistisch unterschiedlichste Weltregionen miteinander verglichen, ohne dabei allgemeine Fragestellungen in diesem historisch-chronologischen Teil der Vorlesung aus den Augen zu verlieren.

Mit der Reise von La Condamine und anderer Teilnehmer einer Expedition, die von der französischen *Académie des Sciences* ausgesandt die spanischen Kolonien in Amerika zum Ziel hatte, beginnt in gewisser Weise eine neue Etappe innerhalb der Reiseliteratur, vor allem aber der Auseinandersetzung Europas mit Amerika. Denn es sind nun nicht mehr die iberischen Conquistadoren, Missionare oder Abenteurer, die diese Reise in die Neue Welt spült, sondern Boten eines wissenschaftlichen Interesses und wissenschaftlicher Fähigkeiten, zu deren Ziel im 18. Jahrhundert der amerikanische Kontinent in steigendem Maße wurde. Denn für viele Wissenschaftler des 18. und auch noch des 19. Jahrhunderts war Amerika – und insbesondere das tropische Amerika – ein wahres Eldorado des Wissens und zugleich der Wunder. Denn diese Neue Welt war alles andere als zufriedenstellend untersucht und harrte noch jener Beschreibungen, die einen modernen Blick – und den Blick der Moderne – auf die Amerikas eröffnen sollten.

Kommen Sie heute nach Quito, der Hauptstadt von Ecuador, dann können Sie einen Bus zu jenem Punkt wenige Kilometer nördlich der Andenstadt nehmen, wo der Äquator die Andenkette im heute danach benannten Ecuador schneidet. Sie werden nicht nur eine monumentale Anlage vor sich haben, sondern zugleich auch bemerken, wie groß noch heute die Verehrung für all jene französischen Wissenschaftler ist, die nicht zu Zwecken der Eroberung das damalige Teilgebiet des spanischen Weltreiches bereisten. Sie kamen als *académiciens*, als Mitglieder der Französischen Akademie der Wissenschaften, vorsichtig beäugt und kontrolliert von den spanischen Kolonialbehörden, denen sie als potentielle Unruhestifter galten. Doch im Grunde führten die Franzosen nichts Böses im Schilde, sondern versuchten allein, eine wissenschaftliche Frage einer wissenschaftlichen Antwort zuzuführen. Etwas flapsig könnten wir die Frage so stellen: Ist die Erde eine geometrische Kugel oder aber ausgebeult?

Abb. 56: Äquatormonument „Mitad del Mundo" in San Antonio de Pichincha bei Quito, zum Gedenken an die französische Vermessungsexpedition.

Daher war die Frage, welche diese gelehrten Franzosen umtrieb, eine Fragestellung der abstrakteren Art: Wie nämlich ist die Erde beschaffen? Besitzt sie eine Kugelgestalt, ist sie eher elliptisch, ist sie abgeplattet oder aber ausgebuchtet an den Polen und am Äquator? Diese Probleme waren keineswegs geklärt. Christoph Columbus hatte entgegen aller Überlieferungen und Legenden die Erde nicht mit einer Kugel verglichen – und übrigens auch nicht mit einem Ei, dem sogenannten 'Ei des Columbus' –, sondern mit einer Frucht, genauer einer Birne, wobei er dieser Vorstellung zugleich noch einige mittelalterliche Akzente zugesellte, indem er dieser Birne in etwas krasser Metaphernsprache eine – wie er sich ausdrückte – weibliche Brust aufsetzte. Die Spitze dieser Brust zeigte das Paradies an, erhoben über den Läuterungsberg. Auch in der Vorstellungswelt von Dante Alighieri sowie in seiner göttlichen *Commedia* finden Sie derlei Vorstellungen.

All dies entbehrte nicht der christlichen Logik. Dieses irdische Paradies musste ja erhoben und erhaben sein, damit von ihm auch die vier Flüsse des Paradieses herabfließen und die weite Welt befruchten konnten. Vor einem dieser gewaltigen Flüsse glaubte sich Columbus ja auch in der Tat im Mündungsbereich des Orinoco, als er weit draußen auf hoher See noch immer Massen von Süßwasser ausmachen konnte, die sich noch nicht mit dem Salzwasser des Meeres gemischt hatten. Nicht anders brachten auch europäische Reisende am Amazonas die Größe dieses Flusses mit den Paradiesversprechungen der Bibel in einen Zusammenhang, schien alles doch den Voraussagungen der Heiligen Schrift genauestens zu entsprechen.

Columbus war jedoch keineswegs der einzige, der die Erde mit einer Frucht verglich. Denn der erste Globus der Menschheit entstand kurze Zeit vor der Kunde des Columbus; und sein Erfinder, der deutsche Gelehrte Martin Behaim, hatte ihm die Form eines Apfels gegeben, eines Erdapfels also, den Sie im übrigen noch heute im Germanischen Nationalmuseum zu Nürnberg bewundern können. Es war also gar nicht so abwegig, der Erde nicht die streng geometrische Form einer Kugel zu verleihen. Wie aber sah der Planet Erde wirklich aus?

Die Frage nach der genauen Gestalt der Erde, deren Globalität spätestens mit der Reise des Columbus und nach ihm der ersten Weltumsegelung von Magellan oder Magalhães eine bewiesene Sache war, bot von Beginn an genügend Stoff für allerlei Legenden und Mutmaßungen. Isaac Newton etwa vertrat die These, dass die Erde ein Ellipsoid sei mit abgeflachten Polen und einem ausgebuchteten Äquatorbereich, also durchaus nicht so aussehend, wie jene Version des Erdglobus, die wir alle vielleicht einmal in unserem Kinderzimmer – oder auch Studierzimmer – gehabt haben.

Gegen Newtons These freilich gab es früh und vor allem in Frankreich Widerstand, vor allem durch den Astronomen Cassini. Daher entschied sich die französische *Académie des Sciences* dafür, zwei Expeditionen auszurüsten und in verschiedene Richtungen zu schicken. Eine erste wurde unter der Leitung von Maupertuis ausgesandt, den wir als den von Friedrich dem Großen eingesetzten Präsidenten der Königlich Preußischen Akademie der Wissenschaften zu Berlin kennen. Sie führte ihn und seine Kollegen nach Lappland, eine Reise, die Voltaire in einem seiner *contes philosophiques* einen langanhaltenden literarischen Ruhm verschaffte.

Eine zweite Expedition sollte zeitgleich eine französische Wissenschaftlergruppe zum Äquator führen, um dort ebenfalls entsprechende Messungen und Studien zu betreiben. Wenn man in der französischen Akademie der Wissenschaften zum damaligen Zeitpunkt den Globus drehte, dann zeigte sich rasch, dass sich als einzig zugängliche Region die *Audiencia de Quito* anbot, die sich wie gesagt im Bereich des aktuellen Ecuador befindet. Die Leitung dieser Expedition wurde dem Mathematiker Louis Godin anvertraut. Charles-Marie de La Condamine war zum damaligen Zeitpunkt nur ein einfacher Teilnehmer dieser Expedition, doch sollte er aus verschiedenen Gründen recht bald deren eigentlicher Leiter werden.

Abb. 57: Martin Behaims Erdapfel.

Zur Welt gekommen war La Condamine mit dem neuen Jahrhundert im Jahre 1701 in Paris, eine Welt, die er nach genauen Messungen im Jahre 1774 wieder verließ. Es sind entscheidende Jahre der französischen Aufklärung. La Condamine schlug zunächst die militärische Laufbahn ein, bevor er sich, freilich früh schon, den – im damaligen Sinne verstandenen – Naturwissenschaften und *sciences physiques* zuwandte. Bereits 1730 wurde er dabei in die französische *Académie des Sciences* aufgenommen, in deren Auftrag er im folgenden Jahr bereits eine Reihe von Fragen des Mittelmeerraumes klären sollte und insbesondere die nordafrikanische Küste erforschte.

Dann kam die große Aufgabe seines Lebens. Frankreich war in dieser Frage der Erdgestalt tief gespalten: Auch ein Voltaire unterstützt im Übrigen die These Isaac Newtons gegen Cassini. Eine Entscheidung musste gefunden werden. Voltaire war mit La Condamine befreundet; und Hélène Minguet[1] mutmaßt wohl nicht zu Unrecht, dass Voltaire bei der Wahl La Condamines in die Pariser Akademie eine nicht unbedeutende Rolle gespielt haben dürfte.

Die Franzosen wollten damit in spanische Besitzungen in Amerika aufbrechen, um dort Messungen und Untersuchungen durchzuführen. Das europäische *Siècle des Lumières* zeigte sich wissenschaftlich über die Grenzen hinweg

---

1 Minguet, Hélène: Introduction. In: La Condamine, Charles-Marie de: *Voyage sur l'Amazone.* Paris: François Maspero 1981, S. 5–27.

Abb. 58: Charles-Marie de la Condamine
(Paris, 1701 – ebenda, 1774).

verbunden. Der spanische Hof gab sein placet relativ leicht, wenn man auch beschloss, die nie ungefährlichen Franzosen unter Bewachung zu stellen oder, sagen wir vornehmer, von spanischen Offizieren begleiten zu lassen. Übrigens wurden später die französischen Orientierungsmarken der geometrischen, geodätischen und astronomischen Messungen, welche die *Académiciens* im spanischen Amerika durchführten, wieder zerstört, da sie das französische Königswappen, die bourbonischen Lilien, in provokativer Größe auf spanischem Grund entfalteten. Aber dies waren allenfalls Begleiterscheinungen, welche die Expedition der französischen *académiciens* selbst nicht behinderten.

Sie wissen sicherlich, dass man auch heute noch Messungen durchführt, um die Frage nach der genauen Gestalt der Erde zu klären. Dabei hat man es in unserer Zeit freilich leichter, kann man die Erde doch sozusagen von außen, aus dem Weltraum – sogar schon als Tourist –, sehen, fotografieren und selbstverständlich auch messen. Damals verfügte man über eine Reihe terrestrischer Methoden, von denen die Triangulationsmethode besonders zuverlässig war, wobei man den zu messenden Bereich in Dreiecke einteilte, die man dann durch kleine Pyramiden kennzeichnete. Bereits 1670 hatte man in Frankreich mit Hilfe dieser methode einen Meridiansbogen ausgemessen, so dass man über einen Vergleichspunkt verfügte, der mit den Messungen in Lappland und Ecuador in Relation gesetzt werden konnte.

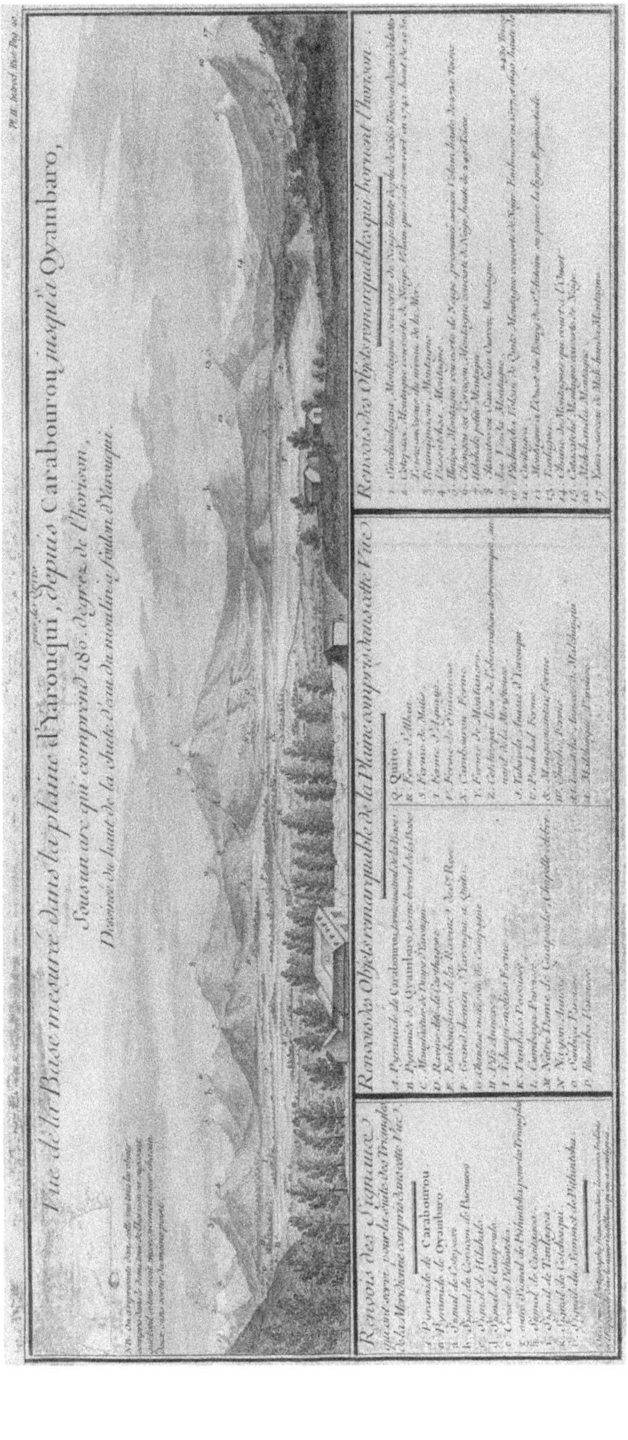

Abb. 59: Vermessungen nach der Triangulationsmethode in La Condamines *Journal du voyage à l'équateur* …..

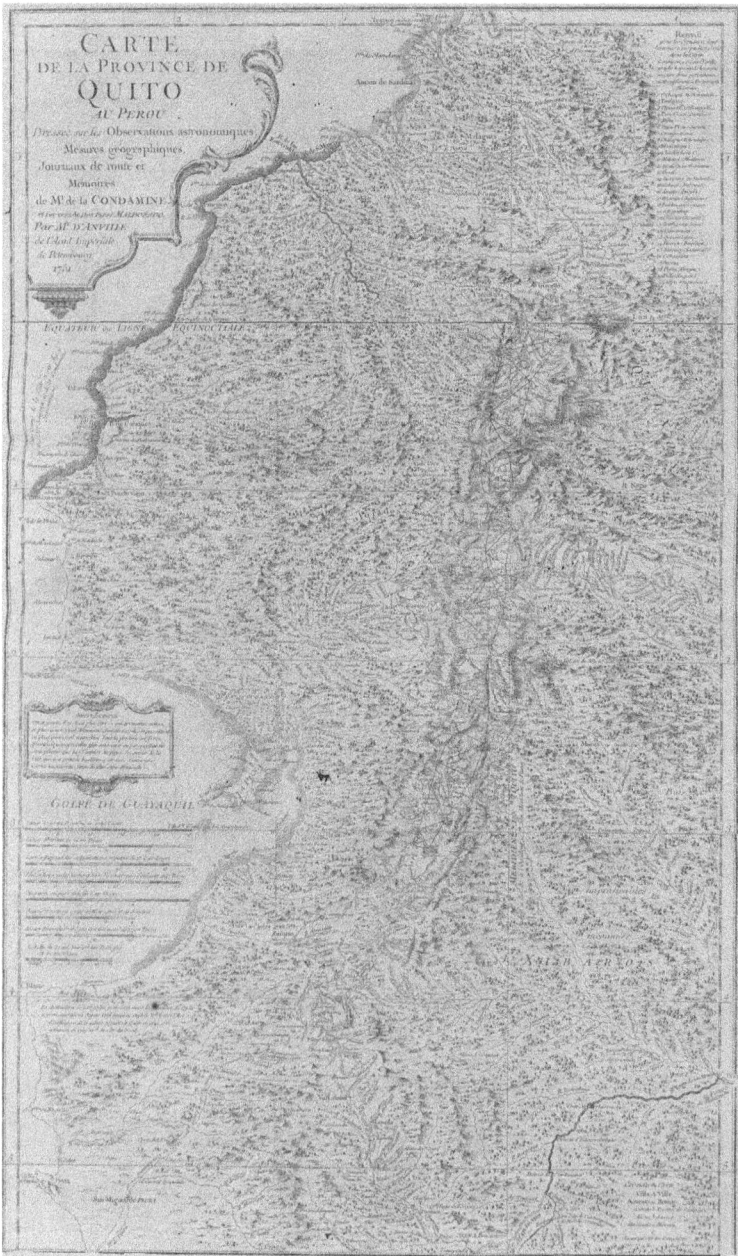

Abb. 60: Vermessungen und Kartographierung nach der Triangulationsmethode in La Condamines *Journal du voyage à l'équateur* . . . .

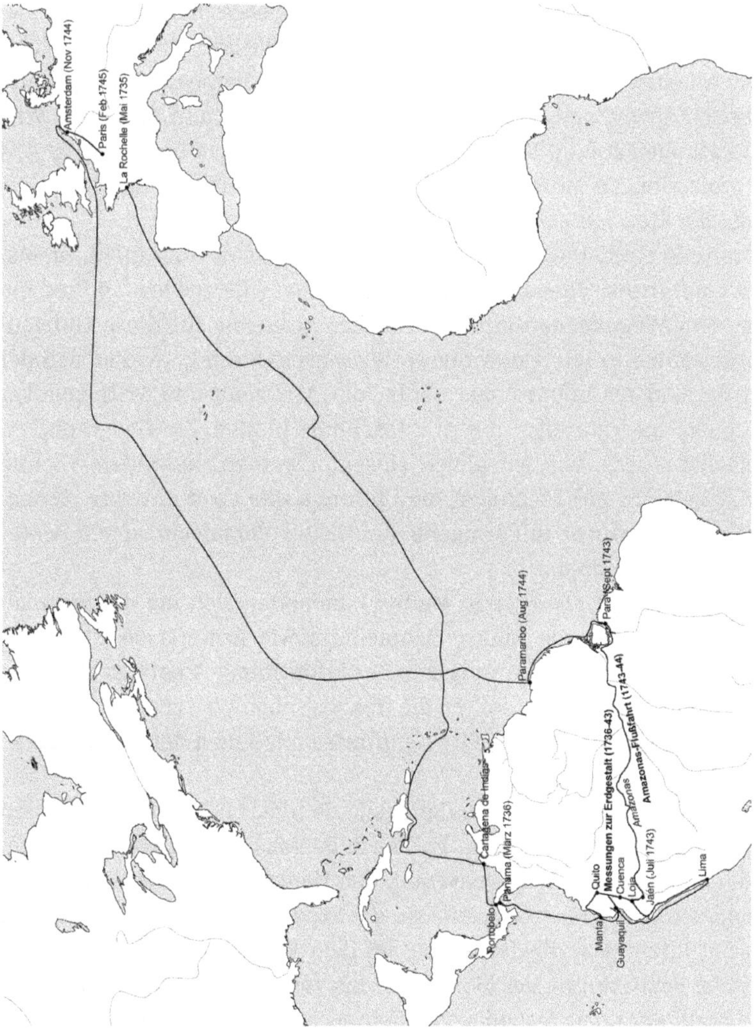

Abb. 61: La Condamines Reiseroute.

Die einst von Colbert gegründete *Académie des Sciences* hatte nun verschiedene Wissenschaftler mit der Berechnung der Oberfläche Frankreichs beauftragt. Diese Arbeiten wurden 1682 mit einer deutlichen Verbesserung der Karte von Frankreich abgeschlossen. Jene Erfahrungen wurden nun durch die Wissenschaftlergruppen auf die Messung des Äquatorialbogens übertragen. Es galt also nur, professionelle Messergebnisse zu erstellen – und das Rätsel um die Kugelgestalt der Erde war gelöst.

Nun, ganz so einfach war die Umsetzung dieser Ziele leider nicht. Im Mai 1735 segelt ein französisches Kriegsschiff von La Rochelle aus los, an Bord ein Team von zehn Wissenschaftlern, die von der Académie für diese Untersuchung ausgewählt wurden. Unter diesen Wissenschaftlern befenden sich der Mathematiker und Astronom Louis Godin, der Astronom und Mathematiker Pierre Bouguer, der Naturalist und Arzt Joseph de Jussieu, ein Geograph, ein Uhrenspezialist – was, wie wir gleich einsehen werden, besonders wichtig war –, ein Ingenieur, ein Techniker, ein Chirurg sowie eben unser La Condamine. Diese Gruppe wurde in Cartagena durch die kolonialspanischen Behörden in Emfpang genommen.

Zwei Leutnants der spanischen Marine kümmerten sich um die französischen Gäste, nämlich Jorge Juan y Santacilia sowie Antonio de Ulloa, die durch ihre Tätigkeiten und Kenntnisse in der Erforschung Amerikas ebenfalls zu Berühmtheiten wurden. Sie sollten die französischen Wissenschaftler überwachen und zugleich versuchen, ihre Kenntnisse mit denen der Franzosen zu vergleichen.

Die Reise führte die Gruppe von Cartagena de Indias nach Portobelo, dann weiter über den Río Chagres und zu Fuß nach Panamá am Pazifischen Ozean, von dort dann nach Manta und Guayaquil, den Haupthafen im heutigen Ecuador. La Condamine und Bouguer verließen die Expedition bereits in Manta und begannen mit ihren Messarbeiten schon auf dem Weg nach Quito. Durch die astronomische Beobachtung der Mondfinsternis von 1736 gelang es ihnen, den genauen Verlauf der Küste festzulegen, die in diesem Bereich den westlichsten Vorsprung der Küste Südamerikas bildet. So gelang ihnen eine grundlegende Berichtigung der Karten dieses Teiles des Kontinents.

Aber längst nicht alles verlief so planmäßig. Die unterschiedlichen Forschungen der Franzosen wurden argwöhnisch von den spanischen Kolonialbehörden auch vor Ort beäugt. Die bereits zitierte Hélène Minguet verwies darauf, die spanischen Regierungsbeamten hätten den Verdacht geschöpft, dass die Franzosen den Plan gefasst haben könnten, sich des Schatzes der Incas zu bemächtigen. Dieser sagenumwobene Schatz geisterte noch immer durch alle Imaginationen und wurde flugs hervorgekramt, um deswegen Ausländer zu inkriminieren. Wir kennen dieses Verfahren, es ist so alt wie die Menschheit selbst.

Als die Franzosen 1739 in Cuenca und damit im Hochland ankamen, erfuhren sie, dass Maupertuis und seine Expedition aus Lappland zurückgekehrt seien und die These Isaac Newtons bestätigt wurde: Die Erde, dies wusste man also bereits, ist an den Polen abgeplattet und am Äquator ausgebuchtet. Damit stand auch fest, dass die Expedition nicht mehr als erste den Nachweis für diese Hypothese würde erbringen können. Damit war im Grunde die Aufgabe der Expedition wie auch diese selbst erledigt. Was blieb nun noch zu tun?

Das weitere Geschick der französischen Wissenschaftlergruppe ist als eher bescheiden zu bezeichnen, Denn rasch stellen sich allerlei Probleme und Auseinandersetzungen ein, die unter anderem auch zur Ermordung eines der Expeditionsmitglieder führen. Die Atmosphäre um die Franzosen verdüstert sich zunehmend: Verdächtigungen schießen ins Kraut, manchen Expeditionsmitgliedern wird Spionage unterstellt, La Condamine und seine Begleiter werden sogar vor Gericht gestellt. Damit nicht genug: 1743 schließlich bricht der Streit zwischen Bouguer und La Condamine offen aus, Bouguer bricht alle laufenden Arbeiten ab und reist nach Cartagena de Indias, um sich von dort aus nach Frankreich einzuschiffen. La Condamine fühlt sich daher frei, dem Vorschlag des Forschers Maldonado zu folgen und den Amazonas hinunterzufahren, um von dessen Mündung aus dann den Rückweg nach Frankreich anzutreten. Die Expedition zerfällt in ihre Einzelteile: Es scheint nur mehr ein Scherbenhaufen übrig zu bleiben.

Wäre da nicht die Reise von Charles-Marie de La Condamine gewesen und ihr von ihm kunstvoll verfasster Bericht. Diese Reise führte den französischen Naturforscher und Wissenschaftler zunächst nach Loja in den Hochanden, das zum damaligen Zeitpunkt für seine Fieberrinde berühmt war, und von dort hinunter nach Borja, den Übergang in das Tiefland am Amazonas. Wir haben uns diese Passage ja bereits im theoretisch-methodologischen Teil unserer Vorlesung näher angeschaut. Darauf wollen wir nicht zurückkommen.

Was folgt, ist eine faszinierende Flussfahrt mit der Untersuchung von Flora und Fauna des Amazonas-Tieflands, wobei viele Gegenstände und Phänomene bis zu diesem Zeitpunkt in Europa völlig unbekannt waren. La Condamine bemüht sich, Neueres über die Flussverbindung zwischen dem Amazonas und dem Orinoco über den Río Negro und den Casiquiare herauszufinden, zweifelt aber an dieser tatsächlich existierenden Gabelteilung, die später von Alexander von Humboldt nachgewiesen werden sollte. Er erforscht auch die Existenz oder Nicht-Existenz der Amazonen, jener mythenumwobenen kriegerischen Frauen, gegen welche die spanischen Conquistadoren des 16. Jahrhunderts gekämpft zu haben vorgaben und die dem Fluss in der Nachfolge dieses unter anderem von Orellana transponierten Mythos auch bis heute seinen Namen gaben. Eine schöne Aufgabe für einen mit den Mythen der abendländischen Antike bestens vertrauten Forscher!

Doch Jean-Marie de La Condamine steht nach seiner Rückkehr aus Amerika nach Frankreich vor einem doppelten Problem. Zum einen war die Frage nach der Abplattung der Pole und der Ausbuchtung des Äquators und damit die Bestätigung der Newton'schen These längst – wie wir sahen – geklärt, so dass Angaben und Messungen hierzu als völlig redundant angesehen werden mussten. Und zum anderen war Pierre Bouguer La Condamine zuvorgekommen. Denn er war lange vor ihm nach Frankreich zurückgekehrt und hatte ausführlich nicht zuletzt in Vorträgen vor der *Académie des Sciences* über die Ergebnisse der Expedition berichtet. Damit war klar, dass La Condamine auch auf diesem Gebiet kaum Lorbeeren in Frankreich würde ernten können.

Der mit La Condamine verfeindete Pierre Bouguer hatte bereits im November 1744 von der Reise in die *Audiencia de Quito* und nach Peru berichtet. Was blieb da zu tun? Denn La Condamine konnte seinerseits erst im April 1745 wieder vor der französischen Akademie der Wissenschaften auftreten. Er versäumte es nicht, dies zu tun; aber bereits bei dieser Gelegenheit trug er einen gekürzten Bericht von seiner Reise über den Amazonas vor. Er hatte seine Strategie notgedrungen geändert.

La Condamine verstand es dabei, die Aufmerksamkeit seiner Zuhörer- und später seiner Leserschaft gerade dadurch zu gewinnen, dass er in recht kunstvollen Perioden nicht nur einen Bericht seiner Reise bot, sondern zugleich auch auf eine Vielzahl der einschlägigen Mythen einging: Vom Amazonen-Mythos über die vermeintliche Sage von der Flussgabelung zwischen Amazonas und Orinoco bis hin zur berühmten Legende um den *Dorado* vom Parime. Dies bot reichlich Stoff zum Ausschmücken und vor allem interessanten Stoff für ein breites Publikum in Frankreich, das die Behandlung derartiger Themen von einem französischen Reisenden verlangte. Und der Franzose kam diesem Verlangen nach.

La Condamine versuchte zudem, die bisherige Entdeckungs- und Eroberungsgeschichte des Marañón und des Amazonas darzustellen: Von den Fahrten Orellanas bis zum Pater Fritz, besonders aber auch jene legendenträchtige Reise des Lope de Aguirre den Amazonas hinunter, die schon zur Zeit von La Condamine nicht nur zu verschiedentlichen literarischen Bearbeitungen geführt hatte, sondern in neuerer Zeit zu einer wahren Flut an literarischen Darstellungen und Romanen, aber darüber hinaus auch den Ausgangspunkt für die monumentale Filmfassung Werner Herzogs mit dem Titel *Aguirre oder der Zorn Gottes* bot. Zumindest diese berühmte Verfilmung und Deutung des Aguirre-Stoffes, dem einmal eine ausführliche Habilitationsschrift gewidmet wurde,[2] werden Sie sicherlich schon aufgrund der Starbesetzung mit Klaus Kinsky in der Hauptrolle kennen. Sie sehen, wir befinden uns in einem mythenreichen und bis heute mythenreich gebliebenen Land.

Im Mai 1743 trat La Condamine seine Reise von Tarqui aus an, wobei er zunächst einen Umweg wählen muss, da die Mörder seines ehemaligen Mitreisenden ihm einen Hinterhalt legen, um jegliche Prozessakten und Aktennotizen auf dem einfachsten Wege zu vernichten. Am 4. Juli 1743 beginnt dann die eigentliche Flussfahrt La Condamines; am nächsten Tag schon ist der Marañón, der obere Amazonas also, erreicht. Schließlich wird der Pongo de Manseriche durchquert, wobei der Begriff Pongo gleich Tor hier sowohl landschaftlich als auch reiseliterarisch überaus zutreffend ist, verwandelt La Condamine diese Passage doch – wie wir sahen – in einen glänzend formulierten und durchdachten literarischen Höhepunkt seines gesamten Reiseberichts. Denn der Pongo eröffnet gleichsam den zentralen Bereich seines Amazonas-Berichtes. damit aber befinden wir uns im Herzen jener Welt, die La Condamine nun meisterhaft darzustellen vermag und die wir uns bereits näher angesehen hatten.

Unmittelbar im Anschluss an diese Eingangs-Passage schließt sich eine zweite sehr wichtige Passage an, welche die Frage der Ureinwohner, der Indianer also, berührt. La Condamine versucht, dem französischen beziehungsweise europäischen Lesepublikum einen allgemeinen Eindruck von der indigenen Bevölkerung im Allgemeinen und von den Bewohner des Amazonas im Besonderen zu vermitteln. Wir müssen uns an dieser Stelle auf die zentralen Elemente dieser Passage beschränken:

> Avant que de passer outre, je crois devoir dire un mot du génie et du caractère des originaires de l'Amérique méridionale, qu'on appelle vulgairement, quoique improprement, Indiens. Il n'est pas ici question des créoles espagnols ou portugais, ni des diverses espèces d'hommes produites par le mélange des Blancs d'Europe, des Noirs d'Afrique et des Rouges d'Amérique, depuis que les Européens y sont entrés et y ont introduits des Nègres de Guinée. [...]
>
> Il faudrait donc, pour donner une idée exacte des Américains, presque autant de descriptions qu'il y a de nations parmi eux; cependant, comme toutes les nations d'Europe, quoique différentes entre elles en langues, moeurs et coutumes, ne laisseraient pas d'avoir quelque chose de commun aux yeux d'un Asiatique qui les examinerait avec attention, aussi tous les Indiens américains des différentes contrées que j'ai eu occasion de voir dans le cours de mon voyage m'ont paru avoir certains traits de ressemblance les uns avec les autres; et (à quelques nuances près, qu'il n'est guère permis de saisir à un voyageur qui ne voit les choses qu'en passant) j'ai cru reconnaître dans tous un même fond de caractère.

---

2 Vgl. Galster, Ingrid: *Aguirre oder Die Willkür der Nachwelt. Die Rebellion des baskischen Konquistadors Lope de Aguirre in Historiographie und Geschichtsfiktion (1561–1992)*. Frankfurt am Main: Vervuert 1996.

Abb. 62: Amazonas-Karte in La Condamines *Relation abrégée d'un voyage fait dans l'intérieur de l'Amérique méridionale.*

L'insensibilité en fait la base. Je laisse à décider si on la doit honorer du nom d'apathie, ou l'avilir par celui de stupidité. Elle naît sans doute du petit nombre de leurs idées, qui ne s'étend pas au-delà de leurs besoins. Gloutant jusqu'à la voracité, quand ils ont de quoi se satisfaire; sobres, quand la nécessité les y oblige, jusqu'à se passer de tout sans paraître rien désirer; pusillanimes et poltrons à l'excès, si l'ivresse ne les transporte pas; ennemis du travail, indifférents à tout motif de gloire, d'honneur ou de reconnaissance; uniquement occupés de l'objekt présent, et toujours déterminés par lui; sans l'inquiétude pour l'avenir; incapables de prévoyance et de réflexion; se livrant, quand rien ne les gêne, à une joie puérile, qu'ils manifestent par des sauts et des éclats de rire immodérés, sans objet et sans dessin; ils passent leur vie sans penser et ils vieillissent sans sortir de l'enfance, dont ils conservent tous les défauts.[3]

Ja, das ist fürwahr starker Tobak! Diese Passage macht deutlich, wie sehr die Einschätzung der Indianer – sehr zurückhaltend formuliert – bestimmten Gesetzlichkeiten interkultureller Wahrnehmung gehorcht. Denn das hier entfaltete Bild der indigenen Bevölkerung entspricht genauestens jenen Vorurteilen, die man in Europa mit den 'Indianern' im 18. Jahrhundert zu verbinden pflegte und bestätigt alle Stereotype, die sich gerade auch in den nachfolgenden Debatten im Europa der Aufklärung über die Amerikaner verfestigen sollten. Doch sehen wir uns die Dinge im Einzelnen an.

Da ist zum einen die Frage der Heterogenität, der Mannigfaltigkeit, die in irgendeiner Weise behandelt und überwunden werden muss, um ein einheitliches Gesamtbild – in diesem Falle der indigenen Bevölkerung – zu liefern. Gewiss ist hierbei die extreme Sprachenvielfalt, die Vielzahl an höchst unterschiedlichen Sprachen, aber auch Ethnien und Völkerschaften, ein nicht hinwegzuleugnendes Faktum. La Condamine macht mit dieser Diversität indigener Lebensformen kurzen Prozess, stellt sie kurz fest, um dann umso besser und allgemeiner alle Völkerschaften über denselben Leisten, einen europäischen Leisten, zu schlagen.

Dies gelingt dem Franzosen mit Hilfe eines kleinen Kunstgriffs, indem er vor Augen führt, wie unterschiedlich die einzelnen europäischen Nationen sind, wie gleichförmig sie aber doch einem außenstehenden Beobachter – wie etwa einem Asiaten – erscheinen müssten, wenn er die Europäer insgesamt in den Mittelpunkt seiner Überlegungen rückte. Von daher wird eine Art Grundlage konstruiert, wobei deutlich wird, dass hier auch nicht die Franzosen den Amerikanern entgegengestellt werden, sondern die Europäer insgesamt. So bildet sich durch eine imaginär angenommene und *pro forma* eingenommene Außenperspektive ganz rasch die Einheit des vermeintlich Eigenen heraus.

---

3 La Comdamine, Charles-Marie de: *Voyage sur l'Amazone*. Introduction et Notes de Hélène Minguet. Paris: F. Maspero 1981, S. 61 ff.

Zum Zweiten wird eine Art Kautele eingeführt, insoweit der Reisende seinen eigenen Beobachterstandpunkt relativiert, insofern dieser nur derjenige des rasch Vorüberziehenden, des Vorüberfahrenden sei, der die Dinge nur *en passant* sehen könne. Dies ist bei einem so langjährigen Aufenthalt von La Condamine im Reich der Indianer eine eigentlich etwas überraschende Wendung. Doch die Relativierung ist reine Rhetorik. Denn sie erlaubt es dem Franzosen dann nur umso mehr, ein generelles Bild der Indianer zu zeichnen. Wie sieht dieses Bild nun aus?

Die Wahrnehmung der indigenen Bevölkerung durch La Condamine geht von einem Negativum aus: ihrer *insensibilité*, ihrer Gefühllosigkeit und Dumpfheit, welche alle ihre Lebensbereiche erfasse. Damit wird ein Fehlen zur Grundlage gemacht, ein Nicht-Vorhandensein, welches stets den Hinweis auf ein Vorhandensein, auf ein andernorts, in Europa, Gegebenes miteinschließt, das wiederum positiv bewertet wird. Und in der Tat sind die meisten Charakteristika, die in der Folge mit Blick auf die indigene Bevölkerung aufgezählt werden, Negativa, die für einen Mangel, für ein Fehlen stehen, das nur einen Mangel mit Blick auf Europa darstellt. Man geht folglich von etwas in Europa (ganz selbstverständlich) Gegebenem aus, um dessen Fehlen in den Amerikas zu konstatieren.

Umgekehrt werden positive Werte aus den Amerikas, die auf einen Mangel in Europa hinweisen könnten, ausgeschieden, rücken also überhaupt nicht ins Blickfeld, ja wohl nicht einmal ins Bewusstsein des scheinbar so objektiven europäischen Betrachters. Diese Passage setzt sich ungeheuer lang fort, und es ist erkenntnisreich, dass La Condamine dabei nicht nur zu der Einsicht gelangt, dass die Indianer in einem wortwörtlichen Sinne nicht auf drei zählen können, sondern dass ihnen jegliche Begrifflichkeit fehlt, die ein abstraktes Denken ermöglichen könnte. Gleichwohl bezeichnet La Condamine eine solche Fähigkeit aber gleichwohl als „universelle". Das ist im Grunde eine *contradictio in adjecto*, denn wenn etwas universell oder universell gültig ist, dann muss es selbstverständlich auch überall gelten. Dies ist aber gerade nicht der Fall.

Wir sehen hier bei Charles-Marie de La Condamine all jene Elemente ausgebreitet, die zum zentralen Streitpunkt in der für das 18. Jahrhundert zentralen Berliner Debatte um die Neue Welt werden sollten. Denn die Dumpfheit, ja Stupidität der indigenen Bevölkerung, ihre Antriebslosigkeit und Unfähigkeit, in abstrakten Begriffen zu denken, ja ihr fortgesetztes Leben in einer ewigen Kindheit, die von keinerlei Anreizen gequert wird, werden zu den Kernpunkten einer Debatte, die wir uns nach diesem Ausflug zu La Condamine noch etwas genauer anschauen werden. Für den Franzosen aber sind notwendig mit den beschränkten Geistesfähigkeiten auch die Möglichkeiten, komplexere Sprachen auszubilden, notwendig begrenzt:

Toutes les langues de l'Amérique méridionale dont j'ai eu quelque notion sont fort pauvres; plusieurs sont énergiques et susceptibles d'élégance, et singulièrement l'ancienne langue du Pérou; mais toutes manquent de termes pour exprimer les idées abstraites et universelles; preuve évidente du peu de progrès qu'ont fait les esprits de ces peuples. *Temps, durée, espace, être, substance, matiére, corps,* tous ces mots et beaucoup d'autres n'ont point d'équivalent dans leurs langues: non seulement les noms des êtres métaphysiques, mais ceux des êtres moraux, ne peuvent se rendre chez eux qu'imparfaitement et par de longues périphrases. Il n'y a pas de mot propre qui réponde exactement à ceux de *vertu, justice, liberté, reconnaissance, ingratitude* [...].[4]

Wieder ist es derselbe Kunstgriff, mit Hilfe dessen La Condamine nunmehr die Sprachen der Neuen Welt beurteilt und letztlich verurteilt. In diesen Formulierungen wird deutlich, wie sehr hier von europäischen Begriffen aus auf ein amerikanisches Nicht-Begreifen geschlossen wird. In einer gleichsam sprachphilosophischen Manier wird auf die Existenz eines zivilisatorischen Fortschritts oder dessen Ausbleiben rückgeschlossen. Dabei macht La Condamine mit den amerikanischen Sprachen *in toto* kein großes Federlesen: Sie alle werden von ihm ob ihrer Unfähigkeit, abstrakte europäische Begriffe auszudrücken, in den Orkus der Geschichte verbannt. Dass die behaupteten 'Ausfälle' amerikanischer Sprachen gar keine sind, haben im Übrigen neuere Sprachforschungen gezeigt.

Die umgekehrte Frage, welche amerikanischen Begriffe oder Vorstellungen in unseren europäischen Sprachen nicht vorhanden sein könnten, wird selbstverständlich nicht gestellt. Dies bedeutet aber keineswegs, dass der Universalitätsanspruch – wie die obige Passage deutlich zeigt – aufgegeben würde. Im Gegenteil: Gerade auch das Aubleiben belegt ja nur, dass diese Universalitätskriterien eben nicht erfüllt sind. Mehr noch, die amerikanischen Sprachen und damit auch die amerikanischen Völker könnten noch auf längere Zeit diesen 'universellen' Kriterien nicht entsprechen. So würden sie noch lange auch sprachlich in ihren Kinderschuhen stecken bleiben.

Wir haben es hier mit einer der Argumentationsschleifen in La Condamines Diskurs zu tun, die verhindern, das jeweils für andere Kulturen Spezifische, das sie Auszeichnende, überhaupt zu erkennen. Gleichzeitig bleibt der Universalitätsanspruch des Eigenen, die Setzung der eigenen Kultur zur Universalkultur, unhinterfragt und muss auch unhinterfragt bleiben, will die Superiorität Europas nicht untergraben oder zumindest teilweise in Frage gestellt werden. Wir stoßen hier fraglos auf die grundlegenden diskursiven Muster, mit deren Hilfe die Europäer ihre Herrschaft über die Welt begründeten und ihre Überlegenheit legitimierten.

Wir können an all diesen Überlegungen La Condamines sehr deutlich erkennen, dass auch und gerade der europäische Reisende selbstverständlich die

---

4 Ebda., S. 62f.

Vorstellungen seiner eigenen Kultur im Gepäck mit dabei hat, dass es also nicht darum gehen kann, den Blick des Reisenden schlicht zu privilegieren und ihm eine unmittelbare, direkte Erkenntnis der Wirklichkeit zuzugestehen. Die Dinge liegen vielmehr wesentlich komplizierter. Denn der Reisende führt gleichsam sein eigenkulturelles Archiv an Optionen, an Binarismen, an kulturellen Setzungen mit sich, mit dessen Hilfe das Andere zunächst einmal definiert wird, dann aber vor allem stets im Zeichen des Fehlens, des Mangels, des Nicht-Vorhandenseins im Bezug zur eigenen Kultur erscheint. Wir scheiden und unterscheiden von uns den Anderen, das Andere, ohne überhaupt das behauptete Eigene zu hinterfragen und eine graduelle Diversität der verschiedenen Kulturen anzunehmen. Die Todorov'sche Zwickmühle schnappt hier wie an so vielen anderen Stellen erbarmungslos zu.

Dies bedeutet, dass die 'andere' Kultur nicht als Herausforderung für die 'eigene' Kultur erfahren wird, um ihre jeweiligen Optionen und epistemischen Denkmöglichkeiten zu überprüfen. Die 'eigene' Kultur wird vielmehr zur Universalkultur oder, wie man früher gesagt hätte, zur Kultur des Menschen überhaupt. Die Europäer sehen sich selbst im Fokus und Brennpunkt aller zivilisatorischen Entwicklungslinien, ganz so, wie Friedrich Schiller in seiner Antrittsvorlesung 'Was ist und zu welchem Ende studiert man Universalgeschichte' alle Völkerschaften um uns her, also um die normgebende europäische Kultur, gelagert sah.[5] Europa musste notwendig das Entwicklungsziel, das ferne Ideal aller anderen Menschheitskulturen sein – dies stand außer Frage. Wir werden freilich noch sehen, wie auch diese Gewissheiten langsam erschüttert wurden. Dass dies ein Prozess ist, dessen Notwendigkeit bis heute anhält, gereicht nicht gerade zum Ruhme vorgeblicher europäischer Superiorität und Überlegenheit.

Sie sehen: Ein globalisiertes Selbstverständnis muss nicht notwendig mit einem globalen Verstehen gekoppelt sein, sondern kann dieses sogar verhindern. Dies wird gerade in dieser Passage, die eine Reihe sprachlicher Setzungen in der abendländisch-europäischen Kultur und ihren Diskursuniversen scheinbar erprobt, überaus deutlich. La Condamine gibt am Ende dieser Passage zu verstehen, dass die Indianer buchstäblich nicht bis drei zählen könnten. Eine angesichts der existierenden komplexen Zahlensysteme bei unterschiedlichen indigenen Kulturen ungeheuerliche Behauptung, die ganz gewiss auch nicht damit zu rechtfertigen ist, dass der Reisende ja nur *en passant* die Indianer besucht habe. Denn dieser Reisende in Bewegung erlaubt sich Urteile und Einschätzungen, die von ganz fundamentaler Bedeutung für die betroffenen Kulturen sind.

---

5 Vgl. Schiller, Friedrich: *Was ist und zu welchem Ende studiert man Universalgeschichte?* (Antrittsvorlesung in Jena, 26. Mai 1789). Jena: Akademische Buchhandlung 1789.

Wir können hieran abschätzen, wie im Gewand wissenschaftlicher Objektivität die ungerechtfertigsten europäischen Vorurteile munter fortbestehen.

Gegen eine solche Einschätzung sollte sich Alexander von Humboldt später in seiner *Relation historique*, seinem eigentlichen Reisebericht von der amerikanischen Expedition, vehement aussprechen. Dabei ist es freilich erstaunlich, dass gerade diese Passage der Rechtfertigung indigener Zahlensysteme in den späteren Ausgaben seiner sogenannten *Südamerikanischen Reise* so beschnitten und gekürzt wurde, dass er gleichsam dem Argument La Condamines zuzustimmen scheint. Gleichzeitig wurde die gesamte lange und ausführliche Begründung, warum die Vorstellung, dass Indianer nicht einmal bis drei zählen könnten, falsch sei, 'versehentlich' aus seinem Text in dieser populären Ausgabe entfernt. Ein Schalk, der Böses dabei denkt! Auch dies mag ein Hinweis darauf sein, dass La Condamines Probleme bei weitem nicht nur Probleme des 18. Jahrhunderts sind – sie haben sehr wohl etwas mit uns und unseren Vorurteilen heute zu tun.[6]

Mitten im 18. Jahrhundert, dem Jahrhundert der Aufklärung, versucht La Condamine, Aufklärung über die Existenz von Amazonen entlang jenes Flusses zu sammeln, dem diese sagenhaften kriegerischen Frauen – freilich gänzlich unschuldig – ihren Namen gaben. Bekanntlich ist die Sage von den Amazonen, jenen wehrhaften Frauen, die keine Männer unter sich dulden, sie nur einmal pro Jahr zu sich lassen, um den weiblichen Nachwuchs zu sichern, und ansonsten sich dadurch auszeichnen, dass sie sich eine Brust entfernen, um den Bogen besser spannen und ihre Pfeile besser abschießen zu können, ein überaus schöner Mythos aus der griechischen Antike, der bis heute die Literatur und die Künste beflügelt und beschäftigt hat. Dass diese männliche Obsession gen Westen projiziert wurde, wie es ab dem beginnenden 16. Jahrhundert geschah, ist die eine Sache; dass diese Vorstellung im 18. Jahrhundert nun im wissenschaftlichen Bereich weitergesponnen wurde, eine andere. La Condamine leistet hier im Sinne von Hans Blumenberg ganze 'Arbeit am Mythos'.[7]

Als die Spanier und Portugiesen im 16. Jahrhundert den Amazonas hinauffuhren, glaubten sie in der Tat, derartige kriegerische Frauen zu erblicken. Dies war keineswegs etwas Neues, hatte doch auch schon Columbus in der Karibik vermeint, Amazonen im Meer der Antillen, der Vorinseln entdeckt zu haben, die auf einer eigenen Insel, einer reinen Fraueninsel, wohnen sollten. Die Übertragung durch die iberischen Conquistadoren auf den südamerikanischen Kontinentalbinnenraum war aber wesentlich dauerhafter, zumal die tropischen

---

6 Vgl. hierzu Ette, Ottmar: *Alexander von Humboldt und die Globalisierung. Das Mobile des Wissens*. Frankfurt am Main – Leipzig: Insel Verlag 2009, S. 277–295.

7 Vgl. Blumenberg, Hans: *Arbeit am Mythos*. Frankfurt am Main: Suhrkamp ⁴1986.

Regenwaldgebiete am Amazonas noch für die Bedingungen des 18. Jahrhunderts so undurchdringlich waren, dass eine leichte Überprüfung dieses Mythos nicht möglich war.

So machte sich denn La Condamine an die delikate Sache und führte Befragungen bei den ortsanssässigen Indianern entlang der von ihm gewählten Flussroute durch, die ihm natürlich alle bestätigten, dass es solche kriegerischen Frauen in der Tat tief in den Regenwäldern verborgen gebe. Ein siebzigjähriger Indianer, leider vor kurzem verstorben, solle sie noch persönlich mit eigenen Augen gesehen haben – zumindest versichert sein Sohn glaubhaft, der Vater habe noch persönlich Amazonen gekannt.

Mithin schien niemand unter den Indianern am Vorhandensein und der tatsächlichen Existenz von Amazonen zu zweifeln. Die Indianer in den Tieflandgebieten hatten durch lange Erfahrungen mit den Weißen gelernt, dass man diese am schnellsten wieder loswerde, wenn man ihre Vorstellungen und Sehnsüchte – nach Gold und Silber, aber auch nach Sagen und Mythen – am einfachsten bejahte und bestätigte. La Condamine freilich schloss aus den verschiedenen Auskünften der von ihm an unterschiedlichen Orten befragten Indianer, dass es offensichtlich ein gemeinsames Rückzugsgebiet für die Amazonen geben müsse: die Berge von Guyana.

Zweifel kamen La Condamine freilich dennoch, müssten die benachbarten Indianerstämme doch, wie er in seiner *Voyage sur l'Amazone* festhält, zumindest von Zeit zu Zeit Nachrichten von diesen kriegerischen Frauen geben können. Doch La Condamine, nicht unerfahren in den Wendungen der europäischen Aufklärung, erklärt sich dies mit dem Verweis auf eine *nation ambulante*, die eben ständig ihren Wohnort wechsle. Auch Auflösungserscheinungen zieht La Condamine in Betracht: Möglich, dass sie erobert wurden, möglich aber auch, dass die Töchter den Ratschlägen der Mütter – oh heimliche süße Hoffnung der Männer – nicht mehr länger gefolgt seien und sich nun doch wieder mit Männern dauerhaft verbunden hätten. Überflüssig hinzuzusetzen: Wir befinden uns hier im Reich der freien Spekulation, der freien Erfindung.

Damit ist eines für La Condamine gewiss: Selbst wenn man heute keine Amazonen mehr antreffen würde, so bedeutete dies nicht, dass es niemals Amazonen gegeben hätte. Außerdem erweitert La Condamine den Definitionsbereich von Amazone – Sie wissen, wir Heutigen verstehen darunter schlicht eine Reiterin –, indem er betonte, es würde reichen, wenn diese Frauen nur einmal im Jahr Männer zu sich ließen. Sie müssten sich nicht auch – wie dies einst Acuña berichtet hatte – zusätzlich auch noch eine Brust abgeschnitten haben.[8] Es gebe

---

8 Vgl. La Condamine, Charles-Marie de: *Voyage sur l'Amazone*, S. 87.

LES SINGVLARITEZ

micres Amazones. Elles font guerre ordinairemét contre quelques autres nations: & traitent fort inhumaine-
Côme les ment ceux qu'elles peuuent prendre en guerre. Pour les
Amazo faire mourir elles les pendent par vne iambe à quelque
nes trai- haute branche d'vn arbre: pour l'auoir ainfi laiffé quelque
têt ceux
qu'ils prē efpace de temps, quand elles y retournent, fi de cas for-
nent en tuit n'eft trefpaffé, elles tirerôt dix mille coups de flefches:
guerre. & ne le mangent comme les autres Sauuages, ains le paf-
fent par le feu, tant qu'il eft reduit en cendres. D'auanta-

Origine ge ces femmes approchans pour combatre, iettent hor-
des A- ribles & merueilleux cris, pour efpouuéter leurs ennemis.
mazo- De l'origine de ces Amazones en ce païs n'eft facile d'en
nes Ame-
riques in- efcrire au certain. Aucuns tiennent, qu'apres la guerre de
certaine. Troïe, ou elles allerent(côme defia nous auons dit) foubs
Pente-

Abb. 63: Kriegerische Amazonen in *Les singularitez de la France antarctique* von André Thevet, 1558.

Reiseberichte genug, so La Condamine, die das Vorhandensein derartiger Amazonen, freilich mit beiden Brüsten, bestätigt hätten. Der Mythos lebte!

Mythenkritisch, wie die europäischen Aufklärer nun einmal waren, betonte La Condamine, dass die Indianer starrköpfig, dem Wunderbaren stets

erliegend, erzählsüchtig und unglaubwürdig seien, dass aber niemand von ihnen jemals von den Amazonen des Diodorus von Sizilien gehört habe, so dass letztlich ihre Glaubwürdigkeit in diesen Dingen nicht leicht erschüttert werden könne. Und als ein starkes Argument könne schließlich auch die Tatsache gelten, dass sich der Amazonenmythos bei allen Indianern in Amerika finde, nicht nur bei jenen, die den tropischen Regenwald entlang des Amazonas bevölkern. Auch die unterschiedlichsten europäischen Autoren hätten von den Amazonen gesprochen: So etwa Amerigo Vespucci, Ulrich Schmidl, Walter Raleigh und so viele mehr. Damit verwies La Condamine freilich auf Autoren, welche – wie wir heute wissen – nicht weniger starrköpfig, am Wunderbaren ausgerichtet und erzählsüchtig waren als jene Indianer, von denen La Condamine uns tendenziös berichtete.

Ein weiteres Forschungsgebiet, in welches La Condamine etwas Licht bringen sollte, ist das der Frage einer Flussverbindung zwischen Orinoco und Amazonas. Es gab verschiedenste Hinweise darauf, dass diese Verbindung über die Gabelteilung des Casiquiare liefe, von der die Zeitgenossen seit dem 17. Jahrhundert wussten. Wir wissen heute, dass es diese Verbindung über die berühmte Bifurkation des Casiquiare gibt. Doch unter den französischen Zeitgenossen La Condamines war sie stets umstrittn; trotz La Condamines bestätigender Berichte wurde die Gabelteilung wenige Jahrzehnte später von einer in Frankreich überhand nehmenden sogenannten *systematischen Geographie* kurzerhand für unmöglich erklärt: Zu sehr war man in hierarchisierten Bezügen von Hauptfluss und Nebenflüssen gefangen, als dass man sich nicht-hierarchische, netzartige Flusssysteme ohne Weiteres hätte vorstellen können. So konnte nicht sein, was nicht sein durfte.

Wir wissen heute, dass es nicht notwendig ist, in die Tropen zu reisen, um eine Bifurkation zu sehen; denn auch in unseren Breiten gibt es eine Gabelteilung, nämlich die zwischen Hase und Hunte im norddeutschen Tiefland. Dies war aber damals nicht bekannt. Als Beleg für die Existenz der Bifurkation des Casiquiare zwischen Orinoco und Amazonas führte La Condamine den Bericht einer Indianerin an, die vom Orinoco über den Río Negro bis nach Pará an der Amazonasmündung gefahren sei.[9] Auch die Jesuitenoberen besuchten sich gegenseitig über diese Flussverbindung – aber konnte man denn als Aufklärer, der etwas auf sich hielt, diesen Jesuitenberichten trauen?

Für La Condamine freilich stand fest, dass man eine derartige Flussverbindung nicht mehr in Frage stellen konnte, auch wenn 1741 der Autor des *Orinoco*

---

9 Vgl. ebda., S. 92f.

ilustrado, Pater Gumilla, dies noch für gänzlich unmöglich erklärt hatte. Unser französischer Reisender verwies darauf, dass die Flussverbindung sehr wohl auf den alten Karten verzeichnet gewesen sei; allein die neueren Geographen (sprich Kartographen) hätten sie auf ihren Karten unterdrückt.

So kam denn auch La Condamine endlich in den Genuss dieses Gefühls, ein wahrer Entdecker zu sein, sei es ihm doch gelungen, trotz derlei konträrer Einschätzungen in Europa die Existenz der Flussverbindung zu belegen. Die Argumentationslinie des französischen Reisenden und *académicien* ist dabei aufschlussreich:

> La communication de l'Orinoque et de l'Amazone, récemment avérée, peut d'autant plus passer pour une découverte en géographie que, quoique la jonction de ces deux fleuves soit marquée sans aucune équivoque sur les cartes anciennes, tous les géographes modernes l'avaient supprimée dans les nouvelles, comme de concert, et qu'elle était traitée de chimérique par ceux qui semblaient devoir être le mieux informés de sa réalité. Ce n'est probablement pas la première fois que les vraisemblances et les conjectures purement plausibles l'ont emporté sur des faits attestés par des relations de voyages, et que l'esprit de critique poussé trop loin a fait nier décisivement ce dont il était seulement encore permis de douter.[10]

Sie sehen, dass Charles-Marie de La Condamine diese Frage sehr bewusst in den Kontext der Glaubwürdigkeit und damit auch der Quellenbasis für Positionen von Aufklärern stellt: Denn es war in der Tat eine ganz grundsätzliche Frage, um die es an dieser Stelle ging. Die Problematik der Glaubhaftigkeit der Reiseberichte wirft erneut das Problem einer Scheidung zwischen Reisenden und Daheimgebliebenen, zwischen den Augenzeugen und den Fabrikanten von Theorien auf, die im fernen Europa und ohne jede Kenntnis vor Ort zu beurteilen versuchten, wie es in der Realität der Kolonialländer aussehen konnte. Das war nun wirklich keine leichte Aufgabe. Und wir werden gleich im nächsten Teil sehen, dass sich daran eine der grundlegenden Debatten entzündete, welche das 18. Jahrhundert nicht nur in Europa, sondern gerade auch außerhalb Europas in Rage versetzte. Denn es gab, soviel sei schon vorausgeschickt, sehr wohl eine Aufklärung auch außerhalb Europas, auch wenn diese Tatsache von Europa über einen langen Zeitraum und bis hinein in unsere Tage beständig geleugnet worden ist.

Allerdings sehen wir an diesem Beispiel auch, wie sehr sich in La Condamines Reisebericht ebenfalls das Hörensagen mit den Messungen und den Mythen zu einer solchen Mischung und Mixtur verbinden, dass es schlechterdings nicht mehr möglich ist, die Theorie (oder die Konventionen) vom eigenen Sehen, von

---

10 Ebda., S. 93.

der eigenen Augenzeugenschaft zu trennen. Denn selbstverständlich sind unsere Blicke längst kodiert, unterscheiden scheinbar Wichtiges von scheinbar Unwichtigem, ja das Richtige vom vermeintlich Unrichtigen, noch bevor wir sie auf eine uns neue Welt richten. Dieses Verhältnis zwischen Reisen und Schreiben wird von unserem Autor freilich nicht reflektiert; er bewegt sich in der Neuen Welt mit einer Sicherheit des Verstehens, für das man sich die Unsicherheit und das Tastende eines Michel de Montaigne dringlich gewünscht hätte.

Gerade die Reiseberichte des 18. Jahrhunderts führen uns dies in aller Deutlichkeit vor Augen. Ebenso wie das beständige Verlangen der Europäer, in fremden Weltgegenden als Entdecker aufzutreten, also den europäischen Entdeckungsgeist gleichsam zu verkörpern oder in der eigenen Figur zu personalisieren. Dies gilt auch für La Condamine, der hier von einem neuen Mesopotamien spricht und fast bruchlos auf den Mythos vom *Dorado* wie auch vom Mythos von Manoa zu sprechen kommt, einer Stadt aus purem Gold.[11] Es gibt hier Wegbeschreibungen und Passagen, die zeitweise aber unter Wasser gesetzt sind, so dass alles über den Zugang zu dieser sagenhaften Stadt in der Tat an Alejo Carpentiers wunderbaren Roman *Los pasos perdidos* erinnert, der sich mit der Literatur rund um den Orinoco und seinen Mythen sehr gut auskannte. La Condamine freilich machte – mythenkritisch wie immer auf seine eigene Weise – einfach Abstriche, da vieles übertrieben worden sei: Am Grundsätzlichen mochte er jedoch nicht rütteln, sondern verwies auf die üblichen Reiseberichte.

So ging es im Bericht des Franzosen Stück für Stück den Amazonas in Richtung seiner Mündung hinunter. Schließlich traf La Condamine am 19. September 1743 in Pará an der Amazonasmündung ein (vgl. Abb. 62: La Condamines Reiseroute). Vier Monate waren seit seiner Abreise aus Cuenca im Andenhochland vergangen. An diesem Punkt seiner Reise angelangt, glaubte sich der Franzose nun bereits nach Europa versetzt, in eine Stadt mit geraden Straßen, mit Häusern aus Stein und allen Bequemlichkeiten, welche die europäische Zivilisation dem Reisenden bieten konnten.[12]

Es folgte darauf die Rückreise in eine französisch beherrschte Region des amerikanischen Subkontinents und damit eine etwa zweimonatige Schifffahrt von der Amazonasmündung nach Cayenne, das Ihnen zumindest als jener Ort bekannt sein dürfte, wo der Pfeffer wächst. Die Reisenden finden sich am 26. Februar 1744 erstmals wieder in einer französischen Kolonie, wobei La

---

11 Vgl. ebda., S. 95 f.
12 Vgl. ebda., S. 117.

Condamine als Wissenschaftler der Aufklärung auch in dieser französischen Besitzung nun noch mancherlei Versuche und Experimente durchführte, mit denen wir uns aber nicht mehr weiter beschäftigen müssen.

In etwas mehr als sechzehn Stunden wird die Weiterreise von Cayenne zum Fluss Surinam bewerkstelligt, wo man im August 1744 ankommt. dort geht es dann flussaufwärts weiter nach Paramaribo, der Hauptstadt der holländischen Kolonie Suriname. Von dort aus schifft man sich dann auf einem holländischen Kauffahrer nach Amsterdam ein, um den Atlantik zu überqueren. Im November 1744 ist man schließlich wieder im Ärmelkanal, wo das niederländische Kaufmannsschiff prompt von einem Korsaren aus Saint-Malo bedroht wird, der laut La Condamine zumindest höflicher ist als jener englische Korsar, der das Schiff noch vor der Küste Amerikas zu kapern gedroht hatte. Französische Korsaren haben wenigstens Manieren! Im Februar 1745 trifft La Condamine dann wieder in Paris ein, insgesamt fast zehn Jahre nach seiner Abreise aus der französischen Hauptstadt. Reisen konnten im 18. Jahrhundert eben dauern.

La Condamines Reisebericht wurde, wie ich schon betonte, eine sehr positive Aufnahme zuteil. Doch sein nicht minderer, vielleicht sogar größerer Ruhm ging auf eine literarische Bearbeitung seines Reiseweges durch einen Freund zurück, der ihm schon manches Mal beigestanden hatte. Lassen Sie mich also kurz auf einen kleinen Text verweisen, der – in einer typischen Herausgeberfiktion – in deutscher Sprache in Minden im Jahre des Herrn 1759 gefunden worden sein soll und von einem gewissen Voltaire unter dem Titel *Candide ou l'optimisme* veröffentlicht wurde.

Ich möchte an dieser Stelle keineswegs auf eine Gesamtdeutung dieses wunderschönen und wunderschön komplexen Textes zusteuern, Ihnen wohl aber bewusst machen, wie sehr die Reflexion über die außereuropäischen Weltregionen und Kulturen, aber auch über den außerhalb Europas von den Europäern expansiv betriebenen Kolonialismus die Literatur des 18. Jahrhunderts in Frankreich wie im Rest des alten Kontinents prägten. Daher sollten wir uns kurz ansehen, was dem arglosen Candide, der im schönen Westfalen im Schloss des Barons von Thunder-ten-tronckh erzogen wurde, in Amerika zustieß.

Voltaire nutzt seinen *conte philosophique* dahingehend aus, dass er in ihm die unteschiedlichsten 'angesagten' Themenbereiche behandelt, die sich für die zeitgenössische Leserschaft mit den amerikanischen Kolonien verbinden. So hält sich sein Candide ganz selbstverständlich – ich komme später noch auf dieses Thema zu sprechen – bei den Jesuiten in Paraguay auf, gilt ihr Herrschaftsbereich doch für lange Zeit als der geographisch eingrenzbare Ort einer neuen Utopie, eines neuen Gottesstaates christlicher Prägung. Ein gefundenes Fressen für einen Antiklerikalen wie Voltaire!

Abb. 64: Voltaire (François Marie Arouet) (Paris, 1694 – ebenda, 1778).

Die Jesuiten hatten im Landesinneren Südamerikas ein eigenes Reich, geradezu einen eigenen Staat errichtet, der keinen weltlichen Maßregelungen iberischer oder europäischer Kolonialpolitik unterlag. Unser Candide schaut sich aufmerksam und kritisch in diesem Jesuitenreich um und stößt auf allerlei Abscheuliches. Danach folgt Voltaires Protagonist in einem *conte philosophique*, der mit ungeheuer beschleunigten raumzeitlichen Koordinaten arbeitet, dann recht genau der Route unseres guten La Condamine, so dass er, wen wundert's, geradezu notwendig nach *Eldorado* kommen muss und damit einen der großen Mythen, die Amerika für die Europäer bereit hielt, weiter zu bearbeiten vermag.

Bei der Annäherung an dieses Land lässt Cacambo, der Begleiter Candides, freilich keinen Zweifel daran, dass die amerikanische Hemisphäre keineswegs besser sei als die andere, also die altweltliche.[13] Voltaire vermeidet alles, was die Amerikas in ein besseres Licht rücken könnte als das einheimische Europa – dies war selbstverständlich schon beim Jesuitenstaat von Paraguay der Fall gewesen. Und doch glaubt Candide bei seiner ersten Annäherung an das Land von *Eldorado* zu vermeinen, es handle sich dabei um ein besseres Land als das seines Westfalens und seines Minden, das er einst hinter sich gelassen hatte.

---

13 Vgl. Voltaire: *Candide ou l'optimisme.* Paris : Classiques Garnier 1913, S. 174 f.

So nähert sich Candide mit seiner aufgeschlossenen Leserschaft jenem *Eldorado* an, das La Condamine auf seiner Reise noch verschlossen blieb. Er erfährt von einem Manne im biblischen Alter, dass dies die eigentliche Heimat der Incas sei und dass Europa dieses Land immer wieder bedroht habe, dass letztlich aber weder die Spanier noch die Engländer mit ihrem Raleigh genauere Kenntnis dieses Landes erhalten hätten.[14]

Hier ist nun endlich ein Land, in dem es keine Mönche gibt, welche regieren, herrschen, intrigieren und jene Leute verbrennen, die nicht ihrer Ansicht und Überzeugung sind. Folglich glaubt sich Candide dem von ihm gesuchten und ersehnten Traumlande nahe, wo alles aufs Beste eingerichtet ist und ein glückliches Gemeinwesen herrscht. Hätte nur sein Philosoph Pangloss dieses Land gesehen, seufzt Candide, er würde nicht mehr behaupten, dass das Schloss Thunder-ten-tronckh das Beste sei, was es auf Erden gebe. Sie sehen, Voltaire spielt mit der Differenz zwischen den Reisenden und den Daheimgebliebenen, wobei er letzteren freilich das längere Ende lässt. Kein Wunder, zählte er selbst doch auch nicht zu jenen Philosophen, von denen sich Rousseau im zweiten *Discours* wünschte, sie würden sich auf eine Weltreise begeben. Aber mit dieser Fragestellung und Herausforderung werden wir uns noch ausführlich in der Vorlesung befassen. Klar ist freilich schon jetzt, dass es Rousseau um ein verändertes Verhältnis von Reisen und Schreiben ging.

Genau auf eine solche Weltreise aber begab sich unser Candide. Der Ehrgeiz treibt die Europäer vorwärts und geradewegs aus dem Glück hinaus, wie der König von *Eldorado*, wo es übrigens auch keine Gefangenen und Eingekerkerten gibt, sehr wohl bemerkt.[15] So reisen Cacambo und Candide denn weiter nach Surinam, wo sie mit den Schrecken des europäischen Kolonialismus konfrontiert werden. Voltaire wählte hierfür vorsichtshalber nicht das französische Herrschaftsgebiet (und heutige Überseedepartement) Guyane, das heute in Europa vor allem dafür bekannt ist, dass von dort aus die europäischen Trägerraketen für allerlei Satelliten starten. Nein, er wählte vielmehr klug die holländische Kolonie, vielleicht auch um französische Empfindlichkeiten zu schonen, die einer Akzeptanz der Darstellung von Gräueltaten sowie einer beißenden Kritik hieran wohl im Wege gestanden hätten.

Hier können sich in Suriname die europäischen Reisenden der Tatsache versichern, zu welchem Preise man in Europa den ach so süßen Zucker genieße.[16] Denn schnell wird klar, was hier den Sklaven angetan wird, in welcher

---

14 Ebda., S. 178.
15 Ebda., S. 180.
16 Ebda. S. 182.

Weise sie grundsätzlich und selbstverständlich misshandelt werden und überdies noch Hohn und Spott über sie ausgegossen wird. Nein, dies konnte nicht das von Candide ersehnte Land sein!

An dieser Stelle nun geht der *conte philosophique* unmittelbar in eine scharfe Kolonialismuskritik über, freilich nicht des französischen Kolonialismus, sondern vorsichtshalber des holländischen Kolonialismus, der in Frankreich in keinem guten Rufe stand. Doch mag dieser für Voltaire als *pars pro toto* für den europäischen Kolonialismus in seiner Gänze stehen. So trifft Candide in Suriname auf einen schwarzen Sklaven, dem die rechte Hand und das linke Bein fehlen, der halbnackt am Boden liegt und, wie er gleich erzählen wird, von seiner Mutter aus Guinea für einige patagonische Münzen – Voltaire nimmt es hier geographisch nicht so genau – in die Sklaverei verkauft worden war. Hören wir das Zeugnis dieses bedauernswerten Sklaven, der in Voltaires *conte philosophique* für die gesamten Gräuel der Europäer stellvertretend als Opfer steht:

> 'Eh! mon Dieu! lui dit Candide en hollandais, que fais-tu là, mon ami, dans l'état horrible où je te vois? – J'attends mon maître, M. Vanderdendur, le fameux négociant, répondit le nègre. – Est-ce M. Vanderdendur, dit Candide, qui t'a traité ainsi? – Oui, monsieur, dit le nègre, c'est l'usage. On nous donne un caleçon de toile pour tout vêtement deux fois l'année. Quand nous travaillons aux sucreries, et que la meule nous attrape le doigt, on nous coupe la main; quand nous voulons nous enfuir, on nous coupe la jambe: je me suis trouvé dans les deux cas. C'est à ce prix que vous mangez du sucre en Europe.[17]

Gewiß, wir sind in einem *conte philosophique*, der sich der Form des literarischen Reiseberichts bedient, und nicht in einer Abhandlung mit abolitionistischem Grundton, die auf eine Abschaffung der Sklaverei abzielte. Doch deutlicher kann eine Kolonialismuskritik nicht ausfallen. Denn hier werden Grausamkeiten aufgezeigt, die in das Jahrhundert der Aufklärung bei weitem nicht zu passen scheinen. Die Literatur wird in diesem *conte philosophique* zu jenem Experimentierfeld, in welchem die Möglichkeiten des Imaginierbaren und Denkbaren erprobt und in das Schreibbare umgesetzt werden, lange bevor sie in der Wirklichkeit etwa als tatsächliche politische Maßnahmen erprobt werden können. Der Literatur ist eine prospektive Funktion eigen, die auf künftige Veränderungen zielt, welche zunächst auf dem Gebiet der Fiktion durchgespielt und erprobt werden müssen.

Die Realität sah immer noch anders aus. Noch ist die Haitianische Revolution Jahrzehnte entfernt. Und nicht nur Guillaume-Thomas Raynal, die zentrale Autorfigur der *Histoire philosophique et politique des établissements des Européens dans les deux Indes*, der großen französischen Kolonialenzyklopädie des

---

17 Ebda.

18. Jahrhunderts, die mit Angriffen gegen die Sklaverei nur so gespickt ist, sondern auch Voltaire selbst, der wie Raynal Besucher und Gast am Hofe Friedrichs des Großen in Sanssouci war, besaßen realiter Aktien in diesem Zucker- und Sklavenhandelsgeschäft. Diese Tatsache entwertet zwar nicht ihre Kolonialismuskritik, lässt sie gleichwohl aber in einem anderen, widersprüchlicheren, komplexeren Licht erscheinen.

Die Allgegenwart dieser Problematik und die Präsenz der außereuropäischen Welt in den Literaturen Europas, die an vielen anderen Beispielen der Zeit hätte aufgezeigt und belegt werden können, sei anhand dieses kleinen Beispiels, das so oft überlesen wird, einmal mehr unterstrichen. Wir wollen uns in der unmittelbaren Fortführung unserer Vorlesung ausführlicher mit derlei Problemstellungen beschäftigen und dabei vor allem danach fragen, wie denn im Kontext des Gegensatzes zwischen Reisenden und Daheimgebliebenen und vor dem Hintergrund der zahlreichen europäischen Reiseberichte, in denen die Neue Welt behandelt wurde, das Verhältnis zwischen Alter und Neuer Welt neu angesprochen und bestimmt wurde.

Als unseren Auktor und Gewährsmann nehmen wir dabei einen Reisenden und Reiseschriftsteller, dessen Name längst wieder in die Dunkelheit zurückfiel, aus welcher er kam. Allein in jener Debatte, welche unter dem Namen der 'Berliner Debatte um die Neue Welt' in die Geschichte einging und zu jenen verschütteten Traditionen zählt, die in neuerer Zeit wieder ausgegraben wurden, leuchtet sein Name noch hell. Es ist eine Debatte, die sich gleichsam vor unserer Haustüre abspielte und die uns zeigt, dass wir hier an der Universität Potsdam in den wunderbaren historischen Gebäuden, die uns direkt mit dem 18. Jahrhundert verbinden, hautnah am Geschehen, das wir diskutieren wollen, dran sind.

Antoine-Joseph Pernety, Cornelius de Pauw und die Berliner Debatte um die Neue Welt

Rollen wir die Berliner Debatte um die Neue Welt von ihren Anfängen im 18. Jahrhundert her auf, ohne gänzlich zu vergessen, dass der sogenannte 'Disput um die Neue Welt' bereits im Ausgang des 15. Jahrhunderts begann und bereits von Antonello Gerbi in einer klassischen Studie diskutiert wurde.[1] Ich werde auf diese Studie noch kurz zurückkommen, will aber in einem ersten Schritt zunächst einmal die konkreten Ursprünge der neuen Debatte im 18. Jahrhundert suchen. Dabei ist es wichtig, dass wir uns mit der grundsätzlich neu erwachten und neu entfachten Aufmerksamkeit der europäischen Philosophen für die überseeische Problematik und vor allem für die weltweiten Beziehungen in dieser neuen, dieser zweiten Phase beschleunigter Globalisierung, vertraut machen.

Dabei möchte ich diese Debatte mit einer zunächst theoretischen Auseinandersetzung beginnen lassen, die einer der herausragenden Köpfe des 18. Jahrhunderts, der Genfer Bürger Jean-Jacques Rousseau, in Bewegung setzte. In einer der wohl wichtigsten Anmerkungen zu seinem *Discours sur l'origine et les fondements de l'inégalité parmi les hommes* setzte sich Rousseau im Jahre 1755 kritisch mit dem im Europa seiner Zeit erreichten Stand anthropologischer Kenntnisse auseinander.

Dabei hob er die unübersehbare, von den meisten der europäischen Philosophen aber sehr wohl übersehene Asymmetrie zwischen dem Wissensstand der aus den verschiedensten europäischen Ländern stammenden Reisenden einerseits und dem Reflexionsstand all jener Philosophen andererseits hervor, die ihre generalisierenden Überlegungen und Theorien zur Diversität des Menschengeschlechts nicht zuletzt auf der Grundlage mehr oder oftmals auch minder ausgedehnter und aufmerksamer Lektüren von Reiseberichten anstellten und entwickelten. Reiseberichte bilden oftmals die Grundlage für anthropologische sowie allgemein philosophische Betrachtungen, welche die *conditio humana* in einem weltweiten Maßstab im Jahrhundert der Aufklärung zu vergegenwärtigen suchten. Dass hierbei der Gegensatz zwischen den Reisenden und den Daheimgebliebenen eine fundamentale epistemologische Rolle spielte, ergibt sich im Rahmen dieser Vorlesung fast zwangsläufig. Doch gehen wir die Dinge systematisch an.

---

1 Vgl. Gerbi, Antonello: *La disputa del nuovo mondo. Storia di una polemica: 1750–1900.* Nuova edizione a cura di Sandro Gerbi. Con un profilo dell'autore di Piero Treves. Milano – Napoli: Riccardo Ricciardi editore 1983.

Abb. 65: Jean-Jacques Rousseau
(Genf, 1712 – Ermenonville, 1778).

Jean-Jacques Rousseau betonte in diesem Zusammenhang die unabdingbare Notwendigkeit, diese fundamentale Asymmetrie innerhalb der weltweiten
Zirkulation des Wissens zu durchbrechen, die im Übrigen nicht zuletzt durch
die mangelnde Vorbereitung der allermeisten Reisenden verschärft werde. Er
erkannte damit eines der epistemischen Fundamentalprobleme der Aufklärung,
keine Frage. Zugleich aber hielt er auch einen gewissen Mangel hinsichtlich der
(wissenschaftlichen) Ausrichtung mancher *hommes éclairés* fest, die sich dessen ungeachtet vielfältigen Gefahren ausgesetzt und lange, anstrengende Reisen unternommen hätten. Er bezieht sich dabei kritisch auf die Expeditionen
der französischen Akademiemitglieder Mauperetuis und La Condamine, mit
denen wir uns bereits beschäftigt haben:

> Les Académiciens qui ont parcouru les parties Septentrionales de l'Europe et Méridionales
> de l'Amérique, avoient plus pour objet de les visiter en Géomètres qu'en Philosophes. Cepen-
> dant, comme ils étoient à la fois l'un et l'autre, on ne peut pas regarder comme tout à fait
> inconnues les régions qui ont été vues et décrites par les La Condamine et les Maupertuis.[2]

---

2 Rousseau, Jean-Jacques: *Discours sur l'origine et les fondements de l'inégalité parmi les hommes.* In (ders.): *Oeuvres complètes.* Bd. III. Edition publiée sous la direction de Bernard Gagnebin
et Marcel Raymond avec, pour ce volume, la collaboration de François Bouchardy, Jean-Daniel
Candaux, Robert Derathé, Jean Fabre, Jean Starobinski et Sven Stelling-Michaud. Paris: Gallimard 1975, S. 213.

Der Verfasser des *Discours sur l'inégalité*, wie dieser *Second Discours* auch in ab-
gekürzter Form oft benannt wird, ließ keinerlei Zweifel aufkommen: Nicht von
den Geometern, sondern von den Philosophen erhoffte sich Rousseau die entscheidenden Verbesserungen des Kenntnisstandes über die außereuropäische
Welt. Denn dieser Kenntnisstand, dies wusste der Genfer Philosoph, war in Europa noch immer erschreckend niedrig. Räumte Rousseau auch gerne Gehalt
und Qualität mancher Reiseberichte ein, die im 18. Jahrhundert veröffentlicht
worden waren, so verbarg er doch seine fundamentale Kritik am allgemeinen
Niveau anthropologischer beziehungsweise ethnologischer Kenntnisse nicht.

Dabei nahm er bei aller Bewunderung für das Werk eines Buffon auch den
Bereich der Naturgeschichte und insbesondere der von ihren Vertretern genutz-
ten Quellen nicht aus von seiner Kritik. Nach der Erwähnung einiger weniger
glaubwürdiger Berichte stellte er mit aller wünschenswerten Deutlichkeit fest:

> A ces relations près, nous ne connoissons point les Peuples des Indes Orientales, fréquen-
> tées uniquement par des Européens plus curieux de remplir leurs bourses que leurs têtes.
> [...] toute la terre est couverte de Nations dont nous ne connoissons que les noms, et nous
> nous mêlons de juger le genre humain! Supposons un Montesquieu, un Buffon, un Diderot,
> un Duclos, un d'Alembert, un Condillac, ou des hommes de cette trempe voyageant pour
> instruire leurs compatriotes, observant et décrivant comme ils *savent faire*, la Turquie, l'E-
> gipte, la Barbarie, l'Empire de Maroc, la Guinée, les pays des Caffres, l'intérieur de l'Afrique
> et ses côtes Orientales [...]: puis dans l'autre Hémisphére le Méxique, le Perou, le Chili, les
> Terres Magellaniques, sans oublier les Patagons vrais ou faux [...]; supposons que ces nou-
> veaux Hercules, de retour de ces courses mémorables, fissent ensuite à loisir l'Histoire na-
> turelle, Morale et Politique de ce qu'ils auroient *vu*, nous *verrions* nous mêmes sortir un
> monde nouveau de dessous leur plume, et nous apprendrions ainsi à connoître le nôtre.[3]

Hier macht Rousseau gleichsam eine Wunschliste auf mit all jenen Gebieten,
über die man unbedingt mehr wissen müsse, um sich ein Bild von der Welt und
zugleich auch ein besseres Bild vom Eigenen machen zu können. Aufgrund
ihrer alles beherrschenden persönlichen wie kommerziellen Interessen entgehen die meisten europäischen Reisenden mit ihren so zahlreichen, aber oft
auch so ungesicherten und vor allem interessegeleiteten Berichten dem letztlich vernichtenden Urteil Rousseaus nicht. Dies sind in der Tat Reiseberichte,
die wir in dieser Vorlesung größtenteils links liegen ließen, da sie nur der Erfüllung spezifischer Interressen von Kaufleuten oder Mönchen, Soldaten oder
Abenteurern entsprangen.

Doch der Verfasser des *Diskurses über die Ungleichheit* leugnete die grundlegende Bedeutung der Reisen für die Ausweitung der menschlichen Kenntnisse
und die umfassende Zirkulation von Wissen im europäisch-außereuropäischen

---

3 Ebda., S. 213.

Spannungsfeld keineswegs. Ganz im Gegenteil: Für ihn ging es darum, wohlvorbereitete Reisende, 'Philosophen' (im Sinne des 18. Jahrhunderts) auszusenden, welche über einen wesentlich höheren Grad an Glaubwürdigkeit verfügen sollten. Sie sollten nicht nur wissenschaftlich vorgehen, sondern auch philosophisch denken und versuchen, das von ihnen bezüglich der bereisten Gebiete gesammelte Wissen in eine generelle Weltanschauung zu integrieren. Sie sollten überdies nicht nur über ein Wissen (*savoir*), sondern mehr noch über ein *savoir faire* und ein *savoir voir* verfügen und in der Lage sein, nach ihrer Rückkehr nach Europa das, was sie gesehen hatten, ebenso an ihre Landsleute wie an ihr Lesepublikum innerhalb einer tendenziell weltumspannenden *République des Lettres* der Aufklärung weiterzugeben. Denn nur auf diese Weise sei es möglich, neue Grundlagen für ein neues Wissen zu schaffen. Rousseau verlangte also in der Tat viel von den 'neuen Reisenden'. Aber war dies nicht zuviel verlangt?

Halten wir fest: Die Vorstellungen Rousseaus waren von größter epistemologischer Tragweite. *Savoir faire* und *savoir voir* sollten auf diese Weise für die künftigen Leser des Reisenden in ein *savoir faire voir*, ein Wissen und eine Technik des Vor-Augen-Führens, umschlagen, das nicht nur die europäische Sichtweise der Neuen Welt modifizieren und den *Nouveau-Monde* in einen *monde nouveau* verwandeln, sondern den Blick auch auf die europäischen Länder selbst grundlegend verändern könnte. Rousseau hatte verstanden, dass ein veränderter Blick auf die außereuropäische Welt auch einen veränderten Blick auf Europa beinhalten musste. Man könnte hier auch von einer Dialektik und wechselseitigen Abhängigkeit von Fremd- und Selbstwahrnehmung sprechen.

Um es allgemeiner zu sagen: Fremderkenntnis impliziert stets Selbsterkenntnis; und mehr noch: Selbsterkenntnis ist ohne Fremderkenntnis nicht zu haben. Beide stehen zueinander in Wechselwirkung. Im Übrigen kann nicht übersehen werden, dass innerhalb einer weltweiten – wenn auch zweifellos von Europa beherrschten – Relationalität die Kenntnisse reisender europäischer Philosophen auch für die Bewohner anderer Areas und Weltregionen notwendig von Nutzen sein mussten. Rousseaus Argumente sind jener Ethik mit universalisierendem Anspruch verpflichtet, wie sie der (europäischen) *République des Lettres* zugrunde lag. Dieser Aspekt ist sicherlich Teil eines lebendigen Erbes der Aufklärung und im Habermas'schen Sinne genuiner Bestandteil eines unvollendeten Projekts der anhebenden Moderne. Denn dass wir in dieser Vorlesung das letzte Viertel des 18. Jahrhunderts als den Beginn eines Prozesses sehen, den wir als die europäische Moderne bezeichnen, sollte – auch wenn wir in dieser Vorlesung nicht speziell auf die unterschiedlichen Definitionen eingehen können, um die Moderne zu fassen – insgesamt klar und verständlich sein. Aber ich werde darauf in der gebotenen Kürze zurückkommen.

Zurück zum roten Faden unserer Vorlesung! In der angeführten Passage erscheinen Sehen und Schreiben in ihrer Verbindung mit dem Reisen als komplementäre Handlungen, die in ihrer Abfolge einen Sinn (bezüglich) der Neuen Welt hervorbringen, den Rousseau dann auch zu glauben bereit wäre: „il faudra les en croire".[4] Doch gründet dieser Glaube für Rousseau nicht auf dem Schreiben, der *écriture*, allein. Nicht die Bewegung des Diskurses, sondern die Bewegung des Reisens, das eine direkte Sicht auf die Dinge gewährt, jene Ortsveränderung also, die ein unmittelbares Sehen des Anderen ermöglicht, verleiht dem Schreiben über das Andere Autorität und damit erst eine Autorschaft im starken Sinne. Reisen, das Wissen aus der Bewegung, erscheint hier in seiner ganzen Stärke bei Rousseau. Die Glaubwürdigkeit dieser Autorschaft ist in diesen Passagen des *Second Discours* folglich an die Legitimation durch eine Augenzeugenschaft zurückgebunden, die mit Blick auf das Wissen über weit entfernte Länder das eigene Reisen zwingend voraussetzt. Wir stoßen hier auf eine zentrale Achse des Verhältnisses zwischen Reisen und Schreiben, das gerade auch für diesen dritten Teil unserer Vorlesung von enormer Bedeutung ist.

Ein Gedanke glimmt hier auf, der für unsere Zeit, für unsere eigenen wissenschaftlichen und wissenschaftspolitischen Epistemologien (und 'Selbstverständlichkeiten') von größter Aktualität und Dringlichkeit ist. Denn über lange Zeit – und bis in unsere Gegenwart – hielt sich die Vorstellung, man habe die 'allgemeine', die generalisierende Theorie von den sogenannten Regionalwissenschaften, den *Area Studies*, als 'systematische' oder systematisierende Wissenschaft klar zu trennen, da letztere nur ein regional begrenztes Wissen – etwa über die Türkei, Nordafrika oder Südamerika, um bei den Beispielen Rousseaus zu bleiben – hervorzubringen in der Lage wären. Wie aber wäre ein solcher Glaube zu begründen? Oder noch stärker: Welche Gründe ließen sich für einen derartigen akademischen Irrglauben auftreiben?

Denn nichts ist – und auch dies wird die Berliner Debatte um die Neue Welt in der historischen Rückschau zeigen – anmaßender und den Gegenständen inadäquater als eine derartige künstliche Trennung. Die vorgeblich 'allgemeine' Theorie beruht zumeist auf äußerst lückenhaften Kenntnissen, die sich in der Regel auf das Wissen über einen mehr oder minder kleinräumigen und bestenfalls europäischen Ausschnitt beschränken, der ungerührt und unhinterfragt als normgebend gesetzt wird.

---

4 Rousseau, Jean-Jacques: *Discours sur l'origine et les fondements de l'inégalité parmi les hommes*, S. 214.

Eine solche Setzung aber ist durch keine Begründung zu legitimieren. Sie beruht allein auf akademischen Gepflogenheiten, auf der selbstverständlichen, aber nicht mehr länger ausgesprochenen Annahme, dass die Werte Europas universell gültig seien. Um aber eine allgemeine Theorie adäquat fundieren und entwickeln zu können, ist die Kenntnis verschiedenster Areas, verschiedenster Weltregionen, unverzichtbar. Denn dann erst kann die Zielvorstellung Rousseaus greifen, unsere Welt in ihrer Gesamtheit auf neue Weise zu erfassen: „nous verrions nous mêmes sortir un monde nouveau de dessous leur plume, et nous apprendrions ainsi à connoître le nôtre".[5] Jean-Jacques Rousseau hätte es nicht besser formulieren können, was die Rückwirkungen auf Europa zwingend sein mussten.

Man könnte den ausführlich zitierten Überlegungen Rousseaus eine Passage aus der Feder des von ihm im obigen Zitat erwähnten Diderot an die Seite stellen, die erstmals[6] 1780 im elften Buch der dritten Ausgabe der *Histoire philosophique et politique des établissements et du commerce des européens dans les deux Indes* veröffentlicht wurde. In gewissem Sinne handelt es sich um eine Antwort und mehr noch um eine scharfsinnige erkenntnistheoretische Replik auf den zweiten *Discours* durch einen Rousseau kritisch gegenüberstehenden französischen Philosophen fünfundzwanzig Jahre nach dessen Veröffentlichung.

Denn zu Beginn von Rousseaus Überlegungen findet sich seine Klage darüber, niemals „deux hommes bien unis, riches, l'un en argent, l'autre en génie, tous deux aimant la gloire" gefunden zu haben, einen Ruhm, für den der eine bereit wäre, 'zwanzigtausend Taler' zu opfern, der andere 'zehn Jahre seines Lebens' zugunsten einer erfolgreichen Reise um die Welt.[7]

Uns interessiert hier nicht die bemerkenswerte Beziehung zwischen den Zahlenangaben, sondern die Tatsache, dass Diderot die diskursive Struktur dieser Passage wiederaufnahm, um zugleich ihrem kritischen Sinn eine neue Wendung zu geben:

> L'homme riche dort; le savant veille; mais il est pauvre. Ses découvertes sont trop indifférentes aux gouvernemens pour qu'il puisse solliciter des secours ou espérer des récompenses. On trouveroit parmi nous plus d'un Aristote; mais où est le monarque qui lui dira: ma puissance est à tes ordres [...].[8]

---

5 Ebda., S. 213.

6 Vgl. Duchet, Michèle: *Diderot et l'Histoire des Deux Indes ou l'Ecriture Fragmentaire*. Paris: Nizet 1978, S. 84.

7 Ebda., S. 213.

8 Raynal, Guillaume-Thomas: *Histoire philosophique et politique des établissements et du commerce des européens dans les deux Indes*. Tome cinquième. Genève: Chez Jean-Léonard Pellet, Imprimeur de la Ville & de l'Académie 1781, S. 43.

Ein Vierteljahrhundert nach dem Erscheinen des zweiten *Discours* Rousseaus ist die Verbindung zwischen dem Reichen und dem Genie, zwischen dem Monarchen und dem Gelehrten, schlicht zwischen Reisen und Schreiben nicht realistischer geworden. Zwischen beiden Polen von Reisen und Schreiben klafft eine epistemologische Lücke, welche die so wichtige und transformierende Wechselwirkung zwischen beiden Elementen verhindert.

Anders als Rousseau, der am liebsten einen Buffon, aber auch einen Diderot auf eine Weltreise geschickt hätte, war der Ko-Autor von Guillaume-Thomas Raynals *Histoire des deux Indes* in keiner Weise dazu bereit, sein Arbeitszimmer in Paris zu verlassen und die Welt zu umsegeln. Und in einer Passage aus seiner Feder führte er hierzu keineswegs persönliche, sondern epistemologische Gründe an:

> L'homme contemplatif est sédentaire; & le voyageur est ignorant ou menteur. Celui qui a reçu le génie en partage, dédaigne les détails minucieux de l'expérience; & le faiseur d'expériences est presque toujours sans génie.[9]

Bei Jean-Jacques Rousseau basiert das Wissen auf dem Sehen, das *sa-voir* auf dem *voir*. Ist die Verbindung zwischen dem mit Geld und dem mit Genie gesegneten Menschen zufälliger Natur, so ist die Einheit zwischen dem Philosophen und dem Reisenden, zwischen *philosophe* und *voyageur* für Rousseau bewusst und konzeptionell fundiert: Sie ist Programm.

Wir finden bei Diderot die Spaltung zwischen dem Mächtigen und dem Gelehrten zwar wieder, doch unternimmt dieser *savant* keine physischen Reisen, sind seine Bewegungen doch rein geistiger Natur und bündeln sich zwischen den vier Wänden seines Arbeitszimmers. Denis Diderot weist ihm einen Ort zu, den er nicht verlassen wird: Der Ort des Arbeitens und der Ort des Schreibens unterscheiden sich in einem rein räumlichen Sinne nicht voneinander. Reisen und Schreiben aber sind weit auseinander gerückt.

Dem *homo contemplativus* stellt Diderot nicht den *homo faber*, sondern den Reisenden, eine Art *homo migrans*, gegenüber, der entweder unter einem Mangel an Wissen (*ignorant*) oder unter einem Mangel an Wahrheit und Wahrhaftigkeit (*menteur*) leide und daher für Diderot in einem System hierarchisierter Wissenszirkulation auf eine bestenfalls zweitrangige Bedeutung herabgestuft werden muss. Das Reisen ist für Diderot sekundär, absolut zweitrangig. *A beau mentir qui vient de loin* – und man könnte aus heutiger Sicht fast glauben,

---

9 Raynal, Guillaume-Thomas: *Histoire philosophique et politique des établissements et du commerce des européens dans les deux Indes.* Tome cinquième. Genève: Chez Jean-Léonard Pellet, Imprimeur de la Ville & de l'Académie 1781, S. 43.

dieses Sprichwort sei auch geprägt worden für jene Wissenschaften, die vor wenigen Jahren einmal ein wenig unglücklich als 'Fernwissenschaften' bezeichnet wurden. Glücklicherweise konnte sich dieser Begriff nicht halten: Zu deutlich ist in ihm die strikt eurozentrische Sichtweise verankert, die das 'Ferne' nur aus dem Abstand zu Europa bemisst.

Doch bleiben wir im 18. Jahrhundert und sehen wir uns die dortigen Herausforderungen an. Nicht umsonst ließ Denis Diderot die Dialogpartner seines *Supplément au voyage de Bougainville* darüber debattieren, ob der berühmte französische Entdeckungsreisende bei seiner Weltumsegelung nicht eher ein sesshafter Bewohner auf den Planken seines schwimmenden Hauses („maison flottante"[10]) gewesen sei, während der Leser von Bougainvilles berühmtem Reisebericht als der eigentliche Weltreisende betrachtet werden müsse, sei er es doch, der – scheinbar unbeweglich auf den Dielen seines fest gebauten Hauses – kraft seiner Lektüre die Welt umrundet habe.[11] Man könnte hier mit guten Gründen gewiss nicht von einem Diderot'schen *paradoxe sur le comédien*, wohl aber vom Paradox über den Reisenden, vom *paradoxe sur le voyageur* sprechen, welcher in seiner höchsten Form der Leser ist – und wäre er ein Leser des Buches der Welt.[12] Diderot stellt auf eine kluge und zugleich recht durchtriebene Weise das Verhältnis zwischen Reisen und Schreiben in seinem *Paradoxe sur le voyageur* auf den Kopf.

Ohne an dieser Stelle die Tatsache ausführen zu können, dass die epistemologisch so relevante Scheidung zwischen den Reisenden und den Daheimgebliebenen keineswegs eine Erfindung des 18. Jahrhunderts war, sondern sich – wie wir sahen – seit der ersten Phase beschleunigter Globalisierung durch den gesamten abendländischen Diskurs über die Neue Welt zog und im Übrigen bereits in der Antike hinsichtlich des Zusammenspiels von Auge und Ohr als Quellen der Information über eine unbekannte Welt präsent war,[13] sei doch darauf verwiesen, dass jenseits des hier markierten und in der Tat markanten epistemologischen Gegensatzes zwischen Rousseau und Diderot die beiden großen Philosophen der europäischen Aufklärung in einem nicht unwesentlichen

---

10 Diderot, Denis: Supplément au Voyage de Bougainville ou Dialogue entre A et B. In (ders.): *Oeuvres.* Edition établie et annotée par André Billy. Paris: Gallimard 1951, S. 964.

11 Vgl. hierzu Ette, Ottmar: 'Le tour de l'univers sur notre parquet': lecteurs et lectures dans l'"Histoire des deux Indes'. In: Bancarel, Gilles / Goggi, Gianluigi (Hg.): *Raynal, de la polémique à l'histoire.* Oxford: Voltaire Foundation 2000, S. 255–272.

12 Vgl. Blumenberg, Hans: *Die Lesbarkeit der Welt.* Frankfurt am Main: Suhrkamp 1986.

13 Vgl. zu diesen Zusammenhängen umfassender das dritte Kapitel in Ette, Ottmar: *Literatur in Bewegung. Raum und Dynamik grenzüberschreitenden Schreibens in Europa und Amerika.* Weilerswist: Velbrück Wissenschaft 2001.

Punkt miteinander übereinstimmen. Denn der reisende Philosoph, der *philosophe voyageur* Rousseaus wählt ganz wie der sesshafte *homo contemplativus* Diderots denselben Ort, um sein Werk niederzuschreiben: den europäischen Schreibtisch, sein Arbeitszimmer in Europa.

Das hermeneutische Bewegungsmuster der Reise und deren genuines Verhältnis zum Schreiben beruht für beide europäische *philosophes* als Verstehensprozess stets auf einem Kreis, auf einem hermeneutischen Zirkel. Folglich ist es auch keineswegs zufällig, dass Rousseau in der oben angeführten Passage von einer Reise um die Welt spricht, gleichsam dem Muster der europäischen Entdeckungsreise ab der Mitte des 18. Jahrhunderts. Ist der reisende Philosoph erst einmal nach Hause zurückgekehrt und aufgrund seiner Mühen und seines Leidens in einen 'neuen Herkules' verwandelt, wird er sich bald an seinen Schreibtisch setzen und seine Ansichten niederschreiben. Reisen und Schreiben stehen hier in einem klar definierten Verhältnis zueinander, das durch Nachzeitigkeit und gerade nicht durch Simultaneität geprägt ist. Erst kommt das Reisen (durch die Welt), dann folgt das Schreiben (notwendig in Europa).

Dass die Niederschrift des Textes, die eigentliche Textproduktion, 'selbstverständlich nicht in Übersee, sondern in Europa erfolgt, erscheint beiden Europäern als geradezu natürlich. Es ist die zweite Natur der europäischen Philosophie. Denn der Ort des Schreibens kann als Ort der Wissensproduktion innerhalb eines zutiefst asymmetrischen Zirkulationssystems von Wissen nur in Europa und letztlich nur in einer der europäischen Metropolen des Wissens angesiedelt sein. Das Lesen im Buch der Natur mag oder muss weltweit erfolgen; die Niederschrift dieser Lektüre der Natur aber kann – dies braucht weder ein Rousseau noch ein Diderot zu thematisieren – 'natürlich' nur in den europäischen Zentren des Wissens erfolgen. Die ganze Welt mag ein Reich der Zeichen sein: Europa aber versteht sich als das Reich des Wissens, das diese Zeichen zu interpretieren weiß.

Innerhalb der hier von Jean-Jacques Rousseau und Denis Diderot skizzierten Problematik der Beziehung zwischen Reisen und Wissen sowie Reisen und Schreiben situiert sich auch die *Berliner Debatte um die Neue Welt*, die als ein eminent wichtiger Teil des von dem bereits erwähnten Antonello Gerbi in einer längst kanonisch gewordenen Studie so bezeichneten 'Disputs um die Neue Welt'[14] angesehen werden muss. Aber sie bildet eine neue, eigene Phase, die ganz zweifellos mit der zweiten Phase beschleunigter Globalisierung verbunden und eng verknüpft ist. Ohne diese zeitgenössisch beschleunigte Phase wäre sie

---

14 Vgl. Gerbi, Antonello: *La disputa del nuovo mondo. Storia di una polemica: 1750–1900* (1983).

undenkbar: Denn sie bietet unterschiedliche Antworten auf die Herausforderungen dieser neuen Phase.

Aber kommen wir zunächst einmal zu einem der Protagonisten dieser Berliner Debatte. Er ist, wie auch sein Gegenspieler, kein Berliner. Was nicht verwundert, war Berlin zum damaligen Zeitpunkt doch nicht gerade ein Zentrum weltweiter Globalisierungseffekte, sondern eher eine aufstrebende mittelgroße Stadt inmitten einer Sandwüste und beseelt von dem Aufstiegswillen ihres ambitionierten Königs Friedrich dem Zweiten oder, wenn Sie so wollen, dem Großen. Ja, und dieses eher beschauliche Berlin nun wurde zum Schauplatz einer Debatte mit weltumspannenden Konsequenzen.

Einer der beiden wichtigsten Protagonisten dieser nicht nur in Europa, sondern auch in Übersee mit größter Aufmerksamkeit registrierten und kommentierten Berliner Debatte, Antoine-Joseph Pernety, war einst in der Funktion eines Schiffskaplans mit keinem Geringeren als Bougainville zwar nicht um die gesamte Erdkugel, wohl aber in die einst von Amerigo Vespucci so genannte 'Neue Welt' gereist. Diese Tatsache sollte in jenen Auseinandersetzungen, die in der aufstrebenden Hauptstadt des ehrgeizigen Preußenkönigs – der mit seinem Libretto für die am 6. Januar 1755 erstmals in der Lindenoper aufgeführten Oper *Montezuma* selbst eine Art sinnlich-machtpolitisches 'Vorspiel' für diese Debatte lieferte[15] – ihren Ausgang nahmen, aber rasch auf ein weltweites Echo stießen, eine wichtige Rolle spielen.

Aber worum ging es in dieser Debatte? Mit einigen der zentralen Fragen aufklärerischer Anthropologie, aber auch mit den hier dargestellten Problemen wahrnehmungstheoretischer Epistemologie beschäftigte sich der früher von der Inquisition in Avignon verfolgte und nach Preußen geflüchtete Benediktiner Antoine-Joseph Pernety bereits in seinem 1769 in französischer Sprache zu Berlin erschienenen *Journal historique*. Es stieß auf keine besonders große Resonanz in der aufklärerischen *République des Lettres*. Darin berichtete der auf der Titelseite stolz als „Membre de l'Académie Royale des Sciences & Belles-Lettres de Prusse" und als „Bibliothécaire de Sa Majesté le Roy de Prusse" Bezeichnete von seiner Reise unter der Leitung von Louis-Antoine de Bougainville zu den tropischen Küsten des heutigen Brasilien, zu den Malwinen-Inseln und an die Südspitze des amerikanischen Kontinents.[16] Pernety hatte also eine veritable Weltreise hinter sich gebracht.

---

15 Vgl. hierzu das vierte Kapitel in Ette, Ottmar: *Mobile Preußen. Ansichten jenseits des Nationalen*. Stuttgart: Metzler 2019.

16 Vgl. Pernety, Antoine-Joseph: *Journal historique d'un Voyage aux Iles Malouïnes en 1763 & 1764, pour les reconnoître, & y former un établissement; et de deux Voyages au Détroit de Magellan, avec une Relation sur les Patagons*. 2 Bde. Berlin: Etienne de Bourdeaux 1769.

In seinem *Journal* betonte Pernety immer wieder die grundsätzliche Andersartigkeit der Neuen Welt. Damit stand er durchaus im Einklang mit seinen Zeitgenossen, für welche der Gegensatz zwischen beiden Hemisphären ebenfalls ein ganz grundsätzlicher war. So schilderte er auch auf nicht weniger als zwanzig Seiten die am 10. November 1763 erfolgte Querung des Äquators und damit jene Szenerie, die sich so oder in vergleichbarer Form auf allen französischen wie europäischen Schiffen vollzog, welche die Äquatoriallinie, den Zentralbereich des Tropengürtels, passierten und in eine andere Hemisphäre eintraten. Dieser Übergang markierte den Wechsel von der einen Welt in eine gänzlich andere.

Abb. 66: Antoine-Joseph Pernety (Roanne, 1716 – Avignon, 1796) und die Patagonen in Pernetys *Journal historique*.

Längst waren die Tropen für die europäischen Seefahrtsnationen zum planetarischen Bewegungs-Raum *par excellence* geworden,[17] doch stellten sie damit

---

17 Vgl. hierzu Ette, Ottmar: Diskurse der Tropen – Tropen der Diskurse: Transarealer Raum und literarische Bewegungen zwischen den Wendekreisen. In: Hallet, Wolfgang / Neumann,

zugleich den Schwellenbereich eines Übergangs dar, den man bei diesem sich auf Südkurs nach Brasilien befindenden Schiff als einen symbolträchtigen Übergang von der östlichen in die westliche Hemisphäre, gleichzeitig aber auch von der nördlichen auf die südliche Halbkugel beschreiben darf. Diesen doppelten Übergang markiert der Reisebericht des Franzosen auf durchaus eindrucksvolle Weise. Beschäftigen wir uns daher kurz mit diesem Abschnitt seines durchaus spannenden Textes.

Pernetys ausführliche Darstellung des „*Baptême de la ligne*",[18] das noch in der glühenden Mittagshitze an Deck des französischen Schiffes mit der Aufstellung eines Beckens mit Meerwasser, eines Throns für den „Seigneur Président de la Ligne" sowie weiterer Sitzgelegenheiten für den „Chancelier" sowie den (aus Sicht des *aumônier* sicherlich besonders interessanten) „Vicaire" nebst einer Versammlung der gesamten Mannschaft und aller Passagiere begann,[19] hebt detailreich und nicht ohne literarisches Geschick den zeremoniellen und rituellen Charakter dieser Äquatortaufe hervor. Die karnevalesken Züge der Szenerie sind unübersehbar, betritt doch zunächst – selbstverständlich mit dem Einverständnis Kapitän Bougainvilles – ein von sechs Schiffsjungen sekundierter und in einen Schafspelz gehüllter und bemalter Matrose, dessen Verkleidung und Verwandlung präzise beschrieben wird,[20] die Bühne, bevor der ebenfalls in Schafsfelle gekleidete *bon-homme de la Ligne* höchstselbst, umgeben von seinem herausgeputzten Hofstaat, das Kommando an Bord übernimmt. Das Schauspiel travestierter Alterität beginnt. Karnevalesk ist es auch in dem Sinne, dass es uns einen *monde à l'envers*, eine Welt auf dem Kopf, zeigt.

Die Querung der Äquatoriallinie stellt vergleichbar mit dem Zeit-Raum des Karnevals die 'natürlichen' Hierarchien also gleichsam auf den Kopf: Eine Tatsache, die das karnevaleske Element mit der Vorstellung der Antipoden – einer Welt, deren Bewohner buchstäblich auf dem Kopf stehen und in der die Bäume nach unten wachsen – zu verbinden scheint. Dem Lesepublikum wird auf diese Weise anschaulich vor Augen geführt, dass es dem Reisenden in eine andere, in eine fremde Welt folgt, die über einen eigenen Zeichenvorrat verfügt. Nichts scheint in dieser 'anderen' Welt gleich zu sein, alles muss sich hier notwendig unterscheiden. Es lohnt daher, der literarischen Ausgestaltung dieser Szenerie, die zweifellos im Sinne unserer Vorlesung den reiseliterarischen Ort eines

---

Birgit (Hg.): *Raum und Bewegung in der Literatur. Die Literaturwissenschaften und der Spatial Turn.* Bielefeld: transcript Verlag 2009, S. 139–165.

18 Pernety, Antoine-Joseph: *Journal historique d'un Voyage aux Iles Malouïnes en 1763 & 1764*, Bd. 1, S. 95.

19 Ebda., S. 96.

20 Ebda., S. 98 f.

Höhepunkts von Pernetys *Journal historique* markiert, etwas Aufmerksamkeit zu schenken.

Ohne die von Pernety entworfene literarische Szene in all ihren Details wiedergeben zu können, ist es doch aufschlussreich zu beobachten, dass die Inszenierung einer Gegen-Ordnung, die für einen Tag zwischen den Wendekreisen symbolisch in Kraft tritt, jene Wendungen und Wandlungen vorführt, welche die Tropen als gegenüber Europa *andere* Welt im Zeichen der Trennlinie des Äquators repräsentieren. Die Tropen sind in diesem Sinne auch rhetorisch eine andere Figur.

Inwieweit diese andere Ordnung aus einer ihrerseits nicht unterlaufenen patriarchalischen Perspektive zugleich auf das 'andere' Geschlecht projiziert wird, mag das folgende Zitat der fruchtbaren 'Versprechen' des Kapitäns belegen:

> Les choses ainsi disposées, le Vicaire dit à Mr. de Bougainville: 'Pour être reçu dans la noble & puissante société du Seigneur Président de la Ligne, il faut prendre, au préalable, quelques engagemens, que vous promettez d'observer. Ces engagemens n'ont pour objet que des choses raisonnables. A la bonne heure, répondit Mr. de Bougainville. Promettez-vous, dit alors le Vicaire, d'être bon Citoyen, & pour cet effet de travailler à la population, & de ne pas laisser chômer les filles, toutes les fois que l'occasion favorable s'en présentera? — Je le promets.'[21]

Damit wird gleichsam ein Versprechen eingeholt, welches nicht allein eine große sexuelle Freizügigkeit der männlichen Besatzungen in der Neuen Welt beinhaltet, sondern zugleich auch eine männliche Unterwerfung der weiblich gegenderten Kolonien symbolisiert. In der Neuen Welt gelten folglich für die Männer andere Formen und Normen der Konvivenz, die ganz unverkennbar die männliche Potenz ins Zentrum jeglicher Geschlechterordnung rücken. Damit werden beim Übertritt von der einen in die andere Hemisphäre schon einmal klar die männlich zentrierten Unterwerfungswünsche fixiert. Es ist, als würde in diesem Akt auf einer symbolischen Ebene die Inbesitznahme einer neuen Welt, wie sie am Ausgang des 15. Jahrhunderts bei Columbus in einer genau festgehaltenen juristischen Vorgehensweise abgespult wurde, nun für die Geschlechterordnungen definiert. Wir sehen also, welche eminent politische und symbolische Bedeutung die Geschlechterbeziehungen im Reisebericht wie in der Wirklichkeit, einmal in die Neue Welt projiziert, besitzen.

Die Serie von Versprechen, die mit einem Schwur und einer ritualisierten Taufszene abgeschlossen wird, in der aus christlicher Sicht stets die Symbolik des Beginns eines anderen Lebens gegenwärtig ist, eröffnet eine Abfolge weiterer

---

21 Pernety, Antoine-Joseph: *Journal historique d'un Voyage aux Iles Malouïnes en 1763 & 1764*, Bd. 1, S. 107 f.

Lustbarkeiten, bei denen auch zwei paradiesische „Demoiselles Acadiennes"[22] sowie allerlei neckische Spiele nicht fehlen dürfen, die sich in der Folge auf Bougainvilles Fregatte unter dem Kommando des *bon-homme de la Ligne* abspielen. Die Projektion männlich beherrschter sexueller Freizügigkeit auf die Tropen, auf die 'andere' Welt, zählt zum Kernbestand europäischer Bilderwelten von fernen Ländern. Blicken wir uns heute in den Katalogen der Veranstalter von Fernreisen in die Karibik oder nach Thailand um, so wird deutlich, dass derlei Traditionen keineswegs verloren gegangen sind.

So werden von europäischen Sexualphantasien geprägte Erörterungen über die Geschlechtlichkeit und das Geschlechtsleben der indigenen Bevölkerungen nicht von ungefähr auch in der Berliner Debatte über die Neue Welt eine wichtige (wenn auch hier nicht weiter verfolgte) Rolle spielen. Die Indianer werden dabei im Gegensatz zu den lasziven Indianerinnen, die sich nur so nach Europäern sehnen, zu impotenten Eunuchen degradiert, die es an sexueller Potenz mit den europäischen Männern niemals aufnehmen könnten.

All dies ist ein symbolischer Akt mit Folgen nicht allein in Bezug auf die Geschlechterordnungen. Innerhalb der narrativen Abfolge des *Journal historique* schärft die ausführliche Darstellung der Äquatortaufe die Aufmerksamkeit des Lesepublikums für die diskursive (und epistemologisch grundlegende) Andersartigkeit der 'anderen' Welt. Denn zwischen den Kapverden und der brasilianischen Küste quert die Fregatte nicht nur die Äquatoriallinie, sondern tritt mit ihrer Besatzung und ihren Passagieren symbolisch in eine andere Welt, in ein für die französische Besatzung neues Leben ein. Nichts bleibt, wie es war.

Entscheidend ist nicht, dass sich die Formen der Taufe von Nation zu Nation, aber auch von Schiff zu Schiff unterscheiden; ausschlaggebend ist vielmehr die Tatsache, dass dieses *Baptême* stets an Bord durchgeführt wird und ein verbrieftes Recht der Mannschaften darstellt.[23] Dabei ist die Taufe nicht vorrangig an die Querung der Äquatoriallinie selbst, sondern an den Eintritt in die Zone der Wendekreise gebunden, wie Pernety abschließend erläutert:

> Lorsque le Navire dans sa route ne doit pas passer la Ligne, mais seulement le Tropique, ceux des Equipages qui l'ont déjà passé, ne voulant pas perdre ce droit de tribut, se sont avisés de nommer le Tropique, le *fils aîné du Bon-homme [de] la Ligne, héritier présomptif de ses droits*. Ils jouent en conséquence, au passage du Tropique, la même farce que les autres sous l'Equateur.[24]

---

22 Ebda., S. 109.
23 Ebda., S. 111.
24 Ebda., S. 112.

So stellen die Tropen als weltumspannender Bewegungs-Raum den 'eigentlichen' dynamischen Kern europäischer Alteritätsvorstellungen dar. Tropen sind sie folglich in einem dreifachen Sinne: als Raum der Bewegungen (der Sonne zwischen den Wendekreisen) und als Bewegungsraum (der Europäer in ihren transozeanischen Verbindungen), zugleich aber auch als Tropen in einem rhetorisch-literarischen Sinne, in welchem die übertragenen, projizierten Bedeutungen vorherrschen und bestimmend sind. Wir werden auf diese Thematik noch mehrfach im Verlauf dieses dritten Teiles unserer Vorlesung zurückkommen.

Doch noch einmal zur Äquatorialtaufe in Antoine-Joseph Pernetys Reisebericht. Dass diese gerade auch religiöse Elemente karnevalisierende Szenerie in der Folge freilich ebenso auf andere 'Grenzlinien' übertragen wurde und – wie etwa die rituelle 'Polartaufe' an Bord des deutschen Forschungsschiffes 'Polarstern' noch heute zeigen kann – auch in unseren Tagen an Bord vieler Schiffe gefeiert wird, vermindert keineswegs die anhand dieser *rites de passage* erkennbar werdende symbolische Bedeutung der Bewegungsfigur der Tropen. Denn diese abendländisch entworfenen Tropen sind Tropen der Verwandlung, der Metamorphose, in denen der Transfer von einer 'Alten' in eine 'Neue' Welt mit einer fundamentalen Transformation aller Sitten, Gewohnheiten und Lebensverhältnisse einhergeht. Die Neue Welt ist in den europäischen Reiseberichten des 18. Jahrhunderts eine andere Welt, die von der Alten Welt als klar geschiedene Gegen-Welt re-präsentiert wird.

Doch diese Andersheit der Tropen und des tropischen Amerika steht im europäischen Wissenschaftsdiskurs nur allzu oft im Zeichen einer fundamentalen Inferiorität. Die Todorov'sche Kippfigur lässt wieder einmal schön grüßen. Wie sehr sich in der zweiten Hälfte des 18. Jahrhunderts, während der zweiten Phase beschleunigter Globalisierung, auch die historischen Kontexte gewandelt haben mögen und an die Stelle der iberischen Mächte längst Frankreich und England als globalisierende Führungsnationen getreten sind: Jene Tropen, die aus europäischer Perspektive den Blick auf die Tropen bestimmen, finden sich weitgehend unverändert in den Schriften der *philosophes* der *europäischen* Aufklärung. Es ist diese Kontinuität unter allen kontextuellen Veränderungen, welche in den Beziehungen während der Phasen beschleunigter Globalisierung immer wieder beeindruckt. Denn immer wieder pausen sich bei allen Veränderungen und Verschiebungen dieselben menschlich-allzumenschlichen Verhaltensweisen durch.

Genau an dieser Stelle einer Zuordnung von Superiorität und Inferiorität entbrennt dann letztlich die Berliner Debatte um die Neue Welt. Ohne über einen längeren Zeitraum jemals Gehör in Europa zu finden, wehrten sich amerikanische Aufklärer wie der neuspanische Jesuit Francisco Javier

Clavijero[25] vehement und mit guten Gründen dagegen, in der Nachfolge Buffons von der zeitgenössischen europäischen Wissenschaft zum inferioren Anderen Europas abgestempelt zu werden. Jenseits ihrer Fülle aber erscheint die Tropenwelt Amerikas in den Augen der meisten europäischen Philosophen als eine Falle, die ganz im Zeichen ihrer behaupteten grundlegenden Inferiorität eine von der 'eigenen' grundsätzlich geschiedene 'andere' Welt konfiguriert. Und diese Welt, so sahen es die meisten europäischen *philosophes* der Aufklärung, musste inferior sein.

So verweist die Beschreibung der am 10. November 1763 erfolgten Querung des Äquators im *Journal historique* von Antoine-Joseph Pernety bereits voraus auf grundsätzliche Auseinandersetzungen, die im Verlauf der wenigen Jahre nach dieser Reise ausgebrochenen Berliner Debatte um die Neue Welt geführt werden sollten. Denn gerade die These von der fundamentalen Schwäche und Unterlegenheit der Neuen Welt hatte in der europäischen Aufklärungsliteratur Bilder erzeugt, die in den 1768 und 1769 in Berlin erschienenen *Recherches philosophiques sur les Américains*[26] des Cornelius de Pauw im Zeichen der Degenerationsthese die Stufe einer teilweise geradezu apokalyptischen Bilderwelt erreichten. Wie konnte es zu einer derartigen Zuspitzung kommen?

Für den 1739 in Amsterdam geborenen und 1799 in Xanten verstorbenen Kleriker de Pauw war es evident, dass sich von den Tropen ausgehend Krankheiten und Epidemien wie Syphilis oder Gelbfieber über den gesamten Erdball ausbreiten würden und das menschliche Leben auf dem Planeten in seinem Fortbestand gefährden mussten. Seiner Vision kann man folglich deutliche apokalyptische Züge nicht absprechen. Er hatte begriffen, dass seine Zeit die Zeit eines erheblich intensivierten Austausches war, eine Zeit, in der jener Prozess *de longue durée*, den wir heute 'die' Globalisierung nennen, wieder erheblich an Fahrt aufgenommen hatte. Genau hier lag sein Ansatzpunkt.

Doch greifen wir der konkreten Abfolge der Ereignisse rund um die Berliner Debatte um die Neue Welt nicht vor. Darin mochte Antoine-Joseph Pernety in seiner Rede vom 7. September 1769 vor jener Berliner *Académie des Sciences &*

---

25 Vgl. das zunächst im italienischen Exil in italienischer Sprache erschienene Werk von Clavijero, Francisco Javier: *Storia Antica del Messico*. 4 Bde. Cesena: Gregorio Biasani 1780. Vgl. hierzu allgemein auch Ette, Ottmar: Archeologies of Globalization. European Reflections on Two Phases of Accelerated Globalization in Cornelius de Pauw, Georg Forster, Guillaume-Thomas Raynal and Alexander von Humboldt. In: *Culture & History Digital Journal* (Madrid) I, 1 (June 2012) <http://dx.doi.org/10.3989/chdj.2012.003> (20 S.).
26 Vgl. Pauw, Cornelius de: *Recherches philosophiques sur les Américains, ou Mémoires intéressants pour servir à l'Histoire de l'Espèce humaine*. 2 Bde. Berlin: Chez Georges Jacques Decker, Imp. du Roi 1768–1769.

Abb. 67: Obelisk zu Ehren Cornelius de Pauws (Amsterdam, 1739 – Xanten, 1799) in Xanten.

Belles-Lettres, deren Mitglied er war, auch eine dezidierte Gegenposition gegen Cornelius de Pauw entwickeln, so zeigte sich gleichwohl, dass in dieser 'Berliner Debatte' über die Neue Welt,[27] die weit über die Grenzen Preußens und Europas hinaus wahrgenommen wurde, die Position de Pauws und damit eine Position obsiegte, in der die 'Neue Welt', die auch geologisch jünger als die Alte und folglich viel später erst aus den Wassern emporgestiegen sei, als Ort einer prinzipiellen, von Anfang an gegebenen Inferiorität schlechthin stigmatisiert wurde. Diese ebenso radikale wie (in der Tradition Buffons) populäre These stammte wohlgemerkt von einem Autor, der zu keinem Zeitpunkt Europa jemals verlassen oder gar die von ihm dargestellte Hemisphäre Amerikas je betreten hatte. Wir haben es hier also erneut mit einer Variante des Konflikts zwischen Reisenden und Daheimgebliebenen und damit dem Verhältnis zwischen Reisen und Schreiben zu tun.

---

27 Vgl. zur Berliner Debatte Ette, Ottmar: Archeologies of Globalization. European Reflections on Two Phases of Accelerated Globalization in Cornelius de Pauw, Georg Forster, Guillaume-Thomas Raynal and Alexander von Humboldt. In: *Culture & History Digital Journal* (Madrid) I, 1 (June 2012) <http://dx.doi.org/10.3989/chdj.2012.003> (20 S.).

Gerade im zweiten Band seiner *Recherches philosophiques* steigerte sich de Pauw im Kontext der Berliner Debatte zu Äußerungen, in denen die Europäer als Krönung des Menschengeschlechts erschienen und zugleich die Tropen und deren Bewohner völlig inferiorisiert, ja letztere aus dem Menschengeschlecht geradezu ausgeschlossen wurden. So heißt es 1769 bei de Pauw von der Spezies Mensch in scheinbar weltweitem Vergleich:

> Le véritable pays où son espèce a toujours réussi & prospéré, est la Zone tempérée septentrionale de notre hémisphère: c'est le siége [sic!] de sa puissance, de sa grandeur, & de sa gloire. En avançant vers le Nord, ses sens s'engourdissent & s'émoussent: plus ses fibres & ses nerfs gagnent de solidité & de force, par l'action du froid qui les resserre; & plus ses organes perdent de leur finesse; la flamme du génie paroît s'éteindre dans des corps trop robustes, où tous les esprits vitaux sont occupés à mouvoir les ressorts de la structure & de l'économie animale. [...] Sous l'Equateur son teint se hâle, se noircit; les traits de la physionomie défigurée révoltent par leur rudesse: le feu du climat abrége [sic!] le terme de ses jours, & en augmentant la fougue de ses passions, il rétrécit la sphère de son ame: il cesse de pouvoir se gouverner lui-même, et ne sort pas de l'enfance. En un mot, il devient un Nègre, & ce Nègre devient l'esclave des esclaves.
>
> Si l'on excepte donc les habitants de l'Europe, si l'on excepte quatre à cinq peuples de l'Asie, & quelques petits cantons de l'Afrique, le surplus du genre humain n'est composé que d'individus qui ressemblent moins à des hommes qu'à des animaux sauvages: cependant ils occupent sept à huit fois plus de place sur le globe que toutes les nations policées ensemble, & ne s'expatrient presque jamais. Si l'on n'avoit transporté en Amérique des Africains malgré eux, ils n'y seroient jamais allés: les Hottentos ne voyagent pas plus que les Orangs [...].[28]

Das ist hier fürwahr starker Tobak! Cornelius de Pauw wusste zuzuspitzen. Der allergrößte Teil der Menschheit wird in diesen einst berühmten Passagen gleichsam tropikalisiert. Tropikalisierung meint hier unübersehbar Inferiorisierung – und zugleich eine Animalisierung, welche jene Debatte um die Grenze zwischen Mensch und Tier wieder aufnahm, die bereits in der ersten Phase beschleunigter Globalisierung zum Kernbestand der europäischen Diskussionen über den *mundus novus* gehört hatte. Dass damit auch eine Legitimation der Sklaverei verbunden war, wird an den soeben angeführten Passagen überdeutlich.

Die Buffons *Histoire naturelle* zuspitzenden und damit wissenschaftlich im Verständnis des 18. Jahrhunderts legitimierten Äußerungen des holländischen *philosophe*, der niemals in Amerika, dafür aber zweimal für einige Monate am preußischen Hof in Berlin und Potsdam weilte, entwerfen einen Gegensatz zwischen den gemäßigten Zonen insbesondere Europas einerseits und den Tropen Afrikas, Asiens und Amerikas andererseits, den als ein Zeugnis des Eurozentrismus zu bezeichnen wohl eher ein Euphemismus wäre. Wie kaum ein anderer

---

28 Pauw, Cornelius de: *Recherches philosophiques sur les Américains*, a. a.O., Bd. II, S. 68 f.

europäischer Autor des 18. Jahrhunderts verstand es der Verfasser der *Recherches philosophiques sur les Américains*, seine philosophischen Untersuchungen zur indigenen Bevölkerung Amerikas ebenso polemisch wie protorassistisch auszuformulieren. Eben dies machte ihn unter seinen europäischen Zeitgenossen berühmt und ließ ihn weltweit zum Inbegriff des hassenswerten Europäers werden.

Zugleich aber wird in diesem Werk, das – wie noch zu zeigen sein wird – auch die zerstörerische Kraft europäischer Wissenschaft insbesondere in der zweiten Phase beschleunigter Globalisierung anprangerte, deutlich, dass die klimatologische Argumentation eine Welt zwischen den Wendekreisen abwertet, die im Gegensatz zu Europa transkontinental und weltumspannend strukturiert ist. De Pauw tat dies zu einem Zeitpunkt, als die ökonomische Ausplünderung der Tropen insbesondere von England und Frankreich aus auf einen neuen Höhepunkt geführt und ebenso transkontinental wie transareal, unterschiedlichste Kulturräume der Tropen miteinander verknüpfend, organisiert wurde. Frankreich und England waren die europäischen Führungsnationen, was die kapitalistische Inwertsetzung einer sklavenbetriebenen Plantagenwirtschaft in den Tropen weltweit anging. Dies gilt es gerade an dieser Stelle, allem Kopfschütteln zum Trotz, nicht zu vergessen.

Längst bildeten die Tropen eine intern vernetzte, aber kolonialistisch von außen kontrollierte transareale Struktur, die von Europa aus als komplementärer Ergänzungsraum funktionalisiert und gezielt globalisiert wurde. Die Verwandlung der Tropen in *planetarisch* ausgeweitete, dependente Gebiete, die freilich noch immer an den Tropen der Verwandlung partizipierten, wurde in der zweiten Phase beschleunigter Globalisierung abgeschlossen. Spätestens ab diesem Zeitpunkt begannen die *Traurigen Tropen*[29] eines Claude Lévi-Strauss konkrete historische Gestalt anzunehmen. Wir werden im Rahmen der Vorlesung darauf zurückkommen. Doch greifen wir nicht vor.

Gleich zu Beginn seiner am 7. September 1769 vor der Berliner Akademie vorgetragenen und im Folgejahr veröffentlichten *Dissertation sur l'Amérique et les Américains, contre les Recherches philosophiques de Mr. de P****[30] baute Antoine-Joseph Pernety eine Frontstellung gegen die Thesen de Pauws auf, deren Strategie wir bereits an ihrem Beginn leicht erkennen können. Dazu genügt es, sich mit dem Duktus der Ausführungen Pernetys gleich am Anfang seiner 'Dissertation' zu beschäftigen:

---

29 Vgl. Lévi-Strauss, Claude: *Tristes Tropiques*. Paris: Librairie Plon 1955.
30 Vgl. hierzu auch Gerbi, Antonello: *La Disputa del Nuovo Mondo*, S. 120–125.

Monsieur de P. vient de mettre au jour un Ouvrage sous ce titre, *Recherches Philosophiques sur les Américains*. Il s'efforce d'y donner l'idée la plus désavantageuse du nouveau Monde & de ses habitants. Le ton affirmatif & décidé avec lequel il propose et résoud ses questions; le ton d'assurance avec lequel il parle du sol & des productions de l'Amérique, de sa température, de la constitution corporelle & spirituelle de ses habitants, de leurs moeurs & de leurs usages, enfin des animaux; pourroient faire croire qu'il a voyagé dans tous les pays de cette vaste étendue de la terre; qu'il a vêcu [sic!] assez longtemps avec tous les peuples qui l'habitent. On seroit tenté de soupçonner, que, parmi les Voyageurs, qui y ont fait de longs séjours, les uns nous ont conté des fables, ont travesti la vérité par imbécillité, ou l'ont violée par malice.[31]

Dom Pernety, der – wie bereits dargestellt – im selben Jahr 1769 ebenfalls in Berlin und in französischer Sprache seinen zweibändigen Reisebericht vorlegte, spielte hier von Beginn an die Karte dessen, der als Augenzeuge jene Länder bereiste, die sein Widersacher Cornelius de Pauw ungeachtet des Grundtons größter Selbstsicherheit, mit der er nicht zuletzt auch die Berichte von Reisenden in der Tat einer pauschalen Kritik unterwarf, niemals selbst zu Gesicht bekam. Es ist die Karte des Reisenden gegen den Daheimgebliebenen, die Karte dessen, der alles von eigenem Augenschein her kennt, gegen denjenigen, der nur alles vom Hörensagen weiß, ohne es selbst überprüft zu haben.

Demgegenüber stellte sich Pernety selbst, der als Akademiemitglied zurecht auf eine positive Aufnahme seiner Überlegungen durch die Berliner Akademie hoffen durfte, in den ihm sicherlich bekannten Zusammenhang jener Forderung nach einem *philosophe voyageur*, welche Rousseau in seinem *Discours sur l'origine et les fondements de l'inégalité parmi les hommes* – wie wir gesehen hatten – erhoben hatte. Pernety hatte, so schien es, die guten Argumente auf seiner Seite.

Daher betonte er bereits auf den ersten Zeilen seiner 'Préface', dass er sich der Welt Amerikas nicht allein als Leser angenähert habe: „J'avois lu & relu quantité de rélations de l'Amérique; j'avois vu de mes propres yeux la plupart des choses, qui y sont rapportées."[32] Und es habe ihn sehr erstaunt, all die Dinge, die er mit eigenen Augen gesehen habe, verworfen oder verkleidet zu

---

31 Ich zitiere nach der von Cornelius de Pauw in den dritten Band seiner 1770 erschienenen dreibändigen Ausgabe der *Recherches philosophiques* aufgenommenen Fassung; vgl. Pernety, Antoine-Jseph: Dissertation sur l'Amérique et les Naturels de cette partie du Monde. In: Pauw, Cornelius de: *Recherches philosophiques sur les Américains, ou Mémoires intéressants pour servir à l'Histoire de l'Espèce humaine par Mr. de P. Nouvelle Edition, augmentée d'une Dissertation critique par Dom Pernety; & de la Défense de l'Auteur des Recherches contre cette Dissertation.* 3 Bde. Berlin: Decker 1770, Bd. 3, S. 7 f.
32 Ebda., S. 4 f.

sehen: „voir contredites, ou travesties par Mr. de P."[33] Wie bei Rousseau ist auch bei Pernety das eigene Sehen und damit der Gesichtssinn des reisenden Philosophen von entscheidender Bedeutung für eine fundierte Beurteilung. Pernety fühlte sich seinem Gegner in der von ihm angezettelten Debatte haushoch überlegen.

Auch an anderen Stellen der *Dissertation* lässt sich unschwer erkennen, dass die Gedankenwelt Rousseaus in den Argumentationen Pernetys eine nicht zu unterschätzende Rolle spielt. Dies betrifft keineswegs nur den von Rousseau ererbten Naturbegriff. So kehrt Pernety de Pauws Bild von den schwachen, geistig wie körperlich unterlegenen und unmännlichen (da bartlosen) Indianern um in ein genau gegenläufiges Bild, besitze die indigene Bevölkerung doch „une santé ferme, vigoureuse, une vie qui passe ordinairement les bornes de la nôtre".[34] Dem starken, langlebigen Naturmenschen (im Stile eines Rousseau) eignet aber auch ein wacher Geist: „un esprit sain, instruit, éclairé & guidé par une philosophie vraiment naturelle, & non subordonnée comme la nôtre, aux préjugés de l'éducation; une ame noble, courageuse, un coeur généreux, obligeant: que faut-il donc de plus à Mr. de P. pour être véritablement hommes?"[35]

Der Naturmensch à la Rousseau ist bei Pernety allgegenwärtig. Die Diskussion des Mensch-Tier-Gegensatzes nutzt der Abbé geschickt, um neben der schon früh in seinen Text eingefügten und oft wiederholten Erwähnung amerikanischer Hochkulturen wie der Incas zugleich seine Gegen-These von der Superiorität des *homme naturel*, also der Urbevölkerung Amerikas, gegen de Pauw vorteilhaft in Stellung zu bringen. Die Vertreter einer „philosophie vraiment naturelle" dürfe man keinesfalls als Wilde, als *„Sauvages"*, bezeichnen, müssten sich doch eher die Europäer ein derartiges Etikett gefallen lassen: „puisqu'en effet nos actions sont contraires à l'humanité, ou du moins à la sagesse qui devroit être le guide des hommes, qui se piquent d'être plus éclairés qu'eux".[36] Man spürt sehr deutlich, wohin die Argumentation des Franzosen zieht.

Mokiert sich hier Pernety über die von seinem Gegner in der Berliner Debatte vorgetragene „Belle leçon dictée par les lumieres de la pure raison",[37] so beklagt er im gleichen Atemzug das Unglück und die Unruhe eines Teils des Menschengeschlechts, das sich über alle anderen Teile erhaben glaube. Die Gesellschaft derer, die man als 'Wilde' bezeichne, sei hingegen eine Gemeinschaft, die auf einem *Contrat social*, auf einem Gesellschaftsvertrag ganz im Sinne Rousseaus gründe:

---

33 Ebda., S. 5.
34 Ebda., S. 114.
35 Ebda., S. 114 f.
36 Ebda., S. 115.
37 Ebda.

J'avoue que nous sommes faits les uns pour les autres, & que de cette dépendance mutuelle résulte tout l'avantage de la société. Mais la premiere intention de cette union, ou Contract Social; a été d'obliger tous les contractants à se prêter des secours mutuels, & non de laisser tout usurper aux uns; de les authoriser même dans leurs usurpations & de laisser manquer de tout aux autres.[38]

Damit wird deutlich, dass Antoine-Joseph Pernety der vernichtenden Einschätzung der indigenen Bevölkerung durch Cornelius de Pauw nicht nur den starken Naturmenschen und Naturphilosophen auf der individuellen Ebene, sondern auch den Menschen der Gemeinschaft, den Menschen des *Contrat social*, auf der kollektiven Ebene geradezu idealtypisch – und in jedem Falle idealisierend – gegenüberstellt. Er weiß sich hier in bester philosophischer Gesellschaft. aber waren diese Argumente gerade mit Blick auf die sozialen Strukturen indigener Gesellschaften wirklich stichhaltig? Waren sie mehr als das genaue Gegenteil dessen, was sein aus Holland stammender Widersacher behauptet hatte?

Man darf in dieser Argumentationsweise sehr wohl eine Schwäche der Strategie Pernetys erkennen, stellt er den negativ eingefärbten Bildern de Pauws doch allzu oft einfach positiv eingefärbte Gegen-Bilder entgegen. Diese gleichsam inverse Darstellung macht seine eigene Argumentation abhängig von jener seines Gegners, da sich Pernety immer wieder darauf beschränkt, die negativen Vorzeichen auf allen Ebenen in positive zu verwandeln und daraus eine Polemik zu entfachen, die doch ein wenig kurz greift. Darunter aber leidet die Eigenständigkeit seiner Beobachtungen wie die Originalität und Beweglichkeit seiner *Dissertation*, die zeitweise zum reinen Gegen-Diskurs verkommt. Wir erkennen hierin eine Schwäche, die sein Gegner eiskalt ausnutzen sollte.

Diese Argumentationslinie, das genaue Gegenteil dessen zu behaupten, was de Pauw in seinen *Recherches philosophiques* vorstellte, prägt auch die 'Seconde Partie' der Pernety'schen Akademierede, die sich schon auf den ersten Zeilen von dem abwendet, was man „Herrn de P. zufolge glauben müßte".[39] Denn dieser Teil der Erde sei weltweit der beste, das Land sei äußerst fruchtbar, die Bäume überladen mit Früchten, wie er selbst im Garten des Gouverneurs von Montevideo mit eigenen Augen gesehen habe[40] – und überhaupt könne man diesen wunderbaren Erdteil am besten mit dem Irdischen Paradies[41] und mit den Gärten des Goldenen Zeitalters vergleichen: eine Welt der Wunder und

---

38 Ebda., S. 115 f.
39 Ebda., S. 32.
40 Ebda.
41 Ebda., S. 35.

einer Fülle, wie sie einst ein Vergil besungen habe.[42] Auch ein Columbus hätte nicht besser die Vorzüge Amerikas vor Europa besingen können!

Der französische Abbé war nun nicht mehr zu halten. Würde man de Pauw folgen, so müsste man die amerikanische Hemisphäre als eine „terre maudite" begreifen,[43] in Wirklichkeit aber habe sich Pernety selbst davon überzeugen können, dass in Amerika „le principe de vie", folglich das Lebensprinzip und wohl auch die Lebenskraft, wesentlich stärker ausgeprägt seien als in Europa.[44] Nichts von dem, was de Pauw in seinen *Recherches philosophiques sur les Américains* behauptet, bleibt in Pernetys Gegen-Diskurs bestehen. Aber war dies eine intelligente Diskursstrategie?

Zweifellos war es ebenso zutreffend wie klug, gegen die einseitigen Anschuldigungen de Pauws, der amerikanische Kontinent habe den Rest der Welt mit Epidemien und Krankheiten – allen voran der Syphilis – überzogen, mit guten Gründen auf eine wechselseitige Globalisierung von Krankheiten aufmerksam zu machen, wie sie in der Tat mit der ersten Phase beschleunigter Globalisierung einhergegangen war.

Doch Pernety hatte sich darauf festgelegt, stets das genaue Gegenteil dessen zu behaupten, was de Pauw zu Protokoll gegeben hatte. So kam er nicht umhin, auch auf dem Gebiet der Krankheiten und Epidemien Amerika und seine Bewohner in ein wahres Paradies auf Erden zu verwandeln. Die Bewohner Amerikas würden keineswegs von unendlich vielen und schrecklichen Krankheiten gepeinigt, sondern seien vielmehr als überaus gesund und robust anzusehen:

> Soit par l'exercice, soit par la constitution de leur tempérament, ils sont fort sains, exempts de paralysie, d'hydropilie, de goutte, d'héthysie, d'asthme, de gravelle, de pierre; maladies dont la Nature qui a tant donné à notre continent, a bien encore voulu nous favoriser. Elle avoit cependant laissé la pleuresie au Canada; & nous leur avons porté la petite vérole. Les Américains nous ont communiqué la leur par droit d'échange & de commerce.[45]

Gegen die gewiss nicht nur von de Pauw vertretene These von der Degenerierung des Menschengeschlechts in den Tropen der Neuen Welt setzt Pernety eine hemisphärische Konstruktion, die den amerikanischen (d. h. indigenen) Menschen vom hohen Norden bis zum tiefen Süden unter Verweis auf die unterschiedlichsten Reisenden in das glanzvollste Licht rückt. So heißt es von der indigenen Bevölkerung des gesamten Kontinents:

---

42 Ebda., S. 36.
43 Ebda., S. 43.
44 Ebda., S. 42.
45 Ebda., S. 48.

> Si nous remontons du septentrion jusqu'à l'extrémité méridionale du nouveau Continent, tous les peuples que nous rencontrons sur notre route, offrent des hommes bien constitués. Tels sont, si nous en croyons Vincent le Blanc & les autres Voyageurs, les Mexicains, les Brésiliens, les Péruviens, ceux du Paraguai, du Chili & enfin les Patagons.[46]

Dabei zeichneten sich nicht nur einzelne Völker, sondern alle Amerikaner ebenso durch eine den Europäern gegenüber weit größere und ehrlichere Gastfreundschaft aus, ja legten Tugenden an den Tag, die man zu bewundern nicht umhin könne:

> Sans avoir de Licurgues pour Législateurs, les Caraïbes, & en général tous les Américains respectent infiniment les vieillards, les écoutent avec attention, défèrent aux sentiments des anciens, & se réglent sur leurs volontés Ils sont naturellement francs, véridiques, & ont donné dans tous les temps des marques de candeur, de courtoisie, d'amitié, de générosité, & de gratitude. Ceux qui les ont pratiqué long-temps leur rendent plus de justice que Mr. de P. Si l'on trouve aujourd'hui chez eux le mensonge, la perfidie, la trahison, le libertinage, & plusieurs autres vices, on doit s'en prendre aux pernicieux exemples des Européans, & aux mauvais traitements que ceux ci ont exercés contre eux. A chaque page des rélations, on voit combien ceux de l'ancien Continent ont fait valoir dans le nouveau, l'art qu'ils savent si bien, de tromper vilainement.[47]

Pernety entwirft in diesen Formulierungen ein Portrait der indigenen Bevölkerung, wie es harmonischer und sittenstrenger nicht sein könnte. Wir haben es ihm zufolge bei den Amerikanern, also der Urbevölkerung Amerikas, mit wahren Vorbildern an Tugend, Großzügigkeit und Wahrhaftigkeit zu tun – eine wahre Modellgesellschaft, die ihren Schatten auf die europäischen Gesellschaften wirft.

Angesichts eines derartigen Sittengemäldes, das in einem scharfen Kontrast den robusten und guten Naturmenschen vom nicht nur verdorbenen, sondern weit mehr noch die anderen Völker verderbenden Europäer absetzt, verwundert es nicht, dass Pernety die Bewohner Amerikas pauschal auch zu den glücklicheren Menschen erklärt.[48] Die wenig nuancierende Argumentationsstrategie, die es alleine darauf anlegt, de Pauws Behauptungen durch Gegen-Behauptungen zu widerlegen, affiziert letztlich weite Teile der *Dissertation*, die sich in diesen langen Passagen weder empirisch noch epistemologisch den Ausführungen de Pauws als überlegen erweist. Im Gegenteil: Pernetys argumentative Linie erweist sich auf Dauer als reichlich ermüdend.

Mit der von Pernety immer wieder vorgetragenen Frage nach den Patagoniern greift das Mitglied der Berliner Akademie eine Problematik auf, die auch Jean-Jacques Rousseau nicht von ungefähr erwähnt hatte: „sans oublier les

---

46 Ebda., S. 49 f.
47 Ebda., S. 81–83.
48 Ebda., S. 87.

Patagons vrais ou faux".[49] Zweieinhalb Jahrhunderte nach Pigafettas ersten Berichten von Riesen in Patagonien sollten derlei Behauptungen nun endlich einer wissenschaftlichen Erforschung und abschließenden Bewertung zugeführt werden, um ihren Wahrheitsgehalt zu überprüfen.

Nicht umsonst hatte Pernety seinem Reisebericht eine *Relation sur les Patagons* beigefügt, die er publikumswirksam bereits in den Titel seines *Journal historique* aufgenommen hatte. Und hatte nicht Pierre Moreau de Maupertuis höchstselbst, der Präsident der Berliner Akademie, zu den riesenhaften Patagoniern verlauten lassen, dass man vernünftigerweise nicht mehr an ihrer Existenz zweifeln könne?[50] Es dürfte kaum überraschen, dass er de Pauws Behauptung, bei der Rede von den Menschen mit riesenhaften Wuchs in Patagonien handele es sich um von europäischen Reisenden erflunkerte Fabelwesen, nicht nur die teilweise Manipulation von Quellen vorwarf,[51] sondern in ganz grundsätzlicher Manier entgegentrat:

> Je ne conçois pas comment Mr. de P. a entrepris d'anéantir l'existence des Patagons Géánts. En raisonnant suivant sa méthode philosophique, rien n'étoit plus capable que cette d'existence, de prouver à ses yeux, la dégradation & la dégénération de la race humaine en Amérique.[52]

Doch gerade an dieser Stelle wird deutlich, wie sehr Pernety mit seinem nicht selten sehr mechanisch wirkenden Bemühen, de Pauw in allen Punkten zu widerlegen, über sein Ziel hinausschoss und die Legitimität und Autorität seines eigenen Diskurses dabei beschädigte. Dies dürfte entscheidend zu dem unbestreitbaren Faktum beigetragen haben, dass sich die von Pernety inkriminierte *méthode philosophique* des Cornelius de Pauw in der Berliner Debatte, also in jener zunächst von Berlin ausgehenden *europäischen* Phase des Disputs um die Neue Welt, letztlich durchzusetzen vermochte. Denn das allgemeine Publikum schenkte den (pseudo-)kritischen Anmerkungen und Infragestellungen Cornelius de Pauws wesentlich größeren Glauben als einer Sichtweise, welche die den Europäern zumindest militärisch und zivilisatorisch ganz offenkundig unterlegenen Indigenen in glückliche Naturmenschen umstilisierte. Die Vorgehensweise de Pauws, die Argumente seiner Gegner kritisch

---

49 Rousseau, Jean-Jacques: *Discours sur l'origine et les fondements de l'inégalité parmi les hommes*, S. 213.

50 Vgl. hierzu Moureau, François: L'Amérique n'a aucun avenir: les idées 'philosophiques' de Cornelius De Pauw. In: *Travaux de Littérature* (Genève) 24 (2011), S. 66.

51 Pernety, Antoine-Joseph: *Dissertation sur l'Amérique et les Naturels de cette partie du Monde*, S. 68.

52 Ebda., S. 51.

einzubeziehen, bevor er sie zerstörte, entsprach wesentlich mehr jener kritischen aufklärerischen Diktion, welche das europäische Publikum im Jahrhundert der Aufklärung goutierte.

Worin aber bestand diese Methode des Cornelius de Pauw genauer? Und welche Folgen hatte sie für ein Verständnis der unterschiedlichsten Phänomene der Globalisierung aus einer europäischen Perspektive im Zeitraum *vor* jenem Alexander von Humboldt, der genau eine Woche nach der Rede Pernetys vor der Berliner Akademie nach eigenem Bekunden im Zeichen eines Kometen in der preußischen Hauptstadt das Licht der Alten Welt erblickte?

Noch bevor wir uns genauer mit der Methode des holländischen Abbé beschäftigen, gilt es eines festzuhalten: Cornelius de Pauw ist ein Denker der Globalität und sein Werk eine Antwort auf jene zweite Phase beschleunigter Globalisierung,[53] welche die zweite Hälfte des 18. Jahrhunderts bis deutlich über die Jahrhundertwende hinaus umfasst. Einheit und Aufteilung des Planeten stellen Problematiken dar, die de Pauws gesamtes Werk über die Alte wie die Neue Welt durchziehen.

Dabei begreift der Autor der *Recherches philosophiques sur les Américains* ganz im Sinne der Naturgeschichte Buffons diese 'Neue' Welt auch als eine geologisch wie geomorphologisch jüngere, neuere Welt. Seine Ausführungen hierzu entsprechen dem Forschungsstand eines Buffon und bilden geradezu 'klassische' Formulierungen der Novität der westlichen Hemisphäre:

> Le nombre presqu'infini de lacs & de marécages dont les Indes occidentales sont couvertes, n'avoit pas été formé uniquement par les eaux fluviales extravasées, ni par les brouillards attirés par les montagnes et les forêts: ces lacs paraoissoient être des dépôts d'eaux qui n'avoient pu encore s'écouler des endroits jadis noyés par une secousse violente, imprimée à toute la machine du globe terraquée: les nombreux volcans des Cordillieres & des rochers du Mexique, les tremblements qui ne cessent jamais dans l'une ou dans l'autre branche des Andes, prouvent que la terre n'y est pas encore en repos de nos jours.[54]

Der gesamte Planet bildet mithin eine Einheit, jene 'Maschine des Globus', die sich freilich naturhistorisch gesehen gemäß dieser Theorie gleichzeitig in erdgeschichtlicher Ungleichzeitigkeit befindet. Denn während es in der Alten Welt längst zu einer gewissen Beruhigung („repos") gekommen ist, brodelt und schüttelt es in den Gebirgen der Neuen Welt, wo die Landmassen sich erst

---

53 Vgl. hierzu ausführlicher Ette, Ottmar: *Weltbewußtsein. Alexander von Humboldt und das unvollendete Projekt einer anderen Moderne*. Weilerswist: Velbrück Wissenschaft 2002, S. 25–27; sowie (ders.): *TransArea – eine literarische Globalisierungsgeschichte*, S. 14–18.
54 Pauw, Cornelius de: *Recherches philosophiques sur les Américains, ou Mémoires intéressants pour servir à l'Histoire de l'Espèce humaine*, Bd. 1, S. 102.

wesentlich später aus dem Wasser gehoben hätten. 'Alt' steht 'neu' gegenüber. Und das 'Alte' ist dem 'Neuen' überlegen. Denn das Neue ist weit davon entfernt, zur Ruhe gekommen zu sein: Es formt sich ständig um und kann noch nicht jene Sicherheit ausstrahlen, die zur Entfaltung einer wahren Zivilisation notwendig ist. Zumindest gemäß der Thesen eines Cornelius de Pauw.

Die Maschine des Erdkörpers ist zwar durchaus eine einzige, spaltet sich aber in zwei Hemisphären auf, die in ihrer Gegensätzlichkeit bis in unsere Tage fortbestehen würden. Die Unterscheidung und Scheidung zweier Hemisphären bildet die grundsätzliche diskursive Setzung der *Recherches*. Der Gegensatz zwischen Alter und Neuer Welt ist damit erdgeschichtlich oder geologisch fundiert.

Diese Scheidung ist zunächst zwar rationaler, aber nicht relationaler Natur. Auf diesen beiden Ebenen, jener der Zweiteilung der Erde wie der Nicht-Relationalität ihres Verhältnisses, sind die Unterschiede zwischen den Sichtweisen de Pauws und Pernetys nicht sehr erheblich. Beide stimmen in der grundlegenden Einschätzung überein, dass sich beide Hemisphären als schroffe Gegensätze und damit unvermittelt gegenüberstehen. Nur ihre jeweils negative oder positive Attribuierung unterscheidet sich grundlegend voneinander.

Dem fundamentalen Argumentationsschema einer Zweiteilung, ja mehr noch einer Gegensätzlichkeit der beiden Hemisphären folgen nicht allein die naturhistorischen, sondern auch die kulturhistorischen Überlegungen der *Recherches philosophiques sur les Américains*. Gerade hierin ist ihr Biss und ihre Bissigkeit zu erblicken – und auch die Gründe hierfür, warum die *Recherches* de Pauws in Europa so populär wurden. Dabei machte Cornelius de Pauw von Beginn an deutlich, welches für ihn jenes historische Ereignis war, das aus seiner Sicht die Geschichte des Planeten am nachhaltigsten geprägt und gleichsam die naturhistorische Differenz zwischen Alter und Neuer Welt am stärksten hervorgetrieben und in den kulturgeschichtlichen Bereich deterministisch übersetzt hatte. Auch an dieser Stelle sind seine Formulierungen über die kulturgeschichtliche Bedeutung des *Descubrimiento* geradezu klassisch geworden:

> Il n'y a pas d'evénement plus mémorable parmi les hommes, que la Découverte de l'Amérique. En remontant des temps présents aux temps les plus reculés, il n'y a point d'evénement qu'on puisse comparer à celui là; & c'est sans doute, un spectacle grand & terrible de voir une moitié de ce globe, tellement disgraciée par la nature, que tout y étoit ou dégéneré, ou monstrueux.
>
> Quel Physicien de l'Antiquité eut jamais soupçonné qu'une même Planète avoit deux Hémisphères si différents, dont l'un seroit vaincu, subjugué & comme englouti par l'autre, dès qu'il en seroit connu, après un laps de siécles qui se perdent dans la nuit & l'abyme des temps?

Cette étonnante révolution qui changea la face de la terre & la fortune des Nations, fût absolument momentanée, parce que par une fatalité presqu'incroiable, il n'existoit aucun équilibre entre l'attaque et la défense. Toute la force & toute l'injustice étoient du côté des Européens: les Américains n'avoient que de la foiblesse: ils devoient donc être exterminés & exterminés dans un instant.[55]

Damit ist die Zweiteilung der Welt nicht allein naturhistorisch, sondern auch kulturhistorisch und zivilisatorisch ein für alle Mal begründet und gleichsam 'natürlich' legitimiert. Der nicht umsonst an Jesuitenkollegs in Lüttich und Köln ausgebildete und überdies an der für außereuropäische Fragen bestens ausgestatteten Göttinger Universität eingeschriebene Cornelius oder Corneille de Pauw[56] entfaltete in den wie stets bei ihm scharf konturierten Wendungen seines französischsprachigen Werkes eine Gegensätzlichkeit, welche die Opposition von 'alter' und 'neuer' Welt nun auf jene von 'Europäern' und 'Amerikanern' übertrug. Zwischen beiden Gruppen könnten die Gegensätze und die Widersprüche nicht größer und wirkungsvoller sein. Wir alle sind Bewohner *einer* Welt, die schroffer zweigeteilt kaum vorstellbar sein könnte. So verbindet uns nichts als die Tragik einer seit der Entdeckung Amerikas gemeinsam geteilten dramatischen Geschichte von Sieg und totalem Untergang.

Zugleich wird in dieser Argumentations- und Diskursstruktur durchaus hintergründig Kultur in Natur verwandelt. Alles entwickelt sich gleichsam natürlich, gleichsam ohne das wirkliche Zutun des Menschen: Alles musste so sein, wie es war und wurde. Alles entwickelte sich, wie es von Natur aus programmiert war.

Und mehr noch: Die Welt Amerikas wird in ein Reich der Natur (zurück-) verwandelt, während Europa im Zeichen einer erfolgreich vorrückenden Kultur steht, die alles niederwirft, was sich ihrem Lauf entgegenstellt. Einem Reich der Zeichen steht ein Reich des Wissens, der Deutung dieser Zeichen, gegenüber. Nichts hiervon bleibt ungedeutet: Das Wissen der Europäer bemächtigt sich aller Dinge der Welt und macht sie sich untertan.

Aus dieser (europäischen) Kultur aber wird die Neue Welt folgenreich exkludiert. Wir haben es hier mit jener (gezielten) Konfusion von Biologie und Kultur zu tun, die Claude Lévi-Strauss in seiner Auseinandersetzung mit 'Rasse' und 'Geschichte' so stark betont hatte:

---

55 Ebda., Bd. I, S. a2v f.
56 Vgl. hierzu Church, Henry Ward: Corneille de Pauw, and the controversy over his 'Recherches philosophiques sur les Américains'. In: *PMLA* (New York) LI, 1 (March 1936), S. 180f; sowie Beyerhaus, Gisbert: Abbé de Pauw und Friedrich der Große, eine Abrechnung mit Voltaire. In: *Historische Zeitschrift* (München – Berlin) 134 (1926), S. 465–493; sowie Moureau, François: L'Amérique n'a aucun avenir, S. 68.

> Mais le péché originel de l'anthropologie consiste dans la confusion entre la notion pure-
> ment biologique de race (à supposer, d'ailleurs, que, même sur ce terrain limité, cette no-
> tion puisse prétendre à l'objectivité ce que la génétique moderne conteste) et les
> productions sociologiques et psychologiques des cultures humaines.[57]

An spektakulärer Inszenierung und überscharfer, dramatischer Beleuchtung ist de Pauws Argumentationsweise, die sich in ihrem weiteren Verlauf als ein gutes Beispiel für ein Rassedenken und vielleicht mehr noch einen Rassismus *avant la lettre* begreifen ließe, kaum zu überbieten. Dabei bilden die *Recherches philosophiques sur les Américains* ein Werk aus Worten, das sich auf keinen empirisch untersuchten Gegenstand, sondern ausschließlich auf andere Werke und Worte, auf andere Texte und intertextuelle Netzwerke bezieht. De Pauw hat Amerika nie betreten: Seine Kenntnis ist eine reine Textkenntnis, ein im Stile der Aufklärung kritischer Umgang mit Texten, zu denen ganz wesentlich Beispiele aus dem weiten Bereich der Reiseliteratur zählen. Cornelius de Pauw ist ein überzeugter Daheimgebliebener, der in Xanten oder Potsdam seine weltweiten Studien betrieb und die Reisenden selbst höchstens als Informationsquellen schätzte. Das Verhältnis zwischen Reisen und Schreiben ist bei ihm klar geregelt und an die eigene Sesshaftigkeit in Europa gebunden.

So steht das Werk de Pauws ein für eine Textwissenschaft im schwachen Sinne. Die Methode des Cornelius de Pauw, so ließe sich mithin sagen, war rein textbasiert: Sie ist in diesem Sinne eine philologische Methode und ihr Verfasser in erster Linie ein Philologe, der mit Texten arbeitet und sich mit Texten auskennt. Mit guten Gründen könnte man daher die *Recherches philosophiques* als eine nicht enden wollende Reise durch die Welt der Texte charakterisieren. Aber nicht durch die Welt einer außersprachlichen Wirklichkeit.

Ohne jegliche empirische Basis und ohne direkte Kenntnis der von ihm beschriebenen, diskutierten und bewerteten Gegenstände konsultierte de Pauw ebenso historische Chroniken wie zeitgenössische Reiseberichte, ebenso ihm zugängliche Bordbücher wie Manuskripte von Handelsreisenden, ebenso historiographische Werke des 16. Jahrhunderts wie philosophische Traktate des 18. Jahrhunderts. Seine Welt war die Welt der Archive und Bibliotheken, nicht die der Handelsstationen, der Karawansereien oder der fernen Hauptstädte anderer Zivilisationen.

Die Welt der Texte, in welcher sich de Pauw bewegt, wird durch seine Bewegungen eine Welt der Intertexte, welche miteinander in vielfältigen Beziehungen stehen. In diesen Bewegungen zwischen den Texten entsteht nicht nur

---

57 Lévi-Strauss, Claude: *Race et histoire.* Suivi de L'oeuvre de Claude Lévi-Strauss par Jean Pouillon. Paris: Denoël 1984, S. 10.

eine gewisse Autonomie der von ihm durchquerten Textuniversen, sondern vielleicht mehr noch eine textuell erzeugte Autonomie und Eigen-Logik eines *philosophe*, der von einer erhöhten philosophischen Beobachterposition aus seine Urteile fällt und im Namen einer universalen Vernunft zu sprechen vorgibt. Denn die Herrschaft über die Texte generiert in ihm (und keineswegs nur in ihm) eine Art der Selbstermächtigung, eine Herrschaft über die Texte und die Menschen, die in diesen Texten vorkommen. Es geht um eine Beherrschung der Gegenstände im Sinne einer Beherrschung der Texte über diese Gegenstände. Denn Cornelius de Pauws 'Neue Welt' war eine Welt der Texte, auch wenn diese Welt keine Bibliothek (und schon gar keine 'Bibliothek von Babel') war. Ihr Schriftgelehrter, ihr Philologe aber war sich der Wege in der Welt seiner Bibliothek und damit der Wege in der Welt überhaupt ganz sicher.

Diese 'Neue Welt' wurde den rhetorischen Verfahren aufklärerischer Kritik ausgesetzt. Sie wurde so mmodelliert, wie sich de Pauw auch mit den alten Ägyptern oder auch mit China auseinandersetzte: durch seine 'kritischen' Studien von Texten ausgehend von einem Schema der Welt, das für ihn feststand und das er in den Windungen seiner Textwissenschaft Stück für Stück erhellte.

Dabei schenkte der sich zum damaligen Zeitpunkt in Potsdam und Berlin aufhaltende Holländer in aller Regel europäischen Stimmen weitaus mehr Glauben als Autoren, die – wie etwa Garcilaso de la Vega el Inca – amerikanischer Herkunft und für ihn schon deshalb disqualifiziert waren. Er setzte in französische Verfasser weit mehr Vertrauen als in spanische – und so schrieben sich seine Abstufungen auch innerhalb von Europa fort. Entscheidend für seinen kritischen Umgang mit den ihm zur Verfügung stehenden Texten aber war, dass es für de Pauw darauf ankam, einzelne Textbausteine zu finden, die für seine eigene, völlig unabhängig von empirischen Befunden getroffenen Einschätzungen amerikanischer Gegenstände nützlich und diskursstützend erschienen. Diese bildeten dann für ihn das Grundmuster seiner Argumentationen und damit eine Welt der Intertextualität, die für seine europäischen Zeitgenossen im 18. Jahrhundert durchaus überzeugend schien.

Folglich waren die von ihm hergestellten intertextuellen Relationen stets Beziehungen jener Macht, zitieren oder weglassen, affirmieren oder negieren, verlebendigen oder totschweigen zu können. Eine Herrschaft über Texte als eine Herrschaft über die Welt – und welche epistemische Bedeutung war schon dieser außersprachlichen Welt, der Augenzeugenschaft, der empirischen Erfahrung zuzubilligen? Lesen und Schreiben, textuelles Inkludieren und Exkludieren sind die grundlegenden Handlungen, die im Mittelpunkt des de Pauwschen Textuniversums stehen. An ihnen richtet sich alles aus.

Die Normen für die Beurteilung dessen, was in dieser Welt der Texte als glaubwürdig gilt oder als lügnerisch ausgeschlossen werden muss, können allein von einem aufgeklärten Europa, insbesondere auch von Berlin und Potsdam aus, definiert werden. Die Amerikaner sind Objekte, nicht aber Subjekte eines niemals auf Wechselseitigkeit beruhenden Diskurses, der ihnen mit Macht das Wort entzieht und zugleich an ihrer Stelle spricht. Sie verfügen über keine Stimme, haben keinen Diskurs: Sie sind Objekte dieser Textualität.

Cornelius de Pauws Bild des (indigenen) Amerikaners hat dabei nichts zu tun mit jenem des *bon sauvage* Rousseau'scher Prägung. Wir haben es vielmehr mit einem (im Sinne von Lévi-Strauss verstandenen) anthropologischen Entwurf zu tun, der diametral all dem entgegensteht, wofür *vor* de Pauw etwa ein Jean-Jacques Rousseau mit seinem *Discours sur l'origine et les fondements de l'inégalité parmi les hommes*[58] oder *nach* de Pauw ein Bernardin de Saint-Pierre mit *Paul et Virginie*[59] einzustehen versuchten. Werfen wir hier einen kurzen Blick auf eine Zusammenfassung von Charakterzügen, wie sie für 'den' Indianer de Pauws – und die Verwendung des Singulars ist wie auch in anderen Breichen seiner *Recherches* aufschlussreich – typisch sind und stereotyp wiederholt werden. Nachfolgend also eine für sein Schreiben typische Passage:

> Il n'est proprement ni vertueux, ni méchant: quel motif auroit-il de l'être? La timidité de son ame, la foiblesse de son esprit, la nécessité de se procurer sa subsistance au sein de la disette, l'empire de sa superstition, & les influences du climat l'égarent, & l'égarent très-loin; mais il ne s'en aperçoit pas. Son bonheur est de ne pas penser, de rester dans une inaction parfaite, de dormir beaucoup, de ne se soucier de rien, quand sa faim est apaisée, & de ne se soucier que des moyens de trouver la nourriture, quand l'appétit le tourmente. Il ne construiroit pas de cabane, si le froid & l'inclémence de l'air ne l'y forçoient: il ne sortiroit pas de la cabane, s'il n'en étoit chassé par le besoin: sa raison ne vieillit pas: il reste enfant jusqu'à la mort, ne prévoit rien, ne perfectionne rien, & laisse la nature dégénérer à ses yeux, sous ses mains, sans jamais l'encourager & sans la tirer de son assoupissement. Fonbciérement paresseux par naturel, il est vindicatif par foiblesse, & atroce dans sa vengeance, parce qu'il est lui-même insensible: n'ayant rien à perdre que la vie, il regarde tous ses ennemis comme ses meurtriers.[60]

Wir stoßen hier auf das exakte Gegenbild zu Antoine-Joseph Pernetys Bild des *bon sauvage*, den er selbst in den amerikanischen Tropen gesehen zu haben vorgab. Der Reduktion der unterschiedlichsten amerikanischen Kulturen auf

58 Vgl. Rousseau, Jean-Jacques: *Discours sur l'origine et les fondements de l'inégalité parmi les hommes.* In (ders.): *Oeuvres complètes.* Bd. III. Edition publiée sous la direction de Bernard Gagnebin et Marcel Raymond avec, pour ce volume, la collaboration de François Bouchardy, Jean-Daniel Candaux, Robert Derathé, Jean Fabre, Jean Starobinski et Sven Stelling-Michaud. Paris: Gallimard 1975.
59 Bernardin de Saint-Pierre, Jacques-Henri: *Paul et Virginie.* Paris: Editions Garnier Frères 1964.
60 Pauw, Cornelius de: *Recherches philosophiques sur les Américains*, Bd. 1, S. 123.

das statische Bild 'des' Indianers entspricht bei Cornelius de Pauw die Reduzierung dieses Menschen auf eine quasi tierische Existenz, die von keinerlei Entwicklung, keinerlei Dynamik und keinerlei Perfektibilität gekennzeichnet ist. Im Grunde verfügt dieser Mensch bestenfalls rudimentär über die Attribute des Menschseins in einem allgemeinen Sinne der *civilisation* des 18. Jahrhunderts. Daher wird es de Pauw auch nicht schwerfallen, eben diesen Menschen das Menschsein abzusprechen, sobald dies sein Diskurs notwendig macht.

Wir gelangen an dieser Stelle auch erneut an ein Grundverfahren des Cornelius de Pauw: Kultur wird in Natur umkodiert und damit zugleich zum Verschwinden gebracht. Damit wird 'der' Indianer, in einer unüberwindlichen Unmündigkeit gefangen, *de facto* aus der Geschichte der Menschheit ausgeschlossen, zu der er nichts beizutragen scheint, ja mehr noch: Er wird aus dem Menschengeschlecht ausgebürgert, eine Exklusion, die im zweiten, 1769 ebenfalls in Berlin erschienenen Band – wie wir in einem vorangehenden Zitat bereits gesehen haben – noch radikaler ins Werk gesetzt wird. 'Dem' Indianer wird keinerlei menschheitsgeschichtliche Bewegungsmöglichkeit zugesprochen: Im Denken von Cornelius de Pauw bleibt ihm die Zukunft definitiv verschlossen. Er ist ein Tier, ein Objekt, etwas, an dem Handlungen von Europäern, von wahren Menschen, vollzogen werden.

Doch selbst wenn wir die Indianer in die Menschheit einbezögen: Die somit letztlich zweigeteilte Menschheit ist ebenso unauflöslich aneinander gekettet wie die zweigeteilte Welt auf Gedeih und Verderb aufeinander bezogen und miteinander verwoben ist. Cornelius de Pauw entfaltet das Denken einer Globalität, die unaufhebbar von einer fundamentalen Gegensätzlichkeit geprägt ist und diese Opposition – auf der wissenschaftlichen Grundlage der Buffon'schen *Histoire naturelle* – in Begriffe vollständiger europäischer Superiorität und geradezu animalischer amerikanischer Inferiorität übersetzt. Kaum einer hat die Welt je schärfer aufgeteilt. Und kaum einer vermag, mit Hilfe dieser philologischen Rhetorik die Herrschaft der einen über die andere Welt mit den Mitteln einer europäischen Vernunft rhetorisch raffinierter zu begründen als der aus Amsterdam stammende Cornelius de Pauw.

Dabei wird die absolut gesetzte europäische Überlegenheit mit Blick auf die erste Phase beschleunigter Globalisierung auf der moralischen Ebene durchaus einer fundamentalen Kritik unterzogen. Denn das alte Amerika, „l'ancienne Amérique", das noch die Zeitgenossen der *Conquista* kannten, bestehe längst nicht mehr, sei es doch „entièrement bouleversé par la cruauté, l'avarice, l'insaciabilité des Européens".[61] De Pauw baut Kritik ein, freilich eine vorwiegend

---

61 Pauw, Cornelius de: *Recherches philosophiques sur les Américains*, Bd. 1, S. a4r.

rhetorische Kritik. Aus den spanischen Konquistadoren sind in diesem Zitat mit Bedacht Europäer geworden, und die von ihnen ausgehende zerstörerische Gewalt öffnet sich bei de Pauw sogleich auf mögliche Katastrophen von planetarischem Ausmaß.

Dies hat Folgen für die Argumentation des in Amsterdam Geborenen. Nicht nur die Weltgeschichte zeichnet sich im globalen Denken de Pauws ab, sondern auch der Weltenbrand. Hatte nicht die Syphilis, die der Abbé vielfach erwähnt und die wir heute als Leitepidemie der ersten Globalisierungsphase beschreiben können, auf eindrucksvolle Weise demonstriert, dass eine Krankheit sich dank weltweiter Schiffsverbindungen rasch zwischen Amerika, Europa und Afrika verbreiten konnte? Und war nicht anhand der Syphilis deutlich geworden, dass alle Bewohner der Erde in einem weltumspannenden Kalamitätenzusammenhang befindlich sind?

Vor allem aber im Zeichen der zweiten, zeitgenössischen Phase beschleunigter Globalisierung wird für de Pauw eine selbstverschuldete Auslöschung des gesamten Menschengeschlechts vorstellbar, eine „extinction totale",[62] die keiner Naturkatastrophe, sondern im Wesentlichen menschlichem Handeln geschuldet wäre. De Pauw führt gleichsam Vorstellungen der Apokalypse in die zeitgenössischen Szenarien der Weltentwicklung ein. Vor dem Hintergrund der kolonialen Expansion des 15. und 16. Jahrhunderts warnt der Verfasser der *Recherches* vor den Konsequenzen jener zweiten, sich von Europa aus über den Globus ausbreitenden Expansionswelle, als deren kritischen Zeitgenossen und Zuschauer sich der holländische Kleriker gerne selbst portraitiert. So ist seine 'Bestandsaufnahme' Amerikas mit apokalyptischen Zukunftsprognosen durchsetzt, die den Zeitgenossen wahre Schauer über den Rücken jagen mussten.

Wie sahen diese Visionen apokalyptischer Reiter bei ihm aus? In einer Zeit, in der wir selbst im Zeichen der Klimakatastrophe in weltumspannende apokalyptische Szenarien eingespannt sind, mag diese Frage vielleicht erlaubt sein. Nun, Europa stehe im Begriff, unter der Anleitung von „Politiques" und unter dem Beifall mancher „Philosophes" die „Terres Australes" machtpolitisch und wissenschaftlich in Besitz zu nehmen, ohne zu bedenken, wieviel Unglück man notwendig über die dort lebenden Völker bringen werde.[63] Damit eröffnet sich eine andere Seite der Kritik in Cornelius de Pauws *Recherches philosophiques sur les Américains*, eine Seite freilich, die bislang weder von de Pauws Zeitgenossen noch von

---

62 Ebda., Bd. I, S. a3r.
63 Ebda.

der aktuellen Forschung berücksichtigt worden ist.[64] Denn sie hat etwas Substanzielles mit dem aufklärerischen Projekt der Moderne und mit dem Zivilisationsvorhaben zu tun, für das Europa gerade im *Siècle des Lumières* stand.

Wichtig ist es, einen innerhalb des Denkens der europäischen Aufklärung überaus originellen Punkt zu beleuchten. Denn de Pauws Kritik trifft und betrifft keineswegs nur die europäische Expansionspolitik im militärischen und wirtschaftlichen Sinne, sondern auch und gerade die in Europa ansässigen Wissenschaften und deren jeweilige Eigeninteressen. Es geht also um Politiken des Wissens und der Wissenserzeugung. De Pauw spitzt diese Frage zu: Für die Aufklärung einiger strittiger geographischer Fragen oder die überprüfbare Durchführung von Temperaturmessungen sei man jederzeit und ohne größeres Zögern bereit, „la destruction d'une partie du globe" in Kauf zu nehmen.[65] Dieser Vorwurf des angriffslustigen Abbé ist ebenso berechtigt wie unerhört. Und unterliegt er nicht bis heute in allen Zentren abendländischer Wissenschaft einer offensichtlichen Tabuisierung?

Deutlich erscheint hier die Wissenschaft Europas in ihrer verselbständigten Eigenlogik als Impulsgeberin und Mittel europäischer Expansionspolitik zugleich. Sie ist alles andere als eine harmlose Beobachterin des europäischen Expansionsprozesses, die nur getreulich ihre Messungen vornimmt und ihre Daten aufzeichnet. Die Wissenschaft wird als Teil (des Problems) der europäischen Expansion selbst erkannt: Und dieser Gedanke ist hochinnovativ.

Cornelius de Pauw bleibt bei dieser Kritik nicht stehen, sondern sinnt auf Abhilfe. Einer derartigen, sich zeitgenössisch unstrittig beschleunigenden Entwicklung gelte es entgegenzutreten: „Mettons des bornes à la fureur de tout envahir, pour tout connoître."[66] Wissen ist hier nicht nur Macht, sondern trägt – auch und gerade im Erkenntniswillen europäischer Wissenschaft – den Keim und die Macht von Zerstörung und Selbstzerstörung in sich. Hier zeichnet sich zumindest *in nuce* eine Dialektik der Aufklärung ab, die über die von Horkheimer und Adorno gefassten Gedanken hinausgeht, aber zugleich mit ihnen in der Stoßrichtung übereinstimmt. Die Wissenschaft, so könnten und müssen wir folgern, ist keine unbeteiligte, quasi 'neutrale' und objektive Analytikerin der Expansion, sie ist ein wesentlicher Bestandteil dieser zerstörerischen Bewegung selbst, die

---

64 Vgl. Cañizares-Esguerra, Jorge: *How to Write the History of the New World. Histories, Epistemologies, and Identities, in the Eighteenth-Century Atlantic World.* Stanford: Stanford University Press 2001, S. 27; erste Ansätze in Ette, Ottmar: „Not just brought about by chance": reflections on globalisation in Cornelius de Pauw and Alexander von Humboldt. In: *Studies in Travel Writing* (Nottingham) XV, 1 (February 2011), S. 3–25.

65 Pauw, Cornelius de: *Recherches philosophiques sur les Américains*, Bd. I, S. a4v.

66 Ebda.

folglich – so ließe sich hinzufügen – das friedvolle Zusammenleben auf unserem Planeten beeinträchtigt und gefährdet. Das ist ein ernst zu nehmender, veritabler Angriff gegen ein europäisches Verständnis von Wissenschaft.

Der scharfzüngige holländische Kleriker, der sich zweimal – zunächst 1767 und 1768 sowie 1775 und 1776 – am Hofe Friedrichs des Großen in Berlin und Potsdam der königlichen Gunst erfreute und von Antonello Gerbi später auch mit Blick auf seine nachfolgenden langen Jahre in Xanten als „abbate prussiano"[67] tituliert wurde, erkannte die zerstörerische und selbstzerstörerische Logik einer Entwicklung, in deren Kontext das, was in Europa vor sich geht, unmittelbare Folgen und Auswirkungen auf die ganze Welt, auf die gesamte Menschheit zeitigen könne. Die zerstörerische Kraft europäischer Wissenschaft, eines Wissens um *jeden* Preis, solle und müsse eingedämmt werden. Aber wie?

De Pauws Warnung war an Deutlichkeit kaum zu überbieten. Längst seien die politischen und wirtschaftlichen Interessengegensätze zwischen den Europäern gerade in den Kolonialgebieten so ausgeprägt, dass es nur eines Funkens bedürfe, um die ganze Welt von einem bis zum anderen Ende in Brand zu setzen:

> [...] une étincelle de discorde, pour quelques arpents de terre au Canada, enflamme et embrase l'Europe; & quand l'Europe est en guerre, tout l'Univers y est: tous les points du globe sont successivement ébranlés comme par une puissance électrique: on a agrandi la scene des massacres et du carnage depuis Canton jusqu'à Archangel; depuis Buénos-Aires jusqu'à Quebec. Le commerce des Européens ayant intimement lié les différentes parties du monde par la même chaîne, elles sont également entraînées dans les révolutions & les vicissitudes de l'attaque & de la défense, sans que l'Asie puisse être neutre, lorsque quelques marchands ont des querelles en Amérique, pour des peaux de Castor, ou du bois de Campèche.[68]

Dieselbe Kette („une même chaîne") verbindet die Welt und bindet sie als Fessel auf Gedeih und Verderb zusammen. Globalität ist das Zeichen jener Philosophie, um die sich de Pauw bemüht, deren Dimensionen er zu erkunden sucht. Ein Außerhalb des Planeten gibt es für ihn jedenfalls nicht.

Konflikte im Welthandel, dies hatte sich im 18. Jahrhundert bereits gezeigt, konnten unversehens zu militärischen Konfrontationen eskalieren, die man mit Fug und Recht als Weltkriege bezeichnen darf. Lokal oder regional scheinbar begrenzte Anlässe, so de Pauw, reichten folglich aus, um europäische Auseinandersetzungen global auszufechten und den Krieg in die nur auf den ersten Blick entferntesten und entlegensten Gebiete beider Hemisphären zu tragen. Die Bewohner der außereuropäischen Welt erscheinen hierbei niemals als

---

67 Gerbi, Antonello: *La Disputa del Nuovo Mondo. Storia di una Polemica: 1750–1900*, S. 117.
68 Pauw, Cornelius de: *Recherches philosophiques sur les Américains*, Bd. I, S. 90.

Subjekte, sondern bestenfalls als Gehandelte, als Objekte fremden Tuns in einer von Europa aus gelenkten Weltpolitik, die längst selbst ihren wichtigsten 'Machern' und Akteuren zu entgleiten droht. Denn der Weltenbrand ist die Konsequenz von Handlungsweisen, die den wichtigsten Akteuren in Europa immer mehr aus den Händen geglitten sind.

Bei Cornelius de Pauw zeichnet sich ein höchst aufschlussreiches Verständnis abendländischer Wissenschaft ab. Denn diese ist niemals nur bloßes Instrument einer anderen, insbesondere einer politischen Macht: Sie ist stets auch eine Macht für sich und verfolgt eigene Interessen, die durchzusetzen sie in der Lage ist. Die Kritik des Klerikers an der europäischen Expansion wie an der europäischen Wissenschaft schloss freilich die Kritik an der eigenen Wissenschaft, an der de Pauw'schen Wissenschaftspraxis also, nicht mit ein. Wohl aus guten Gründen.

Denn daran, dass de Pauw für seinen eigenen Ansatz im Allgemeinen und für seine philosophischen *Recherches* im Besonderen den Status des Wissenschaftlichen einforderte, kann keinerlei Zweifel bestehen. Er begriff sich als ein typisches Kind der Aufklärung, das Licht ins zuvor Dunkle bringen wollte. So hielt er in der nach der Veröffentlichung seines zweiten Bandes ausbrechenden Berliner Debatte um die Neue Welt seinem ärgsten Widersacher im dritten, bereits 1770 erschienenen Band seiner *Recherches philosophiques sur les Américains* entgegen, dieser habe weder die Wissenschaftlichkeit seines Ansatzes erkannt noch auf der Höhe seiner Wissenschaft argumentiert.[69] Die sich gegen einen bloß 'parlierenden', ohne Methode und System vor sich hinschreibenden Gegner wendende Replik de Pauws fiel daher vernichtend aus:

> A l'entendre parler, il semble qu'il lui suffisoit de prendre la plume pour composer une réfutation dans les formes [...]. Aussi ne donne-t-il aucune observation sur l'Histoire Naturelle: il a mieux aimé employer la morale, des compilations extraites du compilateur Gueudeville, & enfin des raisonnements à perte de vue.
>
> Quand on attaque un livre écrit sur une science, il faut se servir d'arguments tirés de cette science, & non d'une autre.[70]

Aufschlussreich an dieser Argumentationsweise ist, dass sich de Pauw hier nicht allein auf die im Zeichen Buffons stehende Wissenschaft der *Histoire*

---

[69] Diese neue Ausgabe von 1770 wurde in den Folgejahren mehrfach auch an anderen Druckorten wieder aufgelegt.

[70] Pauw, Cornelius de: *Recherches philosophiques sur les Américains ou Mémoires intéressants pour servir à l'Histoire de l'Espéce Humaine. Par Mr. de P***. Avec une Dissertation sur l'Amérique & les Américains, par Dom Pernety. Et la Défense de l'Auteur des Recherches contre cette Dissertation.* Bd. III. Berlin 1770, S. 11.

naturelle, sondern auch auf seine eigene philologische Vorgehensweise beruft, die sich – anders als sein Widersacher – niemals unkritisch irgendwelcher Kompilationen bedient habe. Diese Wissenschaft einer philologisch-kritischen Arbeit am Text jedoch unterwirft der holländische *philosophe* keinerlei eigener Kritik mehr: Seine Kritik, seine Wissenschaft wird sozusagen nicht selbstreflexiv. Er überprüft mithin auch nicht, welche weltweiten Folgen seine eigenen wissenschaftlichen Interessen – parallel zu den Interessen jener Wissenschaften, die sich auf Gegenstände der Natur (wie Temperatur und Territorium) richten – zeitigen könnten. War seine Wissenschaft aber dann überhaupt noch eine Wissenschaft? Wie schwerwiegend diese Konsequenzen sein konnten, sollte der weitere Fortgang der von den *Recherches philosophiques* ausgelösten Debatte in aller Deutlichkeit vor Augen führen.

Halten wir zunächst einmal fest: Die von Berlin aus weltweit anhebende Debatte zeigt mit aller Deutlichkeit, dass Aufklärung kein rein europäisches Phänomen ist. Dabei demonstrierte diese auf den ersten Blick lokale, periphere Debatte zugleich, dass es unzureichend ist, wenn man sich alleine auf die *europäische* Aufklärung konzentriert: Denn nur von Europa aus ist auch das Phänomen *der* Aufklärung nicht adäquat zu durchdringen und zu begreifen. Längst hatte die *République des Lettres* einen transarealen Zuschnitt: Was in Berlin diskutiert wurde, konnte und musste auch die Gemüter in Mexico-Stadt, in Philadelphia oder in Lima erhitzen. Und zu schriftlichen Reaktionen führen. Vergessen wir also nicht, dass die Aufklärung im Zeichen der zweiten Phase beschleunigter Globalisierung ein tendenziell weltweites, weltumspannendes Phänomen darstellt, das auch in seinen lokalen Entwicklungen translokale und damit letztlich transareale Dimensionen beinhaltet und entfaltet. Dies veranschaulicht sehr genau die Berliner Debatte um die Neue Welt.

Die ersten Runden dieses von Berlin ausgehenden und in Berlin geführten Disputs gingen ohne Frage an Cornelius de Pauw. Denn dieser hatte nur auf die Chance eines Gegenangriffs, der im Wesentlichen seine Abwertung der Amerikaner in ein idealisierendes Gegen-Bild alles Amerikanischen umzukehren suchte, gewartet und druckte großzügig Pernetys Attacke in seiner bereits erwähnten und noch 1770 wiederum in Berlin veröffentlichten dreibändigen Neuausgabe seiner *Recherches philosophiques sur les Américains* ab. Ihr fügte er eine vehemente und doch wohlkalkulierte Verteidigungsschrift seiner eigenen, vielfach weiter zugespitzten Thesen bei. Pernetys über weite Strecken inverse Darstellung der Thesen seines Kontrahenten konnte von ihm leicht diskursiv vereinnahmt werden.

Es ist sicherlich nicht ganz fair, spricht man Antoine-Joseph Pernety jegliche Berechtigung zu einem philosophisch ernst zu nehmenden Diskurs ab. Und gewiss darf man bei Pernety „elements of a modern ethnological attitude"[71] erkennen, zu denen man sicherlich „the critique of Eurocentrism; the importance of gathering data in the field and verifying sources; the recognition of the cultural diversity of the Other"[72] rechnen kann. Doch blieb seine Argumentationsweise – wie wir bereits sahen – allzu sehr an die von de Pauw ins Feld geführten Thesen gebunden, die der Bibliothekar Friedrichs II. oftmals nur mit anderen Vorzeichen versah, ohne ihnen eine neue argumentative (und wissenschaftlich begründbare) Fundierung zu geben.

Damit wurde de Pauw zum Mann der Stunde. Ungeachtet aller weiterer Publikationen von Pernety, die freilich kaum noch Wesentliches zur Debatte beitrugen,[73] sollte sein Werk noch für lange Jahre im Zentrum der von ihm ausgelösten hitzigen und weltweit erbittert geführten Debatten um Amerika und die Amerikaner stehen, bevor es dann in ein im Grunde bis in die jüngste Vergangenheit andauerndes Vergessen fiel. Nicht umsonst aber erklärte die französische Nationalversammlung in einem Dekret vom 26. August 1792 Cornelius de Pauw gemeinsam mit anderen um die Freiheit der Völker verdienten Persönlichkeiten, zu denen auch George Washington zählte, zum *citoyen français*.[74] In Europa hatte der holländische Abbé seine Partie gewonnen. Und noch Napoléon ließ ihm zu Ehren in Xanten einen Obelisken errichten, der an die Verdienste des Philosophen erinnern sollte.

Grundsätzliche und weit über den Horizont Pernetys hinausgehende Ein- und Widersprüche gegen Cornelius de Pauws Thesen ließen noch im 18. Jahrhundert nicht lange auf sich warten. So veröffentlichte etwa der aus Neuspanien ausgewiesene Jesuit Francisco Javier Clavijero in seinem italienischen Exil 1780 eine umfangreiche Geschichte des alten Mexico,[75] in welcher er eindrucksvoll die Diversität der indigenen Kulturen Amerikas auf dem Gebiet des heutigen Mexico aufzeigte. Dabei gelang es diesem neuspanischen Autor nicht nur, den Thesen von de Pauw, aber auch von Raynal oder Robertson dadurch entgegenzutreten, dass in breiter Vielfalt amerikanische Quellen einschließlich der Bilderhandschriften und anderer indigener Dokumente miteinbezogen wurden;

---

71 Mannucci, Erica Joy: The savage and the civilised: observations on a dispute between an enlightened writer and an illuminist. In: *Studies on Voltaire and the Eighteenth Century* (Oxford) 303 (1992), S. 384.

72 Ebda.

73 Vgl. u. a. Pernety, Antoine-Joseph: *Examen des Recherches philosophiques sur les Américains et de la Défense de cet ouvrage*. 2 Bde. Berlin: G.J. Decker, Imprimeur du Roi 1771.

74 Vgl. hierzu Moureau, François: L'Amérique n'a aucun avenir, S. 68.

75 Vgl. Clavijero, Francisco Javier: *Storia Antica del Messico*. 4 Bde. Cesena: Gregorio Biasani 1780.

er trieb vielmehr eine Konstruktion der amerikanischen Vergangenheit voran, die als – im besten Sinne – Findung und Erfindung einer anderen Herkunft auch eine andere Zukunft für seine amerikanische Heimat ermöglichen sollte. Die Perspektive der Berliner Debatte begann sich neuweltlich zu drehen.

Die präkolumbischen Kulturen erschienen nun nicht länger als vernach-lässigbare Randerscheinungen der Menschheitsgeschichte, sondern stellten sich selbstbewusst als amerikanische Antike einer europäischen Antike ge-genüber. So wurden die indigenen amerikanischen Kulturen wieder in Bewe-gung gesetzt und eröffneten neue Perspektiven und Einsichten in eine andere, von Amerika aus zu gestaltende Zukunft. Hier werden die hochgra-dig produktiven Akzente der Berliner Debatte, die sich längst von Berlin ent-fernt hatte, deutlich.

Doch entwickelte sich die vielleicht entscheidende Widerstandsfront gegen die Vorstellungen de Pauws ausgehend von Berlin selbst. Denn es wäre ein Leichtes zu belegen, dass den in der Berliner Debatte vorgetragenen Positionen bereits jene Schriften, die der *philosophe voyageur* Alexander von Humboldt wenige Jahre nach der Rückkehr von seiner Reise in die amerikanischen Tropen (1799–1804) veröffentlichte, den wissenschaftlichen Todesstoß versetzten.

So notierte der weitgereiste Gelehrte in seiner auf Paris im April 1813 datier-ten Einleitung in seine *Vues des Cordillères et Monumens des Peuples Indigènes de l'Amérique* mit großer Klarheit:

L'ardeur avec laquelle on s'étoit livré à des recherches sur l'Amérique, diminua dès le commencement du dix-septième siècle; les colonies espagnoles, qui enferment les seules régions jadis habitées par des peuples civilisés, restèrent fermées aux nations étrangères; et récemment, lorsque l'abbé Clavigero publia en Italie son Histoire ancienne du Mexique, on regarda comme très-douteux des faits attestés par une foule de témoins oculaires sou-vent ennemis les uns des autres. Des écrivains célèbres, plus frappés des contrastes que de l'harmonie de la nature, s'étoient plu à dépeindre l'Amérique entière comme un pays marécageux, contraire à la multiplication des animaux, et nouvellement habité par des hordes aussi peu civilisées que les habitans de la mer du Sud. Dans les recherches histori-ques sur les Américains, un scepticisme absolu avoit été substitué à une saine critique. On confondoit les descriptions déclamatoires de Solis et de quelques autres écrivains qui n'avoient pas quitté l'Europe, avec les relations simples et vraies des premiers voyage-urs; il paroissoit du devoir d'un philosophe de nier tout ce qui avoit été observé par des missionnaires.

Depuis la fin du dernier siècle, une révolution heureuse s'est opérée dans la ma-nière d'envisager la civilisation des peuples et les causes qui en arrêtent ou favorisent les progrès. Nous avons appris à connoître des nations dont les moeurs, les institutions et les arts diffèrent presque autant de ceux des Grecs et des Romains, que les formes primitives d'animaux détruits diffèrent de celles des espèces qui sont l'object de l'his-toire naturelle descriptive. La société de Calcutta a répandu une vive lumière sur l'his-toire des peuples de l'Asie. Les monumens de l'Egypte, décrits de nos jours avec une admirable exactitude, ont été comparés aux monumens des pays les plus éloignés, et mes recherches sur les peuples indigènes de l'Amérique paroissent à une époque où l'on ne regarde pas comme indigne d'attention tout ce qui s'éloigne du style dont les Grecs nous ont laissé d'inimitables modèles.[76]

Diese Passage markiert einen freilich vorläufigen Schlusspunkt in jener Berliner Debatte, in die Antoine-Joseph Pernety, 'Le Philosophe la Douceur' alias Zaccaria de Pazzi de Bonneville,[77] Giovanni Rinaldo Carli, Fray Servando Teresa de Mier y Guerra, Delisle de Sales, Francisco Javier Clavijero, George Washington, Drouin de Bercy und viele andere auf beiden Seiten des Atlantik eingegriffen hatten. Längst war die Berliner Debatte zu einer weltweiten Auseinandersetzung um das Verhältnis zwischen Alter und Neuer Welt, zwischen europäischen und amerikanischen Vorurteilen, aber auch zwischen europäischen und amerikanischen *philosophes* und Wissenschaftlern geworden. Unsere leider noch immer aktuellen Debatten und Dispute um einen mehr oder minder diskreten Eurozentrismus schreiben sich in diese lange Zeit verschüttete Traditionslinie ein.

Mit unverkennbaren Anspielungen auf die Werke de Pauws und Raynals signalisierte Alexander von Humboldt nicht nur die Entstehung eines neuen Diskurses über die Neue Welt, in dessen Geschichte der Name Clavijeros nicht fehlen durfte, sondern machte auch darauf aufmerksam, daß mit Blick auf 'Westindien' wie auf 'Ostindien' neue, empirische Grundlagen der Zirkulation von Wissen über die gesamte außereuropäische Welt entstanden waren. Eine neue Epoche, eine Epoche *nach* der 'glücklichen Revolution', war angebrochen. Das Bewusstsein, sein eigenes Werk in einer veritablen Epochenschwelle vorzulegen und zu dieser etwas Substanzielles beizutragen, hätte bei Alexander von Humboldt kaum ausgeprägter sein können. Humboldt wusste, dass seine amerikanistischen Schriften eine produktive und neue Horizonte eröffnende Antwort auf diese Phase beschleunigter Globalisierung waren.

Die in der angeführten Passage in dichter Folge aufgeführten Aspekte des Neubeginns wurden – wie wir sahen – in die heitere Semantik einer 'glücklichen Revolution' (die sich zutiefst von jener „étonnante révolution" unterscheidet, von der de Pauw zu Beginn seines Werkes sprach)[78] gerückt. Zug um Zug

---

76 Humboldt, Alexander von: *Vues des Cordillères et Monumens des Peuples Indigènes de l'Amérique.* Nanterre: Editions Erasme 1989, S. 96, S. II f.

77 Vgl. hierzu Zantop, Susanne: *Colonial Fantasies. Conquest, Family, and Nation in Precolonial Germany, 1770–1870.* Durham – London: Duke University Press 1997, S. 47.

78 Pauw, Cornelius de: *Recherches philosophiques sur les Américains, ou Mémoires intéressants pour servir à l'Histoire de l'Espèce humaine,* Bd. I, S. a2v.

entkräfteten neue Dokumente in den Archiven und Bibliotheken der Neuen wie der Alten Welt, aber auch die Feldforschungen vieler amerikanischer wie europäischer Gelehrter und Reisender vor Ort, die unhaltbar gewordenen Thesen des niederländischen Philosophen, dessen Name in den Schriften Humboldts kaum mehr genannt zu werden brauchte. De Pauw schien erledigt. Sein Name geriet in Vergessenheit.

Die Berliner Debatte hatte zu einem weltweiten Disput geführt, der in seinem Ergebnis wesentlich zu der von Humboldt beobachteten und belegten wissenschaftlichen Revolution beigetragen hatte. Ohne die Erfahrung und das Erleben der zweiten Phase beschleunigter Globalisierung und ihrer Konsequenzen hätte sich diese Wissenschaftsrevolution nicht auf eine so durchschlagende Weise vollzogen. Dies bedeutete freilich keineswegs, dass einige der Grundgedanken von Cornelius de Pauw nicht doch überlebt und etwa in die Philosophie Hegels massivsten Eingang gefunden hätten. Aber dieses Weiterleben de Pauws braucht uns in dieser Vorlesung über Reiseliteratur nicht mehr ausführlich zu interessieren.

Doch sollte uns all dies nicht dazu verleiten, die Auswirkungen gerade auch der Thesen des Cornelius de Pauw zu unterschätzen. Denn dem Hauptwerk de Pauws kam zweifellos eine zwar diffuse, aber langanhaltende und nicht selten subkutane Wirkung zu, die sich keinesfalls an der *expliziten* Bezugnahme auf den Namen des Holländers festmachen lässt. Es wäre daher keinesfalls übertrieben, in Weiterentwicklung der Überlegungen Antonello Gerbis[79] von einer diffusen Langzeitwirkung zu sprechen, die sich insbesondere auf die Philosophie, aber auch auf den Spannungsraum von Philologie und Rassismus beziehen ließe.

Denn das Inferioritätsdenken de Pauws blieb mit Blick auf die außereuropäische Welt nicht nur in Hegels berühmten *Vorlesungen über die Philosophie der Weltgeschichte* noch lange in Europa lebendig. Mit der Einsicht in das Historisch-Gewordensein der Berliner Debatte verbindet sich heute die Notwendigkeit, ihr historisches Gewordensein polylogisch und relational, kritisch und selbstkritisch an den Anforderungen *unserer* Phase beschleunigter Globalisierung zu überprüfen, um die konstruktive, kreative – und nicht die zerstörerische – Macht der Wissenschaften zu nutzen. In diesem Geiste wollen wir unsere Überlegungen zur Berliner Debatte um die Neue Welt beschließen.

---

79 Vgl. hierzu Gerbi, Antonello: *La Disputa del Nuovo Mondo*, S. 118 f.

Dabei gilt es, in einer ganz grundlegenden Weise Aufklärung als ein weltumspannendes Epochenphänomen zu begreifen, wobei man allen Versuchungen widerstehen sollte, Vertreter der Aufklärung europäischer oder
amerikanischer Herkunft schematisch einander entgegenzustellen und unter
Missachtung der tatsächlichen Komplexität der Diskussionen, Diskurse und Debatten je nach eingenommenem Blickwinkel positiv oder negativ zu bewerten.
Auch mit Blick auf diese Herausforderung ist die Berliner Debatte noch längst
nicht zu einem Ende gekommen. Sie beinhaltet eine Reflexion über das Verhältnis zwischen Reisen und Schreiben, das uns auch in den nachfolgenden Kapiteln begleiten wird.

Georg Forster oder die Reise um die Welt

Die Gründe, warum wir uns zumindest kurz mit Georg Forster beschäftigen sollten, sind sehr vielfältig. Zum einen wurde er über lange Zeit aus den deutschen Literaturgeschichten völlig verdrängt: sowohl als literarisch hochbegabter Reiseschriftsteller, trotz seines immensen Erfolges bei den Zeitgenossen, als auch vor allem als politischer Essayist und Denker. Als Jakobiner im Preußen und Deutschland der Restauration wurde er verabscheut und geächtet. Die von ihm verkörperte Traditionslinie wurde ganz bewusst aus den deutschen Literaturgeschichten ausgebürgert und sollte in Vergessenheit geraten, so als ob es sie nie gegeben hätte. Es bedurfte einiger Anstrengungen, dies zu verändern.

Georg Forster ist des Weiteren interessant, weil er in gewisser Weise jene Liste großer deutscher Reisender anführt, die nach ihm sicherlich Alexander von Humboldt als Schüler und Freund, aber auch Adalbert von Chamisso und so viele andere deutsche Reiseschriftsteller grundlegend beeinflusst haben. Denn Georg Forster vermochte es, mit Hilfe seiner stilistischen Mittel durch den Reisebericht eine ganz besondere Atmosphäre zu erzeugen, die das Lesepublikum auf eine wirkliche Entdeckungsreise mitnimmt. Denn sein Schreiben war kein Reise-Bericht als ein Notieren und Aufführen des Gesehenen und Untersuchten, sondern eine Reise-Literatur, welche die übergreifenden Zusammenhänge ebenso herausarbeitete wie sie die verschiedenen Beobachtungsweisen in einer ästhetischen Darstellungsweise zusammenlaufen ließ. Denn es ging ihm bei seinem ReiseSchreiben um ein Ganzes: um das Zusammenwirken möglichst vieler Faktoren und Aspekte in seiner Reise um die Welt. Dies macht ihn für uns Heutige so lebendig.

Schließlich gibt es kaum einen Reisebericht, der auch in seinen philosophischen Reflexionen in so ausgeprägtem Maße die Selbstreflexion auch über das eigene Tun sowie die Wahrnehmung des Anderen mit einschloss, also einen Grad an Selbstbesinnung und Selbstkritik einbaute, der zu seiner Zeit wahrlich außergewöhnlich war. Es geht mir also im Folgenden nicht darum, ein umfangreiches Bild Georg Forsters zu zeichnen, sondern anhand repräsentativer Beispiele herauszuarbeiten, inwieweit sein Schreiben für die weitere Entwicklung des Reiseberichts im 19. Jahrhundert von unschätzbarem Wert und als literarischer Orientierungspunkt von allergrößter Bedeutung ist.

Georg Forster lebte von 1754 bis 1794 und damit im Kernbereich der zweiten Phase beschleunigter Globalisierung. Dies hatte Folgen, denn er machte immer wieder mit Hinweisen und Bemerkungen auf all jene grundlegenden Veränderungen aufmerksam, die ihn zeitgenössisch umgaben. Dabei verfügte er über die Fähigkeit, sehr frühzeitig Entwicklungen zu bemerken, über welche die meisten seiner Zeitgenossen als unwichtig hinwegsahen. Denn man kann sehr gut inmitten des Wirbels einer Epoche leben, ohne jemals deren Charakteristika bemerkt zu haben. Doch bei Georg Forster war dies nicht der Fall.

Johann Georg Adam Forster wurde in Nasenhuben bei Danzig am 27. November 1754 als Ältestes von sieben Kindern geboren. Schon als Kind begleitete Georg Forster seinen Vater, den Pfarrer und späteren Naturforscher Johann Reinhold Forster (1729–1798) auf einer einjährigen Forschungsreise durch Russland. Diese Reise sollte den jungen Forster prägen, denn er erlebte die ungerechte Behandlung seines Vaters durch eine selbstgerechte, despotische Bürokratie hautnah mit.

Abb. 68: Georg Forster (Nassenhuben, 1754 – Paris, 1794).

1766 wanderte seine Familie nach dem finanziellen Misserfolg dieser Expedition nach England aus, wo Forster als Übersetzer und Sprachlehrer die Familie miternähren musste. Rasch zeigte sich seine Sprachbegabung, schnell stellten sich erste Erfolge als Übersetzer unter anderem von Reiseberichten ein: Die Jahre in England prägten Forster außerordentlich stark. Von Beginn an erlebte er gleichsam die Welt aus der Perspektive der ökonomisch Abhängigen. 1772 wurde Forsters Vater für James Cooks zweite, dreijährige Weltreise als Naturforscher engagiert, wobei man ihm erlaubte, seinen Sohn als Gehilfen mitzunehmen. Dies war die Eintrittskarte in die Welt der Reiseliteratur für den noch jungen Georg Forster, der wie Kapitän Cook aus einfachen, ja ärmlichen Verhältnissen stammte. Forster war nach Beendigung der Weltumsegelung in der Lage, seine Erfahrungen während dieser Expedition binnen kurzer Zeit auf literarisch anspruchsvolle Weise niederzuschreiben, wobei er die Tagebücher seines Vaters mitauswertete. Diesem war jegliche Darstellung der Reise von James Cook vertraglich untersagt worden; dies aber galt für seinen Sohn nicht.

So konnte sein innerhalb von acht Monaten fertiggestelltes Werk, das im Wettlauf mit dem offiziellen Reisebericht von der Cook'schen Weltumsegelung entstand, bereits 1777 in englischer Sprache unter dem Titel *A Voyage round the World* erscheinen. Bereits kurze Zeit später – Georg Forster arbeitete wie besessen gegen die Zeit – lag sein Reisebericht in deutscher Sprache unter dem generischen Titel *Reise um die Welt* vor. Die Forster'sche Reisebeschreibung machte Furore.

Die brillante und elegante Reisebeschreibung machte den jungen Forster in ganz Europa schlagartig berühmt und in Deutschland zu einem der meistgelesenen Schriftsteller überhaupt. Auffällig war an Georg Forsters Stil, dass er in seinem durchaus der Aufklärung verpflichteten Werk genau das tat, was wir am literarischen Reisebericht auch in unseren theoretischen Auseinandersetzungen sehr früh in dieser Vorlesung bemerkt hatten: die Mischung zwischen verschiedenen Genera, die wir in der achten Dimension von Reiseliteratur gesondert untersucht hatten. So mischte Forster den eigentlichen Bericht mit der literarischen Erzählung, der wissenschaftlichen Abhandlung oder der philosophischen Reflexion, wobei sein eigentliches Hauptinteresse dem Menschen und seinen gesellschaftlichen Lebensformen galt. Von der dreijährigen Weltreise brachte Georg Forster eine ungeheure Fülle an Materialien und Dokumenten, aber auch eine Vielzahl von Zeichnungen nicht zuletzt auch unterschiedliche Vögel mit.

Fassen wir die weiteren Stationen in Georg Forsters kurzem Leben rasch zusammen. Von 1778 bis 1784 war Forster Professor für Naturgeschichte in Kassel, anschließend in Wilna in Polen. 1788 wurde er Bibliothekar in Mainz, das für ihn als linksrheinische Stadt sehr wichtig wurde. Er unternahm eine Reise mit dem noch sehr jungen Alexander von Humboldt und verfasste darüber die geographisch, wirtschaftlich-politisch und kulturell, vor allem aber ästhetisch-literarisch bedeutsamen *Ansichten vom Niederrhein, von Brabant, Flandern, Holland, England und Frankreich, im April, Mai und Junius 1790*, die reiseliterarische Maßstäbe setzten und ganz nebenbei den jungen Humboldt in seinem Schreiben sehr beeinflussten.

Georg Forster engagierte sich vehement für die Französische Revolution und für einen Anschluss der linksrheinischen deutschen Gebiete an die französische Republik. Seine Kontakte mit den Revolutionären in Paris vervielfachten sich. Als das 1793 von Frankreich besetzte Mainz von preußischen Truppen zurückerobert wurde, konnte Forster nicht mehr zurückkehren. Er starb 1794 völlig verarmt in Paris und wurde wegen seines Jakobinertums noch nach seinem Tode in Deutschland auf lange Jahrzehnte hin geächtet. Soweit und kurz gefasst seine Lebensgeschichte.

Lassen wir unseren kurzen Durchgang durch das Hauptwerk Georg Forsters, seine *Reise um die Welt*, mit einer Passage aus dem Vorwort beginnen, weil

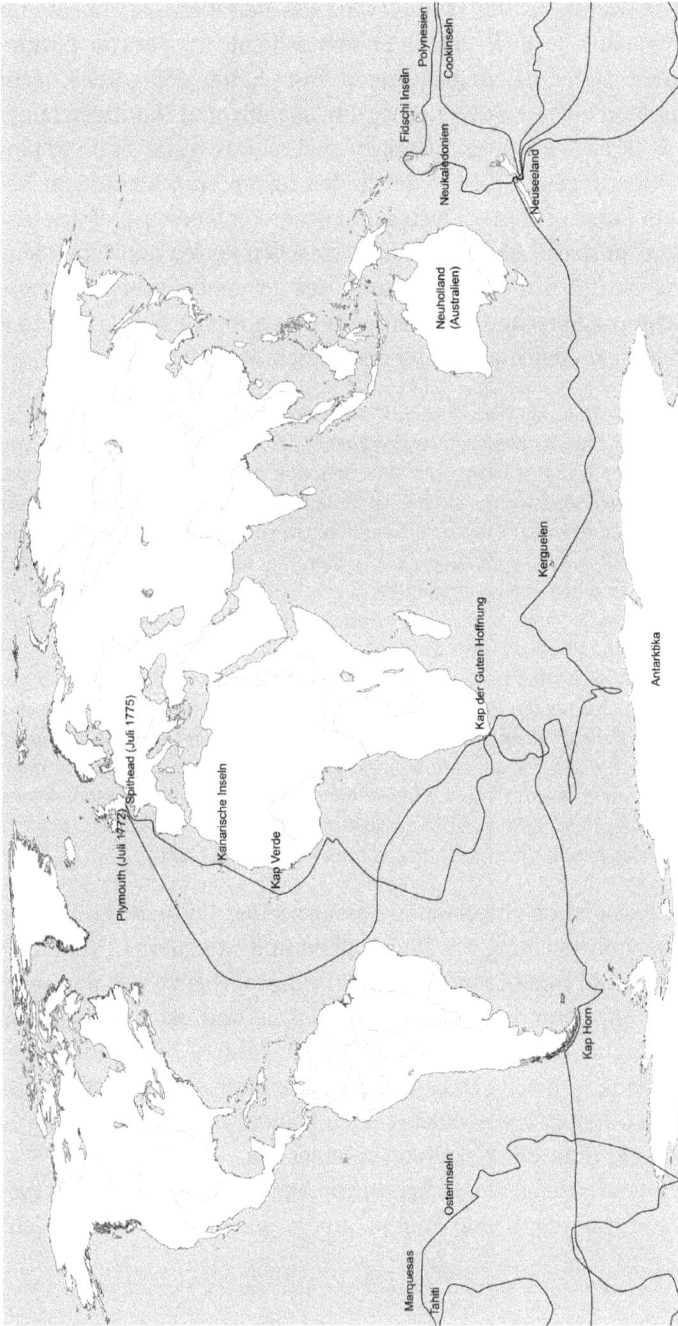

Abb. 69: Reiseroute der zweiten Weltumsegelung des James Cook an Bord der „Resolution" und der „Adventure" (Juli 1772 – Juli 1775).

sie mir von großer Wichtigkeit für die Relevanz des Reiseberichtes überhaupt wie auch des Sammelns im Besonderen zu sein scheint. Im Vorwort positionierte sich der junge Mann, der freilich seinen Vater hinter sich wusste, recht selbstbewusst inmitten einer aufklärerischen Philosophie und Naturforschung, welche noch nach ihren Formen und Normen suchte. Deswegen sind die programmatischen Äußerungen, die sich hier finden lassen, von besonderer Bedeutung für unsere Frage nach der Epistemologie der von Forster praktizierten Wissenschaft und dem spezifischen Verhältnis zwischen Reisen und Schreiben.

Von Interesse ist dabei die Einschätzung der zeitgenössischen Entwicklungslinien, welche die Forschung im Zeitraum der europäischen Aufklärung prägten. Hören wir hierzu den Standpunkt des jungen Forster:

> Die Philosophen dieses Jahrhunderts, denen die anscheinenden Widersprüche verschiedener Reisenden sehr misfielen, wählten sich gewisse Schriftsteller, welche sie den übrigen vorzogen, ihnen allen Glauben beymaßen, hingegen alle andre für fabelhaft ansahen. Ohne hinreichende Kenntniß warfen sie sich zu Richtern auf, nahmen gewisse Sätze für wahr an, (die sie noch dazu nach eigenem Gutdünken verstellten,) und bauten sich auf diese Art Systeme, die von fern ins Auge fallen, aber, bey näherer Untersuchung, uns wie ein Traum mit falschen Erscheinungen betrügen. Endlich wurden es die Gelehrten müde, durch Declamation und sophistische Gründe hingerissen zu werden, und verlangten überlaut, daß man doch nur Thatsachen sammeln sollte. Ihr Wunsch ward erfüllt; in allen Welttheilen trieb man Thatsachen auf, und bey dem Allem stand es um ihre Wissenschaft nichts besser. Sie bekamen einen vermischten Haufen loser einzelner Glieder, woraus sich durch keine Kunst ein Ganzes hervorbringen ließ; und indem sie bis zum Unsinn nach *Factis* jagten, verlohren sie jedes andre Augenmerk, und wurden unfähig, auch nur einen einzigen Satz zu bestimmen und zu abstrahiren; so wie jene Mikrologen, die ihr ganzes Leben auf die Anatomie einer Mücke verwenden, aus der sich doch für Menschen und Vieh nicht die geringste Folge ziehen läßt.[1]

In dieser durchaus polemisch eingefärbten Passage seiner 'Vorrede' griff Georg Forster mit der Gegenüberstellung von Philosophen und Sammlern in veränderter Form jenen Gegensatz von Reisenden und Daheimgebliebenen auf, der – wie wir bereits sahen – schon Jean-Jacques Rousseau und nach ihm Denis Diderot sowie Cornelius de Pauw, Antoine-Joseph Pernety oder Guillaume-Thomas Raynal in eine weltweite Debatte verwickelt hatte. Georg Forster griff nicht direkt in diesen Disput ein – wozu er auch keinen Grund gehabt hätte –, zeigte sich aber auf der Höhe der Diskussionen seiner Zeit.

Seine Reflexion der epistemologischen Grundlagen von Erfahrung und Reisen stellte nicht nur die (denkarme) Empirie einem um Fakten wirklich nicht

---

1 Forster, Georg: *Reise um die Welt*. Herausgegeben und mit einem Nachwort von Gerhard Steiner. Frankfurt am Main: Insel Verlag 1983, S. 16 f.

bekümmerten Systemdenken gegenüber, sondern zielte neben den Jägern und Sammlern auch auf jene, die sich in ihr Spezialistentum vergraben und 'das Ganze' aus den Augen zu verlieren drohen. Er selbst wollte sich durchaus als Reisenden verstehen, zugleich aber auch als einen Philosophen, dem es zwar nicht um ein Systemdenken, sehr wohl aber um die weltweiten Zusammenhänge ging. Man kann in dieser Passage durchaus das Bemühen erkennen, sich selbst als eine Art *philosophe voyageur* zu verstehen.

Das 1777 erstmals auf Englisch erschienene Werk, das zwischen 1778 und 1780 in deutscher Übersetzung und Bearbeitung erschien, ist in vielfacher Hinsicht die Schöpfung eines Multitalents, das nicht nur über erstaunlich breite wissenschaftliche, sondern auch literarische Kenntnisse und Fähigkeiten verfügte. Die schriftstellerische Kraft Forsters, aber auch seine Freude an intellektueller und emotionaler Neugierde und Inbesitznahme sind beeindruckend. Er war im Grunde eine Idealbesetzung, um die wissenschaftlichen Forschungsexpeditionen mit klar definierter Zielsetzung, wie sie James Cooks Reisen im britischen Kolonialinteresse darstellten, in eine literarische Form zu gießen. Georg Forster, der weitgehend Autodidakt war und sich viel von seinem Vater abgeschaut hatte, war dabei ein unruhiger Kopf, der auch die politischen Herausforderungen der überseeischen 'Begegnungen' mit anderen Menschen wie mit anderen Kulturen rasch begriff. Es ging ihm weder um ein abstraktes, von den Fakten losgelöstes Systemdenken noch um ein Spezialistentum – in der Zeit von Mai 1968 hätte man von einem 'Fachidiotentum' gesprochen –, das in seinem eigenen beengten Wissenshorizont erstickt.

1766 war Louis-Antoine de Bougainville mit seiner Reise um die Welt in den Südpazifik aufgebrochen; doch mit James Cook riss England ohne jeden Zweifel die europäische Vorherrschaft an sich und profilierte sich als Seemacht auf allen Ozeanen unseres Planeten. Cook ergriff nach einem juristischen Schema und bestimmten europäischen Riten, die in nichts jenen des Columbus nachstanden, gleichzeitig von Neuseeland und von Australien Besitz. Die weißen Flecken auf dem Globus der europäischen Seemächte wurden geringer und verschwanden schließlich nahezu ganz: Selbst die entferntesten und verstecktesten Regionen der Erde begannen in einem unverändert nach Kolonien heißhungrigen Europa zunehmend bekannt zu werden. Die 1516 mit Thomas Morus entstandene Gattung der *Utopie*, welche die Projektion eines Landes in einen noch unbestimmten Raum vornimmt, wurde zunehmend durch die *Uchronie* ersetzt, in welcher sich ein Territorium nicht mehr in einen Raum, sondern in eine veränderte Zeit hinein projiziert.

Die Erde und ihr begrenzter Raum war den Europäern nun zunehmend bekannt; James Cook und mit ihm Georg Forster gehörten zu jenen, welche ihre Schrift in die zuvor den Europäern unbekannten Länder eintrugen. Wir nähern uns dem Höhepunkt der zweiten Phase beschleunigter Globalisierung, in denen England und Frankreich die Führungsmächte waren und in denen als Leitepidemie nicht mehr die Syphilis, sondern das Gelbfieber wütete. Die Entdecker und Eroberer aus Europa segelten nicht länger in den kleinen Nussschalen der Karavellen: Wesentlich zuverlässigere und schnellere Fregatten wurden zum globalisierenden Transportmittel Nummer 1 der europäischen Seemächte. Erneut begann sich die Welt zu wandeln. Und der europäische Reisebericht mit ihr.

Die grundlegende Erneuerung des Reiseberichts, die Vertiefung und intellektuelle Vergeistigung reiseliterarischen Schreibens hatte sich Georg Forster auf die Fahnen geschrieben – und er erreichte trotz widrigster Umstände sein Ziel auf beeindruckende Weise. Die zutiefst aufklärerische Grundhaltung orientierte den jungen Mann, der eigentlich nur der Gehilfe seines Vaters war, auf die Erfassung einer Gesamtheit, eines Ganzen hin, wie wir dies bereits im zurückliegenden Zitat sehr deutlich vor Augen geführt bekamen. Einzelne Fakten sollten nicht länger gleichsam in der Luft hängen, sondern auf organische und funktionale Weise miteinander verbunden sein. Es war nur mehr ein Schritt, bis man die Erde als zusammenhängendes System erfassen konnte.

Bei der Verwirklichung seiner Ziele kam ihm freilich zugute, dass er selbst keinerlei politische Rücksichten nehmen musste und nicht wie sein Vater unter der Zensur der britischen Admiralität stand. Er konnte seinen Reisebericht daher frei gestalten. Und Forster nutzte diese Chance. Im Mittelpunkt seines Schreibens, das wissenschaftliches und literarisches Lebenswissen miteinander verband, stand freilich immer wieder der Mensch selbst: der Mensch in seiner Vielfalt und Vielgestaltigkeit, der Mensch als Objekt und Subjekt zugleich der Reflexion und des eigenen Schreibens. In seinem *Kosmos* sah Alexander von Humboldt die Dinge ganz zutreffend: Mit Georg Forster hatte eine neue Ära wissenschaftlichen Reisens begonnen. Der Begleiter von James Cook pflegte die Anschaulichkeit einer lebendigen Darstellung, wie sie der Verfasser der *Ansichten der Natur* dann getreulich in den Fußstapfen des Autors der *Ansichten vom Niederrhein* praktizieren sollte.

Wir hatten im theoretischen Teil unserer Vorlesung die eindrucksvolle Passage aus Louis-Antoine de Bougainvilles *Reise um die Welt* näher analysiert, in welcher die Insel Tahiti aus der Zweidimensionalität der Meeresfläche aufzutauchen beginnt und zur Bühne einer sorgfältig konstruierten und komponierten Szenerie wird. Tahiti ist als *locus amoenus* seit Bougainvilles Beschreibung zweifellos stets mit dem Zusatz *eroticus* zu versehen. Denn eine solche Annäherung war fortan in den europäischen Literaturen eine wahre Reise auf die Insel der Liebenden, eine *invitation au voyage* für die Reise nach Kythera, der sagenumwobenen Insel der Verliebten, für die ein Watteau das wohl schönste Bildprogramm schrieb.

Tahiti stand fortan im Zeichen der Sinne, der Sinnlichkeit und der erotischen Reize. Die *fêtes galantes*, welche die Reise zur Liebesinsel verspricht, wurden auf diese Inselgruppe projiziert, die sich für die Zeitgenossen am Rande der bekannten Welt, weit weg im Südpazifik, befand. Der *Mythos* von der sagenumwobenen Insel der Liebenden und der freien Liebe hat seitdem zu Recht sehr gelitten. Der europäische Kolonialismus hat tiefe Spuren in den Gesellschaften des Archipels hinterlassen. Doch ihren verlockenden Reiz sollten diese Inselwelten noch zumindest bis in die Zeit eines Paul Gauguin behalten.

Ich kann der Versuchung nicht widerstehen, ihnen zumindest einen kleinen Einblick in Georg Forsters Reisebericht just am Ort von Bougainvilles großartiger Inszenierung zu geben. Unter der Feder des Deutschen, der sehr wohl von Bougainville wusste, beginnt dieser Aufenthalt auf Tahiti mit den folgenden denkwürdigen Worten: „Ein Morgen war's, schöner hat ihn schwerlich je ein Dichter beschrieben"[2] – ein führwahr trefflicher Auftakt für eine Schilderung, die viel zur Südseetrunkenheit des europäischen Publikums beitragen sollte. Aber die Darstellung Georg Forsters war wie jene Bougainvilles alles andere als eindimensional.

Wählen wir dabei eine Passage, die sich im Übrigen im vielfachen Sinne einbauen lässt in die interkulturellen Diskurse, die im 18. Jahrhundert von Europa aus auf die Welt projiziert wurden. Sie werden dies gleich bemerken. Forster schildert eine Situation, in der gerade James Cook und seine Offiziere das Schiff verlassen haben und so die Matrosen sozusagen alleine 'zuhause' an Bord sind. Was in solchen Fällen einer sturmfreien Bude auf Tahiti passieren kann, wird im folgenden Ausschnitt aus der *Reise um die Welt*, die vom 13. Juli 1772 bis zum 30. Juli 1775 stattfand, gezeigt:

> Während dieser Zeit war das Schiff mit einer Menge von Canots umringt, die außer allerhand Kräuterwerk, auch große Quantitäten einländischen Zeugs verhandelten. So gar auf den Verdecken wimmelte es von Indianern, und unter selbigen gab es verschiedene Frauenspersonen, die sich ohne Schwierigkeiten den Wünschen unsrer Matrosen überließen. Einige von denen, die dieses Gewerbe trieben, mochten kaum neun oder zehn Jahr alt seyn und hatten noch nicht das geringste Zeichen der Mannbarkeit an sich. So frühzeitige Ausschweifungen scheinen einen sehr hohen Grad von Wollust anzudeuten und müssen im Ganzen allerdings Einfluß auf die Nation haben. Die natürlichste Folge davon, die mir auch sogleich in die Augen fiel, bestand darinn, daß das gemeine Volk, zu welchem alle diese liederlichen Weibsbilder gehören, durchgehends von *kleiner Statur* war. Nur wenige einzelne Leute aus demselben, waren von mehr als mittlerer Größe; die übrigen waren alle darunter – ein Beweis, daß die Meynung des Grafen *Büffon*, über die frühzeitige Vermischung beyder Geschlechter (S. dessen *Hist. naturelle*) sehr gegründet ist. Sie hatten unregelmäßige, gemeine Gesichtszüge, aber schöne, große Augen, die durchgehends sehr lebhaft waren; nächst diesen ersetzte auch ein ungezwungenes Lächeln

---

2 Forster, Georg: *Reise um die Welt*, S. 241.

Abb. 70: „[A] view of Maitavie Bay, [in the island of] Otaheite [Tahiti]", Landschaftsmalerei von William Hodges, 1776.

und ein beständiges Bemühen zu gefallen, den Mangel der Schönheit so vollkommen, daß unsre Matrosen ganz von ihnen bezaubert waren und auf die leichtsinnigste Weise von der Welt, Hemder und Kleider weggaben, um sich diesen neuen Mätressen gefällig zu bezeigen. Die ungekünstelte Einfalt der Landes-Tracht, die den wohlgebildeten Busen und schöne Arme und Hände unbedeckt ließ, mochte freylich das ihrige beytragen, unsre Leute in Flammen zu setzen; und der Anblick verschiedner solcher Nymphen, davon die eine in dieser, jene in einer andern verführerischen Positur behend um das Schiff herschwammen, so nackt als die Natur sie gebildet hatte, war allerdings mehr denn hinreichend, das bisschen Vernunft ganz zu blenden, das ein Matrose zu Beherrschung der Leidenschaften etwa noch übrig haben mag.[3]

Zunächst einmal ist es aufschlussreich, daß Georg Forster auf Tahiti von 'Indianern' spricht. Diese Tatsache zeigt nicht zuletzt, wie sehr sich die Eindrücke des Umgangs mit außereuropäischen Völkern vermischen können und wie stark vor allem die Präsenz all jener Diskurse ist, die sich seit Ausgang des 15. Jahrhunderts in Europa über die außereuropäische Welt herausgebildet

---

3 Forster, Georg: *Reise um die Welt*, S. 250 f.

haben. Die Sichtweise des Columbus zeitigte Folgen, die bis ins 18. Jahrhundert, aber auch bis in unsere Gegenwart andauern.

Deutlich wird in dieser Passage von Forsters *Reise um die Welt* nicht nur, dass die sozialen Unterschiede und das Standesbewusstsein des angehenden Reiseschriftstellers, der nicht als einfacher Matrose an Bord war, sondern als ein Naturforscher, eine klare Abgrenzung und Ausgrenzung der Matrosen vornimmt, welche gleichsam aus dem Reich der Vernunft ausgebürgert und von der intellektuellen Elite des Schiffes klar geschieden werden. Anders als das gemeine Schiffsvolk vermag der Reiseschriftsteller selbst seine Sinne so sehr zusammenzunehmen, dass er diese Szenerie nicht nur von einer gleichsam höheren Warte aus distanziert schildern kann und ganz nebenbei den Reizen der tahitianischen Schönen nicht unterliegt, sondern vielmehr eine Vielzahl kritischer Beobachtungen und Bemerkungen niederschreibt oder Vergleiche mit der Antike anstellt, welche die tahitianische Gegenwart mit einem Hauch von antiker Sinnenfreude umgeben. Auch dies gehört zur Selbstinszenierung eines reisenden Ich, das von einem gereisten Ich fast nebenbei mit Attributen ausgestattet wird, welche seine Kompetenz unterstreichen. Das reisende Ich behält folglich einen kühlen Kopf und schenkt weder Hemd noch Hose her.

Die jungen tahitianischen Frauen erscheinen in einer sehr ambivalenten Weise als Nymphen und zugleich als Prostituierte, als Nymphomaninnen und zugleich als unschuldige Naturmenschen, als Hässliche von kleiner Statur und als Schöne mit wohlgestalteten Proportionen, so dass der gesamten Passage ein hohes Maß an Ambivalenz und Oszillation zukommt. Das erzählende Ich und das erzählte Ich scheinen sich nicht auf einen Standpunkt einigen zu können. Sind die *femmes naturelles* von Tahiti nun bewunderns- oder verachtenswert?

Zweifellos ist auch bei Georg Forster Tahiti der Ort der Lüste, ja der Ort der Wollüste, die hier zugleich in einen medizinisch-biopolitischen Diskurs eingebaut werden, der in Buffons *Histoire naturelle* seinen wissenschaftlichen Bezugspunkt besitzt. Europäische Sexualvorstellungen werden in einen wissenschaftlich-kritischen Diskurs überführt. Minderjährige tahitianische Mädchen werden dabei im europäischen Diskurs von der Geschlechtlichkeit gleichsam ausgeschlossen; und zugleich werden sie von denselben Europäern für deren Sexualpraktiken sehr wohl benutzt. Man kann die ganze Wucht und Gewalt erkennen, mit welcher ein Gesellschafts- und Moralsystem auf ein anderes herniederfährt. Und in der Tat sollten von der tahitianischen Gesellschaftsordnung nur noch Scherben übrig bleiben.

Auch in dieser Passage Georg Forsters finden wir das Motiv der schönen unbekannten Frau wieder, das die Europäer auf deren eigenem Schiff heimsucht und obsessiv so lange verfolgt, bis sie – wohlgemerkt aus der übergeordneten europäischen Perspektive – alle Vernunft fahren lassen und zu Gefangenen ihrer eigenen Natur werden. Wie hätte man den sexuell ausgehungerten Männern an Bord, aus gesellschaftlich niederen Schichten stammend, Einhalt gebieten können? Es wird nicht einmal der Versuch hierzu unternommen.

So darf denn auch bei diesen Überlegungen der Verweis auf die Kraft der Natur im Gegensatz zur Vernunft nicht fehlen, jenen grundlegenden Polen, an denen sich die europäische Aufklärung abarbeitete. Vernunft ist schließlich gesellschaftlich geprägt und determiniert, so will es scheinen. Dass Georg Forster, selbst noch reichlich jung an Jahren und an Bord, nicht umhin konnte, bei diesen Mädchen und jungen Frauen widerstrebend eine ausgeprägte, von den Augen ausgehende Schönheit zu konstatieren, macht uns zum einen darauf aufmerksam, dass hier erneut – wie schon in seiner Schilderung der Menschen auf den Kapverdischen Inseln – europäische Schönheitsbegriffe ganz selbstverständlich Verwendung finden. Und dass zum anderen aber auch die Möglichkeit und Fähigkeit besteht, die Schönheit eines Körpers ausgehend von bestimmten Punkten – hier insbesondere auch den Augen – zu rekonstruieren, also auch hässliche Attribute gleichsam überspielen oder überstrahlen zu lassen. Dabei ist es spannend zu beobachten, dass das reisende Ich die Schönheit gerade anhand der Augen 'verleiht', welche einerseits den Geschlechtsmerkmalen fern und andererseits den Sinn assoziieren, durch welchen all diese Eindrücke auf den jungen Mann einprasseln. Gleichwohl wird er seine distanzierte Beobachterposition nicht verlassen.

Nun gut: Nicht nur die Matrosen an Bord der Schiffe James Cooks, sondern wohl auch andere Teile der Besatzung werden die Kautelen unseres Beobachters wenig gekümmert haben, konnten sie doch hier Geschlechterbeziehungen ausleben, die in Europa selbst in ihren Sphären in den Häfen der Welt wesentlich stärker normiert und tabuisiert waren. Hätte es sich um reine Prostitution gehandelt, so hätten die europäischen Männer nicht so rasch den Verstand verloren und wären nicht so in Flammen aufgegangen, wie dies der Reisebericht andeutet. Zumindest darf man diese Vermutung an dieser Stelle aussprechen, auch wenn sich hier die Geschlechterordnung und die koloniale (Unter-)Ordnung grundlegend überkreuzen und wechselseitig verstärken. Die Ambivalenz von wissenschaftlichem Diskurs und tatsächlicher kolonialer Praxis bei den Europäern ist freilich evident.

Doch kehren wir zu den allgemeinen wissenschaftlichen Fragestellungen zurück, die Georg Forsters *Reise um die Welt* aufwerfen. Für Forster wird Wissenschaft letztlich nicht um ihrer selbst willen betrieben, sondern muss einem übergeordneten Ziele dienen: sei es dem Wohle der Menschheit insgesamt, sei es ihrer Erforschung und geschichtlichen Entwicklung in einem historiographisch-anthropologischen oder geographischen Sinne. An derlei Zielen orientiert sich auch Georg Forsters ausgeprägte Methode des Vergleichs, die von grundlegender Bedeutung ebenso für sein eigenes Werk wie später für jenes eines Alexander von Humboldt ist. Cornelius de Pauws Warnung, dass in den europäischen

Wissenschaften immer auch der Keim der Zerstörung ihrer jeweiligen Objekte ruhe, sei an dieser Stelle freilich noch einmal erwähnt.

Doch in der Ethik beider europäischer Wissenschaftler war die Verpflichtung auf das große Ganze und dessen Rechtfertigung mit dem Verweis auf eine allgemeine Geschichte der Gattung Mensch letztlich unantastbar. Ihre Intention war es zu keinem Zeitpunkt, den untersuchten Kulturen Schaden zuzufügen oder etwa zur kolonialen Ausplünderung durch die europäischen Mächte beizutragen. Es verwundert daher nicht, dass Georg Forster in seiner *Reise um die Welt* stets versuchte, die von ihm untersuchten Phänomene in eine Geschichte globalen Zuschnitts zu integrieren. In diesen Versuchen der Entwicklung einer generellen Sichtweise kam er zu wahrlich bemerkenswerten Einschätzungen, mit denen wir uns abschließend noch beschäftigen wollen.

Verlassen wir dazu sein Opus Magnum, das ihn berühmt machte, und behandeln wir kurz seine kleineren Schriften. In seiner 1791 verfassten Abhandlung *Die Nordwestküste von Amerika, und der dortige Pelzhandel* hat Georg Forster, der rasch beim deutschsprachigen Lesepublikum zu einem weithin bekannten und bewunderten Spezialisten für die Geschichte der europäischen Expansion im 18. Jahrhundert geworden war, gleich zu Beginn eine folgenreiche Einschätzung des damaligen europäischen Kenntnisstandes gegeben:

> Der Zeitpunkt nähert sich mit schnellen Schritten, wo der ganze Erdboden dem Europäischen Forschungsgeiste offenbar werden und jede Lücke in unseren Erfahrungswissenschaften sich, wo nicht ganz ausfüllen, doch in so weit ergänzen muß, daß wir den Zusammenhang der Dinge, wenigstens auf dem Punkt im Äther den wir bewohnen, vollständiger übersehen können. Bald ist es Nationaleitelkeit, bald politisches Interesse, Spekulation des Kaufmanns oder Enthusiasmus für Wahrheit, was auf jenes Ziel hinarbeitet und dem wichtigen Endzwecke mit oder ohne Bewußtseyn dienen muß. Wie greifen alsdann die Räder des großen kosmischen Mechanismus so wunderbar in einander! [...]
>
> Hier beginnt eine neue Epoche in der so merkwürdigen Geschichte des Europäischen Handels, dieses Handels, in welchen sich allmählig die ganze Weltgeschichte aufzulösen scheint. Hier drängen sich dem Forscher so viele Ideen und Thatsachen auf, daß es die Pflicht des Herausgebers der neuen Schifffahrten und Landreisen in jener Gegend mit sich zu bringen scheint, alles, was auf die Kenntniß derselben Beziehung hat, in einen Brennpunkt zu sammeln und zumal einem Publikum, wie das unsrige, welches nur einen litterarischen, mittelbaren Antheil an den Entdeckungen der Seemächte nehmen kann, die Übersicht dessen, was bisher unternommen worden ist, und das Urtheil über die Wichtigkeit dieser ganzen Sache zu erleichtern.[4]

---

4 Forster, Georg: Die Nordwestküste von Amerika, und der dortige Pelzhandel, in Ders.: *Werke. Sämtliche Schriften, Tagebücher, Briefe.* Bd. 5: *Kleine Schriften zur Völker- und Länderkunde.* Herausgegeben von Horst Fiedler, Klaus Georg Popp, Annerose Schneider und Christian Suckow. Berlin: Akademie-Verlag, 1985, S. 390–395.

Am Ineinandergreifen der „Räder des großen kosmischen Mechanismus" hatte Georg Forster durch seine Teilnahme an der zweiten Weltumsegelung von James Cook zweifellos seinen Anteil. Die französischen und britischen Weltumsegelungen setzten den Maßstab jener Erforschung und Erkundung, aber auch Vermessung und Verteilung der Welt, an denen das deutschsprachige Publikum – wie Forster sehr bewusst betont – keinen direkten Anteil hat. Noch war die Kolonialpolitik in den deutschen Landen nur rudimentär und bruchstückhaft, so dass das deutsche Publikum vor allem einen intellektuellen Anteil am Ausgreifen wie am Ausgriff Europas in dieser Phase der Weltgeschichte hatte. Aber auch dieser Anteil war, zusätzlich zu jenem deutscher Kaufleute und Händler im großen kosmischen Mechanismus der Globalisierung, keineswegs gering. Und Georg Forster wusste dies sehr genau.

Sein zeitgenössischer Kommentar zur europäischen Expansion der zweiten Hälfte des 18. Jahrhunderts, die wir im Kontext unserer Vorlesung wie auch der transarealen Studien insgesamt auch als zweite Phase beschleunigter Globalisierung bezeichnet haben, macht deutlich, wie endlich der planetarische Raum und wie absehbar seine detaillierte Erkundung geworden zu sein schienen. Bald also wurden die weißen Flecken auf den Landkarten und Globen der europäischen Herrscher, der wissenschaftlichen Gesellschaften und der großen Handelshäuser und Kaufleute kleiner und kleiner. Die Metaphorik der schnellen Schritte, mehr aber noch jener „Räder des großen kosmischen Mechanismus", die sich immer schneller drehten und für den Menschen immer erkennbarer ineinandergriffen, verdeutlicht den Glauben an eine auf Fortschritt, Beherrschbarkeit und (Erfahrungs-) Wissenschaften setzende Vernunft, die jene des „Europäischen Forschungsgeiste[s]" ist. Georg Forster stand mit beiden Beinen fest auf dem Fortschrittsglauben der europäischen Aufklärung.

Der berühmte Verfasser der *Reise um die Welt*, mit dem Alexander von Humboldt 1790 eine mehrmonatige Reise unternahm, welche die beiden unter anderem nach London und auf dem Rückweg ins revolutionäre Paris führte, gehört in Deutschland zweifellos zu jenen Autoren, die am meisten für die Entwicklung dieser im wahrsten Sinne des Wortes auf *Erfahrungs*wissen beruhenden Kenntnisse einer sich verändernden und an Bedeutung noch zunehmenden Reiseliteratur am Ausgang des 18. Jahrhunderts beitrugen.[5] Er war zweifellos einer der Protagonisten und wichtigsten Verkünder der europäischen Expansion.

---

5 Vgl. hierzu Wuthenow, Ralph-Rainer: *Die erfahrene Welt. Europäische Reiseliteratur. im Zeitalter der Aufklärung*. Mit zeitgenössischen Illustrationen. Frankfurt am Main: Insel Verlag 1980; sowie Wolfzettel, Friedrich: *'Ce désir de vagabondage cosmopolite.' Wege und Entwicklung des französischen Reiseberichts im 19. Jahrhundert*. Tübingen: Max Niemeyer Verlag 1986.

Doch die Räder dieser kosmischen Maschinerie drehten sich derart schnell, dass sie – wie wir in kinematographischer Metaphorik hinzufügen könnten – bisweilen 'stillzustehen' schienen. Die letzten verbliebenen Lücken des Erdraumes[6] waren bald schon ausgefüllt: War es dann nicht bald auch die Zeit als Zeit-Raum wie als Raum-Zeit? Georg Forster, den Alexander von Humboldt mehrfach zu Recht nicht nur als seinen Freund, sondern als seinen Lehrmeister bezeichnete, hielt mit Blick auf die Erforschung der Nordwestküste des amerikanischen Doppelkontinents fest, wie sehr sich all dies in eine allgemeine Geschichte der Menschheit einfügte. Diese Menschheitsgeschichte aber begann sich in den Augen Forsters grundlegend zu verändern.

Die zentrale Beobachtung Georg Forsters war erhellend und provokativ zugleich: Löste sich also die gesamte Weltgeschichte in den Welthandel auf? Kam die allgemeine Geschichte der Menschheit vielleicht dadurch zu einem Stillstand, dass sie durch Vervielfältigung von Kommunikation ersetzt wurde? Diese Darstellung einer Epoche der Nachzeitlichkeit will uns aus heutiger Sicht als geradezu *nach-modern* erscheinen. Konstatierte Forster in diesen Zeilen ein Ende der Geschichte und den Beginn einer *Post-Temporalität*?

Diese Passage bringt aber nur ein verändertes, beschleunigtes Zeitempfinden zum Ausdruck, das nicht bloß den Verfasser der *Reise um die Welt* am Ausgang des 18. Jahrhunderts – und keineswegs allein auf Grund der Erfahrung der Französischen Revolution – ergriffen hatte. Georg Forster war nicht Jules Michelet: Der französische Historiker hatte in seiner Sichtweise der Geschichte die Epochenerfahrung der Französischen Revolution als Orientierungspunkt gesetzt. Für ihn war alles, was danach kommen sollte, nur eine Zeit *nach* dem Ende der Geschichte – schaler Abklatsch eines Ereignisses von menschheitsgeschichtlichem Rang.

Nicht so Forster, obwohl auch für ihn die Französische Revolution ein einschneidendes Epochenereignis und Epochenerlebnis war. Die prägnante Charakterisierung dieser weltgeschichtlichen Epoche der europäischen Expansion, ihrer weltweiten Handelsverflechtungen und ihrer wissenschaftlichen wie 'literarischen' Aufarbeitung ließ keinen Zweifel daran aufkommen, dass es sich im Sinne Georg Forsters um einen unaufhaltsamen, unabänderlichen Prozess

---

6 Forster, Georg: Die Nordwestküste von Amerika, und der dortige Pelzhandel, S. 393: „So ist nicht nur unsere jetzige physische und statistische Kenntniß von Europa zur Vollkommenheit gediehen, sondern auch die entferntesten Welttheile gehen allmählig aus dem Schatten hervor, in welchem sie noch vor kurzem begraben lagen." Auch hier kommt das Licht aus Europa, die Kenntnisse und Selbstkenntnisse außereuropäischer Völker liegen noch im Schatten europäischer Interessen. Forster war zweifellos ein privilegierter Beobachter dieser gesamten Entwicklung.

handelte, der von den unterschiedlichsten Interessen und Spekulationen „mit oder ohne Bewußtseyn" dieser Entwicklungen vorangetrieben werde. Georg Forster besaß folglich ein klares Epochenbewusstsein seiner Zeit, zweifellos eine Frucht seiner Reisen, die ihm immer wieder andere Perspektiven auf seine Zeitepoche ermöglichten. Es waren diese Bewegungen und ihre ständigen Reflexionen, die ihn von seinen Zeitgenossen nicht nur in Deutschland unterschieden.

Dabei war eine intentionale Lenkung dieses Prozesses nicht vonnöten: Alles lief in der Logik der „kosmischen Maschinerie" seltsam verselbständigt bis zum Erreichen seines 'Endzwecks' ab. So finden wir bei Georg Forster ein sehr geschärftes Bewusstsein für jene Prozesse, die wir als Phänomene einer zweiten Phase beschleunigter Globalisierung bezeichnen können. Er erkannte, dass die Weltumsegelungen der Bougainville, Cook oder Lapérouse weitaus mehr waren als Reisen zur Erforschung und Vermessung unseres Planeten: Sie waren vielmehr das Zeichen einer epochalen Veränderung. Die Zeit war nicht mehr zurückzudrehen: Sie verlief in eine nunmehr offene Zukunft.

In Georg Forsters *Reise um die Welt* wird die Untersuchung des Menschen als integraler Bestandteil der Erforschung der Natur betrachtet, wie schon Peter Schmitter[7] sehr zutreffend bemerkte. Eine naturkundliche Forschung scheint für Forster letztlich nur mit Blick auf den Menschen interessant und aufschlussreich zu sein: Wichtig ist ihm vor allem, einen Beitrag zur Kenntnis des Menschengeschlechts und dessen Geschichte zu leisten. Letztlich, so Schmitter, sei es Forster darum gegangen, durch vollkommenere Kenntnisse zur Vervollkommnung des Menschen selber beizutragen.

Diesem Ziel dienen auch seine wiederholten Reisen, in denen immer wieder die Idee menschlicher Perfektibilität aufscheint. Diese Perfektibilität – ein Neologismus des 18. Jahrhunderts, der auf Jean-Jacques Rousseau zurückgeht – ist dabei für Forster stets ein Prinzip, das der Natur selbst schon inhärent ist. Wir stoßen hier nicht zuletzt auf den Evolutionsgedanken, der auch das Werk Alexander von Humboldts durchziehen wird, letztlich aber erst in seiner radikalisierten Form bei Charles Darwin 1859 in seinem berühmten *On the Origins of Species by Means of Natural Selection* ausgefaltet und wissenschaftlich durchbuchstabiert werden wird.

All dies hat in ganz wesentlicher Weise mit jener kosmopolitischen Tradition zu tun, innerhalb derer sich Georg Forsters eigenes Tun und Denken

---

7 Vgl. Schmitter, Pegter: Zur Wissenschaftskonzeption Georg Forsters und dessen biographischen Bezügen zu den Brüderen Humboldt. Eine Vorstudie zum Verhältnis von allgemeiner Naturgeschichte, physischer Weltbeschreibung und allgemeiner Sprachkunde. In: Naumann, Bernd / Plank, Frans / Hofbauer, Gottfried / Hooykaas, Reiner (Hg.): *Linguistics of Geology*. Amsterdam: benjamins 1992, S. 91–124.

plazierte, eine Tradition, die sich im Spielraum des Weltbürgertums des 18. Jahrhunderts bewegte. Dabei gibt es eine Grundströmung, welche sicherlich für Georg Forster gilt, nämlich Kosmopolitismus als Form des Universalismus: beruhend auf der grundlegenden Überzeugung, dass alle Menschen bestimmter Dinge teilhaftig sind und diese jenseits des Nationalen einer *globalen* Ordnung zuweisen. Sehen wir von Alexander von Humboldt einmal ab, der den Kosmopolitismus entschlossen tief ins 19. Jahrhundert projizierte, so gehört Georg Forster zweifellos in jene Epoche, die den Höhepunkt eines Kosmopolitismus signalisierte, welcher dann um 1800 sehr rasch in einer Art Gegenpendelbewegung verfallen und zerfallen sollte. Forster ist auch in dieser Hinsicht im umfänglichen Sinne noch ein Mann des 18. Jahrhunderts.

Dabei gab es in Deutschland am Ausgang des Jahrhunderts der Aufklärung laut Pauline Kleingeld[8] sechs verschiedene Varietäten von Kosmopolitismus, die ich hier nur kurz aufzählen kann, die aber den Horizont der Möglichkeiten abstecken. Man unterscheidet erstens den moralischen Kosmopolitismus, zweitens die Vorschläge zur Veränderung der internationalen politischen (und rechtlichen) Ordnung, drittens den kulturellen Kosmopolitismus, der die Rolle eines globalen kulturellen Globalismus hervorhob, viertens einen ökonomischen Kosmopolitismus, der auf die Entwicklung eines globalen freien Marktes abzielte, auf dem alle Menschen potentiell freie und gleiche Handelspartner sein könnten, fünftens einen juristischen Kosmopolitismus sowie schließlich sechstens das romantische komsopolitische Ideal einer Menschheit, die durch Glaube und Liebe miteinander verbunden ist und eine Einheit bildet. In diesen verschiedenen Spielarten von Kosmopolitismus sehen wir leicht die Vorläufer aktueller Debatten und Beziehungen, die auch noch unsere globalisierte Welt insbesondere von Kultur und Wirtschaft bestimmen. Doch nicht alle Blütenträume des Kosmopolitismus reiften – vor allem gab es im 19. Jahrhundert einen politischen Gegenschlag, der mit dem Aufstieg des Nationalismus rasch dem aufkommenden Kosmopolitismus im politischen Bereich den Garaus machte. 'Kosmopolit' verkam rasch auch zu einem Schimpfwort, das nicht zuletzt auch im sozialistischen Lager fortan sehr wirkkräftig war.

Doch ich möchte an dieser Stelle die ausführlich von Pauline Kleingeld diskutierten Varietäten des Kosmopolitismus nicht mit Ihnen durchdeklinieren. Denn unser Ziel ist es nicht, wichtige Aspekte des Epochenwandels um 1800 zu beschreiben, sondern zu verstehen, inwiefern sich die historischen und kulturellen Kontexte an der Wende zum 19. Jahrhundert veränderten. Entscheidend für uns

---

8 Vgl. Kleingeld, Pauline: Six Varieties of Cosmopolitanism in Late Eigteenth-Centruy Germany. In: *Journal of the History of Ideas* (Baltimore) LX, 3 (July 1999), S. 505–524.

scheint mir abschließend, dass viele dieser Aspekte in der Tat im Werk Georg Forsters zum Ausdruck kommen und in seinen Schriften transportiert werden.

Am Ende unserer (ich hoffe doch) repräsentativen Beschäftigung mit dem großen deutschen Reisenden des 18. Jahrhunderts möchte ich Ihnen nicht die sich unmittelbar an die Rückkunft in England anschließende Schlusspassage seiner *Reise um die Welt* vorenthalten. Sie versucht, bevor sie in ein Petrarca-Zitat ausmündet, eine Art panoramatischen Überblick zu bieten, wobei es hier erneut und offenkundig die Menschen und ihre Varietäten sind, die den Reisenden besonders beeindruckt haben und beschäftigen:

> So vollendeten wir, nachdem wir unzählige Gefahren und Mühseligkeiten überstanden, eine Reise, die drey Jahre und achtzehn Tage gedauert hatte. [...] In andern Jahreszeiten hatten wir das Stille-Meer innerhalb der Wende-Zirkel befahren; und daselbst den Erdbeschreibern neue Inseln, den Naturkundigern neue Pflanzen und Vögel, und den Menschenfreunden insbesondere, verschiedene noch unbekannte Abänderungen der menschlichen Natur aufgesucht. In einem Winkel der Erde hatten wir, nicht ohne Mitleid, die armseligen Wilden von *Tierra del Fuego* gesehn; halb verhungert, betäubt und gedankenlos, unfähig sich gegen die Rauhigkeit der Witterung zu schützen, und zur niedrigsten Stufe der menschlichen Natur bis an die Gränzen der unvernünftigen Thiere herabgewürdigt. In einer andern Gegend hatten wir die glücklichern Völkerschaften der Societäts-Inseln bemerkt; schön von Gestalt und in einem vortreflichen Clima lebend, welches alle ihre Wünsche und Bedürfnisse befriedigt. Ihnen waren schon die Vortheile des geselligen Lebens bekannt; bey ihnen fanden wir Menschenliebe und Freundschaft; ihnen war es aber auch zur Gewohnheit geworden, der Sinnlichkeit bis zur Ausschweifung Raum zu geben. Durch die Betrachtung dieser verschiedenen Völker, müssen jedem Unpartheyischen die Vortheile und Wohlthaten, welche Sittlichkeit und Religion über unsern Welttheil verbreitet haben, immer deutlicher und einleuchtender werden. Mit dankbarem Herzen wird er jene unbegreifliche Güte erkennen, welche ihm ohne sein Verdienst einen wesentlichen Vorzug über so viele andre Menschen gegeben, die ihren Trieben und Sinnen blindlings folgen, denen die Tugend nicht einmal dem Namen nach bekannt, und für deren Fähigkeiten der Begriff von einer allgemeinen Harmonie des Weltgebäudes noch viel zu hoch ist, als daß sie daraus den Schöpfer gehörig erkennen sollten. Übrigens ist wohl nichts augenscheinlicher und gewisser, als daß die Zusätze, die auf dieser Reise zum Ganzen der menschlichen Kenntnisse gemacht worden, obschon nicht ganz unbeträchtlich, dennoch von geringem Werth sind, sobald wir sie mit dem, was uns noch verborgen bleibt, in Vergleichung stellen. Unzählig sind die unbekannten Gegenstände, welche wir, aller unsrer Einschränkung ohngeachtet, noch immer erreichen können. Jahrhunderte hindurch werden sich noch neue, unbeschränkte Aussichten eröfnen, wobey wir unsere Geisteskräfte in ihrer eigenthümlichen Größe anzuwenden, und in dem herrlichsten Glanze zu offenbaren Gelegenheit finden werden.[9]

So endet also Georg Forsters erfolgreiche und überaus populäre, eine wahre Südseetrunkenheit beim deutschsprachigen Publikum auslösende Darstellung

---

9 Forster, Georg: *Reise um die Welt*, S. 997 f.

der zweiten Reise von James Cook in einem panoramatischen Kurzüberblick über die Verschiedenheit des Menschengeschlechts auf unserem Planeten. Es impliziert ohne jeden Zweifel die herausragende Rolle des europäischen Teiles der Menschheit und definiert alle Völkerschaften mit Blick auf diesen 'natürlichen' Bezugspunkt. Hier von Eurozentrismus zu sprechen, verbietet sich fast, erscheint er doch als evident.

Aber hier liegt nicht der Kern des Denkens und der weitgespannten Überlegungen Georg Forsters. Wir finden in diesen Zeilen vielmehr das Element einer abschließenden philosophischen Rahmung, wie wir es auch später bei Georg Forsters 'Schüler' Alexander von Humboldt in Vollendung sehen werden. Schon Georg Forster ging es vor allem darum, das Ganze im Auge zu behalten, sich nicht an einzelnen Elementen und Details festzuklammern, sondern ein Gesamtbild der Menschheit wie auch des ihr anvertrauten Planeten zu entwerfen, das – durch viele einzelne Details und Feldforschungen untermauert – stets eine panoramatische und historische Perspektive zugleich in Raum und Zeit entfalten sollte. Dabei wird deutlich, wie sehr der Weltreisende die Vorläufigkeit seiner Erkenntnisse betont und deutlich macht, wieviel es noch jahrhundertelang auf den unterschiedlichsten Gebieten zu erforschen gebe. Der reiseliterarische Ort der Rückkunft wird zum Ort der Verständigung über das wissenschaftlich Geleistete und das noch wissenschaftlich zu Leistende. Erkenntnis – und zumal philosophische Erkenntnis – ist ein unabschließbarer, nie zu Ende zu bringender Prozess.

Unschwer erkennen wir in dieser Passage bei allem zeithistorischen Verständnis aber auch, dass wir es hier mit einer Weltsicht und einer Weltanschauung des 18. Jahrhunderts zu tun haben, die im Grunde ganz 'natürlich' und selbstverständlich von Europa aus und für Europa denkt, das Menschengeschlecht andernorts also in einer hierarchischen Beziehung gegenüber den europäischen Kulturvölkern versteht und dabei vor allem das Abweichen, die Devianz der Anderen beziehungsweise des Anderen betont. In einem Atemzug werden zum einen die Einheit des Menschengeschlechts *und* dessen Variantenreichtum betont, wobei letzterer in ein vorzeitliches Verhältnis zu den Völkern Europas gesetzt wird. Historischer Fluchtpunkt aber ist und bleibt Europa.

Eben dies ist für Forsters Bericht von seiner *Reise um die Welt* entscheidend. Dabei ist aufschlussreich, dass der Mensch an anderen Orten unserer Erde – etwa in Feuerland – gleichsam auf der Stufe des Tieres zu vegetieren scheint, also bestimmter Formen des Menschentums an sich – das universal gültig gesetzt wird – nicht teilhaftig ist. Hierzu zählt Forster vor allem das gesellige (und damit gesellschaftliche, arbeitsteilige) Leben sowie bestimmte Werte, welcher die 'Anderen' – wie schon bei La Condamine – nicht teilhaftig sind, welche diese Völker nicht besitzen und sie nicht zu kümmern scheinen, ja mehr noch: Diese Völkerschaften haben nicht einmal Wörter dafür. Somit ist auch noch bei Georg Forster, aller Offenheit zum Trotz, alles an einem Bild des Menschen und der Menschheit ausgerichtet, das unverkennbar europäisch und abendländisch geprägt ist. Es ist die Ausdifferenzierung gesellschaftlicher Zustände, die Komplexität im Sinne einer arbeitsteiligen abendländischen Gesellschaft, welche im Zentrum der Beurteilungen Georg Forsters steht, und nicht etwa die Frage nach dem Glück des Menschen, die einen universal gültigen Wert für alle Varietäten, für alle Kulturen des Menschen darstellen würde.

Zugleich werden alle Entwicklungsstufen in ein *Noch-Nicht* überführt, so dass – wie in Friedrich Schillers Jenaer Antrittsvorlesung 'Was ist und zu welchem Ende studiert man Universalgeschichte?' – letztlich alle anderen Völker um uns her gelagert sind und ihre Berechtigung eigentlich erst als Verkörperungen von Entwicklungsständen gewinnen, die sie auf dem Weg zum abendländischen Menschen, dem Menschen *par excellence*, repräsentieren. Die Entwicklung des abendländischen Wissens, aber auch des abendländischen Menschen wird zugleich als prinzipiell offen, als eine sich ständig neu vollziehende Progression gesehen, an deren Anfang wir heute erst stünden. Damit wird auch die Reise von Forster selbst in ein umfassendes Bild integriert und zu einem Teil der Entwicklungsgeschichte der Menschheit stilisiert. Jeder einzelne Aspekt, jedes einzelne Detail und damit letztlich auch das gesamte menschheitsgeschichtliche Portrait selbst werden in eine historische Zeitlichkeit versetzt, in eine *Geschichte*, deren Zeitpfeil unumkehrbar ist. Die Einführung der Zeit – einer unumkehrbaren, nicht länger zyklisch, sondern linear verlaufenden Zeit – ist in Georg Forsters *Reise um die Welt* integriert und eröffnet damit ein Entwicklungsgemälde, das kein *Tableau* mehr im klassischen Sinne darstellt, sondern im Sinne der Moderne von der Zeit untersetzt ist. Im letzten Viertel des 18. Jahrhunderts können wir anhand dieses Reiseberichts unverkennbar den Übergang der Reiseliteratur in die Moderne konstatieren. Es ist eine europäische Moderne.

In der aufklärerischen, noch ganz dem 18. Jahrhundert verpflichteten Einfärbung dieser Moderne deutet sich ein Fortschrittsoptimismus an, der letztlich auch die Wahrnehmung und Darstellung der Reise selbst betrifft. Denn es ist die Entdeckungs- und Forschungsreise wie jene, an welcher Forster selbst teilnehmen durfte, die eine wichtige Funktion innerhalb der skizzierten menschheitsgeschichtlichen Entwicklung übernimmt, indem sie ein weiteres Fortschreiten des Menschen im Wissen über sich selbst gewährleisten soll. So ist der Reisebericht Instrument der Reflexion und der Erkenntnis, der Sammlung und Entwicklung von Wissen, die Repräsentationsform einer Bewegung also, die der Reisebericht zugleich verkörpert und demonstriert, präsentiert und repräsentiert.

Innerhalb einer derartigen Entwicklung kommt dem (literarischen) Reisebericht eine ungeheure Wichtigkeit und Bedeutung zu. An einer solchen Auffassung aber partizipierte auch noch jener wohl bekannteste deutschsprachige Forschungsreisende, der in seiner Jugend dank einer gemeinsamen Reise mit Georg Forster das wohl entscheidende reiseliterarische Bildungserlebnis erfuhr und fortan nicht mehr zu Hause zu halten war. Wenden wir uns also am Übergang des 18. zum 19. Jahrhundert Alexander von Humboldt und seinem Verständnis von Reiseliteratur zu.

Alexander von Humboldt oder die Suche nach dem Ganzen

Wir stehen jetzt vor einem gewaltigen Oeuvre, dem gesamten Schaffen von Alexander von Humboldt, das uns schon auf einer rein quantitativen Ebene wirklich erschrecken kann. Aber keine Angst! Stellen Sie sich einfach einen Menschen vor, der durch sukzessive Schlafreduktion ein Leben lang mit drei bis vier Stunden Schlaf auskommt und fast neunzig Jahre alt wird. Und dieser Mensch schreibt, er schreibt in allen Situationen und Lebenslagen. So entstehen Abertausende von Seiten publizierter Werke – allein das *Opus Americanum* umfasst vierunddreißig Bände –, Abertausende von Seiten eines bis heute noch lange nicht veröffentlichten handschriftlichen Nachlasses, allein viereinhalbtausend Seiten seiner *Amerikanischen Reisetagebücher* – an denen wir an der Akademie mit einem Akademienvorhaben noch für anderthalb Jahrzehnte beschäftigt sein werden – und mehr als vierzig- bis fünfzigtausend Briefe, von denen rund die Hälfte mittlerweile veröffentlicht ist. Wahrhaftig ein gewaltiges Oeuvre!

Aber wir brauchen uns dem Jüngeren der beiden Humboldt-Brüder nicht mit Ehrfurcht oder Schaudern anzunähern. Denn alles bei Alexander von Humboldt ist leicht und einfach. So lässt sich sein Leben, das an einem 14. September 1769 im Zeichen eines Kometen begann und am 6. Mai 1859 fast neunzig Jahre später ebenfalls in Berlin endete, in drei Epochen von jeweils knapp dreißig Jahren einteilen. Sie verstehen schon: Die Neunerjahre sind Humboldt-Jahre, da gibt es immer einen Jahrestag zu begehen und zu feiern.

Diese drei Epochen oder Phasen seines Lebens werden jeweils durch die großen transkontinentalen Reisen, die er unternahm, rhythmisiert und miteinander verbunden. Die erste, die berühmte amerikanische Reise, dauerte von 1799 bis 1804 und führte ihn in die heutigen Länder Venezuela, Cuba, Kolumbien, Ecuador, Peru und Mexico sowie abschließend noch einmal nach Cuba und dann ganz kurz in die Vereinigten Staaten von Amerika, bevor es wieder nach Frankreich zurückging. Die zweite große Reise brachte Humboldt im Jahre 1829 von Berlin quer durch das russische Zarenreich bis an die chinesische Grenze, so dass der amerikanischen eine russisch-sibirische Forschungsreise gegenübersteht, die sich komplementär zur erstgenannten verhält. Alles entstand mit gütiger Hilfe des Zufalls, aber deshalb keineswegs planlos. Denn verlief die amerikanische Reise innerhalb der Tropen Amerikas von Norden nach Süden und wieder nach Norden, so führte Humboldt seine Reise ins Innere Asien von Westen nach Osten und wieder nach Westen – und zwar außerhalb der Tropen.

Abb. 71: Alexander von Humboldt
(Berlin, 1769 – ebenda, 1859).

Allein schon aufgrund seiner auch sonst sehr regen Reisetätigkeit war Humboldt eine Ausnahmefigur. Es gibt nur wenige Zeitgenossen, die so akribisch genau einen großen und zudem repräsentativen Teil der Erdoberfläche in ihrem Leben im 19. Jahrhundert besuchten und untersuchten. Die übrigen 'kleineren' Reisen nach Polen oder Österreich, in die Schweiz oder nach England, nach Italien oder Frankreich lassen wir hier einfach weg.

Zur ersten Phase seines Lebens ist zu sagen, dass er auf Betreiben der Mutter zusammen mit seinem älteren Bruder Wilhelm von den besten Hauslehrern unterrichtet wurde, die in Berlin aufzutreiben waren. Er arbeitete sich in die unterschiedlichsten Gegenstände ein, studierte in Frankfurt an der Oder – Berlin hatte noch keine Universität – und in Göttingen, lernte in Hamburg und an der Bergakademie in Freiberg und realisierte schließlich eine Blitzkarriere im preußischen Bergdienst, die er erst dann für einige überraschend abbrach, als seine Mutter verstarb.

Dann begann ein neues Leben. Denn das – wie wir heute sagen könnten – Millionenerbe legte er nicht wie sein Bruder überwiegend an, sondern verwendete es für seine Reisen und die nachfolgenden Publikationen, steckte sein Geld folglich in die Wissenschaft, mit der er eine Full-time-Beziehung pflegte. Er veröffentlichte Bücher und Aufsätze in den unterschiedlichsten Gebieten und Disziplinen in dieser ersten Phase, von der Geologie über die kryptogamen

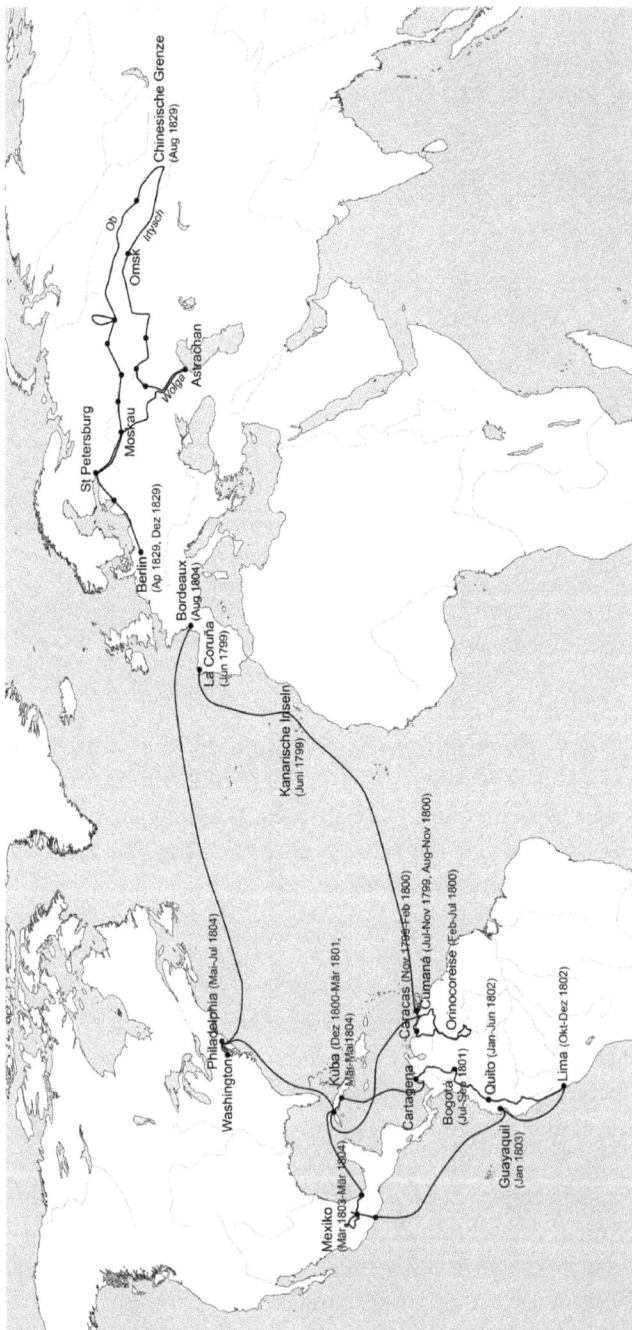

Abb. 72: Verläufe der Amerikareise (mit Aimé Bonpland, Juni 1799 – August 1804) und der Russland-Expedition (mit Christian Gottfried Ehrenberg und Gustav Rose, April 1829 – Dezember 1829).

Gewächse in Freiberger Stollen bis hin zur gereizten Nervenfaser, führte Selbstversuche durch und gönnte sich kaum einmal Ruhe. Humboldt war ein Hansdampf in allen Gassen.

Am Abschluss dieser Phase aber steht dann die Reise in die amerikanischen Tropen. Die *Amerikanischen Reisetagebücher* werden zum Geburtszeugnis seiner Humboldt'schen Wissenschaft, die auf der Reise geradezu notwendig entsteht: Wir schauen Humboldt in diesen Reisetagebüchern gleichsam über die Schulter und können zusehen, wie aus den Einzeldisziplinen eine hochvernetzte Gesamtheit erwächst, die transdisziplinär verbunden und vernetzt ist und Natur und Kultur, Naturwissenschaft und Kulturwissenschaft, auf höchst originelle Weise zusammendenkt. Es ist ein Wissenschaftsentwurf, der auch für uns noch Zukunft hat.

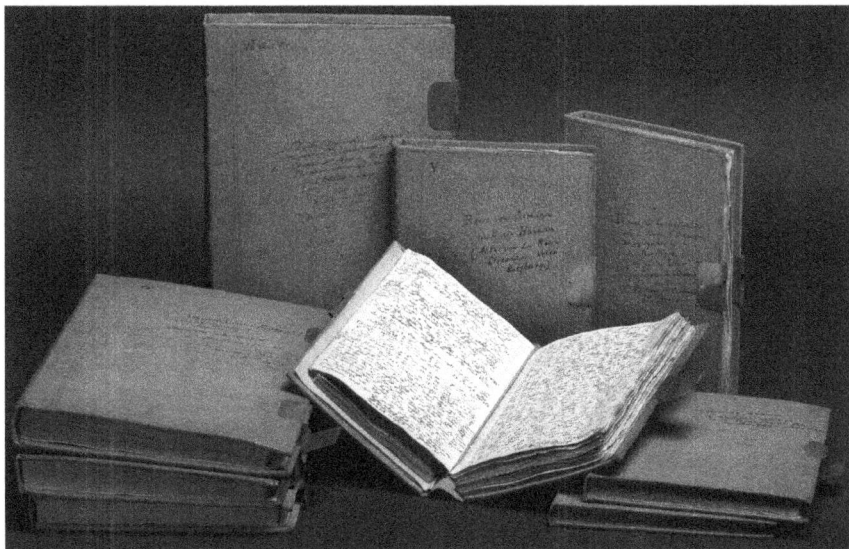

Abb. 73: Die 4.000 eng beschriebenen Seiten der Amerikanischen Reisetagebücher Alexander von Humboldts.

In der zweiten Phase seines Lebens, die mit seiner Rückkehr nach Europa beginnt, lebt Humboldt vorwiegend in Paris, von wo aus er die wissenschaftliche Aufarbeitung seiner Reise in Angriff nimmt. Paris ist zum damaligen Zeitpunkt das wichtigste wissenschaftliche Zentrum weltweit – und Humboldt, der schon vor seiner Reise beste Kontakte zu französischen Wissenschaftlern entwickelt hatte, versteht dieses Zentrum für sich und seine Wissenschaft zu nutzen. Er wird zu einem französischen Schriftsteller und Wissenschaftler, veröffentlicht den größeren Teil seiner Werke auf Französisch, besucht aber auch die Pariser Salons, wo er ein nicht nur geschätzter, sondern gefeierter – und aufgrund seiner spitzen Zunge auch gefürchteter – illustrer Besucher ist. Nein, anders als Casanova eroberte er hier nicht eine Unzahl an Frauenherzen: Humboldt war in erster Linie mit seiner Wissenschaft verheiratet.

Als er 1827 auf nachdrückliches königliches Bitten hin nach Preußen zurückkehren muss, um seine schon formell langjährige Tätigkeit als Kammerherr am Hofe Friedrich Wilhelms III. persönlich auszuüben, da verwandelt er Berlin in ein Wissenschafts-Zentrum, indem er mit Hilfe des Hofes wie der Akademie der Wissenschaften eine bärenstarke Wissenschaftspolitik betreibt. Alexander von Humboldt mausert sich zum Wissenschaftsorganisator. Er hält nicht nur sechzig Vorlesungen an der inzwischen gegründeten Berliner Universität, sondern auch sechzehn sogenannte 'Kosmos-Vorträge' im größten Saal Berlins, in der Berliner Singakademie, dem heutigen Maxim-Gorki-Theater. Damit erreicht er breite Schichten der Bevölkerung und vor allem auch die Frauen, die noch lange aus der Universität in Preußen ausgesperrt bleiben sollten. Humboldt vertritt eine demokratische Auffassung von Wissenschaft. Oder anders formuliert: Mit dem Konzept der *Open Science* wäre er heutzutage mehr als einverstanden.

Die dritte Phase beginnt dann mit der russisch-sibirischen Forschungsreise, die auf Einladung des Zaren erfolgt und in gewisser Weise staatlich organisiert wird. Dadurch sind die gewaltigen Distanzen innerhalb des Russischen Reiches binnen kürzester Zeit überwindbar: Alles ist bestens organisiert. Doch es gibt auch eine Kehrseite: Humboldt hat sich freilich dafür verpflichten müssen, die politischen Dinge nicht anzusprechen – eine Verpflichtung, an die er sich in seinen Veröffentlichungen weitgehend hält. Dass er sich außerhalb seiner Veröffentlichungen etwa für verfolgte und unterdrückte Polen einsetzt, ist Ehrensache. Völlig ließ sich ein Humboldt den Mund nicht verbieten.

Als er von der Reise, auf der er die Entdeckung von Diamanten vorhergesagt hat – eine Vorhersage, die dann tatsächlich eintrifft –, wieder zurück in Berlin ist, beginnt der Abschluss des amerikanischen Reisewerkes, der Abschluss des asiatischen Reisewerkes und schließlich die Arbeit an seiner *Summa*, dem *Kosmos*, an dem er bis zu seinem Lebensende sitzen und unaufhörlich schreiben sollte. Als er schließlich mit fast neunzig Jahren in Berlin verstirbt, ist er ganz ohne Zweifel zu jenem Zeitpunkt der berühmteste Wissenschaftler seiner Epoche. Sein Lebenswerk, an dessen Edition wir heute wieder sitzen, ist von monumentaler Größe.

Aber wir dürfen ihn uns nicht so sehr als ein Monument, ja als einen Monolithen vorstellen. Denn Humboldt ist ein Mensch; und als Mensch von einer ungeheuren Dynamik, die alle Teile seines Lebens erfasst und vieles mit sich reißt. Er ist beständig mit allen möglichen Aktivitäten beschäftigt und bewegt sich pausenlos zwischen verschiedenen Aufgaben hin und her. Es ist eine Wissenschaft aus der Bewegung, die eine geradezu kubistische Sichtweise der Dinge entwickelt, indem sie die Phänomene gleichzeitig aus verschiedenen Perspektiven betrachtet. Nähern wir uns also der Vielgestaltigkeit und Vielverbundenheit eines immensen Werkes an, das aus der Bewegung entstand und unter einem einfachen, von ihm auf der amerikanischen Reise niedergeschriebenen Leitaxiom als Humboldt'sche Wissenschaft stand: 'Alles ist Wechselwirkung'. Der vielleicht konziseste und auf einen einzigen Blick erfassbare Gesamteindruck dieses Wissenschaftskonzepts ist eines der berühmtesten Wissenschaftsbilder des 19. Jahrhunderts, Humboldts *Tableau physique*, sein 'Naturgemälde der Tropenländer', das Kunst und Wissenschaft, Ästhetik und Ethik miteinander eindrucksvoll vernetzt (vgl. Abb. 25: „Tableau physique des Andes et pays voisins", Alexander von Humboldt, 1805).

An einem 3. Januar des Jahres 1806 schickte Alexander von Humboldt seinem Schweizer Freund, dem Naturforscher Marc-Auguste Pictet, einen kurzen, bislang in der Forschung nur selten berücksichtigten (geschweige denn eingehender untersuchten) Text, dem er – scherzhaft und hintergründig wie stets – den Titel *Mes confessions* gab. Diese in französischer Sprache verfassten 'Bekenntnisse' sollten dem einflussreichen Pictet dabei behilflich sein, für die von Humboldt ins Auge gefasste und mit mancherlei Hoffnungen nicht zuletzt finanzieller Art ersehnte englischsprachige Ausgabe seines Reisewerks kräftig die Werbetrommel zu rühren. Denn Humboldt wusste, dass die Werbung für die eigene Sache in der Wissenschaft immer grundlegend wichtig ist: 'Läuten gehört zum Handwerk', wie er sich auszudrücken pflegte.

Gegen Ende dieses eindrücklichen autobiographischen Textes 'bekannte' der damals sechsunddreißigjährige Forscher, der bereits vor seiner Reise nach Amerika als Wissenschaftler international anerkannt und nach seiner Rückkehr zu einer europäischen Berühmtheit geworden war:

> Inquiet, agité et ne jouissant jamais de ce que j'ai achevé, disait-il de lui-même, je ne suis heureux qu'en entreprenant du nouveau et en faisant trois choses à la fois. C'est dans cet esprit d'inquiétude morale, suite d'une vie nomade, que l'on doit chercher la cause principale de la grande imperfection de mes ouvrages. J'aurai été plus utile par les choses et les faits que j'ai rapportés, par les idées que j'ai fait naître dans d'autres, que par les ouvrages que j'ai publié moi-même. Cependant je n'ai pas manqué ni de bonne et de grande volonté, ni d'assiduité au travail. Dans les climats les plus ardents du globe, j'ai écrit ou

dessiné souvent 15 à 16 heures de suite. Ma santé n'en a pas soufferte, et je me prépare au voyage d'Asie après avoir publié les résultats du voyage d'Amérique.[1]

Dies ist zweifellos eine ganz wunderbare Selbstdarstellung, welche die Unruhe, die *kreative* Unruhe, Alexander von Humboldts sehr deutlich werden lässt, verbunden mit seiner Tatkraft und einer gewissen Bescheidenheit zu einem Zeitpunkt, als freilich noch nichts von seinem *Opus Americanum* veröffentlicht war: Gerade erst waren die ersten Teile desselben fertiggestellt. Mag uns auch manch sprachliche Unkorrektheit oder Ungeschicklichkeit dieses französischsprachigen Textes daran erinnern, dass Alexander ihn nicht für die Publikation vorgesehen, sondern als einen Gebrauchstext konzipiert hatte, dem man ihm „eines Tages wieder zurücksenden" solle, so wirft er doch ein bezeichnendes Licht auf den großen Naturforscher, Gelehrten und Schriftsteller.

Denn jene „Gemütsverfassung moralischer Unruhe"[2] verweist uns – in der Verdoppelung des Lexems *inquiet* – auf eine Ruhelosigkeit, die stets in die Zukunft gerichtet und damit prospektiv ist. Sie erscheint ihm als Folge eines Nomadenlebens, welches einer nur vorübergehenden Sesshaftigkeit Platz gemacht hat, so dass für Alexander von Humboldt die Zeit nach der Reise längst wieder zur Zeit vor der Reise geworden ist. Alexander von Humboldt war stets ein Mensch auf dem Sprung.

Dass der so ungeduldig erwartete Aufbruch nach Asien erst drei Jahrzehnte nach dem Beginn seiner *Reise in die Äquinoktial-Gegenden des Neuen Kontinents* und nicht in der ursprünglich von ihm geplanten Form erfolgen würde, konnte der mit der europäischen *République des Lettres* wohlvertraute Jüngere der beiden Humboldt-Brüder damals noch nicht ahnen. Er unterschätzte ganz offensichtlich den Aufwand der Fertigstellung seines amerikanistischen Werkes, das er in der Tat erst dreißig Jahre später mit dem *Examen critique* abschließen sollte.

Humboldts *Bekenntnisse* erfassen auf den ersten Blick nur jene erste Phase seines Lebens einschließlich seiner Reise in die Tropenwelt Amerikas, die sein Bild in der europäischen wie außereuropäischen Öffentlichkeit in der Folge so sehr bestimmen sollte. Doch ist jener *esprit*, den wir nur unbefriedigend mit dem bis ins 20. Jahrhundert wahrlich strapazierten deutschen Gegenbegriff

---

1 Humboldt, Alexander von: Mes confessions. In: *Le Globe* (Genève) 7 (janvier – février 1868), S. 180–190. Eine deutschsprachige Übersetzung findet sich erstmals in Humboldt, Alexander von: Meine Bekenntnisse (Autobiographische Skizze 1769–1805). In (ders.): *Aus meinem Leben. Autobiographische Bekenntnisse.* Zusammengestellt und erläutert von Kurt-R. Biermann. München: Beck 1987, S. 49–62.

2 Ebda., S. 60.

'Geist' übersetzen könnten, ein Charakteristikum nicht nur der ersten Phase, sondern Ausgangspunkt seiner unermüdlichen Aktivitäten überhaupt und Grundbedingung eines Schreibens in der Moderne, für das die Humboldt'sche *écriture* – und dies ist bislang noch kaum gesehen worden – geradezu modellhaft und exemplarisch steht.

Noch einmal kurz zum Textstatus: Vordergründig dienen *Mes confessions* als Grundlage für eine Werbekampagne. Doch wie sollte man für die Veranstaltung einer Ausgabe mit der Aussage werben, dass diese Werke eine „große Unvollkommenheit" aufweisen? Wie sollte man Verleger für einen Autor gewinnen, der von sich selbst behauptet, weniger durch die von ihm bislang publizierten Werke als durch jene Ideen gewirkt zu haben, die er bei anderen angeregt habe?

Nicht von ungefähr verweist Alexander von Humboldt auf ein Schreiben (und ein Zeichnen), das er selbst unter widrigsten Bedingungen und in ungeheurer Anstrengung unermüdlich und fleißig während der Reise selbst vorangetrieben habe, jenes 'Schreiben im Angesicht der Dinge', das für seine Wissenschaftskonzeption so entscheidend ist. Mithin springt das Nomadenleben auf das Schreiben über, aus der *vie nomade* wird eine *écriture nomade*, die nicht nur den Ort des Schreibens, sondern auch dessen Gegenstände ständig gegen andere vertauscht. *Bewegung* ist der Schlüssel zu Alexander von Humboldts gesamtem Leben und Werk.

Wie so häufig saß Humboldt bei der Verfassung seines Textes ein wenig der Schalk im Nacken. Die Anspielung auf Jean-Jacques Rousseaus *Les Confessions*, mit denen der *citoyen de Genève* die moderne Autobiographie[3] – und vielleicht mehr noch die Autobiographie in der Moderne – eröffnete, ist im Schreiben an den gelehrten Genfer Freund Pictet nicht nur ein ironisches Augenzwinkern, sondern zugleich auch Selbstvergewisserung und Selbstreflexion, die aus der Erfahrung des Erfolgs keine Statik, sondern nur noch weiteren Antrieb, zusätzlich beschleunigte Bewegung gewinnt. Der unmittelbar zuvor erfolgte Hinweis auf seine Aufnahme ins Pariser *Institut National*, die Berliner *Akademie der Wissenschaften* oder die *American Philosophical Society* in Philadelphia benennt die äußeren Zeichen, nicht aber die Bedingungen eines Erfolges, in dem sich das Glücklichsein nur in der Form des Künftigen, des Projektierens und Projizierens, einstellen wollte. Humboldt schrieb und lebte stets in einem prospektiven Sinne, in Gedanken und im Denken an die Zukunft.

---

3 Vgl. die Überlegungen zur Gattungsentwicklung in Jurt, Joseph: Mauriac face au créateur de l'autobiographie moderne: J.-J. Rousseau. In: Durand, François (Hg.): *Mauriac et l'autobiographie*. Paris: Grasset 1990, S. 135–148.

Sind *Mes Confessions* vor allem eine Selbststilisierung? Sicherlich nicht. Mit einer spanischen Redewendung ließe sich sagen, dass Humboldt gleichsam die Etappen seines Schaffens 'abbrannte', stets vom Gegenwärtigen zum Künftigen eilte und sich dabei der Schrift, die doch auch das Überzeitliche, das Andauernde repräsentiert, nur in dieser eilenden Bewegung widmen zu können glaubte. Humboldt war, wie gesagt, stets auf dem Sprung: bereit für das Künftige, das Kommende. Dies gilt letztlich auch für seine gesamte Wissenschaftskonzeption.

Gewiss: Er konzentrierte sich jahrzehntelang auf die Ausarbeitung nicht nur der Ergebnisse seiner Reise und ließ dabei das Wissen der unterschiedlichsten Disziplinen in seine Schriften einfließen. Doch sollte sein Oeuvre stets – modern gesprochen – ein *work in progress* bleiben, eine projektierte Totalität, die sich in gigantischen Fragmenten, in ungeheuren Proliferationen der Schrift entlud. Humboldt schrieb nicht etwas zusammen, er dachte alles zusammen – und in großen Zusammenhängen. Ihm war die Vorläufigkeit jedes einmal erreichten Wissensstandes dabei sehr wohl bewusst. Dieses geschärfte Bewusstsein des Transitorischen avancierte zur eigentlichen Bedingung ständiger Bearbeitungen seiner eigenen Schriften und damit weiterer Gebiete, die sich sein nomadisierendes Schreiben in einem expansiven Prozess einverleibte. Jede Überarbeitung ist bei Humboldt eine Erweiterung.

Angesichts einer derartigen Konzeption des Schreibens überrascht es nicht, dass Alexander von Humboldts Korrespondenz zu den umfangreichsten – von seinen wohl an die fünfzigtausend Briefen sind etwa an die zwanzigtausend erhalten geblieben – und vor allem bedeutungsvollsten Epistolarien seiner Zeit gehört, sind Briefe doch gerade jenes Medium, in dem sich ständige Wechsel des Ortes, der Zeit und der Gegenstände vielleicht am unmittelbarsten auszudrücken vermögen. Die weitgespannte Korrespondenz erlaubte ihm, in relativ schneller Folge Erkenntnisse und Ergebnisse auszutauschen, panoramatische Sichtweisen gleichsam fragmentartig zu entwickeln und mit Ideen zu experimentieren, die ihm in späteren Publikationen noch als nützlich erscheinen würden. Auch wenn die Briefe Humboldts in der Regel lang waren, so erlaubten sie ihm doch, in jenen relativ kurzen Einheiten zu schreiben, aus denen sich sein Werk zusammensetzt. Denn Humboldt schrieb sehr gerne in Text-Inseln.

Präsentierte sich Rousseau gleich zu Beginn seiner *Bekenntnisse* am Tage des Jüngsten Gerichts vor seinem Richter „mit diesem Buch in meiner Hand",[4]

---

4 Rousseau, Jean-Jacques: Les Confessions. In (ders.): *Oeuvres complètes*. Bd. I. Edition publiée sous la direction de Bernard Gagnebin et Marcel Raymond avec, pour ce volume, la collaboration de Robert Osmont. Paris: Gallimard 1959, S. 5: „Möge die Trompete des Jüngsten Gerichts erschallen, wann immer sie wolle; ich werde mit diesem Buch in meiner Hand vor dem höchsten Richter erscheinen."

so verzichtete auch Humboldt in seinen *Bekenntnissen* nicht auf eine Rechtfertigung seines Tuns; doch ließe sich Rousseaus auf das eigene Buch gerichtete Geste – „Seht, was ich getan habe, was ich gedacht habe, was ich war"[5] – nicht ohne weiteres[6] auf den jungen preußischen Schriftsteller und Gelehrten übertragen. Alexander warf, anders als Jean-Jacques, *volonté* und *assiduité au travail* in die Waagschale, (nicht nur preußische) Tugenden, die jenseits der Genieästhetik stehen. Sie sind Garanten eines nomadischen Schreibens, das in der zentrifugalen Bewegung moralischer Unruhe sein paradoxes Zentrum besitzt. Humboldts Kontinuität war die Unruhe – oder wie bei einer Uhr die Unruh.

In Humboldts *Bekenntnissen* schlägt ein autobiographisches Schreiben durch, das sich– seiner selbst in unsteter Bewegung sich versichernd – ganz im Sinne des Rousseau'schen Modells in ein erzählendes und ein erzähltes Ich aufspaltet. Wir haben auf dieser Ebene die Parallelen zwischen der modernen Autobiographie und dem (modernen) Reisebericht in unserer Vorlesung bereits beleuchtet. Die Spannung entsteht nicht nur aus der Wechselbeziehung zwischen beiden, sondern auch aus der Tatsache, dass das erzählende Ich in der Form des zurückblickenden, schreibenden Ich (sehr im Gegensatz zu einem seiner narrativen Taufpaten, dem *pícaro*) nicht zur Ruhe gekommen ist. Es gewinnt seine Beobachterposition paradoxerweise aus der übergroßen Geschwindigkeit, die – wie wir nicht erst seit der Erfahrung der Jets wissen[7] – in ein prekäres Gefühl der Ruhe umzukippen neigt. So wird der Beobachtungsstand zu einem Beobachtungspunkt im Vektorenfeld einer Bewegung, deren Ziel sich immer von neuem erst ergibt, ganz wie der Horizont vor dem voranschreitenden Wanderer immer weiter zurückweicht. Für Humboldt war das Reisen geradezu ein Seins-Zustand.

Diese autobiographische Erzählsituation beschränkt sich bei Humboldt aber keineswegs auf die autobiographischen Skizzen oder seine ausgedehnte Korrespondenz, sondern umfasst über seine reiseliterarischen Texte hinaus – wenn auch in unterschiedlicher Stärke – sein gesamtes Schaffen, sein gesamtes Werk. Die für das *friktionale* Genre des literarischen Reiseberichts der Moderne gattungskonstitutive Aufspaltung in erzähltes und erzählendes Ich ist bei Humboldt aber nicht deckungsgleich mit der Trennung zwischen reisendem und schreibendem Ich. Das reisende Ich schreibt vielmehr selbst, und das schreibende Ich ist

---

5 Ebda.

6 In einem Brief vom 28. April 1841 an seinen Freund Karl August Varnhagen von Ense klingt jedoch noch im Projekt des *Kosmos* diese autobiographische Dimension unüberhörbar mit: „So sollte das Buch der Reflex meines Selbst, meines Lebens, meiner uralten Person sein." *Briefe von Alexander von Humboldt an Varnhagen von Ense*, S. 91.

7 Vgl. den in seinen *Mythologies* abgedruckten Text von Barthes, Roland: L'homme-jet. In (ders.): *Oeuvres complètes*, Bd. 1, S. 619–621.

seinerseits beständig auf Reisen – so wie Humboldt selbst sich nach seiner Rückkehr aus Amerika und einer sich anschließenden Italienreise nur vorübergehend in Berlin aufhielt, bevor er ab November 1807 für zwei Jahrzehnte Paris zu seinem vielfach durch neuerliche Reisen rhythmisierten Lebensmittelpunkt machte. Das Nomadentum ist für Humboldt keineswegs nur eine Metapher.

Die ruhelose Bewegung auf der Suche nach Neuem, die damit in Verbindung stehende Unabgeschlossenheit der eigenen Texte, die Erfahrung einer intensiven Beschleunigung des Lebens und die Selbstbezüglichkeit des Ichs in variierten autobiographischen Schreibformen bilden wesentliche Grundlagen einer modernen Subjektivität, die ihren Niederschlag nicht nur im ästhetischen, sondern auch im epistemologischen Bereich, in den Grundlagen des Denkens, findet. Stand Georg Forster, wie wir sahen, an einem Anfang des reiseliterarischen Schreibens in der Moderne, so sind wir bei Humboldt bereits auf sicherem Terrain innerhalb der Moderne. Versuchen wir, die Strukturen dieses Schreibens in der Moderne noch genauer zu fassen, um daraus auch Grundlagen für unsere weitere Beschäftigung mit der Reiseliteratur im 19. und 20. Jahrhundert in unserer Vorlesung zu gewinnen.

Ähnlich wie Rousseau in seinen stets wiederholten und abgewandelten Szenen der *Illumination*, der plötzlichen 'Erleuchtung' hinsichtlich seines späteren Lebensweges, hat auch Alexander von Humboldt immer wieder von neuem die Urszene des Erwachens seiner Lust, ferne Länder zu besuchen, geschildert und literarisch in Szene gesetzt. Schon während seiner amerikanischen Reise verfasste er im August 1801 in Santa Fe de Bogotá, der Hauptstadt des damaligen Neu-Granada, eine autobiographische Skizze, in der er sich darüber klar zu werden versuchte, wie er darauf verfallen war, „entfernte Pläne" zu schmieden.[8] In *Mes confessions* ist es – wie noch in abgewandelter und erweiterter Form im *Kosmos*[9] – der Anblick exotischer Pflanzen, der ihn zu dem Entschluss

---

[8] Dieser auf den 4. August 1801 datierte Text findet sich in der von Kurt-R. Biermann herausgegebenen und bereits angeführten Sammlung (Humboldt, Alexander von: *Aus meinem Leben*) unter dem Titel „Ich über mich selbst (Mein Weg zum Naturwissenschaftler und Forschungsreisenden 1769–1790)"; dort lesen wir: „Meine Reise mit Forster in das Gebirge von Derbyshire vermehrte jene melancholische Stimmung. Das Dunkel der Casteltoner Höhen verbreitete sich über meine Phantasie. Ich weinte oft, ohne zu wissen warum, und der arme Forster quälte sich zu ergründen, was so dunkel in meiner Seele lag. Mit dieser Stimmung kehrte ich über Paris nach Mainz zurück. Ich hatte entfernte Pläne geschmiedet." (S. 40).

[9] Vgl. Humboldt, Alexander von: *Kosmos*, Bd. 2, S. 5: „Kindliche Freude an der Form von Ländern und eingeschlossenen Meeren, wie sie auf Karten dargestellt sind, der Hang nach dem Anblick der südlichen Sternbilder, dessen unser Himmelsgewölbe entbehrt, Abbildungen von Palmen und libanotischen Cedern in einer Bilderbibel können den frühesten Trieb nach Reisen in ferne Länder in die Seele pflanzen. Wäre es mir erlaubt, eigene Erinnerungen anzurufen,

führt, „Europa zu verlassen".[10] „Der Anblick exotischer Pflanzen, selbst in getrocknetem Zustand in Herbarien, erfüllte meine Einbildungskraft mit jenen Freuden, welche die Vegetation klimagünstigerer Länder bietet."[11] Humboldt konnte sich bis ins hohe Alter immer wieder an diesen (selbstgeschaffenen) Szenarien erfreuen.

Der Reise exotischer Pflanzen in die Berliner Herbarien entspricht im weiteren Fortgang eine umgekehrte Bewegungsrichtung, wobei zunächst eine europäische Reise zum Vorspiel der großen außereuropäischen Forschungsreise wird. So kommt es im Frühling jenes Lebens zu einer Reiseerfahrung, die literarisch wie wissenschaftlich zum Bezugspunkt und in der Folge überwundenem, aber nie vergessenem Modell der späteren Expedition werden sollte. Und nicht umsonst bilden die Reisenotizen von dieser Reise den Auftakt der sogenannten *Amerikanischen Reisetagebücher*.

> Au printemps, M. Georges Forster, avec qui j'avais lié connaissance à Mayence, me proposa de le suivre en Angleterre dans ce voyage rapide qu'il a décrit dans un petit ouvrage (Ansichten, etc.) justement célèbre par l'élégance du style. Nous passâmes par Hollande, l'Angleterre et la France. Ce voyage cultivant mon esprit me décida aussi plus que jamais pour le voyage hors d'Europe. Je vis alors la première fois la mer à Ostende, et je me souviens que cette vue fit la plus grand impression sur moi. Je vis moins la mer que les pays auxquels cet élément devait un jour me porter.[12]

Humboldt vervielfacht die Ausgangspunkte für seine ständig fortgesetzte Reisetätigkeit, die gewisslich nicht erst mit Georg Forster begonnen hatte. Aber die Reise mit dem Weltumsegler nach Holland, England und Frankreich – drei ausgeprägte Führungsmächte der Globalisierung der Welt – markierte doch einen tiefen Einschnitt in Humboldts Vorstellungswelt, nicht zuletzt auch aufgrund des 'Besuches' der Französischen Revolution an der Seite des durchaus revolutionären Forster.

Wieder ist es die Ansicht, der Blick und damit der Gesichtssinn, der zum Auslöser des Begehrens wird, Europa zu verlassen und ferne Länder zu besuchen.

---

mich selbst zu befragen, was einer unvertilgbaren Sehnsucht nach der Tropengegend den ersten Anstoß gab, so müßte ich nennen: Georg Forster's Schilderungen der Südsee-Inseln; Gemälde von Hodges die Ganges-Ufer darstellend, im Hause von Warren Hastings zu London; einen colossalen Drachenbaum in einem alten Thurme des botanischen Gartens bei Berlin." Später sollte für ungezählte Reisende – darunter insbesondere den jungen Charles Darwin – Humboldts Reisewerk seinerseits zum Auslöser und Modell des eigenen Reisens wie des eigenen Schreibens werden. Reisen macht Lust auf Reisen.

10 Humboldt, Alexander von: Mes confessions, S. 181.
11 Ebda.
12 Ebda., S. 182.

Man könnte fast von einer *concupiscentia oculorum* sprechen, die Humboldt ergriff. Lassen wir auch hier das damals etwas unsichere Französisch Alexander von Humboldts – das in der vorliegenden Übersetzung nicht immer geglättet wurde – beiseite, um die angestrebte Bewegungsrichtung der Humboldt'schen Gedanken genauer zu erkennen.

Forster ist dabei für Humboldt wichtig. Denn wie aus der Perspektive des erzählenden Ich die gemeinsame Reise des erzählten Ich mit Georg Forster zur Prä-Figuration der amerikanischen Reise wird, so haftet an dem Reisegefährten die Erfahrung, das Prestige und Renommee einer Umsegelung des gesamten Erdballs. Forsters von Humboldt erwähnte *Ansichten vom Niederrhein, von Brabant, Flandern, Holland, England und Frankreich im April, Mai und Junius 1790* verwiesen damit zurück auf jene 1777 in englischer und 1778 bis 1780 in deutscher Fassung vorgelegte *Reise um die Welt*, mit der wir uns bereits ausführlich beschäftigt haben. Wir haben Georg Forster ja bereits kennengelernt und können verstehen, dass Alexander ihm als ein Forscher nachfolgte, dem es nicht um das Fliegenbeinzählen ging.

Denn der Verfasser des *Versuchs über die gereizte Muskel- und Nervenfaser* war alles andere als ein eingefleischter Mikrologe, der beim wissenschaftlichen Fliegenbeinzählen stehengeblieben wäre. Er betrachtete den Mikrokosmos stets in seinen wechselseitigen Beziehungen zum Makrokosmos und scheute – als Makrologe, der er auch war – nie davor zurück, über das Große, das Ganze zu sprechen. Ganz im Sinne von Georg Forster, nur mit den avancierteren Mitteln seiner eigenen Zeit, ging es Alexander von Humboldt um alles.

Benannte Forsters Vorrede zum Bericht über die Entdeckungsreise Cooks die methodologischen und epistemologischen Prämissen einer Forschungsreise neuen Typs, so setzte Alexander von Humboldt am Ende des 18. Jahrhunderts diese Konzeption in die Tat um, indem er sie als Forschungsreise im modernen Sinne – und im Sinne der Moderne – anging und durchführte. Humboldt stand in diesem Sinne in der Tradition Forsters. Sein Nomadenleben verband sich auf diese Weise nicht nur mit einem nomadischen Schreiben, sondern auch mit einer nomadisierenden Wissenschaftskonzeption, die an Forsters Vorstellungen geschult weit über diese hinausging und einen neuen Typ des Wissens hervorbrachte, der – so scheint es – erst seit dem Ausgang des 20. Jahrhunderts aus einem neuen, transdisziplinären Wissenschaftsverständnis heraus begriffen werden konnte. Dies macht Alexander von Humboldt zu unserem Zeitgenossen.

Vor diesem Hintergrund wird verständlich, dass Humboldt in seinen 'Bekenntnissen' großen Wert darauf legte, nicht nur durch die von ihm herbeigeschleppten Dinge und Fakten, sondern auch (und mehr noch) durch jene Ideen zu wirken, die er in anderen entstehen ließ. Dies deutet auf ein höchst modernes Wissenschaftsverständnis. Alexander von Humboldt begriff sich ohne jeden Zweifel als Teil eines Netzwerks der Wissenschaft, das seit der zweiten Hälfte des 18. Jahrhunderts im Kontext des von Jürgen Habermas beschworenen 'Projekts der Moderne' seine Netze – nicht nur die der Längen- und Breitengrade – über den gesamten Globus ausgeworfen hatte. Im Kern dieses Wissenschaftsverständnisses standen der Austausch, die Zirkulation von Wissen, die Zusammenarbeit über die Grenzen von Nationen, vor allem aber auch über die Grenzen der sich immer weiter ausdifferenzierenden Disziplinen hinweg.

Der Bescheidenheitstopos verbirgt freilich nicht, dass es Alexander von Humboldt gerade auf die Verbreitung neuer Ideen ankam, die ihrerseits auf einer Verbindung der Sammeltätigkeit mit dem Versuch beruhte, das Gesammelte in einer Gesamtsicht zu einem Ganzen zusammenzudenken. Darum wird ihm das Meer, das er gleichsam unter den Augen des weitgereisten Georg Forster bei Ostende zum ersten Male erblickte, auch nicht zum trennenden, sondern alles in eine weltumspannende Kommunikation einbindenden, alles miteinander verbindenden Element. Diese Sichtweise des Meeres ist für die Humboldt'sche Wissenschaft charakteristisch und weist auf die enorme Bedeutung der Zirkulation für den Preußen hin. Auch auf diesem Feld ist alles bei Humboldt in Bewegung.

Auf diese Weise wurde die Reise zur Voraussetzung eines weltschaffenden, globalen Denkens, das nicht auf Sammeln, sondern Verbinden angelegt war. Und nach eben dieser Logik musste die amerikanische durch eine komplementäre asiatische Forschungsreise ergänzt und vervollständigt werden. Diese (stets prekäre) Vervollständigung aber konnte sich nur auf der Grundlage moderner Subjektivität ergeben, unter Einbeziehung eben jener *perfectibilité*, die Rousseau als Charakteristikum des Menschen beschrieben hatte und die für Humboldt zu jenem *movens* im Zeichen moralischer Unruhe wurde, das nicht nur das Denken, sondern auch den Denker selbst, nicht nur die Literatur, sondern auch den Literaten selbst in Bewegung setzte. Humboldt wusste, dass die Voraussetzung für ein Schreiben über den gesamten Erdball eine zweite, von ihm selbst durchzuführende transkontinentale Reise sein musste.

Noch ein Wort zum verbindenden Element *par excellence*. Das alles miteinander in Verbindung setzende Meer wird nicht nur zu einem Forschungsobjekt Alexander von Humboldts, sondern zu einem vieldeutigen Symbol, das ebenso den Weg des Reisenden bereiten als auch dessen Untergang herbeiführen kann. An zahlreichen Stellen der *Relation historique* und anderer Schriften erscheint das Meer überdies als Refelxionsfläche des Sternenhimmels – mithin des Kosmos – und führt dem Menschen die Gesamtheit der Schöpfung wie ein Spiegel vor Augen. Die im Kontext von Humboldts kosmologischer Metaphorik beobachtbare Ambivalenz des Wassers als lebensspendende und zerstörerische, die Kräfte des Menschen weit übersteigende Macht besitzt nicht nur in Hinblick auf die wissenschaftliche, sondern auch auf die literarische Gestaltung des Reiseberichts größte

Bedeutung.. Gerade die Beschreibungen eines drohenden Schiffbruchs, eines bevorstehenden Untergangs nehmen – auch in den *Amerikanischen Reisetagebüchern* – bei Humboldt einen außerordentlich bedeutungsvollen Raum ein.

Das Meer setzt alles miteinander in Verbindung und Wechselwirkung. Setzen die Meeresströmungen verschiedenste Weltgegenden miteinander in Kontakt, so bringt auch der Mensch mit Hilfe seiner Schiffe die unterschiedlichsten Gesellschaften und Kulturen in eine nicht nur ökonomische, am modernen Welthandel ausgerichtete, sondern auch am interkulturellen Austausch interessierte Beziehung. Verwunderlich ist es daher nicht, dass Alexander von Humboldt stets größte Sorgfalt auf jene Augenblicke der Landung oder der Abreise legte, die man – wie wir sahen – als reiseliterarische Orte höchster Signifikanz ansehen muss.

Das Humboldt'sche Reisewerk bietet eine Fülle derartiger Darstellungen; doch dürfen wir uns der Wahl des kubanischen Schriftstellers und *poeta doctus* Alejo Carpentier anschließen, der für den Auftakt von *La ciudad de las columnas*, der literarischen Liebeserklärung an seinen (vorgeblichen) Geburtsort Havanna, eine Passage aus dem 28. Kapitel der *Reise in die Äquinoktial-Gegenden des Neuen Kontinents* wählte, welches später als *Politischer Versuch über die Insel Cuba* eigenständig in Buchform erschien.

Diese Passage inszeniert die Ankunft des Europäers im Hafen von Havanna, den Alexander von Humboldt ein erstes Mal am 19. Dezember 1800 vom Meer aus erblickte und für uns aus einer wunderbar mobilen Perspektive evoziert:

> Bei der Einfahrt in den Hafen ist der Anblick von Havanna einer der strahlendsten und malerischsten unter all jenen, die man an den Gestaden des äquinoktialen Amerika nördlich des Äquators genießen kann. Dieser von den Reisenden aller Nationen gefeierte Ort besitzt weder die Überfülle an Vegetation, welche die Ufer des Flusses von Guayaquil schmückt, noch die wilde Majestät der felsigen Küste von Rio de Janeiro, zwei Häfen der südlichen Hemisphäre: Doch die Anmut, die in unseren Klimaten die Szenerie einer in Kultur genommenen Natur verschönert, mischt sich hier mit der Majestät der Pflanzenformen, mit der organischen Kraft, welche die torride Zone charakterisiert. In einer Mischung von so süßen Eindrücken vergißt der Europäer die Gefahr, die ihn im Schoße der volkreichen Städte der Antillen bedroht; er sucht, die verschiedenartigen Elemente einer weiten Landschaft zu ergreifen, diese Befestigungen zu betrachten, welche die Felsen im Osten des Hafens krönen, dieses innere Becken, das von Dörfern und Höfen gesäumt ist, diese Palmen, die sich in schwindelnde Höhe erheben, diese Stadt, die halb von einem Wald an Schiffsmasten und den Segeln der Schiffe verborgen wird.[13]

---

13 Humboldt, Alexander von: *Relation historique du Voyage aux Régions équinoxiales du Nouveau Continent* ... Nachdruck des 1814–1825 in Paris erschienenen vollständigen Originals, besorgt, eingeleitet und um ein Register vermehrt von Hanno Beck. Bd. III. Stuttgart: Brockhaus 1970, S. 348.

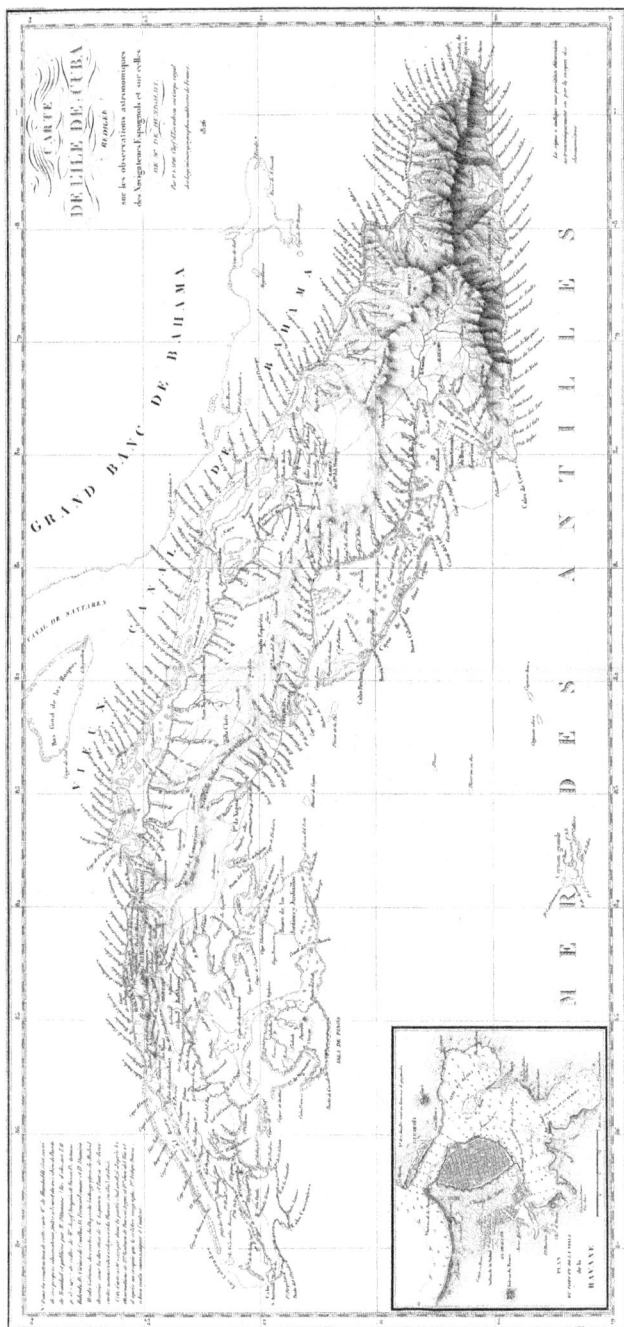

Abb. 74: Karte der Insel Kuba, mit einer Nebenkarte „Plan des Hafens der Stadt Havanna", 1826.

Wir sehen förmlich Humboldt in den Hafen von Havanna gleiten. In dieser kurzen, literarisch sorgfältig gestalteten und zunächst im Zeichen des Pittoresken modellierten Passage wird der Anblick bei der Einfahrt in den kubanischen Haupthafen sogleich mit jenem anderer Häfen der amerikanischen Tropenländer in Beziehung gesetzt, wobei die Erzählerinstanz zum einen auf den Hafen von Guayaquil (den Alexander von Humboldt aus eigener Erfahrung kannte) und auf jenen von Rio de Janeiro (den er selbst niemals besuchte) vergleichend verweist. Dies macht auf die transareale Perspektivik der gesamten Humboldt'schen Sichtweise aufmerksam.

Die präsentische Darstellung bedeutet nicht, dass wir uns auf der Ebene des erzählten (beziehungsweise des reisenden) Ichs befinden; die Rücknahme der im vorangehenden Abschnitt noch dominanten individualisierten Perspektive in ein verallgemeinerndes 'man' erschließt sich jedoch nur einer genaueren Analyse als Signal, dass die Beobachterposition deutlich gewechselt hat. In der Tat könnte ein unaufmerksamer Leser zu dem Schluss kommen, Humboldt habe den Hafen von Rio de Janeiro aus eigener Kenntnis beschrieben – ein Beispiel für jene vom Text quasi suggerierte Annahmen, wie sie sich immer wieder selbst in der Humboldt-Forschung finden. Doch Humboldt kannte den brasilianischen Hafen nur aus bildlichen Darstellungen und Reisebeschreibungen. Tatsächlich beruht der Vergleich, der hier in die Darstellung einfließt, nur zum Teil auf eigenen Erfahrungen des Reisenden, wenngleich er auch in dieser Form ein diskursives Merkmal des Humboldt'schen Schreibens darstellt, das sich stets in weltumspannenden Vergleichen bewegt. Dies ist ein zentrales Merkmal der *écriture* des preußischen Natur- und Kulturforschers.

Beachten wir dabei aber trotz aller Betonung von Augenzeugenschaft: Das komparative, transareale Element als eine der epistemologischen Grundlagen der nomadisierenden Schreibweise Humboldts ist nicht notwendig an persönliche Beobachtung und Erfahrung gekoppelt, denn der Anblick der Häfen von Guayaquil und Rio de Janeiro wird auf derselben Ebene des 'Wahrheitsanspruches' behandelt. Wir haben es in dieser auf den ersten Blick unscheinbaren Passage weder mit dem erzählten noch mit dem erzählenden Ich zu tun, sondern mit einer Erzählinstanz, die gleichsam von höherer Warte aus die Einzelphänomene überblickt und einordnet. Diese narrative Instanz ist für Humboldts Schreiben von großem Gewicht. Da diese wissenschaftliche Erzählinstanz ebenfalls in der ersten Person Singular auftritt, können wir sie auch als das wissenschaftliche Ich – das bisweilen beide Zeitebenen miteinander verbindet – bezeichnen. Sie geht in die Konstituierung des wissenschaftlichen Subjekts in grundlegender Weise ein. Ihr obliegt es in diesem Falle, die Erfahrung anderer Reisender vergleichend einzublenden, wenn auch in einer sehr ambivalenten Art und Weise, die nur dem mit Humboldts gesamter Reiseroute vertrauten Leser erlaubt, die individuelle von der intertextuellen, also aus anderen Texten anderer Autoren bezogene Erfahrung zu unterscheiden.

Zugleich macht diese Passage deutlich, dass auch viele andere Reisende aus aller Herren Länder diesen Hafen besucht haben, so dass Bewegung und Transportmittel, aber auch Fremderfahrung und (eine mitunter auch bedrohliche, spannungserzeugende) Alterität ins Zentrum des Interesses des (Be-)Schreibenden wie seiner Leserschaft rücken. Der angesprochene (explizite) Leser gehört ebenso wie der Reisende einer anderen Klimazone an, deren Reize einer „kultivierten Natur" sich hier mit tropischen Vegetationsformen verbinden. Angesichts der Mischung der durch diese Reize unterschiedlicher Herkunft ausgelösten Eindrücke vergesse der Europäer, dessen Perspektive die angeführte Passage unübersehbar beherrscht, jene Gefahren, welche die Andersheit des kulturellen Raumes jener „bevölkerungsreichen Städte der Antillen" (auch dies wieder ein impliziter Vergleich, der nur zum Teil auf die eigene Erfahrung Humboldts zurückgeführt werden kann) bereithält.

Dieser Blick des Europäers aber versucht nun, die verschiedenartigen Elemente zu einer weiten Landschaft[14] – und damit zu einer abgrenzbaren Einheit und Vorstellung – zusammenzufügen. Die Addition der einzelnen Elemente gerät nicht zu einer simplen Sammlung, sondern fügt sich zu einer (ästhetisch gestalteten) Gesamtheit, die aus den einzelnen Details gleichsam als Grundidee destilliert wird. Humboldt ordnet die Bestandteile zum einen nach dem Grade ihrer unmittelbaren Sichtbarkeit – und damit vom beweglichen Beobachterstandpunkt des in den Hafen einfahrenden Reisenden – her (von der Höhe der festungsgekrönten Felsen bis hinab zur halb verborgenen Stadt) und zum anderen gemäß ihrer dynamischen Beziehung zu den Bereichen von Kultur und Natur. Er geht dabei als versierter Schriftsteller planmäßig und geordnet vor.

So wird das vertikale, landschaftsbestimmende Element der Palmen, die nicht nur bis heute das Symbol der Insel geblieben sind, sondern auch für Humboldt zur Chiffre tropischer Vegetation und Lebenskraft wurden, überführt in einen „Mastenwald", so dass der Bereich der Natur in jenen der Kultur transponiert und 'übersetzt' wird. Er folgt darin Georg Forster, der in dem der Stadt Amsterdam und ihrem Hafen gewidmeten Kapitel seiner *Ansichten vom Niederrhein* ebenfalls mit dem Natur und Kultur verbindenden Wald von Masten sowohl der Kriegs- als auch der Handelsschiffe spielt. Der Übergang zwischen

---

14 Zur Fassung der Natur als Landschaft ausgehend von Petrarcas Aufstieg zum Mont Ventoux vgl. Ritter, Joachim: Landschaft. Zur Funktion des Ästhetischen in der modernen Gesellschaft. In (ders., Hg.): *Subjektivität. Sechs Aufsätze.* Frankfurt am Main: Suhrkamp 1989, S. 141–163. Zur Bedeutung der Konfiguration von Landschaft zu einer Landschaft der Theorie vgl. Ette, Ottmar: *Roland Barthes. Landschaften der Theorie.* Konstanz: Konstanz University Press 2013.

Natur und Stadt wird just von jenen Schiffen bewerkstelligt, die als mobile Transportmittel jene Bewegung sicherstellen, die den europäischen Reisenden in die Tropen führt und ihn auch wieder zurück in seine Heimat bringen wird. Alles steht folglich miteinander in bewegter Wechselwirkung.

Die Spannung zwischen Ich und Landschaft, die in der europäischen Reiseliteratur die Grundlage für die Konstituierung moderner Subjektivität bildet, wird in dieser Passage durch eine Spannung ergänzt, die sich zwischen der Beobachterperspektive des erzählten Ich (des Reisenden) und der höhergelagerten Instanz des wissenschaftlichen Ich aufbaut. Humboldt geht hier als literarischer Autor sehr feingliedrig vor. Im Zwischenraum, der durch diese beiden Pole gekennzeichnet wird, situiert sich ein Gutteil des Humboldt'schen Schreibens, dessen einzelne Instanzen in der Folge noch weiter analysiert und differenziert werden sollen.

Als konstitutiv für dieses Schreiben aber lässt sich schon jetzt der graduelle Übergang und die Verzahnung von Natur und Kultur, der wechselnde Beobachterstandpunkt mit einer jeweils veränderten, in Bewegung befindlichen Beobachterperspektive und die Auseinandersetzung mit anderen Texten und Reiseberichten erkennen, wobei diese Elemente Eingang in eine sorgfältige literarische Strukturierung finden, die ihrerseits in der Markierung eines reiseliterarischen Ortes Funktionen für den Humboldt'schen Text in seiner Gesamtheit übernimmt. Humboldts Schreiben ist mit seiner Theorie von Natur, Kultur und Wissenschaft sehr eng verwoben. Alles unterliegt dabei einer ständigen Bewegung, so dass in Humboldts Schriften oftmals eher von einer Strukturierung als von einer festen, ein für alle Mal fixierten Struktur gesprochen werden kann. Das Mobile dominiert.

Aber da gibt es noch einige wesentliche reiseliterarische Techniken und Kniffe mehr. Denn auch die philosophischen Rahmungen,[15] die den Reisebericht häufig zu Beginn und am Ende der einzelnen Kapitel prägen, sind Textelemente, die weniger einen statischen Rahmen darstellen als eine Abfolge bedeutungsstrukturierender diskursiver Elemente bilden. Mit ihrer Hilfe wird das bei oberflächlicher Betrachtung Disperse – wie im Blick des Europäers über die Umgebung des Hafenbeckens von Havanna – in ein einheitliches, wenn auch vielgestaltiges Ganzes überführt. Die vereinzelten Elemente verlieren gleichsam

---

15 Im Nachwort zu meiner Ausgabe von Alexander von Humboldts *Reise in die Äquinoktial-Gegenden des Neuen Kontinents* (S. 1563–1597) habe ich auf diese literarische Technik aufmerksam gemacht. Vgl. Humboldt, Alexander von: *Reise in die Äquinoktial-Gegenden des Neuen Kontinents*. Herausgegeben von Ottmar Ette. Mit Anmerkungen zum Text, einem Nachwort und zahlreichen zeitgenössischen Abbildungen sowie einem farbigen Bildteil. 2 Bde. Frankfurt am Main – Leipzig: Insel Verlag 1999.

ihren autonomen Status und werden in ein Gesamtbild integriert, das jedem Element seinen Sinn verleiht.

Den bedeutungsstrukturierenden Einheiten kommt dabei weniger eine definitorische (also fixierende, fest-stellende) als eine kommunikative Funktion zu, welche die Kollektion der gesammelten Elemente in ein dynamisches Netzwerk verwandelt. Auch hier geht es um eine Zirkulation der Elemente, um eine Zirkulation des Wissens. Dadurch stellen die Humboldt'schen Texte jene übergreifenden Kodes zur Verfügung, kraft derer die verschiedensten Einzelerscheinungen dekodiert und in ihrem Funktionszusammenhang innerhalb des 'Naturgemäldes' eingeordnet und verarbeitet werden können. Das Naturgemälde wird nicht nur entworfen, es liefert die Codes zu seiner Entschlüsselung gleich mit. Dies fördert die Zugänglichkeit des Humboldt'schen Reiseschreibens wie auch der Humboldt'schen Wissenschaft ganz allgemein. Die Verbindung zwischen Reisen und Schreiben bleibt transparent.

In seinen erstmals im Jahre 1808 erschienenen *Ansichten der Natur*, die paratextuell schon in ihrem Titel auf die Vorherrschaft des Visuellen und die Pluralität der Standpunkte aufmerksam machen, intertextuell den Bezug zu Forsters *Ansichten vom Niederrhein* herstellen und rezeptionsgeschichtlich Humboldt bei einem breiteren deutschsprachigen Publikum bekannt machten, findet sich nach der Vorrede gleich zu Beginn des Bandes ein Text, der uns die Analyse grundlegender Schreibstrategien des preußischen Forschungsreisenden ermöglicht. An ihm wollen wir die verschiedenen Elemente der Humboldt'schen *écriture*, des Humboldt'schen Reiseschreibens, noch genauer studieren.

'Ueber die Steppen und Wüsten' setzt mit der Erwähnung eines „hohen Granitrückens" ein, der geologisch dem „Jugendalter unseres Planeten" zugeordnet wird.[16] Von hier aus schweift der Blick des Betrachters über eine Landschaft, deren Horizont und Begrenzung „in schwindender Ferne" erscheint.[17] Es handelt sich, wie wir gleich sehen werden, um eine Landschaft der Theorie: um eine Landschaft, an deren Exemplum Humboldt seine theoretischen Überlegungen, aber auch seine philosophischen Projektionen vorführen will.

Damit wird bereits im ersten Abschnitt nicht nur die im Buchtitel hervorgehobene Visualisierung, sondern auch die im Titel mitbedeutete erhöhte Beobachterposition von 'Ueber die Steppen und Wüsten' eingelöst und mit einer individuellen Perspektive verknüpft. Es ist die Perspektive des reisenden Ich. Dieser Blickwinkel wird dann zu Beginn des zweiten Abschnitts in Bewegung

---

16 Humboldt, Alexander von: Ueber die Steppen und Wüsten. In (ders.): *Ansichten der Natur mit wissenschaftlichen Erläuterungen*. Bd. 1. Tübingen: Cotta 1808, S. 1.
17 Ebda., S. 2.

gesetzt, tritt doch „der Wanderer betroffen an den öden Rand einer pflanzen-leeren Wüste", die in starkem Kontrast zur „üppigen Fülle des organischen Lebens" steht,[18] deren Bereich er soeben verlässt. Die sich daraus ergebende Rahmung der *Llanos* durch eine tropische Vegetation verweist auf den Schlussteil des Textes, in welchem eben diese „Fülle" wiederum in den Blick rückt und sich damit eine Kreisstruktur abzeichnet, die dem Text auch in Bezug auf die Spannung zwischen organischer und anorganischer Natur zugrunde liegt. Es sind Spannungsverhältnisse, die nicht statischer Natur sind, sondern zugleich auch auf eine Wechselwirkung abzielen.

Das Grundschema des literarisch-wissenschaftlichen Essays entfaltet sich in einer Diachronie, die mit dem Urgestein im „Jugendalter" einsetzt, wobei die „Bilder der Vorzeit" noch gegenwärtig durch „nächtliche Täuschung" – also im Beobachtersubjekt – zurückgerufen und gleichsam vor Augen geführt werden.[19] Vor dem Auge des Betrachters ersteht das neptunistisch eingefärbte Bild eines in geologischen Zeiträumen ablaufenden Sedimentationsprozesses, indem an die Stelle der wasserarmen Wüste die Meeresfläche des Ozeans tritt und damit gleichsam eine Landschaft hervorbringt, die Ausfluss einer Theorie ihrer Entstehung und der Entstehung des ganzen Planeten ist:

> Denn wenn im raschen Aufsteigen und Niedersinken die leitenden Gestirne den Saum der Ebene erleuchten; oder wenn sie zitternd ihr Bild verdoppeln, in der untern Schicht der wogenden Dünste, glaubt man den küstenlosen Ozean vor sich zu sehen. Wie dieser erfüllt die Steppe das Gemüth mit dem Gefühl der Unendlichkeit. Aber freundlich zugleich ist der Anblick des klaren Meeresspiegels, in dem sich die leichtbewegliche sanft aufschäumende Welle kräuselt. Todt und starr liegt die Steppe hingestreckt, wie die nackte Felsrinde eines verödeten Planeten.[20]

Humboldt führt uns gleichsam in eine Ur-Landschaft, die uns mit den alles beherrschenden Naturkräften vertraut macht. Die Überblendtechnik resultiert keineswegs in einer metaphorischen Verschmelzung von Steppe und Meer, auch wenn beide Räume in ihrer Unendlichkeit den Reisenden, der sie durchquert, in ihren Bann ziehen und seine Gedanken und Vorstellungen fesseln. Aufschlussreich ist überdies die Gestaltung des impliziten literarischen Raumes, also jenes Horizonts von Bezügen zu anderen Texten, die nicht explizit im Text benannt werden. Denn kaum verhüllt (wenn auch bislang noch nicht erkannt) sind die Anspielungen auf die *Genesis*: Gottes Scheidung zwischen

---

18 Ebda. Humboldt verstärkte diesen Kontrast in späteren Ausgaben des Textes, indem er nun von einer „baumlosen, pflanzenarmen Wüste" sprach.
19 Ebda.
20 Humboldt, Alexander von: Ueber die Steppen und Wüsten, S. 2f.

den Wassern oberhalb und unterhalb des Himmelsgewölbes am ersten und die Trennung von Erde und Meer am zweiten Tag der Schöpfung: „Da sprach Gott: 'Die Erde lasse Grünes hervorsprießen, samentragende Pflanzen sowie Fruchtbäume, die Früchte bringen nach ihrer Art, in denen Samen ist auf Erden!' Und es geschah so."[21] Humboldt liefert uns eine Entstehung der Welt, vielleicht sogar eine Schöpfung der Erde, aber ohne jeden Gott.

So unterliegt der durch eine optische Täuschung hervorgerufenen 'Ansicht' der Erdentstehung nicht nur ein erdgeschichtlich-naturwissenschaftlicher, sondern auch ein christlich-transzendenter Bezugstext, der in der Folge innerhalb eines profanen Settings in impliziter Intertextualität weiterentwickelt wird. Die zunächst verdoppelte Beobachterperspektive des Wanderers und des auktorial gestalteten Erzählers wird durch eine ebenfalls in der dritten Person agierende wissenschaftliche Instanz ergänzt, die – wie die Figur des wissenschaftlichen Ichs im Reisebericht – die diskursiven Passagen dominiert und an dieser Stelle zunächst den weltweiten transarealen Vergleich mit anderen Regionen unseres Planeten einleitet. Innerhalb dieses durch Narrativierungen immer wieder aufgelockerten weltweiten Vergleichs rücken ebenso die Vegetation als auch die Menschheitsentwicklung in den Blick, so dass sich die Erde vor den Augen des Lesers in einer Art entsakralisierter Schöpfungsgeschichte zu bevölkern beginnt. Alexander von Humboldts Welt bedarf keines Schöpfergottes, sie kommt gut ohne ihn aus, ohne dass sich ihr Verfasser doch hinsichtlich der Transzendenz positioniert hätte.

Dieser Prozess aber wird in der Rückkehr zu den 'Steppen und Wüsten' von *Tierra firme* (des heutigen Venezuela) zurückgedreht:

> Das Interesse, welches dies Gemälde dem Beobachter gewähren kann, ist ein reines Naturinteresse. Keine Oase erinnert hier an frühe Bewohner, kein behauener Stein, kein verwilderter Fruchtbaum an den Fleiß untergegangener Geschlechter. Wie den Schicksalen der Menschen fremd, allein an die Gegenwart fesselnd, liegt dieser Erdwinkel da, ein wilder Schauplatz des freien Thier- und Pflanzenlebens.[22]

Diese Landschaft der Theorie ist vom Menschen nicht besiedelt, ja ist absolut menschenfrei. So erscheint nun auf der diachronen Achse, an die Trennung von Meer und Erde und die Gebirgsbildung anschließend, eine Welt der Natur in der Freiheit von Flora und Fauna, die entgegen der Schöpfungsgeschichte dem Menschen nicht untertan ist, ja den Menschen noch nicht einmal kennt. Einige Jahre

---

21 *Die Heilige Schrift des Alten und Neuen Testamentes.* Nach den Grundtexten übersetzt und herausgegeben von Vinzenz Hamp, Meinrad Stenzel und Josef Kürzinger. Aschaffenburg: Pattloch [19]1969 (Genesis 1, 11).
22 Humboldt, Alexander von: Ueber die Steppen und Wüsten, S. 10 f.

später, in seiner 'Introduction' in die *Relation historique* hat Humboldt auf ein 'Ungleichgewicht' zwischen Natur und Kultur in Amerika aufmerksam gemacht: „In der alten Welt sind es die Völker und die Abstufungen ihrer Zivilisation, die dem Gemälde seinen Hauptcharakter geben; in der neuen hingegen verschwindet gleichsam der Mensch mit seinen Produkten inmitten einer wilden und gigantischen Natur.".[23]

Humboldt versuchte, mit Blick auf seine Leserschaft die reiseliterarischen Konsequenzen für die von ihm angewandten Darstellungstechniken zu ziehen. Auf den folgenden Seiten beginnt er, die einzelnen Elemente dieses Gemäldes nebst den sie bestimmenden Faktoren wie Bodenbeschaffenheit, Klima oder Atmosphäre zu entfalten, um dann – und hier betritt der Mensch dann doch wieder die Bühne – die Entstehung und Bedingungen der Viehzucht in den Steppen des späteren Venezuela vor dem Hintergrund unterschiedlicher kultureller Voraussetzungen zu erörtern. Der Mensch ist für Humboldt ein zentrales Element der Natur: Wie hätte er in seinem *Tableau* also vollständig fehlen können?

Zunächst betritt der Indio, die indigene Bevölkerung, die Humboldt'sche Landschaft der Theorie. An die Darstellung indianischer Völker der *Llanos* schließt sich eine Diskussion der Folgen der Entdeckung und Eroberung dieser weiten Landstriche durch die Europäer an, ein geschichtlicher Einschnitt, der in seiner Bedeutung auch für Pflanzen- und Tierwelt herausgearbeitet wird. Denn mit dem ersten Auftauchen von Europäern wird von diesen gleichsam alles in Zirkulation und Bewegung gesetzt.

Erneut werden die diskursiven Teile stets durch die Einschaltung narrativer Passagen rhythmisiert, wobei insbesondere „der wunderbare Kampf der Pferde und Fische",[24] der Fang der Gymnoten, Elemente des Kampfes und der Spannung in den Text einbringt (und von jeher die Aufmerksamkeit des Publikums auf sich gezogen hat). Humboldt wusste, wie er für das Lesepublikum seine Landschaft beleben konnte. Eine abschließende philosophische Bemerkung, die thematisch wie syntaktisch noch einmal alles 'Gesammelte' zusammenzuführen und zu einer höheren Einheit zu verbinden sucht, scheint diese Seiten zu rahmen: „alles, wie die Farbe des getheilten Lichtstrals, fließt aus einer Quelle; alles schmilzt in eine ewige allverbreitete Kraft zusammen."[25] Damit ist die Instanz der philosophischen Rahmung aufgerufen.

---

23 Humboldt, Alexander von: *Reise in die Äquinoktial-Gegenden des Neuen Kontinents*, Bd. I, S. 35f.

24 Humboldt, Alexander von: Ueber die Steppen und Wüsten, S. 40.

25 Ebda.; in der dritten Auflage seiner *Ansichten* hat Humboldt diese Passage noch stärker akzentuiert.

In der Tat tritt nun die auktorial gestaltete Erzählinstanz, nun aber unvermittelt in die erste Person Singular verwandelt und damit eine Identifizierung mit dem realen, also textexternen Autor nahelegend, in den Vordergrund: „Ich könnte hier diesen gewagten Versuch eines Naturgemäldes der Steppe schließen."[26] Doch soll – so die Ausführungen dieser Figur – der Blick auf den letzten Seiten des Textes noch einmal über die Landschaftsgrenzen hinaus erweitert werden. Eine letzte Ausweitung dieses reiseliterarischen Textes steht noch bevor.

Denn der Begriff des 'Naturgemäldes' kündigt bei Humboldt immer das Modell einer Ganzheit an, die stets sowohl wissenschaftlich als auch künstlerisch-ästhetisch gestaltet wird. Der „flüchtige Blick" über die Grenzen der *Llanos* erweist sich als Blick auf die Grenzziehungen zwischen Natur und Kultur und die Begrenztheit kultureller Entwicklung überhaupt. Wie im Zeitraffer werden geologische und naturräumliche Verhältnisse, Vegetation und Tierwelt sowie die verschiedenen indianischen Völker[27] in ihrer Entwicklung aufgerufen, um in den beiden abschließenden Abschnitten des Textes von der Darstellung des Einzelnen zur Darstellung des Ganzen überzugehen. Die Übergänge von den Naturphänomenen zum (der Natur für Humboldt stets zugehörigen) Menschen sind dabei graduell und keineswegs von Fortschrittseuphorie geprägt:

> So bereitet der Mensch auf der untersten Stufe thierischer Rohheit, so im Scheinglanze seiner höheren Bildung, sich stets ein mühevolles Leben. So verfolgt den Wanderer über den weiten Erdkreis, über Meer und Land, wie den Geschichtsforscher durch alle Jahrhunderte, das einförmige, trostlose Bild des entzweiten Geschlechts.
>
> Darum versenkt, wer im ungeschlichteten Zwist der Völker nach geistiger Ruhe strebt, gern den Blick in das stille Leben der Pflanzen, und in der heiligen Naturkraft inneres Wirken; oder hingegeben dem angestammten Triebe, der seit Jahrtausenden der Menschen Brust durchglüht, blickt er ahndungsvoll aufwärts zu den hohen Gestirnen, welche in ungestörtem Einklang die alte ewige Bahn vollenden.[28]

Wie bei Dante, aber auch wie bei Immanuel Kant, ist es der Blick in die Sterne, in den 'gestirnten Himmel' des Kosmos, der als Blick in eine Ewigkeit für Sicherheit

---

26 Ebda.

27 Der Übergang zwischen Tierwelt und Indianern wird im drittletzten Abschnitt vorgenommen und führt dem Leser eine Abfolge vor Augen, die aus heutiger Sicht als höchst problematisch erscheint. So folgen auf die „Tiger und Crocodile" (also die wilden Tiere) die Pferde und Rinder (mithin die domestizierten, teilweise aber wieder 'verwilderten' Tiere), denen ihrerseits indianische Völkerstämme folgen, die mit „unnatürlicher Begier" das Blut ihrer Feinde trinken; am Ende dieser Kette stehen wieder andere Indianer, die nur „scheinbar waffenlos", tatsächlich aber „zum Morde vorbereitet" sind (ebda., S. 44 f). Die indianischen Völker am Orinoco werden somit in eine Abfolge integriert, die sie zu – den Tieren noch nahen – Vermittlern jenes beständigen Kampfes bis in die Stufen der „höheren Bildung" macht.

28 Humboldt, Alexander von: Ueber die Steppen und Wüsten, S. 45 f.

und Transzendenz steht. In dieser abschließenden philosophischen Reflexion wird der Wanderer durch den Raum (mithin durch die ersten drei Dimensionen unserer in der theoretischen Grundierung der Vorlesung entworfenen Kartierung), der sich ihm in seiner naturräumlichen Ausstattung darbot, zum Wanderer durch die Zeit, jener vierten Dimension, die ihm ihrerseits in geologischen wie in historischen Größenordnungen entgegentritt. Der durch die verschiedenen Stufen der Zivilisation aufgespannte Raum der Geschichte des Menschen als Geschichte des Kampfes und der Ausrottung – nicht umsonst ist das Buch in Zeiten einer äußersten Bedrohung des preußischen Staatswesens im Vorwort den „Bedrängten Gemüthern" gewidmet[29] – wird am Ende von 'Ueber die Steppen und Wüsten' wieder verlassen, um zur anorganischen Natur des *incipit*, des Textbeginns zurückzukehren. Deutlicher als die deutsche formuliert dies die französische Ausgabe der *Tableaux de la Nature*, wenn sie diesen Raum sich vom „plus bas degré de la sauvagerie animale" bis zum „sommet de la civilisation" erstrecken lässt und damit die distanzierende Metaphorik des 'Scheinglanzes' nicht übernimmt.[30]

Die nicht mit dem realen, textexternen Autor Alexander von Humboldt zu verwechselnde Figur des einsamen Wanderers, die in keiner Weise der historischen Reisegruppe um Alexander von Humboldt und Aimé Bonpland entspricht, tritt an die Stelle der Humboldt'schen Karawanserei und beseitigt aus ästhetischen (und wohl nicht aus narzisstischen) Gründen die Reisegefährten, um immer wieder eine Fokalisierung auf eine einzige Position subjektiver Wahrnehmung sicherzustellen. Zweifellos kommt dieser Figur auch gegenüber dem Lesepublikum eine identifikatorische, die Identifizierung der Leser mit dem Ich fördernde Funktion zu. Die von Humboldt gewählte literarische Technik mag neben einer Vielzahl weiterer Gründe dazu beigetragen haben, dass Aimé Bonpland beim deutschsprachigen Publikum in zunehmendem Maße 'verschwand', obwohl er als Ko-Autor etwa der *Relation historique* – die freilich Humboldt redigierte – in der Titelei sehr wohl vermerkt war.

Die moderne Subjektivität, die sich aus der rastlosen Bewegung des Wanderers durch die Räume und die Zeiten entfaltet, tritt hier aus der Erfahrung einer durch den Menschen historisch beschleunigten Entwicklung heraus und wird in der Bewegung des Kosmos, etymologisch als Ordnung und Schönheit, im doppelten Wortsinne aufgehoben. Der Wanderer ist eine literarische Figur, welche die Inszenierung einer mobilen Perspektive des modernen Subjekts wirkungsvoll zu verkörpern sucht. Und dieses Subjekt ist ein Subjekt der Moderne.

---

29 Humboldt, Alexander von: Ueber Steppen und Wüsten, S. VII.
30 Vgl. Humboldt, Alexander von: *Tableaux de la Nature*. Bd. I. Nanterre: Editions Européennes Erasme 1990, S. 56.

Abb. 75: „Vue du Cayambe" von Alexander von Humboldt.

Der Blick nach oben in die Welt der Sterne, die auf ihren ewigen Bahnen den „Einklang" einer Sphärenmusik und die Harmonie heiliger Naturkräfte erahnen lassen, findet sich häufig in Alexander von Humboldts Schriften. So tritt dem modernen (gespaltenen) Subjekt die kosmische Natur als jenes Reich der Freiheit entgegen, das ihm zumindest zeitweise die Freiheit von der (Menschheits-)Geschichte gewährt. Die stetige Beschleunigung, die sich in Humboldts Text bemerkbar macht, wird nicht in Bewegungslosigkeit, wohl aber in die Synchronie einer sich nicht verändernden sphärischen Bahn der Himmelskörper zurückgeführt. Alles in diesem Kosmos ist Ordnung und Schönheit zugleich.

Wie der Mensch im diesem Kosmos, so scheinen die verschiedenen Textinstanzen (einschließlich der wissenschaftlichen) letztlich in der philosophischen Instanz aufgehoben zu sein, die auf das Ganze gerichtet ist und daher jene alles zusammenführende, synthetisierende Denk-Figur verkörpert, die für Georg Forster wie für Alexander von Humboldt von alles entscheidender Bedeutung war. Humboldt folgt hierin den Spuren Forsters und geht über dessen Entwurf zugleich weit hinaus. Doch sollten wir uns noch einmal das Zusammenspiel der verschiedenen Textinstanzen innerhalb der *Ansichten der Natur* vergegenwärtigen, bevor wir hieraus weitergehende Schlüsse für die Relevanz der Humboldt'schen Schreibweise im Kontext der Relationen zwischen Reisen und Schreiben ziehen.

Auch in diesem Bereich sparte Humboldt durchaus nicht an gesellschaftlicher Kritik. In seiner auf März 1849 datierten Vorrede zur zweiten und dritten Ausgabe betonte er die von ihm angestrebte poetologisch relevante „Verbindung eines litterarischen und eines rein scientifischen Zweckes" und verband diese Bemerkung mit einer unüberhörbaren Kritik am „dogmatischen Halbwissen wie der vornehmen Zweifelsucht", die in den „sogenannten höheren Kreisen des geselligen Lebens" verbreitet seien.[31] Diese Kritik von einem Achtzigjährigen, der bei Hofe als Kammerherr diente und in das gesellschaftliche Leben Berlins noch immer gut integriert war, saß ohne Zweifel.

Humboldt war sich immer seines Lesepublikums sehr bewusst. Er habe seine Schrift nach den „Bedürfnissen der Zeit ganz umzuschmelzen"[32] gesucht, eine Metaphorik, die er bereits in seiner Vorrede zur ersten Ausgabe verwendet hatte, als er von den unterschiedlichen Orten des Schreibens und deren Beziehung zum Reisen sprach:

> Einzelne Fragmente wurden an Ort und Stelle niedergeschrieben, und nachmals nur in ein Ganzes zusammengeschmolzen. Ueberblick der Natur im Grossen, Beweis von dem Zusammenwirken der Kräfte, Erneuerung des Genusses, den die unmittelbare Ansicht dem fühlenden Menschen gewährt – sind die Zwecke, nach denen ich strebte. Jeder Aufsatz sollte ein in sich geschlossenes Ganzes ausmachen, in allen sollte Eine und dieselbe Tendenz sich gleichmässig zeigen. Die ästhetische Behandlung naturhistorischer Gegenstände hat, trotz der herrlichen Kraft und Biegsamkeit unserer vaterländischen Sprache, grosse Schwierigkeiten der Composition. Der Reichtum der Natur veranlasst Anhäufung einzelner Bilder. Diese Anhäufung aber stört die Ruhe und den Totaleindruck des Naturgemäldes.[33]

Wieder spricht Humboldt vom anzustrebenden 'Naturgemälde' und damit von der Modellhaftigkeit des von ihm Darzustellenden im Lichte einer Verschmelzung von Kunst und Wissenschaft. Er erkannte insbesondere die Gefahr, dass „der Styl leicht in eine dichterische Prosa" ausarten könnte.[34] Wie war dieser Gefahr zu begegnen? Klar und offenkundig ist nur, dass sich Humboldt auch beim Schreiben seiner *Ansichten der Natur* der *Amerikanischen Reisetagebücher* bediente, die sein eigenes Schreiben im Angesicht der Dinge gleichsam in die literarische Bearbeitung weitergaben. Die *Amerikanischen Reisetagebücher* sind folglich in ihrer Bedeutung gar nicht zu überschätzen.

---

31 Ich zitiere hier nach der leicht zugänglichen und die Schreibweise Humboldts nicht unnötig modernisierenden Ausgabe von Humboldt, Alexander von: *Ansichten der Natur, mit wissenschaftlichen Erläuterungen.* Nördlingen: Greno 1986, S. 9f.
32 Ebda., S. 10.
33 Humboldt, Alexander von: Ueber Steppen und Wüsten, S. V-VI.
34 Ebda., S. 10.

Seiner schriftstellerischen Herausforderung und den „Schwierigkeiten der Composition" suchte er ebenso wie der Gefahr der nur additiven Akkumulation durch die Schaffung einer philosophischen Instanz zu begegnen, die in ihren Einsichten und Ansichten wie in ihrer Metaphorik gleichsam an den Kosmos, an eine Totalität von Himmel und Erde, rückgebunden wird. In ihr ist das 'Literarische' wie das 'Wissenschaftliche' aufgehoben, in ihr kommt es zur Überführung der Linearität sukzessiv angehäufter Bilder in eine quasi-simultane Wahrnehmung eines Naturgemäldes, das Humboldt in den *Ansichten der Natur* nicht mit den Mitteln der Pasigraphie, sondern mit ästhetischen Verfahren als „Totaleindruck" zu schaffen strebt.

Mit der philosophischen Instanz allein aber war eine Verbindung des 'Literarischen' mit dem 'Wissenschaftlichen' nicht zu bewerkstelligen. Die Gefahr bestand in der Wahrnehmung als 'Naturphilosophie', mit welcher Humboldt freilich lange schon gebrochen hatte. Welchen Weg also wählte Humboldt, um eine vor Missverständnissen geschützte Vielverbundenheit aller reiseliterarischen Teile seiner *Ansichten der Natur* sicherzustellen?

Daher sei abschließend ein weiterer, bislang unerwähnt gebliebener Abschnitt aus 'Ueber die Steppen und Wüsten' näher untersucht, um Aufschluss über spezifisch literarische Vermittlungsformen zwischen beiden Bereichen zu erhalten. Vorrangig soll untersucht werden, wie gleichsam unter dem Dach der philosophischen Instanz das von Humboldt stets betonte „Zusammenwirken der Kräfte" ästhetisch gestaltet werden konnte. Dies sei am Beispiel des eher selten diskutierten Phänomens der Sandhosen erläutert:

> Wenn unter dem senkrechten Stral der nie bewölkten Sonne die verkohlte Grasdecke in Staub zerfallen ist, klaft der erhärtete Boden auf, als wäre er von mächtigen Erdstößen erschüttert. Berühren ihn dann entgegengesetzte Luftströme, und pflanzt sich durch Gegenstoß die kreisende Bewegung fort; so gewährt die Steppe einen seltsamen Anblick. Als trichterförmige Wolken, deren Spitzen an der Erde hingleiten, steigt der Sand dampfartig durch die luftdünne, vielleicht elektrisch geladene, Mitte des Wirbels empor – gleich den rauschenden Wasserhosen, die der erfahrene Schiffer fürchtet. Ein trübes, strohfarbiges Halblicht wirft die nun scheinbar niedrigere Himmelsdecke auf die verödete Flur. Der Horizont tritt plötzlich näher. Er verengt die Steppe, wie das Gemüth des Wanderers. Die heiße, staubige Erde, die im nebelartig verschleierten Dunstkreise schwebt, vermehrt die erstickende Luftwärme. Statt Kühlung führt der Ostwind neue Gluth herbei, wenn er über den langerhitzten Boden hinweht.[35]

Alexander von Humboldt stand vor der Aufgabe, seinem Lesepublikum möglichst wissenschaftlich korrekt das Phänomen einer Sandhose zu erläutern, dabei aber seinen scientifischen Zweck mit literarischen Mitteln zu verbinden

---

35 Humboldt, Alexander von: Ueber die Steppen und Wüsten, S. 29 f.

und in einen ästhetisch wirkungsvollen reiseliterarischen Text umzusetzen. Wie ging er vor? Die naturwissenschaftlich fundierte Erklärung des Phänomens der Sandhose wird durch die Einführung des Zusammentreffens einer vertikalen mit einer horizontalen Achse eingeleitet, wobei die erstgenannte, der senkrechte Strahl der Sonne, nicht nur zerstörerisch die Vegetation in Staub verwandelt und in den Boden eindringt, sondern Erdrisse erzeugt, wie sie von einer Macht des Erdinnern hervorgerufen sein könnten. Humboldt geht, wie sich zeigt, systematisch und geradezu strukturalistisch vor.

Die Vertikalität des Sonnenstrahls – dessen Intensität Humboldt faszinierte und die er durch Messungen genauer zu fassen suchte – überträgt sich eher metonymisch als kausal auf den trichterförmigen Wirbel, der die Ebene quert und dabei eine nun aufsteigende Bewegung produziert, die der ursprünglich zugeführten Energierichtung entgegengesetzt ist. Es kommt zu einer Zirkulation, zu einer Wechselwirkung. In diese kraftvoll narrativ entfaltete Passage wird durch den Vergleich mit dem Phänomen der Wasserhose ein semantisches Feld eingeblendet, mit dem wir seit Beginn des Textes vertraut sind, wird hier doch wieder die Horizontalität der Steppe mit jener des Meeres in Beziehung gesetzt.

Zugleich kündigt die Figur des erfahrenen Schiffers bereits jene des Wanderers an, insofern beide in ihrer Durchquerung der Anökumene jenen Naturgewalten und Kräften ausgeliefert sind, die sie in ihrer Vertikalität und zerstörerischen Kraft weit überragen. Die ungeheure Dynamik, die im Text von der Sonne ausgelöst wird, führt zu einer ständig beschleunigten narrativen Bewegung, die nur kurzzeitig von diskursiven Elementen (etwa den Vergleichen mit den Erdstößen oder dem Meer) unterbrochen wird. Die Kraft der vertikalen Erscheinung verändert nicht nur die scheinbar stabile Horizontalität an sich (das Zerfallen in Staub, das Aufklaffen der Erde usw.), sondern grenzt diese Horizontalität auch ein.

Die Plötzlichkeit des Ereignisses weist darauf hin, dass die Darstellung wohl in den Händen der auktorial gestalteten Erzählinstanz liegt, die von ihr ins Spiel gebrachte Wahrnehmung nun aber beim einsamen Wanderer fokalisiert wird. Dies ist ein für die Humboldt'sche Schreibweise charakteristischer Wechsel. Die Kräfte der Natur wirken nicht nur auf die nach außen gerichtete Wahrnehmung des Wanderers, sondern auch auf seine innere Befindlichkeit, sein „Gemüth" oder, wie es in der französischen Fassung dieses Textes heißt, auf sein Herz.[36] Die den Abschnitt beendenden Sätze sind ebenfalls präsentisch gehalten, enthalten noch immer Verben der Bewegung, sind aber gleichwohl stärker erläuternder, diskursiver Natur, wobei die Fokalisierung im Subjekt des Wanderers wieder

---

36 Vgl. Humboldt, Alexandre de: *Tableaux de la Nature*, S. 42: „Les limites de l'horizon se rapprochent subitement; la steppe se rétrécit, et le cœur du voyageur se resserre."

aufgegeben wird. Sie diente nur dem Ausdruck und der Ausgestaltung einer subjektiv-modernen Modalität.

Ein naturwissenschaftlich erklärbares Phänomen wird hier offenkundig nicht im Diskurs der eigentlich 'zuständigen' Wissenschaften dargelegt. Humboldt wählt bewusst einen anderen Weg. Die wissenschaftlichen Erläuterungen des Phänomens der Sandhose sind unverkennbar in der Modalität des Narrativen und Erlebnishaften, im Gestus einer modernen Subjektivität oder einer Subjektivität der Moderne, gestaltet. Der Dynamik des Naturphänomens entspricht die Dynamik der Erzählung, in der die diskursiven Elemente der Erläuterung, wo irgend möglich, in die Narration – um die Humboldt'sche Metaphorik aufzunehmen – eingeschmolzen sind.

Die Spannungskurve erreicht dabei am Ende des zweiten Drittels dieses Abschnitts ihren Höhepunkt, wobei sich nun die Spannung nicht mehr vorwiegend zwischen der wissenschaftlichen Instanz und der auktorial gestalteten Erzählinstanz des erinnernden Ich, sondern zwischen letzterer und der Perspektive des Wanderers (im Reisebericht also jener des erzählten Ich) aufbaut. Die wissenschaftliche Instanz wird zugleich durch die „wissenschaftlichen Erläuterungen", die schon im Titel des Buches angekündigt sind, paratextuell gestärkt. Sie wird dabei aber nicht gänzlich auf diese Erläuterungen ausgelagert.

Hierbei handelt es sich freilich nicht nur um zusätzliche Erläuterungen oder – wie in späteren Ausgaben hinzugefügte – Messungsergebnisse, sondern teilweise auch um wahre Erzählkerne, die zu Ausgangspunkten zusätzlicher Erzählvorgänge werden könnten. Denn so, wie der Haupttext von wissenschaftlichen Diskursen gequert wird, so werden auch die Erläuterungen wiederum von narrativen Elementen umsponnen. Auch hier ist alles Wechselwirkung. Die *Verbindung* eines literarischen mit einem rein szientifischen Zweck ist von Humboldt ernst gemeint.

In der Erstausgabe von 'Ueber die Steppen und Wüsten' umfasst der fortlaufende Text die Seiten 1–46, die „Erläuterungen und Zusätze" dann die Seiten 46–155. Da sich Humboldts proliferierendes Schreiben in den späteren Ausgaben vor allem in dem letztgenannten paratextuellen Teil entlädt – er modifiziert und erweitert vorhandene Anmerkungen und fügt zusätzliche Anmerkungen hinzu –, pendelt sich die Relation zwischen fortlaufendem Text und wissenschaftlichen Erläuterungen, die in der Erstausgabe bei einem Verhältnis 1: 3 lag, bei der dritten Ausgabe bei einem Verhältnis von 1: 8 ein, ja geht noch bei anderen Texten deutlich darüber hinaus. Vergleichbar ist eine derartige Schreibweise in neuerer Zeit wohl am besten mit jener des großen lateinamerikanischen Bewunderers von Alexander von Humboldt, des kubanischen Anthropologen und Essayisten Fernando Ortiz, der in seinem *Contrapunteo cubano del tabaco y el azúcar* eine ähnlich rhizomatische Schreibweise praktizierte.[37] Teilt man Schriftsteller in zwei Klassen ein – jene, die bei Korrekturen eher kürzen und jene, die stets hinzufügen –, so gehört Alexander von Humboldt mit seiner Lust an einer proliferierenden Art des Schreibens fraglos der zweiten Klasse an. Es ging ihm um eine ständige Weitung und Erweiterung: und letztlich ums Ganze.

Die Verbindung von 'Literarischem' und 'Wissenschaftlichem' wird in dieser Passage als ein Ineinandergreifen der verschiedenen Instanzen erkennbar, das in der Tat zu einem Zusammenwirken aller Kräfte führt, die auf das Lesepublikum gebündelt einwirken sollen. Die Narrativierung des Diskursiven wird durch eine diskursive Aufladung des Narrativen ergänzt. Auch hier verfährt Humboldt nach dem Prinzip der Wechselwirkung. Die Modernität dieser Schreibweise, die nicht nur die unterschiedlichsten Wissenschaftsbereiche, sondern auch die verschiedenen Textinstanzen miteinander vermittelt, führt zu einer Ganzheit von Darstellung und Erkenntnis, die Wissen und sinnliche Erfahrung unmittelbar aufeinander bezieht.

Humboldts Schreibweise zielt nicht vorrangig auf Eindeutigkeit – obwohl sie diesen Anspruch selbstverständlich keineswegs aufgibt –, sondern erweist sich als bewusst mehrfach kodiert. Diese Mehrfachkodierung ist dabei im engeren Sinne eine literarische. Die „ästhetische Behandlung naturhistorischer Gegenstände" wird, trotz aller „Schwierigkeiten der Composition", durch eine Schreibweise eingelöst, die sich nicht als eine bloß literarische, sondern als ein Zusammenfügen aller Elemente zu einem Ganzen versteht. Eine solche *écriture* erzeugt nicht einfach einen literarischen Mehrwert, sie verwandelt sich vielmehr selbst in einen Wert, der sich nicht als ein Hinzugefügtes, sondern als ein ästhetisch Zusammengefügtes in seiner Komplexität beschreiben lässt.

Wir haben es also nicht mit einer „Anhäufung", nicht mit Wissenschaft plus Literatur (im rhetorischen Sinne von Schmuck und Ornament), nicht also mit einer additiven Struktur oder Sammlung, sondern mit einer Gesamtheit, die auf den „Totaleindruck" zielt, zu tun. Diese Ästhetik ist Fundament und Medium der Humboldt'schen Wissenschaftskonzeption zugleich. Sie erzeugt eine Literatur und Wissenschaft in ständiger Bewegung. Die Kräfte, die sie einbindet, entstehen durch Wechselwirkung.

Bei Alexander von Humboldt ergibt sich der recht Aufsehen erregende Befund, dass die Theorien in seinem wissenschaftlichen Werk und dessen reiseliterarische

---

37 Vgl. Ette, Ottmar: Fernando Ortiz. In: Nünning, Ansgar (Hg.): *Metzler Lexikon Literatur- und Kulturtheorie. Ansätze – Personen – Grundbegriffe*. Stuttgart – Weimar: Metzler 1998, S. 410–411; sowie (ders.): Transatlantische Transplantationen: Von Pfropfung und 'mestizaje' zum transarchipelischen Zusammenleben in den Amerikas. In: Ette, Ottmar / Wirth, Uwe (Hg.): *Kulturwissenschaftliche Konzepte der Transplantation*. Berlin – Boston: Walter de Gruyter 2019, S. 27–63.

Umsetzungen den gleichen Strategien gehorchen und nach denselben Grundsätzen modelliert sind. Ein Buch von der Natur, so gab er zu Protokoll, sollte den Eindruck wie die Natur hervorrufen. Die aufgezeigten Vertextungsstrategien Alexander von Humboldts sind ebenso für die Gesamtheit seiner Schriften wie für die Rezeption seines Werkes von grundlegender, bis heute freilich wenig untersuchter Bedeutsamkeit. Sie ließen sich durch die Analyse zusätzlicher Verfahren seiner reiseliterarischen *écriture* ergänzen. Von besonderer Wichtigkeit scheinen mir hierbei die von Humboldt stets betonten Beziehungen des Wissens zur sinnlichen Erfahrung der Leserschaft zu sein, so dass an dieser Stelle nicht nur auf die intertextuellen, sondern mehr noch auf die intermedialen Beziehungen hinzuweisen ist.

An dieser Stelle sei lediglich erwähnt, dass insbesondere die Bild-Text-Beziehungen,[38] die sich mannigfaltig in seinen Schriften finden, und die Klang-Text-Beziehungen,[39] wie sie etwa in dem ebenfalls in die *Ansichten der Natur* aufgenommenen Aufsatz über 'Das nächtliche Thierleben im Urwalde' in Szene gesetzt werden, höchste Aufmerksamkeit verdienen. Humboldt war an diesen transmedialen Dimensionen seiner Reisewerke äußerst interessiert, ging es ihm doch darum, die Sinne seines Lesepublikums für die Wahrnehmung seiner die Natur simulierenden Schriften sinnlich zu schärfen. Sinn und Sinnlichkeit des Schreibens bildeten für ihn eine Einheit.

Nur noch ein weiteres Beispiel sei an dieser Stelle für diese Transmedialität angeführt. Die Verschiedenheit der phonotextuellen wie der ikonotextuellen Verfahren erweitert beispielsweise in Humboldts *Vues des Cordillères et Monuments des Peuples Indigènes de l'Amérique*, seinen *Pittoresken Ansichten der Cordilleren*, das Spektrum der Wahrnehmungs- und Darstellungsformen beträchtlich, insoweit die inter- und vor allem transmedialen Beziehungen doch jeweils von unterschiedlichen Textinstanzen her organisiert werden. Gerade Humboldts auf Forsters Bemühungen zurückgehender, aber ständig kreativ

---

38 Vgl. hierzu Ette, Ottmar: Bild-Schrift, Schrift-Bild, Hand-Schrift. Zur Kunst der Sichtbarmachung in Alexander von Humboldts 'Amerikanischen Reisetagebüchern'. In: Ette, Ottmar / Müller, Gesine (Hg.): *Visualisierung, Visibilisierung und Verschriftlichung. Schrift-Bilder und Bild-Schriften im Frankreich des 19. Jahrhunderts.* Berlin: Verlag Walter Frey – edition tranvía 2015, S. 11–64; sowie ders.: Einführung: Die Bilder-Welten Alexander von Humboldts. Als die Bilder laufen lernten. In: Ette, Ottmar / Maier, Julia: *Alexander von Humboldt: Bilder-Welten. Die Zeichnungen aus den Amerikanischen Reisetagebüchern.* München: Prestel 2018, S. 9–25.
39 Vgl. hierzu Ette, Ottmar: ‚Motion, Emotion, Musik: Alexander von Humboldts experimentelles Schreiben.' Eröffnungsvortrag der Jahrestagung der Schweizerischen Gesellschaft für Allgemeine und Vergleichende Literaturwissenschaft (SGAVL) »Musique et émotions dans la littérature / Musik und Emotionen in der Literatur« an der Universität Bern (16.11.2017, Tagungsband im Druck).

erweiterter Versuch, die Ganzheit des Erfahrbaren und Verstehbaren nicht nur zu erfassen, sondern auch zu vermitteln, hat ihn nach immer wieder neuen ästhetischen Ausdrucksformen suchen lassen. An dieser Stelle stoßen wir auf die experimentelle Dimension des Humboldt'schen Schreibens, eines reiseliterarischen Schreibens, das sich seiner Zuschauer und Hörerschaft jeweils sehr bewusst war. Seine oftmals selbstreflexiven Briefe an Varnhagen von Ense sind, vergleichbar mit jenen Gustave Flauberts an Louise Colet, ein beredtes Zeichen dieser ruhelosen Suche eines Schreibens in der Moderne.

Gleichwohl gibt es – ungeachtet aller Veränderungen – eine Kontinuität und Kohärenz in der Entwicklung und Ausprägung der Humboldt'schen Schreibweise, die angesichts der sich über sieben Jahrzehnte erstreckenden Veröffentlichungstätigkeit des großen Gelehrten aus heutiger Sicht mehr als nur beeindruckend ist. Denn Humboldt blieb sich über lange Jahrzehnte in vielen Dingen wie auch in seiner konsequenten Weiterentwicklung von Ideen, die er über lange Jahrzehnte verfolgte, treu. Dies ist nicht zuletzt durch seine in ihren Grundlagen unerschütterliche, ethisch fundierte Konzeption von Wissenschaft und allgemeiner noch von Wissen in der Gesellschaft überhaupt bedingt – gerade auch, was die gesellschaftliche Distribution von Wissen angeht.

Wir kommen damit zum Komplex dessen, was wir heute als die *Humboldt'-sche Wissenschaft* bezeichnen. Susan Faye Cannon hat als erste in ihrer wissenschaftshistorischen Untersuchung angesichts der terminologisch nicht auf den Begriff zu bringenden Fülle der von Humboldt behandelten Gegenstände und angewandten Verfahren den im deutschsprachigen Raum zunächst kaum wahrgenommenen Begriff der *Humboldtian Science* geprägt und hinzugefügt:

Wenn Humboldt ein Revolutionär war (was er nach meiner Ansicht vielleicht tatsächlich war), lag der Grund hierfür nicht darin, dass er all die unterschiedlichen Teile der Humboldt'schen Wissenschaft erfunden hätte. Er war es, weil er den gesamten Komplex für etwa vierzig Jahre zur Hauptbeschäftigung professioneller Wissenschaft erhob.[40]

Mit diesen Worten und mit ihrer Arbeit legte die Wissenschaftshistorikerin eine neue Grundlage für die Sichtweise und das Verständnis Alexander von Humboldts heute. Auch wenn man Alexander von Humboldt weder in politischen noch in wissenschaftlichen Dingen für einen Revolutionär halten muss,[41] kann man doch der Überzeugung beipflichten, dass der Verfasser der *Reise in die Äquinoktial-Gegenden des Neuen Kontinents* eine Wissenschaftskonzeption

---

40 Cannon, Susan Faye: *Science in Culture: The Early Victorian Period*. New York: Dawson and Science History Publications 1978, S. 77.
41 Vgl. hierzu die Überlegungen in Ette, Ottmar: *Mobile Preußen. Ansichten jenseits des Nationalen*. Stuttgart: Metzler 2019.

sui generis begründete, deren Charakteristikum weniger in der Innovation (oder 'Erfindung') als in der Kombination und Verkettung gesehen werden darf. Dabei wissen wir vier Jahrzehnte nach Susan Faye Cannon, dass die Humboldt'-sche Wissenschaft in ihrer transdisziplinären, transarealen und lebenswissenschaftlichen Dimensionen noch wesentlich konziser und konsistenter war, als man sich dies ursprünglich vorstellte. Die Existenz einer Humboldt'schen Wissenschaft hatte selbstverständlich auch direkte Konsequenzen für das reiseliterarische Verhältnis von Reisen und Schreiben bei Humboldt.

Schon früh ist die Kombinatorik und das, was Humboldt später als die 'Wechselwirkung' bezeichnete, zu einem Merkmal des 'kleinen Apothekers' von Schloss Tegel geworden, das sein Bruder Wilhelm in einem Brief vom 18. März 1793 an Carl Gustav von Brinkmann wohl erkannte:

> Ich halte ihn unbedingt und ohne alle Ausnahme für den größten Kopf, der mir je aufgestoßen ist. Er ist gemacht, Ideen zu verbinden, Ketten von Dingen zu erblicken, die Menschenalter hindurch, ohne ihn, unentdeckt geblieben wären. Ungeheure Tiefe des Denkens, unerreichbarer Scharfblick, und die seltenste Schnelligkeit der Kombination, welches alles sich in ihm mit eisernem Fleiß, ausgebreiteter Gelehrsamkeit, und von unbegränztem Forschungsgeist verbindet, müssen Dinge hervorbringen, die jeder andere Sterbliche sonst unversucht lassen müßte.[42]

Wilhelm von Humboldt wurde damit zum ersten Epistemologen seines Bruders Alexander und erkannte in der Kombination den Denk- und Wissenschaftsstil des Jüngeren, der auch in seinem literarischen Schreibstil zum Ausdruck kommen sollte. In der Kombinatorik, der Verknüpfung von Ideen, hat Wilhelm bei seinem Bruder Alexander folglich einen Denkstil ausgemacht, der später das gesamte mobile Gebäude der Humboldt'schen Wissenschaft durchdringen sollte. Man könnte mit Recht die Innovation des von Alexander geschaffenen Wissenschaftsparadigmas vorrangig in der spezifischen Kombinatorik erblicken, die zwischen den unterschiedlichsten Gegenstandsbereichen, Wissensgebieten und Methodologien Verbindungen herstellt und so das (auf einer Fülle von Einzeluntersuchungen basierende) Zusammendenken als Herzstück Humboldt'scher Wissenschaftskonzeption ausweist. Man hat Humboldt später oft vorgeworfen, er habe sich nicht zwischen Deutsch und Französisch, nicht zwischen Preußen und Frankreich, nicht zwischen Europa und Amerika, nicht zwischen Natur- und Kulturwissenschaften entscheiden können. Doch dieser Vorwurf geht ins Leere. Denn Humboldt war an den Wechselwirkungen interessiert: Er zielte auf das Ganze.

---

42 Zitiert nach Beck, Hanno (Hg.): *Gespräche Alexander von Humboldts*. Berlin: Akademie-Verlag 1959, S. 6.

Die Humboldt'sche Wissenschaft ist ohne jeden Zweifel eine trans*disziplinäre* und zugleich trans*areal* ausgerichtete Wissenschaft und wird als solche auch verstanden. Sie ist jedoch inter*kulturell* und nicht trans*kulturell*, weil sie bewusst von der europäischen Perspektive ausgeht, eine Tatsache, der sich auch die so häufig in Humboldts Texten beobachtbare Figur des europäischen Reisenden verdankt. Allerdings gibt es bereits bei Humboldt bei genauerer Betrachtung auch eine Reihe transkultureller Elemente, die zu untersuchen sich mehr als lohnt. Sind wir heute möglicherweise an einem Punkte angelangt, von dem aus die ersten eher zaghaften Schritte in Richtung auf diese transkulturelle Wissenschaft unternommen werden, so ist die Humboldt'sche Perspektivierung stets eine europäische, die den Dialog mit anderen Kulturen sucht und an einem interkulturellen Austausch nicht weniger interessiert ist als an Weltwirtschaft, Welthandel und Weltliteratur in einem geradezu 'klassischen', nicht zuletzt auch Ideen der Weimarer Klassik Goethes aufnehmendem Sinne.

Humboldts Wissenschaftskonzeption ist transdisziplinär ausgerichtet, weil sie nicht – wie im Falle der Interdisziplinarität – vom Standpunkt einer ganz bestimmten Disziplin aus den Dialog mit anderen wissenschaftlichen Fachgebieten und die wechselseitige Erhellung unterschiedlich 'disziplinierter' Wissensgebiete sucht. Sein Leitmodell war ein vernetztes und mehr noch immer neu vernetzendes Denken: keines, das in Oppositionen, in unüberbrückbaren Gegensätzen dachte. So siedelte er sich auch jenseits der Berliner Debatte um die Neue Welt an, indem er – was der gemeinsame Nenner von de Pauw und Pernety war – anders als die Denker des 18. Jahrhunderts in Amerika nicht *das Andere* von Europa erkannte, sondern vielmehr die Zusammenhänge, das Zusammenführende, betonte und die auch auf diesem Gebiet vernetzenden Beziehungen zwischen beiden Weltteilen hervorhob.

Alexander von Humboldt war bestrebt, in möglichst vielen Disziplinen zuhause zu sein, oder besser: sich zwischen den verschiedenen Disziplinen zu bewegen und seine *vie nomade*, seinen nomadischen Lebensstil auch auf den Bereich der Wissenschaften auszudehnen. Es ging ihm daher auch niemals um eine Spezialisierung, die nur einen bruchstückhaften Dialog mit anderen Spezialisten zu führen imstande wäre, sondern um ein nomadisches Wissen, das sich dank weltweit ausgedehnter Korrespondentennetze und einer unermüdlichen Arbeitsleistung stets die Möglichkeit offenhielt, von verschiedenen disziplinären Standpunkten aus zugleich zu argumentieren. Die uns heute bedrückenden Grenzen interdisziplinärer (oder wechselseitig 'disziplinierter') Forschung kennt sein Denken nicht. Und auch dies gehört auch heute noch zum Unabgegoltenen der Humboldt'schen Wissenschaftskonzeption.

Die *Humboldt-Industry* hat in den zweihundertfünfzig Jahren seit seiner Geburt nur mühsam den transdisziplinären und transarelaen Reichtum eines

Forschungsunternehmens erkannt, das sich nicht einem einzigen Wissenschaftsverständnis zuordnen lässt. Auf diesem Gebiet ist das hochgelobte Buch von Andrea Wulf sicherlich ein Rückschritt, macht es doch Humboldt wieder zu jenem Naturforscher und Naturwissenschaftler, der er sicherlich auch war, lässt aber die Hälfte der Humboldt'schen Wissenschaft ganz einfach weg. Humboldts Reisen waren Reisen in Natur *und* Kultur der von ihm bereisten Länder und Regionen, sie waren transdisziplinär und interkulturell sowie vor allem transareal ausgerichtet und zielten auf die Erhellung all jener Wechselwirkungen gerade auch zwischen Natur und Kultur, die für seine Wissenschaftskonzeption tragend waren.

Es dreht sich bei Humboldt um Überzeugungen, Bewegungen und Werte, die nicht nur von biographischer oder wissenschaftshistorischer Bedeutung sind, sondern auch von großer Aktualität und Wichtigkeit für die heutigen Debatten um die Beziehungen sowohl zwischen den verschiedenen Wissenschaften untereinander als auch zwischen diesen und der Gesellschaft innerhalb eines weltweiten Kommunikationszusammenhanges.

Vor allem aber: Die *Humboldtian Science* ist in einem *Humboldtian Writing* fundiert, das es dem Verfasser des *Examen critique* erst erlaubte, mit Hilfe ganz bestimmter Schreibverfahren und Vertextungsstrategien jenen Gesamteindruck zu erzeugen, der auf der Konzeption eines Ganzen, *des* Ganzen, beruhte. Denn Alexander von Humboldt verstand es, seine Unruhe, seine ständige Beschäftigung mit mehreren Gegenständen zugleich nicht zu einem wissenschaftlichen Dilettantismus verkommen zu lassen, sondern in einen Prozess ständig zunehmender Komplexität des Wissens und des Schreibens zu verwandeln. Dieser Prozess war bei ihm ein Leben lang unabgeschlossen, in ständiger Bewegung.

Eine Humboldt'sche Wissenschaft wäre ohne ein Humboldt'sches Schreiben unvorstellbar, wäre es dem preußischen Gelehrten ansonsten doch niemals möglich gewesen, das Zusammengedachte auch als solches – und nicht etwa als Zusammengeschriebenes – zu präsentieren. In diesem Humboldt'schen Schreiben, so scheint mir, liegt nicht nur der Schlüssel zu seinem gesamten Werk, sondern auch für ein adäquates Verständnis der Komplexität seiner Vorstellungswelt. Von einzelnen Disziplinen her – und seien dies auch Querschnittsdisziplinen wie die Geographie – ist dieses Verständnis heute nicht mehr zu gewinnen. Die Erfindung der Natur – um bei der Terminologie von Andrea Wulf zu bleiben – macht nur Sinn im Rahmen ihrer Vernetzung mit einer Erfindung der Kultur. Bei Humboldt sind Natur und Kultur unauflöslich miteinander verwoben.

Aber kommen wir nochmals zurück auf das Verhältnis von Reisen und Schreiben in Humboldts Reiseschreiben. Bislang wurden die Schriften Alexander von Humboldts überwiegend so gelesen, als ob das Schreiben, die Form ihrer Präsentation, gleichsam transparent wäre und uns eine unmittelbare

Kommunikation mit den von ihm jeweils dargestellten Inhalten erlauben könnte. Humboldts eigene Schreibstrategien trugen viel zu dieser Fiktion von Direktheit und Unmittelbarkeit bei, zielten sie doch auf eine möglichst 'natürliche' Wahrnehmung, die Natur gleichsam simulierte. Das Schreiben sollte *wie die Natur* – oder vielmehr: wie Humboldts kulturell bedingte Sichtweise von Natur – sein. So schrieb er an Varnhagen von Ense:

> Dem Oratorischen muss das einfach und wissenschaftlich Beschreibende immerfort gemischt sein. So ist die Natur selbst. Die funkelnden Sterne erfreuen und begeistern, und doch kreist am Himmelsgewölbe alles in mathematischen Figuren. Die Hauptsache ist, dass der Ausdruck immer edel bleibe, dann fehlt der Eindruck von der Größe der Natur nicht.[43]

Alexander von Humboldt ging äußerst behutsam mit jenen literarischen Formen um, die er für sein Reiseschreiben auswählte. Er war sich dabei stets seines Publikums bewusst und versuchte, ebenso in deutscher wie in französischer Sprache gleichsam 'Naturformen' für seine stilistische Ausgestaltung zu finden. Der Verfasser der *Ansichten der Natur* unternahm dabei zeit seines Lebens immer wieder andere Versuche, einen Effekt der quasi-natürlichen Unmittelbarkeit zu erzielen, ohne Gefahr zu laufen, seine literarische Darstellung als „dichterische Prosa" gebrandmarkt zu sehen. „Ein Buch von der Natur", so schrieb er schon am 24. Oktober 1834 an Varnhagen von Ense, „muss den Eindruck wie die Natur selbst hervorbringen"[44] – ein Leitthema, das wir bereits angeführt hatten. Der von Humboldt angestrebte literarische Kode sollte gleichsam 'natürlich' überdeterminiert sein, um über seine eigene Kodierung, seine eigene Literarizität hinwegzutäuschen und wie jene Glasscheibe zu wirken, durch die wir – ohne sie zu reflektieren – die Außenwelt betrachten. Und mit Blick auf die Reaktionen seiner Zeitgenossen darf man wohl sagen, dass diese Versuche gelangen.

Freilich handelt es sich hierbei um ein überaus effektives und wohlkalkuliertes Verfahren, das 'Literarische' der Schrift in der Repräsentation der Natur zu tilgen. Humboldt versuchte, den Artefaktcharakter seiner Veröffentlichungen mit Hilfe literarischer Techniken zu verbergen, die – ähnlich wie die Kodes der europäischen Realisten des 19. Jahrhunderts – auf einen 'Realitätseffekt', einen *effet de réel*, abstellten, wie ihn Roland Barthes definierte. Dem wissenschaftlichen Charakter seiner Schriften tat dies keinen Abbruch. Gegenstände, Inhalte und Ergebnisse seines Denkens wie der von ihm betriebenen Wissenschaften nehmen

---

43 *Briefe Alexander von Humboldts an Varnhagen von Ense*, S. 92 (Brief vom 28. April 1841).
44 Ebda., S. 23 (die Datierung auf den 27.10. ist wohl fehlerhaft); vgl. auch Blumenberg, Hans: *Die Lesbarkeit der Welt*. Frankfurt am Main: Suhrkamp 1986, S. 283 f.

wir aber nur durch seine Schriften und damit als Ergebnisse überaus komplexer Schreib-, Lese und Darstellungsprozesse wahr. Schon in seinen Reisetagebüchern hat Humboldt dieses Verhältnis zwischen Reisen und Schreiben literarisch höchst kunstvoll ausgeführt.

Zu lange, so scheint mir, hat die Humboldt-Forschung die Gläser nicht gesehen, durch die sie auf Humboldts Werk blickte. Es gibt noch viel zu erforschen mit Blick auf Humboldt als deutschem und französischem Schriftsteller.[45] Wenn wir nach den Debatten des 20. und beginnenden 21. Jahrhunderts aus der Sicht verschiedenster Einzeldisziplinen wissen, dass Alexander von Humboldt zweifellos Naturforscher (im Sinne des französischen *naturaliste*), Historiker, Kulturforscher, Philosoph und Geograph war, so sollten wir heute umso bewusster zur Kenntnis nehmen, dass er sich nicht von Einzeldisziplinen her begreifen lässt und eben mehr war als Kulturforscher, Geograph, Philosoph, Naturforscher oder Historiker. Wenn wir Alexander von Humboldt als literarischen Autor, als Schriftsteller begreifen, so kann es heute jedoch nicht mehr darum gehen, nunmehr ausgehend von der 'Schriftstellerei' – die freilich keine Disziplin, sondern eher ein bestimmter Typus von Aktivität ist – den Verfasser des *Kosmos* zu vereinnahmen. Doch eine tiefgehendere Beleuchtung des *Humboldtian Writing* ist dringend erforderlich.

Hierbei geht es sehr wohl um die Frage, mit Hilfe welcher Verfahren und Techniken es Humboldt gelang, die komplexe Kombinatorik eines transdisziplinären Forschens und interkulturellen Denkens zu *re-präsentieren* und zugleich ein grenzüberschreitendes Denken und Schreiben in beständiger Bewegung zu halten. Es geht um eine Neubewertung des bei ihm beobachtbaren Verhältnisses von Reisen und Schreiben. Dabei spielen seine Reisetagebücher und insbesondere seine *Amerikanischen Reisetagebücher* eine ganz entscheidende Rolle. Es war just diese Leistung des Humboldt'schen Schreibens 'im Angesicht der Dinge', welche die unabdingbare Voraussetzung der Humboldt'schen Wissenschaft bildete.

Dabei sollten wir freilich nicht vergessen, dass für Alexander von Humboldt Wissenschaft, Ethik und Ästhetik ein unauflösbares Ganzes bildeten und dass ihn, wie er in *Mes confessions* bekannte, eine „inquiétude morale" umtrieb, für die auch die Grenzen des Transdisziplinären bei weitem zu eng gesteckt gewesen wären. Die für Humboldts Denken grundlegende Verbindung von Ethik und Ästhetik lässt sich nicht nur auf die Figur des 'nomadisierenden' Reisenden beziehen, dem als Vermittlungsinstanz kultureller Alteritätserfahrung eine

---

45 Vgl. hierzu Lenz, Markus Alexander: Französische Literaten. In Ette, Ottmar (Hg.): *Alexander von Humboldt-Handbuch. Leben – Werk – Wirkung.* Mit 52 Abbildungen. Stuttgart: J.B. Metzler Verlag 2018, S. 229–235.

gattungskonform zentrale Funktion zukommt, sondern erlaubt auch Ausblicke auf eine sich abzeichnende Figur des Intellektuellen, der nicht an die Grenzen wissenschaftlicher Diskurse gebunden ist. Humboldt war in diesem ethisch fundierten Sinne ganz ohne Zweifel ein Intellektueller *avant la lettre*, der sich seine Unabhängigkeit, ungeachtet seiner Dienste als Kammerherr bei Hofe, zu erhalten wusste und auch in seiner privaten Korrespondenz – wie die Briefe mit Varnhagen von Ense zeigen – behielt.

Denn das Schreiben in der Moderne schließt für Alexander von Humboldt – ganz wie bereits für Georg Forster – stets eine Verantwortung ein, die wir heute als eine Funktion des Intellektuellen begreifen. Auch diese öffentliche Funktion in und für die Gesellschaft zählt zum Kernbestand dieser europäischen Moderne, für die Humboldts Schreiben stellvertretend stehen kann. So weitgefächert auch immer seine Wissenschaftskonzeption sein mochte, er sah sie stets wie auch sich selbst in der gesellschaftlichen Verantwortung. Und mehr noch: Sie war für ihn ein Motor der gesamtgesellschaftlichen Entwicklung im Sinne nicht nur einer Popularisierung wissenschaftlicher Themen, sondern mehr noch einer Demokratisierung des Zugangs zu Wissen und dessen Zirkulation.

Auch hierin liegt die Modernität eines Schreibens, das die perspektivische Vielgestaltigkeit der *europäischen* Moderne, an deren Herausbildung Humboldt wesentlich mitgearbeitet hat (und an deren Ende wir uns möglicherweise befinden), wie kaum ein anderes zum Ausdruck brachte. Mit Alexander von Humboldt erfährt die europäische Reiseliteratur einen ungeheuren Schub und zugleich eine nunmehr moderne, die Subjektivität der Reisenden vielfach beleuchtende Modellierung.

Das *Humboldtian Writing* ist ein Reiseschreiben in der Moderne, das über diese weit hinausreichend nichts von seiner ästhetischen Kraft und seiner moralischen Unruhe für uns heute verloren hat. Es zeigt und setzt Literatur in mehrfachem Sinne in Bewegung und entfaltet eine Dynamik, die in der Heterogenität ihrer diskursiven Brennstoffe aus heutiger Perspektive wieder genauer wahrgenommen werden kann. Mit Humboldt erreicht das europäische Reiseschreiben einen Höhepunkt, der für viele nachfolgende Reisen, für viele Autorinnen und Autoren als reiseliterarischer Bezugspunkt wirkte.

Reisen nach Brasilien auf den Spuren Humboldts

Alexander von Humboldt gelangte niemals nach Brasilien. Er hatte erfahren, dass die portugiesische Regierung eine Order erlassen hatte, ihn sofort festzunehmen, sobald er die Grenze zum portugiesischen Kolonialreich in Amerika überschreiten würde. Zu tief saß die Angst bei den portugiesischen Kolonialbehörden vor der Kolonialismuskritik des Preußen und den Folgen, welche diese kritische Sichtweise des Kolonialsystems auslösen könnte. Doch auch wenn Humboldt am Río Negro nur an die Grenzen, aber nicht ins Innere des portugiesischen Reiches kam, so wirkte seine Reise doch inspirierend für viele weitere Forschungsexpeditionen, die in der Folge tief ins Innere Brasiliens unternommen wurden.

Wir wollen an dieser Stelle zwei dieser Reisen kurz betrachten. Die reiseliterarische Schilderung der ersten Annäherung von Georg Heinrich Freiherr von Langsdorff an die Küsten Brasiliens steht von Beginn an im Zeichen der tropischen Fülle. So lesen wir im ersten Band seiner erstmals im Jahre 1812 in Frankfurt am Main erschienenen *Bemerkungen auf einer Reise um die Welt in den Jahren 1803 bis 1807*[1] zunächst von einem am 18. Dezember 1803 durchgeführten Versuch – Humboldt befand sich damals noch auf seiner amerikanischen Forschungsreise –, sich der „Insel *St. Catharina*"[2] und damit der brasilianischen Küste zu nähern: „und schon bewillkommnten [sic] uns, in einer Entfernung von 60 bis 80 Seemeilen, mehrere Schmetterlinge, die wahrscheinlich durch einen starken Wind dem Lande entrissen waren."[3]

Doch diese erste Begegnung mit ungeheuer großen und bunten, vielfarbigen Bewohnern der Neuen Welt muss aufgrund eines aufziehenden schweren Sturmes – der gleichsam für die andere, gefährliche Seite der Tropen, also die komplementär zur Fülle stehende Falle steht – zunächst abgebrochen werden, bevor dann am 21. Dezember die erste Berührung mit Brasilien erfolgt:

> Kaum konnte ich, belebt von so manchen schönen Bildern meiner Einbildungskraft, die wiederkehrende Sonne erwarten, um die nahe paradiesische Gegend zu besuchen. Meine Ideen waren, ich gestehe es, groß und gespannt, dem ungeachtet übertraf nun, je mehr ich mich dem Lande näherte, die Wirklichkeit meine Erwartung.

---

1 *Bemerkungen auf einer Reise um die Welt in den Jahren 1803 bis 1807* von G.H. von Langsdorff, Kaiserlich-Rissischer Hofrath, Ritter des St. Annen-Ordens zweiter Classe, Mitglied mehrerer Akademien und gelehrten Gesellschaften. Mit acht und zwanzig Kupfern und einem Musikblatt. 2 Bde. Frankfurt am Main: Im Verlag bey Friedrich Eilmans 1812. **2** Ebda., S. 27. **3** Ebda.

Die an Farben, Größe, Bau und Verschiedenheit mannichfaltigen Blüthen, hauchten in die Atmosphäre eine Mischung von Wohlgeruch, die mit jedem Athemzug den Körper stärkte und das Gemüth erheiterte.

Große Schmetterlinge, die ich bisher nur als Seltenheiten in unsern europäischen Cabinetten sah, umflatterten viele, noch nie oder in unseren Gewächshäusern nur als Krüppel gesehene und hier in üppigem Wuchs blühende Prachtpflanzen.— Die goldblitzenden Colibri's umschwirrten die honigreichen Blumen der Bananenwälder und wiederhallender Gesang noch nie gehörter Vögel ertönte in den wasserreichen Thälern, und entzückte Herz und Ohr.— Dunkele, überschattete Wege schlängelten sich von einer friedlichen Hütte zur andern, und übertrafen an Schönheit und Anmuth, an Abwechslung und Einfalt jede noch so gekünstelte Anlage unserer europäischen Gärten.— Alles was ich um mich her sah, setzte mich durch seine Neuheit in Erstaunen und machte einen Eindruck, der sich nur fühlen aber nicht beschreiben lässt.—[4]

Dies ist fürwahr eine prachtvolle Annäherung an die Neue Welt. In dieser kurzen, aber ästhetisch wie kulturtheoretisch wohldurchdachten Passage sind all jene Topoi versammelt, die seit der ersten Annäherung des Christoph Columbus an die Inselwelt der Antillen die Wahrnehmungs- und Darstellungsmuster von Europäern prägen, welche die unterschiedlichsten Phänomene der *für sie* 'neuen' Welt im Zeichen des Reichtums und der Überfülle erstmals wahrnehmen. Alles ist neu, alles ist bezaubernd, alles ist betörend.

In einer Art Überbietungsstrategie setzt sich der amerikanische *locus amoenus* an die Stelle des weitaus kargeren europäischen 'Originals', ohne freilich im Geringsten die Darstellungsmodi der abendländischen Antike zu verlassen. Denn keines der Ingredienzien abendländischer Rhetorik fehlt. Reichtum und Exuberanz prägen alles, was sich den Sinnen des ankommenden Europäers darbietet. Es ist zugleich ein Diskurs der amerikanischen Fülle (und hier nur kurz angedeuteten tropischen Falle), deutlich *nach* jenem anderen, insbesondere das letzte Drittel des 18. Jahrhunderts dominierenden europäischen Diskurs angesiedelt, der unter Rückgriff auf Buffon oder de Pauw Amerika im Zeichen der Unterlegenheit und der Schwäche sah. Wir haben dieses Thema bereits in unserer Vorlesung bei den Überlegungen zur Berliner Debatte um die Neue Welt ausführlich aufgerufen.

Der Leiter dieser Expedition nach Brasilien war kein Unbekannter. Als Teilnehmer der ersten russischen Weltumsegelung, die unter dem Befehl von Adam Johann von Krusenstern durchgeführt wurde, hatte sich Langsdorff – wie er in seinem auf St. Petersburg, den 12. Juni 1811 datierten Vorwort zu seinen *Bemerkungen auf einer Reise um die Welt* ausführte – „als Arzt und Naturforscher"[5] erstmals der amerikanischen Hemisphäre zugewandt. Er partizipierte

---

4 Ebda., S. 29.
5 Ebda., S. xix.

damit an einer Unternehmung, wie sie charakteristisch war für die zweite
Phase beschleunigter Globalisierung: Weltumsegelungen also, wie sie auf französischer Seite Bougainville und „der unsterbliche"[6] Lapérouse oder auf briti-
scher Seite James Cook – mit Georg Forster 'im Gepäck' – durchgeführt hatten.

Abb. 76: Georg Heinrich von Langsdorff
(Wöllstein in Rheinhessen, 1774 – Freiburg im
Breisgau, 1852).

Das Russische Reich war auf diesem Gebiet ein Nachzügler; und so verwundert
es nicht, dass lange Jahrzehnte die paradigmatischen Weltumsegelungen der
Franzosen und Engländer von jener der Russen trennten, die ihrerseits ein ausgeprägtes Interesse insbesondere an der Erforschung der Küsten des Pazifik
und des russischen Amerika besaßen. Nicht zuletzt auch die Erforschung der
Halbinsel Kamtschatka lag im Visier der russischen Weltumsegelungen. Noch
über ein Jahrzehnt später sollte Adelbert von Chamisso an einer weiteren russischen Weltumsegelung in den Jahren 1815 bis 1819 teilnehmen, die unter dem
Kommando Otto von Kotzebues stand. Doch werden wir uns an dieser Stelle
nicht mit dem faszinierenden Reisebericht Chamissos beschäftigen, der auf der

---

6 Ebda., S. 26.

russischen Brigg 'Rurik' insbesondere den Südpazifik und Hawaii, aber auch die Aleuten und die Halbinsel Kamtschatka erforschte.[7]

Doch zurück zu Langsdorffs Unternehmung. Im Vergleich mit den genannten Weltumsegelungen ist es aufschlussreich zu konstatieren, dass in der Figur von Georg Heinrich Freiherr von Langsdorff ein grundlegender Paradigmenwechsel aufscheint, der sich noch im Verlauf dieser zweiten, im Zeichen der Führungsmächte England und Frankreich stehenden Beschleunigungsphase der europäischen Globalisierung vollzog: der Wechsel von der *Entdeckungsreise* (sei es in Form von Seereisen zu bestimmten Küstenstrichen, sei es in Form spektakulärer Weltumsegelungen) zur *Forschungsreise*, wobei die erstere stets nur die Küstenbereiche berührte, die zweite hingegen auf eine Erforschung gerade auch der Binnenräume der Kontinente abzielte. Dies war ein folgenreicher Paradigmenwechsel, für den gerade auch Humboldts Reiseunternehmung stellvertretend stehen mag. Denn dieser hatte in den ausgehenden neunziger Jahren noch darauf gehofft, sich einer weiteren französischen Weltumsegelung unter Kapitän Baudin anzuschließen, bevor er sich – durchaus mit hohem Risiko und auf eigene Kosten – im Juni 1799 zusammen mit Aimé Bonpland auf seine eigene Forschungsreise in die amerikanischen Tropen begab. Diese führte ihn wiederholt auch ins Innere des amerikanischen Kontinents.

Zwei Jahrzehnte nach der erwähnten Krusenstern'schen Weltumsegelung erfüllte die von 1824 bis 1828 durchgeführte Langsdorff'sche Expedition – wiederum in russischem Auftrag – alle Kriterien jener nun vermehrt angestrebten Erforschung des Landesinneren, die nunmehr im Zentrum der europäischen Expansionsbemühungen – seien sie vorwiegend wissenschaftlicher oder politischer beziehungsweise ökonomischer Ausrichtung – stand. Langsdorff selbst hatte die wissenschaftliche Notwendigkeit eines langfristigen Aufenthalts in Brasilien bereits in seinem Reisebericht bezüglich der Insel Santa Catalina festgehalten. In einer Art Vorwegnahme seines späteren Lebens merkte er im Angesicht der Überfülle von Naturphänomenen in einer epistemologisch wie autobiographisch nicht unwichtigen Fußnote an, dass man hier eines Botanikers bedürfe, „der sich nicht Tage und Wochen, sondern Jahre lang hier

---

7 Vgl. zu den Verbindungen dieser Reise gerade auch zu den Unternehmungen von Georg Forster und Alexander von Humboldt Ette, Ottmar: Welterleben / Weiterleben. Zur Vektopie bei Georg Forster, Alexander von Humboldt und Adelbert von Chamisso. In: Drews, Julian / Ette, Ottmar / Kraft, Tobias / Schneider-Kempf, Barbara / Weber, Jutta (Hg.): *Forster – Humboldt – Chamisso. Weltreisende im Spannungsfeld der Kulturen.* Mit 44 Abbildungen. Göttingen: V&R unipress 2017, S. 383–427.

aufhalten muss", könne dieser Forscher doch nur so „durch die Entdeckung einer Menge neuer *genera* und *species* an Pflanzen belohnt werden."[8]

Georg Heinrich Freiherr von Langsdorff verkörpert als Teilnehmer wie als der spätere Leiter einer Entdeckungs- wie einer Forschungsreise damit einen paradigmatischen Wechsel, der in seinem Falle gerade angesichts der Schwierigkeiten, auf die seine Expedition stieß – zahlreiche Dokumente belegen die internen Spannungen zwischen den einzelnen Mitgliedern seiner Expedition[9] –, auch das Oszillieren zwischen Fülle und Falle miteinschloss. Denn das, was sich zunächst den Sinnen des europäischen Reisenden als *Fülle* darbot, konnte sich schon rasch und jederzeit in eine gefährliche *Falle* verwandeln.[10] Dass sich der noch junge Reisemaler Johann Moritz Rugendas seinerseits der Falle, welche für ihn die Langsdorff-Expedition darstellte, zu entziehen vermochte, wirft ein bezeichnendes Licht auf die große Bedeutung, welche dem Zusammenleben, der Konvivenz, für das Überleben und den wissenschaftlichen wie künstlerischen Ertrag jedweder Forschungsreise zukommt.[11] Der autoritäre Führungsstil Langsdorffs war offenkundig den wissenschaftlichen Ergebnissen nicht immer zuträglich. Doch können wir an dieser Stelle dem Spannungsverhältnis zwischen ihm und dem hochtalentierten Maler Rugendas (der zu jenen Malern zählte, die später auf den Spuren Humboldts und mit seiner Idee von Landschaftsmalerei im Kopf weite Bereiche des späteren Lateinamerika bereisten) nicht nachgehen.

Der Bericht von Langsdorff ist in vielerlei Hinsicht aufschlussreich, liefert er nicht zuletzt doch ebenso wie Antoine-Joseph Pernety ein eindrucksvolles Bild von einer Äquatortaufe, diesmal freilich an Bord eines russischen Schiffes.[12] Auch die umfangreichen Ergebnisse Langsdorffs können sich sehen lassen, führte ihn doch seine Reise bis tief hinein ins brasilianische Hinterland und selbst bis in jenen 'Wilden Westen' Brasiliens, der zugleich auch eine der klimatisch anspruchsvollsten Zonen des Landes rund um Cuiabá darstellt. Anders als Pernety verfiel Georg Heinrich Freiherr von Langsdorff nicht in den Fehler einer

---

8 Langsdorff: *Bemerkungen auf einer Reise um die Welt in den Jahren 1803 bis 1807*, S. 49.
9 Vgl. hierzu die wichtige Zusammenstellung von Costa, Maria de Fátima / Diener, Pablo (Hg.): *Viajando nos Bastidores: Documentos de Viagem da Expediçao Langsdorff*. Cuiabá: Ministério da Educaçao e do Desporto 1995.
10 Zur historischen Dimension des Wechselspiels von Fülle und Falle vgl. insbes. Kapitel III in Ette, Ottmar: *Konvivenz. Literatur und Leben nach dem Paradies*. Berlin: Kulturverlag Kadmos 2012, S. 102–146.
11 Zu den Dokumenten der Zerrüttung zwischen Langsdorff und Rugendas in Brasilien vgl. Costa, Maria de Fátima / Diener, Pablo: Entorno dos documentos. In (dies., Hg.): *Viajando nos Bastidores: Documentos de Viagem da Expediçao Langsdorff*, S. 20–25.
12 Vgl. hierzu Langsdorffs Darstellung in seinen *Bemerkungen auf einer Reise um die Welt in den Jahren 1803 bis 1807*, S. 22f.

idealisierenden Darstellung. Seine Arbeitsergebnisse waren durch ein angestrebtes Höchstmaß an faktentreuer Beschreibung charakterisiert.

So zeigt er sich etwa im fünften wie im sechsten Kapitel seines Reiseberichts stets darum bemüht, die gesellschaftlichen Verhältnisse wie auch die Religion, zugleich aber auch die Kunstfertigkeiten und künstlerischen Dimensionen des Lebens der von der Krusenstern'schen Expedition besuchten Bewohner der Marquesas- und der Washington-Inseln so präzise als irgend möglich darzustellen. Gerade der Kunst der Tätowierung wendet er sich im Kontext ihrer sozialhierarchischen Bedeutung ausführlich zu.[13] Langsdorffs autoritärer, herrschaftlicher Führungsstil stand mit seiner eher zurückhaltenden Beschreibung vieler Fakten und Dokumente in einem eigenartigen Kontrast.

Selbst die bei europäischen Reisenden oftmals höchst voreingenommene Reflexion der Anthropophagie wird von Langsdorff unter der Überschrift 'Nahrung'[14] so abgehandelt, dass in keinerlei Weise die disqualifizierenden und aus dem Menschengeschlecht exkludierenden Äußerungen de Pauws in den Horizont seiner Betrachtungen rücken. Zugleich enthält sich Langsdorff jeglichen Versuches, das Zusammenleben der Bewohner der Marquesas zu idealisieren, auch wenn sicherlich eine grundsätzliche Exotisierung aller Lebensverhältnisse in seinem Reisebericht festzustellen ist. Eine gewisse Ausnahme bilden freilich – die Eingangspassage hatte uns hierfür bereits ein Beispiel gegeben – all jene Passagen in Langsdorffs Bericht, die sich auf Brasilien als tropischen *locus amoenus* beziehen. Sie tropikalisieren dann freilich alles und staffieren diese paradiesartig überhöhten Passagen mit nicht wenigen idyllischen Zügen aus; denn nicht selten schildert uns Langsdorff immer wieder Teile Brasiliens als eine „paradiesische Gegend".[15] Offenkundig war der Reiz, dies für ein europäisches Lesepublikum zu tun, zu groß oder auch der Erwartungsdruck zu hoch.

Aber insgesamt steht dann Langsdorffs Reisebericht über die eigene russische Expedition von 1824 bis 1828 doch auf der Seite jener empirischen Datenerfassung und damit jener präzise darstellenden Reisenden, welche die wissenschaftliche Reiseliteratur im neuen Jahrhundert überwiegend prägte und einer nicht faktenorientierten Darstellung durch Daheimgebliebene den Boden entzog. Er verbreiterte die Grundlage des Wissens über die Neue Welt und speziell über Brasilien auf nachhaltige Weise. Insofern spielt in seinen Schriften noch immer ein Echo der Berliner Debatte um die Neue Welt eine gewisse hörbare Rolle. Schreibt er sich auch mit seiner nur durch ein glückliches Zusammenspiel von Zufällen zustande gekommenen

---

13 Vgl. ebda., S. 99–108.
14 Ebda., S. 99.
15 Vgl. ebda., S. 29.

Teilnahme an der großen russischen Weltumsegelung deutlich auf der Seite der *philosophes voyageurs* ein und richtet sich seine eigene Expedition auch dezidiert am neuen empirisch fundierten Forschungsparadigma aus, so verdankt gerade seine Auseinandersetzung mit unterschiedlichsten indigenen Kulturen doch noch manches den Einschätzungen eines de Pauw und dessen Anhängern.

Die Liebeserklärung, die Langsdorff bereits in seinem Reisebericht an Brasilien richtet, ist freilich weit mehr als die emphatische Äußerung eines subjektiven Gefühls; vielmehr schreibt der Forscher, dass er mit der Fortsetzung der russischen Weltumsegelung „das schönste und reichste Land der Erde verlassen"[16] habe. Und er fügt noch einen Satz hinzu, in dem sich bereits die Konturen eines Lebensprojekts abzuzeichnen scheinen: „Die Rückerinnerung an meinen Aufenthalt in Brasilien, wird mir zeitlebens unvergesslich bleiben!"[17] Umgekehrt ist in Brasilien – wie in jüngster Zeit eine Tagung zu Langsdorffs Reise zeigt – die Erinnerung an seine Expedition und seinen Reisebericht nicht verloren gegangen, sondern lebendig geblieben.

Aber noch wesentlich lebendiger und stärker ist in Brasilien freilich die Erinnerung an eine Reise zweier bayerischer Naturforscher, die größte Teile des Landes bereist und beschrieben haben und so etwas wie die wissenschaftlichen Entdecker Brasiliens geworden sind. Es ist die Reise der Forscher Johann Baptist von Spix und Carl Friedrich Philipp von Martius, die 1817 im Auftrag der Königlich-Bayerischen Akademie der Wissenschaften nach Brasilien kamen und drei lange und ereignisreiche Jahre lang im Lande blieben.

Sie waren Teil des Gefolges der Tochter des österreichischen Kaisers, Leopoldina, die als Ehefrau des künftigen portugiesischen Kaisers Dom Pedro I. nach Rio de Janeiro zu ihrer Vermählung reiste. Doch bald schon, nach wenigen Monaten, waren die Verpflichtungen der Wissenschaftler bei Hofe vorüber und ihre mehr als dreijährige brasilianische Reise begann. Es ist wohl die Reise, an welche sich die Brasilianer bis heute am eindrücklichsten erinnern und die bis in die neueste Zeit auch auf ein großes Echo innerhalb der brasilianischen Wissenschaft gestoßen ist.[18] Denn die Veröffentlichungen von Spix und Martius waren ohne jeden Zweifel das Beste, das über Brasilien im 19. Jahrhundert veröffentlicht wurde. Zumindest aus naturhistorischer Sicht. Denn in der Anthropologie gab es, wie wir noch sehen werden, ein mit der hier skizzierten Geschichte sehr eng zusammenhängendes Problem.

---

16 Ebda., S. 67.
17 Ebda.
18 So hat beispielsweise das von Eckhard E. Kupfer, Daniela Rothfuss und Birgit Fouquet herausgegebene *Martius-Staden-Jahrbuch* die Nummer 62 (2018) als zweisprachige Ausgabe fast vollständig der Reise von Spix und Martius gewidmet.

Abb. 77: Carl Friedrich Philipp von Martius (Erlangen, 1794 – München, 1868).

Ich spielte gerade mit dem Entdeckungsbegriff mit Blick auf Brasilien. Das ist natürlich mit einem Augenzwinkern zu verstehen, doch man darf sich die Kenntnisse der Kolonialbehörden über dieses riesige Land als völlig ungefähr und rudimentär vorstellen. In den großen Städten an der Küste oder in Küstennähe wusste man wenig vom Landesinneren, wenn dort nicht Gold- oder andere Minen zu finden waren. Man nahm sogar innere Gebirgszüge dort an, wo der Amazonas sein gewaltiges Becken entwickelt hatte, sah die Grenzen des Landes im Ungefähren und hatte nur diffuse Vorstellungen von all jenen gewaltigen Gebieten, die im Schatten der kolonialen Ausbeutung geblieben waren. Noch im 19. Jahrhundert war Brasilien den Portugiesen, aber auch den einheimischen Eliten in weitem Maße unbekannt.

Dies sollte sich mit der Reise von Spix und Martius grundlegend ändern. Insgesamt blieben die beiden Forscher zunächst einmal fast sechs Monate lang in Rio de Janeiro, wo sich der portugiesische Königshof befand, um sich zu akklimatisieren, die Umgebung an der Küste und im unmittelbaren Küstengebirge zu inspizieren und erste botanische Expeditionen und Versuche anzustellen. Hierbei kam es insbesondere zur Untersuchung der sogenannten 'Mata Atlântica', des Küstenregenwaldes, der in Brasilien am Gebirgsanstieg ins Landesinnere eine besondere Rolle spielt. Die beiden Forscher waren von der sich ihnen darbietenden Tropenwelt begeistert. Erst Ende des Jahres gingen beide dann in Begleitung des berühmten Malers Thomas Ender, der später auch Humboldt portraitieren sollte, nach São Paulo und damit erstmals ins Landesinnere,

Abb. 78: Johann Baptist von Spix (Höchstadt an der Aisch, 1781 – München, 1826).

welches von Anfang an das eigentliche Ziel ihrer Expedition war. Es begann eine Reise mit ungeheuren Mühen und Strapazen, aber zugleich auch mit Ergebnissen von fundamentaler Bedeutung für die wissenschaftliche Erforschung Brasiliens.

Denn was nun folgte, war ein Kraftakt forscherischer Anstrengung, insofern große Teile von Minas Gerais, des Sertão und Inner-Brasiliens mühselig durchquert wurden und Städte wie Bahia dabei als Stützpunkte, aber auch als weitere Untersuchungsgegenstände hinzukamen. Tausende von Kilometern legten die beiden Forscher zurück und lernten weite Teile des tropischen Landes kennen.

Aufschlussreich ist, dass in einer neueren Studie etwa die Frage der Nachhaltigkeit an die Arbeiten von Spix und Martius herangetragen und letztlich positiv beantwortet werden konnte.[19] Immer wieder treten der Fortschrittsgedanke und vielleicht mehr noch der Gedanke an die Zukunft des Landes neben alle Landschaftsbeschreibungen von majestätischen Wäldern und die bange Ahnung, dass Brasilien einer vielleicht großen, vielleicht aber auch ungewissen Zukunft entgegengehen könnte:

---

19 Vgl. Paca, Sérgio A.: Reise in Brasilien und die aktuellen Ziele der nachhaltigen Entwicklung. In: *Martius-Stademn-Jahrbuch* (São Leopoldo) 62 (2018), S. 69–82.

> Was wohl das vierte Jahrhundert über ein Land heraufführen werde, das blos in den drei verflossenen schon alle Richtungen und Bildungsstufen aufzunehmen vermochte, durch welche der Genius der Menschheit die alte Welt während Jahrtausenden hindurchgeleitet hat?[20]

In diesen kurzen Sätzen liegt für Spix und Martius das ganze Geheimnis weiter Landstriche, die binnen kurzer historischer Zeit die gesamte Menschheitsentwicklung durchlaufen mussten und künftig auch noch durchlaufen würden. Wie aber waren die physischen und kulturellen Voraussetzungen für einen solchen Weg menschheitsgeschichtlicher Beschleunigung beschaffen? Denn es war klar und deutlich, dass weite Teile des Landes noch in keiner Weise dem Entwicklungsstand etwa West- oder Mitteleuropas entsprachen.

Die Portugiesen waren an einer kolonialen Ausbeutung von Ressourcen, nicht aber an einer guten Entwicklung des gesamten Landes interessiert. Aus kolonialistischer Sorge war noch die gesamte universitäre Ausbildung – anders als in den ehemaligen spanischen Kolonien Amerikas – in Portugal, im heimischen Coimbra, angesiedelt, so dass auch auf diesem für die Entwicklung der Wissenschaften zentralen Gebiet immenser Nachholbedarf bestand. So war die Frage, wie sich das künftige Brasilien dereinst entwickeln würde, für die beiden ausländischen Forscher eine zentrale Herausforderung. Es waren immer wieder solche Vorstellungen, die für Spix und Martius Anlass gaben zu tieferen philosophischen Einlassungen über die Zukunft jenes Landes, das sie so intensiv bereisten.

Und dann gab es neben allen anderen Problemen einer ökonomischen, industriellen, wissenschaftlichen und sozialen Entwicklung ja auch noch den Komplex – für Spix und Martius die schwere Bürde – der in Amerika einheimischen Kulturen. Martius und Spix wagten sich auf ihrer Reise auch in weite Teile des Amazonas-Tieflandes hinein und kamen oftmals in Kontakt mit der dort ansässigen und häufig mit den Weißen nicht vertrauten indigenen Bevölkerung. Dabei ist auffällig, dass diesen bayerischen Wissenschaftlern so gar nichts mehr anhaftet von Jean-Jacques Rousseaus Enthusiasmus für den *homme naturel*, der in großer Einfachheit, aber grundlegender Einheit mit der Natur lebe und einen höheren moralischen Seinsgrund als die von der Zivilisation verdorbenen und degradierten Europäer besitze.

Die Sichtweise der beiden Bayern sah anders aus. Die Bilanz im dritten Band des von Carl Friedrich Philipp von Martius verfassten Reiseberichts fiel in

---

20 Spix, Johann Baptist von / Martius, Carl Friedrich Philipp von: *Reise in Brasilien*. 3 Bände. Stuttgart: Brockhaus 1980, Bd. 2, S. 644. Vgl. hierzu auch die schöne Überblicksstudie von Macknow Lisboa, Karen: Die Reise von Spix und Martius im 19. Jahrhundert nach Brasilien. In: *Martius-Staden-Jahrbuch* (São Leopoldo) 62 (2018), S. 6–19.

vielerlei Hinsicht sehr negativ aus. Er glaubte, 'den Indianer' kurz und knapp charakterisieren zu können:

> Das Band der Liebe ist schlaff; statt Zärtlichkeit, Brunst; statt Neigung, Bedürfnis; [...] das nackte Weib, Sklavin; [...] die Ehe, ein nach Laune wechselndes Konkubinat; des Hausvaters Sorge, sein Magen; sein Zeitvertreib, Völlerei und dumpfes Nichtstun; [...] der Weiber Schaffen, blind und ohne Ziel; [...] die Erziehung, äffische Spielerei der Mutter und blinde Sorglosigkeit des Vaters; [...] statt Recht, die Stimme des Egoismus [...] – So ist und lebt der Unmensch dieser Wildnis. Auf der rohesten Stufe der Menschheit [...].[21]

Das Urteil von Martius fällt also verheerend aus. Gewiss, er scheint sich im Alter wohl noch etwas besonnen zu haben und hat wohl sein Bild der 'Wilden' in einem Roman noch etwas zum Positiven hin korrigiert.[22] Aber wir sehen hier ohne jeden Zweifel, wie stark das Indianerbild (oder Amerikanerbild) von Cornelius de Pauw bei deutschen Wissenschaftlern fortwirkte und wie sehr es ihre Sichtweise der indigenen Bevölkerung beherrschte. Es war ganz offensichtlich schwierig, aus diesen europäischen Überzeugungen und Stereotypen herauszukommen und ein eigenständiges, differenziertes Bild indigener Kulturen zu entwickeln. Bei Alexander von Humboldt ist dies freilich zu beobachten, zeigen seine *Amerikanischen Reisetagebücher* doch zu Beginn bisweilen ein ähnlich von einem starken europäischen Überlegenheitsgefühl geprägtes Bild, das er dann aber im Verlauf des Fortgangs seiner Reise immer mehr korrigierte und modifizierte, bis daraus ein reges Interesse an den indigenen Kulturen und Sprachen erwuchs. Das Interesse von Martius und Spix an der indigenen Bevölkerung freilich war nur das europäischer Forscher gegenüber naturhistorischen Gegenständen, die sie letztlich auch sehr verallgemeinernd und abwertend beschrieben. Die obigen Formulierungen deuten unverkennbar an, wie sehr die indigene Bevölkerung von der europäischen Wissenschaft geradezu aus dem Menschengeschlecht ausgebürgert wurde. Das in Europa verbreitete Rassedenken war auf dem Weg zu einem pseudo-wissenschaftlich begründeten Rassismus. Doch vieles im Reisebericht von Spix und Martius ist auf festeren Grund gebaut und unterliegt nicht mitgebrachten Vorurteilen europäischer Provenienz.

Auch in anderer Hinsicht sind ihre Schriften für ihre Zeit typisch. So verteidigten beide auch ganz deutlich die Vorstellung, dass Naturforscher in der Lage sein müssten, die Natur zu spüren, um sie danach erst konkret zu beschreiben und kategorisierend einteilen zu können. Dies ist zweifellos ein Aspekt einer romantischen Naturforschung, wie sie sich nicht nur in Deutschland weit verbreitet

---

21 Ebda., Bd. 3, S. 1268.
22 Vgl. hierzu Macknow Lisboa, Karen: Die Reise von Spix und Martius im 19. Jahrhundert nach Brasilien, S. 17 f.

hatte. Hierfür sind unsere bayerischen Forscher gute, fast modellhafte Beispiele. Das schreiben im Zeichen einer romantischen Naturerfahrung war zweifellos auch ein Schreiben in einer europäischen Moderne, die längst auch nach Amerika überzuschwappen begann.

So schwingt in den von Spix und Martius verfassten Beschreibungen der Natur immer wieder ein etwas euphorisierendes, in jedem Falle bewunderndes Bild der tropischen Natur mit, wie wir es im Grunde seit Columbus im europäischen Diskurs kennengelernt hatten. Es ist auch jener Ton, den wir bereits bei Langsdorff gehört hatten, eine Bewunderung für das Majestätische der Natur, für ihr fremdländisches Aussehen, ihre wunderbare Fülle. Alle Gemeinplätze europäischer Provenienz versammeln sich hier. Diese Passagen sind gerade auch in Brasilien noch heute recht populär und bezeugen ein Bild von der Natur, wie es dem klassischen europäischen Topos des *locus amoenus* in einem tropikalisierten Kontext entspricht. Ich muss sie daher an dieser Stelle nicht nochmals zitieren, wir sind derlei Formulierungen in unserer Vorlesung häufig genug begegnet. Die europäischen Versatzstücke des Diskurses haben sich also nicht grundlegend geändert: Wir stoßen auch heute noch etwa in der Werbung für Fernreisen immer wieder auf sie.

Zugleich fasziniert aber, mit welcher Akribie und Präzision sich die bayerischen Wissenschaftler in die ungeheure Fülle der Naturerscheinungen einarbeiten und die unterschiedlichsten Aspekte und Phänomene dieser tropischen Natur, in Flora und Fauna, genauestens untersuchen. Der wissenschaftliche Reisebericht gerät hier rasch zu einem in romantischer Naturlyrik schwelgenden Bericht, der seine literarischen Quellen kaum verleugnen kann. Doch er geht zugleich über in die genaueste Kartierung und Klassifizierung, die man der Natur eines Landes, das man bereist, angedeihen lassen kann. Übrigens auch in einem ganz kartographischen Sinne, wurde die Amazonas-Karte des Jesuitenpaters Samuel Fritz doch von dem Franzosen La Condamine (vgl. Abb. 62: Amazonas-Karte in La Condamines *Relation abrégée d'un voyage fait dans l'intérieur de l'Amérique méridionale*) – wie wir sahen – umgearbeitet und vervollständigt, dann aber von Spix und Martius weiterentwickelt und perfektioniert.

Eines ist gewiss: Das Bild von Brasilien war ein anderes vor und nach der Reise von Spix und Martius – ebenso in Europa wie in Brasilien selbst.

Nach dem frühen Tode von Spix fiel die ganze Last der Auswertung der gemeinsamen Reise auf Martius, der damit auch in der Tat bis zu seinem Lebensende beschäftigt war. Noch immer beherbergen sowohl die Münchener Staatsbibliothek als auch die Bayerische Akademie der Wissenschaften den wissenschaftlichen Nachlass der beiden Forscher, der noch heute eine wichtige Fundgrube darstellt für historische Forschungen vor Ort. Hier lässt sich in allen

Details die Entwicklung eines komplexen Bildes insbesondere der Naturgeschichte Brasiliens nachvollziehen: Bilder und Entwürfe, die an Präzision nur wenig zu wünschen übrig lassen.

Mit ihrer *Reise in Brasilien* haben Spix und Martius in gewisser Weise Brasilien nicht nur vorgefunden und beschrieben, sondern vielleicht mehr noch erfunden und auf einen Weg der zunehmenden *Entdeckung* gerade auch durch die einheimischen Eliten gebracht. Dies ist ein Weg, der bis heute noch nicht abgeschlossen ist und noch viele Anstrengungen der Wissenschaft erfordert. Aber auch einer wissenschaftlichen Rezeptivität in der brasilianischen Gesellschaft, ein Aspekt, der gerade unter der neuen brasilianischen Regierung mehr als deutlich in Frage steht. Wie wird sich Brasilien im 21. Jahrhundert entwickeln? Es ist fast überflüssig zu sagen, dass schon die bayerischen Wissenschaftler vor einer großflächigen Abholzung des Amazonas-Regenwaldes warnten. Es sollte noch mehr als ein Jahrhundert vergehen, bevor diese Warnungen ernst genommen wurden. Mit der Umsetzung in ein politisches Handeln hapert es angesichts der Profitgier weniger Unternehmen und Großfamilien freilich noch heute. Die Abholzung der brasilianischen Regenwälder geht heute wieder verstärkt weiter – und mit ihr die Missachtung der Lebensansprüche indigener Kulturen.

Ida Pfeiffer oder die Eroberung der Frauenreise

Auch wenn es auf den ersten Blick anders wirken könnte: Es fällt von Martius und Spix und damit einer wissenschaftlichen Forschungsreise her gar nicht so schwer, zu Ida Pfeiffer überzuleiten, jener Frau, die wohl als erste Frau überhaupt die Welt umrundete, wie es zumindest in den Darstellungen von vielen Frauenreisen heißt. Die Behauptung scheint mir zutreffend zu sein, zumindest ist mir keine Frau bekannt, die nicht nur bei den unterschiedlichsten Schifffahrten, verkleidet oder nicht, an Bord gewesen wäre, sondern auch noch auf einer Reise um die Welt mitgemacht hätte. Und Ida Pfeiffer ist tatsächlich eine höchst außergewöhnliche Frau. Doch die Frauenreisen an sich nahmen zusammen mit deren literarischen Darstellungen im Verlauf des 19. Jahrhunderts zu.

Ida Pfeiffer dürften Reisende wie Georg Forster oder Alexander von Humboldt schon früh bekannt gewesen sein, interessierte sie sich doch bereits in jungen Jahren für Reiseberichte aller Art. Aber umgekehrt war sie auch dem weitgereisten Humboldt sehr wohl bekannt, setzte sich dieser doch nachdrücklich für das reiseliterarische Schaffen und die Aktivitäten der 1797 in Wien geborenen Reisenden ein. Er interessierte sich früh für die Wienerin und unterstützte diese außergewöhnliche Frau – wie viele andere reisende Frauen auch – tatkräftig und zum Teil mit eigenen Mitteln. Denn die Bildung von Frauen, denen zum damaligen Zeitpunkt noch die Tore der Universität verschlossen blieben, war für ihn ein wichtiger Aspekt bei der Demokratisierung von Wissen und Wissenschaft.

Humboldt besaß nicht nur Ida Pfeiffers Werke – die sie ihm wohl später geschickt hatte –, sondern sorgte auch dafür, dass sie als erste Frau in die renommierte *Gesellschaft für Erdkunde* zu Berlin als Ehrenmitglied aufgenommen wurde. Mehrfach äußerte er sich sehr positiv über diese Frau, zitierte sie wiederholt in seinem *Kosmos*; und er schuf auch die Möglichkeit, dass sie an den Preußischen Hof eingeladen wurde und dort mit einer preußischen Auszeichnung dekoriert wurde. Es dürfte wohl kaum übertrieben sein, nicht nur von der Achtung, sondern auch von der Bewunderung Humboldts für die willens- und durchsetzungsstarke Ida Pfeiffer zu sprechen.

Dabei war er nicht der einzige Bewunderer. Denn sie unternahm nicht nur ausgedehnte Reisen, sondern schrieb darüber auch sehr weit verbreitete Reiseberichte, die sich beim Publikum größter Beliebtheit erfreuten und zu wahren Bestsellern wurden. Ida Pfeiffer bietet das sehr besondere Beispiel für ein Reiseschreiben, bei welchem das Schreiben das Reisen retro-alimentiert und dank hoher Verkaufszahlen neue Reisen möglich macht. Wer aber war diese außergewöhnliche Frau, auf die wir bald auch in Brasilien stoßen werden?

Die künftige Weltreisende wurde im Oktober 1797 als drittes Kind der wohlhabenden Kaufmannsfamilie Reyer in der österreichischen Hauptstadt geboren.[1] Ihre Lebensbilanz liest sich makellos: Sie legte wohl auf ihren Reisen an
die 240000 Kilometer zur See und nicht weniger als 32000 Kilometer auf insgesamt vier Kontinenten zurück, worüber sie insgesamt dreizehn Bücher schrieb,
die in sieben Sprachen übersetzt wurden. Aber dies soll es für die Zahlenfanati-
ker auch gewesen sein.

Abb. 79: Ida Pfeiffer (Wien, 1797 – ebenda,
1858).

Bis zu ihrem neunten Lebensjahr wuchs Ida als einziges Mädchen unter fünf Brüdern auf. Der Vater habe keine geschlechterspezifischen Unterschiede in der Erziehung der Kinder gemacht: Ida wurde mit der gleichen Härte wie ihre Brüder
behandelt. Sie trug, so heißt es, auch am liebsten Knabenkleider, und sie sagte
von sich, sie sei 'wild wie ein Junge und beherzter und vorwitziger als meine älteren Brüder' gewesen. Das waren ideale Vorzeichen für ihre spätere Laufbahn.

---

1 Zu Biographie und Gesamtwerk vgl. u. a. Habinger, Gabriele: Vorwort: Pfeiffer, Ida: *Eine
Frau fährt um die Welt. Die Reise 1846 nach Südamerika, China, Ostindien, Persien und Klein-
asien.* Wien: Promedia 1997, S. v-x; Donner, Eka: *Und nirgends eine Karawane. Die Weltreisen
der Ida Pfeiffer (1797–1858).* Düsseldorf: Droste Verlag 1997; sowie Imhof, Viola: Pfeiffer, Ida
Laura, geborene Reyer. In: *Neue Deutsche Biographie.* Bd. 20. Berlin: Duncker & Humblot 2001,
S. 320–322.

Denn der Vater soll des Öfteren im Scherz gesagt haben, er wolle aus ihr einen Offizier machen. Ida nahm nicht nur die harte Erziehung, sondern auch dieses Geschlechterbild an.

Nach dem Tod des Vaters im Jahre 1806 versuchte die Mutter, ihre Vorstellungen von Mädchenerziehung durchzusetzen. Es gab einigen Widerstand, aber mit dreizehn Jahren musste die junge Ida endgültig Mädchenkleidung akzeptieren und die verhassten weiblichen Pflichten und Verhaltensweisen erlernen. Ihren großen Freiheitsdrang kompensierte sie durch die Lektüre von Reiseliteratur. Doch sie tat all dies tieftraurig, da ihr diese Welt der Reisen, die für die Männer vorbehalten waren, ein für alle Mal verschlossen schien. Ida wehrte sich mit allem, was sie hatte, gegen ein weibliches Rollenbild, gegen die Handarbeiten und das Klavierspielen zumal.

Traurig verlief auch die Geschichte eines 1810 eingestellten Hauslehrers, der es irgendwie bewerkstelligte, Ida von ihren Pflichten als Frau zu überzeugen. Doch als dieser Hauslehrer, Joseph Trimmel, 1814 Ida einen Heiratsantrag machte und Ida einwilligen wollte, verweigerte die Mutter ihre Zustimmung rundweg aus Standesgründen. Ida musste schließlich nach jahrelangem Widerstand nachgeben und in eine Vernunftehe einwilligen: 1820 heiratete Ida den um vierundzwanzig Jahre älteren Advokaten Dr. Mark Anton Pfeiffer. Mit ihm zog sie nach Lemberg um. Doch bald schon stellten sich finanzielle Schwierigkeiten des Advokaten ein, der nunmehr häufig nach Arbeit suchen musste. Ida zog mit ihren zwei Söhnen wieder nach Wien, wo sie die beiden Knaben unter enormen Schwierigkeiten großzog. Über diesen Lebensabschnitt berichtete sie ausführlich in ihrer Autobiographie. Durch heimliche Arbeit versuchte Ida, die entstandene Armut zu lindern, da sie zu stolz war, um ihre Familie um Hilfe zu bitten. Doch *de facto* lebten sie und ihre Kinder nun in ärmlichen Verhältnissen.

Zahlreiche kleinere Reisen erlaubten es Ida Pfeiffer, immer wieder dem Ehedasein zu entfliehen; schließlich übersiedelte sie mit ihren beiden Söhnen 1833 endgültig nach Wien und lebte nun – abgesehen von kurzen Besuchen – von ihrem Mann getrennt. Sie schuf sich ihr eigenes Leben.

Bis zum Tode ihres Mannes, der 1838 verstarb, gab es freilich immer Kontakte zwischen den Ehepartnern; doch zog Ida Pfeiffer als allein erziehende Mutter ihre beiden Söhne groß, bis diese das Haus verließen. Nun konnte eine neue Phase ihres Lebens beginnen. Auf kleineren Reisen hatte sie 1836 bei Triest erstmals das Meer gesehen und schwor sich, ihrer finanziellen Verhältnisse zum Trotz nicht eher zu ruhen, als bis sie ihre weiten Reisepläne in die Tat umgesetzt hatte. Mit eben jener Hartnäckigkeit, mit der sie dem Leben ständig entgegen getreten war, setzte sie ihre Pläne, so schwierig sie auch zu verwirklichen waren, um. Und sie wurde zu jener Reisenden, als welche sie in die Geschichte einging.

So begann ab 1842 – Ida Pfeiffer war damals Mitte vierzig – ihr Reiseleben, das sie bis zu ihrem Lebensende nie wieder zur Ruhe kommen lassen sollte. Es stellte sich ein Rhythmus ein, der Reisen und Schreiben eng miteinander verband: Bald sorgten die Schlichtheit und Ehrlichkeit ihrer Reiseberichte dafür, dass sie auf ein treues Lesepublikum zählen konnte. Dies galt schon für ihre erste Reise ins Heilige Land. Ursprünglich war das Tagebuch ihrer Palästinareise nur als persönliche Erinnerungshilfe gedacht; doch ließ sich Ida Pfeiffer auf Drängen des Wiener Verlegers Dirnböck zu einer zunächst anonymen Veröffentlichung drängen, was sie nicht bereute. Ihre *Reise einer Wienerin in das Heilige Land* erzielte vier Auflagen und wurde wie alle folgenden Reiseberichte Ida Pfeiffers in mehrere Sprachen übersetzt. Damit war ihre Karriere als professionelle Reiseschriftstellerin eingeleitet.

Diese erste größere Reise führte sie ab März 1842 nach Konstantinopel, Beirut, Jerusalem, Damaskus, Baalbek und Alexandria sowie Kairo, bevor sie wieder über Sizilien und Italien Ende des Jahres 1842 Wien erreichte. Lange Zeit hielt sie das Anonymat dieser Reise, welche ihre Wiener Freunde als viel zu gefährlich für eine Frau erachtet hatten, aufrecht. Doch ihre Reise gab ihr Mut und ihr Reisebericht das dringend benötigte Geld für weitere Reisen, die sich bald schon anschlossen.

Knapp zweieinhalb Jahre nach ihrer Rückkehr aus dem Orient durchstreifte sie sechs Monate lang Skandinavien und Island. Das für sie vollkommen ungewöhnliche Leben der isländischen Bevölkerung beschrieb sie in ihrer *Reise nach dem skandinavischen Norden und der Insel Island im Jahre 1845* in zwei wiederum sehr erfolgreichen Bänden. Sie hatte zwischenzeitlich Englisch gelernt und sich Kenntnisse im naturkundlichen Bereich, aber auch etwa in der Photographie angeeignet. Gegen Ende ihrer Reise wurde sie in Stockholm der schwedischen Königin vorgestellt. Doch ihren Ruf als Weltreisende begründete die Wienerin dann mit ihrer 1850 in drei Bänden erschienenen *Frauenfahrt um die Welt*.

Im Mai 1846 brach Ida Pfeiffer auf und gelangte über Hamburg nach Rio de Janeiro, wo wir sie etwas später wiedersehen werden. Eine Teilerkundung Brasiliens schloss sich an. Danach ging es im Februar 1847 in Richtung Kap Hoorn, von wo sie über Valparaíso schließlich Tahiti erreichte. Von dort reiste sie weiter nach Macau, Hongkong und Kanton, bevor sie über Singapur und Ceylon den indischen Subkontinent betrat. Calcutta, Benares und Bombay waren dort ihre Stationen, Sie wurde immer wieder – wie auch an anderen Punkten ihrer Reise – gefährdet und bedroht. Doch Ida Pfeiffer gab nicht auf und ließ sich auch auf gefährliche Wegstrecken ein, von denen man ihr eigentlich abgeraten hatte. Im April 1848 reiste sie weiter nach Mesopotamien, besuchte Bagdad, sah die Ruinen von Babylon und Ninive, bevor sie dann über Armenien, Georgien, Odessa und Konstantinopel wieder in ihre Heimatstadt zurückkehrte.

Durch Nachrichten von der Revolution von 1848 beunruhigt und aus Sorge um ihre Angehörigen brach Ida Pfeiffer ihre Weltreise frühzeitig ab; nach zweieinhalb Jahren Abwesenheit erreichte sie ein belagertes Wien, das am 31. Oktober von den kaiserlichen Truppen im Sturm genommen wurde. Die Revolution war gescheitert. Erst danach durfte sie ihre Heimatstadt wieder betreten. Sie hatte zum ersten Male als Frau die Welt umrundet.

Mit dreiundfünfzig Jahren startete Ida Pfeiffer dann ihre zweite Frauenreise um den Erdball. Diese dauerte mehr als vier Jahre und führte sie nach Kapstadt, tief in die indonesische Inselwelt, zu ausgedehnten Reisen quer durch Nord- und Südamerika. Die großen Strapazen dieser zweiten Weltumrundung setzten ihr freilich zu. Ihr Gesundheitszustand begann sich langsam zu verschlechtern. Aufgrund der gebotenen Kürze ist diese zweite Weltumrundung hier nicht in allen Details darstellbar. Doch selbst Alexander von Humboldt, der Pfeiffer kennen- und schätzen gelernt und ihr gemeinsam mit Carl Ritter als erster Frau, wie bereits betont, zu einer Ehrenmitgliedschaft in der *Gesellschaft für Erdkunde* zu Berlin verholfen hatte, riet ihr von einer weiteren Reise und einem Besuch Madagaskars dringend ab.

Ungerührt bestieg sie jedoch 1856 in Rotterdam ein Schiff nach Mauritius, wo sie sich mehrere Monate lang aufhielt. Doch ihre Reise nach Madagaskar stand unter keinem guten Stern. In eine missglückte Verschwörung gegen die Königin verwickelt und der Spionage angeklagt, wurde sie zunächst inhaftiert und dann des Landes verwiesen. Nach Mauritius zurückgekehrt, musste sie ihre geplante Australienreise wegen der von ihr mitgeschleppten Malariaerkrankung abbrechen. So gelangte sie nicht mehr, wie eigentlich geplant, auf den fünften Kontinent. Im September 1858 kehrte sie schwer gezeichnet nach Wien zurück. Dort starb sie in der Nacht vom 27. auf den 28. Oktober 1858. Ihr Lebensbericht war zu einem Reisebericht geworden, der nun zu Ende war.

Ich möchte mich im Folgenden mit jenem Werk beschäftigen, das ihren Ruhm als Weltreisende im eigentlichen Sinne begründete und auf jene Reise zurückging, die sie als dritte – nach der Palästinareise und der Reise nach Skandinavien und nach Island – unternahm, eine Reise, die sie ab 1846 nach Südamerika, China, Ostindien, Persien und Kleinasien führte und deren Bericht 1850 in drei Bänden zu Wien unter dem Titel *Eine Frauenfahrt um die Welt* erschien. Mit diesem Titel hatte sie gleichzeitig auch eine Subgattung des Reiseberichts eingeführt, deren Bezeichnung wir hier leicht abgeändert verwenden: die Gattung der Frauenreise.

Ihre Vorrede zu dieser Ausgabe datierte sie auf März 1850 in Wien, eine fürwahr kurze Vorrede, aus der ich Ihnen doch zunächst gerne einmal etwas vor Augen führen möchte, was Ida Pfeiffer nach eigener Aussage im Kern bewegte:

Schon in mehreren Zeitungen ward ich *Touristin* genannt; dieser Name gebührt mir indessen, seiner gewöhnlichen Bedeutung nach, leider nicht. Einerseits besitze ich zu wenig Witz und Laune, um unterhaltend zu schreiben, und andrerseits zu wenig Kenntnisse, um über das Erlebte gediegene Urteile fällen zu können. Ich vermag nur schmucklos das zu erzählen, was mir begegnet, was ich gesehen, und will ich etwas beurteilen, so kann ich es bloß von dem Standpunkte einfacher Anschauung aus. [...] Wie es den Maler drängt, ein Bild zu malen, den Dichter, seine Gedanken auszusprechen, so drängt es mich, die Welt zu sehen. Reisen war der Traum meiner Jugend, Erinnerung des Gesehenen ist nun das Labsal meines Alters. [...] Möchte die Erzählung meiner Erlebnisse den geehrten Lesern und Leserinnen nur einen Teil jenes Vergnügens bieten, das die Reise selbst mir in großem Maße gewährte![2]

In dieser kurzen Passage ist eine Reihe von Aspekten recht bemerkens- und bedenkenswert. Die Ablehnung der Bezeichnung *Tourist* erfolgt einerseits, weil sie selbst sich nicht in der Lage sah, in einem umgänglichen und amüsierenden Tone und vor allem mit den entsprechenden literarischen Formen über ihre Reisen zu berichten. Andererseits grenzt sie sich auch mangels Kenntnissen von einem wissenschaftlichen Schreiben und damit von der Form der wissenschaftlichen Forschungsreise ab. Ida Pfeiffer ist im Grunde mehr in jenem positiven Sinne, den das Wort im 19. Jahrhundert annehmen sollte, eine *dillettante*, die aus Neigung reist. Der Begriff des 'Touristen' war für sie offenkundig noch zu sehr mit jenem *Grand Tour* verbunden, der obligatorischen Bildungsreise für junge aufstrebende Adelige etwa nach Italien, als dass sie damit in einen Zusammenhang gebracht werden wollte.

Mithin versteht sie den Begriff 'Tourist' ganz anders, als ihn Stendhal, sicherlich einer der wichtigen Schöpfer dieses Begriffs, nur wenige Jahrzehnte vorher geprägt hatte; und sie verstand ihn auch gänzlich anders als wir, die wir diese Begriffsverwendung im heutigen Zeitalter des Massentourismus pflegen. Dieser Aspekt der Begriffsverwendung in den Zeitungen ist insoweit nicht uninteressant, als Reisen – freilich innerhalb Europas – zunehmend zwar noch nicht zu einem Massenphänomen, wohl aber zu einem an Masse zunehmendem Phänomen vor allem des oberen Bürgertums geworden waren.

Sicherlich haben wir es hier zugleich auch mit einer Entwicklung zu tun, in welcher die Bildungsreise wie auch die Erlebnis- oder Abenteuerreise zunehmend den Schichten des Bürgertums offenstand, denken wir etwa an die Reisen junger Briten nicht mehr nur nach Rom und Florenz, sondern in die Schweizer Alpen und auf deren Gipfel. Diese Entwicklung führte zweifellos dazu, dass sich das Reisen in eine geradezu 'normale' Tätigkeit und Seinsweise des Menschen

---

2 Pfeiffer, Ida: *Reise in die Neue Welt: Amerika im Jahre 1853*. Herausgegeben von Gabriele Habinger. Wien: Promedia 1994, S. 5.

verwandelte. Immerhin: Ida Pfeiffer distanzierte sich eindeutig vom Begriff des 'Touristen', obwohl ihr die eigene Reise sehr viel Vergnügen machte und zu ihrem eigentlichen Lebensinhalt geworden war. Doch betonte sie stets auch die großen Anstrengungen und Strapazen, denen sie sich aussetzte und unterwarf, und grenzte sich zugleich auch von jenen wissenschaftlichen Reisenden ab, für welche Georg Forster oder Alexander von Humboldt stellvertretend standen. Mit diesen unterschiedlichen Abgrenzungen schuf sich die eigenwillige Wienerin bewusst oder unbewusst ihren eigenen Platz innerhalb des Systems der Reiseliteratur. Und dieser Platz war geschlechterspezifisch kodiert und ließ sich nicht mit den Reisen von Männern vergleichen.

Damit ist zugleich ein zweiter Aspekt angesprochen, geht es hier doch nicht um eine Forschungsreise mit wissenschaftlicher Zielsetzung, sondern um eine Reise aus innerem Drang. Ida Pfeiffer reist aus eigener Abenteuerlust, aus dem eigenen Begehren, zu sehen und zu erfahren, aus dem Wunsche nach eigener Selbstverwirklichung auch und gerade als Frau, der eigentlich in der patriarchalischen Gesellschaft ihrer Zeit enge Grenzen gesetzt sind. So kommt die Dimension der Befreiung aus überkommenen Konventionen hinzu, die in ihrer Lebenszeit freilich noch übermächtig schienen. Doch es gelingt ihr, durch ihre Reisen gleichsam diese Zwänge und Fesseln zu sprengen und zugleich auch durch ihren Publikumserfolg diesen neuen Lebensstil, diese neue Selbstreflexion der Frau in die bürgerliche Gesellschaft zu vermitteln. Mag sein, dass Ida Pfeiffer auf Fragen hin eher konventionelle Vorstellungen von der Geschlechterrolle der Frau entwickelte; in ihrem Leben aber sah die Praxis anders aus.

Mit dieser Frage hängt schließlich ein dritter Aspekt zusammen, auf den ich Sie aufmerksam machen möchte. Er betrifft das geschlechterspezifische Reisen und damit jene zusätzliche Dimension des Reiseberichts, auf die wir in unserer theoretischen Annäherung hingewiesen hatten. Denn das Männliche erscheint noch im 19. Jahrhundert als der *degré zéro* des Geschlechts; und erst aus der Perspektive der Frauenreisen wird deutlich, dass auch bei den Männerreisen – die 'natürlich' nicht so heißen – die jeweilige Perspektive eine geschlechtlich fundierte ist.

Vergessen wir dabei nicht, wie sehr die männliche Reise – und insbesondere der reiseliterarische Ort der Ankunft – just von der Erscheinung der Frau, dem Rebecca-Motiv der fremden Schönen und der Unbekannten, geprägt wird. Es wird aufschlussreich zu beobachten sein, ob sich dem männlichen Blick von weiblicher Seite etwas Vergleichbares entgegenstellen lässt. Erst aus dem Blickwinkel der im 19. Jahrhundert sich häufenden Frauenreisen wird deutlich, wie sehr diese Wahrnehmungs- und Darstellungsformen 'selbstverständlich' männlich-patriarchalisch geprägt sind, wobei sich derlei Darstellungsformen durchaus gerade auch in den Lebensläufen und Präsentationsweisen schreibender und reisender Frauen bisweilen wiederfinden lassen. Zu vorherrschend war der männliche Blick, als dass ihn die Frauen sogleich hätten ablegen können.

Nicht zufällig verglich sich Ida Pfeiffer in ihrem angeführten Vorwort mit den männlichen Formen von Maler und Dichter, die wie der Wissenschaftler etwas ganz Spezifisches hervorzubringen vermögen. Sie selbst erscheint demgegenüber lediglich als ein Subjekt, das seinem Drängen nachgibt, „die Welt zu sehen". Letztlich aber führt dies auch zu einer Hervorbringung, einem Schreiben, das sehr stark vom Gesehenen, vom Auge geprägt wird. Damit ergibt sich implizit sehr wohl eine Art der Gleichstellung, welche freilich die Geschlechterdifferenz und damit die besondere Rolle der Frau nicht tilgt. Diese besondere Rolle und damit die Vergeschlechtlichung des Blickwinkels zeigt sich in der oben zitierten Passage nicht zuletzt auch durch das Ansprechen nicht nur der Leser, sondern gerade auch der Leserinnen. All dies geht recht versteckt vor sich; doch ergeben sich in diesem Bereich von Beginn an signifikante Unterschiede gegenüber der Reiseliteratur jener männlichen Autoren, mit denen wir uns bislang vor allem beschäftigt haben.

Am 1. Mai 1846 verließ Ida Pfeiffer Wien und reiste über Prag und Dresden nach Hamburg, von wo aus sie die Überfahrt nach Amerika in Angriff nahm, welche damals mindestens zwei Monate dauerte, bisweilen aber auch drei bis vier Monate in Anspruch nehmen konnte. Dies hing nicht zuletzt davon ab, ob man ein Dampfschiff oder ein Segelschiff wählte, wobei unsere Wienerin betonte, dass man bei einem Segelschiff ganz dem Kapitän desselben ausgeliefert sei, der unumschränkter Herrscher und Gebieter über alles an Bord, einschließlich des Essens, sei. Pfeiffer schilderte und beschrieb – wie viele Reisende vor und nach ihr – die vielen Mitreisenden an Bord, eine Tatsache, die dem langen Vorgang der Überfahrt geschuldet ist und die Annäherung an das Reiseziel zu einem wesentlichen Teil der Reise selbst werden lässt. Dies unterscheidet ihre Reise von unseren heutigen Flugreisen, bei denen wir in der Regel so gut wie nichts über die Mitreisenden erfahren und selbst auch keinen Reisevorgang im eigentlichen Sinne wahrnehmen.

Die große Weltreise Ida Pfeiffers beginnt. Doch ein eigentlicher Abschied von der Heimat, ein reiseliterarischer Ort des Abschiednehmens findet nicht statt: Das Wasser der Elbe geht unmerklich über in das der Nordsee, und schon ist man auf der Höhe der Insel Helgoland, die damals noch England gehörte. Die Überfahrt über den Atlantik hatte schon begonnen. Am 9. und 10. August 1846 trat man dann ein in den Wendekreis der Tropen, wobei man in zwanzig Meilen Entfernung an den Kapverdischen Inseln vorbeisegelte, ohne sie freilich ausmachen zu können. Die Passagiere feierten das Überqueren des Äquators, ein – wie wir bereits wissen – hochgradig ritueller Akt, den man heutzutage längst vergessen hat. Noch bei Alexander von Humboldt war das Überqueren der 'Linie' beim Schiffsvolk gefeiert und mit allerlei Verkleidungen und Festen begangen worden.

Nun aber schienen sich die Gebräuche verändert, gleichsam 'normalisiert' zu haben – kein Wunder, erzählte der Kapitän doch, dass er bereits zum vierzehnten Mal eine Reise nach Brasilien unternehme. Die Frequenz der Seereisen hatte also ganz grundlegend dazu beigetragen, dass auch eine Transatlantikfahrt zunehmend für alle Beteiligten zur Routine werden konnte. Gleichwohl möchte ich Ihnen wenigstens kurz diese Passage des Überquerens der Linie einspielen, die für Guillaume-Thomas Raynal noch jenen Punkt betraf, an dem die zahmen, zivilisierten Europäer zu blutrünstigen Aussaugern, zu Tigern zu werden pflegten, die all ihre scheinbare Menschlichkeit ablegten, um die Kolonien und deren Menschen zum eigenen Vorteil möglichst massiv ausbeuten und auspressen zu können. Bei Pernety sahen wir die Hierarchien an Bord für einen Tag in einen *monde à l'envers* verkehrt. Bei Ida Pfeiffer jedoch ist das Passieren der Äquatorlinie zu einer gänzlich harmlosen, unscheinbaren Szenerie geworden:

> Am 29. August nachts 10 Uhr begrüßten wir die südliche *Hemisphäre!* Ein beinah stolzes Gefühl bemächtigte sich aller, aber besonders jener, die zum ersten Mal die Linie überschritten. Wir schüttelten einander freudig die Hände und beglückwünschten uns, als hätten wir eben eine Heldentat vollbracht. Einer der Reisenden hatte für diese Feierlichkeit ein paar Flaschen Champagner mitgenommen. Lustig flogen die Stöpsel in die Luft, und ein fröhliches *Lebehoch* wurde der neuen Hemisphäre zugetrunken.
>
> Unter dem Schiffsvolke fand keine Feierlichkeit statt; es ist dies auf den wenigsten Schiffen mehr gebräuchlich, da dergleichen Feste selten ohne Unordnung und Trunkenheit ablaufen. Unsern Schiffsjungen, der die Linie zum erstenmale passierte, konnten es aber die Matrosen doch nicht ganz schenken, und er wurde mit einigen Eimern Seewasser tüchtig getauft.[3]

So ordentlich also hat man sich – gespiegelt in dem hier tagebuchartig geführten Bericht Ida Pfeiffers – den Eintritt in die Südhalbkugel um die Mitte des 19. Jahrhunderts vorzustellen. Wir sind auf halbem Wege zur sprachlosen Querung irgendwelcher Längen- und Breitengrade, über die wir an Bord der heutigen Flugzeuge nicht einmal mehr informiert werden. Bei Ida Pfeiffers Reise findet zumindest noch ein symbolischer Eintritt in eine *neue* Welt statt, die hier als neue Hemisphäre bezeichnet wird. Dies markiert noch den Ort eines Übergangs, der auf die Ankunft in einem fremden, einem weit entfernten Land und dessen Bewohnern vorbereitet. Nur noch Restbestände des Ritus der Äquatortaufe sind vorhanden. Doch man geht sehr schnell wieder zur Tagesordnung über.

Im September schließlich kam das Schiff in der Bucht von Rio de Janeiro an. Doch wurden die Reisenden so lange durch allerlei Formalitäten bei der

---

3 Pfeiffer, Ida: *Reise in die Neue Welt*, S. 18.

geplanten Einreise aufgehalten, dass man den Abend und die Nacht noch auf dem Schiff zubrachte, bevor man am nächsten Morgen dann von Bord ging. Die Lage der Stadt wird als durchaus hübsch kurz dargestellt; aber wenn Sie nun erwarten, dass eine euphorische Darstellung einer wunderbaren Stadt folgt, deren tropische Bilder bei Ihnen allein schon durch den Namen von Rio de Janeiro aufgerufen werden, dann haben Sie die Rechnung ohne die zuständige Reiseschriftstellerin gemacht. Denn Ida Pfeiffer beschreibt die spektakuläre Bucht von Rio de Janeiro, ihre erste Stadt in der Neuen Welt, sehr ruhig aus einer sehr europäischen, vielleicht sogar Wiener Perspektive.

> Es war am 17. September morgens, als ich nach beinahe 2 1/2 Monaten zum erstenmale wieder festen Boden betrat. Der Kapitän geleitete uns Reisende selbst an Land, nachdem er noch jedem angelegentlich empfohlen hatte, ja nichts einzuschmuggeln und ganz besonders keine versiegelten Briefe.
>
> Wir landeten an der *Praia dos Mineiros*, einem schmutzigen, ekelhaften Platze, bevölkert mit einigen Dutzenden ebenso schmutzigen, ekelhaften Schwarzen, die auf dem Boden kauerten und Früchte und Näschereien zum Verkauf laut schreiend und preisend anboten.— von da kamen wir gleich in die Hauptstraße (Rua direita), deren einzige Schönheit ihre Breite ist. Sie enthält mehrere öffentliche Gebäude, wie das Zollhaus, die Post, die Börse, Wache usw., die aber alle so unansehlich sind, dass man sie gar nicht bemerken würde, ständen nicht immer viele Leute davor.
>
> Am Ende dieser Straße liegt das kaiserliche Schloss, ein ganz gewöhnliches großes Privatgebäude, ohne Ansprüche auf Geschmack und schöne Architektur. Der Platz davor (Largo do Paco), mit einem einfachen Brunnen geziert, ist sehr unrein und dient des Nachts vielen armen, freien Negern zur Schlafstelle, die dann des Morgens ihre Toilette ganz ungeniert vor aller Leute Augen machen. [...]
>
> Die Stadt bietet also an Plätzen, Straßen und Gebäuden dem Fremden durchaus nichts Anziehendes; wahrhaft abschreckend aber sind die Menschen, welchen man begegnet — beinahe durchgehends nur Neger und Negerinnen mit den plattgedrückten, häßlichen Nasen, den wulstigen Lippen und kurz gekrausten Haaren. Dazu sind sie meist noch halbnackt, mit elenden Lumpen bedeckt, oder sie stecken in europäisch geformten, abgetragenen Kleidungsstücken ihrer Herren. Auf 4 bis 5 solcher Schwarzen kommt dann ein Mulatte, und nur hie und da leuchtet ein Weißer hervor.
>
> Noch widerlicher wird das Bild durch die häufigen Gebrechen, die man überall gewahrt, und worunter ganz besonders die Elephantiasis in schreckliche Klumpfüße ausartet; an Blindheit und andern Übeln ist auch kein Mangel vorhanden. Ja sogar auf Hunde und Katzen, die in großer Anzahl in den Gassen umherlaufen, erstreckte sich die allgemeine Häßlichkeit — auch diese sind meist schäbig oder voll Wunden und Räuden.[4]

Rio de Janeiro zum Abgewöhnen. Es ist, kurz zusammengefasst, das Bild des Anderen im Zeichen einer alles übertönenden Hässlichkeit, das in dieser Passage mit einer Unmenge an Details entfaltet wird. So sieht bei Ida Pfeiffer also

---

4 Pfeiffer, Ida: *Reise in die Neue Welt*, S. 24–27.

der reiseliterarische Ort der Ankunft aus. Zwar verweist die österreichische Reiseschriftstellerin in der unmittelbaren Folge darauf, dass sie sich mit der Zeit an die Hässlichkeit der Menschen und Gegenstände gewöhnt habe, und dass es unter den jungen Mädchen und Frauen durchaus auch einige ansehnliche gebe. Doch wird hier ganz bewusst – aus der Rückschau – das unmittelbare Erleben einer geradezu schockartigen Erfahrung von Andersheit aus eurozentrischer und zugleich sehr subjektiver, aber auch unumwunden rassistischer Perspektive dargestellt.

Ida Pfeiffers reiseliterarischer Stil ist zweifellos sehr spröde und in keinerlei Weise exuberant. Diese Herangehensweise an die außereuropäische Welt schuf ihr ohne Zweifel viele Freundinnen und Freunde bei ihrer heimatlichen Leserschaft. Zunächst wird die gesamte Anlage der Stadt sehr negativ dargestellt: Der Wienerin gefallen insbesondere die großen öffentlichen Gebäude nicht, vor allem auch nicht das Schloss, in welches Spix und Martius dereinst die österreichische Kaisertochter Leopoldina zur Hochzeit mit dem künftigen Kaiser Pedro I. begleitet hatten. In der Beschreibung Ida Pfeiffers gerät es zu einem banalen, schmucklosen Privatgebäude.

Alles steht im Zeichen einer bodenlosen Enttäuschung. Die festgestellte Hässlichkeit springt dann auf die Bevölkerung über, wobei extrem eurozentrische Vorurteile hinsichtlich der Schönheitsbegriffe unmittelbar geäußert werden. Sie sehen, wie sehr sich doch manches verändert hat, gelten die Frauen von Rio de Janeiro doch mit zu den Schönsten der Welt. Im Grunde erfolgt eine völlige Abwertung der schwarzen Bevölkerung, wobei sich die Wienerin noch nicht einmal der Kategorien ihrer Beschreibung vergewisserte. Dies störte ihre europäische Leserschaft freilich in keiner Weise.

Unter den vielen Schwarzen und den wenigen Mulatten leuchten nur selten die Gesichter von Weißen hervor – und dieses Leuchten verrät uns viel über die Wertigkeit dieser *whiteness*, die hier zum ungefilterten Ausdruck kommt. Denn dieses Weiß-Sein wird mit dem Licht, der Erleuchtung und damit aller Transzendenz bestückt, die hier semantisch aufgeladen am Horizont der europäischen Reisenden erscheinen. In einem letzten Schritt erfasst die Hässlichkeit schließlich auch alle anderen Straßenbewohner, also die Hunde und die Katzen, welche die Straßen und Plätze als Lebensraum mit den Schwarzen teilen und ebenso wie diese von Krankheiten und Seuchen befallen sind. Ein fürwahr abstoßendes Bild, das Ida Pfeiffer uns von der Ankunft in der Hauptstadt Brasiliens zeichnet. Es gibt wenige Texte, die uns so unverblümt und ungeschminkt die Wertvorstellungen und Vorurteile europäischer Provenienz vor Augen führen.

Nach einer Woche in Rio de Janeiro hat sich unsere reisebegeisterte Frau an die Menschen vor Ort gewöhnt, hält aber fest, dass dem männlichen Geschlecht die Schönheit in minderem Maße zuteil geworden sei. Zudem rückt sie die

Schwarzen in die Nähe der Affen: Ihr Verstand sei zwar klar, aber eine Frage der Erziehung. Dieser Ausdrucksform eingefleischten Rassismus' mischt sie gleich eine weitere topische Prophezeiung bei, die zweifellos noch immer im Zeichen der Haitianischen Revolution fast ein halbes Jahrhundert zuvor steht: Das Erwachen dieses Volkes werde dereinst für die Weißen fürchterlich sein, könnten sich die Schwarzen doch leicht ihres zahlenmäßigen Übergewichts bewusst werden. Diesen Ausfällen, die – so fürchte ich – charakteristisch sind für weite Teile der Bevölkerung Europas um die Mitte des 19. Jahrhunderts, fügt sie durchaus Ansichten gegen die Sklaverei und manche Kritik an den Briten bei, die zwar die Sklavenschiffe vor der afrikanischen Küste abfingen, aber die Sklaven nicht etwa in die Freiheit entließen. Vielmehr würden sie die gleichsam als Schiffsladungen aufgebrachten Schwarzen noch zehn Jahre lang in sklavischer Arbeit ausbeuten, so dass sie nicht weniger unfrei gehalten würden.

Zu allem hat Ida Pfeiffer dezidierte Ansichten, die sie in ihrer Reiseliteratur auch unumwunden äußert. Das Los der Sklaven sei trotz aller Gegenrede nicht so schlecht, wie es viele Europäer glaubten, denn ihr Schicksal sei weniger hart als das der russischen, polnischen oder anderer Bauern, die man freilich nicht als Sklaven bezeichne – eine Überlegung, die sich übrigens schon bei Alexander von Humboldt findet, der auf das schwere Los der Leibeigenschaft aufmerksam machen wollte. Bei der Wienerin aber verkommt dieses Argument zu einer Relativierung der Gräuel der Sklaverei.

Doch damit haben die Ansichten der Ida Pfeiffer zur Bevölkerung vor Ort noch nicht ihr Ende gefunden. Die Brasilianer – und damit meinte sie offenkundig in erster Linie die Bewohner portugiesischer Abkunft – könne man als 'ins Amerikanische übersetzte Europäer' bezeichnen. Freilich wird deren Bild dadurch getrübt, dass bei ihnen die Sucht nach Geld wie bei allen nach Amerika Verpflanzten zur blinden Leidenschaft werde. In allen Gesellschaftsschichten stellt Pfeiffer eine tiefe Entsittlichung fest.

Am Ende aber wendet sich die Wienerin an jene Österreicher, die ihr Glück an Brasiliens Küsten versuchen und ihr Land verlassen wollten. Die Haltung Ida Pfeiffers ist in dieser Sache klar. Zu guter Letzt werden wir auch noch Zeugen eines Mordversuches durch einen entlaufenen Sklaven, eines Maroon, dessen sich Ida Pfeiffer zu erwehren hat. Sie wehrt sich gegen den Angreifer, der mit Machete und Lasso bewaffnet ist, mit Hilfe eines Sonnenschirms und eines kleinen Taschenmessers. Ihr Sonnenschirm bricht ab, ihr bleibt allein das Griffende in der Hand, das sie freilich bis an ihr Lebensende aufbewahren sollte. Von zufällig vorbeikommenden Reitern wird der entlaufene Sklave wieder eingefangen: Das Abenteuer ist zu Ende.

Dem Besuch einer deutschen Kolonie folgt dann eine Reise ins Innere Brasiliens; sie wird bei diesen Ausflügen vom Grafen Berchtold begleitet,

den sie in Prag kennengelernt hatte. Gemeinsam besuchen sie das vor fünfzehn Jahren gegründete Novo Friburgo; doch muss Ida Pfeiffer den weiteren
Teil der Reise zu den Indianern dann alleine unternehmen, da sich die
Wunde des Grafen, die dieser im Kampf mit dem Marroon erlitten hatte, zu
verschlimmern begann. Doch die an den verschiedensten Gegenständen interessierte Frau war fest entschlossen, ihre Reise auch ohne den Grafen fortzusetzen. So reist sie alleine mit einem einzigen Führer weiter, der stets
gefragt wird, wie es komme, dass sie alleine reise. Der aber antwortet jeweils
mit dem zunächst verwunderlichen Hinweis auf die Wissenschaft: So würden alle glauben, sie sei wegen der Wissenschaft auf Reisen. Dass diese zu
jener Zeit nicht weniger patriarchalisch war, braucht an dieser Stelle kaum
angemerkt zu werden.

Auf dem Weg zu den Indianern kam Ida Pfeiffer an Plantagen vorbei, wo sie
sich erneut gegen die Sklaverei äußerte, aber zugleich bemerkte, dass die kleinen
Sklavenjungen mit den Kindern des Sklavenhalters spielten: Mancher Fellach
in Ägypten oder die Bauern in Osteuropa hätten ein schlimmeres Schicksal.
Schließlich gelangte die österreichische Weltreisende bei den Indianern an, die
sie noch hässlicher fand als die Schwarzen: So werden die Gesichtszüge der Indianer als noch abstoßender beschrieben. Es ist wohl kaum nötig, dieses Überlegenheitsgefühl als Europäerin zu kommentieren.

Hören wir vielmehr ihre Kommentare selbst, denn sie geben uns Aufschluss über die verbreiteten Einschätzungen ihrer Zeit. Zu den Gesichtszügen komme bei den Indianern ein Zug von Dummheit, der sich durch den
ständig offenstehenden Mund äußere. Ida Pfeiffer ist nicht unbedingt leicht
zu verwenden für eine rein emanzipatorische Haltung als Frau; denn vieles
von dem, was sie niederschrieb, ist in unserer Zeit längst politisch unkor-
rekt. Gewiss ist Pfeiffer von der Geschicklichkeit der Puris beim Bogenspan-
nen oder von ihrer Fähigkeit beeindruckt, allein dem Geruch nach
entlaufene schwarze Sklaven wieder auffinden zu können; doch kennt sie
letzteres nur vom Hörensagen.

Die Österreicherin wird von den Puris, die sie als Wilde bezeichnet – und
doch befinden wir uns gerade einmal sechs Tagesreisen von Rio de Janeiro entfernt –, gastfreundlich aufgenommen. Die Sprache dieser Indianer ist ihrer Ansicht nach sehr arm – ohne dass sie dies jemals überprüft hätte. Hier macht sich
die Differenz zu den Untersuchungen von Spix und Martius besonders bemerkbar. Die Puris laden sie zum Essen ein, einer Einladung, der sie gerne folgt, gibt
es doch allerlei Spezialitäten, die sie aus Wien nicht kennt. Ich möchte Ihnen
gerne die folgende Szene ausführlich zur Kenntnis geben, da sie nicht zuletzt die
riesige Neugier Ida Pfeiffers zeigt:

Mein Appetit war grenzenlos, da ich seit morgens nichts genossen hatte; ich fing also gleich mit dem Affenbraten an, den ich überaus köstlich fand;— bei weitem nicht so zart und schmackhaft war das Fleisch des Papageis.

Nach Beendigung der Tafel bat ich die Indianer, mir einen ihrer Tänze aufzuführen und sie willfahrten gerne meinem Begehren.— Da es schon dunkel war, so brachten sie viel Holz herbei, errichteten eine Art Scheiterhaufen und zündeten ihn an; die Männer schlossen einen Kreis herum und begannen den Tanz. Sie warfen ihre Körper mit merkwürdiger Plumpheit von einer Seite zur andern und bewegten dabei den Kopf nach vorwärts; hierauf traten auch die Weiber hinzu, blieben jedoch etwas hinter dem Männerkreise zurück und machten dieselben plumpen Bewegungen. Die Männer stimmten noch überdies ein höllisches Geplärr an, das einen Gesang vorstellen sollte, und alle verzerrten dazu die Gesichter ganz abscheulich. Einer der Wilden stand daneben und spielte auf einer Art von Saiteninstrument. Es war aus dem Rohr einer Kohlpalme gemacht und ungefähr 2 bis 2 1/2 Fuß lang; ein Loch hatte man über quer geschnitten, 6 Fasern des Rohres aufgehoben und an beiden Enden durch einen kleinen Sattel in der Höhe erhalten. Es wurde darauf wie auf einer Guitarre gespielt, die Töne klangen sehr leise, widrig und heiser.

Diese erste Aufführung nannten sie einen Friedens- oder Freudentanz. Einen viel wilderen führten die Männer allein auf. Nachdem sie sich hierzu mit Bogen, Pfeilen und tüchtigen Knitteln bewaffnet, schlossen sie ebenfalls wieder einen Kreis, nur waren ihre Bewegungen viel lebhafter und wilder als beim ersten Tanze; auch schlugen sie dabei mit den Knitteln schauderhaft um sich herum. Dann stoben sie plötzlich auseinander, spannten die Bogen, legten die Pfeile auf und machten die Pantomime, als schössen sie dem fliehenden Feinde nach; dabei stießen sie fürchterlich durchdringende Töne aus, die im ganzen Walde widerhallten; ich fuhr erschrocken empor, denn ich glaubte wirklich von Feinden umzingelt und ohne die geringste Hilfe und Stütze in ihre Gewalt geraten zu sein;— ich war herzlich froh, dass dieser gräßliche Siegestanz bald ein Ende hatte.

Als ich mich dann zur Ruhe begab und nach und nach alles stille um mich ward, befiel mich eine Angst anderer Art; ich dachte der vielen wilden Tiere, der schrecklichen Schlangen, die vielleicht ganz nahe um uns hausen möchten und des offenen, schutzlosen Obdaches, unter welchem ich die Nacht zubringen mußte.[5]

In dieser Passage könnte man im Grunde zwei Arten von Blicken der Europäerin auf die Indianer voneinander unterscheiden. Zum einen handelt es sich um einen deskriptiven, möglichst viele Details schildernden Blick, der wesentlich anthropologisch oder völkerkundlich eingefärbt ist und möglichst viele Kenntnisse über die fremde Kultur sammeln möchte. Zum anderen gibt es einen von der eigenen Kultur her überdeterminierten, wertenden oder abwertenden Blick, der die Sitten und Gebräuche, die Tänze und Gesänge letztlich implizit immer mit den eigenen Riten und Gebräuchen, mit der eigenen Musik und dem Tanz der Europäer vergleicht.

Aus dieser doppelten Kodierung ergibt sich eine eigentümliche Spannung, die den gesamten Reisebericht durchzieht. Selbstverständlich greifen beide

---

5 Pfeiffer, Ida: *Reise in die Neue Welt:*, S. 56 f.

Blicke ineinander, bedingen sich wechselseitig; und doch ist interessant zu sehen, dass selbst die größte Abscheu Ida Pfeiffer nicht davon abzubringen vermag, die Augen offenzuhalten und alles möglichst genau zu beschreiben. Haben wir es hier mit einer Frühform des massentouristischen Blickes mit seiner unumgänglichen Exotisierung des 'Anderen' zu tun?

Die kulturell-völkerkundliche Kodierung ist dabei interessanterweise von Beginn der Vorbereitungen zum Tanz an eine geradezu religiöse, brennen doch zuerst die Scheiterhaufen, um dann teuflischen Gebräuchen den Platz zu überlassen. Das 'Andere' wird gleichsam dämonisiert, wird zu einer Bedrohung des Ich, wie sie ähnlich von wilden Tieren ausgeht. Es ist das Wilde, das fasziniert und im gleichen Atemzuge anzieht und abstößt. Als kulturelle Äußerungen werden Tanz und Gesang dabei nicht wirklich wahrgenommen: Diese Bereiche scheinen eindeutig der europäischen Zivilisation – im Gegensatz zur amerikanischen Barbarei – vorbehalten zu bleiben.

Nach der Rückkehr nach Rio de Janeiro folgt schon bald die Weiterreise per Schiff nach Valparaíso, die sich freilich noch verzögert. Denn man bleibt längere Zeit vor der brasilianischen Küste liegen, sieht ein Sklavenschiff einlaufen, das 670 Sklaven nach Brasilien einschmuggeln soll. Die Deportation afrikanischer Sklaven geht Mitte des 19. Jahrhunderts ungehindert weiter. Ansonsten übt Pfeiffer auch Kritik an den Übertreibungen vieler Reisender, welche auch die Schönheit des Kreuzes des Südens übertrieben hätten. Denkt sie hierbei auch an den von diesem Sternbild so begeisterten Humboldt?

Überhaupt die Pfeiffer'sche Kritik: Reisende würden häufig Dinge beschreiben, die sie selbst nicht sahen, sondern nur vom Hörensagen kennen; wirklich von ihnen gesehene Gegenstände würden oft mit allzu großer Phantasie geschildert. Ida Pfeiffer betont demgegenüber ihren sachlichen, deskriptiven Stil, dessen Ausfälle wir freilich gesehen haben.

Schließlich gelangt man am 2. März 1847 – nach der Umrundung von Kap Hoorn – in den Hafen von Valparaíso, die chilenische Hafenstadt, welche einen traurigen und einförmigen Eindruck auf unsere österreichische Reisende macht. Ida Pfeiffer bleibt nur fünf Tage zur Besichtigung der Stadt, da sie das nächste Schiff nach Lima nimmt. So bleibt auch aus Kostengründen keine Zeit für einen Besuch von Santiago de Chile. Die Einfahrt eines französischen Kriegsschiffes verändert die Reisepläne Ida Pfeiffers, denn nun fährt sie nicht weiter in die peruanische Hauptstadt, sondern nimmt mit dem französischen Schiff Kurs auf die polynesische Inselwelt und insbesondere auf Tahiti, wo sie nach neunund-dreißig Tagen auf See ankommt. Kurzentschlossen hatte sie dem amerikanischen Kontinent den Rücken zugewandt.

Ich erspare Ihnen die relativ negative Darstellung von Valparaíso, die kein gutes Licht auf Chile wirft, sondern möchte gleichsam auf den Spuren Georg

Forsters sehen, wie Ida Pfeiffer Tahiti schildert und erlebt. Bei einer Reise ins Landesinnere trifft sie einen Neunzigjährigen, der sich noch gut an die zweite Reise von James Cook – an der bekanntlich auch unser Forster teilnahm – zu erinnern vermag. Auch für Ida Pfeiffer sind diese Erinnerungen an das, was sie – wie wir gleich sehen werden – die „goldenen Zeiten" nennt, sehr präsent, hat sie doch sicherlich Cooks und Forsters Reiseberichte schon in ihrer Jugend verschlungen. Gerade aus dieser Lese- und Erlebensdifferenz heraus lässt sich ihre Ankunft auf Tahiti – zu dem wir nun nach Bougainville und Forster ein drittes und letztes Mal zurückkehren – lesen und verstehen. Dies soll im Folgenden versucht werden:

> Noch war der Anker nicht gefallen, so umgaben uns schon ein halb Dutzend Pirogen (Kähne) mit Indianern, die von allen Seiten auf das Deck kletterten und uns Früchte und Muscheln anboten, aber nicht wie einst gegen rote Lappen oder Glasperlen – diese goldenen Zeiten für die Reisenden sind vorüber – sie verlangten Geld und waren im Handel so gewinnsüchtig und geschickt wie die zivilisiertesten Europäer. Ich bot einem der Indianer ein Ringelchen von Bronze; er nahm es, beroch es, schüttelte den Kopf und gab mir sogleich zu verstehen, dass es nicht von Gold sei. Er bemerkte einen Ring an meinem Finger, faßte nach meiner Hand, beroch ebenfalls den Ring, verzerrte das Gesicht in ein freundliches Lächeln und deutete mir an, ihm diesen zu geben. [...]
>
> Daß die Menschen hier so kräftig und schön gebaut sind, ist um so wunderbarer, wenn man weiß, wie ausgelassen und sittenlos sie leben. Mädchen von sieben bis acht Jahren haben ihre kleinen Liebhaber von 12 bis 13 Jahren, worüber sich die Eltern sehr freuen. Je größer die Zahl der Liebhaber, desto mehr Ehre für das Mädchen. So lange ein Mädchen nicht verheiratet ist, lebt sie so ungebunden als nur immer ein Wüstling zu leben vermag — selbst als Weiber sollen sie nicht die getreuesten Gattinnen sein.
>
> Ich hatte mehrmals Gelegenheit, ihren Tänzen beizuwohnen. Es sind dies die unanständigsten, die ich je gesehen. Und dennoch würde mich jeder Maler um solch eine Szene beneiden. [...] Sie bilden vor einer der Hütten einen Kreis, in dessen Mitte zwei herkulische halbnackte Indianer sitzen, die auf kleinen Trommeln nach dem Takte tapfer schlagen. Fünf ähnliche Kolosse sitzen vor ihnen und machen mit dem Oberkörper die schrecklichsten und heftigsten Bewegungen — ganz besonders mit den Armen, Händen und Fingern [...]. Im Anfange wüten die Männer ganz allein auf dem Schauplatze, bald aber stürzen zwei weibliche Gestalten aus den Reihen der Zuseher hervor und tanzen und toben wie Besessene;— je unanständiger, frecher und ausgelassener ihre Gebärden und Bewegungen sind, desto stürmischer fallen die Beifallsbezeigungen aus.— Die ganze Vorstellung währt höchstens zwei Minuten, die Pause der Ruhe nicht viel länger, worauf sie wieder aufs neue beginnen. Eine solche Unterhaltung dauert oft stundenlang fort. Jünglinge nehmen selten teil am Tanze.
>
> Eine große Frage ist, ob die Unsittlichkeit der Indianer durch das Benehmen der gebildeten Franzosen gesteuert wird?! Soviel ich beobachtete oder auch von erfahrenen Leuten vernahm, mag vorderhand wenig zu hoffen sein.[6]

---

6 Pfeiffer, Ida: *Reise in die Neue Welt*, S: 75–80.

In dieser Darstellung gibt es eine Vielzahl von Elementen und Aspekten, mit denen wir uns eigentlich beschäftigen müssten. Im Grunde wohnen wir hier einer Demythisierung Tahitis bei, die längst um die Mitte des 19. Jahrhunderts um sich gegriffen hat. Zunächst lesen wir am reiseliterarischen Ort der Ankunft fast dieselbe Szene, wie sie Bougainville und Forster in jeweils unterschiedlicher Beleuchtung einflussreich darstellten. Doch schnell macht Ida Pfeiffer auf die Differenz zu den verflossenen „goldenen Zeiten" aufmerksam und konstatiert eine deutliche Europäisierung der Bewohner Tahitis, die sie wie Forster als Indianer bezeichnet.

Aufschlussreich ist, wie die ihrer Geschlechterrolle und den mit dieser in Europa verbundenen Konventionen Entkommene eine Perspektive einnimmt, welche ihre österreichischen Moralvorstellungen auf die Südseeinsel Tahiti projiziert. Die Weltreisende stellt dabei kritisch fest, wie wenig die Frauen Tahitis, deren Schönheit sie anders als Forster rundweg betont, doch diesen europäischen Vorstellungen entsprechen. Sexuelle Beziehungen Minderjähriger, außereheliche erotische Liebschaften, körperbetonte unsittliche Bewegungen bei den ekstatischen Tänzerinnen: All dies ist nicht länger ein Bestandteil des Zaubers und der Faszinationskraft Tahitis, wie sie von den männlichen Reisenden des 18. Jahrhunderts bei ihren Besuchen ausführlich evoziert worden waren.

Anders als im 18. Jahrhundert haben wir es Mitte des 19. Jahrhunderts mit einer Welt zu tun, die nicht länger nur sporadische Kulturberührungen, sondern einen andauernden Kulturkontakt mit Europa kennt und zugleich auch nach den Moralvorstellungen und Normen Europas bewertet wird. Die Männer erscheinen bestenfalls als herkulisch – ein Topos unter der Feder reisender Frauen, wie wir dies auch bei der Betrachtung starker männlicher Sklaven durch Frauen beobachten können. Vielleicht könnte die Figur des schönen, kräftigen, muskulösen, aber unbekannten, namenlosen Herkules bei den Frauenreisen eben jene Stelle eingenommen haben, welche bei den männlichen Reisenden das Rebecca-Motiv einnimmt. Wir wollen daher vorsichtig von einem *Herkules-Motiv* in der Reiseliteratur von Frauen sprechen, das die Begegnung mit einem attraktiven, zumeist wenig bekleideten Mann als Repräsentant eines noch unbekannten Landes zeigt. Doch müssen wir dies in unserer Vorlesung noch am Beispiel anderer reisender Frauen überprüfen.

Doch so viel schon jetzt: Nicht, dass die herkulischen Gestalten in den Berichten männlicher Reisender fehlten; aber es ist der halbnackte Herkules, der einerseits das Barbarische und andererseits doch die durch die Antike gleichsam veredelte männliche Kraft und Stärke symbolisiert. Diese Gestalt scheint auf die Frauen eine unverkennbare Anziehungskraft auszustrahlen, welche in ihren Reiseberichten zum Ausdruck kommt.

In Ida Pfeiffers Reisebericht von Tahiti sind es im Grunde im weiblichen Blick nicht die Männer, welche Erotik und Sexualität ins Spiel bringen, sondern die Frauen selbst, die wie Besessene – gleichsam wie Hetären – sich einem dionysischen Schauspiel hingeben und die Männer in ihren Bann ziehen. Dass ausgerechnet die Franzosen da keine moralische Linderung versprechen, liegt für die sittenstrenge Österreicherin auf der Hand. Auch in dieser Passage wird der Tanz letztlich dämonisiert – und auch hier zeigt sich, dass sich die Körper nach anderen Gesetzen und Normen verhalten, dass sich im (geschlechtlichen) Körper also auf eine sehr eigentümliche Weise Natur und Kultur überschneiden. In den Augen der weitgereisten Österreicherin sind diese außer Rand und Band geratenen Körper in ihren Bewegungen schlicht verwerflich, da sie nicht vom Verstand kontrolliert werden können.

In den Körperformen wie in den Hautfarben, aber auch in den Gesichtszügen und den Bewegungen der Leiber kommen Natur und Kultur, aber eben auch die Natur in der Kultur zum choreographischen Ausdruck. Die Reisende wünscht die jeweiligen Tänze der eingeborenen zu sehen, nur um sie dann umso besser verdammen und verteufeln zu können. Die Tänze faszinieren – und werden doch aus der (europäischen) Zivilisation ausgeschlossen.

Daher ist Tahiti in den Augen Ida Pfeiffers, der Frau aus der bürgerlichen Gesellschaft des 19. Jahrhunderts, nicht mehr die Insel des Glücks, das neue Kythera – *La Nouvelle Cythère*, sondern vielmehr die Insel der Unsittlichkeit, der Unanständigkeit geworden. Die Wiener Reiseschriftstellerin wird zu einer stets neugierigen, aber letztlich von den Konventionen ihrer Zeit doch beherrschten Figur, die ihre persönliche, individuelle Befreiung von geschlechterspezifischen Normen nicht von der Befreiung der Normvorstellungen ihrer Zeit her weiter treibt, sondern erfolgreich für ein bürgerliches Lesepublikum schreibt, das letztlich seine auch geschlechterspezifischen Wertvorstellungen wiedererkennen will – und zwar weltweit.

Von einer Sehnsucht nach dem 'Anderen' ist jenseits des bloß Pittoresken, Exotischen und Erotischen nichts mehr zu spüren. Der Reisebericht verharrt hier in den Konventionen und Grenzen seiner Zeit, die er freilich noch einmal weltweit reflektiert. Dass Ida in diesem ehemaligen, aber eigentlich verlorenen Paradies der Händler sogleich nach ihrem goldenen Ring am Finger, also nach ihrem noch getragenen Ehering, greift, als wäre dieser ein beliebiges verkäufliches Schmuckstück, ist eines der vielen interkulturellen Missverständnisse, die diesen Text durchziehen. Ida Pfeiffer ist zweifellos eine mutige, willensstarke Frau, die gegen die Konventionen ihrer Gesellschaft zu einer Weltreisenden geworden ist. Ihre Texte faszinieren nicht allein durch das, was sie zeigen, sondern auch durch die Hintergrundfolie, auf der sie es zeigen.

Fredrika Bremer oder die Tropen zwischen Paradies und Hölle

In einem starken Kontrast zu Ida Pfeiffer steht eine schwedische Schriftstellerin, die sich nicht als Reiseschriftstellerin einen Namen machte, sondern als literarische Autorin *tout court*. Gleichwohl zog sie aber neben ihrer eigentlichen literarischen Tätigkeit durch ihre alleine unternommenen weiten Reisen die nationale wie internationale Aufmerksamkeit auf sich. Darum wollen wir uns in der Vorlesung nun der Schwedin Fredrika Bremer zuwenden.[1]

In der Folge möchte ich Ihnen gerne einige kürzere Passagen aus ihren Reisebriefen aus der Neuen Welt vorstellen. Da ihre Vision der amerikanischen Hemisphäre das Element des Paradieses und damit eine Serie von Topoi aufnahm, mit denen sie sich in eine lange, von Columbus herrührende Tradition einschrieb, und sie freilich auf der anderen Seite die Dimension der Hölle nicht vergaß, welche sie insbesondere durch die Welt der Sklaverei repräsentierte, zeugt ihr reiseliterarisches Schaffen von einem hohen Bewusstseinsgrad im Umgang mit bestimmten literarisch-philosophischen Filiationen der Reiseliteratur, die in unserer Vorlesung im Mittelpunkt stehen. Fredrika war eine nicht nur literarisch, sondern vor allem auch philosophisch hochgebildete Frau. Erlauben sie mir aber zunächst einige biographische Hinweise zu dieser herausragenden Gestalt,[2] damit wir ihr literarisches Schaffen im Lichte ihres Lebens reflektieren können.

Fredrika Bremer wurde in Finnland, der damals noch schwedischen Provinz, im Jahre 1801 geboren.[3] Ihr Großvater väterlicherseits hatte sich aus Schweden dorthin begeben und im Handel ein erhebliches Vermögen erwirtschaftet. 1804 – und damit noch vor den großen Problemen und dem schließlichen Einmarsch des russischen Zaren in Finnland – waren die Bremers wieder nach Schweden zurückgekehrt und hatten sich in Stockholm niedergelassen, wo sie das Schloss von Arsta erwarben.

---

1 Vgl. die Vielzahl an Frauenreisen in die Karibik und die auf Fredrika Bremer bezogenen Passagen in Abel, Johanna: *Transatlantisches KörperDenken. Reisende Autorinnen des 19. Jahrhunderts in der hispanophonen Karibik*. Berlin: Verlag Walter Frey – edition tranvía 2015.

2 Bremer, Fredrika: *Durch Nordamerika und Kuba 1849–1851*. Stuttgart – Wien: Edition Erdmann 2001.

3 Vgl. hierzu Stendahl, Brita K.: *The education of a self-made woman: Fredrika Bremer 1801–1865*. Lewiston, N.Y.: E. Mellen Press 1994; Goulard, Matilde: Prólogo. In: Bremer, Fredrika: *Cartas desde Cuba*. La Habana: Fundación Fernando Ortiz 2002, S. 9–16; sowie Méndez Rodenas, Adriana: En dos tiempos: El viaje de Fredrika Bremer como alegoría de la nación. In: Birkenmaier, Anke / González Echevarría, Roberto (Hg.): *Cuba: un siglo de literatura (1902–2002)*. Madrid:Editorial Colibrí 2004, S. 329–356.

Abb. 80: Fredrika Bremer (Piikiö, 1801 – Gemeinde Haninge, 1865).

Die Bremers bewegten sich zwischen Großbürgertum und Adel, wobei einige Familienmitglieder gewisse adlige Prätentionen besaßen, über die sich Fredrika gerne lustig machte. In ihren ersten Werken, die Alltagsbilder entwarfen, hat Fredrika unterschiedliche Fassungen des Familienlebens der Bremers dargestellt. Als ihr Vater 1830 starb, konnte die Schriftstellerin ihre Erleichterung jedoch kaum verbergen. Ihre Lektüren waren weitgespannt: Sie las etwa Friedrich Schiller und die deutschen Romantiker, liebte Richardson und verfügte über einige Kenntnisse der Soziologie, Philosophie und Theologie. Ihr ganzes Leben lang suchte sie nach einer Religion und Philosophie, denen sie sich anvertrauen konnte.

Mitte der 1830er Jahre, als sie bereits eine literarische Berühmtheit war, setzte sie sich besonders mit der utilitaristischen Philosophie Jeremy Benthams oder John Stuart Mills auseinander, die sie durch ihre Freundschaft mit der Engländerin Frances Eliza Lewin kennengelernt hatte. Im Haus ihrer Schwester Charlotte in Khristianstad im Süden Schwedens traf sie erstmals Per Johan Böklin, der sie in die griechische Philosophie sowie den deutschen Idealismus einführte und zu ihrem großen Lehrmeister wurde. Sie unternahm in der Folge ausgedehnte Studien auch auf dem Gebiet der zeitgenössischen Philosophie, ihre Fourier-Lektüren sind bezeugt. Immer wieder zweifelte sie am Sinn des Romans und suchte in der Philosophie Beistand im Schreiben.

Ihre Romanästhetik entfaltete sich im Spannungsfeld zwischen Romantik und Realismus, wobei sie mit französischen Schriftstellern wie etwa Honoré de

Balzac bestens vertraut war. In ihren Romanen glänzte sie immer wieder durch präzise Detailbeschreibungen. In ihrem der Romantik verpflichteten Roman *Hertha* (dt. *Hertha oder Geschichte einer Seele. Skizze aus dem wirklichen Leben*, 1856/1857) verarbeitete sie viel autobiographisches Material. Zugleich machte sie darin aber auch ihre politischen Überzeugungen sowie ihren Kampf für die Frauenrechte deutlich. Fredrika Bremer wurde als Schriftstellerin zur Initiatorin der schwedischen Frauenbewegung.

Dem Sturm bei der Rezeption ihres Romans entging sie durch eine mehrjährige Auslandsreise, die sie in die Schweiz und nach Italien, aber auch nach Ägypten, Palästina und in die Türkei sowie die Länder des Balkans führte. Ihre Reiseerfahrungen erschienen in dem Band *Das Leben in der alten Welt* 1860 bis 1863, dem letzten Werk, das Fredrika Bremer veröffentlichte. Sie verstarb 1865 auf dem Schloss ihrer Familie.

Fredrika Bremer wurde nicht zuletzt auch durch ihre journalistischen Texte und Reiseskizzen berühmt, in welchen sie die Probleme ihrer Zeit sehr klar darzustellen verstand. Früh schon war die wohlhabende Fredrika in Europa gereist. Die Erfahrungen ihrer großen Amerikareise hielt sie in ihrem Band *Reisen in Nordamerika und auf Cuba* fest, wo sie in Briefen an ihre Schwester Agathe ihr zwei Jahre lang dauerndes Durchqueren der Vereinigten Staaten und den Besuch von Gefängnissen oder sozialen Einrichtungen hautnah schilderte. Immer wieder aber beschäftigte sie das Problem der Sklaverei, mit dem sie sich nicht nur im Süden der USA auseinandersetzte, sondern auch auf Kuba, wo sie drei Monate zwischen Februar und Anfang Mai 1851 verbrachte.

Fredrika Bremer kam als reife Frau und ohne Kenntnisse des Spanischen oder der kubanischen Kultur auf die größte der Antilleninseln. Mit ihrem Strohhut und ihrer Zeichenmappe unter dem Arm ging sie durch die Straßen und über die Plätze der Insel, ständig notierend oder zeichnend, indifferent gegenüber dem Aufsehen, das sie als allein reisende Frau erregte. Besonders genau beobachtete Fredrika Bremer das Leben der Schwarzen auf Kuba, ebenso der Haus- und Plantagensklaven wie auch der freigelassenen ehemaligen Sklaven, tief überzeugt von der Unmenschlichkeit der Sklaverei und der Notwendigkeit, gesellschaftliche Veränderungen im Süden der USA wie auf Kuba herbeiführen zu müssen.

Nach dieser kurzen Einführung in das Leben, aber auch einige Werke der schwedischen Autorin wissen wir also bereits, dass wir mit ihrem Bericht über ihre Reise in die USA und nach Kuba ein schönes Exemplum für Reiseliteratur in Briefform vor uns haben. Diese Form hatten wir im 18. Jahrhundert bereits bei Bernardin de Saint-Pierre kennengelernt und festgestellt, dass sie natürlich recht nahe an jener des 'klassischen' Reisetagebuches ist. Doch die Form des

Briefes ermöglicht eine noch stärkere subjektive Brechung der dargestellten Erlebnisse und Ereignisse, wobei es gerade dieser Effekt ist, den Fredrika Bremer in ihrer romantischen Konzeptionen zuneigenden Literaturauffassung im Auge hatte. Zugleich bietet der (asymmetrische) Dialog die Möglichkeit, eine Spiegelung des Dargestellten im Bewusstsein der Adressatin oder des Adressaten vorzunehmen. Diese Charakteristika der gewählten reiseliterarischen Form nutzte Fredrika Bremer weidlich aus.

Der erste dieser auf Kuba bezogenen Briefe, die sich in das große Amerika-Werk einreihen, ist bereits der einunddreißigste Brief. Er stellt, datiert auf Havanna den 5. Februar 1851, die Überfahrt von New Orleans nach Havanna dar. Sie können sich jetzt bereits vorstellen, welche Szenerie nun folgt. Denn ich habe in der Tat die Texte (und auch die AutorInnen) so ausgewählt, dass wir immer wieder an denselben geographischen Stellen 'vorbeischauen' und vergleichen können, wie die Perspektiven und Auswahlkriterien jeweils repräsentativ für die ausgewählten Texte sind. So haben wir hier also erneut eine Einfahrt in den Hafen von Havanna vor uns, das Tor zur Insel Kuba und zugleich jener Ort, an dem man gleichsam in einer *mise en abyme* die gesamte Insel bereits porträtieren kann.

A la mañana siguiente entramos en el puerto de La Habana.

Las olas se levantaban y rompían furiosamente contra el saliente cabo donde la fortaleza de El Morro se levanta con sus muros y torres (una de ellas muy alta) y defiende la angosta entrada al puerto. Pero en la bella bahía, casi circular, estábamos tan en calma como en el más tranquilo estanque, y el sol lucía sobre un mundo de objetos nuevos en torno mío.

Allí se extendía la gran ciudad de La Habana, a lo largo de la costa, a la derecha según se entra al puerto, con casas bajas de todos los colores: azules, amarillas, verdes, anaranjadas, como un enorme depósito de cristales abigarrados y objetos de porcelana en una tienda de regalos; y ningún humo, ni la menor columna de humo daba indicios de la atmósfera de una ciudad, con la vida de las cocinas o de las fábricas, como yo estaba acostumbrada a ver en las ciudades norteamericanas. Grupos de palmeras se elevaban entre las casas.

Una altura a nuestra izquierda estaba cubierta con multitud de plantas extrañas, semejantes a altos candelabros verdes con muchos brazos. Entre las colinas verdes que se veían alrededor del puerto había grupos de casas de campo, y bosquecillos de cocoteros y otros árboles del tipo de las palmeras; y sobre todo esto se extendía el cielo más claro y suave, y se respiraba el aire más delicioso. El agua del puerto parecía clara como el cristal, y el aire y los colores eran de la más diáfana claridad y serenidad. Entre los objetos que me llamaron la atención se destacan la fortaleza donde están encerrados los prisioneros, otra prisión y . . . la horca. Pero las bellas palmeras ondulantes, las verdes colinas, encantaron mi vista.[4]

---

4 Bremer, Fredrika: *Cartas desde Cuba*. Herausgegeben von Redy Puebla Borrero. Übersetzung von Matilde Goulard de Westberg. La Habana: Fundación Fernano Ortíz 2002, S. 21 f.

In dieser literarisch brillanten und wohlkalkulierten Passage fällt auf, dass wir es in der reiseliterarischen *écriture* von Fredrika Bremer mit einer Kontrasttechnik zu tun haben, die freilich an der Landschaft und der Gestaltung des Hafeneinfahrtsbereiches ausgerichtet ist und mit den sozialen wie politischen Gegensätzen der Insel Kuba noch ein wenig hinter dem Berg hält. Doch auch in diesem Bereich zeichnet sich bereits einiges schematisch und umrisshaft ab.

In einer ersten Annäherung brechen sich die Wellen wild an der Festung des Morro, der über die Einfahrt von Havanna wacht. Dies ist im Grunde recht gemeinplatzartig, denn Festungen pflegen sich wild und uneinnehmbar aus der sie umgebenden Landschaft aufzutürmen. Freilich wird dieses Element später wiederaufgenommen und leitet dann – nach der hier abgedruckten Passage – über zu einer Intervention der spanischen Kolonialbehörden, welche die Passagiere nicht von Bord lassen wollen, weil ein ausgemachter Gegner des Kolonialregimes, ein US-Amerikaner, der bei der berüchtigten Expedition von Narciso López mit im Spiel war, ebenfalls den Hafen von Havanna, allerdings auf dem Weg nach Kalifornien, besucht. Die noch zu Spanien gehörige Insel Kuba ist schon zum damaligen Zeitpunkt ein Spielball der mächtigen Interessen des auf Expansion bedachten Nachbarn USA.

Im Gegensatz zu diesen wenigen dunkleren Tönen freilich finden wir ein sehr zartes, fein gemaltes buntes Bild, das zunächst die Stadt Havanna wie frisch aus dem Spielzeugladen kommend, mit allerlei bunten Häuschen besetzt, in den Blick der Reisenden rückt. Das Kinderspielzeug ist harmlos, unschuldig, offen – und zugleich so ganz anders als die Städte Nordamerikas, aus denen es überall pufft und qualmt, kocht und brodelt. Damit wird zum einen die wunderbare Luft, die Fredrika Bremer so wichtig ist, argumentativ begründet, aber auch ein Hinweis gegeben auf eine fehlende Industrialisierung, eine fehlende wirtschaftliche Modernisierung dieser Stadt, die eben nicht so geschäftig daherkommt wie die industriellen Städte der USA. Bremer führt damit einen wichtigen ökonomischen und soziopolitischen Gegensatz zwischen der Insel Kuba und den Vereinigten Staaten von Amerika ein – und sie tut dies äußerst geschickt anhand eines kleinen Details im Blick der Reisenden bei der Einfahrt in den Hafen von Havanna.

Gewiss hat dies auch eine paradieshaft-unschuldige Seite, die vor allem beim Blick über die Bucht von Havanna sichtbar und anschaulich wird. Fredrika Bremer benutzt die Tropen des Diskurses über die Tropen und spielt auf dieser Klaviatur durchaus meisterlich. Sah Alexander von Humboldt dieselbe Bucht voller Segelschiffe und ihrer Masten, welche einen wahren Wald bilden und die natürlichen Stämme der Palmen gleichsam verlängern (und zugleich die Gefahren der Stadt verbergen), so findet Fredrika Bremer am selben reiseliterarischen Ort der Ankunft überall eine wunderbare Harmonie von Natur und

Mensch vor, in welche sie eintaucht. Denn mitten in einer ausgedehnten Tropenlandschaft, die von Palmen überragt wird, haben sich die schönsten Landhäuser angesiedelt, die eine friedliche, ruhige Bucht umsäumen. Das Bild eines wahren irdischen Paradieses entsteht.

Dass Kuba im weiteren Fortgang des Briefes – vor allem unter dem Vorzeichen der Sklaverei – auch die andere Seite der Medaille, nämlich die Hölle auf Erden repräsentieren kann, wird gegen Ende der hier zitierten Stelle in Ansätzen deutlich. Mit dem Verweis auf die Gefangenen – die Festung des Morro diente lange Zeit als das berüchtigtste Gefängnis der kolonialspanischen Behörden in den Amerikas –, auf die Zuchthäuser und auf den Hinrichtungsort der *horca*, des Galgens, welcher auf die noch alles beherrschende kolonialspanische Macht verweist, rückt unverkennbar ein anderes, gewalttätiges Element ins Bild, das der Leserin zumindest schon einmal zur Kenntnis gebracht wird, aber noch im Hintergrund verbleibt.

Vordergründig aber geht es um die Darstellung eines *locus amoenus*, für den es – soweit das Inventar – grüne Wiesen und Hügel, ein klares, helles Wasser, eine wunderbare Luft und eine sonnige Atmosphäre braucht. Auch wenn wir hier kein klares Bächlein haben, das lustig vor sich hinplätschert, und keine Vögel, die munter für uns zwitschern und singen, ist doch unverkennbar, dass Kuba vor den Augen der Schwedin noch immer mit jenem Zauber und Charme vorbelastet ist, der schon in den Augen Cristóbal Colóns dreieinhalb Jahrhunderte zuvor die Insel zu einem Lustort machte.

Doch am reiseliterarischen Ort der Ankunft in der Zielregion haben wir es mit einem fraktalen Bildnis der gesamten Insel Kuba zu tun. Die *mise en abyme* impliziert freilich die zumindest angedeutete, wenn auch nicht breit ausgeführte Hintergrundfolie menschlicher und kolonialer Herrschaft und Gewalt.

Nicht einmal das sechsstündige Warten der Passagiere an Bord auf das Verlassen des Schiffes konnte Fredrika Bremer, so schrieb sie in ihrem literarischen Brief an ihre Schwester Agathe, vom Zauber abhalten, den die Insel – und all die neuen Gegenstände, die natürlich nur für die Schwedin neu waren, aber an die Bezeichnung der Neuen Welt erinnern – auf sie ausübte. Kuba hat sie also von Beginn an ganz ergriffen.

Das hintergründige Spiel von Paradies, Sündenfall und Hölle findet sich immer wieder in den Beschreibungen der Insel Kuba und ihrer Phänomene. Dieses Motiv, geradezu ein Leitmotiv ihres Reiseberichts, klang ja bereits gleich zu Beginn der Einfahrt in den Hafen von Havanna an, und es zieht sich – nicht nur in jenen Briefen, die sich ausführlich der Sklaverei widmen – durch den gesamten Bericht. Ich darf bereits an dieser Stelle hinzufügen, dass sich daran bis heute nicht viel geändert hat. Denn auch das heutige, das revolutionäre Kuba Fidel Castros und seiner Nachfolger, ist noch immer von einem grundlegenden

Zwiespalt geprägt, der immer wieder um neue Facetten bereichert wird, letztlich aber immer um die Pole Paradies und Hölle, Insel-Freiheit und Insel-Gefängnis, oszilliert.

So ist auch Kuba heute für die einen ein Paradies, entweder im sozialistischen oder rein sonnigen Sinne, und für die anderen eine Hölle, was im allgemeinen politisch verstanden wird. Hier hat sich eine Ambivalenz quer zu allen politischen und kulturellen Veränderungen in der stereotypen Darstellung der Größten der Antilleninseln fortgesetzt.

Aber diese Bilder sind keineswegs neu, wie wir von Fredrika Bremer erfahren:

> He oído muchas quejas sobre la administración de la isla, sobre los monopolios, las injusticias, los robos cometidos en todas partes, tanto por los funcionarios como por los juriconsultos. Se dice expresamente que devoran 'la parte de las viudas y de los huérfanos'. Sobre este punto he oído historias casi increíbles. Ahora se fijan muchas esperanzas en el nuevo gobernador general Concha, que fue enviado por España hace dos meses, y quien, según dicen, es un hombre bueno y honrado. El gobernador recientemente depuesto se hizo famoso por sus fraudes, que lo convirtieron en un hombre rico. Se cuenta que el clero es bastante poco religioso, que la mayoría vive en opuesta contradicción con sus votos, y se asegura que la religión … ha muerto. Sigue habiendo trata de esclavos, aunque ocultamente. La administración lo sabe, pero recibe treinta o cincuenta pesos por cada esclavo que es traído de Africa, cierra los ojos ante el tráfico y hasta lo favorece, según se dice.
>
> ¡Ay, que este paraíso terrestre haya que estar siempre envenenado por la vieja serpiente![5]

Interessant ist, dass Fredrika Bremer, die sich sehr stark in den Kreisen relativ begüterter Ausländer aufhält und Engländer, Deutsche, Franzosen und auch Schweden in Havanna trifft, von den politischen Verhältnissen gleichsam nur vom Hörensagen berichtet. Sie gibt gleichsam zu Protokoll, was ihr zu Ohren gekommen ist. Als eigentliche Augenzeugin tritt sie in ihren Briefen auf dem Feld des Politischen und der kolonialspanischen Verwaltung kaum einmal auf.

Damit besitzt sie als Stimme auf diesem Gebiet eine nur eingeschränkte Legitimität, auch wenn die Vorherrschaft des Auges als Informationsquelle über das Ohr zu ihrer Zeit noch nicht so radikal ausgeprägt war wie in einer gewgenwärtigen Epoche dominant visueller Informationsübermittlung. Im 19. Jahrhundert war das Hörensagen noch nicht so negativ eingefärbt wie in unseren Tagen, wo man sich nur selten auf das Gehörte verlässt und lieber den eigenen Augen beziehungsweise der Schrift glaubt, und stammt sie auch aus den sogenannten sozialen Medien.

In der obigen Passage wird zunächst die Korruption der Verwaltung angeprangert, die vom Gobernador angefangen auf die rasche eigene Bereicherung

---

5 Bremer, Fredrika: *Cartas desde Cuba*, S. 36.

hin ausgelegt ist. Aber auch der katholische Klerus bekommt sein Fett weg, erscheint er doch nicht als religiös, sondern als hochgradig korrupt, mit der Macht und deren Interessen verfilzt. Übrigens wird dies im 20. Jahrhundert dann dazu führen, dass die Katholische Kirche in Kuba immer weniger Anhänger im Lande finden wird und gänzlich an Legitimität einbüßt. Erst im Verlauf der letzten Jahrzehnte haben sich die Dinge unter der Revolution, die zuvor einen völlig kirchenfeindlichen Kurs fuhr, verändert – und zwar bereits schon geraume Zeit vor dem berühmten und öffentlichkeitswirksamen Besuch des Papstes. Daher gab und gibt es gute Gründe dafür, dass sich im Verlauf der zweiten Hälfte des 19. und dann vor allem in der ersten Hälfte des 20. Jahrhunderts verschiedene afrokubanische Kulte wesentlich stärker entwickeln konnten und heute eine selbst von der Revolution nicht leicht zu kontrollierende Machtposition einnehmen.

In der Zeit von Fredrika Bremer aber war das eigentliche Übel die Problematik von Sklavenhandel und Sklaverei, die natürlich auch in den Südstaaten der USA vorherrschte. Der Handel mit Sklaven, das hatten wir schon am Beispiel Brasilien gesehen, bestand fort. Zwar hatte Spanien auf langanhaltenden Druck Englands, das nicht nur aus philanthropischen, sondern auch aus handfesten kommerziellen Interessen handelte, sich vertraglich verpflichtet, auf den weiteren Transport, mithin auf die fortgesetzte Deportation von Sklaven aus Afrika auf die Antillen zu verzichten.

Doch die Wirklichkeit war eine andere: Englische und andere Schiffe waren ständig damit beschäftigt, die Küsten von Afrika, Kuba, Puerto Rico oder Brasilien abzusuchen, um den florierenden Schleichhandel mit Sklaven zu unterbinden.

Bei den nicht selten dramatischen Verfolgungsjagden waren die Schwarzen oftmals nicht die Geretteten, wurden sie doch nicht selten einfach über Bord geworfen, so dass die Besitzer von Sklavenschiffen straflos ausgingen. Fredrika Bremer hatte richtig gehört: Die spanische Kolonialverwaltung auf Kuba widersetzte sich allen Versuchen, den Sklavenhandel effizient zu unterbinden, zumal ihr die ansässigen Kreolen und anderen Plantagenbesitzer vorrechneten, dass dies noch immer die beste und billigste Möglichkeit wäre, wohlfeile Arbeitskräfte für die kubanische Produktion und insbesondere die Erzeugung von Zucker zu generieren. Daran verdiente die spanische Verwaltung auf Kuba sehr gut, wie auch Fredrika Bremer sehr wohl wusste.

An diesem Punkt also geschieht der Sündenfall im irdischen Paradies; und die von Fredrika Bremer evozierte Schlange ist hier ganz offensichtlich ein unmenschliches Gewinnstreben innerhalb eines kolonialen kapitalistischen Systems, das in so starkem Kontrast zum Landschaftsbild, dem Klima und der herrlichen Luft auf der Insel steht. Denn dieses Klima, so die schwedische Autorin, habe die Indianer früher so sanft gemacht, und so seien auch die heutigen

Kreolen im Grunde sehr sanfte, gutmütige und wohltätige Menschen. Mag sein, dass Fredrika Bremer davon wirklich überzeugt war.

Die schwedische Schriftstellerin war eine ausgezeichnete Beobachterin, die sich oft mit ihrem Zeichenblock allein aufmachte, um bestimmte Pflanzen, Landschaften oder andere Eindrücke festzuhalten. Nicht selten merkt man ihr diesen visuellen Gestus, diese Betonung des Optischen, sehr an. Sie bewegte sich, beobachtete aber auch viel in den Häusern, und dabei notierte sie sich vieles nicht zuletzt zur Situation der Frauen auf Kuba, die sie als Frauenrechtlerin kritisch sah. Da sie vor allem im gut situierten Handelsbürgertum verkehrte, bezogen sich ihre Beobachtungen vor allem auf Frauen, die sich entweder zumindest eine Köchin oder gar einen Koch und Einkäuferinnen halten konnten. Die sogenannten Hausfrauen mussten sich um hausfräuliche Pflichten nicht kümmern, eine Tatsache, die Fredrika Bremer überrascht konstatierte.

Und nicht weniger überrascht notierte sie, dass sich die schwarzen Sklavinnen und Sklaven gerade bei diesen Aufgaben hervorragend bewährten, wenn sie den Küchenzettel zusammenstellten und für alles – oftmals ohne jede Aufsicht – sorgten. Gertrudis Gómez de Avellaneda, die große Dichterin des kubanischen (und spanischen) 19. Jahrhunderts, belächelte die Spanierinnen, die sich mit Hausarbeiten und mit Putzen abgeben mussten, während die Kubanerinnen frei über ihre Zeit verfügten. Die Dichterin berichtete stolz, dass sich kubanische Frauen – weiße Frauen, wohlgemerkt – mit so schönen Dingen wie Kunst, Literatur und Musik beschäftigten, da sie keine Wohnzimmer säubern, Socken stopfen oder in der Küche hantieren mussten. Denn in Kuba gab es für diese niederen Arbeiten genügend Sklavinnen und Hausangestellte.

Eben dieses Phänomen beobachtete Fredrika Bremer sehr genau. Aufmerksam war die an einer Emanzipation der Frauen ausgerichtete schwedische Schriftstellerin schließlich auch noch auf einem dritten Feld, dem der Kultur der schwarzen und mulattischen Bevölkerung, deren Musik und Tänze sie sich mehrfach aus der Nähe anschaute. Wir hatten schon gesehen, wie auch Ida Pfeiffer von diesem Thema fasziniert war. Fredrika Bremer freilich wird diesen kulturellen Praktiken sehr viel gerechter. Ich möchte Ihnen hier einen Auszug aus einem Brief an die Hand geben, der auf den 12. Februar 1851 datiert ist. Darin geht es um die kulturellen Ausdrucksformen und kulturellen Praktiken der schwarzen kubanischen Bevölkerung.

> Al mediodía, escuché desde varios puntos el ritmo vivo del tambor africano, no muy diferente del ruido que hacen los trillos en las granjas de nuestro país; sólo que aquí hay una vida mucho más animada. Era la señal de que los negros libres tenían sus bailes en los lugares de reunión de la comarca. Mi anfitrión tuvo la amabilidad de acompañarme a uno de éstos, muy cerca de nuestro Cerro. Allí, en una habitación parecida a la gran sala de una hostería de nuestro país, vi a tres negros, desnudos de la cintura para arriba, con

figuras y rostros enérgicos y salvajes, golpeando los tambores con una animación igualmente enérgica. Los tambores estaban hechos de troncos de árboles huecos, con una piel tensa encima. Los negros golpeaban la piel tensa, en parte con palillos y en parte con las manos —pulgares y palmas—, con una habilidad maravillosa, una perfección artística salvaje, o, más bien diría, un arte natural perfecto. Golpeaban los tambores como la abeja zumba o el pájaro canta o el castor construye su vivienda. Compás y ritmo, que a veces cambiaban, eran extraordinarios. No se puede imaginar una energía animada más perfecta en su naturalidad y en el compás desigualmente igual. Mantenían los tambores entre las rodillas. En las muñecas llevaban grandes esferas, llenas de piedrecillas u otros objetos que sonaban, decoradas por el exterior con manojos de plumas de gallo. Lo principal parece que era conseguir todo el ruido posible. Había algunas parejas que bailaban, damas de diferentes tonos de color, enfundadas en harapientos atavíos y tocadas con adornos de colores chillones, y hombres (negros) sin adornos y casi sin ropas en la mitad superior del cuerpo. Un hombre tomó a una mujer de la mano y comenzaron a bailar. Ella giraba sobre un mismo lugar con los ojos bajos; él daba vueltas a su alrededor con una gran cantidad de cabriolas tiernas; entre ellas, las volteretas y saltos más exaltados imaginables, que eran dignos de admiración por su audacia y agilidad.[6]

Die Auswahl der Kulturpraxis des Tanzes bietet Ihnen an dieser Stelle einen leicht gemachten Vergleich mit unserer Ida Pfeiffer. Bei Fredrika Bremer bemerkt man einen geradezu professionellen anthropologisch-ethnologischen Blick auf diese Elemente einer Volkskultur, einer *cultura popular*, für welche die Schwedin offenkundig schon beim ersten Besuch eine große Bewunderung empfindet. Man merkt ihrer Beschreibung in jeder Zeile an, dass sie das Gesehene und Gehörte tief beeindruckt.

Dabei sind die Beschreibungskriterien und die diskursiven Mechanismen durchaus zwiespältig. Denn Bremer bringt das Trommeln der Schwarzen nicht selten mit dem Agieren von Tieren in Verbindung, eine Tatsache, die uns darauf hinweist, dass hier die volkskulturellen Praktiken zweifellos in Richtung 'wilder Natur' aus der Kultur ausgebürgert zu werden scheinen. Doch diese auf den ersten Blick rassistische Bewegung des Ausschlusses wird sehr stark konterkariert durch eine gegenläufige Bewegung, die diese kulturellen Praktiken durchaus in den Kontext von Kunst und Kultur rückt.

Die beiden Adjektive, die in ein spannungsvolles Verhältnis eintreten, sind 'wild' und 'künstlerisch' — eine ebenso paradoxe Konstruktion wie der Hinweis Bremers auf den ungleich gleichen Rhythmus, den „compás desigualmente igual". Die europäische Beobachterin hat offenkundig Schwierigkeiten, Kategorien der Einordnung zu finden, ist aber sehr wohl bereit, sich auf eine präzise Beschreibung einzulassen. In der Tat erleben wir einen Tanz der freien Schwarzen und Mulatten mit, der in gewisser Weise eine Vorläuferform dessen darstellt,

---

6 Bremer, Fredrika: *Cartas desde Cuba*, S. 40 f.

was sich nach der Wende zum 20. Jahrhundert dann als Vorfahren des kubanischen Son und der lateinamerikanischen Salsa herausbilden sollte. Die kubanischen *contradanzas* aber waren gerade für europäische Zeitgenossen kulturelle Praktiken, die extrem weit von Tanz und Musik in Europa entfernt waren.

Fredrika Bremer beweist hier aber eine nicht nur präzisere Beobachtungsgabe als Ida Pfeiffer, sondern zugleich auch ein offenes Verständnis für derartige kulturelle Ausdrucksformen. Im Übrigen gelingt es ihr auch in diesem Auszug, das Geschlechterverhältnis im Tanz nachzuzeichnen, eine Tatsache, die ihr übrigens gleich mehrfach, noch an anderen Stellen ihrer Reisebriefe, gut von der Hand ging. Entscheidend aber ist, dass das charakteristische Oszillieren zwischen Kunst und Wildheit, aber auch die Präsenz halbnackter männlicher Körper, mit Blick auf die sie – übrigens ähnlich wie Ida Pfeiffer – von Herkulessen sprach, sehr stark faszinierten. Auch bei Fredrika Bremer kann man mit Fug und Recht von der Präsenz eines Herkules-Motivs sprechen.

Dass sie von der Schönheit der kubanischen Frauen nicht allzu sehr angetan war, sollte die Schwedin auch noch später bei anderen Beschreibungen äußern. Wir merken daran, dass die europäischen Schönheitskategorien noch nicht hin zur Aufwertung bestimmter mulattischer und schwarzer Körperformen tendierten, wie sie uns nicht zuletzt durch die Werbung heute so vertraut sind. Gleich zu Beginn ihres Kubaaufenthaltes hatte Fredrika Bremer nicht ohne Stolz notiert, dass sich mit der Schönheit und Ausstrahlungskraft der Europäerinnen nichts vergleichen lasse. Die Abwertung der Körperformen und der Ästhetik schwarzer Frauen ist bei ihr weitaus weniger ausgeprägt als bei Ida Pfeiffer, kommt aber vor allem dadurch zum Ausdruck, dass sie die Europäerinnen besonders gerne kontrastiv in ihrer Schönheit hervorhebt. Doch beeindrucken ihre anthropologisch recht exakten Darstellungen von Musik- und Tanzformen sowie Choreographien der freien schwarzen und mulattischen Bevölkerung auf Kuba: in einem kolonialen Sklavenhalterstaat, der immerhin derartige Vergnügungen bisweilen einräumte.

Fredrika Bremer unterstrich aus ihrer als philanthropisch zu bezeichnenden Haltung heraus diese relative Großzügigkeit der spanischen *Leyes de Indias*; und sie beobachtete das Leben der Schwarzen im Grunde mit großem Wohlwollen. Dies hält sie freilich nicht davon ab, bisweilen Bemerkungen über die schwarze oder mulattische Bevölkerung einzustreuen, die wir heute ganz eindeutig als rassistisch bezeichnen würden. Bei einem Ball der freien Schwarzen in der Stadt Matanzas etwa beschreibt sie ausführlich das gesamte Fest, widmet sich dann aber der besten Tänzerin und sagt von ihr, sie sei so hässlich, dass sie trotz ihrer schönen Kleider nach französischer Mode aussehe, als sei sie ein in ein schönes Kleid gesteckter Affe. Im Übrigen sei der gesamte Ball durchaus etwas, das man als zivilisiertes Leben der Schwarzen bezeichnen könnte, wären die Sitten nicht so formell und so aufgesetzt.

In derlei Passagen zeigt sich ebenso wie in der Frage der Schönheit, wie tief auch bei wohlmeinenden Europäerinnen und Europäern die Vorurteile gegenüber der abgewerteten schwarzen Bevölkerung zum damaligen Zeitpunkt – und sicherlich auch später – waren. Denn mit Fredrika Bremer haben wir es ja zweifellos mit einer Nordeuropäerin zu tun, die sich eindeutig gegen die Sklaverei ausspricht, sich für eine breitere geistige Entwicklung der Schwarzen und Mulatten einsetzt und sich im übrigen – wie auch ihr eigenes Leben zeigt – deutlich für eine Selbstbestimmung der Frauen stark macht, so dass sie später auch zeitweise als Galionsfigur des schwedischen Feminismus und erster Vereinigungen von Frauen dienen konnte.

Freilich zählen auch die kritischen Äußerungen Fredrika Bremers zu jener Art von Reiseberichten, die sozusagen nicht nur eine Reiseroute, sondern auch einen Weg der jeweiligen subjektiven Befindlichkeit der Reisenden mitzuteilen versuchen. Die Spannung zwischen dem Ich und dem von ihm beschriebenen Objekten überträgt sich auf das Lesepublikum. Gerade hierin zeigen sich die spezifischen Möglichkeiten des Briefes innerhalb der Gattung der Reiseliteratur Subjektivität zu erzeugen, Identifikationsprozesse einzuleiten und gleichsam die Leserschaft 'direkt' und unvermittelt anzusprechen. So entsteht ein Eindruck von Authentizität.

Die Briefe aus Kuba sind an die Schwester Agathe in der Heimat gerichtet. Und doch finden wir relativ wenig Schwesterliches: Fredrika Bremer – dies machen ihre Äußerungen immer wieder deutlich – bevorzugt es, sich allein auf vor ihr von Frauen wenig oder nie begangene Wege zu begeben. Bezüglich ihrer Reiseplanung hat sie ähnlich wie Ida Pfeiffer ihren ganz eigenen Kopf.

Dies zeigt sich gerade auch bei ihrer Kubareise, selbst wenn man dort anmerken muss, dass sie als Frau ganz selbstverständlich über eine Reihe von Vorteilen gegenüber Männern verfügt. Selten kommt sie einmal dazu, ihre eigenen Rechnungen zu begleichen, zu groß ist die Gastfreundschaft und zu häufig sind kleine und große Geschenke, die man ihr darbringt, bisweilen ohne den Namen der oder des Beschenkenden zu nennen. Die *Briefe aus Kuba* bilden innerhalb der Amerikareise gleichsam eine Reise in der Reise; und sie weisen zugleich auch auf einen Zyklus, ein Kreisschema hermeneutischer Bewegungsfiguren hin, das diesen Reiseteil als relativ unabhängigen Bestandteil der gesamten Reise ausweist. Diese Verbundenheit *und* Autonomie trägt zum Zauber dieser kubanischen Briefe bei.

Von dieser subjektiven weiblichen Position aus werden freilich immer wieder – und gerade auch gegen Schluss des Berichtes – Versuche unternommen, die Gesamtsituation auf Kuba zu erfassen. Damit schließt sich gleichsam der Kreis der Reise, beziehungsweise der hermeneutischen Kreisstruktur, innerhalb einer größeren Kreisstruktur zwischen Alter und Neuer Welt. Die Argumentation der Schwedin kommt hierbei zu einem Abschluss und zugleich zu einem Zirkelschluss.

Ich möchte Ihnen dies gerne anhand ausgewählter Teile der letzten Seiten des sechsunddreißigsten und letzten Briefes aus Kuba, der unmittelbar vor der Abfahrt verfasst wurde, vorführen:

> Durante mis paseos por La Habana he tenido siempre el placer de contemplar a la población negra, que me ha parecido más libre y más feliz que en las ciudades de los Estados Unidos. Aquí se ve, más a menudo que allí, a los negros y a los mulatos ejerciendo el comercio, y sus mujeres, por lo general, están muy bien vestidas y son elegantes. En las espléndidas calles se ven, no pocas veces, a mulatas con flores en el cabello y con sus familias, paseándose en una forma que denota bienestar y libertad. [...]
>
> Parece que los negros cristianos libres permanecen muy fieles a la mentalidad que tenían en Africa. Les han construido grandes casas con habitaciones cómodas, cocina, y huertos, de modo que en cuestión de vivienda y vida de trabajo puedan tener al mismo tiempo todas las ventajas de la vida privada y de la asociación. ¡Es inútil! Las grandes y cómodas casas de piedra se han quedado vacías. Al negro no le gustan ni las casas de piedra ni las asociaciones. La finalidad primaria de cada negro es poderse comprar un lote de tierra propia [...] donde poder construirse un bohío de cortezas de árbol cubierto con guano, plantar los árboles de su país natal, y cultivar en un pequeño terreno caña de azúcar, o maíz y viandas. Trabaja para conseguir ese paraíso terrenal. Una vez llegado a eso, su ideal es descansar, gozar lo más posible y trabajar lo menos que pueda. ¿Y para qué había de trabajar? La ambición y el deseo de saber, de poseer el mundo espiritual y materialmente, que el Creador puso en la raza caucásica, no se los concedió a él. En cambio recibió la capacidad del goce despreocupado, del alegre carácter, del canto y la danza rítmicos. Las latitudes bajo las que él nació favorecen estos últimos dones y se oponen a los primeros. [...]
>
> He echado una última ojeada a Cuba desde la azotea de la casa de Alfredo Sauval. Fue ayer por la tarde, durante la puesta del sol. Por última vez he visto sus bellos palmares, sus abigarradas y relucientes casas, su suave cielo, su mar azul claro a esa luz, en ese aire encantador y mágico del anochecer. Hoy por la tarde me embarco en el 'Isabel', y le digo adiós para siempre a las palmeras y a las ceibas de Cuba, a los cocuyos y a las contradanzas, a las guardarrayas y a las constelaciones, a los tambores africanos, a las canciones y a los bailes, a este pueblo feliz y desgraciado, ¡a su infierno y a su paraíso! [...]
>
> He aspirado una nueva vida en Cuba, pero *vivir* aquí no podría. ¡Esto sólo podría hacerlo donde exista y crezca la libertad![7]

In dieser langen Passage wird gleichsam sehr bewusst der argumentative Kreis geschlossen. Noch einmal erscheinen alle eingangs neuen Gegenstände ein letztes Mal vor dem inneren Auge der Reisenden und damit vor dem Auge des Lesepublikums: wie in einem Bilderreigen, der sich öffnet und dann schließt. Zentral ist dabei die Frage der Schwarzen und insbesondere der freien Schwarzen: Auf diesem Feld wird ein insgesamt positives Fazit auch gerade im Vergleich mit den

---

7 Bremer, Fredrika: *Cartas desde Cuba*, S. 192–196.

Südstaaten der USA gezogen, gebe es auf Kuba doch für freie Schwarze weitaus bessere Lebensmöglichkeiten als in den Sklavenstaaten des Südens der USA.

Die Vereinigten Staaten bilden für die Schwedin den Kontext der Vergleichsmöglichkeiten, und zwar zu einem Zeitpunkt, als man insbesondere im Süden der USA die Pläne forcierte, Kuba von Spanien abzukaufen und damit die Sklaverei auch auf den dann karibischen Teil der USA auszuweiten, um dergestalt das Gewicht der Sklavenstaaten insgesamt zu vergrößern. Die schwedische Reisende war sich dieser Zusammenhänge durchaus bewusst.

Aufschlussreich ist es aber auch, dass Fredrika Bremer eine vom Schöpfergott gleichsam vorgenommene Scheidung zwischen der kaukasischen Rasse, also der Rasse der Weißen – eine Scheidung, die seit Ende des 18. Jahrhunderts endgültig durch die Lehren eines Blumenbach und vieler anderer befestigt war und in den USA bis heute gilt – und den anderen Rassen vornimmt. Sie übernimmt dabei die gängigen (pseudowissenschaftlichen) Einteilungen ihrer Zeit.

Den Vertreterinnen und Vertretern der kaukasischen Rasse werden gleichsam alle bürgerlichen Tugenden zugesprochen: Fleiß, Wissensdurst, Beharrlichkeit, geistige und materielle Wünsche, die sie zu verwirklichen bestrebt sind. Demgegenüber werden allen anderen Rassen – begünstigt vom tropischen Klima – Sinnenfreude, die pure Lust, das Vergnügen, auch die Faulheit und Indolenz sowie die Begrenzung der eigenen Entwicklungsmöglichkeiten zugeschrieben, aber eben auch ein fröhliches, allzeit unbeschwertes Charakterchen bescheinigt. Eben hierin liegt, folgen wir dem französischen Anthropologen Claude Lévi-Strauss, der Rassismus: in der simplen und interessegeleiteten Übertragung biologischer in charakterliche und kulturelle Zuschreibungen.

Die Position Fredrika Bremers ist dabei überdeutlich. Gleichzeitig macht sie klar, dass sie in einem Land, in dem Sklaverei herrscht, nicht leben könne, dass für sie die Freiheit das absolute Gut ist, das zum Leben lebensnotwendig sei. Vieles im obigen Zitat wäre eines Kommentars wert, gerade auch das Licht, das auf die kulturellen Praktiken und Äußerungsformen der kubanischen Bevölkerung und insbesondere der Schwarzen geworfen wird. Insbesondere Musik und Tanz werden hierbei für Kuba stellvertretend aufgeführt. Der hermeneutische Zirkel hat sich auf diese Weise über einer Insel geschlossen, die von Beginn an beides war: irdisches Paradies und Hölle, Ort der freien Schwarzen und der Versklavung, der afrikanischen Trommeln und der französischen Mode. Aber alles erscheint im Lichte eines europäischen Wertesystems, das auf die gesamte Erde übertragen wird.

Kubas Bild ist von Ambivalenz, zugleich aber auch von größter Heterogenität geprägt. Erstaunlich ist, dass ein wirkliches breit angelegtes Gemälde einer künftigen Entwicklung auf Kuba nicht auftauchen will: Wir lassen die Insel auf Nimmerwiedersehen zurück, hören keine Prophezeiung hinsichtlich ihres künftigen Werdegangs oder ihrer zukünftigen Bestimmung. Sakrale Deutungselemente werden auf die Insel projiziert, ganz im Sinne des 19. Jahrhunderts, in dem eine Desakralisierung des Sakralen und eine Resakralisierung des Nicht-Sakralen stattfanden. Die Sichtweise Fredrika Bremers ist eindeutig von den Einschätzungen ihrer Gastgeber, der weißen internationalisierten Familien der Oberschicht, wenn auch nicht von der spanischen Kolonialverwaltung, geprägt. Ihre Kritik an der Sklaverei geht nicht in eine generelle Kritik einer stark hierarchisierten Gesellschaft über, sondern versucht, einen Blick zu entwickeln, der diese Schichtung möglichst genau erkundet.

Eben hierin liegt die große Bedeutung Fredrika Bremers und ihrer Reisebriefe: Die Präzision ihrer Beobachtungen zum Zeitpunkt ihres Besuches und der Versuch, ein Gesamtbild der Insel aus einer subjektiven Sicht zu entwerfen, die auf einer Empathie beruht und ihre eigene Sichtweise – ganz im Sinne der Romantik – aus Kontrasten aufbaut. Ein letztes Mal wird der Blick von oben auf die Stadt geworfen, ein Blick wie aus größerer Höhe, von höherer Warte aus, der noch einmal alles zusammenfasst, und doch nicht mit dem Gegenstand verschmilzt. Denn die Bewegung der Rückreise schreibt sich unmittelbar in die Wahrnehmung des Reisegegenstandes und in dessen Konturierung ein. Fredrika Bremer kehrt wieder in ihre eigene Welt zurück.

Flora Tristan oder die Wallfahrten einer Ausgestoßenen

Flora Tristan ist unter den in dieser Vorlesung gewählten reisenden Frauen sicherlich die international Bekannteste, was nicht nur an der Tatsache liegt, dass ihr der peruanische Literaturnobelpreisträger Mario Vargas Llosa mit *El paraíso en la otra esquina* einen halben Roman geschenkt hat, den sie sich mit ihrem noch berühmteren Enkel, dem französischen Maler Paul Gauguin, in Ehren teilt. Die Gründe für ihre eigene Berühmtheit sind darin zu sehen, dass Flora Tristan weit über die Grenzen Frankreichs hinaus als eine Vorkämpferin ebenso für die Frauenrechte wie für die Arbeiterrechte wahrgenommen wurde und ebenso innerhalb einer frühsozialistischen Umgebung wie einem feministischen Kontext sehr gut beleumundet ist. Doch der erfahrene Romancier Vargas Llosa hat schon im Titel zurecht das Paradies ins Spiel gebracht, war doch auch Flora Tristan (wie ihr Enkel) lange auf einer quasi-mystischen Suche nach einem Paradies für sich selbst wie für jene Gruppen, für die sie sich fast pausenlos in ihrem eher kurzen Erwachsenenleben einsetzte. Das Paradies, *ihr* Paradies, aber sollte sie selbst nie erreichen. Ihr Leben war eher das einer Ausgestoßenen, einer Paria.

Die 1803 in Paris geborene und bereits 1844 in Bordeaux verstorbene Flora Tristan war zweifellos eine der profiliertesten Frauen ihrer Zeit. Sie hat Geschichte gemacht und ihre Epoche aus heutiger Sicht mitgeprägt. Ihr Vater, ein wohlhabender peruanischer Adeliger, verstarb früh und ließ seine französische Frau und deren Tochter Flora mittellos zurück. Die behütete Kindheit war für Flora also rasch zu Ende und machte einem frühen Geldverdienenmüssen Platz.

Es war ein plötzlicher Sprung in ein Erwachsenenleben. Die junge Flora verdingte sich als Arbeiterin und ging mit achtzehn Jahren eine Vernunftehe mit ihrem damaligen Arbeitgeber, dem Lithographen André Chazal, ein. Dies war zweifellos die schlimmste Entscheidung ihres Lebens. Nach vier Jahren der Demütigung und ständiger Misshandlungen verließ Flora, die drei Kinder zur Welt gebracht hatte, von denen nur eine Tochter überlebte, ihren Mann, was im damaligen französischen Recht einem Ehebruch gleichkam. Die folgenden fünf Jahre war sie auf der Flucht ebenso vor ihrem Ehemann wie einer patriarchalischen französischen Justiz, die ihrem Noch-Gatten Recht gab. Sie lebte fortan in ständiger Angst; doch versuchte sie zugleich, ihre Tochter wie ihre Mutter zu ernähren.

Dies sind die Lehrjahre einer Frau, in der ein wachsendes politisches Bewusstsein sowohl für die Lage der Arbeiter wie auch der Frauen in der französischen Gesellschaft aufkeimte und schon bald einer präzisen politischen Diagnostik

Abb. 81: Flora Tristan (Paris, 1803 – Bordeaux, 1844).

Raum gab. Letztere gewann an ständig zunehmender Schärfe gepaart mit einer aufreibenden Suche nach dem eigenen Ich als selbstbestimmte Frau.

Bald schon sollten den Lehrjahren Floras Wanderjahre folgen. Sie setzte große Hoffnungen auf den peruanischen Teil ihrer Familie und schiffte sich an ihrem dreißigsten Geburtstag in Bordeaux nach Peru ein. Sie war die einzige Frau an Bord. Flora gelangte in der Tat zu ihrer wohlhabenden peruanischen Familie und lernte die reichen Besitzungen wie auch den Einfluss ihrer männlichen Familienmitglieder kennen, interessierte sich zugleich aber auch für das Schicksal der Ärmsten im Lande, der Sklaven auf den Plantagen und der Frauen und Nonnen in einer vom peruanischen Patriarchat geprägten Gesellschaft. Aus ihrem Reisebericht geht deutlich hervor: Sie war eine unverbesserliche Rebellin.

In ihrem 1837 in zwei Bänden erschienenen literarischen Reisebericht, den *Pérégrinations d'une paria*, beschrieb sie in einer Mischung aus Reiseliteratur und Desillusionsroman, Sittenbeschreibung und Gesellschaftsanalyse, poetischen Landschaftsbeschreibungen und philosophischen Reflexionen ihre Erfahrungen während ihres mehrmonatigen Aufenthalts in Arequipa.[1] Doch an

---

1 Vgl. u. a. Wolfzettel, Friedrich: *'Ce désir de vagabondage cosmopolite'. Wege und Entwicklungen des französischen Reiseberichts im 19. Jahrhundert.* Tübingen: Max Niemeyer Verlag 1986, u. a. S. 139–146; Sánchez, Luis Alberto: *Flora Tristán. Una mujer sola contra el mundo.* Caracas: Biblioteca Ayacucho 1992; sowie sowie Hervé, Florence (Hg.): *Flora Tristan oder: Der Traum vom feministischen Sozialismus.* Berlin: Dietz 2013.

eine Rückgewinnung ihres Erbes war für die Rebellin nicht zu denken: Sie war ihrer gesamten reichen Familie wesensfremd und musste sich bereits im Juli 1834 wieder nach Frankreich einschiffen – unverrichteter Dinge und so arm wie eh und je. Das peruanische Abenteuer war gescheitert.

Nach Paris und in die elenden Zwänge ihres Daseins zurückgekehrt, setzte sie alles daran, den Bericht über ihre Reise niederzuschreiben und im Jahre 1837 zu veröffentlichen. Dabei eröffnet ihr Reisebericht explizit die Sichtweise einer Frau, reflektiert deren Situation schonungslos und macht immer wieder auf die gesamtgesellschaftlichen Zustände einer bis vor kurzem noch kolonialen Gesellschaft aufmerksam, deren Machtverhältnisse und Sozialstruktur sich neu definieren. Gerade der Rolle der Frauen schenkt sie in diesem gesellschaftlichen Prozess größte Aufmerksamkeit.

Dabei fasziniert ebenso der kompositorische Charakter ihrer reiseliterarischen Darstellungen, die ganz im romantischen Duktus mit einer höchst subjektiven und zugleich poetischen Selbstreflektion beschäftigt sind, wie die klare, bisweilen schneidende Intelligenz einer zutiefst herausgeforderten Frau, welche die Ränkespiele ihrer Verwandtschaft rasch zu durchschauen lernt, ohne sich doch gegen diese zur Wehr setzen zu können. Sie hatte ihr Spiel in Peru von Beginn an verloren und gehörte keineswegs, wie gehofft, zu einer Familie, die sie nicht wollte und welche die Legitimität der Ehe ihres Vaters mit ihrer Mutter nicht anerkannte. Der einflussreiche Onkel ließ sich von ihr nicht erweichen: Das erhoffte Erbe blieb ihr unzugänglich, ihr Bittgang und ihre 'Pilgerschaft' bleiben ergebnislos. Sie selbst wird nun endgültig zu einer Ausgestoßenen, zu einer Paria.

Ich versage es mir an dieser Stelle, auf die Parallelen des Paria-Begriffes bei Flora Tristan und bei Hannah Arendt bezüglich Rahel Varnhagen aufmerksam zu machen. Auch wenn Flora Tristan, anders als Rahel Levin Varnhagen, nichts mit dem Judentum zu tun hatte,[2] sind die Homologien zwischen den Frauenfiguren offenkundig.

Der gesamte Reisebericht zeichnet auf diese durchaus dramatische Weise einen Erkenntnisprozess nach, der mit vielen autobiographischen Elementen angereichert wird und einen Verlaufscharakter besitzt, der von der Ich-Erzählerin immer wieder kritisch reflektiert wird. Dabei schwanken die Beobachtungen der jungen Französin zwischen dem Ethnozentrismus ihrer eigenen Pariser Herkunft, die alles mit der Pariser Elle zu beurteilen versucht, und einer kritisch reflektierten Analyse der ökonomischen, politischen, aber vor allem sozialen und kulturellen Strukturen, mit denen sie auf ihrer Reise in Berührung kam. Es ist ein

---

2 Vgl. Ette, Ottmar: *Mobile Preußen. Ansichten jenseits des Nationalen*, Kap. 6.

Reisebericht, der auf seiner autobiographischen Ebene von einem wachsenden Bewusstsein und vor allem Selbstbewusstsein zeugt.

Flora Tristans Reiseliteratur steht im Zeichen eines persönlichen wie strukturellen Scheiterns als Frau, wobei sie selbst sich als Gescheiterte dadurch zugleich auch als gescheiter erweist. Die subjektiven, zum Teil intimen autobiographischen Elemente verbinden sich mit Momenten der Memoirenliteratur, insofern sie etwa wichtige Protagonisten des in Peru entbrannten Bürgerkrieges von 1834 persönlich kennenlernt und über die persönlichen Implikationen dieser Figuren berichtet. So gerät der Reisebericht zu einem historischen Fresko von großer individueller wie kollektiver Relevanz, schildert die junge Französin doch nicht nur ihr eigenes Schicksal, sondern entwirft ein historisches Sittengemälde Perus und zugleich jener subalternen Situation, innerhalb derer sie sich als Frau wie eine Paria fühlen musste – auf beiden Seiten des Atlantik.

Fassen wir all jene biographischen Aspekte, die sich an die Abfassung des Reiseberichtes anschließen, in der gebotenen Kürze zusammen, um uns danach der Analyse ihrer Reiseliteratur zu widmen. Als Chazal von Flora Tristans Rückkehr nach Frankreich erfuhr, bedrohte er sie mehrfach und entführte schließlich ihre gemeinsame Tochter Aline, die zukünftige Mutter Paul Gauguins. Die französische Justiz sprach dem Vater freilich ungerührt das Sorgerecht zu. Als Flora durch herausgeschmuggelte Briefe schließlich von ihrer Tochter Aline erfuhr, dass sie vom Vater wiederholt missbraucht worden war, ging Flora gegen ihren Mann gerichtlich vor. Erst jetzt erlangte sie nach langem Kampf das Sorgerecht. Daraufhin lauerte ihr Chazal am 4. September 1838 auf und versuchte, seine frühere Frau auf offener Straße durch gezielte Pistolenschüsse zu töten. Flora überlebte nur knapp, eine Kugel blieb so nahe am Herzen stecken, dass sie nicht mehr entfernt werden konnte. Im nachfolgenden Prozess wurde Chazal zu Deportation und zwanzig Jahren Zwangsarbeit verurteilt, was es seiner Frau endlich erlaubte, sich legal von ihrem Mann scheiden zu lassen und fortan im Rahmen der gesetzlichen Möglichkeiten ein freies Leben als geschiedene Frau zu führen.

Flora Tristan widmete sich fortan ihrem politischen Kampf als Frühsozialistin und Feministin. Sie veröffentlichte Artikel und umfangreichere Schriften über das Los der Arbeiter und insbesondere die Situation der Frauen, die sie in Werkstätten, Fabriken und Bordellen besuchte. Ihre Berichte – nicht nur aus Frankreich, sondern auch aus England – rüttelten auf: Ihr englischer Reisebericht *Promenades dans Londres, ou l'aristocratie et les prolétaires anglais* erschien bereits 1840 und ist bis heute ein bewegendes Zeugnis der gesellschaftlichen Zustände im Mutterland der Industriellen Revolution.

Die beiden Jahre vor ihrem Tod verbrachte sie in Kutschen und auf Reisen kreuz und quer durch Frankreich, wo sie unentwegt Vorträge hielt, zu

Zusammenschlüssen von Arbeitern aufforderte und das kritische Bewusstsein arbeitender Frauen förderte. Sie wurde von ihren Anhängern in kleinen Zirkeln gefeiert, wurde von der konservativen Presse verhöhnt und von der Polizei als gefährliches, aufwieglerisches Subjekt verfolgt. Vor Erschöpfung brach sie schließlich in Bordeaux zusammen und starb an Entkräftung und Typhus im Alter von einundvierzig Jahren.

Flora Tristans gesamtes Leben bietet das Beispiel einer mutigen, rastlosen und von ihrer Sache geradezu besessenen Frau, die ihre Zuhörer durch ihre Reden begeistern konnte, ihr Lesepublikum durch eine Mischung aus präziser Beschreibung und persönlicher Reflexion bestach und die buchstäblich für ihre Ideen lebte und sich verzehrte. In ihrem Reisebericht gibt es sehr wohl messianische, aber auch damit einhergehende agonale Züge, die sich auch in ihrem Leben mischten. Stets steht der Gewinn von Erkenntnis im Mittelpunkt all ihres Handelns, oder anders: Erkenntnis war der Antrieb für ihr Handeln. Dabei fand Flora Tristan, wie wir noch sehen werden, am Ende ihrer *Pérégrinations* Formulierungen für die Kraft und den Mut, für ihre Ziele zu kämpfen und dies, wenn notwendig, auch ganz alleine zu tun.

Flora rechnete sich selbst zu den besonders willensstarken Naturen – vielleicht wurde ihr gerade dies angesichts ihrer Überanstrengung am Ausgang eines allzu kurzen Lebens zum Verhängnis. Denn sie kämpfte nicht nur für ihre eigene Selbstbefreiung, sondern zugleich für die der Frauen in Frankreich und Europa sowie für die unterdrückte Arbeiterklasse ganz allgemein. Lange nach ihrem Tod erschien 1973 ein weiterer Bericht aus ihrer Feder, der von ihren letzten Fahrten im Auftrag der *Union Ouvrière* zeugt und unter dem Titel *Le tour de France. Etat actuel de la classe ouvrière sous l'aspect moral, intellectuel, matériel* erschienen ist. Doch ihr eigentlicher, bis heute berühmter Reisebericht bringt uns ihre Reise nach Peru nahe; wir wollen uns folglich mit dieser Reise und diesem Bericht beschäftigen und einmal mehr sehen, wie das Verhältnis von Reisen und Schreiben bei der französischen Autorin angelegt ist.

Gewiss kann man Flora Tristan in ihren *Pérégrinations d'une paria* einen deutlichen Eurozentrismus ankreiden; aber zugleich sind doch ihre Empathie mit den Unterdrückten und ihre Sympathie für die Frauen in Peru beeindruckend. Sie konnte ihr Bewusstsein als Europäerin sehr wohl als eines der eigenen zivilisatorischen Überlegenheit ausleben, hatte aber doch stets ein offenes Herz für all jene, die als Plantagensklaven oder als einfache Arbeiter schuften mussten. Ihr soziales Engagement geht mit ihrer romantisch eingefärbten Naturvorstellung – gerade auch in den Landschaftsszenen ihres Reiseberichts – Hand in Hand. Aber sehen wir uns dies nun näher an.

Wir hatten uns ja bereits im theoretischen Teil unserer Vorlesung wiederholt mit den *Pérégrinations d'une paria* beschäftigt und erkannt, wie präzise konstruiert dieser reiseliterarische Text ist. So kann ich es mir an dieser Stelle erlauben, bestimmte Passagen herauszupicken, die für jene Fragestellungen von Bedeutung sind, auf die wir uns im Verlauf unserer Überlegungen noch etwas weniger eingelassen hatten. Dazu zählt an erster Stelle die neunte Dimension des Reiseberichts, die sich mit der genderspezifischen Darstellung und ihrer jeweiligen Perspektivik beschäftigt. Dabei sollen Aspekte in den Blick rücken, die wir bei Ida Pfeiffer und Fredrika Bremer noch weniger behandelt haben.

Flora Tristan geht in ihren *Pérégrinations* mehrfach auf die spezifische Rolle und die Schicksale jener Frauen ein, denen sie im Verlauf ihrer Reise begegnete. Da wäre etwa jene französische Gastwirtin zu Lima zu nennen, die Flora kennenlernte, weil sie nach Monaten keine Lust mehr verspürte, bei ihren Verwandten abzusteigen; ein Aufenthalt in einem Hotel verschaffte ihr zugleich eine größere und vor allem unbeaufsichtigte Bewegungsfreiheit, welche sie auch zu nutzen verstand. Diese Französin hatte sich äußerst aktiv in der Neuen Welt niedergelassen und ihr eigenes Hotel gegründet. Es gelang ihr so, jene Zeit zu verarbeiten, in der sie zunächst an der Pariser Oper bekannt geworden, später aber vom französischen Publikum fallengelassen worden war. Flora interessierte sich für ihre Geschichte. Denn die Französin hatte sich in der Neuen Welt ein neues Leben aufgebaut, das ihr auch neue Freiheiten als Frau schenkte.

Besonders aufschlussreich für uns aber sind jene Passagen, in denen sich Flora Tristan mit den berühmten Frauen von Lima beschäftigt, die für ihre freizügige und von Männern nicht zu kontrollierende Lebensweise bekannt waren. Bei allen europäischen Reisenden des 18. und 19. Jahrhunderts waren diese Frauen berühmt, weil sie nicht allein als ausnehmend schön, ja als Inbegriff weiblicher Schönheit galten, sondern weil sie nach verbreiteter Ansicht die kleinsten Frauenfüßchen besäßen, die den Europäern jemals zu Augen gekommen waren. Dies wurde zu einem wahren Topos, der in der entsprechenden Reiseliteratur zur Hauptstadt Perus immer wieder auftauchte und nicht auszurotten war. Drittens aber waren sie dafür bekannt und berüchtigt, dass sie sich auf der Straße zu verhüllen pflegten, so dass sie nicht erkannt werden konnten, nicht einmal von ihren eigenen Ehemännern. Sie konnten daher ein relativ freies, unbeaufsichtigtes und – wie man sagte – sittenloses Leben führen und ihren Neigungen stets nachgeben. Allein Alexander von Humboldt scheint unter den europäischen Reisenden von diesen Frauen wenig begeistert gewesen zu sein. Sehen wir uns jedoch einmal Flora Tristans Reaktion auf diesen lebendigen peruanischen Topos näher an.

Nach einer ausführlichen Beschreibung der weiblichen Kleidungsstücke, die viel zur Berühmtheit der Frauen von Lima in der europäischen Literatur beigetragen hatten, nämlich der Beschreibung von *saya* und *manto*, stellt Flora Tristan allgemeine Überlegungen zur weiblichen Mode an. Diese charakteristischen Kleidungsstücke verhüllten und zeigten zugleich, eine Funktionsweise weiblicher

Mode, indem sie den gesamten weiblichen Körper, einschließlich des Gesichts und der Haare, mit Ausnahme eines der beiden Augen vollständig verhüllten; zugleich zeigten sie durch eine enorm zugeschnürte weibliche Taille und das Freilassen der Füßchen die körperlichen Reize der unbekannten Frau deutlich an und brachten ihre Körperformen zur Geltung.

Abb. 82: „Tapada", Aquarell von Johann Moritz Rugendas, 1843.

Man sieht bei dieser Gelegenheit, wie aufmerksam die Französin gegenüber den in Wert gesetzten Reizen, mehr aber noch der spezifischen Ausdrucksmittel der Mode der Bewohnerinnen von Lima war. Sie glauben mir das alles nicht? Dann möchte ich Ihnen zumindest einen kleinen Ausschnitt aus dieser Textpassage bieten.

> Une des recherches de leur luxe est encore d'avoir un très beau mouchoir de batiste brodé garni de dentelle. Oh! qu'elles ont de grâce, qu'elles sont enivrantes ces belles Liméniennes avec leur *saya* d'un beau noir brillant au soleil, et dessinant des formes vraies chez les unes, fausses chez beaucoup d'autres, mais qui imitent si bien la nature, qu'il est impossible, en les voyant, d'avoir l'idée d'une supercherie! ... Qu'ils sont gracieux leurs mouvements d'épaules, lorsqu'elles attirent le *manto* pour se cacher entièrement la figure, que par instants elles laissent voir à la dérobée! Comme leur taille est fine et souple,

et comme le balancement de leur démarche est onduleux! Que leurs petits pieds sont jolis, et quel dommage qu'ils soient un peu trop gros!

Une Liménienne en *saya*, ou vêtue d'une jolie robe venant de Paris, ce n'est plus la même femme; on cherche vainement, sous le costume parisien la femme séduisante qu'on a rencontrée le matin dans l'église de Sainte-Marie.[3]

Dieser Text gibt Aufschluss über die große Faszinationskraft, die von dieser andersartigen, exotisch und erotisch zugleich wirkenden Kleidung von Frauen ausgeht, die in einem fremden, ungewohnten Kontext wahrgenommen werden. Flora Tristan unterstreicht die Wirkung weiblicher Achtsamkeit durch Zitate von Männern, die beim Anblick derartiger Schönheiten nachgerade zu Abenteurern würden. Selbstverständlich ist es evident, dass derartige Darstellungen mit einer gehörigen Dosis Orient und mehr noch *Orientalismus* gewürzt werden, ist doch auch der Orient in der abendländischen Imagination voller zauberhafter verschleierter Frauen, die der männliche Blick auf den weiblichen Körper so gerne entschleiern möchte. Flora Tristan befriedigt in dieser Passage durchaus einen gewissen Voyeurismus ihrer europäischen Zeitgenossen und auch ihrer Zeitgenossinnen, die in aller Regel mit dem Topos der Frauen von Lima bestens vertraut waren.

So geht es hier nicht zuletzt um das europäische Lesepublikum, das direkt angesprochen und gleichsam bei den Bildern der eigenen Imagination abgeholt werden soll. Flora Tristan bedient alle Stereotypen der europäischen Reiseliteratur, so wie uns der deutsche Maler Johann Moritz Rugendas, mit dem wir uns noch kurz beschäftigen werden, ebenfalls ein recht anschauliches Bild der *Tapadas*, der verhüllten Frauen von Lima, zu bieten versteht.

Die Französin versteht etwas von weiblicher Mode und Kleidung; sie beschreibt gekonnt die einzelnen Bestandteile derselben und gibt in ihrer literarischen Darstellung auch der Wirkung auf die Betrachter reichlichen Ausdruck. Doch nach der ausführlichen Darstellung der *Tapadas* wäre die Rebellin (oder nach eigenen Worten die Paria) Flora Tristan nicht Flora Tristan, hätte sie nicht am Ende eine kleine, aber zerstörerische, ja vernichtende Kritik eingebaut und den zwar kleinen, aber doch etwas zu dicken Fuß der *Limeñas* ins literarische Spiel gebracht. Sie wäre aber auch nicht sie selbst gewesen, hätte sie nicht ausführlich Bezug genommen auf den sozialen Status der Frauen und all jene Möglichkeiten, die ihnen ihre schwarze Kleidung gab, die gleichsam das Gegenteil eines Witwenkostüms darstellte.

Zu diesem Gesamtkomplex möchte ich Ihnen an dieser Stelle eine etwas längere Passage im Auszug vorstellen, um zugleich auch darauf hinzuweisen,

---

3 Tristan, Flora: *Pérégrinations d'une paria*, S. 333:

dass die Bewohnerinnen von Lima nicht allein mit den Orientalinnen, sondern auch mit den Europäerinnen verglichen werden. Dieser Vergleich wirft ein bezeichnendes Licht auf die Rolle und den Status der Frauen in Europa. Hier wird die emanzipatorische Intentionalität Flora Tristans, ihres gesamten Schreibens wie vor allem auch ihres faszinierenden Reiseberichts unverkennbar deutlich. So schreibt die französische Autorin:

> Cependant les femmes de Lima gouvernent les hommes, parce qu'elles leur sont bien supérieures en intelligence et en force morale. La phase de civilisation dans laquelle se trouve ce peuple est encore bien éloignée de celle où nous sommes arrivés en Europe. Il n'existe au Pérou aucune institution pour l'éducation de l'un ou de l'autre sexe; l'intelligence ne s'y développe que par ses forces natives: ainsi la prééminence des femmes de Lima sur l'autre sexe, quelque inférieures, sous le rapport moral, que soient ces femmes aux Européennes, doit être attribuée à la supériorité d'intelligence que Dieu leur a départie. [...]
>
> D'après ce que je viens d'écrire sur le costume et les usages des Liméniennes, on concevra facilement qu'elles doivent avoir un tout autre ordre d'idées que celui des Européennes, qui, dès leur enfance, sont esclaves des lois, des mœurs, des coutumes, des préjugés, des modes, de tout enfin; tandis que, sous la *saya* la Liménienne est *libre*, jouit de son indépendance et se repose avec confiance sur cette force véritable que tout être sent en lui, lorsqu'il peut agir selon les besoins de son organisation. La femme de Lima, dans toutes les positions de la vie, est toujours *elle*; jamais elle ne subit aucune contrainte: jeune fille, elle échappe à la domination de ses parents par la liberté que lui donne son costume; quand elle se marie, elle ne prend pas le nom de son mari, garde le sien, et toujours reste maîtresse chez elle [...].
>
> J'ai dépeint les femmes de Lima telles qu'elles sont et non d'après le dire de certains voyageurs [...]; mais mon rôle de *voyageuse consciencieuse* me faisait un devoir de dire toute la vérité.[4]

In diesem Zitat findet sich eine Vielzahl von Feststellungen, Behauptungen und Überzeugungen, welche auf eine durchaus überraschende Art und Weise den Unterschied zwischen den Frauen von Lima und den Europäerinnen – wobei Flora vor allem an die Französinnen dachte – ausleuchten. Dabei grenzt sich Flora Tristan explizit von den Stellungnahmen früherer (und männlicher) Reisender ab, welche vor allem den erotischen Zug der Limanerinnen und ihre sexuelle Freizügigkeit, aber auch ihre große Schönheit betonten. Bei ihr hingegen liegt der Schwerpunkt der Darstellung ganz eindeutig auf der Intelligenz dieser Frauen, die weit höher sei als jene ihrer Herrscher und Gebieter. Sie sind nicht schöner, aber intelligenter.

Überdies findet sich in diesem Zitat ein Vergleich mit den Europäerinnen, der – auf den ersten Blick aufgrund des Eurozentrismus Flora Tristans überraschend – zu Ungunsten der europäischen Gesellschaften ausfällt. Zwar seien

---

4 Ebda., S. S. 335–340.

diese Gesellschaften weiter auf dem Weg der Zivilisation vorangeschritten – und die junge Französin glaubt nicht weniger als ihre Zeitgenossen an die Existenz eines einzigen Weges der Zivilisation und der Modernisierung, und von derlei Gläubigen wird noch heute die Mehrzahl unserer europäischen Länder besiedelt –, doch macht sie darauf aufmerksam, dass die Frauen eigentlich eine höhere Intelligenz ins Leben mitbringen.

Die Argumente Flora Tristans sind präzise und scharf: Es seien die gesellschaftlichen Institutionen, allen voran jene von Bildung und Erziehung, es seien weiterhin die Eltern, die Abhängigkeit von den Ehegatten, der Verzicht auf gleichen Zugang zum Gesetz, schließlich aber auch die Unterdrückung in den öffentlichen Verhaltensweisen und vieles mehr, was die untergeordnete Rolle der Frauen in den Ländern Europas verursacht habe. Die Unfreiheit der Europäerinnen sei daher vor der Hintergrundfolie der Frauen von Lima mit Händen zu greifen – eine Situation der europäischen Frau, die nicht nur beklagenswert, sondern in den Augen der kämpferischen Französin sehr wohl veränderbar sei.

Auch die Thematisierung der Frage der Familiennamen, die natürlich nicht nur bei den Bewohnerinnen von Lima dazu führt, dass der Familienname des Ehegatten nicht 'angenommen' wird, dient vor allem dazu, eine Gewohnheit und einen Anspruch der Männer gegenüber den Frauen in Europa zu untergraben, gibt es doch eigentlich keinen vernünftigen Grund, warum generell der Name des Mannes den der Frau auslöschen sollte. Dies alles kleidet Flora Tristan ein in die Behauptung, sich nicht an den bisherigen Aussagen anderer Reisender und anderer Reiseberichte ausgerichtet und orientiert zu haben. Sie behauptet demgegenüber, auch mit ihren vielen kritischen Bemerkungen, die sie überall in ihren Text einstreute, eine gewissenhafte Reisende zu sein, die ihren Leserinnen und Lesern die Menschen wie die Gegenstände genau so präsentiert, wie sie wirklich seien.

So findet sich auch bei Flora Tristan der umfassende Wahrheitsanspruch des Reiseberichts in expliziter Form. Interessanterweise ist dies gerade dort der Fall, wo es um die Geschlechterbeziehungen in einem weit von Frankreich entfernten Land geht, deren Betrachtung und Erörterung gleichwohl viele Rückschlüsse auf die eigene Gesellschaft zulässt. So kann Flora Tristan durchaus als eine der ersten Reisenden bezeichnet werden, die gleichsam mit einem emanzipatorischen feministischen Projekt, in jedem Falle aber mit einem gegenüber den Geschlechterbeziehungen besonders geschärften Blick ihre Reise nach Amerika antrat und durchführte. Dies war insgesamt fraglos ein Novum innerhalb der langen Geschichte der Reiseliteratur. Denn die Frauen führten nun selbst nicht mehr nur ihre eigenen Reisen durch, sondern zogen auch weltweit Vergleiche, die ihre Situation in Europa kritisch beleuchteten.

Flora Tristans Position ist hierbei nach eigenem Bekunden die der Paria, der Außerhalbbefindlichen, der Ausgestoßenen. Wie wir aus ihrer Biographie wissen, standen ihr in Frankreich die schlimmsten Auseinandersetzungen mit ihrem Mann wie auch mit der französischen Justiz ja noch bevor. Wenn wir diese Position mit der von Hannah Arendt in ihrem Buch über *Rahel Varnhagen* ins Spiel gebrachten – wenn auch nicht von ihr erfundenen – Unterscheidung zwischen Paria und Parvenü in Verbindung bringen, dann ist es eben diese Paria-Position der Außerhalbbefindlichkeit, welche es der jungen Französin erlaubt, ihre eigene französische Gesellschaft, aber auch andere Gesellschaften kritisch von außen zu bewerten und gleichsam von höherer, in jedem Falle aber anderer Warte aus darzustellen. Die Position der Paria war folglich für Flora trotz aller schmerzhaften Begleiterscheinungen eine Position der Unabhängigkeit und Freiheit.

Die Reise Flora Tristans begann an ihrem dreißigsten Geburtstag, und sie wird von Flora so geschildert, als sei sie aus der Mitte der Gesellschaft in Frankreich förmlich vertrieben worden. In der Tat hatte sie zum damaligen Zeitpunkt als Frau bereits alle Benachteiligungen, Beschränkungen, Demütigungen und selbst sexuellen Ausbeutungen erfahren, was ihr die Augen für ihre Zeit öffnete. Vor diesem ganz konkreten Hintergrund der Verfolgungen durch ihren Mann und durch die französische Justiz entsteht ihre Position der Paria, der Vertriebenen, der Exilierten, der Ausgestoßenen, die von Beginn an eingenommen wird und sich bis zum Schluss der Reise kontinuierlich durchzieht. Doch wo ist Hilfe für die junge Frau?

Ungezählte Male ruft sie in ihrem Reisebericht Gott an, wendet sich an ihren Schöpfer und hofft auf seine Antwort und auf sein Eingreifen – so auch bei der Durchquerung jener Wüste, die wir uns im theoretischen Teil unserer Vorlesung bereits näher angeschaut hatten. Auch am Ende ihrer Reise erscheint die Anrufung an ihren Gott ein letztes Mal. So gibt es vielleicht doch noch einen männlichen Blick, der transzendent alle irdischen Dinge im Reisebericht quert? Und so ist es auch eine innere Stimme, die ihr trotz aller Selbstmordphantasien von Beginn an sagt, dass sie nicht sterben werde, dass sie vielmehr leben werde, um ihr Schicksal zu vollenden.

Die Reise ist für die junge Frau ein einziger langer Weg der Erkenntnis. Gleich bei ihrer ersten Station, einem durch technische Probleme erzwungenen Aufenthalt auf den Kapverdischen Inseln und dort in La Praya, werden uns Vorstellungen präsentiert, die sehr anschaulich und detailliert zum einen das Auseinanderklaffen zwischen dem erzählten oder reisenden Ich und dem erzählenden oder wieder nach Frankreich zurückgekehrten Ich aufweisen. Zum anderen erfolgt eine deutliche Öffnung der nationalistischen Vorstellungen der Französin hin zu einer Art Weltbürgertum, einem weltläufigen Kosmopolitismus, wie er im 18. Jahrhundert wesentlich stärker vorhanden gewesen, aber dann durch die im napoleonischen und nachnapoleonischen Zeitalter aufkommenden Nationalismen weitgehend verdrängt worden war. Floras Erkenntnisprozess schließt die Notwendigkeit mit ein, weit über die Grenzen Frankreichs hinaus zu denken.

Lassen Sie mich diese Passage an das Ende unserer Beschäftigung mit der Reiseliteratur von Frauen im 19. Jahrhundert stellen, wird hier doch eine ihrer Wirkungen greifbar, die bisweilen erzielt werden kann: die Einsicht in ein Lebenswissen, das jenseits der eng gezogenen nationalen Grenzen auf eine globale Perspektive aufmerksam wird, auf Zusammenhänge und Solidaritäten, die das Zusammenleben, die Konvivenz der Menschheit auf dem gesamten Planeten betreffen. Dass sich hier Zusammenhänge mit der sozialistischen Idee einer weltweiten Verbindung der Arbeiterschaft ergeben, ist vor dem Hintergrund ihrer späteren politischen Entwicklung evident.

Doch hieran haben auch die Reise und der Reisebericht ihren Anteil. Denn auch dies ist die transatlantische Reiseliteratur: die Entstehung eines Bewusstseins für ein Zusammenleben der Menschen in Frieden und in gegenseitigem Respekt vor der Differenz der jeweils Anderen. Auch in diesem Sinne ist die Reise daher ein tiefer Erkenntnisprozess, der die Relation zwischen Reisen und Schreiben in einen philosophischen Erkenntniszusammenhang stellt und jene Veränderungen konstatiert, die vom Reisen selbst ausgelöst wurden und das Denken wie das Schreiben prägen.

> En 1833, j'étais encore bien loin d'avoir les idées qui, depuis, se sont développées dans mon esprit. A cette époque, j'étais très exclusive: mon pays occupait plus de place dans ma pensée que tout le reste du monde; c'était avec les opinions et les usages de ma patrie que je jugeais des opinions et des usages des autres contrées. Le nom de la France et tout ce que s'y rattachait produisaient sur moi des effets presque magiques. Alors je considérais un Anglais, un Allemand, un Italien comme autant d'*étrangers*: je ne voyais pas que tous les hommes sont frères et que le monde est leur commune patrie. J'étais donc bien loin encore de reconnaître la solidarité des nations entre elles, d'où résulte que le corps humanitaire en entier ressent le bien et le mal de chacune d'elles.[5]

In Flora Tristan ist durch die Reise eine Veränderung ihrer eigenen Position nachhaltig in Bewegung gekommen. Die physische Bewegung auf der Erdoberfläche brachte bei ihr auch eine mentale Bewegung ihrer Positionalität hervor, in welcher zugleich die Mobilität vorherrscht. Die Außerhalbbefindlichkeit der Paria gegenüber ihrem eigenen Land verwandelt sich in eine Extraterritorialität auf einer globalen Ebene, die fortan in ihrem Denken eine wesentliche Rolle spielen wird. Dies geht mit einer deutlichen Kritik an ihrer früheren, nationalistischen Position einher, die sie nun über Bord zu werfen gewillt ist.

---

5 Ebda., S. 23.

Über Bord gingen zugleich auch andere Illusionen. Etwa die, in ein gleichberechtigtes Leben in Frankreich zurückkehren zu können. Flora Tristans Reisebericht geht mit dem Ablegen von der peruanischen Küste zu Ende und nicht mit der Rückkehr in ihr Heimatland. Ihre Entschlossenheit lange *vor* der reiseliterarischen Rückkunft nach Frankreich wird in den Schlußworten ihres Reiseberichts deutlich: „on leva l'ancre; tout le monde se retira; et je restai seule, entièrement seule, entre deux immensités, l'eau et le ciel".[6] Die Einsamkeit des Ich am Ende des Reiseberichts ist keineswegs nur jene des romantischen Ich im Angesicht der Schöpfung; denn diese Einsamkeit wird die Einsamkeit einer Kämpferin sein, die für sich zurecht reklamieren darf, ihre Rolle als Paria in Hinblick auf die Gestaltung der Zukunft vollständig ausgefüllt zu haben.

---

6 Ebda., S. 377.

Johann Moritz Rugendas oder die Malerei auf Reisen

Anders als bei Ida Pfeiffer, bei Fredrika Bremer und selbst bei Flora Tristan, die in Frankreich ihre eigentliche Hölle erlebte, aber ein Paradies wie ihr Enkel Paul Gauguin nicht finden konnte, bereist Johann Moritz Rugendas eine Welt, die weder eine Hölle noch ein Paradies ist. Zusammen mit seinen Crayons, seinen Kohlestiften, Aquarellpinsel und Ölfarben führt der in Augsburg geborene Rugendas die Ideen Alexander von Humboldts im Gepäck mit sich, Vorstellungen, in denen – wie Humboldt dies in seinem *Kosmos* äußerte – der Landschaftsmalerei eine große, eine immense Bedeutung zukommt. Nicht nur die Feder, auch Stift und Pinsel gehen auf Reisen. Dies sei in einer Vorlesung über das Verhältnis von Reisen und Schreiben zumindest kurz vermerkt.

Der junge Rugendas bereist den amerikanischen Kontinent in gewisser Weise auf den Spuren des preußischen Gelehrten, auch wenn er vielfach von dessen Reiserouten abwich, hatte ihm Alexander von Humboldt doch eine Vielzahl von Wegen durch das tropische Amerika gewiesen. Vor allem aber reiste Johann Moritz Rugendas als Schüler Humboldts, auch wenn er sich nicht nur für das tropische Amerika, sondern auch für die Außertropen des amerikanischen Kontinents interessierte. Mit seinem Pinsel entwarf er jene Landschaftsmalerei des 19. Jahrhunderts, wie sie Humboldt vorschwebte.

Ein kurzer biographischer Abriss des Lebens des Augsburger Reisemalers, der aus einer wahren Malerdynastie stammte, erübrigt sich an dieser Stelle, kann hier doch nicht mehr als ein kleiner Hinweis auf Rugendas und eine ganze Vielzahl von Reisemalern gegeben werden, die zum Teil mit ungeheurem Engagement die Neue Welt durchstreiften. Freilich können hier auch nur wenige Verweise auf den Verlauf der beiden Reisen von Rugendas durch den amerikanischen Kontinent gegeben werden, verdienen seine Figur wie seine Reisen doch eine weitaus intensivere Beschäftigung, die hier jedoch nicht zu leisten ist.[1]

Rugendas kam – wie bereits erwähnt – im Rahmen der russischen Expedition von Langsdorff erstmals nach Brasilien, und zwar im März 1822. Als Maler begleitete er diese Expedition dann von Mai bis November 1824 nach Minas Gerais; doch trennte er sich zu diesem Zeitpunkt dann endgültig vom Leiter der Expedition, mit dem er sich bereits bald nach der Ankunft in Brasilien während

---

1 Vgl. zu Johann Moritz Rugendas u. a. Diener, Pablo: *Johann Moritz Rugendas. Bilder aus Mexico.* Augsburg: Wissner Verlag 1993; ders.: *Rugendas. América de punta a cabo. Rugendas y la Araucanía.* Santiago de Chile: Editorial Aleda 1992; sowie ders.: *Johann Moritz Rugendas 1802–1856.* Augsburg: Wissner Verlag 1998.

Abb. 83: Johann Moritz Rugendas (Augsburg, 1802 – Weilheim an der Teck in Württemberg, 1858).

der langen untätigen Wartezeit zerstritten hatte. Im Mai 1825 kehrte Rugendas wieder nach Europa zurück.[2] Dies war ein Beispiel für das schwierige Zusammenleben von Künstlern und Wissenschaftlern, wie es sich in der Geschichte wissenschaftlicher Reisen vielfach zutrug. Martius und Spix etwa fanden für ihre Brasilien-Expedition überhaupt keine Künstler, die bereit waren, sich den Anforderungen der Wissenschaft zu unterwerfen.

Johann Moritz Rugendas' zweite, die sogenannte 'große' Amerikareise hatte ihren Auftakt in Mexico ab Juli 1831 mit der Ankunft im karibischen Hafen von Veracruz. Daran schlossen sich unterschiedliche Reisen innerhalb von Mexico an, von denen wir ein reiches Bildmaterial besitzen. Die Weiterreise erfolgte dann über die Pazifikküste mit der Ankunft in Chile im Juli 1834, wobei sich Rugendas zunächst im Hafen von Valparaíso aufhielt, um dann in Santiago de Chile dauerhaft sein Quartier aufzuschlagen.

Von Dezember 1837 bis April 1838 unternahm er dann die Durchquerung der Anden und die anschließende Reise durch Argentinien bis San Luis de la Punta, wobei er auf Grund eines Unfalls überstürzt nach Chile zurückkehren musste. Genau hier setzt der Kurzroman des Argentiniers César Aira, *Un episodio en la vida del pintor viajero*, ein.[3] Rugendas befand sich zum damaligen Zeitpunkt in Begleitung eines anderen deutschen Künstlers und Reisemalers, Robert Krause, der mit ihm gemeinsam eine Reihe von Ansichten der Anden entwarf, als Zeichner und Maler aber nicht so sehr im Rampenlicht stand wie der renommierte Maler aus Augsburg.

Von November bis Dezember 1842 folgte die Seereise nach Callao und ab Januar 1843 dann der Aufenthalt in Lima und Peru. Eine Reise nach Arequipa, Tacna und La Paz schloss sich an, schließlich eine erneute Reise über Arequipa

---

2 Zu den Beweggründen von Langsdorff vgl. Diener, Pablo: 'Instruction für den Maler welcher nach Brasilien gehen soll'. In: *Martius-Staden-Jahrbuch* (São Leopoldo) 62 (2018), S. 98–100.

3 Vgl. die deutsche Fassung von Aira, César: *Humboldts Schatten*. Novelle. Aus dem argentinischen Spanisch von Mathias Strobel. Nachwort von Ottmar Ette. München – Wien: Nagl & Kimche im Carl Hansere Verlag 2003.

zurück nach Valparaíso. Im Februar und März 1845 folgte nach einem weiteren kurzen Aufenthalt in Tacna und Valparaíso die Seereise um das Kap Hoorn an den Río de la Plata, wo er sich von März bis Juli 1845 kürzer in Montevideo und deutlich länger in Buenos Aires aufhielt. Von Juli 1845 bis August 1846 erfolgt dann ein letzter Aufenthalt in Rio de Janeiro, wonach er im August 1846 schließlich nach Europa zurückkehrte: Eine lange Reise, ein langer Aufenthalt in den Ländern Lateinamerikas war zu Ende gegangen.

Wie wir sahen, kam Johann Moritz Rugendas auf seiner zweiten, großen Amerikareise im Januar 1843 nach Lima und hielt sich bis September 1844 in der Hauptstadt des Vizekönigreiches von Peru auf. Der Grund, warum ich mich gerade mit dieser Phase seines Künstlerlebens kurz beschäftigen möchte, ist einfach: Flora Tristans *Pilgerschaften einer Paria*, die in der Alten wie in der Neuen Welt großes Aufsehen erregten, blieben dem Augsburger Maler und Zeichner nicht unbekannt. Seine intensive, in einer Vielzahl von Gemälden und Skizzen deutlich werdende Beschäftigung mit den *Tapadas* weist viele Merkmale auf, die uns aus unserer bisherigen Auseinandersetzung mit dem Bild der Limanerinnen wohlvertraut sind. Wie sah er diese berühmten und oft beschriebenen Frauen von Lima aus seiner Künstlerischen und männlichen Perspektive?

Viele seiner Darstellungen wirken so, als bildeten Flora Tristans Textpassagen die Ekphrasis eines angekündigten, aber erst noch zu schaffenden Bildes, an dessen Fertigstellung sich der Augsburger gemacht hätte. Auffällig sind die Zweier- und Dreiergruppen verhüllter Frauen, die sich nicht selten als Abwandlung derselben Gestalt in verschiedenen Stellungen – und damit als Bewegungsbilder – deuten lassen. Sie bilden ganze Serien im Werk von Rugendas und lassen sich durchaus in szenische Abfolgen integrieren.

Rugendas war jedoch kein bloßer Augenzeuge, sondern unternahm die ästhetische Bearbeitung einer intermedialen Text-Bild-Beziehung: Ihm stand nicht nur die Realität Modell, sondern auch eine lange literarische Tradition, von der er sehr wohl wusste. Die starke Vertikalität seiner 'verschleierten' Frauen beruht auf einer bewussten Akzentuierung jener Elemente, die über einen langen Zeitraum den literarischen Körper der schönen Limanerin aufgebaut und gebildet hatten: Es handelte sich um die Linie Auge – Taille – Fuß. Bemerkenswert ist, wie häufig Rugendas 'seine' *Tapadas* mit Männergestalten in Verbindung treten ließ, bei denen es sich kaum um die jeweiligen Ehemänner handeln dürfte. Seine Frauen von Lima bewegen sich in den Zentren des öffentlichen Raumes und genießen ganz offenkundig große Freiheiten.

Zu dieser starken Akzentuierung einer geschlechtsspezifisch-gesellschaftlichen Dimension kommt nun aber hinzu, dass Rugendas die verhüllten und sich für Augen-Blicke enthüllenden schwarzgekleideten Frauen sehr häufig mit

Abb. 84: „Encuentro" en la alameda nueva, Aquarell von Johann Moritz Rugendas.

Abb. 85: „Tapadas en la Alameda", Öl auf Papier von Johann Moritz Rugendas.

einem einzigen enthüllten und den Betrachter des Bildes anblickenden Auge zeigt. Diese Darstellungsweise wirkt ebenso exotisierend wie erotisierend. Da er unter der langen *saya* oft auch nur einen einzigen kleinen Fuß keck hervorschauen lässt, wird der Charakter der Vertikalachse durch die Singularität von Auge, Taille und Fuß eindrucksvoll erhöht. Die Frauen bekommen in seiner Darstellung eine sehr eigene Ausdrucksweise und mobile Statik.

Dabei entwickelt Rugendas, der in seinen künstlerischen Konzeptionen und insbesondere in seinem Verständnis der Landschaftsmalerei in hohem Maße von seinem Förderer Alexander von Humboldt geprägt worden war, eine Darstellungsweise, die den *Tapadas* nicht selten hochgradig unwahrscheinliche Körperformen und Bewegungen zuschreibt. Die sehr hoch angesetzte und extrem verengte Taille, für deren Beschreibung der Ausdruck 'Wespentaille' (*taille de guêpe*) nicht ausreicht, der sehr stark verkleinerte und wie bei einer Ballerina hochgestellte Fuß sowie das einzelne, auf die Zuschauer gerichtete Auge (vgl. etwa die während des Aufenthalts in Lima entstandenen Arbeiten 'Die Plaza Mayor von Lima', 'Der Mercado de la Independencia in Lima' oder 'Der Palast von Torre Tagle in Lima') machen deutlich, wie sehr sich bei Rugendas eigenes Sehen und literarische Tradition, Bild und Text, Präsenz und Geschichte des Körpers miteinander verbinden. Rugendas entwickelt das Bild der *Tapadas* durchaus im Sinne von Flora Tristan weiter: Er gibt diesen Frauen eine eigene Würde, Freiheit und Präsenz.

Wie bei Flora Tristan beherrschen die Frauen zumeist den öffentlichen Raum, den sie mit ihrer schwarzen Silhouette und ihren eigenen wie den auf sie gerichteten Blicken zentrieren. Vom freibleibenden einzelnen Auge einer *Tapada* geht eine der christlichen Ikonographie entspringende Herrschaft und Macht aus, die oftmals den gesamten Bildraum bündelt und in alle Bereiche des Gemäldes ausstrahlt. Zugleich wird der orientalisierte Frauenkörper unter dem Blick des männlichen europäischen Künstlers erneut zum Objekt eines Begehrens, welches durch das Spiel von Verhüllung und Enthüllung in Bewegung gesetzt wird. Im Gegensatz zu Flora Tristan wird die *Tapada* bei Rugendas zu einem erotisierten Gegenstand eines Begehrens im männlichen Blick.

Dabei gerät die 'unwahrscheinliche', die Grenzen weiblicher Anatomie sprengende Körperlichkeit mitunter in die Nähe nicht mehr realistischer, sondern unverkennbar symbolhafter Darstellung. Bisweilen aber zeigt sich auch eine Nähe zur Karikatur, die diese Repräsentationen des Weiblichen dank ihrer Übersteigerung unvermutet zum komischen Körper werden lassen – zumindest dann, wenn wir mit Sigmund Freuds *Der Witz und seine Beziehungen zum Unbewußten* „das Komische [...] sich zunächst als ein unbeabsichtigter Fund aus den sozialen Beziehungen der Menschen" sich entwickeln sehen. Freud betonte die Bindung des Komischen an das Körperliche und an dessen Formen und Bewegungen. Die Überzeichnung stößt in diesen Bereich des Komischen vor, ohne sich darin zu stabilisieren: Das Komische bleibt im Vieldeutigen verankert und entlädt sich nicht.

Abb. 86: „La plaza mayor de Lima", Öl auf Leinwand von Johann Moritz Rugendas, 1843.

So mag verständlich werden, warum die Körper der schönen Limanerinnen bei Rugendas so *merk-würdig* gebildet sind: Sie stehen in einem so starken Spannungsverhältnis zur literarisch-künstlerischen Tradition, dass die Arbeit am Mythos an diesem Punkt in die Selbstreflexivität einer Körperlichkeit umschlägt, die sich ihrer eigenen literarischen (Vor-) Geschichte nicht mehr entledigen kann. Sie ist ganz einfach Teil ihres Bildes. Im einzelnen Körper verkörpert sich stets eine Geschichte, die den Körper des einzelnen Menschen bei weitem übersteigt.

Die mehr als bemerkenswerte Leistung von Johann Moritz Rugendas dürfte vor allem darin bestehen, in seiner Modellierung des Körpers der schönen *Tapada* all jene Körper sichtbar werden zu lassen, die eine lange Geschichte in ihm versammelt und verdichtet hat. Ästhetisch darstellbar war dies nur, indem er sich den Herausforderungen durch den unwahrscheinlichen und ins Komische umschlagenden Körper stellte und die Körperformen der Frauen ganz neu entwarf. Johann Moritz Rugendas' verschleierte Frauen verhüllen und zeigen zugleich, dass die Geschichte eines Körpers viele Körpergeschichten gespeichert enthält. Doch schließen wir damit unser Kapitel zu den Frauen von und in Lima und den sie betrachtenden Künstlern ab.

Lafcadio Hearn oder die Welt als Archipel

Kommen wir zum letzten Beispiel einer global aufgestellten Reiseliteratur im 19. Jahrhundert, wobei sich in dieser Figur das 20. Jahrhundert schon sehr deutlich ankündigt. Der am 27. Juli 1850 auf der griechischen Insel Lefkas (Santa Maura) geborene Patricio Lafcadio Tessima Carlos Hearn, der am 26. September 1904 unter seinem später angenommenen japanischen Namen Koizumi Yakumo in Tokio verstarb, darf aus einer transarealen Perspektivik sicherlich als einer der interessantesten und schillerndsten Autoren an der Wende zum 20. Jahrhundert gelten. Die Biographie von Lafcadio Hearn ist für sein Leben zweifellos symbolhaft: Sie führte ihn vom griechischen Archipel über Irland und England, Cincinnati, New York und New Orleans in die Karibik und schließlich nach Nippon, gleichsam ein Weg von Insel zu Insel, von Archipel zu Archipel, der sich auch in seinen Reiseberichten niederschlug.

Doch wir wollen uns Lafcadio Hearn nicht als jenem Autor annähern, der wohl wie kaum ein anderer das Bild prägte, das man sich nach der Jahrhundertwende von Japan und dem japanischen Archipel im Abendland machte. Vielmehr soll er uns als ein reiseliterarischer Schriftsteller erscheinen, der wohl wie kaum ein anderer die archipelische und transarchipelische – andere Archipele weltweit einschließende – Welt der Karibik entdeckt hat und literarisch zum Leben erweckte. Lafcadio Hearn ist auf diesem Gebiet sicherlich eine der faszinierendsten Figuren, bei der Reisen und Schreiben intim aufeinander abgestimmt sind.

In seinen Texten wird die Vielverbundenheit dieser Welt voller Inseln und Inselwelten auf anschauliche Weise vor Augen geführt, zugleich aber auch zu hören gegeben, erscheinen doch in seiner komplexen, fast rhizomatisch sich ständig verzweigenden Sprache all jene Idiome der Karibik, aber auch der mit ihnen verbundenen Archipele weltweit, die uns Hearn zu Ohren Gehör bringt. All diese Sprachen, all diese Klänge, all diese Stimmungsnuancen führen zu jener vielstimmigen Melodie und Tonalität, deren karibischer Rhythmus einen so antillanischen Autoren und Musikologen wie den Kubaner Alejo Carpentier sehr begeisterte.

Doch kommen wir zu Hearns Reisebericht aus der Karibik. In seinem auf zwei sehr unterschiedliche Reisen in die Welt der Antillen zurückgehenden und erstmals 1890 veröffentlichten Reisebericht *Two Years in the French West Indies* hat Lafcadio Hearn seine höchst dynamische, mobile Form des Schreibens aus der Bewegung zur schriftstellerischen Perfektion gebracht. Bei dieser archipelartig aus kürzeren und längeren Texten bestehenden Sammlung narrativer Texte handelt es sich nicht nur um ein Bravourstück poetischer Prosa, die den Figurationen und Konfigurationen der Inselwelten adäquat ist, sondern im

Abb. 87: Lafcadio Hearn alias Koizumi Yakumo (Lefkada, 1850 – Tokyo, 1904).

stärksten Sinne um ein Schreiben, das die Welt der Inseln sowohl präsentiert als auch literarisch repräsentiert.

Lafcadio Hearn legt dabei einen reiseliterarischen Text *sui generis* vor, der uns von den Erlebnissen des Ich-Erzählers auf den französischen Antillen berichtet; in jenem 'Westindien', in welchem sich die karibischen und amerikanischen mit den afrikanischen, europäischen und asiatischen Kulturen, Sprachen und Lebensformen auf intime Weise verknüpfen, ohne doch miteinander zu verschmelzen. Dabei war Hearn gleichsam sein eigener Reisemaler, hatte er doch eine Menge Geld in Ausrüstung und Training mit seinen photographischen Apparaten investiert,[1] mit deren Hilfe er wirklich unvergessliche Zeugnisse aus der Lebenswelt der Karibik zum Zeitpunkt seiner Reise machte. Hearn war gewiss nicht der erste Reiseschriftsteller, der die noch etwas neuartige Photographie, die gleichwohl ihren Kinderschuhen entwachsen war, zu seinen Gunsten einsetzte. Aber er tat es mit viel künstlerischem Fingerspitzengefühl.

Lafcadio Hearn gelang es, seine nicht nur polyseme, sondern weit mehr noch polylogische Schreibweise immer wieder fensterartig auf transarchipelische Dimensionen hin zu öffnen, um dadurch die ganze Welt wie in einem Insel-Fraktal einfangen und abbilden zu können. Der Trumpf einer derartigen Schreibweise war es, die für jede Insel wiederum spezifischen weltweiten Beziehungen zur Darstellung zu bringen und damit das Portrait einer Welt zu liefern, die nicht kontinuierlich, sondern diskontinuierlich, aber zugleich hochgradig vernetzt miteinander verbunden ist. Denn wer Insel sagt – dies bestätigte Hearns Schreiben sehr gut –, der meint eine Kartographie, die weltweiten Zuschnitts ist.

Lafcadio Hearns Reisetext bezieht seine literarische Einheit gerade aus seiner mobilen Vielgestaltigkeit, ist Bewegung doch auf allen Ebenen das Hauptmovens

---

1 Zur Geschichte dieser teuren Photoausrüstung vgl. die „Note on the Texts" in Hearn, Lafcadio: *American Writings*. Hg. von Christopher Benfey. Library of America, No. 190. Des Moines – New York: Library of America 2009, S. 828.

seines Schreibens. Die Erzählprozesse in *Two Years in the French West Indies* entfalten sich auf unterschiedlichen Ebenen und in verschiedenartigen Textsorten, zeigen aber häufig eine *mise en abîme*-Struktur, in welcher eine bestimmte Erzählung für den gesamten Text steht und zugleich andere Erzählkerne an sich zu binden vermag. Man könnte bei seinen Texten von einer offenen, mangrovenartigen Strukturierung sprechen, die sich nicht um eine zentrale, sondern um viele dezentrale Wurzeln schart und aus diesen eine ungeheure Kraft saugt.

Die unterschiedlichsten geologischen wie biopolitischen Dimensionen erscheinen in diesen Reisetexten und geben uns einen Eindruck von der Vielgestaltigkeit einer Welt, die aus Inseln gemacht ist. So unternimmt Lafcadio Hearn in diesem polyperspektivischen Reisebericht des Öfteren erfolgreich den Versuch, die geographischen und geologischen mit kulturellen Aspekten auf eine Weise zu verbinden, die uns verstehen lässt, dass wir auf unserem Weg durch die Karibik *zugleich* auf unterschiedlichen Routen durch eine zutiefst transarchipelische Welt unterwegs sind. Unser Weg ist dabei hochgradig diskontinuierlich und könnte zu jedwedem Zeitpunkt abbrechen oder an anderer Stelle wieder aufgenommen werden. Eine itinerarische Struktur betrifft nur die grobe Anordnung, wird auf der Ebene der reiseliterarischen Durchführung aber aufgelöst.

So etwa ausgehend von einer Beschreibung und Darstellung der Montagne Pelée, des Vulkanriesen auf der kleinen französischen Insel Martinique, in einer Prosa, die uns den Gegenstand selbst schon nahebringt. Überall tauchen Inselstrukturen auf, überall sind Natur und Kultur eng miteinander verflochten:

> But its centre is not one enormous pyramidal mass like that of 'La Montagne': it is marked only by a group of five remarkable porphyritic cones; – the Pitons of Carbeit; – while Pelée, dominating everything, and filling the north, presents an aspect and occupies an area scarcely inferior to those of Aetna.
> –Sometimes, while looking at La Pelée, I have wondered if the enterprise of the great Japanese painter who made the Hundred Views of Fusiyama could not be imitated by some creole artist equally proud of his native hills, and fearless of the heart of the plains or the snakes of the slopes. A hundred views of Pelée might certainly be made: For the enormous mass is omnipresent to dwellers in the northern part of the island and can be seen from the heights of the most souther mornes. It is visible from almost any part of St. Pierre, – wich nestles in a fold of rocky skirts. It overlooks all the island ranges, and overtops the mighty Pitons of Carbet by a thouseand feet [...].[2]

Eine Insel verbirgt eine andere, ein Vulkan macht uns auf einen anderen Vulkan aufmerksam. In einer für Lafcadio Hearns Schreiben typischen Bewegung

---

2 Hearn, Lafcadio: „Two Years in the French West Indies." In (ders.): *American Writings*, S. 387.

fokussiert die Erzählerfigur zunächst ihren Gegenstand, die Montagne Pelée, um deren Zentrum sogleich wieder zu relativieren und zu relationieren. Denn so, wie die Insel in der Karibik mit einer Insel im Mittelmeer verbunden wird, so verweist die Montagné Pelée auf den Ätna, der auf Sizilien aufragt und der Insel ihre Struktur liefert. Lafcadios Heimatregion, die griechische Inselwelt, ist da nicht weit.

Doch damit nicht genug: Denn noch fehlt die weltumspannende Konfiguration des Archipelischen. Die sich anschließende Bewegung öffnet die transatlantische und zugleich transarchipelische Relation sogleich mit Blick auf die japanische Inselwelt, welche ebenfalls die Übereinstimmung eines Zusammenspiels zwischen Meer, Eiland und Vulkan bietet. Dabei wird die perfekte Silhouette des Fujiyama jedoch nicht unter geologischen oder vulkanologischen, sondern unter künstlerischen und ästhetischen Aspekten in den Text eingeführt.

Dafür muss Hearn ein wenig den Unwissenden spielen. Der diskrete Verweis auf den im Text namentlich nicht genannten großen japanischen Maler Katsushika Hokusai (1760–1849) und dessen berühmte Farbholzschnitt-Serie der Darstellungen des Fujiyama macht es Hearn möglich, einen fiktiven kreolischen Maler ins Spiel zu bringen, der ähnlich wie der japanische Künstler ein polyperspektivisches Werk schaffen könnte. Es wäre ein künstlerisches Werk, das aus den Bewegungen rund um die zerfurchte und von Abertausenden von Schlangen 'verseuchte' Vulkanregion der Montagne Pelée hervorgehen müsste. Diese Vulkanregion kannte Lafcadio Hearn ausgezeichnet, hatte er sie doch mehrfach durchwandert und immer wieder auch photographiert. Er durchstreifte sie unermüdlich ausgehend von der damaligen Hauptstadt St. Pierre, das einem Ausbruch der Montagne Pelée später zum Opfer fiel.

Die Photographie ist Hearns treuer Begleiter auf der Reise. Aber der intermediale Verweis von Hearns Schrift auf Hokusais Kunst schließt auf transmedialer Ebene eine immanente Poetik des eigenen Reisens, Schreibens und Photographierens mit ein. Denn das von ihm geforderte polyperspektivische, der Serie des großen japanischen Künstlers nachempfundene Werk hat – wie es der Text auch in dieser Passage vorführt – Lafcadio Hearn fraglos zumindest auf der literarischen Ebene selbst geschaffen. Wie bei Cézanne ergibt sich ein polyperspektivisches Verhältnis zwischen Künstler und (von ihm unendliche Male portraitierten) Berg.

Diese implizite immanente Poetik, die hier ausgehend von den transarchipelischen Beziehungen der Montagne Pelée zu Ätna und Fujiyama entfaltet wird, bezieht sich auf die literarischen Skizzen des Schriftstellers griechisch-irischer Herkunft selbst. Denn er ist es, der im Grunde längst zu jenem scheinbar namenlosen kreolischen Maler geworden ist, der uns immer wieder neue Ansichten vor Augen führt. Der Berg erscheint in diesen Ansichten – wie bei Cézanne – auf eine kubistische Weise, die gleichsam künstlerisch zum damaligen Zeitpunkt bereits in der Luft liegt. Aus der Polyperspektivität wird eine Polyrelationalität hervorgezaubert, die eine auf den ersten Blick bisweilen verwirrende, in labyrinthischen Sätzen sich entfaltende Bilderfolge entstehen lässt. Es ist eine Bilderfolge, welche einerseits die ständigen Veränderungen der Perspektive aufzeigt, andererseits aber sich ineinander projiziert und ein kubistisches Bildnis ergibt. Mit einem von Georg Forster und nach ihm Alexander von Humboldt geprägten Ausdruck könnte man von 'Ansichten der Natur' sprechen.

Diese vielperspektivischen Ansichten gelten auch für das Künstlersubjekt, für den Reisenden selbst. Aus dem Griechen, Iren, Briten und US-Amerikaner wird ein Antillaner und letztlich auch Japaner, obwohl diese Phase seines Lebens zum damaligen Zeitpunkt eigentlich noch vor ihm liegt. Seine vielen Namen füllen jenen Ort des namenlosen kreolischen Malers aus, weil in jenem scheinbar 'leer' bleibenden Ort des Namens viele Namen, viele Orte transarchipelisch eingetragen werden können, ja eingetragen werden müssen. Das Konstruktionsprinzip ist auch hier das Fraktal, das auf einer internen strukturellen Selbstähnlichkeit beruht und auf eine ganze Welt von Inseln und Vulkanen verweist. Auch eine sogleich noch anzuführende Passage wird belegen: Es ist, als ob in diesem großen Vulkan der Insel Martinique die Vulkane dieser Welt, ja die unterschiedlichsten Regionen dieser Erde zusammenliefen, ohne hier doch ihr 'Zentrum', ihren Mittelpunkt zu finden. Es gibt kein Zentrum, gibt keinen Mittelpunkt – ganz so, wie die Mangroven keine gemeinsame Hauptwurzel besitzen. Denn ein solches Zentrum, einen derartigen Mittelpunkt der Erde kann für den Schriftsteller und Photographen Lafcadio Hearn gar nicht existieren.

Hearns Reisebericht *Two Years in the French West Indies* beginnt mit den Impressionen einer Schiffsreise an Bord jenes „langen, schmalen, grazilen Dampfschiffs aus Stahl",[3] mit dessen gleichsam photographischem Bild an Pier 49 im Hafen von New York der literarische Reisebericht einsetzt. Er beginnt damit mit dem Abschied vom Eigenen, um sich schrittweise dem 'Anderen' anzunähern und jene Veränderungen Punkt für Punkt aufzuzeigen, die sich auf dem Reiseweg ergeben. Wir haben es mit der literarischen Inszenierung einer Annäherung zu tun, in der die Tropenwelt voller Leben erscheint: Alles ist von „einen Sinn von Welt-Leben (*world-life*)"[4] erfüllt.

Hierbei ist die von Hearn gewählte Perspektive des reisenden Ich entscheidend. Dafür wird die Sichtweise eines nicht den Tropen entstammenden weißen Mannes von Beginn an eingenommen und markiert, eine Tatsache, die den Ich-Erzähler im weiteren Fortgang selbstverständlich nicht daran hindert, uns über lange Seiten hinweg detailreiche und eindringliche Alltagsbilder vom

---

3 Ebda., S. 159.
4 Ebda., S. 163 f.

Leben der Wäscherinnen (*blanchisseuses*) oder der Trägerinnen schwerer Lasten (*porteuses*) aus Martinique zu liefern. Auch die entsprechenden Bilder steuert dieses reisende und photographierende Ich gleich mit bei. Lebens-Bilder alltagskultureller Praktiken entstehen, wie wir sie in anderen Texten jenes Zeitraums in dieser Intensität wohl kaum noch einmal finden dürften. Lafcadio Hearn liefert uns ebenso reiseliterarische wie lichterzeugte Bilder, die bei ihm ein transmediales Netzwerk bilden. Reisen und Schreiben werden durch das Photographieren zu einem Dreieck ergänzt.

Im männlichen Blick werden die anfangs noch unbekannten Frauen zu wesentlichen Protagonistinnen des Insel-Lebens. Denn es sind gerade die Frauen, die uns ihr Lebenswissen und gleichsam ihre Geheimnisse mitteilen: Wir erfahren, wie lange sie arbeiten, wann sie essen, wie sie sich ihre Mahlzeiten zubereiten, aber auch, was für ein Leben sie sich erträumen – bis hin zu jener Gestalt einer jungen Frau, die auf der Rückreise an Bord kommt, um in New York als Hausangestellte zu arbeiten. Alle Schwierigkeiten, alle Hoffnungen, alle Illusionen werden vor unseren Augen ausgebreitet: Ein Wissen vom Leben auf der Insel wird uns ausgehend von den Frauen nahegebracht.

So sind es die *porteuses*, welche uns erzählen, welch schwere Lasten sie schon als junge Trägerinnen zu bewältigen gelernt haben, auf welchen Wegen sie die unterschiedlichen Teile der Insel miteinander verbinden, aber auch, welche Lieder sie singen, welchen Gefahren sie ausgesetzt sind, welchen Hoffnungen sie sich hingeben und welchen Träumen sie nachhängen. So entstehen Lebens-Bilder von höchster Eindringlichkeit. Und zugleich ein Lebenswissen und Überlebenswissen, das in seinem Kern auch ein Zusammenlebenswissen enthält: Denn Konvivenz ist ein hoher Wert, auf dessen Suche sich der Ich-Erzähler gemacht hat.

Die Reise selbst als Annäherung an die Tropen wird als *rite de passage* anschaulich gemacht. Der Übergang in die Tropen wird aus der Bewegung des Schiffes heraus als *Passage* in eine andere Farben- und Klangwelt, in eine andere materielle Sinnlichkeit wie in eine andere (und spirituelle) Traumlandschaft in den Klängen und Farben der Sprache ästhetisch und aisthetisch erfahrbar gemacht. Der Klang dieser sehr spezifischen Schreibweise, die häufig von Sätzen im *français créole* Martiniques durchbrochen ist, bedient sich des gesamten Registers der Klangfiguren, die in verschiedenen Sprachen eingeblendet werden. Nirgendwo ist die Sprache der verdoppelten Figur des Ich-Erzählers so dicht und plastisch wie in diesen Passagen einer langsamen Initiation.

Immer wieder treten neue Figuren, im literarischen wie im photographischen Bild, vor die Augen des Lesepublikums. Die Lebens-Bilder der mulattischen Wäscherinnen, die in St. Pierre ihre Wäsche ausbreiten, oder der Familien von Coolies, die ihre aus (Ost-) Indien mitgebrachten Normen und Formen des Zusammenlebens erläutern, prägen sich dank ihrer Lebendigkeit bei der Lektüre unmittelbar ein. Gerade die Rolle und Funktion der Coolies ist für den griechischen Briten aus den USA ein entscheidendes Element für die Darstellung der migratorischen Dynamik auf den Inseln.

Wir erfahren manches über die gesellschaftliche Realität der Inseln, vor allem aber über die *gelebte* Gemeinschaft von Eilanden, die ihre je eigenen Formen von Kleidung und Kochkunst, von Konvivenz und Konfliktivität entwickelt haben: Martinique ist zugleich eine Insel-Welt für sich und eine global vernetzte Inselwelt. Das karibische Eiland ist für Lafcadio Hearn die globale Insel *par excellence*. Diese Eigen-Logik einer Insel-Welt ist als hochverdichtete semantische Kippfigur stets auch eine Inselwelt im transarchipelischen, die Inselwelt der Antillen überschreitenden Sinne. Hearns lyrische Prosa führt uns dies immer wieder eindrucksvoll vor Augen und Ohren. Es zählt sicherlich zu den größten Verdiensten der verschlungenen, bisweilen labyrinthischen Schreibweise von Lafcadio Hearn, diese in der Tat hochkomplexe Bewegungsstruktur in ihrer ganzen Vektorizität, in all ihren Bahnungen und Bewegungen, ästhetisch überzeugend dargestellt zu haben. Hearns Schreiben ist, mit einem Wort, ein *archipelisches* Schreiben.

In einer weiteren, intertextuell spannenden Passage, die einen Bezug zu den längst klassisch gewordenen französischen Texten des Père Labat wie des Père Dutertre, aber auch zu der Abhandlung der Martinique gewidmeten *Etudes historiques* des – wie Hearn ihn nennt – kreolischen Autors Dr. E. Rufz[5] herstellt, wird die Berg- und Vulkanwelt der französischen Antilleninsel erneut zum Ausgangspunkt einer die Tropen weltweit umspannenden Sichtweise. Nichts auf diesen Inseln ist lediglich auf eine einzige Insel bezogen.

Dies wird bei einer Bergbesteigung, gleichsam in der Aufwärtsbewegung einer seit Petrarca[6] mit der Verstehens- und Erkenntnisbewegung verbundenen Gewinnung an Transparenz,[7] deutlich skizziert. Folgen wir also der Dynamik des reisenden Ich:

> With the diminuition of the wamth provoked by the exertion of climbing, you can begin to notice how cool it feels; – you could almost doubt the testimony of your latitude. Directly east is Senegambia: we are well south of Timbuctoo and the Sahara, – on a line with southern India. The ocean has cooled the wind; at this altitude the rarity of the air is northern; but in the valleys below the vegetation is African. The best alimentary plants, the best forage, the flowers of the gardens, are of Guinea; – the graceful date palms are

---

5 Vgl. hierzu ebda., S. 420.

6 Vgl. hierzu die klassische Studie von Ritter, Joachim: Landschaft. Zur Funktion des Ästhetischen in der modernen Gesellschaft. In (ders.): *Subjektivität. Sechs Aufsätze*. Frankfurt am Main: Suhrkamp 1989, S. 141–163.

7 Vgl. hierzu Starobinski, Jean: *Jean-Jacques Rousseau. La transparence et l'obstacle. Suivi de Sept Essais sur Rousseau*. Paris: Gallimard 1971.

form the Atlas region: those tamarinds, whose thick shade stifles all other vegetable beneath it, are from Senegal. Only, in the touch of the air, the vapory colors of distance, the shapes of the hills, there is something not of Africa: that strange fascination which has given to the island its poetic creole name, – *le Pays de Revenants*.[8]

In dieser Passage wird bis ins Detail, in einer der Pflanzengeographie Alexander von Humboldts analogen Weise und wie in einem 'Naturgemälde der Tropenländer' die Herkunft jedes einzelnen Elements der Landschaft nachgezeichnet und als Ergebnis eines Migrationsprozesses charakterisiert. Die Rückkehr des Ich zu einem längeren Aufenthalt auf die Insel Martinique wird deutlich dadurch motiviert, dass sich von hier aus nicht allein eine Insel als eine gesamte, in sich abgeschlossene und zugleich vollständige Welt öffnet, sondern dass diese so eigene Welt zugleich wie in einem lebendigen Netzwerk die unterschiedlichsten Elemente eines weltweiten Beziehungsgeflechts in sich zu bündeln vermag. Martinique ist ein Mikrokosmos, eine *InselInsel*,[9] die die Welt auf ihre eigene Weise enthält und gerade dadurch so eigen ist – eine transareal verdichtete Welt, auf der Ebene der Natur wie auf jener des Anbaus, der Kultur. Martinique ist, wir wiederholen uns, die globale Insel schlechthin.

So steht die französische Antilleninsel am Kreuzungspunkt und im Beziehungsgeflecht zwischen Westindien und Ostindien, zwischen den *Indias occidentales* und den *Indias orientales*, wie dies die Benennungen in der ersten Phase beschleunigter Globalisierung auszudrücken pflegten. Columbus hätte seine wahre Freude an dieser Zwischen-Insel zwischen der Alten Welt, aus der er kam, und der Alten Welt, in die er wollte, auf dem Boden jener Neuen Welt, deren Existenz er zu Lebzeiten niemals mehr bekräftigen und anerkennen wollte.

Die Insel um die Montagne Pelée ist eine globale und zugleich transareal vernetzte Insel. Sie steht in den 1890 in Buchform vorgelegten *Two Years in the French West Indies* – und hier spielt der reiseliterarische Text begrifflich schon im Titel die lange und komplexe Globalisierungsgeschichte aus – für die drei Phasen beschleunigter Globalisierung ein: zwischen den schwarzen Sklaven aus Afrika und den Coolies Asiens, zwischen den Bewohnern Europas und Ozeaniens bürgt sie für Vielverbundenheit und relationale Polylogik. Wir haben es mit einem Insel-Fraktal zu tun.

Kein Zufall also, dass der Reisende von New York, dem Zentrum der ersten außereuropäischen Globalisierungsmacht, ausgehend seine Reise in die Karibik

---

8 Hearn, Lafcadio: Two Years in the French West Indies, S. 419.
9 Vgl. hierzu Ette, Ottmar: Insulare ZwischenWelten der Literatur. Inseln, Archipele und Atolle aus transarealer Perspektive. In: Wilkens, Anna E. / Ramponi, Patrick / Wendt, Helge (Hg.): *Inseln und Archipele: Kulturelle Figuren des Insularen zwischen Isolation und Entgrenzung*. Bielefeld: transcript 2011, S. 13–56.

auf einem Dampfschiff aus Stahl, auf einem „long, narrow, graceful steel stea-mer"[10] unternimmt. Man könnte in diesem eleganten Dampfschiff einen gewiss nicht gänzlich unbeteiligten Boten jener *New Steel Navy* erblicken, welche die USA noch im selben Jahrzehnt zur unbestrittenen Führungsmacht auf dem Konti-nent kanonieren und die spanische Flotte vor Manila und Santiago de Cuba im Meer versenken sollte. Dies ist die Vorschau auf eine Epoche, für welche diese Reiseliteratur von Lafcadio Hearn vielleicht wie keine andere steht: für die dritte Phase beschleunigter Globalisierung, deren militärisch-politische Höhepunkte sie gleichsam durch ihre Bewegungen und ihre Transportmittel ankündigt.

Auch auf einer demographisch-bevölkerungstechnischen, und damit im eigentlichen Sinne *biopolitischen* Ebene kann Martinique gleich für die ver-schiedenen Phasen beschleunigter Globalisierung einstehen. Das bis heute im Besitz Frankreichs, der Führungsmacht der zweiten Globalisierungsphase be-findliche Martinique ist als Antilleninsel Teil jener Zone verdichtetster Globali-sierung, die von der ersten Phase dieses Prozesses an die Menschen, Kulturen und Sprachen der europäischen 'Entdecker', Eroberer und Kolonisatoren, der un-terschiedlichen Kulturen zugehörigen indigenen Bevölkerung sowie der hierher deportierten schwarzen Sklaven aus verschiedenen Teilen West- und Zentralafri-kas, später aber auch der Kontraktarbeiter aus unterschiedlichen Regionen Asiens, beziehungsweise der Coolies aus Indien, aufeinander treffen und mehr noch aufeinander prallen ließ. In dem von Lafcadio Hearn entworfenen literari-schen Landschaftsbild von Martinique fügen sich die so unterschiedlichen Ele-mente verschiedener Erdteile zu etwas Anderem, zu etwas Neuem, zu einem nicht mit Europa oder Afrika oder Asien zu verwechselnden Ganzen zusammen.

Dies wunderbar in seinem Reisebericht erfasst und durchbuchstabiert zu haben, ist sicherlich eines der größten Verdienste dieses reiseliterarischen Textes, der auf ideale Weise vom 19. ins 20. Jahrhundert überleitet. Lafcadio Hearns literarischer Reisebericht liefert uns für diese historischen, kulturellen und biopolitischen Vorgänge aus der Wechselbeziehung des Vorgefundenen, des Erfundenen und des Erlebten wie Gelebten das faszinierende Bewegungs- und Denkmodell. In seiner Vektorizität finden sich alle Vektoren der Vergangenheit, aber auch der Gegenwart und Zukunft wieder, welche uns den Raum der Antillen als einen transtropischen *Bewegungs-Raum* nahebringen. Die Vektoren der Rei-sen Lafcadio Hearns aber zeigten in den asiatischen Raum, hin zu jenem japanischen Archipel, auf welchem sich sein Leben schließlich runden und ab-schließen sollte.

---

10 Hearn, Lafcadio: Two Years in the French West Indies, S. 159.

Claude Lévi-Strauss oder das Reisen nach dem Ende der Reisen

Beschäftigen wir uns zu Beginn dieses Abschnitts, in welchem wir die Reisen des 20. Jahrhunderts panoramatisch besprechen wollen, zunächst mit der fünften Bewegungsfigur, die wir im systematischen Teil unserer Vorlesung kennengelernt hatten. Es ist jene Bewegungsfigur, die vielleicht wie keine andere in der Reiseliteratur des zwanzigsten Jahrhunderts sowie des einundzwanzigsten Jahrhunderts dominiert, obwohl sie – wie wir ausführlich gesehen haben – keineswegs neu ist.

Denn die fünfte und letzte Grundfigur, die im Folgenden noch einmal exemplarisch vorgestellt und diskutiert werden soll, ist, zumindest auf den ersten Blick, von etwas diffuser und schwer zu fassender Natur. Sie betrifft einen Typus von Reisebericht (und ein Verstehensmodell), in welchem weder ein konkreter Ausgangspunkt noch ein konkreter Zielpunkt der Reise angegeben werden, sondern beide vorsätzlich vage bleiben. Es ist gar nicht so schwierig, für das 18. oder 19. Jahrhundert Beispiele für derartige Reisebewegungen anzuführen und zu analysieren, auf welche Weise die hermeneutische Bewegung dieses Typus jeweils ausgeführt ist.

Ich möchte daher als Grundmodell und Orientierungspunkt auf ein der fiktionalen Erzählliteratur entstammendes Beispiel, einen Roman aus dem 18. Jahrhundert zurückgreifen, der eine wichtige Etappe innerhalb der Entwicklungsgeschichte des europäischen Romans markiert: Denis Diderots *Jacques le fataliste et son maître*. In der berühmt gewordenen Eingangsszene, in welcher der Erzähler mit dem Leser ein fiktives Zwiegespräch über die Protagonisten dieses Textes führt, treten die spezifischen Grundstrukturen der Reisebewegung im Roman deutlich vor Augen:

> Comment s'étaient-ils rencontrés? Par hasard, comme tout le monde. Comment s'appelaient-ils? Que vous importe? D'où venaient-ils? Du lieu le plus prochain. Où allaient-ils? Est-ce que l'on sait où l'on va? Que disaient-ils? La maître ne disait rien; et Jacques disait que son capitaine disait que tout ce qui nous arrive de bien et de mal ici-bas était écrit la-haut.[1]

Das Grundschema dieses *incipit* ist rasch zusammengefasst. Die Erwartungsklischees der fiktiven Leserfigur werden ein ums andere Mal enttäuscht, ihre Fragen führen nur zu Gegenfragen: *Est-ce que l'on sait où l'on va?* Der Zufall

---

1 Diderot, Denis: *Jacques le fataliste*, S. 3.

erscheint von Beginn an als eigentlicher Motor des Geschehens, und doch ist es, wie Erich Köhler in einer denkwürdigen Studie herausarbeiten konnte, ein Zufall, der im dialektischen Spiel mit der geschichtlichen Notwendigkeit ein in der jeweiligen historischen Situation angelegtes Mögliches entbindet und entfaltet.[2] Dem Geschehen liegt ebenso wenig ein göttlicher Heilsplan zugrunde wie der Reise ein detaillierter oder auch nur (voraus-) bestimmbarer Fahrplan. Alles scheint zwar „da oben" vorbestimmt zu sein, doch der Zufall wählt die Alternativen mit ihren jeweiligen Entscheidungen aus. Es gibt keinen Plan, der vom Menschen bestimmt werden würde: Alles scheint von ihm unabhängig zu verlaufen.

Auch die Struktur der Reise selbst bleibt im Dunklen. Nicht einmal ihr Anfang und Ende liegen klar zutage: Herkunft und Zielort entziehen sich der Kenntnis des Lesers. Ein genau bestimmbarer Ort der Ankunft wird durch die Betonung einer radikalen Offenheit der Zukunft und des weiteren Reisewegs ersetzt: Weiß man denn, wohin die Reise geht?

Diese Frage und ihre möglichen Beantwortungen können in der Tat ganz philosophisch gewendet werden. Ist dem Menschen die Verfügbarkeit über Anfangs- und Endpunkt seines irdischen Lebensweges entzogen, ist ihm also der bewusste und reflektierte Zugang zum Augenblick seiner Geburt – deren Spuren der Körper tragen kann, ohne dass dies doch mehr als eben Spuren wären – wie zum Augenblick seines Todes verwehrt, so bietet ihm der Roman kompensatorisch die Verfügbarkeit über ein gesamtes Leben, über vollständige Lebensläufe an. Durch Abgeschlossenheit wird Sinn erzeugt, im französischen *sens* ist diese Gerichtetheit des Sinnes mitenthalten. Was aber, wenn diese Gerichtetheit des Sinnes in Frage gestellt wird?

Denn ein solcher Zugriff auf eine Totalität an Leben und Lebenserfahrung wird der fiktiven LeserIn in der Eingangspassage von Diderots Roman gerade verwehrt. Die wiederholten Fragen der Leserfigur laufen ins Leere. Diese *Ent-Täuschung* prägt die gesamte Handlungsstruktur des Romans, der sich an seinem 'Ende' auf verschiedene, teilweise intertextuell zurückverweisende Varianten *öffnet*. Die von Diderot angebotenen Romanschlüsse sind nach heutiger Sprachregelung interaktiv. Es obliegt der Leserfigur, sich für die eine oder die andere Variante zu entscheiden. Der kunstvolle intertextuelle Verweis auf *Don Quijotes* Reiseweg und die experimentelle Romanform von Sternes *Tristram Shandy* führen

---

2 Vgl. Köhler, Erich: *Der literarische Zufall, das Mögliche und die Notwendigkeit.* München: Fink 1973, sowie ders.: 'Est-ce que l'on sait où l'on va?' – Zur strukturellen Einheit von 'Jacques le Fataliste et son Maître'. In (ders.): *Vermittlungen. Romanistische Beiträge zu einer historisch-soziologischen Literaturwissenschaft.* München: Fink 1976, S. 219–239.

das itinerarische Schema mit seinen Digressionen, Exkursionen und Unterbrechungen zugleich vor und ad absurdum. Der Roman entzieht sich ostentativ der Verfügungsgewalt seiner Leserschaft. Seine Vektorisierung ist nicht mehr gerichtet, seiner Sinnerzeugung fehlt der *sens*, seinen Reisebewegungen das genau identifizierbare Ziel. Aber genau dies ist eine hermeneutische Bewegungsfigur, die es zu untersuchen lohnt.

Analog zum Roman offeriert auch der Reisebericht seinem Lesepublikum traditionellerweise und gattungskonform eine Totalität, welche die Verfügungsgewalt über eine Reise in ihren Wegeplänen und Abweichungen, aber auch bezüglich ihres Anfangs wie ihres Endes gewährt. Unsere Beleuchtung reiseliterarischer Orte sollte in diesem Zusammenhang zeigen, wie wichtig die bislang zumeist übersehene topische Modellierung von Abreise, Ankunft oder Rückkehr und damit der Reisevorgang von Abfahren, Ankommen und Heimkehren in seiner Prozesshaftigkeit ist.

Oft sind den Reiseberichten des 18., 19. oder 20. Jahrhunderts einführende Bemerkungen vorangestellt, in denen der Leser paratextuell[3] nicht nur über den Beginn, sondern auch über die 'Konzeption', die 'Empfängnis' des Reiseprojekts und dessen spätere 'Austragung' und Realisierung, in Kenntnis gesetzt wird. Damit gewährt der Reisebericht des 18. und 19. Jahrhunderts, aber auch oftmals jener des vergangenen 20. Jahrhunderts, seinem Lesepublikum freien Zugang zu einem gesamten Lebensweg, den der einzelne Leser buchstäblich nach-gehen und in seinen wahrnehmungsspezifischen Aspekten nach-vollziehen kann. Das Lesepublikum ist so in der Lage, buchstäblich Sinn aus den Bewegungen zu saugen und die Bedeutung der hermeneutischen Bewegungsfiguren immer wieder neu mit Blick auf ein eigenes Verstehen zu konstruieren.

Die Faszination des Reiseberichts geht nicht zuletzt auf die libidinöse Besetzung der Verfügungsgewalt über Gedankenbewegungen zurück, die unbegrenzt wiederholt oder modifiziert, variiert und abgeändert werden können. Denn Sinn machen heißt Lust erzeugen: Und Lust gibt Sinn, vor allem dann, wenn sie wiederholbar ist und modifiziert werden kann. Vielleicht wäre dies eine mögliche Antwort auf das Rätsel, vor das der französische Anthropologe Claude Lévi-Strauss im Anfangskapitel seiner *Tristes Tropiques* seinen Text wie seinen Leser in paradoxer Weise stellte:

> Pourtant, ce genre de récit rencontre une faveur qui reste por moi inexplicable. L'Amazonie, le Tibet et l'Afrique envahissent les boutiques sous forme de livres de voyage, comptes rendus d'expedition et albums de photographies où le souci de l'effet domine trop

---

3 Zur Definition dieses Begriffs vgl. Genette, Gérard: *Seuils*. Paris: Seuil 1997.

pour que le lecteur puisse apprécier la valeur du témoignage qu'on apporte. Loin que son esprit critique s'éveille, il demande toujours davantage de cette pâture, il en engloutit des quantités prodigieuses.[4]

Abb. 88: Claude Lévi-Strauss (Brüssel, 1908 – Paris, 2009), in Amazonien, 1938.

Was also ist mit dem Leser, dem Lévi-Strauss einen ungeheuren Lesehunger, aber letztlich doch ein bloßes passives Konsumieren ungeheurer Mengen an Reiseliteratur vorwirft? Ist aus ihm ein interesseloser Verbraucher von Texten geworden, die man ihm nur in ausreichender Menge zur Verfügung stellen muss? Unter der Kapitelüberschrift *La fin des voyages* macht der französische Anthropologe und Mythenforscher in der angeführten Passage seiner berühmten Reisebeschreibung der *Traurigen Tropen* nicht nur auf das Faszinosum Reisebericht, sondern auch auf dessen rezeptionsästhetische Aporien aufmerksam. Das Verschlingen von Reiseberichten erzeugt gerade nicht den kritischen Leser, sondern führt vielmehr zu einer fast im Wiederholungszwang vollzogenen Lektüre immer neuer Berichte, immer neuer 'Zeugnisse'. Gerade aus der Überfülle leicht konsumierbarer Reisen und Reiseberichte zieht der französische Strukturalist den Schluss, dass es mit der Gattung des Reiseberichtes vorbei ist, dass das Ende der Reisen nahe ist. So schwebt schon seit der ersten Hälfte des 20. Jahrhunderts über der so erfolgreichen reiseliterarischen Gattung das Damokles-Schwert der Überfütterung, des Erstickens, des Endes der Beziehung von Reisen und Schreiben.

Dabei war es dem französischen Mythenforscher gerade um ein kreatives, innovatives Lesepublikum zu tun, das die inhaltliche wie ästhetische Qualität von Reiseberichten entsprechend verwerten und genießen können sollte. Vor allem den kritischen Blick auf die bereisten Länder und zugleich auch auf den (europäischen) Reisenden selbst wollte Claude Lévi-Strauss fördern und weiter

---

4 Lévi-Strauss, Claude: *Tristes Tropiques*, S. 10.

herausbilden, um nicht in den Details der Beschreibung hängenzubleiben und sich zu verlieren. Vor allem aber erkannte er die Notwendigkeit eines kritischen Überdenkens der Reisetätigkeit von Europäern, die noch immer, auch nach dem Ende des Kolonialismus, dieselben letztlich zerstörerischen Qualitäten mit sich schleppten und die von ihnen bereisten Länder vorwiegend der Tropen mit diesem Virus einer allmählichen Zersetzung ansteckten. Und war das Erschrecken angesichts all der Trümmer und Katastrophen, welche die europäische Zivilisation über die Welt gebracht hatte, nicht auch gewaltig genug? Waren all die Zerstörungen, die von den europäischen Reisenden der Vergangenheit ausgegangen waren, nicht längst so zahlreich, dass all diesem Treiben, all diesen Aktivitäten Einhalt geboten werden müsste? Hatte ein von der Inferiorität alles Amerikanischen überzeugter, aber zugleich auch selbst nicht reisender wie Cornelius de Pauw in der 'Berliner Debatte' nicht vor der zerstörerischen Kraft einer Wissenschaft gewarnt, die all das, was sie berührt und untersucht, mit dem Keim des Todes infiziert?

Zweifellos waren diese für die Bewohner etwa Amazoniens oder Ozeaniens, aber auch anderer Teile der weltumspannenden Tropen bedrohlichen Entwicklungen schon früher absehbar gewesen. Bereits Mitte des 20. Jahrhunderts arbeitete der französische Anthropologe, damalige Mythenforscher und künftige Strukturalist in seinem beeindruckenden kleinen Band heraus, wie weit die Zerstörung der längst traurig gewordenen Tropen fortgeschritten war. Denn bereits zu diesem Zeitpunkt waren die großflächigen Zerstörungen, welche die Europäer und US-Amerikaner weiten Bereichen der Welt angetan hatten, nicht mehr zu übersehen und nicht mehr wegzudiskutieren. Wer wollte da noch, so fragte sich Claude Lévi-Strauss, fröhlich zu einer Reise aufbrechen und davon heiter berichten?

Nicht umsonst taucht schon zu Beginn der nachfolgenden Passage der Verweis auf jenes militärische 'Wunderwerk' des Flugzeugträgers auf, in dem sich die Entwicklungslinien des Dampfschiffs und des Flugzeugs miteinander verbinden und es den Weltmächten in der zweiten Hälfte des 20. Jahrhunderts erlauben, die Insel-Strategie der iberischen Mächte der ersten Phase beschleunigter Globalisierung mit Hilfe dieser neueren Transportmittel aus der dritten Phase zu modernisieren und auf einen neuen technologischen Stand zu heben, wie er im militärischen Kontext für die vierte Globalisierungsphase kennzeichnend geworden ist. Der Flugzeugträger ist zu so etwas wie dem Emblem der Kriegsbereitschaft, der ubiquitären Machtausübung geworden, in dem sich die Transportmittel Dampfschiff und Flugzeug aus der dritten und vierten Phase beschleunigter Globalisierung kreuzen. Im Kapitel 'La Quête du Pouvoir' (Die Suche nach Macht) liest man bereits Mitte der fünfziger Jahre in einer brillanten Analyse:

> Aujourd'hui où des îles polynésiennes noyées de béton sont transformées en porte-avions pesamment ancrés au fond des mers du Sud, où l'Asie tout entière prend le visage d'une zone maladive, où les bidonvilles rongent l'Afrique, où l'aviation commerciale et militaire flétrit la candeur de la forêt américaine ou mélanésienne avant même d'en pouvoir détruire la virginité, comment la prétendue évasion du voyage pourrait-elle réussir autre chose que nous confronter aux formes les plus malheureuses de notre existence historique? Cette grande civilisation occidentale, créatrice des merveilles dont nous jouissons, elle n'a certes pas réussi à les produire sans contrepartie. Comme son œuvre la plus fameuse, pile où s'élaborent des architectures d'une complexité inconnue, l'ordre et l'harmonie de l'Occident exigent l'élimination d'une masse prodigieuse de sous-produits maléfiques dont la terre est aujourd'hui infectée. Ce que d'abord vous nous montrez, voyages, c'est notre ordure lancée au visage de l'humanité.[5]

Der in den Augen der Europäer noch fortbestehende Zauber der alten Entdeckungsreisen hat nach gerade erst überstandenem Zweiten Weltkrieg und am Vorabend der vierten Phase beschleunigter Globalisierung einem Entsetzen angesichts all jener Zerstörungen Platz gemacht, welche die tropischen Inselwelten wie ganze Kontinente im globalen Maßstab erfasst haben. Schonungslos zeigt Lévi-Strauss die Verheerungen und Vermüllungen auf, die das so erfolgreiche Abendland dem Rest des Planeten ins Gesicht geschüttet habe. Heute, da wir in ein weiteres Stadium dieser Vermüllung eingetreten sind, welche weltumspannende Ausmaße angenommen hat, und wo wir mittlerweile befürchten müssen, dass sich in unseren Meeren bald mehr Plastikmüll als Fische befinden könnten, sind die so frühen Appelle des französischen Reisenden besonders aufrüttelnd und zugleich auch erschreckend. Denn wie wenig hat sich seit den gut hörbaren Anklagen von Claude Lévi-Strauss getan!

Die transtropischen Regionen unseres Planeten sind (wohl auch heute noch) die vorzüglich betroffenen Gebiete, in denen sich die Ausgriffe, Übergriffe und Expansionen der westlichen Welt am direktesten und wohl auch am brutalsten auswirken. Es verwundert daher auch nicht, dass der französische Spezialist für amerikanische Mythen in seinem auf Brasilienaufenthalte zwischen 1934 und 1939 zurückgehenden und 1955 erschienenen Band *Tristes Tropiques* auch den rhetorischen Figuren und Figurationen der Tropen ausgehend von Reisebewegungen nachspürte.

Im ersten, bedeutungsvoll mit 'La fin des voyages' überschriebenen Teil seines Bandes findet sich unter der Überschrift 'Départ' ein denkwürdiges *incipit*:

---

5 Ebda., S. 36.

> Je hais les voyages et les explorateurs. Et voici que je m'apprête à raconter mes expérien-
> ces. Mais que de temps pour m'y résoudre! Quinze ans ont passé depuis que j'ai quitté
> pour la dernière fois le Brésil et, pendant toutes ces années, j'ai souvent projeté d'entre-
> prendre ce livre; chaque fois, une sorte de honte et de dégoût m'en ont empêché.[6]

Welch ein Auftakt für einen Reisebericht, der sich am liebsten aus Scham und
Abscheu selbst abschaffen würde! Welch eine Erzählung, die ihren eigenen
Seins-Grund in so radikaler Weise ablehnt! Der oftmals poetisch verdichtete
Band über die Tropen oszilliert in ständigen Wendungen und Richtungswech-
seln zwischen dem Schreiben und dem Nicht-Schreiben, dem Reisen und dem
Nicht-Reisen, der Geste des Entdeckens und der Scham im Bewusstsein des ei-
genen Anteils an der weltweiten Zerstörung.

Traurig werden diese Tropen in einem ästhetisch durchdachten Spiel von
Spiegelungen entworfen, in dem die (rhetorische) Figur des europäischen Entdeckers in einem rousseauistisch eingefärbten Ethnologen und Tropenforscher
reflektiert wird, der sich als letztes Glied einer langen Kette der Entdecker *und*
Zerstörer zu begreifen beginnt. Noch ist diese Kette nicht zerbrochen, noch
immer gibt es diese Verbindung zwischen Reisen, Schreiben und Zerstören! Demontiert hier nicht ein Protagonist der Globalisierung, der an ihr als Reisender
wie als Wissenschaftler Anteil hat, jene Mythen, die sich von der ersten Phase
beschleunigter Globalisierung bis in die Gegenwart von Lévi-Strauss gehalten
haben?

Die reiche Fülle der Tropen blitzt in ihrer Diversität an Völkern, Lebensbedingungen und Kulturen, aber auch an Ökosystemen und biopolitischen Transmigra-
tionen von Menschen, Tieren und Pflanzen just in jenem Augenblick auf, in dem
die von den Europäern ausgehende Destruktion ihr Werk zu vollenden scheint:
Alles ist dem unwiderruflichen Untergang geweiht: Das Ende der Tropen scheint
gekommen und geht einher mit dem Ende der Reisen. Wird hier nicht der Strukturalist Claude Lévi-Strauss zum Dekonstruktivisten *avant la lettre*?

Doch das *Nevermore*, das alle Seiten dieses Bandes durchzieht, reißt an einer
Stelle dieses Reiseberichts am Ende aller Reisen auf. Denn ein allerletztes Mal
noch bietet sich dem Forscher des 20. Jahrhunderts jene unerhörte Möglichkeit,
die sich den Columbus und Vespucci, Villegaignon und Thevet, Staden und Léry
lange Jahrhunderte zuvor so oft und so eindrucksvoll geboten hatte: Ein letztes
Mal erscheint die Faszination der Reisen und mit ihr die Begegnung mit jenen
Völkern, die zum Gegenstand und damit zugleich zu Gegenständen, Objekten europäischer Forschung wurden:

---

6 Ebda., S. 9.

> Il n'y a pas de perspective plus exaltante pour l'ethnographe que celle d'être le premier blanc à pénétrer dans une communauté indigène. Déjà, en 1938, cette récompense suprême ne pouvait s'obtenir que dans quelques régions du monde suffisamment rares pour qu'on les compte sur les doigts d'une main. Depuis lors, ces possibilités se sont encore restreintes. Je revivrai donc l'expérience des anciens voyageurs, et à travers elle, ce moment crucial de la pensée moderne où, grâce aux grandes découvertes, une humanité qui se croyait complète et parachevée reçut tout à coup, comme une contre-révélation, l'annonce qu'elle n'était pas seule, qu'elle formait une pièce d'un plus vaste ensemble, et que, pour se connaître, elle devait d'abord contempler sa méconnaissable image en ce miroir dont une parcelle oubliée par les siècles allait, pour moi seul, lancer son premier et dernier reflet.[7]

Claude Lévi-Strauss weiß sich nicht nur mit Blick auf das Eindringen in vormals abgeschlossene indigene Gemeinschaften, sondern auch in Hinsicht auf die Warnung vor den Zerstörungen durch die abendländische Zivilisation in einer langen, sehr langen Traditionslinie, die mit der ersten Phase beschleunigter Globalisierung begann. Die Erfahrung dieser „seule aventure totale proposée à l'humanité"[8] öffnet sich im Zeichen jenes welthistorischen Prozesses, der mit Christoph Columbus, Juan de la Cosa oder Amerigo Vespucci begann, auf ein Bild völliger Zerstörung – in gewisser Weise so, wie es Las Casas' *Brevísima relación de la destrucción de las Indias* bereits auf für das europäische Gedächtnis unvergessliche Weise entworfen hatte. Das Ende der Tropen und ihrer Bewohner war seit Beginn des 16. Jahrhunderts nicht zuletzt auch eine Trope des europäischen Denkens und Schreibens: in Hayden Whites Sinne in der Form der Tragödie, mit deutlichen Übergängen zur Apokalypse. Schlimm nur, dass bislang die Menschheit derartige Warnungen stets nur mit blumenreichen Wortfügungen und ansonsten mit einem Achselzucken quittierte. Hat die Menschheit in ihrer Geschichte wirklich dazugelernt? Kann dieses Dazulernen auch nur andeutungsweise Schritt halten mit dem Fortschreiten unseres technologischen Wissens, unserer Fähigkeiten, die Welt mehr und mehr zu prägen? Und wird sich die Menschheit als Kollektivsingular all jener Abermillionen von Menschen, die für großflächige Zerstörungen verantwortlich sind, kritisch und selbstkritisch bewusst, begreift schlussendlich die Vernichtung ihres Lebenswissens und mehr noch Überlebenswissens in einer Zeit wie der unsrigen, in welcher die Wichtigkeit der Literaturen der Welt als interaktive Speicher des Lebens- und Überlebenswissens mehr und mehr aus dem Bildungskanon verdrängt werden?

Doch zurück zum Reisebericht des Claude Lévi-Strauss und seiner Einsicht in die destruktive Kraft des Verhältnisses von Reisen und Schreiben. So wird in

---

7 Ebda., S. 387.
8 Ebda., S. 82.

einer entscheidenden Passage von *Tristes Tropiques* ein letzter, von der europäischen Zivilisation noch nicht erfasster Stamm 'entdeckt' und damit zugleich
'verdeckt', zum Verschwinden gebracht: ausgelöscht. Die Geschichte wiederholt
sich – und erneut ist die wissenschaftliche Praxis, die wissenschaftliche Erfassung von Daten und Fakten an vorderster Stelle bei diesem Prozess gleichzeitiger
Erkenntnis und Auslöschung. Im Verschwinden der Tupi-Kawahib zeigt sich
nicht zuletzt auch das Desaster eines europäischen Dursts nach einem Wissen,
das nicht auf ein Wissen vom Zusammenleben mit dem Anderen gerichtet ist
und dessen globales Triumphieren mit allen zu Gebote stehenden literarischen
Mitteln als globales Scheitern vorgeführt wird. Denn es kommt im Grunde zu keinerlei Konvivenz, zu keinem Zusammenleben zwischen den Kulturen und Ethnien; und das Eindringen in eine vormals abgeschottete indigene Gemeinschaft
ist irreversibel. Ist eine indigene Gemeinschaft erst einmal 'entdeckt', so ist kein
Zustand *vor* dieser 'Entdeckung' mehr erreichbar: Sie wird unweigerlich in den
Sog der abendländisch geprägten Zivilisation gezogen.

Nicht mehr die Karavellen, wohl aber die Flugzeuge skizzieren Kartographien und Choreographien, aus denen die Regenwälder und Urwälder dieses
Planeten Stück für Stück verschwinden: Das Gesicht der Welt wird entstellt. Die
heutigen Aktivitäten des aktuellen brasilianischen Staatspräsidenten Bolsonaro
sind nicht mehr als die etwas unschönere Seite desselben Antlitzes westlicher
Zivilisation, die den indigenen Völkern ganz bewusst die Lebensgrundlage entzieht – und in einem langfristigeren Sinne auch sich selbst. Denn mit dem Regenwald geht auch ein Stück des Weltklimas unwiederbringlich in Flammen
auf. Die Tropen des Diskurses signalisieren planetarische Räume, die nicht
mehr im Zeichen der Fülle, sondern im Zeichen einer apokalyptischen Falle stehen – einer Apokalypse, die gewiss nicht mehr nur die amerikanischen Tropen,
sondern die Tropenwelt überhaupt erfasst. Eine Menschheit, die sich in der
Fülle ihrer Möglichkeiten wähnt, sitzt in der Falle. Und einer Falle, deren Konsequenzen man anders als viele Regierungen, die auf Zeit spielen oder die Entwicklungen einfach leugnen, nicht einfach aussitzen kann.

So ist Amerika allein von Amerika aus nicht mehr zu begreifen. Noch immer
gilt das Grundaxiom der Humboldt'schen Wissenschaft: *Alles ist Wechselwirkung.*
Und dies heißt, dass letztlich alles mit allem verbunden ist und lokale Veränderungen globale Folgen zeitigen. Denn die Erzählerfigur in Lévi-Strauss *Tristes
Tropiques* zeigt auf, wie vor dem Hintergrund der Zerstörung der Tropen Amerikas, Asiens und Afrikas die Entwicklungen in den Amazonasgebieten nur aus
der weltumspannenden Dimension der Tropen heraus noch verstanden werden
können.

Dies stellt, wie wir sahen, keineswegs ein neues Phänomen dar. Denn bereits
im 16. Jahrhundert bauten die iberischen Mächte jene weltweiten Infrastrukturen

auf, die Mexico über den Hafen von Veracruz und die Karibik nicht nur transatlantisch mit Europa verbanden, sondern über den Hafen von Acapulco und die Philippinen transpazifisch mit dem Handel in Asien verknüpften.[9] Die europäischen Sammlungen von Reiseberichten wie etwa die höchst einflussreiche von Giovanni Ramusio konzentrierten sich am Ausgang der ersten Phase beschleunigter Globalisierung nicht auf einzelne Kontinente oder Regionen, sondern enthielten neben Reisen in die Neue Welt ganz selbstverständlich auch Berichte über Afrika und Asien. Unsere Beschäftigung mit diesem interaktiven Speicher von Lebenswissen, Überlebenswissen und Zusammenlebenswissen, den die Literaturen der Welt darstellen, hat uns zur Einsicht geführt, dass Johannes Leo Africanus mehr mit Columbus zu tun hat, als wir auf den ersten Blick gedacht hätten. Denn gerade auch in den Reiseliteraturen der Welt beruht alles auf transarealer Wechselwirkung.

Die Wissenschaften haben diese Wechselwirkungen nicht immer verstanden oder für deren Erforschung adäquate Strukturen geschaffen. Die disziplinären Ordnungen unserer Wissenschaften haben – von der Anthropologie über die Geschichtswissenschaft bis zu den Philologien – im 19. und 20. Jahrhundert diese Zusammenhänge weiter in den Hintergrund gedrängt und dank ihrer Spezialisierung auf einzelne Areas verschleiert, ja zum Verschwinden gebracht. Natur und Kultur wurden auf sträfliche Weise weit auseinander gedacht und im Sinne von Charles Percy Snow in *Two Cultures* aufgespalten. Die Schäden dieser Aufspaltung sind unserem Wissenschaftssystem wohl für lange Zeit noch eingeschrieben und belasten ein Denken in Wechselwirkungen, das von unserer Jetztzeit, die eine Netzzeit ist, jedoch dringlich gefordert wird.

Es ist heute zweifellos an der Zeit, nicht nur im Bereich der Klimatologie die Tropen transtropisch zu verstehen und die auch in Zukunft notwendigen Area Studies durch TransArea Studies neu auszurichten und zu perspektivieren. So lassen sich zum einen eine mobile Vektorizität und zum anderen eine auf Wechselwirkungen aufbauende Verflechtung unterschiedlichster kultureller Beziehungen adäquat analysieren. Folglich sind territorial verankerte Geschichtsauffassungen durch vektoriell fundierte Formen von Bewegungsgeschichte zu erweitern und so zu transformieren, dass komplexe Beziehungsgeflechte *aus der Bewegung* erfassbar werden. Auch die Geschichte(n) und Kultur(en) Europas sind ohne transareale Prozesse ebenso wenig zu verstehen wie etwa das Klima Norwegens ohne den tropischen Golfstrom, der die transtropischen Regionen Amerikas mit den höheren Breiten Europas verbindet. Denn nur in diesem vektoriellen Sinne lassen sich die Archipele der Sichtbarkeit zu

---

9 Vgl. hierzu ausführlich Gruzinski, Serge: *Les Quatre Parties du monde.*

neuen, nur auf den ersten Blick noch unsichtbaren Kontinenten (und Kontinuitäten) multidimensional zusammenfügen. Claude Lévi-Strauss hat dabei die grundsätzliche Problematik einer europäisch beziehungsweise westlich ausgerichteten Wissenschaft erfasst, die sich allein an ihren ureigensten Bedürfnissen orientiert.

Auf die grundlegende Argumentationslinie in unserer Vorlesung bezogen bedeutet dies zum einen, dass die Gründe für die 'unerklärliche Gunst' des Reiseberichts beim Publikum in der Spatialisierung hermeneutischer Prozesse liegen, die von der Leserschaft qua Lektüre nachvollzogen werden können, dass aber gerade dieser Nachvollzug, dieses bloße Nachgehen bestimmter vorgegebener Reisewege, nicht den kritischen, sondern nur den konsumierenden, den Text verschlingenden Leser anzuziehen scheint. Es mag durchaus sein, dass dies mit der Suche eines westeuropäischen Publikums nicht nur nach dem Exotischen, sondern vielleicht mehr noch nach dem Authentischen zu tun hat.

Zum anderen haben wir es aber auch mit der Sehnsucht des Publikums zu tun, *kontinuierliche* und nicht diskontinuierliche Reiseverläufe innerhalb eines Rahmens wahrzunehmen, in welchem Raum und Zeit als Kontinuitäten gedacht werden. Reiseliteratur wird dann im Sinne von Roland Barthes, mit dem wir uns im Anschluss beschäftigen wollen – als hochgradig lesbarer und damit konsumierbarer Gegenstand der Kulturproduktion verstanden und verliert zunehmend seine Attribute als künstlerische Hervorbringung.

Einer solchen bei einem abendländischen Lesepublikum beobachtbaren Lektürehaltung aber stemmt sich die fünfte und letzte der hier genannten Grundfiguren von Verstehensbewegungen im literarischen Reisebericht entgegen. Die radikale Offenheit von Herkunft und Zukunft, von Fahren und Erfahren, von Deutung und Bedeutung, die sich gattungskonformen Erwartungshaltungen aktiv und kreativ widersetzt, öffnet hier unsere Modellbildung auf Formen, die nicht mehr als kohärente und abgeschlossene Bewegungen verräumlicht werden können.

Wohin aber geht dann die Reise des Reiseberichts und mit ihr jene der Literaturen der Welt überhaupt? Diese grundsätzliche Fragestellung erfuhr neue und kreative Antworten aus einer künstlerisch-literarischen Avantgarde heraus, die sich insbesondere in Frankreich um die Mitte des 20. Jahrhunderts zu formieren begann.

Roland Barthes oder der Reisebericht ohne Reise

Was geschieht, wenn dem Leser des Reiseberichts – wie in Diderots *Jacques le fataliste* dem Leser des Romans – der Zugang zur Totalität durch Fragmentierung und radikale Offenheit narrativer Strukturen entzogen wird? Kann ein solch offener, dem Stationenschema des neuzeitlichen Reiseberichts mit seiner Inszenierung reiseliterarischer Orte sich entziehender Text überhaupt noch als Reisebericht angesprochen werden? Stoßen wir hier nicht an die Grenze der Gattung, ja an die Grenze der Lesbarkeit?

Der französische Zeichentheoretiker und Mythenkritiker Roland Barthes hat sich im Jahre 1970 dieser Frage gestellt und daraus Schlüsse gezogen, die auf die Reiseliteratur im 20. Jahrhundert ein eigentümliches Licht werfen:

> Que serait le récit d'un voyage où il serait dit que l'on reste sans être arrivé, que l'on voyage sans être parti, – où il ne serait jamais dit qu'étant parti, on arrive ou n'arrive pas? Ce récit serait un scandale, l'exténuation, par hémorragie, de la lisibilité.[1]

Roland Barthes wich in seinem Leben niemals einem verlockenden Skandal aus. So macht das angeführte Zitat auf eine literarische Verführung aufmerksam, der er als Verfasser von Reiseberichten längst erlegen war. Auch wenn der französische Kulturtheoretiker an erster Stelle nicht als Reiseschriftsteller wahrgenommen worden ist, nehmen Reisen und das Schreiben darüber doch einen überraschend breiten, ja in gewisser Hinsicht dominanten Platz in seinem unermüdlichen Schaffen ein. Aus diesem Grunde soll Roland Barthes auch ein wichtiger und zugleich repräsentativer Platz in unserem Panorama zum 20. Jahrhundert eingeräumt werden, nahm er doch viele Entwicklungen auch des zeitgenössischen Reiseberichts vorweg, die für uns wichtige Anhaltspunkte für eine Entwicklung künftiger Formen reiseliterarischen Schreibens liefern.

Roland Barthes bemühte sich vor allem um Formen eines Schreibens, das mit einem avantgardistischen Impetus aus den traditionalistischen Prägungen des französischen 19. Jahrhunderts ausbrechen sollte, wobei freilich gegen Ende seines Lebens gerade jenen so gut 'lesbaren' Formen seine innige Liebe galt. Die „fundamentale Forderung nach dem *Lesbaren*", so heißt es im selben Abschnitt von *S/Z*, zielt auf die Vollständigkeit, die Fülle und Abgeschlossenheit eines Textes, dessen einzelne Teile funktional miteinander verbunden sein müssen. Schauen wir uns dies einmal näher an.

---

1 Barthes, Roland: *S/Z*, S. 112.

Abb. 89: Roland Barthes (Cherbourg, 1915 – Paris, 1980).

Vier Momente eines solchen Textes reiseliterarischer Ausrichtung hebt Barthes hervor: *partir / voyager / arriver / rester.*[2] Es gibt wohl keinen Text, der – ähnlich programmatisch und poetologisch radikal wie Diderots *Jacques le fataliste et son maître* dies für die Gattung des Romans tat – bereits im 18. Jahrhundert experimentelle Formen des Reiseberichts entwickelt hätte. Gleichwohl konnten wir am Ausgang des Jahrhunderts der Aufklärung eine Zunahme diskontinuierlicher Schreib- und Ausdrucksformen in der Reiseliteratur feststellen. Man könnte deshalb im Verhältnis zwischen Roman und Reiseliteratur – und dies betrifft die achte reiseliterarische Dimension – von einer poetologischen 'Verspätung' des Reiseberichts gegenüber der Gattung des Romans sprechen, was nicht zuletzt im gattungstheoretischen Ort der Reiseliteratur und ihrer traditionellen Anbindung an diktionale Ausdrucks- und Lesemuster begründet sein dürfte. Was bedeutet dieses Defizit für die literarische und poetologische Entwicklung des Reiseberichts?

Roland Barthes hat bisweilen in seinen theoretischen Schriften, häufiger aber in seinen eigenen Reiseberichten auf dieses poetologische Defizit reagiert. Die Reisefragmente von einer Griechenlandreise, die Barthes 1938 unternahm und 1944 veröffentlichte, die auf Erfahrungen der sechziger Jahre zurückgehenden marokkanischen Skizzen, die postum unter dem Titel *Incidents* erschienen, und das zeitgleich mit *S/Z* im Jahre 1970 veröffentlichte Japanbuch *L'Empire des signes* weisen eine fortschreitende Auflösung traditioneller Grundstrukturen des Reiseberichts auf. Während in den *Incidents* noch Reisebewegungen in verschiedenen Fortbewegungsmitteln erscheinen, sind in *L'Empire des signes* bis auf wenige, allerdings präzise ausgestreute Spuren die Elemente *partir, voyager* und *arriver* getilgt. Barthes experimentierte sehr bewusst mit den Formen des Reiseberichts und damit auch mit dem Verhältnis zwischen Reisen und Schreiben.

So verschwindet die materielle Reisebewegung weitgehend aus dem Text, der sich allein noch seinen eigenen Bewegungen anvertraut. Damit rückt Barthes' Schreiben von einem für ihn wichtigen Bezugsautor ab, Montaigne, der

---

2 Ebda.

„sein Schreiben dem Wandern oder Spazierengehen" verglich und „im Unterwegs-Sein schon den Sinn und das Ziel des Reisens" erblickte.[3] Den Marokko und Japan gewidmeten Texten liegen zwar in der Realität mehrfache Reisen und mehr oder minder kurze Aufenthalte in beiden Ländern zugrunde, so dass in Bezug auf die realen Reiseaktivitäten Barthes' von der Grundfigur des Oszillierens zwischen zwei oder mehreren Ländern und Kulturen gesprochen werden kann; doch weist vor allem der Japan gewidmete literarische Text in seiner Anlage keine Strukturen mehr auf, die dem Leser bereitwillig das Oszillieren zwischen zwei Welten als hermeneutisches Grundschema präsentieren würden. Wir werden uns noch eingehend mit beiden Texten beschäftigen, versuchen aber an dieser Stelle zunächst einmal, generelle Leitlinien für unsere an Barthes' Texte heranzutragenden Fragestellungen zu entwickeln.

Der literarische Reisebericht entzieht sich zunehmend dem Zwang, ganz im Sinne von Denis Diderots Romanpraxis einen klaren Anfang und ein klares Ende der Reise zu bestimmen, reiseliterarische Orte zu modellieren und in einen wie auch immer gestalteten narrativen Ablauf chronologisch oder itinerarisch einzubeziehen. Und doch ist – wie der große Publikumserfolg von *L'Empire des signes* zeigt – das Faszinierende des Reiseberichts bei diesem Experiment nicht verloren gegangen. Denn auch durch das *Reich der Zeichen* führen Wege und von diskontinuierlichen Sprüngen geprägte Bewegungen, die vom Leser kreativ angeeignet werden können. Dem Lesepublikum fällt also eine wesentlich kreativere Rolle zu, als dies bei Claude Lévi-Strauss und seiner Erklärung eines 'Endes der Reisen' zunächst abzusehen war.

Die Reiseberichte des 18. und 19. Jahrhunderts entwickeln ihre Anziehungskraft keineswegs allein aus ihrem Bezug zu einer außersprachlichen Wirklichkeit, zu einer wie auch immer bestimmten kulturellen Alterität oder zur historisch verbürgten Figur des Reisenden selbst. Es wäre eine Verkennung der 'Lust am Text', den Genuss des Lesens bei Reiseberichten allein auf diese Faktoren zurückzuführen. Dass es nicht primär der Realitätsbezug ist, der das Publikum begeistert, mag auch durch den derzeitigen Erfolg touristischer Reiseangebote belegt werden, die dem Reisenden nicht nur die Reisewege bestimmter historischer Gestalten (etwa Martin Luthers), sondern auch erfundener Figuren (wie Cervantes' Ritter von der traurigen Gestalt) anbieten. Der Reisende eignet sich nicht so sehr einen historischen Reiseweg an als eine hermeneutische Bewegung, welche die (materiellen wie wahrnehmungsspezifischen) Bewegungen beim Lesen des Textes verdoppelt.

---

3 Wuthenow, Ralph-Rainer: *Die erfahrene Welt*, S. 84.

Dabei kann auch die Reise 'auf den Spuren' einer historischen oder literarischen Figur zu einer Erfahrung des Friktionalen werden, wenn dem Reisenden nicht widerfährt, was auch dem Leser von Reiseberichten widerfahren kann: diese ausschließlich an eine bestimmte (zweifellos hypostasierte) außersprachliche 'Realität' rückzubinden. Die Rolle des Lesepublikums von Reiseberichten ist wesentlich freier, schöpferischer und offener als das, was etwa Claude Lévi-Strauss in der simplen Konsumhaltung des Lesers zu erkennen vermochte.

Der im 18. und 19. Jahrhundert beobachtbare und auch an der Wende vom 20. zum 21. Jahrhundert anhaltende Erfolg der hybriden Gattung des Reiseberichts beruht vor allem auf einer Spatialisierung von Denkstrukturen und Verstehensbewegungen, deren Hermeneutik vom Leser anhand bestimmter für seine Wahrnehmung stilisierter Orte mehr oder minder leicht nachvollzogen werden kann. Oder auch einmal komplett rekonstruiert oder gänzlich konstruiert werden muss. Lesen ist ein Verstehen, das sich seiner Prozesshaftigkeit, seinem Ablauf als Bewegung, in einer Literatur, die Bewegung räumlich in Szene setzt, besonders eindrucksvoll innewird.

Versuche, aus der scheinbar vorgegebenen itinerarischen Struktur auszubrechen, können als Experimente verstanden werden, die darauf abzielen, den Leser aus der von Lévi-Strauss beobachteten passiven Rolle, die ihm das simple Nachvollziehen bestimmter dargestellter Erfahrungen konsumträchtig nahelegt, zu befreien. Der Leser soll damit wie die Leserin nicht bloßer Nachvollzieher hermeneutischer Bewegungen sein, sondern zum aktiven Leser werden, dessen Dialog mit dem Text die eigentliche Reisebewegung erzeugt. Erst durch die Leserinnen und Leser wird Literatur letztlich in Bewegung gesetzt, das heißt in eine Dynamik übersetzt, die vorgängige, im Text verankerte Bewegungen in sich aufnimmt und verändert.

Aber gibt es einen Reisebericht ohne Reise? Ja doch, es gibt ihn, insofern er weniger auf die nachzuvollziehenden Bewegungen des Verstehens als auf ein dialogales Verstehen in Bewegung abzielt. Dieses aber ist keinesfalls auf den Bereich der Reiseliteratur beschränkt, sondern setzt gerade in jenen literarischen Texten, die vorhandene Grenzziehungen verletzen oder missachten, eine Literatur frei, die sich in ständiger, unablässiger Bewegung weiß. Diese Mobilität und mehr noch diese Dynamik anspruchsvoll in Wert zu setzen, macht den Blick frei auf aktuelle und künftige Entwicklungen innerhalb des literarischen Reiseberichts, wie er sich wohl im weiteren Verlauf des 21. Jahrhunderts gestalten wird. Dieser Dynamik eines auf den verschiedensten Ebenen und in unterschiedlichsten Kontexten grenzüberschreitenden Schreibens widmen sich die Einzeluntersuchungen reiseliterarischer Texte in diesem abschließenden historischen Teil unserer Vorlesung. Sie sollen in ihrer je eigenen Dynamik eine Welt in Bewegung und die Verfahren eines *Zwischen-Welten-Schreibens*[4] darstellen, das im 21. Jahrhundert auch unter dem Druck von Migrationen und Flüchtlings-bewegungen weiter an Boden gewinnen und einen breiteren Raum in den Lite-raturen der Welt einnehmen wird.

Die Reisetexte von Roland Barthes sind ebenso symptomatisch wie wegwei-send, was die Entwicklungen des literarischen Reiseberichts insbesondere in der zweiten Hälfte des 20. Jahrhunderts sowie zu Beginn des 21. Jahrhunderts angeht. Barthes' Schreiben – und vor allem auch seinem Reise/Schreiben – wohnt eine prospektive Qualität inne, die wir in unserer Vorlesung gut brauchen können. Dabei ist es keineswegs zufällig, dass Barthes erster Text, sein 'Premier texte', in der griechischen Inselwelt spielte. Und dies sollte Folgen haben.

Roland Barthes auf Reisen durch das Archipel der Griechen: Die Inselwelt der Ägäis erblickte der junge Student erstmals im Jahre 1938, als er mit der von ihm an der Sorbonne mitbegründeten Gruppe 'Antikes Theater' eine Reise nach Griechenland unternahm. Die insgesamt zehn unterschiedlich kurzen Mikro-texte, die Roland Barthes, schwer an Tuberkulose erkrankt, im Juli 1944 in der kleinen Zeitschrift *Existences* des Sanatoriums von Saint-Hilaire-du-Touvet er-scheinen ließ, bilden zum einen den ersten literarischen Reisebericht des späte-ren Verfassers von *L'Empire des signes*, entwerfen zugleich aber auch zum ersten Male das, was man mit Fug und Recht als eine Landschaft der Theorie bezeichnen darf.[5] Archipelische Strukturen beherrschen diesen in verschieden-ste Textinseln aufgespaltenen 'Reisebericht' von Beginn an:

> En Grèce, il y a tant d'îles qu'on ne sait si chacune est le centre ou le bord d'un archipel. C'est aussi le pays des îles voyageuses: on croit retrouver plus loin celle qu'on vient de quitter. Je retiens que tout me paraît très petit: à Délos nous crûmes aborder un rocher liminaire, c'était l'île elle-même. Certaines de ces îles sont de simples rochers; d'autres profilent des horizons brumeux dans des matins très clairs; d'autres sont couvertes de bois de pins, d'autres enfin, sur leur terre violente, exposent les grands ossements blancs des villes évaporées.[6]

Wir wohnen hier einem unerhörten Spektakel bei: Erstmals in den Schriften des französischen Philosophen entsteht eine Landschaft der Theorie. Denn *En Grèce* bildet im vollen Wortsinne ein Archipel von Texten, die einerseits *Insel-Welten*

---

4 Vgl. Ette, Ottmar: *Writing-Between-Worlds. TransArea Studies and the Literatures-without-a-fixed-Abode.* Translated by Vera M. Kutzinski. Berlin – Boston: Walter de Gruyter 2016.
5 Vgl. zu diesem Begriff Ette, Ottmar: *Roland Barthes. Landschaften der Theorie.* Konstanz: Konstanz University Press 2013.
6 Barthes, Roland: En Grèce. In (ders.): *Oeuvres complètes.* Edition établie et présentée par Eric Marty. 3 Bde. Paris: Seuil 1993–1994, Bd. I, S. 54.

(also voneinander abgeschlossene, einer je unterschiedlichen Eigen-Logik gehorchende Einheiten), andererseits aber auch *Inselwelten* (mithin zu Inselgruppen zusammengeführte und damit relationalen Logiken gehorchende Vielheiten) konfigurieren. 'In Griechenland' bildet insofern als Archipel-Text eine Landschaft der Theorie, als hier sowohl die für Barthes' gesamtes Schreiben charakteristische Kurzschreibweise (*écriture courte*) als auch die Anlage polylogischer Verstehensstrukturen in Form einer mediterranen Landschaft literarisch vor Augen geführt wird. Die kleinen, kurzen Texte haben es also in sich: Sie skizzieren in Form eines *modèle réduit* (Claude Lévi-Strauss) eine ganze Welt, eine Totalität, die der Zeichentheoretiker im weiteren Verlauf seines Lebens und Schreibens sukzessive entfalten wird. Zugleich ist es ein kleines Schmuckstück, das viele Charakteristika des künftigen Schreibens Roland Barthes' bereits aufleuchten lässt.

Denn es ist faszinierend zu beobachten, auf welch raffinierte Weise diese Mikrotexte grundlegende Strukturierungen eines theoretischen Schreibens im Modus der Literatur enthalten, wie sie Jahrzehnte später, im Jahre 1970, Texte wie *Das Reich der Zeichen* entfalten werden. Wir haben es bereits in diesem Text von 1944 mit der Inszenierung von Figuren des Diskontinuierlichen und des Fraktalen zu tun. Ein Zeichenreich *in nuce* – und ein LebensText in eben jenem Sinne, in dem Barthes in seinem Text 'Das semiologische Abenteuer' sein Buch über Japan als einen *Texte de la Vie*[7] bezeichnete. *En Grèce* ist gleichsam der Schlüssel zu seinem Leben und zu seinem Schreiben.

Der Text mit seiner Konfiguration von Mikrotexten ist eine Kartographie möglicher Choreographien. Nicht allein die Figur des reisenden Erzählers, auch die Inseln selbst sind in *En Grèce* in ständiger Bewegung, verändern ihre Lage, befinden sich bisweilen im Zentrum, bisweilen am Rand des Archipels und vernetzen sich zu immer neuen Konfigurationen. Alles ist mit allem verbunden: ein Text über ein Archipel als Archipel, der – an ein Erleben gekoppelt – fraktal, wie eine *mise en abyme*, eine ganze Welt entstehen lässt, eine Welt voller Bewegungen.

Nicht die hehre Geschichte Griechenlands, nicht die Mythologien von Göttern und Helden, nicht die Stadtlandschaft der Akropolis wird uns in diesem originellen Reisebericht nahegebracht, sondern das quirlige Alltagsleben einer schmutzigen, überhitzten und deutlich heruntergekommenen mediterranen Stadt. Die Grenzen zwischen 'Kunst' und 'Leben', zwischen dem Innenraum des Theaters und dem Außenraum der Stadt beginnen zu verschwimmen und bleiben unscharf:

---

7 Vgl. Barthes, Roland: L'aventure sémiologique. In (ders.): *Oeuvres completes*, Bd. III, S. 39.

> Il y a encore de remarquable, à Athènes, un grand parc public où l'on donne des représentations nocturnes sur un théâtre de verdure ; nous y avons vu une clownerie débitée dans un drôle de francais, aussi déformé que l'anglais parlé dans nos cirques. On assiste négligemment à cela en mangeant des glaces. [...] Les monuments d'Athènes sont aussi beaux qu'on l'a souvent dit. Il y a un méchant quartier que j'aimais beaucoup ; il est situé au pied de l'Acropole ; ce ne sont que des rues merchandes, courtes et étroites, mais pleines de vie ; j'y flânais souvent.[8]

Wir begegnen hier einem Flaneur in einer für ihn fremden Stadt. Der Blick des jungen französischen Literaten, der auch schon der Blick des künftigen Mythologen ist, bildet einen *LebensText*, der sich auf die Suche nach dem prallen Leben jenseits des Erwartbaren und der Repetition, der starren und sterilen Wiederholung. Das Abenteuer des Schreibens, der *écriture*, hat für das Ich, hat für Roland Barthes, begonnen. Und diesem hochmobilen Reise-Text sollten noch viele weitere folgen.

Die ganze Welt der Literatur, aber auch die Literatur als eine ganze, vollständige Welt: Beides beginnt sich Barthes nun zu erschließen. Aus dem Blickwinkel dieser gängigen Verstehens- und Schreibmustern entfliehenden Ausdrucksform lässt sich das gesamte Barthes'sche Schaffen neu perspektivieren und begreifen. Denn noch in seinen theoretischsten Texten hat Roland Barthes stets aus dem, über das und vom Leben geschrieben und immer eine Beziehung zwischen Bewegung und Schreiben, zwischen Reisen und Schreiben hergestellt.

Doch kommen wir mit Blick auf *En Grèce* nochmals kurz auf den Begriff einer Landschaft der Theorie. Wenn der Begriff der Landschaft für Roland Barthes, wie er in einer seiner Mythologien formuliert, die „organisation ancestrale des horizons"[9] bedeutet, dann schließt dies für den Kulturtheoretiker zweifellos mit ein, dass diese Horizonte nicht nur mit der Bewegung des Reisenden wechseln, sondern selbst veränderbar sind und sich bewegen. Nicht allein der Reisende: Wie die Inseln in Griechenland ist alles hier in Bewegung.

Dies gilt auch für die Texte, die Roland Barthes ausgehend von seinen Aufenthalten in Marokko verfasst hat. Seinem lyrisch verdichteten Kurztext 'Tanger', der 1971 in einer Roland Barthes gewidmeten Nummer der Zeitschrift *Tel Quel* erschien, stellte der mit Barthes befreundete kubanische Schriftsteller Severo Sarduy ein *incipit* voran, das an die Treffen der Pariser Intellektuellen auf dem kleinen Platz, auf dem sich einst das Forum des römischen Tingis[10] befand, in einer

---

8 Barthes, Roland: En Grèce, S. 54 f.

9 Barthes, Roland: Paris n'a pas été inondé. In (ders.): *Oeuvres complètes*, Bd. I, S. 599.

10 Zur bewegten Geschichte von Tanger vgl. u. a. Elbl, Martin Malcolm: (Re)Claiming Walls: The Fortified Medina of Tangier under Portuguese Rule (1471–1661) and as a Modern Heritage Artefact. In: *Portuguese Studies Review* (Peterborough, Ontario) XV, 1–2 (2007, S. 103–192;

vielsprachigen Atmosphäre anknüpft: „El Zoco Chico, le Petit Socco, place de la Medina, à Tanger; Roland Barthes y a reconnu le 'lieu de l'écriture'."[11] In der Tat hat Barthes in Tanger einen Ort des Schreibens gefunden, von dem aus er seinen experimentellen Reisebericht der *Incidents*,[12] der marokkanischen 'Zwischen-fälle', ausgehen lassen konnte, der freilich erst nach seinem Tod im Jahre 1987 von dem mit ihm ebenfalls befreundeten und wie Sarduy zur Gruppe der Pariser Intellektuellen in Tanger zählenden François Wahl herausgegeben wurde. Das Geflecht der Texte zwischen Reisen, Theorie und Schreiben ist bei Barthes sehr dicht: Wagen wir uns trotzdem hinein in dieses Dickicht.

Schon zu Lebzeiten freilich hatte Barthes in seinem 1973 erschienenen *Le Plaisir du texte* in Figur 33 ('Phrase') auf die für ihn ebenso literarisch wie lite-raturtheoretisch ergiebige Erfahrung des Lebens in Tanger, wo für ihn sicher-lich noch Nachklänge von seinem Aufenthalt im ägyptischen Alexandria zu hören waren, sowie auf den soeben angeführten Text von Sarduy aufmerksam gemacht:

> Un soir, à moitié endormi sur une banquette de bar, j'essayais par jeu de dénombrer tous les langages qui entraient dans mon écoute: musiques, conversations, bruits de chaises, de verres, toute une stéréophonie dont une place de Tanger (décrite par Severo Sarduy) est le lieu exemplaire. En moi aussi cela parlait (c'est bien connu), et cette parole dite 'intérieure' ressemblait beaucoup au bruit de la place; à cet échelonnement de petites voix qui me venaient de l'extérieur: j'étais moi-même un lieu public, un souk; en moi pas-saient les mots, les menus syntagmes, les bouts de formules, et *aucune phrase ne se for-mait*, comme si c'eût été la loi de ce langage-là. Cette parole à la fois très culturelle et très sauvage était surtout lexicale, sporadique; elle constituait en moi, à travers son flux appa-rent, un discontinu définitif [...].[13]

In *Die Lust am Text* geht es nicht zuletzt um Relationen zwischen Schrift und Klang, zwischen Visuellem und Akustischem. Die Ausgangsszene dieser Figur aus *Le Plaisir du texte* verwandelt den Moment einer Langeweile, eines *ennui*, in einen literarischen Flux und in ein hintergründiges Spiel mit der umgeben-den Klanglandschaft, ein Spiel, das das Ich zunächst mit sich selbst (und in

---

sowie ders.: *Portuguese Tangier (1471–1662): Colonial Urban Fabric as Cross-Cultural Skeleton.* Toronto – Peterborough: Baywolf Press (2013); Brini, Abdellatif: *Tanger: urbanisme, relations ville-campagne et histoire comparée d'un paysage urbain.* Paris: Ecole Pratique des Hautes Etu-des – La Sorbonne 1996; Rickmeyer, Stefan: *Nach Europa via Tanger. Eine Ethnographie.* Tübin-gen: Tübinger Vereinigung für Volkskunde 2009.

11 Sarduy, Severo: Tanger. In: *Tel Quel* (Paris) 47 (1971), S. 86–88, hier: S. 86.
12 Barthes, Roland: *Incidents.* Paris: Editions du Seuil 1987.
13 Barthes, Roland: Le Plaisir du texte. In (ders.): *Oeuvres complètes*, Bd. II, S. 1519. Eine Über-setzung ins Deutsche findet sich in Barthes, Roland: *Die Lust am Text.* Aus dem Französischen von Ottmar Ette. Kommentar von Ottmar Ette. Berlin: Suhrkamp Verlag 2010, S. 63 f.

sich selbst) spielt. Das Bereiste Tanger scheint hier nur Dekor zu sein. In diesem *soundscape* werden die unterschiedlichsten Sprachen, Geräusche oder Musikfetzen im Gehör – und damit (wie wir mit Jean-Luc Nancy sagen könnten) in einem 'Drinnen' und 'Draußen' zugleich[14] – hörbar. Die Kontingenz dieses *soundscape* ist beabsichtigt: Es geht hier nicht um eine wissenschaftliche Untersuchung des französischen Zeichentheoretikers und Semiologen, sondern um eine kulturtheoretische und zugleich lebenswissenschaftliche Reflexion auf der Suche nach der Formulierung einer Ästhetik der Lust. Tanger ist hierfür letztlich mehr als ein bloßer Hintergrund, es bildet das Laboratorium für diesen Aspekt Barthes'scher Texttheorie.

Die von einem Ich, das wir nicht mit dem textexternen Roland Barthes verwechseln sollten, durchgeführte Versuchsanordnung ähnelt jener der 'Echokammer', die Barthes zwei Jahre später unter dem Titel 'La Chambre d'échos' in seiner experimentellen Autobiographie *Roland Barthes par Roland Barthes* so eindrucksvoll beschreiben sollte.[15] In den Ohren des Ich entsteht eine stereophone Klanglandschaft, wie Barthes diese in der letzten Figur von *Die Lust am Text* erotisierend wieder aufgreif und just unter dem Begriff der Stereophonie auf die von ihm entworfene und zugleich ersehnte Ästhetik der Lust beziehen sollte. Reiseliteratur wird hier hörbar, verlässt den Bereich einer Dominanz des Visuellen und wird zu einer Reise durch eine Klanglandschaft mit ihrem Widerhall.

Die Rebellion gegen den Satz als ordnendes Strukturprinzip[16] lässt ein sporadisches, inselartiges Schreiben und damit ein Diskontinuum entstehen, wie es von Barthes immer wieder in diese Figur (und viele andere Figuren) mikrotextuell eingeblendet wird: Tanger wird selbst zum „Ort des Schreibens" (*lieu de l'écriture*) und verwandelt sich in diesen Kurztexten in ein Fraktal: in das *modèle réduit* einer ganzen Welt, die durch das Ohr in die Echokammer des Ich dringt und dort ihre vielstimmige, vielsprachige Echowirkung erzeugt. Auf der Reise entfaltet sich eine Klanglandschaft.

Dabei ist es kein Zufall, dass Barthes die Szenerie in eine Bar verlagert: Die Echowirkung zwischen dieser Silbe und seinem Nachnamen (Bar / Barthes) ist gewollt. So gewollt wie die Tatsache, dass der erste der insgesamt 55 Mikrotexte von

---

14 Vgl. zu dieser Spannung den von Roland Barthes stark inspirierten Band von Nancy, Jean-Luc: *Zum Gehör*. Aus dem Französischen von Esther von der Osten. Zürich – Berlin: diaphanes 2010, S. 20–31.

15 Vgl. Barthes, Roland: Roland Barthes par Roland Barthes. In (ders.): *Oeuvres complètes*, Bd. III, S. 151.

16 Vgl. hierzu ausführlich Ette, Ottmar: Kommentar. In: Barthes, Roland: *Die Lust am Text*, S. 325–333.

Incidents just mit der (Klang-) Figur eines *barman*[17] einsetzt, der in einer verdreckten Bahnhofskneipe liebevoll eine rote Geranienblüte in ein Wasserglas stellt. Dadurch ist der Text von Beginn an akustisch signiert. Und diese akustische Signatur schafft sich in der Reiseliteratur Gehör.

Tanger aber ist als Stadtlandschaft omnipräsent. Wie schon bei Severo Sarduy sind viele der Szenen bei Barthes rund um den Petit Socco angeordnet, wo einst jene vor allem ausländischen Schriftsteller wohnten, die Tanger in einen Mythos des Okzidents im Orient verwandelten. Die Kurz- und Kürzesttexte zeugen von der Faszination, welche der Petit Socco auf den Erzähler, aber gewiss auch auf Roland Barthes ausgeübt haben muss. So ist dieser mythische Ort in der Geschichte Tangers von der ersten Seite an Schauplatz des nicht mit einer simplen Logik Begreifbaren:

> Sur la place du petit Socco, chemise bleue au vent, figure de Désordre, un garçon en colère (c'est-à-dire ici ayant tous les traits de la folie) gesticule et invective un Européen (*Go home!*). Il disparaît. Quelques secondes plus tard, un chant annonce l'approche d'un enterrement; le cortège paraît. Parmi les porteurs (à relais) du cercueil, le même garçon, provisoirement assagi.[18]

Der kleine Zwischenfall auf dem Platz verweist erstmals auf die Spannungen zwischen 'Einheimischen' und 'Europäern', macht zugleich aber auch auf das Funktionieren einer zumindest doppelten Logik aufmerksam. Doch geht es hier nicht so sehr um die Konstruktion einer unmittelbar referentialisierbaren außersprachlichen Realität, sondern vielmehr um eine Textualität, die ganz im Sinne der Texttheorie von *Tel Quel* auf die Befreiung des Signifikanten vom Druck der Mimesis und vielleicht mehr noch im Sinne von *Die Lust am Text* auf das Unterlaufen des alles ordnenden *Satzes* gerichtet ist. Tanger funktioniert wie ein Labor, in dem textuell ständig neue Zwischenfälle produziert werden. Es ist Teil einer Landschaft, die fast unmittelbar in Theorie verwandelt wird, welche wiederum in Barthes' Praxis der Reiseliteratur einfließt.

Die entstehende Lust am Text liegt in diesem ständig Neuen und ständig Anderen, aber auch in der Nicht-Reduzierbarkeit auf eine einzige, alles beherrschende Logik begründet. Nein, eine solche einfache Logik bietet Barthes' Text nicht an. Vor diesem literatur- und kulturtheoretischen Hintergrund bildet der kleine Band mit seiner Abfolge definitiv diskontinuierlicher Mikrotexte und Mikroerzählungen ein starkes Stück experimenteller

---

17 Im Folgenden zitiere ich nach Barthes, Roland: Incidents. In (ders.): *Oeuvres complètes*, Bd. III, S. 1255.
18 Ebda.

Reiseliteratur.[19] Die *Incidents* sind zweifellos Barthes bis zum damaligen Zeitpunkt gewagtester, ja provozierendster Reiseband. Alles ist von Bewegungen durchdrungen, verweigert sich aber jeglichem Versuch, die Reisebewegungen eines Reisenden zu rekonstruieren. Die 'Unordnung' wird nicht in 'Ordnung' überführt, sondern ordentlich produktiv gemacht. Ein itinerarisches oder chronologisches Schema ist völlig unkenntlich.

Tanger – und mit dieser Stadt ganz Marokko – wird zum Reich der Zeichen, der Sinne und der Sinnlichkeit: aber auch des Widerstands gegen den *einen* Sinn, der alles zu dominieren sucht. Zum Widerstandsort insbesondere gegen den abendländischen Sinn und dessen Macht. Die vielen Bewegungen im Text lassen sich nicht zu einer einzigen Reisebewegung, zu einem Reisebericht im traditionellen Sinne, anordnen.

Barthes *Incidents* gehen zurück auf Marokkoreisen in den Jahren 1965,[20] 1968 und 1969, vor allem aber auf einen längeren Aufenthalt in Rabat, wo ein von den Pariser Ereignissen im Mai '68 zutiefst enttäuschter Barthes im September 1969 eine Gastdozentur antrat, die definitiv erst ein Jahr später zu Ende ging. Marokko bot in den sechziger Jahren dem französischen Intellektuellen die Möglichkeit, die atopischen,[21] utopischen und vor allem heterotopischen Horizonte seines Denkens ausgehend von bestimmten Inseln verdichteten Sinns als polylogische Lebenslandschaften neu zu organisieren.

Der Mikrokosmos von Tanger und darin vor allem die Welt rund um den Petit Socco bilden hier radikal offene Strukturierungen, die Tanger zum Fraktal einer Philosophie, einer Texttheorie werden lassen, welche sich gegen die dominante Rationalität des Abendlandes auflehnt: für eine von Barthes angestrebte und propagierte *dépossession de l'Occident*, eine grundlegende 'Enteignung des Abendlandes'[22] auf der Ebene des Satzes, der Vernunft, einer alles beherrschenden Logik. Barthes hatte in seinem erstmals 1968 im *Nouvel Observateur* veröffentlichten Beitrag nachdrücklich gefordert, dass das abendländische Subjekt nicht mehr länger 'Zentrum' oder 'Blickpunkt'[23] sein dürfe – und suchte dies in seinem Schreiben in Marokko ästhetisch umzusetzen. Der Reisebericht führt in

---

19 Vgl. hierzu auch Ette, Ottmar: *Roland Barthes. Landschaften der Theorie*. Konstanz: Konstanz University Press 2013, S. 105.

20 In seinem jährlichen Bericht für die EPHE vermerkt Barthes ein Gastseminar im November 1965 an der *Faculté des Lettres* in Rabat (OC II 111).

21 Vgl. Oster, Angela: *Ästhetik der Atopie. Roland Barthes und Pier Paolo Pasolini*. Heidelberg: Winter 2006.

22 Der Beitrag wurde später aufgenommen in Barthes, Roland: *Sollers écrivain*. Paris: Seuil 1979, S. 47. Vgl. hierzu Ette, Ottmar: *Roland Barthes. Eine intellektuelle Biographie*, Frankfurt am Main: Suhrkamp ²2007, S. 23.

23 Barthes, Roland: *Sollers écrivain*, S. 47.

der Auseinandersetzung mit den Gegenständen des bereisten Landes zu einer kritischen Revision des eigenen Denkens, ja der Grundlagen dieses Denkens überhaupt.

Wie in seinem 1944 veröffentlichten Text *En Grèce*, der die Denk- und Schreiblandschaften Roland Barthes', vor allem aber seine Landschaften der Theorie präfigurierte, tauchen in diesem Archipel von Inseln Tanger, aber auch Rabat und Marrakesch wie Stadtinseln, wie insulare Stadtlandschaften auf – ganz so, wie schon in Barthes' *La Tour Eiffel* von 1964 Paris inmitten seiner Ile-de-France zur Stadt-Insel geworden war.[24] Die Figur des von Barthes so bezeichneten *discontinu définitif* ist allgegenwärtig und prägt auch den Reisebericht mit seiner Diskontinuität.

Doch Marokko ist alles andere als frei von Spannungen. In Tanger, Rabat und Marrakesch stoßen bisweilen mit unvermittelter Gewalt unterschiedliche Welten aufeinander: Spannungslinien zwischen Europa und dem Maghreb, aber auch zwischen Nordamerika und Nordafrika werden in den Mikroerzählungen hautnah erlebbar. Im äußersten Westen des Morgenlandes prallen Orient und Okzident geradezu körperlich aufeinander. Und die von Barthes skizzierte 'Enteignung des Abendlandes' betrifft nicht zuletzt die 'Aussteiger' aus den westlichen Gesellschaften, welche die Stadt buchstäblich in Besitz genommen haben:

> Au petit Socco, en juillet, la terrasse est pleine de monde. Vient s'asseoir un groupe de hippies, dont un couple; le mari est un gros blondasse nu sous une salopette d'ouvrier, la femme est en longue chemise de nuit wagnérienne; elle tient par la main une petite fille blanche et molle; elle la fait chier sur le trottoir, entre les jambes de ses compagnons qui ne s'en émeuvent pas.[25]

Roland Barthes, der seine *Incidents* wohl 1969 abschloss, hatte im selben Jahr diesen Mikrokosmos der Gegensätze in einem Aufsatz für die Pariser Zeitschrift *Communications* gezeichnet, wies er dort doch unter dem Titel 'Ein Fall kultureller Kritik'[26] auf die Aporien einer westlichen Zivilisation hin, die sich noch in ihren Gegenbewegungen als dominant und hegemonial erweise und aufspiele. Wäre dies nicht auch auf andere Bewegungen zu beziehen, die heute Kritik am Westen üben und zugleich die Dominanz des Westens ausüben, ja multiplizieren?

---

24 Vgl. hierzu Ette, Ottmar: *Roland Barthes. Landschaften der Theorie*, S. 61–76.
25 Barthes, Roland: Incidents, S. 1258.
26 Barthes, Roland: Un cas de critique culturelle. In (ders.): *Oeuvres complètes*, Bd. II, S. 544–546.

Wie in den Kürzesttexten seiner *Incidents* versuchte Barthes in seinem Artikel, die Hippiebewegung gerade in den Widersprüchen ihrer Kulturkritik aus einem Blickwinkel zu beleuchten, den er in diesem Beitrag ohne das Lebens- und Erlebenswissen seiner Reisen nach Marokko wohl niemals eingenommen hätte. Barthes' Versuch einer gezielten Enteignung des Abendlands macht nicht vor einer Kritik an westlichen Kritikern westlichen Lebensstils Halt. Die Aussteiger des Okzidents haben den Orient okkupiert und leben ihre Lebensformen als Lebensnormen auf kolonialisierende Weise aus: ohne Rücksicht auf die im Land lebende Bevölkerung und deren Kultur. Auch hier schiebt sich wie in vielen anderen Mikroerzählungen von Barthes' *Incidents* eine für Barthes' Denken grundlegende Frage in den Vordergrund: die Frage nach der Konvivenz zwischen unterschiedlichen Kulturen, die Frage nach dem *Comment vivre ensemble* und dem Zusammenleben in Freiheit und in Differenz. Es ist eine Kardinalfrage der Barthes'schen Theorie.

Demgegenüber wurde allzu oft mit Blick auf die Aufenthalte in Tanger die Freizügigkeit Barthes' im Ausleben seiner homosexuellen Beziehungen einseitig betont. Gewiss: Tanger war für Barthes mit Blick auf seine homosexuellen Liebesbeziehungen nicht der Ort eines 'Noli me tangere'. Doch war Tanger zugleich auch der Ort, wo er ganz im Sinne von *Tel Quel*, aber auch seines Freundes Severo Sarduy versuchte, wie in einem textuellen Laboratorium die abendländische Logik des Satzbaus, die abendländischen Ich-Konstruktionen und die Zentralperspektivik abendländischer Logik zu unterlaufen, um der von ihm ersehnten *dépossession de l'Occident* im Orient näherzukommen. Eine kolonialistische Position von Barthes selbst lässt sich hierin schwerlich ausmachen.

Tanger ist als Text-Insel eine Insel-Welt für sich mit ihrer eigenen komplexen Welt; doch ist Tanger als Insel-Welt auch Teil einer weltumspannenden Inselwelt, die archipelischen Zuschnitts ist und diese auf Diskontinuitäten beruhende polylogische Landschaft auch in den Petit Socco selbst hineinprojiziert. Die nordmarokkanische Hafenstadt wird nicht als Alterität, als ein stabiles Anderes fixiert, sondern in ein *Mobile* verwandelt, das es erlaubt, vom Westen des Ostens aus den Westen und dessen Logik neu zu denken und zu rekonfigurieren. Mit der archipelischen Schreibweise seiner *écriture courte* der marokkanischen Zwischenfälle vermochte es Barthes, auf der Grundlage seines Erlebens des Orients Denk- und Schreibmöglichkeiten zu skizzieren, die Okzident und Orient, Westen und Osten nicht als simple Gegensätze und Repräsentationen des jeweils Anderen erscheinen lassen. Die Grundlagen für eine neue Relationalität jenseits aller Binomien ist geschaffen, welche Barthes auch auf andere *Orients*, auf andere 'Osten' ausdehnen konnte. Auch hierfür diente ihm einmal mehr seine experimentelle Auffassung von Reiseliteratur.

Wenn Roland Barthes 1948 und 1949 mit seinem Jahr in Alexandria zum ersten Mal die Erfahrung eines Lebens außerhalb der Grenzen Europas machte und diese Erfahrung in der arabischen Welt, dem 'Orient', in den sechziger Jahren intensivierte, so blieb dies keineswegs die einzige außereuropäische Erfahrung jenes Schriftstellers, den man oftmals zu einseitig, ja ausschließlich als einen Pariser Intellektuellen portraitierte. Denn die sechziger Jahre waren für Barthes auch geprägt vom Erleben eines anderen Orients: Neben den 'Nahen Osten' trat zunehmend auch der 'Ferne Osten', der in seiner langfristigen Strategie einer 'Enteignung des Abendlandes' rasch an Bedeutung gewann. Dass hier wiederum die Frage nach der Konvivenz zwischen verschiedenen Kulturen eine wichtige, aber oft übersehene Rolle spielte, wird sich auch in der Auseinandersetzung mit diesem nochmals anderen Osten zeigen. Und auch bei dieser Beschäftigung spielen experimentelle Formen des Reiseberichts eine entscheidende Rolle.

Im Zusammenhang von drei zwischen 1966 und 1968 durchgeführten Reisen nach Japan hat Roland Barthes im Kontakt mit dem fernöstlichen Land versucht, sein Projekt der *dépossession de l'Occident* dadurch voranzutreiben, dass dieser Okzident nun aus zusätzlichen außereuropäischen beziehungsweise östlichen Perspektiven beleuchtet und in einer Verbindung von Innen- und Außensichtweise gleichsam ins Zwie-Licht gerückt wurde. Dabei ging es ihm erneut um das, was er in *Roland Barthes par Roland Barthes* als einen „Texte de la Vie"[27] bezeichnete, um einen Lebens-Text also, der ebenso lebensbezogene wie lebenswissenschaftliche Textualitäten entfalten sollte. Reiseliterarisch gesprochen, lag sein Schwerpunkt nunmehr weniger auf dem Er*fahren* als auf dem Er*leben*.

Die größte Wirkung der neuen fernöstlichen Kartographien Barthes' ging zweifellos von *L'Empire des signes* aus. Bei diesem 1970 veröffentlichten Band handelt es sich erneut um einen experimentellen reiseliterarischen Text, dessen Aufbau sich signifikant von seinen marokkanischen *Incidents* – die im gleichen Zeitraum entstanden – unterscheidet.

Wie immer suchte Barthes für jeden Band eine eigene, sehr spezifische Form, die in diesem Falle auf einem ikonotextuellen, also Bild und Text intensiv aufeinander beziehenden Schreibverfahren beruhte. In diesem äußerst kunstvoll zusammengestellten Band trug Roland Barthes in seiner vorangestellten Leseanweisung Sorge dafür, dass seine Leserschaft, von einem simplen mimetischen Reflex verführt, 'sein' Japan nicht mit 'dem' Japan verwechseln konnte, handelte es sich bei *Das Reich der Zeichen* doch um ein Japan auf Papier und aus Papier, was er im Eingang seines Buches wie folgt erläuterte:

---

27 Barthes, Roland: Roland Barthes par Roland Barthes, S. 39.

> Si je veux imaginer un peuple fictif, je puis lui donner un nom inventé, le traiter déclarati-
> vement comme un objet romanesque, fonder une nouvelle Garabagne, de façon à ne com-
> promettre aucun pays réel dans ma fantaisie (mais alors cette fantaisie même que je
> compromets dans les signes de la littérature). Je puis aussi, sans prétendre en rien repré-
> senter ou analyser la moindre réalité (ce sont les gestes majeurs du discours occidental),
> prélever quelque part dans le monde (*là-bas*) un certain nombre de traits (mot graphique
> et linguistique), et de ces traits former délibérément un système. C'est ce système que
> j'appellerai: le Japon.[28]

Von Beginn an wird in diesem wiederum mit reiseliterarischen Experimentier-
formen gespickten Reisebericht, der wie in den *Incidents* aus den Bewegungen
im Text nicht auf einen konkreten Reiseverlauf rückschließen lässt, der 'abendländische Diskurs' mit seinen zentralen Gesten des Repräsentierens und Analy-
sierens in Frage gestellt. Folglich ist dieser *Texte de la Vie* weder mit einer Reise
noch mit einer Biographie, sondern bestenfalls mit einzelnen disparaten Biographemen und Reisebruchstücken in Verbindung zu bringen, welche diskontinuierlich aufeinander folgen. Die okzidentale Reise als Sinnbild europäischer
Expansion scheint an ihr Ende gekommen: Insofern gibt es durchaus eine Übereinstimmung mit Claude Lévi-Strauss, der für ihn als Strukturalist freilich in
poststrukturalistischen Zeiten immer mehr in die Ferne rückte.

In das Reich dieser Zeichen werden aber sehr wohl die unterschiedlichsten
Biographeme (von persönlichen Erlebnissen über den Abdruck einer Photographie Barthes' in einer japanischen Zeitung bis hin zu Skizzen und Spuren, die
uns quer durch die Bars der homosexuellen Szene von Tokyo führen) bewusst
eingestreut. Es geht hier weniger um Erfahrung als um Erleben, nicht um dargestellte Wirklichkeit, sondern um eine *gelebte* Wirklichkeit, die nicht zwischen
dem Vorgefundenen und dem Erfundenen fein säuberlich aufgespalten werden
kann. Ein Spannungsfeld zwischen Text und Leben entsteht, das dem Lebens-
Text gleichsam Leben einhaucht. Barthes' Japan beginnt zu leben – jenseits
aller Vorstellungen reiseliterarischer Mimesis.

Die diskursiven Grenzziehungen zwischen Reisen und Schreiben, zwischen
Literatur, Philosophie und Wissenschaft, aber auch zwischen Schrift und Bild,
Schrift-Bild, Bilder-Schrift und Hand-Schrift werden in diesem Band nicht aufgehoben, sondern im Sinne einer Ästhetik der Lust missachtet: Nicht *eine* Logik
herrscht vor, wir haben es vielmehr mit einer Konvivenz der vielen Logiken
und folglich mit einer offenen, viellogischen Strukturierung zu tun, die eine
Dezentrierung des Westens durch den Osten vor Augen führt oder zumindest
führen soll. Im Abschnitt *Centre-ville, centre vide*[29] wird das Theorem des

---

28 Barthes, Roland: L'Empire des signes. In (ders.): *Oeuvres complètes*, Bd. II, S. 747.
29 Ebda., S. 767.

leeren Zentrums auf die Stadtstruktur von Tokyo angewandt, deren Kartographie[30] keinerlei kategorische Trennung von Bild und Schrift erlaubt. Alles in diesem Reich der Zeichen ist als zeichenreich bezeichnet, ohne dass *ein* Sinn, *eine* Logik sich dieses gefundenen und erfundenen Ostens noch bemächtigen könnte.

Die Sinnlichkeit der Zeichen mit ihren 'Zügen' (*traits*) führen eine Erotik des Wissens herauf, in der die Schrift-Züge sich wie Inseln und Archipele auf dem weißen Papier unter dem Pinsel, unter der Feder abheben. Der Text markiert den Weg vom Sinn zu den Sinnen, von der Kultur zu den Kulturen, von der Schrift zu den Schriften, ohne diese Pluralisierung je zu einer Beliebigkeit verkommen zu lassen. *Das Reich der Zeichen* zielt auf eine Konvivenz der Zeichen, was nicht ohne Konflikte, aber auch nicht ohne die Konstanz unterbrochener Kontinuität erfolgt: Es geht Barthes auch hier um ein *discontinu décisif*, das immer neue Relationalitäten hervorbringt: um die Grundstruktur einer Diskontinuität, die auf Multirelationalität, auf Vielverbundenheit abzielt.

Auf diese Weise dominiert ein archipelisches Schreiben – und dies nicht nur, weil Japan ein Archipel ist oder Barthes' Buch aus Mikrotexten besteht. Ein Kontinuierliches, Kontinentales ist aus den Texten wie aus den Bildern nicht zu entnehmen: Die mobile Ko*nfigura*tion aus Barthes' frühem Text *En Grèce* paust sich vom östlichen Mittelmeer in den fernöstlichen Pazifik durch und erscheint nun in veränderter Gestalt. Auf diese Weise bilden die Mikrotexte einerseits eine jeweils in sich abgeschlossene, ihren Eigen-Sinn besitzende *Insel-Welt*, konfigurieren sich zugleich aber zu einer relationalen *Inselwelt*, deren archipelische und gleichzeitig mobile Strukturierungen einen Text entstehen lassen, der in stetiger Bewegung und niemals *fest-zustellen* ist. Abendländische Setzungen werden nicht zerstört, sondern ent-setzt, mithin benannt und missachtet: „*Où commence l'écriture? / Où commence la peinture?*"[31] Einer abendländischen Logik wird buchstäblich das Entsetzen beigebracht und der Boden unter den Füßen weggezogen.

Alles in diesem Japan, wie es auf dem Papier steht, ist drehbar, veränderbar, verstellbar und gerade deshalb nur vektoriell vorstellbar. Nichts im japanischen Haus kann besessen oder in Besitz genommen werden, nichts besitzt eine vorgegebene Bewegungsrichtung, nichts ist als Zentrum oder als Zentralperspektive vorgesehen und besitzergreifend.[32] Dass die von Barthes in *L'Empire des signes* ausgeführte Polylogik das vielleicht

---

30 Ebda., S. 768.
31 Ebda., S. 759.
32 Ebda., S. 821–824.

Abb. 90: Malgebärde eines Meisters der Schrift, Photographie aus Roland Barthes' *L'empire des signes*.

entscheidende Gnosem eines ZusammenLebensWissens darstellt, wie Barthes es in seiner erwähnten Antrittsvorlesung am *Collège de France* in den Jahren 1976 und 1977 zu entwickeln suchte, scheint mir aus heutiger Perspektive evident. Die Sätze und die Gegen-Sätze abendländischer Setzungen werden lustvoll ent-setzt, um den Satz als Denkstruktur, den Gegensatz als Diskursstruktur und die Grenzsetzung als Handlungsstruktur nicht zu zerstören, sondern zu verstören. Reiseliteratur avanciert zum Medium, in welchem dieser grundlegende 'Turn' (ich verwende den Begriff durchaus ironisch) in der Theorie durchgeführt wird.

Das Reich der Zeichen ist nicht zuletzt ein *Texte de la Vie*, weil es sich in diesem experimentellen reiseliterarischen Text nicht um eine abstrakte, also vom Lebenskontext abgezogene Theorie handelt, sondern vielmehr um eine lebbare (und auch erlebbare und nacherlebbare) Theorie, die vitale Gnoseme des Zusammenlebens zu entfalten weiß. Nicht nur das Leben des Reisenden wird in einer Abfolge von Biographemen einbezogen, sondern auch das Leben der Lesenden, die vom *incipit* bis zum *excipit* immer wieder mit Lese- und Handlungsanweisungen konfrontiert werden, die auf eine zu verändernde Wahrnehmung wie auf ein zu veränderndes Leben zielen. Jedes Begreifen-Wollen wird sorgfältig vom Greifen- und Ergreifen-Wollen losgelöst.

Gerade anhand der japanischen Theaterformen wird dies immer wieder vorgeführt – womit zugleich die Setzung der Grenze zwischen Leben und Kunst unterspült wird. Das von Roland Barthes stets bewunderte Brecht'sche Theater wird durch ein weiteres Theater des Ostens bei dem Versuch ergänzt, dominante Grenzziehungen zwischen Theater und Leben, Schauspieler und Zuschauer, Präsentation und Repräsentation in ein Zwielicht zu rücken. Die Kritik am Abendland geriert sich – anders als bei den Hippies in den marokkanischen *Incidents* – nicht als eine Besetzung und Inbesitznahme, die ihre eigenen Lebensnormen setzt, sondern als der Versuch eines Lebens in vielen Logiken zugleich, wodurch das Reich der Zeichen als ein Reich der LebensZeichen gelesen, erlebt und vielleicht auch gelebt werden kann. Barthes' Japan, Barthes' 'Ferner Osten' ist der Versuch einer nicht nur lesbaren, sondern *lebbaren Theorie*, wie sie sich bereits im Spiel der Echokammer auf dem Petit Socco in Tanger ausprobierte.

Der bisweilen noch immer zu hörende Vorwurf mangelnder japanologischer Kenntnisse verkennt die Tatsache, dass es sich bei diesem Fernen Osten – die Leseanweisung hatte darauf aufmerksam gemacht – um eine zwischen Fakten und Fiktionen pendelnde Friktion handelt, die von diesem Osten aus den Westen neu perspektiviert. Den westlichen Sätzen werden keine Gegen-Sätze, den westlichen Diskursen keine Gegen-Diskurse entgegengestellt, sondern Verstellungen anheimgestellt, die das Fixierte zu mobilisieren, zu verflüssigen, zu liquidieren suchen. Konvivenz ist ohne diese Bewegungen, ohne das aus verschiedenen Blickpunkten Verstellbare, schlechterdings nicht vorstellbar. Konvivenz setzt ganz nebenbei Mobilität voraus.

Die rhetorische Gegenüberstellung von Orient und Okzident, die das gesamte *Reich der Zeichen* durchzieht, erfüllt die Funktion, weder einer Fortschreibung des europäischen Orientalismus im Sinne Edward W. Saids[33] noch einer bloßen Verdrängung derartiger diskursiver Alteritätsmuster anheim zu fallen oder willfährig zu sein. Barthes lässt sich nicht auf eine simple Reduktion der Unterscheidung zwischen *le même* und *l'autre* reduzieren, welche die französische Philosophie des 20. Jahrhunderts doch (wie Vincent Descombes zeigte) so umfassend geprägt hat.[34] *Das Reich der Zeichen* lässt sich auf ein Spiel mit orientalistischen Versatzstücken ein, lässt sie als Pastiche eines Pastiche, als Dekonstruktion einer Dekonstruktion aber ins Leere laufen: in eine Lehre, die – ganz im Sinne des Ausgangs von Barthes' Antrittsvorlesung am

---

33 Vgl. das Standardwerk von Said, Edward W.: *Orientalism*. New York: Vintage Books 1979.
34 Vgl. hierzu die Studie von Descombes, Vincent: *Das Selbe und das Andere. Fünfundvierzig Jahre Philosophie in Frankreich: 1933–1978*. Aus dem Französischen von Ulrich Raulff. Frankfurt am Main: Suhrkamp Verlag 1981.

Abb. 91: „Drehen Sie das Bild um: / Nichts mehr, nichts anderes, nichts.", Shikidai-Korridor. Photographie aus Roland Barthes' *L'empire des signes*.

Collège de France[35] – das lehrt, was sie nicht weiß, von der man aber nicht sagen könnte, sie wisse nicht, was sie lehrt. Denn die Lust am Text und damit die Lust an einer programmatischen Enteignung des Abendlands sind in diesem Barthes'schen Zeichenreich überall in ihrer Sinnlichkeit zu spüren. Wieder wird – wie schon beim Brecht'schen Theater – der Osten zum Hebel einer Veränderung des Westens, die letztlich ganz nebenbei dazu führen soll, die Gegen-Sätze von Ost und West tendenziell aufzuheben, auszuhebeln.

Wie im Osten des Mittelmeeres, wie in seinem Mobile aus Mikroerzählungen *En Grèce*, entwirft Barthes' *L'Empire des signes* mit seiner Kurzschreibweise eine Landschaft der Theorie, die im Falle dieser fernöstlichen Findung und Erfindung eine urbane Insellandschaft darstellt, die von keinem Subjekt, von keiner einzelnen Subjektposition aus mehr beherrscht werden kann. Barthes' LebensText reagiert auf die Last abendländischer Zentrierungen, deren Allgegenwart in *L'Empire des signes* ständig spürbar ist, mit der List einer offenen

---

35 Barthes, Roland: *Leçon. Leçon inaugurale de la Chaire de sémiologie littéraire au Collège de France, prononcée le 7 janvier 1977.* Paris: Seuil 1978.

archipelischen Schreibweise, die gerade nicht in die Lust an der Zerstörung des Abendlandes kippt.

Der Ferne Osten wird vielmehr zum fernen Spiegel, in dem sich Abendland und Morgenland, Westen und Osten wechselseitig reflektieren. Daher ist das Bild der fernöstlichen Stadt keineswegs ein urbanes Bild ohne Zentrum; einmal mehr setzt Barthes gegen jegliche Ideologie, gegen jegliche Orthodoxie auf das Paradox:

> La ville dont je parle (Tokyo) présente ce paradoxe précieux: elle possède bien un centre, mais ce centre est vide. Toute la ville tourne autour d'un lieu à la fois interdit et indifférent, demeure masquée sous la verdure, défendue par des fossés d'eau, habitée par un empereur qu'on ne voit jamais, c'est-à-dire, à la lettre, par on ne sait qui.[36]

Zentrum, Palast und Kaiser sind zugleich 'da' und 'fort', 'voll' und 'leer', 'anwesend' und 'abwesend'. Eine Bewegung entsteht, die ein Pendeln zwischen dem Fernen Osten und dem (von dort aus gesehenen) Fernen Westen erlaubt. Keine *einzige*, allein gültige Logik dominiert. Japan ist zum Sehnsuchtsort von Roland Barthes geworden: zumindest sein Japan aus Papier und auf Papier.

Der zum gegenwärtigen Zeitpunkt wohl beste französische Kenner Chinas und der chinesischen Philosophie ließe sich sehr wohl mit einer derartigen, von Barthes zumindest mitbegründeten Traditionslinie in Verbindung bringen, sind seine Texte doch von solchen Pendel- und Kreisbewegungen zutiefst gekennzeichnet. Dies gilt nicht allein für eine Reihe von Buchpublikationen François Julliens, welche die Figur eines *détour*, eines Umweges über China beschreiben,[37] sondern auch für den Titel der von ihm begründeten und geleiteten Zeitschrift, die sehr gut die Grundbewegung dieses Vorhabens umschreibt: *Extrême-Orient Extrême-Occident*. Durch einen Ortswechsel des Denkens, wie ihn Roland Barthes in seinem gesamten Schaffen, in einem geokulturellen Sinne aber vor allem in seinen reiseliterarischen Schriften forderte und unternahm, wird bei Jullien der Okzident mit einem chinesischen Ausdruck zum 'Fernen Westen', womit er seine unangefochtene Zentralität und mehr noch Universalität zumindest prinzipiell verliert. Und genau dies ist es, was Roland Barthes anstrebt.

Gleichwohl wird im Denken wie auch im Leben des französischen Philosophen – und mit dieser Formulierung sind ebenso Roland Barthes wie François Jullien gemeint – eine Rückkehr insofern vollzogen, als Europa nach dem

---

36 Barthes, Roland: L'Empire des signes, S. 767.
37 Vgl. hierzu etwa Jullien, François: *Der Umweg über China. Ein Ortswechsel des Denkens.* Aus dem Französischen von Mira Köller. Berlin: Merve Verlag 2002; sowie (ders.): *Über die Zeit. Elemente einer Philosophie des Lebens.* Zürich – Berlin: diaphanes 2004.

Blickwechsel zum wieder eingenommenen Ort des Denkens wie des Schreibens wird. Für den Autor von *La Tour Eiffel* oder *Critique et vérité* blieb Paris, dies sei hier nicht vergessen, bei allen Reisen doch der dominante 'Ort des Schreibens' wie des eigenen Lebens. Mit anderen Worten: Der 'Osten' war stets auf den 'Westen' berechnet.

Nicht jedes Pendeln zwischen verschiedenen Perspektiven, nicht jeder Ortswechsel des Denkens muss jedoch erfolgreich sein und im positiven Sinne neue Horizonte eröffnen. Nicht jede Reise eröffnet für das Denken neue Theorien. Eben dies zeigt sich in Roland Barthes *Carnets du voyage en Chine*, die auf jene Reise zurückgehen, welche der französische Intellektuelle gemeinsam mit den wichtigsten Mitgliedern der Gruppe *Tel Quel* – allen voran Philippe Sollers, mit dem Barthes seit 1963 freundschaftlich verbunden war – im Frühjahr 1974 unternahm. Belegte der kurze, bereits am 24. Mai desselben Jahres in *Le Monde* unter dem lapidaren Titel 'Alors, la Chine?' veröffentlichte Artikel den Grad der politischen Desillusion des sich langsam aus dem längst ideologisierten beziehungsweise 'maoisierenden' Orbit um die Zeitschrift *Tel Quel* verabschiedenden Barthes, so entwickeln seine zu Lebzeiten unveröffentlicht gebliebenen *Carnets* immer wieder Reiselandschaften der Erstickung, der Bewegungslosigkeit, ja einer 'Nahtlosigkeit', die alles Leben einzuschweißen scheint. So notierte er stichpunktartig:

> [Totalitarisme politique absolu]
> [Radicalisme politique]
> [Personnellement, je ne pourrai vivre dans ce radicalisme, dans ce monologisme forcené,
>   dans ce discours obsessionnel, monomanique] [dans ce *tissu*, ce texte sans faille]
> [Chauvinisme, sino-centrisme][38]

Die Reise nicht ins Reich der Zeichen, sondern ins Reich der Kulturrevolution treibt unvermittelt einen Osten wieder hervor, den Roland Barthes in seiner frühen, beruflich unsicheren Nachkriegszeit in Rumänien und seiner Hauptstadt Bukarest politisch kennengelernt hatte. Es ist ein Osten im permanenten Belagerungszustand der Diskurse, in der permanenten Überwachung durch die Sicherheitsorgane, in der verordneten und bei Bedarf erzwungenen Monologizität allen Sprechens und Schreibens. Alles ist in eine glatte, nahtlose Hülle eingezwängt, welche Barthes – und dies zeigt die Veränderungen der siebziger Jahre deutlich an – in die Metapher des Gewebes, des Textes kleidet, die zuvor doch im Zeichen

---

38 Barthes, Roland: *Carnets du voyage en Chine*. Edition établie, présentée et annotée par Anne Herchberg Pierrot. Paris: Christian Bourgois – Imec 2009, S. 211. Vgl. hierzu auch Coste, Claude: *Bêtise de Barthes*. Paris: Klincksieck 2011, S. 209.

der Texttheorie ausschließlich positiv bewertet gewesen war. Doch aus dem offenen, beweglichen Gewebe ist hier eine Zwangsjacke geworden, die in den *Carnets du voyage en Chine* gleichsam diskursanalytisch untersucht wird.

An die Stelle jener polylogischen Konfigurationen, die sich in *Das Reich der Zeichen* überall ausmachen ließen, tritt im Reich der Mitte der siebziger Jahre ein Monologismus, der in der Echokammer reflektierter und *ad infinitum* wiederholter Stimmen von allen Seiten erschallt und sich in eine unbewegliche ubiquitäre Konstellation verwandelt. Überall trifft die Figur des Reisenden (oder besser: Mit-Reisenden) auf das Stereotype: Alle Freiräume scheinen aus dem Leben in China – wohlgemerkt: unter den Bedingungen der damaligen Kulturrevolution – verschwunden. Anders als im Rumänien der Nachkriegszeit ist es Barthes in den *Carnets* nicht einmal möglich, auch nur die flüchtigste Liebesbeziehung herzustellen. Mitten in einer wie stets von der Reiseleitung geführten Besichtigung notiert er: „[Et avec tout ça, je n'aurai pas vu le kiki d'un seul Chinois. Or que connaître d'un peuple, si on ne connaît pas son sexe?].“[39] Von überallher hallt Barthes nur dieselbe körperlose, puritanische, von allen Diskontinuitäten und Lüsten 'gereinigte' Rede entgegen: erwartbar, klischeehaft, erdrückend und unterdrückend.

Gewiss notiert Barthes in seinem *Carnet* beständig, was er zu hören bekommt; gewiss hält er beflissen eine Vielzahl historischer Elemente fest, die aus der chinesischen Perspektive ein ganz anderes Japanbild, das Bild eines imperialistischen, im Zweiten Weltkrieg menschenverachtenden Japan zeigen. Doch dies verändert keineswegs jenes andere Japan auf Papier und aus Papier, das in *L'Empire des signes* so schön entworfen wurde. Und das sich während der Chinareise, auf der Barthes zunehmend offizielle Programmpunkte überspringt, in eine ständige Herausforderung verwandelte. So lesen wir in einer genau datierten Eintragung während einer der langen Zugfahrten durch die Landschaften Chinas:

> 14 h 12 *En train pour Nankin*
> Il fait gris, assez froid, au bord de la pluie.
> Entrée dans le wagon: l'éternel Grésil-Chlore.
> Petites tables. Thé par fille à nattes et à brassard.
> Dehors. Campagne plate. Légumes. Colza jaune.
> Finalement assez français. Maisons. Blé.
> Vérité du voyage: la Chine n'est pas dépaysante (= / Japon).
> Sur les vitres du train, il crachine – il pleut.
> Vitesse d'omnibus lent. Toujours beaucoup de colza, des maisons, des silhouettes au travail.

---

39 Barthes, Roland: *Carnets du voyage en Chine*, S. 117.

> Toutes ces notes attestent sans doute, la faillite, en ce pays, de mon écriture (par comparaison avec le Japon). Je ne trouve, en fait, rien à noter, á énumérer, à classer.[40]

Roland Barthes notiert in seinen *Carnets du voyage en Chine*, die er zu Lebzeiten niemals veröffentlichte, sein eigenes Scheitern auf der Ebene des Schreibens über China. Es ist ein durchaus wortreiches Scheitern. In seinen Notaten spürt man freilich wie in den *Incidents* dasselbe Bemühen, den Satz zu vermeiden, eine feste okzidentale Form des Denkens wie der Verschriftlichung vorzugeben: das Begehren, diesen 'Fernen Osten' in einen Perspektivenwechsel einzuschreiben. Doch es ergibt sich keine Landschaft der Theorie, schlimmer noch: Die platte Landschaft, die hier in desinfizierten Zugabteilen durchfahren wird, ist mit ihren unendlichen Rapsfeldern Frankreich unendlich nahe. Unter der chinesischen Landschaft erscheint unvermittelt die französische: Alle Differenzen scheinen getilgt. *Alors, la Chine?*

Diese Austauschbarkeit markiert ein Zusammenfallen der Perspektiven, dem ein Kollaps auf der Ebene des Schreibens entspricht. Barthes konstatiert das Kollabieren seiner eigenen *écriture* gnadenlos: Er macht sich (und seine künftigen Leser) darauf aufmerksam, dass sein Schreiben über China im Gegensatz zu seinem literarischen Entwurf Japans im Zeichen eines grundlegenden Scheiterns stehe. Freilich ist es, so sei sogleich hinzugefügt, ein produktives Scheitern, ein Scheitern, das quer zur Vielzahl der Notate gescheiter macht und uns ein Bild der chinesischen Kulturrevolution entwirft, aus dem wir nicht zuletzt viel über Frankreich und Barthes erfahren können. So bauen sich die *Carnets du voyage en Chine* sehr wohl, wenn auch vielleicht widerwillig, in die Bewegung *Extrême-Orient Extrême Occident* ein. Rapsfelder reihen sich an Rapsfelder, soweit das Auge reicht.

Dieses Scheitern, die *faillite* der *écriture* von Roland Barthes, ist – wie wir sahen – ein reflektiertes Scheitern und schließt sich unmittelbar an die Darstellung einer Landschaft an, die mit Blick auf China sehr wohl als eine (wenn auch widerwillig eingeführte) Landschaft der Theorie verstanden werden darf. Wie in früheren reiseliterarischen Skizzen suchte Barthes nach durchbrochenen, gleichsam viellogischen Reiselandschaften, die von keiner Zentralperspektive aus beherrschbar sein durften. Doch in China waren sie für ihn nicht zu finden – auch nicht beim Ausflug zur 'Großen Mauer' in den Bergen nahe der Hauptstadt. Für den Entwurf viellogischer Landschaften der Theorie benötigte er – so schien es – andere *places* und *spaces*, andere Kräfte- und Spannungsfelder als Projektionsflächen seines Denkens. China taugte nicht als weiteres, größeres Reich der Zeichen. War die ganze Reise also umsonst?

---

40 Ebda., S. 73.

Vergessen wir nicht: Das China von Roland Barthes war sehr wohl in der Lage, aus der Reflexion des eigenen Scheiterns eine *Poetik des Scheiterns*[41] zu entfalten, die einen reiseliterarischen Text von über zweihundert Seiten Umfang hervorbrachte. Die Produktivität dieses Scheiterns wird an einer Vielzahl von Passagen überaus deutlich. Am 14. April 1974 merkt Barthes anlässlich eines Treffens mit den Reiseleitern in einem Pekinger Hotel an: „Je sens que je ne pourrai les éclairer en rien – mais seulement nous éclairer à partir d'eux. Donc, ce qui est à écrire, ce n'est pas *Alors, la Chine?* mais *Alors, la France?*"[42] Und wenige Zeilen später das folgende Notat zum Platz des Himmlischen Friedens in Peking:

> Place Tian An Men: Groupes. Au pas, au pas. Sifflets.
> Choeur: Stéréophonie.
> Marseillaise.
> Institutrices, instituteurs.
> Sacoche, gourde. Gosses. Crypto militaire.[43]

Wieder ein Schließen der Augen und das Entstehen einer Klanglandschaft, wie es – unter Rückgriff auf die Rede von der Stereophonie in Severo Sarduys 'Tanger' – in *Le Plaisir du text* erschien. Wieder das Durchbrechen ganzer Sätze, die in Splitter geschlagen werden und in ihre Lexeme zerfallen, um sie immer wieder neu zusammensetzen zu können. Zugleich aber ist die ubiquitäre Überwachung eingeschrieben: Sie ist im Schrillen der Pfeifen hörbar, in den getarnten, verkleideten Militärs sichtbar. Ein Mikrotext entsteht, eine Mikroerzählung jenseits des Satzes zeichnet sich ab, ein getarntes Schreiben entfaltet sich, in dessen Stereophonie sich Monologe und Polyloge als Stimmen einer Klanglandschaft konfrontieren.

Barthes versucht, diese Stereophonie zwischen Fernost und Fernwest zu übertragen: um damit eine Rückwirkung zumindest auf seine eigene Positionierung in Frankreich (und gegenüber den Mitgliedern der Gruppe *Tel Quel*) zu erzielen. Nicht umsonst notiert er immer wieder Seitenblicke auf das Verhalten und die Einschätzungen der *Telqueliens*: „Discussion déprimante entre nous sur la situation intellectuelle en France. Pas d'accord."[44] Immer deutlicher wird

---

41 Zur Wichtigkeit derartiger Poetiken des Scheitern vgl. Ingold, Felix Philipp / Sánchez, Yvette (Hg.): *Fehler im System. Irrtum, Defizit und Katastrophe als Faktoren kultureller Produiktivität.* Göttingen: Wallstein Verlag 2008; sowie Sánchez, Yvette / Spiller, Roland (Hg.): *Poëwticas del fracaso.* Tübingen: Gunter Narr Verlag 2009.
42 Barthes, Roland: *Carnets du voyage en Chine*, S. 20.
43 Ebda.
44 Ebda., S. 60.

im Verlauf der *Carnets* die kritische Position Barthes' gegenüber dem als Chef-ideologen auftretenden Philippe Sollers.[45] Daher überrascht es nicht, dass das reisende Ich sich immer wieder in die Reiselektüre von Gustave Flauberts *Bou-vard et Pécuchet* – eines der vielleicht hintergründigsten Bücher über das Sam-meln und Scheitern überhaupt – vertieft.[46] Im schwierigen Verhältnis von Reisen und Schreiben, das sich im China der Kulturrevolution auftut, ist die Reiselektüre eine gerne benutzte Flucht.

Es ist beeindruckend, wie häufig Roland Barthes in seinen *Carnets* den un-mittelbaren Vergleich zwischen China und Frankreich bemüht, ja mehr noch: wieviel Frankreich er in China (und wohl auch China in Frankreich) erblickt. So erscheint der Westen im Osten auf der Ebene von Redeformen, aber auch von Landschaften auf dem Land wie Landschaften in der Stadt. Frankreich ist gleichsam überall und zeigt sich in den Hotels wie in den Hotelzimmern. Was im Reisetagebuch – denn um ein solches handelt es sich – zunächst verwun-dert vermerkt wird, verwandelt sich in einen *basso continuo*, der die *Carnets du voyage en Chine* durchläuft. Im Osten der Westen, in China gibt sich Frankreich anders zu erkennen: *Un pays peut en cacher un autre*. Oder wie Barthes formu-liert: „Paysage: c'est très français (la Beauce), mais les couleurs sont très, très tendres. Et toujours cette absence incroyable de dépaysement."[47] Der Erzähler ist nicht *dépaysé*, nicht eigentlich 'außer Landes'. Am anderen Ende des eura-siatischen Kontinents ist alles *tel quel*.

Während des zweiten, abschließenden Aufenthalts in Peking zieht der Er-zähler dann Bilanz und versucht, seine eigene Position, seine Perspektive und Perspektivierung zu präzisieren. Dabei betont er die Voraussetzungen seines Blickes unter den Bedingungen eines „verrouillage complet de l'information".[48] Dieser Verschluss sei von niemandem während der Reise aufgebrochen wor-den. Die Konsequenzen aus dieser Situation liegen auf der Hand: „Tout livre sur la Chine ne peut être qu'exoscopique. Vitre sélective, kaléidoscopique."[49]

Diese notwendige Außensicht bedeutet freilich nicht, dass die *Carnets du voyage en Chine* nur einen platten Blick von außen böten. Es handelt sich viel-mehr um einen überreichen Text, der die unscheinbarsten Details insbesondere auf der Ebene der *corporéité* – von den intelligenten und daher erotischen Augen eines Reiseführers über die Mundpartien von Männern und Frauen bis hin zu den kleinen Händen der Arbeiter, die wie so viele in den *degré zéero* der Mode

---

45 Vgl. etwa ebda., S. 62 f.
46 Ebda., S. 74.
47 Ebda., S. 110.
48 Ebda., S. 183.
49 Ebda., s. 184.

gekleidet sind[50] – als ein Mittel benutzt, die von Barthes strukturalistisch untersuchten und aufgezählten Stereotypen oder *briques* der Doxa zu analysieren und zu unterlaufen. Nicht umsonst notiert Barthes, eine Möglichkeit, einen wirklichen *Text* über China zu schreiben, eröffne sich dann, wenn man alles aus einer Bewegung des Fegens verfasse: „*balayer*, du plus grave, du plus structuré (le politique brûlant) jusqu'au plus ténu, au plus futile (le piment, les pivoines).“[51]

Doch Osten und Westen, China und Frankreich entsprechen sich auch auf Ebene der Doxa. So heißt es mit Blick auf die zum damaligen Zeitpunkt 'maoisierenden' Positionen von Philippe Sollers:

> [Dés qu'il y a langage, il ne peut y avoir de matérialisme simple. Matérialisme dogmatique et scotomisation du langage vont de pair. Faille marxiste – lorsque Ph. S. tient un discours volontairement et agressivement matérialiste, dès qu'il fait du matérialisme du *déclamatif direct*, il oublie le langage et en somme n'est plus matérialiste][52]

So wird aus dem *Alors, la Chine?* zugleich – und vielleicht mehr – ein *Alors, la France*, das man von der spezifischen Situation der Gruppe um die Zeitschrift *Tel Quel* durchaus auf die so unterschiedlichen Bedingungen der intellektuellen Felder in den Ländern des Westens ausdehnen kann. Dies bedeutet keine Gleichsetzung von China und Frankreich, wohl aber einen erhellenden Blickwechsel. *Alors, la France?*

Anders als bei Marokko, anders als bei Japan ist es Barthes in seinem Reisebericht über China nicht gelungen, sich auf das viellogische Spiel mit dem Signifikanten experimentell einzulassen und eine literarische Form zu finden, die auf eine 'Enteignung des Abendlandes' abzielen könnte. Im Umfeld einer hochgradig ideologisierten und im Übrigen von politischer Seite ebenso in China wie in Frankreich stark beachteten und beobachteten Reise ist er bei dem Versuch gescheitert, die Doxa in diesem west-östlichen wie ost-westlichen Pendelspiel auf paradoxe Weise wirkungsvoll zu unterlaufen.

Dieses Scheitern war jedoch höchst produktiv: Auch wenn in den *Carnets du voyage en Chine* die damals noch künftigen positiven Transformationen Chinas nicht am Horizont erscheinen, sondern nur die dogmatischen Seiten der chinesischen Kulturrevolution in den Blick rücken, verändert dieser Text die eigene (nicht nur politische) Perspektivierung Frankreichs und streut jene Vielzahl an Beobachtungen kleinster Bewegungen, kleinster Tropismen und Details aus, aus denen sich – gleichsam textuell ausgefegt – ein anderer,

---

50 Ebda., S. 123.
51 Ebda., S. 111.
52 Ebda., S. 140.

noch ferner Osten zusammensetzt: ein Kaleidoskop der Außensicht, gewiss, aber doch ein Gewebe und ein Text, der nicht weniger als *L'Empire des signes* die produktiven Bewegungen zwischen *Extrême-Orient* und *Extrême-Occident* beflügelt.

Roland Barthes ist zweifellos einer der kreativsten Reiseschriftsteller des 20. Jahrhunderts überhaupt. Ihn 'nur' als einen Pariser Intellektuellen zu sehen, ist ebenso fahrlässig wie verkürzend: Barthes' Denken ist ohne seine Reisen nicht zu denken. Wenn sich in immer komplexer werdenden Kartographien die mobilen Horizonte im Leben wie im Schreiben des französischen Zeichentheoretikers vervielfachen, dann geschieht dies auf dem Hintergrund einer offenen archipelischen Strukturierung eines Schreibens, aus dem Athen oder Bukarest, Alexandria oder Tanger, Tokyo oder Peking wie Inseln in einer transarealen Landschaft auftauchen, die an Paris rückgebunden ist und zugleich – und paradoxerweise – eine Enteignung des Abendlandes impliziert. Barthes' Reiseliteratur hat für das Schreiben im ausgehenden 20. und beginnenden 21. Jahrhundert neue Kartographien entfaltet, die sich ausweiten und *zugleich* transarchipelisch überlagern: Unter der Landschaft von Paris wird Tokyo, unter der Landschaft von Tanger wird Alexandria, unter der Landschaft von China wird Frankreich gleichsam kubistisch, aus verschiedenen Perspektiven gesehen, erkennbar.

Jean Baudrillard und das Verschwinden Europas

Roland Barthes hat in seinem gesamten Oeuvre einen langen und durchaus widerspruchsvollen Weg zurückgelegt, der ihn ebenso als Strukturalisten wie danach als Poststrukturalisten und Postmodernen bekannt machte. Seine Arbeit an und mit den Formen des Reiseberichts zeichnet die verschiedenen Etappen seines Denkens recht deutlich nach und führt umgekehrt vor Augen, welch große Bedeutung wiederum der Reisebericht für einzelne Etappen seines Denkens hatte. Wie aber funktionalisiert und refunktionalisiert ein 'echter' Vertreter der Postmoderne, vielleicht sogar einer ihrer Vordenker, den Reisebericht gerade auch in Hinblick auf die amerikanische Welt? Das vielleicht beste Beispiel hierfür stammt von einem Philosophen, ebenfalls aus französischen Landen, Jean Baudrillard. Es ist das erstmals 1986 auf Französisch erschienene Bändchen *Amérique*, mit dem wir uns nun in der Vorlesung auseinandersetzen wollen.

Im Gegensatz zum Titel des Buches geht es nicht etwa, wie man vermuten könnte, um ganz Amerika, um den gesamten amerikanischen Kontinent, sondern lediglich um die USA, die diesen Begriff schon seit langer Zeit und mit zunehmendem Erfolg für sich beschlagnahmt haben. Das kennen wir schon: Es ist Teil der rhetorischen Selbstverständlichkeiten des modernen Diskurses über die Amerikas. Amerika wird gleichgesetzt mit den Vereinigten Staaten; und schon im ersten Kapitel erfährt man, warum Baudrillard sich im Zeichen der Postmoderne ausschließlich für die Welt der USA interessiert. Mit einem gewissen Recht könnte man ihm vorwerfen, bei seiner Globalisierungstheorie eine ausschließliche, vielleicht größtenteils auch unbewusste Reduktion auf die G7-Problematik zu betreiben. Doch davon gleich mehr, gehen wir zunächst einmal systematisch an diesen Text heran.

Gleich zu Beginn von *Amérique* sitzen wir natürlich in einem Auto, selbstverständlich von der Klimaanlage gekühlt. Damit haben wir bereits das bevorzugte Transportmittel von Baudrillards Reisebericht kennengelernt. Sein Buch beginnt mit einer Warnung: Die Dinge in diesem Spiegel könnten näher sein, als sie erscheinen! Dieses Motto ist recht ingeniös, spielt es doch gleich verschiedene Ebenen des Textes ein und bezieht diese aufeinander.

Zum einen wissen Sie ja, das auf allen verkleinernden Spiegeln in den USA diese Warnung aufgedruckt sein muss, um Fehleinschätzungen und daraus sich ergebende Schadensersatzklagen gegen die Hersteller aus dem Wege gehen zu können. Derartige Spiegel finden sich vor allem an Bord von privaten Automobilen, und damit wird von Beginn an das beliebteste Fortbewegungsmittel in den Vereinigten Staaten gleichsam von innen, vom Fahrersitz aus, in Szene gesetzt.

Abb. 92: Jean Baudrillard (Reims, 1929 – Paris, 2007).

Wir werden in diesem Buch nämlich auf ungezählten Highways und Freeways durch die Vereinigten Staaten geführt – und ich darf sagen, dass diese Vektorizität einerseits diskontinuierlich und andererseits ungerichtet ist. Wir haben es folglich mit einem weiteren Reisebericht der zweiten Hälfte des 20. Jahrhunderts zu tun, welcher durch die hermeneutische Bewegungsfigur eines diskontinuierlichen Springens gekennzeichnet ist. Weiß man denn, wohin die Reise geht?

Zum zweiten wird natürlich auch hier die Spiegelmetapher verwendet, die – wie Sie ja wissen – eine überaus lange Tradition in der abendländischen Kultur- und Literaturgeschichte besitzt. Die Metaphorologie des Spiegels gewann an (auch epistemischer) Schärfe insbesondere seit sie der französische Romancier Stendhal im Vorwort zu *Le rouge et le noir* verwendete und damit den mimetischen Abspiegelungscharakter seines Romans betonte. Denn er selbst sei nicht dafür verantwortlich, dass dieser Spiegel nicht nur den azurnen Himmel, sondern auch den Dreck am Straßenrand zeige. Dafür solle man gefälligst nicht den Autor des Romans, sondern jene verantwortlich machen, die für den Zustand der Straßen gerade stehen müssen. Und Straßen in der Form der Highways spielen in Baudrillards *Amérique* eine entscheidende Rolle.

Für Stendhal also war der Roman ein Spiegel, den man eine Straße entlang trägt: Die Bewegungsmetaphorik und insbesondere auch der Straßenverlauf sind als mobile Vektorizität damit in den Reisebericht eingeschrieben. Sie spielen selbstverständlich eine herausragende Rolle generell in der Reiseliteratur, einer Literaturgattung, die ja *par excellence* in Bewegung ist und sich an Land entlang von Straßen und Wegenetzen bewegt.

Mit dem Rückgriff auf die Spiegelung und deren metaphorisches Feld blendet Baudrillard zugleich aber auch seine Vorstellungen von unendlichen Spiegelungen ein, insoweit die Welt als Simulakrum, als eine Art von Spiegelkabinett verstanden werden kann, in dem die Ursprünge, die ursprüngliche Realität, verloren geht in einem ganzen Netzwerk an Substitutionen, die an die Stelle eigentlicher, authentischer, realer Erfahrung treten. Das Simulacrum ist eine zentrale Denkfigur und zugleich ein wichtiges Schreibverfahren von Jean Baudrillard, der sich auch in *Amérique* als Philosoph erweist. Wir genießen, um ein wenig zu übersetzen, was Baudrillard mit dem Simulakrum meint, nicht mehr die Erfahrung einer Welt der Realität, sondern die Erfahrung einer Welt der Zeichen, die für die Welt der Realität steht und diese simuliert, gleichsam an deren Stelle tritt. Dies wäre ein schöner Anfang für einen Roman, ist aber auch als Eingangstor in einen Text der Reiseliteratur und der Philosophie bestens geeignet. Denn wir treten ein – um es mit den Worten des Argentiniers Jorge Luis Borges zu sagen, der so etwas wie der Taufpate der Postmoderne ist – in einen Garten von Pfaden, die sich verzweigen.

Das erste Kapitel von Baudrillards *Amérique* ist mit *Vanishing point* überschrieben, was so viel wie im optischen Sinne Fluchtpunkt bedeutet, wörtlich übersetzt ein entschwindender Punkt, ein Punkt, der verschwindet. Bei Jean Baudrillard darf man wie überhaupt in der Postmoderne immer gespannt sein auf die Doppelt- und Dreifachbedeutungen, auf das, was Saussure die *mots sous les mots* nannte – womit er freilich eine anagrammatische Struktur meinte –, also auf die Polysemie, die Vieldeutigkeit der Worte, die jeweils in unterschiedlichen Sinnzusammenhänge andere, unabschließbare Sinnkomponenten und Sinnketten erzeugen. Wenn Sie so wollen, finden Sie auch auf dieser semantischen Ebene die Konzeption eines Kunstwerks als Mobile, das ständig in Bewegung ist und im Übrigen auch einen Betrachter braucht, der seinerseits mobil ist, so dass sich beide Pole unablässig in ihren wechselseitigen Bezügen räumlich verändern.

Der ganze Text – der übrigens in den Berliner Bibliotheken nicht in der französischen Originalausgabe, sondern nur in der Übersetzung vorhanden zu sein scheint – fängt an wie die Verkörperung des *American Dream* schlechthin. Hören wir uns also nach dem eingangs diskutierten Motto einmal das *incipit* dieses Textes an:

> Nostalgie née de l'immensité des collines texanes et des sierras du Nouveau-Mexique: plongées autoroutières et supertubes sur la stéréo-Chrysler et vague de chaleur – la photo ponctuelle n'y suffit plus – il faudrait avoir le film total, en temps réel, du parcours, y compris la chaleur insupportable et la musique, et se reprojeter tout cela intégralement chez soi, en chambre noire – retrouver la magie de l'autoroute et de la distance, et de l'alcool glacé dans le désert et de la vitesse, revivre tout cela au magnétoscope chez soi, en temps réel – non pour le seul plaisir du souvenir, mais parce que la fascination d'une répétition insensée est déjà là, dans l'abstraction du voyage. Le déroulement du désert est infiniment proche de l'éternité de la pellicule.[1]

Ein fürwahr dichter Anfang eines Textes, der es in sich hat und zugleich reiseliterarisch eine Abfolge von Herausforderungen darstellt, die wir uns in unserer

---

1 Baudrillard, Jean: *Amérique*. Paris: Grasset 1986, 9 f.

Vorlesung zumindest exemplarisch näher ansehen müssen. Doch irgendwie wirkt alles auf uns vertraut: Die Chrysler-Stereoanlage, der kühle Alkohol in der Wüste, die Autobahnen und Highways, die Durchquerung der Wüste im Automobil. Irgendwie lässt dies alles in uns altbekannte Bilder hochsteigen, die immer wieder vor uns entrollt werden. Unsere Hypotypose entfaltet vor unserem inneren Auge die stereotypen Bilder einer Bilder-Sprache, zu welcher die Stereophonie den entsprechenden Sound liefert.

Zu diesen vorperspektivierten Erfahrungen tritt freilich eine Verdoppelung, nämlich die Verdoppelung der Erfahrung im Medium. Vielleicht ist hier auch das Medium die *message*. Dabei ist nicht nur die mittransportierte Musik, sondern – vergleichbar mit dem Blick aus dem Fenster eines fahrenden Autos – die Wirklichkeit des Films, genauer noch des Videos, neben die direkte Wahrnehmung von Realität getreten. Ist es die Welt, die an uns vorüberrauscht, oder ein Film? Dabei macht der letzte Satz klar, dass dieses Medium sich nicht etwa der Wirklichkeit annähert, sondern umgekehrt sich die Wirklichkeit – hier die Wüste – sich dem Film nähert, ihm dabei sogar recht nahe kommt. Was ist das Original, was ist die Kopie? Und gibt es einen Unterschied?

Damit ist bereits hier das Motiv der Spiegelung im Medium aufgenommen. Klar ist, dass hier nicht unbedingt ein Original existiert, das medial gespiegelt wird. Die Wüste ist vergleichbar mit einem langen Film, mit jenem Spiegel, auf dessen Fläche erst noch etwas gespiegelt werden wird. Sie entrollt sich vor uns, unendlich. Damit ist die Leere der Wüste hier gleichsam die Voraussetzung für jenes chemische Geschehen, das sich – damals noch zeitgemäß – in der Dunkelkammer abspielen wird – ein Phänomen der puren Medialität.

Im Grunde ließe sich bereits an dieser Stelle sagen, dass die eigentlichen postmodernen Landschaften jene zu sein scheinen, die sich im Westen und Südwesten der USA befinden. Sie bilden die eigentliche Projektionsfläche von Jean Baudrillards verschiedene Medien querender und daher unverkennbar transmedialer Reiseliteratur. Es sind die Wüstenlandschaften an der Grenze zu Mexico, die ähnlich wie in Michel Butors Experimentalroman *Mobile* gleich zu Beginn dieses Textes auftauchen und damit auch das Phänomen der Grenze aufrufen, ist hier doch mit Bedacht unmittelbar am Anfang der Name des Bundesstaates New Mexico eingeblendet. Darin liegt auch der Grund, warum ich im Anschluss an dieses erste Zitat im Fortgang das zweite Zitat, den zweiten Abschnitt des Buches, einblenden und Ihnen vorstellen möchte.

> Les Mexicains devenus Chicanos servent de guides dans la visite d'El Alarno pour exalter les héros de la nation américaine si vaillamment massacrés par leurs propres ancêtres – ceux-ci

ont fait le plus dur, mais ils n'ont pas échappé à la division du travail, aujourd'hui ce sont leurs petits-ftls et leurs arrière-petits-ftls qui sont là, sur le même lieu de bataille, pour exalter les Américains qui leur ont volé leur territoire. L'histoire est pleine de ruses. Mais les Mexicains aussi, qui ont passé clandestinement la frontière pour venir travailler ici.[2]

Damit ist das Phänomen der Grenze, wie schon in Michel Butors *Mobile*, von Beginn an in den Text von *Amérique* eingebracht. Es ist keine statische Grenze, die man etwa durch eine Grenzmauer befestigen könnte, sondern es sind mobile *Borderlands*, die eine eigene Literatur und Kunst hervorgebracht haben, von denen jedoch Baudrillards Text wenig weiß und denen wir uns daher auch nicht widmen wollen. Jedenfalls zeigt sich, dass diese Grenze gleich in mehrfacher Hinsicht beweglich ist. Denn zum einen ist sie dies in dem Sinne, dass hier einstmals – um die Mitte des 19. Jahrhundert – ein Kampf zwischen Amerikanern (in Baudrillards Diktion gleich US-Amerikanern) und Mexikanern stattgefunden hat, aufgrund dessen die Grenze weiter nach Süden verschoben wurde. Dies ist der Verweis auf die sogenannte *guerra de rapiña*, jenen Raubzug, den die US-amerikanische Armee gegen den Nachbarstaat Mexico in den 1840er Jahren durchführte.

El Alamo erinnert in diesem Sinne an Auseinandersetzungen, die schließlich zu jenem ungleichen Krieg führten, in dem Mexico mehr als ein Drittel, fast die Hälfte seines damaligen Staatsgebietes verlor und an die USA abtreten musste. Damit wird die Expansion der USA eingeblendet, das Vorschieben der Grenzen der Vereinigten Staaten nach Westen und nach Süden auf Kosten des mexikanischen Nachbars in einer Bewegung, die man sehr wohl als imperialistisch bezeichnen darf. Doch all dies ist zur Folklore, zu einem Fall für Fremdenführer geworden.

Zugleich gibt es aber wiederum eine andere Grenze, die nun im Bereich der *Borderlands* ständig überschritten wird, um gerade deshalb auch weiterhin als Grenze sichtbar zu sein. Diese Grenze zeigt sich auch im Bereich der kulturellen Alterität, die ebenfalls – erneut wie bei Michel Butors *Mobile* – von Beginn an präsent ist, eine kulturelle Alterität, die auch hier wieder aufgestellt und unterlaufen wird. Denn die mittlerweile zu Chicanos gewordenen Mexikaner bewegen sich nicht in der Spur ihrer Vorfahren – womit sie eine Art Fortführung von einem vermeintlichen 'Ursprung' her betrieben –, sondern nun im Dienste der ehemaligen Feinde. Deren Helden lassen sie nun, angestellt von den Vereinigten Staaten, hochleben, freilich nur, um gerade hiermit die Grenze umso besser unterlaufen zu können.

---

2 Ebda., S. 10.

Wo ist hier in den *Borderlands* die Authentizität geblieben? Wo ist überhaupt das Schlachtfeld versteckt, der originäre Ort des Massakrierens, den der Reisende sucht und vermeintlich vorfindet? Mit Ausnahme seines Eigennamens, eines Wortes und damit eines Zeichens also, ist er verschwunden, zubetoniert und mit Blumen geschmückt. Hat es überhaupt je eine Schlacht gegeben in diesen Landstrichen, in denen sich Wüste und Film wie Film und Kopie gleichen? Authentizität ist also auch hier nicht zu finden, die Grenzlinien sind nicht klar gezogen, die Orte sind längst medialisiert und als solche hinter ihren Zeichen verschwunden. Die Zeichen sind an die Stelle der Authentizitäten, der Essentialitäten, getreten und nehmen die gesamte Breite des Bildes ein, das der Reisende vorfindet und beschreibt. Wir haben es mit einer Reiseliteratur in den Zeiten postmoderner Simulakra zu tun, einer Reiseliteratur, welcher der außersprachliche Gegenstand zunehmend entschwindet und zu einem *vanishing point* wird.

In der Folge läuft vor der Leserschaft gleichsam ein Film mehr oder minder bekannter Landschaften ab: Salt Lake City und seine Wüste, Monument Valley, wobei die Überreste dieses Naturschauspiels nicht mehr länger 'natürlich' wirken, geben sie doch laut Erzählerfigur die beste Vorstellung davon, was eine Kultur ist. Denn natürlich ist Natur nicht natürlich: Sie wird stets von der Kultur, von einem kulturellen Blickpunkt aus, entwickelt.

Stets präsent ist die Dimension der Zeit, die wir ja bereits im *incipit* von Baudrillards *Amérique* in der zweifachen Form der Perzeption und in jener der Geschwindigkeit kennengelernt haben. Dies hat gewiss auch mit dem *genius loci* zu tun, ist doch gerade die Wüstenlandschaft des nordamerikanischen Südwestens der privilegierte Ort für Hochgeschwindigkeitsversuche, jener Ort also, an dem die Menschen versuchen, auf der Erde die größtmögliche Geschwindigkeit zu erreichen und damit diese Geschwindigkeit in die Leere der Wüste einzuschreiben. Es geht nicht um das Amerika der Tiefe, es geht vielmehr um das Amerika der *Oberfläche* – und gerade dafür ist die Wüste in ihrer Flächenhaftigkeit bestens geeignet.

Denn alle anderen Landschaftsformen geben immer ein Gefühl der erdräumlichen, geologischen oder geomorphologischen Tiefe ab, nicht aber die Wüste, die gerade in ihrer Tiefe durch einen Mangel, ein Fehlen des Grundwassers, gekennzeichnet ist. Damit entbehrt sie das lebensspendende Element, das Wasser, das ihr einen organischen Charakter verliehen hätte, den sie aber ohne diese Dimension der Tiefe im Gegensatz zu anderen Landschaften nicht besitzt. Hier sehen wir die für die Postmoderne charakteristische Liebe zur Oberfläche und Abneigung gegenüber der Tiefe in einer ganz konkreten Landschaftsformation verkörpert: der flächenhaft sich erstreckenden Wüste, in die kein Pflug, keine Agrikultur eindringt.

So verwundert es nicht, dass in Jean Baudrillards Reisebericht in der Folge das Hohelied der Wüste angestimmt wird und dass sich eine Folge von Lobeshymnen über die Wüste und die Reinheit ihrer Luft ergießt. Als eine *Landschaft der Theorie* ist die Wüste die eigentliche Landschaft der Postmoderne. Frühere Stadien, noch vor der Exterminierung der Wüstenindianer, werden nun sichtbar: Es sind geologische und mineralogische Stadien, also das, was in Baudrillards Reisebericht als das siderische Amerika bezeichnet wird. Hieran kann sich eine Theorie der Simulakren bevorzugt festmachen.

Neben der menschlichen Zeit und der Zeit der Geschwindigkeit werden damit weitere Zeitebenen, auf denen die Zeit langsamer abläuft, sichtbar: die Zeit der Gesteinsbildung und die Zeit der Auskristallisierung der Mineralien. Dabei existiere nirgendwo ein solches Schweigen, das deutlich posthumane Züge annimmt; und dieses Schweigen sei auch etwas Visuelles. In den Bergen, so heißt es, könne kein Schweigen sein, würden doch schon die Konturen der Berge brüllen. Die flache Oberfläche der Wüste aber bietet hierzu einen Gegensatz, der Stille ist.

Das Schweigen, so heißt es bei Jean Baudrillard noch immer im ersten Kapitel, muss eine Art von Horizontalität beinhalten. Das Sichtbarwerden der Mineralität und das Hinzutreten des Siderischen, damit folglich von Astroamerika, der Sterne also, die man ja bekanntlich auch aus Wüsten heraus am besten sehen kann, beruht freilich auf dem Verschwinden der Wüstenindianer, die – so heißt es im Buch lapidar – erst vernichtet werden mussten, um all dies sichtbar zu machen.[3] Das Massakrieren der Wüstenindianer ist folglich die Voraussetzung für das Schweigen, die Stille.

Von großer Bedeutung – und dies soll das letzte Zitat aus dem ersten Kapitel *Vanishing Point* sein – ist dabei die Geschwindigkeit, die gleichsam die Objekte selbst transformiert und alle Formen von Wahrnehmung verändert:

> La vitesse est créatrice d'objets purs, elle est elle-même un objet pur, puisqu'elle efface le sol et les références territoriales, puisqu'elle remonte le cours du temps pour l'annuler, puisqu'elle va plus vite que sa propre cause et en remonte le cours pour l'anéantir. La vitesse est le triomphe de l'effet sur la cause, le triomphe de l'instantané sur le temps comme profondeur, le triomphe de la surface et de l'objectalité pure sur la profondeur du désir. La vitesse crée un espace initiatique qui peut impliquer la mort et dont la seule règle est d'effacer les traces. Triomphe de l'oubli sur la mémoire, ivresse inculte, amnésique. Superfiàalité et réversibilité d'un objet pur dans la géométrie pure du désert. Rouler crée une sorte d'invisibilité, de transparence, de transversalité des choses par le vide. C'est une sorte de suicide au ralenti, par l'exténuation des formes, forme délectable de leur disparition. La vitesse n'est pas végétative, elle est plus proche du minéral, d'une

---

3 Ebd., S. 15. 18

déflection cristalline, et elle est déjà le lieu d'une catastrophe et d'une consumation du temps. Mais peut-être sa fascination n'est-elle que celle du vide, alors qu'il n'y a de séduction que du secret.[4]

Was für ein Text und was für ein Reisebericht, der dieses Lob der Geschwindigkeit im Sinne einer Auslöschung der Spuren, einer Auslöschung der Geschichte, einer Auslöschung der Zeit als *vanishing point* zelebriert! Das ist in der Tat recht starker Tobak, der zugleich in der Hervorhebung aller Oberflächen jene Tiefe abschafft, welche der Seinsgrund der europäischen Moderne war: jener Tiefeder marxistischen Analyse des ökonomischen Unterbaus, jener Tiefe im Freud'schen Modell des Psychischen Apparats. In dieser amerikanischen Landschaft der Theorie wird ein Epochenwechsel proklamiert mit aller programmatischen Entschlossenheit, derer der französische Philosoph fähig ist.

Denn im Grunde werden in diesem Lob der Geschwindigkeit und der Wüste jene Grundregeln und Grundgesetze außer Kraft gesetzt, die letztlich die modernen Naturwissenschaften wie auch die modernen Geisteswissenschaften beherrscht haben und – so darf beschwichtigend hinzugesetzt werden – wohl auch noch immer beherrschen. Denn der normalisierte Ablauf von der Ursache zur Wirkung, also das Kausalitätsprinzip wird hier ebenso unterminiert wie das Denken in der Tiefe, das ja die Diskurse einer Vielzahl moderner Theorien oder – wie Lyotard sagen würde – *grands récits* geprägt hat: Denken Sie nur an die Psychoanalyse, die unter der Oberfläche des Manifesten stets das Latente, unter der Oberfläche einer Handlung oder eines Traumes stets die frühkindlich-geschichtliche Herausbildung suchte, um von der Wirkung an der Oberfläche auf eine Ursache in der Tiefe verweisen zu können. Denken Sie an den marxistischen Materialismus, der alle Oberflächenphänomene in einer überaus komplexen Theorie stets und unentrinnbar mit der Basis, dem Unterbau, verband und gleichsam metaphorisch hübsch als Überbauphänomene letztlich auf das Fundament der Architektur zurückschraubte. Denken Sie aber auch an das Christentum, das die verschiedensten Formen der Oberfläche stets auf die Grundstrukturen von Gut und Böse zurückführte, konnte doch auch und gerade der Teufel in den Formen der Verführung erscheinen. Dies sind nicht mehr und nicht weniger als die Grundlagen des abendländischen Denkens. Wie bei Roland Barthes also eine *dépossession de l'Occident*?

Sie merken, wie viele Dimensionen der oben zitierte Text hier enthüllt: Eine ganze Philosophie steht dahinter, welche versucht, die Grundfundamente der abendländischen Philosophie zu unterminieren, in die Luft zu jagen – oder ganz einfach an ihnen im Reisebericht vorbeizufahren. Aber lässt sich dies so einfach bewerkstelligen?

---

4 Ebda., S. 16f., 19f.

Die Geschwindigkeit schafft ihre eigene Zeitlichkeit – was jedem, der einmal ein paar Stunden lang schnell in einem Auto gefahren ist, bekannt ist, und sie schafft auch ihre eigenen Denkhorizonte. Sie merken auch: Das Lob der Oberfläche ist in keiner Weise gleichbedeutend mit einer Oberflächlichkeit des Denkens. Was in diesen Reflexionen entwickelt wird, ist eine Art Gegenwelt zu einer in Kausalitätsketten erstarrten, immer wieder die historische Tiefe zur Erklärung der aktuellen Oberfläche aufsuchenden Denkens, gegen das Baudrillard hier ganz einfach die Erfahrung – man könnte sagen: die lustvolle Erfahrung auch im automobilistischen Sinne – der Oberflächen setzt.

Eine große Verführungskraft scheint freilich davon auszugehen, auch wenn im Zentrum dieses Denkens und dieser Vorstellungen kein eigentlicher Kern, jener Nucleus, der den *grands récits* ihre Tiefe und Dichte gab, sondern vielmehr ein leeres Zentrum sichtbar wird. Es erinnert uns ganz deutlich an jenes *centre ville centre vide*, das in Roland Barthes' *L'Empire des signes* bei der Darstellung von Tokio entfaltet wird. Gegen das gefüllte wird ein entleertes Zentrum gesetzt, so wie auch bereits der Pariser Eiffelturm für Barthes ein leeres Zentrum in seiner filigranen Eisenstruktur umschließt. Dies sind die neuen (urbanen) Landschaften, welche der Reisebericht der Postmoderne programmatisch in Stellung bringt. Die historische Akzeleration der Moderne, die Beschleunigung der geschichtlichen Zeit, die als Zeiterfahrung seit der Französischen Revolution den Zeitgenossen und bis in unsere Zeit hinein bekannt ist, hat nun so viel Fahrt aufgenommen, dass diese Geschwindigkeit ihre eigene Zeitlichkeit und ihre eigene Objektwelt herstellt. Denn der Zeitpfeil ist fortan allen Gegenständen eingeschrieben und verändert deren Perzeption.

Wir finden in diesem literarischen Reisebericht von Jean Baudrillard eine ganze Reihe von Theoremen postmodernen Denkens. So sei die Gesellschaft der Zukunft eine Gesellschaft der Komplexität, der Hybridität mit einer Geschlechtlichkeit von unvorhersehbaren Konsequenzen. Die Wunder finden in den künstlichen Paradiesen statt, die sich die Menschheit geschaffen hat. Gegen das Reisen im Sinne von Tourismus und Ferienreisen setzt Baudrillard ein reines Reisen, das sich keine Ziele vorgibt, sondern einfach in der Bewegung die eigene Motivation im doppelten Wortsinne hat. Daher könne man auch am besten im Raum der Wüste reisen: oder auch in einer nicht weniger wüstenhaften Anlage, im Raum einer großen Metropole oder mit anderen Worten: in einer urbanen Landschaft der Theorie.

Dies ist zweifellos ein wichtiger Aspekt der Behandlung des urbanen Raumes, der Annäherung an die Großstadt, die in diesem Text selbstverständlich keineswegs ausgeblendet, sondern als anderer Bezugspunkt auftaucht. Doch Wüste und Stadt, menschenleerer und menschenüberfüllter Raum stimmen miteinander überein in einer bestimmten Konzeption von Raum und Zeit. Die

Deterritorialisierung, so Baudrillards Erzählerfigur, befreie uns. Das Reisen wird hier auf Bewegung reduziert, das Autofahren erscheint explizit als eine spezifische Form des Gedächtnisverlustes. Diskontinuierliche Sprünge, im Hier und Jetzt der Oberflächen ausgeführt in unterschiedlichste Richtungen: Das ist die *Amérique* zugrunde liegende hermeneutische Bewegungsfigur. Es soll Leute geben, die mit ihrem Auto über Autobahnen jagen, um diese Art von Gedächtnisverlust künstlich zu erzeugen, um diesem eigenen Gedächtnis ein Vergessen entgegensetzen zu können, ein Vergessen jener Last, welche Tiefe mit sich bringt. Eine Moral scheint es in Baudrillards Text aber doch auch zu geben: 'Morgen ist der erste Tag des Restes Deines Lebens'. Sie merken: keine Reise ohne ihre eigene (Reise-) Philosophie.

So kann es uns nicht überraschen, dass uns nach dem ersten Kapitel, in dessen Mittelpunkt die Wüste steht, nun im zweiten Kapitel eine Stadt entgegentritt, was sage ich, die Metropole schlechthin, New York. Im Sinne Baudrillards die Stadt der Städte: New York ist die Stadt, die für alle anderen Städte von Bedeutung ist. Ein Besuch in der Stadt ist eine Annäherung an das Zentrum der Welt. Wie bitte? Also hat die Welt doch noch ein Zentrum?

Schauen wir uns das Leben in New York – bisweilen aus dem Hotelzimmer gesehen – einmal mit Hilfe dieses Reiseführers aus der Feder Baudrillards genauer an.

> Pourquoi les gens vivent-ils à New York? Ils n'y ont aucun rapport entre eux. Mais une électricité interne qui vient de leur pure promiscuité. Une sensation magique de contiguïté, et d'attraction pour une centralité artificielle. C'est ce qui en fait un univers auto-attractif, dont il n'y a aucune raison de sortir. Il n'y a aucune raison humaine d'être là, mais la seule extase de la promiscuité. [...] La merveille des démolitions modernes. C'est un spectacle inverse de celui d'un lancement de fusée. Le building de vingt étages glisse tout entier à la verticale vers le centre de la terre. [...] Voilà un art merveilleux de la modernité, qui égale celui des feux d'artifice de notre enfance. [...] A New York, le tournoiement de la ville est tellement fort, la puissance centrifuge est telle qu'il est surhumain de penser vivre à deux, de partager la vie de quelqu'un. Seuls, les tribus, les gangs, les mafias, les sociétés initiatiques ou perverses, certaines complicités peuvent survivre, mais pas les couples. C'est l'anti-Arche, où les animaux étaient embarqués par deux pour sauver l'espèce du déluge. Ici, dans cette Arche fabuleuse, chacun est embarqué seul – c'est à lui de trouver, chaque soir, les derniers rescapés pour la dernière party. [...] Je n'aurais jamais cru que le marathon de New York puisse vous arracher des larmes. C'est un spectacle de fm du monde. [...] Sous la pluie battante, sous les hélicoptères, sous les applaudissements, revêtus d'une capuche d'aluminium et louchant sur leur chronomètre, ou torse nu et les yeux révulsés, tous cherchent la mort, la mort par épuisement qui fut celle du marathonien d'il y a deux mille ans, qui, ne l'oublions pas, portait à Athènes le message d'une victoire.[5]

---

5 Ebda., 35 ff.

Diese Szenen aus New York, zusammen mit vielen anderen, die ich Ihnen hier nicht darstellen kann, zeigen eine Stadt, die irgendwie an einem Ende oder an einer Grenze angekommen zu sein scheint: an einem Punkt der Erschöpfung. Die Apokalypse ist da, und irgendwie hat es keiner gemerkt. Jean Baudrillard besingt in diesem Reisebericht die Apokalypse, beschwört ihr Kommen. Es gilt an dieser Stelle darauf aufmerksam zu machen, dass das Thema der Apokalypse in der Tat ein für die Postmoderne wichtiges Bezugsthema ist, dass sie aber nicht in der moralischen Härte auf die schuldig gewordene Menschheit herniedergeht, sondern in einer Art sanftem Regen der Lust, wo die Grenzen der Katastrophe nicht sichtbar sind – selbst nachdem sie sich ereignet hat. Schon die Darstellung des Zusammenbruchs ist lustvoll. Und Baudrillard frönt dieser Lust am Schauspiel des Zusammenbruchs in vollen Zügen.

Dabei ist das Zeitgefühl und die Katastrophenstimmung nicht unbedingt die eines Bruches, wohl aber die Betrachtung aus der Perspektive einer Nachzeit, die es erlaubt, das Vergangene neu zu perspektivieren und an seinem Untergang, der auch der eigene Untergang nebst Zukunftsversprechen ist, als Zuschauer teilzunehmen. Als Zuschauer eines Schiffbruchs, wie Hans Blumenberg gesagt hätte.[6] Diese Zuschauerperspektive ist es, die letztlich alle Geschehnisse, auch die eigene Reise, wie in einem Film, in einem anderen Medium erleben lässt. *Amérique* von Jean Baudrillard ist in dieser Hinsicht vielleicht die postmodernste aller Reiseunternehmungen am Ausgang dieses Jahrhunderts. Genau dies macht auch den hohen Reiz dieses Reiseberichts aus, vermittelt er uns doch ein Gefühl für jene Stimmung, die sich im letzten Drittel des 20. Jahrhunderts sowie gegen Ende dieses Jahrhunderts der Weltkriege gesamtgesellschaftlich zumindest in Europa und in den Vereinigten Staaten breit machte.

Denn eine *Fin de siècle*-Stimmung lässt sich in diesem Text sehr wohl ausmachen. Es ist die Lust, am Ende eines Jahrhunderts, am Ende einer Zeit, am Ende eines Jahrtausends zu leben und dem langsam vergehenden Zeitraum den Rücken zuzuwenden. Mit Blick worauf? Die Gesten, die uns die Antike mit auf den abendländischen Weg gab, sind noch vorhanden, wie der Marathonlauf zeigt. Aber eben nur noch die Gesten, nur noch die Oberflächen, nur noch das Spektakel, das in sich selbst, in der Tiefe, des Grundes verlustig gegangen ist. Dem Verlust der Tiefe, der tiefgreifenden Motivation, entspricht die Schönheit der Oberflächen, die szenisch herausgeputzt brillieren.

Ist die Welt an einem Ende? Und wird dieses Ende mit einer Lust zelebriert, die aus der heutigen Perspektive doch erstaunen mag? Nein, es ist keine Tötung,

---

6 Vgl. Blumenberg, Hans: Blumenberg, Hans: *Schiffbruch mit Zuschauer. Paradigma einer Daseinsmetapher.* Frankfurt am Main: Suhrkamp 1979.

sondern die Selbsttötung, es ist kein Untergang, sondern schlicht die Erschöpfung – eine Deutung, die an John Barth und seine Poetik der *exhaustion*, der Entkräftung und Erschöpfung, erinnert. Versuchen wir aber abschließend, uns noch mit einigen für unsere Vorlesung wichtigen Aspekten zu beschäftigen, Aspekte, die insbesondere auch die Frage der kulturellen Alterität betreffen. Denn auch hier eröffnet Jean Baudrillards Reisebericht eine Vielzahl aufschlussreicher Perspektiven und Ausblicke.

Der reiseliterarische Text des Franzosen Baudrillard funktioniert in gewisser Weise trotz all seiner Ausfälle gegen binäre Logiken nach dem Prinzip eines Zweitaktmotors, der ständig die Situation in den USA durch den europäischen Blickwinkel kontrastiv ergänzt. Das den gesamten Text prägende Spannungsfeld ist das zwischen Europa und den Vereinigten Staaten von Amerika. Einen neuen Blickwinkel auf Europa könne man, entgegen aller Erwartungen, freilich von den USA aus nicht gewinnen; eine neue Perspektive auf Europa könne man nur in Europa entwickeln. Gehe man von Europa in die USA, so verschwinde Europa einfach. Auch hier ist es die Lust an einem Verschwinden, an einem fast lautlosen Aufhören von etwas, das man die eigene Herkunft des französischen Philosophen nennen darf. Aber sehen wir uns dieses Verschwinden etwas genauer an.

Amerika sei ein gigantisches Hologramm in dem Sinne, dass es jede Information über das Ganze in jedem seiner Teile enthält, so der Erzähler des Reiseberichts. Nehme man ein einzelnes Element wie etwa MacDonald, eine Studebaker oder sonst etwas heraus, so enthalten diese einzelnen Elemente stets das ganze Amerika in sich.[7] Gleichwohl bleibt das Problem der Beziehung zu Europa in Baudrillards Text allgegenwärtig. Denn Baudrillard rekurriert dabei immer wieder auf Schlagwörter, für die er in seinen theoretischen Schriften zum Teil auch selbst verantwortlich zeichnet, so wie etwa Hyperrealismus, alles sei Simulacrum und Simulation sowie vieles mehr. So geistert auch das Thema der Apokalypse immer wieder durch diese Zeilen; so evoziere nichts deutlicher das Ende der Welt als ein Mensch, der geradeaus an einem Strand joggt; Primitive würden Selbstmord begehen, indem sie weit hinaus schwimmen ins offene Meer, der Jogger aber begeht durch sein Laufen strandauf strandab Selbstmord auf Raten.[8]

Halte man diesen Jogger aber an, so tanze er weiter vor einem hin und her wie ein Besessener. Das ständige Speichern von Informationen über die eigene Geschichte ist ebenso ein Thema wie die Problematik einer hypergeschützten Gesellschaft, in der wir kein Verhältnis mehr zum Tod, keine Achtsamkeit mehr

---

7 Vgl. Baudrillard, Jean: *Amérique*, S. 59.
8 Vgl. ebd., S. 75 f.

besitzen trotz der Allpräsenz der Apokalypse in der Form der Star Wars und anderer Kriegsspiele. Überall ist die Orgie vorbei, wir leben in einer postorgiastischen Gesellschaft, so der Befund des Philosophen. Was aber kann die Zukunft einer Gesellschaft sein, so fragt man sich etwas ratlos, in der es keine Orgien mehr gibt?

Auch im Geschlechtlichen wird ständig die Frage der Grenzen gestellt, seien doch Typen entstanden, die gleichsam die beiden Geschlechter in der Massenkommunikation wieder zusammenführen. Nein, von einer Diversität der Geschlechter spricht Baudrillards Figur des Reisenden nicht, wohl aber ist ihm die Sicherheit einer binären Zuordenbarkeit abhanden gekommen. Doch der *philosophe* und *voyageur* demontiert nicht zuletzt das Bild, dass Amerika nett zu uns, nett zu Tieren und nett zur Welt sei, und evoziert die Bilder der Kriege und Kriege. Es brauchte kein WikiLeaks, um den französischen Philosophen über diese Seite der USA und ihrer hemmungslosen Kriegsführung in Kenntnis zu setzen.

Längst habe in 'Amerika' das Fernsehen den Platz des Chores in der griechischen Tragödie eingenommen. In anderen Ländern überlasse das Fernsehen das Lachen den Menschen, hier aber ist das Lachen in das Fernsehen und in die Show integriert. Und so ist es der Fernsehbildschirm selbst, der eine 'good time' hat, während wir alleingelassen werden mit den Bildern der Fernsehkriege. Nicht umsonst verweist Baudrillard auf das *Apocalypse Now* von Coppolas Vietnam-Film. er hätte auch auf Neil Postmans in den ausgehenden achtziger und beginnenden neunziger Jahren weit verbreitete Analyse *Amusing Ourselves to Death* hinweisen können.[9]

Wie Michel Butor in seinem Experimentalroman *Mobile* fliegt auch Baudrillard mit einem Text über Los Angeles, freilich des Nachts und auf ein Lichtermeer herunterblickend. Er macht aus dieser Perspektive schon im Flackern der Lichter den grundlegenden Unterschied zu den europäischen Städten deutlich. Und es kommt ganz so, wie es nicht anders zu erwarten war: Los Angeles sei ein bewohnter Teil der Wüste, die Freeways verlaufen einfach durch die Landschaft und die Stadt. Die Städte wurden vor den Freeways gebaut, und doch sieht es heute so aus, als ob sie entlang der Freeways gebaut worden wären.

Dasselbe geschehe auch mit der US-amerikanischen Realität insgesamt: Sie bestand sehr wohl, bevor die Bildschirme erfunden wurden; doch sieht es heute so aus, als sei sie erfunden worden im Gedanken an die Bildschirme.[10] Daher sehe die US-amerikanische Stadt heute so aus, als ob sie gerade aus dem Film

---

9 Vgl. Postman, Neil: *Amusing Ourselves to Death. Public Discourse in the Age of Show Business*. London: Heinemann 1986.
10 Vgl. Baudrillard, Jean: *Amérique*, S. 109.

käme, so als ob man in *Cinecittà* noch die letzten Kulissen aufgeboten habe. Alles ist mit allem verbunden, so wie Baudrillard die postmoderne Architektur sieht, bei der er fragt, ob es sich überhaupt noch um eine Architektur handele. In gewisser Weise versucht auch Baudrillards Buch, dem Motto, alles mit allem zu verbinden, gerecht zu werden. So bleibt auch die mystische Erfahrung nicht draußen: Sie erscheint gleichsam epiphanieartig in der Erfahrung von Death Valley, dem nichts Funebres, wohl aber etwas Wildes anhafte. Hier werden das Schweigen und die Stille wieder hörbar, das Schweigen der Zeit. Und auch hier erhält die Wüste einen kinematographischen Grundzug, der alles wie in einem Film vorüberrollen lässt. So erscheint die Ermordung der Indianer auch nur noch durch die Referenz gegenüber John Ford, von dem wir aus anderer Quelle ja wissen, dass er einmal von sich sagte, niemand habe mehr Indianer umgebracht als er selbst.

Im vierten Kapitel geht es um Amerika als verwirklichte Utopie: Hier erscheinen die USA als die ursprüngliche Version von Moderne und mehr noch Modernität. Europa aber wirkt aus dieser Sicht nur als die synchronisierte oder untertitelte Fassung dieser eigentlich nordamerikanischen Modernität. Amerika besitze, so der Reisende weiter, keine eigentliche Identität, besitze eigentlich keinen Ursprung, sondern lebe in einer beständigen Simulation, das heißt in einer ständigen Präsenz der Zeichen.[11] Sind das wahre Reich der Zeichen folglich die USA? Wohl kaum. Dabei greift Baudrillard im Grunde auf das althergebrachte Modell zurück, demzufolge die USA das darstellen, was sich in Europa später erst entwickeln werde.

Dies ist ein Modell, das wohl erstmals in der französischen Literatur und Rechtsphilosophie entwickelt wurde und – wie wir bereits sahen – mit Alexis de Tocqueville wohl den ersten herausragenden Vertreter fand: Dort erschien die *Démocratie en Amérique* in gewisser Weise zukunftsschwanger für die künftige Entwicklung Europas. In diesem Kraftfeld bewegt sich auch Baudrillards reiseliterarischer Text. Die Macht der Vereinigten Staaten von Amerika beruht nicht zuletzt darauf, dass die Amerikaner daran glauben, die verwirklichte Utopie zu sein, und sie zugleich wissen, dass auch die anderen daran glauben.

So gebe es eine Faszination durch die USA auf der ganzen Welt, selbst bei jenen Völkern und Nationen, die unter den USA leiden. Allerdings werden wir, das heißt die Europäer, niemals die Naivität des Glaubens der Nordamerikaner an diesen Traum besitzen, so dass wir sie letztlich nur imitieren könnten. Amerika sei geschaffen worden, um aus der Geschichte zu entweichen; dieses Projekt werde heute noch immer weiterverfolgt. Wir hätten lange genug in dieser Modernität gelebt, um den Bruch durch die radikale Modernität der USA ermessen und

---

11 Vgl. ebda., S. 151f.

begreifen zu können. Nur in den Vereinigten Staaten sei man in der Lage, diese Modernität original zu leben und zugleich auch zu dezentrieren.[12] Wir sehen: Immer wieder entwickelt Jean Baudrillards Erzählerfigur seine Gedanken anhand des Zweitaktmodells Europa versus Vereinigte Staaten und situiert alle Unterschiede als Gegensätze innerhalb dieses Spannungsfelds. Mit dem Aufstieg Amerikas begann Europa zu verschwinden; und alle Mythen seien heute amerikanisch, doch würde es uns nicht guttun, uns darüber zu ereifern und ärgern. In Los Angeles jedenfalls sei Europa verschwunden.

Kalifornien erscheint Baudrillard als die dezentrierte Antithese eines zentrierten Europa, wobei für den französischen Reisenden Europa mehr oder minder mit Frankreich in eins fällt oder gleichbedeutend ist. Der Mythos Amerika ist überall in *Amérique* spürbar. Auf einem Freeway in Kalifornien fragt sich der Erzähler, wie man eigentlich Europäer sein könne, ganz so, wie sich bei Voltaire die nicht ganz unhintergründige Frage erhob, wie man eigentlich Chinese sein könne. Jean Baudrillard malträtiert Europa ganz bewusst und explizit. Aber dabei belässt er es nicht. Denn das fünfte Kapitel von *Amérique* ist dem Ende der amerikanischen Macht gewidmet, wenn dies auch mit einem Fragezeichen versehen wurde.

In den Vereinigten Staaten seien die fünfziger Jahre die Zeit der großen Machtentfaltung gewesen; in den siebziger Jahren sei die Macht noch immer da und gegenwärtig, doch irgendetwas sei gebrochen. Die Orgie sei folglich vorbei. Die USA hätten heute an Macht eingebüßt und zwar aus dem schlichten Grunde, weil es heute kein Zentrum mehr gebe. Man könnte dies als naiv oder als *wishful thinking* bezeichnen. Mit Ronald Reagan und seiner Präsidentschaft sei ganz Amerika kalifornisch geworden im Sinne eines *easy living*. Kalifornisch sei es, die USA als die erreichte Utopie des Guten, die Sowjetunion – die es damals ja noch gab – als die erreichte Utopie des Bösen darzustellen. So einfach.

Politische und kommerzielle Werbung stimmen letztlich, so Jean Baudrillards Analyse, miteinander überein. Die Dummheit spiele keine Rolle, allein das Bild zähle: Man müsse nur glaubwürdig bleiben in einem System der Simulation von Regierung. Die Dritte Welt werde einfach verdeckt, lange lebe die Erste Welt, so wird der Reagan-Diskurs subsummiert. Und alles andere werde einfach in die Vergangenheit verdammt.

Wie dem auch immer sei: Für Baudrillard (oder die Stimme seines Erzählers) ist es unentscheidbar, ob die USA heute noch Macht besitzen oder Macht simulieren. Das ist freilich keine Frage, die für ihn ein grundsätzliches philosophisches Problem aufwirft. Die maschinenhaften Bewegungen, die an der Oberfläche sichtbar sind, könnten vielleicht doch besser funktionieren als die

---

12 Vgl. ebda., S. 161.

lebendigen, da mit dem Leben auch die Probleme verschwunden seien. Amerika verfüge heute über eine Macht, die auf dem Werbebild beruht.

An all dies schließt sich das Bild eines möglichen Zusammenbruchs der Weltmacht USA an. Sie können aus dem zuvor gesagten bereits ableiten, wie diese Katastrophe aussehen wird; ich möchte Ihnen aber dennoch einmal abschließend vorführen, wie sich Baudrillard und sein Erzähler das Ganze ausgedacht haben:

> C'est là la véritable crise de la puissance américaine, celle d'une stabilisation potentielle par inertie, d'une assomption de puissance dans le vide. Elle s'apparente sous bien des aspects à la perte des défenses immunitaires dans un organisme surprotégé. C'est pourquoi Reagan atteint du cancer me semble d'une ironie poétique. La figure du cancer est un peu à l'image de cette crédibilité transparente, de cette euphorie d'un corps qui ne produit plus d'anticorps, menacé de destruction par excès de fonctionnalité. Le chef de la plus grande puissance mondiale atteint du cancer! Le pouvoir saisi par les métastases! Les deux pôles de notre civilisation se rejoignent. Levée de l'immunité présidentielle, bientôt le SIDA! Ça devrait marquer le début de l'implosion générale (à l'Est il Y a longtemps que le pouvoir est saisi par la nécrose).[13]

Auch wenn diese Analyse am Ende des Kapitels wieder etwas relativiert wird: Hier wird deutlich, wie Macht endet: in der Erschöpfung der Macht. Krankheiten gab es immer schon, die Abwehrkräfte aber sind nun geschwächt. Dass dies gerade nach einer Krankheit schreit, die eben die Abwehrkräfte sozusagen als Immunschwäche institutionalisiert, ist noch das letzte Tüpfelchen auf einer Interpretation, die sich radikal postmodern gibt. Und doch fällt sie letztlich immer wieder in einen Zweierrhythmus zurück, womit sie unentrinnbar bipolar organisiert und damit letztlich noch immer modern ist.

Die Metaphorik der Krankheit könnten wir an dieser Stelle verlängern und etwa mit Susan Sontags *Aids as Metaphore* weiterspinnen. Klar ist aber, dass die Postmoderne aus dem Gefühl der Nachzeit auch die Zeit des danach nicht nur instrumentalisiert, sondern vor allem inszeniert: als eine mehr oder minder lautlose Implosion, als ein Zerfallen, das nicht weit entfernt ist vom Zerfallen des Römischen Reiches, vom Gefühl, am Ende der Dekadenz und des Niedergangs der Reiche zu stehen. Die Postmoderne geht hier mit der Stimmung des *fin de siècle* einen lustvollen Pakt ein, der aber seit geraumer Zeit endgültig der Vergangenheit zuzugehören scheint. Denn auch *Amérique* von Jean Baudrillard ist längst wiederum historisch geworden. Und doch wirft nicht nur ihr Historisch-geworden sein, sondern gerade ihr historisches Gewordensein Probleme

---

13 Zitat 126: Jean Baudrillard: *Amérique*, S. 232f.

auf, die aufzunehmen und auszudenken auch für unsere Zeit höchst herausfordernd ist.

Im letzten Kapitel von *Amérique* wird das Lied der Wüste *forever* besungen, wobei der Amerikareisende nun die Problematik der Indifferenz innerhalb der neuen gesellschaftlichen Kontexte stark hervorhebt. Erneut werden die Großstadt und die Wüste in ein gemeinsames Bild transportiert, in das Bild einer Oberflächenkultur, die von der Tiefe befreit ist und damit auch von der Last jeglicher Geschichte. Am Ende dieses Buches steht das Verschwinden der Ästhetik, ein Verschwinden der Vieldeutigkeit der Kultur und ihrer Mehrschichtigkeit. Das einzige Gewebe der Städte seien die Freeways, mit ihren Abertausenden von Autos, die mit ihren Lichtern von nirgendwoher kommen und nirgendwohin gehen. auch hier ist die Vektorizität wiederum eine ungerichtete, eine zugleich multidirektionale, die nach unterschiedlichsten Richtungen gleichzeitig strebt.

Die Städte besitzen kein Zentrum mehr: Sie sind eine diskontinuierliche Abfolge von Zeichen ohne Hierarchie, ohne zergliedernde Ordnung und Rang. Am Ende des Buches finden wir das Lob von Kalifornien, seiner Diskonnektion zwischen städtischen Räumen und Wüsten, seiner Deterritorialisierung: Die Grenze der Wüste sei in diesem Zusammenhang initiatorisch. Im Grunde behandelt hier Baudrillard die Frage der Grenze zwischen Ökumene und Anökumene, wobei letztere durch eine Infrastruktur erschlossen wird, die zugleich die Anökumene transitabel macht und an die Zirkulation in den Städten anschließt. Dabei handelt es sich um eine Zirkulation und Kommunikation an der Oberfläche, auf der Oberfläche: Nichts davon erschließt die Tiefe. Die Last dieser Tiefe, dieser Geschichte, dieser Erinnerung, dieses Urgrundes wird durch eine List bewerkstelligt, einfach die Oberflächen zu bearbeiten, wodurch jene Lust entsteht, welche das Ich in seinen Bewegungen quer über die Oberfläche bereits seit den ersten Zeilen von *Amérique* durcherlebt.

Ganz am Ende des Bandes findet sich dann die Assoziierung des Spiels und von Las Vegas mit der Wüste, seien beide Räume doch erinnerungslos. Die Wüste besitzt die außergewöhnliche Bedingung, dass die Seltenheit von Zeichen sehr hoch wird, eine Konstellation, welche die Menschen dazu bringe, im Spiel die Augenblicklichkeit zu suchen. Mit diesen Schlussworten wird erneut die Oberfläche, die Unmittelbarkeit, die Vernichtung der historischen Tiefe, die Flucht aus der Abfolge langer Kausalketten evoziert, und all das abgeschüttelt, was unsere Entscheidungen vielschichtig, komplex, historisch abhängig und determiniert macht. Letzterem setzt Baudrillard die Wüste als Raum unsteter Bewegung, als Freiheit des Freeways, als Ziellosigkeit der Bewegungen und Bewegungsrichtungen entgegen. Dies bedingt dann letztlich auch die Grundstruktur seines Reisebuches, das ganz gewiss kein Reiseführer, sondern im besten Sinne Literatur, Reiseliteratur, ist.

Die Realität, so predigte Jean Baudrillard in einem seiner berühmtesten Texte über das Simulakrum, gehe im Hyperrealismus, also in der exakten Verdoppelung des Realen, unter. Es verflüchtige sich von Medium zu Medium, werde zugleich aber zum Realen schlechthin. Der Widerspruch zwischen Realem und Imaginärem, so Baudrillard, sei im Hyperrealismus ausgelöscht. So sei die wirkliche Definition des Realen die, dass man von etwas eine äquivalente Reproduktion herstellen kann. Am Ende dann sei das Reale nicht mehr das, was reproduziert werden kann, sondern das, was immer schon reproduziert ist oder reproduziert worden ist.

Ursprung und Ziel, so Jean Baudrillard weiter, werden in ihrer Gegensätzlichkeit aufgehoben und durch die Verdoppelung ersetzt. Das Reale wird damit tendenziell vom Imaginären beziehungsweise vom Zeichenhaften ununterscheidbar. Der menschliche Raum wird damit gleichsam entrealisiert. Im Gegensatz zu den früheren Simulakren wie etwa jenen der Kunst oder des Spiegels sind die aktuellen Simulakren nicht mehr einfach und durchschaubar. Die Verschmelzung von Realem und Imaginärem bedeute letztendlich, dass überall die ästhetische Faszination herrsche. Alles, auch weit außerhalb der Kunst, werde im Zeichen einer derartigen Entwicklung ästhetisch. Allem liegt der Simulationsprozess zugrunde. Vor diesem Hintergrund ließe sich fragen: Ist nun *Amérique* eine derartige Simulation Amerikas? Die einfache Antwort auf diese Frage: wohl eher nicht. In jedem Falle ist *Amérique* eine Simulation geringeren Grades als Michel Butors experimenteller Roman *Mobile*, der sehr wohl den Anspruch erhebt, eine Repräsentation und zugleich auch eine Simulation der Vereinigten Staaten zu sein. Doch liegt dieser Band außerhalb des Radius und der Gattungszugehörigkeit der Reiseliteratur, weshalb auf ihn nicht weiter verwiesen werden soll. Denn darum geht es in einer anderen Vorlesung.

Doch kommen wir vor diesem Hintergrund zu einem letzten hier aufgegriffenen Punkt bei der Auseinandersetzung mit Baudrillards wirklich gelungenem und mehr noch denk-würdigem Reisetext. Im Grunde ist Baudrillards *Amerika* zugleich auch die Anleitung für eine philosophische Alterität, die eben nicht nur kulturell bedingt ist, sondern gleichsam eine außermenschliche, ja fast schon eine unmenschliche Alterität bezeichnet. Der Welt der Zeichen, der Welt der Geschichte, tritt der vom Menschen nicht letztendlich kontrollierte Raum der Wüste als inkommensurable Alterität gegenüber. Man darf sich allerdings fragen, ob sich die Weite dieses Raumes letztlich nicht doch wieder jenem amerikanischen Traum zuordnen ließe, dem sich schon die ersten Entdecker hingaben: jener unermesslichen Weite eines Landes, das mehr oder minder unberührt ist, und dessen Begehung letztlich eine Flucht aus der eigenen Geschichte und ihrer eigenen Kausalität bedeutet und zugleich verspricht. Ist denn der *American Dream* nicht letztlich grundlegend an die Oberfläche geknüpft, kurzum ein Oberflächenphänomen, das die Tiefendimensionen, welche von ihm negiert werden, unberührt und unberücksichtigt lässt?

Insoweit wäre *Amérique* letztlich als das Bordbuch eines neuen Columbus zu lesen, der in seinen hermeneutischen Bewegungen, in seiner Schifffahrt durch die Wüste des Meeres aus der Gefangenschaft einer Geschichte im doppelten Sinne entspringt, einer Geschichte, die freilich mit ihm und durch ihn eine neue Wendung nehmen wird. *Amérique* ist damit ein neuer *Diario de a bordo*, dem nicht die Entdeckung an sich, sondern der Weg selbst von Bedeutung wird, eine Welt, in der die Zeichen spärlich geworden sind und jeder Deutungsakt zählt. Und mehr noch: eine andere Welt als Welt des Anderen – was dem Menschen entgegensteht als Objekt, als Gegen-Stand, als Ort einer radikalen Alterität, die das Eigene durch das absolut Andere anders zu perspektivieren und neu zu ordnen erlaubt. So werden die Karten der Geschichte neu gemischt. Die Reiseliteratur von Jean Baudrillard zeigt den Ort auf, an welchem die Diskontinuität hermeneutischer Bewegungen sich auf die Abstraktion philosophischer Erörterungen öffnet, welche die Grundlagen des abendländischen Denkens zumindest in Frage stellen. Ob dies allerdings nicht Roland Barthes mit *L'Empire des signes* deutlich früher und wesentlich radikaler gelang, ist eine Frage, die wir zur Beantwortung an dieser Stelle unserer Vorlesung ganz bewusst offen lassen.

Arnold Stadler und die Reise nach Feuerland

In seiner spannenden Analyse der Veränderungen von Raum und Raumvorstellung am Ausgang des 20. Jahrhunderts schrieb der in Basel lebende Publizist und Kulturphilosoph Aurel Schmidt 1998:

> Es beginnt uns zu dämmern, daß wir in der Falle der Immobilität und Ausweglosigkeit sitzen. Natürlich können wir nach wie vor nach Potsdam oder Palermo reisen oder nach Patagonien, das ist weiter weg, also fremder, daher verlockender, aber das ändert nichts an der Tatsache, daß jede Bewegung, die wir in einem fixierten Raum ausführen, nirgends hinführt. Die Summe ist jedes Mal die gleiche. Es ist wie in einem geschlossenen System, in dem die Energie rechnerisch weder ab- noch zunimmt, oder wie am Nordpol, wo jede Richtung nach Süden weist.[1]

Jede Zeit bringt ihre je eigenen Paradoxa hervor. Ungewiss in unserer Zeit des Übergangs, des Endes der vierten Phase beschleunigter Globalisierung, einer Zeit von Protektionismus und gesteigertem Nationalismus, von Erträumen ethnisch homogener Territorien und der Abschottung gegenüber all dem, was Angst vor Veränderung macht, ist freilich, auf welche Doxa das Paradoxe noch Geltung beanspruchen will und darf. Das Paradox unserer Zeit könnte jedoch darin bestehen, dass die stetig wachsende, vielleicht übergroße Beschleunigung den Eindruck der Immobilität, der Bewegungslosigkeit erzeugt, den Planwagen jener klassischen Western ähnlich, bei denen die Räder just dann stehenzubleiben oder sich gar rückwärts zu drehen scheinen, wenn diese ihre höchste Geschwindigkeit erreichen.

Ist dieser stroboskopische Effekt aber nicht ein Charakteristikum der Moderne überhaupt? Denn zeitgleich mit der historischen und räumlichen Entfaltung des Projekts der europäischen Moderne seit dem letzten Drittel des 18. Jahrhunderts hatte sich bereits der Eindruck einer Nach-Geschichte, einer *Posthistoire* herausgebildet, der in regelmäßigen Abständen an die Pforten des europäischen Weltbewusstseins klopft. Ihn reflektierte Georg Forster, der James Cook auf dessen zweiter Reise um die Welt begleitet hatte und etwas von den weltweiten Konsequenzen der Expansion Europas verstand, in seinem Beitrag 'Die Nordwestküste von Amerika und der dortige Pelzhandel', in dem er auf die Folgen des europäischen (Welt-) Handels aufmerksam machte, „in welchen sich allmählig die ganze Weltgeschichte aufzulösen" scheine.[2]

---

1 Schmidt, Aurel: *Von Raum zu Raum: Versuch über das Reisen.* Leipzig: Merve 1998, S. 38.

2 Forster, Georg: Die Nordwestküste von Amerika, und der dortige Pelzhandel. In (ders.): *Werke in vier Bänden.* Herausgegeben von Gerhard Steiner. Bd. 2: *Kleine Schriften zur Naturgeschichte, Länder- und Völkerkunde. Ansichten vom Niederrhein.* Leipzig: Insel Verlag 1971, S. 258; vgl. hierzu

Abb. 93: Aurel Schmidt (1935, Berlin).

Auch der französische Historiker Jules Michelet bewegte sich ein gutes halbes Jahrhundert später in einer Zeit der *posthistoire*, die sich schon *nach* den großen Revolutionen wähnte. Und doch dreht sich unsere Geschichte, dreht sich unser Planet mit einer irrwitzigen Geschwindigkeit, die wir anhand des Klimawandels oder des Artensterbens messen und protokollieren, aber nach bisherigen politischen Parametern nicht zu stoppen vermögen. es sei denn, ein guter Teil der Menschheit gelangte zu der Einsicht, dass wir im Zeichen des Wachstums nicht länger wachsen dürfen. Die rasende Geschwindigkeit, der wir allenthalben ausgesetzt sind, aber wird man nur zum eigenen Schaden sowie zu dem unseres Planeten leugnen dürfen. Doch Parteien gibt es freilich hierfür auch, in Hülle und Fülle sogar.

Die Erfahrung nach-geschichtlicher Zeiten scheint auf eine besondere, bislang wenig ergründete Weise mit der Erfahrung geschichtlichen Denkens verbunden zu sein. Höchste Beschleunigung und Empfindung des Stillstands – dies zeigen auch die Ereignisse beim Fall der Berliner Mauer sowie die drei nachfolgenden Jahrzehnte grundlegender rapider Veränderungen in den als 'neu' bezeichneten Bundesländern besonders eindrücklich – sind keinesfalls voneinander getrennte oder gar einander diametral gegenüberstehende Phänomene unserer Geschichte. Die Verschränkung von Akzeleration und Ruhe bildet ein Paradoxon, das gewiss zur Grunderfahrung der Moderne zählt und sich nicht zuletzt in der so unterschiedlich modellierten Figur des Reisenden manifestiert. Ja, man könnte mit guten Gründen sogar sagen, dass sich in der Figur oder den Figuren von Reisenden wie in einem Brennpunkt die unterschiedlichsten Isotopien unseres geschichtlichen Erlebens schneiden und überkreuzen.

Angesichts dieser Überlegungen des französischen Mythenkritikers und Zeichentheoretikers Roland Barthes, der die absolute Ruhe des Überschallpiloten

---

Lepenies, Wolf: *Das Ende der Naturgeschichte. Wandel kultureller Selbstverständlichkeiten in den Wissenschaften des 18. und 19. Jahrhunderts.* Frankfurt am Main: Suhrkamp 1978, S. 118.

hervorhob, drängt sich eine Frage auf: Ist an die Stelle des *jet-man* der Moderne heute die Figur des *chat-man* der Postmoderne, der sich im *WorldWideWeb* mit kaum noch zu bemerkender Zeitverzögerung weltweit bewegende Nutzer des Internet getreten? Hat die Atmosphäre des Welt-Raums ihre Dominanz an die Logosphäre des *chat-rooms* in Echtzeit abgetreten, ohne doch für die Nutzerinnen zu verschwinden? Hat das *Jetten* als Mythos des Alltags ausgedient und dem *Chatten* im *Cyberspace* Platz gemacht? Sind wir zu Gewohnheitstieren planetarischer Ubiquität im Netz geworden, die uns über die tatsächliche Präsenz auf unserem Planeten sanft hinwegtäuscht? Oder anders: Glauben wir uns weltweit vernetzt – und sind doch nur mit einem kleinen Teil der Erdbevölkerung wirklich in Kontakt?

Selbst Superman, Batman und Spiderman als vermeintlich unverwüstliche Mythen der Geschwindigkeit und der Überwindung des empirischen Raums scheinen in der Tat ihre Vorherrschaft dem neuen künstlichen Mythos vom Menschen im virtuellen Netz überlassen zu haben. Gerade das Beispiel weltweiter kommunikativer Vernetzung mag zeigen, dass auch die verstärkte Vielbezüglichkeit unterschiedlichster Räume trotz der immer höheren Kommunikationsgeschwindigkeit mit der Erfahrung und Wahrnehmung von Bewegungslosigkeit, von Stillstand, von einem 'Durchdrehen' der Räder und nicht zuletzt von einem Verschwinden des Raumes verknüpft sein kann. Die Kommunikationsgeschwindigkeiten in der weltweiten Zirkulation von Ideen faszinieren und täuschen zugleich darüber hinweg, wie verengt die Erfahrungs- und Erlebenswelt unseres weltweiten Gewebe heute ist und uns über konkrete raumzeitliche Erfahrungen und Erlebnisse hinweglügt. Macht ein in einem konventionellen Sinn verstandenes Reisen dann überhaupt noch einen Sinn?

Vom Raum der Gedanken, vom virtuellen Raum zirkulierender Vorstellungen her betrachtet – also gleichsam nicht von der Hardware, sondern von der Software her gesehen –, ist der *tour du globe* beziehungsweise der *tour de l'univers* (im Sinne von Denis Diderot) gerade nicht zu einem Stillstand gekommen. Die Beschleunigung in der Empirizität der Atmosphäre wird von der Virtualität weltweiter Kommunikation in der Logosphäre beständig in Bewegungslosigkeit umgedeutet, eine Erfahrung, die mit der europäischen Moderne heraufzieht, welche sich ihrerseits erst vor dem Hintergrund von Welt-Erfahrung konstituieren kann. Macht in diesem Zusammenhang also ein konkretes Reisen in Raum und Zeit noch Sinn? Ist Reisen also noch für uns zeit-gemäß, gerade auch vor dem Hintergrund immer stärker veränderter Klimadaten, die schon zum Phänomen der 'Flugscham' geführt haben?

Wie Aurel Schmidt am Beispiel Goethes aufzeigte, „wird das Reisen zu einer Technik und Methode der unausweichlichen Selbstverwandlung und

Selbsterneuerung"[3] – doch ist damit im Sinne Diderots sicherlich nicht die einzig mögliche Technik und Methode bestimmt. Schmidts Überlegungen am möglichen Ende jenes Raumes der europäischen Moderne, an deren Anfang sich Texte wie Diderots *Supplément au Voyage de Bougainville* und mehr noch *Jacques le fataliste et son maître* ansiedelten, fällt am Jahrtausendende weniger selbstgewiss und zukunftsfroh aus als jene der beiden Dialogpartner des 18. Jahrhunderts: Der Mensch reist nicht, er „wird transportiert, abtransportiert, deportiert", verbleibt „stets am gleichen Ort, in der Leere und Langeweile, in die er verstrickt ist".[4] Wird damit letztlich nicht das Reisen als eine wichtige Kulturtechnik des Menschen obsolet, der sich mit anderen, verschiedenartigen Kulturen beschäftigen und auseinandersetzen möchte?

Auch hier scheint, allerdings vom anderen Ende dieses Raumes her, die Grenze zwischen jenen, die aufbrechen, und jenen anderen, die zu Hause bleiben, nicht nur brüchig, sondern letztlich irrelevant geworden zu sein. Aber ist es wirklich gleichgültig, ja sogar *gleich gültig*, ob wir uns zu den Reisenden oder den Daheimgebliebenen – eine Scheidung, die unsere gesamte Vorlesung durchzog – zählen dürfen?

Gleichwohl ist diese Art der Reise im Gegensatz zur überwiegenden Mehrzahl von Migrationsbewegungen in umgekehrter, von den 'Peripherien' in die 'Zentren' verlaufender Richtung eine selbstgewählte, von ihrer Etymologie her als *sportlich* zu bezeichnende De-Portation: Der Weg vom lateinischen *portare* zum deutschen *Sport* führte – wie der Blick in ein etymologisches Wörterbuch zeigt – über das mittellateinische *deportare*, das mittelfranzösische *desporter* sowie das neuenglische *sport*.[5] Gerade diese sportlichen Fernreisen beinhalten überdies eine zumeist unbewusste Zoologisierung des Anderen. Denn wie im Zoo wird das Unbekannte, das Exotische, das Fremdartige besucht und besichtigt, nicht aber zum Gegenbesuch außerhalb der Umfriedung der Zoogitter eingeladen. Ein spätes Erbe unserer sogenannten 'Völkerschauen'? Touristen bleiben nach ihren Ausflügen wie die Rückkehrer aus dem Zoo gerne unter sich. Nicht überall sind auf unserem Planeten die Bewegungsmöglichkeiten und die Lebenschancen miteinander vergleichbar – und auch dies ist von Beginn an ein Bestandteil jenes Paradoxons, das die europäische Moderne in ihrer beständigen Zunahme an Raumumfang und Reisegeschwindigkeit gebildet hat. In leichter Veränderung einer wohlbekannten Formulierung ließe sich folglich sagen: Das *Empire reist* zurück.

---

3 Schmidt, Aurel: *Von Raum zu Raum*, S. 23.
4 Ebda.
5 Vgl. Kluge: *Etymologisches Wörterbuch der deutschen Sprache*. 23., erweiterte Auflage. Bearbeitet von Elmar Seebold. Berlin – New York: Walter de Gruyter 1999, S. 782.

Die Ausführungen Aurel Schmidts bringen im Eingangszitat scheinbar zufällig Patagonien, jene Region, die Arnold Stadlers *Feuerland* zu umschreiben versucht, in einen wohl rein alphabetisch begründeten Zusammenhang mit Palermo und überdies mit Potsdam, meinem innerhalb dieses Dreiecks keineswegs bedeutungslosen Ort des Lesens. Patagonien,[6] Mittelmeer und Mitteleuropa werden durch einen seltsamen Zufall in eine Beziehung zueinander und zugleich mit der Problematik der Reise gesetzt, eine Relation, die sich auch in dem 1992 erschienenen Roman des unweit des badischen Meßkirch geborenen süddeutschen Autors entdecken lässt. Mit anderen Worten: Die von Aurel Schmidt skizzierte Raumproblematik scheint geradezu gemünzt auf Arnold Stadlers in siebenunddreißig unterschiedlich kurze und römisch durchnummerierte Kapitel (oder Stationen) unterteilten Kurzroman. Dieser soll nun auf den nachfolgenden Seiten einer näheren Untersuchung unterzogen werden, um aus ihm Lehren für die künftige Entwicklung von Reiseliteratur zu ziehen.

Abb. 94: Arnold Stadler (Meßkirch, 1954).

Arnold Stadlers Roman *Feuerland* bildet den zweiten Teil einer autobiographischen Trilogie, die 1989 mit *Ich war einmal* begann und 1994 mit *Mein Hund, meine Sau, mein Leben* abgeschlossen wurde.[7] Es handelt sich um einen Text, der von Reisebewegungen jeglicher Art charakterisiert und gequert wird, wobei Thema, Struktur und Strukturierung der Reise topisch ebenso mit der Problematik der Lebensreise als Sinnsuche wie mit jener des Todes als Endpunkt jeglicher irdischen Reise verknüpft werden. Reisen erzeugen Leben ebenso wie sie

---

6 Vgl. zu Literatur und Reiseliteratur rund um Patagonien Haase, Jenny: *Patagoniens verflochtene Erzählwelten. Der argentinische und chilenische Süden in Reiseliteratur und historischem Roman (1977–1999).* Tübingen: Max Niemeyer Verlag 2009.
7 Einen ersten Überblick über das Werk des 1954 geborenen Autors bietet Knittel, Anton Philipp: Arnold Stadler. In: *Kritisches Lexikon zur deutschsprachigen Gegenwartsliteratur.* 53. Nachlieferung. München: Edition text + kritik 1996.

den Tod auslösen: Leben heißt in diesem Sinne ein unverändertes Reisen, gleichviel, ob dieses in seiner Vektorizität gerichtet oder ungerichtet ist.

Diese Vektorisierung aller Lebensbezüge zeigt sich bereits in den fulminanten Anfangssätzen dieses trotz seines geringen Seitenumfangs beunruhigend sperrigen, eine ganz eigene sprachliche Welt erzeugenden Erzähltextes. Der Anfang markiert ein Lebensende, wie man es sich stärker von Bewegungen durchzogen kaum vorstellen könnte:

> In der Nacht vom 20. zum 21. Juni warf sich der Sohn des Fellhändlers Antonio aus Pico Grande, Patagonien, vor den Zug. Es war sein erstes Lebenszeichen.
>
> Trotz der Verspätung des Nachtzuges von Esquel nach Bahia Blanca wartete der Kandidat im Chevrolet seines Vaters, den er sich für diesen Zweck geliehen hatte, bis er den Zug kommen hörte. Dann schlug er die Tür des Lieferwagens zu, warf die Fahrzeugschlüssel zusammen mit seinem ganzen Schlüsselbund in die Pampa, rannte die wenigen Meter bis zu den Schienen und legte sich gegen die Fahrtrichtung, aber parallel zu den Gleisen, mitten auf den Boden. Es war eine Sache von Sekunden, und er hatte alles überstanden. Diese Bahnlinie war die einzige Verbindung der Gegend mit der Welt.[8]

Solch ein Romanauftakt wirkt, verbunden mit der lakonischen Erzählweise, wie ein Paukenschlag. Die Leserschaft wird mit wenigen Worten eingefangen und gefesselt – oder vielleicht auch abgestoßen. Bereits in diesen Anfangssätzen, in diesem *incipit*, sehen Sie es schon: *Speed kills*. Charakteristisch ist in diesem ausgefeilten Beginn nicht nur die präzise Einführung der Themen des Selbstmordes und des Todes, die als *basso continuo* den gesamten Text begleiten, sondern die Verknüpfung dieser Thematik mit verschiedenen Verkehrs- und Transportmitteln und dadurch der Problematik der Raumveränderung insgesamt. Der Mensch erscheint als Teil einer Welt, die von genau getakteten Bewegungen durchzogen wird: Man kann sich auf sie, leichte Verspätungen einkalkulierend, verlassen.

Vektorizität ist niemals unschuldig: Bewegung erscheint von Beginn an als eine Bewegung zum Tode, die paradoxerweise zum ersten Lebenszeichen der ersten Romanfigur gerät. Auch hier sind, gewiss auf andere Weise, höchste Beschleunigung und Bewegungslosigkeit unmittelbar zusammengedacht. Im Selbstmord prallen beide Bewegungsformen aufeinander. Die einzige Verbindung der Region mit der Welt auf einer zumindest analogen Ebene führt zum Abbruch der Verbindungen des Individuums mit der Welt, auch wenn dies aus zugtechnischen Gründen verspätet erfolgt. Die Verbindungen werden abgebrochen, selbst die Schlüssel des Automobils werden weggeworfen, als sollte niemand mehr dieses

---

8 Stadler, Arnold: *Feuerland*. Roman. Salzburg: Residenz 1992, S. 7.

Fahrzeug für andere Reisen und Bewegungen mobilisieren können. Natürlich wird dies dessen erneute Inbetriebnahme höchstens verzögern.

Nicht weniger paradox ist, dass der endgültige Stillstand, der auch zu einer Zerstückelung des Körpers führt, erst durch eine Reihe mehr oder minder abrupt beschleunigter Bewegungen erzeugt wird. Wir wohnen einer Versuchsanordnung mit todsicherem Ausgang bei: Der Zug wird als Emblem des Fortschritts und der Moderne zum Henker eines Lebens, das sich aus seinen ungeordneten Bewegungen anders nicht zu retten weiß.

Für die sich bereits in den Anfangssätzen abzeichnende Konstellation ist nicht unwesentlich, dass nicht nur in der Eingangsszene, sondern auch am Ende des Romans die verschiedenen Todesarten in jenem Teil des Planeten, der vom Erzähler immer wieder als das 'Ende der Welt' bezeichnet wird, sich mit Vorliebe an jenen Leitlinien der Infrastruktur in Szene setzen oder ereignen, welche „die einzige Verbindung der Gegend mit der Welt" darstellen. Mit einer wohlkalkulierten Schärfe werden die unterschiedlichsten Reisebewegungen und Vektorizitäten der handelnden Figuren immer wieder glatt in ihren jeweiligen Mobilisierungen durchtrennt. Begeht gleich zu Beginn des Romans der Sohn des 1938 aus Deutschland nach Argentinien emigrierten Onkels des Ich-Erzählers Selbstmord, so wird ein anderer Auswanderer, in eben jenem Augenblick, als er seinen Wohnort Pico Grande in Patagonien verlässt, um nach Deutschland zurückzukehren, während einer Autofahrt im Schlaf vom Tod ereilt.[9] Die Bewegungsfiguren vererben sich gleichsam transgenerationell: was in unserer Familie vektoriell angelegt und damit *gebahnt* ist, kann sich auf *gebahnten* Wegen einschließlich der Eisenbahn jederzeit in unser Leben fressen und es bestimmen. Vektoren sind transgenerationelle *Bahnungen*.

Die Bahnungen in Arnold Stadlers *Feuerland* sind minuziös geplant. In einer tödlichen Symmetrie und Choreographie von Romananfang und Romanende ist die Bewegung stets eine Bewegung zum Tode. Ganz bewusst führen von der Eingangs- und Schlussszene direkte Beziehungen zum Ich-Erzähler, der gleich zu Beginn des letzten Kapitels festhält: „so könnte auch meine Geschichte enden."[10] Mithin weist der Roman eine mehr oder minder verdeckte serielle und relationale Struktur auf, die – wie noch gezeigt werden soll – genealogisch und transgenerationell fundiert wird. Für unverrückbare Identitäten bleibt in diesem Seriellen Spiel kaum mehr als ein transitorischer Raum. In den Figuren des Romans sind Bahnungen angelegt, denen diese Figuren nicht auszuweichen vermögen.

---

9 Ebda., S. 153 f.
10 Ebda., S. 153.

Doch die hermeneutische Bewegungsfigur, die Kon-Figuration der Bewegungen des Ich-Erzählers sticht gleichwohl scharf von den Bewegungsmustern aller anderen Figuren des Romans ab. Denn die Grundfigur seiner Bewegungen ist ganz einfach der Kreis. Er bricht von Deutschland, vom badisch-schwäbischen Alpenvorland aus auf, reist nach Argentinien, wo er sich einen Südhalbkugelsommer lang im patagonischen Andenvorland aufhält, und kehrt schließlich wieder in seine 'Heimat' nach Deutschland zurück. Und an diese Figur sind gleichsam die Elemente und Aspekte des reiseliterarischen Berichts gekoppelt.

Kein Zweifel: Wir haben es hier mit einer Globalisierung auf touristischer Ebene zu tun. Dies ist gleichsam eine transversale Globalisierung, die zwischen Globalisierung von oben und Globalisierung von unten steht, wobei sie sich freilich der ersteren näher weiß. Denn der Ich-Erzähler unternimmt seine Reise auf eigenen Wunsch, nach eigenen Vorstellungen – und dies ist bei der Mehrzahl der auf unserem Planeten getätigten Reisen keineswegs der Fall. Nein, hier geht es nicht um diskontinuierliche Sprünge, wir haben es vielmehr mit einer zielgerichteten kontinuierlichen Bewegungsfigur zu tun.

Arnold Stadlers Text vollzieht damit jene 'Ur-Bewegung' des europäischen 'Besuchers' in Amerika nach, die seit Cristóbal Colón die eigene Reise im Zeichen der Rückkehr und damit im Zeichen des Kreises begreift. Es ist die europäische Bewegungsfigur *par excellence*. Nicht von ungefähr erinnert die Kapitelstruktur mit ihren im Inhaltsverzeichnis aufgelisteten narrativ gehaltenen Überschriften, die von 'Wie der Sohn des Fellhändlers starb' bis 'Wie die Geschichte endet' reichen, ebenso an den Schelmenroman, der dem Reisebericht unendlich viel schuldet, wie an den Reisebericht selbst, dessen Bewegungen die Kapitelüberschriften nachvollziehbar machen. Erneut erweisen sich die *novela picaresca*, aber auch autobiographische Schreibformen als Korrespondenzformen reiseliterarischen Schreibens, in denen wir auf Grundelemente des Movens von europäischer Reiseliteratur stoßen.

Das intertextuelle Netzwerk des reiseliterarischen Romans ist fein gesponnen und spielt eine Vielzahl von gerade auch reiseliterarischen Bezügen ein. Nicht nur die Anspielungen auf das Menschenfressertum, die den Erzähler seit seiner Kindheit quälen, sondern auch die durch die Überschriften gegebene Präsentationsform stellen eine direkte Verbindung zu Hans Stadens berühmtem und in unserer Vorlesung ausführlich behandelten Bericht aus dem 'Brasilien' der Mitte des 16. Jahrhunderts her, in welchem sich viele Kapitelüberschriften dieses Typs ausmachen lassen. Was auf Brasilien gemünzt war, hätte auch für Patagonien oder *Feuerland* gelten können: 'Wie wir herausfanden, in welchem Teil des fremden Landes wir Schiffbruch erlitten hatten'. Stadens wie Stadlers Texte sind Schiffbrüche mit Rückkehr, wenn auch nicht für alle der Reisenden an Bord. Die Reisen der ersten Phase beschleunigter Globalisierung sind in den

Reisen der vierten Phase unmittelbar präsent und bilden einen sinngebenden Horizont, in dessen Rahmen sich das jeweils Erzählte einfügt.

Doch vergessen wir nicht, dass die Reisen unserer Tage zugleich auch den Bahnungen früherer Zeiten folgen und eine Reise damit stets auch transgenerationell motiviert ist. Am Anfang der Reise des Ich-Erzählers stand die Reise eines anderen, des Onkels Antonio, der 1938 „fortgefahren und nicht wiedergekommen" war, so wie es wiederum dessen Onkel getan hatte, der 1898 – gleichsam zum Zeitpunkt der dritten Phase beschleunigter Globalisierung – den Flecken Nueva Alemania, das später in Pico Grande umbenannt wurde, gegründet hatte. Verschiedene Zeitebenen überlagern sich, werden wie in einem Palimpsest gleichzeitig lesbar und beleuchten sich wechselseitig: *un voyage peut en cacher un autre*.

Im Falle des Ich-Erzählers sind die transgenerationellen Bahnungen ganz konkreter Art. Durch die Briefe von Onkel Antonio wurde das *neudeutsche* Amerika für den Ich-Erzähler von Kindesbeinen an zum Zielpunkt eines anhaltenden Fernwehs. Der Onkel kam nicht mehr zurück; dafür schickte er Briefe, die die Phantasie des Jungen beflügelten. Damit trat die Schrift an die Stelle der räumlichen Bewegung, ein Schreiben also, das virtueller Ersatz für die Bewegung und zugleich deren Folge und Ausdruck ist.

Und doch hatten diese Briefe auf den ersten Blick wenig Verheißungsvolles, wenig, was das Fernweh nach einem ganz *anderen* Land hätte wecken können, ist doch „*im Grunde alles ganz wie zu Hause*".[11] Die Ent-Täuschung durch eine Reise scheint vorprogrammiert. Allerdings sollte uns diese ungezählte Male wiederkehrende Formel nicht über deren ambivalente Form hinwegtäuschen, insoweit sich doch eine grundlegende Differenz einschleicht, welche aus dem *wie zu Hause* zugleich den Gegen-Raum zum Zuhause macht. Denn im Gleichen, das nicht das Selbe ist, gewinnt das Eigene den Charakter eines Anderen, das die Schafe nicht zu Kühen, die Anden nicht zu Alpen, das Neudeutsche nicht zum Deutschen werden lässt. Eine Differenzqualität schiebt sich dazwischen, welche gerade am *wie zuhause* ansetzt und durch ein *aber doch ganz anders* vervollständigt.

Die Überwindung des realen, des empirischen Raumes kann die in sie gesetzten Hoffnungen der Grenzüberschreitung zum *ganz Anderen* gleichwohl nicht erfüllen. Der Ort der Ankunft ist Ent-Täuschung.[12] Schon „mit Beginn der Reise" war das Reisefieber verflogen,[13] aufgebraucht. Die autobiographischen,

---

11 Ebda., S. 11.
12 Ebda., S. 13.
13 Ebda., S. 17.

in die Zeit der Vergangenheit weisenden Spuren überlagern immer wieder die reiseliterarischen, am Raum der 'Neuen Welt' sich ausrichtenden Bewegungen mit ihrer eigenen Vektorizität. Die Transarealität dieser transatlantischen Bezüge zwischen Alpenvorland und Andenvorland ist evident.

So war die Neue Welt zwar in der Alten Welt dem Kind als eine neue erschienen; doch wird sie dem Erwachsenen just in der Neuen Welt zur Alten. Eine Reise im eigentlichen, traditionellen Sinne ist beim Protagonisten als bewusster Prozess kaum wahrnehmbar; denn selbst bei der Überquerung des Atlantik, den Onkel und Uronkel noch auf Auswandererschiffen in wochenlangen Reisebewegungen überwunden hatten, ist der Ich-Erzähler schlicht eingeschlafen und nimmt die Bewegung im Raum aus einer Höhe von zehn Kilometern kaum war. Die Bewegung des Flugzeugs gerinnt bestenfalls zum fixierten philosophischen Topos, zum „Aussichtspunkt wie über dem Meer", auf dem der Reisende sitzt und über die Bewegungen anderer, seiner Vorfahren, nachsinnt.[14] Fast will es scheinen, als wäre der Reisende der eigentliche Daheimgebliebene, als wäre das Diderot'sche Paradox des Reisenden von neuem wirksam. Die Verbindung von Reisen und Schreiben scheint gestört, vielleicht sogar zerstört.

Anders als in einer Welt, deren Konturen und Umrisse durch die Entdeckungsfahrten des ausgehenden 18. Jahrhunderts noch nicht gesichert waren, ist die Utopie am Ende der Welt nun an ihr Ende gelangt. Es scheint, als ob sich am vermeintlichen Ende der Welt, das seinerseits ein anderes Ende noch weiter nach Süden projiziert, die Welt für den Protagonisten zu einer Kugel gerundet hätte, die kein Ende kennt und in ihrer wahrhaft *erfahrenen* Endlichkeit der Utopie als dem 'reinen' Anderen endgültig den Garaus machte. Gefangen in einer Welt, die sich zur Kugel rundet und aus der es kein Entrinnen gibt: Wir befinden uns am Gegenpol zu einer Utopie, nicht an einem Nicht-Ort, sondern an einem Ort, der eigentlich zwei Orte ist, im Anden- *und* im Alpenvorland liegt. Die Überlagerung der Räume als Folge einer willentlichen De-Portation aber ist nicht gleichbedeutend mit deren Ineins-Fallen. Distanz und Differenz sind nicht getilgt. Die Überlagerungen dieses antipodischen Feuerlands beinhalten stets ein Spiel von Identität und Differenz, an dem sich das Schreiben in einer ständigen Grenzüberschreitung zwischen beiden Polen abarbeitet. Das Reisen entzieht dem Schreiben jegliche Möglichkeit von bunten Bildern, führt an den immer gleichen Ort, an welchem sich die Landschaften überlagern und nur das Subjekt sich in diese Doppel-Landschaft zu fügen sucht.

Doch es gibt auch andere Bewegungsmuster in diesem reiseliterarischen Roman Arnold Stadlers. Denn die familiären Bahnungen stellen übereinander

---

14 Ebda., S. 149.

liegende Reiseverläufe dar, die sich wie unterschiedliche Vektorizitäten, gespeicherte Bahnungen, beschreiben lassen. Die eigene Familiengeschichte des Protagonisten präsentiert sich als eine Abfolge von Auswanderungen, waren doch nicht nur Onkel und Uronkel nicht mehr an ihren Herkunftsort zurückgekehrt, sondern auch jener entfernte Vorfahre „aus der Gegend von Schwaz",[15] der irgendwann (als eine Art Anton) aus Tirol aufgetaucht war, sich nördlich der Alpen niederließ und die Familie mit seinem im Roman lange Zeit verschwiegenen Nachnamen Schwanz genealogisch und patriarchalisch zeugte und prägte. Gegen Ende des Romans zeigt sich, wie nachhaltig diese genealogische Prägung nicht allein die Namensstruktur der Familie in beiden Welten durchläuft:

> Es ist an der Zeit, daß wir unseren Namen preisgeben. Für wen halten uns die Leute?
> Du heißt Rosa, Rosa Schwanz heißt du, nach deinem Vater, einem Schwanz wie ich. Wir alle stammen von jenem Schwanz ab, der aus Tirol in unser Haus kam, nur ein Müllersknecht.
> Das ist die Wahrheit.
> Nun konnte ich Rosa verraten, daß man schon in Chile über mich gelacht hatte, als ich als Ziel meiner Reise *Pico Grande* nannte, wörtlich übersetzt: *Groß-Spitz*, metaphorisch: *Groß-Schwanz*, etwa so als deutsches Bild. Rosa wußte weder, daß man in Chile jenen Teil, der bei uns topographisch-metaphorisch *Schwanz* genannt wird, als *pico* bezeichnet. Noch wußte sie, daß die Schwanz-Familie, die Schwanz-Seite (die Mutter war ja eine Indianerin), auf die sie sich so stolz berief, zu Hause nur ein Gelächter eintrug. Ganz zu schweigen von ihrem vollständigen Namen.[16]

Genealogien überlagern weithin eine Familiengeschichte, die sich transatlantisch fortpflanzt und doch immer wieder in dasselbe Grundmuster zurückfällt. Die unilinearen Bewegungsmuster dieser Familiengeschichte verweisen auf bewusste Entscheidungen, angesichts schwieriger Lebenskontexte das Eigene zu verlassen und an einem anderen Ort ein neues Leben aufzubauen. Doch zugleich ergeben sich Strukturen, die von willentlichen Entscheidungen nicht beeinflussbar sind und im gleichen Maße die Herkünfte und Abkünfte familiär vorantreiben. Sie sind jeweils mit Reisen und dem bewussten Willen, einer Situation zu entfliehen, gekoppelt.

So war auch schon die Stammmutter Lys, die auf dem Auswandererschiff den Uronkel des Protagonisten und späteren Gründer von Nueva Alemania kennengelernt hatte, vor einer Hungersnot in der Schweiz geflohen, hatte also ihr nacktes (Über-) Leben gerettet, um sich noch einmal einen neuen Raum des Eigenen schaffen zu können. Gelang diese Flucht, gelang dieses Ausbrechen aus einer Fatalität, die Lys einst hinter sich lassen wollte? Die Erzählweise der Hauptfigur lässt kaum

---

15 Ebda., S. 21.
16 Ebda., S. 131.

den Schluss zu, dass diese linearen Bewegungsmuster ohne Rückkehr zum Lebensglück geführt hätten. Vielmehr scheinen all diese Einzelgeschichten auf dem Familienfriedhof von Pico Grande zusammenzulaufen, sich auf der Nekropole des Grabhügels mit seinen schönen Grabsteinen und ihren deutschen Inschriften aufzutürmen.

Denn die Hoffnung darauf, das Gleiche unter anderem Himmel als das Neue entwickeln zu können, scheitert wie so viele andere Hoffnungen, verschwindet ebenso wie der Ortsname *Nueva Alemania*, der nach Ende des Ersten Weltkrieges nicht mehr opportun ist und mitsamt seinen großen Ambitionen ausgelöscht wird. Wenig, ja gar nichts bleibt vom großen Traum, sich in der Neuen Welt eine bessere Welt, ein besseres Leben aufzubauen. Nicht nur die unterschiedlichen Leben der Familienangehörigen wirken deplatziert, auch ihre Hoffnungen und Wünsche sind es.

Dies gilt auch für den Ich-Erzähler selbst; doch besitzt er im Gegensatz zu seinen Vorfahren ein Rückflugticket, das es ihm erlaubt, die Vorgänge und Geschichten in Amerika aus der Perspektive des Reisenden und des Gastes und damit aus einer zumindest materiell gesicherten Distanz zu betrachten. Mag sein, dass damit auch die bisweilen selbstironische, bisweilen sarkastische Erzählweise wie auch die Modellierung der Erzählerfigur zusammenhängt, die sich in die Erzähltrilogie einfügt, ohne ihre Eigentümlichkeit zu verlieren. Doch der Ich-Erzähler gräbt tiefer und tiefer in der Familiengeschichte.

Figuren treten aus dem Dunkel der Geschichte und werden zu handelnden Personen. Ein zuvor nur durch die Briefe des Onkels „geisternder Mensch",[17] Fritz alias Friedrich Wilhelm von Streng, nimmt durch den Besuch in Pico Grande für den Protagonisten konkrete Gestalt an. Sein gewaltsamer Tod setzt den letzten Akzent des Buches; doch selbst die wenigen Biographeme und Notizen eines Lebens, das den einzigen Sohn eines Generaldirektors nach einer zunächst standesgemäßen Laufbahn 1936 aufgrund seiner jüdischen Herkunft und seiner Homosexualität aus der Bahn warf und den nunmehr Verfolgten dazu zwang, „mit unbekanntem Ziel das Deutsche Reich" zu verlassen,[18] lassen ein anderes Muster diskontinuierlicher Reisebewegungen erkennen. Nicht willentliche und bewusste Entscheidung, sondern erzwungene Flucht bestimmt diese Art von Lebensweg, der sich am Ende mit der Entscheidung zur Rückkehr doch noch einmal abrunden will, dann aber jäh und plötzlich durch den Tod abgebrochen wird. Hier beginnt der Roman Arnold Stadlers, als Rückblick auf das 20. Jahrhundert endgültig zum Rückblick auf ein Jahrhundert der

---

17 Ebda., S. 33.
18 Ebda., S. 35.

Migrationen zu werden. *Feuerland* präsentiert eine Geschichte von Migrationen, Flucht und Exil, von Ansiedelung, Besiedelung und Hoffnung, Ausweglosigkeit und Tod. Es ist die Geschichte des vergangenen Jahrhunderts im transatlantischen Spannungsfeld.

Doch auch für diese Geschichte gibt es eine Romanfigur, in der sich gleichsam alle Bewegungen überschneiden. Im anschließenden Kapitel stößt der Erzähler auf Galina Pawlowna, deren diskontinuierliches Bewegungsmuster stellvertretend für viele andere diese Geschichte des 20. Jahrhunderts räumlich und dicht gedrängt vor Augen führt. Ihr Lebensweg wird als Bewegungsmuster in wenigen Worten nachgezeichnet:

> Ich stieß auf Galina Pawlowna.
> Eine Hymne auf die Füße von einst, bevor sie müd waren!
> Nachdem sie hier angekommen war (in einem der Winter nach dem Krieg, Fritz wusste nicht mehr genau, in welchem), blieb sie auch gleich hängen, bis zum heutigen Tag, mehr als vierzig Jahre. Eine Russin, sagte sie vereinfachend. Sie kam aus der Ukraine, von den Deutschen nach Deutschland geraubt, danach von den Engländern beschlagnahmt und ums Haar zu Churchills Freund Stalin abgeschoben, sagte mir Fritz. Vorher noch von den Engländern bombardiert. In Amerika unerwünscht, nach Argentinien abgeschoben, von Buenos Aires in den Süden abgeschoben, in die Südspitze Patagoniens.
> Verstehen Sie etwas von der Welt?[19]

Die Absurdität dieses gebrochenen, zerbrochenen Lebenslaufes, der freilich für Millionen von Menschen steht, ist Programm. Die sich an das knapp zusammengefasste Bewegungsmuster, das später durch die Darstellung der 'Behandlung' dieser Frau auf der Einwandererinsel Ellis Island vor New York ergänzt wird, anschließende Frage nach dem Verstehen, die sich nicht nur an den Protagonisten, sondern auch an das Lesepublikum richtet, führt die Bewegungen der Romanfiguren mit den vom Roman ausgelösten Verstehensprozessen explizit zusammen. *Verstehen* Sie etwas von dieser Welt?

Die absurde Diskontinuität eines Weges, der nie das Ergebnis frei getroffener Entscheidungen, sondern eines beständigen Gehandelt-Werdens, einer unablässigen Lebensbedrohung ist, stellt dem Leben überhaupt die Sinnfrage und verknüpft diese mit den Bewegungsfiguren des Romans. Denn hinter diesen Bewegungsfiguren wird die Hermeneutik brüchig. In der Tat sind die Romanfiguren vor allem dies: Figuren, die in erster Linie für eine je spezifische Art der Bewegung und des Verstehens einstehen. Der Erzählerkommentar selbst lässt hieran keinen Zweifel: „Jede Personenbeschreibung wäre ein Reisebericht."[20]

---

19 Ebda., S. 42.
20 Ebda., S. 43.

Der Reisebericht aber führt diese Versuche, einen Lebensweg zu verstehen, räumlich in seinen Bewegungen vor: Darin liegt seine Strahlkraft.

Auf dieser Ebene durchdringen sich die Reisen von anderen und das Schreiben über andere in einem Text, der deutliche reiseliterarische Züge besitzt. In den Reiseberichten der einzelnen Figuren erscheinen letztere als Figuren von Reisen, von denen der Roman nicht weniger als von der Reise des Ich-Erzählers berichtet. Denn erst die Kreisbewegung, die Rückkehr, ermöglicht das 'Mitbringen' all jener Geschichten, welche das Wenige bilden, das der Reisende den Daheimgebliebenen liefern kann. So ist *Feuerland* ein Reisebericht, hinter dessen Reise sich Berichte vieler Reisen und vieler weiterer Figuren auftun. Daraus ergibt sich die Gesamtstruktur des Textes. Denn das textgenerierende und bisweilen seriell und relational angewandte Prinzip ist die Reise, aus der viele andere Reisen hervorquellen, die ihrerseits andere Reisen verheißen. Ihr Ende muss abrupt sein, am Ende des Romans muss notwendig das Wörtchen „tot" stehen, hörte die Bewegung doch sonst niemals auf und ginge ewig weiter. Was sie letzten Endes auch tut.

Das patagonische Land ist eine Einschreibefläche. Für den Protagonisten taugt Patagonien weder als Fluchtort noch als Gegen-Welt. Die 'wüste' Landschaft taugt nur als Fläche, auf der sich die Reisebewegungen der Romanfiguren einschreiben und auf der diese vom ersten Abschnitt des Romans an ihre „Lebenszeichen" hinterlassen. Es ist freilich eine Fläche mit einer geschichtlichen Tiefe, einer Tiefe, die alte Vektoren, alte Bahnungen speichert. Die Fläche selbst aber ist in Stadlers Roman leer: Der in *Feuerland* aufgespannte literarische Raum erfasst nicht die Literatur, die sich in Argentinien selbst entwickelt hat; die expliziten intertextuellen Verweise beschränken sich auf die abendländische Literatur von der Bibel über Cervantes bis Chatwin, von Goethe über Stifter bis (intratextuell) Stadler selbst. Die Literaturen Lateinamerikas, die an den Literaturen des Abendlandes als Literaturen der Welt[21] asymmetrisch partizipieren, bleiben hingegen vergessen und ausgespart, als hätte es am „Ende der Welt" niemals Schriftstellerinnen und Schriftsteller gegeben: nur abendländische Reisende wie Chatwin, wie der Erzähler, die das verlorene Land in Erinnerung rufen. In diesem Sinne gilt: Patagonien ist auch für den Europäer Stadler in erster Linie eine Schreibfläche, welche eine (amerikanische) Leere repräsentiert, die von Europa her zu füllen ist und auch gefüllt wird.

Mag sein, dass aus diesem Grunde die Rückkehr des Ich-Erzählers nach Europa nicht den Abschluss des Romans bildet, sondern dass diese Rückkunft von

---

21 Vgl. hierzu Ette, Ottmar: *WeltFraktale. Wege durch die Literaturen der Welt.* Stuttgart: J.B. Metzler Verlag 2017.

der 'Weltreise' vielfach in vorangehende Kapitel eingeblendet wird und gleichsam in den Text diffundiert. Die Schreibfläche bleibt von der ersten bis zur letzten Zeile Patagonien, dessen Name seit *Antonio* Pigafettas phantasievollem Reisebericht von Magalhães' Weltumsegelung (1519–1522) für die Projektionen europäischer Träume nach Amerika einsteht. Doch die von dem italienischen Reisenden zu Anfang des 16. Jahrhunderts projizierten Riesen, die sogenannten Patagonier, auf die anlässlich des 'Tiermenschen' auch in Stadlers Roman angespielt wird, haben in *Feuerland* kleineren Menschen und bescheideneren Visionen Platz gemacht. Der reiseliterarische Ort des Abschieds, von dem aus noch eine letzte Hoffnung projiziert wird – „Lächerlich, ich weiß, aber so war es"[22] –, wird im bereits erwähnten vierunddreißigsten Kapitel gestaltet und betrifft geradezu selbstverständlich einen Ort interkontinentaler Verkehrsverbindungen, den internationalen Flughafen von Buenos Aires:

> Auf dem Flughafen. Vor mir noch einmal eine Art Panorama. Ein Geruch wie über dem Hafen von Heraklion, dem Hafen, über den ja schon der Verkehr des Labyrinths von Knossos lief. Gerüche und Geräusche von Dingen, die hinter mir liegen.[23]

Bewusst werden hier die Strukturen mehrerer Häfen übereinander gelegt, die wie in einem Palimpsest nahezu gleichzeitig lesbar werden. Der Blick zurück, den der reiseliterarische Ort des Abschieds stets miteinschließt, verbindet sich mit einem Blick zurück auf die abendländische Antike, die Geschichte des Okzidents. Heraklion als Haupthafen Kretas verweist geschickt auf jenen anderen Ort der Insel, an dem einst Europa auf dem Rücken des Stieres nach der Überquerung des Meeres an Land gekommen war. Nicht als die strahlende Erscheinung, sondern als eine Migrantin, genauer eine Deportierte, eine vom Gotte Vergewaltigte, als die Ur-Mutter derer, die ihrer Heimat entrissen zu Heimatlosen, im nietzscheanischen Sinne folglich zu *Europäern* geworden sind.

Ausgehend von den Höhlen in der Nähe von Pico Grande assoziiert der Ich-Erzähler auf Nachfragen seiner patagonischen Verwandten verschiedene Höhlen, die von der Bärenhöhle seiner süddeutschen Heimat bis zur „Diktehöhle [...], wo Zeus geboren war", und zur „Idahöhle" reichen, „wo er vor seinem Vater versteckt wurde, damit der ihn nicht gleich zu Beginn der Geschichte auffraß".[24] Von allem Anfang an sind die Geschichte und das Geschichtenerzählen im Abendland bedroht durch einen urplötzlichen Abbruch. Doch von diesem Ort gelangt der Erzähler unmittelbar zu „der Stelle, wo Europa an Land

---

22 Stadler, Arnold: *Feuerland*, S. 149.
23 Ebda.
24 Ebda., S. 45.

getragen wurde" und verweist darauf, dass „etwas südlicher" – wohl auf der heute Malta genannten Insel – „Kalypso beheimatet gewesen" und der Apostel „Paulus an Land gespült worden" sei.[25] Europa steckt voller Reisender, von der *Odyssee* bis zum Urchristentum: an Land gespült und wieder ausgespuckt.

Innerhalb der vom Text evozierten Abfolge von „Strandungsorten"[26] kommt dem Verweis auf die Sage von Europa eine besondere Bedeutung zu. Denn Europa, die schöne Okeanide, nach der sich später ein Kontinent benannte, dessen räumliche Grenzen stets ungewiss blieben, war orientalischer Herkunft und zugleich Opfer einer Freiheitsberaubung in Tateinheit mit Vergewaltigung und Deportation. Europa war der Lust eines Gottes ausgesetzt, Opfer eines Augenblickes und bald vergessen. Von De-Portation und Deterritorialisierung sind nicht nur die verschiedenen Fassungen und Bearbeitungen der Sage Europas, sondern auch jene Geschichten geprägt, von denen der Ich-Erzähler uns aus Patagonien berichtet. Europa ist die Figur, die Modell steht für so viele fatale Migrationen einschließlich jener von Menschen des Südens, welche das Mittelmeer zu überqueren und nach der Welt im Norden gelangen wollen, die sie nicht kennen.

Doch zurück zur Familiengeschichte, die eine Menschheitsgeschichte ist. Die 'neue Heimat' in einem 'neuen Deutschland' weit südlich des Äquators hat die Träume der Auswanderer während der vergangenen hundert Jahre nicht erfüllt. Die Zerstörung des Mythos von Amerika als Fluchtpunkt und Zielort, diese Arbeit am Mythos, der sich auch die stets negativen Seitenblicke auf die Vereinigten Staaten zuordnen lassen, geht einher mit der Zerstörung Europas als vermeintlich unverbrüchlicher, Ursprung, Herkunft und Heimat bietender Einheit. Doch dieses Europa ist mit den eigenen Verwundungen beschäftigt.

Die Heimatlosigkeit wird zur eigentlichen Heimat und zur Grundlage aller Bewegungen der Figuren dieses Romans, die ausnahmslos scharf umrissene Bewegungsfiguren sind. Alle sind mit allen verbunden, eine Vorstellung, die der Erzähler obsessiv seiner Geliebten vorrechnet, da doch „*jeder von jedem abstammt, wie man vereinfachend sagt*".[27]

> Zwei Eltern, vier Großeltern, acht Urgroßeltern, 16 Ururgroßeltern, 32 Urururgroßeltern: im Jahr von Linas Geburt hattest du schon 256 Mütter und 256 Väter, immer gleich viel Mütter wie Väter. Noch eine Null dran, und du kannst sagen, daß du von allen abstammst, herrührst, weiterdämmerst: Väter-Mütter; Väter-Mütter …[28]

---

25 Ebda.
26 Ebda.
27 Ebda., S. 129.
28 Ebda., S. 130.

Die Familiengeschichte öffnet sich auf die Menschheitsgeschichte, wird zum Modell einer Welt, in welcher letztlich alle mit allen verwoben und verwandt sind. Eine solcherart skizzierte Genealogie läuft gerade nicht auf einen Stammbaum, auf eine Wurzel, auf eine gesicherte Herkunft hinaus, sondern auf die Verbindung aller mit allen. An die Stelle der ehemals vorherrschenden (Stamm-) Baumstruktur ist eine proliferierende, beschleunigt weiterwuchernde Netzstruktur und damit letztlich eine relationale Logik getreten, die andere Logiken – wie etwa die genealogisch-patriarchalische, sich aus dem Tiroler Einwanderer Schwanz herleitende Deszendenz – gewiss nicht ausschließt, aber relativiert und untereinander verbindet. Und über allen schwebt das verbindende Moment von Migration und Heimatlosigkeit.

Die unterschiedlichsten Räume vernetzen sich untereinander, ohne dies noch über Zentren bewerkstelligen zu müssen, die Kommunikation erfolgt von Raum zu Raum, zwischen Peripherie und Peripherie, zwischen Andenvorland und Alpenvorland. Feuerland ist weit entfernt und doch nah zugleich. In einer solchen Welt, die zugleich von höchster Beschleunigung und relationaler Bewegungslosigkeit geprägt wird, ist eine Unterscheidung zwischen dem Fremden und dem Eigenen nicht mehr möglich, macht keinen Sinn mehr. Differenzen bestehen fort, aber nicht mehr eine radikale Alterität. Keiner mehr ist des Anderen Anderer, der Fremde des Fremden. Denn nach dem sogenannten Jahrhundert der Migrationen, nach dem 20. Jahrhundert, eröffnet sich ein weiteres Jahrhundert, in welchem der *homo migrans* unser Zeitgenosse bleibt.

Arnold Stadler ist in einer ungeheuer kompakten Romanschöpfung eine Veranschaulichung jenes komplexen und in seinen Konsequenzen noch längst nicht ausgedachten Prozesses geglückt, wie die Neue Welt in der Alten als Neue erscheinen und in der Neuen zur Alten Welt werden konnte. Auf dieser Relationalität basiert sein Rückblick auf das 20. Jahrhundert und mehr noch auf den zentrierten Prozess der europäischen Moderne, mit dem dieser Kurzroman kurzen Prozess zu machen versucht, ohne dessen Kreisstruktur und Zirkelhaftigkeit doch ganz entgehen zu können.

In *Feuerland* ist das Abendland im Blick zurück nur aufgeschoben, aber nicht aufgehoben. Es bleibt eingebunden in eine Welt der Migrationen und produziert damit gleichsam notwendig jene Literaturen ohne festen Wohnsitz, welche zu einem festen Bestandteil der Literaturen der Welt geworden sind. Für den literarischen Reisebericht bedeutet dies, dass für ihn nicht nur wie in Jean Baudrillards *Amérique* die selbstgewollten und selbstgewählten Bewegungen an der Oberfläche zählen, sondern die geschichtliche Tiefendimension, die Last unserer Geschichte und Geschichten, noch immer präsent ist. Europa ist hinter dem Horizont nicht verschwunden. Indem das Leben vieler Menschen zu einem Reisebericht wird, verwandelt sich der Reisebericht in den privilegierten Schlüssel zur Lektüre von

Leben, die sich der komplexen Überlagerung unterschiedlichster Bewegungen verdanken. Die Analyse von Reiseliteratur wird dann zum Modus der Erkenntnis
einer Zeit, in welcher eine Poetik der Bewegung längst selbstverständlich geworden ist und alle Schichten unseres Verstehens durchdringt. Selbstverständlich ist
sie nicht, weil sie keiner Begründung mehr bedürfte, sondern weil sie allgegenwärtig geworden ist in einer Epoche, in welcher sich nicht nur das Klima, die Biodiver-
sität oder die Artenvielfalt wandeln, sondern auch – mit einem Wort Erich
Auerbachs gesagt – die Orte des Menschen im Universum.

Edouard Glissant oder eine Reiseliteratur ohne Reisenden

Die Reiseliteratur ist im 21. Jahrhundert stärker als je zuvor. Sie kann als ein Seismograph von Entwicklungen gelten, welche die verschiedenen Regionen, Nationen und Areas, aber auch die Globalgesellschaft generell betreffen. Ein Dreivierteljahrhundert nach der Proklamation des Endes der Reisen durch Claude Lévi-Strauss in seinen *Tristes Tropiques* geht es dem Reisebericht besser denn je. Er repräsentiert jene literarische Form, in welcher wir viel über andere Kulturen und ferne oder nahe Länder, nicht zuletzt aber auch über uns selbst und die Grundlagen unseres Denkens erfahren. Reiseberichte sind aus der aktuellen Entwicklung der Literaturen der Welt nicht mehr wegzudenken.

Die seismographische Funktion von Reiseliteratur betrifft nicht zuletzt auch die Normen und Formen des Reiseberichts, die in einem weiten Maße zur Disposition gestellt worden sind und mit denen auf der Ebene der Formensprache äußerst spielerisch umgegangen wird. Beschäftigen wir uns also am vorläufigen Abschluss dieses letzten Teiles unserer Vorlesung mit einem Text, der jenes Element zur Disposition stellt, das fortzulassen in den bisherigen Reiseberichten eigentlich undenkbar war. Denn *La terre magnétique* von Edouard Glissant kommt ohne die Figur des Reisenden aus, ja streicht diese Figur explizit durch, um ein weiteres Mal in der Beziehung zwischen Reisen und Schreiben den Gegensatz zwischen Reisenden und Daheimgebliebenen zu akzentuieren. Dies ist eine ungeheure, unerhörte Neuerung, und Edouard Glissant führt sie in seinen Text, wie wir sehen werden, gleichsam 'natürlich' ein. Der frankophone karibische[1] Dichter, Romancier und Theoretiker bietet uns eine Reiseliteratur, die – wie von ihm auch nicht anders zu erwarten – mit allen Wassern der Kultur- und Literaturtheorie gewaschen ist.

Der im Januar 2011 verstorbene martinikanische Schriftsteller, der aufgrund seines recht frühen, überraschenden Todes nicht mehr in den Genuss des Literaturnobelpreises kam, setzt in diesem Werk, das so etwas wie das literarisch-theoretische Testament des Autors darstellt, ganz auf die Kraft poetischer Erkenntnis. Er befindet sich damit im Einklang mit einer ganzen Vielzahl karibischer Autorinnen und Autoren, von denen hier nur José Martí, Saint-John Perse,

---

1 Zur Geschichte und den kulturellen Transferprozessen dieses Raumes vgl. Müller, Gesine: *Die koloniale Karibik. Transferprozesse in hispanophonen und frankophonen Literaturen.* Berlin: Walter de Gruyter 2012.

Abb. 95: Edouard Glissant (Sainte-Marie auf Martinique, 1928 – Paris, 2011).

Aimé Césaire, Maryse Condé oder vor allem auch José Lezama Lima genannt seien. Edouard Glissant[2] konnte in der vierten Phase beschleunigter Globalisierung nicht nur auf den Theoremen und Denkstilen des französischen Poststrukturalismus und auf den Debatten rund um Aimé Césaires *Négritude* aufbauen, sondern vermochte auch, eine überaus kontinuierliche Traditionslinie für sein Schaffen fruchtbar zu machen, die bis hin zu den karibischen Kulturtheoretikern der Gegenwart führt, deren geistiger Vater er war. In Glissants reichem Schaffen kulminiert am Übergang vom 20. zum 21. Jahrhundert ein Denken weltweiter Komplexität, das in vielerlei Hinsicht nicht nur zukunftsträchtig ist, sondern die Zukunft zu bewahren hilft. Edouard Glissants theoretische Entwürfe eröffnen Spielräume, die das gegenwärtige Jahrhundert noch lange beschäftigen werden.

In seinem erstmals im November 2007 veröffentlichten poetischen Prosatext *La terre magnétique. Les errances de Rapa Nui, l'île de Pâques* (Das magnetische Land. Die Irrfahrten der Osterinsel Rapa Nui) erschien im Rahmen der vom Dichter selbst initiierten und realisierten Reisen unter dem Titel 'Les Peuples de l'Eau', die auch zu einer gemeinsamen Buchreihe führte und eine Vielzahl von Autoren weltumspannend mit der Welt der Inseln bekannt machte.[3] In diesem letzten zu Lebzeiten des martinikanischen Essayisten und Philosophen veröffentlichten Band entwarf Glissant das poetische Bild einer Insel, die sich auf verschiedensten Ebenen – wie es schon der Untertitel dieses Werkes ankündigte – in unsteter Bewegung befindet. Wieder stoßen wir hier, nunmehr zu Beginn des 21. Jahrhunderts, auf die Bewegungsfigur diskontinuierlicher, scheinbar zielloser

---

2 Zu dem martinikanischen Schriftsteller vgl. neuerdings das Edouard Glissant gewidmete Kapitel in Messling, Markus: *Universalität nach dem Universalismus. Über frankophone Literaturen der Gegenwart.* Berlin: Matthes & Seitz 2019.
3 Vgl. hierzu meine ausführlichen Hinweise in verschiedenen Kapiteln zur vierten Phase beschleunigter Globalisierung in Ette, Ottmar: *TransArea.* Ich komme nochmals auf dieses Vorhaben zurück.

Bewegungen, die sich bereits im Lexem *Errances* andeutet und die vom gesamten Text ausgeführt werden.

Diese 'Irrfahrten' der Osterinsel inmitten der sie umgebenden Meeresflächen weit draußen im Pazifik evozieren – für einen Dichter wie Glissant nicht ungewöhnlich – Arthur Rimbauds berühmtes Gedicht 'Le bateau ivre' und damit ein poetisches und poetologisches Befreiungspotenzial, welches der Band in seinem Fortgang nutzen wird. Diese *Errances* stehen dabei stets im Zeichen des Weltweiten, eines den gesamten Planeten umfassenden Koordinatensystems, innerhalb dessen die Insel zum im mehrfachen Sinne *verrückten* Fokus, ja zum sichtbaren Bezugspunkt des gesamten Erdballs, eben der *terre* in ihrer Globalität, wird. So heißt es in einer verdichteten, symbolisch aufgeladenen Passage dieses Textes:

> Les oiseaux migrateurs apportent ici l'oeuf, dont le premier capté (qui contient le monde), après qu'on a dominé les courants de mer et le vertige de l'air, garantit le pouvoir pour l'année en cours. De même, la pierre ronde sacrée dite *le nombril du monde* prend la forme approximative d'un œuf, elle est polie et faite d'une matière qu'on ne trouve pas ailleurs dans l'île, et elle se trouve au bord de la mer et non pas au centre de la terre. Elle est au confluent des vents et des courants.[4]

Der Verweis auf die Zugvögel, die in den karibischen Literaturen eine lange Literaturgeschichte besitzen und etwa bei Fernando Ortiz in dessen Theorem der *Transkulturalität* eine entscheidende Rolle spielen, unterstreicht all jene Bewegungen und Mobilitäten, welche den gesamten Text durchziehen und auch etwa in den Meeresströmungen ihren Ausdruck finden. Sie verbinden die einsame Osterinsel mit den entferntesten Gegenden unseres Planeten. Doch gerade auch in den Strömungen der Lüfte sind die periodischen Migrationen der Zugvögel das, was biorhythmisch unsere Erde zusammenhält. Alle realen wie auch poetischen Verbindungen der Insel mit anderen Gestaden sind von Leben erfüllt.

Edouard Glissant gilt als der Dichter einer *Poétique de la Relation*, eines relationalen, archipelischen Denkens, das fernab von jeglichem Zentrum Beziehungsnetze zwischen den Inseln knüpft. Daher überrascht diese Passage zugleich, scheint sie sich doch einem Denken wieder zu öffnen, das doch von Glissant wortreich verabschiedet worden war. Denn besitzt die Welt also doch ein verborgenes Zentrum? Gibt es sozusagen einen 'Nabel der Welt', an dem sich alles ausrichtet?

---

4 Glissant, Edouard: *La terre magnétique. Les errances de Rapa Nui, l'île de Pâques. En collaboration avec Sylvie Séma*. Paris: Seuil 2007, S. 39. Übersetzung des Verf.

Man würde den Kulturtheoretiker der *Poétique de la Relation*[5] gründlich missverstehen, wollte man in dieser Passage die Abkehr von einem Denken vermuten, das sich über lange Jahrzehnte vehement gegen Strukturen zur Wehr setzte, die alles und alle zu zentrieren suchten. Nichts davon führt Glissant gleichsam durch die pazifische Hintertür der Osterinsel wieder ein. Denn dieser „Nabel der Welt", von dem wir gleich eingangs erfahren, dass ihn von weither über den Pazifik gekommene japanische Pilger aufsuchen und verehren,[6] bildet für Glissant sehr wohl einen Kreuzungspunkt aller Konfluenzen von Wasser, Luft und Erde, bündelt ein planetarisches Beziehungsgeflecht der vier Elemente, das zwischen den Luft- und den Meeresströmungen am Rande des magnetischen Landes der Osterinsel in einer dezentrierten Position entstand und mit einem alten Mythos verwoben wird, demzufolge die Zugvögel das Ei, das die Welt enthält, hierher, auf dieses Eiland, gebracht hätten.

Der gesamte Band des martinikanischen Kulturtheoretikers entfesselt eine wahre Poetik der Bewegung, in welcher die vernetzten Gewebe, Strömungen und Winde ständig *en mouvement* sind. Rapa Nui, die Osterinsel, wird von all jenen Bewegungen erzeugt, welche dieses Ei-Land kreuzen und durchqueren. Am Anfang, so erläutert uns dieser Ursprungsmythos, war die Bewegung: die Bewegungen der Zugvögel, die Bewegungen der Winde, die Bewegungen des Meeres. Und es entstand ein Land, eine Erde, die in und durch diese Bewegungen geschaffen wurde und lebte. Ein Land aus der Bewegung.

Halten wir also fest: Rapa Nui bildet kein übergeordnetes Zentrum, demgegenüber alles andere bloße Peripherie wäre. Aber man kann von Rapa Nui aus die Welt betrachten und aus dieser Perspektive neue Zuordnungen herstellen und ablesen. Unser Planet ordnet sich neu, sehen wir ihn erst einmal aus dem Blickwinkel der Osterinsel und nicht mehr, wie Glissant es zuvor stets getan hatte, aus der Perspektive der Karibik mit ihren archipelischen und transarchipelischen Vernetzungen. Die Osterinsel liegt weit draußen im Meer. Sie ist die isolierteste Insel unseres Erdkörpers.

Zugleich aber lässt der lyrische und vielfach fragmentierte Text Edouard Glissants von Beginn an keinen Zweifel aufkommen: Dieses Land ist mit der ganzen Welt, mit dem gesamten Erdball auf intimste Weise verbunden und verwoben. Die Osterinsel ist *ein* Mittelpunkt – aber in Form eines Schnittpunktes ohne Hierarchie, ohne Peripherie, ohne zentrierende Hysterie. Sie ist der Fluchtpunkt unserer Blicke, ganz so, wie es Jean Baudrillard in seinem *Amérique* mit dem *Vanishing Point* inmitten einer Landschaft tat, die wie die Wüste,

---

5 Vgl. Glissant, Edouard: *Poétique de la Relation*. Paris: Gallimard 1990.
6 Glissant, Edouard: *La terre magnétique*, S. 17.

wie das Meer für den Menschen feindliche Anökumene ist. Doch sie kann gequert, sie kann von menschlichen Wegen durchlaufen werden.

Doch wer war zuerst: die Zugvögel oder das Ei? Die mehrfach beschworene
Eiform – in der auch das berühmte Ei des Columbus und damit die planetarische
Rundung der Welt wie die Macht über den Erdball mitbedacht sein mag und
noch ein letztes Mal aufscheint – vereinigt die Bildung des Steines mit der alle
Totalität umspannenden Form des Organischen und des Lebens schlechthin, er-
fahren wir doch an anderer Stelle, dass dieses Ei-Land *einen* (und folglich keineswegs *den*) Nabel der Welt enthält, *un des nombrils du monde*: Und diese sind
„Orte des Todes und der Geburt".[7] Geburt, Sterben und Tod: Alles hängt miteinander zusammen und wird durch das Weiterleben untereinander verbunden.
Das Ei steht wie das Eiland für die Welt, für das in ihm, für das in ihr Entstehende, birgt mit dem Leben aber zugleich immer auch den Tod, der in allem
Leben ist und ihm niemals äußerlich bleibt. Im poetisch wie poetologisch verdichteten Text entsteht ein Lebenswissen und zugleich ein Weiterlebenswissen,
das es beim Tode nicht belässt und Leben dort entstehen lässt, wo zuvor alles
nur ein Vergehen war.

Das magnetische Land ist kein sicheres, gefestigtes Land: Seine Existenz
bleibt stets prekär und gefährdet. Denn die Insel ist in ständiger Bewegung.
Kann sie nicht jederzeit vom Meer verschlungen werden? Nicht umsonst wird
die Vorstellung eingeblendet, dass die ganze Insel auf einem Süßwasserspiegel
entlanggleite und dabei dem Verlauf der tektonischen Erdplatten folge: Die
Insel ist folglich „ein umherirrendes Schiff, dessen Kurs allein die Zugvögel
kennen".[8] Wie die Insel des heiligen Brandanus[9] ist Rapa Nui immer in Bewegung, immer auf dem Weg. Sie ist eine der vielen beweglichen Inseln, die in der
weltweiten Kartographie stets die Blicke der Entdecker auf sich gezogen haben
und die Gemüter derer, die nach festen Ländergrenzen, nach festen Umrissen
suchten, zutiefst beunruhigten.

Die solitäre Insel evoziert sofort das Bild des Schiffes, mit dem sie in den
unterschiedlichsten Formen – sei es in der langen Tradition der schwimmenden
Insel, sei es in der Kette von Transferprozessen, die jede Insel oder Inselgruppe
erst konfigurieren – verbunden ist. Auf die Nähe von Glissants poetischem Text zu
Anspielungen auf Arthur Rimbauds 'Le bateau ivre' wurde bereits aufmerksam gemacht. In der Doppelprojektion von Insel und Schiff, von der Insel als Schiff, wird
dem Insularen jegliche Statik genommen: Die Insel ist nicht fest als Fels an

---

7 Ebda., S. 71.
8 Ebda., S. 41.
9 Vgl. Vázquez de Parga y Chueca, María José: *San Brandán, navegación y visión*. Aranjuez:
Ediciones Doce Calles 2006.

geologische Tiefen gefesselt, sondern navigiert und verliert sich im mobilen, von Strömungen dynamisierten Element des Meeres. Kein in der Tiefe verankerter Fixpunkt, sondern ein bewegliches Phänomen der Fläche, genauer: der Oberfläche. Das Schiff erscheint dergestalt als eine Bewegung an der Meeresoberfläche, die vom Schiff durchfurcht wird, das aber nicht in die Tiefe des Meeres eindringt. An dieser Stelle ergeben sich erneut philosophische Bezüge zu Baudrillards Band über die USA, ließe sich die Meereslandschaft doch ähnlich wie die Landschaft der Wüste als eine Landschaft der Theorie ansprechen, in welcher eine relationale Struktur zum Ausdruck kommt und sich die unterschiedlichsten diskontinuierlichen Bewegungen einschreiben und wieder verschwinden.

Die nur den Zugvögeln, nicht den Menschen bekannten Wege der Insel als Schiff auf einer Irrfahrt bewirken, dass die Insel *zugleich* von Dauer und vergänglich, dauerhaft und flüchtig ist: „Die Insel ist ephemer und verloren."[10] Nichts garantiert den Bestand der Insel und ihren Fortbestand. In diese flüchtige Beständigkeit, die gewiss auch jene der Literatur und des Schreibens selbst ist, schreiben sich die plattentektonisch getriebenen Bewegungen der Insel wie der Vorstellungen und Phantasien ihrer Bewohner ein:

> L'île se déplace, de combien de centimètres par an, nul ne le sait, alors peut-être connaîtra-t-elle la destinée des terres archipéliques, engouffrées, un jour que nul ne sait non plus, dans les frottements inévitables des plaques des fonds, et l'immaginaire des Pascuans navigue dans l'espace du Pacifique et sous la lune du grand triangle, en quête de la parole perdue. C'est presque vrai[11]

Die Osterinsel ist ein Solitär, und doch teilt sie das Schicksal mit den Archipelen, in ihrer Relationalität und ihrer Ruhelosigkeit stets davon bedroht zu sein, unvermittelt in die Tiefe gerissen zu werden. Sie ist zweifellos eine Welt für sich, eine Insel-Welt, bildet aber mit all ihren Verbindungen durch Strömungen in Wasser und Wind eine Inselwelt mit all jenen Inseln zusammen, die weltweit über den Globus verteilt sind. Sie ist daher immer schon als Inselwelt Teil eines Transarchipels, das durch die Vielgestaltigkeit seiner Verbindungen und weltumspannenden Relationen bestimmt ist.

Doch die Insel steht auch in einer Beziehung zur Literatur, ja verkörpert poetische Verdichtung und eine Verbindung zum Mimetischen, die nicht auf reine Wahrheit zielt. Dieses Fast-Wahre, dieses *presque vrai* der Literatur, nimmt die Bewegungen der Insel und ihrer Bewohner auf und gibt beiden jenes 'verlorene Sprechen' wieder, wann und wo auch immer die Insel für immer im Meer versinken mag. Doch sie schwimmt noch immer, gleitet auf

---

10 Glissant, Edouard: *La terre magnétique*, S. 42.
11 Ebda., S. 48 f.

den tektonischen Platten und bildet eine äußere Form heraus, die uns auf jeder Landkarte besticht. Denn ihre (zweifellos mit dem Attribut des göttlichen Auges versehene) Dreiecksform nimmt die Dreiecksform des gesamten polynesischen Archipels in sich auf und bildet somit das fraktale Muster einer Insel, die eine Insel der Inseln ist:

> Triangle ouvert, c'est le triangle polynésien, qui marque à l'un de ses angles cet autre triangle, le plus éloigné et le plus solitaire, qui tient fermée la boucle, qui soutient toute cette surface, et qui est la terre magnétique.[12]

Das polynesische Dreieck zeichnet sich ein auf die Oberfläche des Meeres, schreibt sich ein auf die Oberfläche unserer Karten. In dieser Dreiecksform, die in der christlichen Ikonographie das Göttliche in seiner Anwesenheit repräsentiert, aber auch das Dreieck im Zentrum eines menschlichen Körpers sein könnte, vergegenständlicht und objektiviert sich eine *Landschaft der Theorie*, die im Rahmen jener Tradition, die den karibischen Raum schon so früh prägte, ganz selbstverständlich eine Theorie im weltweiten Maßstab ist. Im Zentrum dieser Theorie steht das Vielverbundene, das Archipelische und Transarchipelische, das einen Ort, eine Insel aus ihrer Multirelationalität heraus begreift und definiert.

Und vergessen wir dabei nicht, dass die Landschaft für Edouard Glissant zugleich Natur und Kultur ist – und damit letztlich auch etwas Lebendiges; so heißt es in *Le discours antillais*: „(Unsere Landschaft ist ihr eigenes Monument: Die Spur, die sie bedeutet, ist darunter spürbar. Es ist ganz Geschichte.)"[13] Natur und Kultur sind nicht voneinander trennbar, wird Natur doch immer von der Kultur her gesehen und inszeniert, während die Kultur – wie schon in ihrem Gründungsbereich, der Agrikultur – vom Boden, vom physischen Fundament, von der Natur auf keine Weise zu trennen ist.

Der Begriff der Landschaft ist für Edouard Glissants Kulturmodell seit seinem *Discours antillais* von prägender Bedeutung. Landschaftselemente sind bei dem martinikanischen Dichter-Gelehrten stets Elemente einer Theorie

---

12 Ebda., S. 48. Zur offenen Strukturierung des Fraktalen vgl. Ette, Ottmar: *WeltFraktale*.
13 Glissant, Edouard: *Le discours antillais*. Paris: Gallimard – Folio 1997, S. 32; Verstärkend hierzu sei ein Zitat Edouard Glissants aus einer Pressekonferenz am 26. Juni 2006 im Madison-Hotel in Berlin genannt: „Dans la Caraïbe comme en général dans les Amériques le paysage est le véritable monument historique et cette dimension-là a beaucoup influencé ce que je fais en poésie. Le paysage devient un personnage à la fois des romans et de la pensée et de la poésie. C'est pourquoi dans tout ce que j'ai écrit, romans poésie, essais, le paysage est un personnage vivant."

lebendigen, aus dem Leben selbst kommenden Schreibens. Texttheoretisch klingt dies bei ihm dann so:

> Je ne sais pas à quel âge, dans mon très jeune temps, j'ai rêvé d'avoir développé un texte qui s'enroulait innocemment mais dans une drue manière de triomphe sur lui-même, jusqu'à engendrer au fur et à mesure ses propres sens. La répétition en était le fil, avec cette imperceptible déviance qui fait avancer. Dans ce que j'écris, toujours j'ai poursuivi ce texte. Je m'ennuie encore de ne pas retrouver l'enhalement tant tourbillonnant qu'il créait, qui semblait fouiller dans une brousse et dévaler des volcans. Mais j'en rapporte comme une ombre parfois, qui relie entre elles les quelques roches de mots que j'entasse au large d'un tel paysage, oui, une brousse, sommée d'un volcan.[14]

Dieses Zitat verdeutlicht die enorme Bedeutung der Landschaft für die Poetik und Poetologie von Edouard Glissant. Theorie verkörpert sich hier in ganz bestimmten Landschaftselementen, erscheint symbolhaft für bestimmte Theorieansätze, die der martinikanische Philosoph und Poet dann theoretisch und dichterisch durchbuchstabiert. Das (lebendige) Dreieck der Insel Rapa Nui im Dreieck des polynesischen Archipels[15] bildet die fraktale Konfiguration nicht allein der Insellandschaften des Pazifik, sondern beinhaltet zugleich als Eiland in der Eiform des von Zugvögeln (hervor)gebrachten Eis jenen Nabel der Welt, von dem aus die Rundung der Erde gedacht und in ihren weltweiten Dimensionen überdacht werden kann. Die Osterinsel wird zum Land und zum Eiland, aber auch im Sinne des Lexems *terre* zur Erde und zum Erdball. Rapa Nui tritt an die Stelle der gesamten Erde, wird als *pars pro toto* Stellvertreterin des gesamten Planeten.

Wir hatten die grundlegende Ambivalenz der Inselmetaphorik bereits angedeutet und wollen hier noch deutlicher werden. Denn einerseits ist die Osterinsel auf eine geradezu extreme Weise eine *Insel-Welt*, die eine in sich abgeschlossene Welt mit ihrem eigenen Raum, ihrer eigenen Zeit, ihrem eigenen Klima und folglich auch ihren eigenen Bewegungsmustern repräsentiert. Wie keine andere Insel auf diesem Planeten ist sie – wie gleich zu Beginn des Bandes betont wird – von anderen Ufern, von anderen Ländern durch gewaltige Distanzen getrennt und damit in einem grundlegenden Sinne *isoliert*.[16]

---

14 Glissant, Edouard: *La Cohée du Lamentin. Poétique V*. Paris: Gallimard 2005, S. 20.

15 Vgl. zur spezifischen Problematik Rapa Nuis im Schnittpunkt unterschiedlicher Geschichten und Insel-Projektionen McCall, Grant: Rapanui: Traum und Alptraum. Betrachtungen zur Konstruktion von Inseln. In: Weinhäupl, Heide / Wolfsberger, Margit (Hg.): *Trauminseln? Tourismus und Alltag in Urlaubsparadiesen*. Wien: Lit Verlag 2006, S. 263–278.

16 Vgl. Glissant, Edouard: *La terre magnétique*, S. 10.

Diese Isolation hat Folgen. Und diese Folgen reichen weit ins Experimentelle der Reiseliteratur hinein, weiß Glissant doch aus einem faktischen Nachteil, der Isoliertheit und schweren Erreichbarkeit der Insel, einen theoretischen Vorteil zu ziehen. Die isolierte Abgelegenheit der Insel ist ein Faktum, das in der Darstellung der Genese des Textes auch durch die Tatsache bewusst in Szene gesetzt wird, dass es dem Dichter in seinem fortgeschrittenen Alter nicht mehr möglich war, eine so weite und anstrengende Reise wie die zur Osterinsel selbst in Angriff zu nehmen. Er blieb folglich zuhause und gab seinen anvisierten Status als Reisender auf. Damit trennte er das Reisen vom Schreiben auf eine theoretisch zugleich sehr anspruchsvolle Art und Weise, schrieb er doch nun über die Osterinsel, ohne selbst zu ihr gereist zu sein. Wie war dies möglich? Und was ist ein Reisebericht, der von einem verfasst worden ist, der gar nicht zum Gegenstand der Reisebeschreibung reiste?

Die praktische Lösung war zunächst sehr einfach. So sollte anstelle Edouard Glissants dessen Lebenspartnerin Sylvie Séma die Reise unternehmen und den zuhause gebliebenen Verfasser dieses poetischen Reiseberichts durch Skizzen und Notizen, durch Zeugnisse und Zeichnungen mit jenen Grundlagen für ein Schreiben versorgen, das explizit auf die Beglaubigung durch das eigene In-Augenschein-Nehmen verzichtet, um von einem anderen Ort des Schreibens aus diese Welt literarisch zusammenzufügen. *Une écriture peut en cacher une autre.*

La terre magnétique ist folglich ein Reisebericht, der nicht auf der Reise des Reiseschriftstellers aufruht, sondern von einem im wahrsten Sinne des Wortes Daheimgebliebenen stammt. Jene beiden Pole, die innerhalb der langen Geschichte abendländischer Reiseliteratur stets sorgsam auseinander gehalten wurden, fallen auf diese Weise in eins. Die Funktionen von Reisendem und Schreibendem werden weitgehend aufgetrennt und neu miteinander kombiniert. Was daraus entsteht, ist ein Reisebericht von einem, der eine andere aussandte, für ihn die Reise anzutreten. Edouard Glissant testet aus einer theoretisch aufgeklärten Sicht die Dehnbarkeit des Autorbegriffs. Und wirft dabei Normen der Mimesis, der Auctoritas und der Glaubhaftigkeit über Bord. Sein Reisebericht avanciert damit zu einem Experiment im Schatten der Frage, was denn ein Autor, was denn ein Reiseschriftsteller eigentlich sei.

Die Konsequenzen für die Gattung des Reiseberichts liegen auf der Hand. Denn damit werden deren Grundlagen insofern aufgekündigt, als der Schreibende auf den Bericht einer – ihm freilich sehr vertrauten – Reisenden wie auch auf andere Zeugnisse zurückgreift, die ihm zur Verfügung stehen oder gestellt werden. Das von Sylvie Séma, der auf die Osterinsel stellvertretend Reisenden, Vorgefundene wird mit dem am heimischen Schreibtisch Erfundenen zu etwas gemeinsam Hergestelltem und mehr noch gemeinsam Erlebtem, das sich aus unmittelbaren wie mittelbaren Quellen speist.

Dabei sei nicht verschwiegen, dass dem Text zugleich eine geradezu testamentarische Dimension zuwächst, insofern der Schriftsteller aus der Perspektive der Reisenden in eine 'andere Welt' rückt, als wollte er die Wege der Reisenden aus einem Jenseits kommentieren und mit seinem literarischen Wort – dem einst verlorenen Wort, auf dessen Suche sich die Insel gemacht hat – begleiten. Durch den Tod des Schriftstellers wenige Jahre später ist diese ganz eigene Dimension des Textes offenkundig und folglich lesbar geworden. *La terre magnétique* bildet das literarisch-poetologische Testament von Edouard Glissant aber auch in jenem Sinne, als sich in den Inselbildern der Osterinsel ebenso Glissants *Discours antillais* wie seine *Poétique de la Relation* in verdichteter Form und wie in einer *mise en abyme* finden. In der Insel der Inseln besucht der martinikanische Poet noch einmal, noch ein letztes Mal, jene Welt der Archipele, die er ausgehend von den Inseln seiner Antillen auf eine weltumspannende Folie gleichsam transtropisch projiziert hat. Auch in diesem Sinne ist sein Insel-Buch ein literarisches wie philosophisches Vermächtnis.

Doch versuchen wir, unseren Gedanken an die Insel-Welt noch in dem bereits angedeuteten Sinne zu vervollständigen. Denn andererseits ist diese geographisch extrem isolierte, eine eigene Welt für sich bildende Insel nicht nur eine abgeschlossene Insel-Welt, sondern zugleich eine *Inselwelt*, insofern sich in ihr eine ganze Welt von Inseln überlagert und bündelt. So schaffen sich in dem kleinen Eiland Rapa Nui mit seinen Vulkanen die vier Elemente von Feuer und Erde, Luft und Wasser in den Meeres- und Luftströmungen, aber auch in den Bewegungen der tektonischen Erdplatten wie des feurigen Magmas, das mit dem pazifischen Feuerring verbunden ist, einen Bewegungs-Ort vielfältigster planetarischer Konfluenzen, an dem sich eine Welt von Inseln immer wieder neu konfiguriert. Es ist eine Welt in absoluter Bewegtheit, erfüllt von den vier Elementen in Bewegung, welche diese Inselwelt als *Kosmos* – und dies bedeutet etymologisch als Ordnung *und* als Schönheit – entwerfen.

Doch mit der Kombination von Insel-Welt und Inselwelt ist es in diesem Insel-Buch über die Osterinsel noch nicht genug. Denn die *mise en abyme*-Struktur des Textes und seiner Insel macht uns noch auf eine weitere Dimension aufmerksam. Rapa Nui wird in diesem Sinne als fraktale Vervielfachung des Insularen zu einer *InselInsel*,[17] in der sich nicht nur die verschiedensten Inseln Polynesiens überkreuzen und überschneiden, sondern das vielgestaltige Gemachtsein dieser (Poly-) Insel aus anderen Inseln noch dadurch vervielfacht

---

17 Zum Begriff der InselInsel vgl. das siebte Kapitel in Ette, Ottmar: *ZusammenLebensWissen. List, Last und Lust literarischer Konvivenz im globalen Maßstab* (2010).

wird, dass die von der Lebenspartnerin des Erzählers bereiste Insel vom Erzähler selbst von anderen Inseln aus – seien es die der Antillen oder der *Ile de
France* – niedergeschrieben und weltweit verwoben wird. Die ganze Welt in
einer Insel, die die ganze Welt ist, ohne doch deren Zentrum zu sein oder sein
zu wollen. In *La terre magnétique* bündelt sich alles.

Doch kommen wir an dieser Stelle unserer Überlegungen noch einmal auf
die so ungewöhnliche Auftrennung der Funktionen von Reisen und Schreiben
sowie auf das neue Verhältnis zurück, das Reisen und Schreiben in diesem Text
miteinander eingehen. Wir sollten nicht der Verlockung erliegen, der weiblichen Reisenden das Auffinden und Erleben der Osterinsel, dem männlichen
Schriftsteller aber als Schöpfer und Demiurgen das Erfinden und Durchdringen
des Gegenstands zuzuordnen. Eine derartige geschlechterstereotype Aufspaltung wäre dem Band unangemessen.

Denn bei beiden, ebenso der Figur der Reisenden wie der Figur des Daheimgebliebenen, bilden sich *Finden, Erfinden* und *Erleben* in einem intensiven
Wechselspiel so heraus, dass es *nicht* der bis zum Ende des 18. Jahrhunderts vorherrschenden epistemologischen Trennung zwischen *voyageur* und *philosophe*
entspricht, zwischen dem vermeintlich zufällig und planlos sammelnden Reisenden und dem im Zentrum des Wissens situierten Philosophen, der das so Gesammelte erst in ein System, in eine klare und durchdachte Ordnung überführt.
War nicht die erste Karte der Inselwelt der Karibik im Jahre 1500 von der Hand
des großen Steuermannes Juan de la Cosa so entworfen worden, dass in ihr die
Inseln im Zentrum der neuen Welt gleichsam aus den mittelalterlichen Portula-
nen aufstiegen, um sich gemeinsam mit den alten Mythen Asiens auf *einer* Weltkarte wiederzufinden, in der sich das Aufgefundene und Erlebte mit dem
Erfundenen ebenso präzise wie phantasiereich verband? Waren es nicht jene
mobilen Inseln gewesen, mit deren Geschichte sich Alexander von Humboldt intensiv in seinem *Examen critique* beschäftigte, welche den Entdeckern mögliche
Wege nach Westen wiesen, unabhängig davon, ob sie in den neu aufgefundenen Inseln den extremen Osten des Orients oder wenig später eine neue, den
Europäern noch unbekannte Welt erahnten? Stets war das Vorgefundene vom
eigentlich Erfundenen nicht fein säuberlich zu trennen gewesen und hatte als
Konglomerat und Amalgam doch dem Erlebten als Bezugspunkt gedient.

Die komplexe Relationalität der Textgenese ist für Glissants *La terre magnétique* von großer Relevanz, so dass der erste lange Satz des *incipit* dieses Prosa-
bandes einer so vielschichtigen semantischen wie lebensweltlichen Beziehung
bewusst gewidmet wird. Der Text setzt folglich etwas schwerfällig, ja sperrig
ein, wie es freilich für Schriften des martinikanischen Dichters recht charakteristisch ist:

Nous étions convenus de travailler en relais et de fréquenter l'île de ces deux manières qui peut-être se compléteraient : Sylvie sur ce qu'il fallait bien appeler le terrain (elle prendrait l'avion jusqu'à Santiago, elle voulait absolument pousser jusqu'à Valparaíso, vers ce rêve commun à toutes les enfances du monde, elle continuerait ensuite à l'île de Pâques, vingt-trois heures de vol au moins), et moi par les commentaires que je ferais de ce qu'elle enverrait et de ce qu'elle rapporterait, notes, impressions, dessins, films et photos, et par l'ordre ou le désordre de littérature qu'avec son aide j'apporterais à ces documents et à son sentiment ainsi abruptement saisi.[18]

Reisen und Schreiben erscheinen in dieser Passage als komplementäre Praktiken. Die lange Flugreise der Gefährtin erscheint hier als eigentliche Traumreise, welche dem alten Dichterfürsten fortan verwehrt ist. Er muss zuhause bleiben. Doch die Arbeitsteilung der beiden wirft Fragen auf, verweist sie doch auf ein wissenschaftliches Modell, wie es das ausgehende 18. und beginnende 19. Jahrhundert entwickelte und wie wir es in dieser Vorlesung wiederholt studiert haben. Denn die Feldforschung obliegt Sylvie, während deren Auswertung Edouard übernimmt. Soweit, so gut. Allerdings erscheint die Transposition durch den Literaten als ein in die Ordnung oder Unordnung der Literatur Bringen, als eine Arbeit, die keinen wissenschaftlichen, sehr wohl aber poetischen Normen und Formen folgt. Zugleich wird der Autor nicht zum Auctor, sondern zum Commentator, der über eine Auctoritas sekundärer Ordnung verfügt.

Am Ende des dritten von insgesamt sechs Teilen dieses Bandes – und damit genau im Zentrum der gesamten Textstruktur von *La terre magnétique* – lässt sich eine bemerkenswerte Konfluenz der verschiedenen Blicke und Blickrichtungen feststellen, die den Text in ihrer Vereinigung zeugen und erzeugen. Die Vielgestaltigkeit dieser Konfluenzen durchzieht den gesamten Band von Beginn an ebenso wie das fraktale Muster einer Insel, die in der lyrischen Prosa dieser verdoppelten Reise zur Osterinsel von Beginn an diese Insel mit der Welt verknüpft. Immer wieder weitet sich die Perspektivik, werden explizite Beziehungen der Osterinsel nicht allein zum polynesischen Archipel und nach Tahiti, sondern auch zum amerikanischen Mittelmeer der Antillen wie zum europäischen Mittelmeer mit seinen Inseln Sardinien und Korsika, aber auch nach Island hergestellt, das schon Columbus auf seinen frühen Fahrten kennengelernt hatte.[19] Eine Welt der Inseln wird entworfen, welche keine Kontinente, kein Kontinuierliches benötigt. In einer solchen Welt ist das Erleben diskontinuierlich, ist die Kontinuität von Erfahren und Erleben ständig durchbrochen. Und mit ihr die Verstehensstrukturen des Bandes.

---

18 Glissant, Edouard: *La terre magnétique*, S. 9.
19 Ebda., S. 62f.

Was aber vermag ein Reisebericht zu sein, der auf eine eigentümliche Art und Weise *exzentrisch* ist? In welchem der Autor nicht reist und zum Kommentator einer anderen Reisenden wird, die ihm zwar Material, aber keine Autorschaft liefert? Das Ergebnis eines solchen Experiments ist eine Außerhalbbefindlichkeit mit Blick auf den Gegenstand, die Reise auf die Osterinsel, *und* das Schriftstellersubjekt eines Reisenden, den es nicht gibt, der sich zu keinem Zeitpunkt in Bewegung setzte. Aus dieser doppelten Exzentrizität, aus dieser doppelten Außerhalbbefindlichkeit generiert der Text seine Poetologie, die Grundlagen eines fraktalen Verstehensmodells, das in einer Insel alle Inseln umgreift.

Auf diese Weise generiert und manifestiert sich eine transarchipelische Sicht, die sich über alle „Routen der Welt"[20] von Insel zu Insel, von Archipel zu Archipel so entfaltet, wie der französische Dreimaster *La Boudeuse* unter der Schirmherrschaft der UNESCO und unter dem Kommando von Kapitän Patrice Franceschi am 25. Juli 2004 vom korsischen Bastia aus eine Weltumsegelung in Angriff nahm, in deren Verlauf von 1063 Tagen und etwa 60000 zurückgelegten Kilometern zwölf verschiedene Schriftsteller und Journalisten, die von Edouard Glissant zuvor ausgewählt worden waren, jeweils Expeditionen zu einzelnen 'Völkern am Wasser' unternahmen, bevor das französische Segelschiff am 25. Juni 2007 – und folglich nur wenige Monate vor Erscheinen von *La terre magnétique* – nach Korsika zurückkehrte. Soviel zum materiellen Rahmen von Glissants Vorhaben 'Les Peuples de l'Eau', seines großen Insel-Projekts.

Dieses Insel-Projekt Edouard Glissants ist vom Besuch Rapa Nuis letztlich durch Sylvie Séma nicht zu trennen. Denn die treibende Kraft hinter allen Reisen und den dazwischengeschalteten Insel-Aufenthalten der Literaten war kein anderer als der martinikanische Dichter, der die Fäden für alle Reisen gleichsam in seinen Händen hielt. Doch das literarische und philosophische ist vom maritimen Vorhaben ebenso wenig isolierbar wie die Osterinsel von den anderen der auf dieser Seefahrt besuchten Inseln: Die Insel und das Schiff reflektieren sich wechselseitig und setzen die unterschiedlichsten Transferprozesse in Szene. Der in Zusammenarbeit mit Sylvie Séma entstandene Band Edouard Glissants bildet – nicht nur von seinem Anspruch, sondern auch von dessen Einlösung her – eine offene Strukturierung, die als Band die verschiedenen Bände, die unterschiedlichen Reisen der beteiligten Autoren, auf wohlkalkulierte Weise miteinander verbindet. Dies also ist die Grundstruktur einer Reise im Kontext der vielen Reisen, als deren Drahtzieher Edouard Glissant gelten darf. Wer also ist der Autor einer Reise? Muss dieser Autor notwendig mit dem Reisenden zusammenfallen?

---

20 Ebda., S. 63.

Die Antwort auf diese Frage, erst einmal vor diesem Hintergrund so gestellt, ist einfach: Nein, der Autor muss nicht der Reisende sein. Der Autor kann auch eine panoramatische Position besetzen, die zugleich auch eine metatextuelle ist. Die relationale und zugleich transarchipelische Sichtweise, die sich immer wieder gerade zwischen der Osterinsel und den Antillen entwickelt, prägt die poetische und poetologische Prosa Edouard Glissants und knüpft zweifellos an seine berühmte 'Poetik der Relation' an, die er ausgehend von den Antillen zunächst innerarchipelisch entwickelte, bevor er sie hemisphärisch auf den gesamten amerikanischen Kontinent ausweitete.

In seiner 1981 in *Le discours antillais* angelegten und 1990 in *Poétique de la Relation* entfalteten Theorie, die sich in einem kritischen Dialog mit wesentlich stärker zentrierenden Vorstellungen schärfte, wie sie Jean Bernabé, Patrick Chamoiseau und Raphaël Confiant in ihrem vielbeachteten, aber auch vielüberschätzten *Eloge de la créolité* von 1989 ausformulierten,[21] ließ Glissant keinen Zweifel daran aufkommen, dass seine Raumkonzeption der Antillen zugleich relational und hemisphärisch gedacht war. Denn Glissant begriff die Antillen als „Multi-Relation", die keineswegs als verstreute Fleckchen Erde in einem „See der USA" zu begreifen seien, sondern gleichsam den „Ästuar der Amerikas"[22] bildeten. Es ist, als hätte Edouard Glissant den anspruchsvollen Versuch unternommen, jene Landschaft der karibischen Dichter und Theoretiker von José Martí und Fernando Ortiz über Saint-John Perse und Aimé Césaire bis hin zu Derek Walcott und Maryse Condé zu einem literarischen Höhepunkt zu führen, an welchem diese Theorie zu einer weltumspannenden Kulturtheorie wird. Dieser Höhepunkt ist mit dem experimentellen Reisebericht *La terre magnétique* erreicht.

Die hemisphärische Sicht weitet sich in *Das magnetische Land* konsequent zu einer transarchipelischen Dynamik, deren Relationalität sich nunmehr weltweit entspannt und zugleich auch den amerikanischen Kontinent umfasst: ein Polynesien, ein Vielinselland im globalen Maßstab. Dies zeigt der bereits angesprochene Mikrotext im Zentralstück des gesamten Bandes mit seiner makrogeographischen Dimensionierung mit größtmöglicher Präzision. Dort heißt es in einer lyrischer Verdichtung, die etwas von den Versen des Kubaners José Martí, aber auch von Roland Barthes' Mikrotexten *En Grèce* hat:

---

21 Vgl. Bernabé, Jean / Chamoiseau, Patrick / Confiant, Raphaël: *Eloge de la Créolité* (1989); vgl. hierzu auch das elfte Kapitel meines bereits erwähnten Bandes *Literatur in Bewegung* (2001).
22 Glissant, Edouard: *Le discours antillais*, S. 249.

> Etre Rapa Nui, dépositaire de l'unique et du très commun, ces forces qui ont porté les peuples du Pacifique et de l'Amérique du Sud. [...] Papa Kiko chante un complaint des Quechuas du haut des Andes et il dans à peu près un pas tambouré de Vanuatu, avec une totale profondeur. Pirù perfectionne ses ramassages de déchets, malgré les débordements incessants. Le corps-île de l'île est en eux, dont les secrets ont résidé circulé dans les veines des volcans des habitants, inséparables. C'est parce qu'elle est si loin de toute mesure et de tout calcul et du toute vue et de toute approche, à jamais *dans l'angle d'en haut*, qui a favorisé de ses dons les archipels rassemblés là en bas.[23]

Eine Welt der Inseln und zu Inseln gewordener Kontinente beginnt sich hier zu runden. Alles ist mit allem verbunden, alle Stimmen überlagern sich zu einem vielstimmigen Chor, der sich über die Meere dieser Welt verbreitet: eine Polyphonie, die von Polynesien aus weltumspannend ertönt. Die Verbindung der aufgrund der gewaltigen Distanzen scheinbar isolierten Insel-Welt mit den Inselwelten der antillanischen Archipele, aber auch den Anden des kontinentalen Amerika lässt eine Welt entstehen, die im Blick von oben wie aus der Perspektive des Schöpfers die dynamische, mobile Relationalität eines Planeten hervorbringt, in der die Gesänge räumlich weit voneinander entfernter Kulturen von verschiedenen Punkten aus hörbar werden, ohne doch miteinander zu verschmelzen. Wie in Jorge Luis Borges' *El Aleph* ist alles sinnlich gleichzeitig wahrnehmbar, doch stürzen die Klänge (wie bei Borges die Bilder) keineswegs ineinander: Alles ist vielstimmig hör- und begreifbar.

Die offenkundig transkulturelle Anlage dieser polyphonen Orchestrierung von Pazifik und Amerika dynamisiert eine transareale Modellierung im weltweiten Maßstab. Von der Insel-Welt und Inselwelt der Osterinsel wird das Archipele und Kontinente miteinander verbindende Planetarische – und dies eröffnet eine geradezu österliche Dimension – neu begreifbar, neu erlebbar, neu lebbar. Wir wohnen einer Konvivenz der Stimmen, der Klänge bei.

Edouard Glissant ist zweifellos am Ende seines Lebens noch ein letzter, kulturtheoretisch klug vorbereiteter Coup gelungen, indem er seine antillanische Inselwelt in der transpazifischen Insel-Vielheit gleichsam transarealisierte. Die Konvivenz der Stimmen verwandelt die Polyphonie keineswegs in ein Unisono, in eine Ein-Tönigkeit, sondern macht gerade die Differenzen stark, die das Rückgrat der transarchipelischen Vielstimmigkeit bilden. Das Zusammentönen, das Zusammenklingen bildet aber auch eine gelingende Konvivenz, die sich in einem weltumspannenden Maßstab auf diesen Seiten abzeichnet. Genau hierin, so scheint mir, liegt das Vermächtnis dieses Reiseberichts, der ohne einen Reisenden auskommt.

---

23 Glissant, Edouard: *La terre magnétique*, S. 92.

In jüngster Zeit haben sich wieder die Stimmen gemehrt, die die Reiseliteratur als Auslaufmodell sehen oder ihr einen baldigen Tod vorhersagen.[24] Ich würde dies als ein gutes Zeichen werten. Denn hatte nicht Claude Lévi-Strauss in seinen *Traurigen Tropen* das baldige Ende der Reisen und der Reiseliteratur auf höchst kreative Weise, aber fälschlich prognostiziert? Wir haben im Verlauf unserer Vorlesung gesehen, das sich gleichzeitig und nachfolgend in Europa wie in Amerika eine Vielzahl von Reiseberichten entwickelte, die lebendiger als jemals zuvor die Normen wie die Formen des Reiseberichts in Frage stellten und mit höchst unterschiedlichen Formen experimentellen Reise-Schreibens die Vitalität der Gattung eindrucksvoll unter Beweis stellten.

Nach dem Ende der vierten Phase beschleunigter Globalisierung, das wir in den zurückliegenden Jahren miterleben durften, scheint auch für den Reisebericht des 21. Jahrhunderts eine neue Epoche angebrochen. Doch der Reisebericht erfüllt heute lebendiger denn je seine ihm historisch zugewachsene Funktion, ein Seismograph der gesamtgesellschaftlichen Entwicklungen und Veränderungen zu sein. Im Vorfinden und Erfinden dessen, was er uns vorlegt und unserem Erleben und Erlebenswissen anheimstellt, sehen wir prospektiv die Konturen jener Literaturen der Welt aufscheinen, die sich in Zukunft herausbilden werden. Das Vorgefundene wie das Erfundene friktional einem Erleben zuzuführen, das in der Vielfalt und Vielstimmigkeit der literarischen Formen seinen ästhetischen Ausdruck findet, ist im genießenden Verstehen des Reiseberichts aufgehoben. Im literarisch vermittelten Erleben und Nacherleben der Reisen, dies versuchte unsere Vorlesung zu zeigen, sind den Beziehungen zwischen Reisen und Schreiben keine unüberwindlichen Normen gesetzt. Wohl aber ist der Lust am Text im experimentellen Umgang mit unendlichen reiseliterarischen Formen der Weg bereitet. Machen wir uns an diesem Ausgang unserer Vorlesung also lustvoll auf den Weg zu neuen Horizonten!

---

24 Macfarlane, Robert: Is Travel Writing Dead? In: *Granta* (London) (2019) <http://granta.com/travel-writing-dead-robert-macfarlane> (Zugriff 1.4.2019).

Abbildungsverzeichnis

Topografische Karte der Reiserouten: „Physical Map of the World 2015", Perry-Castañeda
Library Map Collection, The University of Texas at Austin, Robinson-Projektion.